GESCHICHTE

DER FELDZÜGE

DES

HERZOGS FERDINAND

VON BRAUNSCHWEIG-LÜNEBURG.

———

BAND III.

GESCHICHTE

DER FELDZÜGE

DES

HERZOGS FERDINAND

VON BRAUNSCHWEIG-LÜNEBURG.

INCORRUPTAM FIDEM PROFESSIS NEQUE AMORE
QUISQUAM ET SINE ODIO DICENDUS est.
TAC. HIST. LIB. I.

URKUNDLICHE NACHTRÄGE

ZU DEM NACHGELASSENEN MANUSCRIPT

VON

CHRISTIAN HEINRICH PHILIPP EDLER VON WESTPHALEN,

WEILAND GEHEIMER SECRETAIR SR. DURCHL DES HERZOGS FERDINAND VON BRAUNSCHWEIG-LÜNEBURG,
HERZOGL. BRAUNSCHW. LANDDROST, DOM CANONICUS ST. BLASII IN BRAUNSCHWEIG,
ERB UND GERICHTSHERR AUF BLÜCHER UND TIMKENBERG,
RITTER DES KÖNIGLICH DÄNISCHEN ORDENS VOM DANEBROG,

ZUSAMMENGESTELLT

AUS MATERIALIEN SEINES NACHLASSES UND DES
KRIEGS-ARCHIVS DES HERZOGS FERDINAND,

UND

HERAUSGEGEBEN

VON

F. O. W. H. v. WESTPHALEN,

KÖNIGLICH PREUSSISCHEM STAATSMINISTER A. D.

Band III. (1757. 1758. 1759.)

MIT ZWEI UEBERSICHTSKARTEN.

BERLIN, 1871.
ERNST SIEGFRIED MITTLER & SOHN.
KÖNIGL. HOFBUCHHANDLUNG. KOCHSTR. 69.

VORWORT.

~~~~~~~~~~

Das im Jahre 1859 unter dem Titel „Geschichte der Feldzüge des Herzogs Ferdinand von Braunschweig-Lüneburg,
nachgelassenes Manuscript von Christian Heinrich Philipp
Edler von Westphalen, weiland Secretär Sr. Durchlaucht des
Herzogs Ferdinand, Herzoglich Braunschweigischem Landdrost etc. etc.", von dem Unterzeichneten herausgegebene
Werk,*) nach seinem Erscheinen mit ungetheiltem Beifall aufgenommen, auch in der Presse besonders günstig beurtheilt,
musste sich leider auf die Darstellung der Feldzüge 1756,
1757 und 1758 beschränken. Die Umstände und in den
Zeitverhältnissen gelegenen Rücksichten, welche den Autor
verhindert hatten, den Vorsatz, eine Geschichte der Feldzüge
des Herzogs Ferdinand zu schreiben, völlig zur Ausführung
zu bringen, sind in dem Vorwort jenes Werkes S. XXVIII
bis XXXII dargelegt worden. Vielseitiges Bedauern, das Werk
unvollendet zu sehen, sowie die mehrfach ausgesprochenen
Wünsche Sachverständiger haben den Unterzeichneten, den
Enkel des Autors, bewogen, aus dem Nachlass seines Gross-
vaters und aus dem vom Königlichen Grossen Generalstabe
der Armée geneigtest ihm geöffneten Kriegs-Archiv des Her-

---

*) Zwei Bände 1859. gr. 8. I. 702. S. II. 607. S. Berlin, Verlag der
K. Geh. Ober-Hofbuchdruckerei (R. v. Decker. Preis 5 Thlr.)

zogs Ferdinand, unter dem voranstehenden Titel eine Urkunden-Sammlung herzustellen, welche die Feldzüge des Herzogs
in den Jahren 1759, 1760, 1761 und 1762 schildert und somit das begonnene Werk fortsetzt und zum Abschluss bringt.
Dieses aus einer fast zehnjährigen Arbeit hervorgegangene
Nachtragswerk ist im Jahre 1869 beendigt worden und tritt
nunmehr in die Oeffentlichkeit.

Dasselbe beginnt mit einer allgemeinen Uebersicht des
ganzen Kriegslaufs der alliirten Armée von 1757 bis 1762,
von Westphalen's eigener Hand, in Deutscher Sprache, aus
dem Jahre 1786, fügt der Geschichte der Feldzüge von 1757
und 1758 noch mehrere wichtige Correspondenzen hinzu und
giebt sodann in vier Haupt-Abschnitten die urkundliche
Special-Geschichte der Feldzüge von 1759, 1760, 1761 und
1762 bis zum Friedensschluss von Fontainebleau. Es enthält die Correspondenz des Herzogs Ferdinand mit dem König
Friedrich dem Grossen, dem König Georg II., den englischen
Ministern, fürstlichen Personen und Generalen, die vertrauliche
Correspondenz des Herzogs mit seinem Sekretär Westphalen
und den Briefwechsel des Letzteren mit von Haenichen, dem
Sekretär des Herzogs Louis von Braunschweig, welcher in
Holland einen bedeutenden Einfluss ausübte. Es gewährt die
genauesten Aufschlüsse über die besonderen Umstände jenes
langwierigen, wechselvollen Kampfes Friedrichs des Grossen
und seiner Bundesgenossen gegen Frankreichs Landheere und
die Reichs-Armée, — die Ursachen und Verknüpfungen der
Ereignisse, — die militärische Organisation und allgemeinen
Kulturzustände jener Zeit, — ferner über das persönliche
Verhältniss des Königs und des Herzogs Ferdinand, — end-
lich über den Antheil Westphalen's an den Beschlüssen des
Letzteren und deren Ausführung. Ueber die Persönlichkeit
Westphalen's, des vertrauten Freundes und Rathgebers des
Herzogs, seine geistige Begabung und sein ungewöhnliches

Talent für strategische Combinationen, seine Thätigkeit in der
Begleitung des Herzogs auf allen seinen Feldzügen wird hier
auf das Vorwort zu dem 1859 erschienenen Manuscript und
die im Jahre 1866 besonders herausgegebené „biographische
Skizze: Westphalen, der Sekretär des Herzogs Ferdinand
von Braunschweig" (v. Deckersche Geh. Ob.-Hofbuchdruckerei)
Bezug genommen.

Westphalen führte die politische und militärische Correspondenz des Herzogs und fertigte fast alle Berichte, Befehle
und Dispositionen für die Truppen aus. Er begleitete den
Herzog zwar nicht auf das Schlachtfeld, an allen strategischen
Operationen desselben aber nahm er einen hervorragenden
Antheil. Vor allen wichtigen Entschlüssen, vor allen entscheidenden Bewegungen holte der Herzog sein Gutachten und
seinen Rath, und zwar stets schriftlich, ein. Obgleich nämlich Westphalen während der Feldzüge unter einem und
demselben Dache mit dem Herzog zu wohnen pflegte, und
ausser dem regelmässigen mündichen Vortrage bei besonderen
Veranlassungen persönlichen Zutritt hatte, wurde doch, und
nicht blos während der Abwesenheit des Herzogs, im Gefecht,
oder auf Märschen, oder kürzeren Reisen, Tag für Tag
schriftlich zwischen ihnen über alle irgendwie erheblichen
Vorkommnisse und Angelegenheiten korrespondirt. Hieraus
ist ein ungewöhnlicher, eigenthümlicher Schriftwechsel erwachsen, der einen wichtigen Quellenschatz für die Kenntniss
der Beweggründe und die Beurtheilung der militärisch-politi-
schen Thätigkeit, wie über die Charakter-Eigenschaften des
Herzogs darbietet, — von besonderem Interesse in kriegs-
wissenschaftlicher Hinsicht. Die Urkunden-Sammlung umfasst
daher Relationen, Tagesbefehle, Gutachten über beabsichtigte
Operationen, sowie über politische und militärische Situationen,
Promemorien über verschiedene Verwaltungszweige der Armée,
Vorschläge über Verpflegungs-Maassregeln und Instructionen

für detachirte Truppenbefehlshaber. Auszüge aus den Armée-
Jouralen des Herzogs und Berichte über die Schlachten und
Gefechte vervollständigen das Ganze. Für jeden Feldzug sind
kurze Uebersichten der Ereignisse, für die von 1761 und
1762 von Westphalen selbst in französischer Sprache verfasste Jahresberichte des Herzogs Ferdinand an den König
von Preussen, endlich für jeden Feldzug Verzeichnisse des
Inhalts der nach Kapiteln eingetheilten Urkunden-Sammlung
an die Spitze gestellt, um dadurch das Studium derselben zu
erleichtern. Am Schluss jedes Haupt-Abschnitts findet sich
die Kritik Napoleon's über den betreffenden Feldzug. Ueber-
sichts-Karten der Kriegstheater der alliirten Armée in den
Feldzügen 1757—1762 werden dem Werke beigefügt.

Die Urkunden selbst betreffend, so gewährt die in den
Verlauf der Begebenheiten chronologisch eingereihte Correspondenz des Herzogs mit Friedrich dem Grossen, Georg II.
und den englischen Staatsmännern einen klaren Blick in die
jedesmalige Lage Preussens und seiner Verbündeten. Sie
zeigt, wie oft der grosse König am Rande des Abgrundes
gestanden, von dem nach seinem eigenen Zugeständniss er
Rettung nur durch ein Wunder erwarten durfte; sie lässt uns
den Heldengeist bewundern, welcher den König auch in den
verzweifeltsten Augenblicken standhaft und gross erhielt; sie
lehrt, wie weit der König auch auf den untergeordneteren
Kriegstheatern die Operationen verfolgte, und wie er es verstand, den dort handelnden Generalen Instructionen und Rath-
schläge zu ertheilen, ohne sie in ihrer nöthigen Selbstständig-
keit und Freiheit des Handelns zu beschränken. Obschon
der grössere Theil dieser Correspondenz bereits durch den
Oberst-Lieutenant im Haunöverschen Generalstabe von dem
Knesebeck in dessen Werke: „Ferdinand, Herzog zu Braunschweig und Lüneburg während des siebenjährigen Krieges"
(2 Bde. Hannover 1857 und 1858), in deutscher Uebersetzung

herausgegeben worden ist, so hat sie doch in der vorliegenden Sammlung der Vollständigkeit wegen nicht fehlen dürfen,
vielmehr ist sie darin in der Ursprache, der französischen,
wiedergegeben und durch Hinzufügung der Correspondenz aus
dem Jahre 1762, welche in dem Knesebeck'schen Werke fehlt,
sowie einiger anderer wichtiger und interessanter Stücke noch
vermehrt worden.

Die Correspondenz Westphalen's mit von Haenichen im
Haag, sowie seine vielfachen politischen und militärischen
Arbeiten aller Art enthalten dagegen ein sehr wichtiges neues
Material für alle Zweige der Kriegswissenschaften. Sie haben
zunächst einen historischen Werth. Man ist nur zu leicht
geneigt, neben dem glänzenden Gestirn, als welches der grosse
König am kriegerischen Himmel strahlte, die anderen, nicht
weniger bedeutenden Coryphäen der Kriegskunst zu übersehen;
die glänzenden und grossartigen Ereignisse bei der Armée
des Königs fesseln das Interesse in höherem Maasse, als die
nicht selten viel schwierigeren Operationen auf dem secun-
dären Kriegstheater. Und dennoch haben gerade in jener Zeit
Männer, wie der Herzog Ferdinand, ihre Aufgaben in einer so
geschickten und erfolgreichen Weise gelöst, dass sie sich einen
Platz neben den ersten Feldherren aller Zeiten erworben haben
und ihre Feldzüge mit grösster Sorgfalt studirt zu werden
verdienen. Für diesen Zweck gewährt diese Urkunden-Sammlung reiches, gründliches Material. Nicht blos die Ereignisse
selbst, vielmehr bis in's kleinste Detail lernt man daraus die
politische und militärische Situation in den einzelnen Zeitab-
schnitten kennen; — man ersieht die Schwierigkeiten, welche
zu besiegen, die vielfachen, beengenden Rücksichten, welche
zu beobachten waren; man erkennt aus den Entwürfen und
Berichten des Herzogs, aus den Gutachten und Promemorien
seines Sekretärs die leitenden Motive des Handelns, ihre Anschauung der Verhältnisse vor dem Resultat des durchgeführ-

ten Entschlusses; und sieht so den Feldherrn vor sich mit
seinen inneren Kämpfen, seinen Geistesgaben und Charakter-
Eigenschaften, unerschüttert durch den Misserfolg, unbeirrt
durch den Glanz des Gelingens. Für das gründliche Studium
der Kriegsgeschichte, für den Geschichtsforscher ist es vom
höchsten Interesse, den Plan, nach dem Abwägen aller Verhältnisse allmählig in der Seele des Feldherrn reifen zu sehen,
und dies eben wird durch die vertrauliche Correspondenz,
durch den freimüthigen Austausch der Meinungen zweier be-
gabter Männer mehr ermöglicht, als es in irgend einer anderen Form geschehen könnte.

Die Urkunden-Sammlung hat ausserdem auch einen hohen
Werth für die Strategie und Taktik. Man erhält nicht
nur eine klare Anschauung der Ausbildungsstufe, auf welcher
sich beide Wissenschaften zur Zeit des siebenjährigen Krieges
befanden, der Forderungen, welche sie an den Feldherrn stellten, und der Mittel, welche sie ihm zur Lösung seiner Aufgaben darboten, man findet auch einen reichen Schatz von
unumstösslichen Wahrheiten, welche trotz aller Veränderungen der Bewaffnung, der Communicationsmittel und anderer für die Kriegführung bestimmender Verhältnisse, immer
ihre Geltung behalten werden. Eine grosse Zeit bringt grosse
Männer hervor. Um von ihnen zu lernen, genügt es nicht,
ihre auf die Nachwelt vererbten Thaten zu bewundern; es ist
nothwendig, dass man die Umstände erwägt, unter denen gehan-
delt wurde, dass man die Mittel prüft, über welche geboten
werden konnte, dass man erforscht, aus welchen inneren Be-
weggründen der Entschluss sich gebildet, welche Hindernisse
der Ausführung entgegengetreten sind, welche Umstände sie
begünstigt haben; dass man endlich den Erfolg — den günstigen, wie den ungünstigen, — berücksichtigt, und erkennt,
wieviel davon dem Handelnden selbst zuzuschreiben, wieviel
in der Hand Dessen, der die Schlachten lenkt, gelegen ist.

Für das Studium der Geschichte und der Kriegswissenschaften in diesem Sinne bietet dies Urkundenwerk höchst
werthvolle Quellen dar, — auch in gegenwärtiger, von den
grössten Weltbegebenheiten so bewegten Zeit, selbst unter
dem Eindruck der Kriege von 1866 und 1870—1871, der
Beachtung nicht unwürdig. Die glänzendsten Ereignisse der
Geschichte, jene Entscheidungs-Schlachten, welche Reiche nie-
derwerfen und Reiche erheben, stehen nicht für sich allein
da, — nicht ohne Zusammenhang mit voraufgegangenen Krisen
und Entwickelungen des Staaten- und Völker-Lebens. Die Geschichte lehrt die epochemachenden Entscheidungen und Neu-
gestaltungen aus dem, was zuvor geschehen und geleistet ist,
erst völlig verstehen, in ihren mitwirkenden, oft weitzurück-
liegenden Ursachen zu erkennen; und wohl in keiner der
neueren Völker-Geschichten, als in der des Preussischen
Staates und des neugeborenen Deutschen Reiches tritt die
Wahrheit heller an's Licht, dass in den unvergesslichen
Kämpfen der Vorfahren um Selbständigkeit und National-
Existenz oder Untergang der Grund zur Einigung und Macht-
entfaltung des gegenwärtigen Geschlechts gelegt worden ist.

Allen Freunden historischer Forschungen, zumal Männern
vom Fach, sowohl der Regierungs- wie der Militär-Politik,
dürfte daher dieses Urkundenwerk, als eine vervollständigte,
übersichtliche Zusammenstellung der Geschichtsquellen des
Krieges der „Alliirten Armée" von 1758 bis 1762 nicht un-
willkommen sein. Bemerkt wird, dass darin, zur Vermeidung
von wiederholten Hinweisungen, die Originalien von der Hand
des Herzogs Ferdinand von Braunschweig mit einem Stern
(*), die eigenhändigen Aufsätze und Briefe seines Sekretärs
Westphalen dagegen, sowie die von demselben redigirten Berichte, Gutachten, Promemorien, Ordres, Verfügungen, Relationen, Projekte p. p. mit zwei Sternen (**) bezeichnet sind.

Um das Werk der Mit- und Nachwelt durch die Presse

zugänglich zu machen und als ein dauerndes Eigenthum, welches die Thaten der Vorfahren den Nachkommen überliefert,
zu erhalten, ist, in Erwägung seines nicht unbeträchtlichen
Umfangs und kriegswissenschaftlichen Stoffs, der Weg der
Subscription betreten und durch den von der Königl. Hofbuchhandlung E. S. Mittler et Sohn unter'm 1. März v. J.
besonders ausgegebenen Prospect eröffnet worden. Der huld-
reichen Förderung und Empfehlung, welche dem Unternehmen
durch das Königliche Kriegs-Ministerium, mit Allerhöchster
Genehmigung Sr. Majestät des Königs (25. Juli 1870) zuge-
wendet worden, ist nunmehr das Erscheinen des ersten Bandes
zu verdanken, welchem die übrigen drei Bände in kurzen
Zwischenräumen folgen werden.

Berlin im September 1871.

F. O. W. H. von Westphalen,
Königlich Preussischer Staats-Minister a. D.

INHALTS-VERZEICHNISS.

KAPITEL VI.

KAPITEL VII.

KAPITEL VIII.

KAPITEL XI.

General Finck wird mit seinem Corps bei Maxen gefangen
(21. Nov.). Der König Friedrich II. ersucht den Herzog Ferdinand um eine Demonstration mit 3000 — 4000 Mann gegen
Zwickau. Der Herzog sagt ein Hülfscorps unter dem Erbprinzen von Braunschweig zu, sobald dieser gegen die Würtemberger reüssire. — Der Erbprinz schlägt den Herzog von Würtemberg bei Fulda (30. Nov.). — Gutachten Westphalens. —
Der Duc de Broglie verlässt die Stellung bei Giessen (5. Dec.).
Schrecken in Frankfurt a. M. Giessen von den Alliirten blockirt.
— Niederlage und Tod des Generals Dierecke bei Meissen
(3. Dec.). — Correspondenz des Königs mit dem Herzog Ferdinand über die Dringlichkeit des Hülfscorps. Instruction für
den Erbprinzen (9. Dec.). Der Erbprinz trifft am 14. an der
Werra, am 21. in Gera und am 25. in Chemnitz ein, — mit
14,000 Mann. — Gutachten Westphalens über die Vorkehrungen
gegen die Umgehungs-Versuche des Duc de Broglio. — Angriff
auf das Bat. Behr bei Kl.-Linnes (22. Dec.). — Lebhafte Correspondenz des Herzogs mit Westphalen; sein Billet vom 24sten
Dec., im Begriff, dem Feinde entgegenzugehen. Westphalens
Ansicht über die Lage der Sache. — Der Herzog Ferdinand
erwartet eine Schlacht; der Duc de Broglio, zum Marschall
von Frankreich ernannt, zieht zur Rechten den Herzog von
Würtemberg, zur Linken den General Voyer heran und rückt
mit dem Gros zwischen Butzbach und Friedberg vor. Der
Herzog, welcher seine Truppen concentrirt und seine Artillerie

ALLGEMEINER ABRISS

DER

BEGEBENHEITEN DER FELDZÜGE

DES HERZOGS

FERDINAND VON BRAUNSCHWEIG

IN DEN JAHREN
1758—1762.

~~~~~~

VORBEMERKUNG.

Unter den nachgelassenen Manuscripten des Landdrosten Chr. H. Ph. von Westphalen über den siebenjährigen Krieg befindet sich ein von ihm eigenhändig geschriebener Abriss von Begebenheiten aus allen Feldzügen der alliirten Armee unter dem Oberbefehl des Herzogs Ferdinand von Braunschweig-Lüneburg von 1758 bis 1762 einschliesslich. Derselbe ist im Jahre 1786 in Verbindung mit einigen beigefügten Erläuterungen zu einer Sammlung von Plänen einzelner Gefechte, in welchen der seit dem 26. März 1780 zur Regierung gelangte Herzog Carl Wilhelm Ferdinand von Braunschweig als Erbprinz persönlich commandirt hatte, verfasst, und mit einem, ebenfalls von Westphalen redigirten, Vorwort durch seinen damals in den Herzoglichen Militairdienst eingetretenen, dritten Sohn, Hans Annius, der jene Zeichnungen als eine militairische Arbeit dem Herzog überreichte, vermuthlich dem letzteren mit vorgelegt worden. Ist nun zwar diese Abhandlung nur zu dem angegebenen besonderen Zweck, um die Empfehlung des Sohnes bei seinem Eintritt in den Kriegsdienst des Landesherrn zu unterstützen, entworfen worden, so hat sie doch, in Betracht der Vertrauens-Stellung des Autors bei dem Oberbefehlshaber der alliirten Armee während der ganzen Dauer des Krieges, ein allgemeineres Interesse. Sie giebt freilich keine vollständige, übersichtliche Darstellung aller Treffen und Operationen des Herzogs Ferdinand in den Feldzügen von 1757—1762; noch weniger Beschreibungen der ge-

III.   1

lieferten Hauptschlachten; sie setzt vielmehr die Kriegsereignisse als bekannt voraus, beleuchtet sie nur mit vorzugsweiser Berücksichtigung der von dem Erbprinzen selbständig geleiteten Actionen und Manoeuvres, indem sie gleichsam dessen besondern Antheil aus dem Rahmen der ganzen Kriegsgeschichte heraushebt, ohne jedoch alle Gefechte, in denen der Erbprinz commandirt hat, aufzuzählen; — einige sehr wichtige, aber unglückliche, sind sogar übergangen, wie z. B. die bei Kloster-Kamp, Atzenhayn, auf dem Johannisberg bei Nauheim; — dessenungeachtet bleibt der Abriss wichtig, einmal wegen der Bedeutung der Thätigkeit des Erbprinzen, als des vornehmsten und kühnsten, oft selbstständig agirenden Unterbefehlshabers des Herzogs, im Verhältniss zu dem Gange und Resultat seiner Feldzüge, sodann vermöge der Ueberblicke, die, aus dem höheren Standpunkte der Kriegführung, über die Gründe und Zwecke, den Zusammenhang und die Folgen der Operationen des Herzogs, in gedrängter Kürze darin angedeutet sind. Deshalb erscheint diese Abhandlung aus der eigenen Feder des Freundes und Begleiters des Herzogs Ferdinand als ein nicht unwichtiges Document für die Beurtheilung der damaligen Regeln der Strategie, und nicht ungeeignet, um in Verbindung mit den weiterhin mitzutheilenden, beiden Hauptberichten des Herzogs (aus der Feder Westphalens') an den König Friedrich den Grossen über die Feldzüge von 1761 und 1762, als einiger Ersatz einer allgemeinen Uebersicht dem unvollendeten Geschichtswerke des Verfassers zum Abschluss und für die nachfolgende Urkunden-Sammlung als Anhalt zu dienen.

ABRISS DER BEGEBENHEITEN.

1758.

I.

**Nach der kurzen Expedition, welche unmittelbar auf den Bruch der Convention von Kloster Zeven gefolgt war, da sie die grosse Frage, wem Hannover zustehen sollte, noch ganz unentschieden gelassen hatte, beruhete alle Hoffnung, eine zwote mit grösserm Erfolge zu unternehmen, auf der Unbereitschaft der Feinde dagegen, auf der günstigsten Wirkung eines unversehenen Ueberfalls. Der Feldherr wagte es, diesen Ueberfall zu unternehmen: In der Mitte des Februars trennete er unwiederbringlich den linken feindlichen Flügel von dem rechten; ging hinter diesem die Weser herauf, und sonderte auch so ihre Quartiere in Westphalen von denen im Hannöverischen und im Braunschweigischen ab. Es war, um dies thun zu können, nichts so nöthig und so wichtig, als gleich mit dem ersten Schritte an beyden Ufern der Weser festen Fuss zu fassen. Dies nun gewährte die Affaire von Hoya, theils schon selbst durch die Brücke, welche sie, obwohl noch ungedecket, dem Feldherrn in die Hände lieferte, theils dadurch, dass sie die Eroberung der Festung Nienburg, die der Haupt-Angel der Bewegung war, beschleunigte.

II.

Der Einnahme von Nienburg war die von Minden gefolgt; die getrennten und gedrängten Feinde versuchten allerwärts zu spät, sich wiederum die Hand zu geben, sie gaben also, und bald, die Hoffnung selbst auf, sich zu vertheidigen; und wurden durch das Schwert und ihre eigene Bestürzung geänstiget, aus

allen ihren Eroberungen herausgestossen, verjagt und bis an den
Rhein getrieben. Es schien, dass dieser grosse Strom sie decken
würde; allein der nun in beiden Heeren sehr verschieden ge-
stimmte Ton half dem Hannoverischen Feldherrn darüber eine
Brücke bauen; das kleine Hannoverische Heer trieb das von
Neuem überraschte, grosse französische Heer zurück; schlug es
versammelt bey Crefeld, und trieb es bis unter die Mauern von
Cöln. Doch nun wendete sich das Hannoverische Heer selbst,
von aussen getrieben, in seiner ruhm- und gefahrvollen Bahn von
dem Rhein gegen die Maas, und durch die Fortsetzung neuer
Stösse gezogen, von der Maas wieder rückwärts gegen den Rhein.
Diese Stösse von aussen gab ihm ein zweytes feindliches Heer,
das frischer Dinge unter dem Prinzen von Soubize vom Mayn
her in Hessen eingebrochen war, und von da zugleich der Weser
und der Lippe drohete. In dieser Lage war es schwerer, über
den Rhein zurückzugehen, als es gewesen war, ihn zu passiren.
Der Strom verschwor sich dagegen selbst durch sein im August-
Monat nicht gewöhnliches, ganz ausserordentliches Anschwellen,
mit dem Feinde, der auf dem rechten Ufer desselben den Commu-
nications-Brücken von Rees zu drohen angefangen hatte. Jedoch
schien es dem Feldherrn, dass er noch immer Meister bleiben
würde, Beydes, die Zeit und den Ort zum Uebergang zu wählen,
wenn er von der Maas vorläufig nach Rhynberg ginge, und dazu
war es nur nöthig, etwas oberhalb Geldern, über die von dem
Feind besetzte Niers zu gehen. Hier öffnete die Action von
Wachtendonk den Uebergang.

III.

Der Ruf von dem Rückzuge des Heeres über den Rhein,
und noch mehr der so glücklich vollführte Uebergang desselben,
hielten anfänglich das Soubizische Heer auch von Weitem im
Zaum. Nachher that es die Stellung desselben an der Lippe zu
Dülmen und Haltern. Sie hielt da, eine nicht unbeträchtliche
Weile, beyde feindlichen Heere zugleich in Unthätigkeit, das
Contadische zu Recklinghausen an der Nieder-Lippe, das Soubizische in Hessen zwischen der Dymel und Fulda, bis der Feind
durch die Zeit zu grösserm Vertrauen gestimmet, es unternahm,
noch vor dem Winter angreifend zu Werke zu gehen, als wozu
er sich schon lange durch die grosse Ueberlegenheit seiner Zahl
aufgefordert fühlte. Die beyden Marschälle hatten also ein gemein-

sames Manöver mit einander abgeredet, das sich auf eine nicht ungeschickt angeordnete Anlage gründete. Der unmittelbare Gegenstand davon war nichts Geringeres, als das Hannöverische Heer nicht nur von Haltern und Dülmen zu depostiren, sondern dasselbe selbst aus Westphalen heraus und über die Weser zurückzuwerfen.

Nach dieser Abrede ging der Marschall von Contades, vor dieser Stellung vorbei, die Lippe herauf nach Ham, und der Prinz von Soubize drang, mit grossem Geräusch sein ganzes Heer über die Werra führend, in das Hannöverische ein. Diesem Eindringen setzte der Hannöverische Feldherr bald ein Ziel, indem er, dem Prinzen im Rücken, einen Haufen von 15,000 Mann gegen Cassel marschiren liess. Der von Cassel, wenn man will, schon abgeschnittene Prinz von Soubize verliess das Hannöverische, suchte Cassel durch seine Eile zu retten, rettete es ungehindert, und vereinigte sich dazu, obwohl unter den Augen des still zusehenden Hannöverischen Generals, mit alle den Detachementen, welche ihm der Marschall von Contades zu Hülfe gesendet hatte. Aber die bisher unthätigen Hannoveraner hielten es für sich schimpflich zu weichen, liessen sich, wider die Hoffnung der Feinde selbst, mit ihnen bey Lutternberg in ein Treffen ein, und wurden allda gänzlich geschlagen.

So schien noch am Ende des Feldzugs ein einziger Schlag acht Monate von Arbeit, Progressen und Sieg zu vereiteln, Hannover wiederum fassungslos, Frankreich von Neuem im Besitz seines alten und gewohnten Tons. In der That erwarteten selbst diejenigen, denen das Schwankende nicht entgangen war, das sich auch in dieser kühnern Bewegung der Feinde noch hatte entdecken lassen, von ihrem kleinen Mangel an voller Zuversicht keine weitere Hülfe; sie fürchteten vielmehr von jener Seite eine ganz feste bestimmte Richtung zu ihrem Ziel, als nun unausbleiblich, und sahen die Maschine mit so einem Siege in einen Schwung gebracht, dem nichts würde widerstehen können.

Der Hannöverische Feldherr selbst fühlte das Nachtheilige seiner Lage; doch fand er die Sache der Feinde zur endlichen Entscheidung noch nicht so ganz reif, und noch etwas gegen sie zu thun übrig. Er war nur desto mehr gestimmt, kein Mittel unversucht zu lassen, bereit zu schlagen, wenn es mit Vortheil geschehen könnte, und darum nicht weniger entschlossen, nichts zu wagen, wenn er ohne das zum Ziele kommen könnte. In diesem Tone umging er mit einem dreitägigen Marsch das bey

Ham stehende Heer des Marschall von Contades, und setzte sich,
von demselben und dem Prinzen von Soubize gleich unerwartet,
gerade zwischen sie, zwischen Ham und Cassel. Bey dieser
Gelegenheit geschahe es, dass der Erbprinz von Braunschweig
mit der Avantgarde auf das Corps des Duc de Chevreuse, das
zur Communication der Feinde bey Soest postiret war, fiel, und
dasselbe schlug.

1759.

IV.

Der Hannöverische Feldherr hatte mit seinem gleich kühnen
und raschen Schritte · einen neuen Angel gewonnen; den feindlichen Feldherrn schien die Sache von vorne anzufangen zu sein,
aber die Jahreszeit zu weit fortgerücket, um zu einem neuen Entwurf
den Faden anzuspinnen. Sie gaben also vor heuer die Sache,
nach einigen noch gemachten unbedeutenden Gelegenheits-Ver-
suchen, ganz auf; nicht nur die Vortheile, die sie zu ärndten
gehofft hatten, sondern selbst die, die sie schon wirklich in Händen
hatten. Nämlich der Prinz von Soubize räumte Hessen, der
Marschal von Contades Ham mit dem ganzen Strich Landes, den
er in Westphalen inne hatte, und gingen nach dem Rhein und
Mayn zurück, nicht bloss um bequemere Quartiere zu suchen,
sondern besonders damit sie in denen, die sie nähmen, den Winter
in Sicherheit und in Ruhe zubrächten. So sehr wirkte die Erinnerung der erlittenen Ueberfälle auf die Feinde, und was vielleicht
nur Furcht und Fassungslosigkeit bey ihnen war, das wurde
ihnen auch von Andern als Vorsicht und Massregel angerechnet:
das höchste Lob, in Wahrheit, das man dem noch so kurz vorher so verachteten kleinen Hannöverischen Heere geben konnte.
Wenn man nun die Lage der Sachen nur von aussen ansahe, so
zeigten selbige eine verführerische Seite; sie schienen am Ende
eines sehr misslichen Feldzugs noch unverrücket, gerade noch
da zu stehen, wo sie im April, gleich nach dem gebieterischen
Auskehren von Hannover gestanden hatten. Allein diese Identität
war ein blosser Schein. Die veränderte Lage des allgemeinen
Krieges hatte im Grunde die Lage des Hannöverischen ganz
verschoben. Denn das zweyte am Mayn versammelte französische
Heer, das noch so kurz vorher Frankreich und Oesterreich gleich
nöthig gefunden hatten, unmittelbar gegen Preussen zu gebrauchen,

wurde nun allein bestimmt, wider Hannover zu fechten. Zwar
war eben dies schon in dem geendigten Feldzug geschehen;
allein .der Unterschied der Zeit, der Unterschied zwischen einer
von Anfang an zusammentretenden Bewegung zweyer Heere, und
einem spät nachfolgenden Zutritt des andern Heers, um dem
ersteren wieder auf die Beine zu helfen, der entging dem scharfen
Blicke des Feldherrn nicht. Er hielt, so wie es bei der nach-
theiligen Ausdehnung des Kriegesschauplatzes wirklich war, nun
nichts so schwer, so misslich, fast so unmöglich, als die Aufgabe,
Hessen und Hannover mit den Truppen die er hatte, zugleich
zu decken. Denn ging er dazu mit dem Herre nach Hessen,
so war Westphalen, die Vormauer von Hannover, gleich verloren; blieb er in Westphalen, so war der Verlust von Hessen
eben so ausgemacht, etwas Vorläufiges, das jedem Manöver, ehe
man noch an einander kommen konnte, schon vorging. Oder
sollte er etwa das Heer, seiner Kleinheit ungeachtet, in zwo
Sectionen, nach dem Verhältniss der beyden feindlichen Heere
theilen, die eine Section dem Prinzen von Soubize, die andere
dem Marschall von Contades entgegen stellen? Dies war vielleicht
nicht weniger, als etwas freygebig voraussetzen, dass eine solche
Theilung im Felde wie auf der Rechentafel zu gleichen Producten
führen würde. Bei alledem schien dem Feldherrn noch ein drittes
Mittel übrig: eine Art von Auskunft zwischen allen; eine neue
Winter-Expedition mit der Wendung, die er dadurch der Lage
edr Heere gegen einander zu geben hoffte.

In der That, könnte er dabey nur das französische Heer
am Mayn über den Haufen werfen, so blieb, unbereitet wie auf
den Augenblick das grosse am Niederrhein, um gleich seinen
eigenen Weg zu gehen, seyn würde, demselben kaum etwas anders
übrig, als den ihm angegebenen Ton zu folgen, dem Mayn und
Ober-Rhein zu Hülfe zu eilen. Und liesse denn der Marschall
von Contades auch ja ein Corps am Nieder-Rhein zurück, so
schien gegen dasselbe ein ganz geringes Corps, durch Münster
und Lipstadt und die Länge des Weges durch Westphalen unterstützet, stark genug, Hannover zu decken. Der Feldherr, den
der eigentliche Gegenstand der Frage und die Grösse der Aus-
sichten, die ihm zur Seite standen, zugleich reizten, wollte die
Sache nicht unversucht lassen; rechnend, dass auch ein völliger
Missschlag seine Lage nicht verschlimmern, sie nur so lassen
würde, wie sie war. Gleichwohl hatte die Ausführung ausnehmende Schwierigkeiten wider sich. Die hauptsächlichste derselben

entsprang aus der grossen Distanz zwischen Cassel und Frankfurt; der Misslichkeit einer ganz offenen Communication; aus
dem Zwang, aus der einschränkenden Alternative, die Sache mit
einem und dem ersten Schritte gleich auszumachen oder ganz
aufzugeben. Unter der emsigen Zurüstung entstand zufälliger
Weise eine ganz neue Schwierigkeit: die Reichs-Armee rückte
nämlich heran, und legte sich, indem sie einen Theil ihrer Truppen
in Hessen an die Fulda und an die Werra ausdehnte, mitten
zwischen Cassel und dem Mayn in den Weg.

Vielleicht wurde im Grunde nur dieser neue Vorwurf der
Sache allein fatal; doch stand derselbe freylich für sich leicht
aufzuräumen. Also setzte in der letzten Hälfte des Märzes der
Feldherr, voll von Entschluss und Hoffnung, seinen linken Flügel
in Bewegung. Dies war ein Haufen munterer gesunder Leute,
wirklich 20,000 Mann stark; eine Zahl, die der Feldherr dem
noch unrecrutirten Soubizischen Heere ungefähr gleich geschätzet
hatte. Sie war es zwar in der That nicht; sie gab aber doch
das vortheilhafteste Verhältniss, das in dem ganzen Kriege das
Hannöverische Heer gegen ein französisches gehabt hat. Die
Avantgarde unter dem Erbprinzen von Braunschweig, sobald sie
die Höhe von Fulda erreicht hatte, wendete sich zur Seite gegen
die Reichstruppen, welchen sie damit schon im Rücken und in
die Flanke gekommen war. Der Prinz fiel in die zerstreuten
Quartiere, schlug alle auf, nahm gefangen was sich widersetzte,
und jagte mit dem Degen in der Faust und durch den Schrecken,
welchen Ueberfall einhauchet, Alles vor sich her nach Franken
zurück.

V.

Während der erfolgvollen Expedition der Avantgarde war
der grosse Haufen des Heeres bis Fulda nachgerücket. Dies
konnte einem gleichgültigern General am Mayn nur noch eine
blosse Vorsicht scheinen, weil in der That dieser Expedition
selbst gegen die französischen Quartiere der Rücken und die
Flanke zu decken waren. Doch der Erfolg, den sie hatte, ihr
noch grösserer Ruf, und das Gerücht, welches die Zahl der
Truppen und die Grösse und die Mannigfaltigkeit der Rüstung
verdoppelte, hatten den Duc de Broglio und seine Furcht vor
einem ähnlichen Besuch bald scharfsichtig gemacht, und die
schon eingeschlagene Route zeigte ihm, wie mit dem Finger, den

bedrohten Punkt des Mayns. Indessen blieb in den Quartieren,
die Bewegungen der beyderseitigen Vortruppen ausgenommen,
noch Alles ruhig. Der Hannöverische Feldherr traute zwar
dieser Ruhe und den Nachrichten, welche man ihm davon gab,
nicht recht. Wofern er aber dem Feind nur einen Marsch vorwärts unbemerket entwenden könnte, welches wahrscheinlich zu
bewirken stand, so schien ihm das Spiel, wer dem andern zuvor-
käme, noch ziemlich gleich. Er stand also nicht an, nach der
Rückkehr des Erbprinzen sich in Bewegung zu setzen. Er hatte
nach drei forçirten Märschen, mit Einbruch des Abends, am grü-
nen Donnerstage, die Gegend von Windecken erreicht und war
nur noch eine Meile von den Ufern des Mayns entfernt. Denn
was an Truppen zurückgeblieben war, das kam noch in der Nacht
nach; die Pontons und das schwere Geschütz ausgenommen, die
nicht so schnell folgen können. Ohne ihre Ankunft abzuwarten,
setzte man auf die Nachricht, dass die Feinde zum Theil auf den
Höhen hinter Bergen schon versammelt ständen, sich noch vor
Tages-Anbruch gerade dahin in Marsch. (Schlacht bei Bergen,
13. April 1759.) Unter dem Anrücken der Divisionen fiel der Prinz
von Ysenburg, der als der Gegend am kundigsten, mit dem Auftrage, die Zugänge von Bergen zu untersuchen, etwas vorausgegangen war, in das Feuer der davor ziemlich verdeckt postirten
feindlichen Brigaden. Der muthige Prinz, vielleicht begieriger, kurz
und gut zu Bergen Fuss zu fassen, als vorher lange zu recognosciren, fing so hereingezogen eine Action an, deren Anfang er selbst
nicht lange überlebte. Man musste nun, anstatt auf einem unbekann-
ten Grund vorher sich etwas umzuschen, es zum ersten Schritte
machen, dem kleinen gedrängten Haufen des Prinzen die Hand zu
bieten. Indessen war es eine halb mechanische Folge der Lage des
Bodens, auf dem man war und den man vor sich hatte, dass die
den Höhen von Bergen gegenüberliegenden Höhen so geschwind
als möglich gewonnen wurden. Und man glaubte etwas gewonnen
zu haben, mit der Zeit, die man gewann, sie mit den nach und
nach ankommenden Divisionen zu bekränzen. Nachdem dem
Handgemenge, das zwischen den von Bergen vorgerückten ver-
folgenden feindlichen, und unsern am linken Flügel weichenden
Truppen entstanden war, von einigen Schwadronen der Hessischen Reuterey, die ganz gelegen einhieben, war ein Ende gemacht worden, folgte eine Kanonnade von Höhe gegen Höhe,
die auch von unserer Seite lebhafter wurde, nach dem Maasse,
dass das grobe Geschütz nach und nach ankam. Sie wurde von

beyden Seiten zunehmend den ganzen Tag bis nach Untergang
der Sonne fortgesetzet. Inzwischen war der günstige Augenblick,
die Feinde in ihren Quartieren zu überfallen, einmal verstrichen;
die Hoffnung, mit ihnen noch unter dem Versammeln um den
ausgesuchten Sammelplatz zu streiten, verschwand unter dem Anrücken, obwohl nur um die Breite eines Haares zu früh; ein
förmlicher Angriff aber, der vielleicht in dem ersten Augenblick
mit einer Art von gleichem Vortheil noch wäre zu versuchen
gewesen, hätte man den feindlichen Grund nach allen seinen
Zugängen genauer gekannt und das Geschütz gleich zur Hand
gehabt, fiel mit dem Verzug in's Unmögliche, wenigstens unter
solche Nachtheile, die den Erfolg zu misslich, zu theuer machten.
In der That zeigte sich dem Auge die feindliche Stellung auf
ihrer ganzen Fronte nicht nur von Natur sehr stark, sondern es
war auch kein Theil derselben lange gehörig unbesetzt geblieben; auf den Flanken aber war ihr nicht leichter beyzukommen,
wenigstens nicht nach dem Urtheil derer, die der Feldherr, um
sie zu recognosciren, während der Kanonnade ausgesendet hatte.
    Da der Abend darüber eingebrochen war, so schien es nicht
nur ganz nicht thunlich zu schlagen, wenn man auf seine Bedingungen, nicht auf die des Feindes schlagen wollte, sondern
es wurde auch eben so unnütz als verderblich für das Heer, auf
einem so ausgesetzten Grunde, ohne einen instehenden Zweck zu
bleiben. Der Feldherr beschloss auch etwas zurückzugehen; doch
blieb ihm noch einige Hoffnung übrig, wofern nur der Feind,
was freylich nicht ganz unwahrscheinlich schien, um seinen Vortheil recht vollständig zu machen, den weichenden Hannoveranern
von seinen Höhen herunter nachsetzte. Von dieser Erwartung
eingenommen liess der Feldherr das Heer so abmarschieren, dass
die Arriergarde sich von den Höhen mit Anbruch des Tages
abzog. Sie folgte den Colonnen nahe, die selbst in schicklichen
Entfernungen von einander marschirten, bereit sich wieder zu
wenden. Alles marschirte geschlossen und langsam fort; als
man aber darüber die Höhen von Windecken erreicht hatte, ganz
unverfolgt von dem Feinde, der es nicht unrecht für einen Sieg
hielt, nicht geschlagen zu seyn; so machte der Feldherr halt,
und liess das Lager aufschlagen. Nach einigen Tagen, nachdem
das nicht mehr ausführbare Project ganz war aufgehoben worden,
ging der Feldherr, bevor den links und rechts vom Nieder Rhein
und aus Franken anrückenden französischen und Reichstruppen
zuviel Spiel auf die Communication gegeben wurde, weiter zurück;

Wobey er eine andere Route einschlug, zuerst gegen die Lahn
ging, dann weiter auf die Ohm, Schwalm und Eder zurück; Von
wo er, nach Verlauf einiger Wochen, bloss mit Zurücklassung
eines Corps von 4 bis 5 tausend Mann in Hessen, den Rest über
die Dymel zurück wiederum nach Westphalen führte.

In Westphalen nahm er nun, nicht so wie er in dem vorher-
gehenden Jahre nach dem Auskehren von Hannover oder nach
seinem Rückzug über den Rhein es that, seinen Grund ein; sondern er setzte sich, dem Feinde, wie er nicht ohne Ursache
glaubte, vorspringend, in den Besitz des Strich Landes zwischen
der Ruhr und der Lippe, des nämlichen Grundes, welchen in
dem vorigen Feldzuge der Marschall inne gehabt hatte. Er hoffte
sich damit in den Stand gesetzet zu haben, dem Feinde, bevor
er zuviel Raum gewönne, Einhalt zu thun, und seinen Bewegungen
Ziel und Maass zu setzen, es sey, dass er versuchte, von Wesel
aus vorzurücken, wie im vorigen Feldzuge, oder dass er gleich
Düsseldorf zum Angel seiner Bewegung machte, was er gegen
das Ende des vorigen Feldzugs, nicht ohne eine auffallend grosse
Wirkung gethan hatte. Er hoffte, sage ich, in dem einen oder
in dem andern Fall, sich gerade in dem Wege des Marschalls
zu finden, oder sich auf seine Communication stellen zu können.
Der Feldherr brauchte die noch übrige köstliche Zeit bis zur
Eröffnung des Feldzugs, sein Heer dazu in Bereitschaft zu setzen.
Bey diesem System wurde Ham der nächste Angel, und die
Truppen wurden so verlegt, dass er sich Meister hielt, an welchem Ort er wollte, es sey an der Imster oder an der Nieder-
lippe, dem Marschall zuvorzukommen.

Allein diese ganze Zurüstung blieb, ausser dass sich die
Localkenntniss des Feldherrn dabey vermehrte, völlig ohne Frucht.
Denn der Marschall hatte nicht weniger als er selbst, aus der
Zeit und aus den Vorgängen des vorigen Feldzugs Vortheil und
Unterricht gezogen. Er hatte nicht nur auf ein Mittel gedacht,
den erprobten Hindernissen ganz auszuweichen; sondern er wollte
auch gegen den Hannöverischen Feldherrn seinen ganzen Vortheil
nehmen, den ganzen vereinten Vortheil der Zahl, des Bodens,
und des angebenden Tons nehmen; eines Tons, der seit einem
Jahrhundert den französischen Waffen, als ein Eigenthum, gefolgt
war, und den er mit Unwillen, den letztern Feldzug über, von
den Händen eines so unbedeutenden Feindes, als Hannover,
gegen Frankreich gehalten, schien, hatte geben sehen.

Dazu mit dem eifrigen und gerade um diese Zeit alles ver-

mögenden Kriegs-Minister völlig einverstanden, wurde der erste
Schritt auf die Hebung des Missklangs gerichtet, der bey aller
natürlichen Biegsamkeit des Prinzen von Soubize doch aus der
Unabhängigkeit des Kommandos in den Operationen des vorigen
Feldzugs geherrscht hatte: man schmolz also beyde Heere in
eines unter einem und eben demselben Feldherrn zusammen. Der
andere Schritt änderte den Schauplatz; versetzte, von dem Feind
unerwartet, auf einmahl das Heer von dem Niederrhein, ohne die
aufhaltenden Präliminarien von Westphalen zu durchlaufen, nach
Hessen, und sogleich an die Weser. Marburg wurde der Ver-
einigungs-Punkt der beyden vom Mayn und Niederrhein zugleich
anrückenden Heere; die geradeste Strasse führte sie dann durch
das Waldeckische auf Paderborn; und wenn der Marschall von
da in eben der Richtung fortging, so traf er nicht nur auf die
Weser, sondern legte sie schon bis auf die Mitte ihres Laufs
hinter sich.

Es liess sich kaum etwas Entscheidenderes ausdenken, noch
in der That etwas, das man auszuführen so völlig Meister war.
Denn zur Rechten dieser Bewegung fällt, so rechnete man zu Versailles, ganz Hessen und Hannover zum Theil ohne Schwert-
schlag von selbst; zur Linken aber, in Westphalen, wird das
kleine Hannöverische Heer, das dem unsrigen so wenig an Güte
als an Zahl gleich geschätzet werden kann, sofort zu dem
Dilemma gebracht, zu schlagen, auf einem offenen flankenlosen
Boden, wo aller geborgte Vortheil aufhört, oder eilig nach der
Nieder-Weser zurück zu flüchten. Man nahm diesen letzteren
Fall als halb ausgemacht an, und beschloss, dazu am Nieder-Rhein
eine kleine Reserve von 10 bis 12 tausend Mann unter dem Marquis von Armentieres zurückzulassen, um sie, nach der Flucht
des Hannöverischen Feldherrn, gleich wider Münster und Lipstadt zu gebrauchen, das ist, um ganz Westphalen in Besitz zu
nehmen, ein Land, ohne welches die Vertheidigung von Hannover
eine ganz unthunliche Sache wurde.

Im Grunde geschahe doch, mit dem Zusammenschmelzen der
beyden feindlichen Heere, nur ungefähr das, was der Hannöversche Feldherr durch seine Expedition gegen den Mayn selbst zu
bewirken gesucht hatte; ein tödtender Unterschied lag freylich
in dem veränderten Orte der Vereinigung, und in der Veranlassung zu dieser Vereinigung, zwischen der Nothwendigkeit den
bedrohten Mayn und Rhein zu decken, und dem gewonnenen
Vortheil nun selbst die Weser anzugreifen.

Der Marschall von Contades wusste der Bewegung des Niederrheinischen Heers, welche er von Cöln und von Düsseldorf aus unternahm, unterdessen dass sich das gewesene Soubizische vom Mayn aus in Marsch setzte, so mancherley scheinbare Seiten zu geben, und erreichte Marburg so schnell, dass, ehe der Hannöverische Feldherr der so verdeckten Veränderung des feindlichen Systems recht inne wurde, die Truppen von der Imster, Ruhr und Niederlippe zurückzog, sich in den Stand setzte, mit dem versammelten Haufen dem Feinde auf seiner neuen Strasse entgegenzugehen, er nicht darauf denken konnte, selbst über die Defiléen zu gehen, mit der Hoffnung, dem Marschall noch an der Wetter, oder an der Eder zuvorzukommen. Man befand sich sogar (wodurch vielleicht dies alles wieder zu gewinnen gewesen wäre) durch einen verwirrenden Zusammentritt von aufhaltenden Umständen, nicht einmal auf den dazu anlockenden Höhen von Haaren, in dem Augenblick, als der Marschall die Defiléen von Stadtbergen passirte, und aus solchen in die Ebene bey Meerhoff herausging; dem günstigsten Augenblick sonderzweifel, den man hätte suchen können, mit ihm zu schlagen.

Nun rückte der Herr Marschall ungehindert auf Paderborn, und weiter und weiter fort, stäts zwischen dem Hannöverischen Heere und der Weser; mit dem grossen Haufen des seinigen das kleine Hannöverische wie haltend, und mit einem grossen Corps, auf dessen Flanke, es immer von Lager zu Lager fortschiebend. Es fehlte, bei diesem ungleichen Spiele, in dem Hannöverischen Heere nicht an Leuten, besonders unter den Vornehmern, die anfingen, den Muth aufzugeben, oder Hoffnungen zu fassen, wie Neid und Eifersucht sie einzuhauchen pflegen. Der gesündere Theil, mit dem Heere selbst, äusserte nur mit einiger Ungeduld, man müsse den Feind anzugreifen nicht länger anstehen. Die die Sache etwas feiner nahmen, erwarteten, dass der Feldherr, dem Geiste seines Systems gemäss, durch einen Seitenmarsch sich auf des Marschalls Communication setzte. Allein zu dem einen oder zu dem andern den rechten Ort, die rechte Zeit zu finden, das war was zu finden war und was Niemand fand. Der Feldherr würde es gefunden haben, am leichtesten bei dem weiteren Fortschreiten des Feindes selbst, als welches denselben etwas auseinander bringen musste. Doch den Feldherrn selbst drückte, bey seinem Temporisiren, eine geheime Furcht, das Bewusstsein des schlechten Zustandes der Weser-Plätze. Denn Bremen war gar nicht besetzet, Nienburg, Minden, Hameln waren es nur

schwach; und keiner dieser Plätze war befestigt genug, wäre er
auch noch so besetzt gewesen, um gegen einen französischen
Angriff, nur zwey Tage, bey eröffneten Laufgräben zu halten.
Nun kam auch der Furcht die wirkliche That wie zuvor; ein
kleiner feindliche Haufen überrumpelte Minden bey hellem Tage.

Die schon schlimme Lage der Sachen wurde damit auf einmahl die schlimmste, die sie seyn konnte. Eine bisher unter
diesem Feldherrn noch ungefühlte Verlegenheit befiel das Heer,
wie das Land; dies hielt sich verloren, ungefähr wie nach dem
Treffen von Hastenbeck, und das Heer zugleich. Und was bey
einem geringern Feldherrn zu etwas ähnlichem hätte führen können, Grosse zu Hannover, zu Braunschweig und anderswo, die
dem System des Feldherrn, das Land durch Behauptung des linken
Ufers der Weser zu decken, nur bey ganz günstigem Winde ge-
wogen waren, hielten dasselbe wie mit kaltem Blute aufgegeben,
verlassen. In dem Heere aber griff die Furcht, von dem Lande
ganz abgeschnitten zu werden, nun auch den grössern Haufen
der Officiere an. Unter den Vornehmern aber wurde bei Manchem
der Geist des Tadels und der Eifersucht, den das unbeschränkte
Ansehen des Feldherrn, und sein kühner Ton, der seinen Truppen
Muth und den feindlichen Furcht eingehauchet hatte, so lange
das Glück folgte, stumm gemacht hatte, nun laut, und murmelte
unter den Deutschen und Engländern Sätze und Maassregeln, die,
wären sie angenommen worden, unfehlbar das Heer, die einzige
Feder zur Thätigkeit die es hatte, gelähmet, und dasselbe wirklich
so schwach, dem Zwecke so ungleich würden gemacht haben, als
es in der That, nur nach Zahl und relativer Güte genommen, war.

Unter diesen und andern Umständen fand der Feldherr gerathen, Westphalen, Münster und Lipstadt, auf eine Weile ihrer
eigenen Stärke zu überlassen. Er umging denn, durch einige
hinter einander fortgesetzte Märsche, den ihn bisher überflügeln-
den Feind, und gewann wiederum, wie ohne alle Mühe, die
Weser, oberhalb Nienburg, bey Stoltzenau. Hier schlug er eine
Brücke über den Strom, gab durch ein kleines Detachement, das
er darüber gehen liess, auf einmahl dem Lande Hoffnung und
Vertrauen wieder, das Heer selbst aber führte er, ohne zu säu-
men, den Strom herauf gegen Minden, und nöthigte gleich mit
dem ersten Schritte die etwas vorwärts gerückten Feinde, sich
hinter Minden und die Moräste zurückzuziehen.

Indessen hatte der Marschall schon wirklich sehr viel über
ihn gewonnen; er war früher und ohne Schwertstreich weiter

gekommen, als vor zwey Jahren sein siegender Vorgänger der
Marschall von Etrées; er stand hinter den Morästen bei Minden
in einem ganz unangreifbaren Lager; er belagerte nun Münster
ungehindert durch die Armentierische Reserve; er hatte durch
eine andere, unter dem Duc de Broglio, am rechten Ufer der
Weser im Hannöverischen selbst Fuss gefasset; und er gebrauchte,
um von dem Schicksal des Landes und des ganzen Krieges Meister
zu werden, schon weiter nichts, so schien es, als nur stille in
seinem Lager zu stehen, bis Lipstadt und Münster erobert worden; und es fiel schon Münster nach einer kurzen unbedeutenden
Vertheidigung wirklich in seine Hände.

Allein nun hob, selbst auf alle diese feindlichen Vorsprünge
gelehnt, der Hannöverische Feldherr auf einmahl das Haupt
empor: Sein Genius hatte ihm den kunstvoll zusammengesetzten
Entwurf von Stellung und von Bewegung eingegeben, durch
welche er den Marschall theils reitzete, theils zwang, von selbst
hinter seinen Morästen hervorzukommen, aus seinem unangreifbaren Lager in die offene Ebene von Minden zu gehen, und alda
auf einem Fleck zu schlagen, der ihm dazu wie abgestecket worden war, mit einem Heere, das gerade nur stark genug war, die
ihm verdeckt gebliebene Schlinge zuzuziehen. (Schlacht bei Minden,
1. August 1759.)

Ein Ungefähr der Zeit kam dazu; denn just zu eben der
Zeit geschahe es, dass hinter den Gebirgen, ihm im Rücken, der
Erbprinz von Braunschweig den Duc de Brissac bey den Salz-
werken von Gofeld angriff und denselben alda schlug. Der Marschall, der sich damit sogar den Rückzug durch diese Gebirge
abgeschnitten sahe, fand nichts weiter übrig, um sich und sein
Heer zu retten, als noch von der Nacht gedeckt, eilend über
die Weser zu gehen, und auf einmahl den hohen Ton von Eroberung auf den von eigener Rettung herabzustimmen.

VI.

Der Rückzug des feindlichen Heers war weder sanft noch
kurz. Der Erbprinz von Braunschweig folgte ihm auf den Fersen,
und voraus sahe es stets den Hannoveraner auf seiner Communication. So wich der Marschall, einige Wochen über, immer
weiter zurück, bis er die Lahn erreichte, und sich hinter diesen Fluss,
an die Festung Giessen gestützet, zu setzen anfing. Doch auch
zu dieser Fassung bedurfte das französische Heer einer gedop-

pelten Hülfe von aussen: die eine kam ihm von seinem Hofe,
der, überredet, dass es dem französischen Heere, auch geschlagen
wie es war, nicht an Händen fehlte, zwar dem Marschall von
Contades noch das Commando liess, aber den Duc de Broglio
zum Marschall von Frankreich und schon auf das folgende Jahr
zum General ernannte, und inzwischen beyden, den erfahrenen
Marschall von Etrées zum Rathe beyordnete; die andere von
dem geringen Fortgang der Belagerung von Münster, die dem
zwar siegreichen, aber an Zahl kleinen Hannöverischen Heere
eine beträchtliche Anzahl von Bataillonen und Schwadronen entzog, und sie zehnmahl so lange beschäftigte, als vorhin den Marquis von Armentieres. Aus dieser gedoppelten Nothwendigkeit,
an der einen Seite Stand zu halten, an der andern aber Zeit zu
gewinnen, entstand der lange Stillstand beyder Heere an der
Lahne, des französischen am linken Ufer des Flusses, des Hannöverischen am rechten desselben zu Kroffdorf. Der Stillstand
erzeugte aber wiederum neue Verhältnisse; nicht nur erzeugte er
bey dem neuen französischen Feldherrn den Entschluss, Giessen
freywillig nicht aufzugeben, sondern er gab ihm auch den Muth
ein, das geschwächte Hannöverische Heer durch eine doppelte
Bewegung gegen dessen Flanken, von Kroffdorf zu depostiren;
wozu er von der einen Seite die von dem Rhein frisch ankommenden Truppen, auf der andern aber das neuerdings in Sold
genommene Corps Würtemberger gebrauchte, das 10,000 Mann
stark, unter eigener Anführung des Herzogs, schon bis Fulda
angerückt war; dem Hannöverischen Feldherrn aber erschwerte
er, in Rücksicht der Subsistenz das Vorhaben, womit derselbe
im Geheim umging, das französische Heer vollends über den
Mayn und Rhein zurückzutreiben, immer mehr, bis dazu nach
endlich vollendeter Belagerung von Münster, die in Westphalen
so lange zurückgehaltenen Truppen sich schon in Bewegung
setzten.

Der Feldherr vereitelte die feindlichen Unternehmungen gegen
seine Flanken auf eine sehr glänzende Weise; auf der linken
Flanke sogar vor Ankunft der Truppen aus Westphalen, indem
er den Erb-Prinzen von Braunschweig mit einem Corps von
6000 Mann gegen Fulda detaschirte. Dieser Prinz überrumpelte
die Würtemberger, nahm einen Theil derselben gefangen, und
jagte den Rest weit zurück.

Allein das grosse Unternehmen des Feldherrn gegen das
französische Heer selbst unterlag, selbst in dem Augenblicke, da

es durch diese Fuldaische Expedition so sehr war erleichtert worden, unter dem Unfall von Maxen, der dem ganzen vereinigten Vertheidigungs-System der beyden Könige den gänzlichen Umsturz drohete. Der Feldherr setzte nämlich die Ausführung seines eigenen Entwurfs aus, um den König von Preussen zu retten, und er rettete ihn.

1760.

VII.

Der französische Hof, welcher bei dem Schlusse des vorigen Feldzugs, halb wider sein Erwarten, in dem Besitze von Giessen und der beiden Ufer des Mayn's geblieben war, fasste neue Hoffnungen für diesen, und unterstützte sie durch eine mächtige Verstärkung, die er dem Heere aus Frankreich sehr zeitig zusendete. Dabey folgte man, in Rücksicht des Oberbefehls, der geprüften Maxime des vorigen Feldzugs; die Reserve am Nieder-Rhein, wie das Haupt-Heer am Mayn, blieb einem und eben dem Feldherrn unterworfen. Allein der Marschall von Broglio gab dem vorjährigen Gebrauch der Reserve eine neue Wendung; er überliess den Nieder-Rhein seiner eigenen Stärke, und zog, nachdem er nur schwache Garnisonen zu Wesel, Düsseldorf und Cöln gelassen hatte, die ganze Reserve zum Hauptheere nach Hessen.

Nachdem also derselbe ferner, theils durch einige Fassungslosigkeit unserer vorgerückten Corps, theils durch seine eigene Vorsicht und eine frühere Eröffnung des Feldzugs ein Mittel gefunden, dem Hannöverischen Feldherrn an der Ohm zuvorzukommen, und ihm die Vortheile einer Stellung an derselben zu nehmen; so kamen, nach einigen Bewegungen gegen einander und nach dem Treffen von Corbach, die Heere in dem Waldeckischen in eine, wenn man nur auf den eingenommenen Boden siehet, ungefähr gleiche Stellung; das französische bei Corbach, mit dem Rücken gegen das Herzogthum Westphalen gekehrt, das Hannoverische nahe gegenüber bey Sachsenhausen, Cassel und Nieder-Hessen hinter sich habend. Dieser Stellung konnte also von der Zahl, wenn sie zum Ueberflügeln richtig gebraucht wurde, bald ein Ende gemacht werden. Um den Feind daran zu hindern, griff man ihn an, wo er irgend eine Blösse gab; daher entstand der von dem Erbprinzen von Braunschweig vollführte Ueberfall des Glaubizischen Corps bey Emsdorff (16. Julius 1760); er setzte

III. 2

nicht nur die feindliche Bäckerei von Marburg in eine nicht geringe Gefahr, sondern er verursachte auch dem feindlichen Heere den wirklichen Abgang des ganzen Corps, das gefangen wurde, und entzog ihm noch ein andres, das er von Neuem, zur besseren Deckung seiner Communication, davon detaschiren musste.

VIII.

Allein zehntausend Mann weniger bey dem französischen Heere nahmen demselben an der Ueberlegenheit der Zahl kaum etwas, das sich merken liess. Nachdem der Marschall von Broglio also ein Mittel gefunden, dem Hannöverischen Heere mit einem grossen Corps in die rechte Flanke zu kommen; so schien es nothwendig, die dadurch dominirte Stellung von Sachsenhausen zu verlassen. Das Hannöverische Heer näherte sich also der Stadt Cassel, und setzte sich in eine andere Stellung bei Kalle; der Marschall von Broglio dagegen wollte diesen seinen Vortheil zu einem grössern nutzen; drängte nun, des bisherigen Zwangs auf seiner rechten Flanke ganz los, mit der vollen Uebermacht seines Heers die neue weit engere Stellung des Hannöverischen Heers ganz zusammen, und fand, um von Westphalen und von Hannover mit eben dem Schlage Meister zu werden, nichts weiter übrig, als dem Hannöverischen Heere die Dymel zu nehmen, oder wenigstens diesen Fluss mit demselben zugleich zu passiren, um stets zwischen ihm und den Westphälischen Plätzen zu bleiben.

In dieser Absicht liess er unter dem Chevalier Du Muy etwa 30 tausend Mann über den Fluss gehen und sie bey Warburg lagern. Es schien damit in der That, dass der Marschall schon das Meiste gewonnen hätte; und dass dem Hannöverischen Heere kaum etwas Besseres oder etwas Sichereres übrig geblieben wäre, als nach und nach über die Fulda und über die Weser zu gehen. Doch unter dieser Erwartung, die vielleicht in beiden Heeren gleich stark geworden war, zog sich das Hannöverische in einer Nacht, dichte vor dem französischen, von demselben ganz unbemerkt weg, und ging ohne alle Hindernisse über die Dymel. Zugleich setzte sich der Erbprinz von Braunschweig, der schon vorhin mit einem Corps über dieselbe gegangen war, und bey Cörbeke nicht weit von Liebenau gelagert stand, zum Angriff des Chevalier's in Marsch (Schlacht bei Warburg, 31. Julius 1760). Der Chevalier du Muy wurde gänzlich geschlagen, und die Stellung, welche das Heer hinter der gewonnenen Dymel nahm, setzte dem bisherigen Manoeuvriren des Marschalls unmittelbar das äusserste Ziel.

Zwar da noch nicht einmahl die Mitte des Feldzugs verstrichen war, fehlte es nicht an Versuchen, die noch beyde Theile,
jeder auf der schwachen Seite, auf den Flanken des andern, in
der Nähe und in der Entfernung, unternahmen. Allein das Resultat von allen, nachdem der verschiedene Erfolg, der gute und
der widrige, einander aufgehoben, diente nur, die Lage der Heere,
die, welche jedes einmahl gewonnen hatte, zu befestigen, anstatt
sie, was man suchte, zu verrücken. Der Marschall von Broglio
that dabey, ohne so weit vorwärts gegangen zu seyn, als seine
Vorgänger, etwas Neues, etwas das seinem Feldzuge ein grösseres
Ansehen gab, als die vorigen noch gewonnen hatten; das auch,
weil es auf das innere Verhältniss der Heere gegen einander,
auf den zusammengesetzten Vortheil der Zahl und der Einrichtung zu Belagerungskriegen, welchen das französische hatte, gegründet war, nicht minder dem folgenden Kriege eine günstigere
Wendung für Frankreich zu versprechen schien. Er unternahm
nämlich das zu behalten, was er inne hatte, und auch den Winter
über Hessen nicht zu verlassen, um anderwärts bessere oder
sicherere Quartiere zu suchen. Zu welchem Ende er den an sich
noch unbedeutenden Festungswerken von Cassel und auch denen
von Göttingen, mit der den Franzosen in einem solchen Geschäfte
eigenen Thätigkeit und Geschicklichkeit eine bedeutendere Gestalt gab.

1761.

—

IX.

Sobald dies Unternehmen sich nur von Weitem bemerken
liess, hatte der Hannöverische Feldherr die Nothwendigkeit ge-
fühlt, es nicht zur völligen Reife kommen zu lassen. Allein die
darüber schon eingetretene rauhere Witterung, und noch mehr
der Mangel einer bereiten Subsistenz, um sogleich zu einer
Expedition in ein Land zu schreiten, das gänzlich ausfouragirt
worden war, machten es ihm zur Nothwendigkeit, die Sache
etwas aufzuschieben. Doch dieser Aufschub erzeugte wiederum
neue Schwierigkeiten; er gab nicht nur dem Feinde ein kostbare
Frist, verlegte nicht nur die Ausführung in eine noch schlimmere
Jahreszeit, sondern er hielt auch, die ganze Zeit über, einen
nicht unbeträchtlichen Theil des Heeres in einer hülflosen Gegend
wie angekettet; wo die Härte des Dienstes und des Winters,

der Mangel und bösartige Fieber in demselben zugleich auf-
räumten.

Demungeachtet wusste der Feldherr das obwohl sehr geschwächte Heer im Februarius, wider Aller, des Freundes wie
des Feindes, Erwartung, in Bewegung zu bringen. Es fiel, in
verschiedene Haufen abgesondert, zugleich auf die Werra, die
Fulda, die Eder; es hob einige Quartiere der Feinde auf, sonderte andre von einander ab, und verbreitete Furcht und Verwirrung auf alle; dabey rückte es von allen Seiten, in zwar
verschiedentlich erschwerten, aber doch noch solchen zusammen-
treffenden Schritten fort, dass der Marschall kein Mittel sahe,
in Hessen den Ort und die Zeit zu gewinnen, um sich zu setzen,
vielmehr bald seine einzige Auskunft in der Hurtigkeit eines
allgemeinen Rückzugs suchte, sich allein geborgen haltend, wenn
er ungehindert das Heer an den Ufern des Mayns wieder versammeln könnte.

Vielleicht hätte er dies gethan, ohne darum noch einen
Schritt weiter gekommen zu seyn, wäre ihm nicht ein Ohngefähr
zu Hülfe gekommen. Dies Ohngefähr war freylich nichts anders,
als was es gewöhnlich ist: die Lage der Sache mit dem Zusatz
der Zufälligkeiten, die unter dem angeordneten Lauf der Operationen unvorhergesehen entspringen, oder halb erwartet nicht
eintreten; Dinge, auf die man rechnet und nicht rechnet, und
denen der Krieg in seinem Gang, als Lieblingen lieber folgt,
als den Befehlen des Feldherrn.

Nämlich so wenig der überraschte Marschall von Broglio im
Stande war, sein Heer in Hessen zum Widerstand zu sammeln;
so blieben doch, bey aller Eilfertigkeit, womit er das Land
räumen musste, die sogenannten festen Plätze, Göttingen und
Cassel, mit Ziegenhayn und Marburg, wohlbehalten in seinen
Händen. Selbst die Corps, die an dem Rückzug mit den übrigen
gehindert wurden, und Manchem wie schon verloren schienen,
wurden, indem sie sich in diese Plätze warfen, nicht nur ein
Zusatz zu ihrer Stärke und Sicherheit, sondern auch eine von
den wirkenden Kräften, die, ehe das gemeine Auge es noch gewahr wurde, der siegenden Bahn, worin das Hannöverische Heer
noch fort lief, schon einen Stoss zur Rückkehr gaben. Denn
die ganze Summe der Truppen, welche alle diese so vergrösserten
Besatzungen wegnahmen, verursachte doch dem französischen
Heere nur einen für seine Grösse unbedeutenden Abgang. Der
noch grosse Rest desselben gewann sogar damit in dem Ver-

hältniss der Ueberlegenheit, gegen das ihm folgende Hannöverische Heer, sobald dieses, um die Besatzungen zu forciren
oder zu maskiren, eine ihnen gleiche oder gar grössere Zahl
Truppen in Hessen zurücklassen musste. Dieser Nachtheil, welcher denen, die nur einen fassungslosen Feind vor sich sahen,
eine Zeit lang nicht fühlbar wurde, entging dem Scharfsinn des
Feldherrn so wenig, dass er gleich in Erwägung zog, ob es nicht
gerathener sey, nur etwas leichte Truppen in Hessen zu lassen,
und den Flüchtlingen mit dem ungetheilten Heere auf dem Fusse
bis an den Mayn zu folgen. Die Sache war nicht bloss glänzend,
sie hatte zugleich so viel Realität in sich, dass der Rest der
Expedition danach würde gemodelt worden seyn, hätte sich nur
eine Art von Möglichkeit finden lassen, für die Subsistenz Rath
und einige Sicherheit zu schaffen, so geschwind als es nöthig
gewesen wäre, zu verhindern, dass der Feind sich auch nicht an
dem Mayn setzte.

Solchergestalt blieb denn nichts übrig, als die Festungen
anzugreifen. Unter viel misslichen Wegen schien dabey der
sicherste dieser: das Heer zu theilen; mit dem einen Theil vor
Cassel zu rücken, mit dem andern, der noch nahe 18000 Mann
ausmachte, hinter der Ohm Fuss zu fassen. Diese Stellung ist
sehr stark, wenn man sie zu nehmen weiss; nur bedurfte sie,
um sie ganz zu füllen, einen etwas grössern Haufen. Doch was
diesem, den man hatte, dazu an der Zahl wirklich fehlte, das
konnte die vergrösserte Furcht des Feindes ihm leicht zusetzen.
Und die Hauptschwierigkeit schien nur zu seyn, dass Cassel bald
zur Uebergabe gezwungen würde, und dass man indessen an
der Ohm zu subsistiren ein Mittel fände. Es fand sich allda
noch wirklich etwas Futter in den Quartieren: doch nicht genug,
um nicht genöthigt zu sein, gleich voraus zu fouragiren, und zu
diesem Ende einige ansehnliche Corps etwas vorwärts zu postiren.

Man gewann so Lebensmittel; aber auch der Feind, der nun
wiederum zu sich gekommen war, und vorzudringen anfing, gewann die Gelegenheit, auf diese Corps zu fallen. Die Vortheile,
welche derselbe darüber wirklich erhielt, ob sie gleich für sich
beträchtlich genug waren, hätten doch, unter andern Umständen,
vielleicht wenig zu bedeuten gehabt: Nun rückten sie auf einmahl das ganze System der Stellung aus seiner Lage. Auch
beschloss der Feldherr, anstatt einer weitern Beharrlichkeit daran,
die nichts mehr leisten konnte, die Expedition aufzugeben, und
das Heer von der Ohm ab, und aus Hessen nach Westphalen zu

führen. So schien es, dass er wenigstens noch die Zeit gewinnen
dürfte, der das Heer, mehr als noch zuvor, bedurfte, um sich zu
erholen, und um gegen die Eröffnung des eigentlichen Feldzugs
in Stand zu kommen, das Feld zu halten.

Allein bey den Feinden wirkte theils die allgemeine Lage
des Hannöverisch-Englischen Kriegs, theils diese Expedition und
ihr Ausgang Entschlüsse zu neuen Planen, und zu einer An-
strengung, die weit über alles ging, was Frankreich noch in
diesem Kriege gethan hatte. Nämlich mit dem unglücklichen
Gang, den seine Marine nahm, hatte sich die Nothwendigkeit,
zum Gegenpfand Hannover in die Hände zu bekommen, ver-
doppelt; und die Hoffnung, es endlich zu nehmen und zu behaupten, war gestiegen, theils mit dem fassungslosen Zustand, worin
man das Hannöverische Heer gerathen zu seyn hielt, theils mit
der gefundenen wahren, und nun an Hessen schon geprüften
Methode, wie man Hannover nehmen und fesseln könnte.

Um die Sache ganz sicher zu machen, wurde also beschlossen,
den Feldzug nicht nur sehr früh zu eröffnen, sondern ihn auch
mit neuen Kräften zu unternehmen. Zu welchem Ende 15 bis
16 Brigaden Infanterie und Cavallerie frisch aus Frankreich zur
Verstärkung des schon so starken Heers anrückten. Man glaubte
nun, aus so viel Truppen, zwey besondere, unter sich uugefähr
gleiche Heere formiren zu müssen, davon jedes um 15 bis 20-
tausend Mann stärker wurde, als das Hannöverische ganz genommen; das eine am Niederrhein, das andere an der Fulda und
Lahne. Man gab jedem dieser beyden mächtigen Heere seinen
besondern, von dem andern unabhängigen General. Dies war
vielleicht nicht weniger, als sich der Gefahr aussetzen, den schon
geprüften Misston in dem Gang derselben zu erneuern; allein die
Neuerung schien, bey so einer Stärke, die jedes Heer für sich
hatte, vortheilhaft, oder doch unschädlich, und schmeichelte dabey
den äussern Rücksichten der Parthey, die am Hofe dominirte.
Um die Mitte des Junius setzten sich also beyde Heere in Bewegung: der Marschall von Broglio mit dem seinigen durch Hessen
gegen die Dymel, der Marschall von Soubize vom Niederrhein
aus, die Lippe herauf, zwischen diesem Strom und der Ruhr; in
der gemeinsamen Absicht, mit der Belagerung von Lipstadt, dem
wichtigsten Angel aller bisherigen Bewegungen des Hannöverischen Heers, den Feldzug zu eröffnen; so dass der eine sie vollführte, und der andre den Hannöverischen Feldherrn davon entfernt hielte.

Dieser General hielt um diese Zeit mit dem grossen Haufen seines Heeres um Paderborn; ein Corps stand ihm zur Linken vorwärts an der Dymel, ein anderes zur Rechten im Münsterschen unter dem Erbprinzen von Braunschweig. Der Feldherr sahe dem Anrücken der Feinde, von der einen und von der andern Seite, den ersten Augenblick unbeweglich zu. Sobald er aber sich von beyder Gang und Richtung, und ihrem gemeinsamen Fortschritte etwas näher unterrichtet fand; so schien es ihm, theils um die Abrede der beyden Marschälle zu kreuzen, theils um dabey seinen eigenen Ort und seine eigene Zeit wahrzunehmen, nicht nur, dass er selbst angreifend zu Werke gehen, sondern auch, dass er sich gegen das Heer vom Niederrhein zuerst wenden, und demselben nicht verstatten müsse, über Ham heraufzurücken. Dieser grossen Ursachen wegen erhielt also der Erbprinz von Braunschweig den wichtigen Auftrag, mit seinem Corps vorläufig über die Lippe zu gehen, und damit bey Ham hinter der Ase Posto zu fassen.

X.

Als nun der Prinz von Soubize mit dem Niederrheinischen Heere von Dortmund auf Unna marschirt war, ging ihm der Feldherr mit dem grossen Haufen von Paderborn über Soest entgegen: mit dem Erbprinzen, der sich von Ham aus an ihn schloss, Hand in Hand. Man trieb die feindlichen Truppen, welche der Prinz von Soubize schon vorwärts auf Werl hatte anrücken lassen, ohne sich dabey im Marsch viel aufzuhalten, mit einigem Verlust und leicht zurück. Allein das Heer selbst fand man auf den Höhen von Unna für einen raschen Angriff zu gut postirt. Man marschirte also nur gegen dasselbe, in der Schussweite eines Zwölfpfünders, auf, und erwartete, da die Nacht darüber eingebrochen war, unterm Gewehre, von dem Feinde bloss durch das vor ihm liegende Ravin getrennet, den Anbruch des Tages; des Vorhabens, auf den Flanken zu versuchen, was gegen die Fronte allein zu unternehmen zu misslich schien. Aber den folgenden Morgen fand es sich, nach genommener Uebersicht, dass der combinirteste Angriff gleich unthunlich durch die Natur des Bodens schon war, oder so durch die zutretende Kunst geworden war. So sehr hatte dem Prinzen von Soubize die einzige Nacht zugereichet, seine Stellung zu vervollkommnen; als worauf sich nun überall Verschanzungen zeigten, nicht bloss angefangen, sondern schon vollendet, nicht ohne einige Bewunderung über eine Thätigkeit zu erregen, der man sich nicht gleich fühlte.

Nichts desto weniger beruhete, bey der neuen Ungleichheit der Heere, mehr als je, Alles auf einem Treffen; und nach dem dazu einmahl eingeschlagenen Wege nun auch darauf, dass mit dem Soubizischen Heere die Sache ohne Zeitverlust ausgemacht würde, bevor das andere Heer unter dem Marschall von Broglio zu tief in das gemeine Getriebe eingreifen könnte. So führte die gefahrvolle Lage der Sache zu einem heroischen Mittel, zu einem gleich kühnen und ganz entscheidenden Manoeuver. Denn der Feldherr beschloss, das feindliche Heer zu umgehen, was nur auf dessen linken Flanke versucht werden konnte. Die Sache liess, so schien es, für keinen Theil einen Ausgang offen. Sie schnitt, ausgeführt, den Prinzen von Soubize vom Rhein ab, raubte ihm den Vortheil der Höhen, zwang ihn zu schlagen, um sich zu retten.

Indessen stand der Ausführung etwas auffallend Schweres im Wege. Das Heer hatte nicht nur vor einem äusserst nahe stehenden Feind sich abzuziehen; sondern es musste auch, wie unter seinen Canonen, über die Seeseke gehen, und was noch misslicher war, es musste diesen Fluss von Neuem passiren, geschwind genug, um daran von dem sich wendenden Feinde nicht gehindert werden zu können. Keine dieser und anderer Schwierigkeiten entging dem scharfen Auge des Feldherrn. Er überwand sie sämmtlich, in der Nacht vom 2. Julius, und den folgenden Morgen, ich weiss nicht, ob mehr begünstigt oder mehr aufgehalten von dem grässlichen Gewitter, das gerade in dem Augenblick des Aufbruchs ausbrach.

Der nicht wenig betretene Prinz von Soubize nahm nichts desto minder seine eigene Partey; eine Partey, an die man in der That nur obenhin gedacht hatte. Er gab nämlich Stellung und Communication auf, und eilte auf Soest zu, um sich seinem Collegen in die Arme zu werfen; so dass es nur zwischen dem Nachtrabe seines Heeres und der Avantgarde des Feldherrn bey Hemmerde zu einem Gefechte kam.

Der Marschall von Broglio war unterdessen auf seinem eigenen Wege fortgegangen. Es hatte ihm nur wenig Mühe gekostet, sich den Uebergang der Dymel zu eröffnen, und das Corps des Generals von Spörken, der allda hinter einer Menge von Verschanzungen hielt, zu nöthigen, solche zu verlassen und zurückzuweichen. Er war also, fast ganz ungehindert, schon

Lipstadt vorbey, bis nach Paderborn gekommen, als er sich, durch die Behandlung seines Collegen, genöthiget sahe, nicht nur mit seinem Lauf anzuhalten, sondern seine eigene Bahn selbst zu verlassen, und wieder rückwärts auf Soest sich zu wenden.

Zwar war es als kein geringer Gewinn anzusehen, dass so der Feldherr beyden feindlichen Heeren Gang und Richtung vorschrieb, und gleich mit dem ersten Ausfall in die Anlage ihres abgeredeten Drehungs-Plans einen so mächtigen Riss gemacht hatte. Allein es schien doch nicht Wenigen die Sache ganz anders, und das Uebel nur ärger geworden zu seyn. So sehr schreckte das Ungeheure, das nun dem mächtigen Haufen beywohnte, der eben damit bey Soest vereint worden war. In der That, wenn das Zunehmen des Uebels bloss nach dem Anwachs der Zahl zu schätzen gewesen wäre, so hatte es seine höchste Periode erreicht. Denn weder dieser Krieg, noch dieses Jahrhundert, noch das vorige, hatte noch so viel und solche Truppen in ein einziges Heer versammelt gesehen. Inzwischen war es doch die grosse Zahl selbst, welche die französichen Feldherren die ersten Tage über in einige Verlegenheit setzte, besonders in Rücksicht der Verpflegung. Denn einmahl blieb die Communication zwischen ihnen und dem Rhein ganz unterbrochen, bis auf die lange unbequeme Strasse, welche von Cöln zu ihnen durch die Gebürge führte; und zweytens war eben dem Marschall von Broglio eine ganze von Cassel kommende Convoy aufgehoben worden, von den leichten Truppen, welche der Feldherr an der Weser und im Solling postirt hielt, um von da, als einem nicht ungelegenen Hinterhalt, auf diese Communication den Coup zu unternehmen.

Das Schlimmste war sonderzweifel dies, dass das solchergestalt zusammengebrachte feindliche Heer doch nun zwischen das Hannöverische Heer und die Festung Lipstadt gekommen war, den nämlichen Gegenstand, den der feindliche Entwurf bei seinen ersten Schritten zu seinem geraden Ziel genommen hatte; und es schien, dass nichts die feindlichen Feldherrn mehr hindern könnte, mit einem Theil des Heers die Festung anzugreifen, und den Angriff mit dem andern zu decken. Der Feldherr selbst, welcher kaum sonst etwas so sehr befürchtete als dies, eilte, das Spörkische Corps, welches sich fast von dem Heere hatte abschneiden lassen, so schnell als möglich durch einen Umweg an die Lippe zu ziehen. Er postirte nun solches zwischen sich und Lipstadt, am rechten Ufer der Lippe, und wusste sich da-

bey der Hastenbeck zu versichern, so künstlich, dass es nicht
leicht war, noch ohne ein Vorspiel anging, die Festung an beyden Ufern des Flusses zu berennen. Doch es zeigte sich bald,
dass die französischen Feldherrn nun nicht Lipstadt, sondern den
Angriff des Heeres zu ihrem unmittelbaren Gegenstand genommen hatten, es sey, dass sie, nachdem sie so gereitzet worden,
nichts sich anständiger hielten, oder dass sie nichts so vortheilhaft fanden, als eine Schlacht, um bey alle den Nachtheilen, womit das Hannöverische Heer kämpfte, die ganze Sache des Feldzuges mit einem Schlage abzuthun.

Der Feldherr wurde dieser entschiedenen Wendung der
Feinde bald inne; er schickte sich also dagegen an; er wählte
seinen Grund zum Schlachtfelde; einen Grund, der Schwächen
und Blössen zeigte, die er nicht hatte. Das Treffen (Schlacht bei
Vellinghausen, 15. und 16. Julius 1761.) folgte; es dauerte zween
Tage, nach welchen die beyden Marschälle in Gesellschaft nach
Soest zurückwichen. Der Sieger folgte ihnen nicht gleich; aber
ihr erster Operationsplan war darum nicht weniger ganz ver-
rücket, und etwas Fassungslosigkeit stand ihrer Abrede für einen
neuen im Wege.

Doch ein Deus ex machina brachte sie bald wieder auf die
Beine. So gelegen trat der scharfsichtige Kriegs-Minister schon
ins Mittel, indem er, es sey eigenes Gefühl, oder auf Anzeige
von dem Heere aus, eilte den Misston zu heben, welchen das
unabhängige Commando bey den zwey Heeren verursachte. Er
konnte diesen Misston nicht ganz heben; aber er hob ihn zum
Theil, und löschte schon damit, so schien es, den Eindruck der
Schlacht, den sie auf die Tafel des Feldzuges gemacht hatte,
völlig aus.

Nämlich er liess zwo Maassregeln nehmen; die erste schlug
den grössten Theil des Soubizischen Heers zu dem Heere von
Broglio; bloss eine Reserve, ein Rest von etwa 35,000 Mann
stark, blieb von dem Niederrheinischen Heere unter dem unabhängigen Befehl des Prinzen von Soubize; die zwote sendete
beyde Feldherrn in ihre erste Lage zurück; in die, worin sich
jeder vor der Umgehung der Stellung von Unna befunden hatte.

Zwar war es ganz in der Gewalt der französischen Feldherrn, diese Lage wiederum zu gewinnen; doch fand man für
den Prinzen von Soubize dazu keine andere Sicherheit, als denselben gleich von Soest aus sich in die Gebirge des Herzog-
thums Westphalen werfen zu lassen, damit er denn, von dem

Möln und der Ruhr gedecket, fortrücken, die freie Communication mit dem Rhein wieder gewinnen, und sich nach und nach der Lippe nähern möchte. Das frisch gestählte Heer von Broglio ging dagegen freier zu Werke; es hatte Paderborn nahe hinter sich, und den Weg dahin offen und vorbereitet. Ihm folgte der Feldherr auf dem Fusse, mit dem grossen Haufen des Heeres etwa 45,000 Mann stark; dem Prinzen von Soubize aber marschirte der Erbprinz von Braunschweig zur Seite, längst dem Haarstrange, mit etwa 15,000 Mann.

Obwohl dies negative Manöver der feindlichen Feldherrn vier Wochen von der Zeit abzog, welche Frankreich gerechnet hatte, auf die Eroberung von Hannover verwendet zu sehen; so schien es doch, dass die besonders dem Marschall von Broglio aufgelegte Nothwendigkeit, etwas Grosses zu unternehmen, und die Lage, in welche beyde getreten waren, die französische Macht zu einem neuen und gefährlichern Versuch gespannet hätten. Sie, Haupttheer und Reserve, befand sich dazu gerade wiederum in dem Fall des Marschalls von Contades; als vor zwey Jahren dieser Feldherr, nach Passirung der Defiléen von Stadt-Bergen, Paderborn gewonnen hatte, und, zwischen das Hannöverische Heer und die Weser gerücket, anfing, seine Leiter vorwärts zu schieben. Zwar hatte sie nun dazu etwas weniger Zeit vor sich, als der Marschall von Contades; dagegen waren andre Vortheile auf ihre Seite getreten. Sie war z. B. um ein fünftel stärker, sie hatte mit dem Besitz von Göttingen im Hannoverschen selbst schon Fuss gefasset, schon war für sie eine Bäckerey zu Paderborn in vollem Gange, nicht zu gedenken, dass neben dem wesentlichen Vortheil, mit der Reserve von Soubize in einem nahen Bezug zu bleiben, das Vergangene selbst, mit der vergrösserten Kenntniss des Bodens, eine Boussole für den Marschall auf dieser dringenden, gebieterischen Route geworden seyn würde, um alle die Vortheile, die sie darbot, zu nehmen, und die alten, gefühlten Nachtheile zu vermeiden.

Sonder Zweifel hatte der Marschall von Broglio, durch so viel Gründe seine Vorgänger zu übertreffen aufgefordert, kein geringeres Ziel genommen, als vorhin der Marschall von Contades. Allein die Frage war, wie er das Ziel gewisser erreichte; und dazu fand er nöthig, einen ganz neuen Weg einzuschlagen. Bey dem, den er wählte, entdeckt man leicht eine feine Combination, und doch zugleich etwas, davon man den Grund nur in einem seit den letztern Vorfällen merklich veränderten Vertrauen

finden kann; das sich leicht von der dem Herrn Marschall eigenen bekannten Behutsamkeit unterscheidet lässet, die ihm nie zuviel auf das Spiel setzen liess, ihm höchstens erlaubte, bey seinen
sogenannten Minorativen etwas mehr zu wagen, oder etwas brau-
send zu scheinen.

Vielleicht urtheilte er, auf den Feind sehend, mit welchem
er die Sache auszumachen hatte, nicht unrecht, dass der schnellste
Lauf nach Hannover aus langsamen gewissen Schritten, aus unter sich ganz verbundenen Schritten bestehen müsse, so dass das
schon eroberte dem zu erobernden stets die Hand böte, ohne
irgendwo einen Spielraum dazwischen zu lassen. Aber nun fiel
ihm, nach Paderborn nach einem vereitelten ersten Entwurf zu-
rückgeführet, dazu die Festung Hameln als der nächste Gegenstand allein auf, und zum Angriff des Orts die einzige Weise,
welche wir gleich sehen werden.

Zwar entsprach eine Belagerung der Stadt Hameln, die zugleich der wichtigste, der festeste Platz an der Weser war, allen
den Bedingungen, die er sich selbst gemacht hatte; auch schien
es, dass die Ausführung, so wie er sie bey sich entworfen hatte,
ganz in seiner Gewalt wäre, als dabey es nur darauf ankam, dass
er zwischen dem zu belagernden Platz und den Plätzen, welche
er schon hatte, Cassel und Göttingen, einen schicklichen Mittelort
zur Bäckerey ausrüstete und mit einem hinlänglichen Mehlvorrath
anfüllte; welches freylich leicht und sicher zu Höxter geschehen
konnte, dem Orte, welchen er dazu wirklich wählte; und dass
er dann zweytens mit dem Heere selbst sich zwischen dem feindlichen Heere und der Festung hielte: wozu, nach dem Maasse
der Wendung, welche der Hannöverische Feldherr seinem Heere
geben würde, die Höhen und Gebirge im Detmoldschen oder im
Paderbornschen ihm ganz bequeme Stellungen darboten, um dahinter mit aller Sicherheit die Belagerung vornehmen zu lassen:
eine Operation, die weder ein starkes Corps erforderte, noch
mehr als 3 oder 4 Tage Zeit, nach eröffneten Laufgräben weg-
zunehmen drohete. Allein es sey in der Absicht, sein Vorhaben
desto länger zu verbergen, oder um sich in den Stand zu setzen,
es um so viel leichter und sicherer auszuführen, so beschloss
er, vorerst sich noch etwas weiter zurückzuziehen. Er gab also
Paderborn mit den alda vorhandenen Anlagen auf, und ging
durch die Defiléen, in den östlichen Theil des Bissthums, die
Teutoburgischen Gebirge zwischen sich und seinen Gegner setzend.

In der That, was den Marschall der Ausführung seines Ent-

wurfs sehr nahe brachte, das war gerade dies: dass der Hannöverische Feldherr in diesem Rückzuge des Marschalls die ersten
Schritte, die er schon damit gegen Hameln that, noch gar nicht
entdeckte. Vielmehr glaubte derselbe, als er Paderborn so unerwartet aufgegeben sahe, dass der Marschall zu seinen Operationen eben kein hohes Ziel genommen hätte, dass er vielleicht
nur das Paderbornische, auch zwischen den Gebirgen und der
Weser, ausfouragiren wollte, oder temporisiren wollte, und um
etwas Wichtigeres zu unternehmen, erwartete, dass ihm dazu die
Gelegenheit gegeben würde; mit einem Worte, dass, aufs Höchste
genommen, der Rest der Operationen auf eine blosse Wieder-
holung des vorjährigen Feldzugs im Nachsommer hinauslaufen
dürfte.

Indem der Feldherr den Marchall von Broglio so auslegte,
nahm er selbst zu seinem nächsten Ziel nur dies: ihn zu nöthigen,
je eher je besser, über die Dymel zurück nach Hessen zu gehen.
In dieser Absicht schickte er sich, in Geheim, an, selbst die
Dymel zu passiren: ein Unternehmen, das, durch den Zufall
begünstiget, freylich die Sphäre der Operationen sehr erweitern
konnte. Indessen stand ihm keine wesentliche Schwierigkeit im
Wege, ausser der, welche von der Verpflegung kam. Während
der Vorkehrung, welche er für selbige machte, versuchte er durch
kleine wiederholte Angriffe die engen Pässe der Gebirge. In
wenig Tagen änderte sich damit die ganze Stellung des feindlichen Heers, das sich nun viele Meilen lang ausdehnte, von der
nördlichen Grenze des Bissthums an, bis in das Waldeckische.
Schon nahm der Feldherr diesen Gang der Dinge nicht ohne
einen grossen Zuwachs von Hoffnung wahr; als sie, diese Hoffnung, auf einmahl verschwand. Die Ursache davon lag in der
grossen Zurüstung, die der Marschall zu Höxter machte, in dem
entschiedenen Ernst, womit sie betrieben wurde, und dem Fortgang, den sie hatte; von welchen Dingen der Feldherr erst itzo
eine Nachricht erhielt, die seinen Glauben verdiente. Er las
darin des Marschalls Entwurf wider Hameln, wie mit Worten
ausgedrücket, und eine laute Aufforderung, dagegen keine Zeit
zu verlieren. Wenn der Marschall, sagte er, eher fertig wird,
als ich, und das war allerdings zu fürchten, so marschire ich
vergebens auf Cassel; er kann dieser Communication alsdann auf
eine kurze Zeit gar wohl entbehren; ich werde also gerade gegen
ihn selbst marschiren müssen, und werde dann mit ihm schlagen
müssen auf die Bedingungen, welche er mir selbst vorschreiben

wird, oder ich muss Hameln fallen sehen. Die Frage war dahero,
wie einem so dringenden gefahrvollen Dilemma zuvorzukommen
stünde. Der Feldherr glaubte, dazu noch einen Weg offen zu
sehen; wenn er nämlich sich selbst zwischen Hameln und den
Feind setzte. In der That bot das Lippische zu diesem Zweck
verschiedene bequeme Bergrücken dar. Einige dieser Höhen
laufen, in einem mässigen Abstand von einander. fast parallel
mit einander fort. Sie lagen sämmtlich dem französischen Heere,
wie es itzo stand, in der Flanke. Die vortheilhaftesten von allen
waren die vordersten, die Höhen von Reilekirchen; allein der
rechte Flügel des feindlichen Heers war fast bis an den Fuss
derselben schon herangerücket.

Doch dass Auffallende des Entschlusses, sich dieser Höhen
zu bemächtigen, kam nicht bloss von der sichtlichen Misslichkeit
sie zu verfehlen, sondern zugleich von der dazu nöthigen plötz-
lichen Umkehrung der ganzen Lage; als welche nicht nur die
Flanke zur Fronte machte, sondern auch auf einmahl den Angel
der Bewegung von der Lippe nach der Weser verlegte. Allein
es war eben dieser plötzliche Umsatz das, worauf der Feldherr
den Erfolg der Bewegung am mehrsten baute. In der That
waren ihr diese drey Dinge günstig; zuerst die Sache selbst, in
der Hoffnung, dass der Marschall sie sich nicht leicht würde ein-
fallen lassen: dann die Ausspinnung des französischen Heers in
den langen Faden hinter den Teutoburgischen Gebirgen, wofern
es nur gelang, ihm den Marsch des ersten Tages ganz, und etwa
noch die eigentliche bestimmte Richtung des zweyten zu ent-
ziehen: drittens die isolirte noch ganz unbedeutende Lage, worin
sich die Reserve des Prinzen von Soubize befand, als welche zu
erlauben schien, dass man sie eine Weile sich selbst und ihrer
Unbereitschaft überliesse, unterdessen aber den Erbprinzen von
Braunschweig vor ihr wegzöge.

Auf diese Umstände und seine eigene kühne Thätigkeit gestützet, gab der Feldherr, ohne weiter Zeit zu verlieren, den
Befehl zum Aufbruch. Er setzte das Heer, und das Corps des
Erbprinzen ungefähr zu gleicher Zeit in Bewegung. Nach einem
dreitägigen Marsch bekränzte das Heer, dem schon anrückenden
Marschall nur um einen Augenblick zuvorkommend, die Höhen
von Reilekirchen, und der Erbprinz von Braunschweig die, von
dem Heere verlassenen, Höhen von Büren, dem feindlichen Heere
in dem Augenblicke, dass es sich gegen Reilekirchen wendete,
in der Flanke und im Rücken.

XI.

Es lässt sich nichts der ersten Bestürzung vergleichen, in welche mit dieser Erscheinung der französische Feldherr gerieth. In der That wurde an den Höhen von Reilekirchen nicht bloss sein Entwurf der Belagerung von Hameln zerbrochen, es scheiterte daran der ganze übrige Feldzug, vielleicht alle bessere Erwartung von seinem künftigen Benehmen zugleich.

Der Marschall wagte indessen noch einige schwache Versuche: Allein die konnten gegen die Stärke der Hannöverischen Stellung nicht wohl gerathen. Auch ging er, nach einigen Tagen, mit dem ganzen Heere, rückwärts nach Höxter; wohlbedächtlich dem zuvorkommend, was etwa der Hannöverische Feldherr selbst unternehmen könnte, sobald er sich würde in Stand gesetzet haben, ein neues Mannöver anzufangen. Im Grunde hatte der Marschall von dieser Zeit an keinen bestimmten Entwurf mehr, um Hannover zu erobern. Doch hinderte ihn dies nicht, noch etwas von Zufall und Gelegenheit zu hoffen, wenn er über die Weser ginge, besonders wenn ihm der Hannöverische Feldherr über den Fluss folgte, vielleicht rechnend, dass da wo alle Punkte empfindlicher waren, als in Westphalen, die Zahl, welche mehrere derselben zugleich fassen konnte, von einer mächtigern Wirkung seyn dürfte, wenigstens dass, wo nur die Heere recht in einander griffen und sich hielten, das darüber verlassene Westphalen unter den freyen Schlägen des Prinzen von Soubize erliegen würde.

In Hinsicht auf diese oder andre Dinge passirte er mit dem grossen Haufen seines Heers den Strom über eine Schiffsbrücke, unterhalb Höxter; ein beträchtliches Corps liess er aber zurück dabey stehen; es sey bloss in der Absicht, die Ausleerung von Höxter zu decken, oder um auf günstigere Fälle bereit zu bleiben.

Allein der Hannöverische Feldherr begnügte sich, noch mehr von seinen leichten Truppen über die Weser gehen zu lassen. Mit dem Heere aber folgte er dem Marschall, so geschwind er konnte, auf Höxter nach; und es war ein blosses Ungefähr, freylich von denen, welche einem alliirten Heere zu folgen pflegen, wenn der Marschall die Zeit gewann, seine zurückgelassenen Truppen über die Brücke an sich zu ziehen. Indessen fiel Höxter in der Hannoveraner Hände.

Von nun an entspann sich eine Reihe von gegenseitigen Bewegungen, die den Rest des Augusts, den September und den October wegnahmen, ohne die Lage der Dinge im Ganzen zu ändern. Ihre vornehmste Richtung ging, abseiten des Hannöverischen Feldherrn wider Hessen; abseiten des Französischen wider Braunschweig, das eigentliche Vaterland des Hannöverischen Feldherrn. Der Erfolg davon war so wechselseitig, dass man den Ton gab und nahm, und die Wage zwischen Vortheil und Nachtheil ungefähr gleich blieb. Mit Ende des Octobers schien der Feldzug selbst zu Ende zu seyn, und der Marschall von Broglio in einigem Vortheil bleiben zu können. Es war nämlich derselbe in dem Besitz von Eimbeck, von wo er, als einem Mittelpunkt, sowohl vorwärts die Leine herunter, als auf beyden Seiten dieses Flusses, auf der rechten im Braunschweigischen, auf der linken gegen die Weser, noch abgesonderte Corps postirt hielt.

Allein der Hannöverische Feldherr ging nun, in dem abgewarteten Augenblick, mit dem ganzen Heer über die Weser. Es fand dasselbe sich in verschiedenen Corps abgesondert. Mit diesen drang er von vorne und von der Seite zugleich auf und zwischen die feindlichen Corps ein, so rasch, dass nicht nur überall diese Corps zurückgetrieben wurden, sondern dass auch der Marschall bey aller seiner Kunst Mühe gehabt haben würde, sich selbst zu Eimbeck zu halten, und sein Heer allda zusammen zu bringen, wäre ihm nicht hie und da dazu ein Aufenthalt zu statten gekommen.

Bey dieser allgemeinen Jagd führte der Erbprinz von Braunschweig das Haupt-Corps am linken Flügel, damit er die Leine herauf gerade gegen Eimbeck auf die Huve angerückt war. Der Feldherr, mit diesem ersten Erfolg nicht zufrieden, setzte die Bewegung, ohne anzuhalten, aber nach einem neuen Gang und einer neuen Richtung fort. Das Corps des Erbprinzen diente ihm nun dabei zum Angel der Drehung, die er mit dem Centrum und rechten Flügel unternahm. Er gewann damit unter täglichen Gefechten, alle engen Pässe auf der linken Flanke des feindlichen Heers, und indem er auf solche, und dem Feinde selbst im Rücken debouchirte, nöthigte er den Marschall, Eimbeck aufzugeben, das Hannöverische selbst zu verlassen, und sich mit dem ganzen Heer über die Werra zurück nach Hessen zu ziehen.

So endigte sich dieser Feldzug, den man in Rücksicht des von Ort und Zeit und Mitteln gemachten Gebrauchs, vielleicht

nicht unrecht für. den gelehrtesten dieses Krieges hält. Er war
sonder Zweifel für Hannover der gefährlichste dieses Krieges,
soweit, alles übrige bey Seite gesetzet, sich die grössere Gefahr
aus dem grössern Unterschied der Heere schätzen lässt. Denn
dies Jahr waren es drey Mann zum höchsten, die gegen Sieben
fochten; dabei focht nicht blos ein von vielerley Truppen zu-
sammengesetztes alliirtes Heer gegen ein federkraftvolles französisches Heer von eigenen Truppen, sondern es hatte es ein zu
einem grossen Theil aus schwachen Reconvalescenten und rohen
Recruten bestehendes Heer mit einem Heere von Veteranen aufzunehmen, das nur aus alten Corps bestand, und durch Auszüge
aus alten Corps war recrutirt worden.

1762.

——

XII.

Die Veränderung, welche das System des allgemeinen Krieges durch den offenen Beytritt Spaniens zu der französischen
Parthey erlitten hatte, äusserte sich ganz natürlich bis auf den
Schauplatz des deutschen Kriegs. Der französische Hof, um
den Vortheil dieses Beytritts voll zu ärndten, urtheilte vielleicht
ganz richtig, dass er auf alle Weise Spanien in den Stand
setzen müsste, Portugal, welches England nicht sinken lassen
würde, mit einer entschiedenen Uebermacht anzufallen. Aber
um dies thun zu können, musste er sich entschliessen, seine
eigene Macht in Deutschland zu schwächen. Freylich setzte dieser Hof, indem er ungefähr 24,000 Mann daraus nach Frankreich zurückrief, stillschweigend voraus, und vielleicht nicht unrecht, dass, wenn bisher die Wiedereroberung von Hannover vereitelt worden, die Ursache davon keinem Mangel der Hände bey-
gelegt werden müsste. Man suchte dem rechten Uebel an die
Wurzel zu kommen; und bereit, dabey den Winken der Erfahrung zu folgen, schöpfte man, unerachtet der kleinen Verminde-
rung des Heeres, eine neue und grössere Hoffnung als vorhin.
Es gründete sich diese Hoffnung aber nicht bloss auf die völlige Verbesserung des Fehlers, welcher in dem vorigen Feldzuge
bey Theilung des Commandos begangen worden, und auf eine
frühe volle Rüstung; sondern auch auf das veränderte System
des neuen brittischen Ministers in Rücksicht von Deutschland und

III.

auf die so sehr zugenommene Erschöpfung von Hannover und
seiner Alliirten.

Ludwig XV. gab also der Reserve am Niederrhein zum
neuen Chef zwar selbst einen Prinzen von seinem Blute: aber
dieser Prinz wurde darum nicht weniger dem Befehle des Generals des Hauptheers in Hessen untergeordnet. Er wählte zu diesem grossen Posten frey, wie er glaubte, und wirklich gegen die
Stimme einer mächtigen Cabale, den Mann, den die Wünsche
von Frankreich dazu riefen, den geprüften Marschall d'Etrées,
den nämlichen Feldherrn, der in dem ersten Feldzug zu Hastenbeck gesieget, und nur so wenig Wochen gebraucht hatte, Hannover zu erobern, mit allen Ländern der verbundenen Fürsten
vom Rhein bis an die Weser und Elbe. Man wollte diesen
grossen General noch über sich selbst erheben; damit also nichts
weder sein Auge noch seine Hand von dem Grossen des Krieges und der Operationen abzöge, gesellte man ihm, wie nach dem
Beyspiel der Griechen und Römer, einen Gehülfen zu, in der
Person des in der That gleich eifrigen und gefälligen Prinzen
von Soubize, in der Absicht, dass dieser General aus dem Detail sein eigenes Geschäfte machte: einer Sache, die in dem
leichtesten kleinsten Kriege von Umfang ist und zerstreuet, hier
aber bey der Grösse des Heers und der Beschaffenheit des Kriegs-
schauplatzes in's Unendliche ging.

An unserer Seite schränkten den Feldherrn weder die neuen
Hoffnungen der Feinde, noch die Hindernisse, welche er nur in
seinem Wege fand, in eine engere Sphäre ein. Noch nie zuvor
hatte er in einem Winter-Quartiere so viel wesentliche Ver-
besserungen zu Stande gebracht, hier bey den Zügen und dem
Proviantwesen, dort bey der Artillerie, welcher er eine ganz neue
Form gab, oder bey dem Heere selbst, das er bewegbarer machte
und durch Zusätze von leichten Truppen verstärkte, oder bey
den Festungen, die er sämmtlich mit neuen Werken verbesserte,
und mit Artilleristen, und andern Dingen, die ihnen fehlten,
versahe.

Der Feldherr gab dem Heere diesmal eine längere Ruhe,
als er noch zuvor gethan hatte. Seine Absicht war indessen gar
nicht, den Angriff der Feinde zu erwarten; er wollte selbst angreifen, und nichts glich der Wärme des Vorsatzes, der seinen
Busen anfeuerte, die Feinde auch aus Hessen zu vertreiben.

Vorläufig beschloss er eine kleine Unternehmung wider
Arensberg im Herzogthum Westphalen auszuführen, theils aus

Ursachen, die einen Bezug auf sein Winter-Quartier-Verpflegungs-System hatten, theils um die Communication zu unterbrechen, welche die Garnison zwischen der feindlichen Reserve und dem Hauptheer in Hessen unterhielt.

Der Erbprinz von Braunschweig erhielt dazu den Auftrag. Dieser Prinz rückte in der Mitte des Aprils vor die Stadt und das Schloss, so schnell und zugleich so vorsichtig, dass so wenig aus Hessen als vom Niederrhein her etwas zum Entsatz herbey-kommen konnte, oder nur herbey zu eilen versuchte.

XIII.

Erst zween Monate nachher, nach schon eingetretener Mitte des Junius, setzten beyde Theile, ungefähr zugleich, sich gegen einander in Bewegung; beyde in der Absicht, anzugreifen, der Hannöverische Feldherr entschlossen und bereit, über die Dymel zu gehen, und die Sache mit einem Treffen anzufangen; die französischen mit dem Vorsatz, vorläufig etwas zu manövriren, hoffend, damit neben dem Vortheil ihrer Lage ihre Zahl zugleich ins Spiel zu bringen. Ihre Combination dazu war von der der vorigen Feldzüge etwas verschieden. Sie rückten nämlich mit dem grossen Haufen von Cassel aus, auf der Strasse nach Pader-born, gegen die Dymel bis Wilhelmsthal und Grebenstein; ihnen zur Rechten drang der Prinz Xavier mit einer Reserve längst der Leine ins Hannöverische, und der Prinz von Condé mit der grossen Reserve des Niederrheins, marschirte ihnen, die Lippe herauf gehend, entgegen.

Der Erbprinz von Braunschweig fand sich dem Prinzen von Condé entgegengestellet: Er hatte 10 oder 12 tausend Mann weniger als der französische Prinz. Da dieser vorläufig seine beyden Versammlungs-Läger von Düsseldorf und Wesel zu ver-einigen hatte, so hoffte der Erbprinz, ihm dabey ein Hinderniss in den Weg zu legen. Er ging also über die Lippe und lagerte sich bey Horneburg, in der Absicht, den Augenblick zu nutzen, wenn die Truppen von Düsseldorf über die Emscher gehen wür-den. Allein der Erbprinz kam schon zu spät. Denn mitten unter den Vorkehrungen, die er zu seinem Zweck machte, hatten die Feinde bereits Sterkerad und Aep erreicht, auf ihrem Marsche von den vorgerückten Conflans gedecket; und trafen so unge-stört bey den übrigen Truppen vor Wesel ein.

Nun anstatt, wie der Prinz von Soubize im vorigen Feld-zuge gethan hatte, die Lippe am linken Ufer heraufzugehen, unternahm dies der Prinz von Condé am rechten Ufer des Flusses, in kleinen Märschen, nach einander, auf Schernbeck, Haltern und Dülmen fortrückend.

Hierdurch sahe sich der Erbprinz von Braunschweig, da er weniger Hoffnung sahe, seinen Gegner von Wesel abzuschneiden, als er fürchtete, von ihm von Münster abgeschnitten zu werden, nach einigen vergeblich gemachten Versuchen, den Feind zu sich herüberzuziehen, oder ihn in seinem Fortrücken aufzuhalten, genöthiget, selbst bis nach Lünen zurückzugehen, und nach alda repassirter Lippe, sich hinter einander bey Cappenberg und Herbern in einer schrägen Richtung zu lagern, in der Absicht, seine Communication mit Münster frey zu behalten.

Vielleicht wäre der Prinz von Condé durch diese Stellung, ohne ihm ein Treffen zu liefern, in seinem Lauf noch nicht aufzuhalten gewesen: allein der Faden, welcher ihn bisher gezogen hatte, liess auf einmahl nach; oder vielmehr er war in Hessen, durch die blutigen Auftritte von Wilhelmsthal (24. Junius 1762), abgerissen worden. Zwar möchte es scheinen, dass er ihn um so weniger hätte fahren lassen müssen, vielleicht, dass dies die Zeit war, selbst ein Treffen zu suchen, um dadurch zwischen der Reserve nnd dem Hauptheere einen neuen Faden zu knüpfen; allein der französische Prinz fand gerathener, sich zur Seite nach Coesfeld, als gegen die Communication mit Holland, zu wenden. Er wählte so in der That eine schwache Seite zu den Streichen, die er führen wollte: Allein diese konnten, unter den gegenwärtigen Umständen, keine tiefe Wunden verursachen. Indem er nämlich mit dem grossen Haufen zu Coesfeld hielt, liess er kleine Läger auf Billerbeck, Darup und Horstmar fortrücken, zur Unterstützung der leichten Truppen, die, in Gesellschaft mit den Dragonern und Jägern der Reserve, die Posten der Ems anfielen, auch hie und da wirklich über diesen Fluss gingen. Die kleinen Erfolge dieser Detachemente blieben zwar immer unbedeutend; da sie aber viel Geräusch machten und bey den Betretenen einige Unruhe vor grösseren Folgen erreget hatten, fand der Erbprinz von Braunschweig sich bewogen, von Herbern nach Wolbeck zu marschiren, von wo er den feindlichen Streifereyen leicht Einhalt that, bis dem ganzen unbedeutenden Spiel die zunehmende Verlegenheit des Hauptheers in Hessen völlig ein Ende machte.

Denn die beyden Marschälle, da sie zwischen der Werra und Fulda von Tag zu Tag sich mehr gedränget sahen, und sich durch die im Vogelsberg, im Fuldaischen und im Hirschfeldischen

eingenommenen kleinen Posten, von dem Mayn fast abgeschnitten
hielten, forderten den Prinzen von Condé auf, ihnen auf ihrer
Communication wieder Luft zu machen. Diesem Ruf zufolge
verliess der Prinz Coesfeld und die Ems und ging nach der Lippe
zurück; er passirte diesen Fluss ungesäumt bey Haltern und
Flasheim; und wählete nun, besorgt, was unterdessen in Hessen
weiter vorgehen möchte, um dahin zu kommen, den sichereren
Umweg. Er ging also noch über die Ruhr und gegen die Siege;
und erreichte die Lahn bei Giessen ungehindert in den erstern
Tagen des Augusts. Der Erbprinz von Braunschweig war ihm
zwar stets zur Seite geblieben, derselbe ging aber die kürzere
Strasse die Lippe herauf, und dann durch das Waldeckische bis
an die Ohm. Er lagerte alda sein Corps, (wodurch er dem
Prinzen von Condé das Eindringen in Hessen verbot) hinter dem
Flusse bey Dannerode.

XIV.

Der Erbprinz von Braunschweig hatte durch die Truppen,
welche er theils im Münsterschen, theils an der Lippe zurückgelassen, theils sonst detachirt hatte, sein Corps um ein Drittel
geschwächt. Nachdem er aber von dem Hauptheer aus wiederum
war verstärket worden, ging er über die Ohm, und überfiel
bey Bernsfeld das vorgerückte Corps des General-Lieutenants
von Levi.

XV.

Durch diesen Erfolg aufgemuntert, besonders um in die
Bewegung, welche eben um diese Zeit das französische Hauptheer aus Hessen vertrieb, thatvoll einzugreifen, beschloss er noch
etwas weiter vorzurücken, und den Prinzen von Condé selbst
zum Treffen zu bringen. Es stand dieser Prinz auf den Anhöhen
zwischen Grünberg und Reinhartzhain. Die Stellung war für sich
schon gut, und war dazu nicht übel verschanzet. Sie schien
dennoch aber auf der rechten Flanke, wenn man über Lahnheim
und Lauter dagegen anrückte, einen Zugang zu lassen. Der
Erbprinz ordnete also den Angriff dieser Beschaffenheit der feindlichen Stellung gemäss an. Allein dem Erfolge kam der französische Prinz zuvor. Er verliess seine Verschanzungen in der
Nacht, (in der Nacht vom 22. auf den 23. August 1762) und
wich nach Giessen zurück.

ERLÄUTERUNG
DER PLANE VON GEFECHTEN.

Es folgt die Erläuterung zu den dem regierenden Herzog Carl Wilhelm Ferdinand von Braunschweig im Jahre 1786 überreichten Plänen von Gefechten aus dem siebenjährigen Kriege,
verfasst von Westphalen. Die Pläne selbst befinden sich in der Bibliothek des Magistrats
zu Braunschweig; gleichwohl sind die Erläuterungen unschwer verständlich und wegen einiger Specialitäten nicht unwichtig.

I.
✷✷Action von Hoya, den 23. Februar 1758.

Der zu Hoya commandirende französische Officier, Graf von Chabo,
erwartete den Angriff, doch als wahrscheinlicher nur auf der rechten
Seite der Weser. Demzufolge wurde von ihm der Flecken an beiden
Ufern besetzt, sammt der Brücke. Das neben der Brücke liegende
Schloss A. verstärkte die Vertheidigung der Brücke. Zu diesem wichtigen Geschäfte hatte er das Regiment von Bretagne, die Lothrin-
gische Garde, die Königlichen Freiwilligen, einige Compagnien Grenadiere sammt etwas Reuterey.

Der Erbprinz von Braunschweig hatte zum Angriff ungefähr eine
gleiche Anzahl von Truppen; das braunschweigische Leib-Regiment,
die 2 Bataillone von Haus und Oberg, die Dragoner von Busch und
einen Trupp Husaren. Er errieth die Dispositionen des Grafen, und
beschloss, um sie zu vereiteln, an dem rechten Ufer nur einen ver-
stellten Angriff mit einem kleinen Detachement zu thun, mit dem
grossen Haufen aber über die Weser zu gehen. Nach sehr mühsam
passirter Ueberschwemmung bey Verden war er auf dem Damm B.
bis Barme, eine Meile von Hoya, angekommen. Er fand da ein paar
Barken, und gleich fing er damit das Uebersetzen der Truppen bey
C. an. Allein dies schwache Mittel und der eben wüthende Sturm,
welcher die Ueberfahrt allgemein aufhielt, zwangen ihn, um nicht zu
viel Zeit zu verlieren, seine Disposition zu ändern. Nun marschirte
das Haupt-Corps am rechten, er selbst mit dem übergesetzten Bataillon
von Haus und 3 Compagnien des Leib-Regiments auf dem linken Ufer
den Fluss herauf. Beyde Haufen stiessen in ihrem Anmarsch auf feindliche Patrouillen. So kam der avertirte wachsame Feind auch mitten
in der Nacht unter das Gewehr. Das Bataillon von Haus formirte
indessen ohne Umstände den Angriff, durch die Strasse gerade auf die

Brücke zugehend. Allein es wurde dasselbe bald durch das heftige
Feuer eines wohlpostirten Feindes aufgehalten und verlor bis an 100
Mann; der Erbprinz aber umging an der Spitze der Braunschweiger
den Flecken, und kam, zwischen der Weser und den Häusern durch-
dringend, dem bey der Brücke postirten Feind D. in die Flanke. Nun
wurde alles niedergestossen oder gefangen genommen, was sich nicht
eilig über die Brücke in das Schloss werfen konnte. Der Feind hatte
die Strasse E. in Brand gestecket, was gleichwohl nicht hinderte, dass
auch dieser Theil des Fleckens in Besitz genommen wurde; worauf
der Graf von Chabo das Schloss durch Capitulation unverweilt übergab.

II.
Wachtendonk

wird von dem Erbprinzen von Braunschweig forcirt, den 3. August 1758.

Das Städtchen Wachtendonk A. liegt auf einer Insel der Niers,
und ist theils dadurch, theils durch die Beschwerlichkeit der Zugänge
von Natur fest. Ein feindliches Detachement von 4—500 Mann hielt
es nur erst seit kurzem besetzet. Diese erwarteten neben der auf-
gezogenen Brücke, wo sie gut und verdeckt postirt standen, den Angriff. Der Angriff erfolgte, sobald der Erbprinz von Braunschweig
mit der Avantgarde, die einige Haubitzen und Sechspfünder mit sich
führte, auf der Höhe B. angekommen war. Doch als dies Feuer nichts
entschied, und darüber die Spitzen der Colonnen des Heers schon selbst
ankamen, so warf sich der Erbprinz, um dem Spiele ein Ende zu
machen, mit dem Degen in der Faust, in den Strom; ihm folgte ein
Trupp Grenadiere, und in wenig Minuten fand sich der Posten mit den
Brücken in seinen Händen.

III.
Action bei Soest A., den 18. October 1758.

B. Duc de Chevreuse mit 3 Brigaden Dragoner und 2 Brigaden
Infanterie. Auf die Nachricht von dem Anmarsch des Erbprinzen von Braunschweig war er die Nacht über unter dem
Gewehr geblieben; und nun fing er bey Erblickung seines
Vortrabes an, sich zurückzuziehen; wobey ihm jedoch nicht
sowohl seine Eile, als die Natur des Bodes zu statten kam,
der in einem Labyrinth von tiefen hohlen Wegen aus-
geschnitten ist.

C. Erbprinz von Braunschweig und Herzog von Holstein mit
10 Bataillonen und 24 Schwadronen. Man hatte Mühe, unter
dem Canonen-Feuer des Feindes aufzumarschiren und hurtig
genug an denselben zu kommen.

D. Der Erbprinz chargiret an der Spitze der Husaren. Man
machte dabey etwa 300 Gefangene. Soest mit einem Theile
des Gepäckes fiel den Hannoveranern in die Hände.

IV.

Zerstreuung der Reichs-Armee, vom 30. März bis 8. April 1759.

Die Reichs-Armee war mit dem linken Flügel gegen Hessen vorgerücket und stand zur Zeit des Angriffs zwischen Hirschfeld und Schmalkalden, und von da rückwärts gegen Franken cantonniret. Der Erbprinz von Braunschweig vollführte das Geschäft mit 11 Bataillonen theils Musketiere, theils Grenadiere, 10 Schwadronen Reuterey, 3 Escadronen Husaren und dem Hannöverischen Jäger-Corps zu Pferde und zu Fusse.

Er gewann vor Allem, wie dem Feind vorbeygehend, die Höhe von Fulda; von da ging er seitwärts ihm in die Flanke und in den Rücken; die Grenadiere, die Jäger und die Husaren machten dabei die Avantgarden, denen der grosse Haufe folgte. Die Haupt-Direction ging von Fulda auf Bischofsheim, Ostheim, Meinungen, Wasungen und Suhla. Der Feind wurde allerwärts überrumpelt; zur Rechten wurden zu Bischofsheim, Neustadt und Melrichstadt ein Regiment Infanterie von Würzburg und die Cürassiers von Hohenzollern geschlagen und zum Theil gefangen, zur Linken wurden die Cürassiers von Bretlach und Savoyen zerstreut, zu Meynungen wurden 2 Bataillone und denselbigen Tag 1 Bataillon zu Wasungen, von den Truppen des Churfürsten von Cöln, gefangen genommen.

Der Erbprinz blieb mit dem grossen Haufen bey Suhla stehen: mit den Avantgarden aber verjagte er Alles, unter steten Gefechten, einige Meilen vorwärts und seitwärts in den Thüringer Wald und nach Franken.

V.

Bataille von Gofeld, den 1. August 1759.

A. Stellung des Duc de Brissac, die er bey der Brücke von Gofeld nahm, nachdem er in der Nacht über den Fluss gegangen war.

B. Lager des Erbprinzen von Braunschweig bey Quernheim, den Tag vor dem Treffen.

C. Marsch des Erbprinzen zum Angriff in drey Colonnen, über Bischofshagen, Hausbeck und Minninghausen.

D. Der Erbprinz formirt sich vor dem Feind, und auf dessen Flanken. Der geschlagene Feind zog sich mit Verlust seines Geschützes über Eitinghausen zurück. Das ganze Gepäcke des französischen Heeres wurde aber abgeschnitten.

VI.

Treffen von Fulda, den 30. November 1759.

A. Corps des Erbprinzen von Braunschweig.

B. Corps d'Armée des Herzogs von Würtemberg.

C. Bewegung des Erbprinzen, um die Würtemberger anzugreifen, welche ohne lange Gegenwehr sich in die Stadt warfen.

D. Einige Canonen, welche den Würtembergern in die Flanke feuerten.

E. F. Der Erbprinz bemächtiget sich der Stadt; und lässt die fliehenden Feinde verfolgen.

G. Der General Angé retiriret sich nach Branzel.

H. Der Erbprinz, an der Spitze von 4 Schwadronen, chargiret den Feind, welcher nun überall die Flucht nimmt.

Der Erbprinz machte einige tausend Gefangene, unter andern 3 Bataillone Grenadiere und das Regiment von Werneck.

VII.
Action von Emsdorff, den 16. Juli 1760.

A. Der Baron von Glaubiz, Maréchal de Camp, hatte sich aus Vorsicht den Tag vorher von Wassenberg nach Emsdorf zurückgezogen. Er liess das Regiment Husaren von Berchini vorwärts bey Speckswinkel stehen; seine Infanterie aber, bestehend aus 3 Bataillonen von Anhalt und 3 Bataillonen Royal-Bavière, postirte er so, dass die Anhöhe hinter Erxdorff den rechten Flügel, den linken aber ein Waldgrund hinter Emsdorff stützete.

B. Der Erbprinz von Braunschweig, nachdem er den Auftrag erhalten, das Glaubizische Corps anzugreifen, zog in grosser Geschwindigkeit die ihm dazu angewiesenen Truppen von dem Heere von der Eder und von der Fulda, bei Ziegenhayn, hinter der Schwalm zusammen, in Allem Infanterie, Cavallerie und leichte Truppen etwa 5000 Mann. Er liess davon einen Theil gerade gegen die feindliche Stellung anrücken; mit dem andern Theil aber nahm er, sich rechts haltend, einen Umweg, um durch den Wald von Emsdorff der Stellung in die linke Flanke zu kommen.

Ungefähr um die Zeit, als er darauf debouchirte, rückte der andere Haufen auch an, nachdem er zuvor die Husaren von Berchini von Speckswinkel zurückgetrieben hatte. Nun folgte ein hitziges Gefecht; der Erbprinz brachte das Regiment Royal Bavière in Unordnung, und bald sahe der feindliche General nichts weiter für sich übrig, als sich durch einen hurtigen Rückzug auf Amöneburg zu retten. Allein dazu kam es nicht; der Erbprinz chargirte an der Spitze der Dragoner von Elliot so wiederholt, und zugleich folgte die übrige Cavallerie dem Feind so hitzig, dass derselbe fassungslos, und vor dem Wald bey Niederklein ganz umringt, sich vollends ergab. Das ganze Corps, ohne Ausnahme, mit dem Geschütze, dem Lager und dem Gepäcke, fiel in des Erbprinzen Hände.

VIII.

Bataille von Warburg, den 31. Juli 1760.

A. Stellung des Feindes unter dem Chevalier Du Muy bey Warburg; von 7 Brigaden Infanterie und 6 Brigaden Cavallerie,
ausser den leichten Truppen.

B. Lager des Erbprinzen vor dem Treffen bey Cörbeke. Er
hatte ungefähr 14,000 Mann.

C. Anmarsch des Erbprinzen von Cörbeke über Hohenweipel,
Menne und Ossendorf, um dem Feind in die Flanke zu kommen und vor ihm die Höhe des Wartthurms zu gewinnen.
Allein der Chevalier kam ihm darin zuvor; derselbe liess
3 Brigaden darauf anrücken, von der zunächst daran liegenden Höhe, welche nun bloss mit einer Brigade besetzet blieb.
Von dieser letzten Höhe füllte den weiten Raum bis Warburg
blos die Cavallerie aus, mit den übrigen 3 Brigaden Infanterie,
davon 2 zunächst bey Warburg und die dritte auf einer Anhöhe hinter dem linken Flügel der Cavallerie hielten.

D. Unter dieser Vorrückung griff der Erbprinz die Höhe des
Wartthurms an, so nachdrücklich, dass der Chevalier, um sie
zu behaupten, noch eine von den zwo Brigaden von Warburg
zur Unterstützung anrücken liess.

E. 12 vorausgegangene Schwadronen Engländer kamen nun unter
dem Marquis von Granby an, denen das ganze Heer aber nur
noch von weitem folgte. Sie chargiren die französische Cavallerie mit grossem Erfolg, worauf bald die Flucht der Feinde
folgte: die sich von allen Seiten in den Fluss und auf die
Brücken warfen.

F. Die Legion Britannique rücket unter diesen Gefechten gegen
Warburg an.

G. Ein zum Recognosciren vor dem Treffen vorausgesendetes Detachement von Dragonern, Jägern und Grenadieren, welchen
der Erbprinz im Anmarsch unbemerkt vorbey gegangen war.

IX.

Stellung von Ham, den 25. Junius 1761.

Der Erbprinz von Braunschweig nahm sie gegen den Abend ein;
er liess, aus Vorsicht, die Hessischen Grenadiere 24, 25, 26, 27, 28,
29 mit dem grössten Theil der Reuterey, 18, 19, 20, 21, 22, 23 und
30 vorerst noch auf dem rechten Ufer der Lippe. Vor ihm lagerten
sich 31, 32, 33, 34, 35. der General Howard mit den Bataillonen
Hogdson, Cornwallis, Stuart, Napier und den Dragonern von Elliot, welche
voraus dem Heere detachirt worden. Den Rest lagerte er zwischen
der Ase und Lippe in zwey Treffen: 9 Bataillone im ersten von 1—9,
6 Bataillone, 4 Schwadronen, den Artillerie-Park sammt den Pontons
im zweiten Treffen von 10—17.

X.
Stellung von Büren, den 13. August 1761.

Das Heer hatte diese Stellung den 10. August verlassen, um die Stellung des Marschalls von Broglio hinter den Gebirgen zu umgehen, und auf dessen rechten Flanke die Höhen von Reilekirchen zu gewinnen. In der Voraussetzung, dass darauf der Marschall seine Fronte wenden und sie gegen die Höhen von Reilekirchen kehren würde, erhielt der Erbprinz von Braunschweig den Auftrag, mit seinem Corps wiederum auf die Höhen von Büren zu rücken, um den gegen Reilekirchen sich wendenden Marschall von Broglio in die Flanke zu nehmen. Der Erbprinz, welcher um diese Zeit in der Gegend von Unna den Prinzen von Soubize an der Ruhr und Jmster beobachtet hatte, zog sich also vor demselben mit dem grössten Theil seines Corps weg; und debouchirte mit selbigem, um die bestimmte Zeit, auf die Höhen von Büren.

XI.
Angriff auf die Huve von Eimbeck, den 5. November 1761.

Der Erbprinz von Braunschweig führte bey dem allgemeinen Angriff des in verschiedene Corps zerstreuten französischen Heers, gegen dasselbe das Haupt-Corps am linken Flügel an. Dies Corps versammelte er grösstentheils aus den Truppen im Hildesheimschen, welche er bey Poppenburg über die Leine gehen liess; und dann mit dem Ganzen den 4. November die Leine herauf bis Alfeld ging. Den 5. setzte er den Marsch gegen Eimbeck, das Centrum des französischen Heers, fort, und debouchirte des Nachmittags gegen die Huve, welche ein Berg ist, der vor der Stadt liegt. Sie schien dem Erbprinzen zu stark besetzt, um ohne weitere Umstände darauf fortzurücken. So fing also vorläufig eine gegenseitige heftige Canonnade an, unter welcher der Feind durch die nach und nach von der Seite ankommenden zurückgeworfenen Corps sich vollends sammelte.

Der Erbprinz lagerte sich, mit Einbruch der Nacht, bei Ammensen; und beförderte die folgenden Tage durch seine Stellung das drohende Manöver des Centri und des rechten Flügels um die feindliche linke Flanke, wodurch der Marschall von Eimbeck depostiret wurde.

XII.
Angriff von Arensberg, vom 16. bis 19. April 1762.

Das Corps bestand aus 8 Bataillonen Infanterie, 8 Escadronen Dragoner und 2 Bataillonen Grenadiere; an leichten Truppen aus den Jägern, 5 Schwadronen Husaren und den Frey-Bataillonen von Trimbach und Porbeck; die Artillerie aus 6 Zwölfpfündern, 6 Sechspfündern, 4 grössern und 3 kleinen Haubitzen. Der Erbprinz von Braunschweig ging damit in der Nacht vom 16. auf den 17. über den Moen

und die Ruhr; ein Theil besetzte die Zugänge von Hessen her, der
andre die gegen den Rhein. Mit den 2 Frey-Bataillonen wurde den
18. der Ort berennt; der Feind verliess bald darauf-die Stadt, und
warf sich in das Schloss, gegen welches ein paar Batterien noch den
Abend fertig und mit dem Geschütze befahren wurden.

Der Erbprinz, welcher das Schloss gern erhalten und zugleich die
Stadt vor der Gefahr des Feuers sichern wollte, bot dem französischen
Commandanten Mr. de Muret einen freyen Abzug an; allein derselbe
wusste seinen Vortheil nicht zu fassen. So ging den 19. in der Frühe
das Feuern an. Um Mittag stand das Schloss in Flammen; um solchen zu entgehen, sprang der Commandant von der Mauer herunter,
und ergab sich mit seiner Garnison auf Discretion. Sie bestand aus
9 Officiers und 231 Mann.

XIII. et XIV.
Stellung hinter der Ohm bei Dannerode, den 8. August 1762.

1.

Der Erbprinz von Braunschweig liess seine Truppen in diese Stellung rücken, unter dem Generallieutenant von Hardenberg, und ging
für seine Person auf einige Tage zu dem Hauptheer ab. Der General von Hardenberg besetzte Homburg und die übrigen Pässe, und vereitelte die Angriffe, welche der Feind dagegen unternahm.

2.

Der Erbprinz war den 12. wiederum dahin zurückgekommen, und
nachdem sein Corps einige Tage darauf durch 9 Bataillone und
8 Schwadronen, und überdem durch das aus 4 Bataillonen Jäger und
8 Schwadronen Reuter und Husaren bestehende Corps von Luckner,
bey Heimbach auf seiner linken Flanke, war verstärkt worden, beschloss
er über den Fluss zu gehen, und vorläufig das etwas aventurirte Corps
von Levi aufzuheben. Dies Corps stand bey Bernsfeld, ein paar Meilen
vorwärts von dem Haupt-Corps des Prinzen von Condé zu Grünberg.
Der Erbprinz ging in der Nacht vom 21. auf den 22. August in 5 Colonnen über die Ohm. Mit den beyden Colonnen zur Rechten griff er
um 6 Uhr früh den feindlichen General an, bemächtigte sich des feindlichen Lagers und des Gepäckes, und machte einige hundert Gefangene, allein der Rest fand ein Mittel zu entkommen, da die 3 übrigen Colonnen viel zu spät ankamen und ihm den Weg offen liessen.

XV.
Der Prinz von Condé wird von Grünberg depostiret.

Nachdem das Corps von Levi von Bernsfeld war delogiret worden,
ging der Erbprinz von Braunschweig gleich weiter vorwärts, und fasste
in der Weite eines Canonenschusses von der Stellung des Prinzen von
Condé, auf der Höhe von Stangerot, mit den 4 Bataillonen Jägern,

7. Schwadronen Reuter und Dragoner und 8 Schwadronen Husaren, von 30—37, Fuss. Dahinter lagerte er bey Atzenheim die Hannöverische und Braunschweigische Infanterie, von 1—11, auf den rechten Flügel; auf den linken Flügel aber 12 Bataillone Hessen, nebst 19 Schwadronen Reuter und Dragoner, von 12—28. Entschlossen, den Prinz von Condé den folgenden Morgen (23. August) anzugreifen, machte er diese Disposition: die Truppen bei Stangerot amüsiren den Feind auf der Fronte und auf der linken Flanke; der grosse Haufen von Atzenheim aber umgehet den feindlichen rechten Flügel, gewinnet die Höhen von Lautern, und debouchiret dem Feind in die Flanke und den Rücken.

Allein der Prinz von Condé kam dem Angriff zuvor; verliess sein verschanztes Lager, und ging in der Nacht nach Giessen zurück.

A.

URKUNDEN;

als nachträgliche Belagstücke zu der Geschichte der Feldzüge
in den Jahren 1757 und 1758.

I.

Zum Vorwort der Geschichte der Feldzüge, s. Band I.

In den Kriegs-Archivacten des Herzogs Ferdinand vol. 330 befindet sich ein Originalschreiben Bauer's an Westphalen vom Jahr 1765, in welchem er ihm, mit Bezug auf sein damals schon angefangenes Geschichtswerk über die Feldzüge des Herzogs, hinsichts der demselben beizufügenden Karten und Pläne*), Mittheilungen macht, welchem auch ein Verzeichniss dieser Pläne beigefügt ist. Das Schreiben selbst lautet:

> Hochwohlgeborner Herr,
> Insondershochgeehrter Herr Landdrost,
> Würdigster Freund!

In Anlage habe die Ehre eine Liste derjenigen plans, so bereits fertig sind, sowohl als auch eine Liste derjenigen, so meiner Meynung nach zum 2ten Tom nöthig sind, zu übersenden; ich habe bereits zu verschiedenen den Anfang gemacht, nur fehlen mir einige essentielle Stücke, welche aber unter den Papieren Sr. Hochfürstl. Durchlaucht zuverlässig befindlich seyn werden. Ew. Hochwohlg. werden mich desfalls sehr verbinden, wenn Sie die Gütigkeit haben, und obengedachte Stücke, so in den remarquen angeführt, mir baldigst procuriren werden. Die Generalcharte zum 2ten Tom ist nun fertig. Desgl. die Bataille von Bergen, wovon die renvoys zu teutsch mit hierbey seyn, und zugleich bitte, mir die correctur derselben baldigst zu remittiren. Die Charte von den mouvements der französischen Armée durch das Waldeckische über Stadt-Bergen und Paderborn, imgl. die von der alliirten Armée von Soest ahn über Bühren und retour über Lippstadt bis Dissen ist anjetzo in Arbeit.

Sollten zum 2ten tom noch mehrere Charten erforderlich seyn, so bitte mich baldigst hiervon zu avertiren, wie weniger nicht die correctur der renvoys zum 1sten Tom zu übersenden, da Hr. Gosse mich

---

*) S. das Vorwort Band I., S. XXVIII.

posttäglich darum angeht. Zur Bataille von Minden werde einen neuen plan machen, und hierbey die Gegend so viel wie möglich extendiren; der von Capt. Roy ist zwar accurat, er ist aber nicht genug extendiret.

Am meisten bin ich über die affaire von der Haste und Transfeld bey der retraite des Marschals Contades verlegen, weilen mir hiervon fast gar nichts bekannt ist. Der Obstl. du Plat hat den Erb-Printzen Durchlaucht begleitet, und ich glaube von daher wird man am besten Nachricht erhalten können. Die hierzu nöthigen environs des terrains habe genau gezeichnet.

Ew. Hochwohlgeb. ersuche sehr, mich baldigst mit einer gütigen Antwort zu bechren, und von mir versichert zu seyn, dass mit der vorzüglichsten Hochachtung und vollkommensten attachement lebenslang bin
Ew. Hochwohlgeb.

gehorsamster Diener und treuer Freund
Bauer.

Schönhoffen, den 8. Septbris 1765.

PLANS,

welche zum 1. Tome der Histoire Militaire gehören, und sämmtlich schon verfertigt sind.

Eine General-Charte, welche von der Elbe bis an die Eder, Rhein und Maass geht, die Bisthümer Bremen, Verden, Osnabrug, Münster, Cölln, Hildesheim, Paderborn und Westphalen, sodann das Clevische, Julig und Berg; die Mark, Fürstenthum Minden, Ravensberg, Lingen, ein Theil des Waldeckischen, ein Theil von Hessen, Braunschweig und Lunebourg, in sich fasset; auf dieser General-Charte sind alle Laager in's Kleine mit Römischen Zahlen marquirt*). Hierauf folgt:

Pl. I. Die Laager von Altenhagen und Zelle im Monat December 1757.
II. Die Belagerung von Harburg 1757.

---

*) Note des Herausg. Diese „General-Charte" befindet sich in der dem Archiv des grossen Generalstabes zu Berlin einverleibten Lucanus'schen Sammlung unter dem Titel:

„Théâtre de la Guerre en Allemagne entre la Grande Bretagne et la France dépuis l'an 1757 jusqu'à l'an 1762.

Dessiné par F. W. de Bawr, Colonel d'un Regiment de Cavallerie de Sa Majesté le Roi de Prusse et Marechal général des Logis de l'Armée Alliée sous les ordres de S. A. S. Monseigneur le Duc Ferdinand de Brunsvic et de Lunebourg."

Darunter steht auf der Charte selbst eine Note, folgenden Inhalts:

„On n'a pu se dispenser de faire cette Carte, pour donner une idée générale du Théâtre de la Guerre: et l'on a été obligé de surpasser un peu la grandeur du livre auquel elle doit servir. On a plutôt porté ses attentions à designer avec exactitude la situation des lieux, des Rivieres et des Montagnes, qu'à marquer les limites de chaque Baillage. Dans les differentes Contrées, où les Armées ont fait peu ou point des mouvements, on s'est borné à marquer les lieux principaux et la situation générale, mais là, où les mouvements des Armées ont été decisifs, on ne s'est épargné aucune peine pour detailler le Terrain, avec toute l'exactitude, la précision et l'intelligence possible, et l'on en a fait faire des Cartes particulières, qui suivront celle-ci. On s'étoit proposé d'abord, de marquer sur cette Carte toutes les differentes positions des Armées de même que le nombre des habitans de chaque endroit etc.; mais l'on a d'autant plutôt abandonné cette idée, que cela auroit et inutilement chargé cette Carte de details, que l'on sera en état de marquer avec bien plus de précision sur des Cartes particulières, et que d'ailleurs l'auteur s'est proposé de donner un jour des Cartes purement Topographiques pour l'usage des Officiers."

III. Die Passage der Aller bey Hudemühlen, die Affaire bei Hoya, das Laager zu Rodewohl, der Marsch und Einnahme von Nienbourg 1758.

IV. Die Belagerung von Minden, nebst denen verschiedenen Positions zu Deckung derselben 1758.

V. Die Tabelle der Cantonirungs-Quartiere, vom 1. April bis den 28 May im Münsterischen.

VI. Die Mouvements der Armee vom 28. bis 30. May, die Laager von Cofeld, Bockholdt, Emmrich, sodann die von Millingen, Bockholdt, Borcken, Velen, Cosfeldt und Lette, Dulmen, Haltern, Olphen, Borcken bey Lünen.

VII. Die Passage des Rheins bey Herbern, das Laager von Cleve, die repassage des Rhein bey Griethausen, das Lager von Hohen-Elten.

VIII. Die Affaire von Rheinbergen, den 12. Juny 1758.

IX. Die Bataille von Crefeldt, nebst den Laager von Roerdt, Kempen, Crefeldt und Osteradt.

X. Das Bombardement von Düsseldorff.

XI. Die Passage bey Erfft und Laager bey Bedbordiek.

XII. Die Affaire von Sangershausen, zwischen dem Printz Isenbourg und Marschal de Broglio, sodann die von Lutternberg zwischen dem Printz Soubize und General Oberg.

XIII. Die Affaire bey Meer.

XIV. Die Affaire von Soest nebst den Laagern von Rheda, Lippstadt, Benninghausen, Soest und Hovestedt.

Sämmtliche Plans sind fertig, nur fehlt ihnen noch die Correctur der renvoys, als welche von Sr. Hochfürstl. Durchlaucht mir unterthänigst erbitte.

Zum zweiten Tom ist angefangen:

Eine General-Charte, welche von der Gegend Bremen, Nienbourg und dem Hartz anfängt, die Gegend von der Weser bis an den Mayn und Rhein, sodann die Fulda und Werra bis nach Meinungen, die Rhoen-Berge und Gegend längs der Kintzig bis nach Hanau in sich fasset. Auf dieser Charte sind ins Kleine marquirt der Marsch nach Fulda und von da nach der Reichs-Armée über Meinungen und Wasungen; der Marsch nach Bergen und retour nach Ziegenhayn, die Laager von Buren, Soest, Lipstadt, Rittberg, Marienfeldt, Dissen, Osnabrug, Bomte, Stolzenau, Petershagen, Minden, Cofeldt, Herford, Bielefeldt, Stuckenbrug, Paderborn, Dalen, Essento, Orlinghausen, Mengeringhausen, Corbach, Kampen, Franckenberg, Münchhausen, Wetter, Ellenhausen, Nieder-Weymar, Salzbütte, Croffdorff, sodann die retraite der Franzosen über Einbeck, Münden und Cassel, imgleichen der Marsch des Erbprintzen von Unna nach Düsseldorff.

Special-Charten zu diesem Tom sind:

I. Das Laager von Windecken und die Bataille von Bergen.

II. Die Passage der Feinde bei Stadt-Bergen, die Laager der

Alliirten bey Soest, Anrüchte, Bühren, Lipstadt, Rittberg, Marienfeldt, Dissen, die französischen bey Meer, bey Elten, bey Paderborn, bey Ostschlangen in der Gegend von Orlinghausen.

III. Die Laager von Stolzenau, Petershagen, Bataille von Minden, Affaire von Cofeldt.

IV. Die Canonnade an der Hasse und bey Transfeldt.

V. Die Belagerung von Marburg.

VI. Das Laager bey Croffdorff nebst allen seinen Partien.

VII. Die Affaire bey Fulda zwischen des Erbprintzen Durchlaucht und den Würtembergischen Truppen.

VIII. Die erste und zweyte Belagerung von Münster.

IX. Der Entsatz von Dillenburg.

X. Die Winterquartiere.

1760.

XI. Assemblement der Armée bey Fritzlar.

XII. Die Position verschiedener Corps an der Ohm, der Marsch von Wabern nach Frille und Neustadt, die Position der Armée bey Ziegenhayn und Marsch nach Wildungen.

XIII. Die Affaire bei Corbach, die Position bey Sachsenhausen, Freyenhagen, Volkmissen und Wolffshagen.

XIV. Das Laager bey Calle und Cassel, die passage der Dymel, Assemblement der Truppen bey Corbecke, die Affaire von Warbourg.

XV. Die differenten Positions längst der Dymel von beyderseitigen Arméen von Stadt-Bergen bis an die Weser, die Position von Immenhausen.

XVI. Die Position des Marschals de Broglio auf dem Kratzenberge, der Marsch und Position der Alliirten nach Hohenkirchen, die Affaire bey Vacha des Wangenheimischen Corps.

XVII. Die Belagerung von Wesel, die Affaire von Campen.

XVIII. Die Bloquade von Göttingen.

XIX. Die Winterquartier-Tabelle in der Gegend von Uslar.

Remarque zu Tom II.

Pl. II. fehlt das Laager von Dissen.

IV. fehlen die Relationes und Positions der Corps.

V. fehlt. Sie ist von mir 1759. Sr. Durchlaucht übergeben worden.

VII. Hierzu fehlen die environs von Fulda, welche der Capit. v. Giese 1759. im Monat April aufgenommen, und welche Se. Durchlaucht gleichfalls haben, sodann die relation der Affaire.

VIII. fehlen mir auch.

XVII. XVIII. fehlt mir auch die Belagerung von Wesel und Bloquade von Göttingen.

(gez.) v. Bauer.

II.

Briefe und Relationen aus der Campagne in Böhmen und Sachsen. 1757. (Herzoglich Braunschweigsches, Wolffenbüttel'sches Archiv).

Hierbei die letzten Schreiben von meinem Bruder Ferdinand nebst dessen Relat. *)

No. 79.

*Monsieur mon très cher Frère,

Ce fut hier au matin que je me vis rejouis par l'infiniment chere lettre de Votre Altesse en date du 9me du courant Nr. 59. du camp de Danckersen. Je Lui en rend mes plus vives et mes plus sincères actions de graces. Dieu exauce les tendres et patriotiques voeux de Votre Altesse. C'est Lui seul qui est l'arbitre des événements de ce monde, et c'est à Lui seul qu'il faut se confier. Les choses sont à peu près dans la même situation ou ils ont été selon mes dernieres. L'on disoit que la grande armée de l'ennemi avoit fait un mouvement vers Gabel, mais je ne puis me l'imaginer. Car une si grande armée ne peut pas voler, ni faire suivre ses magasins si vite. L'on veut savoir qu'un Corps de 20 mille François doit deja avoir passé la Weser. Il me paroit que la Regence du païs de Cassel joue un assés mauvais role en tout ceci. Pour le bon vieux Landgrave il est a excuser. C'est un viellard qui est au bord de la fosse. La nouvelle d'Ostfrise doit être tres positive. La neutralité dont V. A. me parle est elle pour h . . . . . . ou C . . . . . ? Dieu sait comment tout ceci se debrouillera. Je n'y comprend rien. Nous avons eu des chaleurs excessives. Aujourdhui à la suite d'un orrage le temps s'est beaucoup rafraichi. Je n'ai rien du frère cadet depuis 6 semaines. L'on m'assure qu'il se porte bien. Le Pr. Charles de Bevern est à notre armée. Me recommandant à la continuation de la chere et tres precieuse amitié de Votre Altesse, j'ai l'honneur d'être

De votre Altesse

le tres humble tout à fait devoué
tendre fidel frere et serviteur
Ferdinand.

Au camp de Leutmeritz ce 17me Juillet 1757.

Mes assurances de respect à S. A. R. Mille assurances, avec sa permission, de l'amitié la plus tendre, et la plus parfaite au cher Prince Charles.

---

*) Diese Notiz ist von der eigenen Hand des regierenden Herzogs Carl von Braunschweig-Lüneburg.

No. 80.

＊Monsieur mon très cher Frère.

Ce fut hier au matin que je me vis infiniment rejouis, par la chere et tres gracieuse lettre de Votre Altesse en date du 10me du courant avec toutes les pieces y jointes, tres curieuses, et tres interessantes. Je lui en rend du plus profond de mon ame mes tres tendres et mes tres vives actions de graces. Mille et mille graces pour tous les de-tailles interessants par raport aux operations ulterrieures de l'armée combinée. Dieu veuille benir les operations de cette armée, et les rendre tendentes au but salutaire, que ces terribles fleaux de la guerre ne gagnent d'avantage, qui ne sont que la ruine du pauvre Sujet et du païs ou la guerre se fait. Nous trouvons ici dans la même position comme selon ma derniere. J'ai à la fin eu une lettre du frère Francois du 10me du courant, par laquelle il me marque qu'il se portoit bien, et qu'il esperoit que j'aurois bien reçu ses lettres anterrieures. Mais aucune de ces lettres m'est parvenue puisque depuis la sienne du 9me du mois passé, et du 10me du courant, je n'ai point eu de sillabe de Lui. Les chaleurs ont recommancés et sont très vives. Est ce que ces Batt. qui sont restés à Minden ne s'y trouvent pas un peu exposés? Et qui est le general qui y commande? Pourvu que l'on ne s'éparpille seulement pas trop. Je presente mille assurances d'amitié au cher Prince Charles, avec la permission de V. A. Le rejouissant infiniment du bon étât de Senté dont Elle et le Prince Son fils jouissent. Le Tout-Puissant en accorde une continuation non interrompue. V. A. m'a obligé infini-ment par l'envois des pieces communiquées. J'oserois la suplier de continuer â me donner de pareilles nouvelles quand cela se peut. Dieu veuille que le retour d'une bonne et solide paix fasse bientôt place aux horreurs de la guerre, pour l'amour du genre humain et de l'humanité, qui doit nous distinguer des betes feroces et sauvages. Me recomman-dant à la continuation de la chere et tres precieuse amitié de Votre Altesse, j'ai l'honneur d'être.

De Votre Altesse

Ferdinand.

Au Camp de Leutmeritz, ce 20me Juillet 1757.

Les assurances de mon tres profond respect à S. A. R. Mad. la Duchesse.

No. 81.

＊Monsieur mon très cher frère.

Ce fut hier que je me vis rejouis par l'infiniment chere lettre de Votre Altesse du 16me du courant du Camp d'Affrede. Je lui en rend mes plus tendres et mes plus sincers remerciments. Helas! que cette lettre m'a affligé cruellement. Dieu en grace daigne detourner tous les meaux aux quels la chere patrie se voit exposée. Elle qui a joui pen-dant pres de cent ans d'un repos et d'une paix parfaite. Je puis dire

que la nouvelle à été des plus accablantes pour moi. N'y a-t'il dont pas
moyen de frotter un de ces corps, separement, car il me paroit que l'occasion en seroit belle. Je pars demain avec le Roi et le Pr. Henri et un
corps considerable de nos troupes. Nous irons à l'armée ou le cher
frère cadet se trouve. Ce fut au 22 de ce mois que nous avons quitté
le camp de Leutmeritz. Dieu donne en grace que la face des affaires
change favorablement pour nous. Car j'avoue que j'amais puissance
au monde ne s'est vu assaillir de tant d'endroits à la fois. Il veuille
donner en grace que l'orrage dont V. A. et ses états sont menacés
n'éclatte pas, et ne ce communique d'avantage. J'avoue que j'en suis
frappé d'une maniére difficile à l'exprimer. Et ce que V. A. ne pouroit pas par son credit engager le Duc,*) à porter quelque coup à
l'ennemi et au perturbateur du repos de l'Allemagne, et qui s'aroge à
vouloir donner les loix. Enfin ce sont des epoques innouïes, et je ne
crois pas, qu'on verra un exemple semblable dans l'histoire. Nos suc-
cesseurs ne les croiront à peine. Nous marchons demain de grand
matin. Ce qui m'oblige de finir. Aïant outre cela le coeur extremement
serré. Je me recommande à la chere et inestimable amitié de Votre
Altesse avec la quelle je ne finirai d'être

De Votre Altesse etc.

Ferdinand.

au Camp de Luschitz ce 23me Juillet 1757.

Mille tendres compliments au cher Prince Charles et bien des assurances de respect à S. A. R.

No. 82.

*Monsieur mon très cher frere.

Je profite du loisir que j'ai présentement pour donner de mes
nouvelles à Votre Altesse. Car je crois que dans peu nous n'aurons
pas ce même loisir. Dieu soit loué avec ma senté cela va bien. Le
Ministere d'Hannovre doit avoir insinué que V. A. traitoit avec Monsieur de Champeau. On m'en à fait ouverture, mais l'on n'y ajoute
point foi. Monsieur Mitchel reste à Dresden et ne sera point de nos operations ulterrieures. Je compte dans peu d'ambrasser le cher frere François,
vu que je suis du corps de troupes qui va joindre l'armée ou il se trouve.
Le Pr. Henri est de ce même Corps de troupes. Le Pr. Ferdinand
et le Pr. Maurice d'Anhalt sont restés à l'armée du Marechal Keith,
que nous avons laissé à Linay. Le Roi et ses freres jouissent d'une
parfaitement bonne senté. Quand V. A. ecrira au cher frere Louis, je
la suplie de Se ressouvenir de moi, en Lui faisant mille tendres compliments de ma part. Je presente les assurances de mon tres profond respect à S. A. R. Et je fais mille tendres compliments au cher

---

*) Cumberland. N. d. H.

Prince Hereditaire. Me recommandant à la continuation de la chere et tres precieuse amitié de Votre Altesse, j'ai l'honneur d'être.

De Votre Altesse etc.

Ferdinand.

au Camp de Pirna ce 27 me Juillet 1757.

No. 83.

✱Monsieur mon très cher Frère.

Ce n'est qu'à ce matin que je me suis vu rejouis par l'infinement chere lettre de Votre Altesse en datte du 13 mo du courant du Camp d'Affert, avec une apostille qui renfermoit les forces des Suedois qu'ils amploïeroient contre nous, de même que la declaration du Marechal d'Etrée au Sieur Freyenhagen. Je Lui en rend mes tendres et mes bien sincers remerciments. Helas cette lettre n'est guere consolante*). Notre situation ne l'est guere davantage ici. Si nous ne sommes pas bientôt tirés de ce Labyrinthe, tout ira à sa fin comme je le crains fort, à moins que Dieu n'aie pitié de nous. L'armée du prince de Prusse est à Bautzen en Lusace. Celle des ennemis la suit. Nous marchons demain pour le renforcer avec 16 Batt. et 28 Esquad. sans savoir trop ce que nous trouverons devant nous. Dieu soit notre soutien. C'est Lui seul qui peut nous aider. Jamais au monde il y a eu une crise pareille. Je me sers de la voïe de Mitchel qui s'est offert à faire passer cette lettre. Me recommandant à la continuation de la chere et très precieuse amitié de Votre Altesse, j'ai l'honneur d'etre

De Votre Altesse

Ferdinand.

Au Camp de Pirna ce 27 me Juillet 1757.

Je fais mille tendres compliments au cher Prince Charles.

No. 18.**)

✱✱Très humble Relation.

Sur l'avis, que l'ennemi etoit en mouvement, Sa Majesté elle même alla le reconnoitre. C'etoit le 10 de ce mois. On vit marcher deux collonnes très epaisses, sans distinguer autre chose. Nous avons sû depuis, que c'etoit Nadasdy, qui est venû se mettre vis à vis du prince Henry, et on supose que Mr. le Marechal Daun, toujours à portée pour soutenir Nadasdy s'est un peu plus aproché de l'armée du prince de prusse qui campe aux environs de Leipe, à peupres à 4 lieues de nous. Les troupes legères de l'Ennemi se sont repandûs entre ce prince et le Roy, en sorte que la communication directe leur est en quelque façon coupée, et qu'il faut passer Tetschen ou Aussig pour

*) N. d. H. Am 26. Juli ward der Herzog v. Cumberland bei Hastenbeck geschlagen.
**) Zwei Relationen von Westphalen's Hand, auf Briefbogen mit Goldschnitt, an den regierenden Herzog von Braunschweig (imWolffenbüttelschen Archiv); vollständiger, als die im Bd. II. S. 15—17 bereits abgedruckten.

aller avec sureté d'un camp à l'autre. Nous ne fourageons jamais,
sans en venir aux mains avec les huzards de l'ennemi, quoique cela se
passe regulièrement sans effusion de sang. Le colonel Meyer, que les
gazettes disent être aux portes de Wurtzbourg est arrivé, il y a plusieurs jours, à Welmina avec son bataillon et celui du Major Kalbe.
Ils n'ont quasi rien perdû dans leur course, puisque ils sont presque
complets l'un et l'autre. Nous fumes eveillés la nuit du 15 au 16 par
le bruit d'une centaine de coups de canon, tirés rapidement les uns
après les autres. C'etoit à la rive droite de l'Elbe, mais nous ne
pumes distinguer, s'ils partoient du camp du prince Henry, ou de celui
de Nadasdy. On etoit cependant porté à croire, que c'etoit une affaire
de pandoures, qu'on chassoit à coup de canon. Le lendemain nous
instruisit mieux, et nous detrompa. Nadasdy voulant s'emparer du
village gardé par le bataillon de Billerbeck, un peu en avant du camp
du prince Henry, fit jouer inopinement sur lui son artillerie, dans
l'esperance de l'effrayer, et de lui faire abandonner son poste. Mais
les boulets passant bien au dessus du bataillon, personne n'en fut blessé
ni tué, et Billerbeck bien eloigné de reculer, a gardé son poste et sa
même position. Pour nous, qui sommes à la rive gauche de l'Elbe,
nous vivons tranquilement dans notre camp aux escarmouches près,
que nos fourageurs ont journellement avec les huzards ennemis, dont
il y a bon nombre au village de Dozau, vis à vis de notre camp. Nous
n'y manquons ni de pain, ni de fourage, ni de boeuf: mais cette abon-
dance de vivres n'y est pas, que nous eûmes au camp devant Prague,
et nous manquons sur tout de legumes. C'est que les pandoures et
huzards, qui nous entourent, empechent le païsan, de nous en porter.
Le Roy et les princes ses frères se portent bien, et il va graces au
ciel passablement bien avec la santé du Duc mon maitre.
     au Camp de Leitmeritz ce 17me Juillet 1757.

                                          Suite du Nro. 19.
     **Très humble Relation.
     L'armée se mit en marche à trois heures du matin du 22
sur deux collonnes, conduites l'une par Mr. le Marechal, l'autre
par le Roy en personne. Le Duc se trouva à la première,
le prince Henry à la seconde. Nous passames le Pascopol; le
Roy, etant arrivé à Welmina prit à droite et le tourna. Nous fumes
harcelés continuellement en notre marche tant par les huzards, que
par les pandoures cachés dans les buissons, qui se trouvent presque
tout le long du chemin à la portée du fusil. Nos bataillons francs
tinrent cependant l'ennemi assés en respect par le feu de leurs petits
canons, qui jouerent quelques fois avec un succès visible. Nous arrivames à Linay, sans avoir eû ni morts ni blessés. L'armée fut ce
jour partagée en deux corps. Le plus considerable occupa sous les
ordres du Marechal les hauteurs de Linay: l'autre en descendit, et
prit son camp aux pieds de ces mêmes hauteurs. Ce corps, fort de

16 bataillons et de 28 escadrons est commandé par le Roy en personne, qui a sous lui les Lieutenants-Generaux Duc Ferdinand de Brunsvic, prince Henry de Prusse et Mr. de Kyow. Le 23 jour de repos. Le 24 le Roy marcha à Nollendorff: La collonne du Duc fût sans cesse inquietée par l'ennemi, mais sans le moindre effet.

Ce jour-là les volontaires quitterent l'armée. Le Roy leur ayant fait ordonner de rester à l'armée de Mr. le Marechal, ils ne trouvèrent pas à propos de s'y conformer. Le prince de Hildburghausen, qui jusques à ce jour se trouvoit avec deux officiers du Duc son frère dans la suite du Duc, fût de ce nombre. Ils ont suivi l'armée jusques en Saxe, ou chacun a pris la route la plus courte, pour s'en retourner chés soi.

Nous trouvames à Nollendorff le general Assebourg avec 4 bataillons: ce general y reste. Il y a deux bataillons à Aussig, et autant à Gishubel. On aprit ce jour là que le Major Emmingen avoit rendû le Schreckstein, où il commandoit 3 compagnies du Regiment de Manstein. Il ne s'est pas defendû; parce que dit-on ses soldats n'avoient pas temoigné beaucoup d'envie de se battre. Le Roy marcha le 25. jusques à Cotta, et arriva le 26. à Pirna, où l'armée campe ensorte que l'aile droite est apuyée à la ville. Le 27 est jour de repos: on compte que Sa Majesté passera l'Elbe le 28 pour aller au secours du prince de Prusse, qui paroit en avoir besoin etant très pressé par un ennemi extremement superieur en nombre. Il est à esperer, que les affaires prendront bientôt un pli plus favorable. Le Roy dispose tout avec une vitesse et prevoyance egalement admirables*).

Le Duc se porte graces au Ciel bien, et est depuis plusieurs jours fort peu incommodé de la sciatique. Dieu veuille le conserver, et benir toutes ses actions.

au Camp de Pirna ce 26me Juillet 1757.

5 de Nov.) Jl fut raporté à 9 heures du matin que tout etoit en mouvement chés l'ennemi. Nous entendimes clairement son tambour qui battoit la marche, et nous pumes tres distinctement voire de notre camp, que toute son infanterie defiloit vers sa droite. On ne pût cependant encore conclure rien de certain sur le dessein, qu'il pouvoit avoir en vüe. On crut même devoir suposer, que manquant de pain il pourroit bien avoir le dessein de repasser l'Unstrut. Mais on remarqua bientot qu'il y avoit dans ses mouvements de la contradiction. Dans le meme temps qu'il defiloit vers sa droite, de l'infan-

---

*) N. d. H. Es ist bemerkenswerth, dass dieser passus nur in dieser für den regierenden Herzog bestimmten Relation steht, nicht aber in der für die andern Mitglieder der Familie. Bd. II. S. 17.

**) Diese, von Westphalen eigenhändig geschriebene Relation der Schlacht von Rossbach, gehört ohne Zweifel zu der Reihe derjenigen, welche aus dem Hauptquartier des Herzogs Ferdinand an den regierenden Herzog von Braunschweig und die Mitglieder der herzoglichen Familie eingesandt sind, und schliesst sich an die Sammlung an, welche in die „Geschichte der Feldzüge etc." Bd. II. S. 3—22 aufgenommen ist.

terie et un gros de cavallerie marcha vers la gauche, dirigeant par
tout sa marche sur les hauteurs, qui environnoient à la portée du gros
canon presque tout notre camp. Un moment après on vit faire halte
à cette cavallerie, et la replier en suite sur sa droite. Jl en resta
cependant un gros corps vis à vis de Biderow, pendant que tout le
reste marchoit vers la droite. A deux heures de l'après midi tout se
developpoit, on ne doutoit plus du dessein de l'ennemi de nous attaquer. Sa manoeuvre tendoit à nous envelopper, et de commencer
par nous prendre en dos. En cas qu'il nous eût battû, le corps posté
vis à vis de Biderow devoit fondre sur nos troupes mises en deroute
et de les empecher de se retirer à Mersebourg', unique retraite qui
nous eût resté alors. V. A. S. verra par le plan ci-joint, crayonné
à la hate, la position de notre camp, la marche de l'ennemi, le mouvement du Roi pour aller au devant de lui, l'attaque et les differentes
positions, que prit notre armée à mesure qu'elle avançoit et poussoit
l'ennemi.

Le Roy avoit resolû de n'attaquer qu'avec l'aile gauche; au moment que la bataille commença il fit dire au Duc, de refuser l'aile
droite et de prendre une position en conformité, et d'empecher sur tout
que nous ne fussions pas enveloppés. Toute notre cavallerie, consistant
en 44 escadrons, etoit marché à l'exception de deux ou trois escadrons,
qui resterent aux ordres du Duc, à la gauche. Cette marche se fit
au grand galop, et etant arrivé à l'endroit marqué dans le plan; elle
se forma vis à vis de celle de l'ennemi. La notre s'ebranla aussitôt.
L'ennemi vint au devant d'elle et le choc fut des plus vifs; mais l'avantage restoit entierement à nous. La cavallerie ennemie fut mise en
deroute, et poursuivie avec la dernière vivacité. Comme elle gagna
cependant une hauteur, elle en profita, pour se rallier. Mais notre
cavallerie fondant de nouveau sur elle, la battit si complettement, qu'elle
s'enfuit à van de route. Ceci arriva à 4 heures de l'après midi. Notre
infanterie deploya durant le choc de la cavallerie. L'ennemi la canona
tres vivement et lui tua quelque monde; mais notre canon ne tarda
gueres de lui repondre. Cette canonade ayant de part et d'autre continué sans le moindre relache un gros quart d'heure, le feu de mousqe-
terie commenca à se faire entendre. L'ennemi ne le put soutenir ni
resister à la valeur de notre infanterie qui marcha à grands pas droit à ses
batteries. Les batteries furent emportées l'une après l'autre, et l'ennemi forcé de reculer, ce qu'il fit en grand desordre. A mesure que
notre aile gauche avancoit, le Duc fit changer de position la droite
avec une intelligence et dexterité, qui fut admiré de tout le monde.
Ayant bientôt trouvé un peu en avant une petite eminence il en profita habilement pour y faire placer 16 pièces de gros canon. Il fit
diriger son feu en parti sur la droite de l'ennemi, pour augmenter la
confusion qui s'y etoit mise, et battit en front l'aile gauche, qui en
fut infiniment incommodée. A 5 heures la victoire etoit decidée, le
canon se tût et l'ennemi fuyoit de toute part à van de route. Il fut

poursuivi aussi longtemps que le jour baissant permit de le distinguer; et la nuit seule fut le salut d'une armée si formidable le matin, et qui parût nous vouloir ecraser par le nombre. Elle profita de l'obscurité, pour repasser l'Unstrut à Freybourg; ce qu'elle fit le matin du 6, ayant marché toute la nuit. Le Roy la poursuivit le 6. Novemb. de grand matin avec toute la cavallerie, qu'il fit soutenir par 4 Bataillons de grenadiers, toute l'infanterie suivant en deux colonnes. L'ennemi avoit passé l'Unstrut à Freybourg, lorsque nous arrivions au bord de cette riviere, et comme il avoit brulé le pont, il falût en faire un autre ce qui se fit tout de suite. La cavallerie passa la première; mais elle ne put atteindre l'ennemi, qu'à 5 du soir, sur les hauteurs de Eckartsberga. Comme il etoit trop tard, pour l'y forcer, le Roy fut obligé de faire cantonner son armée dans les villages les plus proches; et il falut se contenter de l'avantage, que nos huzards eûrent d'enlever à peu près trois cent chariots de bagage avec tout ce qui s'y est trouvé.

Cette victoire si glorieuse doit etre la plus chere au Roy de toutes celles qu'il a remportées, puisque elle ne lui coute surement pas 500 hommes entre morts et blessés. Du nombre des premièrs se trouve le General Meinecke, le General Seydlitz est blessé, ainsi que le Prince Henry, l'un et l'autre legerement. Si l'on considére la disproportion des deux armées, quant au nombre; il faut reconnaitre que la main de Dieu a eté de notre coté. L'ennemi s'est vanté d'etre fort de 70 m. hommes; il faut en rabattre, je crois; mais vû le terrain, qu'il occupoit, il est tres probable qu'il a eu 50 m. combattans effectifs. Lorsque le Roy eût reuni à Leipzig tour les corps differents de son armée, il avoit 33 bataillons et 44 escadrons. Laissant 5 Bataillons en garnison à Leipzig, il marcha à Lutzen avec tout le reste; ayant passé la Sala, à Weissenfels, Mersebourg et Halle, et laissé dans chacune de ces trois villes un bataillon, toute l'armé qui se reunit après ce passage le 3. vis à vis de l'ennemi, ne consistoit qu'en 25 bataillons et 44 Escadrons. Pendant la bataille le Regiment de Winterfeld couvroit le bagage; en sorte que tout le poids de l'action retomba sur la Cavallerie et 23 bataillons d'infanterie; et de cette brave infanterie il n'y à même eû que 6 bataillons qui sont venûs au petit feû, savoir 4 de grenadiers et le Regiment de vieux-brunsvic, qui a fait merveilles. Il a perdu son Colonel avec 100 hommes à peuprés entre tués et blessés.

Le Roy a rendû justice à la belle manoeuvre du Duc mon maitre; S. M. a daigné dire publiquement qu'elle lui avoit gagnée la bataille; le Duc en a recû luimeme du Roy les remercimens les plus flatteurs.

On ne peut encore rien dire de positif de la perte de l'ennemi. On pretend qu'il a laissé entre deux et trois mille hommes sur le champ de bataille. Les prisonniers passent surement trois mille hommes, entre les quels se trouvent quelques Lieutenants generaux. Nous avons pris 50 pieces de canon, avec grand nombre d'étendarts et de Drapeaux.

(Sammlung des Stadtraths Lucanus.)

Monseigneur!*)

Votre Altesse m'ayant ordonné, de Lui faire une relation de ce que fit le regiment de V. A. à la journée du 5. de Novemb. je me sens d'autant plus flatté de cette commission, qu'elle me procure la satisfaction, de pouvoir lui faire voir qu'au moins nous avons fait tous nos efforts, pour nous rendre dignes d'un si divin chef, comme c'est le nom de V. A. repeté souvent auquel nous devons plus qu'à toute autre motive si le regiment a pu se meriter ses bonnes graces.

Sur l'ordre general le regiment decampa, et marcha d'autant plus vite, qu'on avoit vu l'ennemi defiler depuis 2 heures, et apres avoir defilé par la gauche, on se vit bientot en parallele vis à vis de l'ennemi, qui marcha avec beaucoup de diligence. Le brave Collonel Priegnitz, voyant que plausiblement on en viendroit aux main, prit occasion de dire en peu de mots ce qui étoit fort nécessaire et utile, en faisant souvenir le simple Soldat de son devoir, tant envers le Roi qu'envers V. A., qui aviez tant de bontés pour le regiment, et en priant les officiers de l'assister à cette occasion. Le Canon très indiscret, en mugissant rompit cet entretien, et emporta plusieurs hommes, un chariot de munition sauta en l'air près du 8 peloton, et emporta deux canoniers, que j'ai vu tout dechirés; cela fit un peu horreur aux gens, qui ne pouvoient pas s'empecher de faire toujours un petit saut en arrivant à cette place. On marcha avec tant de diligence qu'on couroit presque, et nous étions deja presque à la portée du fusil. On pretend que le Roi avoit ordonné plusieurs fois d'arreter la tete, mais que le Prince Maurice n'avoit jamais voulu, qu'au contraire il avoit marché plus vite encore, pour deborder l'ennemi, ce qui en effet fut bien executé. Car on deploya presque sans ordre, jamais on ne s'est mieux rangé, et les distances n'avoient de rien manqué. C'est ici que j'ai vu pour la derniere fois feu le Collonel qui passa à Cheval le front pour l'alligner. Le petit feu commença d'abord de l'aile gauche et fut très vif, le regiment courut d'abord tant qu'il put. Mais un fossé asséz profond et large nous arretta un peu, malgré cela le Soldat s'y jetta, les plus braves en grimpant montèrent, et tirèrent les autres en offrant leur bras. La plus part à peine étoit sortie, qu'on cria: „attaquons de la bayonnette", cela fit son effet, car l'ennemi plia et vint en déroute; c'est alors que le Soldat animé courut plus que jamais cela donna quelques vuides dans la ligne, le Roi passa les rangs, et fit un peu arreter la ligne pour se remettre. Ce qui donna au regiment de Diesbach Suisse le tems de se rallier, et de donner quelques decharges sur nous, ce que ce regiment fit deux fois, mais dès qu'il vit qu'on venoit à Lui à grands pas, il tourna entièrement et ne reparut

---

*) N. d. H. Originalschreiben des Lieutenants und Adjutanten v. Derenthal an den Herzog Ferdinand von Braunschweig betreffend die Theilnahme seines Regiments an der Schlacht von Rossbach.

plus. Un autre chemin creu extrêmement profond et large passa le long dans le Bataillon, ainsi qu'il étoit impossible de le passer il fallut de le laisser vuide. La Cavallerie habillée de rouge, ne connoissant pas assez le terrain, voulut profiter de ce vuide et s'y jetter, pourquoi le Roi avec empressement donna l'ordre de se resserrer, mais en aprenant qu'on ne pouvoit pas boucher ce trou, ne dit autre chose que de leur donner bien au néz. Leur Commandant les anima beaucoup, mais ils tournérent le dos à cent pas, après avoir essuyé une bonne decharge, qu'on leur avoit préparé, le Commandant tomba du cheval. Un autre troupe habillée de bleu, fit de même et s'enfuit; celle-ci se rallia, mais ils avoient perdu contenance, car ils étoient très inquiets, une petite decharge, qu'ils eurent au néz, acheva de les mettre en fuite. Jusqu' ici le Roi étoit toujours avec nous, et parut assez content de la conduite; le Soldat Lui cria: „retiréz Vous, Père, pour que nous puissions tirer." Comme il commenca deja à devenir obscure, on perdit tout d'un coup l'ennemi de vue, ce qui fut causé par une petite pente qui descendoit; le Roi me fit la grace de m'envoyer pour voir, si l'ennemi peutêtre voudroit se rallier, mais je vis que le desordre étoit general, et qu'on pourroit bien se servir du Canon. Le Roi m'ordonna d'en chercher et de dire à la Cavalerie, de se mettre à la poursuite; le Canon fut appliqué avec effet, mais la Cavalerie trouva des obstacles de passer outre. Le Roi ordonna de faire Halte à toute l'armée; aussi le Soldat n'en pouvoit il plus après avoir couru plus de deux heures; fatigué à n'en pouvoir plus, il tomba sous les armes, la Cavalerie resta devant nous à vingt pas, et à moins d'une quart d'heure il fit tout à fait nuit.

C'et ainsi que la nuit termina bien trop tôt cette belle journée, où la plupart des Officiers firent tout ce qu'ils purent, pour encourager le Soldat, et celui-ci y repondit si bien par sa bonne volonté, que je crois, ils auroient poursuivi plus loin, s'il avoit fait jour encore.

Pour moi, Monseigneur, qui dois tout ce que je suis, à V. A., après que j'ai été asséz heureux d'être aproché de la personne de V. A., unique objet de mes voeux, depuis que je sers le Roi! je ne serai heureux de trouver ces occasions, que pour me rendre un peu plus digne de Ses divines graces qu'Elle me prodigue, pour Lui montrer le zèle parfait et la veneration très profonde, que j'ose Lui porter; Enfin qu'elle me permette de Lui dire, que je ne voeux ni servir ni vivre que pour Votre Altesse. Qu'Elle me fasse donc la grace, de croire, que je ferai mon unique étude à servir bien Votre Altesse et à être plus que personne

Monseigneur
De Votre Altesse,
le très humble et très soumis valet
Derenthal.

III.

Correspondenz des Herzogs Ferdinand mit dem Marschall Duc de Richelieu aus dem Winter 1757 u. 58, dem Grafen Clermont, Louis de Bourbon, und dem Prinzen Soubise aus dem Jahre 1758. — Wiederanfang der Feindseligkeiten nach dem Bruch der Convention von Zewen; Repressalien wegen Gewaltthätigkeiten, völkerrechtliche Grundsätze über Auslieferung von Gefangenen und Geisseln. Cartel-Convention vom 19. October 1757 über Kriegsgefangene, Kranke und Verwundete. — Beispiele.

Die in der Geschichte der Feldzüge etc. Band II., S. 98. 99 erwähnte, mit dem Bericht des Herzogs Ferdinand vom 19. Octbr. 1757 dem Könige Friedrich II. überreichte Cartel-Convention (im Nachlass Westphalen's) ist folgenden Inhalts:

Traité et Convention pour les malades, blessés et prisonniers de guerre de Sa Majesté l'Imperatrice-Reine d'Hongrie et de Bohème, des troupes auxiliaires de Sa Majesté très Chrétienne, de Son Altesse Electorale Palatine et celles de Sa Majesté le Roi de Prusse, qui pourront avoir à faire vis-à-vis de celles commandées par Monseigneur le Maréchal Duc de Richelieu.

Les Soussignés, moy Ehrard de Kaisin, Capitaine faisant fonction de Major au Regiment de Ligne, muni de pouvoirs de Monsieur le Général-Major de Dombal Commandant les troupes de Sa Majesté l'Imperatrice-Reine d'Hongrie et de Bohème, moy Charles de Lord de Saint Victor, Major du Regiment de Navarre, muni de ceux de Monseigneur le Maréchal Duc de Richelieu, Général des armées de Sa Majesté très Chrétienne en Allemagne et des troupes de l'Imperatrice-Reine; et moy Benjamin de Cordier, Major du Regiment de Salmuth, muni de ceux de Son Altesse Monseigneur le Duc Ferdinand de Brunsvic, Lieutenant-Général Commandant les armées de Sa Majesté le Roi de Prusse, — Nous susdits en conséquence de nos dits pouvoirs réciproquement échangés, avons réglé le Cartel ci-après.

Art. 1.

Que tous les prisonniers de guerre faits de part et d'autre entre les armées contractantes pendant le cours de cette Campagne, seront renvoyés et échangés dans l'espace de quinze jours après la signature du présent traité, si l'existence des lieux le permet, et Messieurs les Généraux conviendront réciproquement, ou se féra le prèmier échange ou rançon des premiers qu'on se rendra de part et d'autre.

Art. 2.

Tous prisonniers de guerre de quelque nation et condition qu'ils puissent être sans aucune réserve, à moins que ce ne soit un déserteur qu'on aura pris les armes à la main, qui seront fait de part et d'autre après le premier échange ou rançon par les armées belligérantes et auxiliaires, soit en batailles, combats, partis ou autrement, seront rendûs de bonne foi quinze jours après leur détention, ou aussi-tôt que faire se pourra, par échange de prisonniers de pareille charge ou équivalences ou autres, en faisant compensation du plus ou moins, ou payeront leur rançons sur le pied qu'elles seront cy-aprés marquées, savoir en florins d'Allemagne à compter à soixante creutzers de part et d'autre, ou de deux livres dix sols argent de France.

Art. 3.

Il sera tenû un livre des prisonniers faits dans les armées belligérantes et auxiliaires, dans lequel il sera marqué le nombre, qui sera renvoyé de part et d'autre dans chaque mois, à fin qu'au premier du suivant il soit envoyé de chaque coté un état de ce qui aura été reçû et rendû pour que huit jours après il soit payé exactement et sans difficulté le nombre excédant, qu'un parti devra à l'autre; l'on comptera aussi des avances, qui auront été faites aux dits prisonniers, pour qu'elles soient remboursés en même tems et que tous comptes soient arrêtés sans qu'ils puissent être portés au mois suivant, et au premier échange ou rançon des dits prisonniers de part et d'autre on se liquidera de toutes les avances, qui leur auront été faites sur des états valables qui seront produits.

Art. 4.

Toutes les fois qu'il sera renvoyé des prisonniers d'une part ou d'autre, on y joindra un État, qui sera rémis au Commandant du lieu où ils auront été conduits, lequel donnera un réçû de la quantité et qualité, qu'il récevra, pour être compté chaque mois ainsi qu'il a été dit cy dessus. Ces dits prisonniers de part et d'autre seront de ce moment même bien échangés puisqu'au bout du mois il en sera tenû compte en compensation ou en argent.

Art. 5.

Et àfin qu'il n'arrive aucune contestation ni difficulté tant par rapport aux postes et qualités des Officiers de part et d'autre, que des rançons, qui devront être payé pour chacun d'eux, il a été estimé à propos de specifier cy après les postes et charges du prix et de la rançon, des quels nous sommes convenûs; savoir un Soldat, Cavalier, Dragon et Houssard, cinq florins d'Allemagne çi 5
un Sergeant ou Feldwebel dix 10
un Timbalier dix 10
un Waguemestre dix 10

un Enseigne ou Cornette vingt cinq 25
un Lieutenant trente 30
un Capitaine quatre vingt 80
un Major 135
un Lieutenant-Colonel trois cent 300
et un Colonel six cent cinquante 650

Art. 6.

Les troupes légères, soit Houssards, Volontaires, Cavallerie, Dragons ou d'Infanterie seront échangés et rançonnés de part et d'autre sur le pied de la Cavallerie, Dragons et Fantassins.

Art. 7.

Les régimens de Milice de part et d'autre seront traités comme l'Infanterie tant pour l'Officier que pour le Soldat.

Art. 8.

Les Officiers du Corps royal tant d'Artillerie que du Génie seront rançonnés à proportion de leur plus haut grade.

Art. 9.

Tous ceux qui exercent différentes charges dans l'État major de Cavallerie, Dragons ou Infanterie, payeront leur rançon du plus haut grade qu'ils possedent, et à proportion de ceux seront échangés ou payeront leur rançon sur le pied qu'il est dit, sans que de part et d'autre on puisse repeter à un officier fait prisonnier ou échange ou une rançon plus forte, que sur le pied du grade, dans lequel il étoit employé à l'armée ou dans les places.

Art. 10.

Tous les autres Officiers, qui pourroient avoir été oubliés dans le Cartel, seront rélachés dans quinze jours en payant un mois de leurs appointements; et s'il y avoit quelque contestation touchant la qualité de quelque Officier prisonnier, on s'en rapportera de part et d'autre au Certificat du Général de l'Armée, ou Commandant de la Province ou Gouverneur de la Place la plus voisine.

Art. 11.

Les Volontaires servant dans les armées, qui n'auront aucun grade, seront renvoyés de part et d'autre sur le champ et auront la liberté de continuer de servir dans les armées, où ils sont attachés; mais ceux, qui auront des grades, seront échangés comme les troupes d'armées.

Art. 12.

Le Prevôt général, ses Lieutenants et autres Officiers et Gardes de la Connetablie, l'Auditeur général, son Lieutenant, les Stabs-Auditeurs et autres, les Directeurs, Sécrétaires des Généraux et Intendans, les Trésoriers du Commissariat général et autres Sécrétaires, les Regiments-Quartier-Maitres, les Aumôniers, Ministres, Maitres de postes, leurs Commis, Couriers, Postillons, Medecins, Chirurgiens, Apotiquaires, Directeurs et autres Officiers servant dans les Hopitaux ou Armées, les Ecuyers, Maitres d'hôtel, Valets de chambre et tous les autres Domestiques ne seront point compris à être faits prisonniers de guerre, et seront renvoyés le plustôt possible.

Art. 13.

Les Valets faits prisonniers seront renvoyés de part et d'autre sans aucune difficulté, ceux qui déserteront sans avoir rien pris ou volé dans les armées, qu'ils quitteront, pourront jouir du Passeport, qu'on voudra bien leur accorder. Par rapport aux Voleurs, le vol doit toujours être restitué sans les renvoyer, mais les Généraux respectifs seront tousjours les maitres de le faire dans le cas de meurtre ou d'assassinat.

Quant aux vols faits par les Soldats déserteurs, ils seront restitués, sans qu'on puisse exiger le renvoy des dits déserteurs sous quelque prétexte que ce soit, s'en rémettant de part et d'autre à la volonté respective des Généraux pour les déserteurs, qui auront commis des meurtres ou autres crimes.

Tous déserteurs, Domestiques ou autres, qui passeront d'un parti à l'autre, seront arreté au premier poste, où le Commandant aura grande attention de les faire fouiller, et de mettre par écrit les Effets, dont ils seront munis, sans permettre, qu'ils puissent rien vendre ni donner, après quoi il les fera conduire à son Général, où les dits domestiques, déserteurs ou autres seront detenûs pendant trois jours, àfin que s'ils se trouvent voleurs, on puisse de part et d'autre avoir le tems de les réclamer.

Art. 14.

Il sera donné la Ration de pain à chaque prisonnier de guerre, telle que les troupes Belligérantes ou auxiliaires la réçoivent; il sera permis respectivement de leur envoyer des secours, et dans les lieux de depôts des dits prisonniers il sera libre à chaque Général commandant les armées, d'y envoyer un Commissaire des guerres avec un Passeport, pour pourvoir au secours, qui sera donné aux prisonniers. Qu'il sera fait un Décompte chaque mois du pain, qui aura été donné de part et d'autre, pour que celui, qui sera rédevable à l'autre, ait à le rembourser sans difficulté; et le pain, qui sera excédent sera payé à raison de deux Creutzers ou vingt deniers de France la Ration; promettant réciproquement de mettre les prisonniers dans des lieux honnêtes avec de la bonne paille, qu'on aura soin de rafraichir de huit en huit jours.

Art. 15.

On prendra soin des Blessés de part et d'autre, on payera les médicamens et leur nourriture, et les fraix seront restitués de part et d'autre. Il sera permis de leur envoyer des Chirurgiens et leurs Domestiques, avec des Passeports des Généraux, qu'au surplus ceux, qui auront été faits prisonniers aussi bien que ceux, qui ne le seroient pas, seront renvoyés sous la protection et Sauve-Garde des Généraux, avec liberté d'être transportés par Eau ou par Terre suivant la plus grande commodité ou convenance des lieux où l'on sera, à Condition toutes fois, que ceux, qui auront été faits prisonniers ne serviront pas qu'ils ne soient échangés.

Art. 16.

Que les Malades de part et d'autre ne seront pas faits prisonniers, qu'ils pourront rester en sureté dans les Hopitaux, où il sera libre à chacune des parties Belligérantes et auxiliaires de leur laisser une garde, laquelle ainsi que les malades seront renvoyés sur des Passeports respectifs des Généraux par le plus court chemin sans pouvoir être troublés ni arrêtés. Il en sera de même des Commissaires de guerre, Aumoniers, Medecins, Chirurgiens, Apotiquaires, Garçons, Infirmiers, Servans et autres personnes propres au service des Malades, lesquels ne pouvant être prisonniers, seront renvoyés.

Art. 17.

Les Sauves-gardes jouiront de part et d'autre d'une entière sureté et dans les cas, où elles se trouveront trop près des Armées, elles seront renvoyées sans qu'il leur soit fait aucune violence, ni mauvais traitement.

Art. 18.

On ne forcera en aucune manière les prisonniers de s'enrôler.

Art. 19.

Il sera permis aux prisonniers de donner avis de leur détention par une lettre ouverte.

Art. 20.

Il sera accordé de part et d'autre des Passeports aux Maitres d'hôtel des Généraux, pour aller chercher des provisions aux conditions, qu'ils n'aprocheront pas des places fortes, ni des armées respectives plus près de deux lieues.

Art. 21.

A l'égard des Officiers généraux, donc la rançon n'est pas réglée dans le présent traité, on en conviendra de part et d'autre, si le cas arrive, et ce qui sera résolû pour lors, sera observé et tenû pour inseré dans le présent traité, suivant les certificats qui en seront donné respectivement.

Son Altesse Monseigneur le Duc Ferdinand de Brunsvic se fait fort de faire ratifier le traité cy demis par Sa Majesté le Roi de Prusse.

Et pour plus grande assurance de l'execution du présent Cartel, nous avons envoyé les articles cy demis aux Chefs des Armées Belli-gérantes et auxiliaires, qu'ils ont agrées; nous avons signé le présent traité et y avons mis le sceau de nos armes, lequel sera de pleine Valeur pour être inviolablement observé tout ainsi que s'il étoit signé de leurs Généraux respectifs.

Fait à l'abbaye d'Hadmersleben le dix neuf Octobre mil sept cent cinquante sept.

Erhard de Kaisin. Charles de Lord de St. Victor. Benjamin de Cordier.
(L. S.)   (L. S.)   (L. S.)

Als Beispiele, wie in vorkommenden Fällen diese Grundsätze befolgt wurden, mögen die folgenden Correspondenzen zwischen dem Comte de Clermont und dem Herzog Ferdinand aus dem Jahr 1758 nach der Schlacht von Crefeld dienen.

(Archiv-Acten vol. 289.)

ce 24. Juin 1758.

Monsieur

L'état dangereux dans lequel se trouve M. le Cte de Gisors Bri-gadier des armées du roy, et commandant les carabiniers, m'oblige de laisser auprés de luy les Srs Andouillet, la Fontaine, et Caumont chirurgiens de confiance, et dont les talens sont connus: j'espére que V. A. voudra bien donner les ordres necessaires pour qu'ils soient traités avec les egards que je ferois observer en pareil cas, et les ren-voyer me rejoindre avec des Passeports et toute sureté dans le moment ou leur Presence, et leurs soins ne seront plus utiles à M. le Cte de Gisors, pour lequel je me persuade que V. A. aura toutes les atten-tions dues à son rang, et à son merite personnel. Je suis

Monsieur

de V. A.

le très affectionné serviteur et cousin
Louis de Bourbon.

Le 25. Juin 1758.

Monsieur

M. le Comte de Gisors que sa blessure a obligé de rester à Neuss ainsi que je l'ay mandé à V. A., ayant la plus grande confiance en M. de Vignolle major du Regiment de Champagne et aide major general de l'armée, m'a prié de le laisser auprés de lui, ce que je n'ay pû faire dans le moment comme je l'aurois désiré; je renvoye cet officier à Neuss avec un trompette. Je prie V. A. de lui permettre d'y rester

III.   5

et de ne pas le regarder comme prisonnier de guerre. Elle doit être persuadée que j'en userais de même en semblables cas. Vous trouverés ci-jointe une liste de quelques officiers dont je vous prie de vous faire informer et de vouloir bien me donner des nouvelles.

Je suis Monsieur

de V. A.

le très affectionné serviteur et cousin
Louis de Bourbon.

＊Au Comte de Clermont*).

ce 25. de Juin 1758.

V. A. peut être persuadé que personne n'a apris avec plus de douleur le sort de Mr. le Comte de Gisors, que moi. Les attentions que je lui marquerois seront d'autant plus empressés qu'ils s'addressent à un homme dont le caractere aimable a captivé mon amitié depuis longtems.

Les Chirurgiens que V. A. a laissé auprès de lui, ne pourront meriter mon estime que par les soulagemens qu'ils lui procureront, et les Passeports et suretés que vous me demandés pour eux, leurs seront surement accordés avec plaisir, pourvû qu'ils mettent leur malade bientôt en état de se pouvoir passer de leurs soins. Je suis

de V. A.

P. S. Je supplie V. A. de vouloir bien renvoyer un domestique du Prince Hereditaire de Brunsvic, qui a eté pris quelques jours je ne sais par quel accident. Je demande la même complaisance en faveur du Colonel Borgmann, qui, si V. A. l'agrée, pourroit etre échangé avec tel Colonel d'Infanterie, qu'il Lui plairoit de choisir.

F.

Au Comte de Clermont.

＊ce 26me Juin 1758**).

Monsieur,

Je sens trop de plaisir d'obliger à la fois V. A. et Mr. le Comte de Gisors pour ne pas me pretter a ce qu'elle me demande en faveur de Mr. de Vignolle. Cet officier ne sera point regardé comme prisonnier, pourvû qu'il me promette par ecrit et sur sa parole d'honneur de se conduire d'une manière convenable à sa situation; la liste ci-jointe mettra V. A. au fait de ce qu'on a pû apprendre du sort des officiers, après lesquels elle s'est informée. Je suis

Monsieur

de V. A.

F.

---

*) N. d. H. Dies Concept ist von der Hand Bülow's. Vergl. auch die Geschichte der Feldzüge etc. Bd. I. S. 599.

**) N. d. H. Adresse und Datum von der Hand des Herzogs. Das Concept von Bülow redigirt.

Le 30. Juin 1758.

Monsieur,

Je prie V. A. de m'envoyer la permission de servir pour Mr. d'Aiguirande Capitaine de mon regiment de Cavalerie, qui a été fait prisonnier de guerre à Minden; il est de grade égal à M. de Hohnhorst pour lequel je vous ai adressé semblable permission.

J'ay renvoyé Mr. de Borgmann Colonel à Niembourg ainsi qu'il me l'a demandé, je ne puis proposer d'échange dans ce moment-cy pour luy, ne me rappellant point, qu'il y ait aucun de Nos Colonels d'Infanterie Prisonnier. Je m'en ferai rendre compte par les Officiers chargés de ce detail, et ferai le plustôt qu'il me sera possible ce que V. A. desire à ce sujet. Je la remercie des Employés de vivres, dont Elle a ordonné l'élargissement avec tant de générosité, à laquelle Elle doit être persuadée que je ne cederai en rien en semblable occasion. J'ay renvoyé le Domestique de M. le Prince héréditaire de Brunswic dans l'instant que j'ai sçû qu'il étoit du Nombre des Prisonniers. Je serai toujours charmé de faire les choses qui pourront vous être agréables. Je suis

Monsieur

de V. A.

le très affectionné Cousin et serviteur
Louis de Bourbon.

Darunter von der Hand des Herzogs:

❋ Si je ne me trompe Solare est collonel d'Infanterie.

❋❋Au Comte de Clermont.

à Osterad ce 2. Juillet 1758.

*) Monsieur

J'ay l'honneur d'envoyer à V. A. la permission de servir pour Mr. d'Aiguirande en echange de celle qu'il Luy a plû me faire tenir pour Mr. de Hohnhorst.

Mr. de Solar est de ceux qui ont eté fait prisonniers de guerre à Minden. Comme il est Colonel du Regt. des grenadiers Royaux qui porte Son Nom**), il dependra de sa bonté et du bon plaisir de V. A. si Elle le veut échanger contre le colonel Borchmann.

Je vous fais mes plus parfaits rémercimens de l'attention obligeante que vous aves bien voulû avoir de renvoyer le Domestique de Mr. le prince héréditaire de Brunswick. Je suis etc.

F.

Le 4. Juillet 1758.

Monsieur,

Je connois trop la façon de penser de V. A. pour n'être pas persuadé qu'elle se pretera volontiers à satisfaire les desirs de Mr. le

---

*) N. d. H. Dies Schreiben von Westphalen's Hand.
**) N. d. H. Die unterstrichenen Worte von der Hand des Herzogs.

Marechal de Belle-Isle qui est inconsolable de la mort de Mr. le Comte
de Gisors son fils unique dont il redemande le coeur. J'envoye Mr. de
Vignolles à Neuss avec un chirurgien pour faire l'exhumation du Corps,
prendre le coeur et le faire enfermer dans une boïte de plomb, en
observant toutes les formalités requises en pareil cas et conformes à
nos usages.

Je prie V. A. de vouloir bien donner les ordres necessaires, non
seulement pour que l'on ne s'oppose point à ce que souhaite Mr. le
Maréchal de Belle-Isle, mais encore pour qu'on procure toutes les
facilités et secours, dont pourront avoir besoin Mr. de Vignolles et le
Chirurgien. Je suis Monsieur

de. V. A.

le très affectionné cousin et serviteur

Louis de Bourbon.

Es folgen hier noch mehrere, für die Geschichte der Zeit nicht
unwichtige und interessante Stücke aus der Correspondenz des Herzogs Ferdinand mit dem Marschall Duc de Richelieu, dem Comte de
Clermont und dem Prince de Soubise:

(Archiv-Acten vol. 289.)

**Au Marechal Duc de Richelieu*)

à Rönburg (Rönneburg) ce 28. Nov. 1757.

Ayant l'honneur d'être apellé par S. M. B. pour commander
l'armée composée de Ses Troupes et de celles de Ses Alliés; je vous
en fais part, Monsieur, pour vous dire en meme temps que mes instructions portent, de remettre cette armée en activité. Il seroit superflû de faire ici l'enumeration des raisons qui obligent S. M. à faire
faire une pareille demarche, puisque après les differentes plaintes
faites vous ne sauriés plus les ignorer. C'est pourquoi je passe icy
sur tout detail, me remettant uniquement à l'information au public
dans laquelle le Ministère Electoral de S. M. expose aux yeux de tout
le monde Ses griefs, aves les motifs qui engagent à ne regarder plus
comme subsistente la Treve conclüe à Zeven. Si une façon noble
de faire la guerre exige de ne pas manquer à vous faire cette Déclaration, je saisis en même temps l'occasion qu'elle me fournit de
vous reiterer les assurances personnelles de la haute consideration
avec laquelle je suis etc.**)

Ferdinand.

Monsieur

Je ne suis point surpris des procedés nobles et honnetes d'un
prince comme vous, mais j'en suis cependant d'autant plus aise qu'ils
ne se ressemblent pas tous egalement.

---

*) N. d. H. Die unterstrichenen Worte sind von der Hand des Herzogs eingeschaltet
oder verbessert.

**) N. d. H. Vergl. Bd. I. S. 868.

Je repondray de mon mieux aux façons genereuses dont vous faites la guerre et Je vous supplie d'être persuadé que rien n'egale les sentimens de la haute consideration avec laquelle J'ay l'honneur d'etre
Monsieur
Votre très humble et très obeissant serviteur
le M. Duc de Richelieu.

à Vinsen ce 28 9bre 1757.
à Monsieur
Monsieur le Prince Ferdinand de Brunswick
à Stade.

present. d. 28 9bre 1757 entre 4 et 5 heures du soir par le Tamb. maj. du Regt. de Champagne.

Monsieur

Je ne suis point surpris que les grandes occupations que vous avez eû vous ayent fait manquer au rendezvous pour l'Echange de nos prisonniers et vous devez en être assez content pour ne vous le pas reprocher, mais comme j'auray toujours peine à croire, qu'une personne comme vous manque aux paroles qu'elle donne et ne tienne pas les actes qu'elle signe, je suis persuadé que le cartel que nous avons fait aurà son execution; J'ay fait venir en conséquence les Prisonniers Prussiens à Brunswick, et j'avois eu l'honneur de vous écrire une lettre à Magdebourg qu'on m'a renvoyé, et comme je viens d'apprendre que vous etes à Stade, trouvez bon que je vous demande, à qui vous avez donné des ordres en votre absence pour executer l'Echange de nos prisonniers, et dans quel lieu, quand et comment vous jugerez à propos, que s'execute le Cartel du 19. 8bre *). je me conformeray toujours avec joye à tout ce qui pourra vous être agreable par les sentimens de la haute consideration avec laquelle j'ay l'honneur d'Etre
Monsieur etc.
le M. Duc de Richelieu.

Lunebourg le 27. 9bre 1757.
à Monsieur
Monsieur le Prince Ferdinand de Brunswick
à Stade.

⁂ Au Marechal Duc de Richelieu
à Rönburg (Rönneburg) ce 28. Nov. 1757.

Je suis charmé de voir par la lettre qu'il vous à plû me faire en Date d'hier, que vous attribués à la veritable cause, que j'ai manqué au Rendés-vous pour l'Echange des prisonniers. Et vous ne faites que me rendre justice en croyant, que je suis aussi incapable de promettre autre chose, que ce que j'ay dessein d'executer, que d'en omettre le

---

*) N. d. H. Vergl. Bd. II. S. 99.

moindre point dans l'execution autant que cela depend de moy. Comme vous me demandés à present à qui vous aurés dans mon absence à vous adresser pour executer l'echange des prisonniers; j'ai l'honneur de vous dire en Reponse, qu'ayant informé S. A. R. Mgr. le Prince Henry de tout ce qui s'est passé sur ce sujet entre vous et moy, je croirois que vous ne pourries mieux faire que vous adresser pour cela immediatement à Sa dite Altesse Royale, en envoyant Votre lettre à Magdebourg.

Au reste je suis très flatté de vous renouveller à cette occasion l'assurance des sentimens distingués de consideration et d'estime, avec lesquels je suis etc.

Ferdinand.

à Lunebourg le 1. Dec. 1757

Monsieur

Ce n'est point icy que je veux examiner ce que met en droit de faire la violation d'une Capitulation, mais dans tous les cas je ne m'écarteray point de ce que les droits de la guerre prescrivent et je tacheray qu'elle se tourne d'une façon que je n'aye point à craindre les represailles et dont les peuples seroient les malheureuses victimes.

J'ignore absolument les desordres et les menaces qui ont été faites, mais il n'y a aucun cas dans lequel je souffre les troupes que je commande, s'écarter des lois convenües parmi les nations policées.

Si les Baillifs ou les pays avoient pris des engagemens et avoient fait des soumissions, vous scavez, Monsieur, les peines qu'ils seroient dans le cas de subir et c'est peut-être quelques unes de ces menaces-là, qui ont eté faites, et qui seroient executées à la Rigueur, selon les lois de la guerre: si vous en scavés quelqu'autre ou que je l'apprenne de mon coté j'y mettray tout l'ordre possible.

Je seray charmé de vous donner en toutes occasions des preuves de la haute consideration avec laquelle j'ay l'honneur d'être Mr. etc.

le M. Duc de Richelieu.

** Au Marechal Duc de Richelieu

à Jestebourg ce 2. Dec. 1757.

L'affaire de la Convention de Closter-Seven etant devenüe immediatement celle des deux Cours, il me semble, que vous et moy ferons également bien de nous dispenser d'en porter le jugement. Il n'en est pas de meme des menaces, qu'on a fait de Votre part de vouloir piller et brûler les terres et maisons des Ministres, jusques à celles du Roy meme. Comme ce n'est pas l'usage de guerre reçû parmi les nations policées; j'ai crû devoir parler des represailles; Mais je serai bien aise d'en voir éloignée la necessité, si ces menaces se sont faites, comme votre lettre paroit l'insinuer, sans votre aveu.

Je suis un peu surpris de ce que vous voulés ignorer, quels pri-

sonniers je reclame*) quoique vous n'ayés rendû ceux, qu'on a faits
à Hastenbeck et depuis cette affaire en differentes occasions tant
sur les hanovriens que sur les troupes alliées de Brunswic et de Hesse,
comme aussi au dernier lieu en surprenant, malgré la trève, le chateau
de Scharzfeld. Je me flatte que vous ne doutés pas de la justice de
nous les rendre, puisque on vous a rendû de bonne foi ceux, qui ont
été faits prisonniers sur les Troupes de S. M. T. C. Il ne depend que
de Vous, Monsieur, d'ajuster cette affaire, et de me donner par là le
moyen, de vous satisfaire sur votre demande relative au Sieur de du
Mortier, qui n'a été pris que le lendemain après la Declaration, qu'on
ne regarderoit plus la Convention de Closter-Seven comme subsistente.

Je ne discontinuerai au reste jamais de saisir toutes les occasions,
de vous temoigner que je suis, etc.

Ferdinand.

Monsieur

Je n'ay fait aucune menace que je ne sois en état d'executer, et
je n'executeray rien qu'en consequence des Intentions du Roy mon
maitre. Je ne connois point les petites et mauvaises finesses surtout
vis-à-vis d'un homme comme vous, et quand j'ay eu l'honneur de vous
marquer que je ne sçavois pas, de quels prisonniers vous vouliez me
parler, c'est qu'en effet j'ignorois même le nombre que nous en avions,
et les circonstances ou ils avoient été faits, ayant eu autre chose à faire
depuis mon arrivée, que l'examen de ces details que j'avois negligé, et
je n'aurois pas pensé seulement à l'examiner, si un autre General que
vous m'en eut fait la question, et j'aurois repondu à un General de
vos alliéz, qu'ayant manqué à tous les articles de la Capitulation, il y
auroit de la duperie de mon coté à satisfaire à celuy qui pouvoit luy
convenir, et qu'il n'y a pas un mot dans cette Capitulation qui regarde
directement ou indirectement le chateau de Scharsfeld, ni une treve generale entre les deux Roys, mais seulement à l'armée qui etoit campée
à Bremervoerde. Mais la façon genereuse et polie, avec laquelle vous
avez traité nos prisonniers faits à la journée du 5. du mois passé**),
et celle dont nous avons traité jusqu'icy, m'engageoit à beaucoup de
reconnoissance et d'envie de vous plaire; c'est ce qui m'a fait relacher
le Comte de Bulot qui etoit très coupable dès que Mr. de Gustine
m'eut ecrit que vous le desiriez, et je luy rendis sur le champ la liberté, en luy faisant sentir, qu'il la devoit uniquement à votre protection.
Je cherchois une occasion de faire de meme, et je croyois aussi que le
Sr. Dumortier n'etoit pas dans le cas d'etre retenu. Je voy que les
choses sont devenues en telle situation comme vous me le marquez,
Monsieur, que nous ne devons agir et juger que par l'ordre de nos

---

*) N. d. N. In einem zweiten Schreiben vom 1. Dec. hatte der Marschall, in Antwort
auf eine Erinnerung des Herzogs an die Gegenseitigkeit der Verpflichtung der Auslieferung der
Gefangenen, sich dahin ausgesprochen: „Je ne scay point du tout, Monsieur, de quels prisonniers vous voulez me parler."

**) N. d. H. Rossbach!

cours, et je vais rendre conte au Roy mon maitre des demandes, que
Vous me faites, dont j'aurais l'honneur de vous faire passer la reponse,
et ne cesseray jamais d'etre avec la plus haute consideration

Monsieur etc.

le M. Duc de Richelieu.

à Zelle le 7. Decembre 1757.

à Monsieur
    Monsieur le Prince Ferdinand de Brunswick,
    Commandant l'armée hanovrienne
    à son Quartier-General de Jestebourg.
pres: ce 8ᵐᵉ Decembre par le Tambour-
    major des Troupes Hannovriennes en-
    tre 6 et 7 heures du matin.

*⁎Au marechal de Richelieu.

Altenhagen ee 13. Decembre 1757.

Il est inoui parmi les nations policées de bruler au lieu de faire
la guerre. à en juger, Monsieur, par la manière que vous traités la
ville de Zelle, on croiroit avoir à faire à une armée Russienne. Quel
avantage peut-il y avoir pour vous de mettre en cendre une pauvre
ville, sans defense? Il pouvoit vous suffire, Monsieur, d'avoir ruiné les
provinces innocentes; pourquoi voulés-vous les mettre en cendre. Vous
sentés, Monsieur, que la ville de Zelle est innocente aux demelées entre les deux Roys: mais si l'atrocité meme du fait n'a pas de quoy
vous engager, à faire cesser les bruleries; je vous declare que la Saxe
et la Boheme repondront au triple de tout ce que vous jugerés à propos de faire souffrir de malheur aux Sujets de Sa Majesté; et je ne
vous declare pas moins, que les prisonniers qui sont dans nos mains,
et qui y viendront encore, payeront les cruautés, que vous faites commettre envers les habitans de ces provinces.

Je suis etc.

Ferdinand.

Monsieur,

Je suis surpris avec raison du stile si different de la lettre que je
reçois à celuy de la derniere que vous m'avez fait l'honneur de m'e-
crire, et des menaces que vous faites aujourdhuy sur nos Prisonniers
reciproques.

Je suis plus faché que vous ne pouvez l'Etre du feu du Fauxbourg
de Zell. C'est je crois tout ce que je puis et dois vous repondre sur
tout ce que vous me marquez avoir envie de faire à ce sujet et que
vous ne ferez assurement pas, car il seroit trop malheureux pour tant
de Peuples innocents, qui sout possedés par d'autres maitres que le
leur, et tant de Prisonniers reciproques de les rendre la victime des
repressailles aussi considerables, que nous avons à faire dans la situation où est la guerre; elle deviendroit effectivement telle, que l'on ne

---

*) N. d. H. Vergl. Bd. I. S. 378, 379. Bd. II. S. 169, 177, 180, 182.

l'a point vüe encore parmy des Nations policées; aussi, Monsieur, je
rends trop de justice à vos seutimens, pour que vous n'en rendiez pas
aux miens: Je la veux faire comm'il convient au General d'un Roy
tel que celuy dont je suis sujet, et si les positions de guerre peuveut
jamais exiger des actes facheux, ce ne sera jamais qu'à l'extremité et
avec douleur, que je seray obligé de les faire; je suis scur que Vous
ferez de même, si vous etiez jamais dans le meme cas, et que c'est avec
grand regret que l'armée de M. de Duc de Cumberland brula le village
de Hastenbeck et le fauxbourg de Hamelen dont l'avantage même
etoit mediocre.

J'allois vous ecrire que j'etois fort disposé à executer ce que
vous desiriez dans votre dernière lettre et en meme temps j'avois quelques representations à vous faire, que je crois devoir remettre à
un autre jour, mais je vous prie de ne jamais douter que je ne sois
sans cesse avec les sentimens de la consideration qui vous est düe.

        Monsieur etc.

            le M. Duc de Richelieu.

à Zell le 14 Decembre 1757.

    Monsieur,

M. le Prince de Beaufremont m'a rendu conte des deux lettres
que M. le Général de Block luy avoit ecrit; j'ay loüé sa moderation
dans sa reponse, mais trouvez bon que je vous suplie d'ordonner à
ceux qui sont sous vos ordres, comme je feroy de mon coté d'eviter
ce ton de Menaces qui ne convient de part n'y d'autre, pour empecher
l'aigreur qui pourroit traverser l'honneteté avec laquelle on doit faire
la guerre.

Je me feray rendre conte fort exactement, je vous assure Monsieur, de l'affaire qui regarde le greffier Rautenberg de Walsrode; s'il
se trouvoit dans le cas d'être espion, il faudroit qu'il en subit le sort,
mais la vie d'un homme tel qu'il soit, ne peut être decidée legerement
et l'on doit toujours interpreter favorablement tout ce qui est douteux.

Les Peuples sans s'écarter de leurs sentiments pour leurs anciens
maîtres doivent toujours se renfermer dans les bornes du devoir vis-
à-vis de ceux qui les gouvernent, et ne doivent point se meler des
querelles des grands. L'intercession que vous voulez bien avoir la
bonté de me faire en faveur de cet homme, augmente encore le desir
que j'ay de le trouver innocent, car vous m'avez vû fort empressé dans
toutes les occasions, comme vous le verrez toujours à vous donner
des preuves des sentimens de la haute consideration, avec laquelle j'ay
l'honneur d'être etc.

           le M. duc de Richelieu.

à Zell le 17 Decembre 1757.

    ** Au Maréchal de Richelieu.

          à Altenhagen ce 18 Decembre 1757.

En reponse à la lettre qu'il vous a plû me faire en date du 17.

de ce mois, j'ai l'honneur de vous dire, que le domestique en question
ne s'est fait voir nulle part dans mon armée. *) Mais j'ai donné mes
ordres pour le cas qu'il se fit encore de l'arreter, et de l'examiner sur
l'exposé que votre lettre contient; de quoi vous serez non seulement
exactement informé, mais vous resterés aussi dans le cas, qu'on l'attrape,.
le maitre de son sort, que vous jugerés à propos de lui faire subir.

Il y a quelques jours, qu'une sauvegarde arretée vous a eté renvoyée pas mes ordres. Quoique je n'aye pas eû des nouvelles de son
arrivée, je me flatte cependant, qu'elle sera arrivée à son port.

Je m'attends, Monsieur, que vous voudrés bien ne différer plus de
me renvoyer le cheval de mon trompette, que j'ai reclamé il y a quelques jours.

Je vous renvois un Soldat de Royal Suède; son passeport meme,
que je joins ci auprès, servira à vous faire voir l'irregularité de son
Envoy; mais je ne veux pas m'en prévaloir d'autant moins, que je
serois charmé plutôt de trouver une occasion plus importante pour
vous prouver les sentimens de la plus haute consideration avec les
quelles je suis etc.

Ferdinand.

Monsieur,
Je ne puis que vous remercier beaucoup de l'attention que vous
avez bien voulu faire à ce que j'ay eu l'honneur de vous marquer au
sujet du domestique qui avoit passé à vôtre armée.

Je vous rends aussy infiniment des graces du sauvegarde que
vous avez bien voulu renvoyer; il est arrivé avant-hier.

Je fais partir sur le champ le cheval du trompette qui avoit eté
retenu icy, comme j'ay eu l'honneur de vous le marquer.

Je joins icy, Monsieur, le compte que vient de me rendre le
Lieutenant Général qui commande à Zell au sujet du Soldat du Regiment Royal Suède que vous m'avez bien voulu aussy renvoyer; le
motif de son indiscretion etoit digne de votre générosité, mais il n'é-
toit pas moins dans le cas d'être prisonnier de guerre à la rigueur,
ainsy c'est un nouveau motif de vous marquer ma sensibilite et les
nouvelles assurances de la haute consideration avec laquelle j'ay l'honneur d'être etc.

le M. Duc de Richelieu.

à Zell le 19 Decembre 1757.

Un Bourgeois de cette ville s'etant adressé au Major de la Place
pour le prier de luy permettre de faire passer des subsistances à sa
femme et à ses enfants qui sont dans les maisons du fauxbourg de

---

*) N. d. H. Der Marschall hatte dem Herzog mitgetheilt, dass zu seiner Armee ein Do-
mestike desertirt sei, welcher seinen Herrn habe ermorden wollen und demselben Dose, Uhr
und Geld gestohlen, mit dem Ersuchen um gleiche Benachrichtigung in etwaigen künftig vorkommenden Fällen.

l'autre coté de la Rivière, le Major de la Place luy a fait dire, qu'il le permettoit par un Soldat du Regiment Royal Suède qui servoit d'interprete au dit Bourgeois, lequel vraisemblablement a engagé ce soldat à aller avec luy.

Voilà Monseigneur le detail du fait qui regarde le Soldat que M. le Prince Ferdinand a si généreusement renvoyé.

Dumesnil.

Ce 18. Decembre 1757.

Am 22. December 1757 wurde ein Edict veröffentlicht, worin der Marschall von Richelieu das Vermögen der Offiziere der Hannöverschen Armee für confiscirt erklärte.*) Dasselbe erschien in Deutscher und Französischer Sprache folgenden Inhalts:

Louis François Armand du Plessis Duc de Richelieu et de Fronsac, Pair et Maréchal de France, Chevalier des Ordres du Roi, Premier Gentilhomme de la Chambre de Sa Majesté, Gouverneur de Guyenne, Général de l'Armée Françoise en Allemagne.

La Rupture de la Capitulation de Closter Seven malgré le traité le plus solemnel et la parole d'honneur, donnée la plus authentique par les Generaux pour son Execution; Rend de droit et de fait Nul le traité fait avec le païs d'Hannovre, lorsque l'Armée du Roi y est entrée, et cette Infraction à la bonne foi exige egalement la plus grande rigueur pour tous ceux qui composent l'Armée Hannovrienne actuellement en hostilités.

En consequence nous ordonnons que tous les biens, meubles et immeubles, et autres Effets de quelle nature ils puissent être, appartenants à tous les officiers ou autres actuellement à l'Armée hannovrienne, soient confisqués au profit du Roi, et que l'Administrateur Général des païs conquis s'en mette en possession, pour s'en percevoir les revenus, pour être joints aux contributions, et faire l'usage le plus utile à Sa Majesté, dans quelques lieux ils soient situés dans le païs conquis.

Enjoignons à Monsieur le Duc de Randan, Commandant dans le païs d'Hannovre, à tous les Commandants supérieurs et particuliers, de donner main forte pour l'Execution de la presente, et d'y tenir la main en ce qui peut les concerner.

Fait à Zell le vingt deux Decembre Mil Sept Cent cinquante sept.

le Maréchal Duc de Richelieu.

le Lurez.

** Au Duc de Richelieu.

à Lunebourg ce 22. Janvier 1758.

Je vois avec susprize, qu'après les menaces faites, de confisquer les biens apartenants aux Officiers de S. M. B. vous faites proceder à

*) Vergl. Bd. I. S. 401.

l'execution de ces menaces; Et je ne doute pas, que tout le monde impartial ne soit revolté, en aprenaut une Execution de cette nature, qui choque de front tous les usages de la guerre, et qui devient d'autant plus odieuse, qu'elle est accompagnée des façons d'agir extremement indecentes.

J'ay eû de la peine à me persuader que vous puissiés incliner à faire la guerre d'une manière si étrange et si opposée aux coutumes des Nations policées: mais puisque je ne puis plus douter, que la chose ne se soit faite; il ne me reste que de vous demander, que vous fassiés dedommager les Officiers, qui en ont deja souffert et cesser la poursuite de ces procedures, qui ne pourront jamais être approuvées de qui que ce soit, ni meme de vos propres Officiers.

Mais si malgré cela vous ne trouvés pas à propos, de satisfaire et de consentir à une demande aussi juste, que la presente; vous ne devés pas trouver mauvais, si je reclame l'effet de la promesse, que S. M. Pr. m'a faite, de faire repondre les Officiers François prisonniers de tout ce qu'on fera de votre part dans ce pays-ci contre l'usage de la guerre, et de faire indemniser par les Officiers François ceux qui sont au Service de S. M. B. de tout ce qu'on leur aura pris.

Je suis au reste avec beaucoup de consideration etc.

Ferdinand.

A Hannovre le 25e Janvier 1758.

Monsieur,

Je reçois la lettre que vous m'avés fait l'honneur de m'écrire le 22. de ce mois au sujet de la confiscation des biens appartenants aux Officiers qui servent contre nous; J'envoye vôtre lettre au Roy mon maitre pour lui demander Ses ordres à ce sujet, parceque sans cela je ne puis rien prononcer. Je dois seulement vous dire en attendant, que c'est un ancien usage que j'ai toujours vû observer dans toutes les guerres hors à la dernière, ou les circonstances trop longues à vous redire icy, firent penser aux parties belligerentes, que leur interêt reciproque exigeoit le contraire, ainsi que la neutralité du Duché de Luxembourg au milieu du Theatre de la guerre, et je me souviens d'avoir vû même les terres appartenantes à l'Evéque de Strasbourg au delà du Rhin confisquées par l'Empéreur et celles appartenantes au Landgrave de Darmstadt et au Comte d'Hanau, et autres en Alsace confisquées par nous de même et données à l'Evéque en indemnité, qui lui valoient le triple de ce qu'il perdoit, tous les biens de la maison d'Epinoy, d'Egmont, de Croüy, d'Isenguien et autres l'étoient de même en Flandres par les deux parties; ainsi, Monsieur, vous voyés, que des Nations policées ont observé cet usage, que je serai charmé qui'l me soit ordonné de ne plus observer, n'ayant ancun plaisir particulier à faire du mal.*)

---

*) N. d. H. Vergl. Bd. I. S. 378, 379, 401.

On vous a mal informé lorsqu'on vous a dit que M. le Mis de Pereuse et les troupes de la Garnison d'Harbourg s'arretoient malgré la Capitulation; ces troupes n'ont pas passé en deçà du Weser, et si elles ont pris à Nienbourg quelques jours de sejour, ce n'a eté que dans l'objet de se pourvoir de choses necessaires pour leur route, elles sont en marche depuis le 21. et le 23. de ce mois. Il est vray que Mr. de Pereuse est venü icy, mais ce n'a eté que pour me faire une visite, pour suivre sa destination, et vous avés très grande raison de penser que Je suis fort éloigné de manquer d'exactitude en pareille occasion, où je ne crois pas, qu'il y ait eu rien de contraire à ce que Je vous marque.*)

Il m'est revenu que vous vous etiés plaint, que je n'accordois pas les Passeports aux officiers prisonniers, cependant il n'en est aucun tant de l'armée Hannovrienne, que de l'armée Prussienne, a qui je n'en aye accordé quant ils me les ont demandés,. et s'il en reste encore dans l'interieur du Pays, ils y sont dans leur Famille et n'ont par desiré d'en sortir.

Je vous prie de me dire de quelle maniere vous voulés que nous nous conduisions reciproquement pour les gens des vivres, chirurgiens, vivandiers, valets et autres gens suivans l'arméee, qui peuvent être pris de part et d'autre; ces gens-là n'ont jamais eté regardés comme prisonniers de Guerre; j'ay lieu de croire cependant que vous les regardés comme tels, puisqu'on me retient un valet de chambre. Lorsque je scauray/ vôtre sentiment à ce sujet, j'en userai de même pour les gens de cette Espece de vôtre armée, qui tomberont entre mes mains, et pour éviter toutes discutions, je crois, Monsieur, qu'il est bon de règler tout cela de façon que de part et d'autre il n'y ait plus de questions à cet égard, et sçavoir s'il faut penser quelque fois à des échanges, ou n'en plus parler.

Je joins icy une lettre que M. de Pereuse écrit à Mr. d'Hardenberg, general-major au sujet de quelques discutions survenües à l'occasion de la Capitulation d'Harburg, qu'il se plaint n'avoir pas eté observée exactement à l'égard des Equipages de cette Garnison, qui ont eté pillés, assurement malgré Ses ordres et contre Son intention, mais les pauvres officiers n'en ont moins perdu tout ce qu'ils avoient, et je vous prie de me marquer ce que vous pensés, qui doive être fait à cet égard.

Je suis toujours avec la même Consideration

Monsieur

à Hanovre ce 26. Janvier 1758.

M. le P^{ce} Ferdinand.

le M. Duc de Richelieu.

---

*) N. d. H. Vergl. Bd. I. S. 388.

✳✳Au Marechal Duc de Richelieu.

Lunebourg ce 30. Janv. 1758.

J'ay l'honneur de vous dire en Reponse à votre lettre du 25. de ce mois, que l'evêque de Strasbourg est reputé vassal de l'Empire, et que les exemples que vous allégués different essentiellement du cas où se trouvent les officiers de S. M. B. l'Empereur pouvoit confisquer les biens de Son Vassal, sans choquer l'usage de la guerre. Mais s'il y eut en effet d'exemples de confiscations pareilles à celui que vous voulés faire, vous auriés outre le sentiment de cette justice, qui n'abandonne pas les gens d'honneur au milieu de la guerre, mille exemples d'un usage, fondé sur ce sentiment contre vous. Et je vous laisse à considerer s'il conviendroit au caractère d'une nation policée, d'avoir récours plustôt à des exemples d'abus, qu'à un usage reconnu et etabli sur l'équité et la raison.

Je n'ay jamais douté que vous ne pensiés d'une manière digne de vous sur un article aussi delicat que celui de la parole d'honneur donnée et engagée; Et si je vous ay parlé sur le sujet de Mr. de Pereuse, c'est que la capitulation de Harbourg l'engageant lui et sa Garnison à s'en rétourner en France, sans s'arreter nulle part en chemin, il m'a paru que ce n'etoit pas s'y conformer, que de s'arrêter au milieu de votre armée.

Si je suis devenû moins facile à accorder aux officiers prisonniers la liberté sur leur parole d'honneur; c'est parceque vous m'avés fait jusques à present reclamer en vain nos officiers faits prisonniers dans la campagne d'eté precedente, quoique les votres vous ayent eté rendus de bonne foi; et parceque les officiers que j'ay relaché, en se dispensant de tenir les routes pescrites, comme le chevalier Pinon du Regiment de Caraman et Mr. de la Mortière Capitaine d'Artillerie ont fait, m'avertissent à quoi j'ay à m'attendre de la part des autres, d'autant plus, qu'il y en a dont la conduite irregulière me doit retenir à accorder une pareille faveur, temoin Mr de Grand Maison, qui se mele d'une correspondance très illioite.

Quant aux griefs que Mr. de Pereuse allegue contre le Major General de Hardenberg, et contre la capitulation, ils seront examinés, et ne doutés pas, que je lui fasse rendre raison très exactement; me flattant que vous ferés remplir à M. de Pereuse de son coté les engagements qu'il à contractés, par la capitulation en question.

Je pense au reste, que les Domestiques ne sont pas dans le cas d'etre prissonniers de guerre. Votre Valet de Chambre à été arreté, puisque ne s'étant pas donné pour tel, il a fait naitre des soupçous sur le sujet de son voyage. Mais il a été relaché en consequence de ce que l'on a mandé de votre part au Ministère du Roy. Si votre

intention est, de convenir d'un echange mutuel des prisonniers, j'en
ecriray à S. M., pour savoir Ses ordres.

J'ai l'honneur d'étre avec beaucoup de consideration
Monsieur
Votre très humble et très obeiss.
Ferdinand.

**Au Prince de Clermont.

Munster ce 11. Avril 1758.

Le comte de Lorges commandant les troupes Francoises dans la
Comté de Hanau continue d'user d'une dureté et d'une violence extreme
tant envers le païs qu'envers la Regence. Toutes les representations
ont eté faites en vain; on n'en a que d'autant plus multiplié les vexations. Je ne sais à quelle mauvaise volonté il faut attribuer ces
procedés, mais je suis bien persuadé de l'humanité et de la façon de
penser de V. A. qu'ils sont commis sans son aveu. C'est dans cette
persuasion, que je vous demande, de vouloir bien préscrire à Monsieur
le Comte de Lorges une conduite plus moderée, et luy donner les
ordres les plus précis, pour faire cesser ces mauvais traitemens. En
faisant par là un acte de justice V. A. épargnera aux païs appartenants aux alliés de S. M. T. C. de pareils traitemens, vû que je me
verrois en cas de refus indispensablément obligé, d'en venir à des
repressailles, en leur faisant essuyer à ces païs les memes traitemens
qu'endure la comté de Hanau.

J'ai l'honneur d'etre
Monsieur
de V. A.
le tres affectionné Cousin et serviteur.
F.

*à Vesel le 20. Avril 1758.

Monsieur,*)

Vous rendez justice à ma façon de penser en étant persuadé que
ce n'est point par mon ordre que M. le Comte de Lorges a pû en user
immodérément dans le païs où il a commandé. Je l'ay rappellé et lui
ferai rendre compte de sa conduite. C'est aprésent Mr. le Duc de
Broglie qui va commander dans cette partie sous les ordres de M. le
Prince de Soubise, ainsi ce sera doresnavant avec M. le Prince de Soubise que vous pourrés traiter les matières qui concernent cette partie.
Je prie V. A. d'étre bien persuadée que de mon coté j'apporteray
toutes les attentions à ce que rien ne soit fait qui puisse luy etre désa-
greable tant que le Service du Roy me le permettra et qu'au contraire
je seray toujours ravi de saisir les occasions de vous marquer toutes

*) N. d. H. Vergl. Bd. I. S. 501, 546, 556.

les déferences qui me seront possibles. Je suis avec les sentimens d'une veritable estime

Monsieur

de V. A.

le très affectionné serviteur et Cousin

Louis de Bourbon.

M. le Prince Ferdinand.

Au Comte de Clermont.

Ce 7. de Juin.

✳✳Monsieur!

Ayant fait part à la cour de Hesse du Resultat du compte que V. A. a fait rendre a Mr. le Comte de Lorges sur les exactions qui se font à Hanau; cette cour a jugée necessaire de me communiquer Ses remarques sur le Memoire de Mr. de Lorges. Et comme S. A. le Landgrave exige non seulement de moi de les faire parvenir a V. A. mais d'insister aussi auprès d'elle de faire cesser entièrement les exactions exorbitantes et tout arbitraires du Sr. Foullon, je ne saurois m'empecher de me porter a sa demande, d'autant plus que je la trouve fondée sur l'equité la plus naturelle.

Il me semble qu'il y a une justice que les nations policées respectent au milieu de la guerre la plus animée; Et si V. A. juge comme moi qu'une exaction arbitraire, qui surpasse toute proportion et qui tend uniquement à abimer un païs innocent, choque cette justice de front, j'attends de son equité qu'elle voudra sans delai mettre des bornes aux durs procedés qui se continuent dans le Hanau avec plus de violence que jamais.

Mais si j'eusse le deplaisir de me trouver frustré dans mon Esperance, je me verrois forcé de ceder à la necessité indispensable de ne plus differer les repressailles contre les alliés de S. M. T. C., et il seroit facheux qu'avec les sentimens d'humanité que je connois à V. A. et avec ceux qui me portent à éviter tout ce qui peut multiplier les calamités de la guerre, nous ne puissions parvenir à empecher, que le sujet innocent ne devienne sans necessité la victime malheureuse de la querelle des grands.

J'ai l'honneur d'etre

Monsieur

de V. A. etc.

Ferdinand.

le 16. Juin 1758.

Monsieur

Je vous ai deja marqué que je ne m'étois point mêlé de ce qui s'étoit passé dans le païs d'Hanau, que cela regardait Mr. le Pce de Soubize, qui avoit commandé dans cette partie. Ce n'est que par Deference pour V. A. que j'ai fait rendre compte à Mr. le Comte de

Lorges de sa conduite, qui n'y etoit allé que momentanement par hasard et à qui j'avois ordonné de rendre directement compte à la Cour. Avant et depuis, cette partie n'a point été à mes ordres. Quant au Sr. Foulon, il m'est impossible de savoir ce qu'il a fait et de m'en mêler. il est intend¹ du Corps de Mr. le Pᶜᵉ de Soubize et son detail n'a jamais ressorti à moi. Je pense que la Regence de Hanau doit s'adresser directement à notre Cour; souvent les païs donnent le nom de vexations aux usages les plus circonspects' de la Guerre. Je suis persuadé que V. A. ne s'y méprendra pas pour faire ressentir aux alliés du Roy ce qui seroit contraire à ces mêmes loix. Je serois dans le cas forcé d'user des mêmes represailles dans les païs qui ne sont point alliés à Sa Majesté, et ni vous ni moi ne nous porterions à ces extremités qu'avec la plus grande douleur.

Je suis

Monsieur

de V. A.

le très affectionné Cousin et serviteur

Louis de Bourbon.

*) A Cassel ce 11. Aoust 1758.

Monsieur

Je reçois la lettre que Vôtre Altesse me fait l'honneur de m'écrire en datte du 31 Juillet. Je suis très flatté de la bonne opinion qu'elle veut bien prendre de ma façon de penser; je chercherai à y repondre en toute occasion. Je connois trop le prix de l'estime, dont V. A. veut bien m'honorer, pour ne pas desirer vivement de m'en rendre digne.

Je suis très surpris du compte qui a eté rendu des exactions supposées commises en Hesse. Quand les troupes Françoises y sont entrées, j'ai trouvé tout le pays en allarmes, les villages deserts, les habitants sauvez dans les bois avec leurs bestiaux. l'exacte discipline, qui ne se dement point, les a rassurez en peu de jours. Ils se sont souvenus, que de tous les pays, qui la campagne derniere ont éprouvé les malheurs de la guerre, la Hesse est celui qui a le moins souffert. Toutes les livraisons ont eté faites dans le plus grand ordre: Le même M. Foulon, dont on se plaint aujourdhui, a toujours concerté ses demandes avec la Regence et a recu les plus grands éloges de son administration.

Il me paroit dans les mêmes principes. Il a été question, d'établir des contributions. Il est certain que les habitans de Cassel y mettent une resistance, que V. A. desapprouveroit, si elle en étoit instruite. A peine ont ils fournis une somme de 150/m livres, pendant que les villes de Goettingen et Münden n'ont fait aucunes difficultés de se

*) N. d. H. Eine Erwiderung des Herzogs auf dies Schreiben enthalten die Acten nicht. Vergl. Bd. I. S. 631; Bd. II. S. 437—446.

soumettre à ce qui leur a été imposé. Malgré cette mauvaise volonté je me suis servi des moyens les plus doux, et j'ose croire que V. A. apprendra la verité de la conduite des troupes françoises dans ce pays. Elle la trouvera digne des sentimens d'humanité, qu'il est à desirer d'établir, et dont elle cherche à donner l'exemple. Je ne crains point d'assurer que les pays alliez de la France n'auront point à se plaindre, s'ils sont traitez comme celuici.

Je suis entré dans ces details, pour faire connoitre à V. A. l'exaggération des imputations, qui ont été faites. Je ne parlerai point des raisons personnelles, qui doivent m'engager à avoir pour les sujets du Landgrave tous les égards permis dans la situation où je me trouve. J'ose dire que cet objet a été bien rempli.

J'ai l'honneur de presenter à V. A. les hommages des sentimens très respectueux, avec les quels je serai toute ma vie,

Monsieur,

de Votre Altesse

le très humble et très obeissant serviteur

Charles de Rohan P. de Soubise.

IV.

Operationen des Herzogs Ferdinand von Braunschweig jenseits des Rheins im Jahre 1758. Eigenhändige Briefe und Promemorien seines Secretärs Westphalen, aus der Correspondenz des Herzogs mit ihm in den Monaten Juni und Juli.

Die Zusammenstellung der Briefe und Billets des Herzogs an Westphalen und derjenigen des letzteren an den Herzog für das ganze Jahr 1758 stösst, wie auch für die Feldzüge der folgenden Jahre, auf die Schwierigkeit, dass die Acten des Kriegs-Archivs des Herzogs meist nur die Promemorien und Briefe etc. Westphalens enthalten, während die Schreiben und Billets von der Hand des Herzogs an ihn darin mehrentheils fehlen, indem sie überwiegend in andere Archive oder Privatsammlungen gekommen sind. So ist es auch bei dem Abschnitte des Feldzuges von 1758, in den die nachstehend abgedruckten Gutachten etc. Westphalen's gehören, nur zufällig, dass einige einschlägige Schreiben des Herzogs in den Archiv-Acten sich vorfinden, welche schon in dem 2. Bande dieses Werkes S. 419 ff. abgedruckt sind, und mit denen die gedachten Gutachten hier nachträglich zusammengestellt werden.

Was die Form der Gutachten, Briefe und Billets etc. Westphalen's an den Herzog betrifft, so wird auf die Note Band II. S. 220 Bezug genommen, und hier nur noch bemerkt, dass in der Gleichmässigkeit derselben besonders das charakteristische Moment hervortritt, dass sie regelmässig mit Westphalen's Namensunterschrift nicht versehen sind, aus einer zarten Rücksicht, die er bei seinen, den Acten einzuverleibenden, schriftlichen Rathschlägen gegen seinen fürstlichen Gebieter streng beobachtete. Nur, wenn es seine Person betraf, oder, wenn der Herzog nicht anwesend war und er ihm Berichte zu erstatten hatte, oder bei ausserordentlichen Veranlassungen, unterzeichnete er seine Schreiben an den Herzog namentlich.

(Archiv-Acten vol. 264.)

Ce 5me Juin 1758.

✱✱ Monseigneur,

Je suis, tout à fait du sentiment de V. A. S. de faire passer le corps de Wutgenau. Si j'étois à Sa place, j'y ferais joindre encore 8 autres escadrons; Spörcke n'en ayant pas besoin de l'autre coté de la rivière au lieu que V. A. S. pourroit se trouver dans le cas de les employer fort utilement, vû que l'Ennemi ne voulant tenir nulle part, se renforcera en se répliant; ce qui dérange en quelque façon le calcul fait, de pouvoir le joindre dans les prémiers jours après le passage, en quel cas on n'aurait eû à combattre qu'un corps tout au plus égal en nombre à celui que V. A. S. mêne *).

Ce 5me Juin 1758.

✱✱ Monseigneur,

Je n'ay pas eû la moindre idée de mettre au compte de V. A. S. de n'avoir pas joint l'Ennemi. Personne ne sauroit être plus ravie de tout ce qu'Elle a faite que moi. Je sais, que ce n'est pas Sa faute,

---

*) N. d. H. Das Hauptquartier war am 5. und 6. Juni in Goch. (Bd. II. S. 384, 394.) Wutginau ging am 6. bei Rees über den Rhein, die 8 Escadrons am 7. (S. Bd. II. S. 383); der Herzog marschirte den 7. Juni von Goch nach Uedem. (Bd. II. S. 394.)

de n'avoir pû encore entamer l'Ennemy. Tout ce que j'ay dit, n'est absolument autre chose qu'une réflexion que j'ay faite sur la position de V. A. S. vis à vis de l'Ennemi.

Ce 6me Juin 1758.

** Monseigneur,

Je crois que le bagage pris à Agatha doit tourner au profit de l'armée, et qu'on pourrait l'envoyer à Emmerick pour l'y vendre.

Je viens d'envoyer à Mr. de Reden les lettres de Cologne avec toutes les autres pieces qui y étoient jointes; En luy marquant, que V. A. S. souhaitoit qu'il fit remarquer à Mr. de Wangenheim l'importance de Kayserswerth. J'ose ajouter, que si Wangenheim ne juge pas que la fortification de la place est portée au degré de perfection, pour pouvoir tenir contre une attaque; il fera fort bien de la dégarnir tout de suite des canons et de munition qui s'y peuvent trouver.

Par la marche des Francois vèrs Neuss, par leur disposition de laisser les miliciens dans Cologne, et dans Wesel, je tire la consequence qu'ils veulent s'assembler, sans abandonner d'abord aucune place. S'ils sont assemblés, ils ferout de deux choses l'une, ou ils viendront attaquer V. A. S. pour decider qui sera maitre du bas Rhin, ou ils prendront un camp qui couvre Ruremonde et qu'ils ne manqueront pas de fortifier.

Pour choisir le prémier cas, ils ont les motifs suivants. S'ils gagnent la bataille, V. A. S. doit non seulement répasser le Rhin, mais ils seront les maitres de La suivre. S'ils perdent la bataille, ayant Wesel, Gueldres et Düsseldorp, ils auront le temps de se réconnaitre, de prendre un camp, qui couvre Ruremonde, vû que ces deux prémières places et surtout Wesel arrèteroit V. A. S. quelque temps pour le prendre. Ils rétabliroient leur réputation en quelque façon; et s'ils gagnoient la bataille, ils empêcheroient les Hollandois de prendre des Resolutions fortes.

S'ils prennent le second parti, ils pourront gagner le temps de se renforcer; d'empêcher que V. A. S. ne prenne Wesel, et puisqu'il en resultera qu'Elle doit tôt ou tard répasser le Rhin sans combat, sur tout, si après avoir reçû tous leurs renforts, ils envoyent un grand detachement par Dusseldorp sur la Lippe, je crois presque, qu'ils se détermineront pour ce parti-là.

Qu'il me soit permis, Monseigneur, de Luy faire remarquer qu'aussitôt qu'ils se trouveront en état d'exécuter ce plan, V. A. S. aura perdû la supériorité, je veux dire, qu'elle sera réduite de l'offensive à la défensive. Et je La suplie de croire que ce n'est par aucune pétulance, ou par vanité que j'ai donné le conseil de marcher sans perte de temps à l'ennemi. Je le conseille encore, puisqu'il ne paroit pas qu'il puisse s'assembler avant le 9 ou le 10. Si ce temps là est passé, la face des affaires sera totalement changée, et au lieu que V. A. S. combattroit à présent pour obliger l'Ennemi à se rétirer derrière la Meuse, Elle ne pourra le faire après quelques jours passés que seulement pour se maintenir lui même sur le Rhin*).

Ce 6me Juin 1758.

** Monseigneur,

Je suis d'avis, qu'on envoie toujours le butin fait à Gennep soit à Emmerick soit à Rees, vû que probablement le quartier général deviendra pendant quelques jours ambulant. V. A. S. pourroit en attendant envoyer un officier, par exemple un de ses aides de camp, pour examiner ce qu'il y a dans les coffres, dont les mulêts sont chargés. Les mulêts aussi bien que les chevaux peuvent rester soit à Emmerick soit à Rees jusques à un temps plus convenable pour les faire venir. V. A. S. a peutêtre occasion d'en faire des présents à un ou autre général ou officier, qui se distinguera. Je crois outre cela que Mr. Diebitzsch peut donner une escorte de 12 hommes, pour conduire le tout au lieu de la destination, qui après cela rétourneroient à Gennep**).

Ce 8me Juin 1758.

** Monseigneur,

Je crois qu'il sera bien fait de faire décharger les bateaux chargés de foin pour s'en servir.

Je n'ay rien apris des bateaux qui doivent arriver encore, ni des 35 mille écus envoyés à Doesbourg.

Il est fort bien fait, que V. A. S. a ordonné d'établir la boulangerie à Rees. Toute l'armée ayant passé la rivière à l'exception d'un nombre mediocre de bataillons et d'escadrons, la ville de Rees est assés propre pour le dit établissement de la boulangerie.

Georg Kaprotsch Husar von Turpin sagt aus:*)

Er sey heute früh von ihrem Vorposten bey dem Kloster desertirt; dieser Posten bestände aus etwas Husaren und 400 Mann Infanterie, die in denen Büschen verstecket lägen.

Der Graf von Clermont wäre gestern im Kloster gewesen, allwo er sich einige Stunden aufgehalten und viele Briefe geschrieben hätte. Ihre grosse Armée stände bey Rhynbergen und wäre ungefähr 100/m. Mann stark; man glaubte in ihrem Lager, dass die Hannoveraner ungefähr 18/m. Mann ausmachten, und weil die Brücke abgeschossen und verbrannt worden wäre, so könnten sie nunmehro nicht wieder über den Rhein zurückkommen.

Es hätte schon einige Tage im Lager geheissen, dass die Armée aufbrechen und attaquiren sollte; hernach aber wäre gesprochen worden, dass man die attaque abwarten wollte.

---

*) N. d. H. S. die Geschichte der Feldzüge Bd. I. S. 568. Das Urtheil Napoléons in seinen Memoiren zu vergleichen.

**) N. d. H. S. Bd. I. S. 569, Bd. II. S. 567.

***) N. d. H. Protocoll, aufgenommen von Westphalen eigenhändig.

Die Pferde hätten schon in vielen Tagen keinen Hafer gehabt; Brodt hätte aber noch nicht gefehlt.

Die vielen Recruten machten, dass die Armée in schlechten Umständen wäre; diese könnten mit dem Gewehr gantz und gar nicht umgehen.

Sonsbeck den 11. Juny 1758.

Ce 14. Juin 1758.

✳✳ Projèt pour prendre la ville de Wesel.

1.

On attendra les avis qu'on doit recevoir cet après midi par le directeur de la chambre Meyen, pour juger de la force de la garnison et de l'état où elle se trouve, pour defendre la place; âfin de conclure de leur Situation, et de celle, où l'armée de V. A. S. se trouve actuellement, s'il est probable qu'ils la quitteront sur des bonnes conditions.

2.

Si l'on juge par l'état ou la garnison se trouvera, que l'intention du prince de Clermont ne peut pas avoir été celle d'une défense opiniâtre à faire par le commandant; je crois qu'il ne faudra pas balancer un moment de faire avancer le général Imhoff, qui sommera de nouveau le commandant de se rendre. S'il réfuse de le faire; il faut que Imhoff prenne un camp tout près de la ville, et qu'il fasse des préparatifs d'attaque, plus pour être aperçû par l'ennemi, que pour les mettre en Execution. En même temps il se présentera un détachement à Burick avec une ou deux pieces de canon; Et ce détachement détruira le pont aussitot, qu'il aprendra, que l'Ennemi ne veut pas rendre d'abord la place.

3.

Mais si les avis, qu'on attend, fissent connoître que la garnison est forte et bien pourvüe de tout ce qu'il faut pour un siége; je suis persuadé que la prise de la ville dependra absolument du gain d'une bataille, par lequel V. A. S. se trouveroit dans le cas de pouvoir l'obliger par la force à se rendre. Et dans ce cas là il seroit superfiû de faire avancer Imhoff, et de faire sommer la ville de nouveau. Mais on pourroit brûler ou détruire le pont par le canon du détachement, qu'on destine pour Burick, âfin d'ôter à la ville toute communication avec la rive gauche du Rhin*).

Ce 15ᵐᵒ Juin 1758.

✳✳ Monseigneur,

Je suis du sentiment, qu'il faut remplir de bonne foi les contracts, même si l'on n'y trouve pas sur l'heure son compte. D'ailleurs tout

---

*) N. d. H. Vergl. Bd. I. S. 580, 581.

le monde seroit en garde, de s'engager pour des livraisons, si l'on ne veut se tenir aux Engagements qu'autant qu'ils sont utiles.

Si V. A. S. est du même sentiment, je crois qu'Elle pourroit signer l'ordre ci-joint au commissariat.

Ce 16me Juin 1758.

⁂ Monseigneur,

Il me semble que Jeanneret vise à faire de l'argent; Il n'est pas douteux, que si le fait est tel qu'il le dit, il ne merite une punition exemplaire. Il faudroit faire pendre sans misericorde les coupables. Car il est necessaire d'arrêter la mauvaise volonté de ces gens là par quelques Exemples de rigueur. Si V. A. S. répugne à cet expédient il faut imposer à la ville une Geld-Busse von 2000 Ducaten, et faire livrer outre cela au pillage les maisons des coupables*).

Je remercie humblement V. A. S. de la communication de la dénonciation du deserteur francois, que je rejoins ci auprès.

Ce 16me Juin 1758.

⁂ Monseigneur,

Les raisons que Wangenheim allègue pourquoy il n'a pas passé deja la rivière sont très bonnes. Un jour plus tôt ou plus tard n'y peut pas faire une grande difference.

Les malades, qui sont transportables, pourront être envoyés à Meurs. Quant à ceux qui ne le sont pas il est naturel qu'on les laisse où ils se trouvent. Il faudroit les remettre aux soins des chirurgiens des places, où ils se trouvent, sans y laisser des détachemens pour les garder, vû que ces détachemens coureroient risque d'être enlevés.

Le poste de Spelle ne sauroit embarasser. N'étant que de 70 hommes il est trop foible, pour empêcher la communication des villes de Wesel et de Dusseldorp. Ainsi il peut être rétiré comme les autres. La communication de ces deux villes se pourra faire 1mo par eau 2do par tèrre. La prémière restera interrompue par la batterie, que V. A. S. a ordonnée d'établir sur le Rhin, soit à Orsoy, soit plus haut entre la rivière et Meurs. Et puisque V. A. S. a en même temps ordonné d'emmener tous les vaisseaux qu'on pourroit attrapper sur le Rhin et sur la Roer, à Orsoy, on aura toujours le moyen de répasser la Rivière, quand on veut tiendre les habitans de Bergue en respêt, et je suis persuadé qu'il sera aisé de les obliger à continuer les livraisons qu'ils pourront apporter à Duysbourg, d'où elles pourront être envoyées à Orsoy où à Meurs.

Je crois que Mr. de Wangenheim se flatte trop, en croyant que la prise de Dusseldorp est si facile.

---

*) N. d. H. In der Stadt Kempen waren schwere Excesse begangen worden, welche eine Strafe von 2000 Duc. und Plünderung nach sich zogen. Vergl. Bd. II. S. 571.

Le Regiment de Saxe-Gotha suit Mr. de Wangenheim dans le même chemin et passera la rivière où il l'aura passé. Il est sûr qu'on ne pourra pas le laisser seul entre Wesel et Dusseldorp.

Il n'y a rien à dire au traitement qu'il fait essuyer à la ville de Ordingen. Il faut des peines très rigoureuses dans des pareils cas.

La lenteur de Mr. de Spörcke quant au manque des cartouches, dont Wangenheim se plaint, est impardonnable.

Ce 17me Juin 1758*)

**Monseigneur,

Je dresserai la lettre au comte de Clermont, pour luy redemander l'officier qui a été fait prisonnier.

V. A. S. a surement raison de dire que le rappel du Général Wangenheim en deçà de la rivière expose l'autre coté aux ravages de l'Ennemi, tandisqu'elle même se trouvera privée de la subsistence qu'on tiroit du Duché de Bergen, outre que l'Ennemi pourra envoyer des Détachemens vèrs la Lippe sans qu'Elle en soit d'abord informée.

S'il n'y avoit que ces inconvénients-là, il est vray, qu'on feroit mal de rappeller Wangenheim, comme il y en a aussi de l'autre coté, il faut les mettre dans les deux bassins de la balance pour voir, qui l'importeront.

Les raisons qui ont porté V. A. S. à rappeller Wangenheim à fin de rassembler autant que possible Son armée sont les suivantes:

1mo c'est le jeu de l'ennemi, de livrer bataille. S'il la gagne, V. A. S. se verra obligée de répasser le Rhin, s'il la pèrd, il reste toujours le maitre, de se rétirer vèrs la Meuse ou vèrs le haut Rhin.

2do c'est le jeu de V. A. S. de livrer bataille. Car si Elle la gagne, tout le bas Rhin séra à Luy, et les affaires des François séront dépêchées pour cette année là en Allemagne; Si Elle la pèrd, Elle se peut rétirer par le moyen des ponts établis à Réés, et les mauvais arrangemens des François, quant à la Subsistence, ne leurs permettront pas de profiter de leur victoire, pour avancer bien avant; Et V. A. S. gagnera par conséquent assés de temps pour Se reconnoitre.

3^{io} En combinant ces deux raisons, il est probable, que les deux armées viendront à un choc, et comme il paroit que Clermont ne veut se battre qu'avec ses forces réunies, il me semble bien essentiel, que V. A. S. paroisse vis à vis de Luy aussi fort que possible.

4to Si V. A. S. a ici Son armée ensemble, Elle se trouvera en état de faire de gros détachemens en avant et sur la Meuse, d'entreprendre par un de ces détachemens meme quelque chose sur Ruremonde.

---

*) N. d. H. Das Hauptquartier des Herzogs war seit dem 16. in Altenkirchen.

5to Si l'Ennemi se trouvoit dans un si mauvais état, et si l'expedition des Anglois fut d'un tel succès, que les François se trouvassent forcés par là d'embrasser moins de pays, et de se réplier sur leurs frontières; l'inconvenient d'avoir fait quitter la rive droite du Rhin au General Wangenheim, cesseroit de lui même et déviendroit plustot un avantage vû qu'on se verroit par là en état de pousser en avant un detachement sur Neuss.

6to Il est vrai que l'Ennemy allant à Neuss, il peut par le moyen de Dusseldorp envoyer des detachements sur la Lippe, lesquels, se joignant à la garnison de Wesel, pourront tenter quelque chose sur le général Imhoff. Mais pour peu qu'on l'aprenne, qu'il fait marcher du monde vèrs la Lippe, V. A. S. se trouve à portée pour renforcer le général Imhoff. Je crois cependant que cela n'arrivera pas, vû que l'Ennemi en s'apercevant que V. A. S. fait assembler des bateaux à Orsoy, craindra lui-même d'être coupé.

7mo Par le moyen de ces bateaux V. A. S. est toujours en Etat d'envoyer] des petites troupes dans le pays de Bergen, tant pour réconnoitre, que pour obliger les habitans de continuer leurs livraisons.

Je conclus de tout cecy, que la balance penche vèrs le parti que V. A. S. a pris de faire passer la Rivière à Wangenheim. Pour en tirer l'avantage, qu'on en pourra espérer, voicy un projet de plan, que je suivrois.

J'attirerois à moi le Général Spörcke avec tout son corps, en ne laissant aux Environs de Rinbergen que ce qu'il faudra de troupes pour couvrir les convois. Si Spörcke peut ruiner avant qu'il viendroit se joindre à l'armée, le pont de Wesel; le détachement qu'on laisseroit à Rinbergen, pourroit etre petit et suffire cependant à sa besogne. Je laisserois le Général Wangenheim à Meurs; Et j'enverrois le prince héréditaire avec douze bataillons et toute la cavallerie hessoise et 2 Escadrons d'Huzards à Kempen, avec 6 pieces de 6 livres et 4 mortiers. Je suppose, que Wangenheim et le prince héréditaire se trouvent le 19 chacun à son poste. Le prince de Holstein iroit avec le reste des Huzards et ses deux Regiments de Dragons le même jour à St. Toms ou à Angen vèrs Crevelt. Wangenheim iroit le joindre le 20. et alors le prince de Holstein féroit des demonstrations sur Neuss, comme si l'Armée y marcheroit pour combattre l'armée de Clermont. Cette manoeuvre cacheroit ou masqueroit l'expédition du prince héréditaire qui séroit la veritable. Ce prince marcheroit le 20. de Kempen à Ruremonde. Il faudroit qu'il y allât dans une marche. Après s'être emparé de Ruremonde et du magazin des Ennemys, qu'il feroit charger dans des bateaux pour le faire déscendre la Meuse, il doit envoyer des Detachements de Cavallerie le long de la Roer à Wassenberg, sur le chemin de Juliers. Cette manoeuvre, si elle est executée avec secrèt et rapidement, se fera sans risque, et forcera infalliblement l'Ennemy d'abandonner Neuss, dévant craindre pour Juliers. Votre Altesse Sérénissime pourroit faire le 20 un mouvement avec l'armée jusques à Kempen, par quoi Elle sera en état d'attirer dans une marche à Elle le corps du prince héréditaire et celuy du prince de Holstein.

Toute cette manoeuvre suppose que le Gros de l'armée ennemie se trouve à Neuss; s'il se trouvoit à Crevelt, je suis encore du sentiment qu'après avoir attirés à l'armée Spoercke et Wangenheim, il faut luy marcher sur le corps*).

Ce 18me Juin 1758.

        ** Monseigneur,
Il est vrai, que ce seroit le temps d'attaquer V. A. S. tandis que le prince héréditaire se trouveroit separé de l'armée avec un corps aussi considérable. Mais à moins que la résolution de l'Ennemi n'ait pas eté prise d'avance et qu'elle porte précisement de marcher le 20. aussi pour attaquer, il n'y aura rien à craindre.

Car si l'ennemi s'étoit proposé d'attaquer V. A. S., mais de ne marcher que le 21., ou plus tard encore, le risque s'évanouit, puisqu'il auroit autant de chemin à faire pour marcher de Neuss à Kempen, que le prince héréditaire auroit de révenir de Ruremonde à Kempen. C'est donc le seul risque, qu'on y court, savoir que le comte de Clermont avance le 20. Ce risque sera encore diminué par la manoeuvre que V. A. S. fait faire au Duc de Holstein. Un Ennemi timide quand on fait des mouvements sur luy, est toujours porté à s'arrêter où il se trouve, pour voir ce qui arrivera.**)

Il seroit facheux que Wangenheim manquât. En tout cas il faudroit réiterer les ordres de passer.

Ce 22me Juin 1758.

        ** Monseigneur,
S'il est en effet vray qu'on a pris à St. Agathe avec le bagage une Escorte de 13 cavalliers, ou de tel autre nombre quelconque; le bagage est pris en suite du droit de la chasse, lequel étant permis par le Droit des gens rendra la vente du dit bagage très légitime, et V. A. S. la pourra permettre, sans craindre d'être obligée de le faire rendre.

---

*) N. d. H. Vergl. Bd. I. S. 582, 583. Bd. II. S. 390, 570.
**) N. d. H. Vergl. Bd. I. S. 583. Wiewohl der Vormarsch Clermonts auf Crevelt am 18. die Ausführung des in diesem und dem voranstehenden Gutachten befürworteten Manoeuvres auf Ruremonde für dasmal hemmte, so bleiben dieselben doch von Interesse für die Situation; vergl. Bd. II. S. 398.

Mais si ce bagage avoit par hazard été pris sans Escorte, je croirois qu'il vaudroit mieux de suspendre pour quelque temps la vente intentionnée.*)

(Ce 26me Juin 1758.**)

** Monseigneur,

Le Détachement que Votre Altesse Sérénissime va faire à Glad-bach séra d'un bon effet, soit que l'ennemi se rétire droit sur Juliers, soit qu'il se réplie sur Cologne. Il couvre ou masque en même temps le Détachement que V. A. Sérénissime enverra à Ruremonde; Détache-ment, qui est de la dernière importance. Je serois cependant d'avis, pour ne pas trop fatiguer le monde, de ne le faire à présent que de 6 bataillons et 12 Escadrons; vû que la nécessité d'y envoyer un détachement plus fort, cesse à présent.

Outre les détachements que Mgr. le prince feroit vers Wassen-berg, il faudroit qu'il fit passer la Meuse à plusieurs Escadrons soute-nus par quelque infanterie, pour faire des courses à Maseyk et à Weert. Le prince doit mettre, je pense, le païs sous contribution, il doit dé-fendre au moins aux habitans, de ne plus rien livrer aux François et exiger du païs de Liège une livraison de 500 mille rations et de 200/m. portions. Pour la ville de Roeremonde elle dévroit bien payer une contribution de 100/m Ecus avec son district. Si le prince part de-main, je souhaiterois qu'il y pût aller dans une marche, pour profiter encore de la grande consternation, ou tout s'y doit trouver. Avec 4 jours de pain il pourra y aller; et révenir s'il étoit nécessaire et convenable, mais comme son rétour ne pourra pas être fixé à un jour déterminé, il faut qu'il travaille dès son arrivée à Roeremonde, pour y faire cuire du pain pour son monde. Et pour le fourage je ne doute nullement, qu'il ne trouve moyen d'y pourvoir sans la moindre difficulté, puisque il trouvera encore quelque chose à Roeremonde, et qu'en cas de nécessité il pourra fourager.

Quant à la marche de V. A. S. à Kronenbourg elle est sans doute tres convenable.

Je vais dresser l'ordre pour Mr. le Général de Wangenheim pour le bombardement de Dusseldorp.

** Ordre
für den General-Major von Wangenheim. ***)
Den 26. Juni 1758.

Der Herr General-Major von Wangenheim wird hiermit beordert,

---

*) N. d. H. Vergl. Bd. I. S. 587. Die Auction wurde abgehalten, am Tage vor der Schlacht von Crevelt.

**) N. d. H. Das Hauptquartier war in Crefeld.

***) N. d. H. Man vergl. das Schreiben des Generals v. Wangenheim an Westphalen über die Ausführung des Unternehmens vom 27. Juli 1766. (Bd. I. S. 611 u. Bd. II. S. 426. 427). Die unterstrichenen Worte in der Ordre sind von des Herzogs Hand eingeschaltet, — die 3 mor-tiers statt Haubitzen.

die Stadt Düsseldorp morgen früh, unter Bedrohung unverzüglich in Brand gestecket zu werden, aufzufordern.

Der Herr General muss noch heute ein emplacement zu Anlegung einer batterie ausführen, die so nahe als möglich an dem Ufer des Rheins etablirt werden muss; zu welchem Ende denn noch heute und diese Nacht über Faszinen zu hauen und die übrigen erforderlichen Stücke in Bereitschaft zu halten seyn werden.

Der Herr General wird suchen die batterie in der Nacht vom 27. auf den 28. zu Stande zu bringen, und sobald solches geschehen, mit der Beschiessung der Stadt den Anfang machen lassen, wobey die Canoniers und Bombardiers sich angelegen seyn lassen müssen, durch Feuer-Kugeln und Bomben die Stadt in Brand zu bringen, und solchen durch beständiges Schiessen zu unterhalten, damit die Stadt zum Löschen kein Mittel finden, mithin, um sich zu retten, gezwungen werden möge, zu capituliren.

Der Herr General hat zu diesem Ende 6 Stück 18pfündige Canonen nebst 3 mortiers zu seiner Disposition. Auch ist der Ingenieur-Capitain Ober Heyde und der Ingenieur-Fähndrich Hecht beordert, sich bey dem Herrn General einzufinden.

Es wird sehr gut sein, wenn Scheiter mit seinem corps den Rhein repassiret. Er muss suchen, unterhalb Düsseldorp, je eher je lieber, und womöglich noch diese bevorstehende Nacht, zwischen diesem Ort und Kayserswerth überzugehen, und bemühet seyn, letzteren Ort zu surpreniren, und die Garnison zu Gefangenen zu machen. Nachdem hat er so viel Schiffe, als er beysammen zu bringen vermag, Kayserswerth vorbey gegen Düsseldorp den Rhein herauf zu bringen.

Der Herr General machet darauf Anstalt, als wenn er eine Brücke schlagen lassen wollte. Scheiter sprenget überdem allerwärts aus, dass ein corps d'armée auf jener Seite des Rheins gegen Düsseldorp in vollem Anmarsch sey. Der Herr General müssen selbigen deswegen instruiren.

Crevelt den 26. Juni 1758.

(gez.) F.

** Ordre
für den General-Lieutenant
des
Erbprinzen von Braunschweig
Liebden.*)

Ew. Liebden werden hiermit beordert, die aufgeschoben gewesene Expedition auf Ruremonde nunmehro zu entrepreniren.

---

*) N. d. H. Vergl. Bd. I. S. 608, 609. Die Namen der Truppentheile des Detachements von der Hand des Herzogs.

1 Batt. Post.
1 Batt. Drewes.
2 Batt. Leib-Regt.
  Braunschw.
1 Batt. Garde.
1 Batt. Leib-Rgt.
  Hessen.
2 Esc. Malachowsky.
4 Esc. Leib-Drag.
2 Esc. Leib-Rgt.
  Hessen.
2 Esc. Pr. Wilhelm.
2 Esc. Milütz.
Gen.-Maj. v. Einsiedel.
Gen.-Maj. v. Urff.
Gen.-Maj. v. Gilsae.

Sie haben zu solcher nebenstehende 6 Bataillons nebst 12 Escadrons 3 Sechspfündigen Canonen und 2 Haubitzen zu Ihrer Disposition.

Ew. Liebden setzen sich mit diesem Corps Morgen gegen den Abend in Marsch, und suchen, wenn es möglich ist, in einem Marsch nach Ruremonde zu kommen.

Ew. Liebden lassen die Brodt-Wagens, nebst aller schweren Bagage zurück. Erstere sollen Eurer Liebden Corps auf 6 Tage Brodt nachfahren; wodurch dasselbe dann von Morgen an gerechnet auf 9 Tage mit Brodt versehen seyn wird.

Wenn es möglich ist, so werden Ew. Liebden die Brücke zu Ruremonde zu conserviren suchen. Sollten die Feinde solche aber weggeführt oder auch ruiniret haben; so wird mir es doch angenehm seyn, wenn Ew. Liebden vermittelst herbeizubringender Schiffe einige Detachements über die Maass setzen lassen können.

Wenn Ew. Liebden den 28sten nach Ruremonde kommen; so müssen diese Detachements noch den 29sten die Maass passiren. Das eine davon ginge nach Maseyk, und das andere nach Weert. Die Absicht derselben hat zwey Gegenstände: erstlich, den Feind dadurch in Unruhe zu setzen, und selbigen glaubend zu machen, dass ich die Maass passiren werde; zweytens, im Lüttichschen einige hunderttausend Rationen und Portionen auszuschreiben, um solche nach Ruremonde zu liefern.

Was das Magazin anbetrifft, welches Ew. Liebden vermuthlich noch in Ruremonde finden werden, so erheischen die veränderten Umstände eine Veränderung in dem sonst intendirten Transport. Anstatt solches die Maass herunterbringen zu lassen, werden Ew. Liebden nunmehr darauf bedacht seyn müssen, eine hinlängliche Anzahl Wagens herbeybringen zu lassen, um das Magazin von da nach Dulke zu transportiren.

Ew. Liebden werden sich einige Tage damit zu beschäftigen haben. Um inzwischen von diesem corps allen möglichen Vortheil zu ziehen, so wäre mir es lieb, wenn Dieselbe den 30sten ein starkes Detachement von Infanterie und Cavallerie nach Wassenberg sendeten, dem Ew. Liebden den 2ten July aufs längste, Selbst mit dem Rest Ihres Corps folgen müssten.

In Ruremonde können Ew. Liebden nach Befinden der Umstände einige hundert Commandirte zurücklassen.

Ich glaube, dass die Feinde sich bey Cöln noch nicht setzen werden.

Ihre Absicht kann aber seyn, das dasige grosse Magazin zu retten, und die Hospitäler von da weg und in Sicherheit bringen zu lassen.

Sie mögten dazu wohl noch 5 bis 6 Tage Zeit gebrauchen. Wenn sie diese Zeit über bey Cöln bleiben; so hoffe ich Mittel zu finden, sie von Jülich abzuschneiden; eilen sie aber von Cöln nach Jülich, so bleibt ihnen die nöthige Zeit nicht übrig, ihre Sachen zu Cöln in Ordnung zu bringen, mithin werde ich Gelegenheit finden, ihnen allda Schaden zuzufügen.

Weil Ew. Liebden Corps nebst demjenigen, was der Printz von Holstein bey Gladbach commandirt, zu diesem dessein vornämlich destiniret sind, so habe ich Dieselben davon bey Zeiten zu informiren nöthig erachtet.

Uebrigens haben Ew. Liebden von der Stadt Ruremonde und ihrem District eine Contribution von 50 mille Thlrn. beytreiben zu lassen.

Was die Verpflegung an Fourage anbetrifft, so werden Ew. Liebden in gedachten Gegenden selbsten die nöthigen Veranstaltungen dieserwegen treffen.

Crevelt den 26sten Junii 1758.

✱✱ Ordre
für den General-Lieutenant
            des
Herzogs von Holstein Liebden.

Ich destinire Ew. Liebden zu einer besonderen Expedition, die Dieselbe in einigen Tagen de concert mit dem Erbprinzen von Braunschweig auszuführen haben werden.

Inzwischen marschieren Ew. Liebden morgen mit denen beyden Dragoner - Regimentern Holstein und Finckenstein nebst denen 3 Escadrons schwartzen Husaren nach Gladbach.

Die beyden übrigen Escadrons gelber Husaren aber lassen Ew. Liebden zur Disposition des Erbprintzen zurück.

Dieselbe nehmen zwar gleich keine Infanterie mit, als welcher Sie sofort nicht benöthigt seyn werden. Es sollen aber immer einige Bataillons im Lager zu Ew. Liebden Disposition parat seyn.

Ew. Liebden werden zwar Detachements senden, solche aber sich nicht zu weit avanturiren lassen, auch müssen solche mehr auf Ihrer Linken, als gerade vorwärts gemacht werden.

Für die Verpflegung von Brodt und Fourage werden Ew. Liebden selbst zu sorgen belieben. Sonsten dienet Denenselben zur Nachricht, dass die Bäckerey vor die Armée zu Meurs angelegt worden ist.

Crevelt den 26sten Juny 1758.

                                            (F.)

Ce 28me Juin 1758.*)

** Monseigneur,

Votre Altesse Serenissime m'ayant fait la grace de me demander mon avis sur Son intention de faire changer l'armée de position, pour lui faire prendre un autre camp, le voicy:

Je pars du principe, que le but de V. A. S. est de prévenir l'ennemy à Juliers, pour s'emparer du magazin qu'il y a amassé, ou de le forcer d'abandonner Cologne pour sauver les magazins de Juliers.

Pour opérer cecy, il me semble qu'il faut marcher avec l'armée sur Grevenbroich et Bedburg, tandisque les Princes de Brunsvic et Holstein avancent l'un par Wassenberg sur Titz, l'autre par Erkelens sur Titz.

Le camp, que V. A. S. occupe actuellement est excellent pour cacher à l'ennemi ce dessin; il luy fera plustot, accroire que V. A. S. veut marcher vèrs la Meuse, ce que les detachements faits à Gladbach et à Roermonde indiquent.

Je serois donc d'avis que V. A. S. restât icy jusqu'à la prise de Dusseldorp, qui selon les espérances données par Mr. de Wangenheim ne tardera pas de se faire. Si V. A. S. a le bonheur de s'en rendre le maitre entre icy et le 2. de Juillet, ce sera un grand coup. Dusseldorp devient un nouveau centre d'où elle peut partir ensuite avec beaucoup moins de risque qu'elle n'a pû le faire jusques à présent.

Après avoir garni Dusseldorp d'une garnison de deux bataillons à peu près, elle y peut établir le grand hôpital de ses troupes, ainsi que tout ce qui L'a obligé de laisser des detachemens en arrière. Elle attirera à Lui ces detachemens, et ordonnera en meme temps au général d'Imhoff, de Luy envoyer encore un des bataillons qu'il a sous ses ordres; ce qui se pourroit faire d'abord.

Votre Altesse Serenissime marcheroit le 2. de Juillet à St. Nicolaes, à moitié chemin d'icy à Grevenbroich. Le prince héréditaire se trouve ce jour là à Wassenberg; le prince de Holstein marcheroit ce même jour de Gladbach à Cochem, moitié chemin de Gladbach à Titz. Le troisième l'armée marche jusques entre Bellein et Grevenbroich; le prince de Holstein à Titz, le prince héréditaire de Wassenberg à Titz, s'il est possible.

Suposons maintenant que l'Ennemy se trouve encore le 2 de Juillet à Waring (Worringen?); Si la marche, que V. A. S. fait ce jour là à St. Nicolaes, ne le détermine pas de rébrousser chemin, celle qu'elle fera le lendemain à Grevenbroich, l'y déterminera; ou il faudroit qu'il eût envie de se battre encore une fois, ou de se voir coupé de ses vivres. S'il prend le parti de marcher à Cologne même, Votre

*) N. d. H. Das Hauptquartier Osteradt. Die Vorschläge Westphalen's zum Vorgehen über St. Nicolas auf Grevenbroich mit der Absicht auf Jülich, vom Herzog approbirt, sind von Interesse, wenngleich die Entwickelung der Begebenheiten in Mähren und Hessen den Operationen eine veränderte Richtung aufnothigte. (Geschichte etc. Bd. I. S. 612—615).

Altesse Serenissime marchera s'il se peut le 4. à Bedburg: ce qui mettra l'ennemy dans le cas du jour précedent. Car en faisant avancer le prince de Holstein de Titz vèrs Navenich, l'ennemy ne trouveroit plus de sureté pour ses derrières.

En general si l'Ennemy n'a pas passé le troisième la rivière d'Erfft, il ne peut plus sauver Juliers; Mais s'il passe la riviere que je viens de nommer, V. A. S. se pourra rendre maitre de Cologne. Dans ce cas là Juliers ne pourra plus être utile à l'Ennemy, et coupé également du Rhin et de la Meuse, il faut de toute nécessité qu'il se retire encore de Juliers.

Alors V. A. S. prendra une bonne position à Juliers. Je doute qu'il soit possible, d'en trouver une qui soit plus convenable, eû egard à la situation des affaires. Ce camp de Juliers seroit un camp de durée; V. A. S. n'agiroit plus que par detachement. Elle y attendroit 1mo la reddition de Wesel, 2do l'arrivée de ses récrues, 3tio le Rétour du prince d'Ysenbourg de la Hesse.

Ce 30me Juin 1758*)

** Monseigneur,

La marche d'icy à St. Nicolas n'est pas assés avancée, pour qu'elle put engager, comme cause, un nouveau combat. Mais combinée avec la marche du prince héréditaire à Wassenberg elle pourra servir à faire changer les Ennemis de résolution quant à leur dessein, d'aller à Juliers, d'autant plus quil ne paroit pas, que la diversité des opinions des généraux françois ait permis ni de prendre bien déterminement un parti, ni de le suivre avec fermeté: — En sorte que je suis d'opinion, que V. A. S. pourra aller le 2. à St. Nicolas, sans provoquer par là l'Ennemi à un nouveau combat; Mais, si céluy-ci eût conçû l'idée de se battre encore une fois; V. A. S. n'aurait pû l'empécher non plus icy, et la jonction avec les détachemens seroit plus difficile icy, qu'a St. Nicolas. Mais je suis persuadé que l'ennemi a perdu pour quelque temps l'envie de se battre; je suis également persuadé d'un autre coté, que V. A. S. ne doit pas le provoquer, et faire seulement les mouvements nécessaires, pour s'assurer des avantages obtenus par l'action du 23.

Ce 30me Juin 1758.

** Monseigneur,

Le Détachement des 4 Bataillons que V. A. S. envoit au Duc de Holstein, ne peut nuire en aucune façon; bien au contraire on en pourra tirer partié aprés que la jonction du Prince héréditaire sera faite avec le Duc de Holstein.

Je vais coucher mes idées par ecrit sur ce qu'il y aura à faire, en cas que Dusseldorp ne se rend point.

---

*) N. d. H. Osteradt.

En attendant je mets aux pieds de V. A. S. le résultat de ce qu'il Luy plût me dicter hier, dont Elle m'a demandé copie.

Copie.

Le changement de Camp, que S. A. S. étoit dans l'intention de faire, en le transférant d'icy à Nuys, avoit pour but de faire voir, qu'on suivoit l'ennemi sur le pié, en prenant les camps qu'il quittoit.

S. A. S. ayant cependant agrée le plan de marcher par St. Nicolas sur Grevenbroich, etc., trouve seulement de la Difficulté en la manière de faire subsister l'armée dans un plus grand éloignement de Rées.

Il faudra penser à ce qu'il y aura à faire, en cas que l'on ne pût prendre Dusseldorp.

Le bataillon du prince héréditaire hessois se mettra en marche pour joindre l'armée dès que le bataillon de Saxe-Gotha aura joint le corps de Mr. d'Imhoff.

Il faudra établir un pont à Dusseldorp, et après cela en congédier un à Rees, dont le choix est remis au discernement de Mr. d'Imhoff, qui consultera les Sieurs D'Erben et van Ee.

Mr. d'Imhoff doit se charger du soin de garder les prisonniers de Cléves; surquoy le Major Estorff Luy écrira. Le Detachement qui se trouve à Cléves pour leur garde, joindra alors l'armée.

Après la prise de Dusseldorp les bateaux propres pour un pont vont rémonter le Rhin d'Orsoy à Dusseldorp; les autres seront renvoyés à Duysbourg. NB. Le Detachement quitte alors Orsoy.

Si le Regiment de Vieux Zastrow est arrivé à Münster, tous les Détachemens qui s'y trouvent, vont joindre leurs Regiments.

Le gros Bagage a reçû ordre de venir joindre l'armée.

Le Bataillon de Grote va joindre l'armée avec le Bataillon du prince héréditaire de Cassel, sous les ordres de Mr. de Hardenberg.

Les reconvalescens de l'hôpital de Münster vont joindre l'armée, et les ustensils de cet hôpital avec tous les gens y employés se rendent à Dusseldorp.

Le premier de Juillet la route d'Osterad à St. Nicolas sera reconnüe.

Le prince de Holstein marchera le 2. de Juillet de Gladbach à Cochem.

Le deux de Juillet la route de St. Nicolas jusques entre Grevenbroich et Bellem sera réconnüe.

Le prince de Holstein marche le 3me à Titz.

Le prince héréditaire de Brunsvic marche le 3me à Titz, s'il est possible.

En cas que l'Ennemi avançât en attendant, les deux princes se réplient sur l'armée par leur gauche, le prince hereditaire sur celuy de Holstein, et la jonction faite l'un et l'autre sur l'armée, soit qu'elle se trouve alors à Nuys, soit qu'elle soit encore à Osterad.

Le prince héréditaire laisse 300 h. d'Infanterie avec 30 hussards sous les ordres d'un officier de l'état major à Roermonde.

ce 29. Juin.

Ce 1^{mer} de Juillet 1758.

✱✱ Monseigneur,

V. A. S. pourroit avertir encore Mgr. le prince qu'elle marche demain à St. Nicolas; pour ce qui regarde Sa propre marche de Wassenberg à Cochem, qui aura lieu le 3me en cas que Dusseldorp ne se rend point, il sera tems assés s'il en recoit l'avis demain à Wassenberg.

J'accede au sentiment de V. A. S. de retirer d'Osnabrug le Detachement qui s'y trouve.

✱✱ Pensées
sur ce qui convient de faire en attendant
la Reddition de Dusseldorp.

V. A. S. marchera le 2. à St. Nicolas avec l'armée, à l'exception du corps de Wangenheim, qui reste en arrière pour l'Entreprise de Dusseldorp.

Le prince de Holstein marche avec tout son corps le 2. à Cochem.

Le prince héréditaire va joindre le duc de Holstein le 3me à Cochem, où les deux princes formeront un corps de 10 bataillons et de 25 escadrons. Ils font le même jour un detachement à Gévenich et Loevenich.

V. A. S. envoit le 3me les huzards de Luckner avec ce qu'elle a de chasseurs à Grevenbroich; d'où ils pourront faire des courses vèrs Cologne.

Si V. A. S. garde cette position jusques à la Reddition de Dusseldorp; il est clair:

1mo: que si l'Ennemi vouloit marcher à Elle, Elle se trouveroit en état, de réunir tous les Détachemens à Son armée dans un seul jour. Mais ce cas là ne me semble pas être celuy qu'on a à supposer.

2do: Si l'ennemi ne se trouve pas le 3me à Juliers, le corps de Cochem le fera penser s'il convient d'y aller, sur tout depuis la prise de Ruremonde; Et je suis persuadé, qu'il n'y ira pas.

3^{tio}: Si l'ennemi se trouve déja le 3me à Juliers, le corps de Cochem le tiendra en respet, et l'empêchera absolument de faire des détachemens à Roermonde sur la rive droite de la Roer, et couvrira par consequent la garnison de Roermonde, et laissera V. A. S. le maitre de l'attirer à Elle en cas de nécessité. Puisque l'ennemi, s'il prend son camp à Juliers, abandonne Cologne, V. A. S. n'aura qu'à augmenter le Détachement qu'Elle fera à Grevenbroich, lequel en longeant la

rivière d'Erfft, privera l'Ennemi des subsistences qu'il pourroit
tirer de Cologne et du Rhin; ce qui l'obligera de s'approcher
de la Meuse; Et comme il ne pourra pas marcher vèrs Ruremonde sur la rive droite de la Roer sans exposer son flanc
au corps qui se trouve à Cochem, il est probable, qu'il y
marchera sur la rive gauche de cette rivière. En quel cas il
abandonnera pareillement la ville de Juliers. Mais il n'est pas
même probable, qu'il songera de marcher à Ruremonde; s'il
se rend sur la Meuse, il y ira plus haut, pour éviter d'avoir
Mastricht au dos.

4to: Si l'Ennemi n'eut pas le dessein d'aller à Juliers, mais de
s'arrêter plustôt encore à Cologne, et de se réplier ensuite à
petits pas sur Coblence, alors le corps de Cochem fera de
plus grands détachements vèrs Levenich, qui selon les circonstances pourront pousser jusques à Juliers, et s'emparer
même de cette ville, aussitot que l'Ennemi réculéra de
Cologne.

Ce 1^{mer} de Juillet 1758.

** Monseigneur,

Le calcul des troupes qui campent à Liége, qui se trouvent dans
cette ville et qui y marchent encore du Braband, me semble très
suspèct.

Bien. loin de trouver quelque chose dans ces nouvelles qui dut
empecher V. A. S. de marcher en avant, je crois qu'Elle ne sauroit
faire rien de mieux que d'exécuter son dessein.

Ce 1^{mer} de Juillet 1758.

** Monseigneur,

Aussi longtemps, que le corps ennemi qui a passé à Deutz, ne
passera pas Keiserswerth, leur dessein n'est pas tourné vèrs Imhoff;
mais s'ils passoient jusqu'à Duysbourg, alors on n'en dévroit plus
douter.

Mais avant ce temps là il ne faudra pas s'inquiéter; Et la marche
de V. A. S. de demain les fera changer de dessein, en cas que le
leur eût cté d'aller à Wesel. V. A. S. a fort bien fait d'ordonner
à Scheiter de faire des fréquentes patrouilles. Cette précaution suffit
à l'heure qu'il est.

Ce 2me Juillet 1758.*)

** Monseigneur;

Il me semble que la ville de Nuys est suffisamment couverte par
la position actuelle de l'armée. Je ne vois pas la nécessité, d'envoyer
un detachement de l'armée en cette ville. Il est vray, Wangenheim
pourroit se trouver dans le cas d'avoir besoin de toute son infanterie;
mais je crois qu'il n'y a aucun inconvenient à craindre en laissant là
les choses sur le même pied qu'elles ont cté jusques à présent.

---

*) N. d. H. Hauptquartier Dyck.

7*

Ce 2me Juillet 1758.

** Monseigneur,

Je pense que V. A. S. a extrêmement bien faite, d'avoir fait réconnoitre les passages de l'Erfft, et garder ceux qu'il importoit de tenir en notre pouvoir. Comme les patrouilles vont de Grevenbroich vèrs Bedburg et ceux de Nuys vers Zons et Wering, il est impossible, qu'un Détachement ennemi tant soit peu considérable puisse aller jusques à Nuys sans être averti plusieurs heures auparavant de son arrivée.

Un tel Détachement, s'il avançoit jusques à là, seroit exposé au danger le plus éminent de se voir coupé, vû que l'aile gauche de V. A. S. va presque jusques à la rivière; il s'agiroit seulement de la passer avec quelques escadrons et un ou deux bataillons, selon la force de l'ennemi, pour tirer le filet et prendre l'oiseau. La situation est absolument pour nous.

Ce 3me Juillet 1758.

**Monseigneur,

Si la cour de Manheim se roidit; je pense qu'il faut faire les choses suivantes:

1mo Le prince héréditaire tâchera de s'emparer de Juliers; on y trouvera peutêtre du canon, des mortiers et de munition de guerre.

2do Puisque la prise de Juliers hâtera la rétraite des François de Cologne, un Détachement se rendra en cette ville, et sa première opération séroit, de demander à la ville une douzaine de leurs plus grands mortiérs avec la munition de guerre, qui y sera nécessaire. On se verra par là en état, de réduire la ville de Dusseldorp.

3tio Pendant tout ce temps là V. A. Sme pourra garder sa position, qu'elle a actuellement; ou si la nécessité l'exige, d'avancer jusques à Grevenbroich.

4to Mgr. le prince héréditaire dévroit récevoir un renfort de 4 bataillons; V. A. S. pourroit les luy envoyer demain ou après demain. Ceux de Grote ou de Saxe-Gotha les remplaccroient en partie à l'armée.

Meyen*) viendra chés moy, dans l'intention de concerter avec luy les subsistences pour la cavallerie angloise. J'ay pensé dés hier à un projet de marche; sur lequel je devois cependant consulter Meyen, qui connoit mieux la route et les obstacles, qui pourroient s'y trouver, avant que de le mettre aux pieds de V. A. S. Cela se fera encore aujourdhui, et je dresserai alors aussi la lettre à Lentz. Selon le calcul de Durand le premier Transport ne pourra arriver à Embden avant le 20. Il faut que les troupes se réposent trois ou 4 jours, avant que de se mettre en marche, puisque la mèr les rend régulierement malades. Je croirois, Monseigneur, qu'Elle feroit bien, de les faire marcher par division, à mesure qu'une arrivera aprés l'autre.

*) N. d. H. Kammer-Director von Meyen.

Le cas que V. A. S. me propose touchant le rapel du prince d'Ysenbourg est surement tres épineux. Si les françois ne gardoient que la ville de Hanau, et laissoient dans ses environs un corps de 5 à 6 mille hommes, plus pour couvrir les princes alliés de la France, que pour envahir la Hesse, je serois de l'avis de rappeller le prince d'Ysenbourg avec l'infanterie et les chasseurs. V. A. S. pourroit laisser en Hesse les deux Escadrons. Mais j'avoue, qu'il est difficile de juger de cela, avant que de voir la destination que la Cour de Versailles fera de l'armée Soubizienne. Car si elle la rappelle pour en renforcer le Comte de Clermont, c'est en suite d'un conseil de consternation; et je crois qu'elle en réviendra dès qu'elle aura fait des réflexions. Cette cour verra que ce n'est pas le nombre qui manque au Comte de Clermont; elle verra aussi, qu'en rapellant Soubize elle gate ses affaires en Allemagne et donne beau jeu au Roy de Prusse, dont le plus fort ressort est, de battre ses ennemis l'un après l'autre, et qui ne demande autre chose, si non, de n'être pas pressé par tous ses ennemis à la fois.*)

Ce 3 Juillet.

Ce 3me Juillet 1758.

** Monseigneur,

V. A. S. fait très bien de faire travailler au pont de Keyserswerth, puisqu'il est necessaire pour l'entreprise de Dusseldorp.

Le Ober-Teich-Inspector Bilgen réviendra apparemment aujourdhui. Comme Mr. Meyen viendra ce matin chés moy, je m'acquitteray des ordres de V. A. S. pour m'informer des raisons qui peuvent l'avoir arreté plus long temps.

V. A. S. a ordonné à Estorff, de faire marcher le bagage de Oed à Cochem; mais il n'en a eté rien dit dans l'ordre d'hier à Mgr. le prince héréditaire, ni dans ceux des jours précedens, puisque le prince n'a apris sa marche à Cochem que dépuis hier.

Quant à la marche des deux Regiments de Saxe Gotha et de Grote, je serois d'avis, Monseigneur, de les faire marcher actuellement. Car la lettre de Cressner me confirme dans l'idée que les François ne pensent pas à avancer de l'autre coté du Rhin. Imhoff n'a donc pas besoin de tant de bataillons pour Wesel.**)

Ce 4me Juillet 1758.

** Monseigneur,

Quant aux troupes de l'Electeur de Cologne, je croirois que V. A. S. pourroit continuer de les traiter sur le même pié, qu'elle a fait jusques à présent; Si l'Electeur insistera sur une déclaration formelle, qu'on ne les désarmera pas, V. A. S. pourroit luy repondre, que quoique cela fut une affaire de Cour, et que S. A. E. feroit bien de s'en

---

*) N. d. H. Vergl. Bd. I. S. 614.
**) N. d. H. Vergl. Bd. II. S. 420. den Brief des Herzogs vom 3. No. 3.

adresser immediatement à Londres, Elle n'auroit cependant rien à craindre pour ses troupes, si Elle vouloit promettre, de ne les vouloir pas joindre pendant cette guerre ni aux troupes de la France, ni à ceux de ses alliées.

Si V. A. S. aproche de Bonn, je crois qu'Elle fera bien de ménager la Capitale de l'Electeur; et si Elle trouvoit de ses troupes en chemin, avant que l'Electeur eût donné sa déclaration, dont je viens de parler, il faudroit faire promettre aux officiers sur leur honneur, qu'ils ne serviroient pas dans cette guerre contre les deux Roys.

Quant au colonell Boyd qui demande la commission d'aller en Ostfriese; il me semble, que la nature de sa commission est telle, qu'il ne pourroit que s'en acquiter fort mal, ne parlant pas allemand. Si V. A. S. est du même sentiment, elle pourroit choisir tel capitaine de cavallerie qui Luy plairoit.

Quant aux sections à faire dans les Escadrons, pour les quartiers, V. A. S. a raison, d'observer qu'il y a là un defaut dans la repartition, puisque je crois, qu'on trouvera bien moyen, de placer chaque regiment ensemble. J'en parleray à Meyen; si cela fut cependant impossible, il faudroit le laisser comme cela.

ce 4 Juillet

Après avoir fait tiré copie du Memoire de Meyen, je remettrai les originaux aux pieds de V. A. S.*)

Ce 4me Juillet 1758.

✳✳ Monseigneur,

Je remets aux pieds de V. A. S. le raport du Duc de Holstein. J'avoue que je suis tout à fait de l'opinion de V. A. S.

Ce 5me de Juillet 1758.

✳✳ Monseigneur,

J'approuve surement tout le contenû de la lettre que V. A. Sme vient d'écrire en reponse de la ci-rejointe. Je viens de la remettre à Estorff pour l'expédier tout de suite.**).

Je viens de récevoir le billet, où V. A. Sme me demande si Ses lettres au prince hereditaire m'ont parües trop vives; à quoi j'ai l'honneur de Luy répondre, qu'elles feront un grand effet sur Son Esprit; mais puisque V. A. S. ne Luy a écrites que des choses très raisonnables, je ne vois pas, qu'elle doit regreter de les avoir ecrites. Après le premier mouvement passè, Mgr. le prince s'en apercevra, et il tachera d'imiter V. A. S. dans les attentions, qu'elle a pour Luy; ce qui est un bon effet, d'un bon remède, quoiqu'il pût paroître fort.

Ce 6me Juillet 1758.

✳✳ Monsigneur,

Voicy Monseigneur, mes idées concernant l'entreprise sur Juliers. Je crois qu'elle n'est plus faisable, s'il faut pour la réduire un siége formel.

---

*) N. d. H. Vergl. Bd. II. S. 421. die Briefe des Herzogs vom 4. No. 5 u. 6.
**) N. d. H. Vergl. den Brief des Herzogs No. 6 (Bd. II. S. 421) im Eingang.

V. A. S. allègue de tres bonnes raisons dans le même mémoire, ou Elle parle de cette Entreprise, pourquoi il sera difficile, de tirer encore deux bataillons du blocus de Wesel. Je croirois cependant qu'on pourroit en tirer un do moins, aussitôt que le bataillon de Saxe Gotha aura joint le corps de Imhoff. Ce que j'avois dit de ce bataillon, c'a eté une méprise de ma part; je voulois dire Bataillon de Grote.*)

Ce 6ᵐᵉ Juillet 1758.

** Mémoire, en Reponse aux Difficultés
qui se rémontrent à l'Entreprise sur Juliers. —

Mon idée étoit de prendre Juliers, pour faciliter la prise de Dusseldorp. La consequence consiste en cela, que si V. A. S. est Maitre de Juliers, l'Ennemi sera obligé de se retirer de Cologne; du moins cette retraite paroit très probable, tant parceque l'ennemy fait voir luy même, qu'il la juge nécessaire, en renvoyant ses magazins et ses hopitaux, que parceque nous luy serions sur le flanc, et en état de luy couper les vivres, qui luy viennent par terre.

Si l'Ennemy se retire de Cologne, l'Electeur — palatin et son Commandant de Dusseldorp perdront également l'espérance de pouvoir soutenir et sauver cette ville; V. A. S., pouvant outre celà disposer de l'artillerie et de la munition de guerre qui se trouveroit à Cologne et à Juliers, se verroit en état de réduire bientot Dusseldorp.

Cecy prouve que la prise de Juliers produiroit probablement de très grands avantages.

Mais avant que de l'entreprendre il faut considérer 1ᵐᵒ, que l'armée françoise est très proche de Juliers, 2ᵈᵒ, que s'il en falloit d'un siége en forme pour s'en emparer, les François auroient le temps de prendre leurs mesures pour le faire lever; 3ᵗⁱᵒ: que pour s'opposer à celà, V. A. S. séroit entrainée, à marcher encore en avant pour couvrir le siége et que 4ᵗᵒ il pourroit s'en suivre une seconde bataille, malgré elle.

Je tire de cecy la conclusion suivante: qu'il faut tenter l'avanture, si la place est telle, qu'on a lieu d'espérer de s'en emparer, sans faire un siége formel, par une attaque brusque et avant que l'ennemy puisse marcher au secours; mais si la place est telle, qu'on ne pourra pas espérer un tel succés, j'avoue qu'il séroit non seulement inutile de l'entreprendre, mais que si l'on le faisoit, on se mettroit peutêtre dans la nécessité de livrer une seconde bataille, que je suis d'opinion de ne donner jamais que de propos déliberé, et d'éviter de s'y faire entrainer.

Si le dernier cas a lieu, savoir si Juliers est jugé trop fort, pour être emporté d'emblée, il ne reste d'autre parti à prendre, que de se

---

*) N. d. H. Vergl. Bd. II. S. 420 u. 421 die Schreiben des Herzogs vom 3. u. 4. Juli No. 3 u. 6.

maintenir dans la position présente jusques à la réduction de la ville de Dusseldorp. La munition qu'on attend, pourra arriver au camp le 15.; il faudra, je crois, alors trois ou 4 jours de bombardement, pour la réduire; en sorte que V. A. S. ne sauroit compter d'en être maitre avant le 20. du courant.

On ne peut pas disconvenir, que cet espace de temps, où l'attention de V. A. S. n'est tournée que vers Dusseldorp, donnera des grands avantages à l'ennemi. Le plus grand seroit, s'il prit le parti, de se maintenir à Cologne.

Pour luy en faire perdre l'envie, il me semble qu'on ne sauroit mieux faire que de bien poursuivre le projet d'incommoder l'Ennemi par des detachements le long de l'Erfft; il seroit bon peutêtre aussi, de feindre une marche, comme si on vouloit lui marcher sur le corps; car s'il ne se trouve pas encore préparé à se battre de nouveau, une telle démarche sera des plus propres, pour le faire décamper.*)

Ce 6me Juillet 1758.

✻✻ Monseigneur,✻✻)

V. A. S. fera bien de faire venir toute l'artillerie à l'armée, qui vient de Minden et de Nienbourg. Comme elle passera par Rées, le Général Imhoff pourroit alors en faire montre, et sommer le Commandant de se rendre par une bonne capitulation. Mais si le Commandant le réfuse, je crois qu'il faut avoir patience encore jusques à l'arrivée des renforts que V. A. S. attend; puisque Imhoff est trop foible pour former une attaque; et le Commandant trop fier pour se rendre sur des ménaces. L'artillerie seroit donc inutile au Général Imhoff, tandis que V. A. S. pourra se trouver dans le cas d'en avoir besoin.

Le pont de Keyserswerth dévient actuellement inutile, il faut en faire un à Dusseldorp. Cela fait, un pont de ceux qui se trouvent à Rees, séroit à congédier.

Scheiter devroit joindre tout de suite V. A. S., vû que sa présence n'est plus nécessaire à Keyserswerth; et qu'Elle pourra s'en servir utilement en avançant. Mais il faudroit donner une cinquantaine de cavalliers au Commandant de Dusseldorp.

Les hôpitaux pourront être établis à Dusseldorp; et en général V. A. S, poursuivroit à l'heure qu'il est le projét qu'Elle a agrée au cas que Dusseldorp seroit évacué. Je suis d'avis que V. A. S. attire à Elle le Général de Wangenheim et qu'Elle marche à Grevenbroich aussitot qu'Elle aura pris possession de Dusseldorp.

L'Ennemi quitera maintenant les Environs de Cologne; il ne m'en reste le moindre doute; V. A. S. prendra Juliers, Et alors le reste se fera à loisir.

---

*) N. d. H. S. die Erwiederung des Herzogs vom 6. Juli. Bd. II. S. 422. No. 9.
**) N. d. H. Dieses Gutachten hat Westphalen auf des Herzogs Schreiben vom 6. Juli (vergl. Bd. II. S. 422, No. 7) erstattet.

Ce 6me Juillet 1758.

** Monseigneur *)

J'ay l'honneur de repondre aux questions que V. A. S^{me} daigne me faire:

ad 1^{mum}: que si l'Ennemi portoit ses plus grandes forces sur Juliers, le Duc de Holstein seroit un peu trop en l'air, au camp, où il se trouve à présent. Il faudroit le raprocher du prince héréditaire, tandisque V. A. S. avanceroit avec l'armée jusques à Grevenbroich. Ce qui obligeroit l'ennemi de rétourner à Cologne, ou d'attirer encore à lui ce qu'il auroit laissé de troupes à Cologne. Car par cette position V. A. S. se trouveroit en etat, de marcher avec toutes ses forces dans une seule marche jusques à Bergem (Bergheim?); par quoi la partie de l'Ennemi qui se trouveroit à Cologne, se verroit coupée de celle, qui se seroit portée sur Juliers; Ce qui engageroit l'Ennemi de réculer de Juliers et de Cologne ou de s'exposer à être batû en detail. Si je pense à cette suite, qui ne pourra rester cachée à l'Ennemi, s'il y réfléchit, j'ay de la peine à croire qu'il fera une telle Démarche. Il me semble d'ailleurs qu'il ne pourroit avoir d'autre dessein solide de s'aprocher de Juliers, que pour nous déloger de Ruremonde. Mais il paroit avoir rénoncé à la basse Meuse, et il luy seroit très difficile de défiler dévant Elle vèrs Ruremonde, sans exposer beaucoup sou flanc, à moins qu'il ne le fasse de l'autre coté de la Roer.

ad 2^{dum}: Les mouvements que l'Ennemi fera de l'autre coté du Rhin ne pourront embarasser V. A. S. que quand il pousseroit un Détachement au delà de Dysbourg. Mais puisqu'on ne sauroit manquer d'en être informé, V. A. S. séroit toujours en état, de renforcer Imhoff, s'il étoit nécessaire. Si l'Ennemi se portoit en même temps en force entre l'Erft et le Rhin sur Nuys, il me semble que V. A. S. dévoit passer cette riviere et l'attaquer. Mais comme l'Ennemy prévoit sans doute cette conséquence, je ne crois pas, qu'il marchera à Nuys; où il ne pourra esperer de s'établir à moins de livrer bataille. Et il me semble qu'il ne Luy convient pas d'en livrer déja une seconde.**)

Wie sehr die Aussicht, dass auch selbst Wesel von den Franzosen werde geräumt werden, dem Herzog nahe gestanden, geht aus folgenden beiden Gutachten Westphalens vom 10ten und 12ten Juli hervor:

** Monseigneur,   Ce 10me Juillet 1758.***)

V. A. S. m'a fait la grace de me demander mon sentiment sur ce qu'il y auroit à faire en cas que Wesel fût évacué. Voicy mes idées.

---

*) N. d. H. Gutachten in Folge des Schreibens des Herzogs vom 6. Juli. (Vergl. Bd. II. S. 422, No. 9.)

**) N. d. H. Hierauf erwiederte der Herzog in dem Schreiben vom 6., No. 8. S. 422, Bd. II. der Geschichte der Feldzüge. Inzwischen capitulirte Düsseldorf, (Bd. II. S. 424, 426, 575; Bd. I. S. 611) und es ergingen auf das promemoria vom 7. die Befehle des Herzogs wegen der weiteren Operationen S. 424, 425, Bd. II; worüber das vollständige „Memoire, contenant les opérations à faire après la prise de Dusseldorp dd. Haus zur Dyck ce 7. Juillet 1758" sich in den Archiv-Acten vol. 264 befindet.

***) N. d. H. Hauptquartier Grevenbroich.

Imhoff mettroit un bataillon en garnison dans la ville, si ville et citadelle sont evacuées; mais si les françois gardent la citadelle, il faudroit une plus forte garnison à la ville; il faudroit aussi, qu'il laissât du moins deux escadrons à la disposition du Commandant pour empêcher les courses des françois dans le plat païs. Avec le reste de son corps il iroit à la poursuite des troupes, qui se retireront de Wesel. Comme elles n'auront d'autre chemin à prendre, que celui par lequel elles pourront se replier soit sur Bonn, soit sur Cologne, Mr. d'Imhoff réjoindra l'armée de V. A. S. par le moyen du pont de Dusseldorp, vû que sa poursuite l'approchera de cette ville.

Le bataillon que V. A. S. laissera à Wesel pourra être rélevé par l'un des deux nouveaux bataillons qu'on attend du païs d'Hannovre.

Aussitôt que Wesel sera evacué, le Commandant s'arrangera avec la ville pour la construction d'un pont. Lequel fait on pourra congédier le pont de Rees, qui restera encore.

Wesel deviendra alors un grand entrepot pour tous les fourages et pour la farine, qu'on fait venir d'Hollande.

Comme le Roy a écrit il y a du temps à V. A. S. qu'Elle devoit faire démolir les fortifications de la ville dès qu'Elle s'en trouveroit le maitre; il conviendroit de demander à S. M. des ordres plus précis sur ce point, avant que d'y faire proceder, d'autant plus que la face des affaires a changé considérablement depuis.

✳✳ Monseigneur,

Si les françois trouvent leur interet de s'arrèter à Cologne aussi long temps que possible, sur tout depuis que les Electeurs de Mayence et de Trèves ont refusé de leurs livrer les villes de Mayence et de Coblence, il est cependant, ce me semble, clair, que la désunion qui règne parmi les généraux, ne les mettra gueres en état de prendre un parti fort et de l'exécuter avec fermeté.

Il suffira, je crois, d'exécuter le plan que V. A. S. s'est proposé pour les engager à décamper. S'il y avoit même un général determiné à leur tete, celuy-ci balanceroit de garder une position, où il pourra être incommodé sur le flanc et sur ses derrières; il prendroit ou une résolution de combattre V. A. S, ou le parti de se rétirer. C'est pourquoi il me semble que V. A. S. n'a autre chose à faire, que de prendre un camp aussi fort que possible, mais plus près de l'Ennemi, et de faire agir en suite par des détachements qui passeront la Roer, pour luy tomber au flanc et au dos. Comme les françois craignent pour le pont de Deutz, il séra bon d'augmenter leurs appréhensions, ce que Hardenberg pourroit faire en faisant des Démonstrations vers Mulheim et Deutz *)

Ce 11. Juillet 1758.

---

*) N. d. H. Auf dieses Gutachten erfolgte das Schreiben des Herzogs vom 11. Juli, welches sich Bd. II. 423, sub No. 11 abgedruckt befindet; und auf die darin aufgeworfenen Fragen überreichte Westphalen seine nachstehenden „Reflexions" vom 12. Juli.

** Monseigneur,

Je crois, Monseigneur, que V. A. S. pourra accorder au Commandant· de Wesel la permission qu'il démande, d'envoyer un officier à l'armée françoise, pour démander les intentions du Général sur le sort de la Ville. Au milieu de la fierté de Mr. de Castella on voit aisement que puisqu'il démande d'envoyer un officier, il trouve son cas tel qu'il ne seroit pas faché d'être dispensé de défendre la place.

L'inconvénient d'envoyer un officier à l'armée Ennemie ne peut pas être de consequence, vû que sans en avoir la permission il ne dependroit que de luy, d'envoyer des avis, et d'en reçevoir.

** Réflexions
sur la situation présente de V. A. S·
en Réponse
aux Questions qu'Elle a daignées me faire.

On jugeroit, sans se tromper, du parti qu'il convient de prendre, si l'on étoit bien informé de l'état actuel de l'armée françoise, des sentimens des généraux, et des ordres qu'ils ont de leur Cour. Mais puisqu'on n'en a que des notions fort imparfaites, je pense qu'il convient de distinguer les deux cas suivants.

1ᵐᵒ: que l'armée françoise ne se trouve pas en état de livrer un nouveau combat, ou ce qui est dans notre cas la même chose, que la Cour de Versailles ait ordonné aux généraux, d'éviter encore une bataille.

2ᵈᵒ: que l'armée ennemie se trouve en état de livrer bataille, ou du moins que la Cour ait ordonnée d'en risquer une. Dans l'un et l'autre cas le but de l'ennemi, selon la situation présente des affaires générales entre les princes belligérants, doit être celui d'obliger V. A. S. de répasser le Rhin.

Il s'agit donc, de faire manquer ce but-là aux Ennemis dans l'un et l'autre cas, que je viens de détailler et qu'il convient de supposer comme également probables.

J'ai conseillé à V. A. S. de marcher en avant vèrs un point situé entre Juliers et Cologne, en sorte qu'Elle se trouvât plus près de Juliers que de Cologne: Supposons que ce point soit Caster.

Les avantages qu'on tiréroit de cette position séroient les suivants. Comme l'Ennemi pourra être joint de Caster dans une marche, il est probable qu'il décampera de Cologne, à moins que les ordres de la cour ne l'obligent à risquer une seconde bataille, ou qu'il se crût assés bien posté ou en assés bon état, pour· n'avoir pas de raisons de l'éviter.

S'il tient ferme dans son camp de Cologne et si les ordres de la cour l'obligent de donner une seconde bataille, V. A. S. obtient cependant en avançant sur luy, qu'il n'osera faire des gros Détachement, crainte d'être batû en Detail. C'est un grand avantage, puisqu'il ôte à l'Ennemy celuy, de faire usage de sa supériorité du nombre.

V. A. S. prenant un camp plus près de Juliers que de Cologne, coupe en quelque façon l'ennemi de la premiére place et couvre Ruremonde et toûte la basse-Meuse.

Si l'on avoit la ville de Wesel comme un point d'appuy sur le Rhin, je ne pourrois rien conseiller de mieux, je crois, qu'au lieu d'aller camper à Caster, de passer plustôt la Roer entre Juliers et Roermonde, pour marcher vèrs Aix la Chapelle. Mais puisque le point d'appuy n'est jusqu'à présent que la ville de Dusseldorp; il faudra voir encore s'il ne séroit pas plus convenable, de choisir au lieu de se camper à Caster, une position en passant avec toute l'Armée l'Erft, pour s'approcher du Rhin. Je conviens qu'une telle position couvre beaucoup mieux la ville de Nuys et le pont de Dusseldorp; mais elle découvre Ruremonde et la basse-Meuse, et rend l'Ennemi le maitre de s'en approcher avec de petits détachemens, qui ne laisseroient pas de nous inquiéter sur nos derrières, tandis que V. A. S, après avoir passé l'Erft, ne trouveroit pas la même facilité pour rendre la pareille à l'Ennemi, à moins qu'Elle ne juge à propos de pousser en avant jusques entre Bedburg et Bergen (Bergheim?).

Si V. A. S. préfère de rester aux Environs de Caster sur la rive gauche, il y auroit à peser seulement le cas, ou l'Ennemy se portât entre l'Erft et le Rhin en avant. V. A S. risqueroit par un tel mouvement de perdre la boulangerie de Nuys; mais l'Ennemy n'y risqueroit pas moins. Car s'il envoit à Nuys un corps considérable, il l'expose à être batû, s'il y marche avec toute son armée, il ne pourra le faire sans risquer une bataille, avec tous les inconveniens, qu'il y a de défiler dévant une armée, qui, en restant sur la place où elle se trouve, le forçeroit de luy livrer bataille malgré l'avantage du terrain, qu'elle pourroit avoir occupé.

Il s'agiroit donc de savoir, s'il y a un tel emplacement à Caster; il faudroit outre cela, pour abonder en précaution, songer à quelque autre établissement de Boulangerie, pour ne dependre pas absolument de celle de Nuys.

Ces arrangemens ne seront pas nécessaires, si V. A. S. passe avec toute l'armée l'Erft.

Mais pour donner la préférence à une de ces deux positions, savoir à celle de Caster, ou à celle de Bedburg sur la rive droite de l'Erft, il faudroit en juger par le local.

Toutes ces précautions, et j'ose dire ces embarras, naissent de la supposition tacite qu'on fait, qu'il convient à nos affaires, d'éviter une bataille, du moins pour quelque temps.

Puisqu'il est cependant bon, de peser tout et de raisonner sur tout; il me semble que les raisons qui peuvent engager V. A. S. d'éviter encore une bataille sont celles qui suivent: savoir d'attendre le Dénouement du sort de Wesel, l'arrivée de l'artillerie, des recrües, et celle du secours anglois.

Les raisons opposés sont, que l'Ennemy, si l'on luy laisse du temps, se réconnoitra et se renforcera. Pour voir, où la balance panche, il faudroit être plus au fait des intentions de la cour de Versailles sur la véritable destination de l'armée de Soubize.

Peut-être y auroit-il un milieu à prendre, savoir d'attendre l'arrivée de notre artillerie, avec laquelle un bon nombre de recrües arrivera en même temps. Et il me semble qu'on risqueroit alors beaucoup moins, qu'on n'a risqué à Crevelt, tant parceque nous sommes maîtres de Dusseldorp, que parcequ'une armée victorieuse a naturellement l'avantage d'une certaine assurance sur l'armée vaincüe.*)

Ce 12. Juillet 1758.

** Monseigneur,

Plus je réfléchis sur la situation où V. A. Sérenissime se trouve, plus je me persuade, qu'elle n'est pas si mauvaise, qu'elle pourroit paroitre d'abord.

J'ay dit mon sentiment dans le mémoire d'hier sur la question, s'il convient de passer l'Erft, ou non. Le local seul me parût devoir décider cette question; je suis encore du même sentiment.

Il me semble outre celà, que si V. A. S. n'avoit à combattre que l'armée de Mr. de Contades, on pourroit suivre le plan, de s'emparer de Juliers, après avoir délogé l'Ennemi de Cologne, pour attendre ensuite la reddition de Wesel, l'arrivée de l'artillerie et des différents Renforts tant de recrües que de sécours anglois. Mais les mouvemens de l'armée de Soubize, et le camp de Tirlemont excitent une nouvelle attention.

Si Soubize va en Hesse, je plains le Landgrave, mais cette expédition n'aboutira à rien, si nous continuons d'avancer.

Le camp de Tirlemont ne peut pas nous embarasser non plus aussi long temps qu'il ne passe pas la Meuse. Mais cela fait il faut prendre le parti de combattre Mr. de Contades. En sorte, que je conclûs, que V. A. S., sans s'inquiéter le moins du monde de l'avenir, n'a d'autres soins à prendre que de choisir un camp avantageux, soit en deça soit au delà de l'Erft aux Environs de Caster, selon que le local le persuade. V. A. S. attendra dans ce camp l'arrivée des Recrües et de l'artillerie, qui sont en chemin, si les françois ne passent pas avant ce temps là la Meuse.

Mais s'ils passassent cette Rivière avant l'arrivée de l'artillerie et des Recrües, qui sont en chemin; il me semble, que, sans l'attendre, il convient de marcher à l'Ennemy. On peut espérer beaucoup de la bonne volonté des troupes, et de la confiance qu'elles ont en V. A. S. Et doit on craindre, que le Ciel, qui a protégé jusques à présent d'une manière si visible la cause des alliés, veuille l'abandonner dans ce moment?

Si V. A. S. bât Mr. de Contades, l'Ennemi passera bien vite la Meuse; et le prince de Soubize n'osera s'avanturer trop avant.

---

*) N. d. H. Vergl. Bd. I. S. 614, 615; II. S. 536, 575.

Si V. A. S. a du dessous, pourvû qu'elle ne souffre pas une défaite totale, Elle se répliera sur Nuys, de là sur Meurs, et plus loin s'il est nécessaire. Comme Elle devroit faire la même chose, sans avoir livré bataille, si l'Ennemy s'avancoit de Ruremonde vèrs le Rhin; il me semble, qu'il convient de risquer un second choc, vû les avantages qui en suivront si l'on est heureux.

ce 13. Juillet.*)

Ce 16me Juillet 1758**).

** Monseigneur,

Puisque le pont est levé, je ne doute pas, que les bateliers ne soyent s'en allés avant que l'ordre puisse arriver, de les rétenir, pour rétablir le pont.***) Ainsi je crois qu'il conviendroit de marquer à Imhoff, de tenir tout pret, et sur tout un bon nombre de bateaux, dont on pourroit avoir besoin à plusieurs Egards, qu'il assemblera, comme il peut. Si V. A. S. passoit à Dusseldorp en cas d'accident; il est vray, que l'embarras pourroit être moins grand, si l'on ne vise qu'à mettre l'armée à l'abri d'une poursuite; mais, si je considére d'un autre coté, que dans la situation présente des affaires, tant de Moravie,****) où il va mal, que d'Hollande, où l'on espère qu'il ira bien, et du secours anglois qui va nous joindre, il est essentiel, de se soutenir en deça du Rhin, je suis d'opinion, qu'il faut faire les derniers efforts, pour s'y soutenir, même en cas d'un échec, et de se réplier aussi lentement que possible sur Rees. Cela est bon encore par les raisons suivantes. L'on sauve tous les entrepots de subsistence dispersés dans le païs entre Rees et Nuys, où l'on est du moins dans l'état de les gâter. L'on ne court pas risque d'être coupé de Rees, où est notre grand magazin, si l'on se réplie sur Meurs, de là sur Rhinbergen et Xanten; au lieu qu'en passant le Rhin à Dusseldorp, V. A. S. ne pourroit pas se soutenir longtemps en cette position faute de vivres; et si l'Ennemi pouvoit arriver à Wesel avant qu'Elle peut joindre le général Imhoff à Meer, celuy-ci séroit forcé d'abandonner Rees et tous nos magazins, pour se réplier sur Bockholt et pour chercher de se joindre quelque part à V. A. S.

Je crois donc, que malgré les inconvénients, qu'il y a, de se rétirer dévant un Ennemi, qu'il vaudra mieux le faire, que de s'exposer à tant de désavantages.

Mais puisqu'il pourroit être la question, s'il convient d'abandonner dans un pareil cas la ville de Dusseldorp; je crois, qu'oui, quoique il faut la garder aussi long temps que possible, et qu'on n'aura pas à

---

*) N. d. H. Dies war der Tag an welchem der Herzog den Vormarsch des Marschalls Contades erfuhr, und beschloss, ihm über die Erft entgegenzuchen. Vergl. Bd. I. S. 615 bis 617; Bd. II. S. 425, 536, 576.

**) N. d. H. Hauptquartier Neuss.

***) N. d. H. Die Brücke bei Rees.

****) N. d. H. Aufhebung der Belagerung von Olmutz. Vergl. Bd. I. S. 613; Bd. II. S. 429, 430.

craindre de voir coupée la garnison. Il me semble que le commandant devoit déslors songer à faire transporter le canon et tout ce qui a appartenû aux françois, à Münster; et en cas qu'il quitte la ville, il faut qu'il fasse jetter toute la poudre qu'il ne pourra emporter, dans la rivière.

Ce 16me Juillet 1758.

✳✳ Monseigneur

Si l'Ennemi passe l'Erft, il est indubitable que le magazin de Dulken est perdû. Dans ce cas là je suis d'avis, de le brûler plustôt, que de fournir moyen à l'Ennemy de subsister.

Der mit beykommende Brief an Mylord Comte de Holdernesse ist von grosser Wichtigkeit und enthält dasjenige was ich heute Morgen anzuführen vergessen. Ich ersuche daher für dessen allerfordersamste Uebermachung nach London Dero Vorsorge zu verwenden.

Wassenberg d. 29. Julii 1758.

✳✳ à 11 heures du soir. Nous sommes sur le point de marche; si les avis et raports qui nous viennent coup sur coup sont vrays l'ennemi s'aproche de Ruremonde. Si cela est vray la bataille est inevitable. Si Dieu nous assiste, nos affaires vont changer bientôt de face. adieu cherissime amy.*)

---

*) N. d. H. Vorstehendes Billet d. Wassenberg den 29. Juli 1758 an v. Haenichen im Haag, nebst eigenhändiger Nachschrift von Westphalen, bezieht sich auf das in v. Knesebeck etc. Bd. I. S. 174. abgedruckte Schreiben des Herzogs an den Lord Holdernesse. Vergl. auch Geschichte der Feldzüge Bd. I. S. 630; Bd. II. S. 436.

V.

Urtheil Napoléons. Zum Schluss sei über den Feldzug von 1758 des Urtheils eines der grössten Feldherrn des 19. Jahrhunderts gedacht. In den Mémoires pour servir à l'histoire de France sous Napoléon écrits à St. Helène par les Généraux qui ont partagé sa captivité et publiés sur les Manuscrits entièrement corrigés de la main de Napoléon. tome cinquième, écrit par le général comte de Montholon. Paris 1823, heisst es S. 180 ff.

Campagne de 1758.

§. 1er. Le duc Ferdinand de Brunsvick prit le commandement de l'armée du duc de Cumberland, le 24. Novembre 1757; il arriva à Stade son quartier-général; il fit connoître au duc de Richelieu, qui commandait l'armée française et avait son quartier-général à Lünnebourg, que le roi d'Angleterre ne reconnaissait pas la convention de Closter-Sewen. Les hostilités commencèrent; mais la rigueur de la saison décida les deux armées à entrer dans leurs quartiers d'hiver, le 24. décembre. Le duc de Richelieu fit occuper Bremen, le 16 janvier, par le chevalier de Broglie, pour appuyer sa gauche. Il fût rappelé et remplacé par le comte de Clermont, prince de la maison de Condé, qui prit le commandement le 15. février. Quelques jours après, le duc Ferdinand entra en campagne avec une armée de cinquante bataillons et soixante escadrons, composée d'Hanovriens, Brunsvickois, Hessois et autres petits princes. Le prince Henri de Prusse, qui commandait en Saxe, seconda ses opérations avec une division de dix bataillons et quinze escadrons: l'armée du comte de Clermont, toute française, était forte de quatre-vingt bataillons et cent-dix escadrons, elle possédait les places fortes de Minden, Hameln, Nienbourg, et sur le Rhin, Wesel et Düsseldorf. Le 22. Février, le duc Ferdinand se porta sur Verden, passa le même jour l'Aller et le Weser, quoique ces deux rivières chariassent. L'alarme fut fort vive dans tous les cantonnements français; ils se réployèrent, la gauche sur Osnabrück, le centre sur Minden, la droite sur Hameln. Le 8 mars l'ennemi investit et prit Minden qui avait une garnison de 5000 hommes, à la vue du comte de Clermont, qui n'eut de repos qu'après avoir repassé le Rhin à Düsseldorf, le 3 avril, ayant perdu en un mois de campagne la Westphalie, le Hanovre et la Hesse, ses hôpitaux et ses magazins, sans avoir donné ni essayé de donner un combat, quoiqu'il eût des forces supérieures à celles de son ennemi. Le quartier-général de l'armée française fut placé à Wesel, et les troupes cantonnées sur la rive gauche du bas

Rhin. Le duc de Broglie occupa Francfort et Hanau avec le contingent français qui était à la disposition de la reine de Hongrie; le prince de Soubise prit le commandement de l'armée, qui fut renforcée de 6000 Würtembergeois, ce qui la porta à 30,000 hommes.

Le 29 avril, le duc Ferdinand passa le Rhin sur le pont de Rees entre Emmerich et Wesel; se porta sur Clèves avec la majeure partie de ses Troupes, en laissant le prince d'Isembourg avec 5000 hommes pour observer l'armée de Soubise sur la Lahn. Le 10 juin, le duc Ferdinand se trouva en présence de l'armée Française, qui avait sa droite appuyée au Rhin, sa gauche au canal de Gueldres, occupant, en avant-garde sur le centre, Closter-Kampen. Le 12, il attaqua Closter-Kampen et, après une action vive, s'en empara. Le comte de Clermont évacua sur-le-champ toutes ses positions et fit sa retraite sur Nuys. Mais ayant reçu des ordres de la cour, il remarcha en avant et campa, le 19, derrière les vestiges du canal creusé pour joindre la Meuse et le Rhin, la droite à Vicheln, la gauche à Anradt. Cette position était bonne, elle était formidable; ses flancs étaient appuyés par des marais, qui, du coté de la droite, s'étendaient au Rhin. Le duc Ferdinand se plaça vis à vis, la gauche à Hülsen, la droite à Kempen: il avait trente-huit bataillons et cinquante-deux escadrons. Si inférieur en nombre, il n'hésita pas à attaquer; il laissa seize bataillons et vingt escadrons pour observer la droite française, six bataillons et six escadrons pour observer le centre, et avec seize bataillons et vingt-six escadrons, il tourna au loin toute la gauche, traversant des pays impraticables, et vint engager la bataille sur les derrières de l'ennemi. La cavalerie française se battit avec intrépidité, mais éprouva des pertes considérables; le comte de Clermont ordonna la retraite. Cette déshonorante journée lui coûta 7000 hommes. Son armée se rallia au camp de Cologne. Le duc Ferdinand s'empara de Düsseldorf et bloqua Wesel. Le comte de Clermont fut rappelé et remplacé par le maréchal de Contades. Le maréchal de Belle-Isle était ministre de la guerre. L'armée fut promptement renforcée et réorganisée ainsi que celle du prince de Soubise qui était toujours sur le Mein.

Le prince de Soubise fit marcher, sur la Lahn, le chevalier de Broglie avec quatorze bataillons et quatorze escadrons, pour chasser le prince d'Isembourg. Ces deux divisions, si inégales en forces, se rencontrèrent à Sandershausen. Le prince d'Isembourg fut battu et perdit 1000 hommes. Le 23 juillet, le chevalier de Broglie entra à Cassel; il y fut suivi par le prince de Soubise. Pendant ce temps, le maréchal de Contades faisait passer le Rhin à Chevert avec 8000 hommes, le dirigeait sur Wesel et sur les ponts de Rees pour les brûler, ce qui eût compromis l'armée alliée; mais Chevert fut battu après un combat fort opiniâtre et obligé de se réployer. Le 10 août, le duc Ferdinand repassa sur la rive droite du Rhin et fut rejoint par une division anglaise. Contades porta son quartier-général à Wesel; le 19 août, il marcha par Recklinghausen pour se joindre à Soubise sur Lippstadt:

III. 8

mais ce prince fit un mouvement contraire, il se dirigea sur le Hanovre. Le duc Ferdinand, qui avait son quartier-général à Münster, se plaça entre les deux armées et s'opposa à leur jonction. Il fit marcher son aile gauche pour surprendre Cassel, où étaient tous les magasins du prince de Soubise; mais celui-ci se réploya à temps, ce qui donna lieu, le 2 octobre à la bataille de Luternberg; la moitié de l'armée du duc Ferdinand, sous les ordres du général Oberg, y fut battue; le prince de Soubise prit vingt-huit pièces de canon et un millier d'hommes. Le duc Ferdinand passa lui-même sur la rive gauche de la Lippe. Le maréchal de Contades essaya de surprendre Münster: c'était une représaille à la tentative du duc Ferdinand contre Cassel: mais il échoua et prit le parti de repasser le Rhin et de prendre ses quartiers d'hiver sur la rive gauche. Le prince de Soubise voulut se maintenir à Cassel; mais abandonné par le maréchal de Contades, il prit le parti de rétrograder sur le Mein, où il cantonna autour de Francfort et de Hanau.

S. 198.

§. VI. 11e Observation. 1° Le comte de Clermont évacue cent lieues de terrain, dans une saison aussi difficile, avec une armée plus nombreuse, sans donner un coup de sabre, laisse prendre, à sa vue, une place comme Minden, sans tenter de la secourir; tout cela est peu honorable, non-seulement pour le général, mais même pour les officiers-généraux de l'armée; car enfin, si Broglie, Saint-Germain, Chevert, d'Armentières, eussent demandé à se battre, si l'opinion des généraux et des chefs des corps eût été hautement manifestée de faire quelque résistance, de sauver au moins l'honneur des armes, le général n'eût pu s'y refuser.

2° Le duc Ferdinand fit sans doute une brillante campagne; mais elle lui fut si peu disputée, que sa gloire serait petite, s'il n'avait d'autres titres plus solides, qui prouvent ses talents et son habileté: 1° son passage du Rhin est contre les règles; il resta plusieurs jours sur la gauche de cette rivière, separé des deux tiers de son armée; 2° il eût mieux fait d'assiéger et prendre Wesel, ou d'attaquer et battre Soubise, pour l'obliger à repasser sur la rive gauche du Rhin. Il le négligea, de sorte que Soubise marcha en avant: la Hesse toute entière tomba sans combat. Le plan du duc était vicieux: si Chevert avait réussi à s'emparer du pont de Rées, son armée eût été perdue; et Chevert eût réussi, si le marechal de Contades l'eût détaché, non avec 7 ou 8000 hommes, mais avec 18 ou 20,000 hommes. Nous en parlons ici en nous modelant sur les principes d'alors; car, si ce marechal eût été un grand général, c'est avec toute son armée qu'il eût débouché par quelques marches forcées sur les ponts de son ennemi, et l'eût ainsi coupé de sa retraite; 3° le plan du duc Ferdinand, à la bataille de Creveldt, est contre la règle qui dit: Ne séparez jamais les ailes de votre armée les unes des autres, de manière que votre ennemi puisse se placer dans les intervalles. Il a divisé sa ligne de bataille en trois parties, separées entre elles par des vides, des defilés; il a tourné toute une armée avec un corps en l'air, non appuyé, qui devait être enveloppé et pris. —

Hiergegen ist zu bemerken:

1) Das eingeschränkte Lob des Feldzuges des Herzogs F. lässt ausser Anerkennung, dass er mit einem weit schwächern Heere die überlegene französische Armee in der ungünstigsten Jahreszeit, und nach heftigen Gefechten, aus ihren Stellungen im Hannöverschen vertrieben hat, — ja, nachdem der kurz vorher versuchte, erste Angriff an dem bei Celle gefundenen Widerstande gescheitert war. Bd. I. S. 504.

2) Die Verzögerung des Rheinübergangs um 24 Stunden, durch Auflehnung der Schiffer verursacht, (Bd. I. S. 565) lag ausser Berechnung, und schon am ersten Tage waren 15,000 Mann übergesetzt (S. 567), der grösste Theil der Armee aber folgte in den nächsten Tagen unmittelbar. (S. 568—570 Bd. II S. 379, 383). Gleichwohl liegt in Westphalens Gutachten an den Herzog vom 5. und 6. Juni schon die Voraussicht des Misslingens durch unvermeidlichen Aufschub.

3) Die unzureichende Ausrüstung des alliirten Heeres mit Artillerie machte eine ernsthafte Belagerung der Festung Wesel damals unausführbar; sie würde die ausser Verfolgung gelassene französische Armee dem Herzoge nur desto stärker auf den Hals gezogen haben. Den Prinzen Soubise aber anzugreifen und zu schlagen, lag zu der Zeit dem Herzoge fern und ausser der nächsten Aufgabe. (Bd. I. S. 580, 612—614).

4) Die Kritik der Schlacht von Crefeld betreffend, so war der Plan des Herzogs F., wenngleich kühn und gegen die allgemeinen Regeln, dennoch richtig berechnet, indem der der Zahl nach stärkere Feind durch seine ausgedehnte Stellung hinter verschanzten Linien sich selbst zur Passivität verurtheilt hatte. Freilich gehörte ungewöhnliche Entschlossenheit des Feldherrn und Verlassbarkeit der Truppen dazu, den Plan, mit getheilten Korps auf entlegenen Punkten anzugreifen, siegreich durchzuführen, nicht weniger richtige Beurtheilung des Charakters des Gegners. Der Erfolg hat aber entschieden, dass die Rechnung des Herzogs F. richtig war.

6) Ein genialer Militärschriftsteller, Heinrich Dietrich von Bülow († 1807) schrieb schon in seinem berühmten Buch: „Geist des neueren Kriegs-Systems" Hamburg 1799 S. 255: „Das Schönste in diesem Feldzuge (1758) ist derjenige des Herzogs Ferdinand. Plan und Ausführung müssen bewundert werden: — von Stade in zwei Monaten die überlegene französische Armee bis über den Rhein zu werfen. Welche Aktivität, welche zweckmässige Bewegungen! Dies Beispiel beweist, wie gefährlich es ist, zu weit von seinen Grenzen sich zu entfernen. Der Uebergang über den

Rhein, wie schön! Die Schlacht bei Crefeld, welch' ein Meister-
stück einer schönen Anordnung! Durch zwei kleine Corps den so
sehr überlegenen Feind in Fronte zu beschäftigen, während ein
drittes perpendikulär die Flanke desselben angreift, kann die Ausführung eines vollkommenen Ideals genannt werden. Nur noch
eine Schlacht dieses Krieges kann in Rücksicht der Schönheit des
Entwurfs derjenigen von Crefeld an die Seite gesetzt werden. Es
ist diejenige von Freyberg."

„Auf die Subsistenz der Franzosen konnte Herzog Ferdinand
nicht operiren, denn sie waren hinlänglich basirt und ungemein
viel stärker. Ihm war es also erlaubt, eine Schlacht zu wagen, um
zu versuchen, ob er sie nicht dadurch beträchtlich zurückwerfen
konnte. Indessen sieht man in diesem Beispiele den Beweis, wie
wenig glückliche Schlachten gegen Mehrzahl vermögen, wie wenig
entscheidend sie meistentheils in den neueren Kriegen sind. Denn
ohnerachtet des Sieges von Crefeld musste Herzog Ferdinand doch
wiederum über den Rhein zurück, und zwar durch die sehr klug
ausgesonnenen Versuche der Franzosen gegen seine Brücke; denn
obwohl diese durch die Geschicklichkeit des Generals Imhof und
die Tapferkeit seiner Truppen misslangen, so war es doch zu
gefährlich, sie wiederholen zu lassen. Diese Operation auf die
Brücke der Alliirten ausgenommen, war alles von Seiten der Franzosen ganz schlecht."

„Die Feldzüge des Herzogs Ferdinand beweisen, dass ein ge-
schickter General auch mit ungeübten Truppen grosse Dinge
ausführen kann. Denn die alliirte Armee bestand aus ungleichen
Truppen verschiedener kleiner Staaten und aus neu errichteten.
Indessen besassen sie die den Deutschen so eigne Tapferkeit
mehrentheils in höchstem Grade."

B.

Feldzug von 1759.

Urkunden: Correspondenz des Herzogs Ferdinand von Braunschweig mit dem Könige Friedrich II., mit dem Könige Georg II., den Englischen Ministern, Fürstlichen Personen, Generalen u. s. w. — Vertrauliche Correspondenz des Herzogs mit seinem Secretär Westphalen. — Westphalen's Briefwechsel mit v. Haenichen. — Relationen, Tagesbefehle, Ordres, Instructionen, Ordres de bataille, Listen u. s. w.; chronologisch geordnet, nach Kapiteln, mit historischen Vorbemerkungen.

Vorbemerkung.

Nach Beendigung des Feldzuges von 1758 war das grosse französische Heer unter dem Marschall Contades hinter den Rhein, das kleinere unter dem Prinzen Soubise an den Main zurückgegangen; der Herzog Ferdinand von Braunschweig aber hatte die alliirte Armee in Westphalen und Hessen in ausgedehnte Quartiere verlegt, unter dem Schutze einer gegen den Feind aufgestellten Cordonlinie. Im Januar 1759 hatte die Armee unter Contades in der Gegend von Wesel und Düsseldorf die Winterquartiere bezogen, mit Abtheilungen bei Cöln und Coblenz, in der Stärke von 108 Bataillonen, das Bataillon durchschnittlich 420 Mann, mithin ungefähr 45,360 Mann Infanterie, und 95 Escadrons, zu 120 Mann, mithin 11,400 Mann Cavallerie, zu denen aus dem Innern Frankreichs noch 22 Bataillone und 44 Escadrons stiessen, wodurch das Contades'sche Heer auf 54,600 Mann Infanterie und 16,680 Mann Cavallerie verstärkt wurde. Die Armee des Prinzen Soubise überwinterte am Main bei Hanau und Franckfurt, mit Vortruppen bis Marburg, in der Stärke von 70 Bataillonen; ungefähr 29,400 Mann Infanterie, und 51 Escadrons, mit 6120 Mann Cavallerie. Bis zur Eröffnung des neuen Feldzuges mochten beide französische Heere jedoch durch Recruten und Miliztruppen, p. Bataillon auf 600, und p. Escadron auf 150 Köpfe gebracht werden, mithin die Armee des Marschalls Contades zu 130 Bataillonen auf 78,000 Mann Infanterie, und zu 139 Escadrons auf 20,850 Mann Cavallerie, und die des Prinzen Soubise mit 70 Bataillonen auf 42,000 Mann Infanterie, und

51 Escadrons auf 7650 Mann Cavallerie; überhaupt war also die ganze
französische Armee im westlichen Deutschland auf 200 Bataillone mit
120,000 Mann Infanterie, und 190 Escadrons mit 28,500 Mann Cavallerie, zusammen auf 148,500 Mann anzuschlagen. Wurden hiervon
jedoch die Hülfstruppen des Kurfürsten von der Pfalz und des Herzogs
von Würtemberg mit ungefähr 13,000 Mann abgerechnet, weil sie
nicht mehr im Solde von Frankreich blieben, so waren beide französische Heere auf 135,500 Mann anzunehmen, die, nach Abzug der in
den festen Plätzen zurückzulassenden Garnisonen, mit 120,000 Mann
in's Feld rücken konnten.

Dieser Macht vermochten die Alliirten, unter dem Oberbefehl des
Herzogs Ferdinand von Braunschweig, nur ein Heer von kaum
70,000 Mann entgegenzustellen. Die gesammte alliirte Armee sollte am
20. Januar 1759 etatsmässig 71,549 Mann stark sein, an welcher
Etats-Stärke aber 4,928 Mann fehlten, daher die Effectiv-Stärke nur
66,621 Mann betrug. Rechnete man hiervon noch 6,199 Kranke in
den Hospitälern und bei den Regimentern, und 636 Kriegsgefangene
ab, so blieben nur 59,786 Mann für den Dienst übrig. Die in die
Fürstenthümer Münster und Osnabrück verlegten Truppen sollten am
16. Februar 1759 etatsmässig 33,589 Mann stark sein, davon 9684 Mann
Infanterie und leichte Truppen, und 2574 Mann Cavallerie und leichte
Truppen am Cordon disponirt waren. Indessen erreichte die Effectiv-
Stärke, nach Abrechnung der am Etat Manquirenden, nur 31,021 Mann,
darunter 11,877 Mann Infanterie und Cavallerie am Cordon; die sich
durch Kranke und Kriegsgefangene auf 28,359, darunter 11,119 Mann
am Cordon, für den wirklichen Dienst verminderten. Die übrigen
Truppen der alliirten Armee waren im Fürstenthum Paderborn und im
Hessischen dislocirt. Die im Münsterschen und Osnabrückschen stehenden Corps zählten 31 Bataillone Infanterie mit 24,198 Mann, und
35 Escadrons Cavallerie mit 6823 Mann und 6199 Pferden, effectiv,
Englischer und Hannöverscher Regimenter, unter den Generalen Sackville und v. Spoercken, und dem unmittelbaren Befehl des Herzogs
Ferdinand, der sein Hauptquartier in Münster hatte. Im Paderbornschen und in Hessen standen 27. Bataillone Infanterie mit 27,891 Mann und
44 Escadrons Cavallerie mit 7709 Mann und 6386 Pferden, effectiv,
Hannöversche, Braunschweigische, Preussische und Hessische Regimenter, unter den Befehlen des Erbprinzen Carl Wilhelm Ferdinand
von Braunschweig, des Herzogs von Holstein und des Prinzen Ysenburg.
Das Corps des letztern insbesondere, in der Gegend von Cassel, belief
sich auf nicht viel höher als 8000 Mann und musste von Paderborn
aus auf 16,000 Mann gebracht werden, als zu Ende Januars die
Oesterreicher mit 4 Regimentern Infanterie und 3 Regimentern Cavallerie über Coburg gegen Thüringen, und die Reichstruppen durch das
Schmalkaldische gegen die Werra vordrängten. Sonach bestand die
alliirte Armee im Februar im Ganzen aus:

58 Bataillons Infanterie, mit 52,089 Mann effectiv, und
79 Escadrons Cavallerie, mit 14,532 Mann und 12,585 Pferden effectiv
    zusammen 66,621 Mann.

Nach Nationen war die alliirte Armee, etatsmässig, wie
folgt, zusammengesetzt:

	Bataillons	Mann	Escadrons	Mann	Pferde
Englische Truppen:	6	6,153	14	2,380	2,190
Hannöversche	29	27,852	34	6,093	5,616
Braunschweigsche	7	5,849	—	—	—
Hessische	16	15,121	16	2,835	2,628
Preussische	—	—	10	1,971	1,866
Leichte Truppen (Jäger, Husaren)	—	1,553	5	1,742	1,694
Summa:	58	56,528	79	15,021	13,994

Es folgt nun die urkundliche Correspondenz aus der Zeit des
Feldzugs 1759 selbst, indem auf die ebenso gründliche als ausführliche
Darstellung dieses Feldzuges Bezug genommen wird, die in dem als
Manuscript zum Gebrauch der Armee gedruckten Werke: „Geschichte
des siebenjährigen Krieges in einer Reihe von Vorlesungen, mit Benutzung authentischer Quellen, bearbeitet von den Offizieren des
grossen Generalstabes." Dritter Theil S. 219—357. (Berlin 1828)
gegeben ist. —

Kapitel I.

Winterquartiere der alliirten Armee 1759 Januar und Februar. Opera-
tions-Projecte und Vorbereitungen für den Feldzug. Die Unternehmung des Herzogs Ferdinand gegen das französische Heer unter
Soubise wird wegen versagter Mitwirkung der Preussischen Armee
wieder aufgegeben. — Reflectionen des Königs Friedrich II. über
die Tactik. — Schriftliche Mittheilungen zwischen dem Herzog
Ferdinand und Westphalen über Verschiedenes. — Ordres de bataille der alliirten Armee. — Verluste der alliirten Armee in den
Campagnen 1757 und 1758. — Westphalen's vertrauliche Briefe an
den Secretär des Herzogs Louis von Braunschweig im Haag, —
v. Haenichen.

ce 10. Janv. 1759.   No. 2.

✳✳ Au Roy De Prusse,*)

J'ay eû l'honneur de recevoir la Lettre que V. M. m'a faite la
grace de m'ecrire du 2. du courant.

Je sens le poids de tout ce que V. M. m'y dit; comme mon aide
de camp de Bulow aura maintenant remis à V. M. la lettre dont je
l'avois chargé pour Elle, je suis dans l'attente d'aprendre les sentimens
de V. M. sur le projet d'attaque, que j'y ay proposé. Il me semble
Sire, que ce seroit jouer un tour aux Ennemis, d'autant plus mauvais,
qu'ils paroissent le craindre infiniment. Mes avis de Franconie et ceux
de l'armée de Soubize sont tels, que j'ose croire, qu'il n'y a point de
concert de formé, pour une expédition contre la Hesse. Le prince de
Soubize craint plustost, qu'il ne soit attaqué dans ses quartiers. J'en
puis juger par l'expostulation dans la quelle il est entré avec la
chambre imperiale de Wetzlar, pour que je fasse promesse, de ne
vouloir pas me servir du pont de cette ville, pour passer la Lahne.
j'en juge encore par une Lettre interceptée de Mr. de Crenville secretaire d'etat au Departement de la guerre, par la quelle il avertit
Mr. Champeaux, qu'il y avoit un projet de concerté entre V. M. et

---

*) N. d, H. In der Correspondenz des Herzogs Ferdinand mit dem Könige Friedrich II.
im J. 1759 (Archiv-Acten vol. 336) finden sich alle Concepte der Schreiben des Herzogs von
seinem Secretär Westphalen verfasst und von demselben eigenhändig geschrieben, sie sind zum
Theil mit dem Namenszuge des Herzogs (F.) gezeichnet, zum Theil auch nicht. — Das Hauptquartier des Herzogs war während der ersten Monate des Jahres 1759 in Münster, von wo
der Herzog am 22. März nach Cassel abreisete.

moy, pour attaquer l'armée de Soubize, et luy recommande de veiller sur ce que L'on faisoit au Weser, et d'en avertir sur le champ les deux marechaux. Le Prince de Waldeck, qui a passé au travers des quartiers de l'ennemy en revenant de Francfort, marque par une Lettre au general Cornabé, que le prince de Soubize avoit jugé à propos de disposer ses quartiers de facon a pouvoir les rassembler en trois fois vingt quatre heures. Au reste des avis secrets, qui viennent de source, m'aprennent que les François font tout au monde, pour entrer de bonne heure en campagne; que 22 Bataillons et 44 Escadrons defilent de l'interieur du Royaume vers le Bas-Rhin; on ajoute que d'autres troupes suivroient encore.

Je viens de recevoir une Lettre de la part du Roy d'Angleterre par la quelle S. M. m'aprend en confidence, qu'elle etoit informée, à n'en douter point, que la cour de Versailles n'insisteroit plus sur ce que les Suedois s'attachassent de concert avec les Russes à faire le siege de Stettin; mais qu'en revanche de cela les Suedois devoient se porter sur la basse-Elbe en meme temps que le Prince de Soubize penetreroit par la Hesse dans le Hannovre, pour se joindre aux premiers.

Je ne sais Sire, si tout cela arrivera; mais il seroit heureux, si l'on pouvoit deconcerter ces projets par un bon coup sur l'armée Soubizienne.

J'ay l'honneur d'etre avec un tres-profond respect pp.

F.

No. 2.

Monsieur Mon Cousin. Je suis parfaitement sensible au temoignage d'attention et d'Amitié qu'il Vous a plú me donner par Vôtre lettre du 31e du mois précédent à l'occasion du renouvellement d'année; Je suis tres assuré de Vos bons sentimens pour Moy et Je connois la sincerité des Voeux que Vous formés en ma faveur: Persuadé Vous, Je Vous prie, que J'y repondray toujours avec sincerité et le plus grand plaisir du monde et que si tout le bien que Je Vous souhaite, s'accomplit, Vous n'aurés plus rien à désirer, du moins Mon Amitié pour Vous repondra toujours à l'Estime parfaite avec la quelle

Je suis, Monsieur Mon Cousin

Vôtre tres affectionné Cousin
Federic.

à Breslau le 10me Janv. 1759.

Au Prince Ferdinand de Bronsvic Lunebourg.

ce 18 Janv. 1759.   Nr. 4.

✳✳ Au Roy de Prusse,

J'ay recu la tres gracieuse lettre de V. M. dont Elle a chargé le capitaine Giese*); je tacheray d'etre sur mes gardes vis a vis de

---

*) N. d. H. Vergl. B. II. S. 523 den Brief des Konigs vom 24. December 1758 aus Breslau.

luy, pour éviter l'inconvenient, dont V. M. m'avertit; je Luy rends en attendant mes plus profonds remerciments de s'etre souvenû de ma demande.

Comment temoigneray-je à V. M. tout ce que le reste de son inestimable lettre m'a fait sentir? Il n'y a point d'expressions assés fortes pour le Luy marquer. Aussi ne veux-je pas en parler à V. M. pour affoiblir par mes paroles ce sentiment indicible de satisfaction que Votre aprobation de ma conduite fait naitre en moy. Le jugement de V. M. me vaut autant que celuy du monde entier; je ne m'estimerai heureux qu'aussi long temps qu'il me restera favorable.

Le prince hereditaire est penetré de reconnoissance des marques gracieuses que V. M. luy donne de son souvenir. Il se met à vos pieds.

Il y a du temps, que j'ay apris, que les Bavarois quitteroient l'armée antrichienne; on crut, qu'ils resteroient dans le païs; mais le Baron Gemmingen vient d'ecrire de Ratisbonne, que ces troupes marcheroient sur le Meyn pour renforcer le prince de Soubize.

Un avis venû de Nurenberg assure, que 4 R. imperiaux marchent d'Egra sur Coburg; cet avis me paroit sûr; et explique peutetre les mouvemens qui se sont faits en Bohéme.

La gauche de l'armée des cercles a fait marcher quelques troupes le long de la Werre; comme leur Dessein pourroit être de tourner le prince d'Ysenbourg, pour tomber sur Munden, où l'on fait des magazins, j'ay detaché du Paderborn quelques troupes pour couvrir Munden et la basse Werre.

Mes vis à vis se tiennent encore tranquiles, je suis cependant averti, que Mr. de Castelar à Weesel*) medite une expedition de concert avec le comte de St. Germain, à Düsseldorp. On est convenû d'une espece de neutralité pour la comté de Marck, jusques au moment que les armées rentreront en campagne. Nos troupes ne passeront ni la Ruhr ni la Lenne; et les Francois n'entreront plus dans la dite comté; Les incursions et les exactions finissent par là; du moins pour un temps. C'etoit un soulagement que les habitans demandoient avec instance, et que je crus ne devoir leur refuser.

Quant au reste, je me raporte à ma Lettre que j'ay envoyé à V. M. par mon aide de camp de Bulow; et suis avec un tres profond respet ppp.

ce 20 Janv. 1759.   Nr. 5.

** Au Roy de Prusse.

La tres gracieuse Lettre de V. M. du 10 ne m'a eté rendüe qu'à ce matin.**)

Voicy Sire ce que je puis donner en Reponse à V. M. sur l'objet qu'Elle me recommande.

---

*) N. d. H. Die unterstrichenen Worte sind von der Hand des Herzogs eingeschaltet.
**) N. d. H. In diesem, chiffrirten, Briefe theilt der König dem Herzoge mit, dass nach Nachrichten aus Holland, der Versailler Hof beabsichtige, sein Heer in Deutschland über 120,000 Mann zu vermehren, und dass dasselbe durch Thüringen nach Sachsen vordringen solle.

Une Lettre du Duc de Choiseul dont j'ay eû copie par une voye secrete, dit positivement, que le conseil n'avoit pû encore se decider sur le plan d'operations pour la campagne prochaine; mais que la cour de Vienne insistoit sur la marche d'une armée françoise dans la Saxe.

En attendant les quatre regimens imperiaux Harrach, Botta, Hild-bourghausen et Thierheim sont arrivés en marchant par le païs de Coburg sur les Frontieres de la Thuringue; quelques regimens des cercles sont venû se loger dans le district de Smalckalden; et je viens d'aprendre que la garnison de la ville d'Erfurth est considerablement augmentée, et que les ennemis debitent de vouloir y faire defiler jusques à quinze mille hommes de troupes des cercles et de L'imperatrice Reine. Quelque cavallerie autrichienne et palatine à poussé jusqu'à Eisenach, en s'etendant le long de la Werre, qui separe la Hesse de la Thuringue.

On debite chès le prince de Soubise et parmi les troupes de L'empire, que cès mouvements ne se font, que pour s'opposer à ceux des Prussiens dans la Saxe, pour traverser les vues qu'ils pourroient avoir sur la Franconie. Mais si je fais attention au style empressé du baron Widman, avec le quel il insiste sur la necessité de faire ces mouvemens, pour couvrir la Franconie; je soupçonne que s'ils n'ont pas encore de desseins formés, ils voudroient se mettre en etat d'agir de bonne heure, soit contre la Hesse soit contre la Saxe, selon que la cour de Versailles se trouvera disposée, à favoriser les vües de celle de Vienne.

Quant à la force des armées Francoises qui agiront cette campagne, voicy Sire, ce que j'en puis dire à V. M., si non avec une entiere precision, du moins avec beaucoup de probabilité. A la fin du mois de Sep. passé, les bataillons se trouvoient forts, l'un portant l'autre de 420 hommes, et les Escadrons de 120. Ce nombre se fonde sur une supputation faite avec beaucoup de soin et d'exactitude. La desertion a eté asses forte depuis, et la mortalité qui continue à regner parmi les Francois en emporte du monde; néanmoins puisque les transports de recrues ne finissent point, et que la France a de nouveau recours à l'incorporation de grand nombre de bataillons de milices, il me paroit qu'on peut prendre pour base, que les bataillons et les esca-drons pourront monter à l'ouverture de la campagne respectivement à six cent et à cent cinquante hommes. C'est pourquoy L'infanterie des deux armées montera à cent six mille huit cent hommes, et la cavallerie à vingt un mille neuf cent hommes. Selon des avis, qui viennent de source, il arrive encore vingt deux bataillons et quarante quatre Escadrons de l'interieur de la France. En ajoutant le montant de ce nombre au premier, l'infanterie sera en tout de cent vingt mille hommes et la cavallerie de vingt huit mille cinq cent hommes. Il en faudra deduire les troupes auxiliaires de l'Electeur palatin et du Duc de Wurtemberg, puisqu'on assure généralement, qu'elles ne resteront pas à la solde de la France. Cette deduction fera un objet d'à peu prés treize mille hommes d'Infanterie; en sorte que les deux armées Francoises feront en cavallerie et en infanterie ensemble cent trente cinq mille cinq cent hommes; nombre qui s'accorde assés bien avec celuy dont V. M. fait mention dans sa Lettre. Si je fais outre cela attention que la France sera obligée de laisser des garnisons dans ce grand nombre de fortresses qu'Elle a occupées le long du Rhin, elle ne pourra agir qu'avec tout au plus cent vingt mille hommes; on se flatteroit trop je pense, si l'on s'attendoit à avoir moins à combatre, à moins que la France ne fut obligée de detacher des troupes vers l'Espagne, ou vers l'Italie.

Quant au Prince de Conty, je sais qu'il a eté proposé pour commander l'armée principale; mais le Duc de Belleisle s'est opposé jusqu'à present à ce choix, vû qu'il n'aime pas le dit prince. J'ay l'honneur d'etre ppp.   F.

⁂ Monsieur,*)
Aprés avoir langui bien longtemps aprés vos cheres Lettres; je me trouve bien malheureux d'avoir manqué ces jours passés de tout Loisir de me livrer au plaisir de vous repondre par des Lettres bien amples; et qui puissent vous marquer mon extreme Satisfaction de vous savoir retabli. Celle de Mgr. Le Duc n'a pas eté moindre; Mgr. Le Prince hereditaire s'y interesse avec une egale vivacité: Comme L. A. S. ont lu vos Lettres; je puis me dispenser de vous dire, que je me suis acquité de vos commissions à leur Egard. Elles vous font mille compliments et vous assurent de leur amitié.

Je vous suis infiniment obligé des pieces que vous m'avés communiqué touchant le canonicat de St. Blaise. Puisque vous avés eû la bonté de me les envoyer pour mon instruction, je vous demande en grace de me permettre, que je les puisse garder encore une huitaine de jours, afin de gagner le temps necessaire pour les lire. Je vous les rendray ensuite fidelement.

Je me propose de vous repondre plus en Detail par le premier courier qui partira d'icy de nouveau. En attendant S. A. S. vous prie, de faire inserer dans les gazettes d'Utrecht ce qui suit: „La „Desertion parmi les Troupes Francoises continue à etre bien grande; „il en arrive souvent jusques à 20 à la fois. Chaque deserteur reçoit „un ecu et un passeport avec la liberté d'aller où bon il luy semble. Adieu mon cher Amy.
            Ce 20. Jan. 1759.
P. S. on a annoncé aujourdhuy au sieur Falconi sa sentence; elle porte qu'il sera pendû. Vous recevréz sur son sujet un bulletin par le premier Courier qui partira d'icy.

---

*) N. d. H. Aus der vertraulichen Correspondenz Westphalen's mit seinem Freunde v. Haenichen im Haag sind diese Briefe aus dem Nachlass Westphalen's hier aufgenommen. Dieselben scheinen in späterer Zeit an ihn zurückgeliefert zu sein, vermuthlich zur Benutzung bei seinem Geschichtswerke, welches er für das Jahr 1759 und die folgenden nicht vollendete. Diese Briefe dienen daher wenigstens für die Campagne des genannten Jahres zu einigem Ersatz.

Etat effectif
(Archiv-Acten vol. 248.)

de l'Armée de Sa Majesté Britannique en Allemagne sous les ordres de S. A. Sme Monseigneur le Duc Ferdinand de Brunswic et de Lünebourg, le 20me Janvier 1759.

Noms des Corps.	Etat effectif, complet, étant avec tous les Etats-Majors.	à quoi manquent.	Restent Effectif.	Malades à l'Hôpital	Malades au Régiment	Prisonniers de guerre	Restent à faire Service.	desertés	décédes	congédies	enrolés	crévés	défaits	achetés	Officiers	Basofficiers	soldats	Chevaux manquent	Chevaux marodes	Chevaux Restent pour le Service
6 Batt. des Troupes Britanniques, avec leur Artillerie	6,163	1,062	5,091	205	545	1	4,340	1	35	6	—	—	—	—	49	49	204	—	—	—
29 Batt. des Troupes Hannovriennes, avec leur Artill.	27,852	1,663	26,189	945	1,914	132	23,186	9	48	29	140	—	—	—	80	284	1,241	—	—	—
7 Batt. des Troupes Brunswicoises, avec leur Artill.	5,849	334	5,515	179	392	7	4,937	3	8	2	35	—	—	—	7	13	68	—	—	—
12 Batt. des Troupes Hessoises, avec leur Artillerie	12,126	577	11,549	528	523	339	10,159	8	22	9	90	—	—	—	48	41	96	—	—	—
4 Batt. Miliciens d'Hesse avec leur Artillerie	2,995	709	2,286	63	122	120	1,991	—	—	1	3	—	—	—	7	8	5	—	—	—
14 Escadrons des Troupes Britanniques	2,380	270	2,110	60	106	—	1,944	—	7	—	1	2	2	—	41	32	80	341	48	1,801
10 Escadrons des Troupes Prussiennes	1,971	50	1,921	23	67	3	1,828	—	2	6	27	3	2	—	—	50	177	286	54	1,526
24 Escadrons des Troupes Hannovriennes	6,093	125	5,968	40	148	9	5,771	1	6	2	46	1	1	—	26	18	46	253	104	5,259
16 Escadrons des Troupes Hessoises	2,835	35	2,800	67	64	6	2,663	—	2	4	11	1	—	—	16	7	32	—	—	—
des Troupes légères { Cavallerie	1,742	9	1,733	46	78	6	1,603	1	—	—	6	—	8	77	9	7	45	418	68	2,142
des Troupes légères { Infanterie	1,853	94	1,459	23	61	13	1,362	—	—	—	5	—	—	22	—	—	—	111	189	1,394
Total	71,549	4,928	66,621	2,179	4,020	636	59,786	23	130	59	364	7	13	99	283	509	1,994	1,409	463	12,122

(gez.) v. Reden, Adj. Gen.

✻✻ Monsieur, mon tres cher amy,

j'expedie ce courier, dans l'esperance 'qu'il arrivera encore
avant le Depart du paquet-bot, vû que les chemins sont devenus bons,
et que les couriers mettent moins de temps dans leurs courses. Si
je me trompois cependant dans mon attente, tout peut rester jusques
au Depart du paquet-bot prochain. je vous demande pardon de toutes
les peines, dont notre correspondance est suivie de votre part. je
voudrais vous en dedommager par quelques nouvelles interessantes,
mais la source est actuellement tarie.

Les mouvements dans la Thuringue continuent encore; mais Mr.
le prince d'Ysenbourg est revenû de ses frayeurs, sur tout depuis
que le Duc a pris le parti d'envoyer à peuprés 2500 hommes sur la
Werre tant cavallerie qu'infanterie.

Nous n'avons point de nouvelles du Roy depuis le 10., mais nous
attendons d'un jour à l'autre de retour Mr. de Bulow, qui aportera
aparemment quelques nouvelles interessantes. Le bruit prend creance
que les autrichiens pourroient se trouver bientot dans le cas d'avoir
besoin d'une armée en Italie. Ce seroit fort heureux pour nous; Nos
ennemis nous peseroient à la fin trop, si le poids ne fut pas un peu
balancé.

Mon gracieuz maitre respecte les grandes occupations de S. A. S.
Mgr. Le Duc Louis. Sans quoy il Luy écriroit; pour Luy marquer
combien il s'interesse a tout ce qui La regarde dans ces momens critiques et memorables.

Adieu mon tres cher Monsieur.

Ce 22. Jan. à 10 h. du soir.

✻✻ Monsieur,

La raison du depart de ce courier est la Depeche de Mr.
Hunter, que j'ose recommender à vos bontés.

Notre nouveau commissariat ne peut pas encore agir, faute de
gens, d'argent et de savoir faire; le vieux est suspendû. graces au
pais aux depens du quel nous vivons, que L'armée ne perit pas.

La Lettre de Mgr. Le Duc à Mr. Pitt a produit un bon effet;
on ne reduit plus le bataillon de Stockhausen. Le parlement se
charge de son entretien. Il s'agit seulement encore que S. M. re-
nonce au profit qu'elle auroit eüe en reduisant ce bataillon; à quoy
Mr. de Munchausen nous a promis de vouloir travailler fortement,
de maniére que nous pouvons esperer de conserver ce bataillon.

Il a eté resolu de meme que les chasseurs et les huzards hessois
seroient augmentés conformement aux desir du Duc. Mr. Pitt a plus
fait dans quelques jours, que Mylord Holdernesse en plusieurs semaines.

Bulow vient de retourner de Breslau. je manque de temps de
vous dire d'avantage. Les autrichieus ont fait defiler 12 mille h. en

Hongrie; Les armemens de nos bons amis les musulmans font peur à sa majesté apostolique.

en grande hate ce 23. Jan. 1759. à 11 h. du soir.

P. S. Le Duc Regnant fera venir La Duchesse de Weymar à Brunsvic avec Ses Enfans. C'est pour La mettre à l'abri des mauvais traitemens de Don Guasco. Les troupes des cercles sont entré en Hesse le 20.; ils n'occupoient d'abord que Smalkalden; ils on poussé maintenant jusqu'à Vacha; et menacent d'aller à Kirchaym; de se joindre aux Soubiziens, et de retourner tout droit à Cassel.

prs. ce 25ᵐᵉ Janvier 1759.*)
à 6 heures du soir.

à Breslau ce 14. de Janv. 1759.**)

Mon cher Ferdinand!

Bulau m'a rendû Votre Lettre et m'a assuré de Votre bonne Santé ce qui est peutetre dans 6. mois le seul moment qui m'a fait plaisir; j'ai lu et relû Votre Lettre avec toute l'attention nessesaire. je trouve le fond de Votre projet exsclant, mais je me Vois hors d'Etat d'y cooperér, et pour vous metre bien au fait de ma situation, je dois Commansér par vous exsposér le Tablau present de l'Europe, et la situation ou se trouve mon Armée Vissavis de mes enemis autant que ce qui regarde Sa Valeur intreinseque: Les Autrichiens qui sont les plus redoutables de mes Enemis entretienent surement 120 mille hommes en Campagne, ils ont un corps de 20 mille hommes dans la princ: de teschen et dans la Moravie, 10 mille vers braunau, 10 mille vers la Lussace, et 6 mille vers Cemnitz et Comotau, le reste est en quartiérs d'hivér en boheme sur les deux rives de L'Elbe, Les demonstrations des Turcs qui Comansent à leur donnér quelque jalousie leur a fait détaché 12 mille hommes en hongrie, mais le nombre imansse de recrûes qu'ils retirent de leur provinces remplacera dans peu ce nombre. Les russes sont sur la Vistulle environ 25 mille hommes troupes reglées, il y a 24 mille hommes en chemain pour les joindres, et on Compte leur Ireguillérs à 20 mille hommes. Dohna est actuellement ocupé à rechassér tout affait les Suedois; il n'a point encore des quartiérs d'hivér, et il fera selon les aparances tout l'hivér la petite guerre contre ces Gens la; Concernant L'etat ou se trouve

---

*) N. d. H. Die in Cursivschrift gedruckten Präsentations-Vermerke sind meistens von der eigenen Hand des Herzogs, bei mehreren Königlichen Schreiben jedoch von der Hand Westphalen's geschrieben, und befinden sich regelmässig mit Genauigkeit auf den, bei den Acten aufbewahrten, gewöhnlich mit zwei Siegeln versehenen Couverts dieser Depeschen. Das Datum der Präsentation ist für jene Zeit geschichtlich um so mehr von Werth, als bei der damaligen Langsamkeit und Unsicherheit der Beförderung der Depeschen nicht selten erhebliche Zwischenräume zwischen dem Datum des Abgangs und der Ankunft lagen.

**) N. d. H. Dies ganze Schreiben ist von der eigenen Hand des Königs. Es enthält die Antwort auf das Schreiben des Herzogs vom 31. Dec. 1758 (s. Geschichte etc. Bd. II. S. 524 ff.), in welchem der Vorschlag gemacht war, den Prinzen Soubise anzugreifen, im Fall der König ein Corps am oberen Main agiren lassen würde.

mon Armée je crois que Vous Comprenéz sans peune qu'elle doit
avoir exstrémement avoir souferte des fatigues et des grand nombre
de Combats qui se sont donnés, il manque au Corps que j'ai en
Silesie 22 mille hommes que je rassamble et que je Viendrai a bout
de donner aux Regimens, mais qu'il faut dissiplinér en hate pendant
cet hivér, nous manquons d'habits, les Invasions des Enemis nous ont
derangé toute L'Oeuconomie Interieure du païs, et ce n'est qu'avec
une industrie et une peune Infinie que je parviendrai à remetre tout
en etat à la fin de Mars. L'Armée de mon frère Henry a de meme
grand bessoin d'etre recrutée, et il faudera aumoins le fin de Mars
pour que les Chosses soyent tellement quellement misses en ordre, mon
frere a la grosse Masse de L'Armée de Dauen vissavis de Luy sil
detache il faut nessessairement que des Troupes de Silesie filent en
Saxse pour reprendre la place de Ceux qui partent, Les Autrichiens
prenderont le reveillon du bruit de ces grands Mouvemens et ils
détacheront aux Cercles pour les fortifiér, il en resultera que nous
aurons une guerre d'hivér dans l'Empire, qui premierément m'empechera
de recrutér et d'exsercér l'armée et qui m'affaiblira, segondo, si je
fais ce detachement et que les autrichiens se metent en mouvement
tant en haute Silesie que Vers Zwickau et Kemnitz il ne me sera plus
possible de metre mes Arangemens a fein et je gaterai toute Ma
Campagne, deplus coment pourai-je detacher contre les Russes, detachement plus Important et plus nessessaire que celuy du Main. Si je me
trouve affaibli d'avance, et d'ou prendre les troupes pour faire tete
aux Autrichiens? Contéz leur 120 mille hommes, 15 mille de l'Empire,
70 mille Russes, 18 mille Suedois, cela fait 223 mille hommes auquels
si touts me reusit avec mes recrues, je pourai opossér 110 mille
hommes ce qui fait apene la moitie de leur nombre, j'ai vû et eprouvé
a Hochkirchen les tristes suites qu'un armée doit craindre quandt elle
s'affaiblit trop par des Detachemens, je n'avois que 20 bataillons à
opossér a Dauen qui m'ataqua avec 94. Voila ce qui m'oblige a tenir
toute mes forces ensemble et a Voir si la politique ou les Evenemens
ne me seconderont pas, ces Evenemens peuvent consistér dans la Mort
du Roy D'Espagne dont L'heritage litigieux a l'Egard de Don Carlos
et de Don filipe en Italie poura fassilement allumer le feux de la
guerre en Lombardie, et brouillér Meme ces chers Amis qui come
des brigands se sont unis pour me perdre. Les Turcs arment,
L'Empereur veut venir a Adrianople, et si la guerre s'en suit je
pourai respirér, et alors on poura faire des projets aux quels mon
Impuissance m'empeche d'ausér penssér apressent. Vous pouvéz jugér
du role dificile que j'ai a jouér par la Superiorité de mes Enemis;
par la Nessesité de garnir toute mes forteresses, d'avoir des Magazins
partout, et par les Coursses Etonantes quil faut faire faire aux troupes pour arrivér a tems. Voila Mon cher ce qui m'a Determiné a
atendre les evenemens et pour voir sils tourneront a mon avantage,
je suis faché de ne pouvoir pas Vous assistér mais ne l'atribuéz qu'au

manque de mes forces qui ne sont pas sufisantes pour faire face de
tous les Cotés.

Adieu Mon cher Ferdinand je Vous ambrasse de tout mon coeur
Vous assurant de la Sincere tendresse avec laquele je suis votre.
fidelle ami   Federic.

A Mon Cousin
Monsieur le Felt Maréchal General
Prince Ferdinand de Bronsvic-
          Lunebourg.

(Archiv-Act. 336.)   pres. ce 25me Janv. 1759.

Reflexions sur la Tactique et sur quelques parties de la guerre.

Je Vous envoye moncher mes occupations du quartiér d'hivèr, je
vous prie que cela ne passe pas audela de mon Neveux*):

Reflexions sur quelques changements dans la façon de faire
la guerre.

Qu'importe de vivre, si on ne fait que vegeter; qu'importe de
voir, si ce n'est que pour entasser des faits dans sa memoire; qu'im-
porté en un mot l'experience, si elle n'est digerée par la reflexion.
Vegece dit: que la guerre doit être une etude et la paix un exercice,
et il a raison. L'experience merite d'être aprofondie; ce n'est qu'apres
l'examen reiteré qu'on en fait, que les artistes parviennent aux connoissances des principes, et c'est au moment du l'oisir, au temps de
repos de préparer de nouvelles matieres à l'experience. Ces recherches
sont des productions d'un esprit appliqué; mais que cette application
est rare, et qu'il est au contraire commun de voir des hommes, qui
ont usés tous leurs membres, sans avoir jamais de leur vie fait usage
de l'esprit. La pensée, la faculté de combiner des idees est ce qui
distingue l'homme d'une bête de somme. Un mulet apres avoir porté
dix Campagnes le bât sous le prince Eugene n'en sera pas meilleur
Tacticien; et il faut le confesser a la honte de l'humanité, que beaucoup d'hommes vieillissent dans un metier respectable d'ailleurs, sans
y faire d'autres progres que ce mulet. Suivre la routine du service,
s'occuper du soin de sa pature et de son couvert, marcher quand on
marche, se camper quand on campe, se battre quand tout le monde
se bat, voilà pour le grand nombre d'officiers, ce qui s'appelle avoir
servi, avoir fait campagne, être blanchi sous le harnois. De là vient
qu'on voit ce nombre de Militaires attachés à de petits objets, rouillés
dans une ignorance grossiere, qui au lieu de s'elever par un vol auda-
cieux jusqu'aux nües, ne savent que ramper methodiquement sur la
fange de la terre, qui ne s'embarassent et ne connoitront jamais les
causes de leurs triomphes ou de leurs defaites. Ces causes sont
cependant très réelles. Ce severe Critique le judicieux Fauquieres
nous a detaillé toutes les fautes que les Généraux ont fait de son

---

*) N. d. H. Diese Bemerkung ist von der eigenen Hand des Königs unter der Ueber-
schrift der Abhandlung hinzugefügt.

temps, il a pour ainsi dire fait l'anatomie des Campagnes ou il a
assisté, en montrant quelles étoient les causes des succes, et quelles
etoient les raisons des infortunes. Il a indiqué la route qu'il faut
suivre lorsqu'on veut s'éclairer, et par quelles recherches on decouvre
ces verités primitives, qui sont la base des arts.

Depuis son Siecle la guerre s'est rafinée. Des usages nouveaux
et meurtriers l'ont rendüe plus difficile. Il est juste de les detailler,
afin, qu'ayant bien examiné le sisteme de nos ennemis, et les difficultés
qu'ils nous présentent, nous choisissions des moyens propres pour les
surmonter.

Je ne Vous entretiens point des projets de nos ennemis, fondés
sur le nombre et le pouvoir de leurs alliés, dont la multitude et la
puissance reunie étoit plus que superflüe pour écraser non la Prusse,
mais les forces d'un des plus grands Rois de l'Europe, qui auroit
voulu resister à l'impetuosité de ce torrent. Il n'est pas besoin de
vous faire remarquer la maxime qu'ils ont adoptée généralement,
d'attirer par diversion nos forces d'un coté, pour frapper un grand
coup à l'endroit ou ils sont seurs de ne pas trouver de resistance; de
se tenir sur la defensive vis à vis d'un corps assez fort pour leur
tenir tête et d'employer la vigueur contre celui, que sa foiblesse oblige
de ceder.

„Je ne vous rappelle pas non plus la methode, dont Je me suis
servi, pour me soutenir contre ce Colosse, qui menacoit de m'accabler.
Cette methode qui ne s'est trouvée bonne, que par les fautes de mes
ennemis, par leur lenteur, qui a secondé mon activité; par leur indolence à ne jamais profiter de l'occasion, ne doit point se proposer
pour modele. La loi imperieuse de la necessité m'a obligé à donner
beaucoup au hazard." La conduite d'un pilote, qui se livre au caprice
du vent, plus qu'à la direction de sa boussole, ne peut jamais servir
de regle.

Il est question de se faire une juste idée du sisteme, que les
Autrichiens suivent dans cette guerre. Je m'attache à eux comme à
ceux de nos ennemis, qui ont mis le plus d'art et de perfection dans
ce metier. Je passe sous silence les François, quoiqu'ils soyent avisés
et entendus, parceque leur inconsequence et leur esprit de legereté
renverse d'un jour à l'autre, ce que leur habileté leur pouvoit procurer d'avantages. Pour les Russes, aussi feroces qu'ineptes, ne
meritent pas qu'on les nomme.

Les changements principaux, que Je remarque dans la conduite
des généraux autrichiens pendant cette guerre, consistent dans leurs
campements, dans leurs marches et dans cette prodigieuse artillerie,
qui executée seule, sans être soutenüe de trouppes, seroit presque
suffisante pour repousser, detruire et abimer un corps, qui se presen-
teroit pour l'attaquer. Ne pensez pas que j'ignore les bons camps que
les habiles généraux ont choisis et occupés autrefois. Ceux de Fribourg
et de Nordlingue apartiennent à Mr. de Merci. Le Prince Eugene

en prit un non loin de Mantoue, qui lui servit à arretter les progrès des François, durant toute cette campagne. Le prince de Baade rendit le camp de Heilbron fameux. En Flandres on connoit celui de Cirk et tant d'autres qu'il seroit superflu de citer. En quoi les Autrichiens modernes se distinguent particulierement, c'est de choisir constamment des terrains avantageux pour l'assiette de leur position, et de profiter mieux que l'on ne faisoit autrefois des difficultés des lieux, auxquelles ils assujettissent l'arrangement qu'ils donnent à leurs trouppes que l'on examine, si jamais généraux ont eu l'art de former des ordon- nances aussi formidables, que celles que nous avons vües dans les armées autrichiennes? Quand a t-on vû 400 canons rangés sur des hauteurs en amphithéâtre et distribués en differentes batteries? De sorte qu'ayant la faculté d'atteindre de loin, ils ne perdent pas l'avan- tage principal et plus meurtrier du feu rasant? Si un camp autrichien vous présente un front redoutable, ce n'est cependant pas ou se borne sa defense; sa profondeur et ses lignes multipliées contiennent dans leur enfoncement des vraïes embuscades, c'est à dire des nouvelles chicanes; des lieux propres pour surprendre des trouppes derangées par les charges qu'elles ont eté obligées de faire avant d'y parvenir. Ces lieux sont préparés d'avance et occupés par les corps destinés à cet usage. Il faut avouer que la grande superiorité de leurs armées permet aux généraux qui les commandent de se mettre sur plusieurs lignes sans craindre d'être debordés, et qu'ayant un monde superflu, cette multitude de trouppes leur procure la facilité de remplir tous les terrains, qu'ils jugent convenables, pour rendre leur position plus formidable.

Si nous descendons ensuite dans un plus grand detail, vous trou- verez que les principes, sur lesquels les généraux autrichiens font la guerre, sont une suite d'une longue meditation, beaucoup d'art dans leur tactique, une circonspection extreme dans le choix de leurs camps, une grande connoissance du terrain, des dispositions soutenües, et une sagesse à ne rien entreprendre, qu'avec une certitude aussi grande de reussir, que la guerre permet de l'avoir. Ne jamais se laisser forcer à se battre malgré soi, voila la première maxime de tout général, et dont leur sisteme est une suite; de là la recherche des camps forts, des hauteurs, des montagnes. Les Autrichiens n'ont rien qui leur soit particulier dans le choix des postes, si non qu'on ne les trouve presque jamais dans une mauvaise situation, et qu'ils ont une attention essen- tielle, à se placer sans cesse dans des terrains inattaquables. Leurs flancs sont constamment appuyés à des ravins, des précipices, des marais, des rivieres ou des villes. Mais, ou ils se distinguent le plus des anciens, c'est dans l'ordonnance qu'ils donnent à leurs trouppes, comme Je viens de le dire, pour tirer parti de tous les avantages du terrain. Ils ont un soin extreme de placer chaque armée dans le lieu qui lui est propre; ils ajoutent la ruse à tant d'art, et vous presentent souvent des corps de cavallerie, pour seduire le général qui leur est

9*

opposé, à faire de fausses dispositions. Je me suis cependant apperceu dans plus d'une occasion, que toutes les fois qu'ils rangent leur Cavallerie en ligne contigüe, ce n'est pas leur intention de la faire combattre, et qu'ils ne s'en veulent servir effectivement, que lorsqu'ils la forment en echiquier. Remarquez encore, s'il vous plait, que si vous faites charger cette cavallerie au commencement de l'action, la vôtre, qui la battra seurement, donnera, pour peu qu'elle la poursuive, dans une embuscade d'infanterie, ou elle sera detruite, et il s'ensuit, qu'en attaquant cet ennemi dans un poste, il faut refuser sa cavallerie du commencement, ne se point laisser seduire par des fausses apparences, ne point exposer les hommes de cheval, soit au feu des petites armes, soit à celui du canon, qui leur fait perdre leur premiere ardeur, et menager cette trouppe, pour réparer le combat, ou pour l'employer à la poursuite de l'ennemi, ou l'on en tire le plus grand service. Nous avons vû pendant toute cette guerre l'armée autrichienne rangée sur trois lignes, entourée et soutenüe de cette immense artillerie. Sa premiere ligne formée au pied des collines dans un terrain presque uni, mais qui conserve assez de hauteur pour descendre de là en douce pente en forme de glacis du coté d'ou l'ennemi peut venir. Cette methode est sage, c'est le fruit de l'experience, qui montre qu'un feu rasant est plus formidable qu'un feu plongeant. De plus le soldat sur la crete du glacis a tout l'avantage de la hauteur, sans en eprouver les inconveniens.

L'assaillant qui est à decouvert et qui avance de bas en haut ne lui peut nuire par son feu, au lieu que celui qui est posté à l'avantage d'un feu rasant et préparé; s'il sait faire usage de ses armes, il detruira l'ennemi qui avance, avant qu'il puisse l'approcher; s'il repousse l'attaque, il peut poursuivre l'Ennemi secondé par le terrain, qui se prête à ses divers mouvements: au lieu qu'une premiere ligne postée sur une eminence ou sur une colline trop escarpée, n'ose en descendre de crainte de se rompre, que celui qui l'attaque se trouve avec une marche vive bientôt au dessous de son feu à couvert du canon même. Les Autrichiens ont bien examiné les avantages et les desavantages de ces differentes positions, de sorte qu'ils reservent et destinent dans leurs camps ces hauteurs, qui s'elevent en amphithéatres, à leur seconde ligne, qu'ils munissent et fortifient de canons comme la premiere. Cette seconde ligne qui renferme quelque Corps de Cavallerie est destinée à soutenir la premiere. Si l'ennemi, qui attaque, plie, la cavallerie est à portée de le charger. Si sa premiere ligne plie, l'ennemi qui avance trouve après un rude combat d'Infanterie un poste terrible, qu'il faut attaquer de nouveau. Il est rompu par les charges precedentes, et obligé de marcher à des gens frais, bien en ordre, et secondés par la force du terrain. La troisieme ligne, qui leur sert en même temps de reserve, est destinée à renforcer l'endroit de leur poste ou l'assaillant se propose de percer; leurs flancs sont garnis de canons comme une citadelle. Ils profitent de tous les petits saillants du terrain, pour y mettre des pièces, qui tirent en echarpe, afin d'avoir d'autant plus de feux croisés, de sorte que de donner l'assaut à une place, dont les defenses ne sont pas minées, ou d'attaquer une armée, qui s'est ainsi preparée dans son terrain, c'est la même chose. Non contents de tant de precautions, les Autrichiens tachent encore de couvrir leur front par des marais, des chemins creux, profonds et impracticables, des ruisseaux, en un mot des defilés, et ne se fiant pas aux appuis, qu'ils ont donnés à leurs flancs, ils ont de gros detachements sur leur droite et sur leur gauche, qu'ils font camper à deux mille pas de leurs ailes, ou environ, dans des lieux inabordables. Ces detachements sont destinés à observer l'ennemi, afin que s'il venoit inconsiderement attaquer la grande armée, ces corps soyent à portée de lui tomber à dos. Il est facile de se representer l'effet que cette diversion opereroit sur des trouppes qui sont occupées à charger l'ennemi, et qui se trouveroient inopinement prises en flanc et par leurs derrieres. Le commencement du combat en seroit la fin, et ce ne seroit qu'une confusion, un desordre et une deroute.

Comment engager une affaire dira-t-on avec des gens si bien preparés? seroit ce donc que ces trouppes si souvent battües, seroient devenües invincibles? asseurement non, c'est de quoi Je ne conviendrai jamais; mais je ne conseille à personne de prendre une resolution precipitée et d'aller insulter une armée, qui s'est procuré de si grands avantages. Cependant il est impossible à la longue, pendant la durée d'une campagne, que tous les terrains se trouvent egalement avantageux; que ceux qui ont l'intendance de poster les trouppes ne commettent quelques fautes. J'approuve fort, que l'on profite de ces occasions, sans avoir égard au nombre, pourvû qu'on ait un peu audelà de la moitié du monde, de ce qu'a l'ennemi. Les fautes de l'ennemi dont on peut profiter sont: lorsqu'il laisse quelques hauteurs devant ou à coté de son camp. S'il place la cavallerie dans sa premiere ligne, si son flanc ne se trouve pas bien appuyé, ou s'il detache un de ces corps qui veillent sur ses ailes loin de son armée; si les hauteurs qu'il occupe ne sont gueres considerables, sur tout si aucun défilé ne vous empeche de l'aborder. Ce sont là des cas dont je crois qu'un général entendu doit profiter. La premiere chose qu'il doit faire, est de s'asseurer des butes de terre ou des hauteurs qui peuvent faire dominer son canon sur celui de l'ennemi, d'y placer autant de canons qu'elles peuvent contenir, et de foudroyer de là cette armée, qu'il se propose d'attaquer, tandis qu'il forme ses lignes et ses attaques. J'ai vû dans plusieurs occasions le peu de fermeté que les trouppes autrichiennes temoignent dans le feu du canon. Leur Infanterie ni leur cavallerie n'y resistent point. Pour leur faire eprouver tout ce que l'artillerie a de terrible, il vous faut ou quelques hauteurs, ou un terrain qui soit tout plaine. Les bouches à feu et les petites armes ne font aucun effet, comme Je vous l'ai dit, du bas en haut; attaquer l'ennemi sans s'être procuré l'avantage d'un feu superieur ou du moins

egal, c'est se vouloir battre contre une trouppe armée avec des hommes
qui n'ont que des batons blancs, et cela est impossible. J'en reviens
à l'attaque dont nous parlions. Tout depend du choix judicieux que
vous ferés de l'endroit ou l'ennemi est le plus foible, et ou vous ne
devez pas vous attendre à une aussi grande resistance, qu'aux lieux
où il s'est plus précautionné. Je crois que la sagesse exige, que l'on
prenne un point fixe de l'armée de l'ennemi, savoir la droite, la gauche,
le flanc etc. et qu'on se le propose pour faire faire un plus puissant
effort de ce côté là; que l'on forme plusieurs lignes pour se soutenir,
etant probable, que vos premieres trouppes seront repoussées. Je
déconseille les attaques générales, parcequ'elles sont trop risqueuses,
et qu'en n'engageant qu'une aile, ou une section de l'armée, en cas
de malheur, vous gardez le gros, pour couvrir vôtre retraite, et vous
ne pouvez jamais etre totalement battu. Considerez encore, qu'en ne
vous attachant qu'à une partie de l'armée de l'ennemi, vous ne pouvez
jamais perdre autant de monde, qu'en rendant l'affaire generale, et
que si vous reussissez, vous pouvez detruire egalement vôtre ennemi,
s'il ne se trouve pas avoir un défilé trop près du champ de Bataille,
où quelque corps de son armée puisse proteger sa retraite. Il me
paroit encore, que vous pouvez employer la partie de vos trouppes,
que vous refusés à l'ennemi, à en faire ostentation, en la montrant
sans cesse vis à vis de lui dans un terrain qu'il n'osera quitter, pour
fortifier celui ou vous faites vôtre effort, ce qui est lui rendre inutile
pendant le combat cette partie de l'armée, que vous contenez en
respect. Si vous avez des trouppes suffisantes, il arrivera peut être,
que l'ennemi s'affoiblira d'un côté, pour accourir au secours d'un autre.
Voilà de quoi vous pourrez profiter encore, si vous vous appercevez
à temps de ses mouvements.

D'ailleurs il faut imiter sans doute, ce qu'on trouve de bon dans
la methode des ennemis. Les Romains, en s'appropriant les armes
avantageuses des nations contre lesquelles ils avoient combattus,
rendirent leurs trouppes invincibles. On doit certainement adopter la
façon de se camper des Autrichiens, se contenter en tout cas d'un
front plus étroit, pour gagner sur la profondeur, et prendre un grand
soin de bien placer et d'asseurer ses ailes.

Il faut se conformer au sisteme des nombreuses artilleries, quelque
embarassant qu'il soit; j'ai fait augmenter considerablement la nôtre,
qui pourra subvenir au défaut de nôtre Infanterie, dont l'etoffe ne
peut qu'empirer, à mesure que la guerre tirera en longueur. Ainsi
prendre des mesures avec plus de justesse et d'attention qu'on ne l'a
fait autrefois, c'est se conformer à cet ancien principe de l'art, de ne
jamais être obligé de combattre malgré soi. Tant de difficultés pour
assaillir l'ennemi dans ses postes font naitre l'idée, de l'attaquer en
marche, de profiter de ses decampements, et d'engager des affaires
d'arriere-garde, à l'exemple de celle de Leusse, ou de celle de Sehref.
Mais c'est à quoi les autrichiens ont egalement pourvus, en ne faisant

la guerre que dans des païs coupés ou fourés, et en se preparant d'avance des chemins, soit à travers des forêts, ou des terrains marecageux, ou suivant derriere les montagnes les routes des valées, ayant eu l'attention de faire garnir d'avance ces montagnes ou defilés par des detachements. Un nombre de trouppes legeres va se poster dans les bois, sur les cimes des monts, couvre leur marche, masque leurs mouvements, et leur procure une entiere seureté, jusqu'à ce qu'ils ont atteint un autre camp fort, ou l'on ne peut les entamer, sans être inconsideré.

Je dois vous faire remarquer à cette occasion les moyens dont les ennemis se servent, pour choisir des bonnes positions. Ils ont des Ingenieurs de campagne, qu'ils envoyent à la découverte du païs, qui reconnoissent les terrains et en levent des plans exacts, et ce n'est qu'après un examen reflechi et une mure deliberation que le camp est choisi, et qu'en même temps on en regle la defense.

Les detachements des armées autrichiennes sont forts et ils en font beaucoup. Les plus foibles ne sont pas au dessous de 3000 hommes. Je leur en ai compté quelques fois cinq ou six, qui se trouvoient en même temps en campagne. Le nombre de leurs trouppes Hongroises est assez considerable, qui, si elles se trouvoient rassemblées, elles pourroient former un gros corps d'armée, de sorte que vous avez deux armées à combattre, la pesante et la legere. Les officiers qu'ils employent, pour leur confier ces detachements, sont habiles, surtout dans la connoissance du terrain. Ils se campent souvent prés de nos armées, cependant avec l'utile circonspection, de se mettre sur la cime des montagnes, dans des forêts epaisses, ou derriere des doubles ou triples defilés. De cette espece de repaire ils envoyent des partis, qui agissent selon l'occasion, et le corps ne se montre pas à moins que de pouvoir tenter quelque coup important. La force de ces corps leur permet d'approcher de prés nos armées, de les entourer même, et il est trés facheux de manquer du nombre egal de cette espece de trouppes. Nos Bataillons francs, formés de Deserteurs, malcomposés et foibles n'osent souvent se montrer devant eux. Nos généraux n'osent pas les avanturer en avant, sans risquer de les perdre, ce qui donne le moyen aux ennemis d'approcher de nos camps, de nous inquiéter et de nous allarmer de nuit et de jour. Nos Officiers s'accoutument à la fin à ces echafourées, elles leur donnent lieu de les mepriser, et malheureusement ils en contractent l'habitude d'une securité, qui nous est devenüe funeste à Hochkirch, où beaucoup prirent pour l'escarmouche de trouppes irregulieres l'attaque qu'à notre droite les Autrichiens firent avec toute leur armée. Je crois cependant pour ne vous rien cacher, que Mr. de Daun pourroit se servir mieux qu'il ne le fait de son armée Hongroise. Elle ne nous cause pas le mal qu'elle le pourroit: Pourquoi ces généraux detachés n'ont ils rien tenté contre nos fourages? pourquoi n'ont ils point essayé d'emporter de mauvaises villes, ou nous avions nos depots de vivres? pourquoi n'ont ils pas dans toutes les occasions entrepris d'intercepter nos Convois? pourquoi au lieu d'allarmer nos Camps de nuit et par de foibles detachements n'ont ils pas essayé de l'attaquer en force, et de prendre à dos notre seconde ligne? ce qui les auroit mené à des objets bien autrement importans et decisifs pour le succes de la guerre. Sans doute qu'ils manquent, comme nous, d'officiers entreprennants, gens si rares et si recherchés dans tous les pays; les seuls cependant qui du nombre d'officiers, dont beaucoup se devouent aux armes sans vocation et sans talents, meritent le grade de généraux.

Voilà en peu de mots l'idée des principes sur lesquels les Autrichiens font la guerre présente. Ils l'ont beaucoup perfectionnée. Cela meme n'empeche pas, qu'on ne puisse reprendre sur eux une entiere superiorité. L'art dont ils se servent avec habileté pour se defendre, nous fournit des moyens pour les attaquer. J'ai hazardé quelques idées sur la manière d'engager avec eux des combats. Je dois y ajouter deux choses que je crois avoir omises, dont l'une est d'avoir un grand soin de bien appuyer le corps, que vous menez attaquer l'ennemi, de crainte qu'il ne lui arrive en chargeant, d'être pris lui même en flanc, au lieu d'y prendre celui qu'il assaillit, et l'autre consiste d'imprimer dans l'esprit des chefs des Bataillons, que lorsqu'ils les menent au combat, ils ayent une attention particuliere, à ne leur point permettre de se debander, sur tout lorsque dans l'ardeur du succes, ils poussent devant eux des corps ennemis, et cela par la raison, que l'Infanterie n'a de force que tant qu'elle est serrée et en ordre, et que lorsqu'elle est separée et presque eparpillée, un faible corps de cavallerie, qui tombe sur elle dans ce moment de derangement suffiroit pour la détruire. Quelques précautions que prenne un général, il reste toujours beaucoup de hazards à courir dans l'attaque des postes difficiles et dans toutes les Batailles.

La meilleure Infanterie de l'univers peut être repoussée et mise en desordre dans les lieux, ou elle a à combattre, le terrain, l'ennemi et le canon. La nôtre enervée, et même abatardie tant par ses pertes que par ses succes mêmes, demande d'être conduite avec menagement aux entreprises difficiles; il faut se regler sur sa valeur intrinseque; proportionner ses efforts à ses facultés, et ne point l'exposer inconsiderement à des epreuves de valeur, qui demandent dans les perils eminents une patience et une fermeté inebranlables. Le sort des Etats depend des actions decisives; un emplacement bien pris, une colline bien defendüe peut soutenir ou renverser un Royaume; un seul faux mouvement peut tout perdre. Un Général, qui entend un ordre de travers, ou qui l'execute mal, met vôtre entreprise dans un risque eminent. Il faut surtout bien instruire ceux qui commandent les ailes de l'Infanterie, peser murement ce qu'il y a de mieux à faire, et autant qu'on est louable d'engager une affaire, si l'on y trouve ses avantages, autant faut il l'eviter, si le risque que l'on y court surpasse le bien que l'on en espere. Il y a plus d'un chemin à suivre, qui menent tous au même but. On doit s'appliquer, ce semble, à detruire l'ennemi en detail, qu'importe de quels moyens on se sert, pourvû que l'on gagne la superiorité. L'ennemi fait nombre de detachements. Les géneraux qui les menent, ne sont ni egalement prudents, ni ne sont circonspects tous les jours. Il faut se proposer de ruiner ces detachements l'un apres l'autre. Il ne faut point traiter ces Expeditions en bagatelle; mais y marcher en force, y donner de bons coups de collier, et soutenir ces petits combats aussi serieusement, que s'il s'y agissoit d'affaires decisives. L'avantage que vous en retirés, si vous reussirez deux fois à ecraser de ces corps separés, sera de reduire l'ennemi sur la defensive; à force de circonspection il se tiendra rassemblé, et vous fournira peut être l'occasion de lui enlever des convois, ou même d'entreprendre avec succes sur sa grande armée. Il s'offre encore à l'esprit d'autres idées, que celle ci. J'ose à peine les proposer dans les conjonctures présentes, ou accablés par le poids de toute l'Europe, contraints de courir la poste avec des armées, soit pour defendre une frontière, soit pour voler au secours d'une autre province, nous nous trouvons contraints à recevoir la loi de nos ennemis, au lieu de la leur donner, et à regler nos opérations sur les leurs.

Comme cependant les situations violentes ne sont pas de durée, et qu'un seul evenement peut apporter un changement considerable dans les affaires; Je crois vous devoir decouvrir ma pensée, sur la façon d'etablir le théatre de guerre. Tant que nous n'attirerons pas l'ennemi dans des plaines, nous ne devons pas nous flatter d'emporter sur lui de grands avantages; mais dès que nous pouvons le priver de ses montagnes, de ses forêts et des terrains coupés, dont il tire une si grande utilité, ses trouppes ne pourront plus resister aux nôtres. Mais, ou trouver ces plaines, me direz vous, sera ce en Moravie, en Boheme, à Görlitz, à Zittau, à Freyberg. Je vous reponds, que non, mais que ces terrains se trouvent dans la basse Silesie, et que l'insatiable ardeur avec laquelle la Cour de Vienne desire de reconquerir ce Duché, l'engagera tôt ou tard d'y envoyer ses trouppes. C'est alors qu'obligés de quitter les postes, la force de leur ordonnance et l'attirail imposant de leur canon se reduira à peu de choses. Si leur armée entre dans la plaine au commencement d'une campagne, leur temerité peut entrainer leur ruine totale, et des lors toutes les operations des armées prussiennes, soit en Boheme, soit en Moravie reussirons sans peine. C'est un expedient facheux, me direz vous, que celui d'attirer un ennemi dans son païs: J'en conviens, cependant c'est l'unique, parcequ'il n'a pas plu à la nature de faire des plaines en Boheme et en Moravie; mais de les charger de bois et de montagnes. Il ne nous reste qu'à choisir ce terrain avantageux où il est, sans nous embarasser d'autre chose.

Si les Autrichiens meritent des eloges de l'art qu'ils ont mis dans leur tactique, je ne puis que les blamer sur la conduite qu'ils ont tenue dans les grandes parties de la guerre. Ces forces si superieures, ces peuples qui se précipitoient sur nous des quatre coins de la terre, qu'ont ils operés? Est il permis avec tant de moyens, tant de forces, tant de bras, de faire si peu de chose? N'est il pas clair que si, au moyen d'un concert bien arrangé, toutes ces armées avoient agi en même temps, qu'elles auroient écrasé nos Corps les uns apres les autres, et qu'en poussant et pressant par les extremités vers le centre, ils auroient pû forcer nos trouppes à se reduire à la seule defense de la Capitale? Mais leur puissance même leur a eté nuisible; ils ont mis leur confiance les uns dans les autres; le général de l'Empire, dans l'Autrichien; celui là, dans le Russe; celui là, dans le Suedois; et enfin, celui là, dans le François. De là cette indolence dans leurs mouvements et cette lenteur dans l'execution de leurs projets. S'endormant aux flatteuses idées de leur esperance, et dans la securité de leurs succes futurs, ils ont regardé le temps comme à eux. Combien de moments favorables ont ils laissé echapper, que de bonnes occasions n'ont ils pas manquées, en un mot, que de fautes enormes n'ont ils pas faites, aux quelles nous devons notre salut? Voilà les speculations que m'a fourni la Campagne passée, seul fruit que j'en ai retiré. L'empreinte encore vive et recente de ces images m'est devenüe une matiere à reflexions. Tout n'est pas epuisé: il reste beaucoup de choses à dire, dont chacune merite un examen particulier. Mais, malheureux celui, qui ne sait pas s'arreter en ecrivant. J'aime mieux ouvrir la carrière des meditations, que de la remplir seul, et donner à ceux qui liront ceci lieu à penser des choses qui, s'ils y appliquent les facultés de leur esprit, vaudront mieux, que ces idées tracées legerement et à la hâte.

à Breslau, ce 27e de Decembre 1758.

Arrivé ce 25me Janv. 1759. No. 6.

entre midi et 1 heure.

Monsieur Mon Cousin. La lettre que vôtre Altesse m'a écrite du 10me de Janvier m'est bien entrée (dechiffrée), „et je me refere „pour repondre à son contenu à ma Lettre dont j'ai chargé L'aide „de camp de votre Altesse, le Capitaine de Bulow. j'avoue au reste „que le dessein que V. A. a formé, est bon et qu'il seroit à souhaiter „qu'elle put s'executer seule avec les forces sous ses ordres. Car je „ne vois gueres comment j'y pourray cooperer, devant risquer par là „de me mettre moi et mes troupes hors d'etat d'agir au printemps „prochain. Pour ce qui concerne les Suedois, les apparences y sont „presque qu'ils sortiront hors du jeu. La fermentation et le mecon- „tentement general de la nation allant journellement en augmentant de „facon qu'il pourroit bien en resulter des troubles, vû sur tout que la France „ne paye plus qu'irregulierement et que presque du tout les subsides „qu'elle a accordés à la Suede." Je suis avec une estime sans bornes

Monsieur Mon Cousin

de vôtre Altesse

le bon et très affectionné Cousin

à Breslau ce 18e de Janv. 1759.   Federic.

P. S. Aussi suis Je bien aise de dire à Votre Altesse sur Sa lettre
du 10e de ce Mois, concernant l'extraordinaire de guerre qui
Lui est due comme Maréchal, que pour regler cette affaire à
Sa satisfaction, et afin que le payement puisse Lui en être
fait d'autant plus commodement, J'ai donné ordre au Président
de la chambre de Béssel, qui se trouve actuellement à Hamm,
de Lui payer sans delai sur ses lieux les dits gages de Campagne en qualité de Maréchal, faisant trois cents Ecus par Mois,
et ceux de deux aides de Camp, chacun à vingt Ecus, moyennant quarante Ecus par Mois.

     à Breslau, ce 18e de Janvier 1759.

                                           Federic.

    Il y a du Rabais.

    ※※ Monsieur
          mon tres cher amy.

Voicy mon cher ami le bulletin, concernant Mr. Faucon. il n'a
pas eté pendu; ayant essuyé toutes les ceremonies usitées en pareil
cas, il recut au pied du gibet sa grace. S. A. S. n'a pas voulù le
faire mourir; mais puisque il est peutetre bon pour repandre un petit
ridicule sur ceux qui ont jugé à propos de s'en meler de le faire
pendre en attendant, aù risque de le faire ressusciter s'il est necessaire dans une feuille suivante. Adieu mon tres cher amy portés
vous bien.

                 (Copie.)
         de Munster ce 26 de Janvier 1759.

Il y a quelques Semaines qu'un nommé Faucon fut arreté à
Munster où il s'etoit rendù pour repandre parmi le Soldat certains
billets ecrits en allemand, qu'on luy à pris.

On juge aisement par les gallicismes que ce n'est qu'une traduction. Le contenu est un Galimathias composé de Mauvaises raisons
pour Seduire les troupes à la Desertion et d'injures contre le General
en Chef.

Le Soldat qui l'aime comme son pere n'a conçù que du mepris
contre un artifice, qui tend à le luy rendre odieux, bien loin de le
tenter à abandonner une armée qu'il commande. L'examen que
l'emissaire à fait connoitre ses committens avec ceux qui n'ont
pas dedaigné d'y participer.

Il a eté pendù aujourdhuy sur la place publique de Munster,
ayant un des billets attaché sur la poitrine.

                          Ce 28. Janvier 1759.   No. 6.
    ※※ Au Roy.

Mon aide de Camp de Bulow, qui est de retour ici depuis deux
jours, m'a assuré du gracieux Souvenir de V. M., et la Lettre qu'il
m'a remise de Sa part me dit la meme chose d'une maniére bien

flatteuse. Jo suis ravi de joie des bontés que V. M. continue à me marquer. Je mets tout mon bonheur à me les conserver. J'ay lû et relû cet excellent*) memoire, dont V. M. a daigné me faire part. Je le trouve si solide et si instructif; que j'ay une vraye envie de mettre à profit les excellentes maximes qu'il contient.

Bulow m'a dit que V. M. a trouvé, que j'avois trop peu de canons; je comprends aisement combien Elle a eu raison en cela: Il n'est pas aisé, Sire, de remedier aux defauts de cette armée-ci: mais je viens de faire une tentative, pour me procurer une plus forte artillerie, en l'apuyant de toutes les raisons que j'ay pû imaginer. Quant à l'expedition contre l'armée de Soubize, je ne saurois disconvenir, que V. M. a raison de menager ses troupes. Cependant les mouvements que les ennemis ont fait depuis, ont changé tellement la situation des affaires, que je ne sais Sire, si je pourrai seul entreprendre quelque chose avec une probabilité de Succés. Le prince de Soubize s'est emparé de la ville de Francfort, et la disposition de ses quartiers est telle, que j'aurois tort de me flatter de le surprendre. D'ailleurs une quinzaine de Bataillons de l'armée de Contades avec quelques regimens de cavallerie mis en quartiers entre Cologne et Coblence se tiennent pret selon de bons avis, que j'en ay, pour marcher aux secours de Soubize. Il est sûr, qu'ils pourront le joindre avant que je puisse venir aux mains avec Luy. D'un autre coté les troupes des cercles avancent vers la Hesse, le long de la Werre; mais ce qui est plus important c'est que 4 Regiments d'infanterie autrichienne avec deux de curassiers et un de Dragons sont en marche pour avancer dans la Thuringue, sur les Frontieres de la Hesse. Ne pouvant plus compter sur la surprise, il me semble, que je donnerois trop à l'hazard, en entreprenant l'expedition avec un si mediocre corps de troupes que j'y puis employer. à moins de partager l'attention de tant de troupes, je ne vois pas, que je puisse faire quelque chose qui vaille; en avancant sur Francfort, je trouverois un ennemi deux fois plus fort que moi en front, tandis que je me mettrois les autrichiens au dos. En sorte Sire que je ne vois pas comment je puisse agir seul, sans gater les affaires à moins de compter sur l'hazard.

Je conçois cependant qu'il n'y auroit peut etre rien de plus avantageux, que de deranger les projets des Ennemis sur le Meyn. j'en puis juger par une Lettre du duc de Choiseul du 16. de Janvier, dont j'ay eû copie. Ce ministre y dit en termes expres: „Nous tail„lons aussi de concert avec la cour de Vienne de la besogne aux „Hannovriens et au Roy de Prusse. Le Plan des operations du Ge„neral Daun pour la campagne prochaine est des plus beaux, et il y „a tout lieu de s'en promettre d'heureux succés, s'il peut prevenir le „Roy de Prusse comme il se le propose. Nous seconderons efficace„ment ses operations, et nous tacherons de porter le theatre de la

---

*) N. d. H. Von der Hand des Herzogs, anstatt „beau".

„guerre dans le coeur des etats des ennemis. Le siége de Magde-
„bourg qui avoit eté resolû dès l'année dernière, entre dans nos plans
„d'operations et nous ne pouvons manquer de reussir, à moins que la
„mort du Roy d'Espagne ne derange nos projets comme nous avons
„tout lieu de le craindre."

Une lettre du Marquis de Castellar dit positivement que le fort
de la guerre sera porté sur le Meyn; avec quoi la declaration faite par
le comte D'Affry aux Etats d'Hollande convient parfaitement bien,
savoir, qu'on eloigneroit le theatre de la guerre des Frontiéres de la
republique. Si j'y fais attention je ne suis pas surpris, de voir que
les Francois s'emparent de toutes les fortresses sur le haut Rhin; et
qu'ils persistent à vouloir avoir encore celles de Mayence, d'Ehrenbreitstein et de Manheim. La marche des autrichiens tient aparement à
tous ces mouvemens des Francois, et tout cela ensemble à ce beau
plan du comte Daun, dont Monsieur de Choiseul parle.

Ce sont mes sentimens Sire; j'ay crû ne devoir les cacher à V. M.;
je continuerai à me preparer pour agir; et j'agiray seul si V. M. croit
que je le doive faire.

je suis avec les sentimens les plus inviolables d'un profond
respèt etc.   F.

Ce 30. Janv. 1759.   No. 7.

✳✳ Au Roy.

J'ay eû l'honneur de recevoir les deux gracieuses lettres de V. M.
du 20. et 22.; le comte de Schmettau s'est acquité en meme temps
des ordres, que V. M. luy a fait parvenir à mon egard. Toutes mes
nouvelles marquent que les autrichiens avancent vers la Hesse par le
païs de Coburg. Les troupes des cercles occupent Schmalkalden;
elles ont un poste avancé à Vacha, qu'elles viennent de renforcer.
Ces gens debitent de vouloir pousser jusques à Hirschfeld, pour se
joindre aux François.

Je ne saurois m'empecher de communiquer à V. M. l'extrait d'une
lettre ecrite par Mr. Rouillé du 19. que j'ay eû par une voye secrete.
Le voicy: „Le plan des operations pour la campagne prochaine est
„admirable, tant de notre coté que de la part de la cour de Vienne;
„le general Daun se propose de partager tellement l'attention du Roy
„de Prusse, qu'il luy sera impossible de parer touts les coups qu'il
„veut luy porter; le fort de la guerre sera en Silesie pendant que des
„partis devasteront ses Etats. Pour nous, nous tacherons d'amuser
„sur le Rhin le Prince Ferdinand, pendant que le Prince de Soubize,
„dont la capacité dans l'art militaire m'est toujours inconüe ravagera
„les etats de nos Ennemis."

On craint toujours en France, que la mort du Roy d'Espagne ne
renverse tous les beaux projets du ministére; au reste Sire, les Francois travaillent avec chaleur aux preparatifs necessaires, pour ouvrir
de bonne heure la campagne. Mais j'espere qu'ils ne me previendront

pas. Plus je pense à l'avantage qui nous reviendroit, à mettre le Prince de Soubize hors de son assiette; plus je souhaiterois d'agir; mais je ne puis rien ajouter sur ce point à ce que j'ay eû l'honneur de marquer à V. M. par ma precedente.

Je suis avec le plus profond respect etc.   **F.**

Arrivé ce 31me Janv. entre 4 et 5 heures   No. 10.
de l'apres-midi.

Monsieur Mon Cousin! Je viens de recevoir la tres obligeante lettre que V. A. a voulüe Me faire le 18 de ce Mois. Si Vous ressentez quelque Satisfaction de Mon souvenir et de Mes sentimens d'Amitié pour V. A. Soyés assuré, que J'en ay une bien sensible des temoignages de reconnoissance et d'attachement, que Vous Vous empressés de Me donner; J'en connois la pureté et Je sais tout le fond que J'y puis faire; Je tacheray aussi de convaincre V. A. autant qu'il Me sera possible de la vivacité de Mon amitié et des sentimens sincères de la Consideration et de l'Estime parfaite avec les quels Je seray toujours

Monsieur Mon Cousin
Votre tres affectionné Cousin

à Breslau, ce 25e Janv. 1759.   Federic.

(Déchiffré).

P. S. „Je Vous suis bien obligé des nouvelles que Vous avés bien „voulû me communiquer à la suite de Vôtre Lettre du dix huit „en combinant vos nouvelles et celles que je reçois à présent „et dont la Copie chiffrée ci-jointe Vous fera connoitre le précis „qui sont sans cela trés vrai, je vois clairement, que le dessein „des françois et des autrichiens dans cette Campagne est de „penetrer par la Hesse, de rejetter le Prince d'Ysenbourg en „arriere, pour aller droit en Saxe du Côté d'Erfurt. Cela etant „non seulement probable, mais encore certain, Vous voudrés „bien instruire le Prince d'Ysenbourg, pour qu'il concerte ses „mouvements avec mon Frère Henry, et qu'au Cas que toute „cette masse tombe sur moi, il me porte quelque Secours, soit „en contenant un des Corps ennemis, soit même en leur venant „à dos, et enlevant leur magasins. J'apprends aussi pour certain, „que l'Armée de Contades ne fera rien que quelques mouve- „ments, pour contenir la Vôtre; en ce cas, je me flatte, que „Vous fortifierés encore davantage le Prince d'Ysenbourg, àfin „qu'il puisse mieux resister, car si l'on penetre en Saxe et que „l'on parvienne à m'écraser, le Païs d'Hannovre est pris à „revers, et Vous Vous trouverés entre toutes ces armées dans „une bien triste Situation. Je Vous prie, de me mander vos „Idées non seulement à moi, mais encore à mon Frère, et je „verrai, si mon Frère ne pourra pas chasser ces gens de Gotha „et d'Erfurt.„

à Breslau, ce 25. Janvier 1759.   Federic.

No. 8.

** Au Roy de Prusse: ce 1. Fev. 1759.

Je viens de recevoir la tres gracieuse Lettre de V. M. du
25. Janv. avec les deux feuilles chiffrées. je les ay lû avec toute
l'attention, qu'un objet aussi important exige. V. M. me fait la grace
de m'ordonner, de Luy marquer mes idées; J'obeïs Sire, en commen-
cant par assurer V. M. que rien ne me touche de plus prés que Ses
interets, et que surement je n'ai rien tant à coeur, que d'agir dès que
le service de V. M. l'exige.

Je ne sais que le gros du plan d'operations de Mr. de Daun,
adopté à Versailles: mais ce que j'en ai apris, et les dispositions que
je vois prendre aux ennemis, me font conjecturer, que les plus grands
efforts se feront en Silesie; et que l'ennemy ayant detaché ce gros
corps de Boheme vers Erfurth, ne faira qu'un mediocre effort sur
l'Elbe vers Dresdes, et dans la Lusace. Tandis que ce gros corps des
troupes autrichiennes, l'armée des cercles et celle du prince de Soubize composeront une armée de soixante à septante mille hommes,
capable de penetrer jusques dans le coeur de la Saxe et des Etats de
V. M., je pense, qu'il seroit avantageux, que V. M. fit defiler bientôt
quelques troupes de la Silesie pour renforcer l'armée de Monseigneur
le prince Henry, en cas qu'elle jugeat s'en pouvoir passer; si non, il
seroit du moins utile, de determiner d'avance en quoy put consister le
corps d'armée que Mgr. le prince Henry meneroit contre ces armées
ennemies reunies; aprés avoir laissé un detachement suffisant pour
couvrir la ville de Dresdes.

Le concert que V. M. m'ordonne de prendre avec Mgr. le prince,
se fonde sur cette determination preliminaire. S'il fut jugé avantageux
de nous joindre, après avoir determiné de part et d'autre les troupes,
il ne s'agiroit que de convenir encore de la maniere et de l'endroit
de la jonction.

Le corps du prince d'Ysenbourg, n'etant fort que de 8 mille
hommes à peu près, n'y sauroit suffire; je pourray l'augmenter jusqu'à
un pié de seize mille hommes*), qui se trouveront complets, si nous
gagnons le temps d'achever notre recrue.

---

*) N. d. H. Der Herzog schrieb an Westphalen:
"Je vous renvois cijoint le projet de reponse au Roi. Je le trouve admirable. Ne de-
terminons pas trop affirmativement cependant pas dans le dit projet le nombre des 20|m. hom-
mes, puisque les circonstances peutetre ne permettroient pas que je puisse tenir ce à quoi je
me serois engagé. Bornons nous d'abord à 16|m. hommes. Qu'en pensés Vous?   F.
                                                                    Ce 1. de Fevr. 1759.
    P. S. Je ne puis assés reconnoitre toute Votre amitié pour moi. Heureux si je trouve des
        occasions pour Vous en convaincre par des preuves reelles. Ce sera ma seule, et
        ma plus sensible Satisfaction, que je ressentirai en consequence.   F.
(v. Archiv des Herzogs Ferdinand. Lettres autographes etc. vol. 332.)
    Hierauf erwiederte Westphalen:
(Archiv-Acten vol. 249.)   Ce 2. Fevr. 1759.
    ** Monseigneur,
    Je suis charmé que le projet de lettre au Roy ait eu l'aprobation de V. A. S. j'ay changé
le nombre des 20|m. en seize; et le passage qui Luy a parû inintelligible, et qui par la faute
qui s'y trouvoit l'étoit en effet, a été changé pareillement.

Il me semble que le Prince de Soubize a deux choses à faire, avant que de marcher en Saxe; savoir de disperser nos troupes, ou de leur opposer un corps pour assurer ses derrieres;

Dans le second cas, on partage deja ses forces; je serois d'avis de risquer alors une action contre ce corps d'observation; s'il fut batû, tout le projet de l'ennemi s'evanouiroit. Dans le premier cas, s'il avançat en force en Hesse pour disperser nos troupes; je crois que nous devons eviter le combat, soit en reculant, soit en prenant une position inattaquable. Par ce moyen on areteroit l'execution du plan de Mr. de Daun, en laissant le temps à la fortune de venir à notre secours.

Mais si Mr. le prince de Soubize ne fit ni l'un ni l'autre avant que de marcher en Saxe; il me semble que nous n'aurons alors qu'à luy tomber à dos, pour ruiner tout ce grand projet.

En cas que V. M. ne jugeat pas convenable, que nos troupes agissent de cette façon, et qu'elle preferat que j'envoyasse du secours à Mgr. le Prince Henry; ce secours ne peut consister qu'en huit à neuf mille hommes à peu près, devant laisser (le reste) quelque chose en Hesse.*)

Je suplie V. M. de me dire sur tout cecy ses gracieuses intentions; vû que le concert, que j'auray à prendre avec Mgr. le prince Henry, en dependra naturellement.

Si le marechal de Contades detache de gros corps de son armée pour renforcer celle du prince de Soubize; je pourray renforcer à proportion nos troupes en Hesse, et les porter au dela de seize mille hommes.

Tout ceci supose que V. M. prefere d'attendre l'attaque; si Elle voulut qu'on prevint les ennemis, je crois qu'on devroit executer le project, que j'ay eû l'honneur de proposer à V. M. par la lettre que mon aide de camp de Bulow luy a porté.

J'ay l'honneur d'etre ppp.

(Lucanus S.)

＊ Je vous renvois la lettre de Haenichen avec la lettre de Mylord Holdernes. J'ai gardé les papiers des nouvalles. Si vous ne les avés pas lû, je vous les enverrés. J'aime beaucoup les ananas. La nouvelle du Landgrave de Hesse me fait de la peine.

Ce seroit un mechant coup.**)

Ce 2me Fevrier 1759.   F.

---

*) N. d. H. Bemerkung des Herzogs: (*ce qui est sousligné je ne l'entend pas.)
**) N. d. H. Vergl. den unten folgenden Brief Westphalen's an Haenichen v. 6. Febr. 1759.
Wie überhäuft die Arbeiten Westphalen's in dieser Zeit waren, zeigt der Umstand, dass die Lucanus'sche Sammlung, welche im Archiv des Grossen Generalstabs zu Berlin seit 1851 aufbewahrt wird, allein aus dem Monat Februar 1759 noch 80 Handschreiben des Herzogs an ihn über die verschiedenartigsten Angelegenheiten enthält und lässt aus nachstehendem Billet des Herzogs sich ermessen:

*Je vous accuse la reception des 100 Ducats.
Je ne sai que trop que vous este surchargé de papiers. Cela me cause quelquefois une

ce 3mo Fevr. 1759, à 7 heures et demi.

No. 11.

Monsieur Mon Cousin. La lettre que Votre Altesse m'a fait du 20. de ce mois, m'a eté fidelement rendüe (déchiffré), „et c'est un cas „assés heureux pour moi, que nos Ennemis ne savent pas encore se „decider sur leur Plan d'operations pour la Campagne prochaine, „puisque cela me donne le tems d'achever tous les arrangements, qu'il „me faut, et dont vous ne sauriés gueres vous représenter, combien „j'en suis surchargé et accablé, afin de tout mettre en ordre. Je vou- „drois bien parier, que les armées sous Contades et Soubize, toutes „deux prises ensemble, n'iront pas le printems qui vient au delà du „nombre de Cent mille hommes. je suis sur le point de faire un „voyage à l'encontre de mon Frère Henry à un rendés-vous que je „lui donnerai à Caschemin, àfin de lui parler de nos affaires en Saxe „et pour nous concerter, si nous ne pourrons pas tenter quelque entre- „prise touté à l'imprevue sur l'Ennemi du Côté de Gotha et d'Erfort; „j'en veux bien vous avertir d'avance, mais vous prie bien, de n'en „vouloir pas parler mot à ame qui vive, puisque le Succés en depen- „dra absolument du secret qu'on menagera sur l'Entreprise. Mon Frère „en correspondra avec Vous; le Prince d'Ysenbourg pourra en quelque „façon nous être en aide; un heureux Succés lui sera aussi utile qu'à „nous, pour arreter l'Ennemi, pour ne pas pouvoir faire si tôt des „nouveaux progrès et fera gagner du tems à nous tous." Je suis avec des Sentimens d'Estime distinguée

Monsieur Mon Cousin
de Votre Altesse

*) à Breslau   le bon Cousin
ce 28. Janvier 1559.   Federic.

❋❋ Monsieur

Je vous dois reponse à deux de vos infiniment cheres Lettres savoir Nro. 7 et 8 du 31. de Janv. et du 3. de Fevrier. Mgr. a trouvé les ananas excellens; S. A. S. les aime beaucoup, et vous en est infiniment obligé. j'ay des ordres exprés de sa part ecrits ad marginem de votre chere Lettre de vous le temoigner; elle seroit charmée de vous faire plaisir a son tour.

---

amère douleur. Mais comment dois je faire? Il faut que je vous communique tout pour la connexion indispensable des affaires. Qu'ainsi sugerés moi seulement un moïen, mon cher ami, pour vous rendre votre travail un peu moindre, et moins onereux. Je m'y pretterai de coeur et d'ame. Vous n'avés qu' à me le proposer. Et je ne m'en effaroucherai certainement pas.
Ce 1. de Fevr. 1759.   F.
      An Secretaire Westphal.
(auf der Addresse: C'est de moi: Entierement à votre Loisir.
      *) N. d. H. Auf dieses Schreiben und das frühere vom 25. Januar scheint sich folgendes Billet des Herzogs Ferdinand an Westphalen, vom 4. Febr., zu beziehen:
      *Quelle subitte metamorphose que celle du Roi, par sa lettre déchiffrée. Cela est contradictoire à ce qu'il m'a annoncé dans celle, qu'il m'écrivit de main propre.
      Ce 4. Fevrier 1759.   F.
      An Secretaire Westphal.   (Archiv-Acten vol. 332. lettres autographes etc.)

Les extraits de Lettre que vous avés joints à l'une et l'autre de vos deux cheres Lettres ont fait bien de plaisir à S. A. S. Elle vous en remercie, vous priant de vouloir bien en temoigner sa reconnoissance à celuy dont vous les tenez, et de l'assurer en meme temps de ses sentimens d'estime et d'amitié pour Sa personne.

Mgr. Le Landgrave de Hesse a eté en effet tres malade; peutetre que quelque forte indigestion Luy a attirée cet accident; mais S. A. S. se porte actuellement à merveille, et est plus gaïe et montre plus de presence d'esprit qu'elle n'en a fait voir depuis 6 à 8 ans. Nous tenons ces particularités de Mr. de Waitz.

J'ay eû soin de Votre Lettre pour Mr. Wolff. Ce miserable de Sechehaye ne discontinue point à écrire. Je doute cependant qu'on luy donnera le soû. Cet homme-là avoit trouvé le secret d'abuser du bon coeur de Mgr. le prince hereditaire; mais je crois, qu'Il n'en sera plus la dupe.

Ce que vous dites de Mylord Holldernesse est bien juste; nous nous en ressentons aussi, quoique il daigne quelque fois prendre la plume pour ecrire Luy meme.

Mgr. le duc seroit charmé de savoir en quoy la pension de Falconi a consisté. Son epouse a ecrite une Lettre extremement touchante à S. A. S. Il sera mené à Hameln, où il restera jusques à la fin de la guerre. Il n'a pas eté touché par le boureau, dans la ceremonie de son execution; ce qui consolera sans doute la femme, si elle l'aprend.

Je ne sais si je vous ay deja mandé, que nous sommes depuis une quinzaine de jours en bonne possession de ce Sieur Vitry, qui après nous avoir offert en vain de lever une compagnie franche pour bruler les magazins francois, a offert à Mr. D'Affry de bruler les notres. Il nie ce fait là; et persiste à dire qu'il ne connoit point Mr. D'Affry. Nous serions fort charmé de savoir quelques preuves particulières, qui puissent l'en convaincre; quoique ce que Mgr. le Duc Louis en a marqué à S. A. S. suffise pour le tenir enfermé jusques à la paix.

Mr. le president de Munchausen vient d'envoyer un avis secret pour prendre garde contre un certain ecclesiastique de grand nom et de ne point assister aux fetes, qu'il pourroiet s'aviser de donner à S. A. S. Il s'agit d'empoisonner Mgr. le Duc et Mgr. le prince hereditaire par le moyen d'une eau preparée. Je vous prie de garder sur cela un profond secret.

Le traité de Mgr. le Duc Regnant avec le Roy D'Angleterre vient d'etre prolongé. Il durera une année après la paix faite et après que les troupes seront de retour dans le pais. Cette prolongation se fait brevi manu. Le Roy a engagé vers le Duc mon maitre sa parole de remplir cet engagement; le Duc Regnant en fera de meme; en sorte que S. A. S. est le Depositaire de la foi donnée de part et d'autre. Cecy s'est terminé à la grande satisfaction de

S. M. B.: puisqu'elle a simplement accepté les conditions demandées par Mgr. le Duc Regnant, je crois que S. A. S. en sera pareillement contente. Comme L'on se propose de tenir cette prolongation secrete; vous voudrés bien n'en faire mention envers qui que ce soit.

Les Regimens Harrach, Botta et Hildbourghausen sont arrivé le 3. à Lengsfeld sur la Werre; Les troupes des cercles qui etoient à Vacha et à Smalckalde leur ont fait place en avançant vers Hirschfeld. Les ennemis veulent aparemment tirer leur cordon jusques à Marbourg pour se joindre aux Francois. Remarquéz que ce cordon est un peu long. S. A. S. seroit charmé d'avoir les grandes cartes de l'Asie de l'Afrique et de l'Amerique. Il n'y a pas moyen de les trouver icy. Si vous voulussiés vous charger de les Luy procurer, vous L'obligeriés infiniment.

Daignés me mettre aux pieds de S. A. S. Le Duc mon maitre L'assure mille et mille fois de ses amitiés.

Adieu mon tres cher amy; portez vous bien

ce 6. Fev.

Es folgen hier mehrere Schreiben und Billets aus der Correspondenz zwischen dem Herzog Ferdinand und seinem Secretair Westphalen entlehnt aus der Lucanus'schen Sammlung und den Acten des Kriegs-Archivs, welche vorbereitende Angelegenheiten zum bevorstehenden Feldzug betreffen. — Der Herzog hatte Münster als Centralpunkt für den Anfang der militärischen Operationen gewählt und beabsichtigte die Errichtung eines Fourage-Magazins in dieser Stadt und Festung, wogegen der Intendant Hunter den Ort Warendorf vorschlug. Darüber äusserte sich der Herzog in folgendem Billet an Westphalen:

✳ Voudriés vous bien me renvoïer pour quelques moments le billet, que je vous ai fait hier au soir touchant la conversation avec le Sieur Hunter, puisque je suis intentionné, de former un Pro memoria pour Lui.

Hunter dit que pour le moment present il n'y a presque rien ici en ville des fourages. Qu'il n'accepteroit point les fourages de Prado, primo à cause du prix exorbitant; pro secundo puisque le dit Prado avoit fait assurer par un de ses associés qui est ici, qu'il y avoit je crois 250 mille rations d'assemblé ici, tandis qu'il ne s'y trouvoit tout au plus que 25 mille rations, en aïant fait prendre une inspection en gros des dits foins, par un des gens de son bureau verssé et routiné dans cette partie.

Le Gen: Waldegrave m'a dit encore hier que lorsque le Collonel Parker lui avoit porté les plaintes contre le Magistrat et la Bourgeoisie d'Embden, il avoit aussi allegué pour grief, que le jour de l'anniversaire du Roi leur Souverain, c'est à dire le Roi de Prusse, et qu'il étoit sorti avec la garnison pour faire la rejouissance pour l'honneur de ce jour, le Magistrat et la Bourgeoisie s'étoient comportés d'une

10*

manière fort indecente vis à vis du Roi leur Souverain. J'ai cru necessaire pour la connexion des affaires Vous marquer tout ceci.
Ce 2me Fevrier 1759.   F.

(Archiv-Acten vol. 249).

Ce 2me Fevrier 1759.

** Monseigneur,
Voicy Monseigneur, le billet que V. A. S. me fit la grace, de m'ecrire hier.
Si M. Hunter a raison de se garder contre les fourberies et les surprises de Prado, il auroit cependant tort, de ne pas prendre ses fourages qui sont icy, et de les acheter, non selon la quantité prétendue, que Prado leur donne, mais selon ce qu'ils sont effectivement.
Si cependant il s'opiniatre à ne vouloir rien de ce qui apartient à Mr. Prado, il seroit bon que les Etats achetassent le foin. Prado voyant, dass man ihn mit seinem Heu sitzen lässt, sera charmé de s'en defaire d'une maniere ou d'autre.
Je remercie V. A. S. très humblement de ce qu'Elle daigne me marquer du Sieur Parcker.
(Lucanus).
* Je m'étonne que le Prince Henri ne m'a pas repondu sur la chiffre que je Lui ai demandé.
Ce 2me Fevrier 1759.   F.
Au Secretaire Westphal.
(addr.) C'est de moi.   (Lucanus).
* Ne conviendra-t-il pas de faire demain chanter le Te Deum, et faire faire une rejouissance à l'occasion de la prise de l'Isle de Ghorée? —
Ce 3me Fevrier 1759.   F.

(Archiv-Acten vol. 289).

Ce 3me Fevrier 1759.

** Monseigneur,
Je ne sais, Mgr., si l'isle de Gorée est de cette importance; il me semble que V. A. S. feroit bien de s'informer auprés du Gen. Waldgrave, ou de le faire faire par Reden, afin qu'on sut à peu prés, ce qu'on fera en Angleterre; car je crois que quoique les rejouissances feroient plaisir aux Anglois, on les doit faire avec menagement, vû que les Te Deum en tant que ceremonies perdent de leur merite, si on les chante pour trop peu de chose, et qu'on donne matiere aux Ennemis de critiquer.

(Archiv-Acte vol. 249).

Ce 6me Fevrier 1759.

** Monseigneur,
A moins que V. A. S. ne veuille ordonner, qu'un detachement des Troupes Hannovriennes fit l'escorte des recrues, qui doivent aller d'Embden à Minden, je crois qu'il faudra avoir recours aux Huzards de Jeanneret. Les Hanovriens pourroient le faire avec plus de facilité,

vû qu'ils pourroient faire de relais. Savoir on prendroit un detachement de ceux qui sont le plus proches de l'Ostfrise, qui feroit le transport jusqu'à Quakenbrugge. Un second les meneroit de là à Minden. · (Lucanus).

＊ Il faut envoïer l'ordre à la Cavallerie Hannovrienne d'escorter les recrues prussiens d'Embden jusquà Minden. Sur cela l'on prendroit le concert avec le Collonel de Reden. Les Regts. de Charles Breitenbach et de Reden Cavallerie de même que Grothaus pourroient s'en acquitter. Le duc de Holstein seroit à avertir de cela; comme aussi du reste des transports de Minden à Halberstadt par les Prussiens, que cela put se faire, mais que je voulois savoir la force de ce detachement et le jour quand il partiroit.

Ferd.

. Ce 6ᵐᵉ Fevrier 1759.
Au Secretaire Westphal.

(Archiv-Acten vol. 248.)

Ce 3 1ᵐᵉ J a n v i e r 1759.

＊＊ Monseigneur,
J'ay lû les plaintes du Colonel Parcker, que Mr. Keith a marquées au Colonel Reden de la part de Mylord Waldgrave. Si je fais attention au Raport du Sieur Lentz*), je crains que la pluspart de ces plaintes ne soyent frivoles.

J'ay pensé aux moyens, pour y remedier; je serois d'avis d'y envoyer un Commissaire, pour composer les differents à l'amiable. Il me paroit necessaire de prendre une plus ample connoissance des Faits même; ce qui ne se pourra que sur les lieux meme. V. A. S. pourroit nommer pour Commissaire le Major General de Finckenstein.

＊ Le Major Général Comte de Finckenstein est arrivé ici. Ne sera-t-il pas necessaire de le munir d'une instruction pour examiner les griefs des deux partis?

Le Capitaine Bauer des Hessois est ressorti hier. Je me flatte donc qu'en peu je pourrai l'envoïer en Hesse.

Ferdinand.

Ce 7ᵐᵉ Fevrier 1759.
Au Secretaire Westphal.
C'est de moi.

(Archiv-Acten vol. 249.)

Ce 7ᵐᵉ Fevrier 1759.

＊＊ Monseigneur,
Les pièces qui se raportent aux plaintes du Colonel Parcker contre le Magistrat d'Embden doivent se trouver parmi les papiers de V. A. S. — Reden doit en avoir quelques unes, savoir les billets de Mr. Keith. Je n'en ay que la Reponse de Mr. Lentz, qui se trouve ci-joint.

---

*) N. d. H. Lentz war Kammer-Präsident in Aurich.

✳ La répresentation de la Regence de Paderborn*) peut être portée devant la commission, afin que celle-là y decide et arrange le tout conformement à la situation des affaires. Il faut donner part au Prince d'Ysembourg, au Prince de Holstein et au Prince de Anhalt, ou Gilsae, qui des deux sera astheure sur la Werre, de l'apostille de la lettre du Pr. Héréditaire ci-jointe, afin que tout aille d'un commun concert.

Ce 7me Fevrier 1759.   F.

Archiv-Acten vol. 249).

Ce 7me Fevrier 1759.

✳✳ Monseigneur,

Voicy, Monseigneur, les ordres qu'Elle m'a donné de dresser pour les Princes de Holstein, d'Ysembourg, et d'Anhalt.

Le Prince Hereditaire et le Prince de Holstein étoient avertis, en quel cas ils devoient assembler leurs Troupes, le premier à War- bourg, le second à Brilon; et cela suffiroit selon moy.

Si V. A. S. Leurs mande dès apresent que Son dessein est de marcher sur Cassel, la disposition de V. A. S. ne restera plus un secret, et perdra cet avantage, qu'on a toujours en la cachant à l'ennemy. V. A. S. a senti Elle-même, que le cas pourroit exister, que le Prince de Holstein dût marcher plustot sur Fritzlar que sur Cassel. Puisque le Duc de Holstein ne pourra choisir, le quel aura lieu, V. A. S. sera toujours obligé de le determiner, et ne gagne par consequent rien, en ecrivant sur cela d'avance.

Pour le Prince d'Anhalt, il paroit pareillement douteux, s'il vaut mieux d'ajouter encore quelque chose à ce que V. A. S. luy a mandé dejà. Le corps de celuy-ci n'a d'ailleurs pas besoin de se rassembler dans un Rendez-vous particulier; chaque Regiment peut d'abord marcher du quartier où il se trouve à Cassel; en sorte qu'il n'est pas necessaire, qu'il soit averti d'avance.

Il est vrai, que V. A. S. veut, qu'ils prennent entre eux un con- cert. Mais chaque concert est subordonné à une vüe finale; cette vüe elle-meme, dans le cas present, est dependante des manoeuvres, que les ennemis feront encore: en sorte, qu'il seroit impossible, que les dits Princes puissent se concerter dès apresent; V. A. S. sait d'ailleurs, qu'il n'y a parmi eux que le Prince Héréditaire, qui fût capable d'arranger un tel projet, et que si les autres devoient meler leur senti- ment, il n'y en resulteroit le meilleur plan. Mais surtout parceque V. A. S. compte d'aller Elle-meme en Hesse; je suis d'opinion, qu'Elle se reserve à Elle-meme de donner Ses ordres, puisqu'il est impossible de les donner dès àprésent.

Selon moi, il suffit, que le Prince Hereditaire, le Prince de Hol- stein et le Prince d'Ysembourg assemblent leurs corps respectivement autour de Warbourg, de Brilon et de Fritzlar, dès qu'ils aprendront que les François s'assemblent. En attendant qu'ils s'assembleront à

---

*) N. d. H. Dieselbe betraf wahrscheinlich Lieferungen für die Armée.

ces differents Endroits, V. A. S. ne manquera pas de temps, de donner
à tous les ordres qui conviendront le plus à chacun; la marche sur
Cassel c'est un point principal; mais il le faut garder in petto.

Cependant comme je ne crois jamais mes sentimens preferables,
en qui que ce soit, je me borne à les marquer seulement en sous-
mission à V. A. S. Et si Elle ne les trouve pas à Son gôut, Elle
pourra signer les ordres ci-joints*).

Si V. A. S. me demandoit ce que je croyois necessaire de faire
d'avance; le voicy: 1mo d'ordonner au Prince d'Ysembourg, de faire
construire 20. grands fours à Cassel. Dès que la necessité existeroit
de marcher en Hesse, une partie proportionnée des Boulangers iroit
à Cassel; sur cela il faudroit en son temps un ordre à Mr. Hunter,
ainsi que sur l'envoi d'un Commissaire pour diriger les subsistances
du Corps d'armée qui y agiroit. 2do Il faudroit songer sur une Disposition pour assembler le reste de l'armée dans le cas que l'armée
Contadienne passat le Rhin pendant l'absence de V. A. S.

(Archiv-Acten vol. 332.)

* J'accede et je me rend à Vos raisons; Pour cet éffet je Vous
renvois les ordres deja expediés; Ou au moins je les retiens. La seule
chose que j'ai craint et qui m'a portée à desirer de faire parvenir
d'avance ces ordres aux généraux, a été, àfin qu'ils n'eussent de pretextes de dire dans la suite, qu'ils n'avoïent point eu des instructions
suffisantes. Pro secundo je crains et j'apprehende, que mes ordres ne
leur parviennent trop tard; et que par consequent il y ait quelque
chose d'essentiel de negligé par là. Ce sont les raisons qui m'ont fait
desirer l'expedition des ordres susdits. Je trouve cependant Vos argu-
ments que Vous m'allegués, si sollides que je me desiste de mes
premiers souhaits.**)

Quand croïés Vous donc que l'ordre pour les fours parvienne au
Pr. d'Ysembourg? En seroit-il temps des astheure? Car l'on ne battit
pas du jour au lendemain un pareil nombre de fours, par consequent
il y faudroit quelque preparation d'avance. Et puis, quel est le moment
propre ou partie des Boulangers de Lippstaedt s'y transporteroient?
Il en est de même avec le Sieur Hunter, et par raport au Commissaire
pour diriger les subsistances du Corps d'armée, qui y agiroit, pour
savoir, quand il seroit necessaire, que je leur fisse parvenir mes ordres
en consequence. Craignant toujours par le delai de negliger quelque
chose, et que quand les ordres se donnent au derniers moments, si
pressement, il n'y ait quelque chose d'oublié.

---

*) N. d. H. Die drei Ordres an den Prinzen von Ysenburg, den Herzog von Holstein und
den Prinzen von Anhalt, von Westphalen in deutscher Sprache redigirt, liegen, unvollzogen,
in den Acten, mit dem Vermerk von der Hand des Herzogs Ferdinand: „Ist nicht expediret
worden."

**) N. d. H. In seiner grossen Sorgfalt und dem stets lebhaften Gefühl der auf ihm
ruhenden Verantwortlichkeit, bemächtigte sich des Herzogs F. nicht selten eine gewisse Ungeduld; jedoch das unbeschränkte Vertrauen zu seinem kälter urtheilenden Freunde, und die
Gewohnheit, Alles mit diesem zu berathen, schützten ihn vor übereiltem Handeln.

Le second point est extrement essentiel et demande une mure reflexion. Vous me disiés, que pendant ma derniere absence Vous y reflechiriós? L'avés vous fait? Et avés-vous couché quelque chose par écrit en consequence?

Si non je vous prie d'y reflechir un peu, et de me communiquer vos idées là dessu.

Ce 8me Fev. 1759.   F.

(Archiv-Acten vol. 249.)
                                        Ce 9me Fevrier 1759.

     ** Monseigneur
Comme V. A. S. a daigné aprouver mes idées, qu'il étoit encore trop tôt de donner les ordres pour la marche actuelle en Hesse, j'ay crû que je devois retenir la ci-jointe*) à cause de l'apostille. Comme cependant la lettre même contient une reponse à une lettre de Mgr. le Prince; j'ai l'honneur de mettre un autre exemplaire à Ses pieds.

                                        Ce 10me Fevrier 1759.
     ** Monseigneur,
Je croirois Monseigneur, que le moment d'envoyer les instructions en question est celuy, qu'Elle aprendra qu'on remue sur le Mayn.

(Archiv-Acten vol. 249.)
     ** Instruction
pour Monseigneur le Prince Hereditaire.

V. A. est prevenûe du cas, qui exige le rassemblement des troupes dans le Paderborn. C'est le premier pas. Je m'en vais L'instruire du second:

1. Des que V. A. donne l'ordre pour le rassemblement des troupes, Elle fait partir les Boulangers de Lipstadt à Cassel. Le Prince d'Ysembourg fait construire en cette ville 20 grands fours pour la cuisson du pain. Les Boulangers commencent à travailler dès leur arrivée à Cassel. Il s'y trouvera un Commissaire, chargé de cette partie ainsi que du reste de la fonction du Commissariat.

2. V. A. me marquera le jour que les troupes pourront partir de leur rendés-vous de Warbourg, sans attendre cependant mes ordres ulterieurs, pour se mettre de là en marche. Elles se pourvoient de pain et de fourage pour la marche, et il faut qu'à leur arrivée à Cassel elles en ayent encore le reste pour les trois jours suivants.

3. Toute l'infanterie du corps de V. A. va à Cassel, et y est mise en quartier. La cavallerie prend ses quartiers dans les villages les plus voisins de la ville. Je vous avertis, que le Duc de Holstein marche de Brilon par Corbach sur Neidenstein, où il mettra Ses troupes en cantonnement. Le Prince d'Ysembourg retrecira en même temps ses quartiers.

---

*) N. d. H. Die Beilage ist die nachfolgende Instruction für den Erbprinzen von Braunschweig, datirt Münster den 9. Febr., von Westphalen's Hand.

4. V. A. enverra ordre au meme moment qu'Elle assemblera Ses troupes à Warbourg, aux Regiments des Fusiliers et de Hammerstein de se mettre en marche vers Cassel par la route la plus droite. Je crois qu'en six jours de temps ils y pourront arriver. Quand au pain et au fourage, il faut qu'ils s'y prennent de façon d'en avoir à leur arrivée à Cassel pour les trois jours suivants de reste. Le Regiment des Fusiliers est mis en quartier dans la ville; la cavallerie se mettra dans les villages les plus voisins de la ville au delà la Fulda.

5. Le General Gilsae sera averti à temps par V. A. pour qu'il arrive à Cassel le même jour avec Vous. L'infanterie sera mise dans la ville; les 4 Escadrons de Dachenhausen occuperont les villages les plus voisins au delà la Fulda. Le jour d'auparavant un bataillon de milice hessoise marchera de Cassel à Münden; de quoy vous l'avertirés à temps. Le general Gilsae prend quant au pain et au fourage les mêmes mesures, que j'ay detaillé plus haut: de quoy V. A. l'avertira.

6. La grosse artillerie marche droit à Cassel; il faudra luy assigner une place convenable pour être parqué soit dans la ville même, soit dans ses environs. Pour les chevaux je crois qu'ils seront le mieux placés au delà la Fulda dans les villages les plus voisins.

7. La même chose s'entend des pontons; tant ceux-ci que la grosse artillerie se pourvoyent de pain et de fourage comme les troupes.

8. Le gros train de vivres suit les troupes; il peut occuper quelques villages au dessous de Cassel.

9. Je me raporte au reste à ma lettre que j'ai ecrite à V. A. il y a quelque temps sur ce qui regarde le gros bagage, et autres points à arranger au depart du Paderborn.

10. Comme la marche fera des malades, il faudra établir un hopital à Munden. On y enverra les malades de Cassel, soit par eau soit par chariot.

11. Il sera necessaire d'avoir un bon nombre de bateaux prets tant à Cassel, qu'a Munden, pour s'en servir selon les differents besoins qui existeront. V. A. en donnera les ordres necessaires, soit au commissaire, qui se trouvera à Cassel, soit autrement.

12. Vous n'oublierez pas d'avertir le Duc de Holstein du jour de votre rassemblement et de Votre marche à Cassel, ainsi que de tout ce, que Vous Luy trouverés necessaire de Lui faire savoir.

Münster ce 9. Fevr. 1759.

F.

(de la main du Duc.)

Je serois d'avis de faire venir un nombre proportionné de Milices et d'Invalides de Hameln à Paderborn, pour la garde des équipages et des malades.

(Archiv-Acta vol. 289.)

✳✳ Au Marquis d'Armentières.

✳✳ Monsieur   Ce 9. Fev. 1759.

Si votre humanité et la facon noble de penser dont vous faites profession, ne m'etoient pas connües; je le croirois superflû, de vous parler de l'etat de misère où le païs de Cleves et celuy de Meurs se trouvent reduits. La guerre a des maux à sa suite qui sont inevitables; mais un siecle eclairé devoit ou ignorer ou abhorrer ceux qui sont arbitraires. Je ne sais, Monsieur, si l'on a eû egard à ce principe dans les contributions qu'on exige du dit païs de Cleves, puisqu'elles surpassent infiniment ses facultés: Si l'on persiste à les exiger on reussira seulement à faire un desert d'un païs qui a eté bien cultivé, et à faire rejaillir les memes malheurs sur d'autres provinces. Je suis persuadé, Monsieur, qu'un objet ou l'humanité reclame ses droits, ne vous sera jamais indifferent, et que si vous le pouvés, vous reduirés à des termes de possibilité ces demandes sans bornes.

J'ay encore une seconde faveur à vous demander; c'est de faire relacher les ôtages de la comté de Marck sur leur parole de se representer toutes les fois, qu'ils en seront requis. Vous n'ignorés pas, combien cette comté a soufferte, et quelles grandes sommes elle a deja payées. Quoique chaque particulier de ce païs s'en ressente, les ôtages et leurs familles s'en ressentent doublement.

Comme je suis convenû avec Mr. le Comte de St. Germain d'une espece de neutralité pour ce païs; vous y trouverés peutetre une raison de plus de n'apesantir pas le fardeau qu'il a porté sur quelques familles particulieres, et de rendre, du moins pour quelque temps les péres et les maris aux cris des femmes et des enfans, qui ne cessent de les demander.

Je saisis cette occasion de vous renouveller les assurances de cette haute estime avec laquelle je suis etc.   F.

                              à Cleves le 14 Fevr. 1759.
        Monseigneur,
Je reçois la lettre dont votre Altesse m'honore du 9. Fevrier. Rien pour moy ne sera plus agréable que de luy donner des marques de la plus grande déférence à ce qu'elle peut désirer. Je sens et je partage la misere du pays de Cleves et Meurs et je voudrois pouvoir les soulager. Mais il me semble en meme tems qu'ils n'eprouvent dans ce moment-cy que les maux que la guerre entraine forcément. S'ils en éprouvoint d'autres, j'y porterois le plus prompt remede, dès que j'en serois instruit. Je viens même de voir avec satisfaction, la bonne armonie qui règne entre le soldat et l'habitant, en visitant mes quartiers.

il n'y a point d'otage du Comté de la Mark au quartier général; il m'en est venu trouver un à Dusseldorff; mais je ne say, Monseigneur, s'il n'y a pas quelque embarras pour ce que Vous me faites l'honneur

de me demander à cause des otages de Braban, qu'il me semble que
vous gardez. La loi ne doit elle pas être egale pour les otages?
J'en fais Jugé Votre Altesse. S'il est un moyen pour les renvoyer
sur leur parolle, je me preteray avec empressement à faire ce que
vous desirez, Monseigneur, et je me trouveray heureux de pouvoir
vous donner des marques du respect avec lequel j'ay l'honneur d'etre

Monseigneur

de Votre Altesse

le tres humble et tres

obeissant serviteur

Armentieres.

(Lucanus'sche Sammlung.)

* Le Sieur Hunter m'est venu trouver hier au soir encore fort
tard, m'a lu la lettre du Duc de Niewcastel, par laquelle il marque,
que l'on accordoit, qu'il se chargeat des chariots du train. Puis il
me fit remarquer qu'il desireroit fort, que je soussscrivis le memoire de
Münchhausen, pour lui donner plus d'autorité, de même que toutes les
instructions, dont je lui avois fait donner copie. Tout cela, dit il,
parceque les formalités en Angleterre l'exigeroïent ainsi. Mais il m'a
paru remarquer qu'au travers de tout cela penetre un fond de vanité.
Il dit entre autre, que le General Waldgrave lui avoit dit, qu'il devoit être membre de la Commission des quartiers d'hiver, mais qu'il
voïoit bien, à quoi cela tendoit, puisque ces messieurs vouloïent se
soustraire de l'odieux, qui se trouvoit en tout cela, et de l'en charger Lui. Il ajoutat à tout cela, que pour donner plus de force à
tous mes ordres et ordonnances faites, que je serois obligé de les
renouveller, pour qu'ils fussent mis en execution. J'ai voulu un peu
Vous mettre au fait de tout ceci, pour que Vous voïés, avec qui j'ai
à faire, et que Vous apprenniés toujours d'avantage à connoitre le
charactère du dit Sieur Hunter et sa façon de penser.*)

Ce 9me Février 1759.   F.

Au Secretaire Westphal.

* Les pieces que Massow le President m'a presenté hier touchant
la contribution des biens des Ecclesiastiques, il me l'a envoïé dans
la vue tant pour mon information particuliere, que pour en faire usage
en Angleterre. Il s'attend encore à une gratification de la part du
Roi d'Angleterre au sujet de ce qu'il a servi l'année 1757. auprès du
Commissariat de l'armée du Duc de Cumberland. à cause de l'idée de
l'envois de toute cette affaire il m'a envoïé un des exemplaires in
duplo et en latin de l'Indult du Pape.

Ce 10me Fevrier 1759.   F.

Au Secretaire Westphal

C'est de moi

Touchant le President de Massow.

---

*) N. d. H. Vergl. Geschichte der Feldzüge Bd. I. S. 112. ff. S. 541.

✳ Je Vous prie, mon cher, de repondre à ceci convenablement.*)
Je ne vois pas, par où, ou par quel motif je dois leur relacher quelque chose, vû qu'ils temoignent si peu de bonne volonté dans la
moindre chose, qu'ainsi ils ne se trouvent pas encore dans le cas, que
je leur puisse relacher quelque chose. Mes arrangements sont une
fois pris et reglés, qu'ainsi je ne puis point y alterer quelque chose.
Pour l'amour d'eux je ne puis point negliger l'interet du Roi et de
Son armée. Qu'ils s'arrangent et qu'ils se conforment de bonne grace
à ce qui a eté exigé d'eux. Ils veulent par des flatteries me gagner;
Elles sont au dessous de moi. Je ne puis point être pirouette, mes
sentiments sont invariables. Ils veulent toujours gagner plus de
temps, par leurs delais, j'en suis las, et je veux voir les effets. Le
15. de ce mois est la dilation pour le reste du premier terme, et le
second terme est aussi échoué, c'est pourquoi qu'ils font cette
representation. Je Vous prie d'y dresser une reponse noble et
ferme.

　Ce 11ᵐᵉ Fevrier 1759.　　　　　　　　　　　Ferdinand.

　　　　　　　　　　　　　　　　　　　　　　　(Lucanus.)

✳ Quand les autrichiens auront occupé aussi Ziegenhayn, Je crois
certainement, que les François remueront alors. Ne seroit-il pas necessaire, que le Pr. Henri soit averti de tout ceci?

Ne conviendroit-il pas de faire parvenir tout ce qui est necessaire
aux Princes Héréditaire et de Holstein?

　Ce 11ᵐᵉ Fevrier 1759.　　　　　　　　　　　F.

Au Secretaire Westphal
　　c'est de moi.

✳ Je ne vois guere à quoi l'occupation de Ziegenhayn mène;
vû que c'est trop loin pour le soutenir. Les raisons du Pr. Héréditaire ont aussi du poid. Je Vous prie, de m'en dire Votre sentiment,
et de coucher la reponse en consequence.

Le Prince m'a envoïé le Lieut. Decken en courier avec ce paquet.
Il faut Lui faire bientôt reponse.

　Ce 11ᵐᵉ Fevrier 1759.　　　　　　　　　　　F.

(Archiv-Acten vol. 249.)

　　　　　　　　　　　　　Ce 11ᵐᵉ Fevrier 1759.

　✳✳ Monseigneur,

Voici, Monseigneur, mon sentiment sur la Depeche de Mgr. le
Prince Héréditaire.

Le Detachement ennemi venû à Hirschfeld ne me paroit être encore qu'un poste avancé de l'Ennemy; par consequent les mesures à
prendre ne doivent être que proportionées à cette Demarche.

Si V. A. S. fait un detachement de troupes reglées à Ziegenhayn,

---

*) N. d. H. Wahrscheinlich eine Vorstellung wegen der Contributionen im Fürstenthum
Münster.

Elle se verroit obligée de le faire soutenir; ce qui derangeroit la position du Prince d'Ysembourg, et pourroit faire naitre la necessité de marcher plustôt en Hesse, que sans cela on n'auroit pas fait.

C'est pourquoi je serois d'avis, de n'envoyer que tout au plus deux cent chasseurs à Ziegenhayn; qui suffiroient pour s'y soutenir contre des attaques d'Huzards, et qui se retireroient si des Troupes reglées avançoient; Le gros des chasseurs devroit être mis à Hombourg, de même que les huzards hessois; peutêtre seroit-il à propos, de faire marcher un ou deux Escadrons d'huzards noirs en Hesse, pour faire tête aux huzards autrichiens, ou pour tenter quelques coups de main sur eux.

Enfin je suis d'opinion, de ne mettre en mouvement que les Troupes legeres, et de n'entamer rien avant le moment requis. Alors, si Ziegenhayn fut même occupé, ce seroit un peu de le reprendre. J'aprouve fort que V. A. S. veut écrire au Prince Henri; je croirois au Roi de même. Le moment n'existe pas encore, de marcher en Hesse. Mais si V. A. S. veut envoyer les instructions aux deux Princes, il faudroit exiger d'eux un profond secret, et exiger surtout, qu'ils n'en fissent part à qui que cela fut.

(Lucanus.)

* Je suis entierement de Votre sentiment. Vous voudrés dresser la reponse en consequence au Pr. Héréditaire, de même par raport à l'envois des instructions aux deux Princes, sous le sceau du plus grand secret, et que rien n'en transpire.

Ce 11ᵐᵉ Fevrier 1759.   F.

* Avec l'une l'on enverra un chasseur au Duc de Holstein, avec l'autre Decken sera expedié pour le Prince Héréditaire; ainsi Vous me la renverrés quand elle sera cachettée, pour que je la Lui puisse remettre moi même. Il aura un de mes chasseurs avec, Dehnert par exemple, qui y restera à Paterborn jusqu'à ce que le Prince m'avertit de Son rassemblement.

Ce 11ᵐᵉ Fevrier 1759.   F.

(Archiv-Acten vol. 249.)

Ce 11ᵐᵉ Fevrier 1759.

** Monseigneur,

Dehnert est à Fritzlar, y ayant été envoyé il y a quelque temps; il n'en est pas encore de retour. Mais Weber pourroit aller avec Mr. de Decken.

** Monsieur

mon tres cher amy,

Votre cherissime Lettre No. 9. du 6. de Fev. m'a été rendüe il y a trois jours. S. A. S. vous rend milles graces de cet Extrait de Lettre de Francfurth. La marche de ces trois Regiments dans le païs de Fulda etoit quelque chose de nouveau. Nous venons d'aprendre que les autrichiens sont entré en Hesse; ils ont commencé par occuper

Hirschfeld; Les huzards de Sezeni s'en trouvent. Cela jette l'allarme
dans toute la Hesse; Les habitans de Cassel craignent d'y voir rentrer
l'ennemi d'un moment à l'autre. Cependant nos nouvelles de la Lahne
et du Meyn ne disent point que les François remuent. On nous
marque plustot, que le prince de Soubize est parti pour la France.
    Ce courier porte la ratification de la Ratification du Duc de la
prolongation de son Traité avec S. M. B. sous les conditions que je
vous ay marquées. Cela doit rester un secret. Le Duc craint de se
commettre avec la cour de Vienne. Ainsi je vous suplie de n'en faire
mention envers qui que ce soit.
    Le Duc vous prie Monsieur de faire million de compliments et
les assurances les plus fortes de son inviolable attachement à S. A. S.;
ayés la Bonté de me mettre à ses pieds.
    Ce 11. Fev. à 4 h. de l'aprés midi.

Arrivé ce 12me Fev. 1759.
entre midi et 1 heure.
No. 13.

    Monsieur Mon Cousin. J'ay bien recu la lettre du 28e de janvier
que vous avez voulu me faire (déchiffré), „et Vous suis bien obligé
„des avis trés interessants dont vous m'avés fait Communication. Mes
„affaires ne sont pas en etat que je puisse me remuer actuellement;
„il manque cinq mille Chevaux sur le Corps de Cavallerie, que j'ay
„ici en Silesie; les Regiments ne sont qu'à moitié complets; les Regi-
„ments d'Infanterie n'ont ni habits, ni tentes, ni marmites. Cependant
„tout cela sera complet s'il plait à Dieu vers le dix de Mars, et vers
„la mi-mars alors je pourrai être en etat de me présenter devant
„l'Ennemi. Malgré cela comme il est necessaire, d'empecher l'Ennemi,
„de faire des magasins à Erfort et à Gotha, j'ay commis à mon
„Frère de les en chasser vers la fin de ce mois, et je crois que le
„Prince d'Ysenbourg pourra fort faciliter cette Operation en s'avançant
„du Côté de Vacha, et comme j'ay chargé mon Frére, d'entretenir
„correspondance avec Vous sur cette affaire, je m'y remet. Vous voyés
„par la Lettre de Monsieur Choiseul que le Projet de l'Ennemi dans
„cette Campagne est de porter toutes ses forces contre moi, je ta-
„cherai de fortifier mon Frére en Saxe, pour qu'il soit en etat de
„soutenir son point. Ma propre besogne sera très difficile, car Daun
„veut attaquer avec une armée en haute Silesie, et ils veulent faire
„entrer les Russiens en Silesie du Côté de Carolath, pour faire une
„nouvelle Diversion de ce Côté là; Vous comprennez vous même, que
„si je ne complette pas mes Trouppes à têms, qu'il me sera bien dif-
„ficile de resister à tant de forces superieures, à moins qu'un change-
„ment favorable dans les affaires generales ne vienne à mon Secours.
„Le commencement de cette année est plus critique que celui de
„l'année passée. je ne vois pour vous qu'à soutenir le païs de Münster
„et la Hesse et en cas que la Guerre se porte du Côté de la Thuringe,

„de faire agir le prince d'Ysenbourg de concert avec mon Frère." Je suis avec des Sentiments distingués

Monsieur Mon Cousin

de Votre Altesse

à Breslau   le bon Cousin

ce 6ᵐᵉ Favrier 1759.   Federic.

No. 10.

ce 12. Fev. 1759.

✱✱ Au Roy,

La très gracieuse lettre de V. M. du 6. vient de m'etre rendüe. je vois avec plaisir que Mgr. le prince Henry agira; comme V. M. me renvoit à Luy, j'attendray ce qu'il voudra bien me marquer tant en reponse à mes lettres que je luy ai ecrites sur ce sujet, qu'ensuite de l'entrevüe qu'il a eû avec V. M.

Il n'y a point de troupes ennemies à Gotha; il n'y en a que peu à Erfurth; tout ce gros corps autrichien venû de la Boheme, et de ses Frontieres, occupe une partie de l'eveché de Fulda, et s'etend de là jusques à Cobourg; Les postes avancés occupent la Werre, l'Alster en s'etendant jusques à Hirschfeld. Il me paroit vraisemblable, qu'ils resteront encore quelque temps dans cette position; tant pour se preparer eux memes, que pour donner le temps aux Francois d'achever leurs preparatifs.

Si Mgr. le Prince Henry entame vers la fin de ce mois, comme V. M. veut bien m'en prevenir, Gotha et Erfurth, il en viendra facilement à bout; mais V. M. n'en tirera pas beaucoup de profit, puisque cette Expedition ne portera nullement sur le gros de ce corps autrichien. Si au lieu de celà S. A. R. marchoit sur Wurtzbourg, pendant que j'avancerois avec 26 à 27 mille hommes soit sur les autrichiens soit sur les Francois, selon l'etat des affaires qui sera alors, nous derangerions bien autrement les projets ennemis.

J'ay dit à V. M. que je pourrois me mettre en marche le 20. de ce mois; la difference ne sera pas notable, si j'attends la fin du mois, si Mgr. le prince Henry ne peut pas commencer plustot.

Mais je ne saurois cependant remettre l'expedition à un terme trop reculé, crainte de n'en pouvoir revenir à temps icy. Si cette expedition n'a pas lieu; tout ce que je pourray faire alors, sera de porter le corps du prince d'Ysenbourg jusqu'à un pié de 16 mille hommes, ou 13 mille hommes effectifs à peu pres; et quoique surement je ne feray jamais la moindre difficulté de le faire agir en faveur de l'Expedition que Mgr. le prince Henry doit tenter sur Erfurth, il se pourroit cependant, que si les François remuent en attendant, il ne sauroit absolument pas quitter les bords de l'Eder; ou si meme ce cas n'existe pas, je ne pourray cependant pas degarnir tout à fait cette rivière, en sorte que ce ne seroit qu'un foible corps de 6 à 7 mille hommes qui pourra marcher sur Vacha selon les desirs de V. M.

j'ai apris par des lettres de tres fraiche Date; que Mr. de Belleisle n'est plus d'accord avec le Duc de Choiseul; et que l'un se trouve dans le chemin de l'autre. On regarde d'ailleurs une guerre en Italie comme inevitable si la mort du Roy d'Espagne survient.

J'ay l'honneur d'etre etc.   F.

(Archiv-Acten vol. 249.)   (Ce 11me Fevrier 1759.)

※※ Monseigneur,

Je croirois que V. A. S. pourroit ajouter à la lettre du Roy de main propre: „J'ay apris de bonne part, qu'on travaille à porter le „Roy très chretien à se mettre à la tête de son armée, pour rendre „aux troupes cette assurance qu'elles paroissoient avoir perdüe. On „ne doute plus à Versailles que le Roy de Sardaigne ne saisisse „l'occasion de la mort du Roy d'Espagne, pour tacher de s'agrandir."

                              (Lucanus)

※ Si je fais attention aux Sommes qui doivent être passées à l'Electeur de Collogne, et que d'un autre coté je reflechi à ce que Ammon,*) je crois, me marquat, que tous les Commandés et congediés des Trouppes de l'Electeur avoïent ordre, de se rassambler tont d'un coup à Bon, je commence à soubçonner, qu'il y a quelque chose de caché la dessous. Je Vous prie d'y reflechir et de me dire ce que Vous en pensés. Il faut que je Vous dise encore une chose, savoir, que le Lieut. Collonel de Gohr ne se montre pas de tout. Je ne sais absolument ce qu'il fait. Cependant je suis parvenû à aprendre qu'il se trouve logé dans une maison où il y a deux demoiselles logées, filles de ce Schücking, qui se trouve comme president ou chancellier à la Diette des Etats du Bas-Rhin, et dont Ammon m'en a fait tant de fois part. Il doit être dans de très étroites liaisons avec ces filles. Soit que l'amour, ou soit que d'autres motifs de trahison ou de perfidie, y donnent lieu.

Ce 12me Fevrier 1759.   F.

     Au Secretaire Westphal.

       C'est de moi.

(Archiv-Acten vol. 289.)

     ※※ Instruction

für den General von der Infanterie

Herrn von Spörcke.**)

Euerer Excellenz kann ich nicht verhalten, dass sich die Umstände in Hessen solchergestalt anlassen, dass es eine Nothwendigkeit seyn mögte, mit einem Theil der Armée dahin zu marchiren, um womöglich die feindlichen desseins zu derangiren.

Ich habe Ursache zu glauben, dass, wenn dieser Theil der Armée

---

*) N. d. H. Preussischer Gesandte beim Nieder-Rheinischen Kreis-Directorio. Vgl. dessen Correspondenz mit dem Herzoge aus dem Jahr 1760 (März und April), wo dieselben Feindseligkeiten sich wiederholten.

**) N. d. H. Die unterstrichenen Worte sind vom Herzog F. eingeschaltet.

sich von den Ufern der Lippe entfernt, die Feinde davon zu profitiren suchen und einen Versuch auf Münster machen dürften. Um nun solchen gleichfalls zu vereiteln, erachte ich nöthig, Euere Excellenz über folgende Punkte zu instruiren.

1. Sobald Euere Excellenz Nachricht erhalten, dass sich die Feinde auf jener Seite des Rheins zusammenziehen und Miene machen, den Fluss zu passiren; so senden Dieselben an alle im Osnabrückischen und längs der Ems einquartirten Truppen Ordre, erstlich sich stündlich marschfertig zu halten, und in ihren Quartieren sich zu resseriren, und zweitens sich solchergestalt in ihren Quartieren wegen Brod und Fourage zu arrangiren, dass sie beym Aufbruch aus solchen auf 6 Tage mitnehmen können.

2. Sobald Euere Excellenz nicht mehr zweifeln, dass die Feinde wirklich den Vorsatz haben, den Rhein zu passiren, so setzen sich alle vorerwehnte Truppen auf Münster in Marsch. Eure Excellenz lassen zugleich die zu Lipstadt sich befindlichen 406 Mann Hannöverische Invaliden nach Warendorp marschiren; das Bataillon von Sachsen-Gotha marschiret hingegen von Warendorp auf Münster.

3. Sobald die Feinde den Rhein passiren, wird der Cordon zusammengezogen, und zu Haltern, auch zwischen Cosveld, Dülmen und Lüdinghausen einquartiret.

4. Die aus dem Osnabrückischen und von längs der Ems, auch von Warendorp ankommenden Regimenter müssen zu Münster, Telligt, Wolbeck, Hiltrup, Hülshof, und Holzhausen, imgleichen auf den Dörfern, welche zwischen dieser Kette und derjenigen, so durch Cosveld, Dülmen und Lüdinghausen gezogen wird, einquartiret werden.

Das ganze corps d'armée würde aus 27 Bataillons und 35 Escadrons, exclusive der Husaren-Escadrons von Luckner und von Jeanneret, bestehen. Das Corps von Scheiter, die Jäger und Bückeburger gehören mit zu diesem corps d'armée.

Wenn 10 Bataillons zu Coesveld, Dülmen und Lüdinghausen, und 12 Bataillons zu Münster einquartiret werden; so können die übrigen 5 Bataillons zu Wolbeck, Telligt, Hiltrup, Hülshof und Holzhausen gar füglich bequartiret werden. Die Cavallerie würde auf denen Dörfern zwischen den erwehnten zwey Ketten einquartiret werden müssen. Alles dieses ist in angebogenen Marsch- und Einquartirungs-Project des Mehreren zu ersehen.*) Die Artillerie marschirt nach Münster.

5. Alle leichte Truppen werden vor dem durch Coesveld, Dülmen und Lüdinghausen gehenden Cordon einquartiret. Sie sollen insgesammt unter der ordre des Obristen Carl Breitenbach stehen, welcher bei dem Cordon die Function von General-Major verrichten wird. Eure Excellenz müssen denselben über folgende Puncte schriftlich instruiren: Erstlich, dass er die leichten Truppen gebraucht, den Feind zu observiren, und zweitens, dass er durch selbige alle Fourage aus

---

*) N. d. H. Dies Project sub lit. F., unterzeichnet von Gohr, befindet sich in den Acten vol. 249.

denen vorwärts gegen den Feind liegenden Dörfern und Aemtern beytreiben lasse. Diese Ausleerung von Fourage ist eine höchst nothwendige Sache, theils um unseren Truppen die Subsistenz zu erleichtern, theils um solche dem Feind zu benehmen. Sie muss deshalb mit
grosser Sorgfalt vollzogen und dahero darin mit Ordnung procediret
werden. Mit denen am weitentlegensten Dörfern wird der Anfang gemacht. Die Fourage wird theils nach Dülmen, theils, und zwar der
grösste Haufen, nach Notteln gebracht.

Eure Excellenz avertiren davon den General-Intendanten; welcher
Leute ansetzen muss, die Fourage allda ordentlich in Empfang zu
nehmen. Zu Ausleerung eines Dorfs oder Amts müssen ein oder mehrere Offiziers mit hinlänglichen Commandos beordert werden; die erstlich dahin sehen, dass nichts in denen Dörfern übrig bleibe, und zweitens, dass Alles, was geladen worden, richtig nach Dülmen und Notteln
abgeliefert werden müsse.

Sowie die Ausleerung vollzogen worden, müssen Pferde und
Wagen aus allen vorwärts liegenden Dörfern, und deren sich der
Feind bedienen könnte, ohne Nachsicht weggenommen, und zur Disposition des General-Intendanten übergeben werden, welcher solche
gebrauchen kann, Fourage von Osnabrück nach Münster zu fahren.

Mit vorbeschriebener Ausleerung derer Dörfer und Aemter muss
nicht so lange angestanden werden, bis der Feind den Rhein passirt,
indem solche alsdann nicht gehörig vollzogen werden könnte; sondern
Eure Excellenz lassen damit anfangen, sobald Sie versichert sind, dass
der Feind den Rhein passiren werde.

6. Dieser supponirte Uebergang des Rheins mag nun zu Wesel
oder Düsseldorp geschehen, so weiss ich zur Versammlung der Armee
keinen bessern Ort, als Dülmen. Die Umstände werden zeigen, ob
Eure Excellenz die Truppen cantonniren oder campiren lassen müssen.
Das Lager könnten Eure Excellenz wie im vorigen Herbst, oder auch
auf dem Hochfeld zwischen Lette und Dülmen nehmen; und zu Aus-
suchung desselben den Cap. Duplat nehmen. Eure Excellenz
würden solches so fest als möglich zu machen suchen, um dem Feind
die Lust zum Angriff zu benehmen.

Fänden Eure Excellenz sich genöthigt, von da zurückzuziehen,
so müssen Sie sich bey Münster wieder setzen, und Ihr Lager so
nehmen, dass es von den Stadt-Wällen protegiret werde.

Könnten Sie Sich auch hier nicht halten, so müssten Eure Excellenz was von denen Magazinen nicht aufgezehret worden, oder davon in
die Citadelle gebracht werden könnte, detruisiren lassen. Alle gute und
brauchbare Canonen würden von den Wällen gleichfalls in die Citadelle geschaffet. Eure Excellenz liessen alsdann eine Garnison von 2000 Mann in
der Citadelle, und setzten Sich mit der Armée hinter der Ems. Dieses ist
der Plan en gros, dem Eure Excellenz zu folgen haben. Alles Uebrige,
was diese Instruction nicht particulariter enthält, wird von Ihnen selbst,
so wie es dieser Plan und die Umstände erheischen, hinzugesetzet.

7. Eurer Excellenz Haupt-Sorge ist, die Stadt Münster zu decken; vor alles Uebrige können Sie unbesörget seyn. Lipstadt ist hinlänglich gesichert, weil allda 2 Bat. Hannoveraner nebst denen 2 Hessischen Land-Bataillons in Garnison zurückbleiben werden; und woselbsten General-Major von Hardenberg retourniret. Nach Osnabrück soll zu Bewachung des Magazins und des Hospitals ein Detachement von Niemburg verleget werden. Zu Rheine würde auch nöthig seyn, etwas von Truppen zu lassen, um unsere Magazin-Depots längs der Ems zu decken.

8. Eure Excellenz avertiren übrigens den G.-Intendanten Hunter, sobald Sie die Truppen in Marsch setzen lassen, damit derselbe zu ihrer Verpflegung Anstalt machen könne.

9. Schliesslich erinnere ich noch, dass der Feind, anstatt den Rhein bey Wesel oder Düsseldorp zu passiren, um auf Münster einen Versuch zu machen, auch wohl die Partei ergreiffen könnte, ein ansehnliches corps den Rhein herauf marschiren und den Prinzen von Soubise damit verstärken zu lassen. Wäre dieses ein sehr grosses corps, als etwa von 20 oder 30 Bataillons und einer proportionirten Anzahl Cavallerie; so müssten Eure Excellenz, ohne meine Ordre deswegen zu erwarten, ein corps von 10 oder 15 Bataillons nebst einer proportionirten Anzahl Cavallerie sofort auf Cassel marschiren lassen, und mich davon avertiren, damit ich über solches zu disponiren im Stande seyn möge.*)

Den 14. Februar 1759.   F.

* P. S. Alle die schwere Bagage derer im Osnabrückischen gelegenen Regimenter, wie auch derer längs der Ems, wird auf Osnabrück gesandt; derer Regimenter auf dem Cordon und in Münster nach Münster.

NB. Wenneher erhält selbiger diese Instruction? Indem viele Puncte darin sind, welche vorhero müssen etwas bedacht werden; doch muss vor der Zeit auch Nichtes transpiriren, und wäre also die Verschwiegenheit sehr anzurecommandiren.

(Archiv-Acten vol. 249.)

** Monseigneur,   Ce 14me Fev. 1759.

Il est vray, que plustot on est instruit, mieux qu'on peut penser à remplir sa besogne; mais Monseigneur, je crains que Mr. de Spörcke n'en fasse echapper le secret, tant parceque naturellement il ne sait pas le garder, que parceque il se croiroit surement obligé d'en faire communication à ceux, dont il compteroit se servir pour l'Execution: En sorte, que je ne saurois m'empecher de conseiller à V. A. S. de la retenir encore; d'autand plus qu'il suffira de la luy remettre au moment, qu'on assemblera les troupes au Paderborn. Car de ce jour là, il aura surement 8 ou 10 jours de temps de reste, pour s'arranger, sans qu'il soit à craindre, que l'Ennemi eût pris un parti, pour le surprendre.

---

*) N. d. H. Von der Hand des Herzogs. * Hierzu den Gen.-Lieut. v. Imhoff zu choisiren, welcher gedachtes Corps commandiren müsste.

(Archiv-Acten vol. 249.)

Seconde Ordre de Bataille en trois Lignes
de 27 Bats. et 35 Escadrs. de l'Armée Combinée de Sa Majesté Britannique sous les Ordres de S. A. S. le Duc Ferdinand de
Brunswic et Lünebourg au mois de Fevrier 1759.

Premiere Ligne:

Generaux		Spoercken		Myl. Sackville . .
Lieuts. Generaux . . .	Brunck . . .	Kilmannsegge . .	Oberg . . .	Waldegrave . .
Maj. Generaux . . .	Waengenheim. Dreves .	Stolzenberg . .	Diepenbrock .	

1 Bat. Napier.
1 — Stuart.
1 — Husque.

1 — } Gardes Han.
1 —
1 — Brunck.
1 — Zastrow jun.
1 — Scheiter.

1 — Behr.
1 — Halberstadt.
1 — Reden.
1 — Schulenburg.

1 — Saxe Gotha
1 — Laffert.
1 — Bock.
1 — Schele.

1 — Dreves.
1 — Stoltzenberg.
1 — Diepenbrock.
1 — Spoercken.

Nota.
Pr. ligne — 20 Bataillons
Sec. ligne — 7 "
Trois. ligne　35 Escadrons.
total: 27 Bat. 35 Esc. outre les
troupes legères.
Gen. Maj. Hardenberg
1 Bat. Block
1 — Hardenberg
1 — Grenadiers} Milices
1 — Gundlach } Hessois

à Lipstadt

Lieuts. Generaux
Majors Generaux

nota: 1 Bat. Grenad. Han.

Seconde Ligne.

Scheiter. Imhoff.

Kingsley
{ 1 Bat. Kingsley.
1 — Brudnell.
1 — Home.

nota: 1 Grenad. } Anglois. Saxe Gotha.

Scheiter
{ 1 Bat. Zastrow sen.
1 — Kielmannsegge.
1 — Wangenheim.
1 — Oberg.

Troisième Ligne.

Generaux Majors.
Grothaus. Max Breitenbach.

Hodenberg.
Carl Breitenbach.
Reden.
Bock.
Zepelin.
Whitfordt.

2 Escadr. Malachowsky Husards.

Whitfordt.
{ 3 Esc. Bland.
2 — Mordaunt.
2 — Howard

Zepelin.
{ 1 — Gren. à cheval.
4 — Busch Dragons.

Bock.
{ 4 — Breitenbach Dragons.

Reden.
{ 1 — Garde du Corps.
2 — Grothaus.

Carl Breitenbach.
{ 2 — Hodenberg.

Hodenberg.
{ 2 — Bremer.
2 — Heise.

Max Breitenbach.
{ 2 — Breitenbach.
2 — Reden.

Grothaus.
{ 2 — Regt. du Corps Hannovre.
4 — Bock Drag.

1 Escadr. Luckner Husards.

1. Une partie de la grosse Artillerie.

1. Une partie de la grosse Artillerie avec les Haubitze et Pontons.

1. Une partie de la grosse Artillerie.

1. Une partie de la grosse Artillerie.

Troupes legeres: Bückebourg. Chasseurs Cap. Röden. Scheiter.

ÉTAT EFFECTIF.   (Archiv-Acten vol. 249.)

Tous les Troupes qui se trouvent à présent dans les Pays d'Osnabrügge et Münster.
à Münster le 16me de Février 1759.

	État effectif, avec tous les États-Majors.	à quoi man-quent.	Restent Effectif.	de quoi il faut déduire.			Restent à faire Service.	depuis les derniers listes.							Commandés vers le Pays, ou donné Permission d'y aller.			Chevaux.		
				Malades		Prisonniers de guerre.		Hommes				Chevaux			Officiers.	Basofficiers.	Communs.	manquent.	marodes.	Restent pour le Service.
				à l'Hopital	au Regiment.			desertés.	decèdés.	congédiés.	enrolés.	crèvés.	défaits.	achettés.						
dans le Pays d'Osnabrück. { Cavallerie . .	2,860	44	2,816	22	68	8	2,728	1	1	9	18	1	—	8	14	25	93	50	65	2,557
Infanterie . .	7,304	616	6,688	260	561	12	6,675	1	4	5	5	1	1	—	19	72	335	197	14	1,220
dans le Pays de Munster. { Cavalerie . .	1,624	170	1,454	18	47	—	1,389	—	21	1	2	—	—	—	19	19	47	—	—	—
Infanterie et Artillerie	9,643	1,357	8,186	168	755	10	7,268	—	—	13	19	—	—	—	56	72	268	124	135	2,149
sur le Cordon. { Cavalerie et troupes legeres	2,574	21	2,553	23	54	2	2,474	1	—	21	26	4	8	44	14	16	86	—	—	—
Infanterie et troupes legeres	9,684	360	9,324	289	379	11	8,646	25	6	6	63	—	—	—	21	98	464	—	—	—
Total . .	33,689	2,568	31,021	770	1,854	38	28,859	29	39	55	133	6	9	52	146	302	1,330	371	194	6,065

(gez.) v. Reden, Adj. Gen.

(Archiv-Acten vol. 249.)

pres. ce 14me Fevrier 1759.

Première Ligne.

(Im Paderbornschen u. in Hessen).

1 Bat.	Post.
1 —	Linstow.
1 —	Fusiliers.
1 —	Garde Hesse.
1 —	Mansbach.
1 —	Toll.
1 —	Fürstenberg.
1 —	Canitz.
1 —	Pr. Carl.
1 —	Grenad.
1 —	Zastrow.
2 —	Behr.
2 —	Leib-Regt. Braunschw.
15 Bat.	

1 Bat. Grenad. Braunschweig.

2 Flügel-Bat.

G.-L. Erbprinz v. Braunschweig. Prinz Ysenburg.

G.-M. Gilsae. Canitz. Post.

Seconde Ligne.

G.-L. Prinz Anhalt.

G.-M. Behr. Linstow.

1 Bat.	Gren. Braunschweig.
1 Bat.	Marschall.
1 —	Wreden.
1 —	Bückeburg.
1 —	Erbprinz Hessen.
1 —	Prinz Ysenburg.
1 —	Hanau.
1 —	Prinz Anhalt.
2 —	Leib-Regt. Hessen.
—	Imhof.
10 Bat.	

Troisième Ligne.

alle droite. G.-L. Prinz v. Holstein. alle gauche.

G.-M. Urf. Einsiedl. G.-M. Finckenstein.

Dachenhausen Granby. Schalenburg.

2 Esc.	Hess. Husaren.
2 —	Grishorses.
2 —	Inniskilling.
3 —	Garde bleue.
3 —	Dachenhausen.
4 —	Hammerstein.
4 —	Leib-Drag. Hessen.
2 —	Leib-Regt. Cavallerie Hessen.
2 —	Miltiz.
2 —	Prütschenck.
4 —	Prinz Wilhelm.
4 —	Prinz Friedrich Dragoner.
5 —	Finckenstein Dragoner.
5 —	Holstein Dragoner.
3 —	Preuss. Husaren(Ruesch).

44 Escadr. u.

3 Escadr. Jäger zu Pferde.

⁑ Monsieur

Il y a trois jours que je recus la chere Lettre que vous m'avés ecrite du 10. Nᵒ 10. S. A. S. a lû votre Lettre ainsi que les Extraits qui y etoient jointes avec un plaisir infini. Sa Reconnoissance est proportionée à l'attention que vous continués à Luy marquer. Elle m'a ordonné de vous le temoigner et de vous faire mille complimens de remercimens de sa part.

Je feray de mon mieux pour empecher qu'on ne reponde pas à ce Sechehaye. C'est un homme indigne qui ne cherche autre chose qu'a escamoter de l'argent. C'est le plus impudent mortel que je connoisse. Dés que j'apris qu'il etoit en correspondance avec Le Roy, je predis à L. A. S. que ce commerce seroit de peu durée, ce que je crois avoir aussi marqué à Mr. de Hellen.

Je vous suis bien obligé du Detail que vous m'avés fait du sieur Falconi et de son affaire de Breda. Il a eté envoyé à Hameln, ou l'on le gardera jusqu'à la paix. Vitry aura le meme sort.

Il seroit bien important pour nous, si les Turcs remuoient en effet; si vous en aprenez quelque chose, j'espere que vous voudrés bien nous en faire part.

L'empereur a lancé sa foudre imperiale contre le conclusum du corps evangelique pris pour obliger S. M. J. a observer sa capitulation. on nous a mandé de plusieurs Endroits que le Ban seroit publié dés que l'armée composée de François, d'Autrichiens et de troupes de cercles aprocheroit des Etats des deux Roys. Selon nos dernieres nouvelles de Nurenberg, de Cobourg, de Dresdes et de Smalkalde les troupes autrichiennes qui se trouvent actuellement entre le pais de Fulde et celuy de Cobourg montent à 22 mille hommes, parmi les quelles il y peut avoir à peu pres 6 mille hommes de cavallerie. Je crois cependant qu'il s'en faut de beaucoup, que ce corps soit effectivement si fort.

Il n'y a au reste rien de nouveau à mander d'icy. Nous nous occupons de nos preparatifs. Les recrues arrivent, cela ne va cependant pas si vite qu'on le souhaiteroit. Adieu mon Cher Monsieur je suis tout à vous

ce 15 fev. à 10 h. du soir.

(à Mr. de Haenichen).

arrivé ce 15ᵐᵉ Fev. 1759.
entre 8 et 9 heures du soir.

No. 15.

Monsieur Mon Cousin. La lettre que Vous m'avez ecrite du 1ᵐᵉ de ce mois m'a eté fidelement rendüe (déchiffré). „Vos idées sont „excellentes; c'est bien la bonne manière de prevenir l'Ennemi, pour „n'être point prevenû soi même, ce seroit aussi ma façon de penser, „si l'état delabré de mon armée et la position de mes Ennemis ne „me lieoit les mains. Vous ne mettés jamais ni les Russiens, ni les „Suedois en ligne de compte, et si je les compte peu, ils font septante

„mille hommes. Les Russiens veulent dit-on rouvrir la Campagne par
„le Siège de Colberg; je dois de necessité m'y opposer en ce cas, je
„suis obligé d'envoyer d'ici de gros renforts à Dohna, qui d'ailleurs
„est trop foible pour se montrer; je me destine à m'opposer à l'Armée
„de Daun; d'où voules-vous que je prenne des Trouppes pour en
„renforcer mon Frère. je voudrois les avoir, mais elles n'y sont pas.
„Si les choses restent comme elles sont à présent, mon Frère peut
„marcher vers la Thuringue environ avec Vingt et deux mille hommes
„et laisser un Corps pour couvrir l'Elbe. je serois au reste porté à
„preferer vôtre idée de forcer le Prince de Soubise à laisser un
„Detachement vis à vis d'Ysenbourg, cela vaut le mieux. Soubise a
„à peu prés quarante mille hommes, si les cercles s'y joignent, et peut
„être Six mille Autrichiens, cela en fera Soixante et un mille; s'il est
„obligé d'en detacher Vingt mille, mon Frère n'aura que quarante
„mille vis à vis de lui. C'en sera moins qu'à Rosbach. Mes affaires
„ne seront en ordre qu'à la mi-mars, si les Russiens s'avisent d'assieger
„Dantzig, je serai encore obligé de faire une Diversion de ce Côté là,
„ainsi Vous jugez facilement du cruel embaras où je suis, il faut presque
„esperer à l'avenement d'un Dieu de machine, pour trouver un bon
„denouement à notre pièce." Je suis avec mes sentiments d'Estime et
de Consideration

Monsieur Mon Cousin
de Votre Altesse

à Breslau   le bon Cousin
ce 9e Fevrier 1759.   Federic.

* J'avoue que la lettre du Roi est fort singuliere et qu'Elle ne
repond à rien, à ce que la mienne renfermoit. L'on voit visiblement
qu'il est las de cette besogne. Un autre ne l'est pas moins. Mais que
tandisque l'on s'y trouve, il faut faire ce que l'on peut. Et ne point
s'en degouter, quelqu'odieuse qu'elle soit.

Ce 16me Fevr. 1759.   Ferdinand.

(Archiv-Acten vol. 332. Lettres autographes pp.)

(Archiv-Acten vol. 249).

Ce 16me Fevrier 1759.

** Monseigneur,
V. A. S. juge parfaitement bien de la lettre du Roy. il me semble
qu'il fait monter l'armée de Soubize à 40 mille hommes pour diminuer celle du marechal de Contades; et qu'il diminue le corps autrichien arrivé sur la Werre, pour augmenter les troupes, qui sont restées
en Bohême. Dans une de ses precedentes lettres il dit: qu'il est vrai
et positif que les autrichiens veulent percer par Gotha et Erfurth en
Saxe; il les suposoit alors forts de 20 mille hommes. Mais depuis que
V. A. S. Luy a representé que par ce gros detachement les autrichiens
ne pouvoient plus faire qu'un foible effort en Lusace, l'idée Luy est
venû de reduire ces 20 mille hommes à 6 mille. Neanmoins reconnoit-
il derechef que le Prince Henry peut agir avec 22 mille hommes en

Thuringe, en laissant un corps en Saxe pour couvrir Dresdes et l'Elbe; ce qui prouve, qu'il sent fort bien, que les autrichiens ne sauroient faire de grands efforts contre Dresdes. Mais si S. M. peut faire agir 22 mille hommes en Thuringe, pourquoy ne marcheroient-ils pas sur Wurtzbourg de même? Cette armée de 22 mille hommes est plus que suffisante pour cette fin, aussi longtemps que V. A. S. pourra agir avec 26 à 27 mille hommes de son coté. Mais dès le moment qu'Elle ne pourra plus laisser un corps si considerable opposé au Prince de Soubize, on lui accordera une entière superiorité et ce sera à Luy et non pas au Roy ni à V. A. S. de faire telle ou telle chose.

(Lucanus-S.)

* Votre raisonnement est des plus justes et des plus fondés.

Que dite Vous de la nouvelle de Luckner, que le quartier général François seroit établi comme demain à Weesel?

Que dite vous des nouvelles de la Hesse? Et sur tout ce que le Pr. Héréditaire me marque par raport aux fours qu'on construit à Cassel?

Quand croïés Vous pourai-je demander au Sieur Hunter mes 1 mille livres Sterling par mois?

Quand pourrai-je acquitter ma dette des 100 Ducats à Reden pour le Regt. de Kingsley?

Je vous prie de m'informer de tout cela.

Ce 16ᵐᵉ Fevrier 1759.   F.

(Archiv-Acten vol. 249).   Ce 19ᵐᵉ Fevrier 1759.

** Monseigneur,

Le Detachement sorti de Wesel étant trop foible pour attaquer le Cordon, son seul but est de l'allarmer.

** Monsieur

mon tres cher amy.

J'ay recû votre infiniment chere Lettre du 14. No. 11. je vous envois ce courier, tant pour vous en remercier, que pour vous ne retenir pas trop longtemps vos couriers, et vous mettre en état de nous en envoyer souvent. L'incluse pour Mr. de Hellen m'a eté adressée avec priere de la luy faire parvenir, de quoy j'ay voulû m'acquitter en même temps vous priant de vouloir bien la luy faire parvenir.

Nous venons de recevoir des nouvelles tres fraiches du Meyn; Les francois sont assurement en mouvement; ils assemblent un corps aux environs de Höchst, mais ces mouvements tels qu'ils nous ont eté marqués n'indiquent point une marche en Hesse. Mr. le Duc de Broglie a eté à Marpurg. Il s'est soigneusement informé du nombre de nos Troupes en Hesse. Depuis ce moment on fait des preparatifs qui marquent que Mrs. les François vont evacuer le chateau de Marbourg. mais ils disent que les troupes des cercles les releveront, et que leur destination est de marcher en Saxe.

Nous avons reçû ajourdhui un avis de Wesel, selon lequel Mr. de Castellar a fait construire des grosses bateries vis à vis de Rees. Il y a eû quelque changement dans la garnison de Wesel, dont on ignore le Detail. Ils s'imaginent que nous sommes deja en pleine marche. Quelques ingenieurs envoyés sur la Lippe pour lever des plans ont fait naitre tous ces bruits-là.

J'ay eû occasion de lire une Lettre ecrite par l'Envoyé danois à Madrid selon la quelle S. M. C. approche de sa fin. cette Lettre est du 31. de janvier.

J'auray soin de pratiquer la regle, que vous me recommandez en ecrivant au Roy d'Angleterre. Le mal est que j'ay autant de peine à faire des „Hopfenstangen" que Luy à lire des „Mückenstriche."

Nous avons reçû des nouvelles que deux transports de recrues angloises sont en chemin; on se prepare a les recevoir. Les anglois n'ont pas eû un homme de tué ni de blessés; mais les maladies et la desertion ont emporté tant de monde, que ces troupes ont le plus perdû en proportion de leur nombre. Toute la perte de l'armée depuis le 23. de Nov. 1757 jusques au 31. Dec. 1758 monte à 10,587 hommes. dont il n'y a pas eû mille hommes de tués; 3 mille hommes sont morts de maladie et en suite des blessures, qu'ils ont reçû; 1500 hommes ont eté congediés et le reste est deserté. C'est une anecdote qui ne vous interessera pas beaucoup; mais je n'en ay guerre d'autres à vous mander; je dois meme vous prier de la tenir secrete.

Mgr. assure S. A. S. de ses plus tendres amitiés et de son inviolable attachement. ayés la bonté de me mettre à ses pieds.

(à Mr. de Haenichen).   ce 18. fev. 1759.

⁂ Monsieur,

Je ne saurois laisser echapper cette occasion de vous demander des vos cheres nouvelles; je souhaite du fond de mon coeur qu'elles soyent bonnes.

Je vous recommande les trois incluses pour Mr. Pitt, George Sakville et Mylord Holdernesse. Il importe qu'elles parviennent surement à leurs adresses.

Les huzards de Czecini ont eû un petit echec à Helmershausen; ils ont perdû quelques hommes, qui sont resté sur la place; et on leur a fait onze prisonniers. Nos chasseurs n'ont eû ni morts ni blessés. je ne sais si c'est ce petit echec ou quelque autre raison qui a engagé Mr. le Commandant de Hirschfeld d'empaqueter tout de suite, et de se replier sur Vacha. Les francois continuent a faire des marches et contre marche sur le Meyn. ils vendent en partie le grand magazin de Friedberg; le reste est transporté à Francforth, dont la garnison a eté augmenté. Mr. de Broglie ne s'est pas arreté fort long temps à Marbourg; aprés avoir ordonné de travailler aux fortifications de cette ville, il est retourné à Francfort; mais immediatement aprés touts les grenadiers ont reçû ordre de marcher. Quand à nos vis à vis ils se

sont aproché le 18. avec un Detachement d'Infanterie et de Cavallerie
de notre, cordon; nos huzards ont escarmouché avec eux; mais tout
s'est retiré à Wesel. On vient de nous mander, qu'on y jette deux
ponts sur le Rhin, et autant à Dusseldorp. Nous doutons encore de
la vérité du fait. Des Lettres de Berlin annoncent la mort du jeune
prince Emile. Le prince Ferdinand frere du Roy est bien mal; Le
Roy Luy a envoyé son medecin le sieur Cothenius. me voila au bout
de mes nouvelles. Ayez la bonté de me mettre aux pieds de S. A. S.
et croyez moy à jamais tout à vous.

Ce 21. Fev.

(Lucanus'sche S.)

    * J'ai resolû que deux de mes chasseurs restent toujours avec le
Lieut. Gen. d'Oberg, âfin que tout me parvienne d'autant plus vite,
et que je ne risque plus que 24. heures après j'apprenne ce que j'aurois dû savoir en trois ou 4 heures de temps. Ils pourront se relever
tous les 8 jours. Je vous prie de regler le tout en consequence, et
qu'ils aillent demander leur derniere expedition du Colonel de Reden
Ce 20ᵐᵉ Fevrier 1759.   F.

    * Vous enverrés avec celle-ci qui s'y trouve jointe un chasseur,
qui y restera jusqu'au terme expliqué dans la lettre. Je vous prie de
choisir un bon.

    Si vous pouviés prendre occasion, et faire remarquer subtilement
à Bülow qu'il a fait fort imprudament d'avoir engagé le Domestique
prisonnier françois.

    Quand pourrai-je demander mes 1 mille Livres Sterling du
Sieur Hunter?

    Je vous prie de me faire reponse à tout cela.
Ce 20ᵐᵉ Fevrier 1759.   F.

(Archiv-Acten vol. 249.)   Ce 21ᵐᵉ Fevrier 1759.
        ** Monseigneur,

Il me paroit, Monseigneur, que les François ne songent pas encore
à ouvrir la campagne. Ils feront peutêtre des demonstrations, pour
allarmer V. A. S.; et si je reflechis sur leur situation, il me semble
qu'ils en auroient pû faire bien d'autres qu'ils n'ont pas fait encore.
Il se peut aussi qu'ils ayent en effet peur, que V. A. S. n'entre inopinement en campagne, à quoi le bruit de marche repandû dans tout
ce pays-cy peut donner quelque degré de probabilité. Il est naturel
que l'ennemy songe à prendre ses precautions; ce qui peut donner
occasion à certain mouvement chez eux, qui pourra nous inquieter de
notre coté. Mais je crois, que sur touts ces bruits-là il ne faut point
faire des mouvements dans les quartiers; vû que cela derange l'econo-
mie des Troupes, et repand d'ailleurs sur elles un esprit d'allarme.
V. A. S. sait qu'en 5 ou 6 jours de temps Elle peut assembler toute
son armée entre Münster et Dulmen: avant que les Regiments François descendent le Rhin de Coblence, d'Andernach, de Cologne etc.

et qu'ils puissent venir de Liege, du duché de Limbourg, du païs de
Juliers, et passer ensuite le Rhin à Wesel, dix ou douze jours passeront. Si V. A. S. dit, que les Regiments qui sont en garnison à
Dusseldorp, à Wesel et dans le pays de Cleves, suffiroïent pour L'attaquer brusquement; je repond, que ces regiments-là ne font pas ensemble 25 mille hommes selon le calcul le plus liberal; il leurs faudroit
neanmoins 4 ou 5 jours pour se rassembler dans un corps aux environs
de Wesel. V. A. S. assembleroit en moins de temps le cordon; en y
joignant seulement la garnison de Münster avec les regiments les plus
voisins, elle formeroit un corps de 16 mille hommes, qui suffiroit surement, pour arreter la fougue de l'ennemi. Le projet de celuy-ci ne
pourroit avoir d'autre but que de s'emparer de la ville de Münster;
si seize mille hommes la couvrent, l'ennemy ne formera pas même
l'idée de l'emporter; et j'en conclus, qu'il ne songe pas même, à s'en
emparer par une Expedition de cette nature.

Selon mon sentiment tout revient à être sur ses gardes au Cordon;
et de ne faire point marcher de troupes d'Osnabrück, avant qu'on
n'aprenne, que les François ayent quitté leurs quartiers de Coblence,
d'Andernach, de Liege et de Cologne.

(Lucanus).

✺ Il seroit cependant necessaire d'envoïer deux personnes affidées
pour verifier le fait des ponts pretendus qui se jettent à Wesel et à
Dusseldorp. Ne pourriés Vous pas emploïer Rappert à nous procurer
la certitude de ces nouvelles.

Ce 21me Fevrier 1759.   F.

(Lucanus'sche Samml.)

✺ N'avés Vous pas lu quelque part tout comme cela m'est encore
présent à l'esprit, que d'Armentieres est de retour à Cleve; ce qui me
feroit croire que Contade doit être de retour de France? Quelles sont
ces troupes à Rees et à Emmerich? Tout cela est en deça du Rhin?
Je ne puis le croire encore. Que pensés Vous de ces nouvelles; et
quel Sens leurs donnés Vous? Je crois que Vous possedes encore plusieurs pro memoria de Münchhausen à moi. Entre autre celui avec le
detaille des magazins cedés eventualiter à l'Intendant Hunter. Au
moins je ne le trouve point parmi mes papiers.

Ce 22me Fevrier 1795.   F.

✺ Ich halte davor das die Jaegers gleichfalls Ihr Gewehr abzu-
geben haben, desgleichen auch die Adlichen. Was meinen sie darvon,
Mein lieber Westphal?

Wegen des Buchführers muss alle precaution genommen werden,
indem viele Verstellung mit drunter sein mag.

Wenn in Zukunft Pulver in der Stadt gebracht wirdt, so muss es
von denenjenigen getreulich angegeben werden, so darmit handeln,
falls es nicht geschieht, so ist selbiges confiscabel, wenn nach der Zeit

was bey selbigen angetroffen möchte werden. Hiernach richten sie die
Antwort ein*).

> d. 22. Febr. 1759.   Ferdinand H. Z. BuL.

* Je Vous prie mon cher Westphal, que si la lettre pour la Princesse de Darmstadt est faite, pour que je la puisse copier moi même
de main propre, de me l'envoïer, de même que celle destinée pour le
Pr., copiée par Raht; car le Sieur d'Underat veut encore partir comme
demain et prendre pour cela encore congé de moi aujourdhui et demander son expedition.

> Ce 23ᵐᵉ Fevrier 1759.   . F.

Au Secretaire Westphal.

> C'est de moi.

* J'ai de la peine à dechiffrer la lettre de ma Soeur de Cobourg;
Si Vous le pouvés, je Vous prie de le faire; Vous avés lu ce que je
Lui ai écrit dernierement.

> Ce 23ᵐᵉ Fevrier 1759.   F.

* Voici joint la patente des monnoies prohibées et defendues.
Quand Vous en avés fait l'usage requis, Vous voudrés bien me le
renvoïer.

> Ce 23ᵐᶜ Fevrier 1759.   F.

* Voici joint le projet pour le nouveau Traité avec le Comte de
Buckebourg. Je Vous prie de le lire; d'examiner si tout est conforme
aux intentions du Roi, et à nos idées depuis ce temps là. Et si je
puis seulement conclure.

> Ce 24ᵐᵉ Fevrier 1759.   F.

* Si Vous en avés le Loisir, je Vous prie d'expedier le plustot
que possible les lettres de Reponse au Pr. et à la Princesse de Darmstadt, afin que je puisse me defaire le plustôt que possible, du Sieur
d'Underat Président des Domaines du Prince. Je crois que le but de
tout ce voïage est qu'il a dû prendre exacte information de ce qui se
passe chés nous. Il n'a eté muni d'aucun passeport que je ne le sache;
Et sa venue m'a parue un peu brusque. Tout cela m'a donné des soub-
çons sur le sujet de sa missive.

> Ce 24ᵐᵉ Fevrier 1759.   Ferdinand.

* Le terme de Pretempmier, est il usité? Et repond il à ce
que nous apellons en Allemand Frühzeitig?

> Ce 24ᵐᵉ Fev. 1759.   F.

Au Secretaire Westphal.

> C'est de moi.

** Monseigneur,   vol. 249.)

Je ne me souviens pas d'avoir lû le terme de pretempmier, et je
doute qu'il soit equivalent au terme frühzeitig.

---

*) N. d. H. In der deutschen Sprache schrieb der Herzog F. selten an seinen Freund.
Dies Billet zeigt, wie seine Ausbildung in der Muttersprache zurückgeblieben war, und auf welcher Stufe derselben die höheren Stände damaliger Zeit überhaupt standen.

(Lucanus-S.)

✳ Comment dirés Vous ou rendrés Vous le terme de Frühzeitig en françois. Comme frühzeitiger Todt, frühzeitige Campagne.

Ce 24ᵐᵉ Fev. 1759.   F.

Au Secretaire Westphal.

C'est de moi.

✳✳ Mort prematurée.   (vol. 249.)

Campagne qui s'ouvre de bonne heure.

Arrivé ce 23ᵉ Fevrier 1759.

entre 2 & 3 heures de l'aprés midi.

No. 16.

Monsieur Mon Cousin. La lettre que Votre Altesse m'a fait du 11ᵉ de ce mois, m'a eté bien rendüe ce matin, et Je n'ai nul doute que celle que Je luy ai ecrite du 9ᵉ de ce mois, ne luy soit à present heureusement arrivée (déchiffré). „Il faut bien encore que je me „refere à ce que je lui ai repondû par ma Lettre ci dessûs accusée, „qui avec ce que je Lui ai marqué par mes autres Lettres, a tout „epuisé ce que je saurois dire à Vôtre Altesse à ce Sujèt; j'ai de la „peine à croire, que le Roy de France se laisse porter à se mettre à „la tête de Son Armée; la fortune et le Credit de Madame Pompadour „seroit trop hazardée, si jamais elle condescendoit à se separer du Roy „de France; au moins a-t-elle toûjours extremement combattû contre „de pareilles Resolutions aussi souvent, que d'autres l'ont conseillé, en „d'occasions semblables; mais supposé même que cela fût, Vôtre Altesse „n'en auroit gueres à apprehender les suites pour ce qui regarde nos „affaires presentes. j'espere que mon Frère Henry ne man- „quera pas d'executer vers la fin de ce mois le Projèt arreté, de „rejetter tout ce qu'il y a de Trouppes Autrichiennes et des Cercles „dans la Thuringue entre Erfurth et la Hesse et qu'il en aura dejà „communiqué avec Vôtre Altesse. Quant à moi, je Vous ai dejà de- „taillé les raisons qui m'obligent à ne pas remuer.

„Selon toutes les nouvelles d'Espagne il cent que le Roy d'Espagne „soit actuellement mort ou sur le point d'expirer ce qui ne manquera „pas d'operer pour nous une bonne et favorable Diversion. Au reste „l'on continüe toujours de me confirmer que les plans de la Cour de „Russie, quant à ses Operations, sont de s'emparer de Dantzig, de „surprendre par mer et par terre Colberg, et de faire en suite con- „jointement avec les Suedois le Siège de Stettin, en même têms que „les Russiens detacheront un Corps de Troupes vers la Silesie, pour „se joindre aux Autrichiens." Je suis avec des sentimens d'Estime et d'Amitié à jamais

Monsieur Mon Cousin

de Votre Altesse

à Breslau   le bon Cousin

ce 17ᵉ Fevier 1759.   Federic.

No. 11.

** Au Roy de Prusse.

Münster. Ce 25. Fev. 1759.

J'ay successivement recû les lettres que V. M. m'a faites la grace de m'ecrire du 9 et du 17.

Mon projet d'expedition tombant de luy meme, depuis que je ne dois plus compter sur une diversion de la part de Mgr. le Prince Henry je m'en tiendray aux termes de la defensive que V. M. a daignés approuver. Mes nouvelles du Meyn varient d'un jour à l'autre; celles du païs de Cobourg portoient il y a 4 ou cinq jours qu'on attendoit des nouvelles troupes aux Environs de Bamberg, qui devoient passer outre, et qu'on transportoit le magazin de Lichtenfels à Meiningen. Mais je viens d'aprendre par des lettres venües fraichement de Weymar que ces troupes ont recû ordre de faire halte. Ce que j'attribue aux avis que les ennemis ont sans doute eûs du rassemblement des troupes que Mgr. le prince Henry employera à l'expedition sur Erfurth. Comme elle doit avoir lieu entre icy et le 3. du mois prochain selon les lettres que j'ay eûes de la part de ce prince, je fais marcher de mon coté un detachement de 4 mille hommes sur Vacha, pour operer une diversion en sa faveur.

Une lettre de Mr. Rouillé dit qu'on esperoit de gagner le Roy de Naples. On luy a proposé le mariage de son fils ainé avec l'ainée des archiduchesses. S. M. sicilienne laisseroit à ce fils le trone des deux Siciles en montant sur celuy d'Espagne; moyennant quoy les cours de Vienne et de Versailles promettent d'abandonner les interets de Don Philippe.

Mr. Rouillé croit que cette proposition sera goutée du Roy de Naples: mais cela ne paroit pas etre l'avis du conseil, qui craint que ce prince ne la rejette absolument. Selon une lettre du Duc de Choiseul les Anglois ont trouvé le secret d'embarasser le marechal de Belleisle par la crainte qu'ils luy ont donnée d'une invasion dans les Païs-bas. J'ay eû occasion d'intercepter une lettre russe ecrite de Hambourg à Paris au ministre Russien, selon la quelle les Russes, bien loin de songer à rentrer de bonne heure dans les Etats de V. M., craignent plustot qu'ils ne soyent attaqués par ses troupes sur la Vistule. Cette meme lettre represente l'etat de l'armée suedoise comme desesperé. J'ay l'honneur d'etre etc.   F.

(Archiv-Acten vol. 249.)

Ce 25me Fevrier 1759.

** Monseigneur,

Je ne sais pas jusqu'où la liberté va chés les François pour faire des detachements à la fantaisie des generaux subalternes; mais j'avoue, que j'ay de la peine à croire que Mr. de Maugiron oseroit faire marcher 1000 hommes pour couvrir ses amours. J'incline donc à croire qu'ils ont quelque autre dessein. Le Detachement qu'ils on fait à Anholt et à Boeckholt, il y a 8 jours, celui qu'ils feront demain, ceux qu'ils font journellement à Meer et à Rées, paroissent devoir nous accoutumer à entendre que leurs detachements sortent et rentrent sans rien faire, àfin de nous endormir. Ils ont pratiqué cette manoeuvre du temps que V A. S. campoit à Dulmen, avant qu'ils tombirent sur le Detachement du Duc de Holstein.

S'ils ont donc un dessein offensif, ils commencent par le masquer. Ce dessein ne sauroit porter que sur leur idée d'enlever quelque quartier de notre cordon. Il ne s'agira donc que de continuer à être sur ses gardes.

Il me semble que V. A. S. peut permettre, et même qu'il seroit avantageux, de troubler la fête de Mr. de Maugiron: puisqu'il est bon que l'ennemi nous trouve le plus souvent possible en son chemin, que cela l'empechera de former des entreprises, et que ces petits coups entretiennent l'ardeur des troupes. S'ils reussissent, l'opinion et le courage des troupes en est augmenté; s'ils ne reussissent pas, ils sont de nature à rester sans suite, puisque l'ennemi ne vient que pour s'en retourner.

(Lucanus.)

＊ Votre jugement est très sensé. Mais à qui confier la conduite de tout cela? Si Breitenbach l'on pouroit le charger de cette expedition? Mais de cette façon je l'ignore.

Ce 25me Fevrier 1759.   F.

(Archiv-Acten vol. 249.)

＊＊ Monseigneur,   Ce 25me Fevrier 1759.

Il est vray, Breitenbach conviendroit mieux que tout autre. je croirois cependant, que V. A. S. pût charger de cette besogne un major-general, s'il y en a un â Coesveld, ou le plus ancien Colonel qui s'y trouve. V. A. S. pourroit luy envoyer Bülow pour l'assister.

(Lucanus.)

＊ Avés vous bien remarqué Mon cher, l'avis annouime du Pr. d'Ysembourg, que les 15 derniers Bataillons qui ont joint, de l'armée de Contade, celle de Soubise, étoïent encore en continuels mouvements. Il seroit necessaire de savoir ce que l'auteur entend par ces 15 Batt., Si ce sont ceux qui ont joints l'armée de Soubise avant l'entrée dans les quartiers d'hiver, dont les Saxons en faisoïent partie, ou si ce sont encore d'autres. Et puis il ne seroit pas indifferent, de savoir pour quel but ils remuent, et pour où?

Qu'en pensez vous?

Ce 24me Fevrier 1759.   Ferdinand.

Au Secretaire Westphal.

C'est de moi.

＊ Marqués moi, si le cas de rassemblement dans le Paterborn, et dans le duché de Westphalie, doit avoir lieu, sur les nouvelles, que l'on vient de me donner de la Hesse.

Ce 26me Fevrier 1759.   F.

Au Secretaire Westphal.

C'est de moi.

(Archiv-Acten vol. 249.)

Ce 26me Fevrier 1759.

❋❋ Monseigneur,

Le Cas de rassemblement dans le Paderborn et la Westphalie ne me paroit exister encore en aucune façon. Sur des Nouvelles pareilles que celles du prince d'Ysembourg on auroit tort ce me semble de rien entreprendre.

(Lucanus-Samml.)

❋ La Comtesse de Merveld m'a dit hier que le Regt. d'Enghien qui avoit eté à Coblence, étoit marché pour Maïence, et qu'en revanche les Saxons viendroient au Bas-Rhin. Elle m'a montrée une lettre de ces contrées là; L'Electeur de Treves est son Oncle.

Ce 26me Fevr. 1759.   F.

Au Secretaire Westphal.

C'est de moi.

(Archiv-Acten vol. 249.)

Ce 28me Fevrier 1759.

❋❋ Monseigneur,

Je crois, que V. A. S. pourroit donner en reponse à Mgr. le Prince heréditaire ce qui est joint ci-auprès.

V. A. S. verra par la lettre de Haenichen, 1mo, que le moment de se mettre en campagne n'est pas encore arrivé; qu'on attend plustot la reponse du marquis De l'Hopital de Petersbourg, pour voir quel plan on aura à suivre; 2do, qu'on ne compte pas précisément de passer le Rhin vis-à-vis de V. A. S. et que jusqu'au moment présent on compte plustôt de faire agir l'armée du prince de Soubize.

La disposition de V. A. S. continue donc à être bonne aussi, et je crois que les troupes qui sont en Westphalie et dans le Paderborn, ne sauroient être nulle part mieux.

V. A. S. pourroit en attendant former le corps de 16 mille hommes qu'Elle destine pour la Hesse; j'en joins ci auprès un denombrement. Je n'y comprends pas ni les chasseurs hannovriens ni les huzards prussiens, parceque V. A. S. pourroit se trouver encore dans le cas de les rappeller. Car rien n'est plus incertain encore que le plan d'opérations des François.

Ce 28me Fevrier 1759.

❋❋ Corps du prince d'Ysembourg.

Infanterie.

Post	913	Toll	977
Linstow	913	Hanau	977
Fusiliers	909	Wurmb	845
Marschal	1013	Freywalde	416
Wrede	1013	Infanterie qui se trouve en Hesse	10,870
Zastrow de Brunswik	940	En y ajoutant encore un regiment	
Ysenbourg	977	hessois*	977
Canitz	977	toute l'Infanterie seroit	11,847

* Ce seroit celui du Prince Charles.

Cavallerie.

6 Escadrons Hannovriens	1072
8 Escadrons Hessois	1407
Cavallerie qui se trouve en Hesse .	2479
En y ajoutant encore 2 Escadrons hannovriens de	357
la Cavallerie sera forte de	2836

*Je n'y puis ajouter de la Cavallerie Hannovrienne, n'en aiant plus prette à la main. Il faudroit y detacher les 2 Escadrons du Pr. Guillaume Hessois.

Troupes legeres.

Chasseurs hessois	400
Tireurs hannovriens	400
Huzards hessois	240
Troupes legeres qui se trouvent en Hesse	1040
En y ajoutant les troupes legeres de Bückebourg faisant	150
les troupes legeres seroient de . .	1190

*NB. Celles-là me sont necessaires à Lipstadt.

Recapitulation.

Infanterie	11,847
Cavallerie	2,836
Troupes legeres	1,190
	15,873
à quoy il faudroit ajouter les artille-ristes de Buckebourg	139
Somme totale	16,012

Selon ce plan il faudroit detacher encore un Regiment d'infanterie, un de cavallerie, les troupes legeres et l'artillerie de Buckebourg en Hesse. Mais en revanche V. A. S. pourra en retirer 1500 chasseurs hannovriens et 400 huzards de Prusse, et avant qu'elle ne fasse pas cecy, il n'est pas necessaire de detacher les premiers en Hesse pour former ces 16 mille hommes.

Auf dem Umschlage dieser Liste steht von der Hand des Herzogs:
 * Généraux, destinés pour la Hesse: Lieut. General Prince d'Ysenbourg.
Gen. Maj.: Urff, Gilsae, Post, Dachenhausen, Zastrow Brunswic, Kahnitz. Dressé ce 3me Mars 1759.

(Lucanus-Sammlung.)

 * Qu'est ce qui Vous paroit le plus interessant dans la lettre de La Haye?

Est ce la conference du Roi avec Choiseul; ou que le Marechal de Belleisle a pensé adherer à un faux avis; Ou la mort prochaine du Roi d'Espange; Ou qu'on veut prevenir toutes les troubles qui pourroïent en resulter; Ou l'affaire de Castellar?

12*

Je vous prie de me le marquer avec certitude, ce qui vous a frappé le plus.

Ce 28ᵐᵉ Fevr. 1759.   F.

Si vous avés encore besóin des nouvelles je Vous les renverrés.

(Archiv-Acten vol. 249.)

Ce 28ᵐᵉ Fevrier 1759.

** Monseigneur,

V. A. S. me demande ce qui m'a le plus frapé dans les nouvelles de la Haye, à quoy je Luy reponds tres humblement, que ce sont ces deux choses: que la Cour de Versailles attendant encore des nouvelles de Petersbourg et de Napel pour se fixer à un plan d'operation, il ne peut pas être encore question de mettre les armées en mouvement, et secundo: que les François n'ont pas envie de passer le Rhin à Wesel, parceque plustot ils aprehendent que V. A. S. ne le fasse, et que pour L'en empecher ils veulent Luy tailler la besogne autre part, c'est à dire qu'ils veulent L'obliger à tourner Ses forces autre part. Mais tout cela depend encore du pli que les affaires prendront en Italie, et dans le Nord.

J'interprete le conseil tenû si inopinement à Versailles comme une marque de l'arrivée de la mort du Roy d'Espagne; en quoy je puis cependant me tromper.

La lettre de Castellar prouve bien, que cet homme a un cerveau qui s'echauffe aisement.

(Lucanus-Sammlung.)

* Voici-joint l'état effectif, et tel qu'il devoit être selon le Complet des Troupes, qui se trouvent actuellement en Hesse sous les ordres du Pr. d'Ysembourg. Quand Vous n'en aurés plus besoin, je serois bien aise, que Vous me les renvoïés.

Ce 28ᵐᵉ Fevrier 1759.   F.

Arrivé ce 26ᵐᵉ Fevrier 1759
entre 10 et 11 heures du soir.

No. 16.

Monsieur Mon Cousin. Je viens de recevoir la lettre que vous m'avez fait du 12ᵐᵉ de ces mois. (dechiffré.) „Vous devez connoitre „ma bonne Volonté et mon Empressement, pour concourier à tout ce que „peut servir au bien de la bonne cause commune; mais considerez, je „vous conjure, la Situation où je me trouve de mon Côté, et vous con- „viendrez, je suis persuadé, que je ne saurois me rémuer au delà de ce „que je Vous ai marqué par mes Lettres anterieures. Reflechissez „qu'une Entreprise sur Bamberg me meneroit à de hazards eminents, „car sans dire, que cette place fortifiée en quelque façon que nous pri- „mes la première fois par surprise, quand il n'y avoit ni Trouppes, ni „Canons, est à présent bien gardée de Trouppes pour ne pas pouvoir être

„prise d'emblée, nous arretteroit assés pour donner le têms aux Trouppes „autrichiennes en Bohême, d'entrer d'abord en Saxe, âfin d'y tailler de „la besogne à mon Frère dejà inferieur à eux en Trouppes. Voilà ainsi „mon cher Prince les raisons qui m'obligent à me tenir à ce que je vous „ai dejà marqué, et qui ne permettent pas à mon frère de s'eloigner trop „de son centre pour ne pas risquer à son tour une surprise de l'Enne-„mis du Côté des frontières de Bohême.„

Soyez persuadé au reste de la vivacité des Sentiments d'Estime et d'Amitié avec lesquels Je suis

Monsieur Mon Cousin

de Votre Altesse

à Breslau   le bon Cousin
ce 21º Fevrier 1759.   Federic.

(Lucanus'sche Sammlung.)

✳ La reponse et la lettre que le Roi m'a écrit, tient precisement le même langage, que celle du Prince Henri Son frere. On voit par là qu'il est entierement sous Sa ferule. Ne m'éloigne — je pas tout aussi bien, que le Prince Henri de mon centre? Quel faux raisonnement!

Ce 26ᵐᵉ Fev. 1759.   Ferdinand.
Au Secretaire Westphal.
C'est de moi.

Munster. No 12.

✳✳ Au Roy de Prusse ce 28. Fev. 1759.

J'ay recû la Lettre que V. M. m'a faite la grace de m'ecrire du 21. Ayant eû l'honneur de m'expliquer par ma precedente sur l'expedition que j'avois projettée contre l'armée de Soubize; et sur les termes de la defensive aux quels je me tiendray maintenant; je ne trouve rien à y ajouter, vû qu'il me semble que cette defensive est conforme aux idées de V. M.

J'ay eû occasion de lire deux lettres du 13 et du 16 de ce mois dont l'une est ecrite par Mr. Rouillé et l'autre par le premier commis du Bureau des affaires etrangeres. La cour de Versailles espere de s'accommoder avec celle de Naples; cet accommodement est une depeche qu'on attend de Petersbourg fixeront le plan des operations, de manière que j'usqu'à ce moment ce plan n'a pas encore recû sa consistence. On y parle de nouveau du dessein ou le Roy de France est, de se mettre à la tête de son armée. Mais on ajoute cette fois-ci que ce ne seroit que dans le cas que les Hannovriens passeroient le Rhin; chose qu'on tacheroit de rendre impossible par la besogne qu'on nous tailleroit.*)

Le bruit d'une Expedition des Anglois sur les cotes des Païs-bas a tellement echauffé le marechal de Belleisle, qu'il a eté sur le point de rappeler 20 mille hommes de l'armée du Bas Rhin pour la defense des Païs-bas. Le Duc de Choiseul s'y est opposé, et l'en a empeché.

---

*) N. d. H.   Vergl. das Billet Westphalen's an den Herzog vom 28. Febr.

Jl se trouve actuellement dans la principauté de Minden une place de conseiller de guerre et de grand-receveur du Baillage de Sparrenberg de vacantes; oserois-je suplier V. M. de vouloir bien daigner se souvenir à cette occasion du R. Quartier-Maitre du Regiment de Dragons de Finckenstein nommé Naatz. Jl est en etat de faire la caution des 5000 Ecus que cette place exige. Le comte de Finckenstein rend un tres bon temoigne au zele avec lequel ce digne sujet a pendant douze ans servi V. M., de meme qu'à son desinteressement ayant servi sans tirer les moindres gages.

Je me recommande humblement à la continuation des hautes graces de V. M. et suis avec un tres profond respet

F.

Kapitel II.

Anfangs März Beginn der Kriegs-Operationen. Uebereinkunft des Herzogs Ferdinand mit dem Prinzen Heinrich von Preussen wegen gegenseitiger Unterstützung Der Herzog vertreibt die Oesterreicher und Reichstruppen von Vacha, der Prinz Heinrich von Erfurt. Correspondenz des Herzogs Ferdinand mit dem König von England, mit Pitt, Holdernesse, v. Knyphausen, Lord Sackville etc., insbesondere über die Verstärkung und Organisation der Artillerie; mit dem König von Preussen über die Münzen bei den Zahlungen für die Armée. Der Duc de Broglie übernimmt den Befehl der Soubise'schen Armée unter dem Oberbefehl des Marschall Contades. Neuer Operations-Plan des Herzogs Ferdinand, zur Vertreibung der Oesterreicher nach Bamberg, und um auf die französische Armée in ihren Cantonirungen am Main zu fallen. Er verlässt Münster den 22. März, kommt am 24. in Cassel an, marschirt von da am 25. über Hersfeld und Rotenburg, der Erbprinz von Braunschweig mit der Avantgarde, er selbst, der Herzog, mit dem Prinzen Ysenburg und der linken Flügel-Colonne, der Herzog von Holstein aber mit der Colonne des rechten Flügels, gegen Fulda, wo der Herzog Ferdinand am 30. März eintrifft. Der Erbprinz von Braunschweig geht über Bischofsheim auf Meiningen vor.

⁕⁕ Monsieur,

Quoique je vous doive reponse à deux de vos tres cheres Lettres, je dois cependant me borner aujourdhui à en accuser seulement la bonne possession. S'il plait à Dieu je vous ecriray demain ou aprés demain plus au long. Je vous renvois ce courier pour que vous n'en manquiez pas à La Haye. Je vous adresse en meme temps quelques Lettres, dont il y en a qui sont de consequence, comme celle à Mylord Duc de Newcastle, de Mr. Hunter et une autre au General Waldgrave. Celle du Duc au Roy est un Duplicatum d'une Lettre que S. A. luy avoit ecrit en date du 15. de Fev. et est d'importance. C'est pour le cas que nos Lettres du 15. qui peutetre ne sont parties d'icy que le 17. ou 18. ayant eté dans ce paquetbot qu'on dit avoir eté pris. mais à en juger par ce que vous m'en avés mandé il n'est pas bien decidé encore si le paquetbot a eté pris en effet.

Mgr. Le Prince Henry est actuellement occupé d'une Expedition sur Erfurth. Le coup aura eté frapé hier; Mgr. le Duc a fait marcher de son coté un Detachement sur Vacha, qui a dû fraper le sien aujourdhuy. Nous pourrons recevoir demain au soir des nouvelles de ce qui aura eté executé. de quoy je vous informeray tout de suite.

(à Mr. de Haenichen.)   Ce 2. Mars à 10½ h. du soir.

(Archiv-Acten vol. 249.)

Durchlauchtiger Fürst, freundlich lieber Vetter. Eurer Lbden, unterm 3. und 6. dieses an Mich abzulassen gefällige Schreiben sind Mir dieser Tagen wohl geworden, und in mehr als einem Betracht angenehm gewesen, denn wie Ich daraus gerne ersehen habe, dass Ew. Lbden über die von Mir beliebte Beybehaltung des Stockhausen'schen Schützen-Bataillons so wie überhaupt über die Vermehrung der leichten Trouppen eine solche Zufriedenheit bezeugen; Also gereichet es auch zu Meinem Vergnügen, und Ich erkenne es dancknehmigst, dass Dieselben bei Meiner Land-Miliz und bey denen Invaliden solche Einrichtung machen wollen, dass daher in der bevorstehenden Campagne mehr Nutzen zu Meinem Dienst und zur Defension Meiner Lande als bisher, zu erwarten stehen soll. Ich überlasse es in dem völligen Vertrauen, welches Ich in Ew. Lbden. grossen Einsicht und Erfahrung setze, lediglich Dero Gutfinden, wie Dieselben die desfalls nöhtigen Arrangemens mit Meinem Ministerio und der Generalität festsetzen wollen, und füge nur noch hinzu, dass Ich auf Ewr. Lbden. Vorwort dem Obristen von Ferssen das Füsilier-Regiment, welches er schon bisher commandiret, nunmehro in dem Maasse aufgetragen habe, dass dasselbe künftig seinen Nahmen führe, und mit Meinen übrigen Infanterie Regimentern im Rang und der Anciennetät roulire.

Ich verharre ohnveränderlich

Ewr. Lbden

St. James   freundwilliger Vetter
den 13. Febr. 1759.   gez. George R.*)
    An
des Hertzogs Ferdinand
von Braunschweig Lbden.

Durchlauchtiger Fürst, freundlich lieber Vetter. Ich habe zurecht empfangen und selbst erbrochen, was Ewr. Lbd. unterm 27. vorigen Monats zu Meinen eigenen Händen haben wollen kommen lassen. So sehr Ich das daraus erhellende Derangement beklage, so gewiss bin Ich zugleich versichert, dass Ewr. Lbd. in Dero Prudentz, Krieges-Erfahrenheit und Wohlmeynung gnugsahme Resourcen finden werden. Mein des-

---

*) N. d. H. Bemerkenswerth tritt in der Correspondenz des Herzogs Ferdinand mit den Königen von England und Preussen hervor, dass vor 100 Jahren noch ein König auf Grossbritannischem Throne, aus dem Hause Hannover, an seinen Feldherrn und Verwandten in Deutschland, seine Briefe in der deutschen Muttersprache verfasste, während der deutsche König von Preussen, aus dem Hause Hohenzollern, demselben General, Freunde und Schwager, französisch schrieb.

fals hegendes Vertrauen, nach welchem Ich alles in Dero Hände gebe,
ist so unumschränket, alss die Aufrichtigkeit womit ich stets bin

Ewr. Lbd.

St. James   freundwilliger Vetter
den 13. Febr. 1759.   gez. George R.

An

des H. Hertzogs Ferdinand
von Braunschw. Lüneb. Lbd.

** An den König von Engeland.
M. d. 7. Mertz 1759.*)

Euerer K. M. höchst zu verehrende beyde gnädigste Schreiben vom
13. des vorigen Monats habe ich samt dem dazu gehörigen Post Scripto
gestern Abends zu erhalten die Ehre gehabt.

Bey meinem letzteren von Euer Majest. höchst Selbst erbrochenen
Schreiben vom 27. Jan. war ich noch ungewiss, ob ich die projectirte
Expedition gegen den Meyn auszuführen im Stande seyn würde; ich
habe aber solches thun zu können mehr gewünscht, als nachher auszuführen practicable gefunden, da eines Theils die Oesterreichischen und
Reichs-Truppen immer stärker und weiter gegen Hessen angerücket sind,
anderen Theils aber S. K. M. in Preussen nicht zu bewegen gewesen,
von Ihrer Seite eine Diversion in Francken machen zu lassen, als ohne
welche meine projectirte Expedition bey den veränderten Umständen
nicht ausgeführt werden können.

Inzwischen hat dieses Project Gelegenheit gegeben, ein gewisses
Concert defensif mit Wissen und Einwilligung des Königs von Preussen
Majst. zwischen dem Printzen Heinrich von Preussen und mir zu verabreden, von welchem ich an Mylord Holdernesse unterm heutigen dato
Nachricht gebe, und, weil ich nicht zweifle, dass derselbe Eurer Majst.
davon raport abstatten wird, so will ich mich auch darauf in Unterthänigkeit bezogen haben.

Da Euer K. M. hiernächst die Gnade haben, meine Vorschläge
wegen einer bessern Einrichtung der Invaliden und Land-Militz zu approbiren, so werde ich mir auch bestens angelegen seyn lassen, die
angefangenen Arrangemens vollends zu Stande zu bringen.

Uebrigens danke ich Eurer K. M. unterthänigst, dass Höchstdieselben mein Vorwort wegen des Obristen v. Ferssen vom Füsilier-Regiment einer so gnädigen Aufnahme würdigen wollen; und verbleibe
dagegen mit dem tiefsten Respect pp.

F.

Durchlauchtiger Fürst, freundlich lieber Vetter. Die aus Ew. Lbd.
werthem Schreiben vom 11. hujus und dessen Beylage vernommene
Declaration Dero Herrn Bruders des regierenden Herzogs Lbd., wodurch
die Verlängerung des unter Uns subsistirenden Tractats, nunmehro nach

---

*) N. d. H. Die Schreiben des Herzogs an den König Georg II. sind ebenfalls von West-
phalen redigirt.

Meinem Wunsch und Verlangen festgestellt ist, gereichet mir zu grossem Vergnügen. Und wie Ich gern gestehe, dass Ich wegen dieses zu beyder-seitiger Zufriedenheit und so bald zum Stande gebrachten Geschäftes, Niemanden lieber,. alss Ew. Lbd. verbunden bin; also werde Ich Mir auch eine Freude daraus machen, bey allen Gelegenheiten dar zu thun, dass Ich es würklich bin, und stets aufrichtigst beharre

Ew. Lbd.

St. James   freundtwilliger Vetter
d. 20. Febr. 1759.   gez. George R.
    An des H. Hertzogs Ferdinand
        von Braunschweig Lüneb. Lbd.

P. Sctum.

Auch freundlich lieber Vetter, ist Mir das Schreiben vom 11. hujus wohl zu Handen gekommen, mittelst dessen mir Evr. Lbd. auf Ver-anlassung des Mindenschen Cammer-Praesidentens von Massow anheim geben, wegen des Indults, welchen der Papst dem Wienschen Hofe und dem zu Manheim verstattet hat, zu Fortsetzung des Kriegs, von denen Geistlichen Gütern den Zehnten zu heben, Meines Orts nach dem Vor-gang des Königs von Preussen Majestät par Repressailles gegen die Catholische Stiffter und Klöster im Westphälischen Kreise zu Bezahlung des Zehnten, prociren zu lassen.

Ich erkenne diese Eröffnung allemahl als ein neues angenehmes Merkmahl von Evr. Lbd. Eifer und Attention für Mein Interesse, und dafür bin Ich deroselben recht sehr verbunden.

In dessen sehe Ich die Sache so an, dass solche noch eine weitere Erwegung verdienet, und also wollen Evr. Lbd., noch Anstand nehmen, darunter etwas zu verfügen, es wäre denn, dass der Landesherr derer Katholischer Klöster und Stiffter, welche zu denen von Meiner Armée occupirten, mit dem Feinde es haltenden Landen gehören, von dem Päpstlichen Indult Gebrauch machen und sich dessen praevaliren wollte, in welchem Fall Ich Evr. Lbd. bitte, solches nicht zuzugeben, sondern Mir zuzueignen, was jene exigiren wollen. Ich beharre ut in litteris St. James d. 20. Febr. 1759.

    An des H. Hertzogs Ferdinand   gez. George R.
    von Braunschweig Lüneburg Lbd.

⁂ An den König von Engeland.
M. d. 7. Mertz 1759.

Eurer Königl. Majst. an mich erlassenes gnädigstes Schreiben vom 20. Febr. habe ich sammt denen beyden Postscriptis von gleichem dato zu erhalten die Ehre gehabt; und erkenne die gegen mich darin ge-thane sehr gnädige Aeusserungen in tiefstem Dank und mit der auf-richtigsten Verehrung.

Was Ew. K. M. mir wegen des Päpstlichen Indults und der des-wegen bey Höchstdenenselben auf Veranlassung des Mindenschen Kammer-Präsidenten von Massow gethanen Anfrage zu befehlen gnädigst geruhen wollen, darnach werde ich mich bestens zu richten nicht ermangeln.

Auch erstatte Ew. K. M. ich meinen tiefsten Dank, dass Höchstdieselben mein für den zu meinem Feld-Kantzelisten von Königl. Ministerio angesetzten Kanzelisten Rath unterthänig eingelegtes Vorwort mit so gnädigen Augen anzusehen geruhen wollen*), und verbleibe dagegen in tiefstem Respect.

F.

(Archiv-Acten vol. 248.)

✷✷ An den König von Engeland.

M. d. 27. Jan. 1759.

Wenn ich bishero Anstand genommen habe, Euer Königl. Majst. die Vermehrung des Artillerie-trains und des Artillerie-Regiments in unterthänigen Vorschlag zu bringen; so ist solches blossersdings geschehen, weil ich Höchstdieselbe bey dem gehabten grossen Aufwand mit Vorschlägen, die eine neue Ausgabe erfordern, nicht behelligen mögen.

Weil ich jedoch glaube, dass diese nunmehro auf eine andere Art eingerichtet werden könne, dass Euerer Majst. davon wenig zur Last fallen, ich es auch gegen meine Pflicht halte, Höchstderoselben die Nothwendigkeit zu verhelen, worin die Armée sich befindet, eine stärkere Artillerie mit sich zu führen; so erdreiste ich mich, Euer Majst. folgendes in Vorschlag zu bringen.

Ohne der Uebermacht zu gedenken, welche die französischen Arméen über uns in der Zahl der Truppen haben, so bestehet solche nicht weniger in einer nombreusen, der unsrigen weit überlegenen Artillerie, die auf das Geschickteste serviret wird.

Da die Umstände erheischen, ein corps Truppen in Hessen agiren zu lassen, so muss auch solches mit einem train schwerer Artillerie versehen werden, wodurch mithin der Train der Armée vollends geschwächet, und ausser aller Proportion mit dem feindlichen train d'artillerie gesetzet wird.

Ausserdem erfordert die Nothwendigkeit, zu Münster, Lipstadt und Hameln eine Anzahl Artilleristen immer in Bereitschaft zu halten, wodurch also das Artillerie-Regiment um ein Grosses affoiblirt wird.

Es befinden sich itzo ausser 7 Haubitzen 50 Stück zwölf-, zehn-, sechs- und vierpfündige Kanonen theils hier bei der Armée, theils bei dem corps des Printzen von Ysemburg im park der Artillerie**). Wenn solche gehörig serviret werden sollen, so fehlen nach der genauesten Ausrechnung des Obersten Brauns noch 4 Cap. 4 Off. 30 Feuerwerker, 248 Constabels. Sollte also der Artillerie-Train noch mehr vermehret werden, so müssen ausser diesen 4 Cap. 4 Stück-Junkers,

---

*) N. d. H. Der König hatte dem p. Rath auf des Herzogs Bitte den Charakter eines „Geheimen Canzellisten" verliehen.

**) N. d. H. Die unterstrichenen Worte von des Herzogs Hand.

30 Feuerwerker und 248 Mann, noch ein proportionirliches corps Artilleristen aufgerichtet werden.

Ich will zum Grunde setzen, dass der train noch mit 20 Stück Kanonen vermehret werden müsse; eine Anzahl, die gewiss noch keinesweges grösser ist, als die Nothdurft erfordert. Um nun zu solchen zu gelangen, auch die erforderlichen Artilleristen zu bekommen, ohne Eurer Majst. grosse Kosten zu machen; so ist mein Vorschlag dieser.

Erstlich, was die Artilleristen anbetrifft, so würden E. K. M. gnädigst geruhen, noch 2 Compagnieen anwerben zu lassen. Was deren entretien an Brodt und Fourage ausmachen würde, darüber hoffe ich mich mit Herr Hunter so einzuverstehen, dass daher Deroselben Deutscher Krieges-Cassa keine neue Last erwachsen solle.

Weil aber diese beyden Compagnieen noch nicht hinreichen werden, die vermehrte Artillerie zu serviren, so werde ich des Landgrafen von Hessen Liebden zu disponiren suchen, dass selbe ein corps Artillerie zwischen 3 bis 400 Mann errichten lassen. Und damit dieses sowenig der Krone Engeland als Eurer Majst. Deutschen Krieges-Cassa die geringsten neuen Kosten verursache; so könnten diese Leute von denen 4 Bataillons Hessischer Land-Militz genommen werden, ohne deren Anzahl dabey zu ersetzen; so dass es weiter nichts gebrauchen würde, als Officiers dabey anzusetzen; ein Unterschied der depense, welchen der Herr Landgraf hoffentlich nicht achten wird, da seines eigenen Landes Beste mit darunter versiret. Dieses corps Artillerie würde alsdann bey dem Ysemburgischen corps gebraucht werden, und ich dagegen die Hannoverschen Artilleristen von daher zur Armée rappelliren können.

Einen gleichmässigen Antrag würde ich dem Grafen von Bückeburg thun, und denselben requiriren, die Grenadiers, welche er nach dem Tractate zu stellen hat, zu Canoniers zu formiren, wozu derselbe sehr geschickt ist.

Auf solche Art würde nicht nur die jetzige schwerere Artillerie, sondern überdem noch eine augmentation von 20 Canonen mit serviret werden können.

Um nun zweytens diese herbey zu schaffen, muss ich Ew. Majst. unterthänigst vorstellen, dass zwar die grossen schweren hannöverischen Kanonen auf einer baterie in die Weite einen admirablen Effect thun, und deswegen verdienen beybehalten zu werden; sie sind hingegen bey einer Bataille zum Manoeuvriren fast nicht weiter als an einem Ort zu gebrauchen, und schwer zu avançiren oder zu reculiren; erfordern überdem eine grosse Anzahl Menschen und Pferde, um sie zu serviren und fortzubringen. Ich kann also Ew. Majst. nicht wohl rathen, von dieser Art noch mehrere Canonen bei der Armée zu nehmen. Hingegen bringe ich Eurer Majst. unterthänigst in Vorschlag, Dreissig Stück vier und zwanzig- und zwölfpfündige Canonen à la prussienne anschaffen zu lassen. Diese sind ungleich leichter; eine preussische zwölfpfündige Kanone gebraucht nicht mehr Pferde und Leute zum Serviren, als eine

Hannoversche von 6 Pfund. Wenn Ew. Maj. 30 Stück davon anschaffen lassen, so können dagegen 10 Stück von den schwereren hannöverischen Canonen von der Armée abgehen und an einem bequemen Ort en reserve gesetzet, die Pferde aber, so dadurch entübrigt werden, zu Bespannung der 30 preussischen Kanonen gebrauchet werden; und unerachtet solche dazu nicht hinreichen, so würde doch gewiss um die Hälfte weniger auf deren Anschaffung anzuwenden seyn, als wenn man an deren Statt zu der jetzigen Artillerie noch 20 Stück zwölfpfündige Hannöverische Kanonen nehmen wollte. Sollten Ew. Majst. gnädigst geruhen, in diesen meinen Antrag zu entriren; so würde ich suchen, mit dem Hrn. Hunter mich über den Unterhalt, auch Anschaffung der Pferde und dessen, was dazu nöthig ist, zu arrangiren.

Ich erwarte dahero in tiefem Respect was Ew. K. Majst. darauf zu resolviren und mir baldigst bekannt zu machen gnädigst geruhen werden; und verbleibe   F.

(Archiv-Acten vol. 249.)

Durchlauchtigster Fürst, freundlich lieber Vetter. Was Euer Lbden. unterm 15. hujus an Mich abzulassen beliebt, das habe Ich zurecht erhalten. Ich versichere, dass Ich allemahl äusserst betreten bin, wenn Ich Mich ausser Stande finde, in diejenigen Vorschläge zu entriren, welche Ew. Lbden. zum Besten des Dienstes Mir zu thun nöthig erachten, inzwischen muss Ich Mich doch in Ansehung der proponirten Vermehrung der Artillerie und des Artillerie-Regiments nochmahlen auf dasjenige beziehen, was ich unterm 6. dieses bezeuget habe, immassen Ich zu denen desfalls erforderlichen Kosten aus meinen Teutschen Cassen nicht zu rathen weiss. Gleichwie aber beregter Vorschlag schon derozeit Meinem Englischen Ministerio communiciret ist, um zu versuchen, ob zu diesen Kosten allhier noch eine Summe ausgeworffen werden könne; also soll auch deswegen weitere Anregung geschehen; und Ich überlasse inzwischen lediglich Ew. Lbden. Gutfinden, diejenige Veränderung und Vermehrung zu machen, wozu Dieselben den Aufwand von Meinem Englischen Commissariat erhalten, oder aber das Erforderliche aus der Winterquartiers-Casse erübrigen können. Ich gebe auch Meiner Krieges-Cantzelley auf, von denen Kosten behuf Giessung der verlangten neuen Canonen einen Anschlag einzuschicken, und werde es Mir lieb seyn lassen, wenn Ich dergleichen auch von Ew. Lbden. erhalten kann. Für deroselben Mir eröffnete Meinung von denen würdigsten Subjectis unter Meinen Trouppen, welche bei einer Promotion zu General-Lieutenants und General-Majors avanciret zu werden, vorzüglich verdienen, wiederhole Ich Meine aufrichtigste Dankverbindlichkeit und bezeuge solche zugleich für die beygehende Listen von dem Abgang bei der Armée im verwichenen Jahr. Der Ich stets verharre   Ew. Lbden.

St. James   freundtwilliger Vetter
den 23. Febr. 1759.   gez. George R.

An des Hertzogs Ferdinand von Braunschweig Lbden.

Archiv-Acten vol. 249.

A Whitehall ce 13e Fevrier 1759.

Monseigneur!

Je me suis trouvé honoré hier au matin, de la lettre que Votre Altesse serenissime a bien voulû m'ecrire le 4 du courant; et ne puis assés temoigner ma sensibilité aux Expressions gracieuses de Bienveillance, dont Elle daigne m'honorer.

Monsieur le Baron de Knyphausen ayant eu audience du Roy, hier au matin, y a communiqué à Sa Majesté les ordres dont il étoit chargé par le Roy de Prusse, de proposer, qu'un Concert exact soit pris dorenavant, entre Votre Altesse Serenissime, et le Prince Henry, pour les operations de la Campagne future, et surtout, par Rapport au Corps, qui se trouve sous les ordres du Prince d'Ysembourg. Le Roy a toujours senti l'Utilité d'un pareil Concert, qui paroit devenir d'autant plus necessaire dans le moment présent, par les mouvemens de Troupes Autrichiennes, et d'une Partie de celles de l'Empire, qui peuvent également avoir pour But quelque Entreprise sur le Cordon établi le long de l'Edar. — Sa Majesté a fort approuvé la proposition du Roy de Prusse; Et Votre Altesse Serenissime voudra bien donner les Ordres, qu'Elle jugera convenable à cet Egard, au Prince d'Ysembourg.

Le Baron de Knyphausen m'a promis d'écrire, ce soir, à Votre Altesse Serenissime; et de Lui detailler les ordres qu'il a eu du Roy, Son Maitre, à cette occasion.

J'ai l'honneur d'être avec le plus profond Respect

Monseigneur

de Votre Altesse Serenissime

le tres humble tres obeissant

serviteur

signé: Holdernesse.

S. A. S. Mgr. le Prince
Ferdinand de Brunswic.

✳ fat
(de la main du Duc.)

✳✳ Pour Mylord Holdernesse.   ce 7. Mars 1759.

Les deux lettres que V. E. m'a faites l'honneur de m'écrire du 13 et 20. du mois passé m'ont été rendûes par le courrier Otto arrivé ici hier au soir.

Mr. de Knyphausen m'a en effet ecrit sur le Concert à prendre entre le prince Henry et moy, relativement au Corps de troupes qui se trouve sous les ordres du Prince d'Ysembourg en Hesse.

Le Roy de Prusse et le prince Henry son Frere m'en avoient écrit precedemment; et comme S. M. B. m'a de tout temps recommandé d'agir de concert avec S. M. P., je me suis d'autant plus empressé d'y concourir de mon coté, que les affaires paroissent prendre un pli, qui rendent un tel concert non moins necessaire qu'avantageux à l'un et à l'autre.

Pour que V. E. puisse rendre compte à S. M. de ce qui s'est fait jusques à present sur ce sujet; jay l'honneur de Luy dire, que le prince Henry et moy nous sommes convenus entre nous, que dans le cas que l'armée Françoise jointe à de troupes de l'Empire et d'Autriche tombassent avec toute la masse sur la Hesse, alors le prince Henry viendroit au secours de la Hesse, si l'armée prussienne en Saxe ne se trouveroit pas alors pressée elle-meme; et pareillement, si la Saxe est attaquée par l'armée Françoise, le corps du prince d'Ysembourg agira en faveur de l'armée prussienne en Saxe, soit en faisant une diversion, soit en detachant 8 ou 9 mille hommes pour aller à son secours; sous cette condition cependant, que le prince d'Ysembourg ne fut pas pressé luimême en Hesse.

Il peut survenir d'un jour à l'autre des raisons, qui pourront y causer du changement; mais quoiqu'il en arrive, V. E. voudra bien compter, que je ne manqueray jamais de donner toute mon attention à saisir cet avantage, qu'un pareil concert peut donner tant aux affaires communes de la bonne cause en general, qu'à celles du Roy en particulier.

Je remercie V. E. très humblement de la part qu'Elle a bien voulû me faire, de l'accession du prince hereditaire de Hesse au traité du Landgrave son père avec la couronne de la Grande Bretagne, et je me rejouis veritablement, de voir le noeud de l'amitié serré de ce coté.

Comme les Troupes autrichiennes venûes de la Bohême s'avancoient avec des Troupes de cercles tant en Thuringe qu'en Hesse, il s'est fait il y a trois ou quatre jours, contre elles deux Expeditions, l'une de la part du prince Henry sur Erfurth, l'autre de notre coté sur Vacha. L'une et autre a parfaitement bien reussi; comme Mr. Durand en marque les particularités à V. E., je n'en ajoute plus rien ici; d'autant plus que je n'en ay encore reçû de relation detaillée.

J'ay l'honneur d'être   F.

A Londres ce 13. de Fevr. 1759.

Monseigneur

Le Roy Notre Maitre*) venant de m'ordonner par une lettre immediate du 26 de Janvier, de faire des representations au Ministere d'Angleterre pour qu'il fut ordonné au Prince d'Isembourg de se concerter sous les auspices de Votre Altesse Serenissime avec Mgr. le Prince Henry, pour toutes les operations necessaires pour la Defense de la Hesse, afin que ces deux Corps d'Armée puissent agir en toute occasion d'un commun accord, tant pour la Defense de la Hesse, que pour celle de la Saxe; j'ay eu d'autant moins de peine de reussir dans cette Demarche, que vous etes informé depuis longtems, Monseigneur, de l'ardeur, avec laquelle Sa Majesté Britannique désiroit l'Etablissement d'un pareil Concert.

---

*) N. d. H. Randbemerkung von der Hand des Herzogs. F. Quelle familiarité dans le stile.

Je profite donc du Depart du Courier, que Mylord Holdernesse dépéche à cette occasion à Votre Altesse Serenissime, pour luy annoncer moi même les ordres que j'ay reçus touchant cet objet, et pour La suplier de vouloir bien sans perte de tems en informer son Altesse Royale Mgr. le Prince Henry, qui aura sans doute deja reçu les ordres du Roy à ce sujet. Si ce concert rencontre au reste des difficultés, pour la levée desquelles mon Ministère puisse être de quelque utilité, je suplie votre Altesse Serenissime de me donner Ses ordres, et de vouloir bien tenir la main à ce que les intentions du Roy soyent exécutées promtement et de la manière la plus utile pour la cause commune.

Il paroit être d'autant plus important de ne point perdre de tems à ce snjet, que toutes les nouvelles, qu'on recoit de France assurent, que le Plan de cette cour pour la campagne prochaine est, de tenir par la grande armée Votre Altesse Serenissime en echec sur les bords du Rhin, et d'employer la seconde armée, qui sera commandée par Mr. de Chevert, pour penetrer par la Hesse en Saxe. Je ne saurois rien ajouter d'ailleurs, si ce n'est que j'ay reçue la lettre, dont Votre Altesse Serenissime m'a honoré en date du 5 du courant, et que le Bulletin ci-joint*) renferme toutes les nouvelles, que nous avons reçues par les trois derniers males, dont il y en a quelques unes, qui presentent des pointes de Perspective asses favorables pour les interêts de la cause commune.   J'ay l'honneur d'être avec un profond respect

Monseigneur

de Votre Altesse Serenissime

le très humble et très obéissant serviteur

signé: le Br. de Knyphausen.

** Pour Monsieur de Knyphausen.

Ce 7 de Mars 1759.

La lettre que Vous m'avés faite l'honneur de m'écrire du 13 de Fev. a été bien longtems en chemin, ne m'étant parvenûe qu'hier au soir. Je vous en fais mes tres parfaits Remercimens. Le concert, que S. M. exige entre son armée de Saxe et le corps du Prince d'Ysembourg, n'a pas d'autres difficultés, que celles qui naissent de l'éloignement, ou l'une est de l'autre, et de l'incertitude ou l'on continue d'être de quelle façon les ennemis content d'executer l'invasion qu'ils méditent. On ne sauroit rendre en cette occasion de plus grand service au Roy et à ses Alliés, que de découvrir à temps le veritable plan d'operations, que les ennemis ont concerté entre eux.

L'armée de Contades continue en attendant à être tranquile en ses quartiers; celle du Mayn a fait quelques mouvemens, qui n'ont cependant pas eté encore de suite.

Le prince Henry a chassé vers la fin du mois passé les autrichiens

---

*) N. d. H. Das Bulletin enthielt Nachrichten über den beabsichtigten Operationsplan der Oesterreicher, über den erwarteten Tod des Königs von Spanien und über Observationscorps in Neapel und Turin.

de la ville d'Erfurth, en quelle occasion il a fait une soixantaine de prisonniers. Ayant fait marché de mon coté un Detachement sur Vacha, nos troupes ont enlevé quelques quartiers de Cavallerie et d'Huzards et l'ennemi s'est replié en grande confusion sur Meynungen en abandonnant Hirschfeld, Vacha et tous les Baillages, qu'ils avoient occupés en Hesse.

J'ay l'honneur d'être   F.

(Archiv-Acten vol. 249.)

à Whitehall, ce 16ᵉ Fevr. 1759.

Monseigneur,

N'ayant rien à communiquer de la part du Roi, à Votre Altesse Serenissime, je prouverois bien mal mon zèle pour le Service de Sa Majesté, aussi bien que mon respect pour vous, Monseigneur, si j'interrompois, pour plus d'un moment, les soins généreux que Votre Altesse Serenissime se donne sans relache, pour la gloire des armes du Roi, et pour le salut de ses États. Agréez néanmoins, Monseigneur, que j'offre de nouveau ici, en peu de mots, à Votre Altesse Serenissime les hommages d'un attachement inalterable, et que je lui temoigne très humblement la reconnoissance la plus respectueuse et la plus sensible de la nouvelle marque de condescendance et de bonté dont Elle a daigné m'honorer par sa derniére lettre.

Comme nous touchons presqu'au moment de l'ouverture de la Campagne, on ne peut que sentir continuellement à quel point Votre Altesse Serenissime, sûre d'être toujours l'objet de la confiance et de l'admiration publique, va devenir, en même tems, celui de nos inquietudes et de nos allarmes. Veuille le Tout-puissant veiller sur des jours dont dependent le sort des armées et le salut des Peuples! Et que des travaux si vertueux soient recompensés de la Gloire réelle et touchante de voir un jour l'Europe reconnoitre, Monseigneur, que c'est a vous qu'elle doit sa sûreté et son repos.

Je suis avec le plus profond respect,

Monseigneur

de Votre Altesse Serenissime

le très humble et très obéissant

serviteur

signé: W. Pitt.

A. S. A. S. Monsgr.
le Prince Ferdinand.

⁂ Pour Monsieur Pitt.   M. ce 7. Mars 1759.

La lettre de V. E. du 16. Fevr. me fut rendûe hier au soir. Si V. E. juge du plaisir qu'elle m'a causé par le cas infini que je fais de ses sentimens envers moy, elle ne doutera point, que les marqués qu'elle m'en a données, quoique de bien trop flatteuses pour les meriter, ne m'ayent fait ressentir une satisfaction des plus parfaites. Vous ne me refuscréz pas la justice d'être persuadé en revanche que je ne souhaite rien plus ardemment que de cultiver une amitié, où je mets un prix bien au dessus de toute Expression.

III.   13

J'ay prevenû V. E. que je méditois une Expedition contre l'armée françoise du Mayn, et qu'une diversion de la part de l'armée prussienne en Saxe entroit dans mon plan. S. M. P. n'ayant pas crû pouvoir s'y preter, l'Expedition n'a pû avoir lieu: ma proposition a cependant fait naitre une espece de concert defensif qui consiste à se porter un secours mutuel, selon que les ennemis se tourneront avec la masse de leurs forces reunies sur le Mayn et en Franconie du coté de la Hesse, ou de celuy de la Saxe. Ce concert est en verité utile et necessaire; je ne puis cependant pas cacher à V. E., qu'il roule sur des points d'une Execution très difficile, qui naissent particulierement de l'éloignement des lieux.

L'armée prussienne en Saxe regle d'ailleurs ses mouvements sur ceux de l'armée de Silesie, qui est la principale; et il en est de même du corps du Prince d'Ysembourg en Hesse, vis à vis de l'armée en Westphalie.

Il resulte de cette double consideration, que ni l'armée prussienne en Saxe, ni le corps du Prince d'Ysembourg en Hesse ne pourront agir, pour s'unir contre l'armée du Mayn, que je suppose jointe à des Troupes de l'Empire et d'Autriche, aussi librement, qu'ils feroient sans cette Relation, essentielle et necessaire, ou ils se trouvent avec les armées principales.

La connoissance exacte du plan d'operations des Ennemis nous seroit d'une grande ressource en cette rencontre. Des bons avis assûrent que les François porteront leurs plus grandes forces sur le Mayn, pour retomber de là dans les Etats des Deux Roys. Mais j'avoue que j'ay de la peine à y ajouter une entiere foi, vû que je doute qu'il puisse leur échapper, que leur chemin est celuy de Munster, s'ils veulent y entrer avec sureté.

Nous venons en attendant de faire une petite expedition contre les troupes autrichiennes, qui etoient venûes en Hesse, aux quelles on a donné la chasse avec assez de succès.

J'ay l'honneur d'être à jamais avec une Estime aussi vraye que grande   F.

An demselben Tage, 7. März 1759, schrieb der Herzog (unter der Redaction seines Secretärs Westphalen) auch an den Gesandten v. Münchhausen in London, an Mylord Granby, und an Lord George Sackville theils in Beziehung auf die Operationen des Feindes, theils hinsichts der Verstärkung der Armee, namentlich der Artillerie. Die Correspondenz des Herzogs Ferdinand mit Lord Sackville aus dieser Zeit verdient auch deshalb besondere Aufmerksamkeit, weil sie den Beweis des Gegentheils von der in späteren Geschichtswerken englischer Schriftsteller, wie Smollet und William Russel, insinuirten Behauptung liefert, dass zwischen dem Herzoge und Lord Sackville eine bis zum gegenseitigen Hass gesteigerte Spannung bestanden habe, welche jene Geschichtsschreiber zu dem Behufe betont haben, um das Benehmen des

genannten Lords in der in demselben Jahre geschlagenen Schlacht bei
Minden zu erklären und zu beschönigen. So äusserte sich Lord Sackville schon in einem Briefe an den Herzog Ferdinand vom 5. Januar 1759,
worin er demselben den Intendanten Hunter empfahl und über die Projecte der Verstärkung der leichten Truppen pp. Mittheilungen machte,
folgendermassen:

(Archiv-Acten vol. 248.)

„A mon arrivée içi (in London) j'eus le bonheur de voir au Roi
la plus parfaite santé; et si je devine bien, c'est à Votre Altesse que
nous en avons en partie l'obligation, car Sa Majesté est infiniment sensible à la glorieuse Campagne, que ses troupes ont fait sous vos ordres;
mais j'exprimerois difficilement la satisfaction extreme, que je ressentis,
lorsque le Roi me fit l'honneur, de me demander très particulierement
l'Etat de votre santé, et par le detail qu'il m'ordonna de lui faire de
tout ce qui regardoit Votre Altesse je vis bien l'interet qu'il y prit.

Il me temoigna un desir extreme de prevenir en tontes choses vos
souhaits, et il espere que Votre Altesse en est persuadée, car c'est
surement Son Intention, d'agir toujours de la sorte.

Il ne me reste que de feliciter Votre Altesse de la marque distinguée, qu'elle vient de recevoir de l'approbation du Roi du Prusse, et de
souhaiter que cette année soit aussi glorieuse que la précedente, que
j'en sois temoin, et que j'ai le bonheur de meriter Votre approbation,*)
puisqu'avec le respect le plus parfait et l'attachement le plus sincere
j'ai l'honneur d'être.

Monseigneur, de Votre Altesse serenissime
le tres humble et le très obeissant
serviteur
(signé) George Sackville.

(Archiv-Acten vol. 248.)
※※ à Mylord George Sackville.

M. ce 21. Janv. 1759.

Mylord,

Mr. Hunter est arrivée icy il y a trois jours. J'ay eû depuis un
entretien avec luy sur les affaires de son departement; je m'apercois
avec plaisir qu'il est tel que vous le dites dans votre lettre. Nous
avons le même but; si nous nous pretons les mains l'un et l'autre, les
affaires n'en iront que mieux.

J'ay vû avec plaisir, que nous pouvons compter, que la cavallerie
sera rendüe complete. Il seroit bien facheux que l'infanterie ne le fut
point. J'aurois souhaité qu'il y eut eû moyen, d'augmenter le nombre
des Troupes Britanniques; et vous savez, Mylord, combien j'ay raison
de le souhaiter: mais je ne demanderay pas l'impossible, et je me repose
sur vous quant à nos interêts à cet egard. Je vous prie de temoigner

---

*) N. d. H. Wäre doch Lord Sackville am Tage von Minden dieser Worte eingedenk
geblieben!

13*

à Mylord vicomte Ligonier, que je suis bien sensible à son affection pour moi, et que je n'ay appris qu'avec reconnoissance, qu'il scroit charmé que les troupes légeres passassent la mer.

J'ay écrit à Mr. Pitt sur l'augmentation de nos troupes legères allemandes; l'objet de depense est mediocre; si l'on est aussi persuadé en Angleterre de leur utilité, que je le suis moy, je me flatte, qu'on m'accordera ma demande, qui depuis ma lettre à Mr. Pitt a déja été accordée à moitié.

Je ne sais, Mylord, si c'est l'intention du ministère Britannique, de prendre plus de troupes allemandes à sa solde. Il seroit assez difficile d'en trouver de bonnes. Mais ce qui vaudroit autant qu'augmenter l'armée seroit de profiter des brouilleries des cours de Manheim, de Bonn, et de Stutgard avec celle de Versailles, qui sont surement telles, qu'on pourroit faire une grande diversion à la France.

J'ay été vivement touché du gracieux souvenir dont S. M. m'honore; Ses bontés à mon égard sont bien au dessus de tout ce que je puis meriter.

Quant à Vous, Mylord, je me tiens persuadé de votre amitié, puis-que la mienne envers vous est aussi vive que sincere; je ne souhaite rien d'avantage, que de vous en convaincre de plus en plus par des marques proportionnées à la veritable estime que j'ay pour vos merites. Recevés en attendant mes remercimens de tout l'obligeant que vous me dites dans votre lettre, et en même temps les assurances de la consideration la plus distinguée, et du devouement parfait avec les quels je suis etc.   F.

(Archiv-Acten vol. 249.)

à Londres ce 23. Fevrier 1759.

Monseigneur,

Nos Recrues pour la remonte de la Cavallerie sont en partie embarqués, comme sont aussi quelques uns pour l'Infanterie, avec l'habillement et les appointemens de l'une et de l'autre. Les 800 qui nous viennent d'Ecosse ont deja j'espere mis à la voile. il me seroit une vive satisfaction si je pouvois annoncer à Votre Altesse, qu'ils seront suivis encore de quelques Battaillons, mais j'y vois à la verité moins d'apparence que jamais, puisque les allarmes pour ce pays ci ne cessent point; j'espere cependant qu'il nous viendra de l'Irlande encore 300 hommes moyennant quoi l'Infanterie pourra entrer en Campagne complette, mais je n'ose pas les promettre positivement à Votre Altesse.

Le Roy vient de nommer Milord Granby Lieutenant General, et c'etoit avec le plaisir le plus vrai, que j'appris de sa bouche, l'heureux Etat de la Santé de Votre Altesse. il me fit en même tems ressouvenir de celui de Votre Artillerie. je ne manquois point à le comprendre au mot, et comme je n'ai dans la vie rien de plus pressé que de travailler à tout ce qui est au gré de V. A. il s'en suivit la dessus entre Monsieur Pitt et moy une conversation, qu'en confiance j'aurai l'honneur de faire part à Votre Altesse.

Je m'efforcois à lui repeter la necessité d'augmenter l'armée en Allemagne, il me repondit, que si cela se pouvoit, il y mettroit lui meme le premier les mains; mais qu'il seroit dangereux dans un pays comme celui-ci de trop tendre la corde, le public veut du menagement, d'ailleurs il faut en premier lieu asses de force ici, pour nous mettre à l'abri de danger, surtout qu'on ne sçavoit pas encore le parti que prendroit le Danemarc et la Hollande, et que de raison on ne falloit pas plus penser au moindre renfort d'ici, mais que s'il venoit de la part de Votre Altesse une proposition d'ajouter encore quelques trouppes de Brunswic (la Hesse et le Hannovre ayant deja fait leur possible) il seroit volontiers le premier d'en presser le payement, quoiqu'il s'ecarteroit de son departement, n'ayant rien à demeler avec celui des Finances, même si le nombre devroit monter à 2000. V. A. jugera, à quel point une telle pensée est faisable.

Je lui parlois alors d'Artillerie, il n'hesita point à me dire: vous sçavez mieux que moi quel est l'Etat de la notre; si nous pouvons sans trop risquer en epargnant, je n'y vois point d'obstacle; et si environ 10 pièces de douze livres d'une pesanteur moyenne, quatre pièces encore plus legeres, 2. de six livres et six Haubitz Royaux de cinque pouces et demi peuvent servir Votre Altesse de quelque chose, je crois que nous pouvons nous en passer ici, si les Ministres ne se rebutent point par rapport à la defense.*) Si heureusement j'avois sçû l'Etat exact de l'artillerie Hannovrienne, et de quelles pieces Votre Altesse ne compte pas de se servir, j'aurois pu mieux appuïer ce projet, puisque les chevaux et charriage, de meme que la Poudre, dont vous ne vous serviriés point, auroient pu suffire pour la notre, ce qui seroit une Epargne très considerable; le Baron de Munchhausen pourtant m'assure, qu'il me fournira d'abord tous les eclaircissemens possibles sur ce sujet.

J'ai l'honneur d'etre avec le respect et l'attachement le plus inviolablé Monseigneur, de Votre Altesse le très humble et très obeissant serviteur

(signé) George Sackville.

(Archiv-Acten vol. 249)

M. ce 7. Mars 1759.**)

** Pour Mylord George Sackville.

Mylord,

Vous m'annoncez par votre lettre du 23. de Fevrier, que j'ay recüe hier au soir, une nouvelle bien agreable; en m'aprenant que la

---

*) N. d. H. Wenn aus irgend welchen Thatsachen, so ist es aus solchen Details über eine verhältnismässig unbedeutende Vermehrung des Ausrüstungsmaterials, — erörtert vor dem ersten Minister Grossbritanniens, — dass man eine fast erschreckende Anschauung gewinnt von den zahllosen, alle heutigen Vorstellungen übersteigenden Hindernissen, welche der Herzog Ferdinand zu überwinden hatte, um seine zusammengestoppelte kleine Armee den Schaaren des mächtigen Frankreichs gegenüber, in einen nur einigermassen achtbaren Stand der Schlagfertigkeit zu setzen! und dennoch schlug er sie bei Minden auf's Haupt.

**) N. d. H. Es ist merkwürdig, wie dieses und die ganze Reihe der voranstehenden Schreiben des Herzogs an einem und demselben Tage, dem 7. März, von Westphalen eigenhän-

plus grande partie de la recrüe pour les Troupes Britanniques se trouvoit ou embarquée ou prete de l'être. Je sais combien ce succés est
dû à Vos soins; et je suis plus persuadé que jamais, que, s'il est
possible d'avoir ces 300. Recrues d'Irlande vous saurés ajouter l'obligation de voir le corps des Troupes Britanniques entierement complet à
tant d'autres qu'on vous a deja.

J'ay vû avec bien de plaisir ce que vous me marquez au sujet de
l'artillerie; et comme vous avez écrit depuis au General Waldgrave,
que cette affaire est resolüe et entierement decidée, il ne me reste que
de vous dire, que j'ay eû soin, de luy remettre un etat, qui fait voir
ce qui vous faudra encore en chevaux et en valets de Train, après la
reduction de 8 pieces de 12 livres de bales du Train d'artillerie d'Hannovre. De cette façon il se fait une augmentation de 20 pieces de gros
canons dans le Train: ce qui me mettra en etat d'en former un pour
le corps d'armée en Hesse; conformement au projet que j'en avois
formé. Le nombre des chevaux et des valets de Train, qui nous faut
encore pour cette besogne est mediocre; le general Waldgrave aura soin
de faire achetter les premiers en suite de la commission que Vous luy
en avez donnée, et j'ay écrit à la Chancellerie de guerre, pour qu'elle
nous procure les seconds. La reconnoissance que je vous ay Mylord,
d'avoir ajusté si promptement cette affaire, est infinie; et je ne saurois
jamais me louer assez de votre façon de penser à cet Egard.

C'est avec une egale satisfaction, que je m'apercois que vous
l'etendez beaucoup plus loin, et que vous avés bien voulû entrer dans
nos besoins les plus essentiels, et les recommander aux soins de Monsieur Pitt. Je sais que les interets de l'armée ne sauroient être mis en
des meilleurs mains; et je suis persuadé que s'il y eut eû moyen de
nous envoyer encore quelque renfort de Troupes Britanniques; nous
l'aurions eû de cette façon.

Je n'ose rien promettre de la part du Duc mon Frere: il a encore
quelques bataillons avec un Regiment de Carabiniers dans le païs; mais
il a en revanche deux forteresses à garnir, qu'il importe infiniment dans
les conjonctures presentes de ne pas laisser sans garnison. Cela ne
m'empechera pas de luy en ecrire pour savoir ses idées, des quelles je
ne manqueray pas de vous faire part en suite.

J'espere, Mylord, que vous me rendrés la justice de croire, que
personne n'est ni avec un devouement plus parfait, ni avec une Estime
plus distinguée, que je suis

Mylord etc.   F.

(Archiv-Acten vol. 336.)

Durchlauchtigster Fürst,
Freundlich lieber Vetter!
Die jetzige Entreprenneurs Meiner Müntzen, Ephraim und Söhne,

dig verfasst worden ist, — ein Beweiss von Schnelligkeit der Correspondenz und geistiger Be-
herrschung des Stoffs und der Situation, die selbst unter den schwierigsten Verhältnissen und
mannigfaltigsten Beziehungen zu den verschiedensten Persönlichkeiten ihre Dienste nicht versagte.

auch Compgn., haben bey mir vorgestellet, wie alle und jede Geld-Remisen aus Engellandt, für die unter Ew. Liebden Commando stehende Armée, bisher durch Holländische Wechsel über Hamburg geschähen, wodurch die Hamburger Kaufleuthe gelegenheit genommen, allerhand schlechte Müntz-Sorten, als Neuwiedsche, Bayreuthische, Anspachsche und dergleichen mehr, zur Armée auszubringen und durch Beförderung des debits gedachter auswärtigen sehr schlechten Müntzen, andere gute und ohnstreitig weit bessere; sowie auch selbst die Meinige, in den Cours zurückzusetzen: dahero sie dann gebethen, bey Ew. Liebden Mein Vorwort dahin einzulegen, es in die Wege zu richten; damit obenerwehnte Holländische Wechsels an sie adressiret, allenfalls auch die Verfassung bey Dero dortigen Armée gemachet werde, dass bey solcher obenerwähnte schlechte Müntz-Sorten und deren debit untersaget, hingegen hauptsächlich die in Meinen Landen ausgeprägte Goldt- und Silber-Sorten ausgezahlet werden und coursiren müssen. Wenn nun ausser anderen Ursachen auch noch hierunter Mein interesse besonders versiret und Mir zur Genüge bekandt ist, wie Ew. Liebden solches allemahl gerne portiret haben; So habe Ich Mich nicht entbrechen wollen, obgedachten Meinen Müntz-Entreprenneurs, Mein Vorwordt bey Deroselben dahin zu verleihen, dass soviel es nur immer möglich ist, Ew. Liebden dieselbe darunter favorisiren und es nach deren Gesuch einzuleiten belieben mögen, als welches Ich gegen Dieselbe Danknehmig erkennen und mit Meiner unveränderlichen Hochachtung bleiben werde

Ew. Liebden

Breslau,   Freundwilliger Vetter
den 10. Februar 1759.   (Namenszug) F.

       An
des General-Feldt-Marschall
Printzen Ferdinand v. Braunschweig
        Liebden.
                   (Die äussere Adresse auf dem Couvert.)
       A Mon Cousin
Monsieur le Felt-Maréchal-Genéral
Prince Ferdinand de Bronsvic-Lunebourg.
           (Präsentation von der Hand des Herzogs:)
    ✱ Reçu ce 28ms Fevrier 1759 le matin à
      10 heures par des Juifs venus de Berlin.

      Durchlauchtigster Printz,
        Gnädigster Fürst und Herr etc.
      Ew. Hochfürstl. Durchlaucht danken Wir in tiefster Erniedrigung für die gnädige Verfügung der Escorte bey unseren aus Holland kommenden Gold- und Silber-Transporten. Und ob Wir wohl von Höchst Deroselben gnädigen Gesinnung gegen uns völlig überzeugt sind, so tragen Wir doch fast Bedenken, Ew. Hochfürstl. Durchlaucht weiter zu behelligen, wann nicht das versirende Königliche Interesse uns darzu nöthigte.

Es haben Seine Königl. Majestät auf unsere allerunterthänigste
Vorstellung allergnädigst resolviret, bey Ew. Hochfürstl. Durchlaucht
für uns das Wort allergnädigst zu reden; dass in Ansehung des
Debits derer ausgemüntzten Preussischen Gelder, solche auch bey der
Alliirten Armée coursiren, und keine fremden angenommen werden
möchten.

Wir erdreisten uns solchemnach Ew. Hochfürstlichen Durchlaucht
unterthänigst zu bitten, Höchstdieselben wollen gnädigst geruhen, in
Betracht des versirenden Königlichen Interesse sowohl bey denen Re-
giments-Quartiermeistern, als auf denen Postämtern die gnädige Ordre
stellen zu lassen, dass nach hochgedachter Ihro Königl. Maj. allergnädigsten Intention neben den Preussischen Geld-Sorten keine Fürst-
lich ausgemüntzte Gelder angenommen, daselbst coursiren, oder durchpassiren sollen. Wir getrösten uns gnädiger Deferirung, und ersterben

Ew. Hochfürstl. Durchl.

Berlin den 13. Febr.   unterthänigste
     1759.   (gez.) Ephraim et Söhne,
                                       Königl. Preuss. Hof-Jouweliere.

** An
den König von Preussen.

Münster, den 12. Märtz 1759.

Auf Eurer Königlichen Majestät an mich unterm 10. des vorigen
Monats gnädigst erlassenes Schreiben, die allhier und bey der Armée
coursirende Geld-Sorten betreffend, erwiedere hiermit unterthänigst, dass,
was den Sold der Truppen anbetrifft, solcher gegen Englische Wechsel
durch die Hannoversche Kriegs-Canzelley bishero theils in Holland in
Ducaten, theils zu Hamburg in alten Louisd'or und Brandenburgschen
und Lüneburgschem Golde gegangen und die Truppen darin bezahlt
worden: was hingegen die andere Ausgaben vor Fourage, Lebensmittel
und die Extraordinaria anbetrifft, so werden solche von dem Englischen
Commissariat grössten Theils durch Assignationen zu Deventer und in
anderen Holländischen Städten bezahlt: was dasselbe aber bey der
Armée an baarem Gelde auszugeben hat, geschieht in Ducaten.

Der Jude Fränckel, welchen Eurer Majestät Müntz-Entrepreneurs
Ephraim und Söhne anhero gesendet haben, hat mir nun zwar ein
Project überreicht, nach welchem er sich offerirt, die Geld-Remisen bey
der Armée auf die Englische Wechsel zu übernehmen; ich habe auch
deswegen sowohl mit der Englischen Intendance als mit der Hannöverschen Kriegs-Canzeley, als von deren beyden Ressort alle Geld-Sachen
bey der Armée dependiren, fleissig correspondiret, und mich angelegen
seyn lassen, Eurer Majestät gnädigstes Vorwort denen gedachten Entrepreneurs in seinem ganzen Umfange zu statten kommen zu lassen; ich
bin aber nicht vermögend gewesen, dieselbe dahin zu disponiren, dass
sie en faveur derselben von ihren genommenen arrangemens die Englischen Wechsel zu ziehen, und die Truppen zu bezahlen, abgehen

mögen; hingegen kann Eurer Königl. Majestät ich so viel in Unterthänigkeit versichern, dass, was den Verbot der schlechten von Höchstderoselben erwehnten Neuwiedschen, Bayreuthschen, Würtembergschen und anderen. Müntzen anbetrifft, demselben ein Genüge geschehen sey, auch nach Möglichkeit darauf gesehen werde, derselben cours zu hindern.

Ich beharre mit dem tiefsten respect (gez.) Ferdinand.

✸✸ Pour le Juif Franckel.

Ayant fait communication du projet que le Sr. Franckel m'a présenté relativement aux monnayes tant à Mr. l'intendant de l'armée qu'à la chancellerie de la guerre de S. M. B.; je lui fais maintenant savoir en suite des Declarations de l'un et de l'autre, qu'on veut s'en tenir aux arrangemens, qui ont eté suivis jusqu'à present tant dans le payement des Troupes qu'en celuy qui se fait pour les autres depenses; Ensorte que l'offre qu'il a fait, de fournir de l'argent sur les lettres de change, qui viennent d'Angleterre, n'a pas eté accepté.

Mais quant à la defense des mauvaises monnoïes dont ce païsci a eté inondé, j'espere que l'intention de S. M. P. est remplie par les ordonnances, qui ont eté publiées à l'armée à ce sujet.

Münster ce 12. Mars 1759. (gez.) F.

✸✸ An den Juden Ephraim.

Der Anstand, welchen ich bishero genommen habe, auf des Herrn Ephraims und Söhne an mich abgelassenes und durch den Juden Fränckel überbrachtes Schreiben zu antworten, rühret lediglich daher, dass ich mit der Englischen Intendance und der Hannöverischen Krieges-Kanzeley wegen des Projects, die Englischen Wechsel, welche zu Bezahlung der Armée aus England übermacht werden, durch sie bezahlen zu lassen, bishero correspondiret habe; da aber sowohl die Intendance als die Königl. Krieges-Kanzeley nicht darin entriren, sondern bey ihren bisherigen Arrangemens die Gelder an die Armée zu übermachen, verbleiben wollen, so habe ich in dieser Sache weiter nichts übrig gefunden, als den Juden Fränckel darnach zu bescheiden, welcher ihnen dann sowohl davon, als auch von dem bey der Armée ergangenen Verbot gegen verschiedene Fürstliche und Gräfliche geringhaltige Müntz-Sorten weiteren Bericht abzustatten im Stande seyn wird. Ich bin übrigens derer Herren Ephraim und Söhne

Den 12. Märtz 1759.

wohlaffectionirter (gez.) F.

reçu le 16. mars 1759 à midi par le retour du domestique de Mr. Hellen incl.: 5. lettres à des particuliers à Londres que j'ai envoyé à Mr. Laurenzy. item une lettre pour Mr. Yorke, ditto pour Mr. de Hellen & Deneken

(de la main de Haenichen.)

✸✸ Monsieur,

Mon plus cher et tres honoré amy,

Vos infiniment cheres Lettres du 11 et du 12. Nro. 16 et 27.

m'ont eté rendües hier et à ce matin, par les deux exprés, que vous avés faits le plaisir à Mgr. le Duc de Luy depecher avec les nouvelles interessantes, que vous avez bien voulû faire parvenir. S. A. S. vous en a une obligation et une reconnoissance infinie, et vous prie de vouloir bien les temoigner aussi de sa part à Celuy dont vous les tenez, avec bien de compliments et d'assurances d'amitié.   1

Les Lettres qui ont eté jettées dans la mer seront envoyées de nouveau in duplicato. mais comme vous m'avéz ecrit de vous renvoyer le courier d'aujourdhui le plustot possible je l'expedie avec celle-cy; et me propose de faire suivre un second courier cette nuit.

Nous prenons trop de part aux affaires d'Hollande pour ne souhaiter pas ardemment qu'il y eut moyen des les ajuster. et nous avons bien d'autres sentimens des forces de la Republique, pour mepriser Ses armemens. Tous les anglois qui sont icy souhaiteroient qu'on put s'accommoder avec elle, et au lieu de l'irriter, on voudroit qu'on tachat de La gagner pour la defense commune contre l'oppression des maisons de Bourbon et d'Autriche.

S. A. S., qui vous fait mille compliments, et qui vous remercie cordialement de l'attention que vous aportez à rendre votre chere correspondance si infiniment interessante, vous prie de presenter à S. A. S. Mgr. le Duc Louis les assurances de sa plus tendre amitié et de Son Devouement inviolable. Elle se represente aisement les grandes occupations de Son Present Poste; et si Elle n' avoit pas craint que ses Lettres pourroient venir un peu mal à propos, elle n'auroit surement pas renoncé depuis si long Temps au plaisir de Luy demander de ses nouvelles. Vous voudrez bien dire à S. A. S. qu'on fera tout ce qui sera possible pour le sieur Rindelaub.

Pour vous mander à present quelque chose d'icy, je dois commencer par vous dire, qu'on nous envoit un train d'artillerie d'Angleterre pour en augmenter celuy, que nous avions deja; qu'on se veut preter encore à quelque augmentation dans les troupes de Brunsvic si le Duc s'y veut preter; qu'on rassemble en bataillons les milices et les invalides d'Hannovre, qu'on va les habiller et les dresser pour le service; que le Landgrave de Hesse leve encore 3. compagnies d'artillerie, que nous continuons de fortifier Hameln, Lipstad et la citadelle de Munster; que le commissariat anglois se met peu à peu en activité, qu'on travaille à faire des magazins, qu'on exerce les troupes, qu'on presse l'arrivée des recrües et mille autres choses pareilles. De la Hesse il n'y a pas de nouvelles fort interessantes; les autrichiens reviennent à petit pas, depuis qu'ils ne se sont plus sentis presser. Ils etoient revenus le 12. jusques à une marche de Vacha; les françois ont fait avancer quelques regimens vers Fulda, et ont envoyé du canon à Giessen et à Friedberg. Les prussiens ont ravagé le païs de Fulde; et une autre troupe composée d'infanterie de Dragons et d'huzards ayant poussé jusques a Ilmenau ont eû le bonheur de mettre l'ennemi en fuite, quoiqu'il se soit defendû assez bien; et de faire sur luy une centaine de prisonniers et en luy

prenant deux pieces de canon. Voicy la copie d'une Lettre du ministére
de Berlin qui contient ce qu'on sait jusqu'a ce moment de l'expedition
en Pologne. Notéz que le Roy a ecrit au Duc, que ses troupes ont pris
et detruit un grand magazin à Posen.

Dites moi, s'il vous plait, de quel magazin le Duc de Choiseul
parle dans sa Lettre. Parleroit-il des notres? Il est impossible qu'il en
soit informé. Cecy reste entre nous; et vos Eclaircissement resteront
secrets de meme.

Il est facheux que la Martinique n'ait pas ete prise. aprés ce coup,
les anglois auroient eté plus traitables avec les Hollandois.

adieu mon plus cher amy   ce 14 mars à 1 h. du midi.
   (à Mr. Haenichen.)

                           Arrivé ce 14me Mars 1759
                   entre 4 et 5 heures de l'apres midi.
                                                    No. 18.

Monsieur Mon Cousin. (dechiffré.) „Je remercie Votre Altesse de
„la Lettre qu'Elle a bien voulû me faire du Vingt et huit Fevrier pour
„les nouvelles assés interessantes, dont Vous m'avés fait part. Je suis
„bien faché de ce que Vous Vous etes vû obligé de sister Votre Ex-
„pedition projettée. Elle etoit excellente; mais malheureusement, je n'y
„savois contribuer, sans courir l'hazard ici de ruiner entierement mes
„affaires ici; l'Ennemi commence à rémuer, bien que pas encore au
„point à me donner de l'ombrage et des inquietudes. les Chemins dans
„les montagnes se trouvent encore si mauvais et si rompus par la rude
„Saison qui continüe ici encore, quoique trés changeant, qu'il n'y a pas
„moyen, qu'on y puisse faire passer de la cavallerie ni de l'Artillerie;
„c'est une chose constatée, que l'Ennemi portera cette année-ci le plus
„grand fardeau de la Guerre du côté de Hesse et de la Thuringe,
„surtout s'il n'y aura de guerre en Italie, car dans le cas d'une guerre
„du Roy de deux Siciles Votre Altesse se trouvera fort soulagée; mais
„comme l'on n'y peut pas encore compter, il sera necessaire, que Vous
„prenniés bien juste vos mésures, âfin de Vous porter avec un corps
„d'Armée le plus fort contre Soubize, quoiqu'à proportion de l'Ennemi,
„aux rives du Rhin, ce qui sera d'autant plus indispensablement à
„faire, vû que si autrement il reussit à Soubize de percer au Pais
„d'Hannovre et de Bronsvig, Vous Vous verrés alors forcé de courir
„au Secours de ces parages, ainsi donc qu'il sera bon et necessaire,
„que Vôtre Altesse prenne à temps Ses arrangements."

Aù surplus, c'est bien en consideration de l'intercession que Vous
aviéz bien voulu faire pour le Regiment Quartier Maitre du Regiment
de Dragons de Finckenstein, le nommé Naatz, que Je lui ai accordé
la place vacante de Grand Receveur du Bailliage de Sparenberg en
Westphalie, auquel Sujet Je viens de donner Mes ordres au Directoire
general.

Soyez Je Vous prie assuré de la Consideration et de l'amitié avec
lesquelles Je suis à jamais

Monsieur Mon Cousin
de Votre Altesse

à Breslau   le trés bon Cousin
ce 8. mars 1759.   Federic.

No. 14.

    ✳✳ Au Roy. Munster ce 14. Mars 1759.

Je viens de recevoir la copie d'une lettre de Mr. Rouillé du 27.
de Fevrier, dont je m'empresse de faire part à V. M. La voicy in
extenso: „Il s'est fait du changement dans notre plan d'operations.
Une partie de nos troupes devoit se joindre à un gros corps de
Troupes autrichiennes pour penetrer dans les Etats du Roy de Prusse,
pendant que les autres avec l'armée de l'Empire se porteroient vers la
Saxe. Mais les circonstances où la cour se trouve ne luy ont pas
permis de suivre ce plan d'operations. La crainte d'un coté que la
mort du Roy d'Espagne, qui a peutetre rendu actuellement le dernier
soupir, oblige le Roy de partager ses forces, et la necessité de l'autre
de veiller à la sureté de nos cotes et de s'opposer vigoureusement
aux entreprises des Anglois, ont fait prendre la resolution de n'entretenir qu'une armée en Allemagne, laquelle sera aux ordres du marechal de Contades, au quel le duc de Broglio, aux ordres du quel est
l'armée ci devant de Soubise, sera subordonné. Ce corps d'armée dirigera ses operations sur celles du Marechal et se reunira à son armée
si les circonstances l'exigent. Cette armée agira separement et les
autrichiens aussi. Cette Resolution a eté prise sur les sollicitations
reiterées du Prince Charles et du Comte de Cobentzel auprés du Roy,
pour qu'il plut à S. M. de rassembler une armée dans les Païs-bas.
En consequence les ordres ont eté expediés, pour former un camp de
28 à 30 mille hommes, qui sera en cas de besoin renforcée par une
partie de la maison du Roy."

Dans une seconde Lettre du deux de Mars, il marque que l'ambassadeur Francois à la cour de Madrid avoit mandé par un exprés
que le Roy d'Espagne paroissoit n'avoir qu'un couple d'heures à vivre
encore, et qu'il le marquoit parce qu'il etoit à craindre, que le cas
existant, il n'y eut pas moyen de depecher des couriers.

Un courier, qui arrive de Londres, m'a raporté de Lettres de
Mylord Holdernesse qui marquent, que les Anglois ont echoué à Martinique, mais qu'ils ont pris en revanche la Guadeloupe.

J'ay l'honneur d'etre pp.   F.

    ✳✳ Pour le Roy.   No. 15.
        ce 14. Mars 1759.

Je viens de recevoir la tres gracieuse Lettre de V. M. du 8.;
et je La suplie d'agréer mes plus humbles remercimens de la grace

qu'Elle a bien voulû accorder au nommé Naatz, Regiment Quartier-Maitre du Regt des Dragons de Finckenstein.

A en juger Sire, par des avis venus fraichement de France, l'armée du Mayn ne sera plus la principale; elle sera commandée par le Duc de Broglio, et celui-ci sera aux ordres du marechal de Contades. Jusqu'à ce moment l'armée du Bas Rhin est à peu près la meme encore qu'elle a eté; elle doit donc continuer à fixer particulierement mon attention. Mais voicy mes arrangemens, par les quels je me crois en etat de me tourner où le besoin le requerra. Il y a actuellement 16 mille hommes en Hesse; il y en a autant dans le Paderborn et dans le duché de Westphalie. Ma disposition est faite, qu'en 5 jours de temps ces troupes se peuvent rassembler, et se joindre au prince d'Ysenhourg, et si ce cas existe, j'iray moimême en Hesse. Les Troupes qui sont en quartiers le long de l'Ems, et dans les Evechés de Munster et d'Osnabruk se peuvent reunir aux environs de Dulmen en 5 jours de temps; s'il fut necessaire d'y attirer celles du Paderborn et du Duché de Westphalie, elles pourroient y arriver dans le meme temps. De cette façon j'espere d'effectuer deux choses, 1mo d'etre à l'abri d'etre prevenû par l'ennemy, 2do de me tourner egalement vers la Hesse ou vers la basse Lippe selon que le cas l'exige. Si V. M. juge necessaire que je prenne d'autres mesures encore; je le feray tres volontiers dés qu'il Luy plaira me dire d'un mot seulement son intention.

Je suis avec un tres profond respect.   F.

reçu par le courier Frise le 17. Mars
à 2½ heures de l'après midi.

※※ Monsieur.

Voicy les 3. Duplicata des Lettres qui ont été jettes dans la mer. vous voudrez bien en avoir soin; puisque leur contenu interesse beaucoup.

Depuis le depart du courier d'hier il en est arrivé un de Breslau et un autre de Dresdes. Les autrichiens remuent de tous cotez en Boheme. Le Roy ajoute que les chemins sont encore inpracticables; et l'Expedition en Pologne sera finie avant qu'ils puissent franchir les montagnes. Le 10 tous les regimens ont eté complets; il n'y en a aucun qui n'ait des surnumeraires. C'est etonnant. Les regimens etoient extremement fondus et delabrés. il manquoit 22 milles hommes à l'armée de Silesie et le reste etoit sans habit, sans bas, sans souliers. Tout est redressé. En sorte que Daun vient trop tard s'il a cru surprendre le Roy en preparatifs. Cecy doit absolument rester entre nous. Le prince Henry mande aussi que les autrichiens remuent; il ne sait s'ils en veulent à luy. Le prince Charles de Bevern a demandé au Roy son congé; il est probable, qu'il l'aura: il compte de servir à l'armée alliée en qualité de volontaire.

Ce 15. Mars 1759 à midi.

(à Mr. de Haenichen.)

reçu le 20. Mars 1759 par le courier anglois Ottens à 8
du soir avec une lettre inclu.

** Monsieur.

Notre correspondance pourroit devenir plus importante en quelques jours d'icy: en attendant je vous marqueray seulement, que les
imperiaux sont revenus à Vacha et à Hirschfeld, plus forts que la premiére fois. Ils ont meme surpris nos gens à Hirschfeld, par la faute
du butor d'officier, qui s'y est arreté contre l'ordre qu'il avoit reçû
du prince d'Ysenbourg. Nous avons fait à cette occasion une perte
de 24 chasseurs et de 27 huzards. Les francois avancent par le païs
de Fulde; nous ne croyons pas que c'est toute l'armée, mais nous ignorons en quoy consiste le Detachement. Mr. de Broglie a fait mener
du canon à Friedberg, et faire d'autres dispositions qui marquent qu'il
veut avancer. D'un autre coté nous avons apris par une lettre interceptée, adressée au prince de Waldeck que Mr. de St. Germain se
prepare de quitter Düsseldorp pour se rendre à Francforth; et nos
patrouilles nous ont aporté la nouvelle que tout fourmille de troupes
le long de la Lenne, qui marchent à Siegen et de là sur Marbourg.
Il se pourroit que Mrs. les Francois voulussent commencer par deposter
le prince d'Ysenbourg et par s'emparer de nos magasins. Mr. de
Deuxponts a fait publier une patente fort severe contre les adherans
des deux Roys-Electeurs revoltés et menace de mort et de feu irre-
missiblement tous ceux qui continueroient d'etre en correspondance avec
eux. Voilà une page entiére de choses en partie impertinentes, et en
partie facheuses. je commence celle-ci par vous dire, que le Duc songe
d'y mettre le holla. En attendant de pouvoir vous en marquer d'avantage, je vous diray encore que le roy pretend que Mr. de Wobersnow
a detruit un grand magazin à Posen, et deux autres sur la route de là
à Custrin. L'autre Detachement, qui est marché sur Cracovie a enlevé
un adjutant de Fermor qui revenoit de Vienne. L'imperatrice-Reine se
plaint amerement dans les depeches dont il etoit chargé, que la France
ne vouloit plus entrer dans son plan d'operations, ce qu'elle qualifie
de grand malheur. Elle finit par solliciter la cour de Petersbourg de
redoubler d'effort, pour mettre ce maudit Roy de prusse à la raison.
Vous savés sans doute que Mr. de Bellisle a trouvé à propos de pro-
scrire Mr. d'Ammon et de Cressner, par la raison, qu'ils avoient entretenû une correspondance contraire aux interets de la France. Le dernier se rendra à Mastricht; le premier s'est proposé de venir icy. Cét
evenement ne laisse pas de nous deranger, vû que nous comptions
beaucoup sur cette correspondance.

à Münster ce 18. Mars 1759.

à 10. heures du soir.
(à Mr. de Haenichen.)

(Archiv-Acten vol. 332.)

** Idée generale.

** Comme la presence des autrichiens sur la Werra et sur la

Fulde change le premier plan, qui étoit de marcher avec le gros de
l'armée par Wetzlar sur Friedberg et Frankforth; et que d'ailleurs
un corps de troupes françoises est venû du Duché de Bergues en marchant par Siegen et Dillenbourg sur Marbourg; il me semble que l'expedition, pour l'adapter maintenant au cas present, roule sur ce principe qui suit, savoir: — De pousser les autrichiens aussi loin que
possible, et du moins jusques à Bamberg; Si l'on y reussit; alors on
marchera par Fulde sur Büdingen, comme si l'on vouloit tomber droit
sur Francfort. C'est l'idée de l'expedition en general.*) Il est visible,
que pour effectuer le premier, il faut tomber à l'improviste sur les
autrichiens, les entamer separement, ou en corps, et tacher de les
batre. Si cela n'arrive pas, il se peut, qu'on les oblige de se retirer, en les pressant; mais ils n'iront pas plus loin, qu'ils ne se sen-
tiront poussés, et rendront par consequent, s'ils reviennent, l'expedition
contre les François impracticable. Mais s'ils sont bien frottés, on aura
le temps, pendant qu'ils se reconnoissent, de frapper le coup contre
les François.

Si l'on peut agir avec assez de celerité, on empechera les François de prendre un parti, pendant qu'on poussera les autrichiens. Mais
si elle tarde, ils pourront s'assembler et avancer vers Fulda ou vers
Giessen; peut etre prendront-ils aussi le parti d'occuper un camp
à Friedberg.

S'ils avancent vers Fulda, il ne faut eviter le combat, qu'aussi
long temps qu'il faut, pour pousser à bout les autrichiens; alors, après
avoir attiré le corps, qui les a poussez, on le doit regarder comme un
avantage, s'ils se présentent au combat, en allant au devant de nous.

Mais s'ils occupent un camp à Friedberg, ou s'ils avancent à
Giessen, il est évident, que si V. A. S. marche alors sur Büdingen,
et de là vers Francforth; les François seront obligés, de jetter des
fortes garnisons tant à Hanau, tant à Francforth; ou s'ils se raprochent
avec l'armée de cette derniere ville, il faut qu'ils laissent une bonne
garnison à Giessen, s'ils n'aiment pas mieux de l'abandonner. De cette
façon il y aura dans l'armée ennemie un decompte considerable pour
les garnisons, et l'armée de V. A. S. luy deviendra même superieure
en nombre. Quel cas qui arrive, il paroit que les ennemis ou doivent
nous battre, ou nous abandonner Friedberg avec les magazins, ou les
detruire eux memes.

Maintenant pour subordonner toutes les mouvements de l'armée
à ce but; il faut, je pense, faire les choses suivantes.

1) Le corps du Prince d'Ysembourg savoir 11 bataillons, 16 es-

---

*) N. d. H. In dem Concept befindet sich ursprünglich hier folgende Stelle: 1. Suposé
que le prince hereditaire arrive à Cassel le 23 et le Duc de Holstein le 24 à Niedenstein; Le
prince d'Ysembourg sortira le 24 avec 11 Bat. et 16 Esc. de ses quartiers et en prendra d'autres
entre Rotenbourg et Hombourg. Il recoit une instruction sur cela; le reste de ce corps qui fera
l'avantgarde, roulera sur le prince hereditaire. 2. Le prince de Holstein prend ses quartiers le
25 entre Fritzlar et Felzbourg des deux cotés de l'Eder. Ce meme jour 25. la grosse artillerie
marche de Cassel à Felzbourg.

cadrons, 3 escadrons d'huzards, 2 de Prusse et 1 Hessois, avec les
chasseurs hannovriens seront employés à l'expedition contre les autrichiens. Je supose que V. A. S. en charge le Prince Hereditaire. Ce
corps s'assemble le 25. entre Hombourg et Rothenbourg, à une petite
marche de Hirschfeld (Hersfeld?), où il marche le 26; le 27 il pousse
à moitié chemin de Fulda, le 28 jusqu'à Fulde, où il reste le 29. Il
y a deux raisons, pourquoy il doit pousser jusques à Fulde avant que
de se tourner vers la Franconie. La premiere est, de rejetter les troupes
françoises, s'il s'y en trouve encore; et la seconde de couper les autrichiens de Würzbourg. Car, s'ils pouvoient gagner cette ville, ils se
roient toujours les maîtres de se joindre aux françois en defilant derrière
le Main; mais en empechant cela, il ne leur reste d'autre parti que de se
retirer vers Bamberg. L'essentiel et le premier point est de les joindre;
le second de diriger le plus que possible la marche de Fulde sur Schweinfurth. Il part de Fulde le 30; le Reste n'est pas à determiner d'avance.
NB. Il faut donner à ce corps dix pieces de six livres de bale.

Les tireurs hannovriens avancent le long de la Werra et se joignent
ensuite au Prince Héreditaire.

2) Les Troupes du Duché de Westphalie marchent le 25. de Niedenstein pour occuper des quartiers de Frizlar et de l'espace contenu
entre l'Eder et la Swalm. Il se trouve à ce corps les chasseurs de
Hesse; Elles marchent le 26 sur Schwartzenborn et autour de cette
ville; le 27 elles entrent dans le Hirschfeld, pour prendre les quartiers entre Wyseborn et Klaff. Le 28. et 29. est jour de repos; le 30.
marche en avant pour occuper les quartiers entre Schlitz et Stockhausen,
et les jours suivants on reste dans ces quartiers.

3) Les Troupes du Paderborn avec le reste de la grosse artillerie
et les pontons marchent le 25. de Cassel pour occuper les quartiers entre
Feltzbourg (Felsberg?) et Melsungen; le 26 en approchant aussi près
que possible de Rotenbourg; le 27 jusques à Hirschfeld (Hersfeld?) et
aux environs; le 28. jour de repos; le 29. jusques à moitié chemin de
Fulda en marchant sur la droite de la riviere; le 30. jusques à Fulda
et a Haunfeld où l'on reste.

4) Le Detachement des 500 hommes d'infanterie, de 300 Dragons
et d'un Escadron d'huzards commandez à Winterberg, Züschen et Fre-
deborg, se tire par Sassenberg, Frankenberg à Ziegenhayn. Si les
Volontaires de Prusse arrivent, leur marche est dirigé vers le meme
Endroit.

Puisque il paroit qu'on n'a rien à craindre à Lipstadt, je serois
d'avis, qu'on en fit sortir les deux Bataillons Hannovriens, et les marcher sur Fritzlar de maniere, qu'ils y puissent arriver le 26. de Mars.
A ces deux Bataillons se joindroit les volontaires de Prusse et les 300
Dragons mentionèz ci-dessus avec une 30. d'huzards noirs; cela feroit
ensemble un corps, qui, en se portant de Fritzlar et de Ziegenhayn vers
Marbourg, assureroit primo la ville de Cassel et le transport des vivres
de Cassel à l'armée, et serviroit secundo pour donner de la jalousie à l'en-

nemi pour Marbourg et Giessen, et pour s'emparèr, selon les circonstances, de la ville de Marbourg.

Puisqu'il faudroit cependant envoyer quelque chose à Lipstadt pour
remplacer les deux Regiments qui en sortiront; je croirois que cela
pût être le Regiment de Saxe-Gotha; lès invalides de Lipstadt, ou leſ
deux compagnies de garnison Hessoises marcheroient en revanche de
Lipstadt à Warendorp. Ce qu'il faudroit marquer aussi à Mr. de
Spörke; vû que cela change en quelque façon son instruction par
raport au Regiment de Saxe-Gotha.

5) La Regence de Cassel doit donner des marche-commissaires
à l'avant-garde, au corps des Troupes venûes du Duché de Westphalie
et à celuy des Troupes du Paderborn; qui reglent les quartiers, puisqu'il est impossible de faire beaucoup de march-tabelles d'avance.

6) puisqu'on attendra aux Environs de Fulda le retour de l'avantgarde de la Franconie; il faut s'y mettre en posture, pour pouvoir
s'y soutenir jusques à là.

7) Quant aux arrangemens pour les vivres il faut faire les choses
suivantes.

 a. L'avantgarde en se mettant en mouvement prend pour 9 jours
 de pain et pour trois jours de fourage avec elle, à commencer
 du 25. le pain va jusques au 2 d'avril et le fourage jusques au
 25. de Mars.

 b. les Troupes du Duché de Westphalie, si elles se mettent en
 marche le 20., prennent pour 9 jours de pain avec, et du
 fourage pour arriver à Niedenstein; elles envoient leurs caissons
 à Cassel pour y recevoir pour 6 jours de pain, et prennent
 des depots, qui sont le plus à leur portée, pour trois jours
 de fourage, à commencer du 25 de Mars; elles auroient donc
 du pain jusqu'au 3. d'Avril, et du fourage jusqu'au 27.
 de Mars.

 c. Les Troupes du Paderborn se pourvoyent à Cassel de pain
 jusqu'au 2. d'Avril et du fourage jusques au 27. de Mars.

 d. Le petit corps d'observation qui reste en arriere pour couvrir les transports de vivres de Cassel, tire sa subsistence de
 Fritzlar.

8) Le Commissaire Anglois fait transporter à Hirschfeld pour
3 semaines de fariné et d'avoine pour le même temps. Il se sert pour
cette fin*): 1mo de 400 voitures que la Hesse doit fournir; 2do de
400 voitures du païs de Waldeck; 3tio de tous les bateaux qui vont
sur la Fulda. Tout cela transporte de Cassel à Hirschfeld.

Des voitures Hannovriennes transportent de Münden à Cassel,
pour remplacer ce que l'on en tire.

9) Dès le 26. on commence à construir des fours à Hirschfeld;
et les Boulangers partent de Cassel pour y arriver le 27. ou le 28.

---

*) Ces transports commencent dés le 24. à partir de Cassel.

III.   14

et on commence les nouvelles cuissons. Il faut y faire construire
20 grands fours de pierre.

10) Dès que l'avantgarde arrive à Fulde, on exige du païs une
livraison de 300 mille rations et de 600 mille portions en farine à
Fulde; et l'on y fait construire dès le 28. des fours de pierre. NB.
les fours de fer restent en reserve.

＊ Certainement votre Plan a beaucoup mon approbation. Pourvû
que les troupes ne soïent seulement pas trop separées les unes des
autres, pour se preter les secours necessaires en cas que l'ennemi se
presentât en force quelque part. Ce qui est à changer dans l'Instruction
pour Spörcken, c'est à me renvoïer le premier. Le reste peut pareillement être dressé consistant en differentes instructions à donner. Mais
avés Vous fait attention aux corps des Autrichiens, qui se presentent
à Hirschfeld et à Rothembourg selon les derniers avis, et cela n'alte-
rera-t-il pas la première position que le Prince Héréditaire prendra?
Quand Vous aurés dressé les Instructions particulieres pour chaqu'un
de ce plan de l'Idée générale, Vous me remettrés la ci-jointe piece.
Bien obligé pour toutes Vos peines. N'est ce pas demain qu'il faut
que je parte? Et où croïés Vous que je doive me trouver pour ma
personne? Est ce avec le Pr. Héréd.: ou avec les troupes du centre?

Ce 20. Mars 1759.   F.

(Lucanus'sche Sammlung.)

＊ Si un gros corps avance par Siegen et le païs de Witgenstein
sur les Troupes, que Hardenberg de Lipstadt commendra, quel sera le
parti qu'il conviendra qu'il prenne?

Ce 20. Mars 1759.   F.

Au Secretaire Westphal.

C'est de moi.

relatif à la premiere piece de Votre part.

＊ Est ce que je dois m'attendre encore ici aux instructions ulterrieures et finales, pour le Pr. Héréd. et Hardenberg, et les ordres
pour les Princes de Ysembourg et de Holstein, par raport aux marches
que ces deux corps tiendront? Ou me les enverrés Vous après moi?
Ou en me remettant hier l'Etat general du Plan, est ce que Vous
este de l'opinion que je les dresse moi-même?

Il y a differents points dans ces idées generales où je ne suis pas
du même sentiment avec Vous, et Vous ne m'en avés encore donné la
sollution, ainsi cela me met dans quelque ambaras. Sur tout il faut
que je determine dans chaque ordre, où un tel jour sera mon quartier
général, afin que l'on sache me trouver. Et que les Troupes observent
la plus exacte discipline, puisque tout leur sera livré dans le païs de
Fulde et le Darmstadt. Ce que l'habitant leur donnera de gré ils
l'accepteront, mais ils ne sont pas en droit de le demander avec force.
Qui y contreviendra sera grievement puni. Chaque general, chaque
commandeur du Bat.: et chaque capitaine doit avoir l'oeille la dessu,

que cet ordre s'execute. Si Vous souhaités les Idées Générales de l'expedition en Hesse encore une fois de retour, j'espère que Vous me le marqueres.

    Ce 21. Mars 1759.   F.

Au Secretaire Westphal.

    C'est de moi.

    ✳ Dois je encore attendre sur d'autres depeches à signer? Et comme je comprend les instructions seront dressées avant que de partir d'ici. Je doute fort que Vous me rejoindrés si j'ai deux heures d'avant sur Vous. Votre idée me semble, est donc, que je n'attende pas jusqu'à ce que les instructions et les ordres à donner soïent achevés. Pourvu que seulement Vous ne Vous brouilliés pas, n'aïant plus le plan des Idées générales, je n'aurois pas eté faché, de prendre tout de suite les ordres et les instructions avec moi, afin que j'eusse eu le loisir de me les bien imprimer à mon aise. Mais comme cela ne peut pas avoir lieu, j'en suis aussi content.

    Ce 22. Mars 1759.   Ferdinand.

Au Secretaire Westphal.

    C'est de moi.

    ✳✳ Au Roy de Prusse   No. 17.
        ce 21. de Mars 1759.

    Et mutatis mutandis à Mylord Holdernesse.

    Sire,

    Les autrichiens et les troupes de l'empire ne se sentant plus pressés, sont revenüs à Vacha et à Hirschfeld, en plus grand nombre qu'auparavant. Si je puis ajouter foi aux lettres de la Franconie, les troupes imperiales et des cercles qui etoient en quartier entre Bamberg et Nurenberg, remuent; Et le Duc de Broglio, qui commande l'armée ci-devant Soubizienne, a fait un detachement de plusieurs regiments d'infanterie et de cavallerie à Fulde, tandis qu'un corps de troupes qu'on dit fort de 10,000 hommes, defile de Cologne vers Marbourg, et que le Duc de Broglio a fait avancer l'artillerie de Hanau et de Francforth à Friedberg. Tout cela ensemble m'a fait soupçonner, que les ennemis pourroient avoir le dessein de tomber brusquement sur le corps du prince d'Ysenbourg, et en l'attaquant en front et sur les deux flancs à la fois de le rejetter de l'Eder et de nous prendre nos maga-zins de Cassel et de Munden ou de les ruiner. Il m'a parû Sire, que malgré les obstacles que j'y envisage, je devois profiter du moment qu'on est encore tranquile sur le Bas Rhin pour marcher aux secours du prince d'Ysenbourg, et de faire une diversion en faveur de la Hesse.

    Je partiray demain pour Cassel, ou je compte d'arriver aprés demain 23. du courant. Les troupes destinées à l'expedition arriveront le même jour entre Cassel et Fritzlar. Nous nous remettrons en marche le 25. Mon avant-garde tachera de chasser les ennemis de Hirschfeld

                                                14*

et de Fulde, où je compte qu'elle peut arriver le 28.; le gros de l'armée y arrivera le 29. Comme je dois tirer ma subsistence de Cassel, je laisse un petit corps sous le general Hardenberg sur l'Eder, pour couvrir les transports des vivres, et pour tenter un coup de main selon les circonstances sur Marbourg. Mon avant-garde marchera le 29. de Fulde vers la Franconie, et tachera de joindre et de forcer les imperiaux, de se retirer jusques à Bamberg s'il est possible. Si nous y reussissons alors je compte de marcher aux Francois; En prenant la route de Fulde par Budingen droit sur Francforth, afin d'obliger les Francois d'abandonner le gros magazin qu'ils ont à Friedberg, par quoy ils seroient fort arrierés dans leur campagne. Le succés de cette entreprise est incertain et sujet à bien de Difficultés; mais je m'y suis determiné par la consideration des difficultés beaucoup plus grandes encore, que j'aurois à surmonter, si je laissois le temps aux ennemis, de venir à moi avec toutes leurs forces retinies.

J'espere que si Dieu nous assiste, cette expedition produira un changement avantageux dans le pli que les affaires paroissent prendre pour la Hesse, et pour les autres etats, qui sont couverts par la Hesse.

J'ay l'honneur d'etre pp.   F.

** Monsieur

mon tres cher amy. Votre cherissime Lettre du 20. de mars m'a eté rendüe à Cassel. nous ne discontinuons point de marcher. ce qui m'ote le moyen, de vous ecrire en detail. je vous diray cependant, que nous avons trouvé des chemins abominables entre Munster et Cassel. Nous devions arriver le 23. à midi à Cassel: et nous n'y sommes arrivés que le lendemain au meme temps. S. A. S. n'en est pas moins repartie le 23. Nous sommes sur le point de marcher à Hirschfeld; où l'avant-garde etoit hier, et qui poussera aujourdhuy jusqu'a Fulde. Nos avis disent que les autrichiens se renforcent à Meinungen; et que les Francois ont evacué Marbourg. L'un et l'autre a besoin d'etre confirmé. Selon le raport des deserteurs, les autrichiens ne se doutoient encore hier de rien; — je souhaite qu'ils passent encore un couple de jours dans cette securité. Le prince hereditaire commande l'avant garde. Le duc se trouve avec le prince d'Ysenbourg à la collonne de la gauche; et le prince de Holstein mene celle de la droite. Les chemins sont passables en Hesse; mais les vivres n'y sont pas fort abondants. En 5 ou 6 jours vous pourrez aprendre plus. En attendant daignes me mettre aux pieds de S. A. S. et croyés moy à jamais votre tout devoué serviteur. à Rotenbourg ce 27. Mars à 5 heures du matin.

(à Mr. de Haenichen.)

                           Rotenbourg ce 27. de Mars 1759.

** Au Roy.

Je viens de recevoir la très gracieuse lettre de V. M. du 19. de Mars, qui m'a eté rendüe plus tard par le detour qu'elle a faite. Nous sommes icy de tous cotez en plein mouvement; mon avantgarde est aujourdhuy arrivée à Hirschfeld et poussera demain un detachement jusqu'à Fulde pour en deloger quelques troupes legeres des François.

Je suivray demain à Hirschfeld, et compte de faire attaquer après demain le poste d'Alsfeld, qui est occupé par un Regiment suisse.

S'il plait au ciel je pourray mander à V. M. en quelques jours d'icy des nouvelles de notre Entreprise contre les autrichiens.

Mgr. le prince Henry pourra la faciliter beaucoup et me mettre meme en etat d'aller plus loin; s'il fera avancer de nouveau les Troupes qui sont en Thuringe, et faire des demonstrations pour entrer en Franconie du coté de Hof.

Je suis avec la plus profonde soumission etc.

Arrivé ce 30me Mars 1759.

entre 3 et 4 heures du matin.

Monsieur Mon Cousin.   No. 21.

Les deux Lettres que Votre Altesse m'a fait du 14e de ce mois me sont heureusement parvenues (dechiffré), „et je saurois vous ex„primer assés les Sentiments de la reconnoissance que je Vous ai pour „avoir bien voulû me communiquer cette Copie d'une Lettre très inter„essante que l'une de Vos Lettre renferme. Comme il n'est pas à „douter que le Roy d'Espagne ne soit donc actüellement expiré, „j'espere que par cet Evenement la France fera moins encore que ce „qu'elle a promis de faire, selon le Sieur Rouillé, à la Cour de Vienne; „car comme elle croit de besoin de partager autant ses forces, il faut „présumer, qu'elle s'en tiendra à la defensive sur le Rhin. Les me„sures et les arrangements que Vôtre Altesse m'apprend avoir pris de „son Côté, ont toute mon Approbation, on ne sauroit pas les mieux „prendre, et il faut de toute necessité qu'Elle couvre bien son flanc „droit avec la Hesse. Quant à ma Situation, elle est telle à présent, „que je ne puis qu'aller sur la defensive, puisque j'ai l'Ennemi de „quatre à cinq Côtés, et que si je remüe d'un Côté pour aller sur „l'offensive, il faudroit m'attendre que l'Ennemi me talonat d'abord de „plus d'un côté, autant que j'en puis juger présentement, je me por„terai moi vers Dresde, mon Frère Henri vers le Voigt-Land, le Ge„neral Foquet vers la Haute-Silesie, et le General Dohna contre les „Russes, il ne me restera d'autre politique à adopter que de tomber „sur celui d'entre les corps ennemis que je trouverai le plus proche „et de detacher apres contre un antre. je ne suis pas prêt encore avec „mes arrangements necessaires et je ne le serai pas avant le huit ou „le neuf d'avril pour pouvoir agir avec mon Armée.“ Je suis avec l'estime et l'amitié la plus parfaite

Monsieur mon Cousin

de Vôtre Altesse

le bon et très affectionné

à Breslau   Cousin

ce 21. de Mars 1759.   Federic.

Fulde ce 30. Mars 1759.

⁂ Au Roy.

J'ay reçû les deux tres gracieuses lettres dont il a plû à V. M.
de m'honorer en dates du 21 et du 24 de ce mois, la premiere hier
au soir au village de Queck, entre Hersfeld & Schlitz, *) et
l'autre cet aprés midi icy à Fulde.

Le Roy d'Espagne vivoit encore le 3. de mars; il se portoit meme
ce jour là un peu mieux, quoique toujours dans un etat tres languissant;
et qui ne laisse guerres d'esperance qu'il vivra long temps encore.
Cependant la France ne fait point encore defiler des Troupes vers la
Dauphiné ni vers le Roussillon; car selon mes nouvelles tout se reduit
à la marche de cinq bataillons de milice et de deux regimens de cavallerie; Mr. de Choiseul disant expressement dans une de ses lettres,
que j'ay lû, qu'on ne jugeoit pas encore necessaire de faire defiler plus
de monde vers la provence. On est neanmoins fort anglois et prussien
à la Cour de Turin, ainsi que je l'ai vû par une lettre de fraiche date,
ecrite par un officier, qui a fait la campagne avec moi en volontaire,
et qui est fort avant dans les bonnes graces du prince Royal. Tous
les preparatifs qu'on fait en Piemont se reduisent cependant encore à
completer seulement les Regiments, quoique on ne fasse pas mystére
à Turin, qu'on agira selon les circonstances. Les Païs-bas paroissent
plus interesser la cour de Versailles. Elle affecte de craindre une
invasion de la part des anglois; c'est pourquoi elle fait defiler sous ce
pretexte du monde de l'armée du Bas-Rhin par Bruxelles à Valen-
ciennes; on m'assure que deux regimens de celle du Meyn prendront
la meme route. On croit en Angleterre que la France medite une
expedition contre cette isle; et on craint en Hollande, que les François ne veuillent s'assurer de bonne heure de la possession des
Païs-bas.

Pour revenir maintenant à l'objet de la derniere lettre de
V. M. j'avoue que le siége de Wesel seroit ce qui nous conviendroit le plus; j'ay eû occasion de m'apercevoir de l'inconvient qu'il
y a de laisser cette place dans les mains de l'ennemi. Mais
V. M. observe Elle meme qu'il faudroit pour l'entreprendre, que la
France n'entretient en Allemagne qu'une seule armée sur le Rhin,
et que cette armée me fut inferieure. Si je puis ajouter foi à mes
nouvelles, qui viennent d'ailleurs de tres bonne main, les François
laisseront un corps de vingt quatre mille hommes sur le bas Rhin et
feront joindre tout le reste de l'armée de Contades à celle de ci-
devant de Soubize. L'une et l'autre font encore, independamment des
detachemens faits pour la Flandres cent cinquante Bataillons. En les
suposant bien foibles et les notres tres forts, il me semble, qu'avant
que de reduire la chose à une egalité, il faudroit qu'ils en detachassent
du moins soixante Battaillons avec un nombre proportionné de cavallerie. Alors j'aurois un avantage sur eux, par la nécessité ou ils sont

---

*) N. d. H. Die unterstrichenen Worte sind von des Herzogs Hand eingeschaltet.

de garder un plus grand nombre de places que moi. Quand au second projet de V. M. de marcher en Hesse et de me tenir sur la defensive en Westphalie, il me semble qu'il ne seroit pas à rejetter pour vû que je reussisse dans l'expedition qui m'occupe actuellement. La difficulté est, que je me mets les autrichiens à dos en avançant contre les François. En sorte que tout dependra du succés, que j'aurai contre les autrichiens, et si après avoir reussi de les rejetter jusques à Bamberg, Monseigneur le prince Henry pourra les tenir en echec, du moins pendant quinze jours ou trois semaines, àfin de leur faire passer l'envie de revenir si tot sur la Werra.

Nous leurs avons en attendant entierement gagné le flanc. Le prince hereditaire est parti aujourdhuy de Fulde, et son avant garde se trouve dejà à Bischofsheim. Les autrichiens ne s'etant pas encore rassemblé, je me flatte que demain et aprés demain on pourra tomber à la fois sur differens quartiers tant d'infanterie que de cavallerie. L'avantgarde du prince sera après demain à Meinungen. Si tout reussit à mon gré le prince sera de retour le 7 d'avril, et alors nous marcherons contre les Francois, pourvû que les circonstances restent favorables à un tel dessein, comme elles le sont encore jusqu'à ce moment.

J'ay l'honneur d'etre etc.

F.

Kapitel III.

Uebersichtliche Darstellung. — Schlacht bei Bergen.

Der Erbprinz von Braunschweig wirft die Oesterreicher und Reichstruppen nach Franken zurück: am 31. März schlägt er mit 2 Escadrons Preussischer Husaren das Regiment Hohenzollern und die Würtzburger bei Mellrichstadt; am 1. April bemächtigt er sich der Städte Meiningen und Wasungen und nimmt mit zwei Grenadier-Bataillonen die Reichs-Bataillone von Cöln, Elberfeld und von Nagel gefangen; an demselben Tage werden in Taun von den Hannoverschen Jägern und den Hessischen Husaren die Regimenter Savoyen und Brettlach während der Messe überfallen; der Erbprinz verfolgt die fliehenden Feinde über Suhl und Schleusingen hinaus, und kehrt, nachdem sie auf Bamberg zurückgewichen, mit 2000 Gefangenen, 6 eroberten Kanonen, 2 Standarten und 6 Fahnen am 8. April nach Fulda zum Herzog Ferdinand zurück. Der Herzog von Holstein marschiert unterdessen am 30. März nach Stockhausen, verjagt am 2. April die Franzosen aus Freiensteinau, und erobert am 7. nach scharfem Kampf das Bergschloss Ulrichstein, wo das Regiment Hessen-Grenadiere sich auszeichnet; der Prinz Ysenburg rückt nach Fulda. Nachdem das Corps des Erbprinzen von Braunschweig wieder zu ihm gestossen und einen Tag gerastet, bricht der Herzog Ferdinand am 10. April von Fulda auf, und führt sein Heer durch die beschwerlichen Wege des Vogelsgebirges über Friensteinau und Büdingen in drei Tagen nach Windecken, der Französischen Main-Armée entgegen, in der Hoffnung dem Duc de Broglie in der Ebene von Frankfurt, noch bevor es ihm gelänge, seine cantonnirenden Truppen zu versammeln und das Corps von St. Germain aus der Lahngegend an sich zu ziehen, die Schlacht zu liefern. Nachdem er am Morgen des 13. April die Brücke über die Nidda zu Vilbel mit seinen Jägern besetzt hat, stösst er mit der Avantgarde gegen 10 Uhr bei dem, mit Mauern umgebenen und durch Verhaue und Redouten in Vertheidigungszustand gesetzten, Flecken Bergen, 3 Stunden vor Frankfurt, auf unerwarteten, hartnäckigen Widerstand des Feindes. Ein mit grösster Unerschrockenheit, jedoch übereilt, unternommener Angriff der Braunschweigischen und Hessischen Grenadiere wird, trotz ihrer ausdauernden Tapferkeit, zurückgeschlagen;

— die nachrückenden Bataillone werden mit den Zurückweichenden fortgerissen; — ihr Führer, der Prinz von Ysenburg, von einer Kartätschkugel getroffen, stirbt den rühmlichen Tod für's Vaterland; da stellt der Herzog Ferdinand durch eine glänzende Attaque des Leib-Regiments Hessen-Cavallerie unter General v. Urff das Gefecht wieder her. Aber, in dem Maasse, als durch seine wiederholten Angriffsversuche mit der Abtheilung unter dem Erbprinzen von Braunschweig und der Cavallerie, der Kampf mit den nach und nach auftretenden feindlichen Colonnen bei Bergen sich entwickelt, gewahrt der Herzog, wie sein Gegner aus verdeckten Aufstellungen hinter der vorliegenden Höhe, unter dem Schutze seiner vorgehenden zahlreichen, schweren Artillerie, stärkere Infanterie- und Cavallerie-Massen in's Gefecht führt, während seine eigenen, durch den Marsch ermüdeten, Truppen der Unterstützung durch das schwere Geschütz entbehren, welches, mit Ausnahme der leichten Regiments-Kanonen, auf den bodenlosen Wegen der Armée nicht zu folgen vermocht hat. Dessen ungeachtet wird der Kampf von seiner tapfern Infanterie und Cavallerie, mit nachdrücklicher Zurückwerfung der vordringenden französischen Colonnen, unter der thätigsten Führung des Herzogs selbst, unterstützt von seinen Adjutanten Bülow, Dehrenthal, Schlieffen, standhaft fortgesetzt, bis endlich nach 5 Uhr ein Theil der schweren Artillerie, 11 Kanonen am linken Flügel auf dem Schlachtfelde erscheint und dem feindlichen Batteriefeuer mit Erfolg entgegenwirkt. Um 7 Uhr Abends schweigt das Feuer von beiden Seiten und der Herzog stellt, die zahlreichere französisch-sächsische Armée herausfordernd, sein Heer auf der Höhe vor Bergen in Schlachtordnung auf, ohne dass der feindliche General es wagt, aus seiner sicheren Stellung angriffsweise hervorzukommen. — So endigte dieser blutige Tag, an welchem die alliirte Armée mit 23 Bataillonen und 35 Schwadronen, nebst 4 Bataillonen Grenadieren und einigen Reiterschaaren leichter Truppen, im Ganzen etwa 22,000 Mann, unter des Herzogs Ferdinand persönlicher Anführung, auf die wohl vorbereitete, in befestigter Stellung sie erwartende Macht der französisch-sächsischen Armée des Duc de Broglie traf, die ihr 49 Bataillons und 44 Escadrons, 30 — 35,000 Mann stark, mit einer weit überlegenen Artillerie von 61 schweren Geschützen entgegenstellte. Der kühne Versuch war gescheitert, mit dem schwerwiegenden Verlust von 438 Todten und 2169 Verwundeten und Vermissten, zusammen 2607 Mann, darunter 12 getödteten und 110 verwundeten und vermissten Offizieren, 5 Kanonen, welche bei dem Angriff der Grenadiere auf Bergen in des Feindes Händen blieben, und 523 todtgeschossenen, verwundeten und verlorenen Pferden. Indessen das alliirte Heer hatte den Kampf auf's Tapferste und gegen den zahlreicheren Feind höchst ehrenvoll bestanden. Der Verlust des Feindes wurde auf 1700 — 1800 Mann angegeben; doch gestand der Duc de Broglie in einem vertraulichen Briefe eine Einbusse von 5000 Todten und Verwundeten zu. Mit grossem Gepränge schrieben die Franzosen sich den Sieg zu; der Ausgang des

Gefechts selbst erwies aber nur, dass sie nicht geschlagen waren. In der Nacht zum 14. führte der Herzog das Heer in die Stellung von Windecken zurück, nachdem es seine Todten begraben und seine Verwundeten mit sich genommen. — Erzählung der Schlacht in dem Briefe Westphalens an seinen Freund v. Haenichen vom 22., und der von ihm verfasste Bericht des Herzogs an den König Friedrich II. vom 23. April 1759. — Verlustlisten. — Vergl. die Beschreibung der Schlacht in der Geschichte etc. des grossen Generalstabes. Berlin 1828. Thl. III. S. 245 ff. und die 1864 bei Freyschmidt in Cassel erschienene neueste Schrift: „Die Schlacht bei Bergen am 13. April 1759“ auf Grund des bisher noch nicht veröffentlichten Tagebuchs des Landgr. Hessischen General-Lieutenants v. Wutginau etc., von Arthur von Sodenstern, Hauptmann im Kurfürstl. Hessischen Generalstabe. —

Die Verluste in der Schlacht, vornehmlich an Offizieren, auch die Generale v. Gilsae und v. Schulenburg zählten unter den Verwundeten, — die am 14. erfolgende Verstärkung Broglie's durch das Corps von St. Germain, endlich das Wiedervordringen der Oesterreicher unter d'Arberg über Königshofen, Schmalkalden und Fulda bestimmen den Herzog Ferdinand, die alliirte Armee über Friedberg und Grünberg nach Ziegenhayn zurückzuführen. Nachtheiliges Arrièregarde-Gefecht bei Grünberg am 19. April, wo 2 Escadrons von Finckenstein-Dragoner in Gefangenschaft gerathen. Die Broglie'sche Armée bezieht wieder Cantonnirungs-Quartiere. Des Herzogs Mitwirkung zur Unterstützung des Prinzen Heinrich von Preussen, vom Könige verlangt; deren Schwierigkeit wird dargelegt, jedoch dieselbe möglichst zugesichert. — Dislocation der Garnison-Truppen der Alliirten.

reçu le 5. Avril à 6 h. du soir par le domestique de Mr. de Hellen.

** Monsieur
mon plus cher amy.

Vos deux lettres du 24. et du 27. de mars m'ont eté rendûes. Nous avons apris avec regret, que votre santé n'est pas bonne. Mgr. ne cesse de s'y interesser vivement. Vous ne douterez pas que je n'y prenne une part infinie. Enfin nous souhaitons veritablement d'aprendre que vous vous portiez mieux.

C'est facheux que S. M. C. fait attendre et soupirer tant de monde. Mais il est beaucoup plus triste encore qu'on soit obligé de souhaiter que sa mort fasse naitre de troubles en Italie.

Il n'y a pas de mal, que Mgr. le Duc Louis ait ouvert la lettre de Mylord Holdernesse. En tout cas on n'anroit surement pas de secret pour S. A. S.

Nous sommes icy depuis avanthier au matin. Mgr. le prince hereditaire y etoit arrivé des le 28. de mars avec 14 mille hommes. Nous avons gagné par là entièrement le flanc aux autrichiens, qui sont maintenant pris à la fois à dos et en flanc. Mgr. le prince arrive aujourdhuy à Meynungen. Cela va à souhait comme vous le verrez par la copie de son raport d'hier que je joins ci-aupres.

Selon nos nouvelles du Meyn, Mr. de Broglio etoit encore tranquile le 29, Nous avons rejetté tous ses Detachemens; savoir d'Alsfeld, de Lauterbach, de Neuhoff etc. etc. sans cependant faire beaucoup de prisonniers.

Je vous prie de faire part de cecy à Monsieur York. j'espere qu'il ne nous oubliera pas.

Daignéz me mettre aux pieds de S. A. S.

à Fulda ce 1. d'Avril.

(à Mr. Haenichen)

(Copie.)

Ostheim ce 31 de Mars 1759.
à 9 heures du soir.

Le Projet, que j'ai eû l'honneur de lui dire hier a été exécuté à la Lettre, Mr. d'Urff n'a rien trouvé à Fladungen, mais lorsque j'arivois à Ostheim, je futs averti, par Mr. le Major Stentz qui s'y etoit rendu de Sontheim, qu'il y avoit un Regiment de Cavallerie, et de Infanterie en marche de Stockheim à Moelrichstadt, j'en faisois tout de Suites avertir Mr. de Dachenhausen et pour moi, je me mis à leur trousses, avec les deux escadrons d'Housards, je les joignis à une pétite lieue au dessus de Moelrichstadt, ou je passois à gué la pétite riviere nomé la Streu, ce mouvement les déconcerta tellement, qu'ils se retirerent à grand pas sur une hauteur, nous les y joignimes, et les aiant chassées de cette hauteur, ils nous tirerent une Salve, en suite de la quelle ils se mirent à courire à toutte jambe, leur Infanterie abandonné par là fut sabré, et prise, le nombre des prisoniers monte pour l'Infanterie, à 130, quand à la Cavallérie l'on en a pris 65, outre les tués, et les dispersés. L'on n'a point pris d'Officiers, parceque Mr. le General de Courci qui se trouva à la tête du Regiment de Hohenzollern fuyoit avec tous les Officiers, d'une façon que je n'en ai jamais vu de pareille.

Demain je marche à Meinungen, le Comte de Schulembourg passera la Werre à Ober Marfeldt, avec les Chasseurs, les Grenadiérs, et 6 Es: et moi je m'y renderois de ce coté ci de la Werre avec 8 Batt: Le General d'Urff marche de Fladungen, avec 3 Batt. et 6 Esc. comme aussi 20 housards, à Kaltennortheim, affin de récévoir ces Messieurs, que Mr. de Stockhausen délogéra de Tann; après m'ètre rendu maitre de Meynungen, je ferois encor occupér demain par les Chasseurs, les Débouchés, qui vont de Wasungen vers Schmalkalden. Je sai positivement, qu'il n'y a que 6 Esc. aux environs de Tann, et que les 3 Regiments d'Inf. sonts catonnés sur les bords de la Werre, je me flatte de les bien frottér, du moins, il n'y aura rien de négligé de mon coté.

Les Chemins onts étés bien mauvais jusqu'ici, fermes cependant, mais des Montagnes, et des défilés affreux, les gens du pais disent, que jamais Trouppes n'onts passées par ces chemins de leurs vivant, ét je crois que c'est cela, ce qui cause cette grande sécurité auprés de l'Ennemi.

Toutte la grosse Artillerie à tres bien passée, demain je verrois par quelle route, je pourrois le mieux fair passér les prisonniers, et les Armes. Si elle me veut fair parvenir des Lettre je la Supplie d'ordonér, que de Gehrsfeldt, ils prenent sur Fladungen et ainsi à Meinungen, pour aprés demain 2 d'Aril j'aurais l'honneur d'avertir ulterieurement. Je ne manquerais pas de fair des Informations touchant les éxcés commis, dans le pais de Fulde, et les malfaiteurs seronts surements punis.

Les Prisonniers de l'Infant: sonts d'un Regiment des Miliciens de Wurtzbourg, et les Dragons du Regiment d'Hohenzollern, les Housards onts fort bien fait, et je dois beaucoup louér Mr. de Stentz, comme aussi tout les Officiers de ce Corp.

Rien au monde ne scauroit m'être plus flatteur que de la scavoir content des mes operations, nous n'en sommes proprement qu'au commencement, je me promet cependant, que le dénouement de toutte la scéne sera à son gré, je ne négligerois surement rien au monde, ajant l'honneur d'être

de V. A.

je ne saurois rien   le tres humble et tres obeisant
dire des cantonnements   Neveu et serviteur
pour demain, je dois   Charles.
les fair sur les lieux.

reçu le 5. Avril à 6 h. du soir par le Courier Katsch avec 3 incluses.
** Monsieur,

Je ne saurois laisser partir ce second courier sans vous ecrire un couple de mots, et de vous recommander les incluses.

Peutetre que le Raport de Mgr. le prince hereditaire d'aujourdhuy que nons ne pouvons recevoir que demain à midi me fournira de la matiére de vous envoyer un troisieme courier.

En attendant je puis ajouter à ma Lettre de ce matin; que les hussars hessois du Detachement du Major Stockhausen ont eté aux mains avec le Regiment de Savoie aux Environs de Tan. Ils nous ont aporté deux beaux etendarts richements brodé qu'ils ont pris à ce Regiment.

ce 1. Avril à 8 heures du soir.

(à Mr. Haenichen.)

Arrivé à Fulde ce 3. avril 1759.
le matin à 10 heures.
No. 23.

Monsieur Mon Cousin. J'ay bien reçu la lettre que Votre Altesse m'a fait du 21. de ce mois, (dechiffré) „par laquelle j'ai vû avec une „Satisfaction parfaite le dessein que Vous allez executer contre l'Ennemi,

„pour marcher aux Secours du Prince d'Ysenbourg, et pour faire une „diversion en faveur de la Hesse. Vous ne sauriéz entreprendre quelque „chose de mieux, ni pour Vous, ni pour nous autres, que cette Ex-„pedition, qui ne sauroit manquer que de deranger extrememement les „projets de l'Ennemi de Vôtre côté; mais de faire aussi un très bon „effet pour nous, car il faut que Vôtre Altesse sache, que l'Ennemi a „encore auprés d'Egra un amas de Trouppes, et que si Vous reussissés „à chasser et à disperser l'armée des Cercles, et les Trouppes françoises, „Vous faites respirer mieux ici, si ce n'etoit que pour nous faire gagner „du tems ce qui est toûjours un grand article; je conviens cependant „comme Vôtre Altesse le dit très bien, que le succés de cette Entre-„prise depend beaucoup de la fortune qu'il faut bien principalement pour „nous seconder dans nos Expeditions; mais si la fortune, comme je „me flatte, Vous favorisera, les succés en pourront aller plus loin que „Vous ne le vous aurez pû réprésenter Vous même. Quant à nous ici, „je ne crois pas que la campagne s'ouvrira avant la mi-avril, et selon „mes avis, il y a un corps de Trouppes autrichiennes à peu prés de „trente mille hommes vers les frontieres de la haute Silesie. La cam-„pagne qui vient sera toujours penible et difficile au moins de mon „côté, et je ne saurois me la réprésenter autrement qu'extremement „embarassante, à moins que la fortune ne m'accompagnera pas pour „gagner une bonne Bataille decisive, qui me mettra dans une situation „à pouvoir detacher sans hazard vers quelque autre part au plus „pressant."

Je suis invariablement avec ces sentimens que Vous me connoissez
Monsieur Mon Cousin
de Votre Altesse

à Ronstock   le très bon Cousin
ce 28. Mars 1759.   Federic.

No. 20.

＊＊ Au Roy à Fulde ce 3 d'Avril 1759.

Je viens de recevoir la tres gracieuse lettre de V. M. du 28. de mars; par laquelle j'ay vû, qu'Elle a bien voulû aprouver mon Expedition.

Nous l'avons commencé par rejetter les Detachemens françois, qui s'etoient avancé sur les frontieres de la basse-Hesse. Les chasseurs soutenus par les grenadiers de l'avant-garde desarmerent le 27. de mars la garnison de Fulde; ils pousserent le 29. jusques à Bischoffs-heim, où tout le corps du Prince hereditaire de Brunsvic suivit le 30., pendant que le Duc de Holstein marchoit à Stockhausen*), et le prince d'Ysenbourg à Fulde. Il y eût ce jour là une Escarmouche avec les autrichiens à Haunfeld, et les Francois furent delogés de Lauterbach. Le prince hereditaire se mit le 31. à la poursuite du Regiment de Hohenzollern, du cercle de Suabe, qu'il atteignit, en

---

*) Die unterstrichenen Worte von des Herzogs Hand.

compagnie avec un Bataillon de Wurtzbourg au dessus de Mölrichstad. Quoique il n'eut avec luy que deux Escadrons d'huzards prussiens, il attaqua brusquement les Ennemis. Aprés une decharge sans effet la cavallerie se mit à courir à toute jambe, Mr. de Courcy avec les officiers à la tete; Les hussards en prirent cependant 65 hommes. L'infanterie, abandonnée par la cavallerie, fut sabrée ou prise. Le prince marcha le 1 d'Avril à Meinungen, n'ayant avec luy que deux bataillons de grenadiers et quelques troupes legeres. Il s'empara de la ville avec un magazin tres considerable. Les Deux bataillons de l'Electeur de Cologne savoir celuy du corps et celuy d'Elverveld furent pris à cette occasion, et fait prisonniers de guerre. Le prince poussa encore le meme jour jusqu'à Wasungen ou le Bataillon de Nagel etoit en quartier. Il eût le meme sort avec ceux de Meinungen, et fut fait prisonniers de guerre. Mr. le comte d'Arberg, qui avoit rassemblé les grenadiers autrichiens avec le Regiment de Hildbourghausen, vint aux Secours de Wasungen, mais l'affaire etoit finie, et aprés avoir essuyé un feu tres vif il jugea à propos de mettre la nuit à profit pour marcher à Schmalkalden, d'ou il se retire par Sula.

Le meme jour premier d'avril les Tireurs hanovriens et hussars hessois alloient debusquer les Regiments de Savoïe et de Bretlach de Tann. Ils les surprirent à la messe, qui fut un peu ensanglantée. Les hussars prirent au Regiment de Savoïe deux Etandarts, et tuerent ou blesserent beaucoup de monde à l'un et l'autre.

Il est à suposer que ces deux Regiments auront eté joint dans leur retraite par Mr. d'Urff; mais on n'en a pas encore de nouvelles.

Le deux d'Avril le Duc de Holstein delogea les François de Freyensteinau, et fit à cette occasion un capitaine, un Lieutenant et 56 hommes prisonniers de guerre.

Je compte que le prince hereditaire sera de retour aux Environs de Fulda le 6. ou le 7., aprés quoy je compte de marcher aux Francois.

J'ay l'honneur d'être pp.

       reçu le 9. Avril 1759 à 2 heures aprés minuit, incl.
       une lettre pour Mr. Holdernesse.

** Monsieur,

J'ay eté si accablé d'affaires ces jours passés qu'il m'a eté impossible de vous ecrire plus tot. Voicy le passeport que vous avés demandé à S. A. S.

Je vous envois plusieurs pieces, par les quelles vous verrez ce qui s'est passé le premier d'avril; et les jours suivants.

Il vient d'arriver un courier depeché le 4. par le prince hereditaire, par le quel nous aprenons, que les ennemis ont eté poursuivis audela de Sula et de Schleusingen, et qu'ils se sont retirés avec la plus grande confusion et consternation possible. Ils marchent à Bamberg. Le prince est sur son retour, et les troupes arriveront le 7.

aux Environs de Fulde. Je feray copier les dites pieces, les quelles je vous enverray par le premier courier qui partira d'icy.

Les françois, qui sont venûs le long de la Siege sont entré dans le païs de Waldek, et font mine de marcher sur Cassel; par quoy le general Hardenberg s'est vû obligé de se replier sur Fritzlar. On tache de remedier à cet inconvenient le plus tôt que possible.

Fulde ce 5. d'avril 1759 à 10 heures du matin.

(à Mr. de Haenichen.)

> Copie de la Lettre de S. A. R. Monsgr. Le Prince Henry de Prusse à S. A. S. Monsgr. Le Prince Ferdinand de Brunsvic de Dresde ce 30. Mars 1759.

Monsieur

Je m'empresse d'informer Votre Altesse de l'heureuse Execution de nos deux Entreprises tant sur Hoff que sur Saalfeld. Le 26. apres une forte Canonade de part et d'autre le General Knobloch s'est emparé de Saalfeld. l'Ennemi fort de 4500 hommes, s'est retiré de hauteur en hauteur jusqu'à Gräffenthal, ou il a passé la Nuit sous les armes, et selon mes Nouvelles d'aujourdhuy, ayant rassemblé tout ce qu'il y avoit de Troupes d'Alentour, s'est retiré jusqu'à Judenbach, et selon ce que disent les Deserteurs, qui viennent en foule, il se prepare à prendre sa Marche par Cronach à Culmbach, les Regimens qu'il y avoit dans Saalfeld, sont: Salm, Colloredo, Marchall, Platz, Sincere, Guilay 1. Batt. Mayence, 400 Houssards et quelques Croates.

Le General Linstadt n'etoit pas moins heureux à chasser l'Ennemi de Hoff le 28. et l'a poursuivi même jusqu'à Birk, selon les rapports des Deserteurs, de nos Espions et des gens du Païs, la Consternation est très grande parmi eux, et comme ils etoient averti de notre Marche, ils avoient deja renvoyés toutes leurs Equipages, et se preparent pareillement à se retirer à Culmbach. Le Gen. Capitelly de l'Infanterie, et le Gen. Clefeld des Troupes legéres etoient dans Hoff, avec 6 Bataillons, Marchall, Guilay, Wurtzbourg, quelques centaines de Croates et 1 Batt. d'hussards de Haddik. — Comme l'Allarme dans ces contrées est très grande et que tout se retire vers Culmbach, j'ai donné ordre à mes deux Generaux, de tacher de se soutenir encore quelques jours, pour vous faciliter tant qu'il sera possible Votre Entreprise; mais j'espère, et crois que Vous ne trouverés pas beaucoup de Difficultés à chasser l'Ennemi que Vous poursuivés.

Je suis avec la Consideration la plus distinguée pp.

Dresde, ce 30. Mars 1759.   Henry.

> Meinungen ce 1er d'avril 1759.
> à 3 heures de l'aprés midi.

J'ai pris les deux Battaillons, qui étoient ici en quartier, Prisonniers de Guerre, c'est le Leib-Regiment de l'Electeur de Cologne, et celui d'Elverfeldt, ils marchent aujourdhui à Fladungen, demain à Ditges, et le 3. ils seront à Miltzbourg, attendre les Ordres de V. A., c'est le Lieut.: Colonel de Wissebach, qui les mene, j'y ai fait joindre également ceux, que nous avons pris hier.

A deux petite Lieues d'ici, il y a le Regiment de Nagel en quartier, j'y marche encore aujourdhui, et je me flatte d'en avoir bon marché.

Je n'ai point de nouvelles de Mr. d'Urff encore, mais aussi ne saurois-je encore en avoir.

Je laisse Mr. de Post, avec la grosse Artillerie, 4 Bataillons, et le Regiment de Dachenhausen cantonnér entre Meinungen, et Wallersdorff, demain à 4 heures du matin, ils se metteront en marche, pour me joindre à Wasungen, et alors nous verrons de quoi il sera question, je joins-ci auprés les noms des Officiers prisonniers, écrit à la hate.

Voici tout ce que je puis dire pour le présent moment le têms presse, et je parts tout de suite pour Wasungen. Etant avec la plus parfaite Devotion p.   Charles G. F.

(Copie.)   Wernsthausen ce 2 d'Avril 1759.

Le Bataillon de Nagel qui formoit la Garnison de Wasungen, s'est pareillement rendüe prisonnier de Guerre, et je la fais transporter par la même route. Après que la Garnison de Wasungen fût sortie, Mr. le Comte d'Arberg s'avança avec tout ce qu'il avoit pû rassembler de Grenadiers, et avec ceux là, et le Regiment de Hilburghausen, il nous attaqua, le feu a été trés vif durant plus d'une heure, ils nous ont mis hors de Combat, entre morts et blessés 35 hommes, mais je pense que de leur Côté ils en auront perdû d'avantage, et il m'a parû qu'ils ont été bien frottés. Il faisoit nuit, et le feu a duré depuis les 6 heures du soir, jusqu'à 11 heures avant minuit, des officiers il n'y a personne de blessé que Mr. le Major de Pappenheim. Le lendemain aujourdhui 2. d'avril, je comptois de marcher à eux, mais ils avoient dejà gagnés Schmalkalden durant la nuit, de façon que j'ai cantonné toutes les Troupes à Wasungen, Schwalungen, et Wernsthausen. les Grenadiers occupent Schmalkalden, et les Chasseurs Mittel Schmalkalden, les Ennemis ont abandonnés le dit Endroit aujourdhui à midi. Je ferois partir demain le 3. d'avril Mr. de Post avec 3 Bataillons, le Regiment de Dachenhausen et la grosse Artillerie, pour rétour dans les quartiers du Païs de Fulde, pour moi, je parts le 4. et compte d'etre le 6. aux Environs de Fulde. Les Chasseurs, les Grenadiers, et 2 Escadrons de Dragons suivront l'Ennemi, demain je marcherois moi-même avec ce Detachement, pour voir s'il y a moyen d'entamer avec avantagé leur arrier-Garde, ils marchent droit sur Sula. Elle voudra bien m'indiquer d'avance les Cantonnements que je dois prendre dans le Païs de Fulde, afin de regler ma marche en consequence. La Lettre polie, et remplie de bonté dont Elle vient de m'honorer me fait un plaisir infini, j'aurois voulû faire d'avantage, mais souvent la bonne volonté doit tenir lieu des faits, c'est avec les Sentiments de l'attachement le plus tendre que j'ai l'honneur d'être pp.   Charles G. F.

(Copie.)

Durchlauchtigster Herzog p. p.

Es haben mir Ihro Hochfürstl. Durchlaucht. der Erb-Printz von Braunschweig gnädigst befehliget, den 1. Apr. h. a. bey Anbruch des Tages, die Stadt Tann nicht allein zu occupiren, sondern auch den Feind auf das genaueste zu recognosciren, da ich dann an oben berührten Ort mit den Stockhausenschen Jäger-Corps, 100 Mann schwerer Cavallerie und 60 Hessischer Husaren eintraf, so besetzte nicht allein alle Avenues, sondern schickte sofort die gewöhnlichen Patrouillen gegen den Feind, welche entdeckten, dass auf dem Depoltshoff die beyde feindliche Regimenter Savoyen und Bretlach in grösster Ruhe campirten. Da nun der Feind auf einer besonderen Anhöhe stand, worvon er uns leicht entdecken können, aber nicht die geringste Spur von seiner schuldigen Wachsamkeit gewahr werden liesse, so resolvirte eine Surprise zu wagen, weshalb der Capitaine von Bennigsen mit 100 Jäger, der Hauptmann Kauffmann mit 40 Pferden und der Rittmeister Haupt mit 42 Husaren gegen den Feind detachirte, den rest aber von denen wenigen Leuten so bey mir hatte, gegen die aus Vach eben in der Zeit der Surprise kommende Garnison setzte; Da nun das Commando ohne entdeckt geworden zu seyn, den Depoltshoff erreichet, so geschahe die attaque auf das geschwindeste, indem die beyde Regimenter eben Messe hielten, und nicht möglich war, in der Geschwindigkeit auf ihre Pferde zu kommen; die Hessischen Husaren drangen gleich auf und nahmen solchen 3 Estandarten von Savoyen weg, worvon aber eine wieder verlohren gangen.

Da nun der Feind sein möglichstes that zu Pferde zu kommen, so verhinderte solches das Jäger-Corps beständig, weshalb der Rittmeister Haupt von denen Hessischen Husaren, den Feind vielen Schaden verursachet, und wäre zu wünschen gewesen, dass mehrere leichte Trouppen zu Pferde bei diesem Vorfall gewesen wären, so hätte eine complete Affaire gemacht werden können, ohnerachtet derer wenigen Leute würde so bald nicht aufgehört seyn, wann nicht die gantze Garnison aus vorerwehnten Vach und was noch zurück in Hessen gelegen, wäre darzu gekommen, so sahe mich genöthigt in grösster Ordnung zurück nach Langenberg zu ziehen; Der Verlust unser Seits ist von dem Jäger-Corps 4 Mann tod und 5 blessirte von der Cavallerie, 1 Pferd vom Bruschenkischen Regiment blessirt, von den Hessischen Husaren ein Trompeter und ein Gemeiner todt, und 5 Mann blessirt, Pferde 7 todte und 14 leicht und schwer blessirte.

Feindlicher Seits kann nichts gewisses angegeben werden, weil sie ihre Todte und Blessirte alle mitgenommen, darzu aber 28 Wagen haben müssen.

Mit Gewissheit ist zwar noch nicht zu sagen, welcher General blessirt und welcher Obrist todt, allein soviel ist gewiss, dass einer derselben blessirt und der andere todt geschossen worden; Pferde seynd 31 erbeutet worden, worunter viele Officiers-Bagage befindlich; Gefan-

III. 15

gene werden 6 Mann seyn. Meine Ordre gehet von Ihro Durchl. dem Erb-Printzen bis hierhin in der Tann zu verbleiben, weshalben fernere Verhaltungs-Befehle erwarte. Ausserdem muss Ew. Durchlaucht nicht allein die Anführung des Majors von Stockhansen bestens anrühmen, sondern auch die bravoure des Hauptmann von Cronstein und seiner nachgesetzten Officiers und Gemeinen loben. Dem Rittmeister Haupt und Lieutenant Schreiber meines unterhabenden Corps billig die Satisfaction lassen, dass sie sich als braven Officiers zukommt, bey dieser Gelegenheit conduisiret.

Ich wünsche nichts mehr als dass Ew. Durchl. von meiner Schuldigkeit einen gnädigen Gefallen haben mögen, so werde nicht aufhören, mit dem grössten Eifer ferner meine Schuldigkeit zu zeigen. Der ich übrigens mit der grössten Devotion bin p. p.

Tann den 2. Apr. 1759.

von Schlotheim.

P. P.

Ew. Liebd. melde, dass der Feind aus Freyen Steinau herausgejaget habe. Wir haben 1 Capitaine, 1 Lieutenant, und ungefähr 56 Mann gefangen, wovon 2 gefangen blessirt, blessirte Pferde und Mann von uns kann noch nicht determiniren, wovon morgen weiter raportiren werde. Der Feind hat wohl an 20 Todte, es war nicht möglich sie so schnell zu verfolgen wie sie liefen. Hier kann nicht stehen bleiben, weil es so weit vom Corps und das Dorf gäntzlich offen; ich werde daher diesen Nachmittag mich wieder zurückziehen, und bishieher eine patrouille lassen. Ich hoffe Ew. Lbd. werden die Verfügung approbiren.

Mit aller Hochachtung ersterbe p. p.

Freyensteinheim d. 2te April 1759.

George Ludewig.

Bis Bierstein haben sie ihre retraite gemacht, alwo sie auf einen Succurs hoffen welches auch Usedom glaubet gesehen zu haben, weil sie aus dem Dorfe vorgerücket, gleich aber mit den andern zurückgeloffen. Wir hätten sie alle bekommen, wenn nicht unsere Patrouille auf die ihrige getroffen und sind die Husaren und Dragoner von meiner Avant-Garde allein zum Treffen gekommen, weil der Feind gar so geschwind geloffen.

à Fulde ce 3me d'Avril 1759.

Nous avons commencé notre Expedition par rejetter les Détachemens François, qui s'étoient avancés sur les frontieres de la Basse Hesse. Les Chasseurs soutenus par les Grenadiers de l'Avant Garde desarmerent le 27. de Mars la Garnison de Fulde, ils pousserent le 29 jusqu'à Bischoffsheim, où tout le Corps du Prince Héréditaire de Brunsvic suivit le 30me pendant que le Duc de Holstein marchoit à

Stockhausen et le Prince d'Ysenbourg à Fulde. Il y eut ce jour là une Escarmouche avec les Autrichiens à Haunfeld, et les François furent delogés de Lauterbach.

Le Prince Héréditaire se mit le 31me à la poursuite du Regiment de Hohenzollern, qu'il atteignit en compagnie, avec un Bataillon de Wurtzbourg, au dessus de Mölrichstad.

Quoiqu'il n'eut avec lui, que deux Escadrons d'Huzards Prussiens, il attaqua brusquement les Ennemis. après une décharge sans effet la Cavallerie se mit à courir à toute jambe, les Hussards en prirent cependant 65 hommes. L'Infanterie, abandonnée par la Cavallerie fut sabrée ou prise. Le prince marcha le 1. d'Avril à Meinungen, n'ayant avec lui que deux Bataillons de Grenadiers et quelques Troupes legéres. Il s'empara de la ville avec un Magazin très considérable. Les deux Bataillons de l'Electeur de Cologne, savoir celui du Corps, et celui d'Elverfeld furent pris à cette occasion et fait prisonniers de Guerre. Le Prince poussa encore le même jour jusqu'à Wasungen, où le Bataillon de Nagel étoit en Quartier. Il eut le même sort avec ceux de Meinungen, et fut fait prisonnier de guerre. Mr. le comte d'Arberg, qui avoit rassemblé les Grénadiers Autrichiens avec le regiment de Hildbourghausen, vint au sécours de Wasungen, mais l'affaire étoit finie, et après avoir essujé un feu très vif, Il jugea à propos de mettre la nuit à profit pour marcher à Schmalkalden, d'où il se retire par Sula.

Le même jour 1. d'Avril les Tireurs Hanovriens, et Hussards Hessois, alloient debusquer les Regimens de Savoïe et de Bretlach de Tann. Ils les surprirent à la Messe, qui fut un peu ensanglantée. Les Hussards prirent au Régiment de Savoïe deux Etendarts et tuèrent ou blessérent beaucoup de Monde à l'un et à l'autre.

Il est à supposer que ces deux Regimens auront été joint dans leur retraite par Mr. d'Urff mais on n'en a pas encore des nouvelles.

Le 2 d'Avril le Duc de Holstein delogea les François de Freyensteinan et fit à cette occasion un Capitaine, un lieutenant et 56 hommes prisonniers de guerre.

à Fulde le 5me d'Avril.

Il vient d'arriver un Courier depeché le 4 par le Prince hereditaire, par lequel nous apprenons, que les ennemis ont été poursuivis au delà de Sula et de Schleusingen, et qu'ils se sont retirés avec la plus grande confusion et consternation possible. Ils marchent à Bamberg. Le Prince est sur son retour, et les Troupes arriveront le 7me aux environs de Fulde.

(Archiv-Act. Nr. 259.)

Nach einer Marsch-Route dd. Münster vom 8. April 1759 unterzeichnet von v. Gohr standen damals in den Bisthümern Münster und

Osnabrück 28 Escadrons und 22 Bataillons der alliirten Armee, zum Rendezvous zwischen Coesfeld und Telgte; namentlich

2	Escadr.	Malachowsky	1	Bat.	Brunck
1	„	Luckners Husaren	1	„	Druchtleben
		Die Reder'schen Jäger	1	„	Scheiter
		Das Scheiter'sche Corps	1	„	Oberg
2	„	Leib-Rgt. Hannover	1	„	Rheden
2	„	Heise	1	„	Spörken
2	„	Hodenberg	1	„	Kilmansegge
2	„	Busch-Dragoner	1	„	Halberstadt
2	„	Grothaus	1	„	Zastrow jun.
3	„	Bland-Dragoner	1	„	Laffert
2	„	Howard	1	„	Napier
2	„	Mordaunt	1	„	Stuart
1	„	Grenadièrs à Cheval	1	„	Husque
1	„	Garde du Corps	1	„	Kingsley
1	„	Bock Drag.	2	„	Gardeshannover
2	„	Rheden	1	„	Brudenell
28			1	„	Home
			1	„	Hannov. Land-Militz
			1	„	Zastrow sen.
			1	„	Diepenbrock
			1	„	Dreves
			22.		

Stadt Münster.

Sodann der Englische Artillerie-Train, die Englischen Ponton-Pferde. Ein Theil der schweren Hannoverschen Artillerie. Das Artillerie-Regiment. Der Hannoversche Proviant-Train. 1 comp. Pionier.

Arrivé ce 7me Avril 1759 entre 6 et 7 heures du matin. (p. Courier von Berlin aus.)

No. 24.

Monsieur Mon Cousin. Lorsque j'etois au point de marcher d'ici à Bolkenhayn, (dechiffré) „parceque selon tous les avis la grande armée ennemie s'assemble en force auprès de Trautenau, faisant mine de vouloir tenter une Entreprise sur la Silesie, j'eûs la satisfaction de recevoir la lettre de V. A. du 27. passé. Selon les belles dispositions, que Vous venés de marquer avoir fait pour Vôtre Entreprise, elle ne sauroit que succeder absolument; mais ma grande curiosité est, d'apprendre par Vous toute l'etendüe du succes que Vous auréz eû, car je conviens que cela depend du hazard. Quant à ce qui me regarde, je crois penetrer que les autrichiens ont envie de faire le siége de Glatz; aussi je prends actuellement tous mes arrangements pour m'y opposer. Il est très certain, que la campagne commencera àprésent bientôt ici, ainsi que Vous apprendrez en peu des nouvelles de nôtre part; je souhaite, qu'elles soient bonnes et heureuses. En attendant Vôtre diversion nous rendra le plus grand service contre l'Ennemi."

Je suis avec les sentimens d'estime et d'amitié la plus sincère
Monsieur Mon Cousin
de Votre Altesse

le très bon Cousin.

(Eigenhändig.) Je suis en pleine marche pour Landshut, je ne sai
ce que l'Ennemy entreprandera, mais Vous pouvez compter que nous
ne Luy aplanirons pas les chemins. Mon frere me marque que les
autrichiens sont pousséz jusqu'à Coulenbach, ainsi je ne crains plus
pour Vous que les ouvrages de Hanau et Frfrt au Main, s'il est possible, que Vous les debusquez de là, c'est un coup de maitre

Federic.

à Fulde ce 9 Avril 1759. No. 21.

✳✳ Au Roy.

J'ay recû la tres gracieuse lettre que V. M. m'a faite l'honneur
de m'ecrire en partant de Ronstock pour marcher à Landshut; je fais
les voeux les plus ardents pour le succés des armes de V. M. Notre
expedition contre les autrichiens est finie: Le prince hereditaire a fait
àpeuprés deux mille prisonniers, a pris 6 pieces de canon, deux
Etendarts et 6 drapeaux. Le magazin de Meinungen, qui a eté tres
considerable, a eté detruit, n'ayant pû etre transporté à Fulda, faute
de voitures. Les Regiments autrichiens ont perdu la plus grande
partie de leurs bagages. Nos troupes les ont poursuivis jusqu'au
delà de Sula et de Schleusingen. Elles en sont maintenant de retour
aux Environs de Fulda; à un detachement de troupes legeres prés,
qui se trouve encore à Meinungen.

La division aux ordres du Duc de Holstein a pris le 7 le chateau
d'Ulrichstein situé sur une montagne escarpée; les Ennemis se sont
bravement defendûs; le Regiment des grenadiers Hessois a fait à cette
occasion des prodiges de valeur. Mon aide de camp de Bulow a
conduit l'entreprise.

Les Francois ont des detachemens à Gelnhausen, à Langenselbold
et autre part en avant vers le païs de Fulde; ils font de marches et
contre-marches; il semble cependant qu'ils comptent de s'assembler en
force pour couvrir le magazin de Friedberg; une partie des troupes
envoyées de l'armée du bas Rhin est arrivée aux Environs de Marbourg; Monsieur d'Armentiéres avoit donné le 30. de Mars l'ordre à
tous les Regiments de tenir 24 hommes par compagnie prets de
marcher.

Les Francois menacent la ville de Cassel par un corps qu'ils
disent fort de 15 mille hommes. il n'en fait pas je crois la moitié,
c'ependant comme ils y peuvent marcher par le païs de Waldek en
tournant le general de Hardenberg, j'ai fait avancer le general Imhoff
avec un corps de 6 mille hommes aux Environs de Lipstad, d'où il
peut egalement marcher au secours de Cassel et retourner à Munster
selon l'Exigence du Cas.

je marche demain; s'il plait au ciel je seray le douze à une petite distance de Francfort. je suis en attendant avec la plus profonde soumission etc.   F.

(Acten des Archivs vol. 267.)

1 7 5 9.

	10. April.	11. April.	12. April.	13. April.	14. April.
Avantgarde sous le Pr. Hereditaire:	à Freyensteinau et Environs.	à Büdingen et Environs.	à Windecken et Environs.	dependra de la position de l'Ennemi.	—
Troupes légéres:	à Witges et Rademühl.	à Diebach unter'm Haag.	à Rosdorf, Kilianssteden, Dorfeld, Keichen.	depend des Cir-constances.	—
Collonne de la droite sous le Duc de Holstein:	à Filzberg, Lichenrod, Volkertsheim.	à Pferdsbach et Environs.	à Lang-Berkersheim et Environs.	depend des Cir-constances.	—
Le Duc pour sa personne:	à Volkertsheim.	à Pferdsbach.	à Lang-Berkersheim.	depend des Cir-constances.	—
Troupes légéres: la Colonne:	là où ils sont le 9.	là où ils sont le 9.	suivent la Colonne en marchant sur Gendern.	depend des Cir-constances.	—
Colonne de la Gauche:	Hinter-Steinau.	Wolffenborn, Rinderbungen, Leysewald.	Markobel et Marienborn.	depend des Cir-constances.	—
le Prince d'Ysenburg:	à Hinter-Steinau.	à Leysewald.	à Markobel.	depend des Cir-constances.	—
les Grenadiers et les Dragons de Pr. Frederic:	à Cresebach.	à Heyngrund.	à Langendiepach.	depend des Cir-constances.	—
Monseigneur le Duc:	à Freyensteinau.	à Büdingen.	à Windecken.	depend des Cir-constances.	—

Ferdinand, Duc de Brunswic et de Lunebourg.

In den obgenannten Acten befinden sich acht Original-Erlasse und ein Billet in Blei von der Hand des Herzogs Ferdinand von Braunschweig an den Prinzen Casimir von Ysenburg, welcher am 13. April 1759 in der Schlacht von Bergen fiel.

Das erste Schreiben, datirt Fulda den 7. April 1759, betrifft Repressalien gegen Geistlichkeit, Adel und Städte im Fuldaischen wegen der von den Kaiserlichen und Reichstruppen in Vacha, Hirschfeld und Schmalkalden verübten Gewaltthätigkeiten und Erpressungen. Das zweite lautet:

✻ Für des Printzen von Ysenburg Durchlaucht.

1.

Euer Liebden haben unter Dero Commando die Regimenter Post, Wreden, Linstow, Marschal, Fersen, Canitz, Ysenburg, Hanau, und Printz Carl: Ueberdem 4 Escadrons Dragoner Printz Friedrich, 2 Escadrons Leib-Regiment, 2 Pruschenck, 2 Printz Wilhelm, 4 Dachenhausen, 2 Hammerstein. Da ich Ew. Liebden keine leichte Truppen, assigniren kann, so müssen Dieselbe die Grenadiers Ihres Corps nebst denen Dragonern von Printz Friedrich dazu gebrauchen.

2.

Ew. Liebden empfangen hierbei das Cantonnement dieses Corps, sowie es seit heute bis zum Tag des Aufbruchs seyn wird, und das Quartier vor Ihre Person werden Dieselben zu Weyhers belieben zu nehmen, und sich den 9ten bey guter Zeit dahin begeben.

3.

Alle Regimenter empfangen den 9ten für den 10ten, 11ten und 12ten Brod, auf 6 Tage wird den Regimentern auf Ihren Brodwagens nachgefahren, wodurch sie mithin bis den 18ten April inclusive mit Brodt versehen seyn werden. Ew. Liebden haben denen Brodtwagens die Ordre zu ertheilen, wie und wohin sie jeden Tag marschiren sollen, damit solche denen Regimentern à portée bleiben mögen.*) Die Bäckerey wird in Büdingen angelegt; So wie also den 12ten oder den 13ten, wiederum auf 3 Tage Brodt empfangen seyn wird, gehen die ausgeleerten Wagens sofort nach Büdingen ab.

4.

Die Regimenter nehmen beym Aufbruch aus ihren Quartieren auf 3 Tage Fourage mit, müssen auf dem Marsch aber diesen Vorrath in denen Quartieren wieder erfrischen, damit allemal ein Vorrath von 3 Tagen zur Disposition der Regimenter bleiben möge.

Und weil man keine Marsch-Commissarien aus den Gegenden anhero bescheiden kann, wohin der Marsch gehet, um dessen Direction demselben nicht zu zeitig zu verrathen; so müssen die Quartiere bey der Ankunft der Regimenter mit denen Beamten reguliret, auch wegen der Fourage-Lieferung das Nöthige arrangiret werden.

---

*) N. d. H. Am Rande hat der Herzog eigenhändig hinzugesetzt:

*Dieser Punkt ist wohl zu bemerken und ordentlich zu bestellen, damit keine Irrung darin vorgeht; deswegen muss denen Brodtwagens ein à partes Dorff assigniret werden, und ein vernünftiger Officier dabey bleiben, der sie führet. Dieses muss gleich in der ersten ordre vom Cantonnement der Regimenter gesetzet werden, an welchem Ort alle die Brodtwagens dieser Collonne ihr Cantonnement erhalten; damit die geladene Brodtwagens sämmtlicher Regimenter in denen Ihnen assignirten Cantonnements-Ort am 10. von ihrem jetzigen Cantonnements und Quartier-Stand sich dahin begeben. Der dabey commandirte Officier muss alleins dieses aufs Beste dirigiren; und den 12. auf drei Tage Brodt denen Regimentern zusenden.

Im Ysenburgischen werden darüber Quitungen gegeben, die mit baarem Gelde ausgelöset werden sollen; alle übrigen Districte aber, deren Herren Truppen zur Reichs-Armée gestellet haben, müssen die Fourage umsonst liefern.

5.

Der Cammer-Director von Meyen ist chargiret, zu Büdingen und Marienborn Fourage-Depôts theils aus denen Fuldaischen Transporten, theils aus denen Lieferungen anzulegen.

6.

Ew. Liebden ersehen aus der angebogenen Marsch-Route, wohin Sie jeden Tag marschiren werden, und wohin die Avantgarde nebst den Corps des Herzogs von Holstein täglich marschiren werden.

7.

Da eingelaufenen Nachrichten nach feindliche Detachements zu Gelnhausen und Langen-Selbold stehen, so müssen solche den 12ten angegriffen werden, ersteres von Ew. Liebden, und letzteres von dem Erb-Printzen. Sollte inzwischen der Feind noch eine Aenderung darunter machen; so werde ich auch noch andere Ordres geben.

8.

Ew. Liebden haben bei Ihrem Corps die Pontons und die ganze schwere Artillerie, ausgenommen 10 Canonen, welche davon bey der Avant-Garde genommen werden, als 4 sechspfündige, 3 zwölfpfündige und 3 Haubitzen.

9.

Die Quartiere vor den 13ten haben nur ungefehr in der March-Route bemerkt werden können, weil solches viel von des Feindes Manoeuvres abhangen wird.

10.

Das Secret wird bestens empfohlen, damit nichts vor der Zeit eclatiret.

Fulda, den 7 April 1759.

Ferdinand, Herzog zu Braunschweig und Lüneburg.

⁕ P. S. Alle zu nehmende Cantonnements müssen so dichte rassembliret wie möglich genommen werden, um gleich das rassemblement des Corps sobaldt wie möglich bewirken zu können

Ferdinand, H z. B. u. L.“

Das dritte Schreiben vom Herzog selbst mit der Adresse versehen: No. 2. „à Son Altesse Monsieur le Prince d'Ysembourg. Zur eigenhändigen alleinigen Erbrechung“ lautet:

⁕ „Ew. Liebden mache hierdurch bekandt, das ich den General-Major von Gilsae hier herüber bey des Erbprintzen Division habe nehmen müssen, von wegen Mangel der Gen.-Maj. bey dieser Division. Gen.-Maj. von Post übernimmt wiederum die Brigade vom Gen.-Maj. von Gilsae bey Ew. Liebden Colloune, wovon Ew. Liebden den Gen.-Maj. von Post zu benachrichtigen belieben werden. Der reserve-train

der Artillerie ist auch eingetroffen. Die Pferde und Knechte davon
sind in Hembach und Maberzell cantonniret worden."

Fulda, den 8. April 1759.

Ferdinand, H. z. B. u. L."

Das vierte, mit gleicher Adresse vom Herzoge selbst versehene
Schreiben unter No. 3., ist des Inhalts:

✳ Ew. Liebden werden allen Bataillons und Escadrons Ihrer
Division wohl einschärffen, dass sie in ihren Cantonnir-Quartieren wohl
auf ihrer Huth seyn, um sich gegen allen surprisen zu precaviren.
Jedwedes Batt. muss 1 Cap. und 50 Mann Piquet alle Nacht geben,
welche an einen convenablen Ort zu placiren sind. Jedwede Escadron
25 Mann Piquet zu Pferde. Des Tages muss die Cavallerie ordent-
liche Feldt-Wachten und Vedetten aussetzen. Des Nachts rückt das
piquet aus. Die Canonen derer Regimenter müssen an denen con-
venablesten Oertern aufgeführet werden, wo sie am besten zu emploïren
sind. Alle Wagens, sie mögen Nahmen haben wie sie wollen, müssen
in denen Städten, Flecken und Dörffern, nicht in denen Strassen noch
Wegen stehen, sondern an einen bequemen Ort ausserhalb dem Dorffe,
Flecken oder Stadt aufgefahren seyn, und eine proportionirliche Wacht
darbey gegeben werden. Denn Strassen und Wege müssen frey bleiben vor denen Truppen. Marchiren mehr als ein Rgt. zusammen, so
muss kein Fuhrwerk zwischen denen Batt. und Regt. Cav. fahren, sondern Allens hinten nach, um die Truppen im Marsch nicht zu hindern,
dass sie aufschliessen können. Ein anderes ist es mit denen Regts.-
Canonen.

Diese Ordre belieben Ew. Liebden denen Rgt. aufs schärffste und
stricteste anzubefehlen.

Fulda den 8. April 1759.   Ferdinand, H. z. B. u. L.

✳ Das die Cavallerie auf denen Märschen ihre Avantgarden und
Seiten-Patrouillen machet.   F., H. z. B. u. L.

✳ Ew. Liebden erhalten hierbey die vor Ihnen destinirte Instruction. Dieselben werden mir unendlich obligiren, sie caché zu halten,
so viel wie nur immer möglich ist, und nichtes vor der Zeit éclatiren
lassen. Dieses allens zum gemeinsahmen Besten.

Fulda den 8. April 1759.   Ferdinand, H z. B. u. L.

✳✳ Durchlauchtiger Fürst,
Freundlich vielgeliebter Herr Vetter;
Auf Eurer Liebden Raport von heute morgen um 1 Uhr habe ich
die Ehre Deroselben in Antwort zu geben, wie es der Obrist-Lieutenant
Freytag sey, so mit denen Feinden gestern Nachmittag und
mehrst gegen Abend*) handgemein geworden. Nach meinen Nachrichten sollten sich nur 1000 Mann zu Birstein befinden, wo überdem
noch hinzugesetzet wird, dass solche effective ungefehr 600 Mann aus-

---

*) Die unterstrichenen Worte sind vom Herzoge eigenhändig eingeschaltet.

machen möchten, mehrentheils Cavallerie. Wenn sie den Anmarsch der Collonnen gewahr werden, so glaube ich, dass sie sich allda zu halten keine Lust bezeigen werden. Ich schicke einen Theil der Truppen gerade darauf looss, und den andern Theil herum, welches Eure Liebden auch zu thun belieben werden. Sollte es Schwierigkeiten setzen, so lassen Eure Liebden ein paar Bataillons nebst etwas Cavallerie dabey stehen, um den Ort zu bloquiren, und setzen mit den übrigen Truppen den Marsch fort. Es thut mir leid, Dero Herrn Bruders Liebden dabey in einigen embarras zu setzen. Ich hoffe aber, dass solcher hierdurch sehr vermindert werden wird. Eure Liebden können übrigens keinen Umgang nehmen, den Ort zu entamiren. Kann ich etwas von denen Jägern entbehren, so werde ich Ew. Liebden ein Detachement davon zusenden, welches auf dem Marsch zu Ihnen stossen soll. Ich bin

Eurer Liebden

Freyensteynau   Dienstwilligster treu ergebener
den 11. April 1759.   Vetter und Diener

Ferdinand, H. z. B. u. L.

An
des Printzen von Ysenburg
    Durchlaucht.

      ** Durchlauchtiger Fürst,
       Freundlich vielgeliebter Herr Vetter,

So eben abends um 9 Uhr wird mir Eurer Liebden Raport vom heutigen dato samt dem postscripto behändiget. Es thut mir recht leid, daraus ersehen zu müssen, dass die schwere Artillerie noch so weit zurück ist. So viel nur immer möglicher Weise Vorspann-Pferde bey-zutreiben sind, solche müssen herbeygeschafft werden. Die Forderung des Majors Bruckmann scheint mir inzwischen unmässig, und weit über die Nothdurft hinausgetrieben zu seyn. Eure Liebden werden den-selben pressiren, dass er den Marsch beschleunige.

Was die Bagage bey dem morgenden Marsch anbetrifft, weswegen Eure Liebden anfragen, ob sich selbige an einem Ort versammeln soll, gebe ich Deroselben in ergebener Antwort, dass solche mitgehen, aber erst hinter allen Regimentern folge. Ich bin mit aller Hochachtung

Eurer Liebden

Windecken*)   Dienstwilligster treu ergebener
den 12. April 1759.   Vetter und Diener

Ferdinand, H. z. B. u. L.

An des Prinzen von Ysenburg Durchl.

    * Die Regimenter lassen Morgen den 13. April um 3 Uhr General-Marsch, $3\frac{1}{2}$ Vergadderung schlagen, und setzen sich um 4 Uhr in

---

*) N. d. H. Nach einem Schreiben von Westphalen's Hand an den Obersten v. Laffert zu Lipstadt dd. Budingen den 12. April 1759 war Westphalen an diesem Tage (Tag vor der Schlacht von Bergen) in Büdingen anwesend. (Act. vol. 259.) Drei Verhandlungen über ver-nommene Personen sind dd. Windecken den 12. April 1759 aus dem dortigen Hauptquartier datirt.

Marsch; das General-Rendes-Vous der Truppen ist ohnweit Windecken zwischen Kilianstedten und Rosdorff, auf denen Anhöhen, alwo die Bataillons und Escadrons Zugweise neben einander sich placiren. Was ferner geschehen wird, und was die ulterieure Disposition anbetrifft, wird wird auf dem Rendés Vous général befohlen werden. Die Cavallerie blei-bet gleichfalls neben den Regt. Infanterie, Escadron hinter Escadron, Escadronweise aufmarschiret.

>Windecken den 13ten April 1759.

Ferdinand, H. z. B. u. L.

à Son Altesse
Monsieur le Prince
d'Ysembourg.
à Marckhöbel.

* Quand V. A. aura tous les Regs. qui formeront Sa Collonne, Ensembles, Elle Se met en marche selon l'ordre prescrit. Et tient Sa direction sur Bergen. Je pars avec l'avant garde pour Bergen. Le Duc de Holstein a les mêmes ordres.*)

Ferdinand, D. d. B. et d. L.

Pour S. A. le Prince
D'Ysembourg.

Pres: ce 12e avril 1759.

No. 25.

Monsieur Mon Cousin. La lettre que Vôtre Altesse m'a fait du 30. de Mars dernier m'a eté bien rendüe (dechiffré). „Ce que je` „luy avois marqué de mes Idées sur les Operations à faire de Vôtre „Altesse, n'a eté que dans la supposition d'une bonne reussite de Ses „operations, et pour Lui marquer par là ce qu'il y aura à peu prés „qu'Elle faise toûjours dans le cas qu'Elle crût en pouvoir profiter. „J'ai bien compris, que Vous ne seriés pas à même d'entreprendre le, „Siége de Wesel, sans avoir une artillerie angloise suffisante pour cela, „et comme il y faut un arrangement préalable avec l'Angleterre, c'est „là principalement la raison, pourquoi je vous en ai ecrit, afin que „Vôtre Altesse pût penser à têms à un Engagement préalable avec „l'Angleterre pour la dite Artillerie, afin qu'au cas qu'Elle vit jour a, „pareille Entreprise, tout fut deja préalablement arrangé pour trouver „d'abord ce dont Elle y auroit besoin. quant à Vôtre Expedition pré-„sente, je Vous souhaite mille et mille bonheur, et suis dans la forte „persuasion, qu'Elle reussira certainement avec tout cela. je ne saurois „m'empecher de dire tout naturellement à Vôtre Altesse, que je crains, „que la Ville de Hanau n'arrette Ses progrès, vû que les françois à „ce qu'on m'a dit l'ont bien fortifiée, et que je comprends que dans „une telle Expédition l'on ne sauroit amener un Train suffisant d'Ar-„tillerie pesante, pour Vous emparer de Hanau, à moins qu'il n'y ait „une telle bredouille parmi les françois, que Vous puissies y reussir, „ce dont je doute cependant; mais dans le cas meme que Vôtre Al-

---

*(N, d. H. Dies ist vom Herzog Ferdinand eigenhändig mit Bleistift geschrieben.

„tesse ne pourroit pas pousser son Expedition jusqu'à ce point, Elle
„operera toûjours un grand avantage pour la bonne cause, puisque par
„là l'Ennemi se verra fort rétardé et arretté dans ses Projèts concûs,
„et j'avoue de grand coeur, que je Vous ay la plus grande obligation
„du monde de ce que Vous m'avez nettoyé mon Flanc droit au moins
„pour un couple de mois, ce qui ne se seroit point fait sans la vigou-
„reuse Expedition de Vòtre Altesse."

Je suis avec les sentiments de l'amitié la plus sincere et de la
plus haute estime

Monsieur Mon Cousin

de Vòtre Altesse

Bolkenhayn,   le bien bon Cousin
ce 6me d'avril 1759.

Eigenhändiger Zusatz.

Marchal est avec 36 mille sur les frontieres de la haute Silesie,
Sincere et environ 24 mille hommes couvrent Trautenau et Braunau,
Dauen est avec la Grande armée a Munichengrätz, et outre cela le
corps de Cerbeloni est aux environs d'Eger, Laudon a Caden Comotau
Teplitz avec 12 mille hommes. bek de Rumburg a bömsch-Fridlandt
avec 10 mille encore, et un Troupe de Russes est revenûe a Possen.

Federic.

No. 22.

(In simili au prince Henry, au Duc Regnant, au
general Spörke, au general Imhoff, au general Hardenberg, au Prince Louis.)

✳✳ Au Roy. à Windeken ce 14. d'Avril 1759.

Je recus hier au fort de l'action la trés gracieuse lettre de
V. M. du 6.

Etant arrivé le 12. à Windeken, je resolus de marcher le 13. sur
Bergen, pour couper à l'ennemi la communication entre Francfort et
Friedberg. Cette marche me mena droit à l'Ennemi, qui avoit pris à
Bergen une position tres forte. Les grenadiers de l'avant-garde atta-
querent ce village avec beaucoup de valeur, mais trop vivement. Ils
furent repoussés et quoique je les fisse soutenir par plusieurs bataillons;
tous nos efforts etoient envain. Nos troupes furent contraintes de se
replier, ce qui se fit avec quelque desordre, et avec perte de 5 pieces
de canon. Elles se rallierent cependant; mais le reste de la journée se
passa à se canonner de part et d'autre, sans que nous ou les ennemis
eussions cedé une pouce de terrain l'un à l'autre. Ne voyant pas
moyen de forcer l'ennemi, dont la position etoit si forte, qu'il ne pouvoit ni être tourné ni entamé autre part que par le dit village de
Bergen, je crûs devoir prendre un parti couforme à ma situation, vu
que tout le succés de mon expedition dependoit du sort de cette
journée. Aprés avoir fait enterrer nos morts, et emmener les blessés,
je suis retourné à Windeken. j'ignore encore au juste, jusqu'où notre

perte peut aller. j'espere qu'elle ne passera pas beaucoup mille hommes. Le prince d'Ysenbourg se trouve parmi les morts; les generaux de Gilsae et de Schulenbourg ont été blessés. j'auray l'honneur de marquer à V. M. au premier jour un Detail plus circonstancié; Et suis en attendant pp.

(Archiv-Acten vol. 253.)

*) Lettre du Duc de Broglie du 14me avril 1759
à 5 h. du matin.

J'ajoute à la relation qui se trouve ici-jointe, que la perte que nous avons faite, est beaucoup plus considerable, que je ne la croyois, par l'Etat qu'on vient de m'apporter. Il manque 6195 hommes, employés au service. Je présume qu'il s'en retrouvera plusieurs; mais la perte autant que je peux voir est au moins de 5000 hommes tant tués que blessés. Les deux Bataillons de Royal Suédois et ceux de Planta sont presque tous detruits: ceux de Royal Deux ponts et de Waldner ont beaucoup souffert aussi, egalement que les colonnes qui les ont soutenues. Je ne sai point encore la perte que les ennemis ont pû faire; mais je doute qu'elle soit aussi forte que la notre. Ils ne sont pas aussi loin que je les croyois; puisque j'apprens dans le moment qu'ils sont à environ deux lieues d'ici. J'ai admiré leur derniere manoeuvre, faite probablement à dessein de me tirer de mon poste avantageux; mais je n'avois garde d'en sortir.

(Acta des Archivs vol. 259.)   (mit Trauer-Rand.)

Monseigneur,

Penetrés, comme Nous sommes de la reconnoissance la plus vive du gracieux ordre, que Votre Altesse Serenissime a daigné donner à son Armée, de porter le deuil pendant huit jours pour feu Notre frere, qui a fini sa carrière à la journée du 13 de ce mois pour le service de la Patrie; Nous ne pouvons nous empecher d'offrir à Votre Altesse Serenissime par ces très humbles lignes, nos actions de graces les plus respectueuses, de cette distinction glorieuse et de cette marque de grace, de bonté et d'estime, dont Elle a bien voulu honorer encore la memoire du defunct et qui ne laissent pas d'être d'une grande consolation à ses Parens affligés.

Nous adressons les voeux les plus ardens au Tout-Puissant, qu'Il vous conserve, Monseigneur, en tous les dangers, auxquels Votre valeur Vous expose si souvent, et qu'Il repande ses bénedictions célestes sur toutes les entreprises de Votre Altesse Serenissime.

Agrées, Monseigneur, que Nous nous recommandions avec toute la maison d'Ysenbourg à la continuation de Vos précieuses bonnes

---

*) N. d. H. In dem vol. 253 der Archiv-Acten des Herzogs, welche eine Sammlung zahlreicher, abschriftlicher Briefe von französischer Seite über die Begebenheiten des Jahres 1759 bis nach der Schlacht von Minden, dem Herzoge aus dem Haag (durch v. Haenichen) mitgetheilt, enthalten, findet sich vorstehender Brief des Herzogs v. Broglie vom Tage nach der Schlacht von Bergen.

graces Nous tâcherons à les meriter par les sentimens de devotion et de respect; avec les quels nous ne finirons jamais d'être

Monseigneur

de Votre Altesse Serenissime

à Budingue

le 15 d'avril 1759.

les tres humbles et très obeissants

serviteurs

Fréderic Ernst   C. L. Comte

Pr. d'Isembourg   d'Isenbourg

General Commend.

près. ce 18me avril 1759. No. 26.

Monsieur Mon Cousin. La lettre que Vôtre Altesse m'a fait du 3e de ce moi m'a eté bien rendüe. Je la felicite de tout mon coeur des heureux commencemens de Son Expedition. (dechiffré) „Et mes Voeux seroient accomplis, si Elle reussissoit à prendre le magasin à Friedberg, et pousser jusqu'à Hanau; à dire ce que j'apprehende, c'est que Vôtre Altesse ne puisse mener son Expedition à quelque chose de decisif, à moins, que les françois ne fussent assés insensés que de venir en avant à Vôtre rencontre, car alors il y auroit à faire un grand coup ici. je tenterai quelque chose sur les autrichiens entre ci et la fin de ce mois. je ne saurois dire à Vôtre Altesse jusqu'où cela reussira, mais si la fortune me seconde, alors cela me degageroit de bien d'embaras."

Je suis avec cette amitié invariable et l'estime la plus parfaite

Monsieur Mon Cousin

de Vôtre Altesse

à Bolckenhayn,

ce 10e d'avril 1759.

le trés bon Cousin

Federic

reçu par Kemnitz la nuit du 25./26. Avr. 1759.

✳✳ Monsieur

Votre infiniment chere Lettre du 18. vient d'arriver. Les extraits qui y etoient joint meritent une attention bien grande. Le Duc avoit deja suposé la chose comme possible, et commencé à prendre ses mesures en consequence. Il a eté infiniment sensible à votre attention d'avoir bien voulû les luy faire parvenir d'abord.

Daignés excuser mon silence. je ne saurois vous exprimer combien peu j'ay le temps de respirer un moment. je seray plus exact à vous donner de nos nouvelles, dés qu'un peu de repos succedera à cette bourasque. je suis d'ailleurs un peu malade, sentant des fortes douleurs à la Tete; qui ne me permettent pas de travailler autant que je voudrois.

Je sais que les françois ne cessent de faire du bruit de leur grande victoire du 13. Elle consiste cependant simplement en ce qu'ils n'ont pas eté batû. Nous ne l'avons surement pas eté. Nous avons perdû du monde; cela est facheux et vrai, mais nous avons gardé notre position, malgré leur feu superieur et malgré leur position, qui

dominoit la notre, et malgré l'avantage du nombre des troupes qui
etoit de leur coté. Ils disent qu'ils ont eû 30 mille hommes; cela se
peut. Nous avions 23 bataillons et 35 escadrons faisant en tout à
peupres 22,000 hommes. Voilà comment l'action s'engagea. Apres
trois marches forcées nous arrivions à Windeken. On y fit à peuprés
deux·cent prisonniers du Regt. de Roussillon, et prit tous ses bagages.
Le Duc aprit le 12. au soir que les francois n'etoient encore rassemblés; qu'ils venoient de tous cotez de Francforth. Les troupes etoient
extremement harassées, et l'artillerie n'avoit pû suivre. S. A. S. crut
cependant que le moment ne devoit pas se perdre; ou elle pourroit
trouver l'ennemy au depourvû. C'est pourquoy elle resolut de s'emparer
du pont de Vilbel, et d'occuper les hauteurs de Bergen, et de donner
par là le temps à l'artillerie de joindre l'armée. L'avant garde
s'aprocha de ces hauteurs, et les chasseurs s'emparerent de Vilbel.
L'avant garde consistoit en deux bataillons de grenadiers; on avertit
le duc pendant la marche, que Bergen etoit occupé par deux ou trois
mille hommes; on en decouvrit fort peu sur la hauteur; l'armée Francoise ne pouvant pas etre aperçüe d'abord. Le duc voulut que quelques volontaires avançassent, pour reconnoitre à leur faveur de plus
prés le dit village. A peine eût-il parlé de volontaires que ces deux
bataillons de grenadiers brunsvicois et hessois coururent touts à
l'attaque avec une intrepidité sans exemple, mais qui auroit fait plus
d'effet, si elle avoit eté plus moderé. Ils se jetterent sur les francois
les pousserent la bajonette aux reins, et s'emparerent de quelque pieces
de canons; mais à mesure qu'ils avançoient ils essuyoient du feu de
tous cotés. Cela ne les rebuta point; ils tirerent chacun 60 coups;
et n'ayant plus de cartouche, ils se jetterent encore avec les bajonettes
sur les Francois, qui se mirent derrière une muraille. Ce feu mit de
la·confusion parmi ces braves gens; sur tout puisqu'ils ne pouvoient
pas etre soutenus d'abord. La collonne du prince d'Ysenbourg arriva
enfin; le·duc en fit avancer plusieurs bataillons pour soutenir les grenadiers; mais ceux-ci n'ayant pû plus soutenir le feu vinrent au devant
d'eux en confusion, la mirent parmi les nouveau venus, et toute cette
cohüe de monde se replia avec une confusion, qui auroit pû devenir
funeste à l'armée. Les bataillons hanovriens ont mal fait à cette occasion. Les Francois sortirent du village et descendirent de la montagne
pour les poursuivre. Sur quoi le duc courut au Regiment de cavallerie
de Mr. d'Urff, pour le faire avancer; il fondit sur Eux et les rechassa
avec une grande perte dans le village, en moins de cinq minutes. Il
etoit en attendant extremement difficile de rallier notre infanterie
puisque les francois avoient eû le temps de placer leur nombreuse
artillerie, qui foudroya effroyablement tout ce qui etoit vis à vis du
village. On en vint à la fin à bout. Cecy est particulierement dû aux
aides de camp du duc Mrs. de Bulow de Derenthal et Schlieffen, qui
ont fait merveille. On ramena meme toute l'infanterie sur la hauteur,
où elle se maintint, malgré ce feu d'enfer des françois. S. A. S. s'apercut

qu'il etoit ou impossible d'emporter le village, depuis que tout le feu
ennemi y etoit dirigé, ou que nous perdrions un tiers de l'armée, et
que la chose n'en resteroit pas moins douteuse. Elle essaya de tourner
l'ennemi à la gauche et vers la droite; mais ce camp etoit inaccessible
de touts cotés; il n'y avoit d'autre chemin que celuy du village. Les
François s'apercevant qu'on n'attaquoit plus le village, devinrent plus
hardis; et se presenterent un couple de fois en collonne et en front
deployé. Mais ils furent relancé toutes les fois qu'ils se presenterent.
Vers les 5 heures du soir quelques pieces de canon arriverent encore.
Nous eumes alors 11 bouches à feu, qui etant placé à la gauche firent
taire le canon ennemi, qui luy etoit opposé; mais son feu resta
cependant superieur sur le front entier. A 7 heures du soir on cessa
de part et d'autre. Le Duc fit enterrer ses morts et emmener les
blessés à Windeken. L'armée se mit elle meme en marche le matin
du 14. vers les deux heures. Si les francois disent qu'ils nous ont
poursuivi c'est un mensonge. Nous n'en avons revû pour la premiere
fois que le 18.

Nos grenadiers laisserent deux pieces de six livres dans le village
puisque les chevaux avoient eté tués. Les regimens hanovriens perdirent
3 pieces de campagne en se retirant avec les grenadiers du village.
Le prince d'Ysenbourg y fut tué. Nous avons eû àpeuprés quatre
cent tué sur la place; le nombre des blessés passe 1,000 hommes. Je
vous en enverray une liste specifique. je n'en puis plus aujourdhuy.
Excusez ce griffonage.

Voicy quelques nouvelles du prince Henry.

(à Mr. de Haenichen.)   à Alsfeld ce 22. avril.

à Ziegenhayn, ce 23. d'Avril 1759.

✱✱ Au Roy.   Nr. 24.

J'ay recû la tres gracieuse lettre de V. M. du 14. d'avril. (en
chiffres:) „Mgr. le prince Henry m'a averti qu'après son Expedition
„en Boheme il se trouveroit en etat de m'epauler: mais il ne m'a rien
„mandé encore sur son dessein de marcher en Hesse. Mes nouvelles
„portent egalement que le prince de Deux-ponts assemble son armée
„autour de Bamberg. Le general*) D'Arberg etoit cependant revenû
„des le 10. d'avril à Königshoffen avec quinze Bataillons et quatre Re-
„giments de cavallrrie autrichienne, et un regiment d'huzards. Ce corps
„a depuis poussé des detachemens jusqu'à Smalkalden et à Fulde même,
„par quoy j'ay eté assez embarassé. Monsieur de St. Germain arriva
„le quatorze à Bergen avec le corps de troupes, qu'il devoit emmener
„au secours de Monsieur le Duc de Broglie; trop tard à la verité pour
„l'action, qui s'etoit deja passé, mais il donnoit par là à l'armée de France
„une superiorité bien marqué sur moi, ·vû que je n'avois que vingt trois
„bataillons avec trente cinq Escadrons. Quoique l'exacte verité soit
„que les François n'ont eu d'autre avantage le 13. que celuy de n'avoir

---

*) Je crois que c'est Haddick.

„pas eté batûs, n'ayant quité que de mon gré le champ de bataille le
„14. à une heure du matin, aprés avoir fait enterrer nos morts et trans-
„porter les blessés à Windeken; la perte que j'avois faite surtout en
„officiers, l'arrivée de Mr. de Saint Germain, et les nouvelles qui me
„parvinrent de Munster et de Fulde en meme temps, m'obligerent de
„regarder mon expedition comme terminée.*) je crûs devoir prendre
„mon parti en consequence, et ramener l'armée en Hesse, ce que j'ay
„executé d'un pas lent et mesuré. Les Français n'ont pas osé me
„suivre, je n'en ay vû depuis l'affaire du 13. que le dix huit pour la
„premiere fois. Un corps de troupes legêres venues de l'armée du Bas-
„Rhin sous les ordres de Mr. de Blaisel attaqua ce jour-là mon arriere-
„garde aux Environs de Friedberg à Bisses et Hungen**); il fut
„fort mal mené et renvoyé ce jour là. Mais il reussit mieux le lende-
„main; par une fatalité singulière l'officier, qui porta l'ordre à un ba-
„taillon de grenadiers et à deux Escadrons de Finkenstein pour la
„marche, du dix-neuf, fut pris, par quoy il arriva, que ce detachement
„ne sut d'abord où marcher; Il se mit cependant en marche, mais
„il eût le sort d'être enveloppé entre Munster et Queckborn pas
„loin de Grimbergen et de Laubach par un ennemi fort superieur
„en nombre. Le major Thun, qui commandoit les Dragons, ne prit
„pas le parti qui convenoit; Voulant se retirer trop precipitament
„il donna au milieu des troupes ennemis, qui le firent prisonnier de
„guerre avec les deux Escadrons, à une cinquantaine d'hommes prés,
„qui sont revenûs. Le bataillon de grenadiers, quoique abandonné par
„les dragons, tint les ennemis en respet, et rejoignit l'armée sans autre
„perte que celle de son equipage.“

V. M. daignera m'excuser, si je ne luy ay pas ecrit plus-tôt; Elle
ne sauroit jamais s'imaginer combien j'ay eté accablé d'affaires tous ces
jours passés.

C'est aussi par cette raison, que je ne luy ay pas encore rendû
un compte plus detaillé de l'affaire du treize. Nous avions poussé le
douze tous les detachemens avancés des Francois de Gelnhausen et de
Langenselbold; nous primes meme une partie du Regiment de Roussillon
à Windeken avec ses bagages. je recûs là avis, que les François
s'assembloient entre Francforth et Bergen, et que ce village etoit occupé
par deux ou trois mille hommes. Il me parût egalement important, de
m'emparer de Bergen et des hauteurs qui menent dans la plaine de
Francforth et de me rendre maitre du pont de Vilbel, pour couper la
communication entre Francforth et Friedberg. Cest pourquoy, quelques
fatiguées que fussent les troupes après trois marches des plus difficiles,
je marchois le 13., dans l'intention d'executer l'un et l'autre pour ne
pas donner le temps à l'ennemi de se reconnoitre. Nous delogeames
facilement les ennemis de Vilbel; ils furent aussi empechés de s'etablir
sur la hauteur qui est vis à vis de celle, qui verse dans la plaine de

---

*) N. d. H. Die unterstrichenen Worte von der Hand des Herzogs, anstatt: echouée.
**) Anstatt: Giessen.

Francforth, et que je comptois d'occuper. Lorsque j'arrivois avec l'avant-garde, consistant en trois bataillons de grenadiers et les troupes legeres soutenue par 11 Escadr. et 7 Batt. avec du gros cannon, les ennemis n'etoient pas encore formés; je remarquois même de la confusion parmi eux. j'ordonnois aux grenadiers et aux chasseurs d'amuser l'ennemi, par des pelotons detachés; afin de donner le temps aux collonnes, d'arriver. Cela reussit tres bien, et les ennemis y perdirent quelque monde. je m'aperçûs par le terrain, que je pouvois decouvrir d'abord, que je devois commencer par prendre le village de Bergen, pour gagner la hauteur, qui est derriere ce village, et où je ne decouvris alors qu'un corps d'àpeuprès 4 mille hommes. Leur canon commença à jouer, mais foiblement. Je resolus d'attaquer le village, et fis presser la marche des colonnes. En attendant les grenadiers s'etoient porté avec une valeur tout extraordinaire contre le village, quoique un peu trop tôt; ils chasserent l'ennemy des jardins et le pousserent dans le village. L'ennemy se mit derriere les murailles, abatis, et redoutes qu'il avoit construit deux jours auparavant, et fit jouer son canon chargé à mitrailles. Cela ne rebuta point nos grenadiers, qui tuerent tout ce qui ne se mit point à couvert par les murailles. Ayant tiré tous les 60 coups qu'ils avoient, ils commencerent à se replier, dans le meme temps que le prince d'Ysenbourg s'avançoit pour les soutenir. Ce mouvement opposé des uns et des autres y mit la confusion qui augmenta, à mesure que le feu des ennemis devint plus fort. Le prince d'Ysenbourg y fut tué; et tous ces bataillons revinrent en si grande confusion que j'eus une peine infinie, de les rallier. Ils perdirent 5 pieces de canon, qui restèrent dans le village, et qu'il n'y avoit pas moyen de rattraper. Les ennemis sortirent du village avec des grands cris, en poursuivant notre infanterie; je courus alors à la cavallerie pour la faire avancer. Le regiment du corps Hessois donna; les francois furent renversés et renvoyés dans le village dans un instant. Nous fimes à cette occasion 150 prisonniers. On reussit à la fin de rallier l'infanterie, et elle fut ramené sur la hauteur vis à vis de celle, qui etoit occupé par les Francois, en formant alors une ligne.

Les ennemis qui reçurent d'un moment a l'autre de renforts d'artillerie, dirigerent tout leur feu pour defendre le village. je cherchois sur cela s'il etoit possible de les prendre en flanc; mais leur position etoit inaccessible par tout. Le mal etoit que notre canon n'avoit pû encore arriver; je n'eus que vers les 6 heures du soir onze pieces qui tirèrent alors avec beaucoup d'effet; sans me laisser cependant voir la moindre probabilité, d'emporter le village, et si j'y eusse réussi, il m'auroit fallû encore emporter la montagne, ce qui auroit eté extrèmement hazardeux, les francois ayant eû onze heures de temps de prendre leurs mesures pour ce cas.

Ainsi nous restions l'un vis à vis de l'autre pendant le reste de la journée; les François fiers de l'avantage d'avoir conservé le village descendirent deux fois de la montagne pour avancer sur moi en col-lonne; mais à peine avancois-je sur eux de mon coté, qu'ils se 'reti-rèrent sans me donner le moyen de les joindre. Le feu cessa après 7 heures du soir; je retournois vers les deux heures du matin du 14 à Windeken, éloigné à deux heures du village de Bergen.

en chiffres: „Le reste s'est passé, comme j'ay eu l'honneur de le marquer à V. M. au commencement de ma lettre.

Notre perte a été considerable par raport à la petite armée qui l'a soufferte. V. M. en daignera voir le detail par la feuille ci-jointe. Il m'a parû important et nécessaire de tacher de la réparer et j'ay la satisfaction de pouvoir mander à V. M., que j'ai dèja les promesses tant du Duc mon frere, que du Landgrave de Hesse et du ministère d'Hanovre de vouloir récompleter les Regimens, et je me flatte d'ob-tenir aussi de l'Angleterre, de se charger de la depense que cela causera.

Comme j'ay eu des avis secrets, qui viennent de source, que les François passeront le Rhin, pour tomber sur Münster et pour chasser les Hanovriens, comme ils disent au delà du Weser, j'ay pris mon parti. j'ay renvoyé en consequence en Westphalie le géneral de Hardenberg; et le prince héréditaire arrive aujourdhuy aux environs de Cassel avec 7 Bataillons et 7 Escadrons; le duc de Holstein est avec 7 Bataillons et 16 Escadrons à Fritzlar; et moi je tiens avec le Corps du prince d'Ysenbourg les gorges qui conduisent en Hesse.

Ma resolution est de rétourner à Münster, puisqu'il me paroit, qu'il est essentiel de ne pas quiter les bords du Rhin, et de s'opposer avec le plus de forces de ce coté-là; si l'armée de l'Empire et Mr. de Broglie avancent en Hesse à la fois, je jettrai une bonne partie des troupes legères dans le Solling et dans le Hartz; comme les Fran-cois doivent passer entre ces deux forets pour pénetrer dans le Ha-novre; j'espere qu'ils se trouveront par là fort arretés. je jetterai une bonne garnison dans la ville de Hameln, et je rétirerai le reste du corps de troupes du prince d'Ysenbourg sous le canon de Lipstad; vû que delà je puis leur toujours venir à dos et en flanc.

Si Mgr. le prince Henry marchoit en Hesse, je ne serois pas obligé d'en venir à cette extremité. Rien ne me gène en attendant d'avantage que le manque de bons officiers; l'infanterie en a quelques uns, mais la cavallerie en manque absolument.

Je suplie V. M. de vouloir bien m'aider de Ses Lumieres, et de me dire en particulier son sentiment sur le parti, dont je viens de faire mention et que je crois devoir prendre. je ne partirai cependant d'icy qu'au moment que je verray que ma presence deviendra necessaire à Munster.“

Je suis avec un tres profond Respect p. p.   F.
(Archiv-Acten vol. 259.)

Monseigneur,

La Regence de Fulde represente à Vôtre Altesse Sérénissime

16*

qu'il lui a été enjoint de fournir à l'armée 250 boeufs dans l'espace
de 4 jours, et qu'elle a eté menacée de l'exécution militaire en cas
de désobeissance; elle a fait d'abord dresser un procés-verbal dont la
copie se trouve annexée, et qui prouve que le païs ne sauroit satisfaire
à cette prétention; Votre Altesse Serenissime est suppliée de vouloir
suspendre l'exécution; le mémoire est daté du 23ᵐᵉ de ce mois.

Ziegenhayn ce 28ᵐᵉ d'avril 1759.   C.-G. de Malortie.

(Darunter von der Hand des Herzogs.)

Wo nichtes ist, und wo mann nicht mehr dazu gelangen kann da
hat der Kayser sein recht verlohren.

F., H. z. B. u. L.

※※ Monsieur,

Excusez le desordre, qui s'est glissé dans ma correspondance.
je me flatte d'en ressortir bientot et alors vous aurés plus souvent
de nos nouvelles.

Voicy l'extrait d'une Lettre que le Duc a ecrit au Roy; Elle
contient quelques Detail sur la journée du 13. j'y joins la liste de
notre perte.

Il est etonnant de voir comment les francois affectent de nommer
l'action une bataille. Soyez bien persuadé qu'ils ont soigneusement
evité de descendre de la montagne pour se mettre dans le cas d'en
gagner ou d'en perdre une.

Nos troupes se reposent maintenant; ils avoient besoin de repos,
après avoir marchés en moins de 4 semaines plus de cinquante mille
d'allemagne.

Mr. d'Imhoff est arrivé au quartier general. Il commandera à la
place de Mr. le prince d'Ysenbourg.

Les prussiens sont en mouvement; si la fortune les favorise Mr.
de Deux ponts rabatra de son caquet. Il se sert d'un ton qui nous
fait rire; tout comme un pedant de l'ecole. Il faut qu'il soit persuadé des bons procedés du conseil aulique comme un saint l'est de
l'evangile. Adieu.

Ce 28. Avril 1759.

(à Mr. de Haenichen.)

Extract.

Von der sämmtlichen Infanterie und Artillerie der Armée, wass Selbige den 13. aprill 1759 in der Action bei Bergen, An Todte, Blessirte, und Verlohren haben.

Corps.	Todte. Officiere	Todte. Unterofficiere und Gemeine	Schwer Blessirt. Officiere	Schwer Blessirt. Gemeine	Leicht Blessirt. Officiere	Leicht Blessirt. Gemeine	Ver-lohren. Officiere	Ver-lohren. Gemeine	Summa. Officiere	Summa. Gemeine	Canonen.	Munitions- Wagen	Munitions- Karren	Protzen.	Artillerie-Knechte. Todt.	Artillerie-Knechte. Blessirt.	Artillerie-Knechte. Verlohren.	Artillerie-Pferde. Todt.	Artillerie-Pferde. Blessirt.	Artillerie-Pferde. Verlohren.
Hannoversche Infanterie	3	113	6	201	13	157	3	12	25	433	—	—	—	—	—	—	—	—	—	—
„ Artillerie-Train	—	5	—	8	—	14	—	—	—	27	2 6pfd.	—	2	2	1	1	—	18	7	9
„ Jäger zu Fuss	—	3	—	—	—	16	—	8	—	27	3 3pfd.	—	—	—	—	—	—	—	—	—
Braunschw. Infanterie	2	137	22	392	4	48	—	84	28	661	—	—	—	—	—	—	—	—	—	—
„ Artillerie	1	—	1 Ing.	2	—	6	—	—	2	8	—	—	—	—	—	—	—	—	—	—
Hessische Infanterie	5	116	25	404	14	365	—	81	44	966	—	—	—	—	—	—	—	—	—	—
„ Artillerie	—	3	—	14	1	14	—	1	1	32	—	—	—	—	—	—	—	12	12	—
Bückeburgische Artillerie	—	—	—	—	1	2	—	—	—	2	—	—	—	—	—	—	—	—	—	—
Summa ..	11	377	54	1021	32	622	3	186	100	2206	5	—	2	2	1	1	—	30	19	9

Extract.

Von der sämmtlichen Cavallerie der Armée, wass Selbige am 13. aprill 1759 in der Action bey Bergen, An Todte, Blessirte Manschaft und Pferden verlohren.

Corps.	Todt.			Schwer Blessirt.			Leicht Blessirt.			Verlohren.			Summa.		
	Officiere.	Unterofficiere u. Gemeine.	Pferde.	Officiere.	Unterofficiere u. Gemeine.	Pferde.	Officiere.	Unterofficiere u. Gemeine.	Pferde.	Officiere.	Unterofficiere u. Gemeine.	Pferde.	Officiere.	Unterofficiere u. Gemeine.	Pferde.
Englische Cavallerie . . .	—	—	8	—	2	—	1	1	5	—	—	—	1	3	13
Preussische Cavallerie . .	—	—	4	—	5	9	—	8	9	—	—	—	—	13	22
„ Husaren . .	—	1	6	—	5	8	—	8	9	—	—	—	—	14	23
Hannoversche Cavallerie .	—	29	143	5	29	9	2	49	36	—	—	—	7	107	188
„ Jäger . .	—	1	2	—	—	—	—	8	11	—	5	4	—	14	17
Hessische Cavallerie . .	1	17	89	6	51	64	6	49	44	1	9	12	14	126	209
Summa . .	1	48	245	11	92	90	9	123	114	1	14	16	22	277	465

Arrivé ce 27e Avril 1759.
ce 21 à Landshut 1759.

(de main propre.) No. 28.

J'ai ressu moncher Ferdinant votre lettre de Windeken, je suis tres mortifié que Vous n'ayéz pas reussi autant que moy et tout les honetes gens l'ont souhaité, mais que cela ne vous rebute pas, vous avéz fait celon ce que j'ai pu comprendre par le Chasseur des Dispositions tres bonnes et exscelantes, vous avéz mené vos troupes en bon et brave General, le reste n'est pas votre faute et il ne faut pas que cela Vous decontenance en rien, pour vous parlér franchement mon cher la seule chose que je trouve a redire a Votre armée et à laquelle je Vous Conseille de penssér serieusement c'est le gros canon. dans cette maudite guerre il est imposible de reussir sans en avoir un grand train ainsi que de Haubuts: Vous sauréz les projets de mon frere, ainsi je ne vous en parle pas, je ne sai pas non plus ce que Vous meditéz apressent, mais s'il vous est Impossible de prendre le Magazin de Fridberg, je crois qu'avec un petit detachement vous pouriéz facilitér a mon frere le moyen de chassér les Cercles et les Autrichiens de Bamberg, cela sera bon pour la Hesse et pour moy je crois que mon frere vous en ecrira de meme, car cette bataille n'est qu'une affaire de bibus, *) un vilage ataqué que l'on n'a pas pu forcér, il faut traitér la chosse en bagatele, alors elle le devient effectivement. Adieu mon cher, je Vous ambrasse, il faut tentér fortune un autre fois sous des plus heureusses auspisses et avec du gros Canon je suis avec bien de l'estime

Mon cher Ferdinand
Votre fidele ami et frere
Federic.

Ce 28. d'Avril 1759. No. 25.

⁂ Au Roy.

La façon dont il a plû à V. M. de regarder le revers que j'ay essuyé m'en console infiniment. Nous n'avons point perdus courage; il est vrai que pour une petite armée nous avons fait une perte bien grande, cependant si nous gagnons trois semaines de temps, elle sera reparée. La perte en officiers c'est ce qui me gêne le plus; nous avons fort peu d'etoffe pour en prendre d'autres.

je viens de recevoir une Lettre de Mgr. le prince Henry. Il ne m'y parle qu'en général sur son expedition. je ferai surement tout ce qui me sera humainement possible pour contribuer à ses succés. je luy demande de me dire quand, et jusqu'où il desire que je pousse un corps de troupes.

Mes dernieres Lettres du Rhin m'aprennent que 14 Escadrons sont arrivés de France à Liege, et que toutes les troupes, qui ont

---

*) Je ne connois ce terme sous raÏé. N. d. H.: „affaire de bibus", — will sagen: „eine Lumperei, eine Lumpen-Sache."

hyverné sur la Meuse, s'aprochent du Rhin. Les troupes du Rhin
remuent pareillement, et le quartier général devoit être mis le 24 à
Cologne. Si je puis me fier aux nouvelles de Francfort du 21. d'avril,
qui sont les dernières, que j'ay pû avoir, les troupes du Duc de Broglie
sont rentrès dans les quartiers de cantonnement.

V. M. a bien grandement raison, que l'artillerie est un article
bien essentiel qui nous manque encore. j'avois cependant employé à
mon expedition 21 pieces de gros canon; le mal étoit, qu'elles ne
pouvoient arriver à temps; et que l'officier qui la commandoit, n'a pas
fait son devoir.

Au reste on m'a envoyé d'Angleterre 28 pieces de 12, et de
6 livres de bales, inclusivement 6 haubizes. Notre artillerie a des
grands defauts; je tacheray d'y rémedier autant qu'il me sera possible.

F.

Arrivé ce 27ᵉ Avril 1759.   Nr. 29.

Monsieur mon cousin.

(dechiffrée.) „J'espere que le chasseur Schmiel, parti en dernier
lieu d'ici, aura bien rendû à Votre Altesse la Lettre que je Lui ai
ecrit de main propre, aussi la présente n'est elle, que pour Vous renouveller mes instances touchant l'attention à prendre sur le dessein
de mon Frère Henry, de marcher incessament apres son Expedition
en Bohème, actuellement finie tout droit, pour chasser l'Armée des
Cercles assemblée avec quelques Regiments autrichiens auprés de Bamberg, afin de la disperser et de s'emparer du magasin considerable
assemblé dans Bamberg. je suis persuadé, que le coup ne manquera
pas, pouvû que Vôtre Altesse le seconde de Sa part. il est à pre-
sumer, que la dite armée se sera postée auprés de Bamberg, derriere
la Rivière qui passe auprés de cette ville; si mon Frère marche de
front avec son Corps d'Armée et que Vôtre Altesse de concert avec
lui fasse passer de son Côté seulement six à huit mille hommes vers
Schweinfort, pour tenir par là l'Ennemi en échec, ce ne sauroit que
faire tout l'effèt desiré. Votre Altesse reconnoitra Elle-même toute la
necessité indispensable pour faire cet effort. ce n'est pas pour le moment présent, que nous ayons fort à craindre cette Trouppe assemblée,
mais si cette Armée se joint à la suite du temps à celle de France,
ce Corps deviendra si superieur à nous, que ni Vous ni moi ne serons
capable de leur faire tête, et voilà pourquoi il faut que nous songions
à prévenir du mieux, que nous pouvons, ce facheux Evenement — par
ce coup de parti à faire par mon Frere, qui redressera egalement tout
ce petit desastre, que Vôtre Altesse a souffert et que je Vous prie de
ne regarder que comme une bagatelle, qui ne vaut pas la peine d'être
pris fort à Coeur." Je suis avec les sentiments que Vôtre Altesse me
connoit   Monsieur Mon Cousin

de Votre Altesse

le bon et très affectionné Cousin
Federic.

(de la main du roi.)

toute ces choses moncher sont d'une grande Consideration pour
l'avenir et peuvent redressér tout ce qu'il y a eu de malheureux, surtout à l'egard de la Hesse.   Fr.

à Ziegenhayn, ce 30. d'avril 1759.

Nr. 26.

** Au Roy.

En humble reponse à la tres gracieuse lettre de V. M. du 22.
j'ajoute à ma precedante, que j'ignore jusques au moment present ce
que Mgr. le prince Henry compte de faire. Il me marque seulement
dans sa derniere Lettre, qu'il en veut aux magazins de Culmbach et
de Cronach, ajoutant qu'il va voir, s'il y a moyen d'entreprendre quelque chose pour les detruire.

Je sens toute la force des raisons que V. M. allegue, pour que
je fasse une diversion en sa faveur, et je ne saurois que regretter infiniment, que Mgr. le prince Henry et moi n'ayons pas entamé de concert l'armée de l'empire, comme je l'ai tant souhaité; Et proposé
à plusieurs reprises en son temps.*)

Maintenant les affaires ont changé de face; le marechal de Contades etant enfin arrivé à Francfort, les operations ne sauroient gueres
tarder de commencer, et j'aprends en effet que les troupes Francoises
remuent de tous cotés.

Si celles-là viennent à moi, je laisse juger V. M. Elle-meme, s'il
me sera prossible, d'agir contre les troupes de l'Empire; et s'il n'est
pas necessaire que je tienne nos troupes ensemble.

Je suplie V. M. de ne prendre point cela, comme si je cherchois
une excuse pour ne rien faire; je suis pret de faire avancer un corps
de troupes vers Schweinfurth, et j'espere de pouvoir le faire
avancer jusqu'à Königshofen, mais il faut que je sache auparavant,
si Mgr. le prince Henry tentera en effet l'entreprise, ne m'en ayant
parlé conditionellement, et en second lieu que je puisse faire revenir
le dit corps avant que l'armée francoise s'approche, de manière que
tout dependra d'un calcul bien menagé, et que je ne saurois faire, si
je ne suis pas bientot informé du jour, que je pourray faire avancer
nos troupes.

Je suis avec la plus profonde soumission

F.

---

*) N. d. H.: eingeschaltet von des Herzogs Hand.

(Acten des Archivs vol. 259.)

Etat der Garnisons,

nach dem von des Herzogs Ferdinand Durchlaucht ratihabirten Dislocations-Plan und ihrer effectiven Stärke, den 30. April 1759.

Stadt.	Commandant.	Garnison- oder Land-Regiment.	Stärke	
			Mann.	Total.
Hameln.	G.-Lieut. v. Freudemann.	D. 4 Göttingen'schen Compagnieen d. Göttingen'schen Regiments .	438	
		Das Hoyische Land-Regt. (excl. d. Hoyischen Compagnie) . . .	582	1020
Nienburg.	Gen.-Major v. Haus.	Vom Zellischen-Land-Rgt. d. Dannenbergsche und Burgdorffsche Compagnie	227	227
Vegesack.	Hauptmann Hewel.	Von d. Syckischen Land-Compagn.	85	85
Scharzfels.	Hptm. Sack.	D. Sack'sche Invaliden-Commando	100	
		D. Grubenhagen'sche Land-Comp.	104	204
Clausthal.	Capit.-Lieut. Ludewig jun.	Clausthaler Commando	32	32
Göttingen.	Gen.-Lieut. v Block.	D. Major Jürgenschen Commando: 30 Mann	—	—
Eimbeck.	Fähnr. Henkelmann.	Ein von Hameln ab dahin gelegtes Commando . . . . 30 Mann	—	—
Hildesheim.	Capit.-Lieut. Ludewig sen.	Hildesheim'sches Garnison-Comm.	100	100
Hannover.	Obrist v. Landsberg.	Das Calenberg'sche Land-Regt. .	682	—
		Vom Grubenhagen'schen Land-Regiment die Dören- u. Herzbergsche Compagnie	230	912
Zelle.	Obrist-Lieut. Stein.	Vom Grubenhagen'schen Land-Regiment die beiden Freien Comp.	230	230
Ottersberg.	indetermin.	Dahin kommt erst von Stade ab ein Commando von . 31 Mann	—	—
Lüneburg.	indetermin.	Das 4. Garnison-Regiment ist noch nicht völlig complett	—	—
Razeburg.	indetermin.	Eine Viertel Compagnie des 4. Garnison-Regiments	50	50
Harburg.	Major v. Reichen.	Eine Compagnie des 4. Garnison-Regiments . . . . . (eine halbe soll noch dahin).	200	200
Stade.	Gen. d. Infant. v. Zastrow.	Das Lüneburg'sche Land-Regt. .	871	
		Das Diepholz'sche Land-Regimt. (nach Abzug 85 M. zu Vegesack. und 31 M. zu Ottersberg).	565	1436
Hypothec.	Gen.-Major v. Knesebeck.	Eine Compagnie des 4. Garnison-Regiments	200	200
		Summa im Lande	4726	4726

Stadt.	Commandant.	Garnison- oder Land-Regiment.	Stärke:	
			Mann.	Total.
Warendorf.	Oberstlieut. Varenius.	Dazu ausser Landes: Das 1. Garnison-Regiment . . .	540	540
Paderborn.	Maj. Ostmann	Die zum Göttingenschen Land-Regiment gerechnete Erzen'sche Compagnie	199	199
Telligte.	Oberst v. Uslar.	Das 2. Garnison-Regiment . . .	600	600
Lipstadt.	Oberst v. Schulenburg.	Das 3. Garnison-Regiment nach Abzug der Garnison von Vechte	423	423
Vechte.	Major Gutenberg.	Von der Engelbrecht'schen Compagnie des 3. Garnison-Regts. .	116	116
Bentheim.	Hauptmann Dölitscher.	Bentheim'sches Commando . . .	58	58
Minden.	Hauptmann Kücken.	Vom Hoyischen Land-Regiment d. Hoyische Compagnie	203	203
Osnabrück.	Maj. Coberg.	3. Compagnie des Zellischen Land-Regiments	294	294
		Summa ausser Landes	2433	2433
		Dazu im Lande	4726	4726
		Summa aller Land-Truppen	7159	7159

Hannover, den 30. April 1759.*)

gez. v. Sommerfeldt.

---

*) N. d. H. Ein späterer (Archiv-Acten vol. 261) Etat des Generals v. Sommerfeldt vom 31. Juli 1759 ergiebt die damalige effective Starke der Garnisonen aus den Land-Truppen:

in Hameln . . zu 1050 Mann,
„ Niemburg . „ 873 „
„ Vegesack . „ 85 „
„ Burg Schanz „ 69 „
„ Ottersberg . „ 30 „
„ Scharzfels . „ 438 „
„ Hannover . „ 708 „
„ Zelle . . . . „ 165 „
„ Lüneburg . „ 100 „
„ Razeburg . „ 180 „
„ Hypothec . „ 180 „
„ Harburg . . „ 180 „
„ Stade . . . „ 1194 „
znsammen zu 5252 Mann.
Ferner ausser Landes:
in Münster . . zu 1080 Mann vom 1. u. 2. Garnison-Regiment,
„ Lipstadt . . „ 540 „ vom 3. Garnison-Regiment,
„ Vechte . . „ 80 „
„ Bremen . . „ 194 „
zusammen zu 1894 Mann,
im Ganzen: 7146 Land-Truppen.

Kapitel IV.

Uebersicht der Operationen in Westfalen und Hessen. —
Der Duc de Broglie stand anfangs Mai noch in Frankfurt. Der
Marschall Contades versammelt das Hauptheer bei Cöln und Düsseldorf
und lässt Abtheilungen durch das Siegthal gegen Giessen vorgehen.
Während die alliirte Armée in der Stellung bei Ziegenhayn sich von ihren
Anstrengungen erholt, — der Artillerie fehlten über 700 Pferde, —
unterstützt der Herzog Ferdinand dessenungeachtet den Vormarsch
des Prinzen Heinrich von Preussen über Hof gegen den Prinzen von
Zweybrücken, durch eine Diversion mit 7000 Mann unter dem General v. Urff, in der Richtung auf Königshofen, Schweinfurt und Bamberg (9.—12. Mai), welche das Gebiet zwischen Fulda, Coburg und
Bamberg vom Feinde säubert und die Armée Broglie's bewegt, sich
an den Ufern des Mains zu setzen. Interessante Briefe Westphalens
an Haenichen. — Die Zusammenziehung des Contades'schen Heeres
veranlasst den Herzog Ferdinand, mit Zurücklassung von 16,000 Mann
unter dem General v. Imhoff bei Fritzlar in Hessen, am 16. Mai von
Ziegenhayn über Wawern und Stadtbergen nach Westfalen zu marschiren. Am 24. Mai steht er in Verbindung mit dem Corps des
Generals v. Spoercke, im Ganzen 43 Bataillons und 64 Escadrons, —
auf der Linie von Coesfeld, Dülmen, Haltern, Lünen, Unna und Hamm,
bereit, die Armée binnen 2 Tagen bei Dortmund zu concentriren. —
Ordre de Bataille. — Unterdessen wendet sich der Marschall Contades,
— ein Corps von 15,000 Mann unter Armentieres mit der Absicht
gegen Münster zurücklassend, — von Düsseldorf (22. Mai) über
Hachenburg (25. Mai) nach Giessen, um in Verbindung mit dem
Duc de Broglie zu agiren. In einem Briefe an v. Haenichen vom
28. Mai, aus Recke bei Unna, bemerkte Westphalen: „Il faut que
„nous marchions de nouveau en Hesse, ou que le marechal revienne
„au Rhin. Il me semble que celui qui agira le premier, determinera
„l'autre." Der Herzog entscheidet sich, nichts nach Hessen zu entsenden, sondern es zu versuchen, den Marschall Contades zur Rückkehr an den Rhein zu nöthigen. Indem er ein Detachement unter
Wutginau an der Dymel aufstellt, lässt er den Erbprinzen von
Braunschweig am 4. Juni über die Ruhr gegen Düsseldorf vorgehen;
derselbe überfällt den Feind in Elberfeld, Scheiter streift bis an die
Thore von Wesel, setzt selbst über den Rhein und nimmt dort feind-

liche Dragoner gefangen. Der Marschall Contades aber rückt aus
seinem Lager bei Giessen, mit einem Corps von 20,000 Mann unter
Noailles bei Marburg und in Verbindung mit der Reserve-Armee des
Duc de Broglie, dieser in der Richtung auf Cassel, mit Uebermacht
durch das Waldecksche Gebiet über Corbach vor, verdrängt den
General v. Imhoff aus seiner Stellung an der Eder bei Fritzlar und
nöthigt den Herzog Ferdinand durch diese unerwartete Bewegung,
sein Vorhaben gegen Düsseldorf aufzugeben, den Erbprinzen von
Braunschweig wieder an sich zu ziehen und einen Theil des Imhoffschen Corps (3000 — 4000 Mann) über Cassel und Münden zum
Schutze der Festung Hameln und der Gegend von Göttingen zurück-
gehen zu lassen. Er selbst, der Herzog, lässt 9000 Mann unter
Wangenheim bei Dülmen zur Deckung von Münster zurück, und
führt sein Heer, zu welchem der General Imhoff mit dem Rest seines Corps stösst, dem Marschall entgegen. Am 11. Juni lagert die
alliirte Armée bei Soest, am 13. und 14. bei Anrüchte und Büren,
der Erbprinz von Braunschweig bei Ruden. — Interessante Correspondenz zwischen dem Herzog und dem König Friedrich II., sowie Westphalens mit Haenichen.

---

ce 2. de Mai 1759.   Nr. 27.

＊＊ Au Roy.

La tres gracieuse Lettre de V. M. du 22. d'avril ne m'a été rendüe qu'à ce matin. je me flatte que mes derniers Raports auront été
rendüs en attendant à V M. et qu'Elle sera par là informée de l'Etat
où se trouvent les choses actuellement icy. Les François occupent la
petite riviere de Siege à commencer du Rhin jusque vers Giessen par
des detachemens d'infanterie et de cavallerie; ils vont former deux
camps, l'un à Deutz l'autre à Burich; et les troupes sont actuellement
en mouvement pour s'y rendre. Selon mes derniers Raports le Duc
de Broglio continue d'etre à Francforth; mais j'ay lieu de croire, par
des avis qui me sont venûs d'Hollande, qu'on tentera de s'emparer de
Munster, et il me semble, qu'on fera pour cette fin un mouvement general de plusieurs cotés à la fois.

Nos troupes se remettent bien des fatigues qu'ils ont essuyées;
je ne trouve de difficulté qu'a reparer la perte des chevaux d'artillerie,
dont il me manque audelà de sept cent pieces.

Mgr. le prince Henry vient de me mander qu'il entrera le six ou
le sept dans la Franconie; il desire que je fasse un detachement vers
Bamberg. J'ay les mains fort liés; cependant je ne manqueray pas
de faire tout ce qui me sera humainement possible.

Je suis avec un tres profond respet p. p.   F.

reçu le 7. Maii 1749 par Rademacher.

＊＊ Monsieur,

Plus nous avons languis de recevoir des Lettres de votre part, plus nous avons eté charmés de celle qu'il vous a plû m'adresser en date du 30. qui arriva icy hier au matin. On a eté infiniment sensible à l'attention de nous envoyer ces Extraits infiniment interessants qui s'y trouvoient joints. Vous voudrez bien le temoiquer à celuy du quel vous les avez recû, de la part de S. A. S.

Vous avéz bien deviné que Daun feroit un Detachement à Prague. Harich y est arrivé en diligence, et Beck a passé l'Elbe à Leitmeritz. le Roy a taché de profiter de l'absence de ces deux Detachemens, qui ont affoibli Daun, au point qu'il ne voudra pas entrer en Silesie avant leur retour. Il est marché en Haute Silesie pour tomber sur le general de Ville. Le coup doit etre frapé, puisque S. M. comptoit d'en etre de retour à Landshut le 6. de Mai.

Le prince Henry entre aprés demain avec toute son armée en Franconie du coté de Hoff; son dessein est d'attaquer le prince de Deux ponts qui a fait marcher la plus grande partie de son armée à Culmbach. Le duc fait marcher le general Urff avec 7 mille hommes en Franconie; il arrivera le 9. à une forte marche de Bamberg. c'est pour operer un diversion en faveur du prince Henry.

Les François n'ont rien entrepris depuis le 19. que deux Escadrons de coquins se sont rendus. ils pouvoient faire 260 hommes en tout. S'ils s'etoient defendû; deux mille hommes de ces miserables de Fichers, de Turpins, de Hallets et d'autres, ramas de gens sans aveu ne les auroient pas forcé. Il est revenû de ces deux Escadrons 84 hommes; en sorte que les Francois peuvent avoir pris 120, ou tout au plus 150 hommès. Car il s'en est sauvé une partie dans les bois. puisque par les excés commis par des marodeurs nous jugeons, qu'une bonne partie de ces gens s'est mis à vivre d'industrie dans le païs de Darmstad. Le Duc fait echanger les prisonniers; et je me flatte qu'alors il n'y aura point ni de doute ni de difficulté que le Roy ne casse avec infamie tous les officiers qui se sont rendûs indignes de porter le nom d'officiers prussiens.

Si vous vissiez ces dragons prussiens, vous diriez que ce sont des gens à chasser le diable de l'enfer. Ils sont en effet des gens d'elite; mais ils ont le malheur d'etre commandés par des pleutres. Nous avions au commencement de bons officiers; mais le Roy nous les a tous enlevé en les avancant, et en les plaçant dans d'autres regimens en les remplaçant par des poltrons.

Au reste soyez persuadé que les françois sont plus sages qu'ils ne le disent. Ils se sont bien gardé de ruiner un Bataillon de grenadiers. Ils ne luy ont pas tué ni un seul homme. il est vrai qu'ils ont pris le bagage de ce bataillon avec 18. malades et blessez, qui se trouvoient sur les chariots. Ils ne parlent que de colonnes, qu'ils disent avoir environné, poussé et harzelé. Toutes ces colonnes etoient le dit Bataillon de grenadiers avec les deux Escadrons de coquins. Ces gens ensemble n'etoient point marché selon l'ordre, puisque l'officier qui devoit le poster, etant un nigaud et s'etant laissé prendre, le Bataillon de grenadiers et les deux Escadrons ne savoient où marcher, et se mirent par consequent trop tard en marche, et furent par là éloigné de tout secours; dont en effet ils n'avoient pas besoin, les troupes legeres de France n'etant nullement des gens à faire peur. Notéz d'ailleurs que tout ce corps du formidable du Blaisel n'a jamais osé aprocher de nos chasseurs, quoique ceux-ci ne surpassent guerre le nombre de six cent.

Ayez la bonté de me mettre aux pieds de S. A. S. et croyez moi à jamais Votre tres humble et tres obeissant tres devoué serviteur et ami

Ziegenhayn, ce 5. de Mai 1759.

à 8 heures du matin.

(à Mr. de Haenichen.)

pres: ce 6. Mai 1759.   Nr. 24 a.

Monsieur Mon Cousin.

Le Prince Charles de Bevern ayant demandé son Congé de Mon Service et Mon agrément pour faire la campagne qui vient en volontaire auprés de l'Armée alliée, sous les ordres de Votre Altesse, Je n'ai pas voulu le laisser partir sans vous reiterer les Sentimens de Mon Estime infinie et de Mon amitié inalterable pour Vous, et de recommander d'ailleurs le dit Prince à Votre bienveillance, pour lequel j'ay d'Estime et que Je n'aurai point quitté si ce n'avoit eté à sa demande expresse par des raisons peut etre pas trop fondées, au sujet desquels j'ay cru cependant de ne le point géner. Je me flatte qu'il se rendra digne de la bienveillance que Votre Altesse voudra bien Luy accorder à Ma recommendation. Je suis avec ces Sentimens que vous me connoissez

Monsieur Mon Cousin

de Votre Altesse

à Ronstock   le bon Cousin
ce 31. Mars 1759.   Federic.

  ✳ Reponse à la lettre du Roy du 31. Mars 1759.

Ce 7. de Mai 1759.   No. 28.

  ✳✳ Au Roy.

Le prince Charles de Bevern, qui vient d'arriver icy, m'a rendû la tres gracieuse lettre dont il a plû à V. M. de m'honorer, en faveur de ce prince. je ne saurois etre qu'infinement sensible aux marques de la haute Bienveillance, que V. M. daigne me temoigner en cette occasion.

Mon detachement que je fais entrer en Franconie, est depuis hier en mouvement. Il arrivera le neuf aux environs de Königshoven, et poussera delà des Detachemens vers Bamberg et Schweinfurth. Le detachement consiste en six Regiments d'infanterie, trois Regimens de cavallerie, cinq cent Dragons et hussards, et six cent chasseurs et Tireurs hanovriens. Comme Königshoven est eloigné d'icy à dix huit mille d'Allemagne, je hazarde beaucoup dans des momens, où je dois m'attendre à avoir toutes les forces de la France sur les Bras; mais j'ai crû, qu'il valoit mieux en courir les risques, que de manquer à une occasion d'assister de mon mieux Mgr. le prince Henry, pour faire reussir un aussi bon projet que celuy qu'il va executer.

Le Detachement sera de retour le 17. ou le 18. de ce mois. je laisseray alors un corps de troupes de seize mille hommes sur l'Eder sous les ordres du general Imhoff; et me raprocheray avec le reste du Paderborn, afin d'etre à portée de secourir Lipstad, ou Munster selon d'exigence du cas.

Je suis avec un tres profond respect etc.

reçu le 11. Maii à 6 h. du matin par le Courier Rismann.

** Monsieur,

Je n'ay rien de fort interessant à ajouter à ma precedente Lettre, mais puisque nous avons encore plusieurs de vos couriers icy; je veux vous en renvoyer dans l'Esperance que vous voudrez bien nous les renvoyer dés que vous aurez quelque chose d'interessant à nous marquer.

La Desertion continue à etre grande parmi les troupes Ennemies. je crois qu'ils ont perdus par là plus de deux mille hommes depuis le commencement de l'Expedition.

Le prince Henry s'est mis en marche le 6. de Zwickau; il entre en Franconie en trois collonnes; celle de la gauche prend sur Egra, le centre va droit a Munchenberg, où les Ennemis s'assemblent; et la droite dirige sa marche par Salburg sur Cronach pour enlever le Magazin qui s'y trouve.

Notre Detachement s'est mis en marche aujourdhuy des Environs de Hirschfeld; il arrivera le 9. aux Environs de Konigshoven; et son avantgarde sera le 12. aux portes de Bamberg. Cecy n'est qu'une Diversion; D'ailleurs si le prince Henry eut voulû entreprendre son Expedition alors que le Duc le conseilla; les choses auroient tourné tout autrement qu'elles n'ont fait le 13 et je suis moralement persuadé, que nous aurions surpris les Francois dans leurs quartiers, et que nous aurions pris Francforth sans que les Francois auroient eû les temps de se mettre en Defense.

Plusieurs avis venus de Francforth disent que le Duc de Broglio etoit disgracié; si cela est; je crois qu'on l'auroit fait marechal de France s'il eut eté battu.

Le prince Charles de Bevern est arrivé à l'armée. Il n'y a au reste rien de nouveau icy.

Nous n'avons point reçû encore des avis marquez de Z. ayez la bonté de me mettre aux pieds des. A. S.

à Ziegenhayn ce 7. de Mai 1759.

(à Mr. de Haenichen.)

Monsieur Mon Cousin.

La lettre que Vôtre Altesse m'a fait de Ziegenhayn le 23. d'Avril, m'a eté bien rendüe, à mon retour de Ma courte Expedition dans la haute Silesie. (dechiffrée) „Il n'y a rien à dire sur le Projet de Vôtre Altesse qu'Elle m'y indique; et Elle ne sauroit presque en adopter un autre; mais nôtre principale affaire tant pour Vous que pour moi est à présent, comment nous saurions nous debarasser d'un Ennemi, pour en aller attaquer un autre? Ce que je vous dirai d'avance, c'est que si vous vous montrez du Coté de Contades, celui-ci ne fera que vous tenir purement en échec; mais dés qu'il verra que vous detachez contre Broglie, il se remuera aprés que mon Frere Henri a raflé les maga- sins des autrichiens aux frontieres en Bohême, et que le marechal Daun se tourne avec presque toutes ses forces, mon dit Frere pourra agir avec toute son armée contre les Trouppes des Cercles. Quant au Succés qu'il aura, il faut que nous l'attendions, mais si mon Frere peut battre ces gens, il ne se passera plus gueres quelque chose de considerable de ce Côté là, et je crois, que ce Cas supposé, qu'on pourra les arretter avec tout au plus Six mille hommes. Au reste je prie Vôtre Altesse de ne pas se laisser decontenancer du petit mau- vais Succés qu'Elle a eu sur un beau Projèt, croïés plustôt qu'on ne fait pas longtêms la Guerre sans essuyer par ci par là des desastres; mais je ne puis pas me dispenser de Vous réiterer ce que je Vous ai dejà souvent recommandé pour Vôtre propre avantage, savoir que vous augmentiés Vôtre Artillerie, sans quoi Vous ne reüssirés gueres dans Vos Entreprises. Il faut au moins que Votre Altesse ait qua- rante Canons de douze livres et une douzaine d'Haubitzes de dix livres. Il faudra d'ailleurs qu'ils soyent bien attclés outre Cent cin- quante Chevaux de reserve qu'il vous faudra toûjours; encore il y a plusieurs de mes officiers qui connoissent le poste de Bergen, et qui m'ont dit unanimement, qu'il etoit presque inattaquable. Independam- ment de cela Vous n'aurez jamais à Vous réprocher le moindrement les Dispositions que Vous avez faites, et tous ceux qui entendent le metier, ne vous mettront jamais quelque chose à charge, mais gardez Vous bien; je Vous en supplie, de ne pas Vous laisser intimider par un Succés manqué, mais restez dans le même tour, dans le même train, et avec la même Esperance de bon Succés où Vous avez eté, sans Vous laisser alterer, car personne n'est maitre des Evenements. Il est fort à plaindre que vôtre beau Projèt ait manqué; mais dans le moment présent, il faut oublier le passé, et penser à de nouvelles Entreprises. Vous direz, je Vous prie, au Prince de Holstein et au General Comte Finckenstein de ma part, qu'ils fassent tous les arran- gements humainement possibles, pour récompleter au plustôt les deux Escadrons du Regiment de Finckenstein qui ont soufferts un échec. Pour finir, je marquerai à Vôtre Altesse que j'ai eu le dessein d'atta- quer avec le Corps de Fouqué et quelques Troupes que j'y avois

III. 17

jointes, le General autrichien de Ville, qui avec un Corps d'armée avoit penetré en haute Silesie jusqu'à Neustadt; mais qui n'a pas voulû m'attendre et qui dès qu'il a appris mon Arrivée à Neisse, s'est retiré precipitament à Zuckmantel de sorte que l'Avant-Garde de ma Cavallerie n'a pût atteindre que son Arrierre-Garde, un Bataillon de Pandoures de Pataschitz qu'on a pris ou sabré entierement." Je suis, Mon cher Prince, avec les sentiments que vous me connoissez,

Monsieur Mon Cousin

à Landshuth   de Vôtre Altesse
ce 3ᵉ de May 1759.   le bon et trés affectionué Cousin.

(de la main du roi.)

Je reviens de ma Corvé de Zugmantel, je n'ai point pu exsecutér mon Dessein, et aulieu de quelque chose d'Important il m'a falû contentér d'un miserable·bataillon de pandour, voilà mon cher comme les choses vont, on n'est pas toujours maitre de faire ceque lon Voudroit, et la fortune n'est pas toujours la Compagne de la prevoyance.

Fr.

※※ Au Roy ce 9. de Mai 1759.   No. 29.

La tres gracieuse Lettre de V. M. du 3. me fut rendüe hier au matin. Je ne saurois qu'etre des plus sensibles à la façon de penser de V. M. à mon égard; je mets tout mon bonheur à m'en rendre digne.

Sur les conseils de V. M. j'ay d'abord pensé à l'augmentation de l'artillerie. C'est une chose, qui est sujette à bien de Difficultés dans ces païs-ci. Il n'y a pas assez de canons dans le Hannovre pour garnir comme il faut les deux places de Hameln et de Stade. J'ay eû recours à l'Angleterre, et on m'a enfin envoyé vingt huit pieces de donze et de six livres de bales. Le Roy d'Angleterre ne me parle que d'epargner; et personne n'ayant voulû fournir les fraix je me suis vû obligé de faire toute sorte de reductions, pour trouver des fonds pour l'entretien d'une artillerie tant soit peu raisonnable. J'ay engagé le Landgrave de Hesse de faire lever trois cens canoniers; le comte de Bukebourg a augmenté son corps d'artillerie, et j'ai pris de chaque Regiment d'Infanterie un certain nombre d'hommes pour l'usage de l'artillerie. De cette façon je me verrai bien tôt en état de faire desservir quatre vingt pieces de gros canons. J'ay effectivement un pareil nombre à ma disposition. Savoir vingt un pieces en Hesse, et soixante pieces en Westphalie. On observe ici la regle que sur chaque centaine de chevaux il y ait vingt chevaux de reserve. Mais venant en Hesse j'ay trouvé le train d'artillerie dans un etat de deperissement indicible. Le mal ne pouvoit pas etre redressé d'abord; il a plustôt eté augmenté depuis par les fatigues de tant de marches; de façon qu'il me manque actuellement en Hesse sept cent chevaux d'artillerie. Je fais tout mon possible, pour les remplacer; mais je crains que je n'y puisse pas parvenir avant la fin du mois.

Le comte de Finckenstein me fait esperer, qu'il pourra remettre sur pié les deux Escadrons de son Regiment qui ont souffert, avant le milieu du mois prochain, pour peû que le Lieutenant General de Massow luy en facilite le moyen. Les françois peuvent avoir de nous en tout trois ou quatre cent prisonniers, y compris les Dragons de Finckenstein. J'ai fait offrir un pareil nombre en echange; de maniére que je me flatte qu'avant la fin du mois, ceux-ci pourront rejoindre le Regiment.

J'executeroi alors ce que V. M. m'a ordonné à l'égard du major Thun.

Le marechal de Contades est allé de Francfurth à Cologne; il paroit qu'il assemblera au camp de Deutz le gros de son armée. Du moins la grosse artillerie y defile en attendant. Le Duc de Broglio assemble cinq mille voitures à Friedberg pour le transport du maga-zin, qui s'y trouve; sur quoi il y a des avis bien opposés les uns aux autres; je conjecture qu'il medite un coup, pour le quel il veut employer à la fois un grand chariage. Je crois cependant, que s'il aprend l'entrée de Mgr. le Prince Henry en Franconie, il ne s'eloignera pas des bords du Meyn, avant que de voir le pli, que les affaires y pourront prendre. Si ce prince reussit selon mes voeux, je pourrai peut-etre revenir à l'offensive, pour peu qu'il puisse avancer un peu en Franconie.

Mon detachement que j'ay fait rentrer en Franconie arrive aujourdhuy aux Environs de Königshoven; l'avant-garde poussera de-main et aprés demain jusques à Schweinfurth, et à Bamberg meme, — j'attendray icy le retour de ce Detachement; aprés quoi le corps du general Imhoff, qui est celui du defunt prince d'Ysenbourg, prendra ses quartiers sur l'Eder; je raprocherai alors les troupes que j'avois amené en Hesse de la Dymel et me rendrai moi-meme à Lipstad, ou se trouve deja un corps de neuf mille hommes avec dix huit pieces de gros canon.

J'ay l'honneur d'etre avec un tres profond respect.　　　F.

　　　　　　　　　　　　reçu le 14ᵐᵉ may à 4 h. de l'aprés midi par le
　　　　　　　　　　　　　　　　　　　　Cour: Katsch.

✳✳ Monsieur

Vos deux cheres Lettres du 6. et du 7. de ce mois m'ont eté rendues. On vous est infiniment obligé de la communication des nou-velles et des avis que vous aviés joint à votre chere Lettre; et on vous prie instamment de le temoigner avec mille remerciments de sa part à celuy dont vous les tenéz. Aussi est-on fort sensible à l'atten-tion de nous avoir procurés le correspondant Z. j'aurai grande atten-tion sur ses avis, pour aprendre à les aprecier. Je ne sais d'autre adresse à Luy indiquer que la mienne; il pourroit mettre sa Lettre dans une Enveloppe soit au maitre de poste Kellershaus à Lipstad, ou à Mr. d'Ammon à Munster. De cette facon les Lettres me parviendroient surement. Il pourroit les adresser aussi au maitre de poste Musculus à Swelm, qui est sur le chemin de Cologne à Ham.

Vous ne sauriés croire combien S. A. S. est charmé de ce detail curieux sur les armées de France. Elle en fait mille remerciments à Mr. de Beulwitz. Je le fais actuellement copier pour le Roy de prusse.

S. M. est revenüe de sa corvée. aulieu de quelque chose d'important son expedition n'a aboutie qu'à prendre un bataillon de pandoures. Mr. le general de Ville ayant apris l'arrivée de S. M. à Neisse, s'est replié avec precipitation vers les montagnes. Les pandoures ont cependant eté frottés encore. Nous n'avons point de nouvelles du prince Henry depuis le 6. et le 7. il entre en Franconie par trois endroits. Notre Detachement est arrivé hier à Melrichstad. il a poussé par tout les troupes ennemies à la verité en petit nombre. Trois bataillons du cercle de Franconie se sont enfermés dans Königshoven.

Adieu mon cher ami. Mettez moi aux pieds de S. A. S.

(à Mr. d. Haenichen.)   à Ziegenhayn ce 10. de Mai 1759.

arrivé ce 10e Mai 1759 le soir à 6 heures.

No. 34.

Monsieur Mon Cousin. J'ai bien reçu la lettre de Vôtre Altesse du 30. d'avril dernier, (dechiffrée) „et je suis bien aise de tout ce qu'Elle m'y dit. Quant au veritable dessein de mon Frère Henry, je crois que peut être aprés le depart de Vôtre susdite Lettre, mon Frére aura averti Vôtre Altesse plus en detail de son Entreprise; d'ailleurs je dois dire à Vôtre Altesse, que proprement mon Frère est assés en force contre l'Ennemi, qu'il veut entreprendre, de sorte qu'il pourra seul executer son Expedition, et qu'il ne sauroit être tout à fait embarassé si Votre Altesse ne se trouvoit pas à même, d'envoyer quelque corps de Trouppes, pour soutenir son Entreprise. Pour moi, j'ai crû devoir en avertir Vôtre Altesse, puisque comme Elle sait, j'aime à mener mes Entreprises avec Seureté et que je crois que plus l'on est en force, plus on peut esperer de Succés. Voilà pourquoi je Vous avois prié de detacher quelques Trouppes, pour soutenir mon Frère dans son Entreprise; au surplus tout dependra de la situation où Vôtre Altesse se trouve et de ce que les circonstances vous permettront." Soyez assuré, Je vous en prie, des sentiments de la plus haute estime, avec lesquels Je suis

Monsieur Mon Cousin
de Vôtre Altesse

à Landshuth,   le bien bon Cousin
ce 5e de May, 1759.   Federic.

arrivé ce 13e Mai 1759 le matin à 6 heures.

No. 35.

Monsieur Mon Cousin (dechiffrée). „Je suis charmé de voir par la Lettre de Vôtre Altesse du deux de ce mois, que ses affaires et celles du Prince Henri aillent de concert. Pour les Trouppes que mon Frère Vous demande, il ne s'agit pas de grand chose, et il suffira en tout cas, que ce ne soyent que des Troupes legeres, puisque c'est plustôt pour faire du bruit, que pour tout autre chose, je sens bien que les François doivent faire un mouvement general de leurs Troupes, ils veulent parvenir à quelque chose; mais alors Vôtre Altesse n'aura qu'à rassembler les siennes et de tomber en force sur un de leurs Corps. Si mon Frére reussit à chasser tout à fait les Troupes de l'Empire, cela derangera tout à fait les arrangements de la campagne des François et ne pourra manquer de produire un Effèt trés favorable, et voilà ce qui se decidera entre ci et le quatorze. Quant à moy, j'ai ici vis à vis de moi deux armées autrichiennes, l'une sous les Ordres de de Ville, que j'ai chassé de la haute Silesie, qui campe auprés de Hermstadt sur les frontiéres de Moravie et qu'on dit qu'elle se renforce à présent; la seconde est ici sous Daun du Côté de Königshoff, qui fait le gros Corps. dix Regiments Russes sont en marche vers la Pommeranie, pour assiéger Colberg, contre les quels mon General de Manteuffel marche en avant; pour moi je veux voir de quel Côté cela se declarera, pour leur tomber sur le Corps en force avec une grosse masse, et si mon Frére est heureux en son Entreprise, cela me donnera moyen de porter un bon Coup sur eux, et de tourner en suite du Côté où il sera necessaire pour le bien de nos affaires." Je suis avec la plus haute estime

Monsieur Mon Cousin

de Vôtre Altesse

à Landshuth   le bien bon Cousin

ce 8e de May, 1759.   Federic.

No. 30.

✳✳ Au Roy. Ziegenhayn, ce 15. de Mai 1759.

J'ay eû l'honneur de recevoir successivement les tres gracieuses Lettres de V. M. jusqu'au 8. qu'Elle a daignées me faire en reponse aux miennes.

Si j'ai fait le Detachement, que j'ay envoyé en Franconie, un peu plus fort, qu'il ne convenoit peutetre pas à ma situation, c'est en partie et particulierement pour me conformer aux premiers ordres de V. M. et pour rendre la diversion d'autant plus forte, en second lieu pour augmenter les soupçons des François que Mgr. le prince Henry se joindroit à ce detachement pour tomber sur eux aprés avoir dispersé l'armée de l'Empire. Tous mes avis assurent en effet, que Mr. de Broglio se retranche depuis à force sur le Meyn, et qu'il fait reculer le magazin de Friedberg à Francfurth.

Notre detachement a eté assez heureux. L'avant-garde conduite par mon aide de camp de Bulow a delogé les ennemis de Hilders et depuis de Neustad sur la Sale. Par quoi tout le pais entre Fulde, Coburg et Bamberg a eté nettoyé; les ennemis s'etant retiré au delà du Mein, excepté ceux qui ont trouvé moyen de se jetter dans la fortresse de Königshofen; qu'on a sommé pour la forme.

Ce Detachement est actuellement sur son retour, et pourra revenir le 18. sur la Swalm. Comme le Marechal de Contades vient d'assembler son armée en differens camps à Deutz, à Dusseldorp, à Burik et à Calcar, ainsi qu'un gros de quarante cinq escadrons à Arsen aux Environs de Venlo; il m'a parû que je ne devois plus differer de m'en retourner en Westphalie. j'y ramene une partie de l'armée et laisse l'autre en Hesse sous les ordres du general d'Imhoff. Ce corps d'armée consiste en treize bataillons, seize escadrons, quinze cent chasseurs et hussards, avec trois cent canoniers et un train de 21 pieces de gros canon. Cela fait ensemble, etant complet, un corps de seize mille hommes.

Je compte de partir d'icy demain, et d'arriver le dix huit à Lipstad.

Il m'est parvenû une piece bien curieuse sur l'etat des armées de France depuis leur entrée en Allemagne jusques à present; j'ose en presenter ci-joint une copie à V. M. ayant lieu de croire que cette piece est aussi autentique que curieuse et nouvelle. je suis avec un tres profond respect pp.   F.

●

Recu par Kemnitz le 19. à 4 heures du matin.

⁂ Monsieur,

Excusez mon cher ami mon silence; j'esperois de le rompre en vous mandant la nouvelle d'une bataille gagnée par le prince Henry: mais nous n'avons point eû de ses Lettres depuis le 6. voicy cependant quelques nouvelles venües de Hildbourghausen; qui marquent que le brave prince de Deux-ponts va à Nürenberg.

Notre Detachement a parfaitement bien reussi: Son avant-garde commandée par Mr. de Bulow adjutant general du Duc a delogé les ennemis avec une perte considerable de Hilders, le lendemain un gros amas de pandoures, d'huzards, de Grenadiers et de Dragons de Neustad sur la Saale. Ces gens se voyant si vivement poussé ont pris le sage partis de passer le Meyn; par quoy tout le païs entre Fulde Cobourg et Bamberg se trouve nettoyé. Une partie des ennemis a cependant trouvé moyen d'atteindre la forteresse de Königshoven, ou se sont jetté trois ou 4 bataillons. Bulow l'a sommé de se rendre le 12, mais le commandant s'est excusé de ne pouvoir le faire, sans un ordre exprés du prince de Deux ponts. On luy a volontiers permis de demander cette permission, et Bulow et tout le Detachement se sont remis en marche pour revenir sur la Swalm. Il arrivera demain à Hirschfeld. Le victorieux Duc de Broglio se retranche jusques aux dents à Francfort; où il a fait transporter le magazin de Friedberg.

Nous partons demain d'icy pour aller à Wawern. Nous arriverons le 17. à Stadberge et le 18 à Lipstad. Nos generaux de Munster ne sont guerres de bonne humeur depuis que les Francois campent à Dusseldorp Deutz, Burick etc. etc. j'espere que l'arrivée du Duc à Lipstad y remettra le calme. adieu mon cher Monsieur.

à Ziegenhayn ce 15. de Mai 1859.

à 11 h. du soir.

(à Mr. de Haenichen.)

reçu le 19me à minuit par le chasseur Martens
mit 3 Br. á Mr. Pi. Mü. & Ma.

✸✸ Wavern ce 17. de Mai 1759.

Votre infiniment chere Lettre du 12. vient d'arriver. Comme nous sommes sur le point de marcher, il ne me reste de temps, que de vous en accuser la bonne reception, et de vous assurer de l'extreme sensibilité de Mgr. le Duc à l'attention de lui avoir fait parvenir les avis interessants qui etoient joint à votre lettre. Mr de Contades sera bien etonné de voir aprés demain toute une armée entre Ham et Lipstad; qu'il crut du coté de Fulde. Cette marche s'est executée avec beaucoup de secret. j'espere qu'elle influera sur les resolutions à prendre, pour entamer notre cordon.

Mr. le Duc de Broglie n'aura pas grande envie de quitter les rives du Main dans le moment que le Prince Henry avance sur Bamberg. Ses premiers succés sont des plus brillants. je vous en enverray le Detail de Stadberge, ou nous arriverons ce soir. Adieu mon cher Monsieur.

à Wavern ce 17. de Mai 1759.

à 5 heures du matin.

(à Mr. de Haenichen.)

Stadbergen, ce 17. de Mai 1759.   Nr. 31.

✸✸ Au Roy.

La tres gracieuse Lettre de V. M. du 12. de Landshut me fut rendüe hier à mon arrivée à Wavern. j'apris en meme temps par une lettre de Mgr. le Prince Henry du 13. que son Expedition va à souhait, et si j'en dois juger par une bonne lettre de Nurenberg de tres fraiche date, l'armée de l'Empire se trouve dans une si grande confusion, que je ne saurois promettre à Mgr. le prince Henry que les succés les plus heureux.

(en chiffres:) „Je viens de recevoir la copie d'une lettre que le Marechal de Contades a ecrite au Comte d'Affry, qu'il alloit attaquer les troupes qui sont restées dans l'eveché de Munster pendant que le Duc de Broglio m'amuseroit du coté de Fulda; et qu'il employeroit pour son Expedition les camps de Burik et de Dusseldorp. j'espere que mon retour en Westphalie avec une partie de l'armée derangera ses calculs."

je suis avec un tres profond respèt p. p.

(Archiv-Acten vol. 2.)

Ordre de Bataille

de l'Armée combinée sous les ordres de Son Altesse Serenissime Monseigneur le Duc Ferdinand de Brunswic et de Lünebourg du 20me May 1759.

Premiere Ligne:

Generaux . . Mylord Sackville.
Lieut. Generaux: Duc de Holstein. Prince Hereditaire. Pr. de Anhalt. Comte Kielmannsegge.
Majors Generaux . . Grothaus. Coll. N. Coll. Kleinschmidt. Coll. Drewes. Coll. Stolzenberg. Walgrave. Bock. Mostyn.

Spoercken

- 3 Bland.
- 2 Jnniskilling.
- 3 Garde bleu.   1 Bat. Kingsley au Flanc.
- 1 Grenad. à cheval.
- 1 Garde du Corps.
- 2 Heise.
- 2 Reden.   1 Bat.
- 14 escadr.
- 1 Napier.
- 1 Stuart.
- 1 Husque.

- 1 Garde
- 1 Hannovr.
- 1 Oberg vac.
- 1 Diepenbrock vac.
- 1 Scheiter.

- 1 Halberstadt.
- 1 Behr.
- 1 Zastrow jun.
- 1 Kielmansegge.
- 1 Spoercken.

- 1 Garde Hess.
- 1 Pr. Anhalt.
- 1 Mansbach.
- 1 Grenadier.

- 1 Imhoff.
- 1
- 1 Leib-Rgt.,
- 1 Bronsw.   1 Bat.
- 21 Bat.

- 2 Bremer.
- 2 Veltheim.
- 4 Grothaus.
- 4 Bock Drag.
- 5 Holstein Drag.
- 15 escadr.

1 Bat. Zastrow Bronsw. au Flanc.

Seconde Ligne:

Generaux . . Mylord Granby. Kingsley. Coll. Reden. Elliot.
Lieutenant General de Wutginau Wangenheim.
Majors Generaux: Finckenstein. Coll. Brei-denbach. Einsiedel. Behr. Bose. Coll. Behr. Coll. Scheiter.

- 2 Howard.
- 2 Mord'unt.
- 2 Gray Drag.

- 4 Busch Drag.
- 2 Leib-Regt. Hannover.
- 2 Hodenberg.
- 14 escadr.

- 1 Brudenell.
- 1 Home.

- 1 Zastrow sen
- 1 Brunck vac.
- 1 Wangenh.
- 1 Drewes.
- 1 Bock.
- 1 Laffert.
- 1 Schulenbg.
- 1 Reden.
- 1 Scheele.
- 1 Stolzenberg
- 1 Hardenberg
- 1 Block.
- 1 Erbprinz.
- 1 Gilsae.
- 1 Leib-Regt. Hess.
- 1 Behr.
- 1 Bronsw.
- 19 Bat.

- 2 Miltitz.
- 4 Leib-Drag.

- 4 Breidenbach Drag.

- 4 Finkenstein Drag.
- 14 escadr.

1 Bat Saxe-Gotha.

Parc d'Artillerie.

Reserve ou troupes légères.

- 3 Rusch Husaren.
- 2 Malachowsky Husaren
- 3 Brigades chasseurs hannovriennes.
- Le Corps de Scheiter.
- Les Volontaires de Prusse.
- 2 Luckner Husaren.
- 7 escadr.

Recapitulation.

	esc.	bat.
Premiere Ligne	29	21
Seconde Ligne	28	19
pour couvrir le Flanc	—	2
Parc d'Artillerie avec le bataill. de Saxe-Gotha	—	1
Corps de Reserve ou troupes légères, excl. des 3 Brig. Chasseurs Han. et le Corps de Scheiter	7	—
Total:	64	43

Arrivé ce 21me Mai 1759.   No. 37.
entre 4 et 5 heures du soir.
Monsieur Mon Cousin.

J'ai reçu la lettre de Votre Altesse du 9e de ce Mois, (dechiffrée)
„et vous remercie de tout ce que Vous avez bien voulû m'apprendre.
Je crois que l'Expedition présente de mon Frere operera un bon
Effèt, car en supposant de deux Cas l'un, ou les Trouppes de
l'Empire tiendront ferme, et alors j'espére qu'elles seront battües, et
que toute cette Armée sera dispersée; ou elles se retireront en arrière,
et alors elles perdront tous leurs Magasins et ne pourront pas s'arranger pour reparoître avant le mois d'Aout tout au plustôt. Pour ce
qui regarde mon Frere, il ne pourra pas s'arreter là bas bien longtêms, par la raison que je dois présumer, que Daun avec son Armée
marchera vers la Lusace et dans ce Cas là mon Frère sera obligé de
faire seul teste contre Daun en Saxe, parceque je serai obligé moi de
detacher contre les Russes; si je laisse la Saxe toute denuée de forces, les autrichiens en profiterout d'abord pour y passer tout droit
vers mes anciens Etats. Il est bien affligeant, que le Roy d'Angleterre
dans une Guerre aussi critique et aussi importante que la présente, et
dans les Circonstances où il se trouve, pense encore à menager ses
fonds, ce qui est bien hors de saison; en attendant je vois avec plaisir, que nonobstant cela, Vous arriverés avec les arrangements que
Vous avez pris à Vôtre bût. Je me promets du zèle du General Comte
Finckenstein, qu'il remettra bientôt sur pied son Regiment, et j'ai
donné expressement ordre au Lieutenant-General de Massow, de lui
en faciliter les moyens avec tout l'empressement possible. Ici, j'ai deja
detaché un Corps de Trouppes vers Posnanie contre les Russes. Les
Autrichiens n'ouvriront pas leur Campagne avant la fin de ce mois,
ou vers le Commencement de Juin; comme il paroit, ils veulent absolument entrer en Silesie; s'ils le font, ils ne s'en retourneront pas
sans bien de testes ensanglantés; à présent, je suis sur la fin de tous
mes arrangements auprés de mon Armée. Soyez persuadé, mon digne
et cher Prince, que j'aurois eté dans un grand Embaras, si les Autrichiens avoient commencé plûstôt leur Campagne. Ici en Silesie nous
avons deux Cents trente quatre pieces de Canons auprès de l'Armée;
je crois que cette Artillerie sera suffisante, pour chauffer l'Ennemi de
façon qu'il se lassera à la fin de Canons. Des autres manoevres que
nous ferons, je ne saurois encore rien mander à Vôtre Altesse d'avance,
car dans la Situation où je me trouve et où j'ai l'Ennemi devant et
derrierre moi, et de tous Côtés, il n'y aura d'autre moyen pour moi
que de tomber sur celui qui m'aprochera du Côté le plus dangereux.
Le Lieutenant-General Manteuffel est actuellement en marche avec son
Corps vers la Pommeranie citerieure; je ne laisse contre les Suedois
qu'un Corps de Cinq mille hommes, qui est à présent suffisant; les
Suedois n'y ayant que sept mille hommes. Au reste on peut aisement
prevoir, que cette Campagne sera bien difficile pour nous seconder à

par-çi par-là pour avoir le dessûs. Graces au Ciel, que jusqu'à present nous sommes ici, à empecher que l'Ennemi ne puisse agir partout en même têms, et dès que nous pourrons l'expedier l'un après l'autre, il sera possible de parvenir heureusement à notre bût; mais s'il leur eût reussi, qu'ils eûssent pû agir tous à une fois, il nous auroit eté difficile de trouver quelque bonne issüe.“ Je finis, en reïterant les protestations de l'estime et de l'amitié la plus parfaite avec laquelle Je suis   Monsieur Mon Cousin

de Vôtre Altesse

à Landshuth,   le bien bon Cousin

ce 15e de May 1759.   Federic.

(de main propre.)

nous sommes ici sur le mont paniof.

reçu le 25. Maii 1759 à 4 h. de l'après midi.

R. Hepner avec 4 lettres des particuliers.

** Monsieur,

J'ay recû successivement plusieurs de vos infiniment cheres Lettres. J'ay eté si fortement occupé ces jours passés qu'il m'a eté impossible d'etre exact à vous repondre. Mais je ne saurois me refuser le plaisir de vous ecrire encore avant que de partir d'icy. Les nouvelles de Franconie continuent à etre bonnes. je doute cependant de deux choses; primo que le prince Henry en viendra aux mains avec le prince de Deux ponts, secundo qu'il poussera jusques à Nurenbourg. Un courier vient d'arriver de sa part; mais la Lettre n'etant pas encore dechiffrée, et ne pouvant l'etre qu'au quartier que nous allons prendre encore aujourdhuy à Ham; je dois differer de vous marquer sur cela quelque chose de plus precis. Les prussiens sont à Bamberg. ils y ont sauvé encore des restes de magazins des plus considerables; que les imperiaux n'ont pas eû le temps de detruire. Le Roy etoit encore le 15 à Landshuth. S. M. marque sous cette date au Duc, avec une espece de ravissement qu'elle est enfin parvenû à reparer tout le vuide de son armée; en marquant la premiere faute de Daun de Luy en avoir laissé le temps, et esperant qu'il fera bientot la seconde de se faire battre. Les Russes avancent; le Roy a detaché vers eux un petit corps pour les observer. Manteuffel marche vers la pomeranie citerieure; un corps de 5000 hommes est resté en pomeranie du coté de Stettin pour contenir le suedois. Tout cela doit rester entre Mgr. le Duc Louis et Monsieur Yorke. Le General Wangenheim campe depuis hier avec 8000 hommes à Haltern; Le reste de l'armée du general Sporke cantonne entre Coweld, Dulmen et Ludinghausen jusqu'à Olphen. Le prince hereditaire va prendre demain son camp à Unna. Le reste des troupes, qui sont celles qu'on a ramené de Hesse cantonnent entre Luynen, Kamen et Ham; Le Duc va aujourdhuy à Ham; le 25 à Luynen ou à Reke. Mettez moi au pieds de S. A. S.

à Lipstad ce 23. de Mai 1759 à 6 h. du matin.

(à Mr. de Haenichen.)

** Au Roy.   à Ham ce 24. de Mai 1759.   No. 32.

Je presente mes tres humbles remercimens à V. M. de la très gracieuse Lettre qu'il Luy a plû me faire en Date du 15. de ce mois.

Mon sejour à Ziegenhayn paroit avoir produit de l'effet sur l'esprit des Francois; qui l'ont problement combiné avec l'entrée de Mgr. le prince Henry en Franconie, je dois inferer du moins par leurs manoeuvres, qu'ils ont commencé à craindre soit pour le bas-Mayn soit pour Ehrenbreitstein.

Le marechal de Contades depeche couriers sur couriers à sa cour pour representer la necessité de passer la Lippe, et d'assiéger Munster. Mais la cour luy a ordonné d'envoyer du secours au Duc de Broglio. Cela est de fraiche date et posterieur à ce que j'en ai mandé à V. M. par ma precedente. En effet les camps de Burik et d'Aersen s'eclaircissent; celui de Dusseldorp s'augmente; mais il defile sans cesse du monde de Cologne vers le Westerwald; j'ai changé sur ces avis mon premièr plan, selon lequel j'aurois pris à peu près la même position, que j'eus l'année passée pour couvrir Munster. j'ai fait raprocher toutes les troupes, qui sont actuellement en Westphalie de manière à se pouvoir joindre en deux petites marches à Dortmund.

Le prince hereditaire va camper aujourd'hui avec huit mille hommes à Unna; les troupes que j'ai ramené de Hesse cantonnent derriere cette ville; et le reste de l'armée communique avec nous par la ville de Luynen.

je suis occupé d'amasser du fourage à Ham; si j'y reussis de façon à ne perdre pas trop de temps, je compte de passer la Roer (Ruhr) si je vois moyen d'attaquer avec avantage le camp de Dusseldorp.

Je suis avec le plus profond respect etc.

Arrivé le 27. de Mai 1759.   Nr. 38.
à 5½ h. du matin.

Monsieur Mon Cousin.

Je remercie Votre Altesse de la communication qu'Elle a bien voulu me faire des annotations des Trouppes françoises et de celles qui sont à la solde de la France, qui ont servies en Allemagne dans le courant de la présente guerre, que J'ai trouvé ètre une piece assez curieuse et (déchiffrée) „Je Lui ai d'ailleurs toutes les obligations possibles de la marque distinguée de son amitié et attention pour moi, en ce qu'Elle a bien voulû faire un Detachement de Son Armée vers Schweinfurth, pour favoriser l'Expedition de mon Frére Henri. Je suis bien aise que Monsieur de Broglio ait eté assés bon ou plustôt niais de s'imaginer que mon Frère Henri se joindroit à ce Detachement pour tomber sur lui après avoir dispersé l'Armée des Cercles; Le Marechal Daun commence à croire la même chose, ce qui donnera lien à bien de fausses Dispositions de leur part dont nous pourrons profiter. Quant à Contades, je comprends parfaitement bien la ne-

cessité qu'il y a que Vôtre Altesse retourne en Westphalie, pour veiller Elle-même à ce que Contades voudra entreprendre.. L'on a des nouvelles ici comme si les Hollandois etoient dans l'Apprehension, qu'au Càs qu'ils s'accommodassent avec l'Angleterre sur leurs Differents maritimes, que les autres les attaqueroient de force ouverte. Pour moi j'ai de la peine d'ajouter foy à ces nouvelles, tout comme à un autre bruit qui court, que les François formeroient en Flandre ou aux Païs-Bas autrichiens un Camp separé de trente mille hommes. Vous me feriés un plaisir de m'ecrire, si ces bruits là sont fondés ou non? au surplus j'ose prier Vôtre Altesse, que quand ses Operations de guerre le lui permettront, et qu'Elle en aura le loisir, de me faire copier les Plans de toutes Ses marches, campements et Batailles, que je desire fort d'avoir en son temps pour les garder à ma Chambre des plans. Pour ce qui nous regarde ici, les autrichiens sont encore à attendre, les Russes de sorte, que vraisemblement nôtre Campagne ne s'ouvrira pas avant les premiers jours du mois prochain de Juin. Les Autrichiens ont dejà voulû profiter de l'absence de mon Frere Henri pour faire une invasion dans la Lusace, mais pour cette fois-ci, j'ai pû les prévenir encore. Vous jugerés parlà, combien il m'est impossible à présent, de faire esperer quelque Chose de Vôtre Côté à Vôtre Avantage." Je suis avec les sentiments les plus vifs d'amitié et d'estime Monsieur Mon Cousin
de Vôtre Altesse

le bon et tres affectionné
Cousin
Federic.

à Landshuth,
ce 21e de May 1759.

reçu le 31me Maii 1759 à 5 h. du matin p. Rissman avec
9 lettres particulieres.

** Monsieur,

Vous avez bien raison mon tres cher Monsieur de me gronder, sur le peu d'exactitude de ma correspondance. Mais je ne sais faire autrement. Le temps m'a trop manqué. votre infiniment chere lettre du 21. m'a eté rendüe. jugez s'il est agreable au Duc d'en lire souvent, vû qu'elles ne sauroient etre ni plus interessantes ni contenir des choses qui le regardassent de plus prés. S. A. S. m'ordonne de vous le temoigner de sa part, en vous faisant mille compliments; Elle vous prie de le faire pareillement à Monsieur York.

Voicy tout ce que nous avons recû directement de la part du prince Henry. Sa derniere Lettre chiffrée ne contenoit autre chose si non que son Expedition tiroit vers la fin; qu'elle meditoit encore un coup, qu'il n'etoit cependant pas de grande consequence. D'autres avis venus de Bamberg et de Nurenberg font mention de plusieurs avantages remportés depuis, dont nous attendons la confirmation d'un moment à l'autre.

Le Roy nous a ecrit en date du 21. de Landshut. S. M. marque que Dauu a pris le change sur la Destination de l'armée du prince Henry; qu'elle compte d'en profiter; que Daun est à attendre l'arrivée des Russes, quo par consequent la campagne ne s'ouvrira qu'au mois de Juin. S. M. est d'ailleurs pleine de confiance. Wobersnow est détaché vers Posnanie; Manteuffel va au devant des Russes avec une partie de l'armée de pommeranie, laissant 5000 hommes en arriere pour contenir les suedois qui en ont 7000.

Tous nos avis conviennent que le marechal de Contades est depuis le 25 à Hackenbourg. il veut assembler aprés demain 100 Bataillons et 100 Escadrons aux Environs de Giessen. voilà les Francois marcher en Hesse quand nous en retournons. Il s'ouvrira bientot des nouvelles scenes. Il faut que nous marchions de nouveau en Hesse ou que Mr. le marechal revienne au Rhin. Il me semble que celuy qui agira le premier determinera l'autre. Ayez la bonté de m'envoyer d'abord les nouvelles que vous recevrez du Bas-Rhin. Les notres sont extremement contradictoires sur les camps d'Arcen, de Burik et de Dusseldorp. je vous renvois expres ce courier, pour que vous n'en manquiéz pas, en cas que vous eussiez des nouvelles à mander. La route sur Munster est sure;

adieu mon cher Monsieur mettez moi aux pieds de S. A. S.

à Reke prés d'Unna ce 28. de Mai 1759.

à 8 h. du soir.

Voicy aussi une relation de l'Expedition du general Urff. Mr. de Bulow, qui a commandé l'avant-garde l'a faite.

Pour cooperer à la dissipation de l'armée des cercles, S. A. S. detacha Mr. le general d'Urff avec 6 Bat. et 8 esquadrons, dans l'intention d'inquieter le Pr. de Deuxpont par des demonstrations sur Schweinfurt et Koenigshofen, pendant que le Pr. Henri tomboit sur lui d'un autre cotté.

Mr. d'Urff selon les instructions qu'il avoit passa le 7 la Fulde a Mengshausen et se fit devancer le jour auparavant par son avant garde qui consistoit dans 500 chasseurs, autant de grenadiers, 200 Husards et le regiment du Corps Hessois. Le general Urff marcha ce jour jusqu'a Geisa et se cantonna dans cette ville et environs; son avant garde marcha a Tanne, y laissa les 500 grenadiers et poussa avec le reste ce meme jours encore jusqu'a Hilders pour debusquer 300 Husards de Sezeni et 200 pandours qui s'y etoit logé. l'ennemi quitta ce poste avec une precipitation inconcevable, les husards perdirent en galoppant la plus part de leurs portes manteaux et les pandours beaucoup de leurs soulliers: l'ennemi eu plusieurs blessés a cette occasion et nous primes quelque pandours. le 8 l'avantgarde marcha a Ostheim et monsieur d'Urff prit ses quartiers a Fladungen et dans les villages circonvoisins. les autrichiens tacherent d'allarmer cette nuit l'avantgarde et furent repoussé sans reuissir.

Le 9. Mr. d'Urff marcha a Melrichstadt et son avantgarde prit les quartiers a Roemilt, on eut avis que les autrichiens se rassembloient a Neustadt, et resolut de les y attacquer. Le general Urff marcha pour cet effect le lendemain a Holstadt et se forma sur les hauteurs qui sont derriere ce vilage, l'avantgarde quitta Roemilt, passa sous ces hauteurs que le general Urff avoit occupé et en continuant son chemin dans le vallon, se presenta tout d'un coup devant Neustadt; l'ennemi quoiqu'en plus grand nombre ne jugea pas apropos de l'attendre, et se replia sur Schweinfurt. Mons. d'Urff marcha ce jours avec son corps a Roemilt et s'y campa. en attendant l'avantgarde prit possession de Neustadt et l'on fit venir tous les baillifs des differends baillages qui se trouvent entre cette ville et Schweinfurt; on ordonna des amas de paillie et de bois a Louringen et Munerstadt, des reparations aux chemin jusqu'a Zeill et le manant fut obligé de livrer ses armes, qu'on deposa a la maison de ville. le 11. on quitta Neustadt et se cantonna au vilage Miltz sur le chemin de Roemilt a Koenigshofen. Nos instructions nous obligoient de revenir le 13. par Meinungen et de finir l'expedition en faisant quelques demonstrations sur Koenigshofen. On esperoit avec d'autant plus de raison de les faire avec succes que la terreur qui sétoit repandu dans tout le païs, avoit meme penetré jusque dans cette ville et ebranlé la contenance de ces fierres cohortes episcopales qui en composoient la garnison.

Les Bastions de Koenigshofen etoient garni de plus de 80 pieces de canons de toute sortes de calibre, et la garnison y etoit beaucoup plus nombreuse que l'avantgarde qui alloit grimacer devant les remparts. On crut qu'une troupe qui sans canons veut sommer une ville aussi bien fortifiée et fournie que Koenigshofen, doit aumoins par bienseance faire semblant d'en avoir; on prepara pour cette raison plusieurs charettes qu'on fit marcher en guise de canon a la tete de la collonne d'infanterie qui se presenta le 12. de mai a 8 heures du matin devant les portes de Koenigshofen. Cette collonne etoit composée par les 500 grenadiers; le regiment du Corps cavallerie formoit la seconde, les chasseurs garnissoient le pied de la montagne les Husards etoient posté sur la gauche, et on avoit etabli pres d'une ancienne tour un poste de 30 chasseurs qui couvroit notre droite. Le terrain qu'on avoit choisi etoit tres favorable pour les idées qu'on vouloit faire naitre. C'est une montagne qui verse dans la plaine ou Koenigshofen est situé et une trouée y separe presqu'au centre un bois qui en couvre les deux cottés; l'ennemi n'y pouvoit jamais decouvrir la profondeur des collonnes qu'on lui presentoit. Comme tout ceci ne se faisoit que pour faire du bruit, on fit d'abord avancer quelque chasseurs et Husards pour engager Mr. le Commandant de jouer de son canon. cela reussit a merveille, il nous en donna de toutes les façons de 3 Pf. de 6 Pf. de 12 de 18 et de 29 livres de bales, mais tout sans effect. Lorsqu'on eut laissé a Mr. le Commandant le tems dont il avoit besoin pour montrer son artillerie, on envoya un officier avec un trompette vers la ville pour le sommer. On ne fut pas

surpris de voir tirer du commencement contre l'usage reçû, cette artillerie eclesiastique sur le trompette temporel.

Pourtant le ciel le garda de malheur et il arriva en pleine santé
devant le pont levis de la place.

Mr. le commandant qui sans doute a eté dans d'autres service, ne
fut pas plutot averti·de l'arrivée du trompette, qu'il fit taire le canon
et entrer l'officier. Il le recut tres poliment, et le renvoya accompagné
d'un officier dont la taillie etoit tres propre pour nous persuader de l'etat
florissant. de sa garnison.

Cet officier Wurtzburgois etoit sans doute un des plus zelé patriotes
de tout l'eveché, on remarquoit par tout ce qu'il disoit, que le sort de
la bonne ville de Koenigshofen lui tenoit fort a coeur. Mr. le Commandant l'avoit chargé d'assurer ses profond respects a S. A. S. le
Duc Ferdinand, qu'on croyoit fort pres de la, et demanda la permission
d'envoyer des couriers au Pr. de Deuxponts et a l'eveque de Wurtz-
burg, pour recevoir leurs ordres, en s'assurant toute fois qu'il se defendroit en homme d'honneur si on lui refusoit cette grace. Jamais on
n'etoit plus disposé de la lui accorder: nous devions partir le lendemain
et nous avions reussi au delà de notre attente en faisant parvenir cette
nouvelle au Pr. de Deuxponts.

On fit dont savoir a Mr. le commandant, que le corps du general
Urff, qui faisoit l'avantgarde de l'armée et dont nous etions detaché,
paroitroit. demain accompagné d'un bon nombre de mortiers sur le meme
emplacement ou il nous voyoit, qu'on lui accordoit sa demande, et que
pour ne point troubler cette convention on iroit reprendre les quartiers
dont on etoit partis. l'officier nous quitta tres satisfait et promit de
revenir le lendemain nous communiquer la resolution des deux Princes.
Nous retournames a Miltz d'où l'on marcha en consequence des ordres
qu'on avoit le l'endemain sur Meinungen et rejoignit en trois jour
l'armée.

reçu le 31. Maii 1759 à 6 h. du soir par
Rademacher avec 2 incl. au R. & à M. H.

⁂ Monsieur,

Le courier anglois n'est arrivé qu'à ce matin. il m'a remis votre
chere Lettre ecrite du 23. et 26. de mai. No. 42.

Le Duc Vous remercie mille fois de l'attention que vous continuez
d'avoir pour tout ce qui peut Luy etre agreable. Il accepte le moyen
de se faire parvenir les avis de Z. et les ordres viennent d'etre donnés
en consequence aux troupes legeres. Vous serez informé en son temps
s'il sert bien. Monsieur Yorke trouve ici mille complimens de la part
de S. A. S.

Il vient d'arriver un courier du Roy. Il a eté depeché le 24. de
Landshut. Le Roy y etoit tranquile encore; mais il marque que les
Russes font du chemin et que Daun remue. Le prince Henry se repliera
sur la Saxe. ainsi Mr. de Deux ponts va respirer. Le prince Henry
nous laisse parfaitement ignorer ce qu'il fait; les nouvelles qu'on recoit

d'autres parts sont si contradictoires que je n'y voudrois pas compter. Elles conviennent cependant dans le fond savoir que l'armée d'Execution est dans un etat à faire pitié.

Le M. de Contades etoit encore le 25. à Hachenbourg. Armentières est tantot à Wesel, tantot à Dusseldorp. Il paroit s'impatienter. Les transports de fourage vont leur train de Dusseldorp à Hachenbourg. j'ay de la peine à croire que Contades y restera long temps.

Imhoff continue à cantonner; ainsi que nous autres à l'Exception du prince hereditaire, qui campe avec 9,000 hommes à Unna; Wangenheim est à Haltern avec 6 à 7 mille hommes.

Je vous envois cecy par un courier exprés, tant pour vous prier d'avoir grand soin des incluses; que pour vous renvoyer de vos couriers, a fin que vous n'en manquiez pas. Mr. le Colonel Durand en depechera un autre ce meme soir. Mais comme il va trop lentement, sur tout devant passer par Ludinghausen pour recevoir les ordres de Mylord George. Ayez la bonté de me mettre aux pieds de S. A. S.

(à Mr. Haenichen.)

à Reke ce 29. de mai à 6 heures du soir.

à Reke ce 29 de Mai 1759.   Nr. 33.

** Au Roy de Prusse.

j'ay recû successivement les deux tres gracieuses Lettres de V. M. du 21. et du 23 de Mai: je suis penetré de la plus vive reconnoissance des nouvelles marques que V. M. daigne me donner d'une maniere si flatteuse de ses Bontés envers moi.

Il paroit decidé qu'une armée francoise de plus de vingt mille hommes s'assemblera en Flandres. je vois par une lettre de Mr. Rouillé de fraiche date qu'on en destine le commandement au prince de Soubize.

Le Duc de Choiseul a fait tout son possible, pour faire accroire aux Hollandois, que nous nous emparerions de Nimvegue. Mais s'etant apercû que les Hollandois se sont moqué de ses avis, et qu'ils ont plustot pris le parti de renforcér la garnison; il vient d'ecrire au comte d'Affry qu'il trouvera bien moyen de s'emparer de cette ville, si les circonstances devinssent telles à l'exiger.

V. M. me fait un tres grand honneur, de me demander les plans des campements et des actions de l'armée alliée pour sa chambre des plans. j'y ferai travailler avec bien de plaisir.

Le marechal de Contades s'est eloigné du Rhin à peu près au meme moment que je m'en suis raproché. il n'y a laissé que quinze mille hommes aux ordres du marquis d'Armentieres. je crois devoir regarder son dessein sous un double point de vue. En tant qu'il est defensif, le tour que les affaires ont pris en Franconie joint à mon long sejour à Ziegenhayn l'y peuvent avoir determiné; mais en tant qu'il est offensif il a crû en se postant sur la Lahne de me forcer de degarnir la Westphalie, pour mettre le marquis d'Armentieres en etat d'agir avec succés sur Muuster.

' Je ne detacherai point de troupes vers la Hesse, mais je tacheray d'obliger le marechal de revenir sur le Rhin.

Il etoit le 25. à Hachenbourg dans le Westerwald; on m'assure de plusieurs cotés, que la jonction de son armée avec celle du Mayn se fera le 2 de Juin aux Environs de Giessen. Si cela arrive, l'occasion seroit belle de tomber sur Dusseldorp; mais je n'en puis pas former le siege faute d'artillerie et de munition snffisante; je fais cependant preparer en diligence qnelques mortiers à Munster; et je tacheray de brûler les magazins de Dusseldorp et de Deutz vis à vis de Cologne.

Le Duc de Broglio a quitté l'armée du Mayn; les uns disent pour n'y revenir point, les autres qu'il est allé à Ingelheim prendre les eaux et revenir en suite. Il s'est elevé d'un autre coté quelque mesintelligence entre le marechal de Contades et le Duc de Noailles, qui intrigue asses les generaux et la cour, selon la diversité des interets et de la protection que l'un ou l'autre y trouve.

J'espere de marquer à V. M. en quelques jours d'icy ce que je pourray faire contre Dusseldorp. Et suis en attendant avec la plus profonde soumission p. p.   F.

recû le 2. Juin 1759 à 8 h. du soir avec deux lettres que j'ai donné à Mr. Y. p. le cour. Kemnitz.

※※ Monsieur,

Votre cherissime Lettre Nr. 43 du 28. vient d'arriver: toutes les précédentes sans exception m'ont eté rendues. je vous reponds d'abord pour que vous ne manquiez pas de couriers en cas que vous eussiez quelque avis à nous communiquer. Selon nos nouvelles de Hesse les Francois approchent de Ziegenhayn. ils ont fait entrer plusieurs detachements dans le comté de Marck, dans le Duché de Westphalie, et vers le païs de Waldeck. il paroit qu'ils voudront envelopper Mr. d'Imhoff. Nous n'en avons pas plus changé notre position. je ne saurois croire qu'ils fussent deja prets pour avancer en force: cela n'est pas aisé dans un païs tel que la Hesse. Mr. d'Armentieres se tient tranquile encore; il paroit que l'arrivée du Duc sur la Lippe a un peu temperé Son feu. je ne saurois vous mander encore rien de notre part. Nous nous tenons extremement tranquiles.

Ayant communiqué votre chere Lettre au Duc; S. A. S. a marqué quelque chose ad marginem touchant l'article d'Arolsen. Ayant coupé la feuille je la joins ci auprés àfin que vous puissiez en faire usage si vous le jugez à propos.

Mettez moi aux pieds de S. A. S.

à Reke ce 31. de Mai 1759.

(à Mr. Haenichen.)

※ Le premier y a même couché une nuit. Le second y a passé un & demi repas. Et n'est revenu que le sur lendemain à 7 heures de retour à Stadtbergen.

Le Pr. Hered. & le Pr. Charles de Bevern y ont été. Pour moi je passai contre ma volonté Arolsen, & cela par la bevue ou la malice du Cap. Bauer, au quel, j'avois dit expressement de ne me point mener par Ahrolsen, étant trop pressé, & cela me derangeroit pour le reste. Au lieu de cela, il m'y mène tout droit, lorsqu'il n'étoit plus possible de l'eviter. Mon passage étoit fort grossier je l'avoue mais aussi très involontaire. En outre je savois les liaisons intimes avec mons: de Broglio, et cela n'étoit pas de mon goust, et ne me fit guère desirer l'avantage de me presenter devant eux. En outre l'on ne me temoignat aucûn empressement pour me voir, lorsque je passai devant le chateau. vu que ni Cavallier, ni garde se mirent en peine de moi. Je crus donc en partie que reellement ils ignoroient que je me trouvois en personne aupres du cortege, et c'est ce qui determinat davantage d'être si hardi de poursuivre ma route sans dire gard.

ETAT
der britischen Armée in England 1759.

(Archiv-Acten vol. 259.)

Etat du pied des Troupes de Sa Majesté Britannique (May 30. 1759.)

en Angleterre.

Corps.	Colonels.	Nombre des		
		Batail-lons.	Esca-drons.	Hom-mes.
1. Compagnie de Gardes du Corps	Lieutenant - General Lord Delaware	—	1	150
2. Compag. de Gardes du Corps	Lieut -Gen. Lord Cadogan	—	1	150
1. Comp. de Grenadiers à Cheval	Lieut. Gen. Onslow . . .	—	1	150
2. Comp. de Grenadiers à Cheval	Lieut.-Gen. Comte de Har-rington	—	1	150
1. Regiment de Dragons	Gen.-Maj. Conway . . .	—	2	390
3. Regt. de Dragons . .	Gen -M.Comte d'Albemarle	—	2	390
7. Regt. de Dragons . .	Lieut.-Gen. Chevalier Cope	—	2	390
11. Regt. de Dragons . .	Lieut -G. Comte d'Ancram	—	2	390
1. Regt. de Gardes à Pied	Marechal Ligonier . . .	3	—	1900
2. Regt. de Gardes à Pied	Lieut.-Gen. Lord Tirawly	2	—	1260
3. Regt. de Gardes à Pied	Lieut.-G. Comte de Rothes	2	—	1260
5. Regt. d'Infanterie . .	Vacant	1	—	900
8. Regt. d'Inf. . . .	Vacant	1	—	900
11. Regt. d'Inf. . . .	Lieut.-Gen. Bocland . .	1	—	900
24. Regt. d'Inf. . . .	Gen.-Maj. Cornwallis . .	1	—	900
30. Regt. d'Inf. . . .	Lieut.-G. Comte de London	1	—	900
33. Regt. d'Inf. . . .	Gen.-M. Lord Charles Hay	1	—	900
34. Regt. d'Inf. . . .	Gen.-M.Comte d'Effingham	1	—	900
36. Regt. d'Inf. . . .	Gen -Maj. Lord Robert Manners	1	—	900
39. Regt. d'Inf. . . .	Colonel Adlercron . . .	1	—	900
50. Regt. d'Inf. . . .	Colonel Hodgson . . .	1	—	900
56. Regt. d'Inf. . . .	Colonel Lord Charles Man-ners	1	—	900
62. Regt. d'Inf. . . .	Colonel Strode	1	—	900
67. Regt. d'Inf. . . .	Colonel Wolf	1	—	900
69. Regt. d'Inf. . . .	Colonel Coloill	1	—	900
72. Regt. d'Inf. . . .	Colonel Duc de Richmond	1	—	900
73. Regt. d'Inf. . . .	Colonel Browne . . .	1	—	900
75. Regt. d'Inf. . . .	Colonel Boscawen . . .	1	—	900
11. Compagnies de Che-vaux legers . . .		—	5	1100
Chevaux legers	Colonel Elliot	—	3	300
Invalides	environ	—	—	2500
Total du Pied de la Cavalerie et des Dragons . .		—	20	3560
Total du Pied de l'Infanterie		24	—	19,780
Invalides . . . . environ		—	—	2500
Total du Pied de toutes les Troupes en Angleterre .		24	20	25,840
Total du Pied de toutes les Troupes en Ecosse . .		6	4	6180
Total du Pied de toutes les Troupes en Irlande . .		11	21	9450
Total du Pied des Troupes en Angleterre, Ecosse et Irlande		41	45	41,470

en Ecosse.

Corps.	Colonels.	Batail-lons.	Esca-drons.	Hom-mes.
2. Regiment de Dragons Gardes	Lieut.-Gen. Lord George Sackville	—	2	390
4. Regt. de Dragons . .	Marschal Rich		2	390
19. Regt. d'Infanterie . .	Lieut.-Gen. Lord George Beaucklerk. . . .	1	—	900
31. Regt. d'Inf.	Gen.-Maj. Holmes . . .	1	—	900
32. Regt. d'Inf.	Gen.-Maj. Leighton . .	1	—	900
66. Regt. d'Inf.	Colonel Lafaussille . .	1	—	900
70. Regt. d'Inf.	Colonel Parslow . . .	1		900
71. Regt. d'Inf.	Colonel Petitot . . .	1	—	900
Total du Pied de la Cavalerie et des Dragons . . .		—	4	780
Total du Pied de l'Infanterie		6		5400
Total du Pied des Dragons et de l'Infanterie en Ecosse		6	4	6180

en Irlande.

Corps.	Colonels.	Batail-lons.	Esca-drons.	Hom-mes.
1. Regt. de Cavalerie .	Lieut.-Gen. Browne . .	—	2	120
2. Regt. de Cavalerie .	Gen.-Maj. Waldegrave. .		2	120
3. Regt. de Cavalerie .	Gen.-Maj. Dejean . . .		2	120
4. Regt. de Cavalerie .	Colonel Houywood . . .		2	120
5. Regt. de Dragons . .	Gen.-Maj. Mostyn . . .	—	3	270
8. Regt. de Dragons . .	Gen.-Maj. Yorke . . .	—	2	180
9. Regt. de Dragons . .	Colonel Whitely	—	2	180
12. Regt. de Dragons . .	Gen.-Maj.Chevalier White-ford		2	180
13. Regt. de Dragons . .	Colonel Douglass . . .	—	2	180
14. Regt. de Dragons . .	Colonel Campbell . . .	—	2	180
1. Regt. d'Infanterie . .	Lieut.-Gen. St. Clair . .	1	—	700
2. Regt. d'Inf.	Colonel Fitzwilliam . .	1	—	700
9. Regt. d'Inf.	Colonel Whitemore . . .	1	—	700
10. Regt. d'Inf.	Gen.-Maj. Pole	1	—	700
16. Regt. d'Inf.	Lieut.-Gen. Handavyd .	1	—	700
18. Regt. d'Inf.	Lieut.-Gen. Folliot . . .	1	—	700
26. Regt. d'Inf.	Lieut.-Gen. Anstruther .	1	—	700
29. Regt. d'Inf.	Gen.-Maj. Boscawen . .	1	—	700
52. Regt. d'Inf.	Colonel Sandfort . . .	1	—	700
59. Regt. d'Inf.	Colonel Montagu . . .	1		700
76. Regt. d'Inf.	Colonel Lord Forbes . .	1	—	700
Invalides	environ	—	—	200
Total du Pied de la Cavalerie et des Dragons . . .		—	21	1650
Total du Pied de l'Infanterie		11	—	7600
Invalides . . . . environ		—	—	200
Total du Pied de toutes les Troupes en Irlande . .		11	21	9450

arrivé ce 5me Juin 1759.   Nr. 40.
à 7 heures du soir.

Monsieur Mon Cousin. J'ay reçu la lettre que vous m'avez fait du 24e de ce mois. (dechiffrée) „Et Vous felicite de tout mon coeur sur l'Entreprise que Vous meditez, et que je trouve très bien pensée. La seule Chose que je prie Votre Altesse à ce Sujet de ne pas oublier ce sont les Canons; si j'ose ajouter encore une Chose, c'est, de reconnoitre, s'il est possible, la Position et le Terrain où se trouve posté l'Ennemi, avant que de l'attaquer. Ici nous touchons au moment où l'Ennemi va commencer d'agir; mais les Choses à son égard ne sont pas encore assés eclairées pour que je puisse vous detailler positivement ce que l'Ennemi entreprendra; je suis preparé sur differents cas, mais il faut que j'attende que l'Ennemi fasse plus de mouvements encore, pour connoitre precisement ses vües. Ce qu'il y a de certain, c'est, que mon Frère a derangé extremement, le Project de Campagne de Daun et des François. Pour peu que la fortune soit favorable à Vos Entreprises, je dois croire, que tout ira bien; mais pour vous donner une Idée de ce que c'est que l'Artillerie présentement à la mode, quantz vous cinq cent trente six Canons de grosse Artillerie et de haubitzes, que j'ai effectivement dans mes trois Armées, dans celle ci ou je i. — Daun j'en ai deux cent quatorze. Vous Vous imaginerés que c'est trop, mais il faut savoir que dans les armées de Daun vis à vis de moi il y en a avec l'Artillerie de reserve trois Cent soixante piéces. Si cette mode dure encore quelques années, je crois qu'à la fin on fera marcher des Detachements de deux mille hommes avec six mille Canons; autant que cela est ridicule, il faut malgré soy s'accommoder à la mode, autrement il n'y a point de salut; en attendant les Choses en sont déjà si loin, que l'Ennnemi n'est plus curieux de savoir, combien j'ai de têtes parmi mes Troupes, mais plustôt combien j'ai de Canons avec moi.“ Je suis avec les Sentiments d'estime et d'Amitié que Vous me connoissez

Monsieur Mon Cousin
de Votre Altesse

le très bon Cousin
Federic.

Au Quartier de Reich-Hennersdorff ce 30e May 1759.

reçu le 7me Juin 1759 p. le courier.

✶✶Monsieur   Frise.

Votre infiniment chere Lettre no 44. du 1. de Juin me parvint la nuit passée. S. A. S. vous a mille obligations de l'attention que vous avez bien voulû avoir de luy faire parvenir ces Extraits avec les autres avis; qui luy ont eté par de certaines raisons extremement agreables. Vous voûdrés bien temoigner à Monsieur le general Yorke toute l'amitié que S. A. S. a pour Luy. Il n'y a rien qui puisse surpasser l'estime qu'elle a pour sa personne ni l'obligation et la reconnoissance qu'elle luy a de toûtes ces marques d'amitié qu'il ne discontinue de luy donner.

Le Roy etoit encore tranquile à Landshut le 23: les Russes avancent; il est croyable que le prince Henry fera un fort detachement contre eux.

Ce prince a encore fait un coup avant que de quitter entierement la Franconie. Le general Hadlick ne crut pas que les prussiens reviendroient; ce qui le rendit moins attentif. Tout d'un coup l'arriere garde sous le general Finck marche a luy pendant la nuit, l'attaque, le disperse et le poursuit jusqu'à 3. lieuves. Les ennemis ont tant courû que Finck n'a pû prendre qu'une centaine d'hommes avec 2. piéces de canons et 3. etendarts. Cela est arrivé le 28. pas loin de Baireuth.

Le marechal de Contades est entré dans son camp de Giessen. Le Duc de Noailles est avec 20 mille hommes à Marbourg et pousse des detachements vers la droite et vers la gauche du general Imhoff, qui campe sur l'Eder à Fritzlar, ayant un petit camp avancé sous le comte de Schulembourg à Borken. Nos troupes continuent à occuper Ziegenhayn avec tous les autres postes que nous avons eû en Hesse. Nos hussards ont eû un petit avantage sur ceux des Francois, à qui ils ont pris une vingtaine d'hommes. La crainte n'en est pas moins grande en Hesse, et tout y voit bien noir, peut etre sans raison.

Le Duc vient de faire un fort Detàchement sous les ordres du general Wutginau sur la Dymel, qui camperont en quelques jours d'icy à Buren; les anglois passent en revanche la Lippe, et occuperont demain les quartiers que les hessois ont quitté ce matin avec Mr. de Wutginau.

Mgr. le Prince hereditaire s'est mis hier au soir en marche pour passer la Roer, âfin d'enlever s'il est possible les postes que les Ennemis ont le long de cette riviere. Il poussera jusqu'à Dusseldorf, et detachera vers Cologne et Siegberg.

Voila tout ce que je puis vous marquer aujourdhui. Mgr. assure S. A. S. le Duc Louy de ses tendres amitiés. Daignez me mettre à ses pieds. à Reke ce 4. Juin 1759. à 10 heures du soir

(à Mr. Haenichen)

reçu le 9. Juin à 9. h. du matin p. Katsch.

✳✳ Monsieur.

Vos cherissimes Lettres n. 45 et 46 avec l'aviz de Z. sont arrivés. Cet avis paroit fondé pour le moment present quoique je soubconne qu'il pourroit y avoir du revirement dans le projet d'attaque de l'ennemi; il seroit fort bon, si les avis nous pouvoit parvenir directement. je vous depeche ce courier pour que vous n'en manquiez pas. Je n'ai d'ailleurs rien à ajouter à ma derniere. Le roi a quitté son quartier de Landshut; son quartier est à Reichen hennersdorff. il a attiré à luy Fouqué de la Haute Silesie. S. M. a introduite une nouvelle manœuvre dans sa cavallerie. Elle agit avec du canon, qui galoppe aussi bien que la cavallerie. c'est du gros canon. S. M. a deux cent quatorze piece à l'armée qu'elle commande en personne. Ce nombre est un secret. Le prince Henry avoit passé le 1. la ville de Plauen. Il fait un gros detachement contre les Russes. Nous n'avons pas encore recù des nouvelles de Mgr. le prince hereditaire: il a voulù attaquer hier Medman et Solingen à la fois. Le coup d'Elverfeld est des plus jolis. Il ne s'est sauvé que 10 hommes, le reste avec le commandant du Detachement a eté pris ou tué. Un raport du general Wangenheim nous apprend que Scheiter s'etant mis en embuche pres de Wesel a pris un officier avec onze dragons sous le canon de la place. Le Lieutenant Rohrsheid ayant poussé jusqu'à la porte y a pris un Dragon. Le sentinelle s'est enfui ayant à peine eû le temps d'abattre la barriere. Nous sommes sur le point de marcher à Werle. Les François avancent; je crois qu'ils ont pris possession de Ziegenhayn. Nos hussards hessois ont pris 20. des ennemis dans le païs de Waldek. On est de bien mauvaise humeur à Rinteln: j'espere que l'on se radoucira. à Reke ce 7. Juin 1759.

(à Mr. Hænichen.)

Arrivé a $8\frac{1}{2}$ h. du matin.
à Soest le 11. de Juin 1759.

Monsieur Mon Cousin.   No. 41.

J'ay eû la satisfaction de recevoir la lettre que V. A. m'a fait du 29e de May. (dechiffrée) „Il faut avouer que Vous faites effectivement plus qu'on ne sauroit demander de Vous et de Vos Circonstances, et que Vous surpassés toute attente. Il n'est pas difficile à juger que Vôtre Altesse sera obligée de faire encore pendant cette Guerre bien des marches inutiles, et si le Dessein des François, qu'on me marque de la Haye, que le Sieur de Yorck a confié sous le sceau du Secret à quelqu'un, comme si les François, feignant d'en vouloir à l'Angleterre, avoient le Dessein de transporter un Corps de Trouppes sous les Ordres de Chevert par mèr sur l'Elbe et qui debarqueroient peutêtre en Holstein, est vray, il ne faudroit pas douter, que Vous serez obligé de faire encore plus de marches. Vous serez cependant toûjours à même, à ce que je crois, de prévenir un tel Dessein, en sollicitant d'abord à présent en Angleterre qu'une Escadre angloise empeche un tel transport. Quant à nous, nous voila sur le point qu'il faut que les Choses rompent, je crois qu'en peu de jours Vous entendrez parler de nous. je n'en saurois Vous dire quelque Chose de positif puisque tout est encore en fermentation, mais ce dont je saurois Vous assurer c'est, que jusqu'ici nous ne sommes nullement en peine la dessus." Je suis avec des Sentimens invariables d'Estime et d'Amitié

Monsieur Mon Cousin
de Votre Altesse

à Reich-Hennersdorff,   le très bon Cousin
ce 4e Juin 1759.   Federic.

à Soest ce 11 de Juin 1759.

⁂ Au Roy.   No. 34.

Les deux dernieres tres gracieuses lettres de V. M. du 30. de Mai et de 4. de Juin m'ont eté successivement rendües. je fais des voeux bien ardents pour le succés des armes de V. M. Le ciel veuille les benir!

Nous sommes icy à la veille d'une bataille. Le marechal de Contades ayant laissé Monsieur d'Armentieres avec quinze mille hommes sur le Bas-Rhin, est marché avec tout le reste de son armée en Hesse. Il avance par le païs de Waldeck; je crois qu'il voudra tomber d'abord sur Lipstad et en faire le siège ayant de pieces de batterie avec luy. Comme le corps du general Imhoff etoit trop foible pour resister le moins du monde à cette armée, j'ay pris le parti d'en attirer à moi la plus grande partie. Trois ou quatre mille hommes sont restés auprés de Cassel avec ordre de se replier sur Munden et Göttingen, et de se jetter en cas de besoin dans la forteresse de Hameln. Je supose que Cassel a eté occupé aujourdhui par le Duc de Broglio, qui commande la reserve: Mr. de Contades paroit vouloir deboucher par Brilon; ce qui n'est pas sur encore, le pouvant faire egalement du coté de Stadbergen et de Warbourg.

J'ai laissé auprés de Dulmen un corps de neuf mille hommes pour couvrir la ville de Munster; le reste de l'armée campe à Soest et en partie à Buren; nous nous assemblerons probablement à Anrüchte. je compte d'aller au devant de l'ennemi, et de luy livrer bataille; si je suis heureux, j'espere, de degager bientôt la Hesse.

Le prince hereditaire a fait une expedition dans le païs de Bergues, qui a eu tout le succés que je pouvois desirer. Si j'avois pû venir à bout avec mes preparatifs pour le bombardement de Dusseldorp je suis persuadé, que j'aurois fait une diversion bien sensible à l'ennemi; mais comme le marechal avance plustôt que je n'eusse crû à cause de la difficulté, qu'il doit rencontrer pour faire subsister son armée, je me suis vû obligé d'aller au plus pressant et de remettre mon entreprise sur cette place à un autre temps.

Je suis avec le plus profond respect etc.

(Archiv-Acta vol. 2.)

  ** An den General v. Sommerfeldt.

Soest den 12. Juny 1759.

Eurer Excellenz Schreiben vom 7. dieses ist mir erst heute behändigt worden. Was die mir darin vorgelegte Anfrage anbetrifft; so verweile keinen Augenblick, Deroselben darauf in Antwort zu geben:

Dass die Fortification von Hameln mit allem ersinnlichen Eifer Tag und Nacht betrieben und perfectioniret werden müsse. Es ist meine Schuld nicht, wenn solche noch nicht völlig geendiget worden: indem ich seit Jahr und Tag die Nothwendigkeit dieser Arbeit urgiret habe, binnen welcher Zeit solche zweymal vollendet werden können. Ew. Excellenz werden dahero dem Königl. Ministerio die Nothwendigkeit ohne Zeitverlust von neuem vorstellen, die noch rückständige Arbeit mit gedoppeltem Fleiss vollenden zu lassen.

Die General-Majore von Post und von Zastrow sind beordert, mit

3 Regimentern Infanterie und 4 Escadrons Dragoner nebst dem Bataillon von Stockhausen bey Münden über die Weser zu gehen, sich auf Göttingen und Eimbeck zu repliiren und benöthigten Falls sich in die Festung Hameln zu werffen, als auf deren Defension bey einem feindlichen Einfall ins Land, der vermuthlich geschehen wird, alles ankommen wird.

Gedachten beyden Generals ist von dem General von Imhoff auf meine expresse ordre aufgegeben worden, Alles was von Münden an Wagens und Pferden im Lande befindlich ist, mit sich zurückzunehmen, auch der Orten, wo sie solches nicht bewirken könnten, denen Unterthanen zu befehlen, mit Wagen und Pferden sich in die Wälder zu retiriren. Euer Excellenz werden auf die Execution dieser ordre genau Acht haben, und sich mit dem Ministerio concertiren, wie solche am besten bewirket werden könne. Ein grosser Theil der Defension des Landes beruhet darauf, dem Feind darin keine Subsistenz zu lassen, oder demselben solche aufs Möglichste schwer zu machen. Ich überlasse Eurer Excellenz selbst auf Mittel zu denken, wie dieses bewirket werden könne.

Die Schiffe, welche auf der Weser sind, müssen alle unterwärts Hameln gebracht werden; sobald der Feind ins Land avancirt, damit ihm nicht der Transport der Subsistenz auf der Weser dadurch facilitiret werden möge. Dieser Punct ist von sehr grosser Erheblichkeit, und werden Eure Excellenz deswegen die gemessensten ordres ertheilen, auch sich darunter die Assistenz des Königl. Ministerii erbitten, um die Beamten dahin gehörig instruiren zu lassen.

Sobald ich vermuthen kann, dass die Festung Hameln eine Belagerung zu fürchten habe, werde ich noch ein Detachement Artilleristen dahin absenden: Inzwischen wird doch die Königl. Krieges-Canzlei dahin ernstlich · bedacht seyn müssen, den Abgang der Handlanger zu ersetzen; nicht nur was diejenigen anbetrifft, welche aus Hameln weggenommen worden, sondern auch die so nach Hannover und Stade gehören.

· Die Detachements, so zu den beyden Regimentern Grubenhagen und Calenberg gehören, müssen nach Hannover rappelliret werden, damit diese Stadt gegen einen coup de main gesichert seyn möge.

Eure Excellenz werden übrigens selbst alles zur Defension des Landes zu disponiren belieben, was Sie dazu zuträglich zu seyn ermessen. Ich habe mich hierüber schon in meinem project de defense, welches ich theils Eurer Excellenz, theils der Königl. Krieges-Canzeley vor einigen Monaten communiciret habe, bereits explicirt und beziehe mich darauf.

Die Transportirung der Gefangenen nach Stade, Harburg und längs der Elbe scheint mir auch convenable zu seyn. Dieses aber ist eine Sache, die Eure Excellenz nur nach Ihrem eigenen Ermessen zu reguliren belieben werden.

Ich bin mit aller Consideration etc.   F.

reçu le 16. Juin à 7 h. du matin par Rismann.

** Monsieur,

Je vous dois reponse à trois de vos infiniment cheres Lettres savoir Nr. 47, 48 et 49. Elles ont fait bien de plaisir, et vous trouvez icy mille remercimeńs de la part de S. A. S.

L'armée campe à Anruchte; Les generaux d'Imhoff et de Wutginau sont à Buren, Mgr. le prince hereditaire est à Ruden; voila notre Position. Nous ne connoissons pas exactement celle de l'ennemi. Mais quelques avis assurent qu'elle campe depuis quelques jours entre Corbach et Mengerinkhausen. Il y a un corps de troupes a Brilon; un autre Detachement est allé prendre possession de Cassel, aprés que Mr. de Zastrow s'en fut retiré avec son monde. Le bataillon de Stockhausen tireurs hanovriens en est venû aux mains à cette occasion avec les Ennemis, et a fait merveille. Puisque vous savez toute l'histoire de l'Expedition dans le Duché de Bergues je n'en dis rien icy. Elle s'est borné à repandre l'allarme dans les quartiers francois, et à faire deux ou trois cent prisonniers. Scheiter a depuis passé le Rhin, avec beaucoup de bonheur et a emmené avec luy une douzaine de Dragons avec leurs chevaux.

Je pourrai vous mander en quelques jours des choses plus interessantes. je vous depeche en attendant ce courier pour que vous n'en manquiez pas.

à Anruchte ce 13. Juin 1759.

à 10 heures du soir.

(à Mr. de Haenichen.)

(Nachlass Westphalen's)

* J'ai resolu de laisser encore le prince Hered: avec son corps à Rhuden. Puis qu'il n'est pas eucore decidé de quel coté l'ennemi debouchera. Je prend mon quartier à Bühren, venés m'y joindre avec mes chaises et tout ce qui me regarde. Que l'armée d'Anruchte vienne ici je crois que cela n'est pas mal. Il n'y a que 2 heures d'ici à Ruhden. Le calme a succedé à l'orrage, et ils se sont retirés les ennemis derriere Fürstemberg. Ce sont les Turpins. Je vous joins le raport du prince de Bevern avec l'incluse. Croïes vous que les arrangements sont bien pris? Ou y at-il du fautif?

à Brencken quartier de Mons: d'Imhoff ce 14me Juin 1759.

Ferdinand.

(à mon secretair Westphal.)

Kapitel V.

Uebersicht. — Seitenbewegung nach Osnabrück. —

Contades debouchirt am 14. Juni über Stadtbergen auf die Höhen zwischen Meerhof und Essento, und besetzt Fürstenberg und Wünneburg. Der Herzog Ferdinand lagert auf den Höhen von Büren, vor sich die Alme. Broglie aber verlässt, nachdem er schon am 11. Cassel und Münden besetzt, Hessen, und defilirt über Warburg auf Paderborn. (17. und 18. Juni) Westphalen schreibt an v. Haenichen: „Les aspects sont un peu disgracieux; le temps et la perseverance les peuvent changer en notre faveur: il faut l'esperer malgré les vastes idées des Francois de nous engloutir." — Die feindlichen Heere vereinigen sich, Broglie detachirt 12,000 Mann auf die linke Flanke des Herzogs, nach Alfen. Der Herzog Ferdinand verlässt die Stellung von Büren, marchirt über Obernhagen nach Lipstadt und bezieht ein Lager bei Rietberg (19—20. Juni). Gefasst auf die Einschliessung und Belagerung der festen Plätze Lipstadt und Münster, sieht er den Fall voraus, zum Rückzug hinter die Weser genöthigt zu werden, oder zum Angriff des Feindes überzugehen; er vermeidet aber die Schlacht in der Ebene gegen die Uebermacht seiner Gegner, und zieht es vor, noch zu temporisiren. Seine Lage zeigt er offen den beiden Königen an, und erbittet sich von ihnen Rath und Weisung. (Er schätzte den Feind 90 Bataillone und 90 Escadrons, — über 100,000 Mann stark, — denen er nur 43 Bataillone und 58 Escadrons entgegenzustellen hatte). Westphalen spricht sich ausführlich über die Bewegungsgründe in seinem Briefe an Haenichen aus. — Instruction des Generals v. Hardenberg über die Vertheidigung von Lipstadt. — Wie dieser General dem Feinde auf die Aufforderung zur Uebergabe antwortet. (Oberst Boyd). — Contades concentrirt sich bei Paderborn (23. Juni); er lässt den Posten bei Delbrück angreifen; derselbe wird aber wieder genommen (26. Juni). Der Herzog Ferdinand bleibt ihm gegenüber bei Rietberg stehen. Endlich marchirt Contades, vorsichtig in gedrängten Massen sich fortbewegend, gegen Detmold vorwärts und bezieht bei Lippspringe und Ostschlangen ein Lager (29. Juni). Der Herzog Ferdinand giebt hierauf auch die Position bei Rietberg auf und rückt nach Marienfeld (30. Juni). Am 1. Juli glückliches Gefecht der Preussischen Husaren gegen die französischen leichten Truppen unter Turpin und Berchiny. Das Schloss Rietberg

geht dagegen durch die Feigheit des Commandanten an den Feind
verloren. — Der Herzog Ferdinand auf dem Marsch aus Lebensgefahr durch einen Sturz mit dem Pferde in einen Graben gerettet,
in welchen das Pferd des Herzogs von Richmont dasselbe gedrängt
hatte. — In einem Schreiben vom 26. Juni räth der König Friedrich II. dem Herzog Ferdinand dringend ab, über die Weser zurückzugehen, und empfiehlt ihm, den Feind im Einzelnen zu schlagen,
oder in die Ebene zu locken, um ihm eine Schlacht zu liefern; weder
der Prinz Heinrich, noch er selbst vermögte ihm Hülfe zu bringen.
Er gesteht jedoch selbst zu, „wie der Blinde von der Farbe zu
urtheilen, da er das Land nicht weiter kenne, als die grosse Strasse
von Berlin nach Wesel." Der König Georg II. setzt sein ganzes
Vertrauen in die Klugheit und Fähigkeit des Herzogs. Da das Contades'sche Heer sich weiter nach Bielefeld wendet, (2. Juli) bricht
der Herzog nach Dissen auf, unweit Ravensberg (3. Juli) und
beschliesst das Corps des Generals v. Wangenheim über Osnabrück und
Ladberg an sich heranzuziehen. Interessante Briefe und Gutachten
Westphalens an den Herzog. Während der König Friedrich II. ihn
wiederholt zum Schlagen drängt, und nachdem der Marschall Contades auf Engern und Hervord vorpoussirt und den Kriegslärm in's
Weserthal verbreitet, — unter verschiedenen Gefechten bei Melle,
Halle zwischen Engern und Neunkirchen am 5. und 7. Juli, wo sich
der Major Friedrichs hervorthut, — nach Verlassung von Warendorf
an der Ems, wo die Kanonen in den Fluss geworfen werden, beschliesst der Herzog Ferdinand auf die Meldung des bei Melle stehenden Generals v. Imhof, „dass der Feind sich zu Rimsloh in bedeu-
tender Stärke zeige und dass er von der ganzen feindlichen Armee
angegriffen zu werden fürchte," — um mit dem Feinde auf gleicher
Höhe zu bleiben, mit der Armee nach Osnabrück zu marschiren und
dort die Corps von Imhof und Wangenheim an sich zu ziehen. Andere,
spätere Nachrichten melden nichts von dem Anmarsch der grossen
Armee des Feindes; der Herzog führt jedoch, dem einmal gegebenen
Befehl gemäss, den Marsch nach Osnabrück aus (8. Juli). Westphalen,
dessen gutachtliche Briefe an den Herzog aus dieser Periode von
höchstem Interesse sind, — schreibt an Haenichen: „Nous voilà donc
à Osnabrück, les ennemis entre nous et Lipstadt et Münster et
toujours en état de nous couper de Minden. Le fil s'est un peu
entortillé; pour resoudre le noeud il faut le couper." — Glänzendes
Gefecht des Oberstlieutenant Freytag im Weserthal bei Hämel
(5. Juli). — Münster, von Chabo zur Uebergabe aufgefordert, wird
vom Commandanten Zastrow abgelehnt (7. Juli). G.-L. Wangenheim
stösst zur Armee des Herzogs. — Die Reichstruppen bedrohen unterdessen das Braunschweigsche mit Einfällen. Steigerung der critischen
Lage des Herzogs Ferdinand durch die wiederholte feindliche Occupation und Bedrückungen Hessens, und Beschwerden des Landgrafen.

reçu p. Kemnitz ce 19. Juin à 11 h. du soir.

✳✳ Monsieur,

Votre cherissime Lettre du 14. de Juin Nr. 50 me fut rendüe ce matin. j'ay eü l'honneur de vous accuser deja la reception de vos precedentes Lettres. S. A. S. vous est infiniment obligé de l'attention que vous continues d'avoir de l'informer des avis interessants qui sont parvenus à votre connoissance.

Nous sommes depuis 4 ou 5 jours en presence de l'Ennemi. Contades a debouché par Stadbergen et son camp est entre Meerhoff et Essen. Il a un petit camp à Furstenberg. Nous occupons les hauteurs de Buren ayant l'Alme devant nous. ce camp est inattaquable par son front, et est de difficile accés sur ses flancs. le Duc de Broglio vient de quitter la Hesse. il n'y a laissé que trois ou 4 bataillons. il a defilé par Warbourg et nous nous attendons à le voir paroitre demain à Paderborn, où ils font construire des fours.

Mr. D'Armentieres s'il passe trouvera vis à vis de luy un corps de 9 à 10 mille hommes effectifs. Ce Corps est commandé par Mr. de Wangenheim. Les aspets sont un peu disgracieux. Le temps et la perseverance les peuvent changer en notre faveur. il faut l'esperer; malgré les vastes idées des Francois de nous engloutir.

Nous n'avons rien eü du Roy depuis le 7. jusqu'alors tout avoit eté tranquile. Le Roy est persuadé que son camp est inattaquable. Le prince Henry etoit le 13. à Chemnitz. Nous avons eü des Lettres de luy sous cette Date.

Daignez me mettre aux pieds de S. A. S.

à Erdberemberg ce 17. Juin 1759.

à 9 heures du soir.

P. S. Le jour d'apres notre arrivée prés de Buren le nommé Z. y est venü en personne. Il est tombé dans les mains des huzards, les quels ayant oublié ses enseignes l'ont depouillé de l'argent qu'il pouvoit avoir sur luy. On luy a donné pour le dommager une trentaine de louis neuf. Cet homme paroit un peu eventé, et je ne sais pas trop bien si l'on se peut fier a luy. Il dit que l'armée de Contades, sans y comprendre celle de Broglio ni le corps D'Armentieres passe 80 mille hommes. Ce seroit un peu fort. Il a debité d'autres choses pareilles, et s'est informé après bien de choses avec beaucoup d'indiscretion, il faut voir ce que ses autres avis contiendront. S. A. S. a recû de luy un ordre de bataille. Se tromperoit-on en calculant pour chaque bataillon 500 hommes effectifs ét pour chaque Escadron 120 hommes? Vous etes un peu plus au fait de ce sorte de choses-là par l'experience que vous avés de la guerre de Flandres. Dites moi ce que vous en croyez.

(à Mr. de Haenichen.)

✳ Vous aviés une fois l'idée de faire Sister les transports à Münster afin de donner par la le temps au chariage, d'être emploié pour

l'usage de l'armée. Oserois je Vous demander qu'elle étoit Votre idée
en cela? Car il me paroit, qu'Osnabrück et Münster sont actuellement
les seules sources d'ou je pourrai tirer ma subsistance et ce que l'Embs
me procurera, de même que la Hollande. Si Broglio marche à Paderborn, este Vous d'avis, que je fasse marcher un corps contre lui pour
l'observer? Qu'en pensés Vous? Et cela entre Wewer et Else? Le Pr;
Hered: etoit inquiet que ce corps du Duc de Broglio pouroit avant
nous S'emparer de Bielefeld.   Qu'en pensés Vous?

Ferdinand.

Ce 18ᵐᵉ Jnin 1759.*)
Au Secretaire Westphal.
      C'est de moi.

(Archiv-Acten vol. 252.)
        ✱✱ Monseigneur!   Ce 18ᵐᵉ Juin 1759.
    Je reponds au premier gracieux billet de V. A. S. que croyant
d'un coté, que le magazin de Münster étoit assés considerable, pour
faire subsister pendant un mois de temps toute l'armée, et voyant de
l'autre les difficultés, qu'on alleguoit de faire subsister l'armée icy, je pro-
posais à V. A. S. de faire sister pendant quelque temps les convois de
rafraichissement du magazin de Münster afin d'employer le chariage aux
transports à faire de Münster à Lipstad. Mais m'apercevant depuis
que les subsistances ne manqueroient pas icy; j'ay crû qu'on ne devoit rien innover par raport aux arrangemens pris pour rafraichir le
magazin de Münster.
    Il me semble qu'il est necessaire d'opposer un corps au Duc de
Broglio, en cas qu'il marche à Paderborn: la position que V. A. S.
propose pour ce corps entre Wewer et Else me paroit bonne; elle n'a
qu'un seul defaut d'être un peu trop éloignée d'icy. Cependant s'il n'y
en a pas une à prendre de plus prés, il me semble qu'il faut s'y
resoudre.
    Quant au Depart du gros bagage de Lipstad, je crois que V. A.
S. pourroit le faire partir demain, en le faisant marcher sur Warendorp et de là à Osnabrück, je serois meme d'avis de les envoyer de là
à Nienburg.

        ✱✱ Monseigneur;   Ce 18ᵐᵉ Juin 1759.
    Il me semble que les pontons anglois, qui sont à Münster, y peu-
vent rester encore.
    Je ne saurois disconvenir que dès qu'il y a un corps considerable
d'Ennemis à Paderborn, il est necessaire de s'approcher de Rittberg
et de passer par consequent la Lippe; ce qui se fera fort bien à Boke·

    (Archiv-Acten vol. 252.)
        ✱✱ Points d'une instruction à donner au General de Har-
denberg.
    1. V. E. Se souviendra, qu'en defendant la ville de Lipstad, elle

---

*) N. d. H. Aus der Privatsammlung des Hrn. Dr. Schiller zu Braunschweig.

defend le boulevard des Etats de S. M. et qu'une defense de trois ou
4 jours de plus est un objet de la derniere consequence.

2. Mr. le Colonel Boyd, qui a de l'Experience en fait de Siége,
se rendra à Lipstad, pour partager avec V. E. le peril, et je ne
doute point, qu'elle ne puisse tirer de grands avantages de sa presence.

3. Le Capitaine Giese, qui connoit le fort et le foible de la
Fortification, restera avec V. E. et dirigera ce qui est de son ressort.

4. V. E. recoit ci-joint un chiffre, dont elle se peut servir, pour
me mander les choses, qu'elle voudra m'écrire en secret; j'en userai de
meme de mon coté.

5. Comme l'occasion de me faire parvenir de Lettres pourroit
manquer, si la place est investie, il sera bon, que V. E. me donne
des signaux, que je pourrai faire observer, et par lesquels je puisse
aprendre l'etat de la place.

6. V. E. fera rompre les ponts et les passages qui ont eté fait
sur le Gieseler et lacher les Ecluses, dès que l'armée aura demain
passé la Lippe; elle continuera à faire travailler avec chaleur pour
achever le reste des ouvrages qui étoient à faire encore.

7. V. E. fera sortir de la ville tous ceux qui n'ont pas fait une
provision de bouche pour 6 semaines. Ce qu'elle declarera dès demain,
pour que chacun puisse prendre son parti, et elle fera executer cette
Declaration dès qu'Elle s'apercevra que la ville a un investissement
à craindre.

8. V. E. defendra au reste la place jusqu'à l'extremité: plus
longtemps qu'elle tient mieux qu'il vaudra, et V. E. peut surement
compter, que je ne laisserai pas prendre la ville sans faire les derniers
efforts pour la degager.

Elle a plein pouvoir de faire, d'arranger et d'ordonner tout ce qui
est necessaire pour cette fin, et peut compter, que tout sera ratifié
et approuvé.

9. Si Elle a des choses à demander encore, j'attends qu'Elle
m'en fasse part, et je ne manquerai pas d'y satisfaire de mon mieux.

à Overnhagen ce 19. de Juin 1759.   F.

✳ NB. Lui laisserai je encore les Monckevitz, ou quelles autres
troupes legères?

Ce 19me Juin 1759.

✳✳ Monseigneur,
Je crois que V. A. S. pourroit laisser les Buckebourgs à Hardenberg.

No. 35.

✳✳ Au Roy. à Rittberg ce 21. de Juin 1759.

Dès que le Corps d'armée du Duc de Broglio eût joint l'armée
contadienne; le marechal fit un gros detachement de dix à douze mille
hommes sur mon flanc gauche du coté d'Alphen. Il pouvoit avoir deux
objets en vüe; de me couper mes convois, venant de Bilefeld, ou de

venir m'attaquer par mon flanc gauche. L'un etoit aisé et l'autre fort
vraisemblable. Ma position ne me parût pas bonne, pour y attendre
l'attaque. C'est pour quoi j'ai pris le parti de me replier sur Rittberg, ce que j'ai executé en presence de l'ennemi, en marchant le
19. à Lipstad et le 20. icy. Il se pourroit que l'ennemi commençat
par faire à la fois le siége de Lipstad et de Munster. Ayant une si
grande superiorité de monde sur moi, je ne saurois l'en empecher; et
si je ne trouve point de moyen de conserver ces deux places, je prevois
la necessité d'abandonner une grande partie de mes magazins et de
repasser le Weser.

Si je pense aux suites facheuses de ce passage, je prefere de livrer
bataille; mais je puis la perdre, et les suites n'en seront peutetre que
plus facheuses. Oserois-je suplier V. M. de me dire son sentiment sur
ces choses. je suis avec le plus profond respect pp.

(Archiv-Acten vol. 252).

    ** Pour Mylord Holdernesse.
     à Rittberg ce 21. de Juin 1759.

Dès que le Duc de Broglie eut joint le marechal de Contades,
celui-ci poussa un gros corps sur mon flanc gauche à Alphen; dans le
double but, comme je presume, d'intercepter mes convois venant de
Bilefeld et de me livrer bataille. Le terrain que j'occupois offrant sur
ma gauche une grande plaine à l'ennemi pour se former, ne me parut
pas propre pour y recevoir le combat. C'est pourquoi j'ai pris le parti,
de quitter le 19. mon camp de Buren, pour en prendre un autre le
meme jour à Lipstad, d'où je suis venû le 20. icy à Rittberg.

Il ne me paroit pas decidé encore si l'ennemi commencera par le
siége de Lipstad; ou s'il voudra m'obliger, à lui livrer combat. S'il
s'attache à la ville de Lipstad, il se pourroit que Münster fut assiegé
en meme temps par le marquis d'Armentières. Comme l'ennemi est fort
superieur en Troupes je ne puis empecher ni l'un ni l'autre. Et si je
ne vois pas jour à secourir ces deux places, je crains fort, que je ne
sois forcé d'abandonner une partie de mes magazins pour sauver l'autre
et de passer le Weser. En pensant aux suites facheuses de ce passage,
j'incline fort à tenter fortune et à livrer bataille; mais je puis la perdre,
et les suites en seroient plus facheuses encore. Je ne serois pas faché,
de temporiser, afin de laisser jetter aux françois leur premier feu. Mais
les circonstances peuvent devenir pressantes; et alors on n'est pas toujours libre de choisir. Je prie V. E. de proposer cette matière à S. M.
et de m'informer le plustôt possible de Ses intentions.

Il seroit fort necessaire, que quelques vaisseaux de guerre allassent
à Embden, avec quelques autres de transport, pour y être à portée à
tout evenement pour recevoir la garnison.*)

J'ay l'honneur d'etre avec l'estime la plus distinguée etc.

---

*) N. d. H. Diese vier Worte sind im Concept durchstrichen.

(Archiv-Acten vol. 252.

** An
den König von Engeland.

Rittberg den 21. Juny 1759.

Ich schreibe unter heutigen Dato an Mylord Holdernesse über die Situation, worin sich E. K. M. Armée befindet, und weil ich nicht zweifle, dass derselbe Eurer Majt. davon raport abstatten wird; so will ich mich, um Höchstdieselben mit keiner doppelten Erzählung zu behelligen, darauf unterthänigst beziehen. Es kann geschehen, dass ich mich genöthiget finde, die Weser zu passiren, wobei alsdenn die Frage enstehet, wohin ich mich zu repliiren habe. Gehe ich längs der Weser herunter, so entferne ich mich von dem Succurs, so ich etwa von des Königs von Preussen Majst. erhalten möchte; repliire ich mich aber gegen das Brandenburgische, so muss ich die Festung Stade ihrer eigenen Force überlassen. Ich stelle Eurer Majt. die beyden Extrema vor, die wenn Gott Eurer Majt. Waffen seegnet nicht enstehen werden: inzwischen muss Höchstdieselbe ich unterthänigst bitten, mir Dero Befehle und höchste Willens Meynung hierüber nicht unbekannt zu lassen.

Ich bin mit tiefstem respect.

reçu le 24ᵐᵉ Juin 1759 par le domestique
de Mr. de Hellen.

** Monsieur.

Votre infiniment chere Lettre du 18. No. 52 comme aussi les deux precedentes m'ont été rendues. je vous depeche le courier, porteur de celle-ci par Osnabrück. Il n'y a jusqu'au moment present rien à craindre encore pour le passage par Munster; mais la route ne tardera guerre d'etre infestée par des partis.

Mr. de Broglio a passé les defilées de Kleinenberg et de Lichtenau. Il prit le 18. un camp sur notre flanc gauche du coté d'Alphen, à la distance de 2 heures de la grande armée ennemi. Il parut en meme temps plusieurs petits camps poussés en avant tous vers notre gauche. Notre gauche etoit bien apuyée, si l'ennemi eut voulû la passer de prés, àpeu prés à la distance que les armées se forment regulierement pour aller à l'attaque. L'ennemi n'auroit pû defiler par le pont de l'Alme sans etre foudroyé par notre canon. Mais prenant si haut, il pouvoit marcher avec toute son armée dans le Sendvelt, qui est une vaste-plaine, et nous auroit pris alors en flanc et a dos. Il pouvoit exécuter ce mouvement en deux petites marches. Cette consideration et celle que le Duc ne vouloit pas recevoir le combat dans un terrein si uni, et où l'ennemi auroit pû deployer toutes ses forces, engagerent S. A. S. de quitter ce camp de Buren, tres convenable d'ailleurs pour empecher l'ennemi d'entreprendre quelque chose sur Lipstad, et meme de s'eloigner beaucoup de Stadtbergen. S. A. S. marcha le 19. à Lipstad; passa la Lippe le 20. et marcha à Rittberg, où l'armée a pris son camp. La grande armée ennemie etoit encore hier entre Meerhoff et Essen; elle a dû marcher aujourdhui sur Paderborn en 4. colonnes. Il y a eû tous les jours des Escarmouches peu considerables tous ensembles.

à Rittberg ce 21 de Juin.

(à Mr. de Hänichen.)

(Archiv-Acten vol. 2).

Durchlauchtigster Herzog,
Gnädigster Fürst und Herr!

Gleichwie Ew. Hochfürstl. Durchlaucht in Betreff der Defension der hiesigen Vestung meine unterthänigste Sentiments zu eröffnen mir gnädigst anbefohlen haben: als ohnermangle hierdurch pflichtmässig an.zuzeigen:

dass die jetzige Garnison nicht hinreiche diesen Ort gehörig zu defendiren. Selbige besteht für jetzt in allen aus 10 Stabs Offiziers, 16 Capitains, 39 Offiziers, 200 Unteroffiziers und 2053 Gemeine, welche aber mehrentheils Land Militz, und ein rebut von Offiziers und unvermögenden Invaliden ist. Nachdem jedoch 1., die nothwendige Besetzung des verdeckten Weges viele und lauter dienstbare Leute erfordert, es auch 2., geschehen kann, dass der Feind auch einmal mehrere attaquen macht, und 3. auf den täglichen Abgang der Blessirten und Kranken, deren letztere Anzahl durch die ungesunde Gegend und denen daraus enstehenden contagiösen Krankheiten vergrössert wird, besonders mit zu reflectiren ist;

so erfordert die Defension dieses weitläuftigen Platzes nothwendiger Weise eine Garnison von 4 bis 5000 Mann.

Die Inundation betreffend, so kann die Gegend des Claus-Thores nicht anders als durch den Gieseler Fluss unter Wasser gesetzet werden. Derjenige Damm, welchen heute früh bei Wester-Kotten verfertigen lasse, bewirkt indess die Inundation erst nach 6 Tagen, und stände also selbige gar nicht möglich zu machen, wenn der Feind den Damm zu zeitig ruiniren möchte.

Da die armée bisher alle ihre vivres aus dieser Stadt gezogen, auch die Bürgerschaft wegen Mangel des Fuhrwerkes sich wenig in Vorrath setzen können, so dürfte bey selbiger die Subsistenz mit der Zeit sehr rar werden. Die gnädigst anbefohlene Deklaration könnte zwar geschehen; dieser Ort würde aber alsdann so sehr von Leuten entblösst werden, dass niemand bey entstehender Feuersbrunst gegenwärtig zum Retten sey, wenn die Garnison in eben demselben Moment auf dem Walle dienen müsste.

Um Ew. Hochfürstl. Durchlaucht den Zustand der Vestung marquiren zu können, so soll, wenn Vor Mitternachts eine Leuchte auf dem Thurm nach der Seite gegen Rheda und Rittberg zu ausgesteckt ist, ein gutes Zeichen bedeuten; ein schlimmes Zeichen hingegen, wenn diese Leuchte nach Mitternacht ausgesteckt worden. Sollte es aber gar schlimm hergehen, so werden überdem noch 3 Raqueten steigen; einen glücklichen Zufall hingegen werde vor Mitternacht durch 3 steigende Raqueten bemerken lassen.

Da Ew. Hochfürstl. Durchlaucht die etendue dieses mit 12 Bastionen versehenen Orts kennen, welcher ohnmöglich mit 2000 Mann zu defendiren steht, um so mehr die sämmtlichen Schleusen noch nicht einmal soweit als voriges Jahr zur Inundation fertig sind, so bin über meine jetzige Situation recht betrübt; verspreche mir jedoch von Ew. Hochfürstl. Durchlaucht Gnaden, Hochdieselben werden mich dergestalt in stand setzen, und möglichst zu unterstützen geruhen, dass mich der hiesigen Defension, welche nur sonst von sehr kurzer Dauer seyn würde, mit mehrerer Freude unterziehen kann.

Wegen des auf Ew. Hochfürstl. Durchlaucht Ordre vom Rittmeister Monckowitz anherogesandten Französischen Trompeters, welcher sich hier schon sehr lange befindet, ersuche unterthänigst, mich mit fernerer Verhaltungsbefehlen versehen zu wollen. Der ich in getreuester Devotion verharre

Ew. Hochfürstliche Durchlaucht
gantz unterthänigster Knecht
gez. Hardenberg.

Lipstadt d. 20. Juni 1759.

In den Archivacten des Herzogs vol. 2. Operations de l'armée etc. S. 209 befindet sich das Original einer eigenhändigen Ordre des Herzogs Ferdinand an den Schottischen Oberst Boydt, welche nicht abgegangen zu sein scheint, folgenden Inhalts:

Vous este authorisé, par cette lettre, et declaration, d'annuller toute capitulation qui se sera faite à Votre inçu, ou qu'on voudroit faire, dans laquelle Vous ne pouriés donner Votre consentement. Qu'ainsi aucune capitulation n'aura vigueur que quand Vous serés tous d'un sentiment égal. Je vous recommande ceci sur Votre honneur, et sur tout ce que Vous aves de plus cher, et d'attendre par consequent toutes les extremités. Me reposant sur Votre zele pour le service de la cause commune, je n'ai besoin que d'ajouter que je n'oublierai jamais les services eclatants que Vous rendrés par la à la cause commune, et à l'armée en particulier. Fait au quartier général de Ritberg ce 21me Juin 1759.

Ferdinand Duc de Brunswic et de Lünebourg

Ordre secret pour
le Collonel de Boydt.

(Archiv-Acten vol. 252).

✱✱ Monseigneur.   ce 21me Juin 1759.

Il m'a parû, Monseigneur, que l'ordre secret pour le Collonel Boyd est conçû un peu trop fortement, et Mr. de Hardenberg pourroit l'interpreter comme un reproche qu'on fait à sa fermeté.

Si V. A. S. veut bien lire celuy que j'ay dressé, peut être jugera-t-elle à propos de reprendre le sien*)

---

*) N. d. H. Es scheint, dass der Herzog hiernach die Zurücklegung der obigen Ordre und den Erlass einer anderweitigen genehmigt hat.

19*

(Archiv-Acten vol. 3.)

Nous Brigadier des Armées de Sa Majesté très Chretienne, Commandant l'Avantgarde du corps d'armée destiné à faire le siège de la ville de Lipstad par le pouvoir et ordres à nous donnés par Monseigneur le Marechal de Contades Commandant les armées du Roi en Allemagne, sommons au nom du Roi monsieur le Comte de Hardenberg General en chef de la Garnison à Lipstadt de remettre aux troupes de Sa Majesté très Chretienne la Place de Lipstadt avec son Artillerie et effets militaires, appartenants à l'armée alliée.

Le peu d'Esperance de Secours, qui reste à Monsieur le Comte de Hardenberg à attendre de l'armée alliée qui se retire sur le bas-Weser nous autorise à Lui déclarer, qu'il a nul espece de capitulation à attendre une fois l'investissement de la place faite.

ce 1er Juillet 1759

gez. le Comte de Melfort.

(Archiv-Acten vol. 3.)

Nous Chretien Louis d'Hardenberg, Lieut. general des armées de Sa Majesté Britannique, Colonel d'un Regiment d'Infanterie et Commandant de la ville de Lipstadt, repondons à la sommation, que Mons. le Comte de Melfort a fait au Nom de Mons. le Marechal de Contades (quoique ce n'est pas dans les regles de repondre à une sommation fait par des Troupes legeres) que nous sommes chargé de la defense de cette place par S. A. Sme le Prince Ferdinand, et que nous tacherons le mieux, que nous pouvons de meriter la confiance, qu'il a eu en nous, et l'estime de Messrs. les assiégeans. S'il est vrai, que le Prince Ferdinand s'est retiré sur le Bas-Weser nous conoissons si bien ses manoeuvres, que nous sommes persuadés, qu'il s'est seulement reculé, pour mieux sauter.

le premier de Juillet 1759   gez. Hardenberg.

(Archiv-Acten vol. 252.)

Die hier folgenden Gutachten und Billets von Westphalen an den Herzog Ferdinand enthalten die Motive über die Aufgebung der Stellung des Herzogs bei Rittberg.

** Monseigneur!   Ce 23me Juin 1759.

V. A. S. a daigné me demander mon sentiment sur le memoire du Comte de Buckebourg. Il contient surement de bonnes choses. Mais voila mes doutes. 1: Vechte doit etre le centre de nos mouvements, et devenir le depot de nos magazins. Cela supose, que nous nous aprochions beaucoup de Vechte. Je comprends que le Comte a eû en vüe, que nous pourrions passer les gorges de Bilefeld, parquoi nous nous aprocherions de Vechte. Mais je ne crois pas, qu'il nous conviene de nous en aprocher tant à mettre l'ennemi entre l'armée et Minden; puisqu'il pourroit en resulter, que nous fussions ensuite recoigné jusqu'à Bremen. Il me semble d'ailleurs impossible de remettre le chateau de Vechte en si peu de temps en etat de defense, et selon la description que j'en ai entendu faire, la place n'est gueres de la grandeur, à contenir un magazin tant soit peu considerable. Il est cependant necessaire de se maintenir en Westphalie, le plus longtemps possible; et comme pour cette raison il est toujours avantageux, d'avoir quelque place forte à dos, V. A. S. pourroit faire examiner celle de Vechte, pour juger de ce qu'il conviendroit de faire pour la mettre en etat de faire quelque resistance. 2: La manoeuvre que le Comte propose de passer et de repasser les gorges de Bilefeld, me paroit trop compliquée; il y a en elle quelque chose de ressemblant à celle qu'on se proposoit de faire, lorsque V. A. S. marcha l'année passée à Wassenberg. Cette manoeuvre devient d'ailleurs impracticable et inutile, si l'ennemi commence par faire le siege de Lipstad. Après s'en être rendu maitre, il tirera ses subsistances en partie de Dusseldorp et de Wesel, et pour aller en avant, il n'a plus besoin de passer par les montagnes de Paderborn et de Detmold.

„Quant au memoire de Mr. d'Imhoff, il me paroit qu'il distingue „fort bien les cas qui peuvent arriver. Mais comme celui du siege de „Lipstad me paroit etre celuy qui arrivera; il faudroit donner „toute son attention pour l'empecher, s'il étoit possible, „pour le retarder, si l'on ne peut pas l'empecher, et en-„fin de tenter, de le faire lever, si l'Ennemi l'attaque „en effet. Ne seroit-il pas propre et convenable de „pousser un corps de troupes vers Böke, de faire com-„bler les fossés à temps, par lesquels il faudra passer „pour aller à l'ennemi, et enfin de prendre une notion „oculaire et exacte du terrain entre icy et Lipstad, „pour pouvoir faire ensuite d'autant plus surement la „disposition, pour faire lever le siege. V. A. S. pourroit „s'abboucher sur cela avec Imhoff.

✳✳ Monseigneur!   Ce 24me Juin 1759.

Il me semble, Monseigneur, qu'à moins que la grande armée françoise ne fasse une marche à Paderborn, celle de V. A. S. n'en doit point faire. Peutetre seroit-il convenable que V. A S. fit un detachement d'infanterie et de cavallerie d'apeuprès deux mille hommes à Delbruck. La raison en est la suivante. Si l'ennemi investit la ville de Lipstad, il ne laissera pas ce camp à Paderborn, et si V. A. S. prenoit alors le parti de s'aprocher de la Hastenbeck, pour attaquer l'ennemi, ce detachement seroit là à portée, pour faciliter le passage de la Hastenbeck.

Si l'ennemi ne voulût point s'attacher au siege de Lipstad, mais aller en avant; et que son intention fut de pousser alors le camp de Paderborn comme une avant-garde, pour s'emparer des gorges, alors le detachement de V. A. S. put le cottoyer en marchant de Delbrugge sur Hovel. Mais cela n'arrivera point à moins que la grande armée françoise n'ait prealablement fait une marche à Paderborn.

V. A. S. peut examiner cette proposition à loisir; et en demander le sentiment à Mgr. le prince héreditaire.

          ** Monseigneur!   Ce 24me Juin 1759.

Mr. de Reden à raison, qu'il ne faut point negliger la ville de Warendorp: il faudroit y avoir pour le moins 400 hommes et sa proposition d'y envoyer Mr. de Pritzelwitz pour sa personne n'est pas mauvaise. Si l'on joignit à la garnison qui s'y trouve, la moitié du Bataillon de Wurm, avec 150 commandez de l'armée outre une vingtaine d'huzards, il me semble que cela suffiroit.

          ** Monseigneur!   Ce 24me Juin 1759.

J'ay remarqué par les annotations que V. A. S. a faits à la lettre de Mr. d'Imhoff, qu'elle supose un sentiment à ce general, qu'il ne me semble pas avoir eû.

L'ennemi peut faire deux choses. Savoir de pousser en avant, pour nous obliger à passer le defilé de Bilefeld, ou pour nous en couper, ou de commencer par le siège de Lipstad en s'etablissant sur la Hastenbeck.

Dans ce dernier cas, pour secourir la ville de Lipstad, il faut se frayer de bonne heure des routes, pour passer la Hastenbeck.

Dans le premier cas, il faut preparer les routes pour aller vers Bilefeld, et retomber de là vers l'Ennemi pour le combattre.

Ces deux cas pouvant exister egalement; il faut se preparer pour l'un et pour l'autre: Et les reconnoissances des routes vers la Hastenbeck et vers Bilefeld ne se contredisent point.

Un autre point fort essentiel est, que puisqu'il est indispensablement necessaire d'en venir aux mains dans l'un et dans l'autre cas, de regler 1mo, tout d'avance pour les marches respectives, afin qu'elles n'embarassent point si le cas existe; 2do de faire marcher le General Zastrow avec deux Regimens d'Infanterie et celui des Dragons de Breitenbach à Hervorden, et de faire aprocher le general Wangenheim de Münster, pour qu'il puisse se porter de là en deux marches forcées pour joindre l'Armée.

   (Archiv-Acten vol. 252.)

     ** Für den G. M. von Zastrow von Braunschweig.

               Rittberg den 24. Juny 1759.

Der Hr. G. Major von Zastrow werfen das Regiment von Marschal in Hameln; mit denen beyden übrigen Regimentern infanterie und dem Regiment von Breitenbach Dragoner setzen Sie Sich morgen, oder längstens den 26. dieses im March von Hameln nach Hervorden, alwo Sie ein Lager nehmen, und daselbst weitere Ordre vorfinden werden.

Sie lassen dem Commandanten von Hameln zu seiner Disposition eine Escadron vom Regiment von Breitenbach zurück, nicht weniger

das Bataillon von Stockhausen, so seine ietzige Posten behalten oder
sonst nach den Umständen verändern kann.

Der Herr G. M. bringen den zu Hameln fertig stehenden Bückeburgischen Artillerie-train von 16 canonen mit: weswegen Sie nur
bey dem G. L. von Brunck nachfragen können. Der Bückeburgsche
Major von Storck befindet sich bey diesem train.   F.

.(Archiv-Acten vol. 252.)

     ⁂ An

den Hr. G. M von Zastrow zu Münster.

Rittberg, den 24. Juny 1759.

Es kann ehester Tagen geschehen, dass der G. L. von Wangenheim sich mit seinem corps ans der Gegend von Münster auf einige
Tage entfernen muss. Er lässet Ihnen in diesem Fall von seinem unterhabenden Corps das Bataillon von Scheiter nebst hundert Husaren von
Luckner zu ihrer Disposition und um gehörig patrouilliren lassen zu
können, zurück.

Der Hr. G. M. können inzwischen von den Feinden angegriffen
werden: Sie müssen also von diesem Augenblick an darauf bedacht
seyn, sich in Bereitschaft zu setzen, damit Ihnen der Aufbruch des Hr.
Generals nichts unerwartetes seyn möge.

Ich kann Ihnen übrigens keine weitere Instruction als folgende
geben. Versuchen Sie die Stadt zu defendiren; gehet solches nicht
an, so ziehen Sie bey Zeiten ihre Garnison in die Citadelle, und defendiren solche bis aufs alleräusserste. Alles was dazu dienlich und
nöthig ist, werden Sie, wo es noch nicht geschehen seyn sollte, unverzüglich vorkehren; und gebe ich Ihnen dazu alles pouvoir, sowie ich
es auch hingegen von dem Hr. General fordere, dass Sie dieser meiner
Instruction genau nachkommen.

Was ich wegen der Magazine dem Herrn General schon vorhin
geschrieben wird hiermit wiederholt: Sobald es wahrscheinlich würde,
dass sie solche nicht länger decken können, müssen Sie selbige destruiren lassen.

Der Herr General werden übrigens gegen keinen Menschen, er
sey wer er wolle, von dem Aufbruch des G. L. von Wangenheim etwas merken lassen: vielmehr die Leute in der Meynung zu erhalten
suchen, als wenn der G. von Wangenheim sich in das retranchirte
Lager vor Münster ziehen würde.

(Archiv-Acten vol. 252.)

     ⁂ Für den General-Lieutenant
           von Wangenheim.

Rittberg den 24. Juny 1759.

Eure Excellenz werden hiermit avertiret, dass Sie vielleicht
ehester Tages einen continuirten forcirten March zu thun genöthiget
seyn werden.

Sie werden Sich also wohl dazu, und zwar stündlich bereit halten; auch absonderlich darnach sehen, dass Sie beym Aufbruch auf 9 Tage Brodt, und wenigstens auf 4 Tage Fourage mit sich nehmen können.

Von diesem vorseyenden Marsch werden Dieselbe aber das vollkommenste Stillschweigen observiren.

Debarassiren Sie sich von aller überflüssigen Bagage, und senden solche bey Zeiten über Osnabrück zu der übrigen Bagage der Armée ab.

Sie lassen, wenn der Marsch statt hat, dem G.-M. von Zastrow das Bataillon von Scheiter nebst 100 Husaren von Luckner zurück. Mit dem Rest Ihres Corps aber, und der gesamten schweren Artillerie, welche Sie bey sich haben, vollenziehen Sie den zu thuenden Marsch.

Eure Excellenz werden bey Zeiten darauf denken, wie denen Truppen der Marsch leichter gemacht werden könne, als zum Exempel solchen die Tornister fahren zu lassen, ihnen auf dem Marsch Erfrischung von Bier und Brandtewein geben zu lassen, als welches Sie durch voraus zu sendende Officiers von den nahe belegenen Städten auf die Rendez-vous können zusammen bringen lassen.

Wenn ich nicht besorgte, dass wenn Sie Dülmen verlassen, der Feind sogleich weiter vorrücken mögte; so würde ich Sie sogleich bis nach Münster oder doch nahe dabey marchiren lassen. Von Münster aus können Sie in 2 forcirten Marschen an den Ort ihrer Destination gelangen. Ich werde Eürer Excellenz hierüber noch weiter schreiben; melde Ihnen dieses aber vorläufig zur Nachricht.

Sobald Sie ordre zum Aufbruch erhalten, müssen Sie den General-Major von Zastrow davon avertiren, damit der sich um so zeitiger in seinen Mesures darnach richten kann.

Rittberg den 24. Juny 1759.

Arrivé ce 22. Juin 1759.

Monsieur Mon Cousin.   No. 42.

Après ne pas avoir eû depuis quelque tems de vos nouvelles, J'ay eté bien aise de recevoir la lettre que Votre Altesse m'a fait du 11e de ce mois. (déchiffrée) „Je penetre assés bien, que dans les Circonstances où Vous soyez actuellement, il n'y a d'autre Resolution à prendre que celle que Vous avez pris. Toute autre, etant si embarassante, que si Vous ne Vous opposez pas au Maréchal Contades, il ravagera toute la Hesse, l'Hannovre et toute la Westphalie; ainsi tout ce dont je saurois Vous prier, c'est de ne pas oublier les Canons et d'ailleurs de ne pas Vous laisser attaquer de ces gens-là, ce qui seroit dangereux, mais de les prévénir. Peutètre que Vôtre Altesse sera si heureuse que de les trouver au moment qu'ils seront en marche ou lorsqu'ils seront sur le point d'entrer dans leur Camp, à fin de les entamer sans qu'ils gagnent le têms de s'y opposer. Alors Vous les aurez assés bon marché, aumoins mieux que quand ils auront eté deux jours seulement, où ils se seront fortifiés et auront fait plus de dispositions. Quant au reste, Vous serez persuadé de la sincerité des Voeux que je fais sans nombre pour Vos heureux Succés, et si je puis y contribuer en aucune façon, me voilà tout pret à le faire. Quant à ma Situation ici, elle est à peuprés la même comme je vous l'ai dejà marqué; il a fallû que mon Frère Henri detache contre les Russes à l'Armée de Dohna; les Russes n'avancent que fort lentement, et autant que j'en comprens, Daun n'entreprendra rien avant que Fermor ne soit plus près de lui. J'ai pris mes mesures en sorte que si Daun veut entreprendre quelque Chose contre nous, il trouvera son Entreprise très difficile et perileuse, le reste c'est au tems à le faire; quoiqu'il ait en tout compté ici et en haute Silesie jusqu'à cent trois mille hommes, j'espère cependant de parvenir à lui faire regretter son Entreprise, pourvû que la fortune ne nous soit pas tout à fait contraire." Je suis avec l'Amitié la plus sincère et toute l'Estime imaginable

Monsieur Mon Cousin
de Votre Altesse

à Reichs-Hennersdorff   le très bon Cousin.
  ce 17e Juin, 1759.

(de main propre.)

je crois mon cher que cette lettre arrivera apres Coup. Veuille le Ciel que Vous puissiéz Confondre l'orgueil et l'audace de nos ennemis, et que je puisse a mon tour Vous donnér de bien bonnes Nouveles de ce qui arrivera dans ces Contrées.   Federic.

No. 36.

✳✳ Au Roy ce 24. de Juin 1759. à Rittberg.

La très gracieuse Lettre de V. M. du 18. (17.?) vient de m'etre rendüe. Les choses aprochent icy d'une decision. je pense que l'ennemi fera l'une des deux choses: ou il commencera par faire le siége de Lipstad, ou il tachera de me couper de Bilefeld, en tachant de m'y prevenir. Ne pouvant souffrir ni l'un ni l'autre, je me prepare pour m'y opposer vigoureusement, et il pourra s'en suivre une bataille generale. Les ennemis sont tres forts, n'ayant laissé que fort peu de troupes en Hesse; ils ont pour le moins vis à vis de moi quatrevingt dix bataillons et autant d'escadrons. je n'ai à leur opposer que quarante trois bataillons avec cinquante huit Escadrons. Mais je sens que ce n'est pas au nombre que le ciel accorde toujours la victoire. L'artillerie que j'ay est beaucoup plus nombreuse que je ne l'ay eû encore; mais les Ennemis n'en manquent pas non plus.

Le marquis D'Armentieres continue à camper près de Schermbeck, et le general Wangenheim à Dulmen. je suis avec le plus profond respect etc.

reçu le 26. Juin à midi p. Rademacher.

✳✳ Monsieur,

Il paroit que l'ennemi ne puisse aller en avant, qu'aprés avoir pris la ville de Lipstad; il fait quelques dispositions qui marquent un dessein sur cette place; mais il en fait d'autres qui marquent egalement qu'il compte d'aller en avant sans s'embarasser de la ville de Lipstad. je ne sais s'il a compté qu'on defendroit cette place; s'il ne s'est pas preparé pour en faire le siege, je ne suis pas etonné s'il s'arrete, pour arranger les flutes. Un camp, qui paroit etre considerable, est depuis hier pres de Paderborn dans le coin que l'Alme fait avec la Lippe. Au reste il paroit que la grande armée a encore eté hier dans son camp de Meerhoff, ou du moins en delà de l'Alme. Les ennemis ont aussi un camp à Scharm. Leurs troupes legeres voltigeut autour de Lipstad; elles n'ont cependant pas passé encore la Lippe. Ces troupes legeres sont soutenües par des piquets d'infanterie et de cavallerie. Le general Hardenberg commendant de Lipstad avoit fait pratiquer le 21 une digue dans le Giesseler-bach, pour faciliter l'inondation de la place. Cette digue fut detruite le meme jour par les ennemis. Il fit le 22 un detachement de 800 hommes sous les ordres du colonel Boyd pour faire faire une autre. Ce Detachement en vint aux mains avec les ennemis, qui furent repoussé; on fit la digue, et Mr. de Hardenberg a marqué hier, que l'inondation en a gagné. Nous n'avons point de nouvelles de Mr. de Wangenheim depuis deux jours; mais je crois qu'il est toujours à Dulmen. Voicy toutes nos nouvelles.

Le Duc a reçû hier une Lettre du Roy du 18. S. M. etoit alors fort tranquille encore à Reichen-hennersdorff. Elle marque, que Daun paroissoit attendre les Russes, et que les Russes avancoient lentement. Le Prince Henry etoit le 20 encore à Chemnitz. L'armée des cercles avance de nouveau.

Ayez la bonté de me mettre aux pieds de S. A. S. qui est mille et mille fois saluée par Mgr. le Duc. à Rittberg ce 24. de Juin 1759. à 8 heures du matin.

(à Mr. de Haenichen.)

(Archiv-Acten vol. 252).

⁂ Monseigneur!   Ce 24. Juin 1759.

Il sera aisé de faire cesser le manque de fourage. Qu'on presse 5 cent voitures dans le païs de Münster, qu'on le charge sans delai de fourage, et qu'on fasse venir ce transport icy. Comme toutes livraisons cessent pour le magazin de Münster, on pourra trouver sans difficulté ce nombre. Meyen pourroit aller à Münster pour cette commission particulière. En deux jours de temps il pourra assembler ce nombre; et en trois jours ils arriveront icy. Voilà un moyen.

Le second est de faire la même chose à Osnabrück. On y chargera pareillement 5 à 6 cent voitures de fourage. Par ce moyen l'armée n'en manquera pas.

V. A. S. doit faire sentir dans ses discours à Mr. l'intendant, que le fourage étant une fois assemblé à Münster et à Osnabrück, c'etoit toujours la faute du Commissariat si l'Armée en manque. C'est une pitoyable raison que de dire, comme Mr. l'intendant fait, que le païs

ne respecte plus ses requisitions. Il dit aussi mal, qu'il n'a point la
force en main, pour contraindre la regence; Pourquoi ne demande-t-il
pas de l'assistence militaire? V. A. S. doit lui faire remarquer, qu'on
s'en prendra à lui si l'armée manque de subsistence.
Il faut bien avoir
recours aux Entrepreneurs si cela n'est pas autrement faisable, mais
c'est bien contraire à la situation presente des affaires. Je suis étonné
que l'intendant delibère encore sur le moyen, pendant que les chevaux
crevent de faim.

        **-Monseigneur;   Ce 24. Juin 1759.
    Je ne crois pas, qu'on puisse rien ajouter à ce que V. A. S. a
deja ecrit au sieur Hunter; mais voici un nouveau billet pour luy;
puisque V. A. S. juge que cela pourroit operer. Mais il me semble
que les billets n'opereront jamais ce que V. A. S. pourra faire, en Luy
faisant remarquer, qu'on attend de Luy qu'il fasse vivre l'armée. S'il
replique que les moyens luy en manquent, il faut d'abord luy faire sentir
que c'est la faute de ne pas les chercher.
    Cecy ne pourra pas se traiter aussi bien par billet que de
vive voix.

        ** Monseigneur!   Ce 25. Juin 1759.
    Il me paroit aussi que le Dessein de l'Ennemi est de tourner la
gauche de V. A. S. J'ay cependant de la peine à croire, que l'armée
ennemie soit marché hier dans ce temps affreux; et il me semble que
le raport de l'Etudiant merite d'etre confirmé.

        ** Monseigneur!   Ce 26. Juin 1759.
    Le raisonnement d'Imhoff me paroit juste. Si l'ennemi veut com-
battre V. A. S. dans cette position, il luy faut deux jours pour venir
icy. Il auroit à passer la Lippe, la Hastenbeck, et l'Ems. Cela demande
toute sorte de preparatifs. Il me semble que l'ennemi n'a pas meme
reconnû encore la position de V. A. S.
    La nouvelle que l'ennemi avoit forcé le poste de Delbrugge m'a
parû possible; mais elle a eté sans doute fort grossie, puisque Mr. d'Urff
fit dire, que l'armée francoise avançoit. Si Delbrugge avoit eté forcé
en effet, je crois que Schlieffen l'avoit marqué.

        ** Monseigneur!   Ce 26me Juin 1759.
    Si V. A. S. croit que Boke est entouré, il est absolument necessaire
qu'elle fasse marcher incessament du monde pour degager le bataillon
des volontaires de prusse.

        ** Monseigneur!   Ce 26me Juin 1759.
    Il me semble Monseigneur, que le changement resolû dans la
marche sur Bilefeld en demande un quant à la destination de Mr. de
Zastrow; je pense qu'il ne doit plus continuer sa marche sur Hervorden.
A juger par ce qu'il ecrit de la longueur du chemin, il prendra sa
route par Minden, où il sera arrivé aparemment aujourdhuy et marchera
peutetre demain jusqu'à Goofeld. Il me semble qu'il doit s'arreter dans

sa marche. Quant au train de l'artillerie de Bukebourg, elle devoit marcher sous une Escorte de Minden à Osnabruk, d'où Elle joindroit ensuite l'armée.

            ** Monseigneur!   Ce 26me Juin 1759.

Puisque cette position ci*) ne vaut pas pour recevoir le combat; je crois aussi qu'il en faut changer.

Nous n'avons point eû d'avis, que l'armée ennemie ait fait un mouvement aujourdhui;

    par consequent, si elle ne le fait que demain, V. A. S. aura le temps necessaire de se replier sur Harswinkel après demain. Je souhaite que cette position soit bonne: il seroit desolant si l'on dut encore faire une marche en arriere.

                reçu le 29me Juin 1759 à 11 h. du matin par le
                Courier Kiel.
                  à Rittberg ce 26. de Juin 1759.

** Monsieur.

Votre infiniment chere Lettre du 22. à 10 heures du soir sub No. 53 me fut rendüe hier aprés midi. S. A. S. a lû avec une satisfaction parfaite le Detail, que vous m'avez fait sur la force des Bataillons Francois, et vous est sensiblement obligé des Extraits tres curieux que vous aviez joint à votre chere Lettre. Mr. le Duc de Broglio, qu'on croit moins gascon, que ses compatriotes, a dit à Cassel, que l'armée françoise etoit composé de 100 mille combattans, que pas un homme n'y manquoit. Le Landgrave qui nous l'a mandé en est persuadé, et se croit perdû sans resource. Mr. le M. de Contades pour faire sentir à Mr. de Wittorff qui a eté envoyé à lui combien il comptoit de reduire à rien les princes alliez, luy a dit qu'il etoit venû avec un fond de cent quinze mille hommes, qui suffiroient probablement pour ecraser l'armée alliée, et pour exiger les contributions qu'il se proposoit de lever. Qu'il etoit venû pour terminer une bonne foi les affaires; que le Landgrave devoit à son obstination le malheur qui alloit tomber sur son païs etc. etc. Mgr. le Landgrave n'est pas le seul, qui est frapé de cette perspective.

La grande armée françoise est depuis trois jours à Paderborn. Mr. de Broglio a eû encore ce matin son camp à Neuhaus. La grande armée s'etend de Paderborn jusqu'à Nordborken; il y a un corps de leurs troupes à Scharm, un autre à Sande. Il campoit hier 22 Escadrons sur la hauteur de Buren. Ce matin ils ont attaqué deux de nos postes, savoir de Delbrugge et de Boke, avec du canon, et beaucoup de cavallerie. Le premier consistoit en 50 chasseurs; il fut forcé de se replier, ce qu'il fit sans perdre un homme. Delà toute cette cohue de trouppes alla enveloppé le poste de Boke sur la Lippe. Le Bataillon des volontaires de prusse s'y trouvoit. Comme il fut attaqué par plusieurs endroits à la fois, et nommement des deux cotéz de la Lippe,

---

*) N. d. H. Rittberg.

il eut toute la peine du monde de s'en retirer. Il ne perdit cependant non plus rien. Notre perte en cette attaque consiste en un huzard qui a eté pris avec le cheval, ayant eté chassé dans un marais, dont il ne pouvoit plus se tirer. Voila tout ce qui s'est fait en cette attaque, qui a eté conduite je crois par Mr. de St. Pern.

Les ennemis sont actuellement les maitres de passer la Lippe, et de s'approcher de nous aussi prés qu'ils veulent, soit pour nous combattre soit pour investir la ville de Lipstad. Il paroit qu'ils voudront commencer par tenter fortune dans le combat. Le duc compte de les impatienter un peu d'avantage: jusqu'à present ils vont avec une circonspection admirable; peutetre qu'ils en perdront un peu dans la suite. Le fourage ne peut guerre abonder dans leur camp. Il faut mettre cette circonstance à profit; ainsi ne vous etonnez pas si vous aprenez que nous faisons une marche, qui paroitra retrograde. La position que nous avons n'est pas faite pour se battre. Il faut esperer que Mr. de Contades detachera bientot, ou qu'il fera le siege de Lipstad. adieu mon cher monsieur. mettez-moi aux pieds de S. A. S. à 11 heures du soir.

J'avois fini cette Lettre lorsque Mr. de Bulow entre chéz moi: il me dit qu'il a repris le poste de Delbrugge. Les ennemis ont eû ce matin 40 hommes tant de tuez que de blessez. ils ont emmenez trois chariots, chargez de blessez. Mr. Bulow a trouvé 7 hommes tuez dans le bois, qui n'ont pas eté enterrés encore. Un major se trouve parmi eux. Il a eté de Delbrugge à Bocke; mais il a trouvé ce poste trop bien gardé pour l'attaquer. Le Lieutenant-Colonel Narzimsky, qui fut deposté ce matin de son poste de Haupt, quoique sans perte, y a eté ramené par Mr. de Bulow, qui a chassé les huzards françois jusqu'au camp françois.

(à Mr. de Haenichen).

** Monseigneur,   Ce 27me Juin 1759.

Bulow me vint trouver encore hier au soir pour me faire part, que le poste de Delbrügge avoit eté repris. J'en suis d'autant plus charmé que maintenant le camp ennemi peut etre observé, et je ne sais s'il convient de quitter cette position-ci, avant qu'on voit clairement que l'ennemi quitte la sienne. Si les routes sont frayées, et si tout est tenû prêt pour la marche, on pourra l'executer, dès que la necessité l'exige. Dans la derniere lettre d'Imhoff il est suposé que l'ennemi marcheroit surement aujourdhui; mais s'il ne l'eut pas fait, je crois que nous ne devons pas marcher non plus.

A juger par le raport de Freytag des desseins de l'ennemi, il paroit, qu'il s'attend, que nous marcherons vers Bilefeld.

reçu le 30. Juin à 4 h. de l'après midi par Frise a 1 au H.
à Rittberg ce 27. de Juin 1759.

** Les ennemis sont encore tranquiles dans leur camp de Paderborn; nous le sommes aussi dans le notre. Il se pourroit que ces hottentots de cercles vinssent nous incommoder aussi. Une Lettre arrivée ce matin de Brunsvic marque qu'une troupe de pandours et d'huzards est deja arrivé dans le païs d'Eisenach. je juge par une lettre que Mgr. de Deuxponts vient d'ecrire au Duc sur l'echange des prisonniers et des otages, que son dessein pourroit etre de longer la Werra et de tomber dans le païs de Brunsvic. S. M. T. C. a promis au duc de Meklenbourg, que les Etats de Brunsvic payeroient à sa Serenité meklenbourgeoise tout l'argent que le Roi avoit exigé du Meklenbourg.

Nous avons intercepté de Lettres ecrites à Paderborn qui representent ce pauvre païs, comme un païs perdû sans resource. Les Francois n'epargnent rien. tout est pris et fouragé. c'est une guerre de Destruction. Dieu veuille y mettre fin, si c'est sa volonté. Adieu monsieur. j'ay oublié de vous prier de payer seulement à Mr. Wolters son compte. Mr. Hekenauer pourroit decompter sur cela avec notre maitre de poste, qui doit luy rembourser cette somme. Mettez-moi aux pieds de S. A. S.

(à Mr. de Haenichen).   à 7 heures du soir.

(Archiv-Acten vol. 252.)

⁕⁕ Pour Mylord Holdernesse.

à Rittberg ce 27. de Juin 1759.

Je me rejuis sincerement du succès distingué que les armes de S. M. ont eû à la Guadaloupe. Cet heureux evenement en fera naitre d'autres, et je ne doute point que la campagne en Amerique ne reponde parfaitement aux efforts que la nation a faite pour la faire reussir.

L'armée francaise se trouve depuis trois ou 4 jours aux environs de Paderborn; je ne saurois demeler encore si le Marechal de Contades commencera pour faire le siege de Lipstad, ou s'il compte d'aller en avant. Il va avec une grande cisconspection; je ne doute cependant pas, que son dessein ne soit d'en venir aux mains. Il me semble qu'il ne sauroit rester longtemps dans le Paderborn faute de subsistence pour les chevaux, et celle pour les hommes doit etre assez difficile, vû que les convois ont à faire un chemin aussi long que difficile.

Le moment present n'etant gueres propre pour passer les Troupes en revüe, j'ay crû que le Colonel Boyd pouvoit bien etre absent de l'armée durant quelque temps. il s'est jetté dans la ville de Lipstad, dont la conservation est de la derniere importance. Comme il a de l'experience en fait de siége, je pense qu'il ne sauroit actuellement rendre des services plus essentiels qu'en contribuant par ses lumières, à defendre cette place, et je me flatte, que S. M. daignera aprouver le parti, que j'ai pris, de le prier de s'y rendre.

J'ay l'honneur d'etre avec les sentimens de la plus haute consideration p. p.

reçu le 30. Juin 1759. à minuit par Katsch.

⁕⁕ Monsieur,

Votre infiniment chere Lettre du 26. vient d'arriver. Le Duc vous est sincerement obligé de la communication de ces avis interessants, que vous aviez joints à Votre Lettre.

Je vous renvois tout de suite ce courier, pour que vous n'en manquiez pas, en cas que vous eussiez des nouvelles à me mander, qui eussent tant soit peu de raport à nos affaires.

Les francois font beaucoup de bruit des hauts faits de leurs troupes depuis qu'elles sont entrés en Westphalie. Si je lis les gazettes de Cologne, j'y trouve des choses, par les quelles je me vois tout d'un coup désorienté, n'ayant rien apris de pareil. On auroit trop de peine à refuter tous ces grands combats, dont pas un n'a existé, ou n'a point existé de la façon qu'ils le debitent. pourvuque nous les bations reellement; je leur cederai volontiers l'avantage de le faire dans les gazettes.

Depuis trois ou 4 jours nous entendons regulierement ronfler le canon dans leur camp vers les 7 heures du soir. On a remarqué aujourdhuy un petit changement dans leur position. La droite a diminué et la gauche s'est augmenté. On a vû aussi un petit camp à Géseke, au reste tout est tranquile de part et d'autre.

Il est vrai que le prince Henry a fait faire une nouvelle incursion au Pasberg en Boheme; qui a parfaitement bien reussi, mais qui à la verité est peu de choses. C'est pourquoy j'ay aparemment oublié d'en faire mention par mes precedentes. Nous n'avons point de Lettres du Roy depuis le 18. adieu mon cherissime ami.

à Rittberg ce 28. Juin 1759.

à 11½ heures de la nuit.

(à Mr. de Haenichen.)

(Archiv-Acten vol. 252.)

** Monseigneur!   Ce 28ᵐᵉ Juin 1759.

Le memoire du prince hereditaire, qui expose les idées du Comte de Schaumburg-Lippe, contient de très bonnes choses. Mais je ne saurois conseiller de laisser 6 mille hommes à Münster par deux raisons, 1ᵐᵒ que la ville de Münster n'est pas en etat de se defendre, et que le temps manque pour la mettre en etat de defense, outre que je connois point de general à qui confier un tel commendement, vû qu'il devoit faire quelque chose d'extraordinaire.

2ᵈᵒ Qn'on se priveroit d'un corps considerable, et qu'on le perdroit même si l'ennemi continuat d'agir methodiquement. Il me semble beaucoup plus simple, et beaucoup moins hazardeux d'attirer le Corps de Wangenheim à l'armée dès qn'on sera vis-avis de l'ennemi dans une distance et dans une position, où il sera expedient de livrer bataille. Si l'ennemi avance soit vers Bilefeld, soit vers Lemgow, il ne sauroit le faire sans laisser des troupes en arrière, si V. A. S. attire alors à Elle Wangenheim, la disproportion des forces cessera, et je suis d'opinion, qu'il ne faut pas balancer d'en venir à une decision.

** Monseigneur!   Ce 29ᵐᵉ Juin 1759.

La nouvelle de Narzimsky est importante; c'est celle à laquelle on devoit s'attendre. Cependant il faut voir si elle se confirme; 'c'est un grand pas que l'ennemi fait, et peutetre n'est il pas celuy, que nous devions craindre le plus. Il me semble que V. A. S. ne doit quitter son camp d'ici que quand l'ennemi marche en effet, et que l'on ait vû la direction qu'il prend dans sa marche. S'il alloit si droit à Hameln, que l'espion paroit le croire, nous restérions icy, pour le suivre dans un couple de jours après son depart de Paderborn.

Ce seroit alors le meilleur parti; mais je crois que si l'ennemi marche, il marchera sur Stukenbrok.

** Monseigneur!   Ce 29me Juin 1759.

Si l'ennemi fait un detachement vers Hameln, et qu'il reste avec le gros de l'armée à Paderborn, c'est ce qui peut arriver de plus facheux, et je ne vois pour le moment present d'autre remede qu'une defense opiniatre de Hameln; à moins que V. A. S. ne juge faisable d'attaquer alors l'armée ennemie affoiblie par ce detachement. On pourroit peutetre dire, qu'il conviendroit alors de faire aussi un detachement pour secourir la ville de Hameln; mais c'est une chose bien difficile et sujette à tant d'inconvenients, que je n'ose dire, s'il est faisable et expedient de s'y preter.

Si l'ennemi marchat avec toute son armée à Detmold, alors je croirois que V. A. S. dut s'aprocher de Stuckenbrock à peu près jusqu'à Werle (Verl?). Si l'ennemi continue de marcher dans cette direction de Paderborn sur Detmold vers Hameln, V. A. S. s'approchera jusqu'à Stuckenbrock meme et fera agir les troupes legeres sur le flanc gauche de l'ennemi. ce qui ne sauroit que l'incommoder à cause des convois, et cette raison m'a fait conjecturer que l'ennemi marcheroit plustot sur Stuckenbrock, que sur Detmold; parcequ'il eviteroit d'un coté cet inconvenient et que de l'autre il observeroit de plus près l'armée de V. A. S.

** Monseigneur!   Ce 29me Juin 1759.

Il seroit sans doute bon d'occuper les villes de Bremen et de Rinteln, mais je ne sais d'où tirer le monde. Bremen n'a encore rien à craindre, mais si l'ennemi se niche à Rinteln, ce sera un grand desavantage pour nous. je crains cependant que cette ville ne soit pas en etat d'etre defendue par une garnison; et je ne crois pas expedient de faire trop de Detachement de l'Armée.

Je süis d'opinion qu'il faut suivre l'armée ennemie, si elle marche toute entiere sur Detmold. Mais je ne suis pas du sentiment d'Imhoff d'aller à Paderborn, puisque cette marche me paroit inutile et hazardeuze.

Inutile parceque nous ne saurions suivre l'armée ennemie et passer le Weser au dessus de Hameln, parceque nous creverions de faim dans une telle direction en nous eloignant des magazins de Münster et d'Osnabrück, dont nous devons vivre jusquà ce que nous soyons arrivé sur le Weser pour tirer nos subsistences de Nienbourg et de Minden.

Outre cela si nous marchons sur Stuckenbrock nous tirerons commodement nos vivres d'Osnabrück, nous cottoyerons l'ennemi, et nous ferons egalement agir nos troupes legeres sur le flanc et à dos de l'ennemi.

Hazardeuze, parceque l'ennemi pourroit revenir tout d'un coup de Detmold sur Paderborn, et nous obliger au combat; ou s'il continuoit de marcher en avant, faire de detachements de troupes legeres vers Ravensberg jusqu'à Osnabrück et detruire nos magazins, — ce que nous ne pourrions pas empecher en allant à Paderborn, et en suivant de là l'ennemi sur Detmold sur le pié.

※※ Monseigneur,   Ce 29me Juin 1759.

V. A. S. fera bien de garder à l'armée les pontons qui s'y trouvent et de laisser encore ceux à Minden qui sont envoyez en cette ville. S'ils y eussent à craindre, il faudroit les envoyer jusqu'à Nienbourg.

※※ Monseigneur;   Ce 29me Juin 1759.

Voila Imhoff revenû à mon sentiment; je m'attendois qu'il s'apercevroit de l'inutilité de marcher à Paderborn.

Il faut passer ce jour en preparatifs pour marcher demain; et voir en attendant s'il*) passe en effet les gorges pour aller à Detmold.

L'idée qu'Imhoff detaille est au fond la mienne; il y ajoute seulement plus de detail.

Il faudroit écrire tout de suite à Zastrow pour qu'il retournat à Hameln, en jettant les deux bataillons qu'il a avec lui, dans cette place. Il pourroit en laisser deux ou trois cents hommes à Minden pour garder cette ville, qui deviendroit d'une consequence infinie. peutetre qu'on ne feroit pas mal d'y faire marcher le bataillon de milice hessoise de Nienbourg aussi.

※※ Monseigneur!   Ce 29me Juin 1759.

Ne seroit-il pas expedient de laisser une cinquantaine d'hommes à Rittberg au risque meme de les perdre. Cela empecheroit l'ennemi de s'en emparer: et à moins de canoner beaucoup ce chateau on n'obligeroit point cette garnison de s'en retirer. Elle n'auroit qu'à tirer les ponts levis; personne n'y entreroit. Nous conserverions par ce moyen une communication beaucoup plus libre avec Lipstad. On pourroit prendre pour former cette garnison 20 Trimbacois, 10 chasseurs hessois, 20 chasseurs hanovriens avec une dizaine d'huzards hessois.

※※ Monseigneur;   Ce 30me Juin 1759.

Puisque cette position est si mauvaise, il faut en changer; il faudroit faire examiner s'il n'y a pas une autre à prendre entre icy et Versmold.

---

*) N. d. H.: l'ennemi.

III.   20

✳✳ A Mylord Holdernesse.

à Marienfeld ce 1. de Juillet 1759.

Je suis infiniment obligé à V. E. de la lettre qu'il Luy a plû m'ecrire du 26 du mois passé.

Le maréchal de Contades étant marché le 29. par sa droite vers Detmold, en prenant un camp entre Lippspring et Ost-Schlangen, il m'a parû que son dessein pouvoit être de marcher à Bilefeld: ce qui m'a obligé de changer de position, et je suis venû hier icy; l'Armée campe derriere Marienfeld; les grenadiers avec quelques Escadrons font un corps separé et campent à Gütersloh. Il y a eu ce matin une action fort vive entre deux regiments d'huzards François de Turpin et de Berchiny et les 5 Escadrons d'huzards prussiens; les Ennemis ont perdû 150 hommes entre tués et pris, et tout le reste a eté ou dispersé ou poussé dans des marais.

Je suis le plus parfaitement p. p.

(Archiv-Acten vol. 252.)

Durchlauchtiger Fürst,
Freundlich lieber Vetter!

Ew. Liebden werden leichte glauben, dass, aus mehr als einer Ursache, es Mir ohnablässig auf dem Hertzen liege, die unter Dero Befehlen stehende Armée nicht nur im Stande zu erhalten, sondern auch derogestalt zu verstärken, dass Ew. Lbd. mit derselben mit solchem Success mögen agiren können, als man unter des Höchsten Beystand von Dero grossen Capacität sich versprechen kann, und Niemand so sehr hoffet als Ich es thue.

Ich finde demnach nicht so bald die Umstände darnach beschaffen, ein Corps von sechs, acht bis zehn Tausend Mann fremder Trouppen in Englischen Dienst und Sold nehmen zu können, dass Ich Mir nicht auch sofort das Vergnügen gäbe, Ew. Lbd. davon vertrauliche Eröfnung zu thun, mit dem Anfügen, dass Ich vorzüglich auf Würtenbergische Trouppen reflectire, um so mehr, da selbige, dem Vernehmen nach, an sich gut, und mehrentheils der Protestantischen Religion zugethan sind.

Sollte jedoch Meine Absicht in Ansehung derer eben erwehnten Würtenbergischen Trouppen fehlschlagen, so bin Ich gantz geneigt, ein Corps von Chur-Pfaltz oder anders woher zu nehmen.

Ich schreibe heute Meinen Geheimten Räthen zu Hannover, dass Mein Cammer-Präsident von Münchhausen dieses Negotium in allem Geheim führen, und bis zu Meiner Ratification schliessen, mit Ew. Lbd. aber darüber umständliche Communication pflegen soll. Da Ich weiss, wie bereit und willfährig Ew. Lbd. sind, so ofte es auf Meinen und der guten Sache Dienst ankomt; so würde es ein Ueberfluss seyn, Dieselben zu bitten, dass Sie in dieser angelegenen Sache die Hand bieten wollen.

Ich schliesse also mit der Versicherung, dass Ich aufrichtigst bin, und stets verbleibe   Ew. Liebden

freundtwilliger Vetter

Kensington den 19. Junii 1759.   George R.

An

des H. Hertzogs Ferdinand

von Braunschweig und Lüneburg Lbd.

(Archiv-Acten vol. 252.)

** An

den König von Engeland.

Marienveld den 1. July 1759.

Eürer Königl. Majst. gnädigstes Schreiben vom 19. des vorigen Monats ist mir durch Höchstdero Cammer-praesidenten von Münchhausen von Hannover aus zugesendet worden. Ich habe daraus des mehrern mit Vergnügen ersehen, wie Eüre Königl. Majst. geneigt sind, noch ein corps von 6, 8 bis 10 tausend Mann in Dero Sold zu nehmen. Ich sehe diese Demarche eben so nothwendig als nützlich an, und wünsche dass ich zu derselben Beförderung etwas beytragen könne. Die Disposition des Würtenbergischen Hofes ist mir nicht satsam bekannt; ich befürchte aber, dass wenn derselbe auch würklich mit dem französischen Hof zerfallen wäre, er dennoch desselben ressentiment fürchten und Bedenken tragen werde, sich in einen Subsidien-tractat mit Eürer Majst. einzulassen. Eine gleiche Beschaffenheit scheinet es mir mit Chur-Pfalz zu haben, nicht zu gedenken, dass dieser Prinz durch Frankreich noch viel mehr geniret ist, da ein Theil seiner Lande in französischen Händen ist, und der andere denselben völlig exponiret stehet.

Da ich von denen Dispositionen derer teutschen Höfe nicht satsam informiret bin; so fällt es mir schwer, in dieser Sache dem Cammerpraesidenten von Münchhausen einen Rath zu geben: So viel ich aber überhaupt zu urtheilen vermag, scheinet es mir practicabler, Truppen aus Bayern zu erhalten, indem dieser Prinz von Frankreich nicht so viel zu befürchten hat, die Oesterreicher auch sonsten zu sehr occupiret sind, als sich gegen Bayern zu wenden.

Es wäre zu wünschen, dass der Dänische Hof hätte gewonnen werden können, dessen allianz scheinet mir die natürlichste und sicherste zu seyn.

Die feindliche Armée hat am 29. Juny ein Mouvement gegen Detmold gemacht, und ein Lager zwischen Lipspring und Netelstede*) bezogen: ich habe darauf nöthig erachtet meine position zu verändern, und bin gestern von Rittberg anhero marschiret.

Der General-Lieut. von Wangenheim stehet noch bei Dülmen; und der General von Armentieres bei Schermbeck.

Ich beharre mit dem tiefsten Respect etc.   F.

---

*) N. d. H. Ostschlangen v. d. Hand des Herzogs.

** Pour le Roy de Prusse. No. 37.

à Marienveld ce 1. Juillet 1759.

L'armée ennemie fit le 29. de Juin un mouvement par sa Droite, et alla prendre un camp vers Detmold entre **Nettelsted*)** et Lipspring. on ebruita qu'elle marcheroit à Hameln; mais j'ay crû que son dessein pouvoit etre d'aller à Bilefeld, j'ay sur cela pris le parti de lever mon camp de Rittberg; et suis venû hier icy à Marienveld. Les ennemis ne marchent qu'avec beaucoup de precautions, et ils se tiennent fort serrés: tout le mal que je pourrai leur faire consiste à leur faire naitre des difficultés pour la subsistence. Cela pourra retarder leur marche; mais ils n'en iront pas moins en avant.

Plusieurs avis, que j'ay recû successivement, se reunissent, à confirmer que l'armée de l'Empire s'aproche de la Hesse dans le dessein d'entrer dans les Etats de Brunsvic. V. M. jugera aisement de l'embarras que cela me doit causer, et des suites facheuses qui en resulteroient pour les affaires en general, à moins qu'Elle ne trouve moyen de faire faire une diversion en ma faveur.

Le Roy d'Angleterre me marque qu'il est disposé de prendre un corps de dix mille hommes à sa solde pour renforcer l'armée que je commande. Il veut en faire faire la proposition aux cours de Stutgard et de Manheim. S. M. se flatte que la premiere y donnera les mains. je ne saurois juger de la disposition de ces deux princes à cet Egard; mais je prevois, qu'ils craindront le ressentiment de la cour de Versailles. je pense que celle de Baviere seroit peut etre plus disposée à y donner les mains. Votre Majesté daignera me marquer son sentiment à cet egard, vû que le Roy d'Angleterre m'a chargé particulierement de m'employer pour trouver ce corps de troupes, et que les lumieres de V. M. me mettront en etat d'y travailler avec succés.

Il seroit à souhaiter qu'il y eut eû moyen de gagner le Dannemark; cette alliance me paroit la plus sure et la plus utile.

Je suis avec un tres profond respect etc. F.

arrivé à Marienveld le 1. Juillet 1759.

à 2½ heures de l'apres midi.

Monsieur Mon Cousin. No. 43.

La lettre que Vous m'avez fait du 21. de ce mois vient de m'être rendüe.

(dechiffrée) „Permettés moi que je reponde en ami tout naturellement, qu'il me semble que Vous voïés trop noir, et que le dernier desavantage de Bergen Vous frappe encore. Je ne connois point le terrain où Vous etes, ainsi qu'il m'est impossible de Vous dire ce que pourroit Vous être le plus convenable, et que ce que je puis Vous prognostiquer avec certitude, c'est que si Vous passés le Weser, Vous etes perdû sans ressource; tout depend de Vôtre position et de celle de l'Ennemi, et du terrain qu'il occupe. Si Vous pouviés tomber sur

---

*) N. d. H. Ostschlangen von der Hand des Herzogs.

un de ses Corps detachés et le detruire, Vous n'auriez pas besoin de risquer une Bataille et Vous pourriés remettre les affaires en regle, au lieu que si vous reculés, l'Ennemi pouvant encore agir pendant quatre ou cinq mois, l'Ennemi Vous reculera à la mer comme le Duc de Cumberland; dans deux ou trois mois Vous Vous verrés peut-être forcé à combattre avec plus de desavantage qu'à présent ou dans un mois. Si vous pouviés attirer l'Ennemi dans une plaine, vous pourriés avoir beau jeu et un moment heureux pourra redresser toutes vos affaires. Mon Frere Henri est hors d'etat de vous porter du Secours, parcequ'il se trouve entourré de Vingt deux à trois mille autrichiens et qu'il a fait un gros Detachement à l'Armée de Dohna qui va incessamment combattre les Russes; je me vois également hors d'état dans le moment présent de Vous donner du Secours. Mon Frere ne pourra être rejoint par ses Troupes qu'en six Semaines; au prendre tout au mieux, et en ce Cas là il pourroit peutêtre faire un Detachement d'une dixaine de mille hommes vers la Hesse, pour prendre l'Ennemi par revers. Pour l'amour de Dieu ne vous decontenancez pas et ne voiés pas les objèts trop noir: le premier pas qu'on fait en arriere fait une mauvaise impression dans l'Armée, le second pas est dangereux, et le troisieme devient funeste; mais tout ce-ci se reduit au terrain, car pour peu que l'Ennemi soit desavantageusement posté, je parie que Vous le battrez. Je dois Vous dire d'ailleurs, que je Vous ecris tout ce-ci sans savoir ce que le Roy d'Angleterre peut Vous marquer la dessus, et menz toûjours qu'une Armée sans Magasins ne sauroit subsister et qu'ayant eté vaincüe dans une occasion, vous ne sauriés la rémettre d'avantage. Il y a encore un moyen, qui seroit de laisser l'Ennemi s'attacher à une place et de lui tomber en suite sur le Corps pour le detruire; je raisonne en tout ce-ci comme un aveugle des couleurs et ne connoissant de ce Païs-là que le grand chemin de Berlin à Wesel, c'est impossible d'entrer dans la nature, mo dettails dont le terrain seul doit decider." Je suis avec des Sentiments d'Estime que Vous me connoissez

Monsieur Mon Cousin
de Votre Altesse

à Reich-Hennersdorff   le tres bon Cousin.
ce 26. Juin 1759.

(de main propre:)

Nous sommes ici Les brads Croisses tant qu'il plaira a Cette Benite Creature que j'ai Visavis de moy mais aux premiér Mouvement il y aura des bon Coups de Donnez adieu Mon cher je vous ambrasse.

Federic.

reçu le 4. Juil. 1759. p. Risman. à $9\frac{1}{4}$ h. du m.

** Monsieur.   à Marienwald ce 1. Juillet 1759.

Le courier anglois me remit à ce matin votre infiniment chere Lettre No. 55. du 29. de Juin.

M. de Contades marcha le 29. de Juin vers Detmold, en prenant un camp entre Lipspring et Ostschlangen. Le Duc soupçonna que le dessein de l'ennemi pouvoit tendre à marcher à Bilefeld, sur quoi il prit la resolution de marcher à Marienfeld, ce qui s'est executé hier sans le moindre inconvenient, excepté ceux d'un terrain inondé, marecageux et tres mauvais. On laissa un detachement de 40 hommes au chateau de Rittberg, qui est tres fort, et imprenable àmoins de les canoner et d'y jetter des bombes. S. A. S. avoit ordonné d'y jetter des tireurs avec un officier hardi et entreprenant. M. le general de Gilsae qui fut chargé de cette commission, y envoit un Detachement d'infantérie de 40 hommes commandez par un nigaud apellé van der Dose. on m'assure qu'il a pleuré en recevant l'ordre d'y entrer. Les huzards ennemis aprenant que l'armée est marché vont sommer le commandant; qui se rend sans ceremonie comme un mouton. Voila donc Ritberg pris avec la garnison, et la communication avec Lipstadt rendüe fort precaire.

Voicy en revanche de ce mauvais evenement une relation plus agreable. ayez la bonté de la lire dans la feuille ci jointe. Nous venons d'apprendre que l'armée ennemie a disparüe de son camp. Les relations sont differentes sur la marche; ainsi je ne vous en marque rien; je le ferai demain s'il plait au ciel.

Il y a un courier d'arrivé du Roy du 26. S. M. a ajouté de main propre à une lettre chiffrée ce qui suit: "Nous voila les bras croisés aussi long temps que cela plait à cette creature benite qui est vis à vis de moi. Mais au premier mouvement il y aura de bons coups de donnez."

Le general Dohna est entré à grands pas en pologne, pour combattre les Russes. ainsi nous devons nous attendre à des nouvelles interessantes de ce coté — là.

Les cosaques ont fait une visite dans la pomeranie, et ont poussé jusqu'à Stargard d'où ils ont eté chassés avec perte.

Le prince Henry se tient fort tranquille.

adieu mon cher monsieur. mettez moi aux pieds de S. A. S.

à 11. heures du soir.

(à Mr. de Haenichen.)

P. S. Le duc tomba le 30. durant la marche avec son cheval dans un profond fossé. on l'en retira, et le cheval eut assez de force aprés d'en sauter. S. A. S. a. courû grand risque d'etre suffoqué et de perdre la vie. cependant elle n'y a pris aucun mal. Le cheval du Duc de Richmont en pressant celuy de S. A. S. a eté la cause qu'il est tombé dans le fossé.

Die nachstehend eingeschalteten Briefe und Gutachten Westphalen's an den Herzog Ferdinand (aus dessen Kriegs-Archiv-Acten vol. 324.) vom Monat Juli 1759 können zur näheren Beleuchtung der Entwickelung der Begebenheiten bis zn ihrem Wendepuncte, der Schlacht von Minden, sowie zur richtigen Würdigung der Operationen des Herzogs dienen. Ueberdies sind sie von besonderem Interesse, insofern in denselben das militärische Genie, die Charakterstärke und der persönliche

Einfluss Westphalens auf den Herzog Ferdinand hervortreten. Von um so grösserem Werth würde der Besitz und die Gegeneinanderstellung der Briefe des Herzogs aus der nämlichen Zeit gereichen; allein weder in dem Kriegs-Archiv, noch im Nachlass Westphalens, noch in anderen Sammlungen sind dieselben aus dieser Periode aufzufinden gewesen. Welches Gewicht der Herzog auf diese Gutachten gelegt hat, beweist noch ein Notizblatt von seiner eigenen Hand, welches er der Sammlung dieser Briefe in den Archivacten hat vorheften lassen und hier nachfolgt.

No. 70. B.

❋ Zum weglegen destinirte Sachen.

Pro Julio 1759.

No. 1. 2me Jnillet 1759. ⎱
No. 2. 2me Juillet 1759. ⎰ renferment des raisonnements pro futuro.

No. 8. 2me Juillet 1759. C'est une instruction pour Rodem.

No. 9. 2me Juillet 1759. C'est une instruction pour le Lieut.: Coll. Pritzelwitz.

No. 11. ⎱
No. 12. ⎰ 2me Juillet 1759. Instruction pour Wangenheim, et le Lieut. Gen. Zastrow à Munster.

No. 1. du 4me Juillet 1759. Interessant.

No. 2. du 4me Juillet 1759. Interessant.

No. 1. du 5me Juillet 1759. Interessant.

No. 2. ⎱
No. 3. ⎰ . . . . De même.
No. 4. ⎰

No. 6. du 5me Juillet 1759. Interessant.

No. 1. du 7me Juillet 1759. Interessant.

No. 2. du 7me Juillet 1759. Fort interessant.

No. 3. du 7me Juillet 1759. Fort interessant.

No. 4. du 7me Juillet 1759. Fort interessant.

No. 1 & 2. du 9me Juillet 1759 Fort interessant.

No. 1. du 10me Juillet 1759. Fort interessant.

Puisqu'il se trouve un memoire sur ma situation presente No. 4 daté du 9me Juillet 1759.

No. 11. du 10me Juillet 1759. instruction pour Kilmansegg.

No. 12. du 10me Juillet 1759. instruction pour (fehlt)

No. 3. du 12me de Juillet 1759. renferme l'instruction pour Drewes.

No. 4. du 12me de Juillet 1759. Raisonnement de ce qui convient de faire.

No. 1. du 18me de Juillet 1759. Interessant.

No. 2. du 22me de Juillet 1759. Renférme un nouveau projet.

No. 1. du 23me de Juillet 1759. renferme les Dispositions et ordres à Drewes et à Rodem.

No. 1. du 24. de Juillet 1759. renferme l'Instruction pour le Pr. Hered:

No. 2. du 25. de Juillet 1759. fort interessant. C'est un eclaircissement.

No. 3. du 25. de Juillet 1759. fort interessant. C'est un autre eclaircissement.

No. 4. ⎫
No. 5. ⎰ du 25. Juillet 1759. fort interessants.

No. 1. dn 27. de Juillet 1759. Interess:

(Archiv-Acten vol. 324.)

** Monseigneur,   *) Ce 2me Juillet 1759.   1.

Pour dire à V. A. S. mon sentiment sur la Lettre de Mr. d'Imhoff il me semble que le plan de la campagne etoit de soutenir Lipstad et Munster, pour couvrir les etats d'Hannover. Cette idée enveloppoit une autre, comme une condition fondamentale, savoir celle de rester avec l'armée sur la Lippe; pour empecher que l'ennemi ne gagnat sur V. A. S. une plus grande hauteur en terrain. Selon cette idée il etoit necessaire de rester sur les hauteurs de Buren, et de livrer bataille; puisqu'en les quittant on ne pouvoit le faire qu'en donnant à l'ennemi l'avantage de marcher à Paderborn et plus loin, et de gagner par là sur V. A. S. cette hauteur de terrain; et par consequent de renoncer à l'execution du plan de la campagne.

Je supose maintenant que les circonstances ont rendues cette Execution ou impossible ou dangereuse; Reste à savoir ce qu'il convient de faire, pour ramener les choses à ce premier plan, ou pour luy substituer un plan equivalent.

Les avis sur la marche de l'Ennemi ne sont pas encore bien clairs. Mais suposons deux cas, primo si l'armée ennemie marche à Bilefeld, secundo si elle tire droit à Hameln.

1mo si l'ennemi va à Bilefeld, V. A. S. doit naturellement changer de position, et en prendre une à Versmold. Si V. A. S. evite le combat, l'ennemi n'a qu'à marcher vers Herford pour L'obliger à marcher de son coté à Hilter, et ainsi plus loin, avec risque meme d'etre prevenû par l'Ennemi à Minden. Si cela arrive il me semble que le corps de Wangenheim est coupé; Du moins si l'ennemi le veut il en est le maitre. Cette manoeuvre est dont fort dangereuse, et sera accompagnée de la perte des magazins de Munster et d'Osnabruk, et après les avoir perdû V. A. S. ne sera pas plus avancée dans ses affaires, bien au contraire pour leur donner un meilleur pli, il faudra encore gagner une bataille, ou abandonner le païs d'Hannovre à la merci de l'Ennemi.

Selon moi il faudroit attirer le general Wangenheim à Versmold à peu près dans le meme temps que l'armée y arriveroit. Si cette jonction ne pouvoit pas se faire à Versmold elle se feroit à Hilter, ou plus loin encore. Après quoi il faudroit aller à l'ennemi, du quel on auroit d'autant meilleur marché qu'il ne paroit plus s'attendre à etre attaqué. Si V. A. S. gagne la bataille les affaires rentreront dans un bon etat; Si elle la perd on perdra les magazins de Munster et d'Osnabruk, mais l'ennemi n'en sera pas moins obligé de faire les siéges de Lipstad, de Munster et de Hameln, par quoi on gagnera quelque temps

---

*) Das Praesentatum ist durchweg von der Hand des Herzogs. Der Ort: Hauptquartier Marienfeld.

pour se reconnoitre, et si l'on est obligé d'abandonner beaucoup de terrain, on n'a pas le reproche à se faire, de n'avoir rien tenté pour le sauver. Si V. A. S. voulut toujours eviter la bataille, l'ennemi en profiteroit tout comme s'il en avoit gagné une, mais si V. A. S. en veut donner une, il vaut mille et mille fois mieux de la donner en Westphalie que dans le païs d'Hannovre.

· 2do Si l'ennemi marche à Hameln, il en fera tout de suite le siege; s'il prend la place, il est etabli sur le Weser; ses convois ne sauroient plus luy manquer ayant le Weser depuis Munden à sa disposition. La ville de Hameln le rend le maitre d'une grande partie de l'Electorat et de la capitale meme. Il paroit en revanche, qu'on puisse conserver la Westphalie en laissant Mr. de Wangenheim opposé au Marquis D'Armentieres; Du moins il ne paroit pas qu'il soit exposé à etre coupé si tot. Reste à savoir ce qui convient de faire dans ce cas là. Mon avis est d'aller attaquer l'ennemi pendant qu'il est occupé du siege de Hameln. Si V. A. S. perd la bataille, il prendra d'autant plus aisement la ville de Hameln; mais si V. A. S. ne la donne pas, il la prendra egalement. Au contraire, si Elle la gagne, elle sauve la place et l'Electorat et conserve la Westphalie. Pour la donner avec d'autant plus d'assurance, je suis encore d'avis d'attirer le corps du general Wangenheim, afin d'agir avec un peu moins d'inegalité. Voila Monseigneur mes idées.

⁂ Monseigneur.   Ce 2me Juillet 1759. 2.
J'aime trop le bien public, et mon attachement pour V. A. S. est trop fort et trop inviolable, pour refuser de Luy communiquer mes foibles idées dans un moment aussi critique et important.

Je viens d'y satisfaire par le memoire qu'Elle lit peut etre dans ce moment; il ne me reste d'ajouter que de conjurer V. A. S. de ne s'inquieter point, de rester tranquile d'avoir toujours devant les yeux le parti pour le quel Elle va se determiner, et d'aller avec gayeté de coeur à son execution sans s'etonner ou sans s'effrayer. De cette facon elle inspirera du courage aux generaux et aux troupes, et tout le monde se croira sure de vaincre, ce qui est la moitié de la victoire.

⁂ Monseigneur.   Ce 2me Juillet 1759. 3.
Il me semble qu'il faut faire un mouvement avec l'armée demain; soit que l'ennemi soit marché à Bilefeld, soit qu'il se porte vers Hameln.

Je suis d'opinion que Wangenheim doive marcher demain à Munster; il pourra aller après demain à Ostbevern; d'où il peut joindre l'armée dans une marche, soit qu'elle se porte à Versmold (où probablement elle pourra faire un jour de repos), soit qu'elle marche sur Bilefeld. La premiere marche de l'armée sur Versmold auroit lieu, si l'armée ennemie va à Bilefeld; la seconde marche pourroit etre convenable, si l'armée ennemie va vers Hameln.

V. A. S. ayant pris son parti, je l'en felicite de tout mon coeur; le reste ira mieux, qu'Elle ne pense.

A present V. A. S. peut employer utilement le prince hereditaire, en l'instruisant de son intention et en le chargeant du Detail de tout ce qui regarde la marche de l'armée.

Comme il est problematique encore, si l'ennemi marche à Bilefeld ou à Hameln, il faudroit consulter sur l'un et sur l'autre cas tant Mgr. le prince hereditaire que Mr. d'Imhoff.

V. A. S. peut garder in petto la resolution qu'elle a prise d'aller attaquer l'ennemi.

** Monseigneur,   Ce 2. Juillet 1759. 6.

Je crois que le camp de Neukirchen est un corps detaché, qui doit couvrir Paderborn; si l'avis se conforme que l'ennemi marche avec la grande armée sur Hameln. Il faut faire reconnoitre ce camp coute qui coute. Si l'avis ne se confirme pas, que la grande armée est marché sur Hameln, alors le camp de Neukirchen me paroit etre l'avant-garde de l'armée.

Dans le premier cas il faudroit attaquer le camp de Neukirchen dès demain au matin. C'est pourquoi il est d'une necessité indispensable de le faire reconnoitre. V. A. S. pourroit donner cette commission à Bulow.

** Monseigneur,   Ce 2. Juillet 1759. 7.

La denonciation du Trompete expose les choses dans un jour bien different. Ce que V. A. S. a marqué ad marginem me paroit cependant etre le parti qu'il convient de prendre. Si l'Ennemi marche à Bilefeld, il faut l'attaquer, pour l'attaquer il faut marcher à Versmold, et il faut attirer Wangenheim.

Si l'ennemi avoit eté à Blomberg, on auroit eté beaucoup plus pressé; il en est dememe s'il se trouvoit dés aujourdhui à Bilefeld; Il me paroit qu'il ne sauroit arriver à Bilefeld de Ostschlangen en moins de deux marches.

(Archiv-Acten vol. 3.)   Copie.

Ev. p. mache ich hiermit bekannt, dass der Gen.-Lieut. von Wangenheim morgen mit seinem unterhabenden Corps in das retranchirte Lager bei Münster einrücken wird.

Weil es sich fügen könnte, dass er dasselbe wiederum verlassen und die Stadt Münster ihrer eigenen force überlassen müsste, so habe ich nöthig erachtet, Ev. p. davon zu präveniren. Gedachter General ist beordert, dero Garnison noch durch ein Bataillon von 4 Compagnieen zu renforciren, welches derselbe aus denen Regimentern, welche noch keine Compagnieen abgegeben haben, formiren, und selbigem einen guten Commandeur choisiren wird; überdem wird das Corps von Scheiter, sowohl Infanterie als Cavallerie, zu Ev. p. Disposition zurückbleiben, auch werden dieselbe das Detachement von Rheine an sich ziehen, wenn es nöthig ist.

Ich habe auch resolvirt, dass die Garnison von Warendorp, die über 600 Mann ausmacht, sich auf Münster repliiren soll, sobald dieser Ort Gefahr laufen möchte, attaquiret zu werden. Ich hoffe, dass Ev. p. durch diese considerable renforts im Stand sein werden, wo nicht die Stadt, dennoch die Citadelle bis auf das aller Aeusserste zu defendiren, als welches ich von Ev. p. durchaus erwarte, und welches Ev. p. zum ewigen Ruhm gereichen wird. Dieselben werden sich bey Zeiten zu einer opiniatren defense präpariren, und voraussehen, dass es geschehen könne, dass der General von Wangenheim stündlich die retranchemens unter der Citadelle verlassen müsse. Dieses werden Ev. p. sich aber gegen Niemand merken lassen, sondern das genaueste Stillschweigen darüber halten, vielmehr ausbreiten, dass der General von Wangenheim die retranchemens bis auf's Aeusserste defendiren solle.

Ich bin mit aller pp.

Marienfeldt, den 2. July 1759.   gez. Ferdinand.

An
den General-Lt. v. Zastrow.

Allerdurchlauchtigster Herzog,
Gnädigster Fürst und Herr!

Der von Ev. hochfürstlichen Durchlauchten heute Nacht erhaltenen Ordre vom gestrigen dato versichere höchstdenenselben befohlener Maassen mit äussersten Kräften nachzuleben, nur wünsche, dass mit denen Invaliden gut fahren möge und das Commando von Rheine bey nöthigem Fall noch an mich ziehen kann.

Mit der Destruction des Magazins wird es zweifelsohne, der Ordre vom 24. v. M. zufolge, sein Verbleiben haben.

Von dem gleich nachhero erhaltenen zweiten Befehl erfolget copeylich die Abschrift.

Ich beharre in submissester Ehrfurcht

Ev. hochfürstliche Durchlaucht
meines gnädigsten Fürsten und Herrn
ganz unterthänigster
gehorsamster Diener

Münster, d. 3. July 1759.   gez. v. Zastrow.

Allerdurchlauchtigster pp.

Ev. hochfürstliche Durchlauchten erlauben gnädigst, dass ich was die ordre betrifft wegen Ansteckung des Magazins, auf den Fall, wann ich die Stadt zu verlassen gezwungen bin, unterthänigst vorstellen darf, wie es diesermaassen gar leicht geschehen könnte, dass sowohl die Stadt als die Gebäude der Citadelle in Brand gerathen möchten; und, wenn jenes geschieht, so dürfte der Feind uns vermuthlich von der Stadtseite angreiffen, wo die Citadelle am schwächsten, sie folglich den kürtzesten Widerstand thun mögte. Es kann aber das Magazin von der Citadelle noch allemahl in Brand gesteckt werden, wenn der Feind von der Stadtseite attaquiret; ich ersuche unterthänigst dieserhalb noch Verhaltungsbefehl und verharre in tiefstem respect

Ev. hochfürstliche Durchlaucht

meines gnädigsten Fürsten und Herrn

unterthänigster, gehorsamster

Diener

Münster, den 3. July 1759.   gez. v. Zastrow.

(Archiv-Acten vol. 324.)

** Monseigneur,   Ce 4. Juillet 1759*). 1.

L'avis de Roden ne me paroit pas decisif; et je doute fort que Mr. de Broglio soit à Bilefeld.

L'armée ennemie ne sauroit non plus aller fort vite en besogne, et s'eloigner encore d'avantage des amas de vivres qu'elle pourra avoir fait à Paderborn. Je crois donc que V. A. S. doit rester icy, tant pour voir à quoi l'Ennemi se determine, que pour donner le temps à la boulangerie d'Ibourg de cuire du pain.

Dès qu'il y a moyen d'attaquer l'ennemi, je suis d'avis que V. A. S. le fasse; et si l'ennemi avance vers elle en deca des montagnes; il se passera bien de jours encore avant qu'on en viendra aux mains, et il sera toujours aisé d'attirer Wangenheim à temps; qui peut joindre icy l'armée en deux marches mediocres.

Une chose que V. A. S. pourroit faire c'est de permettre à l'intendant-general de faire transporter de Minden à Nienbourg et plus loin ⅔ du magazin de Minden; on sera beaucoup plus tranquile en suite, et on risquera infiniment moins en s'opiniatrant à rester aussi longtemps que possible dans ces environs-ci.

** Monseigneur**),   Ce 4. Juillet 1759.

Je crois que V. A. S. ne doit point s'empresser de quitter le camp qu'Elle occupe. Ce seroit donner trop beau jeu à l'ennemi. Si l'armée Ennemie marche de Bilefeld sur Hervorden; V. A. S. marchera d'icy à Osnabruk; rien ne l'empeche d'attirer Wangenheim à Elle; Si V. A. S. veut donner bataille il vaut beaucoup mieux la donner loin du Weser que tout près d'elle. Si V. A. S. s'empresse de gagner Minden on donne trop beau jeu à l'ennemi; il peut s'avancer selon sa commodité: tandis qu'à present il est obligé de defiler quasi devant Elle, et doit toujours etre dans l'aprehension que V. A. S. ne tombe à l'improviste sur ses derrieres. Ainsi je ne saurois Luy conseiller de suivre le conseil d'Imhoff à la Lettre.

** Monseigneur,   Ce 5. Juillet 1759. No. 1.

Il me semble qu'on ne sauroit dire bien positivement, quand il sera temps de partir d'icy, pour arriver avant l'ennemi à Minden; il faudroit savoir ce qu'il veut et ce qu'il peut faire.

---

*) Hauptquartier Dissen.

**) * Ceci est en consequence d'une lettre de Imhoff.

Il est necessaire que V. A. S. se decide si Elle veut aller de son gré à Minden, ou si elle ne regarde cette marche que comme une suite inevitable de quelque affaire peu heureuse. Dans le premier cas, il suffira d'avoir des nouvelles positives de l'ennemi; et dés qu'on sait que l'armée ennemie est arrivée à Bilefeld il faut marcher d'icy vers Osnabruk, et ainsi plus loin à mesure que l'ennemi avance.

Dans le second cas il est tres decidé que l'ennemi n'osera passer V. A. S. sans luy livrer bataille. il faudroit donc s'y preparer, et faire des dispositions en consequence. Ce parti me paroit le meilleur, et le plus convenable. Si V. A. S. a du dessous alors Elle se retirera egalement vers Osnabruk, et de là vers Minden, ou si Elle ne peut plus aller à Minden, l'Ennemi ne La sauroit cependant couper de Nienbourg.

       ✶✶ Monseigneur!   Ce 5. Juillet 1759. No. 2.

Le projet de marche ci-joint ne me plait aucunement. Je pense qu'il vaudrat mieux, de marcher droit sur Osnabrück, croyant qu'il y a là des routes plus ouvertes.

C'est à dire si la necessité exige de reculer encore.

Ne seroit il pas possible, de passer aujourd'hui avec un fort detachement les montagnes, pour voir si l'armée ennemie est à Bilefeld ou non. J'ai de la peine à m'en persuader. Si l'on n'y va qu'avec des patrouilles, on en rencontrera de la part des ennemis, et on ne pourra peut être pas avancer assez, pour reconnoitre.

       ✶✶ Monseigneur!   Ce 5. Juillet 1759. Nr. 3.

Je crois qu'il est temps d'attirer Wangenheim. — Pritzelwitz s'etant mis hors d'état de se defendre, n'a que s'en aller à présent à Münster.

Il me semble que la question est reduite maintenant à ce probléme: d'attaquer l'ennemi avant qu'il puisse arriver à Minden.

Si V. A. S. ne peut pas aller à lui dans la comté de Ravensberg, il ne Luy reste d'autre parti à prendre, que de le combattre dès qu'il debouchera dans le bassin de Minden; ou de rester ici au camp, pour attendre l'attaque de l'ennemi, qui surement ne passera outre avec l'armée aussi long temps, que V. A. S. restera ici.

Si V. A. S. attire Wangenheim à Elle; il me semble qu'Elle est en état de pousser un corps de troupes en avant vers Melle; pour faire paroli à la petite armée française.

       ✶✶ Monseigneur,   Ce 5. Juillet 1759. No. 4.

Il y a quelque chose qui frappe dans le sentiment de Mgr. le prince hereditaire; mais pour se determiner à faire une pareille marche, depuis que nos arrangemens de vivres roulent sur le magazin de Osnabruk et sur la boulangerie d'Ibourg, il faudroit faire d'autres calculs encore pour voir si l'Ennemi seroit plus embarassé que nous. Il me semble qu'il pourroit deboucher dans la plaine avant que nous serions en etat de luy boucher le trou.

✳✳ Monseigneur,   Ce 5. Juillet 1759. No. 6.

L'ennemi n'auroit qu'une marche de peu d'heures à faire de Bilefeld à Brackwede, tandis que V. A. S. auroit une marche à faire des
plus fortes.

Mais peut etre que Mgr. le prince hereditaire supose que l'on
laisse faire à l'ennemi encore une marche en avant.

Mais je ne crois pas que l'Ennemi ira en avant aussi long temps
que V. A. S. sera icy.

✳✳ Monseigneur!   Ce 6. Juillet 1759. No. 1.

Si le rapport de Hattorf*) est juste que la grande armée campe
entre Brackwede et Bilefeld, le projet de Mgr. le prince hereditaire
ne sauroit avoir lieu, ce me semble; mais dans ce meme cas il me
semble aussi que le Detachement qui a eté fait à Melle **) pourra
etre considerablement reduit.

V. A. S. a raison d'insister sur plus de deux routes d'icy à
Osnabrück.

✳✳ Monseigneur,   Ce 6. Juillet 1759. No. 4.

Je crois que le Detachement qu'Elle laissera à Melle suffit; si le
raport se confirme que la grande armée françoise est encore entre
Bilefeld et Brackwede, on voit bien, qu'il reste quelques doutes à Mr.
le Marechal de Contades avant que de se fourer dans les montagnes.
Et je crois par cette raison, que nous pourrions bien rester encore
quelques jours icy.

✳✳ Monseigneur!   Ce 6. Juillet 1759. No. 5.

Je crois, que malgré l'avis de Roden, le detachement que V. A. S.
compte de laisser à Melle, est suffisant. Je demanderai à Roden par
quelle voïe cet avis luy est parvenû. Pour dire la verité, il me semble
plus probable, que la grande armée se trouve entre Bilefeld et Brackwede que la petite.

La reponse au président Massow va suivre.

✳✳ Monseigneur!   Ce 6. juillet 1759. No. 6.

Je crois avec V. A. S., qu'il seroit bon d'envoyer l'incluse au
prince hereditaire. On voit que l'ennemi veut nous inquieter sur notre
flanc; peutetre voudroit-il aussi tenter quelque chose sur nos magazins
d'Osnabrück. Au reste tous ces detachements ennemis ne sont pas
encore decisifs.

A moins qu'on ne frotte bien un ou autre Detachement ennemi

---

*) N. d. H. Hauptmann Hattorf hatte unter'm 5. aus der Bauerschaft von Halle ge-
meldet: „Von der Dornberger Anhöhe zeige sich diesseits Bilefeld ein Lager, welches sich bis
Brackwede extendire; die Artillerie stehe gleichfalls diesseits Bilefeld, vor des sogenannten
Ellenbrock's Hoffe. Auf Jener Seite Bilefeld zeige sich ein Lager, welches sich bis Schildesche
und ferner bis an den Haller Hof ausbreite. Zwischen denen Zelten seien grosse Lücken, die man
deutlich bemerken könne. Von 2 bis 8 Uhr Abends habe die Armée nicht die geringste Bewegung gemacht etc." (acta: opérations de l'armée. vol. 4.)

**) N. d. H. 4 Bat. u. 5 Escadr. unter General Imboff wurden den 6. nach Melle deta-
chirt. (acta vol. 122.)

qui avance trop, on en sera toujours inquieté. Reste seulement à savoir, s'il y a moyen, d'en attraper, à une distance de l'armée, qui le mettroit hors de portée d'etre secouru.

(Archiv-Acten vol. 252.)

Durchlauchtigster Hertzog,
Gnädigster Fürst u. Herr!

Der Vorfall, welchen ich in meinem gestrigen unterthänigsten Schreiben besorget, existirt nunmehr würklich: So eben erhalte einliegendes Anschreiben von dem Intendant general Gayot aus Bielefeldt, worin er in Ansehung der Grafschaft Ravensberg und Tecklenburg Deputirte nach Bielefeldt verlanget, um die Ordres des Marechal de Contades als Chef der Armée zu vernehmen.

Ich ermangele daher nicht Ew. Hochfürstl. Durchl. solches unterthänigst zu communiciren und dero Befehl darüber zu erbitten: denn im Falle hiesige Provinzien von denen Feinden bald wieder befreyet zu werden sich Hoffnung machen dürften, auch die hiesige Landes-Collegia nicht risquiren, der feindlichen Herrschaft unterworfen zu werden, würde es besser seyn, es auf die Extremität ankommen zu lassen, als sich in einige Verbindlichkeit und Engagement einzulassen. Sollte aber die feindliche Uebermacht von einiger Dauer seyn können; dürfte es dem Lande erträglicher seyn, durch Deputatos mit der Generalität Unterhandlungen pflegen zu lassen. Ich submittire doch dieses alles Ew. Hochfürstl. Durchl. höchsten Befehle und Entscheidung, welche mir zur Maassrégel werde dienen lassen.

Ein Theil der französischen Armée hat gestern das Lager diesseit Bielefeldt auf der Schildschen Hayde bezogen; der Durchmarsch durch Bielefeldt hat 6 Stunden lang gedauert. Wie stark dieses Corps, hat der Bote nicht sagen können; schwere Artillerie hat solches nicht bey sich, auch hätte er sehr wenig Feldstücke bemerket, es wäre aber wohl ¼ des Corps Cavallerie. Ich habe den Boten so lange hier behalten, bis von Ew. Hochf. Durchl. mit Verhaltungs-Ordre versehen, was dem Hr. Gayot in Antwort melden soll. Der ich mit ersinnlicher Ehrfurcht verharre

Ew. Hochfürstl. Durchl.

unterthänigst gehorsamster Knecht
Minden, den 5. July 1759.   v. Massow.

⁕ Je crois qu'il peut encore attendre avec l'envois des deputés; cependant je remets le tout à sa propre dijudicature.

F.

Francois Marie Gayot, conseiller du Roy, Commissaire Provincial des Guerres, Ordonnateur et Subdelegué General de l'Intendance d'Alsace, Intendant de l'Armée du Roy en Allemagne.

Il est ordonné à la Chambre de Guerre et des Domaines du Comté de Ravensberg et du Comté de Tecklenbonrg, d'envoyer au Reçu du Present au Quartier General de l'Armée du Roy des Deputés pour y recevoir les Ordres de Monseigneur le Marechal de Contades, Commandant en Chef la d^{te} Armée.

Au Quartier General de Bielefeldt.

le 4me Juillet 1759.   Gayot.

(Archiv-Akten vol. 324.)

❋❋ Monseigneur,   Ce 7. Juillet 1759*). No. 1.

Il me semble Monseigneur, que V. A. S. peut laisser Wangenheim pour le moment present à Ladberg: Si nous marchons à Osnabruk, il s'y rendra par la grande route de Munster, sans embarasser la marche de l'armée; si V. A. S. en a besoin icy, Elle pourra l'attirer en fort peu de temps.

Plus que je pense à la position que V. A. S. occupe icy, plus je m'imagine qu'elle peut arreter l'ennemi; et si celuy prit le parti de marcher droit à Minden, nous n'aurions qu'à le suivre. Il me semble donc qu'il ne sauroit passer outre sans nous combattre. Ne seroit-il pas convenable d'examiner tous les debouchés par où il pourroit venir à nous, à fin de le recevoir, s'il vint, ou d'aller au devant de luy s'il etoit possible. Nous gagnerons beaucoup en gagnant du temps, et plus que ce sejour pourra etre proferé mieux qu'il vaudra.

❋❋ Monseigneur,   Ce 7. Juillet 1759. No. 2.

Je ne puis aprendre au juste la distance d'icy**) à Ladberg. Le maitre de poste me marque seulement qu'il y a d'icy à Ladberg 7 heures de chemin, ce qui me paroit trop en jugeant par la carte.

Mais si cela fut ainsi, je crois que Wangenheim dut faire une marche de trois ou 4 heures en tirant de Ladberg vers Dissen.

C'est une faute tres remarquable d'avoir laissé tant des choses à Münster qui apartiennent à l'artillerie. il faut sans doute l'en retirer coute qui coute. Est-ce que V. A. S. l'a ordonné au comte de Bukebourg d'y aviser; ou faut-il s'arranger encore pour cela. Je ne sais en quoi ce Depot consiste, et si des chariots ordinaires de paisans suffisent pour le transport. Puisqu'on ne peut pas compter sur les gens de Munster il vaudroit mieux d'y envoyer d'icy le nombre requis de chariots.

Quand à la fortification de Vechte, je crains qu'on ne s'y prenne trop tard. Cet endroit ne peut nous aider en rien si nous passons le Weser; mais si V. A. S. bat les ennemis (sans quoi elle ne peut pas compter de se soutenir en deca du Weser) on n'aura pas besoin des fortifications de Vechte. Cependant on peut proceder à l'execution de ce projet. Les precautions ne nuisent point.

V. A. S. connoit ma façon de penser. Elle doit etre convaincû qu'il n'y a pas homme sur la terre, qui prenne plus à coeur tout ce qui La regarde, que moi. Et si je puis dire quelques fois des choses

---

*) N. d. H. Hauptquartier noch im Lager bei Dissen. (acta: vol. 122.)

**) N. d. H. Hauptquartier noch Dissen.

qui deplaisent; elles auront leur prix dans un autre moment, ou V A.
S. ne regardera que mon zele, qui me les fait dire.

Je remarque tant par les billets que V. A. S. m'a ecrit, que par
ce qu'Elle m'a dit tout ces jours passés de bouche, qu'elle entrevoit de
l'avantage à rester icy, et de la convenance de marcher à Osnabruk;
mais qu'Elle n'est pas determinée encore sur le parti qu'il faut prendre.
S'il arrivoit dans ce moment d'indecision, que l'Ennemi fit un mou-
vément vers Minden, V. A. S. marcheroit indubitablement à Osnabruk,
sans etre persuadée que ce fut le parti le plus juste, puisque n'ayant
pris aucune resolution determinée Elle ne consulteroit que le desavantage qui resulteroit de rester icy.

Le prince hereditaire et Mr. d'Imhoff ont dit leur sentiment; V.
A. S. m'a demandé le mien. Elle n'a ni adopté ni rejetté absolument
aucun des differents projets, qui ont eté mis sur le Tapis. Il est cependant d'une necessité absolüe, qu'Elle se determine. Si Elle veut
rester icy; il me semble que l'on n'a pas fait encore assez, pour attendre l'ennemi, ni pour aller au devant de luy. Si V. A. S. veut
marcher à Osnabruk, il me semble qu'Elle doit considerer encore que
cette marche n'est qu'un repit de quelques jours; Et les marches qu'Elle
a faites de Buren jusqu'icy doivent l'avoir convaincû que les Embaras
ont augmenté à mesure qu'Elle a reculé.

Tout ce que je prie V. A. S. de faire, c'est d'etre des plus difficiles à acceder à aucune proposition, et de profiter seulement des
idées des autres, pour former Son plan. Il faut qu'Elle se decide sur
cela par Elle-meme.

✱✱ Monseigneur;   Ce 7. Juillet 1759. No. 3.

Voicy de retour le billet de Mgr. le prince, et la Lettre d'Imhoff.
Je ne crois pas que l'ennemi aille si vite. S'il quittoit Bilefeld, pour
entrer dans le bassin de Minden, Est-ce que V. A. S. ne pourroit pas
faire marcher un Detachement de Ravensberg à Bilefeld, pour detruire
sa boulangerie, et tout ce qu'il pourra avoir amassé de vivres à Bilefeld? L'ennemi doit naturellement faire cette reflexion, et concevoir la
necessité de combattre V. A. S. avant que de passer outre, à moins
qu'il ne s'apercoive, qu'une manoeuvre vers sa droite put engager
V. A. S. à decamper d'icy.

L'ennemi marcheroit-il de Bilefeld sur Osnabruk?

Dans ce cas il faudroit encore faire un Detachement à Bilefeld;
mais il faudroit aller avec l'armée à la rencontre de l'ennemi, le quel,
devant déboucher par les montagnes pour aller à Osnabruk, fourniroit
peut etre une belle occasion de le combattre. Mais ceci depend du
local, et V. A. S. devoit le connoitre, pour juger si cela est practicable. —

✱✱ Monseigneur,   Ce 7. Juillet 1759. No. 4.

V. A. S. dit que son idée est 1mo d'aller au devant de l'ennemi, en cas qu'il voulût venir à Elle, ou 2do de marcher à Osnabruk, si l'ennemi entre dans le bassin de Minden.

Il faut donc se preparer pour les deux cas. Dans le premier je crois qu'il s'agit de faire plus d'ouvertures dans le camp vers les endroits d'où l'ennemi pourra arriver; Mr. de Wangenheim doit s'aprocher du camp, et Mr. d'Imhoff doit se tenir pret pour revenir pareillement; et il seroit necessaire que dès que l'on observat que l'Ennemi quitte Bilefeld pour nous tourner vers la gauche ou vers la droite, (car je crois que les abatis dans les montagnes l'empecheront d'arriver sur nous par le front) qu'on poussat un Detachement à toute risque sur Bilefeld.

Dans le second cas ce Detachement sur Bilefeld deviendroit plus utile encore. Et V. A. S. en marchant sur Osnabruk doit d'abord faire occuper les Debouchés qui menent dans le bassin de Minden.

Mais puisque dans une guerre defensive il s'agit seulement de gagner du temps, ne seroit il pas possible de faire en sorte, que l'ennemi ne pût pas partir si tôt de Bilefeld? je crois que si l'on pouroit occuper quelque hauteur qui verse dans la plaine de Bilefeld, l'ennemi se verroit arreter tout court.

⁂ Monseigneur,   Ce 7. Juillet 1759. No. 5.

Je viens d'aprendre que Bauer a reconnû, que l'armée ennemie continue à camper prés de Bilefeld; Ne seroit-il pas trop nuisible de marcher neanmoins. Ce seroit precisement inviter l'ennemi à faire en suite la marche vers le bassin de Minden.

V. A. S. peut laisser subsister tous les ordres qu'Elle à donnés pour la marche du bagage et de l'artillerie; et leur faire dire seulement, de s'arreter au rendez-vous. A Wangenheim seul il faudroit un ordre de marcher non à Osnabruk, mais à Glandorp, et il faudroit laisser les postes avancés aux Endroits qu'ils occupent, en les avertissant de n'exe-cuter leur repliement qu'en recevant un nouvel ordre.

Si Bulow fait un raport, contraire à celuy de Bauer, V. A. S. peut toujours faire executer la marche; quoique quelques heures plus tard. Si le raport de Bulow est conforme avec celuy de Bauer, tout rentrera au Camp; et V. A. S. ne doit avoir rien de plus pressé pour demain, que d'etablir un Detachement, qui soit à portée d'observer les mouvements de l'Ennemi.

⁂ Monseigneur,   Ce 8. Juillet 1759.

L'armée est pourvûe de pain jusqu'à l' 11 inclusivement et de fou-rage jusqu'au 9. inclusivement selon ce que Roden vient de m'en dire.

⁂ Monseigneur,   Ce 9. Juillet 1759*).

Voicy Monseigneur l'etat actuel du magazin du Roy, que j'ay deja demandé à Roden. Prado a un magazin particulier, quoique pour

---

*) N. d. H. Das Hauptquartier war am 8. in Osnabrück. (Archiv-Acten vol. 122.)

le compte du Commissariat. j'ay dit à Roden, de faire en sorte qu'il m'en put remettre incessament le veritable etat.

J'ay dit de meme à Roden de faire assembler icy au plustot jusqu'à mille chariots, pour qu'en cas de marche on put s'en servir pour faire faire un grand transport à la fois.

L'etat du magazin de farine, je L'attends encore.

Raport*)

Von dem Zustande des Königlichen Fourage-Magazins zu Osnabrück.
Vom 8. July 1759.

Fourage.

Haber . . . . 203,183½ ⎫
Heu . . . . 236,595 ⎬ Rationes
Stroh . . . . 198,278 ⎭
Säcke . . . . 883 Stücke.

Osnabrück den 8. July 1759.   J. E. Heise, Prov.-Verwalter.

(Archiv-Akten vol. 4.)   (Copie.)

le 7. de Juillet devant Münster.

Vous ne pouvés pas douter Monsieur, par le raport des detachements que Vous aviés dehors de Votre place, qu'elle ne soit actuellement investie par les trouppes françoises et hors d'etat de recevoir aucun secour. Les prisonniers que j'ai fait m'assurent ce que je savois deja, que Votre Garnison ou son petit nombre, ne sauroit suffire à la defense d'une place d'une aussi grande Garde que Munster, et que tout le courage possible ne sauroit en retarder la prise.

Je suis porté à croire qu'une prompte soumission engageroit Monsieur le Marquis d'Armentière à Vous accorder de conditions favorables, ce qu'il ne fera surement point si son artillerie est une fois arrivée; je Vous somme donc pour eviter l'effusion du sang et la ruine d'une Ville recommandable à tous egards, dont la cause des Alliés ne tireroit aucun avantage; d'avoir à remettre une trouppe que j'ai l'honneur de commander la place dans l'etat ou elle est, et je m'engage à solliciter aupres de Monsieur le Marquis d'Armentière les conditions raisonnables, que Vous aurés à lui proposer; ayant fort à coeur, Monsieur, d'acquerir dans cette occasion Votre estime et Votre bienveillance.

J'attend par le retour de l'officier qui Vous remettra ma lettre, une reponse qui m'instruise de Vos intentions, je desire qu'elle soit conforme à la Necessité où Vous Vous trouvés, et aux principes d'humanité qui defendent toute effusion de sang inutile.

J'ai l'honneur d'etre avec les sentiments qui Vous sont dus
Monsieur
Votre très humble et très obeissant serviteur
le Mr. de Chabo
Brigadier des armées du Roi et Colonel de la legion Royale.

---

*) N. d. H. Das Hauptquartier war am 9. in Osnabrück. (Archiv-Acten vol. 122.)

(Copie.)   La Reponse.

Monsieur!

Eu reponse à la sommation que Vous me faites, je ne manque
pas de Vous dire, Monsieur, que je suis point içi pour rendre la Ville
de Münster, mais pour la defendre dans les formes, a fin de m'acquerir
par la l'estime de Monsieur le Marquis d'Armantière aussi bien que
la Vôtre.

J'ai l'honneur d'etre avec toute la consideration qui Vous est due
Monsieur
Münster, le 7. Juillet 1759.   (Zastrow).

Durchlauchtigster Herzog
Gnädigster Fürst und Herr!

Ev. hochfürstliche Durchlaucht beyde gnädigste Schreiben vom
gestrigen dato habe wohl erhalten und ist mir sehr angenehm, dass
meine Antwort auf die Französische Aufforderung höchste Approbation
gefunden. Ich werde die abermals erhaltene hohe ordre nach Möglichkeit befolgen, auch in Ansehung der Correspondence solches menagement gebrauchen, dass wenn allenfalls ein Bericht in feindliche Hände
fallen sollte, dennoch der Feind keine ihm vortheilhafte Nachricht
daraus nehmen könne. —

Einige mir zugesendete Wagens, so Patronen abholen sollen, habe
auf ein Schreiben des Generallieutenant von Wangenheim mit Mehl
und Fourage beladen lassen, und unter der anhero geschickten Eskorte
zurückgesendet. Ich beharre in tiefster Ehrfurcht
Ev. hochfürstliche Durchlaucht
unterthänigst gehorsamster Diener
Münster, den 8. July 1759.   v. Zastrow.

* C'est contre le sens. Ils devoient etre emploïés in subsidio pour
sauver le grand depot de munition.

(Archiv-Akten vol. 4.)

Etant justement sur le point de marcher, le courier m'aporte
l'ordre de Votre Altesse, de diriger ma marche sur Osnabrügge; j'ai
envoyé incessament ordre aux Fourir-Schützen, de s'y rendre en droiture de Glandorp, et je me mettrez à 6 heures en marche avec les
Trouppes.

La munition ne pourra plus sortir de Münster, ny le fourage à
ce que le Gen. Zastrow me marque.*)

Je suis du plus profond respect
de Votre Altesse Serenissime
le très humble et très obéissant serviteur
à Ladbergen ce 8. Juillet 1759   Wangenheim.
à 4 heures du matin.

*) N. d. H. Darunter von der Hand des Herzogs. *Voilà une grande Annerie
de Messieurs de l'Artillerie!

(Archiv-Acten vol. 252.)

Durchlauchtiger Fürst, freundlich lieber Vetter.

Ich habe nicht nur Ew. Lbd. Schreiben vom 21. letzt abge-
wichenen Monats zurecht erhalten, sondern es ist Mir auch von dem Lord
Holderness dasjenige vorgelegt worden, worauf dieselben sich in jenem
beziehen, und Ich durch ermelten Lord an dem Tage des Empfangs,
nehmlich den 30. ejusdem sofort habe erwiedern lassen. Ich hoffe
noch immer, dass der Fall sich nicht eräugnen werde, dass Ew. Lbd.
sich genöthiget finden, die Weser zu passiren.

Gleichwie Ich Mir aber billig wohlgefällig seyn lasse, dass Dieselben auf alle mögliche Fälle denken, und sich schicken; Also ist auch
Mein Zutrauen zu Ew. Lbd. Prudentz und Capacité so gross, dass Ich
ohne einiges Bedenken es zu Deroselben Ermässigung und Entscheidung verstelle, in dem vorerwehnten ohnverhofftem Falle, dasjenige,
was Dieselben Meinem und der gemeinen Sache Dienste am gerathen-
sten zu seyn erachten, zu beschliessen und zu vollstrecken, mithin entweder längs der Weser herunter zu gehen, oder sich gegen das Brandenburgische zu repliiren, um so mehr da Mir die eigentliche Umstände
welche den einen, oder den anderen Weg anrathen könnten, unbekandt
sind. Letztenfals werden indessen Ew. Lbd. auch ohne Mein Aner-
erinnern von selbst zu veranstalten belieben, dass Meine Festung Staade
in allen Stücken, mithin auch ratione der Garnison und Artilleristen in
einen solchen Stand gesetzet werde, dass sich selbige eine Weile, und
bis zu erfolgendem Entsatz, aller billigen Vermuthung nach, halten kan.
Ew. Lbd. wollen auch Meinen Cammer-Präsidenten von Münchhausen
von der nehmenden Entschliessung sofort par Courier Nachricht ertheilen, damit er das Erforderliche zu Stade so gleich veranstalten könne.

Ich beharre aufrichtigst, und so sehr man es seyn kan

Ewr. Lbd.

freundtwilliger Vetter

Kensington, den 2. July 1759. George R.

An des Herrn Hertzogs Ferdinand von Braunschweig
Lüneburg Lbd.

(Archiv-Acten vol. 252.).

Durchlauchtiger Fürst, freundlich lieber Vetter.

Aus Ewr. Lbd. Schreiben vom 23. pass. und dessen Anlagen habe
Ich in mehrern ersehen, was der Marechal de Belleisle wegen eines
zu errichtenden Cartels an Dieselben abgelassen, und was Ewr. Lbd.
Ihm darauf in Antwort erwiedert haben. Ich verstelle nun auch
diesen Punct lediglich zu Dero Gutfinden, und lasse Mir gerne gefallen, was Ewr. Lbd. darunter schliessen und festsetzen werden; Ich
beziehe mich übrigens bloss auf mein heutiges Schreiben, indem Ich

Mich fest versichert halte, dass Ewr. Lbd. in allen Stücken nach Dero
Mir bekannten Prudence und Zéle verfahren werden.

Ich verharre ohnveränderlich

Ewr. Lbden

freundtwilliger Vetter

Kensington, den 2. July 1759.   George R.

An

des Hertzogs Ferdinand von Braunschweig Lbden.

(Archiv-Acten vol. 252.)

** An den König von Engeland

Diessen, den 6. July 1759.

Eurer Königl. Majest. beyde gnädigste Schreiben vom 2. dieses
habe ich zu erhalten die Gnade gehabt.

Ich schreibe sofort an den Cammer-Präsidenten von Münchhausen,
um den Befehl, welchen Eure Maj. mir wegen der Festung Stade zu
ertheilen geruhet haben, ein Genüge zu leisten. Es ist dieses eine
praecaution, die weil auf Stade so sehr viel ankommt, nicht als überflüssig angesehen werden kann, ob ich zwar sonst hoffe, dass es zu
einer solchen Extremité nicht kommen wird.

Ich werde übrigens mein Bestes thun, um wo möglich mich des
grossen Vertrauens würdig zu machen, welches E. K. M. in mich zu
setzen geruhen.

Der M. von Contades ist seit einigen Tagen mit der Haupt-Armée
zu Bilefeld: Ich occupire ein Lager nicht weit von Ravensberg; die
Gebürge scheiden uns von einander. So viel ich abnehme, ist des
Feindes Dessein, mich von Minden zu coupiren: er hat auch würklich,
durch den Vortheil den ihm die Lage und der Lauf der Gebürge
geben, dazu die Mittel in Händen. Inzwischen ist dieses manoeuvre
von seiner Seite auch nicht ohne Schwierigkeit die ich möglichst zu
vermehren suchen werde.

Ich habe bey diesen Umständen vor nöthig gefunden, den G. L.
von Wangenheim näher an mich zu ziehen. Selbiger ist heute von
Münster nach Ladberg auf den Weg nach Osnabrück marschiret. Ich
habe aber eine gute Garnison zu Münster zurückgelassen; und muss
es sich weisen, ob der M. D'Armentieres den Ort belagern, oder nach
dem Exempel des M. von Contades gleichfalls vorrücken wird, um
mich um so mehr zu pressiren.

Ich beharre übrigens mit dem tiefsten Respect   F.

(Archiv-Acten vol. 252.)

Monseigneur,   a Whitehall ce 30. Juin 1759.

J'ay reçû dans la nuit passée, la lettre, dont V. A. S. m'a honorée
du 21. de ce mois; dans laquelle, après avoir fait la Description de la
Situation très critique ou Elle se trouve; Elle me prie de proposer la
matiére, et de l'informer, le plûtôt possible, des Intentions du Roy.
Comme Votre Altesse Serenissime marque dans Sa Lettre, qu'en pen-

sant aux suites fachenses du Passage du Weser, Elle incline fort à
tenter Fortune, et à livrer Bataille, Le Roy m'ordonne, Monseigneur,
de Vous dire de Sa Part, que Votre Altesse Serenissime ayant donné,
dans toutes les occasions, tant de Preuves de Capacité consommée, et
de Zéle pour le Service du Roy, Sa Majesté se repose entierement sur
Votre Conduite; Et, quelque puisse être l'Evenement; en Consequence
du Parti que Votre Altesse Serenissime jugera à propos de prendre,
Le Roy sera toujours persuadé, que la Décision aura eté la meilleure,
et la plus convenable, selon les Circonstances, pour la Protection de
Ses Etats, et pour l'Entretien de la Communication avec l'Angleterre,
et les Alliés du Roy.

J'ai l'honneur d'être avec le plus profond Respect
Monseigneur,
de Votre Altesse Serenissime

le tres humble tres
obeissant serviteur
Holdernesse.

S. A. S. Mgr. Le
Prince Ferdinand de Bronsvic.

Monseigneur,   a Whitehall ce 30. Juin 1759.

J'ose supplier Votre Altesse Serenissime de vouloir m'éclaircir sur
l'objet qu'Elle a en vue en proposant l'Envoi de quelques Vaisseaux
de Guerre et de Transport à Embden, comme l'Execution dependra
entierement de la Nature du Service auquel ils doivent etre employés.

J'ai l'honneur d'etre etc.

Holdernesse.

S. A. S. Mgr. Le Prince
Ferdinand de Bronsvic.

⁂ à Mylord Holdernesse.

à Dissen ce 6. Juillet 1759.

J'ay reçu Mylord les deux lettres que Vous m'avez fait l'honneur
de m'ecrire du 30. du mois passé. Je suis infiniment sensible aux
marques distinguées que S. M. me donne de nouveau de la confiance
qu'Elle veut bien mettre en moi. Mes foibles talents n'y sauroient jamais repondre suffisament; mais je feray de mon mieux, pour meriter
autant que possible les bontés dont Elle m'honore.

L'ennemi est marché à Bilefeld; je suis vis-à-vis de Luy, ayant
assis mon camp à Dissen, pas loin de Ravensberg. Les montagnes
nous separent; l'ennemi a l'avantage sur moi, d'arriver avant moi à
Minden; mais j'ay sur Luy celui d'etre à portée de mes subsistences.

Il semble que le marechal de Contades n'en veut pas pour le
moment present à Lipstad; on verra bientôt si Mr. d'Armentieres
s'attachera à Münster, depuis que j'ai fait marcher le general de
Wangenheim de Dulmen à Münster et delà a Ladberg. Il n'est pas
bien decidé non plus, si l'ennemi croira trouver son compte de marcher en avant, sans me combattre. je pourrai sur cela marquer à

V. E. quelque chose de plus precis, en deux ou trois jours; j'ai en attendant l'honneur d'etre etc.

    P. S. V. E. se souviendra que je Luy ai ecrit il y a quelque temps, que d'un coté le Colonel Parker, commendant d'Embden, m'avoit fait demander du canon et des canoniers, pour le mettre en etat de se defendre, en cas qu'il fût attaqué à Emden, et de l'autre que je luy avois repondu, que je ne pouvois luy envoyer ni l'un ni l'autre. En faisant reflexion que les circonstances pourroient exiger que je m'aprochasse du Weser, il m'a parû, que Mr. Parker seroit fort embarassé en cas, qu'un corps ennemi profitat de mon éloignement pour se glisser le long de l'Ems, et que ne pouvant se defendre à Embden, il seroit à propos d'y avoir quelques vaisseaux de transport à portée pour le prendre à bord avec son bataillon. Voila la raison, pourquoi j'ay demandé à V. E. d'envoyer quelques vaisseaux de transport à Embden. Quant aux vaisseaux de guerre je pense primo, que les vaisseaux de transport en pourroient avoir besoin; et secundo, que ces vaisseaux de guerre pouvant se transporter facilement de l'Ems à l'Embouchure du Weser, leur presence pourroit devenir d'une grande utilité en cas que l'Ennemi parvint à m'obliger de passer cette rivière. D'ailleurs je ne dois pas passer sous silence, que S. M. P. m'a averti, qu'elle avoit apris de bonne part, que les François meditoient de faire une descente à l'embouchure de l'Elbe; en cas qu'ils echouassent dans celle qu'ils projettent contre l'Angleterre; Si cet avis est fondé, il me semble qu'il seroit d'une grande utilité, si une escadre de quelques vaisseaux de guerre se trouvat d'abord à Embden puisqu'elle seroit là à portée de l'Elbe. ut in litteris etc.

    ** Au Roy de Prusse.   No. 38.
                    à Dissen ce 6. de Juillet 1759.
    Je ne saurois disconvenir de la verité que V. M. etablit dans sa tres gracieuse Lettre du 26. de Juin, savoir que le passage du Weser auroit des suites des plus facheuses. Je ferai tout mon possible, pour n'en venir pas à cette extremité; mais cela depend en partie de l'hazard du quel je ne saurois repondre. Mr. de Contades va en avant, sans s'amuser à prendre Lipstad; il est depuis deux ou trois jours à Bilefeld; j'occupe de mon coté un camp pas loin de Ravensberg; les montagnes nous separent, et donnent par leur situation et le cours qu'elles tiennent, au marechal l'avantage d'arriver avant moi dans le bassin de Minden; mais je ne sais, s'il peut trouver son compte d'y aller avant que je l'aye combatû. S'il faut que je quitte la position que j'occupe; il ne me reste d'autre parti que sur Osnabruk.
    Ma presente position a causé un changement dans celle du General de Wangenheim; j'ay crû qu'il convenoit de l'aprocher de moi; j'ai garni la ville, ou plustôt la citadelle de Munster d'une bonne garnison; Si le marquis d'Armentieres s'attache à attaquer cette place, je pourrois profiter du renfort du corps de Wangenheim pour combattre

le M. de Contades avec un peu moins d'inegalité, si une bonne occasion s'en presente. Mais si Armentieres laisse Munster en arrière, et marche en avant en longeant l'Ems, ou en se joignant au marechal de Contades; je ne m'en trouverai que plus pressé. En revanche si ces deux generaux avancent de cette façon en laissant Lipstad et Munster derriere eux; il me semble que si l'un ou l'autre recoit un echec; je reussirai à leurs faire perdre le terrain qu'ils auront occupé. Voila Sire la veritable situation ou je me trouve. je dois ajouter que le M. de Contades marche avec des grandes precautions, et se tient extremement serré. La manoeuvre qu'il a jusqu'à present executée consiste à pousser un corps en avant sur sa droite, pour deborder ma gauche. mais ce corps ne s'éloigne jamais du gros que d'une heure de chemin; et les positions qu'il prend sont toujours tres fortes, et il paroit qu'il ne veut agir qu'à coup sur. V. M. voit par là que je dois etre un peu embarassé; je ne vois d'issue à ce jeu, que de livrer bataille, et je ne saurois livrer bataille, qu'en attendant beaucoup de la fortune. Si elle m'est contraire j'exposerai l'etat; mais je puis etre heureux, et alors je le sauverai, et degagerai peutetre la Hesse. Dans ce pour et contre le Roy d'Angleterre ne m'a rien ordonné, il s'en remet à moi, en se contentant de dire qu'il est persuadé que je prendrai le meilleur parti. V. M. conviendra que c'est une chose fort difficile, et un surcroit d'embaras pour un general; sur tout puisqu'on me demande avec cela deux choses, savoir d'entretenir la libre communication avec l'Angleterre et avec ses Alliéz, dont je ne saurois cependant faire qu'une si je suis malheureux.

Je suis avec les sentiments d'un tres profond respect etc.

reçu le 8me à 9. h. du soir par Kemnitz.

** Diessen ce 6. Juillet 1759.

Toutes vos cheres Lettres sont arrivées jusqu'a No. 58. inclusivement. vous voudrez bien excuser que je n'y ay pas repondû plus tot.

Nos affaires ne sont pas mauvaises sans etre fort bonnes: elles peuvent devenir l'un et l'autre. Mais il n'y a personne dans l'armée qui n'espere le meilleur.

Mr. de Contades est depuis quelques jours à Bilefeld, il continue son jeu. il pousse de nouveau un corps sur sa droite pour deborder notre gauche. Il vise à present à nous couper de Minden; ce qu'il pourra faire en effet, etant favorisé par la Situation et le cours des montagnes. Nous sommes à Diessen à peu de distance de Ravensberg. S. A. S. a jugé à propos de faire aprocher Wangenheim; il est arrivé anjourdhuy à Ladberg. Munster est garni d'une bonne garnison.

Un courier du roi vient d'arriver. Il est parti de Reichen-hennersdorff le 1. La Lettre n'etant pas encore dechiffrée; je ne saurois vous rien marquer de quoi il s'agit. J'ay apris par le courier que Daun a fait un mouvement.

Adieu mon cherissime ami.

(à Mr. de Haenichen.)

arrivé le 6. Juillet 1759.
à 10¾ h. du soir à Diessen.

No. 44.

Monsieur Mon Cousin. Le courier que Votre Altesse m'a depeché vient de me rendre la lettre qu'elle m'a fait du 24ᵉ de ce mois (déchiffré) „que Votre Altesse aye seulement bon courage contre la Superiorité de l'Ennemi que Vous avez vis à vis de Vous, tout ira bien. Souvenés-Vous, je Vous prie, de ce qui s'est passé autre fois auprés de Rosbach où nous n'eûmes que dix huit mille hommes en tout; souvenirés-vous d'ailleurs de Vòtre Bataille de l'année passée et comment Vous avés chassé autre fois ces gens-là, non obstant qu'ils fussent superieurs en nombre. Si Votre Altesse assemble ses forces au possible, et fait ses efforts qu'Elle un seul Endroit où Elle employe toutes les bouches de son Artillerie, ce qui les François ne sauroient supporter, alors il ne pourra pas manquer que Vous ne les mettriés tout à fait en bredouille avec tout cela. Je ne veux pas dissimuler qu'il n'y ait toûjours un grand hazard en cela dont je conviens, mais vous reflechirez Vous-même sur le plus grand hazard qu'il y a, ou de donner Bataille à l'Ennemi au risque de souffrir quelque echec, ou de se retirer devant lui et de perdre en même têms Vos magasins avec tous les autres avantages, en inspirant par là une terreur panique aux Trouppes, ce qui seroit dix fois pis que le hazard d'une Bataille. Ce que je conseille sur cela à Votre Altesse c'est que quand Vous voudrés attaquer les François, Vous le fassiés, s'il est possible, quand ils sont sur le point d'entrer dans leur Camp ou le lendemain aprés, àfin qu'ils ne gagnent pas le têms de faire des redoutes ou des retranchements pour fortifier leur Camp, ce qui vous rendroit Vòtre Entreprise bien plus difficile. Quant à nos affaires ici, il faut que je vous dise qu'elles sont encore assés en crise. Le General Dohna est en pleine marche contre les Russes; j'ay tout lieu d'esperer, que tout succedera, mais jusqu'à present il n'y a rien encore de decidé. Le marechal Daun avec ce qu'on nomme la grande Armée est decampé devant nous et a pris sa marche à Reichenberg et du Còté de Greyffenberg et de Lauban: le General Harsch est encore avec Vingt Cinq mille hommes auprés de Jaromirs; et de Ville auprés de Weydenau avec sept à huit mille hommes à peu prés. J'ai poussé une pointe dans la Bohême occupant Trautenau, pour voir si cela arretera ou amusera l'Ennemi. jusqu'à present je ne saurois dire quel effèt cela operera; mais je ne branlerai pas d'ici avant que de voir tout à fait clair sur le Dessein de l'Ennemi, de me poster vis à vis de Daun, s'il prend un Camp fort et inattaquable. Voilà en quoi je ne gagnerai rien et risquerois plustòt que l'Ennemi occuperoit le poste avantagenx d'ici; ainsi j'attendrai tran-

quillement à voir de quelle façon l'Ennemi reglement declarera; mais
dés que je verrai que Daun marche plus avant en sorte qu'il faut qu'il
vienne dans la plaine, alors je reünirai tout ce que j'ai de Troupes et
marcherai avec mes forces unies droit sur le Corps à Daun pour le
combattre. Je ne Vous marque tout ce-ci que pour Vous donner quelque
Idée de notre Situation présente; dés que j'aurai des nouvelles relativement aux Russes je Vous en informerai incessamment." Je suis avec
mes Sentimens d'Estime et d'Amitié

Monsieur Mon Cousin

de Votre Altesse

le très bon Cousin

Federic.

à Reich. Hennersdorff ce 1e Juillet 1759.

reçu le 10: p. Radem: à midi.

✱✱ Monsieur mòn tres cher ami,

Je mettrai cette fois-ci le nom du quartier-general au bas
de la Lettre pourque vous en soyez moins surpris, après en avoir lû
la raison. Vous avez vû par ma precedente, que Mr. de Wangenheim
a quitté son camp de Dulmen, qu'il a occupé un couple de jours celuy
de Munster et qu'il est marché de là à Ladberg; village situé sur la
grande route de Munster à Osnabruk. Mr. D'Armentiéres l'a fait suivre
d'abord par les troupes legeres; on a escarmouché l'un avec l'autre,
on a été poussé et on a repoussé. L'on nous assure que Mr. d'Armentiéres avance droit sur Munster; ce n'est pas sur; mais il a fait
faire la ceremonie de sommer la ville par Mr. Chabo. Le commandant
a repondû que la place lui avoit été confiée non pour la rendre mais
pour la defendre. La meme chose s'est faite, il y a quelques jours
avec Lipstad. Nous avons abandonné **Warendorp** apres avoir
brisé les affuts des canons, et fait jetter les canons dans la riviere.
La garnison a été employée pour renforcer celle de Munster; où nous
avons un reste de magazin tres considerable.

L'armée Francoise sous les ordres de Mr. le marechal de Contades a eté depuis plusieurs jours à Bilefeld. il avoit poussé un corps
de Troupes à Engern et à Hervord, qui ayant poussé de son coté des
forts detachemens vers Minden, Flotow et Rinteln y a repandû l'allarme
par tout. On prend ce corps de troupes pour l'armée de Broglio.
Nous etions separés des Ennemis par cette chaine de montagnes, qui
traversent le Paderborn, le pais de Ravensberg, celuy d'Osnabruk et
de Minden, on elles font ce bassin, dans le quel la ville de ce nom
est située. Nous occupions tous les portes qui pouvoient fournir l'occasion à l'ennemi de reconnoitre notre camp; mais l'ennemi ayant fait la
meme chose de son coté, nous ne pouvious rien decouvrir du sien.
Ainsi on vivoit de part et d'autre dans l'ignorance sur ce qui regardoit
la position des deux armées; hormis ce qu'on en aprit par des Espions.
Le 5. de Juillet l'ennemi poussa un Detachement à Melle, où nous

avions un magazin de fourage. L'ennemi y surprit la garde consistant
en 12. miliciens commandés par un caporal, dont il fit 8 prisonniers
de guerre.

Des que le Duc fut informé de cet accident il fit marcher le prince
hereditaire avéc plusieurs bataillons et Escadrons pour chasser les Ennemis de ce poste, pour sauver le magazin de Melle et pour couvrir
celuy d'Osnabruk. Le prince chassa les Ennemis sans peine, laissa le
commandement au General Imhoff, et revint au camp pour sa persone.
Mr. d'Imhoff assit son camp à Melle sur la grande route d'Osnabruk.
Le meme jour notre poste de Halle fut attaqué et repoussé jusqu' au
Ravensberg. Les ennemis marcherent a grands pas pour s'en emparer;
mais quelques coups de canon, et 5. ou 6. Salves de nos arquebusiers
les renvoyerent plus vite encore qu'ils n'etoient venus. Les Ennemis
furent chassés audelà de Halle, dés que nos petits postes avoient eû le
temps de se reunir au Ravensberg. Le Duc trouva le poste si considerable qu'il y envoya le prince de Bevern avec quelques bataillons
de grenadiers, pour empecher les ennemis de s'y etablir.

Le 7. à la petite pointe du jour le major Friederichs des chasseurs
attaqua un Detachement ennemi entre Engern et Neukirchen. Friederichs n'avoit que 100 chasseurs à pié et 36. à cheval. Il attaqua
cependant l'ennemi avec tant de succés que tout le Detachement fut
tué ou pris. Il nous envoya 60. prisonniers avec 2. Capitaines un
Lieutenant et plusieurs bas officiers. Tout le reste a eté tué sur la place.
Ce qu'il y a de particulier c'est que nous n'avons eû ni tués ni blessés
à cette affaire. Hier le Lieutenant Colonel Freytag deschasseurs envoya
le raport du commencement de son Expedition, dont le Duc l'a chargé.
Il ne sauroit etre ni plus beau ni plus heureux. Il a detruit les volontaires d'Alsace et en a pris 28. officiers, 30 bas officiers et 182
communs. je joins ci auprés la copie de sa relation. Si vous jugez à
propos de la faire publier; je vous prie d'en oter tout ce qui pourroit
donner l'idée qu'on a intention de pousser plus loin.

Hier au matin plusieurs raports nous vinrent que la grande armée
avoit fait un mouvement; en meme temps Mr. d'Imhoff manda que l'ennemi se faisoit voir en grand nombre à Rimsel vis à vis de son camp.
On crut que l'armée de Contades etoit marché à Hervorden, et celle de M.
de Broglio tacheroit ou d'envelopper Mr. d'Imhoff, ou de nous boucher
entierement les gorges qui menent dans le bassin de Minden. Le cours
des montagnes dont j'ai fait mention plus haut est tel, que l'ennemi
peut toujours arriver avant nous dans le dit Bassin; vû que luy marche
sur la chorde et que nous decrivons l'arc du cercle. Vers le soir un
autre raport arrivoit, marquant que l'ennemi grossissoit en nombre à
Rimsel et à 9. heures du soir un troisieme raport marqua que Mr.
d'Imhoff avoit vû la generalité francoise en reconnoissance de son camp;
et qu'il craignoit beaucoup qu'il ne fut attaqué par toute l'armée le lendemain.
Le Duc crut alors en effet, que l'armée ennemie avoit fait une marche
en avant, et jugea necessaire d'en faire une de son coté, à fin de rester

à pareille hauteur avec luy. L'ordre pour la marche fut donné tout de suite, et l'armée s'est mise en marche ce matin à 5. heures. Comme les montagnes ne permettent point de marcher droit avec bagage et artillerie à Melle, le Duc prit le parti d'ordonner la marché de l'armée pour Osnabruk; Mr. d'Imhoff eut ordre de s'y replier pareillement, et M. de Wangenheim d'y aller en droiture de Ladberg. Cependant cette nuit d'autres avis arriverent, qui ne dirent rien de la marche de la grande armée ennemie. Chose qui me paroit tres vraisemblable par certains combinaisons, qui m'ont persuadé que l'ennemi ne pourroit trouver son compte d'aller en avant tandis que nous aurions pû retomber par trois marches forcées sur Paderborn et Lipstad; par quoi il se seroit vû sans vivres et sans subsistence. D'autres considerations plus fortes encore n'ont pas permis au Duc de se servir de cet avantage; La marche ayant eté resolue et ordonnée, vient d'etre executée. Nous voila donc à Osnabruk; et les Ennemis entre nous et Lipstad et Munster, et toujours en etat de nous couper de Minden. Le fil s'est un peu entortillé; pour resoudre le noeud, il faut le couper. Comme le Duc n'est pas encore arrivé j'ay crû devoir employer ce moment pour vous ecrire. Je vous demande pardon de la longueur de mon epitre. Adieu mon cher monsieur. Mettez moi aux pieds de S. A. S.

à Osnabruk ce 8. Juillet 1759.

(à Mr. de Haenichen.)

Durchlauchtigster Hertzog pp.

Nachdem die commandirte Infanterie und Dragoner vorgestern Abend 6 Uhr zu Schönhagen angekommen, dieselben in 3 Tagen von Minden bis hier im Solling täglich 8 bis 10 Stunde marchiren müssen, ich auch sofort bei meiner Ankunft nach Lippolsberg und Carlshaven gesandt, Anstalt zu machen um alldar über die Weser zu gehen, so fand, dass solches gar nicht möglich, weil alle Schiffe längs des Flusses ins Wasser versenket und bei jetzigen hohen Wasser nicht thunlich wieder heraus zu kriegen. Um nun keine Zeit zu verliehren, auch nicht müssig zu seyn, entschloss mich, die Commandos der Feinde so längs der Weser sich befanden, zu attaquiren, in Absicht dessen marchirte also mit die Jägers sofort wie die Infanterie und Dragoner angekommen, welche 4 Stunden zum Ausruhen liess, bis 3 Stunde von Münden, erwartete alda die Dragoner und Infanterie (letztere liess mit Wagens transportiren) so mit Anbruch des Tages gestern ankamen; hierauf setzte demnach meinen March bis 1½ Stunde von Münden weiter fort, drehete mich hierauf rechter Hand an der Weser, ging solche wieder herunter, da die Feinde von daher gar mich nicht vermutheten, so kam zu Hämel 2 Stunde von Münden, alwo die Volontairs d'Elsace lagen, so gut und vortheilhaftig bei, dass solche mich nicht ehender erkannten, bis die Jägers zu Pferde bereits die Vorposten und Feldwachen passirt waren, dieselben kamen jedoch ziemlich geschwind beisammen, weil es um die Ablösungs-Zeit der Wache sich traf, ich liess sofort die Grenadiers von Stockhausen, die Jägers mit Gewehr und Bajonet auf eine Seite, und die Commandirte von der Infanterie auf der andern Seite gegen das Dorf avanciren; die Dragoner und die Jägers zu Fusse behielte zu reserve, auch den Secours von Münden aus abzuschneiden, wie auch die retraite dahin zu hindern. Die Jägers zu Pferde stunden hier gegen über, um den Feind zu verhindern, nicht nach Bursfelde zu kommen, alwo noch von diesen benannten Volontairs ein Commando stand; so bald die gedachten Grenadiers gegen das Dorf anrückten, wolte der Feind sich mit der Flucht nach Münden zu retten suchen, dieselben wurden aber wieder von die Jägers zurück ins Dorf getrieben, ein gleiches wolten solche auch nach Bursfelde der Weser hinunter versuchen, die Jägers zu Pferde trieben sie aber mit einer so grossen Geschwindigkeit wieder ins Dorf, und zugleich fielen die Grenadiers mit die Jägers zu Pferde in selbige, dass viele der Feinde sich in die Weser stürzten, wovon nur 2 Mann zu Pferde entkommen, die andere aber alle ersoffen, wie auch 2 Schiff voll welche untergingen, die so nicht todt geschossen, wurden zu Krieges-Gefangene gemacht, worunter d. H. Obrister und Commandant Beyerle.

Nach diesem setzte mich abermahl im March nach Bursfeld, alwo das erwehnte Commando stand, ich gab sofort Befehl, solches zu umringen, und demnechst aufzufordern, ersteres geschahe ohne dass der Feind das mindeste davon wegen des dunkeln Wetters, und da ich solche von hinten kam, erfuhr. So bald nun dieses geschahe, wolte d. Hr. Hauptmann von Bülow Sen: solche auffordern, fand aber einige Jägers zu Pferde und zu Fusse bereits im Amt-Hause, welche die Feinde überrumpelt und gezwungen, das Gewehr nieder zulegen, und sich als Krieges-Gefangene zu ergeben.

Vorgestern wolte auch ein Commando von die Feinde von einem Capitaine, 2 Officiers und 30 Mann nach Uslar, um Wagens und Fourage beizutreiben, da aber von mir ein klein Commando alda lag, wolte solches zurück, im Rückzug wurde aber solches von d. Hr. Lieut. Scheither, mit 24 Jägers zu Pferde umgeben, ein Mann nieder gehauen, und der Officier verwundet, des Capitaine sein Pferd todt geschossen, die übrigen aber alle zu Krieges-Gefangen auch gemacht.

Die Verzeichnis aller gemachten Krieges-Gefangen übersende hierbei gantz unterthänigst.*) So viel kan Ew. Herzogl. Durchl. versichern, dass wenig von die Volontairs d'Elsace übrig geblieben, nur einige kleine Commandos so ausgesandt gewesen um Wagens in unseren Landen zu erpressen. Ich habe bei dieser gantzen Begebenheit nicht mehr als 1 Jäger zu Pferde, 1 Mann von Post und 1 Pferd verwundet bekommen.

Lippolsberg, den 6. Julii 1759.   v. Freytag.

---

*) N. d. H. Das Verzeichniss von den zu Hämeln und Bursfelde gemachten Kriegsgefangenen vom 5. Juli 1759 weiset 1 Oberst (Beyerle) 1 Oberst-Lientenant, 1 Major, 16 Capitains, 8 Lieutenants, 1 Fähndrich, 4 Tambours, 30 Unterofficiere und 182 Mann nach.

(Archiv-Acten vol. 252.)

Durchlauchtiger Fürst, freundlich lieber Vetter.

Ich danke Ewr. Lbd. vielmahls vor die mir unterm 17. hujus ertheilte interessante Nachrichten. Ew. Lbd. kan Ich nicht verhelen, dass Ich nicht ohne Unruhe bin, da Ich von einem Tage zum andern die Nachricht zu erwarten habe, dass es zu einer Haupt-Action gekommen sey. Bey dem allem aber, bleibet das Vetrauen, welches Ich Ew. Lbd. schuldig bin, so vollkommen, als es seyn kan, und Ich lebe der guten Hofnung, dass die Trouppen unter der weisen Anführung ihres würdigen Chefs, den sie kennen und lieben, ihr Bestes thun, und wenn der Höchste mit Uns ist, Ewr. Lbd. Unternehmungen mit Glück und Sieg begleitet, mithin die Feinde aus Meinen und denen Hessischen Landen, also sie eingedrungen sind, bald wieder zurückgetrieben seyn werden.

Ich beharre stets und aufrichtigst

Ewr. Lbd.

freundwilliger Vetter

Kensington den 26. Junii 1759. George R.

An des Hr. Hertzogs Ferdinand
von Braunschweig Lüneburg Lbd.

(Archiv-Acten vol. 252.)

✱✱ An den König von Engeland.

Ossnabrück den 8. July 1759.

Es ist mir noch übrig, Eurer Königl. Maj. den richtigen Empfang Dero an mich erlassenen gnädigsten Schreibens vom 26. des vorigen Monats in Unterthänigkeit anzuzeigen: welches ich denn hiermit in schuldigstem respect zu thun die Gnade habe.

Nachdem ich aus denen feindlichen mouvements nicht anders schliessen können, els dass derselbe seine Absicht dahin richte, immer vorzurücken, um dadurch eine solche Höhe zu gewinnen, damit es ihm hernach leicht fallen könne, die Weser unterhalb oder oberhalb Hameln zu passiren; mich hingegen wo möglich davon zu coupiren; So habe ich vor nöthig erachtet, einen March nach Osnabrück zu thun, woselbst ich heute mit der gesammten Armée angelanget bin. Die Feinde stehen zwischen Bilefeld und Hervorden und haben bereits einige Detachemens ins Fürstenthum Minden voraus poussiret.

Der kleine Krieg ist seit einigen Tagen gänzlich zu unserer avantage geführet worden.

Zu dem, was Eurer Majest. nunmehro schon davon bekannt geworden seyn wird, kann ich noch hinzufügen, dass der Major Friedrichs gestern zwischen Engern und Neukirchen ein Detachement von 60 Mann aufgehoben hat, ohne einen Mann dabey zu verliehren, wie auch dass der Obrist-Lieutenant von Freytag unweit Münden die volontaires d'Alsace unversehens angegriffen, einen Theil davon nieder machen lassen, und den andern theils in die Weser getrieben theils gefangen genommen hat. Die Gefangenen so er dabey gemacht bestehen aus 28 Ober-Officiers, 30 Unterofficiers und 182 Gemeinen, wo hingegen derselbe ausser einigen Blessirten gar nichts verlohren hat.

Der G. L. von Wangenheim ist nunmehro mit seinem corps zur Armée gestossen, und machet bey selbiger die reserve aus. Ich bin mit diesem General wegen seiner geführten conduite, überaus wohl zufrieden: Und da ich weiss, dass derselbe wünschet, künftig bey der Cavallerie zu dienen; So habe ich mich nicht entbrechen können; denselben dazu bestens in Eurer Majst. Gnade zu empfehlen.

Ich würde es mir hiernächst selbst zur Gnade rechnen, wenn Eure Majst. gnädigst geruhen wollten, den Obristen von Scheiter, der Höchstderoselben 42 Jahr gedienet hat, mit dem Charaktére von General-Major nach seiner ancienneté zu begnadigen.

Ueberdem kann ich nicht Umgang nehmen, dem Englischen General-Major Mostyn ein verdientes Lob beyzulegen, dass er sich des Dienstes mit besonderen Eifer annimmt, und sich auf alle Weise zu distinguiren suchet.

Der General-Lieutenant von Zastrow ist in Münster mit einer guten Garnison, der Marquis D'Armentieres hat denselben zwar auffordern lassen; ich hoffe aber eines theils, dass er im Fall einer Belagerung mehr Hindernisse finden wird, als er sich vermuthen sein mag, anderntheils aber auch dass die jetzigen Umstände einen anderen und besseren pli bekommen sollen, und ich mich im Stand befinden werde, den Ort zu degagiren. Ich bin übrigens mit dem tiefsten respect pp.

Monseigneur à Whitehall ce 3. Juillet 1759.

Le Roy desirant, au dessus de toute chose, de soulager l'Esprit de Votre Altesse Serenissime, dans un moment aussi critique et de crainte qu'aucun des Objets particuliers, touchés à la conclusion de de ma derniere lettre, ne tende à embarasser, ou gener, le moins du Monde Votre Altesse Serenissime, en prenant le parti qu'Elle jugera le plus à propos dans la situation presente, Sa Majesté m'ordonne de Vous dire ici, Monseigneur, dans les Termes les plus clairs et les plus exprès, Que, comme Votre Altesse Serenissime a marqué dans Sa lettre du 21., qu'en pensant aux suites facheuses du passage du Weser, Elle incline fort à tenter Fortune et à livrer Bataille, l'unique Intention de Sa Majesté est, que Votre Altesse Serenissime, soit entiérement le Maitre de suivre ses lumiéres et ses inclinations, Et que, quelque puisse être l'Evenement, Sa Majesté sera toujours persuadée, que la Decision aura eté la meilleure et la plus convenable.

Rien ne scauroit egaler la confiance sans bornes, que Sa Majesté met dans cette Capacité consommée, — dont Votre Altesse Serenissime a donné tant de Preuves éclatantes.

J'ay l'honneur d'etre avec le plus profond respect

Monseigneur

de Votre Altesse Serenissime

S. A. S. Monseigneur le tres humble tres
le Prince Ferdinand de Bronsvic.　　obeissant serviteur Holdernesse.

** à Mylord Holdernesse.

à Osnabruck ce 9. Juillet 1759.

Le messager me remit hier au soir la lettre que V. E. m'a fait l'honneur de m'ecrire du 3. pour lever le doute qui m'auroit pû naitre en reflechissant sur les objets particuliers touchés à la fin de Sa derniere lettre.

V. E. voudra bien presenter mes profonds respects à S. M. et L'assurer que je suivrai hardiment le parti que la raison et les circonstances me conseilleront de prendre et que j'espere que le ciel ne sera pas contraire au desir, qui m'anime, de sauver la patrie. Je suis avec les sentimens de la plus haute Estime. F.

** Au President de la Chambre
de Münchhausen.

à Osnabrück ce 9. Juillet 1759.

Je viens de recevoir la lettre que V. E. m'a fait l'honneur de m'ecrire du 7. de ce mois. Je me refere à celle que j'ai ecrite au Ministère sur tout ce qui regarde les magazins de Nienbourg, d'Hannovre et de Celle.

Il me semble, que c'est bien fait, que de s'arranger de bonne heure pour le cas qu'il s'agiroit de quitter Hannovre. Si l'armée ennemie passe le Weser, alors le Ministère fera bien de partir d'Hannovre; mais le Danger pour Stade n'est pas si eminent, quoique il soit necessaire de mettre sans delai la forteresse en bon etat de defense.

Quant à la forteresse de Vechte je dirai à V. E. que j'en ay deja tiré tout ce qu'il y avoit de bon en artillerie et en munition de guerre, pour en garnir et pourvoir la ville de Lipstad; faire sauter les ouvrages de Vechte demanderoit du temps; mais j'ose esperer que nous n'aurons pas besoin de recourir à ces extremités. Je suis avec les sentimens les plus sinceres

de V. E. pp. F.

(Archiv-Acten vol. 252.)

Monseigneur,*)

Par ce qui est revenû au Roi des Retardemens du Payement des Rations et Portions vacantes pour les Officiers, bas-Officiers et Soldats, Sa Majesté juge, comme par plusieurs autres particularités, que dans Son Commissariat Anglois il ne se trouve assez de Vivacité et d'Empressement à expedier et soigner les Affaires aussi promptement qu'elles doivent l'être. Le Roi vient donc de m'ordonner, Monseigneur, de demander à Votre Altesse Serenissime qu'en Cas qu'Elle n'eut pas lieu d'être satisfaite de Monsr. Hunter ou de quelque autre du Commissariat Anglois, Votre Altesse Serenissime Lui feroit plaisir, si Elle s'en ouvrit franchement et sans reserve ou à Sa Majesté même, ou à Son Ministère Anglois, Sa Majesté ayant fort à Coeur, que tous les

*) N. d. H. *Cela est encore bien embarassant.

III. 22

Departemens à l'Armée soient remplacés au gré et à l'entière satisfaction de Votre Altesse Serenissime.

J'ai l'honneur d'être avec une Veneration, que rien n'egale

Monseigneur,

de Votre Altesse Serenissime

à Londres   le plus humble et plus

ce 26. de Juin 1759.   obeissant serviteur

P. A. de Münchhausen.

** Pour Mr. de Münchhausen à Londres.

à Osnabrück, ce 8. Juillet 1759.

J'ay recû les deux lettres que V. E. m'a faites l'honneur de m'ecrire du 26. du Juin. Je ne saurois disconvenir que le Commissariat Anglois a ses defauts. Il faudroit remonter bien loin pour arriver jusqu'à la source du mal. Autant que j'ay pû remarquer, les causes principales sont les suivants. On traite tout par entrepreneur; je ne sais si c'est un menage en effet. Mais je sais que le service en souffre; puisqu'il y a fort peu d'entrepreneurs qui n'ayent pour but principal leur propre gain, et qui ne servent l'armée qu'autant qu'ils y font leurs affaires. Il faut beaucoup d'activité pour expedier les ordres en suite de mes dispositions, et une plus grande application encore à les faire executer. Je ne connois pas assez les differens commis qui sont employez pour juger sur qui tomberoit la faute si l'on manque à l'un ou à l'autre de ces deux points: mais il est sur que l'on y manque souvent.

Monsieur Hunter ne manque ni de zele ni de bonne volonté. Il etoit imbû de l'idée de traiter les affaires sur le pié qu'elles se sont faites en Flandres; il en revient et à mesure qu'il se familiarise avec le païs, il parviendra à donner plus de force et plus d'ordre à l'execution des arrangemens, qui se prennent.

Voici tout ce que je puis marquer à V. E. sur l'etat du Commissariat; c'est une confidence que je Luy fais, et je me tiens persuadé que l'usage qu'Elle jugera à propos d'en faire, sera fait avec menagement.

J'ay l'honneur d'etre etc.

Monseigneur;

Je n'ai pas manqué de mettre devant le Roi mon Maitre la gracieuse Lettre dont Votre Altesse Serenissime a bien voulû m'honorer en date du 8. du courant sur l'etat du Commissariat Anglois, et je ne sçaurois asses temoigner, combien Sa Majesté a eté satisfaite de ce que V. A. S. s'est expliquée sur ce Sujet à Coeur ouvert. Sa Majesté m'a ordonné, non seulement de Lui en faire bien des Remercimens, mais d'assurer aussi V. A. S. dans des termes les plus forts, que l'Usage qu'Elle en fera, sera fait avec le plus grand Menagement. Je dois ajouter, Monseigneur, que le Roi a declaré souvent, et reïteré à cette Occasion, qu'il souhaitoit passionnement, de voir V. A. S.

hors de Gene et d'Embarras en toute façon, et qu'à cet effet Il seroit charmé, si en toute autre Rencontre Elle voudroit bien s'en ouvrir confidemment envers Sa Majesté ou en droiture ou par mon Canal.

Je me fais gloire d'etre avec la plus profonde Veneration

Monseigneur

de Votre Altesse Serenissime

le plus humble et plus

obeissant serviteur

P. A. de Münchhausen.

à Londres ce 17. de Juillet 1759.

Die kritische Lage, in welcher sich der Herzog Ferdinand in dieser Zeit befand, wurde noch besonders durch die Noth, in welche die Bedrückungen des Feindes die Staaten des Landgrafen von Hessen versetzt hatten, gesteigert.

Nachdem die Französische Armée im Juni wieder in Hessen eingedrungen war und dem Lande, neben der wiederholten feindlichen Occupation, neue Contributionen auferlegt hatte, führte der Landgraf Wilhelm, der sich zu seiner Sicherheit nach Bremen zurückgezogen hatte, bei dem Herzog Ferdinand vielfach Klage über das Kriegesungemach seines Volkes und nahm dessen Schutz durch wirksame Repressalien lebhaft in Anspruch. In einem Schreiben, dd. Bremen den 15. Juni 1759, sprach er sich darüber folgendermaassen aus:

(Archiv-Acten vol. 252.)

La nouvelle, que je reçus Mardi dernier, que le Generalmajor de Zastrow s'etoit retiré la nuit, qui precedoit la Veille à Münden, avec les Troupes, qu'il a sous ses ordres, et qu'immediatement après le Duc de Broglie avoit pris derechef Possession de Cassel, ayant deja poussé des Detachemens en deça à la Poursuite du susdit General, m'a obligé de partir dès le lendemain, 13. de ce mois, de Rinteln, pour chercher encore ma Sureté ici à Bremen, laquelle ne m'a pas parû assés garantie dans un Endroit presque ouvert et avec cela sans Garnison, tel, que la premiere Ville, que rien ne sembloit empêcher au moins Mr. de Broglie d'allarmer par ses troupes legeres.

Après les mesures, que Votre Altesse a prises d'ailleurs avec le Colonel Boyd, pour fixer en Angleterre le Remboursement des frais causés par la nouvelle Levée et Remontes de mes Trouppes, depuis l'ouverture de cette Campagne, j'espère, que cette affaire sera terminée bientôt selon la Justice, ainsi que Vous me le faites esperer, Monsieur, et Votre Altesse m'obligera, de vouloir bien me faire part de ce qui Lui parviendra sur ce sujet de Londres.

Je suis au reste entièrement persuadé de la part, que Son amitié pour moi Lui fera prendre aux nouveaux malheurs, qui m'affligent par la troisième occupation de ma Residence. Par ce fatal evenement, je vois derechef tous mes Etats, à l'exception de cette unique Comté, d'où je viens de me retirer, sous le pouvoir de l'Ennemi: Outre l'ex-

treme Ruine et Desolation des Villes et de la Campagne, qui va reduire un très grand nombre des habitans à une mendicité inevitable, je
ne dois plus songer, de retirer un Sol de tous leurs Revenûs, et si
ces malheureux Païs sont chargés encore de nouvelles Contributions,
comme je dois m'y attendre, je ne vois, ni dans mes Caisses, ni dans
les facultés de mes Païs, aucun moyen, ni ressource, pour y satisfaire,
et detourner les voyes d'execution, qu'on pourra mettre en Oeuvre,
pour les extorquer. Il y a déjà au delà de 30 otages emmenés des
dits Païs, et maltraités au dernier point, qui doivent être entretenûs
au dehors avec une depense très considerable, mais qui deviendra in-
supportable, si le nombre s'engrossit encore davantage.

J'ai eu l'honneur, de detailler amplement à Votre Altesse en date
du 18 d'Avril dernier, les motifs, qui m'obligeoient dèslors de La prier,
de reprimer par des repressailles justes et égales la Dureté de l'Ennemi, et d'adoucir par là le Sort trop accablant de mes Etats et Sujets, nommément aussi des Otages en question. Il n'a pas plû jusqu'ici à Votre Altesse, de m'honorer d'une Reponse à cet égard.
Cependant sur les Informations, que j'ai fait prendre sur ce sujet en
Angleterre, mon Ministre a eu pour reponse, qu'Elle avoit Plein
pouvoir de Sa Majesté Britannique, d'en agir à ce sujet, selon qu'Elle
le trouvoit faisable et conforme aux Circonstances. Elle ne jugera
que trop, combien je me trouve pressé, de Lui reiterer mes Instances
pour ce seul moyen, qui, après la troisieme occupation de ma Residence et du reste de mes Etats de Hesse, arrivée contre tout mon
Espoir et Attente, se présente encore, pour leur procurer quelque
Soulagement, et pour prevenir leur entier Renversement; Je ne manquerai pas à la verité, d'en faire faire de même les representations
convenables au Ministère Britannique; Cependant les Declarations ante-
cédantes de celui-ci semblant en rendre Votre Altesse l'Arbitre, j'ose
me promettre d'autant plus une Resolution et Reponse satisfaisante de
Sa part sur ce Sujet. Elle me permettra, qu'en finissant, j'ose Lui
renouveller aussi la prière, que je Lui ai faite, en date du 13 d'Avril,
de vouloir bien me communiquer une seconde fois la Lettre conûe du
Comte Stadion au Prince de Clermont, dont mes lettres des dites dates
Lui auront appris en même temps les motifs, L'assûrant, que rien ne
sauroit égaler la reconnoissance, que je Lui en aurai, ni les Sentimens du plus parfait attachement et Consideration, dont j'ai l'honneur d'etre

              Monsieur
          de Votre Altesse
                 le très humble, très obeïssant et
                 très fidèle Cousin et Serviteur
                        Guillaume.

   à Bremen ce 15. de Juin 1759.
   à S. A. S^me Monseigneur le
 - Duc Ferdinand de Bronsvic.

. Eine Nachschrift des Landgrafen vom 16. Juni theilte dem Herzoge mit, dass dem Lande eine Contribution von zwei Millionen Thalern, zahlbar bis zum 25. Juli, auferlegt sei, und fügte hinzu: „Les Deputés, qui ont eté envoyés de Cassel au marechal de Contades le lendemain de l'entrée du Duc de Broglie dans la dite Ville, ont representé entre autres l'Impossibilité absolüe, où le Païs se trouvoit, de fournir seulement une partie mediocre de cette somme, à quoi le dit marechal s'est contenté de repondre, que j'étois l'allié de la Grande Bretagne, l'Ennemi du Roi très Chretien, et que c'étoit à cette Couronne, d'y pourvoir, et que mes Etats etoient traités sur le même pied que ceux des amis de la France, qu'occupoit l'armée de Votre Altesse, dont toute fois les charges ne sont en rien comparables à ceux, qu'on impose aux miens. J'en donne incessament avis en Angleterre, mais V. A. m'obligera infiniment, de vouloir bien me faire part au plutôt de Ses sentimens sur ce sujet et de ce qu'Elle est determiné à faire pour mon Soulagement et assistence, puisque de mon Coté il ne me reste, que d'opposer simplement l'impuissance des facultés du Païs à cette Demande exorbitante et d'ordonner à mon Ministère, d'attendre les extremités, aux quelles on pourroit se porter de la part des françois. Au reste cette armée françoise, depuis Cassel jusqu'à Stadtbergen se donne pour 100 mille Combattans et Mr. de Broglie a assuré, qu'il n'y manquoit pas un homme: aussi ceux, qui l'ont vüe, jugent, qu'elle peut etre de cette force.

On pretend en outre dans le Quartier General des françois, que le marquis d'Armentières s'avance en même tems de l'autre coté avec le Corps, qu'il a sous ses ordres.“

Die Ordonnance, das Contributions-Ausschreiben enthaltend, lautet:

: François Marie Gayot Conseiller du Roi etc.

En consequence des Ordres à nous donnés par Monseigneur le Marechal de Contades, Commandant en Chef l'Armée du Roi; Il est ordonné, Messieurs le Président, Directeur, Couseillers et Administrateurs de la Regence de Cassel, de payer pour Contributions dues au Roy la Somme de deux Millions d'Ecus d'Allemagne, chaque Ecu evalué à trois livres quinze Sols, monnoye de france; laquelle Somme sera payée en trois termes egaux, dont le premier echouira le vingt cinq du present mois de Juin, le second le quinze Juillet, et le troisieme et dernier le vingt cinq du même mois prochain, et mise en mains du Sr. de la Porte, Receveur des Contributions, ou en celles du Préposé par lui nommé et suffisament de lui authorisé à cet Effet. Le tout sans préjudice aux Sommes dues au Roi, suivant la convention du mois de Mars de l'année derniere.

. Messieurs de la Regence nous adresseront le vingt du présent mois au plus tard l'Etat de repartition, qu'ils auront fait pour raison de la Somme susdite de deux millions d'Ecus, sur chaque Baillage, de leur Dependance, àfin que dans le cas, ou aucun d'eux seroient en retard de satisfaire à la somme, à laquelle ils auroient eté imposées, ils puissent y etre contraints par toutes sortes de voyes, et notament par execution militaire, rendons responsables solidairement chacun des Membres de la de Regence du Landgraviat de Cassel, de l'Execution de la presente Ordonnance, sous les mêmes peines, que ci-dessus.

Fait au Quartier-general de l'Armée du Roy le treize Juin mil sept cent cinquante neuf.

(L. S.) Gayot.

In einem Berichte des Hessischen Oberstallmeisters v. Wittorff vom 16. Juni, welchen der Landgraf dem Herzoge unterm 23. ej. nachgesandt, wird über die Art und Weise, wie sich der Marschall v. Contades bei seinem Empfange im Hauptquartier zu Unter-Stadtbergen ausgesprochen hatte, Folgendes referirt: „Il (le Marechal de Contades) me dit." Je suis charmé de Vous revoir, mais mortifié de la Raison, qui probablement occasionne Votre arrivée ici; „ensuite il lut tranquilement les deux lettres, et continua dans les termes suivants: „Quant à la discipline, elle sera la plus exacte, que je ferai observer aux Trouppes; je vous la garantis, et vous pouvés vous tranquiliser sur ce Sujet: au reste Vous devés vous attendre, à être traité au moins comme les Etats appartenans aux Alliés du Roi mon maitre, qui sont traités fort dûrement par le duc Ferdinand; par les Impositions immenses en fournitures des vivres et fourages, par les Contributions, et meme l'on en enleve les hommes de force: C'est votre propre faute et une suite de l'obstination du parti, que Vous avés pris, et vous pouvés compter, que si longtems, que la Guerre durera, et que Vous ne changés de Sentimens, vous ressentirés toutes les années ce qui vous arrive pour la troisième fois. J'ai ici avec moi le fond de cent quinze mille hommes. Je doute fort, que nos Ennemis pourront y resister: Il faudra finir une bonne fois, comme l'on se le propose aussi serieusement, et de cette façon les circonstances changeront bientôt de face: Il ne tiendra qu'a Vous (en parlant du païs de Hesse) à faire cesser les Calamités, qui vous accablent: Vous n'avés pas lieu de vous plaindre, ni d'exposer ce que Vous avés dejà souffert, ni alleguer votre impuissance. La Couronne d'Angleterre, notre vraie Ennemie, Vous payera tout: Il faudra vous forcer, les armes à la main, ce que Vous ne voulés pas faire de bonne grace, et pour votre propre Salut. Il n'en est plus de meme, il y a deux ans, où j'entrois la première fois dans le Païs de Hesse: votre cas n'étoit pas bien decidé alors: Maintenant vous êtes nos Ennemis declarés: Vous l'avés trop bien prouvé par tous les Efforts, que Vous avés faits, et encore en dernier lieu par vos nouveaux Engagemens et par l'augmentation de vos Trouppes et par la Celerité, avec laquelle Vous avés recruté les Pertes, que Vous avés faites recemment: Vos Hessois nous tirent de bons Coups de fusil, partout et tant qu'ils peuvent: Ce sont eux qui sont toujours les premiers et les plus desesperés à se battre. Quant à leur bravoure, nous leur rendons Justice et nous les estimous fort. Pour moi je ne vous demanderai rien personnellement et je ne veux pas même, que personne Vous en demande; Mais pour le Roi je Vous en demanderai beaucoup: Il nous faut de grandes sommes et il nous en faut beaucoup (Mr. le maréchal repeta ces paroles plusieurs fois dans la suite de la conversation ulterieure). Vous ferés très bien de vous rendre chez Mr. l'Intendant, pour Vous aboucher avec lui: C'est lui proprement, qui est chargé de la besogne de ce que je viens de vous parler. Cela ne me regarde pas directement, quoique c'est avec ma connoissance et sous mon authorité. Après la Conversation vous reviendrés diner avec moi, et quoiqu'Ennemi, il n'y paroitra pas à table, le vers à la main, et je Vous proteste, que personnellement, je vous veux tout le bien possible, et que j'ai toute l'Estime pour Vous."

Der Herzog Ferdinand antwortete dem Landgrafen von Hessen in folgendem Schreiben:

Pour Mgr. le Landgrave de Hesse.

** Marienveld ce 1. Juillet 1759.

J'ay successivement reçû les deux lettres qu'il a plû V. A. de m'écrire du 15. et du 23. du mois passé. Je Lui demande mille fois pardon du Delai de ma reponse; les mouvements continuels de l'armée ne m'ont pas permis de vaquer avec exactitude à la correspondance, quelqu'interessante et quelque precieuse que me soit d'ailleurs celle, que V. A. me fait l'honneur d'entretenir avec moi.

Je suis pret de faire tout ce que V. A. me demandera pour soulager les habitans de la Hesse, et pour engager les François à en user modérement avec eux. Si Elle juge que les repressailles soyent un moyen propre pour parvenir à ce but, je ne balancerai nullement d'y proceder; mais je doute fort, que dans la crise presente des affaires ce moyen pût produire des suites salutaires pour la Hesse. Quant aux otages que j'ai fait emmener du païs de Fulde je ne les rendrai que du consentement de V. A. et je souhaite qu'on puisse le faire à des conditions avantageuses à la Hesse.

Je suis mortifié de ne pouvoir pas satisfaire encore V. A. sur sa Demande quant à la lettre interceptée du Comte de Stadion. Je l'ai cherché à plusieurs reprises; il ne m'a pas eté possible de la retrouver.

J'ay l'honneur d'être en attendant avec les sentimens les plus inviolables de la plus parfaite consideration

Monsieur,

de V. A. etc. F.

Les avis que j'ai recu aujourdhuy de Rinteln m'ayant appris que l'armée françoise s'avance en force vers Minden, et que les Trouppes legeres de l'avantgarde se sont deja presentées devant cette place, pendant que la Route, que V. A. a fait prendre à Son Armée paroit indiquer que Son Plan n'est point pour le present de s'opposer aux Progrès de l'Ennemi, vers le bas-Weser, ces mouvemens des armées respectives ne peuvent qu'exciter mon attention pour la sureté de mon sejour ici.

J'ai a la verité tout lieu de me persuader de l'amitié de Votre Altesse, qu'Elle ne me laissera point ignorer, mais qu'Elle aura la bonté de m'informer à tems, si cet Endroit ici devoit courrir du risque. Mais comme on ne sauroit prevoir les Evenemens futurs, et que ma Santé, affoiblie comme elle l'est, pourroit m'empecher, de m'éloigner d'ici aussi vite que le Cas pourra l'exiger, pour ne rien dire du de-sagrement et de l'Embaras ou un pareil Depart précipité m'exposeroit; je n'ai pû m'empecher de vous depecher cet Exprès, Monsieur, et de prier Votre Altesse, de vouloir bien me dire avec precision, si suivant la presente situation et les dispositions, qu'Elle se propose de suivre,*) je puis continuer mon sejour ici en Sureté, ou bien si Elle juge necessaire, de chercher ma Sureté plus loin. J'espere que Votre Altesse voudra bien m'honorer la dessus d'une promte Reponse, pour prendre mes mesures en consequence pour mon propre Repos et selon que l'exige l'Interet de la Cause Commune, Lui renouvelant au reste les assurances du plus parfait attachement et consideration, avec les quelles je suis à jamais

Monsieur
de Votre Altesse

à Bremen   le tres humble tres obeissant
ce 8 de Juillet 1759.   et tres fidel serviteur et

Cousin
Guillaume.

✱✱ Au Landgrave de Hesse.

à Osnabruck ce 9. de Juillet 1759.

En reponse à la lettre que V. A. m'a faite l'honneur de m'ecrire en date d'hier, j'ay celuy de Luy repondre, que je suis en marche pour me rapprocher du Weser; le sort des places situées sur cette riviere depend du succés qu'il plaira au ciel d'accorder aux armes de S. M. Britannique et de**) ses Alliés. Aussi longtems qu'on n'en est pas venû aux mains, je ne croirois point, que le sejour de V. A. pût etre troublé. Je suis au reste avec les sentimens du devouement le plus inviolable

Monsieur
de V. A.   F.

✱✱ Au Landgrave de Hesse.

à Stolzenau ce 15. Juillet 1759.

La Lettre que V. A. m'a faite l'honneur de m'ecrire du 13. me

---

*) N. d. H. Von der Hand des Herzogs. * Quelle impertinente expression.
**) N. d. H. Die gesperrten Worte vom Herzog eingeschaltet.

parvint hier au soir: je reçus en meme temps celles, qu'il Lui a plû me faire du 11. Je m'empresse de satisfaire V. A. sur la demande qu'Elle m'a faite relativement à Son sejour de Bremen, autant que cela depend de moi. Il me semble, que V. A. pour jouir d'un sejour plus tranquile fera mieux d'aller à Hambourg, que de rester à Bremen, mais je ne crois pas que ce Depart presse si absolument pour l'entreprendre dés ce moment. Je viens de prendre une position qui couvre Nienbourg, et Bremen egalement; j'ai d'ailleurs fait marcher le general Dreves avec un detachement pour couvrir la ville de Bremen.

Selon mes avis le Duc de Broglio a passé hier le Weser à Minden; et le M. de Contades doit arriver aujourd'huy à Minden avec la grande armée. Peu de jours suffiront pour faire voir plus clairement dans les desseins de l'Ennemi. Je ne manquerai point de donner frequemment de mes nouvelles à V. A., qui suis avec les sentimens d'un attachement inviolable et d'une Estime sans bornes etc.

(Archiv-Acten vol. 252.)
** Pour le Mr. de Contades.

Au Quartier general ce 17. Juillet 1759.

J'ay été informé,*) que ce detachement qui a fait la garnison d'Ulrichstein, et qui en vertû de sa capitulation n'a dù servir pendant l'espace d'un an contre l'armée de S. M. B. et ses alliés est venû se loger dans les baillages de Steinau, Schluchtern, Bieber et Lohrhaupten, se laissant nourir gratis et extorquant sur les sujets.

Comme la regence de Hanau en a portée en vain des plaintes à Mr le Marquis de la Sone; je ne saurois me dispenser de vous en demander moi-meme le redressement, vû qu'une pareille demarche est incompatible avec la capitulation accordée; puisque des troupes qui ne doivent point servir contre un parti ne peuvent tomber non plus à charge aux païs qui y sont attachez; beaucoup moins encore être employe à les fouler et à y faire des Executions, sans contrevenir à la parole donnée.

C'est pourquoi je me flatte que vous voudrez bien redresser cet abus; Etant au reste avec l'estime la plus distinguée.

Ferdinand.

(Archiv-Acten vol. 289.)

Au quartier general le 19. Juillet 1759

Monsieur;

Je reçois la lettre que Votre Altesse m'a fait l'honneur de m'ecrire aujourdhui par laquelle Elle se plaint de ce que le detachement qui a capitulé à Ulrichstein s'etoit etabli dans le pays de Hanau. Dez que ce fait a eté parvenu à ma connaissance, j'ai adressé mes ordres à Mr. le Marquis de la Sone pour faire partir sur le champ ce deta-

---

*) N. d. H. Der Landgraf Wilhelm von Hessen hatte sich wegen Abhülfe dieser Beschwerde in einem Schreiben vom 8. Juli an den Herzog Ferdinand gewendet.

chement et l'envoyer à Landau, et il m'a depuis rendu compte de l'Exécution de mes ordres à cet egard. Si j'avois eté plustot informé de la position de ce detachement, je n'aurois pas attendu que la Regence de Hanau eut lieu de se plaindre de sa conduite, pour luy ordonner de quitter son pays. Un Procédé different est trop éloigné de ma façon de penser et des règles, pour que je n'aye pas remedié à cet abus aussitot que j'en ay eté informé. C'est ce dont je prie V. A. d'etre persuadée et du respect avec lequel je suis

       Monsieur

         de Votre Altesse

    le tres humble et tres obéissant serviteur

       Le mal. de Contades.

Kapitel VI.

Uebersicht. Der Herzog Ferdinand geht zur Offensive über. — Gutachten Westphalens an den Herzog Ferdinand: er dringt mit Freimuth in ihn, nach eigener Prüfung entscheidende Entschlüsse selbst zu fassen und mit Festigkeit demgemäss zu handeln. (Osnabrück 9. Juli 1759.) Der Preussische Kammerpräsident von Massow zu Minden berichtet über das Vordringen des Feindes und dessen Requisitionen. Die Festung Minden wird, nach kurzer Beschiessung, durch Ueperrumpelung vom Duc de Broglio genommen (9. 10. Juli). — Münster wird von d'Armentières eingeschlossen (7. Juli) und die Belagerung begonnen. Das Vordringen der vereinigten französischen Armeen in die Ebene von Minden, und die der Festung Nienburg drohende Gefahr bestimmen den Herzog Ferdinand zur Entscheidung. Er bricht am 10. Juli von Osnabrück auf, marschirt auf Bomte, und führt, nachdem er auf die Nachricht von dem Verlust Minden's, noch einen Tag lang geschwankt, ob er umkehren solle, um Münster zu halten, auf Westphalens Rath, der sich gegen den Rückmarsch nach Osnabrück erklärt, sein Heer über Rahden nach Stolzenau an der Weser (13. Juli), nachdem er ein Detachement unter dem General Drewes zur Besetzung von Bremen entsendet. Ein gegen Nienburg vorpoussirtes Elite-Corps des Duc de Broglio, 600 Pferde stark, wird in der Gegend von Diepenau bei Holzhausen von den Preussischen Husaren und den Hannoverschen Husaren und Jägern erreicht und mit einem Verlust von 100 Todten und 200 Gefangenen gänzlich geschlagen (12. Juli.). Interessante Gutachten Westphalens. — Bericht des Herzogs an den König Friedrich II. (14. Juli). — Broglio marschirt am 14. bei Minden über die Weser und bedroht Hameln. Der Herzog Ferdinand, nunmehr entschlossen, seinen Gegner anzugreifen, rückt in der Nacht vom 15. auf den 16. Juli nach Ovestedt vor und bietet dem Marschal Contades die Schlacht an (17.). Dieser concentrirt sich hinter den Morästen der Bastau zwischen Minden und dem Gebirge, den Duc de Broglio auf dem rechten Ufer der Weser lassend, und das Corps von St. Germain gegenüber Hameln. Der Herzog Ferdinand bezieht hierauf das Lager bei Petershagen. Unterdessen drängt ihn der König Friedrich II. wiederholt, den Feind auf dem linken Ufer der Weser zur Schlacht zu nöthigen. — Am 19., in einem Husarengefecht am

Eichhorster Damm, läuft der Erbprinz von Braunschweig Gefahr, von einem französischen Offizier gefangen zu werden, wenn diesen nicht ein schwarzer Husar getödtet und den Prinzen befreit hätte. — Der König Friedrich II. tadelt die Operationen des Herzogs (Schreiben vom 20. Juli) — Interessante Gutachten und Briefe Westphalens. — Rapporte der detachirten Officiere und Adjutanten des Herzogs. — Stärke der Armée des Herzogs im Lager von Petershagen (25 Juli) 37 Bataillone Infanterie, 59 Esc. Cavallerie = 45,359 Mann und 8961. Pferde. Das Corps des G.L. v. Wangenheim, 8. Bat. und 10. Esc. 8,982. Mann und 1517. Pferde; zusammen

$$45 \text{ Bat.} = 42,031. \text{ Mann}$$
$$69. \text{ Esc.} = 12,290. \quad \text{ und } 10,478 \text{ Pferde.}$$

$$54,321 \text{ Mann}$$

Hiervon gingen jedoch ab Kranke und Gefangene: 3,480. Mann und Commandirte: 3,179. -

zusammen 6,659. Mann.

mithin blieben zum Gefecht übrig: 47,662. Mann.

Der Herzog schätzt die Stärke der französischen Armee mit ihren beiden Reservecorps unter d'Armentières und Broglio, ohne die leichten Truppen, am 19. Juli auf 80,000 Mann.

Nachdem am 21. Juli die kleine Festung Vechte durch ein Detachement unter dem Adjutanten v. Sschlieffen vom Feinde degagirt worden, zieht der Herzog Ferdinand das Corps des Generalmajors Drewes aus Bremen, von wo er die Artillerie nach Stade schaffen lässt, über Vechte, Vorde und Osnabrück nach Rimslohe heran, zur Vereinigung mit dem über Lübbecke dahin dirigirten Corps des Erbprinzen von Braunschweig. — Instruction fur den Erbprinzen vom 24. Juli. — „Nous nous sommes préparés pour frapper un certain coup", schrieb Westphalen am 26. an v. Haenichen, „il peut s'en suivre une bataille génerale.„ — Anecdote über den Marschall Contades. — Am 27. Juli Abends bricht der Erbprinz nach Lübbecke auf, er kommt daselbst am 28. Morgens 7 Uhr an, zu derselben Zeit, wo General Drewes, nach 4 Gewaltmärschen, aus Bremen, den Feind in Osnabrück überrascht und ihm Gefangene und 2 Canonen abnimmt; — am 29. vereinigt sich der Erbprinz mit Drewes bei Rimslohe und wendet sich, nun mit 10. Bat. 12. Esc., 800. Jägern und 16. Geschützen in den Rücken der französischen Armee gegen Herford. Der Herzog Ferdinand nimmt mit dem Gros seiner Armee die Position bei Hille; indem er den General v. Wangenheim mit einem beträchtlichen Corps bei Petershagen stehen lässt. An demselben Tage, dem 29., empfängt er die Nachricht von der Capitulation von Münster. Nach wiederholten Sturmangriffen hatte die Stadt schon am 22., die Citadelle am 25. capitulirt. Die Garnison wurde kriegsgefangen nach Wesel geschickt.

Am 29. Juli zählte die allürte Armee unter des Herzogs un-
mittelbarem Befehl . . . . 32. Bat. . . . . 46. Esc.
unter dem Befehl des G.L. v.
Wangenheim . . . . . 16. „ incl. 8. Gren. Bat. 20. „
unter dem Befehl des Erbprin-
zen von Braunschweig . . 10. „ . . . . 12. „

überhaupt 58. Bat. . . . . 78. Esc.
und die leichten Truppen. Eine Uebersicht der Artillerie nach einer
Berechnung, welche dem Werke des Generalstabes zu Berlin über
die Geschichte des siebenjährigen Krieges Bd. III. als Beilage V beigegeben ist, ist in die Materialien aufgenommen. Der Herzog gab
seine Stärke auf 50,000 Mann an, um 30,000 Mann geringer, als die
Macht des Gegners. Die französische Armee zählte 129. Bat. und
138. Esc., darunter die Reservecorps von Armentieres mit 19. Bat.
u. 20. Esc, und von Broglio mit 25. Bat. u. 31. Esc., — und 118
Canonen, ausser den leichten Regimentscanonen; ausserdem die leichten
Truppen. — Rapporte der Officiere und Adjutanten des Herzogs
über die Veränderungen in den feindlichen Stellungen kurz vor der
Schlacht, — Correspondenz mit Wangenheim über seinen Zwist mit
dem Grafen Lippe-Bückeburg. —

Der König Friedrich II. macht dem Herzog wiederholt lebhafte
Vorwürfe über seine Rückzüge und sein Zaudern. (Schreiben aus
Schmottseiffen in Schlesien vom 24. Juli). „Vous avez pris en aversion les batailles depuis Bergen", — „aucun général dépuis que le
monde existe, a livré des batailles sans courir de grands hazards;"
„je vous reponds bien, qu'aucun homme de metier n'approuvera
vos retraites continuelles, vous sachant à la tête d'une si belle armée
que la vôtre." In seiner Antwort vom 31. Juli, — dem Tage vor
der Schlacht von Minden, — rechtfertigt der Herzog sein Verhalten:
er sagt darin den Fall voraus, „der Feind werde in die Ebene debouchiren, um ihn anzugreifen auf der Stelle, wo er, der Herzog,
aus seiner gegenwärtigen Position ihn in dem Moment des Debouchirens in die Flanke fassen werde", — dieser Fall trat wirklich
ein. Der Herzog schloss seinen Brief an den König: „V. M. peut
compter, que je ne crains point de combattre; mais je ne voudrois
le faire qu'en voyant la possibilité de réussir." —Ordres de Bataille. —.

(Archiv-Acten vol. 324).

** Monseigneur, Ce 9. Juillet 1759. 2.

Les 20 fours que V. A. S. avoit ordonné de faire construire icy*)
ne l'ont point eté sous des pretextes des plus frivoles.

Dès que j'arrivois icy, j'en pris connoissance, et en faisant venir
Roden je me suis concerté avec luy de faire construire ces fours à
toutes forces.

*) N. d. H. In Osnabrück.

En attendant les boulangers qui sont arrivés d'Ibourg, travaillent tous ensemble dans les fours de la ville, et dans ceux qui ont eté construits.

Si V. A. S. reste encore deux jours icy; presque tout le magazin de fourage du Roy sera vuidé; il ne resteroit alors que celuy de Prado. j'ay conseillé à Hunter d'en faire prendre un etat exact. Car je suis persuadé que Prado le donnera actuellement pour le double plus fort qu'il n'est en effet.

✻✻ Monseigneur,   Ce 9. Juillet 1759. 3.

- Il y a une grande quantité de farine tant icy qu'à Nienbourg; ainsi le pain ne sauroit manquer.

Si le fourage des magazins est consumé, alors V. A. S. fera fourager. la raison de guerre exige d'ailleurs cette façon, quoiqu'elle soit bien dure.

Les magazins de Diepholtz et de Lamvörde seront fort utiles dans la marche vers Minden; et alors à portée d'en profiter.

✻✻ Monseigneur,   Ce 9. Juillet 1759. 4.

J'ay noté un passage dans la Lettre de Mr. d'Imhoff, qui me paroit meriter l'attention de V. A. S. Il ne me paroit pas fort croyable que l'ennemi entrera dans le bassin de Minden, à moins qu'il ne croye y prevenir V. A. S. de telle façon à l'obliger de marcher pour le moins jusqu'à Nienbourg afin de regagner le Weser, et de combattre V. A. S. dés qu'elle voudroit s'en aprocher.

C'est sans doute un bon parti d'aller alors sans marchander à l'ennemi.

Mais il y a un autre parti que l'ennemi pourra prendre, et qu'il prendra aparament, vû les avis qui sont venus de plusieurs endroits differents, que l'ennemi se prepare pour passer le Weser, ce qu'il fera vraisemblablement au dessus de Hameln. Mr. d'Imhoff touche ce cas par le passage de sa Lettre que j'ay noté. Mais il y passe bien legerement. Faut-il passer le Weser alors pour aller secourir Hameln, au delà de la riviere, ou faut-il penetrer au travers des montagnes du Ravensberg et du comté de la Lippe pour tacher de venir sur les derrieres de l'ennemi? en restant en deca du Weser. Dans ce dernier cas il faudroit songer à s'emparer des gorges.

J'aprouve infiniment que V. A. S. demande l'avis aux autres, mais, si Elle me permet de le dire, je souhaiterois qu'elle meditât elle même ses projets.

Elle peut prevoir à present que l'ennemi pourra faire trois choses, 1mo de passer le Weser au dessus de Hameln, 2do de passer cette forteresse pour entrer dans le bassin de Minden; 3tio de rester à Bilefeld et tenir les gorges qui conduisent du païs de Minden et d'Osnabruk dans le Ravensberg occupés, pour faire faire en attendant par un corps separé le siege soit de Lipstad soit de Munster. Il n'est peut etre pas possible de juger deja affirmativement du parti qu'il prendra de ces trois. il faudra donc les examiner tous les trois.

Si V. A. S. y reflechit avec ordre, Elle verra d'avance ce que l'ennemi fera à peu prés dans chacun de ces trois cas; mais elle ne sauroit le faire sans decouvrir aussi tout ce qu'il conviendra de faire, pour faire echouer les projets de l'ennemy.

Si V. A. S. en agit de cette façon; Elle ne sera jamais surpris de rien; Elle saura d'abord prendre son parti, et donner les ordres avec precision, et faire ses dispositions de la maniere, qui conviendra le plus. Cela donnera à V. A. S. une assurance, qu'il est impossible qu'Elle puisse avoir à présent; Elle la donnera en suite à ses généraux, et cela se communiquera jusqu'à l'officier et au soldat, et Elle trouvera bientòt en Elle même et dans son armée des resources, qu'Elle ne sauroit connoitre sans cela.

Si au lieu de cela V. A. S. dit à tel et tel, dites moi votre sentiment sur ce que je doive faire, celuy-ci dira à la vérité son sentiment: mais puisqu'il ne remplit pas la sphère du Général en chef, et qu'il n'est non plus au fait de tout ce qui entre dans la situation de l'armée, tant par raport à sa position locale, que par raport aux magazins; ce sera un pur hazard, s'il rencontre juste, d'autant plus qu'il n'y songera qu'avec une attention passagére. Il en est de même si V. A. S. démande à plusieures personnes à la fois ce qu'elles pensent: Et si l'on est d'un sentiment contraire, alors V. A. S. n'en sera que plus embarassée.

Mais si Elle réfléchit Elle-même sur sa situation et sur celle des ennemis; Elle verra d'une certaine façon dans l'avenir, c'est à dire Elle s'apercevra des cas, qui pourront arriver, quoiqu'Elle ne puisse pas prévoir le quel en arrivera. A force d'y réfléchir V. A. S. parviendra à se former certaines règles générales qui Luy serviront de boussole, et en y insistant, il s'agit seulement de savoir dans la suite, ce que l'ennemi fait effectivement, pour savoir d'abord aussi ce qu'il faut faire pour s'opposer à l'Ennemi.

Après que V. A. S. aura fait ses réflexions, et après avoir concüe et examiné à plus d'une réprise une idée générale de son plan; Elle ne sauroit mieux faire que de s'entretenir sur tous les cas possibles avec ceux, en qui Elle met de la confiance. De cette façon V. A. S. profitera de leurs lumières, pour perfectioner son plan, sans qu'Elle se conduise par l'opinion d'aucun d'eux, et sans exposer le secrèt.

V. A. S. me dira, à quoi bon tout cela. Voici la raison. Plus je répasse dans mon esprit ce qui s'est fait depuis un mois, plus il me semble, que nous ne devrions pas être icy, et que nous n'y serions pas en effet, si V. A. S. n'avoit suivi que ses propres lumières. V. A. S. ne fera jamais la moitié de ce qu'Elle pouvoit faire, si Elle agit selon les idées qui ne sont pas les siennes; et beaucoup moins encore, si Elle se partage entre des sentimens opposés.

Il m'a parù, que les bontés, que V. A. S. a toujours eû pour

moi, m'obligeassent à Luy parler sur cela avec franchise. je puis Luy
déplaire par là; mais V. A. S. doit être convaincüe par cette raison
même, que mon attachement pour Sa-personne n'a point de bornes.

    ✳✳ Monseigneur,   Ce 10. Juillet 1759*). 1.

    C'est moi qui ay sousrayé les trois lignes dans la Lettre de Mr.
d'Imhoff; j'ai meme, à cette occasion couché quelque chose par ecrit,
que je joins icy aupres; mais que je suplié V. A. S. de ne lire qu'à
son loisir.

    Il me semble Monseigneur, qu'il est necessaire, que V. A. S. fasse
d'abord marcher un detachement vers Minden; pour degager la ville
s'il est possible. L'armée francoise ne sera pas encore entré dans le
bassin de Minden. Je presume, que l'ennemi qui canonne Minden,
n'est qu'un detachement poussé à hazard, pour tacher de s'emparer de
cette ville. Il se peut aussi que le detachement de V. A. S. arrive
trop tard; mais il pourra alors se replier sur Nienbourg, et couvrir
en meme temps cette ville.

    ✳✳ Monseigneur   Ce 10. Juillet 1759. 2.

    Le parti que V. A. S. prend de faire marcher la reserve est bon
il faut y joindre beaucoup de troupes legeres, qui marcheront tant en
avant que sur la droite pour avertir le corps, en cas que l'ennemi per-
çat en force par Cooveld.

    Il me semble que le prince hereditaire doit commander ce corps,
de quoi Wangenheim ne pourra pas se facher. L'armée devroit suivre
demain; on laisseroit icy la boulangerie jusqu'au 12. inclusivement avec
trois ou 4 bataillons pour la couvrir, et les Huzards de Hesse, pour
faire les patrouilles. Aprés quoi elle se mettroit en marche, droit vers
Nienbourg.

    Toute la farine qu'on peut charger, le sera, et conduit à Nien-
bourg; pour cè qui regarde le magazin de fourage; on y mettra le feu,
dès qu'on aprendra que l'ennemi detache à Osnabruck, pour s'en emparer. Pour cette fin on laissera un officier intelligent avec une centaine d'hommes en arrière, même après le depart du detachement qui
couvrira après le depart de l'armée la boulangerie; cet officier aura
soin, d'y attacher des matières combustibles, et mettra le feu au magazin si l'Ennemi approche.

    NB. Faber m'a fait esperer, que si la boulangerie travailloit
jusqu'au 12. inclusivement àlors l'armée seroit pourvûe jusqu'au
20. Juillet.

    ✳✳ Monseigneur,   Ce 10. Juillet 1759. 3.

    L'explication que Imhoff donne au passage de sa Lettre, que
V. A. S. luy avoit demandée est naturelle et bonne.

    Je suis aussi d'avis qu'il est temps de marcher. Mais je pense,
si l'armée souffre quelque chose de la chaleur, elle le regagnera en

---

    *) N. d. H. Das Hauptquartier war am 10. in Osnabrück (acta vol. 122.)

lui laissant le temps de reposer. Si elle se met demain matin à 2 heures precis en marche, le soldat a le temps de reposer et en faisant de petites marches, l'armée pourra toujours entrer au camp avant les 9 heures du matin. Il faut seulement avoir soin d'ecarter tout ce qui pourroit arreter la marche.

La reserve doit se mettre en marche le plus tot que possible; le prince hereditaire s'il la commande n'est point obligé d'engager une affaire; s'il pousse en avant des Troupes legeres, il aprendra surement si l'ennemi est en force ou non. De cette façon on peut esperer de sauver encore Minden. Car si l'armée ennemie n'est pas entré dans le bassin; comme je le crois, un corps detaché se gardera bien de pousser sa pointe contre Minden, si un autre corps arrive pour le degager.

⁂ Monseigneur   Ce 10. Juillet 1759. 4.

Le corps de Wangenheim est pourvû de pain jusqu'au 12.; la plus part des autres regimens de l'armée est pourvû jusqu'au 14. Le prince hereditaire ne prendroit point avec Luy ni caissons, ni bagage, pour n'embarasser point la marche. On pourroit Luy donner avec l'artillerie ambulante de Buckebourg, en y joignant les 12 pièces qui sont deja avec le corps de Wangenheim.

Les caissons de toute l'armée fileroit d'icy sur Nienbourg le 13. à l'aube du jour.

Si les Troupes legeres qui sont à Hagen et à Sandfort, y restent, on masquera d'autant plus la marche de l'armée. C'est pourquoi je suis d'opinion de les y laisser. Il faut seulement qu'ils soyent d'autant plus allertes. L'ennemi ne donnera d'ailleurs pas d'abord beaucoup d'attention à Osnabruck, vû qu'il paroit la tourner toute vers le Weser.

⁂ Monseigneur,   Ce 10. Juillet 1759. 5.

Puisque Turpin a eté avec les hussards à Warendorp, je presume que l'ennemi n'est pas encore si determiné de pousser vers le Weser, vû que l'on place regulierement ces gens là à la tête de l'armée, ou il faudroit, que ces hussards se trouvassent si affoiblis, qu'ils n'osassent plus paroitre.

Et je me flatte que le prince hereditaire arrivera à temps pour degager Minden.

⁂ Monseigneur,   Ce 10. Juillet 1759. 6.

Je crois, que dans des cas de necessité on peut marcher, meme si les routes ne sont pas frayées. Ainsi je pense que V. A. S. pourra se mettre en marche demain à deux heures du matin. Comme l'armée doit marcher plusieurs jours de suite, et combattre peut être le troisieme ou le quatrieme, il est necessaire, qu'on ne fatigue pas les troupes, et je soutiens que si l'on leur laisse le temps de dormir, ils se fatigueront beaucoup moins; quoiqu'ils doivent marcher quelques heures plus tard dans la chaleur.

Pour faciliter la marche de l'artillerie, il faudra la faire marcher en plus d'une file, par exemple une partie avec chaque collonne. Cela diminuera de beaucoup la file. . . . . .

L'idée de detacher quelque chose vers Nienbourg en cas que Minden fut pris, c'est une bonne idée; mais je ne vois pas, pourquoi on feroit marcher l'armée la nuit et la fatiguer, puisqu'on n'arrivera pour cela pas ni plus vite ni plus loin.

(Archiv-Acten vol. 252.)

Berichte des Kammer-Präsidenten v. Massow zu Minden über das Anrücken der französischen Armee.

Durchlauchtigster Hertzog
Gnädigster Fürst und Herr!

Ew. Durchl. gnädiges Antworts-Schreiben vom gestrigen dato habe ich zu erhalten die Gnade gehabt und melde darauf unterthänigst: dass der Feind sogleich nach der Occupation von Bielefeldt seine Trouppen bis an dem Werre Strohm extendiret, die Gohfeldtsche Brücke besetzet, und bis an die Mindenschen Berge täglich streifet; daher es sehr schwer hält, Fussbothen sicher durchzubringen, mithin unmöglich die Wagens daher zu sauviren. Ich vermuthe aber, dass der Feind nicht viele vorfinden wird, weil nach dem Rapport der Beamten die mehresten Pferde sich noch bey der Armée aufhalten, unterdessen habe schon vorgestern denen Unterthanen durch die Untervögte insinuiren lassen, dass des Feindes Intention dahin ginge, alle Pferde und Wagens aus dem Lande zu schleppen, daher sie sich so schleunig als möglich zu sauviren, und entweder zur Armée zu wenden hätten, allwo sie mit Fourage und Brodt versorget werden sollten, oder aber anhero nach Minden zu kommen, woselbst vor ihre Verpflegung gesorget werden sollte.

Sonst ist zu bedauern: dass der Feind anjetzo einen reichen Ueberfluss allenthalben an Getreyde vor sich findet. Die Magazine sind grössten Theils mit Schiffs-Korn von entlegenen Orten angefüllet worden, Beamte, Edelleute und Bauern haben also noch den grössten Ueberschuss von vorjähriger Ernte im Bestande, und viele Kaufleute in denen Städten haben auch noch ansehnlichen Vorrath liegen; dabey ist der beste Anschein zu einer gesegneten Ernte vorhanden, und jemehr sie sich der Weser nähern, jemehr stellen sie sich vor einem Mangel in Sicherheit. Die französische leichte Trouppen streifen soweit herum, dass es sehr schwer hält, sichere Kundschafter von ihren Haupt-Bewegungen einzuziehen. Die heute eingegangene mündliche Rapports füge hieselbst unterthänigst bey. Die Gegend Horn und Detmoldt im Lippeschen haben die Franzosen laut gestern von Rinteln erhaltener Nachricht gäntzlich verlassen, und im Amte Vlotho ist auch noch alles rein. Alles was ich allhier in Erfahrung bringen kann, communicire dem hierselbst commandirenden General Major von Zastrow, und vorhin in dessen Abwesenheit dem Obrist-Lieutenant von Zastrow.

Der Courier welcher mein unterthänigstes Schreiben vom 4. hujus

überbringen sollen, ist bey Melle von einer Fischerschen Patrouille
aufgefangen, und nach Bielefeldt gebracht worden. Ich füge davon die
Abschrift unterthänigst bey und melde nur noch dieses, dass seit dieser
Zeit alle möglichen Anstalten gemacht werden, das hiesige Magazin
zu transportiren, es sind aber weder genug Schiffe noch Wagens zu erpressen, um darunter so schleunig wie es wohl nötig wäre zu reuissiren
doch soll alles geschehen was möglich zu machen ist.

Da ich eben im Begriff bin zu schliessen erhalte durch einen Expressen die Nachricht, dass der Beamte zu Wahrenholtz diese Nacht
beordert worden, nach Lemgow zu kommen, um daselbst Veranstaltung zu
machen; weil alda ein französisches Laager zu stehen kommen würde.

Ich ersterbe mit ersinnlichster Ehrfurcht!

Ew. Hochfürstl. Durchl.

unterthänigst gehorsamste Knecht

Minden d. 7. July 1759.   v. Massow.

(Archiv-Acten vol. 252.)

Actum Minden den 7. July 1759.

Ein sicherer Anonimus referirte, er sey heute früh von Herfordt
über Vlotho anhero gegangen: In Herfordt würde die Besatzung
4000 Mann stark angegeben, wobey wohl ⅓ Cavallerie. Sie hätten nur
zwey Canonen bei sich. Von Herfordt an bis Gohfeldt wären etwa 7
bis 800 Mann vom Fischerschen Corps, welche die Brücke bey Gohfeldt und überhaupt die Werre besetzt hätten, aus denen Bauerschaf-
ten des Amts Hausberge diesseits und jenseits der Werre viele Fourage, Victualien und Vieh erpresseten und bis Dehme ¾ Meile von
Minden, ferner bis Berkkirchen und daherum patrouillirten, in der
Gegend von Vlotho hätte er nichts von feindlichen Truppen bemerket.

Die kleine Armée stünde bey Milse diesseits Bielefeldt, solche
würde von einigen 13,000 Mann, von anderen 15,000 Mann angegeben.
Die Haupt-Armée aber hätte er nicht selbst gesehen, soviel aber in
Herfordt vernommen, dass solche hinter Bielefeldt stehe, dergestalt,
dass der rechte Flügel sich ohnweit Bielefeldt, der linke aber nach
dem Lippeschen und Paderbornischen erstrecke und verlaute, dass ihre
Haupt-Absicht dahin gerichtet in der Gegend Hameln durchzudringen.

Gestern wäre ein General von der Alliirten Armée auch der Kriegs-
Commissarius Giffenig, welcher von der Cammer als Courier an des
Hertzogs Durchl. abgesandt und bey Melle durch eine Patrouille vom
Fischerschen Corps aufgefangen worden, durch Herfordt als Prisonniers
gebracht worden.

Actum eodem.

Der über Vlotho der Gegend Rinteln ausgesandte Ausreuter
rapportirte, dass er in dasiger Gegend nicht das geringste vom Feinde
vernommen; sondern daselbst alles geruhig wäre, der Feind fordere
aber von dem Amte Vlotho nach Bielefeldt Lieferungen von Vivres
und Bau-Holze bey schwerer Execution.

Ein anderer Mann jenseits der Werre bringet so eben die Nach-

23*

richt, dass zwischen Herfordt und der Werre zwar das Fischersche
Corps allenthalben herum schweifte, es wäre aber nicht über 200 Mann
stark, und von regulairen Trouppen diesseits Herfordt noch nichts
zu sehen.   v. Massow.

(Archiv-Acten vol. 232.)

Copia des verlohrenen Briefes vom 4. hujus.

Durchlauchtigster Herzog
Gnädigster Fürst und Herr!

Ew. Hochfürstl. Durchlaucht ist bereits bekannt, dass vorgestern
frühe der General Fischer mit seinem Corps Bielefeldt besetzet. Gestern
ist auch ein Corps in Herfordt eingerücket, welches von einigen
nur auf 200 Mann, von anderen hingegen auf 500 Mann stark angegeben wird.

Der General Fischer erlässt von Bielefeldt aus, an alle Aemter in
der Grafschaft Ravensberg bis nach Limberg und Vlotho Ordres,
worin er nach Bielefeldt und sämmtliche von der französischen Armée
occupirte Städte Vivres und Fourage verlanget.

Vorläufig habe die Beamte instruiret, dass sie nicht freygebig
seyn, sondern es auf die Extremität ankommen lassen; weil nicht glaub-
lich: dass der Feind durch viele Executions-Commandos sich schwächen,
und solche der Gefahr exponiren werde, aufgehoben zu werden.

Da es aber gar leicht geschehen könnte, dass bey fernerer Annäherung der feindlichen Armée die Generalität verlangen möchte, dass
ihnen Deputirte entgegengeschicket werden solten, um wegen der occupirten Grafschaft Ravensberg die Postulata zu reguliren, und ich auf
diesen Fall nicht gerne einen Schritt thun möchte, welcher Ew. Hoch-
Durchl. missfällig seyn könnte: So habe mir Dero höchsten Befehl
darüber unterthänigst erbitten wollen.

Das hiesige Magazin ist noch important, die Magazin-Bediente
aber sind zur Zeit noch nicht instruiret, ob davon etwas in Sicherheit
gebracht werden soll, oder wie sie bei Annäherung des Feindes sich
zu verhalten haben, unterdessen habe alle Schiffe, welche habe erreichen
können, anhero zusammen gepresset. Solche sind aber nicht hinreichend
¼ des hiesigen Bestandes an Bord zu nehmen, weil die Weeser anitzo
nur niedrig Wasser hat, und die Schiffe nicht viel über die halbe La-
dung einnehmen können. Nach einer vor zwey Jahren von Sr. Königl.
Majesteet erhaltenen Ordre soll ich mich nicht exponiren, als Geissel
mitgenommen zu werden, sondern im Fall Minden von Garnison ent-
blösset würde, mich zur Alliirten Armée verfügen und derselben folgen, bis die Umstände sich wieder ändern. Ew. Hochfürstl. Durchl.
werden demnach gnädigst erlauben, dass vorkommenden Umständen
nach, diesem Befehl zu Folge zu Höchstdero Protection meine Zuflucht
nehmen darf.

Der ich mit submissester Ehrfurcht ersterbe.

Ew. Hochfürstl. Durchlaucht.

(Archiv-Acten vol. 252.)

Durchlauchtigster Hertzog
Gnädigster Fürst und Herr!

Mein in die Grafschaft Lippe ausgesendeter Kundschafter bringet die ganz zuverlässige Nachricht mit, dass vorgestern die Lippische Beambte zu Vahrenholtz, Schöttmar und Braacke beordert worden, aus jedem Ambte 200 Mann Arbeitsleute nach Lemgow zu gestellen um das daselbst abgestochene Lager zu planiren, nicht weniger Bohlen und Balken dahin zu liefern um eine Brücke über die Beja zu schlagen.

Die Stadt Lemgow kommt fast in die Mitte des abgestochenen Lagers zu liegen, und es heisset, dass die grosse Armée, welche noch gestern früh diesseits Bielefeldt auf der Schildschen Heyde campiret, dieses Lager beziehen solle, die Avantgarde auch schon heute daselbst einrücken werde. Die kleine Armée, wobey sich die Sachsen befinden, hat gestern ihr Lager verändert und hat sich linker Hand Herford vorbey an den Weg, welcher von Herford auf Lübbecke gehet, gelagert.

Die schwere Artillerie des Feindes soll jenseits Bielefeld bei der Bleiche stehen: wie stark die Bedeckung dabey, kann ich eigentlich nicht erfahren.

Gestern Abend erhielte durch einen anderweiten Expressen von Bilefeld, das in Abschrift beigehende Schreiben des General-Intendant Gayot mit einem beygefügten Pass von dem Marechal de Coutades. Ich habe darauf in Antwort vermeldet: dass der hierselbst commandirende General von Zastrow alle Communication mit der Grafschaft Ravensberg aufgehoben und die expresse Ordre gestellet dass Niemand ohne dessen Pass zum Thore heraus gelassen werde solle, wir hätten unsere Beschwerden wegen Verweigerung des Passes an Eur. Hochfürstl. Durchl. gelangen lassen und nach erfolgter Remedur würden unsere Deputati sich in Bielefeld einfinden. Mit Einschiffung und Transportirung des hiesigen Magazins wird nunmehro Tag und Nacht continuiret, und da es scheinet, dass der Feind vor der Hand keine serieuse Absichten auf Minden richtet: So hoffe dass wir wenigstens so viel Zeit gewinnen können, auf entstehenden Fall vorhero das hiesige Magazin zu sauviren.

Da der als Courier aufgefangene Kriegs-Commissarius Giffenig keine Militair-Person ist: So bitte es durch ein Vorschreiben gnädigst in die Lage zu richten, dass er wieder auf freyen Fuss gestellet und anhero erlassen werde.*)

Ich ersterbe übrigens mit submissester Ehrfurcht
Ew. Hochfürstl. Durchlaucht
unterthänigst gehorsamster
Knecht
von Massow.

Minden, den 8. Julii 1759.

_____

*) N. d. H. Von der Hand des Herzogs: "Fiat.

(Archiv-Acten vol. 324.)   11.
**✷✷ Instruction für den General-Lieutenant Grafen
von Kilmansegge.*)**

Die Armée marschiret diese Nacht von hier über Bomte in der
Gegend von Uchte, woselbst sie in drei Marchen ankommen wird.

Eure Excellenz bleiben aber zur Bedeckung der Bäckerey bey
Osnabrük zurück und haben folgende Regimenter und leichte Truppen
unter ihrem Commando, als Infanterie Alt-Zastrow, vacant Diepenbrok,
Behr und Bock, in Hagen den Rittmeister Germati mit
1 Esqu. v. Luckner; in Sandfort den Major Juliat mit die
Hessischen Husaren, und den Haubtmann Führer mit die
Hessischen Jägers; 2 Esquad. von Bock Drag. ohne Esten-
darten unter dem Commando des Obrist-Lieut. von Waldhausen verbleiben auch bey dem Hr. General. Dieselbe haben
hiernächst folgende Stücke zu beobachten.

Die Bäckerey bleibt alhier bis den 12ten inclusive und fähret un-
aufhörlich mit Backen fort. Die Regimenter lassen ihre Brodt-Wagens
hier, um das Brodt bis auf den 20ten dieses vom 14ten angerechnet, mithin auf 6 Tage zu empfangen. So wie das Brodt fertig wird, muss
es geladen, und die Wagens zur Abfahrt in Ordnung aufgefahren
werden.

Den 13ten praecise um 2 Uhr früh fahren alle Brodt-Wagens
von hier ab und der Armée nach; sie nehmen ihren Marsch über Bomte
nach Uchte, und müssen alda unfehlbar in 2 Marschen mithin den
14ten eintreffen, indem mit selbigem Tag das Brodt zu Ende gehet,
und die Armée von neuem empfangen muss.

Die Bäckerey nebst denen Feld-Back-Ofen gehet mit diesem Transport und in der File vorauf, und nimmt ihren Weg gerade nach Nienburg. Eure Excellenz geben derselben eine Escorte von 50 Pferden
mit, mit der Ordre wieder zurück zur Armée zu kommen, sobald die
Bäckerey zu Nienburg angekommen seyn wird.

Sollten alhier noch Wagens übrig bleiben; So lassen Eure Excellenz solche mit Haber laden, und auf die Brodt-Wagens folgen.

Ew. Excellenz escortiren diesen train der Bäckerey, der Brodt-
Wagens und der Haber-Wagens mit ihrem ganzen unterhabenden corps,
ein kleines unten weiter zu bestimmendes Detachement ausgenommen,
so in Osnabrük zurück bleibet, und suchen wie oben erwehnet, den
14ten über Bomte bey der Armée einzutreffen.**)

Es werden heute alhier die train-Wagens nebst einer Anzahl
Bauer Wagens mit Mehl beladen. Ich hoffe dass diese noch morgen
von hier werden abgehen können. Sie nehmen ihren Weg über Vorde
und Diephorst nach Nienburg. Die alhier befindliche Hannovrische

---

*) N. d. H. Die unterstrichenen Stellen sind von dem Herzoge eigenhändig in das von
Westphalen redigirte Concept eingeschaltet.

**) N. d. H. * Je vous demande explication de ce passage, je ne le comprend pas.

** C'est le Detachement du Lieut. Colonel Wense.

Landmilitz soll diese convois escortiren. Eure Excellenz haben den
Officier, der selbige commandirt desfals mit einer schriftlichen instruction zu versehen. Die convois muss suchen in 4 Marschen zu Nienburg anzukommen.

Der Obrist-Lieutenant von Wense vom Regiment von Brunck
bleibt mit 200 Man zur Bedeckung des Magazins von Osnabruk zurück.
Diese 200 Man bestehen aus 1 Escadron Hessicher Husaren, 50 Hessischen Jägern, und 50 Commandirten von der Infanterie. Es erhält
der Obrist-Lieutenant eine besondere instruction von mir, die ich Eurer
Excellenz hierbey communicire, und die sie demselben einhändigen
werden. Eure Excellenz lassen bis den 12ten die Hessischen Husaren
und Jäger auf ihren Posten. Gegen den Abend, ziehen Sie aber
solche an sich, uud gebrauchen solche wehrend des Marsches auf ihrer
rechten Flanque nach Büren und Lübbecke patrouilliren und durch selbige ihre Flanque cotoyiren zu lassen.

Es verstehet sich von selbst, dass Ew. Excellenz zuvor von gedachten leichten Truppen das Detachement vor den Obrist-Lieutenant von Wense commandiren, und an dessen Ordres verweisen.
    Ossnabrück, den 10. July 1759.   F. H. z. Brschw.*)

     ** Monseigneur,
    Une Depeche du Prince hereditaire venant d'arriver; j'ai pris le
parti de l'ouvrir, pour voir si je pouvois la garder icy, jusqu'à son
arrivée. Il me semble, qu'elle est trop interessante, pour ne pas la
faire parvenir tout de suite à V. A. S. La grande armée francoise etoit
hier à Hervorden et la petite à Engern.

On ne voit pas positivement par les raports joints à la Lettre
de Mgr. le prince, si Minden est pris, ou non: mais le Lieutenant-
Colonel de Luckner qui a passé icy, a dit au commissaire de la cour
Tiling; qu'il cherchoit V. A. S. pour Luy aprendre la nouvellé que
Minden avoit eté surpris hier au soir. C'est bien facheux, d'autant
plus que le Detachement qui a fait ce coup, n'a guerres eté considerable. Je crois que Mgr. le prince hereditaire a bien fait de pousser une avant garde aussi loin que possible, pour aprendre des nouvelles positives de l'Ennemi.

    Je suis avec la plus profonde soumission
                    Monseigneur
                De Votre Altesse Serenissime
à Bomte ce 11. Juillet 1759.   Le plus humble et le plus
    à 10½ h. du matin.   obeissant et le plus fidele ser-
                                    viteur Westphalen.

    (Archiv-Acten: vol. 4.)

    Allerunterthänigster Rapport. Minden den 6. July 1759 Nachmit-
tags 4 Uhr. Ev. hochfürstlichen Durchlaucht Allergnädigsten Befehl

---

*) N. d. H. Unter demselben dato findet sich auch eine ausführliche Instruction des Her-
zogs an den Oberstlieut. v. Wense wegen Deckung des Magazins und Osnabrück, Kundschaftung
der Umgegend, event. Zerstorung der Vorräthe u. s. w., gleichfalls von Westphalen verfasst.

vom 4. hujus habe ich zu erhalten die Gnade gehabt, und melde unterthänigst, dass es nunmehro mit Einladung des Magazins seinen Fortgang
habe, weilen gestern Abend von dem General-Intendant Huntert der
Bericht eintraf, dass das Magazin bis auf ⅓ fortgeschafft werden sollte.

Vier Thore dieser Stadt sind nur offen, und das Kuh-Thor und
Wene-Thor sind bereits versperrt gehalten.

Die Land-Miliz, so hier liegt, thut zwar ihre Dienste schlecht, ich
versichere aber, gnädigster Herr, dass ich sie mit allem Ernst und
Strenge tractire.

Dem Kammer-Präsidenten v. Massow habe Ev. Hochfürstl. Durchl.
Befehle eröffnet.

1 Offizier 30 Pferde hat der General-Major v. Zastrow aus Hameln
mir zugesendet und schreibt mir dabei, dass er heute noch 30 Mann
Scharfschützen dazu senden wolle, so ich gedenke mit groszem Nutzen
zu gebrauchen.

Der Kundschafter, so heute nach Gohfeld gesandt worden, berichtet, dass 400 Mann, theils Husaren theils Infanterie vom Fischer'-
schen Corps die Brücke und den Ort besetzt hätten; die Patrouillen,
so gestern Abend, wie auch dissen Morgen von daher zurückkommen,
bestätigen obiges, und soll zu Herfort das kleinere, zu Bilefeld aber
die grosse armée auf der Schilschen Heide stehen.

So eben erfahre ich durch den Kammerpräsidenten v. Massow,
dass ein Detachement Freiwillige und Husaren 6 bis 700 Mann stark
sich diesseits der Gohfelder Brücke, auf dem sogenannten Rodelande
postirt, diesseits der Werra.   gez. H. L. v. Zastrow.

(Archiv-Acten vol. 26.)

Durchlauchtigster Herzog
Gnädigster Fürst und Herr!

Heute Früh wurde Minden zur Uebergabe aufgefordert und nach
erhaltenem refus rückete sogleich von der Seite des Simeons-Thors ein
Corps an, solches einzuschliessen; um 10 Uhr hatte der Feind schon
auch Kanonen an dem von Herford kommenden Post-Wege aufgeführt,
und solche thaten schon bey meiner Abreise aus Minden Effect auf verschiedene Häuser; daferne kein Succurs erfolgen kann, wird die schwache
Garnison sich nicht lange souteniren können. Der Generalmajor v.
Zastrow hat mich expresse ersucht, Ev. Durchlaucht durch einen sichern
Weg von seiner Situation Nachricht zu geben. Ich vor meine Person
wende mich vors erst auf Nienburg, um Ev. Durchlaucht fernere Befehle in der Nähe erwarten zu können.

Bis gestern Abend war die Hälfte des Magazins schon auf der
Abfahrt und die ganze Nacht ist noch continuirt worden; der Weser-
Strohm unterhalb Minden wird noch nicht beunruhiget.

Ich ersterbe in tiefster Ehrfurcht
Ev. Hochfürstl. Durchlaucht
unterthänigster Knecht

Rahde, d. 9. Juli 1759.   gez. v. Massow.

(Archiv-Acten vol. 4.)

Extract eines Schreibens aus Bückeburg vom 10. Juli 1759.

Gestrigen Tages ist die Stadt Minden von denen Franzosen unter Commando des Herzogs von Broglio mit Sturm eingenommen und einige Stunden geplündert. Die Attaque ist am Simeons-Thore geschehen u. zu gleicher Zeit am Weser-Thore, nachdem bey Hausberge iu hazardirender Durchschwimmung eines Franzosen mit Beihülfe des Fährstrickes ein klein Fischerboot, und endlich die grosse Fähre über die Weser gebracht, wodurch die Uebersetzung nach und nach geschehen, die Uebersteigung der Schanze vorgenommen. Es sollen viele Franzosen geblieben seyn, und hat sich der Herr General v. Zastrow gegen die überlegene Macht ungemein defendirt. So wie die Rede geht, so ist ein Theil der armée auf Nienburg gegangen, der stärkste Theil aber auf Hameln, solches zu occupiren.

(Archiv-Acten vol. 4.)

Gnädigster Herr!

Der Kundschafter so von Bilefeldt auss gestern Nachmittag mit mir gesprochen, ist nicht hier gekommen, wie ich es ihm dennoch aufgegeben.

Seine Aussage bestand darin, dass Er vorgestern, als den 7ten, auf der Schielscher Heide das Französische Lager durchgangen, und in allem 75 Regimenter gezählt habe; dass am nämlichen Abend der Befehl ergangen, dass umb 2 Uhr diese daselbst campirende armée marschiren sollte, und zwar des Weges nach Minden.

Wobei Er dieses noch anmerkte, dass der Mensch, so ihm solches verzählt, dabey gesagt, sie hätten eine andere Route schon prepariret gehabt, auf welcher die armée gegen und des Weges auf Osnabrügge hätte marschiren sollen, so aber wäre durch eine Stafette Nachricht gekommen, worauf die armée sogleich die Ordre erhalten, gegen Minden zu marschiren. Dieser Mensch hätte Ihm noch dabey gesagt, dass das Feldt, worauf das Lager zu stehen kommen würde, voll 2 Stunde von Minden annoch entfernt seyn mögte, worauf ich urtheille, dass es bey Coofeldt. Seinen Rückweg habe er über Halle genommen, daselbst aber keinen Mann vom Feindt mehr angetroffen.

Osnabrügge d. 9. July 1759.

gez. v. Reden, Gen: Adjud:

Pro memoria.

Ein Bediente, den ich gestern Nachmittag nach Offeln an meine Mutter saudte, hat daselbst gegen 10 Uhr des Abends einen Domestiquen von dem Geheimen Rath Kornberg aus Minden vorgefunden, der ihm erzählt, wie Minden als den 10ten an die französischen leichten Truppen übergegangen, dadurch dass Hessische Jäger aus dem Thore gegangen nach Hausbergen zu, um den Feind zu harceliren, da selbige aber zurückgetrieben, so wäre der Feind mit solchen zugleich ins Thor eingedrungen.

Gestern Mittag hätte obenerwähnter Bediente Gelegenheit gefunden, aus Minden zu kommen. Da nach seiner Aussage ihm zwischen Holzhausen und Lübbeke eine Linie feindlcher Truppen begegnet sei, welche den Weg nach Minden genommen.*)

Das Fischersche Corps läge in Lübbecke und hätte die Vorposten in Bläsheim und Holzhausen.

Im Lager bei Bomte den 12. Juli 1759.

gez. G. v. d. Busche

Capitain von dem vacanten Linstow'schen Regt.

(Archiv-Acten vol. 261.)

Mit einer Anzeige d. d. Hanover d. 10. Juli 1759 über das Einrücken des Marschalls Contades ins Lager bei Lemgo übersendet der General v. Sommerfeldt dem Herzoge Abschrift folgender Mittheilung des Generals Brunck aus Hameln;

Ev. pp. habe hiermit unterthänigst einberichten wollen, wie die zurückgekommenen Botschafter die Nachricht eingebracht, dass Minden von ein Corps feindlicher Truppen, welches aus 16,000 Mann bestehen soll, berennet sey, welche bey Flotho mit vielen Schiffen übergangen, und den Nachrichten zufolge die Stadt Minden bereits seit gestern bombardiret hätten, gestalten man denn auch allhier ein Schiessen gehöret hat; es ist solchem nach die Communication zwischen hier und Minden gehemmet, und wann die angebliche Stärke ihre Richtigkeit hat, so dürfen sie auch wohl auf hiesigen Ort etwas tentiren, welches die Zeit lehren wird, u. werde ich alle mögliche praecautiones zu nehmen nicht ermangeln p.   v. Brunck.

Hameln d. 10. July 1759.

Archiv-Acten vol. 4.)

à Bomte ce 11. Juillet 1759.

Si c'etoit absolument au pouvoir de Votre Altesse Serenissime de conserver Munster et les pays ou nous avions l'année passée nos quartiers d'Hyver, j'en crois si clairement la consequence que sans hesitation j'opterois pour l'abandon du Weser; et de borner Ses opérations ulterieures à la conservation de ces pays, qui nous mettroient le mieux en Etat de poursuivre la guerre, non seulement en nous donnant des bons quartiers d'Hyver, mais en entretenant aussi la communication libre avec l'Angleterre et la Hollande, surtout comme je ne concois pas que l'Ennemi oseroit s'établir pendant l'Hyver dans l'Electorat d'Hannovre, ce qu'il feroit infailleblement dans ces Evechés. Mais puisque V. A. S. doute par la situation présente de nos affaires si Münster nous reste encore, ou si Elle sera à même, de la conserver, je n'hesite plus à déclarer très humblement mon sentiment, qu'il y va du service du Roy et du bien de la cause commune, d'essayer premièrement de conserver Ses magazins à Nienburg, et puisque cette re-

---

*) N. d. H. Von der Hand des Herzogs. * Je ne sais ce que cela signifie.

solution pourra entrainer une Bataille, et si le Bon Dieu nous aide, nous pourrons non seulement sauver ce qui en est immediatement l'objet, mais on doit esperer aussi que la Westphalie resteroit au vainqueur; mais si toutefois V. A. par Ses intelligences ou par Ses Lumières voit l'impossibilité de ne plus reussir avec probabilité de conserver le Weser, et livrer Bataille, ce que j'ai ci-dessus dit par rapport a la conservation de Münster, doit nécessairement prevaloir sur toutes autres considerations. *)   gez: Geo. Sackville.

Votre Altesse Serenissime m'ordonne de dire mon sentiment sur les affaires presentes, s'il faudroit marcher sur Münster secourir cette place, ou de marcher à Nienbourg. Prenant le premier parti, il est quasi sure, que la Ville de Münster est prise avant que l'armée pourra arriver, les Magazins sont pris ou ruiné, alors ne sera d'aucune utilité; pour soutenir la rivière de l'Embs, il faudroit prendre pourtant une autre position, au lieu si Nienburg peut être sauvé, mille ressources qui nous sont coupé de l'autre coté, c'est le pain qui doit inquieter le plus l'armée, n'etant fourni de pain que jusqu'au 14 inclusive; le zele pour le service du Roy mon Maitre me porte à faire cette très humble representation à Votre Altesse Serenissime.

Bomte le 11. Juillet 1759.   gez: G. v. Spörken.

(Archiv-Acten vol. 324.)

       ** Monseigneur,   Ce 12ᵐᵉ Juillet 1759.**)   I.

J'avoue Monseigneur que je ressens une peine extreme, de me rendre aux raisons de Mr. d'Imhoff; il me semble qu'il voit trop noir quand au Weser, et qu'il ne sente pas assez le Danger attaché au parti

---

*) N. d. H. Ueber das Verhältniss Lord G. Sackville's, des Generals der Englischen Truppen in der alliirten Armée, zum commandirenden Oberbefehlshaber, dem Herzog Ferdinand von Braunschweig, und die Meinungsverschiedenheiten, die sich auf Seiten des ersteren gegen den Herzog erhoben, vergl. Smollet: „the History of England from the Revolution to the Death of George the Second" Basel 1794, vol. VIII. S. 34. Der dort unsubstantiirt ausgesprochene Vorwurf, der Herzog habe Zeichen von „Animosität" gegen Lord Sackville zu erkennen gegeben, in Verbindung mit der schmeichelhaften Schilderung „des Scharfblicks und der Einsicht" des genannten Lords, lassen den, aus Nationalstolz des englischen Geschichtsschreibers erklärlichen Versuch, den Herzog der Absicht, den Lord aus seiner Stellung zu verdrängen, zu verdächtigen und die Bemühung, die Eigenschaften des letzteren und seine vorzugsweise Sorge für die Wahrnehmung der besonderen Interessen seines britischen Vaterlandes in ein günstiges Licht zu setzen, nur zu deutlich durchblicken; und es wird dadurch der panegyricus, welchen derselbe Schriftsteller in seiner Beurtheilung des kriegsgerichtlichen Prozesses (S. 144 ff. a. a. O.) dem Lord Sackville gewidmet hat, gleichsam vorbereitet. Vergleicht man hiermit aber den Inhalt des obigen, in einem kritischen Moment geschriebenen Briefes, und die weiter oben (Kapitel II.) aufgenommene Correspondenz des Lord George mit dem Herzog vom Januar und Februar 1759, so scheint bei unbefangener Beurtheilung, ein so gespanntes Missverhältniss, als britische Geschichtsschreiber schon vor der Schlacht von Minden zwischen Beiden gefunden haben wollen, um das Benehmen jenes Führers der britischen Reiterei zu entschuldigen, oder erklärlich zu machen, keinesweges als wirklich vorhanden, geschweige denn als bekannt angenommen werden zu müssen; vielmehr giebt auch dieser Brief Lord Sackvilles den urkundlichen Beweis an die Hand, dass er in der freien Aeusserung seiner Ansicht über die militairischen Operationen, wie sie der Herzog in wichtigen Augenblicken von seinen Generalen gern zu hören pflegte, durch nichts gehindert gewesen ist und davon auch zu dieser Zeit noch mit Offenheit und in passender Form Gebrauch gemacht hat.

**) N. d. H. Im Lager bei Bomte (Archiv-Acten vol. 122.)

de marcher à Osnabruk, parcequ'il paroit encore eloigné. Si les avis, que nous recevrons infailliblement ce matin, fussent tels que l'on put esperer de sauver Nienbourg; je conviens que je serois au desespoir d'en manquer l'occasion. Nous perdrions des magazins tout preparez, avec la commodité d'en faire d'autres; au lieu que nous serions infiniment embarassez d'en tirez de l'Ems.

      ✳✳ Monseigneur   Ce 12. Juillet 1759. 2.

Le general Dreves, qui est dans ma chambre, m'a dit qu'il comptoit d'aller en trois marches d'icy à Bremen; il y arriveroit donc le 14. Ce n'est que mieux, quoique j'aye seulement exigé de le faire en 4 marches.

      ✳✳ Serenissimo humillime.   Ce 12me Juillet 1759. 3.

C'est pour Dreves. Il a lû l'instruction en minute, et est parti immediatement àprès. Je luy ai dit que je la luy enverrais par un courrier, qui ne manqueroit de le ratraper à peu de distance du camp.

      ✳✳ Für d. H. G. M. von Dreves.

Der Herr General Major haben die 4 Regimenter Infanterie Zastrow Braunschweig, Canitz Hessen und Dreves und Block Hanoveraner unter Ihrem commando. Sie setzen sich mit selbigen sofort und ohne Zeit Verlust über Vechte in Marsch nach Bremen und suchen allda in 4 Marschen anzukommen.

In Vechte lassen Sie ein commando von 200 Man unter einen tüchtigen Officier zurück, um dasige garnison zu renforciren. Der Officier muss sich sogleich Mühe geben, den Ort in Defensions Stand zu setzen, und der Herr General werden ihm von Bremen aus die etwa fehlende Munition zuzusenden suchen.

Die Stadt Bremen hat sich reversiren müssen, unsere Truppen allemal wieder einzunehmen; damit selbige aber ietzo keine Schwierigkeit machen möge, so werden Sie wenn Sie vor der Stadt ankommen, dem Magistrat sagen lassen, dass Sie den Durchmarsch für einige Bataillons durch die Stadt verlangten, und sich ohne nach der Antwort zu warten, der Thore und der Brücken bemeistern. Worauf Sie sich denn sofort in der Stadt feste setzen, und alles zur Defension derselben Bestens einrichten werden.

Die Absicht dieses Detachements ist, dass der Herr General unsere Magazine zu Bremen und durch die Occupation der Stadt zugleich die Magazine im Vegesack decken sollen; damit die Armée im Fall der Noth von daher ihre Subsistenz erhalten könne.

Bliebe die Armée nicht an der Weser; sondern zöge sich nach der Embs; So bleiben der Herr General auch nicht länger zu Bremen, als Sie Sich im Stande glauben würden, den Ort gegen einen etwaigen feindlichen Angriff zu defendiren; Sondern marschiren mit ihrem Detachement alsdann nach Stade.

Dieser Punct ist ein Haupt-Articul; und tritt sofort ein, als keine

Question weiter seyn wird, aus denen Bremischen und Vegesakischen Magazinen die Armée zu versorgen.

Der Herr General werden aus denen Umständen am besten hierüber nach Verlauf einiger Zeit zu urtheilen im Stand seyn: Und weil alsdenn solche pressante Fälle sich ereugnen könnten, die nicht erlaubten, dass Sie vorhero Ordre einholeten: So declarire ich hiermit, dass die Defension der Festung Stade eine Haupt-Absicht ihres Detachements ist, und dass Sie Sich mit solchem nach diesem Ort begeben müssen, sobald selbiger Gefahr lauffen sollte, belagert zu werden.

Weil es auch geschehen könnte, dass die Bremer sich weigerten, Ihnen die Thore zu öffnen; So können und werden Sie zwar sofort Gewalt gebrauchen; Sollten Sie aber damit nichts ausrichten können; So müssen Sie sehen, sich mit Sehiffen übersetzen zu lassen, und mit Ihrem Detachement eine convenable position zur Deckung des Magazins von Vegesack nehmen, und darin so lange verbleiben, bis der Fall eintreten mögte, sich nach Stade zu begeben.

Ich hoffe aber, dass Sie sich von Bremen Meister machen werden, absonderlich, wenn Sie Ihren Marsch cachiren.

Bomte, den 12. July 1759.   F. H. z. Brschw.

** Monseigneur,   Ce 12. Juillet 1759. 4.

Je n'ai point abandonné toute espérance de voir Nienbourg et nos magazins du Weser sauvés; il me semble qu'en marchant à Osnabruk on cede à la dure necessité; chose qu'il ne faut faire que quand le cas existe. Il faut donc attendre qu'un des couriers que j'ay envoyé à Nienbourg revienne. Il me semble que l'eunemi prendra aussi ses precautions; et s'il va tant soit peu lentement, notre renfort arrivera à temps. Si cela est, nous voila tiré d'un grand embaras; nous aurons des magazins derriere nous. Nous pouvons aller alors hardiment à l'ennemi. Si nous sommes batus; la retraite ne nous est pas coupée. Si nous sommes heureux, nous reparons tout à la fois.

C'est le contraire, si V. A. S. va à Osnabruk; tout l'avantage consisteroit à delivrer peut etre la ville de Munster. Mais comme nous sommes adtreints aux magazins de Munster, que nous comptons de recouvrer, et à ceux que nous avons à Osnabruk, nous sommes par la situation de ces magazins extremement genés dans nos operations, et nous ne pouvons guerre faire que de coups fourrés. Car avec ces deux magazins de Munster et d'Osnabruk nous ne pouvons nous avancer ni contre le M. Contades ni contre Armentieres d'un pas lent et mesuré; vû que le premier nous est à dos quand nous marchons à Munster, et que le dernier tiendroit Munster investie, ou se porteroit sur Osnabruk, si nous marchions vers Contades; en y employant tant soit peu un temps raisonnable. C'est bien different avec les magazins de Vegesac, de Bremen et de Nienbourg, puisqu'ils sont situés dans la meme ligne directe dans laquelle Contades avance. Il ne peut nous donner de jalousie sur nos derrieres qu'en faisant des prodigieux detours, ce qui n'est guerre faisable; et s'il voulut tenter de le faire alors on marcheroit à luy.

Il paroit d'ailleurs que les Ennemis se veulent attacher à Hameln et à la conquete du païs d'Hannovre. N'est-il pas naturel qu'on se trouve prés d'eux pour les en empecher, d'autant plus qu'ils auroient trop beau jeu aprés y avoir reussi à leur gré.

Voicy Monseigneur ce que j'avois dessein de marquer à V. A. S. avant qu'elle m'ordonna de luy dire mon sentiment sur la lettre du prince. Je crois que j'ai dit tout en meme temps pour m'expliquer sur la lettre du prince, le sentiment du quel paroit etre conforme au mien.

       ✳✳ Monseigneur   Ce 12. Juillet 1759. 5.

Je crois que V. A. S. peut laisser les deux regimens de Brunck et de Stolzenberg là, où ils sont. Si nous retournons à Osnabruk, on leur épargne un chemin; si nous marchons en avant, alors ils pourront arriver avec Kielmansegge en meme temps ou le preceder, et ils jouissent en attendant de quelque repos.

       ✳✳ Monseigneur,   Ce 12. Juillet 1759. 6.

Il me semble, que V. A. S. ne pouvant prendre un parti determiné encore, si Elle retrogradera à Osnabruk, ou si Elle marchera pour s'aprocher de Nienbourg; je crois qu'elle doit differer toute marche jusqu'au moment qu'Elle pourra en juger.

V. A. S. doit les reponses qu'Elle vient de nommer. Elles seroient bientot ecrites, si l'on savoit seulement ce qu'il falloit ecrire; vû que des choses bien opposées doivent s'executer selon ce que l'on marchera vers l'Ems ou vers le Weser.

Je tacheroi cependant de faire quelque reponse generale qui quadre avec l'un et l'autre cas.

       ✳✳ Monseigneur,   Ce 12. Juillet 1759. 7.

Comme il ne me paroit pas que le prince risque d'être attaqué aujourd'huy ni demain; ainsi je crois, que si les affaires ne s'éclaircissent au point à prendre encore aujourd'huy l'un ou l'autre des deux partis de si bonne heure, qu'on puisse marcher encore commodement aujourd'huy; il me semble que le prince peut rester à Ray et V. A. S. à Bomte aujourdhuy.

       ✳✳ Monseigneur   Ce 12. Juillet 1759. 8.

L'ordre de faire revenir les pontons a été donné tout de suite par Mr. de Reden; ils reviendront par Lemvorde. Ils n'étoient hier éloignés de Nienbourg que d'une forte marche. Mais il n'a pas été fait mention de la reserve d'artillerie. V. A. S. pourra aprendre cela plus particulierement en faisant venir Mr. de Reden. Je crois qu'il faudra un second ordre aux pontons selon la marche que l'armée fera demain.

Je crois que V. A. S. peut laisser faire le general Dreves. Il m'a parû avoir compris tout le sens de l'instruction.

** Monseigneur,   Ce 12. Juillet 1759. 9.

Dans une Lettre qui fut ecrite à Mgr. le prince en suite de la
conference avec Imhoff, on luy exposa la raison de l'alternative de la
marche vers Nienbourg ou à Osnabruk; En enjoignant au prince, de
prendre ses mesures en consequence dès qu'il se seroit apercu que l'un
ou l'autre cas arrivat, savoir de rester ou il est, si Nienbourg ne fut
pas pris, ou de marcher à Bomte dès qu'il auroit apris que cette ville
se fût rendüe.

Un des chasseurs que j'ay envoyé à Munster, en est revenû; il
s'est aproché jusqu'à une petite distance de Schipfort. à minuit le
canon à ronflé sans discontinuer; il dit aussi qu'on a jetté des bombes
dans la ville.

** Monseigneur,   Ce 12. Juillet 1759.*) 10.

J'ay l'honneur de remettre à V. A. S. la marchroute; il me
semble qu'elle est bonne; quant à la direction à donner à Kilmansegge, il faudroit savoir le camp que V. A. S. prendra après demain.
Si Elle le prend près de Diepenau, il me semble qu'on peut abreger
la route à donner à Kilmansegge. Car il pourra marcher n'ayant
qu'un petit corps par le chemin le plus droit, pourvû qu'il tienne
la grande route, et a en juger par ma carte elle laisse Raden extremement à droite.

** Monseigneur,   Ce 13. Juillet 1759.**)

Il me semble, qu'il est necessaire, de faire sentir un peu à Mr.
Hunter l'inconvenient qu'il y a de ne point executer à la Lettre
les ordres donnez pour une chose aussi essentielle que la Boulangerie.

L'armée n'est pourvû de pain que jusqu'au 17, selon le raport que
Roden est venû en faire. J'ay dit à Roden de depecher sans delai
un commis à Lemvörde pour presser la marche des boulangers à
Nienbourg. Je crains que Mr. de Hauss n'aura pas pris beaucoup de
peine pour faire construire les fours ordonnés. Ainsi si l'on pouvoit
faire construire entre Nienbourg et Stolzenau une partie des fours de
campagne ce seroit d'autant mieux. Comme il y avoit deja 12 fours
de construits à Nienbourg, je me flatte, que les trois jours, que nous
avons manqué à Osnabruk, seront reparé par les cuissons, que V.
A. S. a ordonné au General Hauss de faire faire à Nienbourg.

arrivé le 13. Juillet à Raden
à 2½ heures de l'aprés midi.
N. 45.

Monsieur Mon Cousin. J'ai bien recu la lettre de Vôtre Altesse
du 1. de ce mois (dechiffré). „Mon Frere, moi et Dohna sommes si

---

*) N. d. H. Die Entscheidung war getroffen, nicht nach Osnabrück zurück, sondern vor-
wärts auf Stolzenau zu marschieren. Das vom Duc de Broglie gegen Nienburg entsendete Detachement von 600 Mann Cavallerie wurde bei Holzhausen in der Gegend von Diepenau von
den Husaren und Jägern des Herzogs erreicht und geschlagen.

**) N. d. H. Das Hauptquartier war am 13. Juli Mittags in Raden. (Archiv-Acten vol. 122.)

occupés, qu'il est impossible dans le moment présent, de faire la moindre diversion en Vòtre faveur. Il faut que tout cela se decide bientôt ici aussi bien qu'en Pologne. nous touchons au moment qui eclaircira tout, pourvû que nous voyons jour d'un Côté et que j'aye le têms de faire repasser les Troupes en Saxe. Rien ne sera plus facile que de faire une diversion par la Hesse, mais je ne saurois Vous nier qu'il me semble que Vous Vous retirés trop. Le Roy d'Angleterre s'avise un peu tard de vouloir prendre dix mille hommes à son service; il auroit falû y travailler l'hyver passé, alors cela en etoit le têms; pour à présent avant que le Traité de Subsides soit conclû et avant que les Troupes marchent, vous serez entré dans Vos quartiers d'hyver. Je ne crois pas que le Roy d'Angleterre aura l'Electeur de Baviere à cause du voisinage des Autrichiens. Les palatins et les Wurtembergeois sont trop prés de la France et la craignent trop. Le Danemark seroit sans contredit le meilleur, mais je ne crois pas qu'on les aura. Cependant cela vaudroit toûjours la peine d'être tenté."

Au reste c'est avec plaisir que j'accorde, à la proposition de Vôtre Altesse, le Titre de capitaine d'Husars, au Lieutenant d'Usedom des Husars noirs, et je suis avec la plus haute estime et une parfaite amitié

Monsieur Mon Cousin
de Votre Altesse

Au Camp de Lähn   le bon Cousin.
ce 7. de Juillet 1759.

(de main propre:)

On a fait il y a deux jours 5 officiers et 100 prisonniers à Mons. Laudon du Coté de Greiffenberg, Wedel en a fait une 50. a Trautenau et moy autant à Schatzlar. Dauen est à Marklissa, ainsi que dans peu de jours entre ci Greiffenberg, Lövenberg ou Fridlant, il y aûra une bone charge preparée pour Monsieur Carron. Vous serai instruit de tout, mais sa Grosse exselence qui a moulte plomb au deriere marche comme une tortûe. adieu mon cher je Vous ambrasse.

Federic.

※※ Au Roy à Stolzenau ce 14. Juillet 1759.   No. 39.

La très gracieuse Lettre de V. M. du 7. m'a été rendüe. je fais des voeux bien ardens pour le succés des armes de V. M. très persuadé, qu'elles donneront un pli plus favorable à la situation des affaires en general, et à celles de ces païs-ci en particulier.

Depuis ma derniere, l'ennemi fit des mouvements qui denotoient qu'il vouloit deboucher dans le bassin de Minden. je ne pouvois pas l'en empecher; mais je me flattois d'arriver assez à temps, pour secourir la ville de Minden. C'est pourquoi j'y avois fait entrer une garnison d'àpeu prés huit cent hommes sous les ordres du géneral de Zastrow. je comptois qu'il pourroit tenir une couple de jours, et cela suffisoit. Mais le Duc de Broglio l'ayant attaqué le 9. l'après midi, la ville a eté prise d'assaut aprés quelques heures d'attaque. J'ai sur cela pris le parti de marcher à Stolzenau sur le Weser, où je suis arrivé hier. Le Duc de Broglio a passé hier le Weser à Minden, et marche si les avis sont justes vers Hameln. D'autres avis m'assurent que la grande armée ennemie va arriver aujourdhuy auprés de Minden. Voicy Sire la situation où je me trouve actuellement; si l'ennemi s'attache à faire le siège de Hameln, je ferai mon possible pour le luy faire lever. Le marquis d'Armentieres a attaqué depuis quelques jours la ville de Munster; s'il reussissoit à prendre cette ville avec la citadelle, je devrois m'attendre à le voir passer ma droite pour marcher à Bremen; c'est pourquoy j'ai fait marcher un detachement vers cette ville, pour m'en emparer.

La petite guerre nous a eté tres favorable; il ne se passe point de jours qu'il n'y ait des escarmouches tres vives. Le 5. de ce mois le lieutenant colonel de Freytag surprit les volontaires d'Alsace prés de Munden. Tout ce corps fut tué sur la place, ou pris ou forcé de se noyer dans le Weser. Ce meme lieutenant colonel surprit quelques jours aprés la ville de Witzenhausen et fit la garnison prisonniere de guerre. Le major Friderichs des chasseurs attaqua le 7. un poste ennemi entre Engern et Hervorden, et le força de se rendre. Le Duc de Broglio ayant fait un gros detachement de cavalerie de 600 hommes, composé de ce qu'ils apellent les doyens des Escadrons, vers Nienbourg; les huzards et les chasseurs en sont venû aux mains avec eux le 12. aux Environs de Diepenau.

Les Francois ont eû plus de cent hommes de tués, et on a fait sur eux deux cent prisonniers avec le commendant de la Troupe.

Nous n'avons pas perdû de notre coté au dela de douze hommes. Je suis avec le plus profond respect pp.   F.

P. S. Les Francois me chicanent à present sur l'echange des dragons de Finckenstein. ils pretendent les retenir jusqu'à ce qu'il plaise à V. M. de faire echanger les prisonniers francois. j'ai declaré sur cela au M. de Contades, que je ne pouvois pas admettre cette difference ou exception des Troupes prussiennes du reste de l'armée alliée, que si elle pouvoit etre juste, je serois autorisé de mon Coté de ne pas rendre les prisonniers, faits par ces troupes prussiennes; qu'ainsi il falloit echanger sans exception ou y renoncer tout à fait.

(Archiv-Acten vol. 324).

✳✳ Monseigneur,

La ci-jointe du comte de Kilmansegge vient d'arriver; je l'ay ouverte pour voir, si le contenu pressoit. Le comte prend sa route par Raden et Diepenau. C'est une chose faite, et qui n'est plus à redresser. Mais il me semble qu'en cas que l'arrière-garde de Mr. d'Imhoff ait eté attaqué, ce que j'ignore, il se pourroit à plus forte raison que Mr. de Kilmansegge le fut à son tour. Peut-etre seroit-il à propos de laisser un corps en arriere, pour attendre l'arrivée de Mr. de Kilmansegge, et pour le soutenir, en cas qu'il fut poussé. C'est par cette raison, que je n'ai pas voulû manquer d'envoyer au devant de V. A. S. la dite Lettre de Mr. de Kilmansegge.

Stolzenau ce 14. Juillet à 4 heures de l'apres midi.

** Monseigneur,   Ce 15. Juillet 1759*). 1.

Je recus hier au soir fort tard une Lettre de Haenichen, qui contint la feuille du Duc de Newcastle à Yorke. je priois Durand de la traduire; au lieu de la renvoyer à moi, il a envoyé directement à V. A. S. je mets à ses pieds la lettre de Haenichen.

Je juge par les avis venus hier et ceux que V. A. S. me fait la grace de me communiquer, que le Duc de Broglio est destiné à faire le siege de Hameln; Contades se retranchera à Minden, pour couvrir le siege, si V. A. S. reste en deca du Weser. Mais en cas qu'elle le passat pour aller au secours de la place, je crois qu'il le passeroit aussi pour chercher un autre emplacement, peutetre du coté de Bukebourg, et je crois que c'est par cette raison, que les ennemis ont eté si empressé de s'emparer de Bukebourg.

L'emplacement de nos ponts me semble avoir deux defauts: 1mo que l'artillerie doit defiler par le bourg, 2do que les ponts me paroissent trop eloignez entre eux.

** Monseigneur,   Ce 15. Juillet 1759. 3.

Les avis que V. A. S. a reçues, marquent tous un dessein d'assieger Hameln, et je ne doute pas, que le M. de Contades ne prenne une position près de Minden, pour couvrir le siège, qui probablement sera fait par le Duc de Broglie.

L'ennemi fait donc à la fois deux sièges, et couvre l'un par la grande armée. C'est donc un moment, qui nous est favorable. Je crois que V. A. S. doit attaquer le maréchal près de Minden, et qu'Elle doit le faire avant que le dit maréchal ait le temps de prendre une bonne position et de la rendre meilleure encore par l'art.

Je conseille a V. A. S. de cacher ce Dessein, et de ne s'en ouvrir à personne. Elle fera bien de faire entrevoir que son dessein est, de passer le Weser, et de couvrir Hannovre peut être aussi pour se porter delà vers Hameln.

Il faut pour cette fin, que V. A. S. établisse un poste aussi près de Minden que possible.

Je ne sais s'il est possible, mais il seroit bon si V. A. S. s'approchât demain de Petershagen, sous prétexte de changer de position; le 17. l'ennemi seroit reconnû, et le 18. ou 19. la bataille se donneroit.

** Monseigneur   Ce 15. Juillet 1759. 4.

Je suis bien mortifié du quid pro quo arrivé avec le Comte de Kilmansegge. Si l'ordre est donné pour faire venir icy les Equipages, je crois qu'ils arriveront à bon port, ne croyant point que l'ennemy y detachera quelque chose, à moins qu'il ne soit averti, qu'il y a du butin à faire à Sublingen.

Estorff m'a dit que la garnison de Minden marcheroit à Hannovre, pour s'y armer. Je luy ay repondu que je doutois qu'elle y trouveroit des armes. Le dessein de V. A. S. étoit d'abord de les envoyer à Bremen, et de s'y armer de nouveau; cela auroit servi de renfort à la dite ville, et auroit mis V. A. S. dans le cas d'en rétirer un couple de Bataillons. J'avoue cependant aussi, qu'il est fort avantageux de conserver Hannovre. Mais je ne sais si la garnison de Minden y trouvera des armes.

Ce 18. Juillet 1759*). 1.

** Monseigneur,

Il me semble, que vû toutes les nouvelles, qui arrivent coup sur coup, le salut de l'armée et de tout le pays en depend, de porter les choses à une decision avant la prise de Hameln.

V. A. S. jugera, s'il y a moyen, de tomber sur l'ennemi en forçant le passage de Lubbeke, ou de quelque autre passage. Si non, il faut se resoudre à passer le Weser, pour aller secourir Hameln. Dans ce cas l'ennemi ne manquera pas de passer le Weser, et il est probable, qu'il le fera du coté de Minden là, ou il a fait travailler aux ponts.

Quoique Mr. d'Armentières ait joint l'armée du M. de Contades, il y aura de l'avantage à la combattre avant que Broglie la réjoigne pareillement.

Il seroit seulement nécessaire de bien calculer la marche vers Hameln, et de conjecturer l'endroit ou l'on rencontreroit le marechal de Contades; en cas que V. A. S. désesperat de le combattre en deçà du Weser.

J'ignore de quelle façon il conviendroit de passer la rivière; vû que je ne connois point le local du païs, ni la maniére la plus convenable d'aller vers Hameln, d'autant plus qu'il faut compter de rencontrer dans cette marche l'armée ennemie. Comme le comte de Bukebourg est peut-etre celuy, qui connoit le mieux ces Environs, je voudrois que V. A. S. le consultat sur ce point.

L'état de fortification de Bremen ne permet pas de compter sur une Defense de cette ville. Celle de Stade seroit peut-etre plus possible, si l'on put parvenir à la pourvoir de l'amunition nécessaire. Il faudroit ordonner à Dreves, de faire charger toute la poudre, qui se trouve à Bremen, sur des bateaux, ainsi que toutes les bales qu'on pourroit ramasser à Bremen, quoique la quantité paroit fort petite et d'un calibre different, pour envoyer le tout à Stade.

---

*) N. d. H. Das Hauptquartier war am 18. zu Petershagen. (Archiv-Acten vol. 122.)

⁂ Monseigneur,   Ce 18. Juillet 1759. 2.

Je ne connois d'autre reméde, que celuy d'une bataille. Si nous puissions la donner en deçà du Weser; cela seroit bon.

Si non, il faut passer la rivière, pour aller au secours de Hameln; d'où il naîtra infalliblement une rencontre des deux armées. Il s'agiroit dans ce cas, de nous rendre cette rencontre avantageuse; ce qui depend du local.

arrivé à Ovestaedt ce 17. Juillet 1759.
à 7 heures du soir,

No. 46.

Monsieur Mon Cousin. J'ai bien reçu Votre lettre du 6. de ce mois (de chiffrée). „Et je comprends tres bien que Vous etes embarassé et il y a lieu de l'être; mais ce que peut Vous arriver de pis c'est de ne prendre aucune Resolution: pensez bien qu'il est impossible, de sortir de Votre Situation sans combattre, et je ne crois qu'en choisissant un terrain, qui Vous soit le plus avantageux en même têms s'il faut en venir à une bataille, il vaut mieux battre au delà du Weser qu'en deçà; car supposé pour un moment, que Vous soyez battû, si Vous l'estes en delà du Weser, Vous avez encore la ressource de vous mettre de ce Côté-ci du Weser et de le disputer à l'Ennemi. Mais si Vôtre Altesse essuïe un grand echec de l'autre Côté du Weser, Elle est pour ainsi dire sans ressource. Je sens très bien l'importance qu'il y auroit, de faire une Diversion en Vôtre faveur; soïes persuadé que j'y suis tout disposé, mais quelque envie que j'en aye, il m'est impossible de Vous promettre la moindre chose avant que nous n'en soyons venû à une decision, ou contre les Russes, ou contre les Autrichiens, et pour que Vous ayez une idée de ce que ce passe de ce Côté-ci, Vous saurez, que Dohna, ayant mal executé mes Ordres, au lieu de marcher à Nackel, par où il auroit coupé au milieu des trois Corps Russes, est marché droit à Posnanie avec tant de lenteur, que dans sept jours il a à peu près fait huit milles; ainsi il a donné le têms aux Russes de se joindre, et même de se retrancher à Pos-. nanie, et ils sont à présent les uns vis à vis des autres à se régarder. Nos gens ont à la verité battû les Cosaques et les grenadiers à Cheval Russiens; mais cela ne decide de rien; on tache à la verité à present de leur couper la Communication avec Thorn, mais il est à voir si cela pourra operer, et en attendant cela ne decide pas aussi vite que je le souhaite. Ma Position se trouve telle que je suis ici à Guetter; Daun, qui avec toute son Armée se trouve entre Marklissa et Lauban, sur le passage du Queis; de Ville est à Trautenau, auquel j'ai opposé Fouqué. Les Troupes autrichiennes, qui ont eté dans l'Empire, ont jointes Daun et prennent leur Camp à Landscrone auprès de Görlitz, où je leur oppose mon Frere pour les empecher de faire des Detachements vers l'marche. Or, dans cette Situation Vôtre Altesse jugera que les affaires doivent se decider en peu, ou d'un coté ou de l'autre. de quel côté que nous ayons l'avantage, j'employerai les prémières Troupes qui seront à ma disposition, pour faire en Vôtre faveur une Diversion en Hesse dont j'espere que Vous profiterès avec vivacité."

Je suis avec des sentimens d'estime et d'amitié invariables

Monsieur Mon Cousin

de Votre Altesse

le bon et très affectionné Cousin

Federic.

Au camp de Smott-Seyffen ce 12. de Juillet 1759.

arrivé à Petershagen à 3 heures

de l'aprés midi de 18. Juillet 1759. No. 47.

Monsieur Mon Cousin. J'ay nul lieu de douter que la reponse que je Vous ai fait hier à votre derniere lettre du 6. de ce mois, ne Vous aura eté bien rendüe par le Courier que Je Vous ai depeché. (dechiffrée) „Dans ma présente il ne s'agit que de Vous donner un avis que je viens de recevoir, à la verité pas de la derniere importance, mais qui me paroit cependant meriter quelque attention, et que selon l'amitié sincere, que je Vous ai Voué, j'ai crû ne pas devoir Vous le dissimuler, c'est que mes Lettres de Londres m'apprennent, que le Ministére Anglois a eté extremement' inquiet sur les motifs, qui Vous ont determiné, à choisir la route, que Vous avez fait prendre à l'Armée sous Vos ordres, dont Vous l'aviez laissé dans une parfaite ignorance. Il est vrai, que mes Lettres de plus fraiche date m'assurent, que cette inquietude du susdit ministere commençoit à se dissiper, et la confiance, qu'on avoit placé dans Vôtre Sagesse et Vos Lumières, etoit si illimité, qu'on ne doutoit nullement, que les motifs qui Vous avoient determiné à cette Operation ne fussent compassés de maniére qu'il n'en resultera aucun inconvenient pour les interets de la Cause commune; mais qu'on continuoit toujours à ignorer ces motifs. Comme V. A. connoit trop bien sans que j'ai besoin de L'amuser pour le Lui repeter, combien il importe selon la forme de la Constitution Britannique qu'on se conserve l'amitié et la Confiance des Ministres, qui en quelque façon sont obligé, de rendre raison à la nation de ce qui arrive en evenements; je me flatte que Vous voudrés prendre en bonne part, quand je m'ouvre confidemment à Vous à ce Sujét, et Vous prie de ne pas vouloir mettre en Oublie ceci, le susdit ministère, pour l'informer au moins de ce qu'on ne sauroit pas leur cacher sans les mecontenter. Au reste si je puis me fier à de bonnes Lettres d'Hollande, la Supériorité des François sous Contades n'est pas si grande à beaucoup prés qu'ils s'en vantent, ce qui fait aussi qu'ils n'avancent qu'avec beaucoup de Circonspection, et que d'Armentieres ne fait gueres de mouvements en avant." Je suis avec mes Sentimens   Monsieur Mon Cousin

de Votre Altesse

le tres bon Cousin

Federic.

Au camp de Schmotzseyffen ce 13. Juillet 1759.

Ce 19. Juillet 1759*).

** Monseigneur, No. 1.

Je suis du même sentiment avec V. A. S. sur le sujet de la Lettre du Roy.**) Il me semble que S. M. n'ignore pas les raisons, qui ont engagé V. A. S. à s'approcher du Weser; Elle a cependant écrite les mêmes choses au ministére Britannique, et si celuy-ci n'y voit point les motifs, ce n'est pas la faute de V. A. S., mais un defaut d'attention de leur part. Cependant on se peut preter à l'humeur des gens, et j'auroy attention d'être plus long avec le ministére Britannique.

Ce 19. Juillet 1759.

** Monseigneur, No. 2.

Le courier anglois a trouvé moyen d'échaper aux francois et aux soldats munsteriens; il m'a remis la Lettre de Mylord Holdernesse. La valise que le courier Ruel avoit abandonné, a pareillement eté sauvé par un païsan, qui l'a pris aux dits soldats pendant qu'ils dormoient. Il s'y est trouvée la Lettre du Roy d'Angleterre ci-jointe.

** Au Roi. No. 40.

à Petershagen ce 19. de Juillet 1759.

La tres gracieuse Lettre de V. M. du 12 me fut rendüe avant-hier au soir; celle du 13 me parvint hier de Brunsvic par un courier du Duc mon Frere.

Si V. M. peut faire faire la diversion qu'elle me fait esperer en de certains cas; je La suplie d'être persuadée, que je ferai les derniers efforts pour pousser les ennemis. Mais si cette diversion n'a pas lieu, ou qu'elle se fait tard; je ne vois d'autre ressource pour moi que celle, que la fortune peut donner dans un jour de combat.

J'apris le 15 que le Duc de Broglio avoit passé le Weser, et qu'il s'aprochoit de Hameln, tandis que le M. de Contades debouchoit vers Minden. En effet quatre ou cinq Brigades passerent le marais et se camperent devant la ville de Minden.

Je crûs devoir saisir ce moment pour combattre l'ennemi. C'est pourquoi je marchois la nuit du quinze au seize de Stolzenau jusqu'à Ovestadt; je fis tout mon possible pour tomber sur luy le dix sept au matin. L'ennemi resta tranquile le seize; j'eus meme lieu de croire qu'il douteroit de la marche de l'armée vers Minden, puisque j'avois fait des dispositions pour passer le Weser à Stolzenau, par quoi il pouvoit etre derouté: mais je trouvois le dixsept au matin, qu'il avoit retiré pendant la nuit toutes ses Troupes derriere le marais, en les joignant au reste de l'armée. C'est pourquoi tout ce que je pouvois faire se reduisit à faire tirer quelques coups de canon à l'arriere-garde, qui etoit encore en marche.

Depuis ce jour l'ennemi occupe cette meme position derriere le

---

*) N. d. H. Hauptquartier Petershagen.
**) N. d. H. Der Brief Friedrich II. an den Herzog Ferdinand aus Schmottseiffen vom 13. Juli 1779.

marais, où il est absolument inattaquable. Je crains que Munster ne soit pris, puisqu'il m'est parvenû des raports de l'arrivée du corps du marquis d'Armentieres à la grande armée. Les ennemis ont aussi poussé un corps qu'ils disent fort de neuf mille hommes vers Bremen; ce corps etoit avanthier aux Environs de Vechte.

Je crois que V. M. a raison de dire, que l'armée ennemie n'est pas de beaucoup aussi forte, qu'elle se vante de l'etre. Mais une chose qui est hors de doute, et dont tout le monde convient c'est que la grande armée avec les deux corps de reserve consistent outre les troupes legeres en cent vingt neuf bataillons et en cent trente huit escadrons. Si l'on estime differemment la force de l'armée ennemie, ce n'est que parceque l'un supose les bataillons et les Escadrons plus fort que l'autre. Selon l'ordonnance les bataillons doivent etre de six cent soixante huit hommes; et les Escadrons de cent soixante. je compte que les bataillons peuvent etre fondus par les maladies et par la Desertion jusqu'à cinq cent, et les Escadrons à cent vingt. L'armée ennemie seroit donc forte de quatre vingt mille hommes, outre les troupes legeres. Si V. M. veut bien faire attention, que nos regimens ne sont gueres complets; et que j'ai prés de dix mille hommes effectifs à Munster, Lipstad, Hameln et Bremen; Elle trouvera que je suis tres inferieur en troupes à l'ennemi, vû que le pié de l'armée entiere, si elle fut complete, ne passe guerre septante mille hommes.

Quant à ce qu'il a plû à V. M. de me dire du ministére Britannique, je puis l'assurer; que je n'ai jamais fait un mouvement tant soit peu considerable avec l'armée, sans luy en faire part; et j'ay eu soin d'y ajouter chaque fois la raison, qui m'y a porté. Ayant ecrit, il y a trois ou quatre semaines, au dit Ministère, sur la necessité où je pourrois etre reduit d'abandonner l'Ems et de m'aprocher du Weser, il m'a repondû qu'on s'en remettoit à moi. De cette façon je ne m'attendois pas, d'avoir laissé quelque chose à desirer au Ministère Britannique; mais je respecte trop les conseils de V. M. pour ne tacher pas de mon mieux, de contenter ces messieurs.

J'ay l'honneur d'etre avec un tres profond respect etc.

reçu le 23. Juil. 1759 par Risman:
à 5 h. du soir avec 13 let. part.

✱✱ Monsieur,

Je vous ay prevenû par ma derniere que n o u s a l l i o n s m a r-
c h e r v e r s M i n d e n. L'intention du Duc etoit d'attaquer Mr. De Contades. Il parut que S. E. nous suposoit en fuite; un detachement avoit passé le Weser; une partie de l'armée etoit en deca du marais de Minden, l'autre au delà de ce marais. Le moment parut beau au Duc, pour frapper un coup d'eclat. S. A. S. se mit en marche la nuit du 15 au 16 et poussa jusqu'à Ovested. On se hata tant que l'on frayoit encore le 16 toutes les routes pour deboucher le lendemain dans la plaine où Messieurs les Francois se trouvoient. Le Duc se

mit à minuit en marche avec tous les piquets de l'armée; et l'armée meme suivit à 4 heures du matin en 9. collonnes. Mais lorsqu'il fit jour S. A. S. s'aperçût que les ennemis avoient mis la nuit à profit pour rentrer par le Debouché qui se trouve entre la ville de Minden et le marais dans cet emplacement, ou tout le front de l'armée est couvert par le marais et la riviere apellée Basta; l'aile gauche apuyée aux montagnes, la Droite tirant vers Minden et le dos couvert par le Weser. L'arriere garde defiloit encore sous le canon de Minden, lorsque le Duc arriva dans la plaine; il falut se contenter de la faire accompagner par quelques coups de canon. Le Duc ramena l'armée dans le camp qu'elle avoit pris le jour precedent. Depuis cette scene l'ennemi a fait beaucoup de mouvement. Mr. de Broglie qui avoit fait deux marches en avant dans le pais est revenû à Minden. Il campe au delà de la riviére prés du pont; l'armée ennemie meme continue d'occuper sa position derriere le marais. Elle a poussé un Detachement à Lubbeke; un autre Detachement est allé investir Vechte. Si nous devons ajouter foi aux bruits qui courent, la ville de Munster a eté prise; mais la citadelle se defend encore. On nous assure, que le Duc de Broglie va mettre incessament le siege devant Hameln, on pretend meme qu'il y marchera dés cette nuit. Un Detachement de 2 ou 3 mille hommes est à Alverdissen, d'ou il s'aproche souvent de Hameln, et s'en retourne de meme. Le Lieutenant-Colonel de Freytag fit attaquer le 16. l'arrieregarde de ce Detachement, lorsqu'il retournoit d'Erzen à Alverdissen. 24 chasseurs à cheval sans attendre leurs camerades se jetterent sur l'infanterie francoise, en sabrerent dix ou douze hommes, et firent un capitaine un lieutenant et 21 hommes prisonniers de guerre. Mais ces braves gens laisserent de leur coté 4 hommes sur la place, et eurent 6 de bléssez. Les Francois etonnés d'une action si hardie coururent à toutes jambes pour atteindre le bois, où ils se jetterent tout de suite, pour se mettre sous la protection du Detachement qui s'y trouvoit encore. Nous faisons journellement quelques prisonniers; si les Ennemis nous en prennent, il est du moins sur que nous ne restons pas leurs debiteurs.

Votre courier Ruel arriva hier au soir, et me remit votre cherissime Lettre du 13. Il avoit eû le malheur de tomber prés de Vechte dans les mains des Francois. Ces gens s'etant ennyvrés il trouva moyen de se degager d'eux, de gagner Bremen, d'où il est venû icy. Sa valise restoit en arriere; mais un bon païsan l'a sauvé encore, et la valise est arrivé ce matin de Nienbourg. On crut le courier Anglois perdû. Mais celui-ci est pareillement arrivé ce matin, et a sauvé la Lettre de Mylord Holdernesse au Duc; mais il a clé obligé de dechirer le reste des Lettres qu'il aportoit d'Angleterre. Il y a quelque chose dans cette scene, que je n'ay pû encore debrouiller. Nous n'avons absolument rien entendû de Z. il n'est revenû ni luy meme ni n'a envoyé la moindre nouvelle.

Le Landgrave est parti de Bremen pour aller à Hambourg. je plains infiniment ce pauvre vieillard. Mais que faire. Tout cela ne seroit. pas arrivé, si nous eussions vingt bataillons et 20 à 30 Escadrons de plus. Le Duc l'a dit assez à temps: mais il paroit qu'il n'en a eté crû qu'au moment·present, qu'il n'y a plus moyen de les trouver.

On fait millions de complimens à S. A. S. j'ose me mettre à ses pieds; et vous prie de me croire tout à vous.

Petershagen ce 19. Juillet 1759. à 11 heures du soir.

(à Mr. de Haenichen.)

(Archiv-Acten vol. 324.)

Ce 20. Juillet 1759*).

** Monseigneur,   No. 1.

Il y auroit un moyen de sauver Vechte. Je vois que le nombre des ennemis n'est pas si grand, qu'on l'a debité d'abord. Si Dreves faisoit avancer deux bataillons de sa garnison, en meme temps, que le comte de Görtz surviendroit avec ses huzards; on pourroit etonner les francois, et les obliger peutetre à la retraite. Je presume, que le Regiment de Breitenbach est encore aux Environs de Nienbourg: ce Regiment y pourroit etre employé pareillement.

Il faudroit envoyer d'icy Mr. de Schlieffen pour diriger toute cette affaire; âfin qu'on ne s'arretât pas tousjours dans l'Execution, pour demander des nouveaux ordres.

Ce 20. Juillet 1759.

. ** Monseigneur,   No. 2.

Ne conviendroit-il pas de faire jetter un pont icy aux Environs, âfin que s'il s'agissoit de faire passer le Weser à un Detachement, on ne fut pas obligé de le faire aller prémierement à Stolzenau.

Ce 20. Juillet 1759.

** Monseigneur,   No. 3.

Pourvû, qu'on trouve des bateaux; ce qui ne sera pas impossible; les materiaux se trouveront.

Le président Massow m'a dit, qu'il pourroit livrer de planches et de poutres d'icy. Mr. D'Estorff n'a qu'à s'adresser à luy.

Ce 20. Juillet 1759.

** Monseigneur,   No. 4.

Schlieffen est parti, dès que je luy eusse remis son instruction.

V. A. S. feroit bien, de faire sentir au prince, qu'il n'y a pas bonne grace de courir avec les huzards, et que s'il faut s'exposer, il convient de le faire dans des occasions ou le bien de la patrie l'exige, mais pas agir en partisan.**)

---

*) N, d. H. Das Hauptquartier Petershagen.
**) N. d. H. Vergl. den Brief Westphalen an Haenichen vom 21. Juli.

(Archiv-Acten vol. 252.)

Durchlauchtiger Fürst, freundlich lieber Vetter.

Ewr. Lbd. haben vollkommen Recht, in allem dem was Dieselben antwortlich auf Mein Schreiben vom 19ten m. p. wegen Erhaltung eines Corps Würtenbergischer Sold-Trouppen unterm 1ten hujus zu Meinem Danknehmen zu erkennen gegeben haben.

Aus Bayern Trouppen zu erhalten, darauf stehet wohl keine Rechnung zu machen. Die Alliantz des Dänischen Hofes habe Ich mit Ewr. Lbd. von je her in mehr als einem Betracht für die natürlichste und sicherste gehalten. Es sind daher auch weder Bemühungen noch Offerten gespahret worden; allein bissher ohne einigen Success, und das von ermeltem Hofe erwählte Neutralitäts-Systeme scheinet zu tief Wurtzel geschlagen zu haben, um eine Veränderung hoffen zu können. Gleichwie indessen Ewr Lbd. schon vor Erlangung dieses benachrichtigt seyn werden, was vor Demarchen von Meinem Cammer-Präsidenten von Münchhausen in Ansehung des Negotii mit Würtenberg geschehen sind; Also kann Ich übrigens nicht schliessen ohne Ew. Lbd. vor die Mir ertheilten Nachrichten vielmahls zu danken.

Ich beharre stets und aufrichtigst

Ewr. Lbd.

Kensington d. 10ten   freundtwilliger Vetter
    Jul. 1759.   George R.

An des Hertzogs Ferdinand.
von Braunschweig Lünebr. Lbd.

(Archiv-Acten vol. 252.)

** An den König von Engeland.

Petershagen den 21. July 1759.

Eurer Königl. Majst. gnädigstes Schreiben vom 10ten dieses ist mir vorgestern Abends, unerachtet der Courier, welcher solches überbringen sollen, in der Gegend von Vechta, in feindliche Hände gefallen, dennoch glücklich überliefert worden. Ich wünsche, dass der praesident von Münchhausen in seiner commission reussiren möge. Wäre Eurer Majst. Armée um 10 tausend Mann stärker; so würden die Sachen nicht in gegenwärtiger Situation seyn, oder doch bald, unter göttlichem Seegen, eine bessere Gestalt gewinnen.

Die Reichs-Armée nähert sich gegenwärtig hiesigen Grentzen gleichfalls: und sind bereits einige Detachements von Croaten und Husaren ins Braunschweigische und Hohensteinsche eingefallen.

Wenn die Sachen in Sachsen und Pohlen glücklich gehen; So habe ich von des Königs von Preussen Majst. die wiederholte Versicherung, einen schleunigen Succurs zu erhalten.

Ew. Majest. werden durch den Grafen von Holdernesse informiret werden, welchergestalt ich in der Nacht vom 16ten auf den 17ten gegen den Feind angerücket bin, um denselben anzugreifen, dass selbiger aber darauf seine Truppen, die in die plaine von Minden debouchiret hatten, hinter den Morast zurückgezogen habe, alwo ihm nicht beyzukommen stehet. Seitdem stehen beyde Armeen gegen einander; es fallen täglich Scharmützel vor, die bis dato gottlob alle zu unseren Vortheil ausgefallen sind. Ich beharre mit dem tiefsten respect p. p.

Monseigneur,   a Londres ce 10. Juillet 1759.

Les deux Lettres dont Votre Altesse Serenissime a bien voulu m'honorer du 27. de Juin, et le 1. du courant, me sont parvenües ensemble hier au matin. — J'ose la feliciter sur l'Avantage que les Houssards Prussiens ont remportés sur les Troupes legeres de l'Ennemi; c'est le Prelude d'Evenemens de plus d'Importance.

Le Roi m'ordonne, de vous envoyer, Monseigneur, copie d'une lettre que sa Majesté a reçüe de Monseigneur le Landgrave de Hesse, et de la reponse, qu'Elle y a faite. — Ce n'est peutêtre pas le moment d'entrer en matiere sur l'Objet de Ses Lettres, aussi les Ordres, dont je suis chargé à present se bornent simplement à les envoyer à V. A. S.

J'ai l'honneur d'etre avec le plus profond respect

Monseigneur

de V. A. S.

Holdernesse.

S. A. S. Mgr. le Prince Ferdinand
     de Bronsvic

(Copie.)

Mon Cousin. *)

Je n'ai pû lire, sans attendrissement, la lettre touchante, que Vous m'avez ecrite, le 17. de ce mois. Comme Vous connoissez, j'espere, l'Etendüe de mon Estime et de mon Amitié envers Vous, Vous ne pouvez douter de ma Sensibilité au Recit des nouveaux Inconveniens, auxquels le sort de la guerre Vous a exposé. Vous rendez Justice à mes Sentimens; et Je Vous réitere à cette occasion, les Assurances les plus solemnelles, que Je ne cesserai de regarder Vos Interêts comme les Miens; et que Je n'ai rien de plus sincerement à Coeur, que de tâcher d'adoucir les Maux, dont Vous Vous plaignez à si juste Titre. Dans cette Vue, Je me prête volontiers à la Proposition que Vous me faites, de partager les Contributions, qu'on tirera des Alliés de la France: Je sais que, par un Principe d'Humanité, le Prince Ferdinand a de la Repugnance à proceder envers Eux avec autant de Rigueur, que la Justice pourroit l'exiger; Et J'hesite d'autant plus à L'y presser dans le Moment present, qu'en cas de quelque Revers facheux (ce qu'à Dieu ne plaise!) Nous Nous verrions, l'Un et l'Autre, exposés à tout l'Excès de Cruanté, que la Haine et le Ressentiment pourroient inspirer à un Ennemi vindicatif et implacable. Cependant Je consulterai le Prince Ferdinand sur cet Article, afin de voir s'Il peut suggerer le moyen d'obliger l'Ennemi à plus de Menagement.

---

*) N. d. H: Die an den Landgrafen von Hessen erlassene Antwort.

La Fermeté inebranlable, avec laquelle Vous remplissez Vos Engagemens envers Moi, exige toute ma Reconnoissançe et Vous pouvez compter, que, de Mon Coté, Je continuerai de faire Cause Commune avec Vous, n'ayant rien de plus empressé que de Vous donner des Preuves réelles de Mon Amitié à toute Epreuve, et de l'Estime sincère, avec lesquelles Je suis,

Mon Cousin etc.

Kensington ce 29. Juin 1759. George R.

à Petershagen ce 21. Juillet 1759.

** A Mylord Holdernesse

Le Courier qui devoit me porter la lettre de V. E. du 10., à eû le malheur de tomber, prés de Vechte dans les mains de quelques Soldats françois et münsteriens; cependant la lettre m'a eté rendüe, le courier ayant trouvé moyen, de se sauver.

Je suis bien obligé à V. E. de m'avoir voulû faire part de la lettre de Mr. le Landgrave de Hesse, et de celle que S. M. luy a faite en reponse sur le sujet des contributions. V. E. en juge si bien, qu'il ne ma reste rien y ajouter.

V. E. est informée par mes précedentes, que j'ai eté obligé de me replier sur Osnabrück. Je formais dés lors le projet de sauver Minden, et de prendre une position, qui m'auroit mis dans le cas d'empecher le siége de Hameln, en cas que l'ennemi l'eût entrepris, ou de le luy rendre très difficile. Mais étant arrivé le 10. à Bomte j'apris que la ville de Minden avoit eté prise la veille d'assaut, aprés une attaque de quelques heures, par une espece de surprise du coté du pont du Weser. Il me fallut alors choisir entre deux choses, qui avoient chacune ses risques. Ou de rebrousser tout de suite chemin vers Münster; pour tacher de degager cette ville, qui venoit d'être attaquée par le marquis d'Armentières; ou de m'aprocher du Weser, pour tacher de sauver Nienbourg avec les Magazins, et pour empecher de n'etre pas totalement coupé des Etats de S. M. et de ceux de Ses Alliez. En rebroussant chemin vers Münster je pouvois venir trop tard, pour sauver la place; en ce cas je n'aurois point eû de point d'apuy en Westphalie, et j'aurois perdû en meme temps tous ceux que le Weser me pouvoit fournir encore. C'est pourquoy je resolûs, de m'aprocher de cette riviere. Je fis un Detachement de Bomte vers Bremen, qui s'empara le 14. de cette ville; et j'arrivai le meme jour avec l'armée à Stolzenau sur le Weser. J'y fis jetter le 15. trois ponts, et passer plusieurs Detachements de l'autre coté de la riviere. Les François n'avoient rien eû de plus pressé aprés la prise de Minden que de s'emparer de Nienbourg; nos troupes legeres les en ont empeché; surtout une partie des hussards de S. M. et des prussiens soutenus par quelques compagnies de chasseurs ayant battû et presque detruit le 12. un Detachement de 600 Cavalliers aux Environs de Die-

penau, au village de Holthusen.*) Le Duc de Broglie avoit passé
le Weser le 14. dés la pointe du jour; le marechal de Contades debouchoit un peu aprés dans le bassin de Minden, avancant une partie
de son armée vers Petershagen, et laissant l'autre au delà du marais
de Minden. Cette occasion me parut belle pour frapper un coup d'eclat;
c'est pourquoi je me mis en marche la nuit du 15. au 16. et poussois jusqu'à Ovested; apres avoir tout preparé pour le combat, je me
mis à minuit en marche avec tous les piquets de l'armée, qui me suivit
elle-meme le 17. avec le jour. Mais l'ennemi ne jugeoit pas à propos
de m'attendre; je m'aperçûs à l'aube du jour, qu'il avoit profité de la
nuit, pour retirer toutes ses Troupes derriere le marais. L'arriere-garde
etoit encore en marche; on luy envoya quelques volées de canon; mais
je fus obligé de ramener l'armée dans le camp, où les tentes etoient
restées dressées. L'ennemi a depuis continué d'occuper cette meme
position derriere le marais, où il est à l'abri de toute attaque, ne pouvant être entamé ni de front ni sur les flancs. Il agit avec plusieurs
Detachemens, dont un est au delà du Weser, l'autre en deça de cette
riviere vis-à-vis de Hameln, sans avoir entrepris rien d'essentiel. Si je
me puis fier à des avis, qui me sont parvenus du païs de Münster,
nos gens continuent à se defendre dans la citadelle.

Il y a journellement des Escarmouches, fort souvent des plus
vives; mais qui ont tourné jusqu'à present toutes à notre avantage.

J'ay l'honneur d'etre avec les sentimens d'une Estime sans
bornes p. p.

reçu à minuit le 25/26. Juil: 1759.

par le chasseur Mertens a. tr. 1.

** Monsieur.   à Petershagen ce 21. Juillet 1759.

Il y a une demi-heure que votre infiniment chere Lettre du 18.
No. 63. me fut rendue. J'ay eû l'honneur de vous accuser toutes vos
precedentes Lettres, et ne doute point que les miennes ne vous ayent eté
rendües depuis.

Le Duc est charmé au possible de l'attention que vous continuez
d'avoir pour Luy; en luy communiquant les avis qui vous parviennent.
La relation est tout à fait de son gout. Vous aurez reçu depuis quelque nouvelle etoffe. En voicy encore. Le 19 au soir nos huzards
chasserent ceux de l'ennemi du village de Hille, et les pousserent au
delà de la digue d'Eikhorst. Ils furent poussés à leur tour, et ce jeu
dura assez long temps. Mgr. le prince hereditaire s'y trouva
en personne. La fin fut que l'ennemi perdit 50 chevaux et 40 huzards
qui furent pris. Nous n'avons rien perdû, ni un seul homme. Un
Dragon anglois a eté blessé c'est toute notre perte. Elle auroit pû
devenir tres grande. Un officier francois etoit sur le point de prendre
prisonnier de guerre Mgr. le prince; un huzard noir survint et tua
l'officier, et delivra le prince. Ce matin Lukner, soutenû par deux

---

*) N. d. H. Die unterstrichenen Worte von der Hand des Herzogs eingeschaltet.

bataillons de grenadiers, attaqua le village de Lade de l'autre coté du Weser.

Les ennemis ont perdû une cinquantaine d'hommes à cette occasion. Nous avons pris 33 prisonniers avec un officier. Notre perte se reduit à trois hommes de blessés et à 1 de tué.

Le Duc vous est infiniment obligé de la relation de Munster, nous n'en savions rien de particulier. Nous esperons seulement que la ville se defend encore; je veux dire la citadelle car nous ne contons absolument pas sur la ville. Nous n'avons rien eû du Roy depuis le 16. S. M. etoit alors entre Löwenberg et Lauban; Daun entre Marklissa et Görlitz. S. M. n'est pas contente de Dohna; cet homme lent lourd et orgueilleux qui manqua l'hyver passé l'occasion de finir la guerre avec les suedois, vient de perdre l'occasion de battre les Russes en detail. Ils se sont maintenant rassemblé à Posen et se f. . de luy. Il n'est pas assez habile homme, pour ruiner l'ennemi à petit feu; d'ailleurs les affaires du Roy et les notres exigeoient qu'il finit promptement.

Les croates et les hussards de l'armée de l'Empire sont entré dans le Païs de Brunsvic et ont commencé leur Expedition par piller-Walkenried.

On fait mille et mille assurances d'amitié à S. A. S. ayez la bonté de me mettre à ses pieds.

Je suis tout à vous: à 10 heures du soir.

(à Mr. de Haenichen.)

Ce 22. Juillet 1759.*)

⁑ Monseigneur,   No. 2.

V. A. S. m'a temoigné qu'elle souhaitoit de faire quelque chose pour sauver Munster.

J'ay pensé aux moyens d'y parvenir. Voila mes idées sur ce que j'ay crû pouvoir servir à donner un pli un peu moins defavorable à nos affaires, et qui peut les remettre dans un tres bon etat si tout reussit à souhait.

Il faudroit tenir la chose absolument secrete. Le prince hereditaire est le seul qui pourroit etre chargé de l'execution. Si V. A. S. entre dans mes idées, Elle pourroit en faire part au prince en Luy demandant un secret inpenetrable.

⁑ Projet.

Ce 22. Juillet 1759.

Il paroit, que le marechal de Contades n'attend que le Denouement de Munster pour sortir de son inaction; Son dessein devant etre de marcher à Hannovre ou de faire le siege de Hameln, il paroit encore que l'Electorat deviendra le theatre de la guerre.

Il se pourroit aussi que le marechal se retranchat dans son camp

---

*) N. d. H. Hauptquartier Petershagen.

de Minden pour le rendre inattaquable; d'y laisser une partie de son armée et d'agir avec l'autre dans le païs d'Hannovre.

Si nous nous en tenons à la defensive, je crois qu'il executera l'un ou l'autre.

Voicy mes idées, sur les moyens d'aller offensivement: si nous le faisons dans un temps ou les Ennemis sont occupés du siege de Munster, et obligés de tenir les villes de Lipstad et de Hameln bloqués, nous le ferons avec quelque avantage, qui cessera si les Ennemis se trouvent dans le cas de reunir leurs Detachements à l'armée.

Je supose que la fortresse de Vechte sera degagée;*) elle couvre la ville de Bremen, et puisqu'on ote de cette ville là son artillerie, elle cesse de nous donner des craintes, tant pour nous resister, que pour mettre l'ennemi dans le cas d'en tirer avantage contre nous. Je suis donc d'opinion qu'on en peut tirer les 2 bataillons qui y sont encore, pour les faire marcher pareillement à Vechte.

Je conseillerois cependant de faire marcher de Hannovre à Bremen la ci-devante garnison de Minden. Cela serviroit pour tenir la ville de Bremen toujours occupée, et pour faire marcher d'abord en cas de besoin cette garnison de Bremen à Stade. De cette facon on reuniroit à Vechte 4 Bat. 200 Dragons 2 Escadrons d'huzards avec trois ou 4 cent chasseurs.

Ce corps marcheroit de Vechte à Lemvörde.

Au meme temps que ce corps arriveroit à Lemvörde, un Detachement composé des volontaires de prusse, de 2 Escadrons d'huzards prussiens, de 8 Escadrons de Dragons et de 6 Bataillons, en partant de l'armée, marcheroit à Raden.

Le Detachement venant de Vechte marcheroit de Lemvörde à Ippenbourg; et celuy venant de l'armée dans le meme jour approcheroit aussi près que possible de Lubbeke.

Delà chaque Detachement marcheroit à Rimsel où ils se reuniroient. Les troupes legeres pousseroient ce jour là jusqu'à Hervorden et vers Bilefeld.

S'il y avoit des Detachements ennemis à Hervorden et aux environs il faudroit les attaquer le plus vite que possible et tacher de les battre.

Ce mouvement doit engager le M. de Contades à sortir de son inaction avant qu'il se l'est proposé.

Ou il viendra attaquer V. A. S.; ce qu'il ne pourra faire allors avec une grande superiorité, les corps de d'Armentieres, de St. Germain et de Chevreuse etant detachez de son armée; Outre qu'il sera obligé de detacher d'abord quelque chose contre notre Detachement à fin de couvrir ses Derrieres.

Ou il marchera en force contre ce Detachement; et alors il fau-

---

*) N. d. H. Vergl. die Berichte des Adjutanten des Herzogs v. Schlieffen vom 21. und 22. Juli 1759 unten.

droit l'augmenter de notre coté, et tacher d'eloigner la guerre du Weser; en forcant l'ennemy d'y porter encore de nouvelles troupes.

Ou il fera lever le siege de Munster, pour faire avancer le corps de d'Armentieres pour en couvrir Hervorden et Bilefeld.*)

** Reponses aux objections de S. A. S.

Ce 23. Juillet 1759.

1) Ce que V. A. S. dit touchant la garnison de Minden se pourra observer.

2) il est vrai que l'article de la subsistance a ses difficultez. Mais voicy le moyen de les lever. Le corps en partant respectivement de Vechte et de l'armée sera pourvû de 9 jours de pain. Schlieffen fera construire des fours à Vechte; et Dreves y enverra de Bremen 2 ou 3 cent Wispel de farine. Cinquante ou soixante boulangers iront de Nienbourg à Vechte pour y cuire du pain. On prendra 2 cent chariots du païs d'Hannovre avec des conducteurs qui chargeront le pain à Vechte et le transporteront jusqu'à Lemvörde ou à Ippenborg. Les caissons se rendront dés regimens à Lemvörde ou à Ippenbourg pour y aller prendre le pain. De cette facon l'entretien en pain se soutiendra.

3) La partie de la garnison de Minden destinée pour Bremen y peut aller d'Hannovre en 4 marches. En sorte que pendant qu'on s'arrange pour les vivres, les troupes pourront etre rendües à leur destination.

4) Le corps doit etre pourvû pour le moins de 16 pieces de gros canon.

5) il faut un ordre à Schlieffen de tenir tout ce Detachement ensemble à Vechte jusqu'à nouvel ordre.

6) Le Detachement du prince hereditaire se pourra mettre en marche en 4 ou 5 jours d'icy. Si le malheur voulut que Munster fut pris en attendant, ce corps pourroit peut-etre recontrer celuy de d'Armentieres, qui seroit alors fort affoibli, et le battre. Mais si cela manquoit aussi il sera toujours d'utilité d'avoir un corps sur son flanc droit.

7) Le nouveau pont est d'usage, quand il s'agira de secourir Hannovre; on gagne par la une marche entiere.

8) Ce que V. A. S. dit touchant les canons de Vechte c'est bien.

9) Il faut sans doute compter sur Bremen. Mais cette ville est couverte d'un coté par Vechte et par le corps du prince qui agira sur les derrieres de l'ennemi et de l'autre par la position actuelle de l'armée.

10) Il me semble aussi que Contades peut envoyer des renforts à Hervorden, avant que V. A. S. puisse renforcer le prince; mais alors le prince se retire un peu, et gagne par là le temps de recevoir son renfort. Et de ce jeu là il pourroit precisement naitre le bien qu'on cherche, d'éloigner la guerre du Weser.

---

*) N. d. H. Von der Hand des Herzogs. * Operation difficile, mais probable.

Les nouvelles que V. A. S. m'a faites la grace de me communiquer n'alterent encore rien dans le projet à ce qu'il me semble.

** Monseigneur,   Ce 23. Juillet 1759. 1.
Voicy les ordres qui pressent le plus; les autres vont suivre.
** Für den Commissaire Roden.

Es müssen zu Vechte 8 Backofen erbauet werden. Ich habe deshalb die Ordre nach Vechte ertheilet; inzwischen ist es nöthig, dass
sofort ein commis dahin abgehe, der diesen Ofen-Bau dirigire.

Ich habe dem G. Intendanten die Ordre ertheilet 2 bis 3 hundert
Wagens mit Mehl unverzüglich nach Vechte abzusenden; und ihm em-
pfohlen, solches wo möglich von Bremen aus zu betreiben, als welcher
Ort am bequemsten dazu lieget.

Diese Wagens müssen aus dem Hannovrischen entnommen werden,
und Körbe haben, damit sie allenfals zum Brodt-transport gebraucht
werden können. Es müssen die Beamte denen Wagens auch Führer
mitgeben, um selbige bey einander zu halten; und vor den richtigen
transport repondiren.

Weil ich über alle vorstehende Puncte an den G. J. Hunter geschrieben habe, so müssen Sie vor sich allein nichts darin arrangiren,
sondern ihn vorhero darüber sprechen, damit Sie sich einander nicht
kreutzen.

Weil die Regimenter Block, Dreves, Zastrow, Braunschweig und
Canitz ihre Brodt-Wagens bey der Armee zurück gelassen haben; so
sollen solche insgesamt zu Nienbourg mit 6 Tage Brodt geladen werden und von da den 25 ten dieses nach Vechte abgehen; ich glaube
sie werden zu diesem March 3 Tage gebrauchen und mithin den 27 ten
zu Vechte eintreffen können. Sie müssen diesen Wagens einen commis
mitgeben, der sie führet.

Da die Hessischen Jäger, und die 2 Escadrons Hessischer Husaren
nebst etwa 200 Dragonern von Carl Breitenbach gleichfals bei Vechte
stehen; so müssen Sie vor selbige den 25 ten von Nienbourg auch auf
6 Tage Brodt nach Vechte absenden.

Si müssen Ihre Arrangemens ferner solchergestalt nehmen, dass
folgende Regimenter

	1 B. alt Zastrow
	1 „ vacant Diepenbrock,
	1 „ Behr,
	1 „ Bock,
	2 „ Leib-Regiment,
ferner	4 Escadrons Busch,
	4 „ Bock,*)
	1 Esc. Rusch
	1 „ Mallachowsky

ingleichen das Frey-Bataillon von Trimbach wie auch ein train Artil-

---

*) N. d. H. Von der Hand des Herzogs.

III.   25

lerie ven 16 schweren Canonen den 27ten dieses auf 9 Tage Brodt empfangen können, von dem 28ten an gerechnet.

Sie müssen sich also wohl erkundigen, auf wie weit diese Regimenter sich den 27ten mit Brodt verpfleget finden werden. Was ihnen alsdenn auf 9 Tage vom 29ten an gerechnet an Brodt noch fehlen wird, das müssen Sie von Nienbourg kommen lassen, und den 27ten alhier zum Empfang parat halten.

Sie sollen diese Sache volkommen geheim behalten, auch denen Regimentern nichts davon vor der Zeit bekannt machen. Sie können überhaupt ausrechnen, was Sie ausser dem was diese Regimenter den 27ten schon empfangen haben werden, alsdenn noch auf 9 Tage an Brodt gebrauchen, und solches residuum durch Bauer-Wagens von Nienburg anhero fahren lassen. Wodurch denn zugleich die Brodt-Wagens etwas menagiret werden können. Der Soldat empfängt den 27ten auf 3 Tage vor den 28ten, 29ten und 30ten. Vor die ürigen 6 Tage wird auf die Brodt Wagens geladen, die denen Regimentern folgen, im Fall solche marschieren sollten.

Von allen diesen sollen Sie bei Ehre und reputation gegen Niemand das mindeste erwehnen.

Petershagen, den 23ten July 1759.

＊＊ An den General-Major von Dreves.

Ich hoffe, der Herr General werden mit Wegschaffung der ammunition und artillerie aus Bremen, meiner Ordre gemäss verfahren haben.

Weil ich vermuthe, dass die Schiffe noch im Vegesack liegen: mithin über die ammunition und artillerie noch disponirt werden kann; so ist meine Meynung, dass Sie 300 Tonnen Pulver von da durch Hannovrische Unterthanen nach der Vechte transportiren lassen sollen, welches ungefehr durch 30 bis 40 Wagens wird geschehen können.

Finden sich auch transportable Canonen unter denjenigen, welche Sie nach Stade bringen lassen, so sollen Sie davon 6 Stück sechspfündige und 8 Stück 3pfündige nach Vechte bringen lassen, auch selbigen 4 bis 6 Mörser zufügen. Auf jede Canone müssen Sie 3 bis 4 hundert Kugeln, und auf jeden Mörser 100 Bomben rechnen. Sie müssen einem von den benachtbarten Hannovrischen Beamten von diesem Geschäfte chargiren und selbigen in meinem Nahmen aufgeben, dass er solches ohne Zeit Verlust zu Stande bringe; und vorbeschriebenes an Pulver, Kugeln und Canonen.

Die übrige artillerie und ammunition gehet befohlener massen nach Stade ab.

Es wird den 27ten dieses das Bat. von Freywalde, imgleichen diejenige Militz welche zu Minden in garnison gelegen, zu Bremen eintreffen. Es fehlt diesen Leuten an Gewehr und Patrontaschen; ich habe zwar die ordre ertheilet, dass ihnen solches von Stade nach Bremen zugesendet werden soll; fände sich aber dergleichen in Bremen selbt, so würde es gegen Quituug an selbige auszuliefern seyn.

Der Herr General lassen die beyden Bataillons von Block und Dreves übermorgen als den 25 ten von Bremen nach Vechte marschiren, alwo sie den 26 ten eintreffen müssen. Sie behalten davon nur allein 200 Man in Bremen so lange zurück, bis das Freywaldische Bataillon nebst vorbeschriebener Militz alda angekommen seyn wird, alsdann gehen diese 200 Man gleichfals nach Vechte ab. Der Herr General bleiben vor Ihre Person bis den 27 ten des morgens in Bremen, damit Sie vorerwehnte Puncte wegen der artillerie und ammunitions-transporte erst gehörig besorgen können; richten Sich aber so ein, dass Sie mit der Post nach Vechte folgen und alda den 27 ten um Mittag eintreffen können.

Denen beyden Bataillons müssen Sie so viel Brodt mitgeben, als thunlich ist, wenigstens auf 6 Tage; auch davor sorgen, dass die beyden Bataillons so schon in Vechte sind, bis den 30 ten inclusive alda den 27 ten das Brodt empfangen können.

Ich lasse die Brodt-Wagens, so davon 4 unter ihrem commando stehenden Bataillons gehören, von Nienburg nach Vechte abgehen, solche werden den 27 ten zu Vechte ankommen und auf 6 Tage Brodt mitbringen, wodurch denn selbige vom 28 ten an gerechnet auf 9 Tage mit Brodt verpfleget sein würden.

Petershagen den 23 ten July 1759.

※ Voici le nom des Regiments qui composeront le corps des Troupes du Pr: Hered: pour Sa nouvelle destination.

Lieut: Gen: Comte de Kilmansegg.

Infanterie.	Cavallerie.
1 Batt. vieux Zastrow	G: M: Bock.
1 „ vacand Diepenbrock.	4 Escadrons Busch.
1 „ Behr.	4 „ Breitenbach.
1 „ Bock.	Major Jeanneret.
2 „ Reg. du Corps de Brunsvic.	1 Escad: de Rusch.
	1 „ de Mallachowsky.

Si j'y joins ce qui a eté à Bremen et à la Vecht.

Gen: Maj: Drewes.

1 Batt: Block.	200 chevaux de Charles Breitenbach.
1 „ Drewes.	Les Husards Hessois, qui forment
1 „ Zastrow de Brünsvic.	à peu prés 100 chevaux.
1 „ Cahnitz.	Les Chasseurs Hessois qui devroïent former 400 hommes.
	Les Trimbach. qui forment 270 hommes pour le Service.

Dans la maison du Forrestier
ce 23. Juillet 1759.   Ferdinand.

Vous me renverrés ce ci apres l'avoir examiné et lu.

*(N. d. H. Eigenhändige Bestimmung des Herzogs Ferdinand an seinen Secretair, Westphalen über die Detachements des Erbprinzen und des Generals Dreves, dd. 23. Juli 1759, im Nachlass Westphalens befindlich.

Zur näheren Veranschaulichung des Verhaltens der sich gegenüberstehenden Armeen in den Tagen vom 19. bis 31. Juli, vor der Schlacht
bei Minden, ist ein Einblick in die an den Herzog Ferdinand erstatteten Rapporte und Schreiben seiner detachirten Generale und Officiere,
besonders seiner Adjutanten, von Interesse, daher einige dieser Berichte
aus den Archiv-Acten eingeschaltet werden.

(Archiv-Acten vol. 4. und vol. 26.)

Monseigneur,

J'ai pris ce matin avec ma patrouille deux gentilhommes francois
qui veulent s'engager dans le regiment de Clermont et sur lesquelles
j'ai trouvé le billet ci joint; ce sont des idiots: Je les ai envoyé au
Prince de Bevern, qui les faira passer au quartier general. Le prisonnier qui accompagne le Husard porteur de celle-ci, est un guide que
j'ai trouvé à la tête d'une troupe de paysans qui faisoient des communications et des routes a travers les champs, qu'ils marquoient avec des
chalons. Cet homme m'assure que ce n'etoit point une route pour l'armée
mais des marques pour les fourageurs; et il est vrai qu'il y en avoit.
J'ai apris du meme homme que dix ponts étoient placé sur la Basta à
coté de Minden, et qu'ils faisoient des routes à travers du marais;
quoique je sois persuadé que leur intention n'est pas de nous attaquer
dans cette disposition, j'ai pourtant averti les husards de patrouiller
sans cesse vers le marais et de plus près de Minden qu'il sera possible,
pour être toujours averti à tems. J'irois cette nuit moi même quelque
fois avec les patrouilles. l'homme en question m'assure que les francois
n'avoient pas envie de nous attaquer dans cette position. Le camp en
deça de Minden est dans la meme position, où je l'ai vû hier. Le
guide assure, qu'il y a entre autres regiments celui de Belzunce, de Berg
et de Dauphiné; il n'a point vû de la cavalerie campé en deça de
la ville.

Ce guide est un allemand et paroit être un très bon garcon, il
marque une envie extreme d'entrer dans nos Husards. c'est avec le plus
profond respect, que j'ai l'honneur d'être de

Vôtre Altésse Serenissime
le plus humble, soumis et devoué valet
Bulow.

Dohnhausen ce 19. de Juillet
à 2 et ½ 1759.

(le billet)

Lubéké sur le
chemin de Melle, demander
au Regt. de Berchini si le chemin
d'Osnabruck est sur.

Monseigneur

Après six heures une grande poussiere s'eleva dans le grand camp,
elle s'augmenta entre les deux montagnes derriere la ville et tira vers

le Corps de Broglie. Je me mis tout de suite à cheval avec une patrouille et avancois vers le marais. Je n'ai pas pû remarquer un changement dans la grande armée. celle de Mr. Broglie étoit aussi dans sa
premiere position, et j'ai entendu très distinctement battre la retraite.
Un paysan que j'ay rencontré au vilage devant le marais, me disoit
que les francois pour le consoler lui avoit promis de marcher demain
à Hanovre. c'est avec le plus profond respect que j'ai l'honneur d'être
de Votre Altesse serenissime

le plus humble obéissant et devoué valet

Bulow.

ce 19. de Juillet à 8 heures et ⅓.
à son Altesse Serenissime Monseigneur le Duc
à Petershagen.

Monseigneur,

à Hartum, Südhemmern et Hillé il n'y a rien de l'ennemi. il est
certain que la digue d'Eichorst est coupé, et qu'un poste d'infanterie
avec du canon se trouve derriere cette coupure. Il n'y a point de
camp à Gellenbeck, mais un poste de cavalerie en deça du vilage; le
chemin de Gellenbeck à travers du marais n'est pas autrement garni,
il y a un camp à Lubecke, mais fort peu important. Les trois vilages
ont eté occupé selon les ordres de Vôtre Altesse; ce sont de fort
mauvais postes, surtout Nordhemmern, qui n'est susceptible d'aucune
defense. J'ai crû que dans une position pareille il etoit surtout important de mettre des postes de communications entre les trois vilages.
j'ai placé 50 chevaux sur la droite derriere le vilage de Nordhemmern
et j'ai fait derriere Holtzhausen une reserve d'un Bataillon et du reste
de la Cavalerie. 2 Bat. sont à Nordhemmern, un Bat. dans Holzhausen
et un à Stemmern. C'est avec le plus profond respect de V. A. S.

Petershagen ce 21. de Juillet 1759.   Bülow.

Monseigneur!

Je n'ai point vû d'autre fleche devant le front que celle que Vôtre
Altesse a observé ce matin.

De l'autre coté du Weser à peu pres à 500 pas du rivage il m'a
paru observer des travailleurs et quelques troupes. c'est avec p. p.

Dohnhausen ce 23. de Juillet 1750.   Bülow.

Monseigneur!

Il n'a rien de nouveau qui soit parvenû à ma connoissance et dont
je pourrois faire le rapport à V. A. S.

Du Poste de Luckner 13 Deserteurs François sont arrivés cet
apresdiné scavoir 10 du Regiment de Royal Bavière, et 3 de Dauphin;
ils se sont absentés hier apresdiné à cinq heures du camp de Mr. de
Broglio et assurent que plus que 60 autres leurs suivroient encore
aujourd'hui et demain; qu'il y avoit un mecontentement general dans
l'armée dont ils partoient, que le Pain et la Viande étoient pourris,
qu'on leurs distribuoit, et que pour le peu d'argent qu'on leurs donnoit,

ils ne pouvoient rien acheter, les vivres etant d'une rareté et chèreté excessive; qu'on ne parloit pas de marche, mais bien à se précautionner pour que l'armée de Vôtre Altesse ne devroit ni oseroit les attaquer, — qu'on travailloit continuellement à des Redoutes, à la Droite de leurs champs: que les deux Ponts de bateaux étoient achevés, mais qu'outre leur petite armée, qu'ils comptent à 20/m hommes, rien et qu'aucun Regiment de la grande armée avoit encore passé à l'autre coté.   d. Reden, adj. gen.

    Petershagen le 23. de Juillet 1759.

        Monseigneur!

    Je peux avoir l'honneur d'assurer Vôtre Altesse positivement, que le camp françois se trouve encore dans sa premiere position. Je l'ai vû de l'autre coté de Halen et j'allois prendre une vingtaine de chevaux d'officier avec quelque mulet, si deux coquins de valet ne m'avoient pas remarqué trop tot. Je les ai cependant fait galoper jusqu'à leurs premiers postes. J'ai vû distinctement, que la poussiere qui s'elève au camp est occasionué par le recours des fourageurs qui elévent la poussiere avec leurs trousses. Un employé de l'hopital qui cherchoit de la terre grasse pour la construction des fours, et que j'ai pris, me dit qu'on n'attendoit que le Corps de Mr. d'Armentières pour marcher à nous. J'ecris sur la bruyère derriere Halen, pour faire parvenir plustôt mon rapport à Vôtre Altesse. Je la supplie de pardonner mon griffonage; ce sera beaucoup, si Elle le pourra lire. C'est avec le plus profond respect etc.   Bülow.

    ce 23. de Juillet 1759.

    (Archiv-Acten vol. 26.)

           à la Vechte ce 21. de Juillet à 3 heures de après midi.
        Monseigneur!

    J'ai l'honneur de mander à Votre Altesse Serenissime, que la forteresse de Vechte vient d'être delivrée de la grimace que l'ennemi faisoit de vouloir l'attaquer. Il a trouvé à propos de se retirer à la premiere vüe de nos troupes et si j'avois sçu que la forteresse n'étoit pas si près d'être reduite par la famine le detachement ennemi auroit été coupé.

    Je suis arrivé ce matin à 2 heures à Diepholz avec 20 chevaux de Breidenbach. J'y ai trouvé les huzards et les chasseurs hessois, et j'ai eu des nouvelles positives que l'ennemi n'alloit pas au delà de deux cent hommes et qu'il n'y avoit point de corps dans le voisinage.

    Ce qu'il y avoit de facheux c'etoit que l'ennemi ayant barré l'unique porte de la citadelle, pouvoit reduire par là la garnison, s'il etoit vrai qu'elle manquoit de subsistances. Comme il me parut qu'il n'y avoit de moment à perdre pour le sauver d'une ignominie pareille à celle de voir reduire une garnison superieure à ses assiegeans, je n'ai pas voulu attendre les bataillons de Bremen, ni le detachement de Breitenbach.

Mais avec les huzards et les chasseurs hessois je me suis mis en chemin incontinent.

Il n'y a que deux chemins d'arriver de Diepholz à la Vechte, l'un en traversant des marais, que la cavalerie ne peut pas passer, est de deux bonnes heures, et l'autre qui tombe dans la route de Bremen en tournant les marais, est de 8.

J'ai pris celui ci moi-meme avec les huzards et trente chasseurs, et l'autre je l'ai fait prendre au capitaine Führer; — et comme celui-ci devoit naturellement arriver avant moi, je lui ai dit de se montrer à nos gens pour leur faire comprendre que le secours arrivoit, et en même temps il devoit s'assurer des chemins par où l'ennemi pouvoit faire la retraite. Mais celui-ci sentit la mêche, et a décampé une heure avant que j'arrivasse avec les huzards.

Ce detachement n'a été que d'un capitaine et 150 hommes, moitié du regiment de Champagne, moitié de volontaires. Il s'est glissé la nuit du 15. au seize dans la ville, et en coupant deux gardes de Bas-Officiers chacune de 8 hommes, il est venu à bout de barrer la porte de la citadelle sans que le commandant en sut rien que lorsqu'il l'avoit fait.

La citadelle au reste loin de manquer du necessaire est pourvû pour 6 semaines; il n'y a que le canon dont on se plaint, car d'environ 50 pièces, qu'il y a, il n'y a que 14 dont on puisse se servir.

Je n'ai pas encore eu le temps d'examiner avec attention cette place, mais il me paroit qu'elle est très tenable.

Les chasseurs en entrant dans la ville à la poursuite des ennemis, ont desarmés les Munsteriens, parcequ'ils les soupçonnoient d'être du parti des François, cependant le commandant n'a pas à se plaindre d'eux. Mais ni plus ni moins il me semble qu'en cas de siège cette association pourroit être dangereuse. J'attens les ordres de Votre Altesse Serenissime sur ce sujet ainsi que sur ce qu'elle ordonne que je fasse des troupes qui ont été emploïés à cette expedition; car j'ai laissé les Dragons à Diepholz et les deux bataillons viendront ce soir à Oyte, où ils resteront jusqu'à ce que je sache si V. A. S. veut les emploïer à quelque autre chose, ou bien les renvoïer là d'où ils sont venus.

Je suis avec la plus profonde soumission

Monseigneur

de Votre Altesse Serenissime

le très humble et très obéissant

et très humble serviteur

gez. Schlieffen.

(extrait d'une seconde lettre de Schlieffen).

à la Vechte ce 22. du Juillet 1759. à 7 heures du matin.

Monseigneur!

Pour la Citadelle de la Vechte, il me paroit que c'est une des meilleures places que nous possedons. Le rempart est fort épais, les fossés larges et profonds, remplis d'eau; le chemin couvert fort bon et muni d'un avant-fossé, et la place est suffisamment pourvue de casemattes. Je ne suis pas ingenieur asses experimenté, pour decider s'il y a ou non des defauts dans la construction des ouvrages, toutefois il me paroit que non.

Mais j'ose dire que quoique la place soit asses bien pourvûe de vivres, il y a une infinité de choses à arranger pour la mettre en état d'une bonne defense: 1º il n'y a que 4 artilleurs et que 14 pieces dont on puisse se servir. 2do il y a trop peu de monde, pour la bien garder, il en faudroit 2000 je croi. 3º elle n'a que peu de poudre outre une quantité de cartouches à fusil; et 4º pour parler comme je le pense, il faudroit un homme de tête et meme à connoissances dans le genie pour commander dans une place si importante etc.

gez. Schlieffen.

⁂ Monseigneur;   Ce 24. Juillet 1759. No. 1.
Je vais dresser quelque chose par ecrit pour Mgr. le prince hereditaire. Cela me semble necessaire, pour eviter toute confusion dans les dates.

Quant au pont, il me semble avoir repondu à V. A. S., que je croyais, que le cas n'existeroit pas, que toute l'armée le dut passer; mais si un Detachement passe seulement, un pont paroit suffire, et l'endroit du pont est plus convenable que celuy où se trouvent les trois ponts, vû que le Detachement, s'il falloit marcher à Hannovre, abrégeroit de beaucoup le chemin.

Le duc de Holstein a demandé à V. A. S. une Lettre pour la chancellerie de guerre pour abolir une certaine sentence, qu'Elle avoit prononcée contre le Lieutenant Boy au sujet d'une prise faite l'année passée sur le Weser. V. A. S. a ecrite à la Chancellerie de guerre en consequence. Voicy une relation du président Massow.

⁂ Pour le prince hereditaire*),
à Petershagen ce 24. Juillet 1759.

Je charge V. A. d'une Expedition, dont le but est de tirer l'ennemi de sa position de Minden, et de faire, s'il est possible, une diversion en faveur de la ville de Munster. Cependant il faut que le secret en soit rigoureusement observé.

Je destine à V. A. pour cette Expedition deux corps, qu'elle reunira dans un rendezvous commun. Le premier est celui du General Dreves consistant dans

1 Bat.	Block,
1 „	Dreves,
1 „	Zastrow Brunsvic,
1 „	Canitz.

---

*) N. d. H. Die unterstrichenen Worte in dieser von Westphalen geschriebenen Instruction sind von der Hand des Herzogs.

J'ay joint à ce corps d'infanterie

        200 Dragons de Charles Breitenbach,
          2 Escadrons d'hussards hessois et
        400 chasseurs hessois.

Le second consiste dans

    1 Bat. vieux Zastrow,
    1   „   vacant Diepenbrock
    1   „   Behr,
    1   „   Bock,
    2   „   du Regiment du Corps de Brunsvic,

sous les ordres du L. G. Comte de Kilmansegge.

    Et dans

    G. M. de Bock $\begin{cases} 4 \text{ escadrons de Dragons de Busch,} \\ 4 \quad „ \quad „ \quad „ \quad „ \text{ Bock,} \end{cases}$
                     1   „   „ Husards „ Rusch,
                     1   „   „   „   „ Malachowsky

        avec les volontaires de Prusse.

Je compte de joindre à ce corps un train de grosse artillerie de 16 pieces de canons.

Quant au premier corps, V. A. doit savoir, que les deux bataillons de Zastrow et de Canitz, de même que les dragons de Charles Breitenbach avec les hussards et chasseurs hessois, se trouvent deja réunis à Vechte. Les deux Bataillons de Block et de Dreves partent le 25. de Bremen, et arriveront le 26. à Vechte; à l'exception de 200 commandéz qui restent à Bremen jusqu'au 27., pour y attendre l'arrivée du Bataillon de Freyenwalde, aprés quoi ils partiront pour Vechte afin d'en renforcer la garnison. Le général Dreves n'arrivera à Vechte que le 27. à midi pour sa personne.

Le second corps se trouve tout à l'armée.

Quant à la subsistance j'ay fait les arrangemens suivants.

Le corps du général Dreves se pourvoit de pain tant à Bremen qu'à Vechte jusqu'au 30. inclusivement; je fais partir le 25. de Nienbourg pour Vechte les caissons des regimens y apartenant, chargés de 6 jours de pain; par consequent le corps du général Dreves sera pourvû de pain jusqu'au 5 d'aout.

Le corps du général comte de Kilmansegge sera pourvû icy le 27. au matin de 9 jours de pain, c'est à dire jusqu'au 5. d'aout inclusivement. Tous les ordres ont eté donnez à cet Egard.

Je fais actuellement construire 8 grands fours à Vechte, et j'y envois de Nienbourg 50 boulangers. J'y envois pareillement deux cent chariots chargéz de farine. J'ay ordonné, qu'on garnisse les chariots de corbeils d'osier. C'est pour se servir de ces chariots pour les transports de pain de Vechte jusqu'à Ippenbourg, ou jusqu'à un autre Endroit convenable, que V. A. leur indiquera. Les caissons des Regimens iroient alors de l'endroit, où V. A. sera, à Ippenbourg prendre le pain des dits chariots, qui aprés l'avoir delivré aux caissons, s'en

retourneroient à Vechte*), pour aller prendre une nouvelle charge,
et continuer ainsi selon les circonstances et selon les ordres, que V. A.
leur fera parvenir.

De cette façon la subsistance en pain me semble suffisament
arrangée. Pour le Fourage il faut avoir récours à celuy, que le païs
offre; je ne connois point d'autre moyen. Le 27. à 5 heures du matin
le corps de Dreves se mettroit en marche, allant jusqu'à Vorde; ce
corps pourroit cantonner ce jour là en arrivant à Vorde. Il se rémettroit le 28. à 5 heures du matin en marche pour aller jusqu'à
Ippenbourg. Si V. A. jugeoit, qu'on pourroit frapper un coup sur le
Détachement ennemi, qui est à Osnabruk; ce corps, au lieu de marcher
à Ippenbourg, iroit tout droit de Vorde à Osnabruk. Cela seroit d'un
grand effet, tant pour l'avantage du coup même, que parce que Mr.
d'Armentières en seroit allarmé. Le 29. ce corps se rémettroit en
marche, soit d'Ippenbourg, soit d'Osnabruk, pour marcher à Rimsel.
Une quarantaine d'huzards doivent aller ce jour là jusqu'à Ladberg et
ébruiter, que vingt mille hommes marchent au secours de la ville de
Munster, et faire pour cet Effet toutes les Démonstrations nécessaires.
De quoi V. A. les instruira.

V. A. se mettroit en marche avec le corps de Kilmansegge et
l'artillerie le 27. à 5 heures du soir. En donnant les ordres, elle eviteroit soigneusement de faire apercevoir le moins du monde la direction
de sa marche et son but. Il est même expedient, de faire accroire aux
gens, comme si V. A. passeroit le pont, pour se porter de l'autre coté
de la rivière, âfin de faire paroli au duc de Broglio. Elle tacheroit
d'arriver le 28. avec le jour à Lubbeke, pour surprendre le Detachement, qui s'y trouve. Elle s'assureroit d'abord des passages, par les
quels l'ennemi pourroit venir à Elle; et s'il y a moyen de frapper
quelque coup, il faut le faire sans balancer.

Le 29. V. A. marche à Rimsel, et se joint ce jour-là au corps
du général Dreves, et pousse ses Troupes legères vers Hervorden. Si
la fortune voulut, qu'alors un convois de pain passat, ce seroit un beau
moment pour porter un coup sensible à l'armée francoise, et il faudroit
le frapper coute qui coute.

Par la position à Rimsel V. A. se trouve sur les derrières de
l'ennemi, et près de la route, que tiennent ses convois. Il faut alors
que l'ennemi fasse un détachement pour observer V. A., ou qu'il fasse
un mouvement avec toute l'armée.

Si V. A. juge, que le Détachement n'est pas superieur au sien,
il faut l'attaquer sans balancer un moment; s'il fut trop fort, Elle se
tiendroit sur la Défensive, jusqu'à ce que je pourrai la renforcer. Si
l'ennemi continuoit à renforcer son Detachement, il en resulteroit à la
fin ce que je souhaite, savoir de l'éloigner du Weser et de trouver
moyen de le combattre.

---

*) N. d. H. *Est ce que cela ne doit pas être Bremen? Rep. ** La boulange-
rie est établie à Vechte.

Si le malheur voulut, que la citadelle de Munster fut prise avant que V. A. put faire sa marche à Rimsel, je ne doute pas que D'Armentières ne s'avance sans délai. Si l'étoile de V. A. voulut alors de le rencontrer en chemin; il faudroit le combattre sans hésiter. Nous n'avons d'autre esperance que dans une journée heureuse; il faut la souhaiter et la saisir si elle se présente.

Je tiendrai l'armée dés le 28. prèparée à marcher à tont moment.

Comme je ne doute pas que le Marechal ne fasse repasser le Weser au Duc de Broglio; je ferai peut être avancer les deux battaillons de grenadiers, qui sont de l'autre coté du Weser, vèrs le pont pour l'attirer à moi, en cas de besoin.

Pour que le Maréchal ne puisse faire usage du corps du comte de St. Germain, qui est à Schwubber, vis à vis de Hameln, j'ordonnerai à Freytag, de passer le Weser avec les chasseurs, de tirer 800 hommes de la garnison de Hameln, et de faire parade de ce Detachement pour arreter le dit comte de St. Germain ou de le poursuivre, s'il se mit en marche.   F.

reçu le 29. Juil. 1759 par le Chasseur Mertens.
✳✳ Monsieur,   à Petershagen ce 24. Juillet 1759.
Je ne saurois laisser partir le courier anglois sans vous donner une marque de vie. Nous n'avons rien recû de votre part depuis celle que vous m'aves fait l'honneur de m'ecrire pour me faire part de l'assant de Munster. Je vous ay depeché successivement trois couriers qui ont pris la route de Bremen et de là par Oldenbourg, Aurich et Emden. J'espere qu'ils seront arrivés à bon port. Nous avons trouvé un bulletin sur un commis francois, qui a eté pris hier par Mr. de Bulow. Ce bulletin marquoit qu'on devoit ouvrir la tranchée devant Munster la nuit du 19 au vingt. En effet on a entendû tirer plus qu'à l'ordinaire le 20. et le 21. Nous esperons que la citadelle fera une bonne defense. La fortresse de Vechte a eté degagée de ses assiegeans. Le Duc y a fait marcher quelques troupes, pour la couvrir. On va retirer en revanche celles, qui occupoient Bremen. On n'y laissera que seulement quelques centaines D'hommes. Cependant pour garantir la dite ville de tout siege d'un coté, comme de toute necessité de la defendre de l'autre, on a pris le parti d'en tirer une partie de l'artillerie et de l'ammunition, qu'on prend en depot seulement. L'une et la plus grande partie est transporté à Stade, l'autre à Vechte, d'où on est à portée de la renvoyer d'abord à Bremen, dés que les circonstances le permettront. Les pandoures ont eté à Blanckenbourg, à Halberstad, à Walckenried etc. Le Duc Regnant a marqué qu'ils avoient repris le chemin d'où ils etoient venûs. Ils ont horriblement maltraité le païs et exigé des contributions exorbitantes. Nous n'avons point de nouvelles ni du Roy ni du prince Henry. Les Francois occupent leur camp derriere le marais de Minden. Broglie est a Hausbergen de l'autre coté du Weser. Il communique avec la grande armée par deux ponts

de pontons. St. Germain est avec 3 ou 4 mille hommes à Schwubber vis à vis de Hameln, plus pour couvrir les convois de l'armée que pour investir cette place. On nous a envoyé uue piece ecrite en forme de lettre par un Ministre refugié à Londres à ses confreres d'Amsterdam et de la Haye. Elle me paroit ecrite avec beaucoup de force; il pouvoit y entrer un peu plus d'art, et l'auteur ayant une infinité de traits odieux à sa disposition dans l'histoire dont il pouvoit charger l'objet de sa haine, n'y a pas asses puisé. Croyez vous que cette pièce puisse faire impression?

Adieu mon cher Monsieur.

Anecdote.

Un Dragon anglois ayant eté blessé dans une affaire fut pris par les Francois. Ils eurent tous les soins imaginables de lui, le soignant bien audelà de l'ordinaire. C'etoit leur premier prisonnier anglois. Lorsqu'ils virent, qu'il alloit mourir, un officier s'aproche de lui, pour luy demander, s'il desiroit encore quelque secours temporel ou spirituel. Le Dragon repond: god dam the french et meurt.

(à Mr. de Haenichen.)

(Archiv-Acten vol. 4.)

※※ Pour le general de Hardenberg.

à Petershagen ce 24. Juillet 1759.

On m'assure que Lipstadt n'est point investie. Je ne doute pas que V. E. n'en profite, pour rafraichir la consumption de Ses magazins; afin de conserver pour le cas d'un siege des vivres pour deux mois.

L'assaut que les François ont donné à la ville de Münster le douze est tourné à leur confusion; ils ont été repoussés avec grande perte. ils se sont vus obligés d'en venir aux formalités et ont ouvert la tranchée la nuit du dix neuf au vingt. Pour peu que la garnison se defende raisonnablement je pourrai, j'espère, la dégager.

La ville de Minden a été prise d'assaut le neuf; cela s'est fait sans verser du sang. J'etois en pleine marche, pour la secourir, mais je vins trop tard d'un jour. J'ai sur cela tenté d'attaquer la grande armée ennemie, qui avoit debouché en partie dans la plaine de Minden; mais elle s'est retiré à mon approche derriere les marais, où l'accès est très difficile.

Nos troupes legeres font merveilles. Ils ont fait sur l'ennemi plus de mille prisonniers en differents rencontres, presque sans la moindre perte de leur coté.

Faites bien de compliments de ma part au Colonel Boyd.

Je suis de V. E.   F.

(Archiv-Acten vol. 289.)

Au quartier-général ce 24. Juillet 1759.

Monsieur,

Je ne differe pas d'avoir l'honneur d'informer Votre Altesse des raports qui me sont venus contre les païsans de la principanté de

Minden, et ceux de la Hesse, qui depuis quelque tems se trouvent ar-
més, et se mêlent avec les chasseurs pour faire le coup de fusil avec
eux, ou séparément, en se mettant en embuscade. Il m'a même été
prouvé que des païsans de ces païs-cy avoient pris, il y a quelques
jours, des chevaux et des hommes, et avoient arrêté des équipages qui
étoient sans escorte et qu'ils ont menacé de mettre au pillage, qu'enfin
ils attaquoient journellement les soldats convalescents et cherchoient
à soulever un party de Rebellion.

Comme je suis bien éloigné de croire que V. A. autorise de
pareilles extrémités qui sont contre le droit des Gens et qu'il en résul-
teroit des malheurs inévitables pour les peuples, qui ne doivent point
participer aux actes d'hostilité; Je suis persuadé que V. A. donnera
les ordres les plus précis et les plus prompts, pour arrêter les dés-
ordres, et prévenir la nécessité, où je serois de ne plus ménager les
Sujets de ces païs-cy, que je n'ay jusqu'à présent regardé que comme
des sujets à plaindre, en cherchant à les soulager autant qu'il a dé-
pendu de moy; je serois très faché d'être forcé de m'éloigner de
ces principes, et de mettre en usage des exemples de sévérité contre
les villages et les habitans, qui s'écarteroient des lois de la guerre et
qui se porteroient à des excès semblables à ceux dont je viens de faire
part à V. A. je connois trop sa façon de penser, pour ne pas être
persuadé qu'elle ne peut que les désaprouver.

Je suis avec Respect

Monsieur

de Votre Altesse

le très humble

et très obéissant serviteur

Le m^{al} de Contades.

Am Rande dieses Schreibens befindet sich folgende Bemerkung
von der Hand des Herzogs Ferdinand:

* Il faut lui repondre qu'il n'y a rien de plus faux. Que si
même le païsan vouloit se meler avec nos troupes, cela ne lui seroit
pas permis; mais en tout cas qu'il le fit, et qu'on l'authorisat, ce ne
seroit qu'une repressaille de ce que les païsans des païs de Münster,
Paderborn, Duché de Westphalie, de Bergues et de Juliers ont commis contre les soldats de l'armée alliée.

(Archiv-Acten vol. 4. No. 29.)

Durchlauchtigster Herzog,

Gnädigster Fürst und Herr!

Ew. Durchl. melde unterthänigst, dass der Feind zum Vorschein
gekommen und zwar, soviel man davon urtheilen können, sind etwa
1500 Mann Infanterie und Cavallerie gewesen; gegen 400 Mann Infanterie und Cavallerie sind gegen unsern linken Flügel in der Gegend,
wo des Prinzen von Bevern Durchl. stehen, halten geblieben, die andern ohngefehr 1100 Mann haben sich in den Thal herunter, biss auf

die Heyde, wo die rothen Häuser stehen, meinem Lager grade über
gezogen, und ohngefehr 1000 Schritte vor meiner Vidette Halt gemacht, worauf die Frantzösische Generalität bis auf eine kleine Anhöhe
in Galop gesprengt, als aber einige Husaren von meiner Vorpost auf
solche angeprellt, hat sich die Generalität wieder biss an ihren troup
zurückgezogen.

Ein Husar vom Regt. v. Malachowsky ist von der Vidette zum
Feind übergegangen. ich ersterbe in tiefster Devotion

ganz unterthänigster Knecht

Narzimsky.

Im Lager zwischen Kuttenhausen und Stemmern
den 24. Julii 1759.

Rapport de Thonhausen ce 24. de Juillet 1759.
à 9 heures trois quarts.

Les Generaux Francois ont reconnû, jusqu'à leurs vedettes avancées vers Thonhausen. ils ont pris les grandes gardes de Cavalerie avec
eux et se sont portés vers notre droite, ils ont postés avec precaution
les maisons rouges, puis je les ai perdu de vue, j'envois deux patrouilles pour les talonner. Les postes d'infanterie devant nous sont plus
forts, car les vieilles gardes ne sont pas parties, il paroit beaucoup de
poussière du coté de Minden, et le camp qui est devant Minden, est
sous les armes; je ne vois pas leur tentes, puisqu'ils sont rangés devant. Ils n'ont pas fait d'autre mouvement encore, seroit-ce peutêtre
pour couvrir la reconnoissance des Generaux, cela me paroit trop fort.
Je n'ai pas voulû manquer d'avertir Votre Altesse Serenissime de
tout ceci.   Derenthal.

Monseigneur ! *

Hier au soir un husard noir nous deserta avec le mot du guet,
ce qui nous obligea de le changer et d'en faire avertir également Mons.
d'Einsiedel.

Il nous arriva au même moment un grenadier de France, qui deserta du petit poste de bas-officier, qui est le plus avancé vers nous.
J'ai l'honneur de l'envoyer à Votre Altesse. il dit qu'on avoit fouragé
hier pour 4 jours et qu'on avoit distribué pour autant de jours de
pain. qu'il n'y avoit point de redoutes devant la ville, mais que 4 canons etoit placé sur l'eminence qui est derriere le ravin, ou leurs postes sont. Le rempart de la ville est garni de canon. Tout paroit être
tranquille jusqu'ici au Camp françois. J'attens le levé du soleil pour
voir plus clairement. C'est avec le plus profond respect que j'ai
l'honneur d'être etc.

Dohnhausen   Bulow.
ce 24 de Juillet 1759.

*) N. d. H. *J'y ai deja fait reponse. F.

Durchlauchtigster Herzog,
Gnädigster Fürst und Herr!

Ew. Durchl. melde unterthänigst, dass gestern Abend spät ein
Husar vom Regt. v. Ruesch aus dem Lager zum Feinde übergegangen;
es haben ihm meine Vorposten zwar biss an die feindl. Vorposten verfolgt, jedoch aber solchen nicht einholen können. Ich ersterbe in tiefster Devotion etc.

Im Lager zwischen   Narzymsky.
Kuttenhausen und Stemmern
        den 24. Julii 1759.

Unterthänigster Rapport.

Nachdem der Herr Obristwachtmeister Friedrichs gestern Abend
späth die Nachricht erhielt, dass der Feind auf's Neue Bückeburg besetzt und sich mit 800 Mann in das Schloss daselbst auf die Nacht
lagern würde, dass auch ferner der Duc de Broglio heute auf Rinteln
marschiren und daselbst sein Hauptquartier etabliren sollte, so sind sie
diesen Morgen 2 Uhr mit ein klein Commando Cavallerie und Infanterie
in die Gebirge gegen Rinteln marschirt, als woselbst sie von einer
Anhöhe die 3 Wege von Minden, Buckeburg und Rinteln übersehen
und alle feindlichen Marches genau beobachten können. Ich habe dieses unterthänigst melden sollen.

Stadhagen den 24. July 1759.   Thiele,
                                            Lieutenant und Adjud.

Monseigneur!

Le Collonel Luckner envoya hier peu apres que Votre Altesse
Serenissime fut sorti la seconde fois à cheval le Rapport, que sa
Patrouille avoit trouvé occupé par un Detachement des Ennemis le
Village de Frille, mais qu'on en ignoroit encore la force.

Dans ce moment le Collonel envoyt le lieutenant Breymann pour
faire le rapport, que tout étoit tranquile, et qu'il n'y avoit aucun
changement dans la position des Postes ennemis.

Le dit Lieutenant qui a eté hier lui-même en Patrouille, me dit,
que l'Ennemi n'avoit pas un poste stable à Frille, mais qu'il y fit
marcher à deux ou trois fois par jour à 400 et à 500 hommes, lesquels à l'ordinaire s'y arretoient une ou deux heures et s'en retournerent puis après quand les Paysans leurs avoient fournis du Pain et de
a Viande.

Petershagen le 25. Juliet 1759.   De Reden,
                                                Gen.-Adjud.

Unterthänigster Rapport von Thonhausen
Morgens um 6 Uhr.

Den 25. July 1759.

Da sich eben der Nebel erst verzogen, so habe biss hieher warten
müssen. Jetzt sieht man alles vom Feind ruhig in der gestrigen
Stellung; alle Cavalerie-Feldwachten sind diese Nacht sehr weit zurück-

gezogen gewesen, rücken aber jetzt auf ihren alten Posten wieder. Die.
Arbeit, welche der Graf von Bückebourg durch Dufrenoy traçiren
lassen, ist gestern um 6 Uhr angefangen, und hat die Curiosität der
Feinde sehr rege gemacht. 200 Mann haben mit solchem Fleiss daran
gearbeitet, dass um 12 Uhr diese redoute in Form einer Pfaffen-Mütze
mit Mannschaft schon hat besetzt werden können. Das Grenadier-
Bataillon wird künftig ganz darin liegen; die Arbeiter sind noch da
und erwarten nur des Grafen Ankunft, um weiter zu perfectioniren
und die Wolfslöcher zu machen. Drey Deserteurs, wovon 2 Sachsen
diese Nacht, und ein Corporal von Bouillon diesen Morgen zu uns
gekommen, sagen nichts Besonderes aus, als dass die Lebensmittel,
besonders aber fourage sehr fehlten, und das Brot sehr schlecht wäre;
die Sachsen haben beyde bey uns und erster unter der Garde, welches
der schönste ist, gedienet, sie wollen Dienste nehmen. Messieurs de
Piemont stehen noch, scandalisiren sich aber über die Blendung so
gestern gemacht.

unterthänigster Knecht

Derenthal.

(Archiv-Acten vol. 261.)

Durchlauchtigster Herzog,
Gnädigster Fürst und Herr!

— — Das St. Germain'sche Corps stehet bislang noch in seiner
Stellung bei Schwöbber, und dem Vernehmen nach ist solches noch
nicht verstärket, und bestehet noch aus 4 Bataillons Infanterie d'Auvergne und 1 Regiment Cavalerie. Sobald was Veränderliches in
sichere Erfahrung bringe, so werde Ew. Hochf. Durchl. davon sofort
unterthänigst avertiren etc.   v. Brunck.

Hameln den 25. Juli 1759.

** Monseigneur,   Ce 25. Juillet 1759   Nr. 2.

La substitution du régiment de Bock à celuy de Breitenbach, ne
sauroit rien altérer dans la disposition; il est aisé de le faire, et je
m'en vais avertir Roden.

Il me garderai bien, de faire de mon chef des arrangemens aussi
importants que ceux sur les quels l'entretien d'hier a roulé avec Hunter. Voicy le fait; et je ne doute pas, que V. A. S. ne daigne penser
en suite moins défavorablement à mon égard.

Hunter me fit voir l'état des farines sur le Weser; cela pouvoit
fournir l'arméee àpeu prés pour 14 jours. je luy dis, que cela ne
suffisoit pas. Il me dit, qu'il comptoit de rafraichir cette quantité à
mésure qu'elle se consumoit; je répliquois, que cela ne suffisoit pas
non plus, que selon l'ordre de V. A. S. il devoit se trouver à portèe
du Dépot 1000 chariots: que ces mille chariots y devoient trouver leur
charge, pour suivre l'Armée en bas de marche subite par-tout, ou elle
iroit, qu'il falloit par conséquent avoir toujours prête un charge pour

mille chariots. La charge de mille chariots suffit, pour donner du pain à l'armée pour un mois. de temps: voicy la raison pour quoy j'ay dit à Hunter, qu'il falloit avoir pour un mois de farine de prêt, et rafraichir le Depot de farine a mésure qu'il se consumoit de manière qu'il y eut toujours un surplus pour un mois, c'est à dire la charge pour mille chariots.

Il me dit sur cela, qu'il avoit plusieurs bateaux chargés de farine au Dollart; je répliquois, que je croyois, qu'il pouvoit employer cette farine et diriger les bateaux au Weser. Il me dit, que cela ne se pouvoit pas, puisque V. A. S. luy avoit ordonné, de faire partir ces bateaux pour Stade. Je luy demandois, quand il en avoit reçû l'ordre de V. A. S. — il me dit, qu'ayant demandé à V. A. S. ce qu'il devoit faire de la farine de l'Ems, Elle luy avoit repondû de l'envoyer à Stade. Sur quoy je luy repliquois, que cela se pouvoit; que V. A. S. auroit sans doute suposé, que Mr. l'intendant Luy avoit demandé un Endroit pour un grand Depot, et que Stade etoit sans doute un Endroit propre pour cela; mais que cela n'empechoit pas, que Ses autres dispositions ne dussent pas être suivies, selon lesquelles il falloit toujours avoir pour un mois de farine de prêt à être chargée sur les voitures pour un cas de marche; que s'il ne savoit aucun autre moyen plus propre de se procurer ce mois de farine, j'etois persuadé, qu'il seroit trés conforme aux intentions de V. A. S. de diriger la farine de l'Ems au Weser, et que les bateaux ne seroient pas moins surs à Carlstad ou à Bremen qu'au Dollard. — Que V. A. S. juge à présent de ma conduite. Je crois avoir bien fait, et rien de tout qui put être contraire à Ses intentions. Je n'ay fait autre chose qu'à expliquer à l'intendant ce qu'il me parut n'avoir pas compris.

J'aurai attention à tout le reste que V. A. S. vient de m'ordonner.

Ce 25. Juillet 1759.

✱✱ Monseigneur,   No. 3.

J'ignorois la position des deux bataillons de grenadiers. S'ils sont deja auprés du pont d'Ovestedt, c'est tres bon, et il n'est plus besoin d'ordre. Le maréchal doit naturellement faire des mouvements dès qu'il aprend ceux de V. A. S. — voyant qu'on luy vient sur son flanc gauche et sur ses derrières même, il faut de toute nécessité, qu'il s'y oppose. Il pourra le faire de deux manières: Ou de poster un Detachement à Hervorden, ou d'attaquer brusquement V. A. S. Dans l'un et l'autre cas, il est probable qu'il attirera à luy le Duc de Broglie, en luy faisant passer le Weser. C'est pour quoy j'ay crû, qu'il conviendroit, d'avoir les deux bataillons de grenadiers à portée pour s'en faire joindre aussi. Car si le Maréchal se résout à attaquer V. A. S., ils ne seront pas de trop icy; et ils seroient inutile de l'autre coté de la rivière; si l'Ennemi fait un Detachement vers Hervorden; V. A. S. sera peutêtre obligée de renforcer le prince, et alors ces deux bataillons ne seront

III.   26

pas de trop non plus à l'armée. J'ay mis dans le billet, qui accompagnoit l'instruction pour le prince, que V. A. S. s'arrangeroit avec le prince pour s'entresecourir et pour convenir sur la manière de le faire. Cela vise à ce double parti que le Maréchal peut prendre, ou de faire un Détachement à Hervorden, ou d'attaquer brusquement V. A. S. Dans le prémier cas il s'agiroit de convenir avec le prince, de quelle façon on pourroit luy envoyer le plus convenablement du secours. Le local décide de cette question, je n'en ai rien pû marquer par cette raison dans l'instruction du prince, puisque je ne connois point le local. Si le M. ne détache point vers Hervorden, il est probable, qu'il attaquera V. A. S., pour profiter de l'absence du corps du prince. „Dans „ce cas le prince feroit peut-être bien de pénetrer aussi loin que pos- „sible vèrs les derrières de l'Ennemi, äfin de le forcer d'y donner de „l'attention et de luy opposer un Detachement, en quoi consisteroit le „sécours, que le prince peut donner à V. A. S. Voilà les points „sur les quels j'ay crû qu'il convenoit que V. A. S. s'arrangeat avec „le prince."

Si le M. aprend, que V. A. S. fait un Detachement vers Hervorden; il se pourroit qu'il trouvat convenable, d'y faire marcher le comte de St. Germain, àfin de ramasser tout ce qu'il pourra de troupes. La diversion à faire par Freytag l'empécheroit donc de tirer profit de ce Detachement de St. Germain. Il se pourroit aussi, qu'il vouloit attirer le comte de St. Germain à l'armée, si cela est plus convenable à sa position. Car je supose, que son interet est, de ramasser toutes ses troupes pour s'opposer aux Desseins de V. A. S., soit pour l'attaquer, soit pour détacher vers Hervorden; la diversion de Freytag sera donc bonne dans tous les sens.

Bauer et Schuler sont les plus propres pour accompagner le prince.

Je crois, que tous les trois brigades de chasseurs hanovriens sont de l'autre coté de Weser. Si cela est, ne pourroit-on pas en faire revenir une pour la donner encore au prince héréditaire?

Je parlerai avec Roden sur le commis à donner au prince héréditaire. —

Ce 25. Juillet 1759.

** Monseigneur,   Nr. 4.

Si V. A. S. veut faire une diversion par Hameln, il faudroit y envoyer les deux bat. de grenadiers, qui sont au pont d'Oversted, avec les huzards de Lukner et tous les chasseurs à cheval, qui sont de l'autre coté du Weser, y compris les deux cent Dragons de Breitenbach; si l'on y joint 1200 hommes de la garnison de Hameln, tout cela ensemble composera un corps assez fort, pour attaquer Mr. de St. Germain. J'avoue, que cela seroit excellent. Il s'agiroit seulement de trouver un homme capable de méner une pareille expedition. Il faudroit l'executer le 28.

Si V. A. S. vouloit faire agir un corps plus fort, cela demande-

roit trop de temps. D'ailleurs le Duc de Broglio s'en apercevroit. Les
grénadiers et les huzards avec les chasseurs, y compris ceux de Freytag, devoient tacher de dérober la marche au Duc de Broglio; sans
quoi, ils le trouveroient dans leur chemin. Si l'on pouvoit se passer
des grénadiers, cela vaudroit mieux encore; mais pour attaquer St-
Germain, il faudroit ces deux bataillons ce me semble; un pour le
moins. Car on ne peut pas risquer toute la garnison de Hameln. Il
est essentiel, de cacher la marche au Duc de Broglie, lequel sans
cela passera la rivière à Rinteln, et prendroit lui même notre detachement en flanc.

Ce 25. Juillet 1759.

✳✳ Monseigneur !   Nr. 5.

Ayant reçû encore une fois le billet de V. A. S. il me paroit qu'on
Luy conseille de faire agir un corps considerable par Hameln.

De quoi vivra-t-il ce corps là; il seroit mis entre le Duc de Broglie et les troupes ennemis en Hesse et du coté de Schwubber. Si l'on
vouloit attaquer le duc de Broglie, celuy-ci seroit bientôt renforcé;
V. A. S. feroit passer du renfort de son coté, mais ce seroit precisement porter la guerre de l'autre coté du Weser, tandis que le but
de V. A. S. doit être de s'éloigner de cette rivière. Si l'on veut attaquer St. Germain, il ne faut pas un corps plus fort que celui, que j'ay
marqué à V. A. S. Je La prie d'en parler d'abord au Prince, pour
entendre son sentiment. Car il faut que j'ecrive à Freytag, pour
qu'il n'arrive trop tard à l'endroit de sa Destination.

Ce 25. Juillet 1759.

✳✳ Monseigneur,   Nr. 6.

L'idée du prince est bonne; je crois qu'il suffit de prendre cette
position le 28. j'y penserai encore une fois. Je renvois en attendant
la Lettre du prince.

Par raport à la Lettre du Roy; je dresserai une Espece de reponse, qui j'espere ne sera pas désaprouvée par V. A. S.

arrivé ce 25. Juillet 1759.

    entre 9 et 10 heures du matin.   No. 48.

Monsieur Mon Cousin. La lettre de Votre Altesse du 14. de ce
Mois vient de m'être rendüe, et je vous (déchiffré) „avoue qu'il
m'est impossible d'aprouver Vôtre retraite. Vous allez perdre Vos magasins de gayeté de Coeur et avec une Armée plus nombreuse et plus
belle que le Duc de Cumberland avoit. Il semble, que Vous ayez pris
à tache d'imiter toutes ses mauvaises manoeuvres. Pour moi, je compte
dejà Hameln perdû, et je Vous compte en huit jours à Stade. Voilà
ce que c'est que de n'avoir pas combattû de l'autre Côté du Weser,
où Vous auriés pû le faire selon Vôtre choix. à présent l'Ennemi Vous
forcera de combattre, quand Vous aurez eté obligé de faire beaucoup
de Detachements et quand cela Vous conviendra le moins. tout ce que

26*

je puis Vous marquer d'ici c'est que jusqu'ici j'ai contenû l'Ennemi, quoique inferieur de la moitié et je l'ai empeché de faire aucun pas en avant." Quant à l'armée de Dohna elle a eté obligée de se rapprocher de Meseritz, faute de pain. Les Russes veulent passer l'Oder, (de chiffrée) "et elle leur en disputera le passage. Voila tout ce que je puis Vous mander de nôtre Situation. tout ce que me paroit de Vôtre Situation, c'est que les François ne Vous feroient pas grand mal, si ce n'etoit par Vous même que Vous Vous battés, et cela, parceque Vous Vous imaginez depuis la Bataille de Berguen, que les François sont devenûs invincibles. il seroit à souhaiter pour le bien des affaires publiques, que Vous voulussiés bien Vous ressouvenir de nos campagnes de cinquante sept et de cinquante huit, et que Vous prissiés la même façon de penser et d'agir que Vous aviez alors. Songéz donc qu' avec une poignée de Troupes batties, vous avez fait alors de grandes choses, et qu'à présent avec une Armée florissante et nombreuse, Vous la menés de façon qu'il est impossible à des gens du mestier de l'aprouver."

Au reste j'approuve fort la declaration que vous avez faite au Marechal de Contades sur l'echange des dragons de Finckenstein, et je suis avec la plus parfaite estime

Monsieur Mon Cousin

de Votre Altesse

le bon et tres affectionné Cousin

Federic.

au Camp de Schmott-Seyffen
ce 20. de Juillet 1759.

Noms des Corps.	Etat effectif, complet étant avec tous les Etats-Majors.	à quoi manquent.	Restent Effectif.	Malades à l'Hôpital	Malades au Régiment.	Prisonniers de guerre.	Restent à faire Service.	Hommes desertés.	décédés.	congédiés.	enrolés.	Chevaux crevés.	débats.	achetés.	Officiers.	Basofficiers.	Communs.	Chevaux manquent.	marodes.	Restent pour le Service.
Infanterie.																				
6 Batt. de troupes Britanniques avec leur Artillerie	6310	487	5823	289	117	2	5415	6	8	7	14	—	—	—	22	27	200	—	—	—
15 Batt. de troupes Hannovriennes avec leur Artillerie	14,864	624	14,260	596	297	21	13,346	116	4	9	76	—	—	—	38	97	1103	—	—	—
6 Batt. de troupes Brunswicoises avec leur Artillerie	5044	223	4821	201	105	23	4492	96	11	—	7	—	—	—	—	2	—	—	—	—
10 Batt. de troupes Hessoises avec leur Artillerie	10,171	229	9942	766	139	16	9021	41	4	3	9	—	—	—	2	—	—	—	—	—
(Somme*)	36,409	1563	34,846	1852	658	62	32,274	259	22	19	106	—	—	—	62	126	1303	—	—	—
Cavalerie.																				
14 Esc. de troupes Britanniques	2467	69	2398	68	50	—	2280	4	1	3	4	24	1	147	5	6	95	101	155	2022
9 Esc. de troupes Prussiennes	1753	46	1738	90	6	105	1637	9	1	—	—	6	—	139	3	14	146	161	67	1464
20 Esc. de troupes Hannovriennes	3589	53	3536	75	58	2	3401	—	1	—	—	1	—	—	3	7	19	164	186	2992
16 Esc. de troupes Hessoises	2868	27	2841	108	26	10	2697	18	3	3	4	31	3	—	—	—	—	39	95	2493
Somme	10,707	194	10,613	341	140	117	9915	18	3	3	4	31	4	286	11	27	259	465	503	8961
Total	47,116	1757	45,359	2193	798	179	42,189	272	25	22	110	31	4	286	73	153	1562	465	503	8961
Sous les Ordres du Lieut.-Gen. de Wangenheim.																				
8 Batt. de troupes Hannovriennes avec leur Artillerie	7371	186	7185	190	76	2	6917	38	—	4	3	5	—	—	30	84	1195	—	—	—
10 Esc. de troupes Hannovrien.	1790	13	1777	21	21	—	1735	—	—	—	1	—	—	2	1	11	70	35	72	1517
Somme	9161	199	8962	211	97	2	8652	38	—	4	4	5	—	2	31	95	1265	35	72	1517
Somme Total	56,277	1956	54,321	2404	895	181	59,841	310	25	26	114	36	4	290	104	248	2827	500	575	10,478**

*) N. d. H. In den Bataillonen der Infanterie mit Aus-nahme der Braunschweigischen sind die Grenadiere mit einbegriffen, vergl. Gesch. d. Feldz. etc., Bd. I. S. 100, 101, dagegen nicht die leichten Truppen. **) N. d. H. In den Summen der Cavallerie sind die Husaren u. leichten Truppen zu Pferde nicht mit einbegriffen.

(gez.) v. Reden, Adj. Gen.

(Archiv-Acten vol. 252.)

Durchlauchtiger Fürst, freundlich lieber Vetter. Da Ich dieser
Tagen Ewr. Lbd. beide Schreiben vom 6. und 8. hujus erhalten, so
bezeuge Ich zuförderst Meine Danknehmigkeit für die darin ertheilte
Nachrichten von denen dortigen Umständen, und dass Dieselben in Con-
formität Meines Schreibens vom 2ten wegen der in Ansehung der Festung
Stade zu nehmenden Praecaution das Nöthige sofort an Meinen Cammer-
Präsidenten von Münchhausen abgelassen haben. Inzwischen beruhige
Ich Mich auch in dem Vertrauen auf den Göttlichen Beistand und auf
Ewr. Lbd. Prudentz und tiefe Einsicht, und hoffe, dass es zu solcher
Extremität nicht kommen, sondern die gegenwärtigen Umstände bald
einen andern und bessern Pli nehmen werden, und in solcher Meiner
Hoffnung bestärket Mich zugleich dieses, dass nach Deroselben Anfüh-
ren der kleine Krieg in denen letzten Tagen gäntzlich zur avantage
Meiner armée ausgefallen. Wie Mir hiernächst die besondere Zufriedenheit, welche Ewr. Lbd. von der Conduite Meines General-Lieutenants
von Wangenheim bezeugen, sehr angenehm zu hören ist; Also überlasse Ich es lediglich Deroselben Gutfinden, ihm auch das Commando
bey der Cavallerie anzuvertrauen, und bin, wenn er sich davon gleichfalls davon gut acquitiret, und Ewr. Lbd. es sodann dem Dienste
zuträglich halten, ganz geneigt, ermeldten General-Lieutenant bei der
Cavallerie zu placiren.

Dem Obristen von Scheither habe Ich auf Ewr. Lbd. Vorwort
den General-Majors Character seiner Anciennität nach sofort beigelegt,
und rescribire das Nöthige desfalls unter heutigem dato an Meinen
General von Spörken. Uebrigens gereichet es Mir zum Vergnügen,
dass auch Mein Englischer General-Major Mostyn Ewr. Lbd. Approbation sich erworben hat. Ich verharre ohnveränderlich

Ewr. Lbd.

freundwilliger Vetter

George R.

Kensingten den 17. Julii 1759.

An

des Hertzogs Ferdinand von Braunschweig Lbd.

(Archiv-Acten vol. 252.)

** An

den König von Engeland

Petershagen den 26. July 1759.

Ewr. Königl. Majst. gnädigstes Schreiben vom 17. dieses ist mir
durch den damit abgesendeten Englischen Courier gestern Abends wohl
behändigt worden. Ich habe Höchstdero gnädigste Intention dem General-Lieutenant von Wangenheim bekannt gemacht: und werde nicht
ermangeln, Eurer Königl. Majst. von dessen ferneren conduite bey seinem
neuen commando unterthänigst Bericht abzustatten, nicht zweiflend, dass
solcher Ewr. Majst. gnädigsten Erwartung gemäss ausfallen werde.

Ich danke Eurer Majst. unterthänigst, dass Dieselbe Sich des Obristen von Scheiters gnädigst erinnern und denselben nach seiner ancienneté zum General-Major zu ernennen geruhen wollen.

Was die Festung Stade anbetrifft; so zweifle ich nicht, der Cammerpräsident von Münchhausen werde Eurer Majst. von derselben wahren Zustand Bericht erstattet haben: und will ich dahero diese Materie nicht weiter berühren.

Die Festung Vechte ist von ihrer Blocquade degagiret worden; ich lasse solche ietzo mit provision und munition versehen; hingegen habe ich die partie ergriffen, aus Bremen die ammunition und artillerie herauszuziehen und nach Stade zu senden. Einen geringen Theil davon lasse ich nach Vechte transportiren. Ich bin dadurch in Stand gesetzet worden, die garnison aus Bremen wieder herauszuziehen, und zu gleicher Zeit die artillerie und ammunition in Stade zu vermehren. Ich habe der Stadt Bremen die Versicherung gegeben, dass sobald die Umstände es erlauben würden, artillerie und ammunition derselben getreulich restituirt werden solten. Um gleichwol Bremen nicht ganz ohne Besatzung zu lassen; so habe ich das Bataillon Hessischer Militz von Freyenwalde nebst der Hoyaischen Land-compagnie, welche beyde in Minden zu Kriegsgefangen gemacht, von dem M. de Contades aber mit der Erlaubniss gleich wieder zu dienen, bald darauf zurückgesendet worden, wiederum dahin detachiret.

Der G.L. von Zastrow ist in der Nacht vom 12. von dem Marquis von Armentieres an fünf Orten von der Stadt und Citadelle angegriffen, der Augrif aber durch eine rühmliche resistenz, mit vielem Verlust der Feinde vereitelt und repoussiret worden.

Der Feind hat darauf nöthig gefunden, mehr ceremonie zu gebrauchen, und hat in der Nacht vom 19. auf den 20. ordentlich die tranchée eröffnet. Die Besatzung hat sich darauf in die Citadelle gezogen, und ich hoffe, dass sie sich allda noch einige Zeit halten wird. Ich bin mit dem tiefsten respect p. p.

(Archiv-Acten vol. 252.)
** Postscriptum an den König von Eng eland
Petershagen den 26. Juiy 1759.

Die zu Bremen gelegene Garnison ist nach Vechte marschiret; ich habe die Hessischen Husaren und Jäger nebst zweihundert Dragoner von Breitenbach dazu stossen lassen. Dieses Detachement wird morgen nach Vorde, und übermorgen von da auf Osnabrück marschiren, um das daselbst befindliche feindliche Detachement zu enleviren. Den 29 wird solches gegen Hervorden marschiren, und sich zu Rimsel mit dem Erbprinzen von Braunschweig conjungiren, welcher mit einem Corps von 6 bis 7tausend Mann morgen Abend von hier auf Lübbecke, und den 29. nach Rimsel marschiren, und das ganze Corps commandiren wird. Solches kommt durch die Position bei Rimsel dem Feind im Rücken; ich werde mit der armée den 28. oder 29. eine andere position nehmen, um den Erbprinzen zu souteniren. Von Hameln aus lasse ich zu gleicher Zeit einen Versuch auf das St. Germainsche corps machen, welches bey Schwübber stehet. Der Obrist-Lieutenant von Freytag wird solche Entreprise führen. Der succes von diesem mouvement hanget sehr viel davon ab, ob Münster sich alsdann noch hält. Ich hoffe aber den Feind dadurch zu nöthigen, seine ietzige position zu verlassen, oder ein Treffen zu liefern. Ich bin mit dem tiefsten respect p. p.

à Whitehall ce 17. Juillet 1759.

Monseigneur,

J'ai reçu Samedi passé les lettres dont Votre Altesse Serenissime a bien voulu m'honorer du 6. et du 9. du Courant. — Sa Majesté m'ordonne expressement de Vous temoigner, Monseigneur, combien Elle est satisfaite de leur Contenu. Votre Altesse Serenissime ne peut douter des Voeux sinceres que l'on fait ici pour la Reussite des Entreprizes qu'Elle pourra mediter. J'ai l'honneur d'etre avec le plus profond Respect

Monseigneur p. p.

Holdernesse.

S. A. S. Mgr. le Prince Ferdinand de Bronsvic.

⁂ Pour Mylord Holdernesse.

Petershagen ce 26. Juillet 1759.

La Lettre que V. E. m'a ecrite du 17. me fut rendüe hier au soir. La grande armée ennemie continue d'occuper sa position de Minden; Mr. d'Armentières est encore occupé du siege de Münster; la garnison a abandonné la ville et s'est retiré dans la citadelle. Mr. de St. Germain se trouve avec deux ou trois mille hommes vis-à-vis de Hameln en deça du Weser. Le Duc de Broglie est de l'autre coté de cette riviere à Bergen; de maniere qu'il n'est separé de la grande armée que par la riviere, sur la quelle l'ennemi a jetté deux ponts de communication.

Je compte de faire demain et les jours suivants un mouvement, qui pourra engager l'ennemi ou à quitter sa position presente, ou à livrer Bataille. J'ay l'honneur d'etre p. p.

reçu le 30. Juil. 1759 à 10 h. du m. par Riehl
à Petershagen ce 26. Juillet 1759 à 9 heures du soir.

⁂ Monsieur

Votre infiniment chere Lettre No. 63., ecrite du 20. et celle du lendemain No. 64 m'ont eté rendües hier au soir par le courier anglois. On vous fait mille remercimens de cette grande attention avec la quelle vous entretenez la correspondance. On Vous prie de faire mille amities à l'ami connû pour lequel on a une vraye Estime. Nous avons apris que la tranchée devant Munster a eté ouverte la nuit du 19. au vingt. La garnison s'est retiré dans la citadelle je crois le 22. et se defendit encore le 24. Le païsan et le bourgois s'est joint aux francois, pour l'assister. Nous avons apris que l'ennemi a 26 pièces de gros canons en batteries. Il y a pour le moins 80 pieces dans la citadelle en etat d'y repondre. Si nos gens font des efforts un peu extraordinaire Messieurs les Francois n'entreront pas si tot qu'ils s'en sont flattés. Ce seroit excellent. Ils n'ont pas compté que Munster les arreteroit; il est à suposer qu'ils craindront apresent que Lipstad et Hameln ne fassent la meme chose; et il ne paroit pas qu'ils se soyent preparé pour beaucoup de siége. Mais je puis me tromper; et me flatter trop. Mr. de Contades est à Minden, Broglio à Bergen, St. Germain à Schwubber et Fischer à Witzenhausen.

Nous nous sommes preparé, pour frapper un certain coup; s'il reussit Mr. de Broglio repassera le Weser et Mr. de St. Germain quittera Schwubber. Il peut s'en suivre une bataille generale. Une partie des Troupes se mettra demain au soir en marche sous les ordres de Mgr. le prince hereditaire. Ainsi preparez vous à recevoir les grandes nouvelles.

Mr. Z. ne nous a point ecrit ni fait parvenir la moindre petite nouvelle. Cet homme sert fort mal pour l'argent qu'il a reçû. Mr. de Contades a changé de sentiment. Il etoit honete et moderé l'année passée. Il est actuellement aussi frivole qu'un petit maitre. Voicy une histoire que le president Massow m'a racconté. Le duc de Broglio ayant parlé du Duc avec cet egard que ce prince merite, Contades dit qu'il vouloit le mettre dans un sac, ou le hacher en pieces avec tout son corps de troupes. Broglio replique que cela seroit un peu difficile, qu'on ne prendroit pas si aisement ce prince là. Contades repond vous le craignez donc? pour moi je ne saurois craindre ce petit prince. Un officier general, dont Massow ignore le nom, se trouvant avec eux, se tourne vers Broglie, et luy dit: „Mr. le marechal a raison, il imite ses ancetres. On pretend que l'ayeul de Mr. de Contades a eté boucher."

Le Roy nous a ecrit du 20; le prince Henry a passé l'Elbe le 22. à Dresde, pour s'aprocher de S. M. Dohna a echoué, et revient sur l'Oder aprés avoir perdû une partie de ses caissons et bagages. S. M. dit que c'est faute de pain qu'il revient. Mais c'est en effet puisque les Russes l'ont trompé et sont arrivé avant luy sur les frontières de la Silesie. Je tiens ces particularitez du chasseur qui a aporté la Depeche de S. M. Je presume que la bataille se donnera du coté de Gruneberg entre les Russes et les Prussiens. Un corps de cavallerie autrichienne a dû aller joindre les Russes; mais il a eté rechassé. Adieu mon cher monsieur mettez moi aux pieds de S. A. S.

(à Mr. de Haenichen).

(Aus den Archiv-Acten vol. 4.)

Arrangement der Regimenter im Lager bey Petershagen den
27. Juli 1759, Abends 6 Uhr.

Bönningshofstede.

Kingsley.

☐

☐ Bland.	
Inniskilling.	
Garde bleue.	
☐ Gr. à Cheval.	☐ Howardt.
	☐ Mordaunt.
⎸ Busch.	☐ Gris Horses.
⎹ Breidenbach	
Drag.	☐ Bock Drag.
☐ G. du Corps.	
☐ Engl. Artill.	☐ Bremer.
☐ Brigade.	☐ Veltheim.
☐ Napier.	☐ Saxe Gotha.
☐ Stuart.	☐ Englischer
☐ Hu·que.	Reserve Train.
☐ Gardes	☐ vac. Kingsley bedeckt d. Engl. Hauptquart.
☐ Hannover.	☐ Brudenell.
☐ Hardenberg.	
☐ Linstow.	☐ Home.
☐ Reden.	☐
☐ Scheele.	⎹ Artillerie-
☐ Buckeburg.	Brigade
☐ Artillerie.	vom Major
☐ Wangenheim.	Hasen
☐ Grenad. Hess.	☐
☐ Pr. Carl.	

Weg von Minden nach Uechte und Bremen.

☐ Dolle.	⎸ Hannoversche	
☐ Mansbach.	Reserve-	
☐ Garde Hess	Train	
	vom Obrist	
	Braun.	☐ Stolzenberg.
☐ Behr.	☐ Leib-Regt.	☐ Brunck.
☐ Braunschw.	Hessen.	
☐ Leib-Regt	☐ Imhoff.	☐ Erbprinz.
☐ Braunschw.		
☐ Engl.	☐ Hessische	☐ Hanau.
☐ Artillerie-	Artill.-Train	☐ Bischhausen.
Brigade.	Vacant.	
	☐ Bückeburg	☐ Pr. Anhalt.
☐ Hammerstein.	Vacant.	Platz vor
☐ Pr. Wilhelm.	☐ Fruschenk.	Gilsae. Vacant.
☐ Leib-Regt.		
Hessen.	☐ Miltitz.	
Vacant		
Leib-Regt.	⎸ Pr. Wilhelm	
Hessen.	⎹ Dr. Vacant.	
☐ Prince		
Holstein.	⎸⎹ Finckenstein.	

Weser.

(Archiv-Acten vol. 4).

Durchlauchtigster Hertzog,

Allergnädigster Herzog und Herr!

Da von Schartzfeld die zuverlässige Nachricht erhalten, dass ein Corps von ungefähr 1500 Mann von der Reichs-Armee, bestehend aus Husaren, Croaten und Cavalerie, so ins Halberstädtsche gewesen, sich hiesigem Orte nahete, so entschloss mich, mit 250 Jäger zu Fusse, 50 zu Pferde und 150 Dragoner noch gestern Abend von Hollenstadt aufzubrechen, und anhero zu marschiren, bin also um 8 Uhr diesen Morgen anhero gekommen. Diese erwehnte feindliche Truppen haben vorgestern würklich zufolge eingezogenen Nachrichten zu Klettenberg, 4 Stunden von hier, theils in Hütten, theils in Zeltern campiret, ihre Patrouillen bis ½ Stunde von hier poussiret, so allerley desordres aller Orten ausgeübt. Die so in der Grafschaft Hohenstein begangen, sollen fast nicht zu beschreiben sein. Gestern Morgen früh sind gedachte Truppen von Klettenberg aufgebrochen und haben den Weg nach Duderstadt genommen, alwo solche noch gestern im Felde gestanden. Was die Absicht dieses marches ist, kann noch nicht wissen, es muss sich solches jedoch bald zeigen.

Die Route, so diese Truppen auf den hin- und hermarsch nach Halberstadt alwo solche nur durchgegangen, ist nachstehende gewesen, von Bleicherode nach Ellrich, Hasselfelde, Blankenburg, Halberstadt und so nach Aschersleben. Gefangen haben solche wenig gemacht; die Länder sind aber übel behandelt worden. Von Anrückung Preussischer Truppen will hier Niemand was wissen. Um nun den Kaiserlichen und Reichstruppen ein Blendwerk vorzumahlen, damit sie nicht so dreiste in's Hohensteinsche wieder kommen, und die noch darin befindlichen zum Rückzug zu leiten, habe sofort eine Estafette nach Nordhausen gesandt, und verlangt, mich auf hohen Befehl einen Commissarius zu senden, von welchem verlangen werde, die Stadt an unseren Truppen zu übergeben, weil dieses den Kaiserlichen geschehen, auch sich auf Brod für die ankommenden Truppen zu schicken hätten. Dieser Ort liegt von hier 8 Stunden und von Mühlhausen 6 Stunden, wodurch die Truppen, so auf dem Eichsfeld und noch in der Grafschaft Hohenstein sich befinden würden, abgeschnitten wären. Ich habe dieses nur gethan, um die Unterthanen der gedachten Grafschaft einigermaassen Hülfe zu leisten. Ob zwar noch nicht weiss, was der Ausgang hiervon sein mag, so schmeichle mich jedoch, dass Ew. Hochfürstl. Durchlaucht dieses nicht ungenädig missbilligen werden.

Das Stockhausensche Bataillon, die übrigen Jäger und Dragoner habe in der Gegend Fredensloh am Solling, um den Feind von hier zu beobachten, gelassen. Ich gedenke in drei Tagen, wenn es einigermaassen thunlich, wieder von hier nach dem Solling zu gehen, um zu sehen, ob allda nicht was auszurichten steht. Dem Verlauten nach halten sich verschiedene Partieen auf jener Seite der Weser auf, welche zu Zeiten auch auf dieser Seite kommen sollen. Ich gedenke solche erst dreiste werden zu lassen, demnächst aber suchen muss, wie man dieselbe am besten beikommen kann.

Das ich mit der aller vollkommensten Ehrfurcht allstets ersterbe

Ew. hochfürstl. Durchlaucht

Schartzfeldt, d. 25. July 1759   gantz unterthänigster Knecht

   Mittages um 11½ Uhr.   W. v. Freytag*).

    Durchlauchtigster Hertzog,

    Allergnädigster Hertzog und Herr!

Ew. Herzogl. Durchl. höchstgnädigstes Schreiben vom 25. July ist mich durch den Feldjäger heut Abend um 9 Uhr geliefert; ich wünsche nicht mehr als Höchstderoselben gnädigen Befehl zu erfüllen und den 28. July die Weser passiren zu können; ich bin aber hier noch verblieben, weil vernommen, dass die Kaiserlichen oder Reichs-Armée sich wieder in's Hohensteinsche gewandt und bis auf 4 Stunden sich hiesigem Ort genähert, hinfolglich bin von Hameln 10½ Meilen, das Bataillon von Stockhausen mit 50 Dragoner, 60 Jäger zu Pferde, und 150 Jäger zu Fuss habe im Solling an der Weser gelassen; diese sind ebenmässig 10 Meilen von Hameln, und von mich noch 5 Meilen; vor Morgen früh um 6 Uhr können solche die ordre zum march nicht erhalten. Ew. herzogl. Durchlaucht werden aus angeführtem Umstande gnädigst zu ersehen geruhen, dass es nicht wol thunlich, in befohlener Zeit darhin zu kommen; ich werde jedoch alles mögliche in der Welt thun, um das mir aufgetragene project nach bestem Vermögen auszurichten; ich verspreche, wenn mich das Glück nicht zuwider, etwas fruchtsames auszurichten oder zum wenigsten den Hr. General St. Germain zu nöthigen, sich zurückzuziehen; ich setze mich sofort in march und werde hoffentlich morgen zu Einbeck eintreffen, von da gehe auf Eschershausen und so nach Hameln zu. Wenn es thunlich, so gedenke bei Grohnde oder Latfer mit ein Theil Jäger überzugehen, um dem Feind in die flanque zu kommen.

Der ich mit der grössten Ehrfurcht alstets ersterbe

Ew. Hertzgl. Durchlaucht

Schartzfeldt,   gantz unterthänigster Knecht

den 26. July 1759.**)   W. v. Freytag.

(Archiv-Acten vol. 4 u. 26.)

Den Lieutenant Ziel von Lucknerschen Husaren sendet der Hr. Oberste anhero, um mündlichen Rapport von seiner gemachten Patrouille abzustatten. Es ist selbiger nahe vor Bückeburg passirt, worinnen 400 Mann vom Feind, von da er durch Cammerhoff bis an den Vorposten des Feindes gegangen, alsdann sich, Frille links lassend,

---

*) N. d. H. 'Voila tout mon projet de diversion renversé par les marches et contre marches du Sieur Freytag? Qu'en sera-t-il?

**) N. d. H. 'Il me paroit que beaucoup de confusion regne dans cette tête. Et ce sont toujours beaucoup de projets à perte de vue, mais qui parviennent rarement à maturité.

geschlagen, worinnen nichts vom Feind, längs denen feindlichen Posten vom Wietersheimer Thurm, welchen er links gelassen, und zurück über der Dahl-Mühle retourniret sey.

Die feindliche position von dem Corps von Broglio sey noch in alle Wege dieselbige und gantz keine Veränderung.

Petershagen, den 26. July 1759. Estorff,
General-Adjutant.

Unterthänigster Rapport aus Todenhausen den 26. July 1759 Früh 5 Uhr.

Ew. Hochfürstlichen Durchlaucht melde unterthänigst, dass alles noch ruhig und nichts neues vorgefallen ist. An denen Verschanzungen ist die Nacht fort gearbeitet worden und stehen nunmehro fünf Sechspfündige Canonen allhier.

Das Englische Grenadier-Bataillon ist mit Anbruch des Tages durch ein Braunschweigisches abgelöst worden.

v. Wintzingerode.

Durchlauchtigster Herzog
Gnädigster Fürst u. Herr!

Ew. Durchl. melde unterthänigst, dass diese Nacht 1 Husar von Ruesch von der Vidette desertirt ist; imgleichen ein Husar von Ruesch beym patrouilliren blessirt worden. Ich ersterbe in tiefster Devotion p. p.

Im Lager zwischen Kutenhausen Narzimsky.
und Stemmern d. 27ten July 1759.

Monseigneur!

Selon le rapport des patrouilles, et selon ce que j'ai vu de mes propres yeux, il n'y a point eu de changement depuis hier dans les deux camps ennemis, et tout y est parfaitement tranquile.

Un Trompette a ramené 17 prisonniers qui ont eté pris à Vechte.
à Todenhausen le 27. Juillet 1759. de Malortie.
à 4 h. du matin.

Monseigneur!

Je reviens dans ce moment d'une patrouille que j'ai faite à Halen, J'y ai pris deux chevaux francois et j'en aurois pris probablement 20., si j'avois eu plus que 3 Husards. J'ai trouvé ces chevaux au même endroit, où je les vis paitre la derniere fois. Il m'a cependant parû que le camp a diminué depuis mon dernier dujour à Dohnhausen, et les raports des paysans ont justifié mes conjectures. Là où vôtre Altesse a remarqué cette groupe de tentes, il y a un vuide dans la premiere ligne qui peut avoir embrassé 4 Bataillons. Les paysans m'ont dit que ces troupes sont marché du coté de Minden, et comme il me paroit que le camp en deça de la Ville a augmenté, il est possible qu'il l'a eté par les Bataillons qu'on a pris de la ligne: aussi peuvent-

ils avoir renforcé le Duc de Broglio, qui depuis quelque tems a augmenté considerablement ces postes de l'autre coté du Weser. C'est
avec le plus profond respect p. p.

Dohnhausen ce 27 de juillet 1759   Bulow.
  à 6 heures et demi.

   Raport vom Piquet.

       Holtzhausen d. 28, July 1759.

 Laut eingegangenen Raports ist nichts Veränderliches. Die Ablösung ist diesen Morgen wie gewöhnlich geschehen.

 Bei Schliessung dieses Raports ist in der Gegend hinter Hille
nach Lübcke zu einige Canonen Schüsse gehört worden.

       George Ludwig,
      (Herzog von Holstein.)

 Je viens de recevoir les ordres de Votre Altesse, que j'executerois
ponctuellement.

 Je suis très respectueusement
     de Votre Altesse Serenissime
      le tres humble et tres obéissant serviteur
Tonhausen ce 28. Juillet 1759.   Wangenheim.

  Monseigneur!

 On est entierement tranquile au Camp francois, j'ai observé le
meme vuide, sans avoir pu apprendre d'avantage par les paysans. Il
est probable que ces Bataillons ont joint le corps de Broglio pour le
soulager dans le service.

 J'ai observé cette nuit vers Buckebourg plusieurs feu dans une
même ligne, comme ceux d'un camp, on n'y decouvre cependant rien
au jourd'hui. On a tiré beaucoup ce matin avec l'aube du jour vers
notre droite, beaucoup au delà de Nordhemmern; il m'a parû avoir entendû des coups de canon et des coups de pelotons. C'est avec le
plus profond respect p. p.

Thonhausen ce 28. Juillet 1759.   Bulow.

 Die 10 Marquetenders sind gestern durch den Trompeter, 1 Wachtmeister und 4 Jäger nach Bückeburg abgeliefert.

 Vor der Brücke hat ein Piquett von 10 Mann Cavalerie gehalten,
und da der Trompeter Apell geblasen, haben sie halten müssen, bis
ein Officier mit 12 Mann Infanterie vom Schlosse kommen, und sie in
Empfang genommen.

 Beym Wegreiten hat der Officier zu dem Wachtmeister gesagt:
ob er woll wüsste, dass Münster in ihren Händen wäre und ging es
nunmehr auf Lippstadt los.

 Ein zuverlässiger Mann aus Bückeburg saget aus, sie hätten noch
7 eiserne Canonen, welche in dem einen Rundtheil verborgen gelegen,
ebenfalls auf den Wall gebracht, mithin wären nunmehro 9 Stücke aufgeführet, worunter 2 zwölfpfündige.

Das Lager ist bey Obernkirchen gestern Nachmittag abgestochen; ich gab denen beiden Ingenieurs 1 Lieut. u. 18 Pferde zur Bedeckung mit, dieselbe sind da geblieben, bis die Feuer angezündet worden.

Die Marquetenders liess nicht ehender wegbringen, bis sie mit Abstechung des Lagers im Gange waren, welches sie mit angesehen.

Uebrigens haben die Patrouillen nichts Neues eingebracht, als dass sie ein Schiessen den Weg nach Vrille gehört haben.

Stadthagen d. 28. July 1759 Morgens 10 Uhr.

C. Friedrichs.

Unterthänigster Raport.

Da ich diesen morgen 4 Uhr die Vorposten visitirte, habe 5 feindliche Esquadr. wahrgenommen, welche von Minden der Gegend Kutenhausen anrückten, daselbst aber halt machten. Kurtz darauf habe feindliche Generalité bemerket, weshalben zu glauben stehet, dass die Esquadr. sich zur Bedeckung postiret gehabt.

Um selbe Zeit habe auch ein ziemlich mousqueterie-Feuer der Gegend Hille gehöret, welches bis um 7 Uhr gedauert;

Sonst ist alles geruhig die Nacht gewesen und keine sichtbare Veränderung in des Feindes Position.

Radert auf der Schwartzbreite,   Wangenheim.

d. 28. July morgens ½ 8 Uhr.

N. S. Sr. Durchlaucht der Prinz von Bevern sind vom Commando abgegangen.

P. P.

So eben erhalte die sichere und zuverlässige Nachricht, dass Morgen, als den 29ten dieses das gantze Corps des General St. Germain, so in die Gegend von Aertzen gestanden, unter Rinteln auf dem sogenannten Steinanger jenseit der Weser, campiren wird. Viele Wagens mit Kranke und Officiere sindt bereits in Rinteln angelangt, auch wird Fourage und andere Lebensmittel angeschafft. Es heisset, sie würden den 30ten wieder aufbrechen und ihren March nacher Minden nehmen.

Dan: d. 28. July 1759.   d. D.

Den Augenblick erhalte angelegte Nachricht von dem Major v. Dittford zu Dankersen; ich habe darauf ein Patroll über die Gebürge geschicket, mit dem Befehl, an der Weser sich verdeckt zu halten, bis sie sehen, ob das Lager formiret worden oder nicht.

Die nach Oberkirchen mit Anbruch des Tages abgehende Patrouille soll ebenfalls bis Dankersen gehen.

Stadthagen den 28. July 1759   Friedrichs.

Abends 10 Uhr.

(Archiv-Acten vol. 261.)

Durchlauchtigster p. p.

Ew. Hochfürstl. Durchl. berichte hiermit, wie der Obristlieutenant

v. Freytag heute bei mir gewesen, da ich dann von demselben vernommen, dass der vorgestern an ihn abgesandt gewesene Courier seine depechen richtig überliefert, und wird gedachter Obristlieutenant darauf seinen unterthänigsten Bericht selbst erstatten.

Was das St. Germain'sche Corps anlangt, ist zu solchem gestern das Schweitzer Regiment von Diesbach gestossen; es heisset aber, nach Aussage der Deserteurs, dass gedachtes Corps morgen aufbrechen, und ins Lager nach Minden marschieren werde. Wann letzteres sich also befindet und der Wahrheit gemäss ist, so werde Ew. Hochfürstl. Durchl. sofort davon avertiren. Inzwischen beharre p. p.

Hameln d. 28. Juli 1759. v. Brunck.
Nachmittags 6 Uhr.

Ce 27. Juillet 1759.*)
** Monseigneur, Nr. 1.

Puisque V. A. S. me veut bien le permettre', je Luy dirai, que l'ordre, qu'Elle a donné à Reden, est excellent; mais je suis d'opinion, qu'il vaudroit mieux de n'executer la marche que le 29. au matin. Il s'agiroit seulement de changer la date dans l'ordre.

Si V. A. S. marche demain, l'ennemi s'apercoit tout d'un coup de quoi il est question, et se préparera en consequence. Il aprendra demain au matin, que le prince héréditaire est à Lubbeke, et fera un Detachement, pour l'observer ou pour le répousser; ce qu'il ne pourra faire, que demain au soir, ou aprés demain au matin. Si V. A. S. survient alors avec l'armée à Hille, c'est à dire en s'aprochant de Lubbeke, il s'apercevra de nouveau, qu'il Luy faut prendre encore d'autres mésures, et par ce moyen V. A. S. gagne sur luy l'avantage de le forcer à se plier selon Ses manoeuvres, et je me flatte qu'on parviendra de le rétirer de sa position sur le Weser.

Si V. A. S. aprouve ces reflexions, je rejoins ci-auprés l'ordre à Reden pour qu'elle y puisse changer la Date.

Freytag n'a pas bien fait, de s'éloigner du Weser; mais j'espere qu'il n'en resultera d'autre inconvenient que d'executer l'Expedition un jour plus tard.

Ce 28. Juillet 1759.**)
** Monseigneur, 1.

Ayant réflechi sur la difference, que Bulow a remarquée dans le camp ennemi, je crois, que la raison est la suivante. L'ennemi, ayant sans doute apris, que nous avons fait un pont à Petershagen, demème qu'on a fortifié le poste de Tonhausen, en y menant du canon, et que l'on a eû soin de cacher ce canon, comme aussi que les troupes de Tonhausen ont eté augmentés; il pourra avoir jugé nécessaire, d'augmenter le camp autour de Minden, afin d'assurer cette ville et le camp

---

*) N. d. H. Das Hauptquartier war noch in Petershagen.
**) N. d. H. Das Hauptquartier noch Petershagen.

contre une surprise et attaque brusque. D'ailleurs la diminution du grand camp étant mediocre et apeuprés de 4 bataillons seulement, je ne pense pas, que l'augmentation de celuy de Minden, ou du Duc de Broglio puisse avoir aucun dessein offensiv en vüe, et par consequent il paroit, que la raison que je viens d'alleguer est la veritable.

Voicy Monseigneur le Dénombrement des passages qui conduisent de Minden dans le païs de Ravensberg et de Lippe.

Ce 28. Juillet 1759.

※※ Monseigneur, Nr. 2.

Je crois que V. A. S. peut faire lever demain au matin les deux ponts de pontons; et les envoyer à Nienbourg.

Mais je suis d'avis qu'on laisse encore les deux autres.

Ce 28. Juillet 1759.

※※ Monseigneur, Nr. 3.

Ce que V. A. S. marque à Reden touchant les ponts me paroit bien, et je le luy ay envoyé.

(Archiv-Acten vol. 26.)

à Osnabrück ce 28. de Juillet 1759 à midi.

Monseigneur!

Nous venons justement de deloger l'ennemi d'Osnabrück; nous fimes 2 attaques, l'une en deça de la Haase menée par le general Drewes, et j'eus l'honneur de mener l'autre en passant cette rivière à Eversburg. J'enfonçai trois portes, l'ennemi tint bon à la quatrieme au delà d'une heure, enfin mes canons se firent jour: je la forçai et l'ennemi fichoit le camp; je pris un de leurs canons dont ils me tuèrent du monde, les ayant chargé à cartouches, et je fis ouvrir l'autre porte, où nos gens n'avoient guère de succès, après que le digne Lieut. Collonel Cram avoit été tué. C'est une grande perte. Le Lieut. Collonel du regiment Block, qui étoit de mon attaque, est dangereusement blessé.

Je crains que nous n'ayons une trentaine de tués; mais nous avons fait assés grand nombre de prisonniers, et encore un autre canon, mes gens m'ont dit l'avoir trouvé sans affut. L'ennemi n'avoit que ces deux pieces, et Votre Altesse Serenissime daignera confirmer, je supplie, une donation que j'en ai fait aux chasseurs hessois. Avec les magazins nous avons recouvré pres de 50 soldats anglois reconvalescens ou malades. Je ne puis pas encore definir le nombre des prisonniers, on en tire à tout moment des maisons.

Les uns assurent que la citadelle de Münster s'est rendüe, les autres disent, que non; mais pourtant il y a deux jours qu'on n'a plus entendu tirer. Sous peu je serai en etat d'être plus positif.

Demain nous marcherons à Rimsel.

Adieu, Mon Seigneur, je me mets aux pieds de V. A. S. Je suis

III. 27

charmé au delà de toute expression, que le hazard ait voulu, que je donnasse un faible preuve du zèle dont je serai jusqu'au dernier soupir

Monseigneur!

de V. A. S.

la garnison. n'etoit que les
volontaires de Clermont,
autour de 800 hommes seulement.

l. t. h. très obeis. et
très fidèle et très devoué
serviteur
gez. Schlieffen.

reçu par Kemnitz le 1. Aout 1759.
à 9. h. du soir. sans autres lettres.

No. 1.   Hille ce 29. de Juillet 1759.

** Monsieur,

Il me semble, qu'il y a de Lettres de perdues de celles que j'ay eû l'honneur de vous ecrire. je vous ai depeché trois ou 4 couriers de suite; comme les reponses tardent d'arriver de Votre part je crains que mes Lettres ne soyent interceptées ou que le meme sort ne soit arrivé aux votres. Le dernier courier que je vous ay renvoyé c'est Ruel; il etoit chargé de Depeches importantes pour Londres. Pour que vous puissiez juger si toutes mes Lettres arrivent, je vais suivre votre Exemple en les numerotant.

Mgr. le prince héreditaire se mit en marche le 27. à 6. heures du soir pour Lubbeke; il y arriva le 28. à 7. heures du matin. L'ennemi ne jugea pas à propos de l'attendre. Les chasseurs attraperent 5. hommes des volontaires de Nassau; c'est tout ce que l'on prit. Le general Dreves s'est mis de son coté en marche de Vechte le 27. allant jusqu'à Vorde, delà il a poussé hier jusqu'à Osnabruk. Vous verrez par la relation ci-jointe ce qui s'y est passé. La lettre est du capitaine de Schlieffen adjutant general du Duc. C'est le meme qui degagea Vechte, il y a 5. ou 6. jours. Le prince hereditaire est marché aujourdhui de Lubbeke à Rimsel, où il sera joint par le general Dreves. Le Lieutenant-colonel de Freytag tachera d'entamer cet aprés midi le general de St. Germain à Schwubber; mais je crains que la chose ne soit devenüe ou impossible ou tres difficile depuis que le general Waldner est arrivé de la Hesse à Lude avec 4. bataillons suisses et 2. Escadrons de cavalerie, à moins qu'il ne voye jour, de commencer par battre celuy-ci. L'une et la plus grande partie de l'armée s'est mise en marche à quatre heures de ce matin. Elle vient d'entrer au camp de Hille. Le Duc occupe le meme quartier, qu'il avoit lorsqu'il fit l'année passée le siege de Minden. L'autre partie de l'armée est restée à Petershagen, sous les ordres de M. de Wangenheim.

L'armée francoise est en mouvement depuis hier; on raporta cette nuit qu'un corps de 6,000 marchoit à Rinteln; la poussiere qu'on vit s'elever confirma cette nouvelle. Ce matin tout a remué dans le grand camp ennemi; Plusieurs Detachemens ont marché vers Hervorden, et ont ensuite rebroussé chemin. Mais comme le Duc est encore à reconnoitre l'ennemi j'ignore ce qui en est. Il me paroit cependant qu'aujourdhuy nous ne saurions en venir aux mains. peut etre que cela arrivera demain. Les armées se trouvent dans une position, où elles ne peuvent rester sans se batre. Si nous sommes heureux, nous reprendrons bien vite la ville et la citadelle de Munster, s'il est vrai que l'une et l'autre se soit rendue; ainsi que je le crains. Car outre l'argument que Schlieffen allegue, il y a des gens venus hier des frontieres d'Hollande, qui assurent, que la citadelle est prise. C'est bien facheux; mais il est impossible de n'essuyer pas des revers dans la guerre. Si le ciel nous veut favoriser il y aura moyen de le reparer. je vous prie de faire part à Mr. Yorke du contenû de la relation de Schlieffen: peutetre qu'il voudra en faire parvenir quelque chose de son coté en Angleterre. adieu mon cher monsieur. mettez moi aux pieds de S. A. S.

(à Mr. de Haenichen.)

No. 2.

Archiv-Acten vol. 259.
Veld-Marechal.
Lieut.-Generaux.
Generaux-Majors.
Collonels.

☀ Ordre de Bataille au 29. Juillet 1759.

Son Altesse Serenissime Monseigneur le Duc.

Prince de Holstein. Einsiedel. Wutgenau. Toll. Bose. Scheele. Stolzenberg. Waldgrave. Charles Breitenbach. Mostyn.

Fersen. Stein. Behr. Gilsae.

Esc.	Batt.
Mylord Sackville	
3	Bland.
2	Inniskilling.
3	Gardes bleu.
1	Grenadiers à cheval.
4	Max Breitenbach.
1	Gardes du Corps.
1	Napier.
1	Stuart.
1	Welsh Fuseliers.
2	Gardes.
1	Hardenberg.
1	Pless.
1	Reden.
1	Scheele.
1	Wangenheim.
1	Grenad. Hessen.
1	Prinz Wilhelm.
1	Prinz Anhalt.
1	Gilsae.
1	Prinz Carl.
1	Garde.
2	Behr.
2	Hammerstein.
2	Prinz Wilhelm.
2	Leib-Regt.
5	Holstein.

au Parc de la Grosse
  Artillerie:
1 Bat. Saxen-Getha.
1 — Bückebourg.

General der Infanterie.
Lieut.-Gen.
Gen.-Maj.
Collonels.

Esc.	Batt.
Mylord Grambi. Elliot.	
2	Howard.
2	Mordaunt.
2	Grieshorses.
2	Bremer.
2	Veltheim.
Kingsley.	
1	Kingsley.
1	Brudnel.
1	Home.
Pr. v. Anhalt.	
1	Stoltzenberg.
1	Estorff.
Wissenbach.	
1	Erb-Printz.
1	Mansbach.
de Spoercken. Imhoff.	
1	Tolle.
1	Bischhausen.
1	Leib-Regt.
Bischhausen. Rothemberg.	
2	Imhoff.
Urff. Finckenstein. Pruschenk.	
2	Pruschenck.
2	Miltitz.
4	Finckenstein.

Troupes legeres à l'armée.

3 Escadr. de Hussards Prussiens.

Entierement detaché de l'armée:

Une Brigade de Chasseurs Hannovriens avec Monsieur de Freytag.

Une Brigade de Chasseurs Hannovriens avec Monsieur Friedrichs.

Le Corps de Stockhausen.

3 Escadr. de Charles Breitenbach.

En Garnison:

à Münster.	1 Bat.	Wurm Milice Hessoise.
Tout le Corps de Scheiter.	2 —	Milice Hannovrienne. •
		2 Comp. d'Invalides Hessois.
	2 —	commandés de 8 Regts. Hannovr. chaque bataillon de 400 hommes.
à Lipstadt.	1 Bat.	Grenad. }
	1 —	Gundelach } Milice Hessoise.
	2 —	commandés de 8 Regts. Hannovr. chaque bataillon de 400 hommes.
	1 —	Wrede.
		Les Carabiniers, et les Chasseurs de Buckebourg.
à Hameln.	1 Bat.	Post.
	1 —	Fersen,
	1 —	Marschall.
		1 ou 2 Bat. de Milice.
à Niembourg.	à Vechte.	à Hannovre.

4 Escadr. Leib-Dragoner.

4 — Pr. Frederic.

1 Bat. Maxvell, anglois.

1 — Donep. }
1 — Schlotheim. } Hessois.

1 — Stammer. }
1 — Wittorff. } Brunsvic.

1 — Gr. Sidow, Major, } Hanno-
1 — Gr. Wense, Obristl. } vriens.

2 Escadr. Luckner.

Une Brigade de grosse Artillerie et nommement celle du Lieut. Collonel Huht.

Outre 6 pieces de 6 livres déja attachés au corps du L.-G. de Wangenheim.

10 Cannons des Cannons des Buckebourg aupres les 5 Bataillons de Grenadiers sous le Prince de Bevern.

Corps de Grenadiers. Pr. de Bevern. Obrist Laffert. Coll. Hanstein.

1ᵐᵉ Reserve de l'Armée.
Lieut.-Gen. de Wangenheim.
G.-M. Halberstadt. Scheiter. Reden. Grothaus.

2 Escadr. Regt. du Corps.
2 — Heyse.
2 — Hodenberg.
2 — Reden.
2 — Grothaus

1 Bat. Bersebé Grenad.
1 — Spoercke.
1 — Halberstadt.
1 — Scheiter.
1 — Zastrow junior.
1 — La Chevallerie.
1 — Laffert.
1 — Schoulembourg.
1 — Kilmansegg.

2ᵒⁿᵈᵉ Reserve.
Pr. Hereditaire de Brunsvic.
Lieut.-Gen. Comte de Kilmansegg.
Gen.-Maj. Drewes.
Gen.-Maj. Bock.

4 Escadr. Busch.
4 — Bock.
2 — Charles Breitenbach.

1 Bat. Vieux Zastrow.
1 — Rhoeden.
1 — Behr.
1 — Bock.
1 — Drewes.
1 — Block.
1 — Canitz.
1 — Zastrow, Brunsw.
2 — Regt. du Corps, Brunsvic.

Troupes legères.
2 Escadr. Husards Prussiens.
1 Brigade de Chasseurs Hannovriens.
Les Volontaires de Prusse.
Les Hussards Hessois.
Les Chasseurs Hessois.
Avec un train d'Artillerie de grosses pièces, au nombre de
16 et 2 ponts portatifs.

Die Geschichte des siebenjährigen Krieges in einer Reihe von Vorlesungen etc. bearbeitet von Offizieren des Grossen Generalstabes. Dritter Theil. Der Feldzug von 1759. Berlin 1828. (Als Manuscript zum Gebrauche der Armée abgedruckt) enthält nachstehende Zusammenstellung über die Artillerie der alliirten Armée.

Beilage V.
Nachrichten von der Artillerie beider alliirten Arméen.

I. Stärke und Vertheilung derselben vor der Eröffnung der Operationen.

Zu Anfang des Jahres 1759 hatte die Armée des Herzogs Ferdinand als Park-Artillerie nur Hannöversche Geschütze, und zwar: —

50 Kan. 7 Haub., überhaupt 57 Gesh.

Im April kamen aus England bei dem Corps in Westphalen 22 Kanonen, 6 Haubitzen an, wogegen 8 hannöversche 12pfünder in die Reserve gestellt wurden, der Zuwachs betrug daher . . . 14 - 6 - überhaupt 20 -

Summa der Park-Geschütze . . . . . . 64 Kan. 13 Haub., überhaupt 77 Gesh.
Von diesen befanden sich:

a. in Westphalen { hannöv. Geschütze 14 12pf. 2 10pf. 7 6pf. 2 4pf. Kan. 4 Hb.
{ engl. Geschütze 16 - — - 6 - — - - 6 -

zusammen: 30 12pf. 2 10pf. 13 6pf. 2 4pf. Kan. 10 Hb.

b. in Hessen: hannöv. Geschütze 6 - — - 11 - — - - 3 -

überhaupt: 36 12pf. 2 10pf. 24 6pf. 2 4pf. Kan. 13 Hb.

Nach der Operation gegen die französische Main-Armée, bei welcher vor Bergen 5 Geschütze verloren gingen, erhielt die Armée 18 Bückeburgische Kanonen, die Giesserei zu Celle lieferte eine Anzahl 3pfündiger Kanonen, andere Geschütze wurden aus den Festungen gezogen; daher ergiebt sich gegen die Zeit der Schlacht von Minden die folgende Vermehruung:

II. Stärke und Eintheilung derselben nach der Vereinigung der Armée im Juli.

a. als Linien-Artillerie waren bei der Armée eingetheilt:

1. auf dem linken Flügel:	2. im Centrum:	3. auf dem rechten Flüg.:
9 engl. 6pfünder	10 bückeburg. 6pfünder	9 engl. 6pfünder
(Kapitain Roy)	(Major Storch)	(Kapitain Drummond)

b. Als Park-Artillerie befanden sich bei derselben:

1. Brig. v. linken Flüg.:	2. Centri-Brigade:	3. Brig. v. rechten Flüg.:
(Hess. Oberstlt. Huth.)	(Hannöv. Oberst Braun.)	(Hannöv. Maj. Haase.)

16 12pf. } Kan. : — 22. 2 10pf. } 22 12pf. } Kan.: — 28.
6 3pf. } 18 6pf. } 6 3pf. }
1 30pf. } Haub.: — 2. 2 4pf. } Kan.: — 26. 2 30pf. Haubitzen 2.
1 20pf. } 4*) 3pf. } ————— 30.
————— 24. 1 20pf. }
  2 16pf. } Haub.: — 3.
29.

---

*) N. d. H. Wahrscheinlich sind hier 4 3pfd. Kanonen ausgelassen; dann stellt sich die Summe auf 29 Stück und die ganze Park-Artillerie auf 83 Stück, mithin die Hauptsumme richtig auf 120 Stück.

c. Den Grenadieren waren zugetheilt: 9 dreipfünd. bückeb. Kanonen.

Zusammenstellung:

Nach der Eintheilung beider Arméen: Nach Verschiedenheit der Kaliber:

1, Linien-Artillerie	. . . . 28 Gesch.	38	12pf.	⎫	3	30pf.	⎫ Haub.
2, Park-Arlillerie	 83	2	10pf.	⎬ Kan.	2	20pf.	⎬ 7
3, bei den Grenad. (Avantg.): 9		46	6pf.	⎬ 113	2	16pf.	⎭
	120 Gesch.	2	4pf.	⎭			
		25	3pf.				

120 Stück.

Nach der Einnahme von Minden, Cassel und Marburg wurden wiederum mehrere Geschütze aus diesen Plätzen zur Armée gezogen, dagegen andere zur Verstärkung des Belagerungstrains vor Münster verwandt, welcher zugleich durch Absendung von Geschützen aus Lipstadt, Hameln und anderen hannöverschen Plätzen, imgleichen durch 33 im October hinzugekommene englische Geschütze allmählig auf mehr als 100 Stück Geschütze vermehrt wurde, während sich die Geschützzahl bei der Armee bis zum Abgange des vom Erbprinzen dem Könige zugeführten Corps ziemlich gleich blieb.

Rechnet man zu dem obigen Bestand der Park-Artillerie von 120 Gesch. die Bataillons-Geschütze (je 2 Stück pr. Bataillon) auf 57 Bat. mit 114   -
so ergiebt sich die Gesammtzahl derselben nach ihrer letzten
Vermehrung zu . . . . 234 Gesch.

Bemerkungen.

Beschaffenheit der Geschütze. Die hannoverschen 12pfünder waren 27, die bückeburgischen nur 18 Caliber lang. — Die englischen Haubitzen hatten 7¼" im Caliber. Aus den englischen 12 und 6pfündern konnten nur resp. 10 und 5pfündige Kugeln dem Gewicht nach geschossen werden, daher es nöthig war, für diese besondere Munition zu giessen.

Mannschaften: bei der hannoverschen Artillerie bestand die Bedienung
eines 12pfünders aus 2 Feuerwerkern, 16 Mann,
- 10 -   - 2   -   14 -
-   6 -   - 1   -   12 -
-   4 -   - 1   -   8 -
einer Haubitze zu . 2   -   8 -

Zu Anfang des Jahres war das hannöversche Artillerie-Regiment stark: 49 Offiziere, 50 Stückjunker, 140 Feuerwerker, 980 Constables.

Es waren von denselben auch die hannöverschen Bataillons-Geschütze besetzt.

Später wurde es durch Aushebungen aus der Infanterie um 200 Mann vermehrt.

Bespannung: bei den hannöverschen Geschützen wurden etatsmässig erfordert:
für 1 12pf. Kanone 12 Pferde, für 1 30pf. Haubitze 8 Pferde,
- 1 10pf.   -   10   -   - 1 20pf.   -   6   -
- 1 6pf.   -   6   -   - 1 16pf.   -   6   =
- 1 4pf.   -   4   -
- 1 3pf.   -   3   -

Die Munitionswagen waren sämmtlich mit 6 Pferden bespannt. Gegen Ende des Feldzugs befanden sich bei der Bespannung der Artillerie 400 Ochsen.

Bedeckung: Jeder Brigade der Park-Geschütze waren 30 Mann Cavalerie, 36 Mann Infanterie u. 45 Pioniere zugetheilt. Ausserdem dienten denselben die Bataillone Bückeburg u. Sachsen-Gotha zu einer beständigen Bedeckung.

(Archiv-Acten vol. 6 und 26.)

Ordre de Bataille (Juillet 1759).

Ordre de Bataille de l'armée commandée par Monsieur le Maréchal de Contades, en Allemagne.

Premiere Ligne.

Comte de Guerchy, Duc de Laval,
Maugiront, Monty, Planta, St. Chamant, Lillebonne, Lutzelbourg, Rochefort, Montmorency, Belsunce, Brehaut, Du Porail, Marcieux.
Chevalier Nicolay, Courcy.

Duc de Brissac. Mr. De Vogué.
Mr. de Beaupreau,

```
          Col. general  3 ⎫
          Marcieux  .   2 ⎬ 9
          Vogué  . .    2 ⎪
          Condé  . .    2 ⎭

          Talleirand .  2 ⎫
          Surgere .  .  2 ⎬ 6
          Cravates  .   2 ⎭

                    Escadr.: 15

          Picardie . . . 4
          Lamarche prov. 1

          Belsunce . . . 4

          Touraine  .  2 ⎫ 4
          Aumont .  .  2 ⎭

          Orleans . .  2 ⎫ 4
          Rochefort .  2 ⎭

          Rouergue .   2 ⎫
          Lamarche pr. 1 ⎬ 4
          Tournaisis . 1 ⎭

          Enghien   .  2 ⎫ 4
          Condé  . .   2 ⎭

          Vastan .  .  2 ⎫ 4
          Aquitaine .  2 ⎭

          Le Roy  . . . 4

          Champagne . . 4
                    Bats.: 37
```

Duc de Fitz-James, Mr. de Castries,
Dauvetz, Corminville, La Guiche. Polignac, Du Blaissel,
Poly, Duploux. Juigné, Meironet, Rochouart, Montazet,

```
          Bourgogne .  2 ⎫
          Rograve  .   2 ⎬ 6
          Archiac .  . 2 ⎭

          Poly .  . .  2 ⎫
          Despinehal . 2 ⎪
          Fumel  . .   2 ⎬ 8
          Mestre de      ⎪
          Camp general 2 ⎭

                    Escadr.: 14
```

Deuxieme Ligne.

Mr. Dumesnil, Comte d'Orlick.
Rograve. Moustier.

```
          Du Roy . .   2 ⎫
          Enrichemont  2 ⎬ 8
          Moustier .   2 ⎪
          Noé . . .    2 ⎭
```

Duc d'Havré, De Segur Galisetz, Du Chastelet,

```
          Navarre . . . 4
```

Glaubitz, d'Anhalt,

```
          D'Anhalt . .   2 ⎫
          St. Germain .  1 ⎬ 4
          Bergh . . .    1 ⎭
```

Comte de Noailles, Comte de Lusace, Bezoms, Galbert, Bulow,

```
          Löwendal   .  2 ⎫ 4
          Bouillon .  .  2 ⎭

          Saxons . . . 6

          Saxons . . . 7
```

Comte St. Germain, Bezenwald, Diesback, Solms, Klingenberg,

```
          Diesback . .   2 ⎫ 4
          Castella . .   2 ⎭
```

Comte D'Andlau, Beausobre, Crussol, Leyde, Rochambault,

```
          Auvergne . . . 4
                         33

          Balaincourt .  2 ⎫
          Noailles . .   2 ⎬ 8
          Crussol . .    2 ⎪
          Royal Etranger 2 ⎭
```

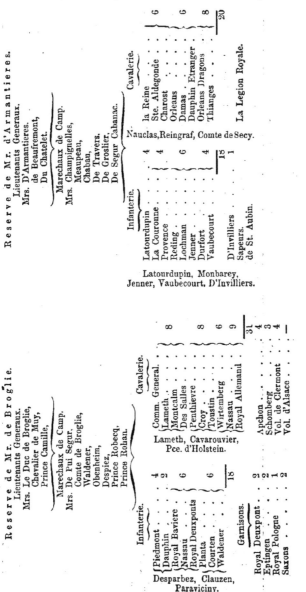

Dragons.

Duc de Chevreuse Lt.-Gen.

Comte d'Egmont } Maréchaux de Camp.
D'Aubigny }

Le Roy	4
La Feronnaye	4
Caraman	4
	12

Infanterie.

Mr. de St. Pern Lt.-General.

Mr. de Roquepine } Marechaux de Camp.
Mr. Traisnel . . }

Grenadiers de France	4
Moulene	2
De Camus	2
De Narbonne	2
Chantilly	2
	12

Cavallerie.

Mr.
Poyanne
De Bissy.

Gendarmerie	
de Bellefond	8
Carabiniers	10
	18

Troupes Legeres.

Berchiny 6 }		
Turpin . 6 }	(Huzards)	12
Vol. de Flandres }	Melfort.	
Vol. du Haynault }		
Vol. Liègeois }		
Vol. Etrangers }	Fischer	
Fischer }		
Vol. Dauphiné }		
	Total	12

Artillerie.

Mrs.
De Pelletier Lt.-General.
De Fontenay Mar. de Camp.
De Mony Brigadier.

Brigade de Mony	1
Brig. cidevant Chabrié	1
La Dauphine ajouté au Service de l'Artillerie	1
	3

Pieces de Canon:

de 12	14
de 8	32
de 4 longues	66
Aubuziers	6
	118
Pontons	65

Genie.

Mr. Defiley Mar. de Camp.
Mr. De St. Paul Brigadier.

Recapitulation.

Infanterie de la première ligne . . .	37 bataillons	29	escadrons
de la seconde ligne . . .	33 -	16	-
Mr. D'Armantieres	19 -	20	-
De Broglie	25 -	31	-
De Chevreuse	— -	12	-
St. Pern	12 -	—	-
Poyanne	— -	18	-
Hussards	— -	12	-
Artillerie	3 -	—	-
	129 bataillons	138	escadrons.

Officiers Generaux auprès de Mr. le Maréchal.

Mrs.
Danlezy Lt. General,
Le Chevalier de la Touche,
De Baye.

Etat-Major.

Le Prince de Condé Commandant de la Cavalerie,
Mr. de Castries Mestre de Camp général,
Mr. de Chevreuse Colonel General des Dragons.

L'Armée,	Infanterie,	Cavalerie.
Mrs.	Mrs.	Mrs.
Monchenu,	Balleroy,	St. Sauveur,
Dougermain,	Puissegier,	Du Porail,
Dumetz,	Latourdupin,	Rochemont,
D'hemery,	Gauville,	Tourempré,
Beaudouin,	Du Roure,	Druhot,
Marboeuf,	Keralio.	Monteuil,
Surlaville,		d'Evry,
Villefranche,		De Viollette.
Bon,		
Moutault,		
Domangeville,		
Dangé,		
Taulignan,		
Chambau,		
Nisper,		
Grandpré.		

29. Juillet 1759.*)

** Monseigneur,   No. 1.

J'ay fait partir les deux ordres pour Wangenheim et pour Narzimsky les ayant trouvé fort bons.

Voicy Monseigneur, ce que Massow m'a repondu touchant les Endroits marquez dans la Lettre de Mgr. le prince héréditaire et dans celle de Hattorff à ce prince.

Massow vint me trouver encore hier au soir à 10 ou 11 heures avec l'architecte, qui a fait le feu à Oberkirchen. je luy demandois, s'il n'avoit rien apris de l'effet, que ce camp simulé auroit produit sur les Francois. Il me repondit, qu'il avoit apris par des païsans, qu'on avoit beaucoup battû la caisse dans la nuit au camp de Broglie, et que 6000 hommes avoient eté sous les armes; que l'après midi un fort détachement s'étoit mis en marche, qu'on croyoit qu'il étoit marché vèrs Rinteln; mais que l'on n'en étoit pas bien assuré.

J'ay prié cet architecte, de repasser le Weser, et de prendre langue aux Environs de Buckebourg de ce qui étoit arrivé en effet, d'en avertir incessament par Estaffette V. A. S. et d'en faire part aussi à Hameln au general Brunk.

(Archiv-Acten vol. 261.)

Durchlauchtigster Herzog,
Gnädigster Fürst und Herr!

Ew. Hochfürstl. Durchlaucht berichte unterthänigst, dass gestern zur Capitulation schreiten müssen, welche nicht anders erhalten können, als Hochdieselbe aus dem Anschlusse zu ersehen geruhen wollen. Die Garnison wird Krieges Gefangene und marschiret morgen nach Wesel.

Eine ausführliche Relation demnächst zu erstatten werde nicht ermangeln, weil einen Officier an Höchstdieselbe abzusenden, anjetzo mir nicht zugestanden worden.

Ich beharre unausgesetzt in tiefster Ehrfurcht,
Ew. Hochfürstlichen Durchlauchten
gantz unterthänigster Diener
Citadelle von Münster   C. v. Zastrow.**)
den 26. Jul. 1759.

Article de la Capitulation proposée pour la Citadelle de Münster par le Lieut. Gen. de Zastrow.

article premier.

Toutes les troupes indistinctement dont la Garnison de la Citadelle de Münster est composée, sortiront avec leurs armes et tous les honneurs de la guerre, tambour battant, et emmeneront deux canons de 4 livres avec leurs munitions necessaires; ils seront conduits par la route la plus courte et escortés à l'armée alliée.

---

*) N. d. H. Das Hauptquartier im Lager bei Hille. Archiv-Acten vol. 122.
**) N. d. H. *Il faut lui repondre fort froidement.

article 2.

Tous les Officiers de la Garnison sans aucune exception, ainsi que les Soldats auront leur bagage, chevaux, chariots et voitures libres, sans qu'on puisse en arrêter, ou perdre la moindre chose; au cas qu'ils manqueroient de chevaux soit de selle, soit de trait, il leur en sera fourni ainsi que de voitures attelées, pour transporter leur equipage jusqu'au lieu de leur destination.

art. 3.

Les malades et blessés suivront le sort de la garnison; il leur sera fourni tous les soulagemens necessaires et on pourra laisser auprès d'eux des chirurgiens et autres emploïés qui pourront continuer leur fonction, ainsi qu'un aumonier et une garde, la quelle ainsi que les dits officiers, santé et malades convalescents, auront de passeports, et seront escortés par le plus court chemin à l'armée de Sa Maj. Britann.

art. 4.

Les Commissaires et autres emploïés, les aumoniers, auditeurs, chirurgiens, domestiques et généralement ceux, qui ne sont pas censés militaires, suivront la garnison en toute sureté, tant pour eux, que pour leurs effets.

art. 5.

Les Chevaux des Bas-officiers et Trompettes de l'Escadron de Scheiter leur appartenant en propre, ils leurs seront laissés de même, comme aux officiers.

art. 6.

Il sera accordé une certaine quantité de chariots couverts à ma disposition.

Réponse fait par Mons. le Marquis d'Armentières:

art. 1. Toutes les Troupes seront prisonniers de Guerre, elles sortiront tambour battant par la porte neufe, où elles mettront bas les armes.

art. 2. Accordé, en consideration de Mons. le General de Zastrow sous sa parole d'honneur, que les offfciers ne meneront que leurs propres équipages et chevaux, lesquels ne seront point changés contre ceux des troupes; les chevaux et voitures, dont ils pourroient manquer, leur seront fournis en payant.

art. 3. Les officiers malades, ainsi que les Soldats seront très bien traités aux frais de Sa Maj. Brit., et on leur laissera les chirurgiens et les emploïés necessaires pour leur service; ils n'auront point de garde de leurs troupes, et il leur en sera fourni par celles du Roi. Le depart des officiers dependra des passeports, qu'ils recevront de Mr. le Marechal de Contades.

art. 4. Accordé en se soumettant à la clause de l'article second.

art. 5. Refusé.

art. 6. Accordé deux chariots couverts sous condition de parole d'honneur qu'il n'y point mis de deserteurs francois.

Tous les effets appartenant à S. A. S. Electorale de Cologne et de la Ville de Münster seront remis entre les mains de Mons. le general de Wengen et d'un Commissaire nommé par la Regence de Münster, dans l'état, où ils étoient lorsque les Troupes de S. M. Brit. s'en sont emparés, à l'exception des armes qui ont été envoiés hors de la ville par ordre avant un mois et de Canons crevés, toutes les autres pièces restantes devont être mises sur des affuts reparés à neuf.

Toutes les dettes contractées par les troupes de Sa Majesté Britannique dans la Ville de Münster seront acquittées, ou il sera donné caution valable et acceptée dans la journée d'aujourd'hui. Il restera un officier 24 heures après le depart de la garnison, pour donner le tems d'avoir connoissance de toutes les dettes et n'en partir que lors qu'elles seront acquittées.

Tous les deserteurs des troupes du Roi seront fidellement remis. Il sera permis aux officiers françois d'arreter ceux qui pourroient n'être pas connus pour tels dans le corps où ils servent.

Tous les effets militaires appartenans à sa Maj. Brit. ou à ses Alliées seront exactement remis entre les mains des Commissaires françois nommés à cet effet, qui dès le moment de la capitulation signée en dresseront un etat. La Caisse militaire appartenant de droit au Roi, sera remise au tresorier commis à cet effet de la reçevoir.

Les Troupes du Roi s'empareront de la Porte de la Citadelle sur le champ, et il sera mis deux postes dans les chemins couverts de la Citadelle, pour empecher que personne ne sorte.

Les Troupes partiront relativement à ce que j'en conviendrai avec M. le Général Zastrow. Les articles de la presente capitulation convenue, arretés et signés pour être executés et avoir leur plein effet dans toute leur force et teneur par nous Louis de Conflans Marquis d'Armentières, Lieut. Gen. des Armées du Roi, Chevalier de Ses Ordres, Commandant Ses Troupes au Camp de Münster ce vingt cinq Juillet mil sept cent cinquante neuf.

Conflans d'Armentières.

(Archiv-Acten vol. 4.)

** Pour Mr. de Hardenberg
à Hille ce 30. Juillet 1759.

La lettre de V. E. du 28. m'a été fidelement remise. J'ay vû avec plaisir que toutes les fortifications qu'on s'est proposé de faire, sont achevés; et je suis persuadé qu'il en coutera plus à Messieurs les François, si veulent en tater, qu'il ne leur en a couté à Münster. La prise de cette ville est une perte très considerable; je tacherai de la reparer le mieux que je pourrai. J'etois en chemin pour secourir Mr. de Zastrow; il suffiroit qu'il eut tenû quatre ou cinq jours de plus. Mais il paroit avoir rendû la place sans la moindre necessité.

Nos trouppes ont pris le vingt huit au matin la ville d'Osnabrück; les Francois se sont bien defendû, et ont perdû du monde avec deux pieces de canon.

Le prince hereditaire à été hier à Rimsel; il attaquera aujourdhui le poste de Bune (Bünde?) et poussera jusqu'à Hervorden.

Mr. de St. Germain a quitté hier au matin son camp de Schwubber et est marché à Minden; le general Waldner venû de la Hesse avec les regimens de Diesbach et de Castella et d'Hericy l'a remplacé à Schwubber. j'espere d'apprendre que le Lieutenant-Colonel de Freytag aura heureusement executé son dessein contre ce poste.

Fischer après avoir faite une marche en Hesse, apparemment pour cacher le dessein qu'il peut avoir, est marché tout d'un coup de Witzenhausen par Goettingen à 'Eimbeck.

Les Troupes autrichiennes qui ont fait une invasion dans le Halberstadt, et dans le pais du Duc mon frère s'en sont retiré, et se trouvent actuellement dans l'Eichsfeld.

Voilà notre situation actuelle. Si Armentieres va mettre le siège devant Lipstadt, comme on l'assure de tous cotés, je compte que V. E. Se defendra vigoureusement, et qu'elle me donnera le temps, de venir à son secours. Le Marechal de Contades sera obligé de me livrer bataille, ou d'abandonner le poste qu'il occupe, et je me flatte qu'un heureux evenement rendra un pli favorable à la situation de nos affaires. Je suis à jamais.   F.

                                           Ce 30. Juillet 1759.*)
      ** Monseigneur,   No. 1.
Heinitz va se rendre auprès de V. A. S.; voicy les deux Lettres pour Mgr. le prince; l'une est celle que V. A. S. a ecrite de main propre, l'autre est ecrite par moi. il me semble qu'elles s'accordent parfaitement ensemble, et qu'elles pourront partir de meme.

Les arrangemens que V. A. S. veut prendre pour l'attaque de Lubke me paroissent fort bons; il sera convenable que V. A. S. ne fasse rien commander que vers le soir, àfin qu'il n'en eclate rien au camp, et que l'ennemi n'en soit informé.

      ** Monseigneur,   Ce 31. Juillet 1759.
Si cela est conforme aux idées de**) V. A. S.. Mr. De Bulow le pourra prendre d'abord; je pourrai tirer un autre exemplaire pour le general de Wangenheim de la Lettre corrigée.

(Archiv-Acten vol. 4. u. 26.)
      Durchlauchtigster Herzog!
      Allergnädigster Herzog und Herr!
Euer Herzogl. Durchl. habe hiermit gantz unterthänigst melden wollen, dass um 6½ Uhr der Hr. General St. Germain mit die Brigade Auvergne und ein Regiment Reuter von hier aufgebrochen, und den Weg über Rinteln nach Minden genommen. Der Herr Generalmajor Waldner hat wiederum dieses Lager mit die Regimenter Diesbach und

---

*) N. d. H. Hauptquartier Hille.
**) N. d. H. Auf der Adresse: c'est pour le Comte de Bückebourg.

Castelan auch die Reuter von St. Herecy genommen; die Canonen von ersteren sind allhier bey letztern zurückgeblieben. Der ich mit der grössten Ehrfurcht alstets ersterbe

Ew. Herzogl. Durchl.

gantz unterthänigster Knecht
W. v. Freytag.

Hameln den 29. July 1759.

Beilage.

Ich habe heute den Feind recognosciret. Derselbe hat alle seine mesures genommen, um nicht surpreniret zu werden. Der H. Gen. St. Germain hat sein Quartier gantz nahe hinter das Lager; solches ist mit Cavalerie und Infanterie bedeckt, vorwärts und hinterwärts sind Posten gesetzt. Gestern sind die Regtr. Diesbach, Castelan und das Reuter-Rgt. St. Herecy in der Gegend Ertzen angekommen. Letzteres liegt in Ertzen; ich habe selbst die Feldwache gesehen. Das Corps, so unter den H. Gen. St. Germain bey Schwober gestanden, soll dem Vernehmen nach morgen früh nach Rinteln marschiren; ich habe selbst march in dieses Lager schlagen gehört, aber den Aufbruch nicht abwarten wollen, jedoch 2 Leute gelassen, welche mich von allem Nachricht bringen werden. Die erwehnte Regimenter so von Cassel gekommen, sollen wieder bei Schwober unter den H. Gen. Waldner zu stehen kommen. Morgen Nachmittag um 4 Uhr gedenke den Feind anzugreifen, wenn keine Veränderung mich solches untersagt; sollte der Feind Ertzen besetzt behalten, so muss dieses der erste Angriff sein; wenn dieses nicht wäre, so muss suchen, auf eine andere Art ihm anzukommen. Stockhausen mit seinem Bat., 1 Comp. Jäger zu Fuss und zu Pferde passiren morgen früh die Weser zu Bodenwerder, ich aber bey Hameln.

Nachschrift.

Bei bewandtem Umstande muss wohl etwas vorsichtig mit der attaque von Ertzen gehen, gegen Abend will solche doch tentiren. Zu Bodenwerder lasse Anstalt zu einer Schiffbrücke machen, auch allda Batterien aufwerfen. Fourage ist ausgeschrieben, Pferde sind für die Artillerie von die Aemter verschrieben. Heute werde nach Pirmont senden, um Anstalt zu ein Lager des H. General Waogenheim machen lassen. Diese Nacht werde die feindlichen Posten, wenn mit Ertzen nicht reüssiren sollte, attaquiren lassen, gegen Alverdissen Demonstration durch reitende Jägers machen lassen. Der Obrist Fischer ist gestern von Göttingen nach Nordheim mit 1100 Mann gegangen und hat sofort auf Eimbeck seinen Marsch nehmen wollen, um mich zu folgen. Diesen Morgen um 6 Uhr ist das Lager unter dem Hrn. General St. Germain noch unbeweglich gewesen; ich habe gestern einen Mann ins Lager, und selbst bei dem Hrn. General gehabt, der hat mich versichert, dass das Lager heute marschiren würde, welches der Secretaire und auch die Bediente versichert. Das Corps so von

III.   28

Cassel gekommen, ist gleichfalls noch in der Gegend Ertzen; in diesem Dorfe liegen 800 Mann, zu Griesheim der Rest, das Lager steht 1 kleine Stunde von Ertzen, der Hr. General hat sein Quartier zu Multhöpen, und zwar zwischen diese erwehnte Truppen; par Bataillon sollen sie 1 Canon führen. Der Mann, so nach dem Hrn. General gewesen, hat allda noch 5 8pfd. Canonen gesehen, so ganz nahe unter der Multhöpen gestanden.

Je me suis formé selon les Ordres de V. Altesse;

Le brouillard empeche de distinguer les mouvemens de l'ennemi; cependant on ne remarque rien d'extraordinaire, excepté une furieuse poussière le long de leur Camp.

Selon les ordres d'hier je dois retourner dans mon camp à 9 heures; j'attendrai cependant le retour de mon aide de camp en cas que V. A. l'ordonne autrement. Ce 29. à 7 heures du matin.

Wangenheim.

Vôtre Altesse aura la grace de m'ordonner si la Division d'Artillerie du Lt. Col. Huth doit rester dans les ouvrages, ou si elle doit se replier avec moy.

Au cas existant, Votre Altesse verra, que j'executerai exactement Ses ordres.

Le Colonel Luckner a accusée la reception des ordres de Vôtre Altesse; il propose en même tems de se poster avec les Grenadiers dans le Village de Jössen (Giessen), qui doit être fort à portée du pont. Outre une forte poussière on ne remarque rien d'extraordinaire au camp ennemis.

Un deserteur des Dragons debite positivement que l'ennemi avoit fait marcher deja hier vers Hille 10 à 12 mille hommes.

Ozerai-je bien faire tirer le coup de retraite.

J'ay l'honneur d'être très respectueusement etc.

Au Camp de Thonhausen   Wangenheim.
ce 29. Juillet 1759.

Unterthänigster Rapport,

Ew. Hochfürstl. Durchl. gnädigsten Befehl zufolge bin verwichene Nacht umb 1 Uhr mit der bey Holzhausen gestandenen Cavalerie und dem Hessischen Bataillon nach Hartum marschirt. Nicht weniger ist das Hannoverische und Englische Bataillon von Nord-Hemmern, ersteres nach Süd-Hemmern und letzteres nach Hartum marschiret. Von ersteren Orten aber ist um Mitternacht 12 Uhr ein detachement Cavalerie an besagten Ort gerücket und solche occupirt.

Der Capitaine von Bülow hat sowohl Cavalerie als Infanterie nebst denen detachirten Posten und Feldwachten nach Ew. Hochfürstl. Durchl. gnädigster intention postirt.

Vom Feinde hat man diesseits dem Bruche und von Minden her nichts vernommen.

Jenseit dem Bruche hat man von des Feindes Lager nach Lübecke

zu umb 7 Uhr einen starken Staub aufgehen sehen. Die hiesigen
Einwohner sagen, dass dieses täglich wäre auf Fouragirung auszu-
gehen; hingegen will der Major von Gohr gegen 9 Uhr Cavalerie und
Infanterie nebst einigen Canons nach Lübbecke zu marschiren gesehen haben.

Das Braunschweigische Bataillon ist zu Stemmern stehen geblieben und denen beyden Obristlieutenants zu Fredewald und Schameloh
habe die verschlossenen ordres gestern Abend durch einen Officier
zugesandt. Hartum den 29. July 1759.

H. W. v. Wutginau.

Unterthänigster Rapport aus Todenhausen.

Den 29. July 1759 Abends um 6 Uhr.

An denen hiesigen Posten ist nichts Veränderliches und Neues
vorgefallen. Der Feind hält sich ganz ruhig nnd ist noch Alles in
der Verfassung wie es Euer Hochf. Durchl. diesen Morgen gesehen.
Ich habe eine Patrouille nach Halen gemacht, aber keine Veränderung
im feindlichen Lager wahrgenommen. Der ich in tiefster Ehrfurcht
ersterbe   v. Wintzingerode.

Je donnerai dabord les ordres au lieut. colonel Huth de placer le
Canon dans les ouvrages, pour l'execution de ceux de Votre Altesse.

Je suis le plus respectueusement etc.

à Tonhausen   Wangenheim.
ce 30me à midi.

Monseigneur!

Il n'y a pas eu le moindre changement remarquable dans les deux
Camps des Ennemis, et l'on continue à y être parfaitement tranquille.

Des païsans m'ont fait remarquer de matin une nouvelle route
préparée par les Ennemis à travers de la montagne à hauteur du
village de Bemecke (Biemke?), au delà du flanc gauche de leur armée;
cette route ne peut servir qu'à l'Infanterie, et il paroit, qu'elle est
dirigée vers Coffeld. J'ai prié ce matin le Capt. Wintzingerode de
prévenir Vôtre Altesse Sérénissime de ces circonstances.

à Tonhausen   C. G. de Malortie.
ce 30. Juillet 1759.

Meine Patrouille, so eben von Gellenbeck und Lübke kommt,
bringt mit, dass der Feind beyde bemeldete Oerter verlassen und sich
nach Minden zurückgezogen haben soll. In Viesel (Fiestel?) ebenfalls
nichts Feindliches. Frotheim den 30. July 1759.

de Jordan.

Monseigneur!

Je me trouve à Lübke. Les francois ont quitté cette ville depuis
deux heures. A Gellenbeck il n'y a rien, et l'on dit qu'ils ont passé
Neddelstedt et se sont retiré jusqu'à Eichhorst. J'ai rencontré deux
personnes, qui venoient d'Osnabrück et qui m'ont assuré, qu'il n'y a

rien à Wetlage et à Visel. On y a envoyé outre cela des paysans.
Je laisserai de mes 12 Husards un bas-officier et 6 hommes à quelque distance derriere la ville, qui peut toujours revenir, quand Vôtre
Altesse l'ordonnera, mais qui si Elle juge peutêtre à propos, d'établir
quelques troupes à Lubecke, sera plus à portée de voir et d'apprendre
quelque chose de l'ennemi. Je reviendrai avec les 6 autres. C'est avec
le plus profond respect que j'ai l'honneur d'être etc.   Bulow.

P. S.   l'on dit que l'ennemi a un poste de Husards derriere les montagnes au moulin de Quernheim.
devant Lübke ce 30. de juillet 1759.
à dix heures et demi.

Monseigneur!
Je partirai dans ce moment ayant toute fois le coeur un peu gros
de la perte de Münster, de la disgrace de Dohna et le l'irreconnoissance
du Roi. cela ne m'empechera cependant pas de faire tout au monde
pour remplir les intentions de Vôtre Altesse dont j'ai l'honneur d'etre
avec tout le respect et tout le Zele imaginable etc.
Hille ce 30. de Juillet 1759.   Bulow.

Unterthänigster Rapport aus Todenhausen den 30. July 1759.
Früh um 6 Uhr.
Ew. Hochf. Durchl. melde unterthänigst, dass diese Nacht über
bis jetzt nichts neues allhier vorgefallen. Die am nahesten hieran
stehenden feindlichen Grenadiers haben diese Nacht einigemal auf un-
sere Schildwachten, doch ohne effect, gefeuert. Bey Ablösung der
Feldwacht heute früh ist ein Dragoner vom Hessichen Leib-Regt. vom
Posten desertirt.
In tiefstem respect verharrend etc.   Wintzingerode.

(Archiv-Acten vol. 4. und 26.)
Der in die Rinteln'sche Gegend gewesene Lieutenant mit 12 Jäger
zu Pferde retourniret so eben und meldet, dass das feindliche corps,
so vorige Nacht auf dem Rintelnschen Anger campiret, diesen Morgen 4 Uhr aufgebrochen wäre, und hätten ihren Marsch auf Vahren-
holz genommen; bis dem Dorfe Eder hätte er sie noch gesehen, und,
wie gesagt worden, wollten sie ihren Marsch auf Vlotho nehmen; die
Besatzung der 150 Mann aber wären noch in Rinteln. Der Poste hat
zuerst auf unsere Patrouille gefeuert, worauf die unsrigen 15 Schuss
gethan, wornach diese sich zurück im Walde gezogen. Besagter
Lieutenant hat, nachdem der Feind weg gewesen, eine Patrouille unterwärts Rinteln geschickt, welche die vom Hrn. Obristl. von Freytag
von Hameln ausgesandte Patrouille bey Fischbeck begegnet ist. Nach
Aussage eines Bauern campirten noch einige Regimenter bey Ertzen,
so sämmtlich Roth gekleidet wären.
Stadthagen den 30. July 1759. Abends 6 Uhr.
C. Friedrichs.

Monseigneur!

Tout continue à être ici sur le même pied que les jours passés; on a entendu battre à l'heure accoutumée la Diane dans les deux camps ennemis, et à present que le brouillard se dissipe, on voit que leur position est toûjours la même.

à Tonhausen ce 31. Juillet 1759.

C. G. de Malortie.

Hartum ce 31. Juillet 1759.

P. P.

J'ai visité les Postes ce matin et n'ai rien trouvé d'extraordinaire. Il y a eu cinq ou six coups de fusil tiré des Postes francois vis-à-vis le village de Hartum, sans que nous en ayons pu demeler l'objet à moins que ce n'etoit contre les Pluviers du Marais.

Les nouveaux Piquets sont de 150 hommes, moins forts que les precedents, à cause des trois Regiments qui sont marchés hier.

S. A. S. sait déja sans doute, que nos Postes à la gauche des Piquets ont tiré quelques coups de Canon ce matin à six heures, pour deloger un Poste des Suisses de l'autre coté du Weser.

Geo. Sackville, Lt. gen.

Eurer Hochfürstl. Durchlaucht gnädigste ordre habe erhalten. Ich werde in allem dem mir darinnen gegebenen Befehle nach aller Möglichkeit nachkommen, sowohl in genauer Erkundigen, als auch Ihro Durchlaucht dem Erb-Printzen Nachricht zu geben. Ich bin in allem unterthänigsten respect

Lübbecke den 31. July 1759   Eitell von Gilsae.

11 Uhr Mittags.

Les deux Camps de l'ennemi sont toujours dans la même position et très tranquiles.

Le vent ayant diminué, j'ai pû aisement reconnoitre, que leur Gauche faisoit un fourage, qui étoit couvert par une chaine d'Infanterie et de Cavalerie. M'aïant avantouré jusqu'aux Finsch-Haeuser sur la Bruyère de Minden, j'ai pensé cherement payer ma faute, ayant eté obligé de passer avec ma patrouille par une fusillade, qui quoique vive ne fut heureusement suivie d'aucun effet. Le Poste de Suisses de l'autre coté du Weser a eté réocupé d'eux avec beaucoup de defiance, ce qui se confirme par là, qu'ils n'ont point de sentinelles le long de la Rivière, comme autrefois.

Tonhausen ce 31. de juillet 1759.

C. Murhard.

Nachdem der Herr Obrist-Wachtmeister Friedrichs in Erfahrung gebracht, wie gestern Abend etwa 300 Schweitzer mit etliche Hundert beladene Maulthiere nach Rinteln gekommen, welche zu dem Corps des General St. Germain gehörten, so daselbst gestern ins Lager rücken sollen, von einem detachement aus Hameln aber angegriffen und geschlagen worden; so ist derselbe diesen Morgen bey Tages-Anbruch mit 50 Pferden nach der Gegend Rinteln abgegangen, um sich nach diesem genauer zu erkundigen, und demnächst unterthänigen Rapport abzustatten, welches ich hierdurch unterthänigst melden sollen.

Stadthagen den 31. July 1759.

E. v. Rhoeden.

(Archiv-Acten 'vol. 4.)

Unterthänigster Rapport.

Das Corps des Gen.-Lieut. v. Gilsae ist hier so gut als möglich placiret worden; die Regimenter stehen mit dem rechten Flügel an der Stadt, die Hanmühle vor sich habend. Die Gorge nach Herford ist mit einem Commando Infanterie besetzt worden. Der Major von Jeanneret ist an der Strasse nach Holzhausen postirt, um den Weg von Herford, Melle, Quernheim und Osnabrück zu observiren. Major von Lindau steht vor dem Gellenbecker Damm bei Renckhausen mit 200 Mann, hat einen Unterofficier mit 16 Pferden bey der Windmühle zu Isenstein, einen Capitain mit 100 Mann Infanterie diesseits des Dammes. Dieser Capitain detachirt einen Offizier mit 30 Mann nach Gellenbeck. Rittmeister Jordan steht zwischen Gellenbeck und dem Damme, hat einen Lieutenant mit 30 Pferden vor Eilhausen, einen Unteroffizier mit 12 Mann aber vor Nettelstedt; die 50 Dragoner vom Lindau'schen Commando stehen zwischen Gellenbeck und Lübbecke, um die Communication mit hiesigem Corps zu unterhalten.

Der Feind hat die Gorge von Herford, ohnweit des Amt Renneberg bis diese Nacht mit Infanterie und Cavallerie besetzet gehabt, solche aber heute vor Tage verlassen, und sich nach der Gegend von Schnathorst gezogen; Ein Corps von ungefähr 1000 Mann, welches dasjenige seyn soll, so gestern aus Bünen delogirt worden, stehet auf der Lenger Heyde oberhalb Hagedorn. Weiter ist nichts vom Feind zu entdecken. So eben wird mir gemeldet, dass ein starker Staub von Minden aus nach der Strasse von Herford sich zeigte, ich werde es genauer observiren, und von dem Erfolg unterthänigste Meldung thun. Ein Mann, welcher gestern Abend aus Minden gegangen, versichert, dass das Hauptquartier Mittags 2 Uhr Ordre erhalten hätte, Alles einpacken zu lassen, um auf die erste Nachricht marschieren zu können. Der ich in Erwartung gnädigsten Befehls, ob mich noch länger hier aufhalten soll, in submissestem Respect ersterbe

Ew. Hochfürstl. Durchlaucht

Lübbecke, d. 31. July 1759   unterthänigster Knecht

Morgens 9 Uhr.   gez. v. Bauer.

N. S. Einen Unteroffizier mit 6 Mann habe auf einem dieser hohen Berge postiret, welcher von Bergkirchen und Wetekindstein bis nach Herford die geringste Bewegung vom Feind entdecken kann.

Apres mon tr. h. rapport de ce matin, le Colonel Luckner m'a fait celui du changement de son poste contre celui de Jessem; Jusqu'ici il ne paroit pas le moindre changement ny augmentation dans le camp ennemis; je ferois observer l'un et l'autre camp, pour decouvrir, s'il est moyen, l'arrivée de St. Germain. J'ai donné les ordres au Lt.-Colonel Huth, il veut faire placer cette nuit le canon; pour les saluer demain, quand ils releveront les postes; au jour ils se montrent fort péu; j'avertiray le Lt. Colonel Huth de ruiner leurs batteries s'il en decouvre.

à Tohnhausen ce 30. Juillet 1759
à 2 heur. de l'après diner.   gez. Wangenheim.

Les Ordres de Votre Altesse ont été executées, on a tué une 20taine de Suisses de l'autre coté. Le detachement se sauva par une promte retraite. Le Lieut Colonel Huth vint cette nuit chez moy, pour me montrer une lettre du Comte de la Lippe, par laquelle il lui insinue, qu'il ne dependoit de ses ordres, et que malgré qu'il campoit auprès du Corps d'armée sous mon Commandement, il ne devoit se regler qu'après ses ordres.

Le Lieut. Colonel extremement embarassé du parti, qu'il devoit prendre, me demanda mon conseil; je lui repondis, que cette lettre me paroissoit d'une nature si contraire aux premieres regles du service, que je ferois semblant de ne l'avoir jamais lue; je lui reitera de nouveau les ordres de V. A. et lui permis à ses instances d'aller en personne faire des représantations au Comte; en attendant il a commis l'execution des ordres de Votre Altesse au Capitaine, mais pour lui il n'est pas encore de retour.

Dans la position de l'ennemi et dans ses manoeuvres il n'y a aucun changement. Les fourageurs ennemis se sont trop avancés, et j'ai donné ordre de faire feu sur eux, sur quoi ils se sont retirés. Le Capitaine de Gilsae m'a fait raport, que les ponts de Stolzenau étoient repliés et partis tout de suite pour Niembourg suivant les ordres de V. A.

Luckner m'a fait dire, qu'il ne pouvoit envoyer son raport, que l'après diné, à cause de ses patrouilles.

J'ai donné ordre dans les ouvrages de prendre bien garde, quand l'ennemi feroit mener du Canon ou faire des Batteries, et d'y faire feu tout de suite.

Thonhausen ce 31. Juillet 1759
à 7 heures du matin.   gez. Wangenheim.

P. S. Le Lieut. Colonel Dinklage m'a fait raport que l'eau étoit si basse, que les gens passoient à pied; j'ay mis encore deux postes sur le chemin de Petershagen.

Votre Altesse aura vue par mon rapport ce qui s'est passé avec le Comte de la Lippe. Dans le moment ayant visité les postes, le Lt. Colonel commandant dans la Redoute me dit, que le Comte de la Lippe avoit ordonné à Mr. Huth, de ramener le canon; surquoy j'ay ordonné au Lt. Colonel Wittorff, de ne point permettre qu'on ramenat le canon, à moins des ordres de Votre Altesse, ou de ma part. Un moment après avoir quitté la Redoute, le Comte y vient en personne et ordonne qu'on ramene le canon, sur la representation de Mr. de Wittorff cependant il se ravise sur ce point, mais il ordonne hautement à tous les officiers de l'Artillerie, de ne point tirer sans son ordre.

J'ay crû de mon devoir, d'en instruire Votre Altesse, afin que je ne sois pas responsable de la confusion qui en resultera certainement. Tonhausen ce 31. Juillet 1759 à midi.

gez. Wangenheim.*)

P. S.   Hier le Comte de la Lippe a fait ôter le canon de 6 Pfd, au Bat. Grenadiers et l'a placé dans les ouvrages.

Le Colonel Luckner me fait raport, que ses postes avancés ont entendu battre la marche dans le camp de Broglio, et qu'ils avoient remarqué une forte poussière du coté des montagnes de Buckebourg; la meme poussière empêche qu'on ne peut rien distinguer dans notre situation de leurs camp.

On travaille à force prés de la maison rouge, où Votre Altesse les a fait cannoner déja; je crois que c'est un épaulement pour couvrir l'Infanterie; je l'examinerai encore, et je les empecherois si je fus seulement maitre des canons, mais l'ordre du Comte de la Lippe empeche, que je ne puis disposer que des pièces de 3 Pfd.

à Tohnhausen ce 31. juillet 1759
à 5 heures du soir.   gez. Wangenheim.

P. S.   Dans ce moment je recois les ordres de Votre Altesse; je suis tous les nuits dans la situation prescrite, étant habilléz et ayant sellez à minuit.

Hier au soir le coup de retraite à été tiré, aujourdhui je l'attens, sans qu'il soit tiré, je fais demander au Lieut. Colonel Huth; reponse, que le Comte de la Lippe le lui avoit defendu, en meme temps il me fait dire qu'il etoit malade de chagrin, et qu'il vouloit aller demain demander à Votre Altesse un changement dans tout ceci ou son congé. Le Capitaine Hessois qui a tiré aujourdhui sur les ordres de Votre Altesse a été mis aux arrets. Si je suis attaqué dans ces circonstances tout à fait extraordinaires, et que j'ordonne de tirer, on n'en fera rien, parceque le Comte l'a defendu. Les ordres que j'ay donné qu'on tirera si l'Ennemi avance du Canon, ou commence à travailler, ne sera pas executé non plus. Enfin, Votre Altesse y fera le changement necessaire, ou je ne reponds pas des suites; je suis très respectueusement

de Votre Altesse Serenissime

à Tohnausen, ce 31. Juillet   le très h. et tr. ob. serv.
à 9 heures du soir.   gez. Wangenheim.

---

*) N. d. H. *Que Huth agisse suivant l'instruction reçue du Comte.

(Archiv-Akten vol. 252).

Monseigneur!

Je suis persuadé que le Comte repondra ce matin au billet dont Votre Altesse Serenissime l'a honoré hier au soir. Lorsque je lui remis la copie de ce que Votre Altesse a écrit à Wangenheim à son sujet, il me repeta, qu'il auroit à jamais le coeur pénetré des bontés que Votre Altesse avoit pour lui; que le mesentendu du jour passé étoit si peu de chose, que cela n'auroit jamais pû brouiller deux personnes raisonnables; mais que Wangenheim avoit aigri les ordres de Votre Altesse par la mechanceté de son coeur.

C'est avec le plus profond respect etc.

Hille, ce 1. d'Aout 1759. Bulow.

Durchlauchtigster Hertzog,
Gnädigster Hertzog und Herr!

So eben kommt die patrouille, so an Sr. Durchlaucht den Erb-Prinz gesandt worden, mit einer schriftlichen Antwort, welche hierbey folgt, zurück. Ich vermuthe, dass Kirchlingern anjetzo wird besetzt seyn. Ich schreibe so augenblicklich an Sr. Durchlaucht mit einer 2ten patrouille um weitere Verhaltungsbefehle einzuziehen. Mein unter-thänigster Vorschlag wäre, im Fall Kirchlingern von Sr. Durchlaucht dem Erb-Printzen besetzt ist, den Major Jeanneret an einem convena-beln Ort halben Weges zu postiren, um die Communication mit höchst-denenselben und dem hiesigen corps zu unterhalten. Ich bin ent-schlossen, selbst zu Sr. Durchlaucht nach Kirchlingern zu reiten, um mündliche Abrede deswegen zu nehmen. Ich verharre in devotestem respect

Ew. Durchlaucht

Lübke, unterthänigster Knecht
d. 31. July 1759. Bauer.

(Beilage).

Dero Geehrtestes habe wol erhalten, ich komme so eben hier an, und habe nichts wahrgenommen vom Feind. Der volontair Fleischhacker hat eine feindliche patrouille bis in Herfordt verfolgt, solches ersuche Sr. Durchlaucht dem Herzog Ferdinand zu melden.

bei Kirchlinger, d. 31. Juli Mittag um 11 Uhr 1759.

Carl W. Ferd.

arrivé ce 29. Juillet 1759.
entre 5 et 6 heures du soir. No. 49.

Monsieur Mon Cousin. J'ai bien recu la lettre de Votre Altesse du 19. de ce mois. (dechiffré) „Si Vous avez detaché dix mille hommes de l'Armée, Vous en devez avoir prés de soixante mille. Je ne com-prends pas comment avec une si grosse Armée Vous pouvez avoir une aussi grande Crainte des françois. Jusqu'àprésent ce n'est certainement pas eux, qui ont gagné d'autres avantages sur Vous que ceux que

Vous leur avez donné Vous même en leur cedant le terrain et en les laissant faire; j'avoue que je ne devine pas Vôtre Projèt, car Vous Vous mettez à la fin dans le Cas de combattre avec le plus grand desavantage. Quand l'ennemi aura reuniës toutes ses forces, et que Vous abandonnez vos Magasins, Vous Vous laissez entierement deranger par l'Ennemi, sans Vous opposer d'aucun Côté à ses Entreprises, et je m'etonne seulement qu'il ne Vous ait pas deja pris Hannovre. La proportion de Vôtre Armée est de six contre huit; la proportion de mon Armée contre celle de l'Ennemi est de cinq à dix; or il est trés certain, que je serois plus en droit de Vous demander du Secours que Vous m'en demandés. Je ne dois point precipiter les choses, à plus forte raison ne point donner des Batailles mal à propos; Vous pouvez être sûr, que mes Armées attaqueront l'Ennemi dès que l'occasion en sera favorable, mais si un malheur arrivoit et qu'il y en eût une de battüe, que seroit ce alors? Vous devés bien comprendre par tout ceci, que par Vos retraites, Vous etes cause de la mauvaise situation où Vous Vous étes mis, et que tant qu'il ne nous arrivera pas un Evenement favorable, Vous serez obligé de compter sur Vous même. Il me paroit bien singulier, que l'Ennemi trouve des postes inattaquables partout, et que Vous n'en trouviés jamais de pareils pour Vôtre Armée. Vous avez pris en aversion les Batailles depuis Bergen, et c'est une Bagatelle que Vous devriés avoir oublié depuis longtèms, aucun General depuis que le monde existent, a livré des Batailles sans courir de grands hazards, et cependant ils en ont donné plustôt que de perdre leurs magasins et leurs Etablissements; mais je Vous avertis, que si Vous ne profitez pas de la prémière Occasion d'engager une affaire avant que l'Ennemi passe le Weser, que Vous tomberés dans la plus grande bredouille, et dans les plus grands inconvenients. Je Vous ecris tout ceci parceque je crois devoir vous écrire franchement sur la situation où Vous étes; Vous ferez ce que Vous jugerez à propos, mais je Vous reponds bien qu'aucun homme du mestier n'aprouvera Vos retraites continuelles, Vous sachant à la tête d'une aussi belle Armée que la Votre." Je suis avec toute l'estime et l'amitié possibles

Monsieur Mon Cousin
de Votre Altesse

Au Camp de Schmot-Seyffen   le bon et tres affectionné
ce 24. de Juillet, 1759.   Cousin
Federic.

à Hille ce 31. Juillet 1759.

** Pour le Roy.   Nr. 41.

J'ay successivement recû les deux Lettres que V. M. m'a fait l'honneur de m'ecrire du 20. et du 24.

V. M. me croit une armée de soixante mille hommes; si je ramasse tout je n'ai pas cinquante mille hommes effectifs, c'est à dire trente mille hommes moins que les François. J'ay profité du local autant qu'il m'a eté possible; mais les François ne l'ont pas moins fait de leur coté, et si V. M. veut bien suposer en cela toutes choses egales de part et d'autre, il ne sauroit Luy paroitre etrange, que les ennemis avec trente mille hommes de plus ayent emporté la balance. Pour la faire pencher de mon coté, il falloit qu'ils fissent quelque faute, soit en detachant, soit en prenant une position vicieuse, qui m'auroit donné prise sur eux. Ils ne m'ont point donné cet avantage, et je serois bien malheureux, si l'on m'en voulut faire un Reproche. V. M. dit parfaitement bien, qu'un general doit plustot livrer bataille qu'abandonner ses magazins. Mais il me semble Sire, que la question est, si l'on doit livrer bataille, meme si les circonstances sont telles, à ne donner aucune Esperance de Succés. C'a eté mon cas. J'ay eu l'honneur d'informer V. M. de toutes mes marches et de la raison qui m'a porté à faire chacune d'elles. Il ne me reste rien a ajouter à cela. N'ayant pû combattre l'ennemi au Debouché de Stadbergen, je n'en ai plus trouvé d'occasion depuis. La prise de Minden par une troupe des Fischers est une fatalité pour moi, et qui a donné l'avantage à l'ennemi, d'etablir son camp en deça des montagnes. Il a le dos couvert par le Weser, le front par le marais et par la riviere de Basta; L'aile gauche est apuyé aux montagnes, Minden couvre sa droite. Il est impossible d'avoir un camp plus fort. D'un autre coté l'ennemi ne peut sortir de ce camp, pour m'attaquer qu'avec desavantage. Cependant si je l'y laisse tranquilement, le marquis d'Armentieres, qui vient de prendre Munster, aura le temps de prendre encore Lipstad. La ville de Munster s'est defendüe jusqu'au vingt deux, la citadelle avec une artillerie de cent pieces de canons, pourvüe abondament de tout, ne s'est defendüe que jusqu'au vingt cinq, et la garnison s'est rendüe prisonnière de guerre aprés une attaque tres molle d'un jour et demi. J'en reçûs la nouvelle, lorsque je m'etois mis en marche par ma droite gour obliger l'ennemi à changer de position ou à me livrer bataille. Voicy ma disposition. Apres avoir degagé la fortresse de Vechte, je fis marcher la garnison de Bremen par quatre marches forcées sur Osnabruk. La ville a eté prise le vingt huit au matin; les François ont perdû du monde à cette occasion avec deux pieces de canon. Ce Detachement devoit marcher le vingt neuf à Rimsel, pour s'y joindre à un gros Detachement sous les ordres du prince hereditaire, que j'y fis marcher le meme jour par Lubbeke. Il devoit se porter de là sur Hervorden, par où tous les convois de l'armée ennemie passent; je marchois de mon coté le vingt neuf avec le gros de l'armée à Hille, laissant le general Wangenheim avec un corps considerable à Petershagen vis à vis du Debouché de Minden. Les ennemis ont sur cela poussé un gros detachement aux Environs de Hervorden, pour s'opposer au prince hereditaire. Le denouement de l'affaire depend actuellement du succés que le prince aura. J'avois disposé les choses de façon à faire attaquer en meme temps le corps ennemi qui masque Hameln en decà de la riviere par un Detachement tiré en partie de la garnison de

Hameln; mais l'attaque n'a pas eté poussée à bout, nos gens s'etant contenté de trop peu de chose.

Si je reussis à etablir le corps du prince hereditaire à Kirchlinniger prés de Hervorden, je suis à dos de l'ennemi et sur la route de ses convois. Il me semble qu'alors il ne luy reste d'autre parti à prendre, que de nous en deloger, et, s'il n'y reussit point, de repasser les montagnes, ou de deboucher dans la plaine, pour me combatre, où il sera pris, par ma position actuelle, en flanc au moment même qu'il debouche.*) Il se peut aussi que l'ennemi attire à luy le marquis d'Armentieres, pour m'accabler par le nombre; mais le siége de Lipstad seroit troublé par là, et si je conserve cette place, je puis esperer de reprendre Munster, si la fortune me favorise.

V. M. peut compter que je ne crains point de combatre; mais je ne voudrois le faire qu'en voyant la possibilité de reussir.

Je suis avec un tres profond respect p. p.

———————

*) N. d. H.   Dieser Fall traf wirklich ein.

Kapitel VII.

Schlacht bei Minden (Todtenhausen) und Treffen bei Gohfeld am.
1. August 1759. A. Beschreibung der Schlacht. B. Belege. —
Ordres und Dispositionen der alliirten und der französischen Arméen
vor der Schlacht. — Bericht des Herzogs Ferdinand von Braun-
schweig an den König Friedrich II. und vorläufige Relationen.
Parolebefehle des Herzogs nach der Schlacht. Uebergabe von
Minden. Brief Westphalen's und nähere Relationen. — Verlustlisten; — französische Berichte und Briefe. Raporte der Offiziere
während und nach der Schlacht. — Verfolgung des Sieges. Luckner,
Freytag, der Erbprinz von Braunschweig. d'Armentieres giebt die
Belagerung von Lipstadt auf; Hardenberg's Berichte. Der Versuch
Boydt's, Münster zu überrumpeln, misslingt. Eigenhändige Briefe
und Gutachten Westphalen's an den Herzog Ferdinand vom Tage
nach der Schlacht bis zum 8. August über die Benutzung des Sieges und weitere Operationen, indem der Herzog mit der Armee über
Paderborn u. s. w. vordringt, während der Erbprinz die über Cassel
sich zurückziehende feindliche Armee verfolgt und beobachtet. — Anhang: Ausführlicher Bericht des Herzogs Ferdinand vom 3. Februar
1760, aus Veranlassung des kriegsgerichtlichen Prozesses gegen Lord
Sackville, nebst nachträglichen Erklärungen der Adjutanten des
Herzogs, — Brief Knyphausen's nebst Correspondenz Sackville's. —
Auszüge aus den Prozessacten gegen Sackville von 1760.

A. Beschreibung der Schlacht.

Das Schlachtfeld von Minden liegt in der Ebene nördlich von der
Stadt, innerhalb eines Dreiecks, welches gegen Norden von dem Esperbach und den Ortschaften Petershagen, Friedewalde und Hille, —
gegen Osten von der Weser, — und gegen Südwesten von dem grossen
Torfmoor der Bastau begrenzt wird, — eines Baches, der, mit dem
Wiehegebirge parallel laufend, im Festungsbering der Stadt Minden
sich in die Weser ergiesst.*) Seit dem 17. Juli, an welchem Tage er
bei Petershagen der vom Herzog Ferdinand ihm angebotenen Schlacht
ausgewichen war, stand der Marschall Contades mit der grossen fran-

*) N. d. H. Vergleiche die Terrainbeschreibung in dem Werke von C. Renouard (Haupt-
mann im kurfürstlich Hessischen Generalstabe). Geschichte des Krieges in Hannover, Hessen
und Westfalen von 1757 bis 1763. Bd. II. S. 187; ferner die Karte mit dem Schlachtplan bei
des Generals v. Tempelhoff Geschichte des siebenjährigen Krieges, III. Theil.

zösischen Armée unbeweglich in dem unzugänglichen Lager zwischen
Minden und Haddenhausen bei Dutzen, — rechts an die befestigte
Stadt gelehnt, vor der Front durch das grosse, eine halbe Stunde breite
Moor der Bastau, über welches nur bei Eichhorst ein leicht zu ver-
theidigender Damm nach Hille führt, — im Rücken durch das steil
abfallende Wiehegebirge geschützt, — zur Linken weithin die Gegend
nach Lübbecke mit leichten Truppen deckend.   Das französische
Reserve-Corps unter dem General Duc de Broglio hielt das rechte
Weser-Ufer und die Gegend von Bückeburg besetzt und lagerte bei
Meissen. — Um den Feind zum Verlassen dieser unangreifbaren
Stellung zu nöthigen und eine Entscheidung herbeizuführen, hatte der
Herzog Ferdinand den Erbprinzen von Braunschweig am 27. Juli über
Lübbecke, und am 29. (an welchem Tage er den Fall von Münster
nebst Citadelle erfuhr), nach Vereinigung mit dem von Bremen über
Osnabrück herangezogenen General Drewes, über Rimslohe, in der
Richtung gegen Herford, auf die Verbindungslinie des Marschalls
Contades detachirt, er selbst aber mit der Hauptarmée zwischen Hille
und Friedewalde, den Esperbach und die Dörfer Nord-Hemmern und
Holzhausen vor der Front, sein Lager aufgeschlagen, und den General-
Lieutenant v. Wangenheim mit einem abgesonderten Corps vorwärts
von Petershagen bei Todtenhausen in einer durch Redouten geschützten
Stellung stehen gelassen. *) Er rechnete, der Marschall werde, in
Folge der Detachirung des Erbprinzen, entweder einen Theil seiner
Armée gegen denselben entsenden und ihm, dem Herzoge, Gelegenheit
geben, den Erbprinzen zu verstärken und so den Kriegsschauplatz von
den Ufern der Weser wieder nach Westfalen hinüberzuspielen, oder der
Marschall werde, die Entfernung des Erbprinzen mit einem nicht unbedeutenden Corps benutzend, in die Ebene von Minden hervorbrechen,
das vereinzelte Corps des Generals Wangenheim zu überwältigen und
ihn, den Herzog, von seinem Stützpunkt an der Weser zu verdrängen
suchen. Indem er diese letztere Alternative für die wahrscheinlichere
erkannte, fasste er den Vorsatz, dem Marschall mit der Hauptarmée in
die Flanke zu fallen, sobald er sein Heer durch das ihm allein übrige
schmale Defilé zwischen Dutzen und Minden (2000 Schritt breit) führen würde, — „au moment même qu'il debouche". Seine Rechnung
trog nicht. — Obwohl er darauf gefasst war, dass d'Armentières sich
gegen den Erbprinzen wenden könne, so wusste er doch bereits am
30. aus einem Briefe des Generals von Hardenberg vom 28. und aus
Nachrichten von verschiedenen Seiten, dass d'Armentières nach der
Einnahme von Münster zur Belagerung von Lippstadt aufgebrochen
war. In der That hatte derselbe am 30. Juli diese befestigte Stadt
mit seinem Corps eingeschlossen, und nur eine kleine Abtheilung unter
dem Duc de Chevreuse stand bei Rheda. General Brunck in Hameln,

---

*) N. d. H. S. v. Tempelhoff, Bd. III. S. 183—186.

und Oberstlieutenant Freytag, sowie Major Friedrichs hatten gemeldet, dass schon am 29. der General St. Germain, nach Ablösung durch die unter Waldener von Cassel her eingetroffenen Regimenter Diesbach, Castella und d'Herici vor Hameln, mit der Brigade Auvergne und 1 Kavallerie-Regiment über Rinteln nach Minden marschirt sei. Eine persönliche Recognoscirung von den Bergen bei Lübbecke am 31. und verschiedene Meldungen überzeugten den Herzog, dass die vorgeschobenen kleinen Truppenabtheilungen des Feindes zurückgegangen waren; von jenseits der Weser meldete Luckner auffallende Bewegungen im Lager Broglio's; Capitain Bauer hatte schon am 31. Morgens 9 Uhr aus Lübbecke den Marsch einer starken Colonne auf der Strasse von Minden nach Herford, und dass der Feind in Minden marschfertig sei, angezeigt. Vom Erbprinzen von Braunschweig endlich empfing er die Meldung, dass derselbe am 31. 11 Uhr Vormittags bei Kirchlingern angekommen sei. Durch alle diese Nachrichten in der Erwartung bestärkt, der Feind werde am folgenden Tage, oder Tages darauf ihn angreifen, versammelte der Herzog Ferdinand seine Generale, befahl ihnen, mit dem vorliegenden Terrain zwischen Hahlen und Stemmern und den dahin führenden Wegen sich genau bekannt zu machen, und ertheilte ihnen am 31. Juli Nachmittags 5 Uhr seine Dispositionen zum Marsch, mit dem Befehl an die Truppen, dass am 1. August um 1 Uhr früh die Infanterie marschfertig sei, die Cavallerie gesattelt und die Artillerie aufgeschirrt habe. Zufolge der Disposition sollte die Armée, im Fall des Anmarsches des Feindes, aus dem Lager zwischen Hille und Friedewald in acht Colonnen ausrücken, die erste, der rechte Flügel, 24 Escadrons unter Generallieutenant Lord George Sackville, die zweite, die Brigade schwerer Artillerie unter Major Hase, die dritte, 8 Bataillons Infanterie und eine Brigade leichter Artillerie, unter dem General v. Spoercken, die vierte, 6 Bataillons unter dem Prinzen von Anhalt, die fünfte, die schwere Artillerie-Brigade des Centrums unter Oberst Braun, — diese 5 Colonnen alle rechts abmarschirt, — die sechste Colonne, 6 Bataillons Infanterie und eine Brigade leichter Artillerie, unter dem Generallieutenant von Wutginau, — die siebente, 7 Bataillons Infanterie und eine Brigade leichter Artillerie, wenn sie sich bei der Armée befände, unter dem Generallieutenant v. Imhoff, — endlich die achte Colonne, — der linke Flügel, — 19 Escadrons Cavallerie unter dem Herzog von Holstein, — diese 3 Colonnen links abmarschirt, — mit der Bestimmung, in der Ebene von Minden, mit dem rechten Flügel bei der Windmühle des Dorfes Hahlen und mit dem linken Flügel an das Dorf Stemmern sich schliessend, in zwei Treffen sich in Schlachtordnung zu formiren. — Der General v. Wangenheim wurde vom Herzog instruirt, beim Anmarsch des Feindes, aus dem Lager vorwärts Petershagen (auf der schwarzen Breite) auszurücken, und mit seinem Corps, bestehend aus 8 Bataillons Infanterie, 6 Bataillons Grenadieren (bisher unter dem

Prinzen von Bewern) *) und 18 Escadrons Cavallerie, vorwärts von
Todtenhausen und Kuttenhausen Stellung zu nehmen, die Grenadiere
und die Infanterie links, im Anschluss an die errichteten Redouten, die
Cavallerie rechts in Verbindung mit der Hauptarmée bei Stemmern.
Dem Grafen zur Lippe-Schaumburg (Bückeburg), als Grossmeister der
Artillerie, übertrug der Herzog insbesondere die Leitung der Verthei-
digung der mit der schweren Artillerie-Brigade des Hessischen Oberstlieutenants Huth und 2 Bataillons besetzten, verpallisadirten Redouten
vor Todtenhausen. **) In Verbindung mit diesem Corps standen jenseits der Weser noch 2 Bataillons Grenadiere, 2 Escadrons Husaren
und Hannoversche Jäger unter Luckner, zum Schutze der Brücke bei
Oberstedt und zur Beobachtung des Broglio'schen Reservecorps, bei
Bückeburg. Den Generallieutenant von Gilsae liess der Herzog bei
Lübbecke mit 3 Bataillons Infanterie und 300 Dragonern lagern, um
die Verbindung mit dem Erbprinzen von Braunschweig zu unterhalten;
dieser aber wurde befehligt, mit seinem Corps, bestehend aus 10 Bataillons Infanterie, 10 Escadrons Cavallerie, 2 Escadrons Preussischer
Husaren nebst 1 Brigade Hannoverscher Jäger, den Volontaires de
Prusse, den Hessischen Husaren und Jägern und 16 schweren Geschützen nebst 2 Pontons, die feindliche Truppen-Abtheilung unter
dem Duc de Brissac, welche die Brücke bei Gohfeld deckte, anzugreifen und die Brücke zu nehmen, um der französischen Armée die
Verbindung mit Paderborn abzuschneiden, und sie zu nöthigen, auf eine
oder die andere Weise aus dem Lager bei Minden herauszukommen.

In der That hatte der Marschall Contades, angeregt durch die
Detachirung des Erbprinzen von Braunschweig, und gedrängt durch
die Aufforderungen seines Hofes, endlich den Entschluss gefasst, zur
Offensive überzugehen und die alliirte Armée in der von ihr eingenommenen Stellung am 1. August mit Tagesanbruch anzugreifen.
Demzufolge ordnete er an, dass sein Heer spät am Abend des 31. Juli
um 10 Uhr, zu der gewöhnlichen Stunde, wenn die retraite geschlagen
würde, welche als Generalmarsch gelten solle, gemäss nachstehender
Disposition debouchire. Das Reserve-Corps des Duc de Broglio, drei
Brigaden Infanterie, mit 14 Bataillonen, 22 Escadrons Cavallerie, verstärkt durch 8 Bataillone Grenadiers de France et Royaux und 6 12-
pfündige Kanonen und 4 Haubitzen, ausser seinen eigenen und den
Regiments-Kanonen, bildet die Rechte des Ganzen und marschirt über
die Brücken der Stadt auf Todtenhausen, und von da gegen das Lager des Prinzen von Bewern auf dem Wege von Petershagen. Der
Angriff dieses Corps, die Infanterie im ersten, die Cavallerie im zweiten Treffen, wird rasch und mit Lebhaftigkeit ausgeführt, um den
Prinzen von Bewern zu schlagen und von der feindlichen Hauptmacht
zu trennen. Die Armée des Marschalls Contades selbst, 14 Brigaden

---

*) N. d. H. Der Prinz von Bewern ging am 28sten von diesem Commando ab, und
wurde um Schlachttage auf Befehl des Herzogs Ferdinand auf dem rechten Flügel verwendet.
**) N. d. H. Beschreibung der Redouten bei Renouard. Bd. II. S. 207.

Infanterie mit 62 Bataillonen, 63 Escadrons Cavallerie und 64 Park-
geschütze, ausser den Regiments-Kanonen, debouchirt Abends mit der
Retraite, aus dem Lager in acht Colonnen über die Brücken des
Bastau-Moores in die Ebene von Minden, und rückt in zwei Treffen in
Schlachtordnung, die Infanterie auf den Flügeln, die Cavallerie in der
Mitte, dergestalt, dass im ersten Treffen, auf dem rechten Flügel,
anschliessend an das Reserve-Corps des Duc de Broglio, die 4 Infanterie-Brigaden Picardie, Belsunce, Touraine, Rouergue (17 Bataillone),
unter den Generallieutenants de Nicolay und de Beaupreaux, 34 Park-
geschütze vor der Front (à la tête), — im Centrum die 3 Cavallerie-
Brigaden La Colonelle-Generale, Cravattes und Mestre de Camp
(23 Escadrons), unter den Generallieutenants Duc de Fitzjames, de
Vogué und de Castries, — auf dem linken Flügel die 4 Infanterie-
Brigaden Condé, Aquitaine, le Roy, Champagne (16 Bataillone), unter
dem Generallieutenant de Guerchy, 30 Parkgeschütze vor der Front
(à la tête), und zwar links sich anlehnend an das Moor in der Höhe
der ersten Hecken des Dorfs Hahlen, aufmarschiren, das ganze erste
Treffen rechts sich ausdehnend hinter den „rothen Häusern" nach den
Gehölzen; — im zweiten Treffen, 400 Schritt hinter dem ersten, den
rechten Flügel die 2 Infanterie-Brigaden Auvergne und Anhalt (8 Bataillone), unter dem Generallieutenant St. Germain, — das Centrum
die 3 Cavalleriebrigaden du Roy, Bourgogne und Royal Etranger
(22 Escadrons), unter den Generallieutenants Du Mesnil, d'Andlau und
d'Orlick, — und den linken Flügel die beiden Sächsischen Infanterie-
brigaden (13 Bataillone), unter dem Chevalier de Lusace und den
Sächsischen Generalen, bilden; — endlich eine Reserve, bestehend aus
der Gendarmerie und den Carabiniers (18 Escadrons), unter dem Generallieutenant Marquis de Poyanne, als drittes Treffen, im Centro,
hinter der Cavallerie aufgestellt wird. — Während das Reservecorps
des Duc de Broglio das hinter Todtenhausen supponirte feindliche
Lager angreift, beendigt die Armée die vorbeschriebene Aufstellung,
indem sie in Colonnen mit Bataillons- und Escadrons-Fronten, die
Brigade-Distancen beachtend, in die Schlachtordnung einrückt. Dabei
ist wieder die Voraussetzung, dass die feindliche Hauptarmée in ihrem
Lager, mit der Rechten hinter Hille und mit der Linken hinter Holzhausen stehen bleibe, so dass der Anmarsch des französischen Heeres
fast auf die linke Flanke des Feindes allein treffen und dieselbe von
dem Broglio'schen Corps werde umfasst werden. — Die Brigade-In-
fanterie Navarra (4 Bataillone) mit den Volontaires-Regimentern
Hainault, Dauphiné, Muret, 4 8pfündigen Parkgeschützen und 4 Regiments-Kanonen, unter dem Befehl des Generallieutenants Duc d'Havré,
macht auf dem Eichhorster Damm einen Scheinangriff gegen Hille
durch lebhafte Kanonade, behauptet dieses Defilé und deckt die Höhen
gegen Unternehmungen der feindlichen leichten Truppen von Lübbecke
aus, unterhält auch über Bergkirchen die Verbindung mit dem Detachement des Duc de Brissac, welches zur Beobachtung des Corps

III.   29

des Erbprinzen von Braunschweig hinter den Else-Bach entsendet ist:
— Die Infanterie-Brigade Loewenthal (4 Bataillone) endlich, unter dem
Mar. de Camp Beron, rückt in die Stadt Minden, zur Besetzung der
Wälle und der Brücken; die schwersten Festungs-Geschütze werden
auf die Cavaliere gebracht, um im Falle des Unglücks den Rückzug
der Armée zu schützen.

Nach geschlagener Retraite am späten Abend des 31sten Juli
setzte sich die ganze französische Armée, gemäss dieser Disposition in
Bewegung; schon vor Tagesanbruch des 1sten August stand das Reservecorps des Duc de Broglio, rechts an den Thalrand der Weser gelehnt,
gegenüber Todtenhausen in Schlachtordnung in Gewehrschussweite von
den feindlichen Feldwachen; die Armee des Marschalls Contades aber
bedurfte der ganzen Nacht zur Bewerkstelligung des Uebergangs des
Bastau-Moors auf den geschlagenen Brücken, und entwickelte ihre Colonnen mit solcher Schwerfälligkeit, dass die Brigaden ihre vorgeschriebenen Stellungen erst nach 7 Uhr Morgens nicht ohne Distanceverlet-
zungen und Verschiebungen der Schlachtlinie zu erreichen vermochten. Der Aufmarsch des Broglio'schen Corps geschah in drei Treffen,
im ersten 9 Bataillone, im zweiten 9 Bataillone, und im dritten 4 Bataillone, zusammen 22 Bataillone Infanterie; die Cavallerie, 22 Escadrons, in zwei Colonnen, links von der Infanterie, zu deren Unterstützung; 22 schwere Geschütze, darunter 4 Haubitzen, fuhren vor
der Front auf; ausserdem die Regiments-Canonen, 1 Stück p. Bataillon.
Die Infanterie dieses Corps bestand aus den Brigaden Piedmont (die
Regimenter Piedmont und Dauphin, — 6 Bataillone), Clauzen (die
Regimenter Royal-Baviere und Nassau, — 4 Bataillone), Paraviciny
(die Regimenter Planta, Courten — 4 Bataillone) und aus den Grena-
diers de France et royaux, — 8 Bataillone; die Cavallerie aus den
Brigaden Lameth (die Regimenter Commissaire - General und Lameth,
— 4 Escadrons), Cavarrouvias (die Regimenter Peuthievre und
Toussaint, — 4 Escadrons), Prinz Holstein (die Regimenter Royal
Allemand, Würtemberg. — 6 Escadrons), und den Dragonern von Ap-
chon und Nassau (8 Escadrons). Die Stärke des Corps war, zu 500
Mann das Bataillon, und 120 Pferden die Escadron, auf 11,000 Mann
Infanterie, 2640 Mann und Pferde Cavallerie und etwa 500 Mann
Artillerie, zusammen 14,140 Mann, anzunehmen. Links an dasselbe
schloss sich in der Gegend der rothen Häuser (Malbergen oder Maul-
beerenkamp und Neuland) der rechte Flügel des Contades'schen Heeres,
im ersten Treffen die Infanterie-Brigaden Picardie (die Regimenter Picardie, 4 Bat. Lamarche p^{ce}, 1. Bat.), Belsunce, (Reg. Belsunce,
4. Bat.) Touraine (die Rgtr. Touraine, 2 Bat., und Aumont
2 Bat.), und Rouergue (die Rgtr. Rouergue, 2 Bat., Lamarche p^{ce},
1 Bat., Tournaisis, 1 Bat.), — im zweiten Treffen die Infanterie-Brigaden Auvergne (Rgt. Auvergne 4 Batt.) und Anhalt (die Rgtr.
Anhalt. 2 Bat., St. Germain, 1 Bat., Bergh, 1 Bat.), zusammen 25 Bataillone, zu 500 Mann, 12,500 Mann Infanterie. Dann folgte, im Centro,

die Mindener Heide ausfüllend, die ganze Cavallerie, in drei Treffen, im ersten die Brigaden la Colonelle Generale (die Regimenter Co. lonelle generale 3 Esc., Marcieux, 2 Esc., Vogué, 2 Esc., Condé, 2 Esc.), Cravattes (die Rgtr Cravattes 2 Esc., Talleirand, 2 Esc., Surgere 2 Esc.) und Mestre de Camp (die Rgtr. Mestre de Camp, 2 Esc., Poly, 2 Esc., D'Espinal, 2 Esc., Fumel, 2 Esc.), im zweiten die Brigaden du Roy (die Rgtr. du Roy, 2 Esc., Enrichemont, 2 Esc., Moustier, 2 Esc., Noé, 2 Esc.), Bourgogne (die Rgtr. Bourgogne, 2 Esc., Rougrave, 2 Esc., Archiac, 2 Esc.) und Royal Etranger (die Rgtr. Royal Etranger, 2 Esc., Balaincourt, 2 Esc., Noailles, 2 Esc., Crussol. 2 Esc.), und im dritten Treffen die Gendarmerie, 8 Esc., und die Carabiniers, 10. Esc., zusammen 63 Escadrons zu 120 Pferden, eine Cavallerie-Masse von 7560 Mann und Pferden. Den linken Flügel bildeten im ersten Treffen die Infanterie-Brigaden Condé (die Regimenter Condé, 2 Bat., Enghien, 2 Bat.), Aquitaine (die Rgtr. Aquitaine, 2 Bat., Vastan, 2 Bat.), le Roy (das Rgt. Le Roy, 4 Bat.) und Champagne (das Rgt. Champagne, 4 Bat.); zusammen 16 Bataillone, 8000 Mann stark, links sich lehnend an das Torfmoor der Bastau, hinter dem Dorfe Hahlen, welches mit 4 Bataillonen (Rgt. Champagne) besetzt wurde. In Folge dieser Aufstellung nahm das erste Treffen die Gestalt eines links nach rückwärts gekrümmten Hakens an, dessen rechter Schenkel dadurch in seiner Entwickelung nach rechts gehemmt wurde; folglich das zweite Treffen, die beiden Sächsischen Brigaden mit 6 und 7 Bataillonen, in der Stärke von 6500 Mann*) Gelegenheit gewann, mehr nach der Mitte in die Action einzugreifen. Die Contades'sche Armee erschien sonach mit 54 Bataillonen = 27,000 Mann Infanterie, 63 Escadrons = 7,560 Mann und Pferden Cavallerie, und 2 Brigaden schwerer Artillerie, etwa 2000 Mann, mit 64 Parkgeschützen und 54 Stück Regiments-Kanonen, zusammen 36,560 Mann und 118 Geschütze, auf dem Schlachtfelde, welche mit den 14,140 Mann und 44 Geschützen des Broglio'schen Reservecorps eine Gesammtmacht von 50,700 Mann mit 162 Geschützen bildeten. Hierzu traten, als an dem Gefechtsbereich des Tages von Minden betheiligt, in der Position am Eichhorster Damm, unter dem Duc d'Havré, die Infanterie-Brigade Navarra (Rgt. Navarra, 4 Bat.) 2000 Mann, mit 8 Geschützen und den Volontaires d'Hainault, Dauphiné und Muret (2 Escadrs. Cavallerie); in der Stadt und auf den Wällen und Brücken von Minden die Infanterie-Brigade Loewendahl (die Rgtr. Loewendahl, 2 Bat., und Bouillon, 2 Bat.), 2000 Mann; und das Detachement an der Brücke von Gohfeld, unter dem Duc de Brissac, in der Stärke von 2000 Mann Infanterie (4 Bat. Grenadiers und Piquets) 1000 Pferden und 5 Geschützen. Nicht ohne Einfluss waren endlich verschiedene leichte Truppencorps, wie die Husaren von Berchiny und Turpin

---

*) N. d. H. Dieses Sächsische Infanterie-Corps soll nach den später in den Papieren des Prinzen Xavier aufgefundenen Listen, einige Tage vor der Schlacht, beinahe 9000 Mann effectiv gezählt haben. Bericht des Herzogs Ferdinand an den König Friedrich II. vom 11. October. 1759.

(12 Esc.), etwa 1200 Pferde, in der Gegend zwischen Lübbecke, Schnathorst und Quernheim, ferner das Fischer'sche Freicorps jenseits der
Weser und andere kleinere Detachements, die zusammen auf etwa 5000
Mann angeschlagen werden können. Die ganze am Tage von Minden
und Gohfeld unmittelbar oder entfernter mitwirkende französische Armee
belief sich daher auf

88 Bataillone Infanterie, = 44,000 Mann,

95 Escadrons Cavallerie = 11,400 Mann und Pferde,

3 Brigaden Artillerie etwa 2,500 Mann,

leichte Truppen etwa: 6,200 Mann, meistens Cavallerie

überhaupt auf 64,100 Mann mit

95 Packgeschützen und 84 leichteren Regiments-Kanonen.

Ausser aller und jeder Einwirkung auf die Entscheidung des Tages
verblieben dagegen das Reservecorps des General-Lieutenant Marquis
D'Armentières vor Lippstadt, (19 Bataillone und 20 Escadrons nebst
der Legion Royale und 34 schweren Geschützen), und das meistens
aus den 3 Dragoner-Regimentern Le Roy, la Ferronaye und Caraman
(12 Esc.) bestehende Corps des Generallieutenants Duc de Chevreuse
bei Rheda, beide zusammen etwa 15,000 Mann stark, nicht minder
die vor Hameln stehenden Regimenter Diesbach und Castella (4 Bataillone) und die in dortiger Gegend, sowie die in Cassel zurückgelassenen, zum Broglio'schen Reservecorps gehörenden, Truppentheile,
(noch 4 Bataillone Infanterie und 16 Escadrons Cavallerie), — der
Garnisonen von Münster, Wesel und Frankfurt a. M. nicht zu gedenken. —

Es ist diese Zerstreuung seiner Kräfte, vornehmlich die versäumte
Heranziehung des Armentière'schen Corps, dem Marschall Contades
von Kriegskundigen, — vor allen von Napoléon, — zum grössten Vorwurf gemacht worden, als ein unverzeihlicher Verstoss gegen die erste
und wesentlichste Regel vor Lieferung einer Schlacht: alle irgend dis-
poniblen Kräfte zu sammeln, um sie mit Ueberlegenheit auf den entscheidenden Punkt im entscheidenden Augenblick zu concentriren. Indessen, ganz abgesehen von Schwierigkeiten, die bei der damaligen
Kriegführung der Befolgung dieses Grundsatzes sich entgegenstellten,
leidet es keinen Zweifel, dass die Verwendung jenes Corps gegen das
befestigte Lippstadt dem unwiderstehlichen Verlangen des Hofes von
Versailles, bei welchem sich der Marquis D'Armentières schon durch
die Einnahme von Münster besonders in Gunst gesetzt hatte, zuge-
schrieben werden muss; weshalb es dem Marschall nicht zur Last zu
legen ist, dass er die Ergreifung der Offensive bei Minden von seiner
Unterstützung nicht abhängig gemacht hat. Um so berechtigter wird
ihn aber der Tadel treffen, wenn er die übrigen, ihm zur Hand gestandenen Kräfte, nicht desto ausschliesslicher zu wirksamster Bethei-
ligung bei dem Hauptschlage, den er zu thun sich vorgenommen, be-
nutzt, und diesen überall nicht mit dem Nachdruck geführt hat, der
die erste Bedingung des Gelingens war. Durchliest man die Dispo-

sition des Marschalls, — sie füllt sechs enggeschriebene Folio-Seiten
aus, — so kann man sich des Gedankens nicht erwehren, dass über
deren Entwerfung, obwohl sie schliesslich vom 31. Juli datirt ist, vielleicht schon mehrere Tage vorher verwendet worden,*) und dass, je
sorgfältiger in den Einzelnheiten, ja mit pedantischer Breite, sie verfasst, und je präciser jedem Truppentheil Weg und Stellung auf dem
Kampfplatze darin vorgezeichnet worden, — Alles in der einseitigen
Voraussetzung, dass der Gegner mit seinen Streitmassen in den eine
Meile weit von einander getrennten Lagern stehen bleiben und den
Angriff ruhig erwarten werde, — diese Disposition unter veränderten
Umständen und im Falle der Vereitelung jener Voraussetzung, desto
nutzloser und hinderlicher, ja verderblich gewesen sein müsse. Gedacht
hat der Marschall Contades allerdings zwar einer solchen Unzuläng-
lichkeit seiner Instruction, indem er darin selbst ausspricht „la suite
des manoeuvres, dependant de celles que l'Ennemi peut faire; ne peut
être prevüe: Mr. le marechal en donnera les ordres suivant les circonstances;" aber, mit Ausnahme der Führung des Reservecorps, welche
dem Duc de Broglio mit der bestimmten, ihm gestellten Aufgabe, durch
rasches Vorgehen auf Todtenhausen das dort stehende, isolirte feindliche Corps zu werfen, selbstständig übertragen war, enthielt die Disposition für die Hauptarmée selbst keine, das Ineinandergreifen der verschiedenen Waffengattungen sichernde Vorkehrungen, und ebensowenig
eine Anordnung wegen des einheitlichen Oberbefehls über die verschiedenen Treffen für jeden Flügel und das Centrum, ja nicht einmal über
die verschiedenen Brigaden eines und desselben Treffens, theils auf den
Flügeln, theils im Centrum, daher denn dem Oberkommandirenden die
Leitung des Ganzen und das Zusammenwirken der grösseren Heeres-
abtheilungen, beim Eintritt unerwarteter Situationen, äusserst erschwert
werden musste. Dahin gehörte andererseits die Bestimmung der Disposition, welche die Aufstellung zweier, weit von einander getrennten
grösseren Artillerie-Massen vor dem ersten Treffen der Infanterie auf
dem rechten und linken Flügel dem Chef der Artillerie, Generallieutenant Chevalier de Pelletier, mit der Anweisung unterordnete, ein Kreuz-
feuer vor der Front der im Centrum aufgestellten Cavallerie-Massen
zu unterhalten. Besonders misslich war aber die Vorschrift, dass,
während das Broglio'sche Corps so früh und so rasch wie möglich den
Angriff auf die feindliche Stellung bei Todtenhausen ausführen sollte,
die sämmtlichen Abtheilungen der Hauptarmée, nach bewirkter Ueber-
schreitung des Bastau-Moores, auf dem Kamme der vorliegenden
Deckungen und Anhöhen bis zum Anbruch des Tages in Colonnen
halten, und erst alsdann und während jenes Corps mit seiner Aufgabe
schon beschäftigt sein würde, sich formiren und ihren Aufmarsch in
die Schlachtlinie ausführen sollten, und zwar unter der erschwerenden
Ordnung des Avancirens in Linie, oder in Colonnen mindestens mit

---

*) N. d. H. Vergl. Renouard Bd. II. S. 217 und 250, der schon den 29sten als Tag der
Abfassung bezeichnet.

Bataillons-, und Escadrons-Fronten, mit Einhaltung der Brigade-Distançen, — endlich die complicirte Aufstellung der Infanterie-Brigaden des ersten Treffens selbst, vermöge deren eine jede Brigade ihr erstes Bataillon. resp. das an die Cavallerie anschliessende, en colonne, die übrigen Bataillons hingegen en bataille zu formiren hatte. Der hiermit verbundene Zeitverlust musste die tactische Beweglichkeit und Energie-des Heeres von vornherein lähmen, und den glücklichen Erfolg des ganzen Angriffs-Planes, dem unbestritten ein richtiger Gedanke zum Grunde lag, um so gewisser compromittiren, je mehr dabei Alles auf die Schnelligkeit der Bewegungen und den ungeschwächten Eindruck der Ueberraschung ankam.*)

Indem so das Ganze des Anmarsches der französischen Armée zur Entscheidungsschlacht ein Bild steifster Paradeaufstellung und geistloser Schwerfälligkeit darbot, erhob sich ihr gegenüber das verbündete Heer, auf den Ruf seines wachsamen Feldherrn, kampfbereit aus den Lagern, dem stolzen Feinde muthig entgegen zu gehen, da er's am wenigsten vermeinte. Man hat öfter geglaubt, der Herzog Ferdinand sei durch geheime Verbindungen im französischen Hauptquartier von dem Plane des Marschalls Contades unterrichtet, zu dem Entschluss bewogen worden, ihm zuvorzukommen, — andere Schriftsteller, wie z. B. Archenholz, sind der Ansicht gewesen, der Herzog habe, des langen Zögerns überdrüssig, schon selbst für denselben Tag sich zum Angriff entschlossen gehabt. Jedoch weder das Eine noch das Andere ist begründet, und es finden sich davon namentlich in den nachgelassenen Papieren seines Freundes Westphalen keine Spuren. Vielmehr ist das gewiss und steht über allen Zweifel fest, dass der Herzog in seinem wohlüberdachten Streben, den Marschall aus seiner unangreifbaren Stellung herauszumanoevriren, der Erreichung dieses Zieles durch die Umgehung des Erbprinzen von Braunschweig mit jedem Tage sich mehr genähert, und, in seiner Berechnung durch die oben angeführten Wahrnehmungen seiner Recognoscirung bestärkt, vollständig vorbereitet war, dem Feinde im Moment des Debouchirens entgegenzurücken, seinem Grundsatz gemäss, dass die Offensive die beste Art der Vertheidigung sei. Er hat dies selbst klar und umständlich in der Relation, die er am 3. Februar 1760. dem Lord Holdernesse eingesandt hat, dargelegt.**)

---

*) N. d. H. Vergl. v. Tempelhoff. Bd. III. S. 202.

**) N. d. H. Vergl. Renouard Bd. II. S. 247 ff., dessen Betrachtungen hiermit übereinstimmen. Wenn daselbst S. 250 aber aus dem Umstande, dass die Disposition des Marschalls Contades schon am 29sten Juli abgefasst worden sei, während der Herzog Ferdinand erst an diesem Tage das Lager von Hille und Friedenwald bezogen habe, und davon kaum Nachricht zu dem Marschall gelangt sein könnte, — die Vermuthungen Anderer, dass Contades von der Absicht zu jener Marschbewegung Ferdinands unterrichtet gewesen sein müsse, bevor dieselbe zur Ausführung gekommen, — zu theilen scheint, ohne jedoch, wie dies geschehen, bis zu der ungereimten Annahme zu steigen, dass demzufolge ein Einverständniss zwischen beiderseitigen Oberbefehlshabern bestanden habe; so ist dem entgegen nicht zu übersehen, dass einmal der Marsch aus dem Lager von Petershagen in das von Hille-Friedenwald ein sehr kurzer von kaum 2 Meilen war, sodann, dass das Heer Ferdinands denselben schon um 4 Uhr Morgens am 29sten antrat, dass unter andern der Generallieutenant v. Wutginau schon in der Nacht um 1 Uhr Nord- und Süd-Hemmern und Haltum occupirte, ferner, dass der Erbprinz mit

Wie wenig er aber des wirklichen Eintritts jenes Augenblicks gewiss
gewesen und wie nahe es daran war, dass er gleichwohl mit der Armee
zu rechter Zeit auf dem Kampfplatze nicht angelangt wäre, das wird
sich aus dem folgenden Verlauf ergeben, und erhält durch den Brief
Westphalens an seinen Freund Haenichen, d. d. Goofeld, den 5. August
1759, die volle Bestätigung, wo er schreibt: „Notre Artillerie a très
bien faite: quoique ce n'eut été qu'un impromptu; car les
ennemis avoient debouché lorsque nous étions encore au camp. Mais
on marcha avec telle impetuosité à eux, qu'ils n'en purent tirer aucun
avantage. Deux deserteurs de Picardie arrivèrent la nuit chés le prince
d'Anhalt et luy annoncèrent le dessein de l'ennemi. Mais cet habile
prince crut cela une bagatelle et n'envoya les deserteurs qu'à 4 heures
du matin. Le Duc avoit prevû que la bataille devoit se donner le 1. ou le 2.
d'août, ou que les Ennemis devoient repasser les montagnes; ainsi il etoit
prêt à recevoir l'ennemi et malgré la negligence du prince d'Anhalt on
arriva sur l'ennemi beaucoup plus vite qu'il ne paroissoit l'avoir crû." —

Gegen 3 Uhr des Morgens, — so wird es in der Relation vom
3. Februar 1760 erzählt, — zeigte der General-Adjutant von Reden
dem Herzog Ferdinand die Ankunft zweier Deserteurs vom Regiment
Picardie mit der Neuigkeit an, „die feindliche Armée sei auf dem Marsch,
ihn anzugreifen, um Mitternacht habe sie das Moor passiren sollen."
Die Abweichung in der Angabe der Stunde, insofern der, wenige Tage
nach der Schlacht geschriebene Brief Westphalens 4 Uhr Morgens
angiebt, erklärt sich so, dass in diesem gesagt wird: Der Prinz Anhalt
habe die Deserteurs erst um 4 Uhr Morgens gesendet, — also dem
Hauptquartier vorführen lassen, während die in der Relation bezeich-
nete Stunde, gegen 3 Uhr nur die erste Meldung von der Ankunft
der beiden Deserteurs bei den Vorposten andeuten wollte. Dass diese
Nachricht dem Herzoge wirklich schon vor 3 Uhr gemeldet sein wird,
ist übrigens auch daraus zu schliessen, dass nach dem Schreiben aus
dem Hauptquartier d. d. Gohfeld den 5. August und dem Berichte
des General-Adjutanten von Estorff an den Prinzen Louis von Braunschweig vom 6. August 1759 der Scheinangriff gegen Hille auf dem
Eichorster Damme schon um 3 Uhr früh durch die Kanonade eröffnet
wurde, deren Schall dem Prinzen von Anhalt die Wichtigkeit der Aussage jener Ankömmlinge wohl verdeutlicht haben mag: — Schon um
10 Uhr des Abends waren sie in Hartum angekommen, wo der Generallieutenant Prinz von Anhalt als General du jour mit einem Theil der
Armée-Piquets stand.

Der Herzog Ferdinand, auf die empfangene Meldung keinen Augen-

---

seinem Detachement schon am 28sten abmarschirt war, dass daher Contades sehr wohl erst
nachdem er von diesen Bewegungen Kunde erhalten hatte, schon an demselben Tage, dem
29. Juli, die Haupt-Idee zu seiner Disposition fassen konnte, und dass daher hieraus kein irgend
wie zureichender Grund zu entnehmen ist, um auf Vermuthungen der gedachten Art zu kommen. Am klarsten beweisen die Ueberraschungen am Tage der Schlacht auf beiden Seiten
das Gegentheil von irgend welchem geheimen Einverständniss. S. v. Tempelhoff. Bd. III.
S. 186, 187, 193.

blick im Zweifel, dass der Marschall Contades gegen ihn anrücke, befiehlt sogleich dem General-Adjutanten v. Reden, schleunigst die Armée das Gewehr aufnehmen und in ihre am Abend zuvor angewiesene Stellung zwischen Hahlen und Stemmern marschiren zu lassen; gleichzeitig entsendet er alle Adjutanten, die er um sich hat, den Aufbruch der Armée ohne den geringsten Verzug zu betreiben. Durch den Grafen von Taube lässt er besonders den regierenden Grafen von Schaumburg-Lippe ersuchen, sich so schnell als möglich nach Todtenhausen zu begeben, und dort auf die Ausführung seiner Ordres zu halten. In der Besorgniss, der Feind werde ihm in Hahlen zuvorkommen, eilt er selbst, mit verhängtem Zügel nach Hartum zu den Vorposten, trifft dort den Prinzen von Anhalt, der ihm auf seine Frage antwortet, Alles sei beim Feinde noch in derselben Position; er befiehlt ihm aber, die Piquets zu sammeln und mit ihnen und ihren Geschützen der Brigade des Capitain Foy gerade auf Hahlen zu marschieren und dies Dorf zu besetzen, — indem er ihm noch den Prinzen von Bevern und den Oberstlieutenant Watson zuordnet. Dabei lässt er es nicht bewenden, sondern er nähert sich selbst persönlich, nur von seinem Reitknecht (Piqueur) und einem Bauern begleitet, dem genannten Dorfe und erfährt von den Patrouillen, dass dasselbe schon von Feinden angefüllt ist, was ihm der Piqueur, den er hineinschickt, bestätigt. Dem zu ihm zurückgekehrten Grafen von Taube trägt er noch besonders auf, sich zum Prinzen von Anhalt zu begeben und ihm zu sagen, dass er mit allen Piquets nach Hahlen avanciren und es nehmen solle. Der Adjutant trifft den Prinzen jedoch nicht mehr an, der sich unterdess zum Recognosciren des Feindes begeben und die Zusammenziehung der Piquets angeordnet hat, und eilt nach Zurücklassung seiner Ordre, nach Todtenhausen, um dort den Herzog aufzusuchen. Die Besetzung des Dorfes Hahlen durch den Feind hätte den Herzog bestimmt, nur von einem Piqueur begleitet, weiter vorwärts in die Ebene von Minden zu reiten, um den Feind zu recognosciren: sehr bald ersieht er einen grossen Theil der feindlichen Armée in Schlachtordnung auf Kuttenhausen vorgehen, — in Todtenhausen aber einen dicken Rauch aufsteigen,[*] ohne den Schall des Geschützfeuers wegen des heftig wehenden Westwindes zu vernehmen; dagegen hört er rückwärts starken Kanonendonner, von Hille her, wo der Feind, um seine Aufmerksamkeit abzulenken am Eichhorster Damm scheinbar den Uebergang zu erzwingen, das diesseitige Detachement zu beschiessen angefangen hat. Der Herzog findet den Adjutanten Major Grafen von Oyenhausen und schickt ihn mit dem Befehl ab, die am Kirchhof bei Hille aufgestellten 2 Geschütze des vom Oberstlieutenant Reinecke vom Regiment Imhoff commandirten, 500 Mann starken, Detachements durch 2 12pfündige Kanonen von der Brigade des Majors Hase zu verstärken: ihre überlegene Wirkung hemmt bald den Versuch

---

[*] N. d. H. S. Renouard, Bd. II. S. 224; die Note: Brand kleiner Munitions-Depots und Strohhaufen.

der Gegner und ihr Feuer wird zum Schweigen gebracht. Um dieselbe Zeit schreibt der Herzog, vom Pferde herab, ein Billet an den General von Gilsae, unverzüglich auf Eichhorst zu marschieren, die dortige feindliche Abtheilung soweit als möglich nach dem Lager hinter dem Moor zurückzudrängen, um dem Feinde selbst eine Diversion zu bereiten, auch mit dem Erbprinzen von Braunschweig sich in Verbindung zu setzen und denselben von dem, was vorgehe, zu benachrichtigen, damit er gemäss den ihm ertheilten Befehlen eingreife. Obwohl der Herzog die Recognoscirung des Feindes zur Linken gern noch fortgesetzt hätte, so entschliesst er sich doch, da er sich zu weit in die Ebene vorgewagt hat, zu seiner Armée, welche zu debouchiren begonnen hat, sich zu begeben. Nachdem er seinen Adjutanten, den Grafen von Klinkowström, zur Beobachtung der weiteren Bewegungen des Feindes dort zurückgelassen, eilt er zur Armée zurück; er begegnet zuerst der Feldwache des linken Flügels, befiehlt ihr vorzugehen, den Feind zu beobachten und von Allem den Herzog von Holstein, welcher die Reiterei des linken Flügels commandirt, zu benachrichtigen. Bald fällt er auf die Colonne dieses Generals selbst; er macht ihm zur Pflicht, sich schleunigst zu formiren und den rechten Augenblick zum Angriff wahrzunehmen. Darauf trifft er die Colonne des Generals von Imhoff, welchem er das Nämliche wiederholt; und sofort lässt er den übrigen commandirenden Generalen die Beschleunigung des Aufmarsches ihrer Colonnen empfehlen, da sie einen grösseren Bogen zu beschreiben haben, als die Colonnen des linken Flügels. Auf dem Wege zur ersten Infanterie-Colonne des Generals von Spoercken endlich findet er zu seinem Erstaunen, die Piquets noch diesseits des Dorfes Hahlen und empfängt erst jetzt die schriftliche Meldung des Prinzen von Anhalt, „dass das Dorf vom Feinde besetzt sei, mit der Anfrage: ob er es angreifen solle?" Er lässt ihm daher, und zwar durch den Generaladjutanten von Estorff, wiederholt die Ordre überbringen, ohne einen Augenblick länger zu schwanken, die Feinde aus dem Dorfe zu delogiren. Die Generale Graf von Finckenstein und von Stolzenburg, die unter dem Prinzen Anhalt commandiren, werden noch besonders durch den Generaladjutanten hiervon informirt, um, wenn ihm etwas begegnen sollte, für die Ausführung zu sorgen. Noch ein dritter Adjutant, welchen der Herzog nach Hartum schickt, um sich zu überzeugen, ob der Prinz sich in Bewegung gesetzt habe, um Hahlen zu nehmen, der Major Graf von Oyenhausen, findet, dass der Prinz zwar marschirt ist, jedoch das zum Piquet gehörende Englische Bataillon des Majors Hall in Hartum zurückgelassen hat. Auf die Meldung hiervon befiehlt der Herzog dem Oberst Watson, das Bataillon zum Angriff auf Hahlen zu führen; — so wird endlich dieses Dorf, nach nur geringem Widerstande des Feindes, obgleich er 4 Bataillone (das Regt. Champagne) in dasselbe geworfen, genommen, indem er es beim Abzuge in Brand steckt. Prinz Anhalt aber fasste seinen Auftrag, von Hahlen Besitz zu nehmen, so buchstäblich auf, dass er sich aus dem Dorfe nicht weiter rührte.*)

Unterdessen bewerkstelligte die Armée des Herzogs, in Gemässheit der Disposition vom vorigen Abend, auf den im voraus geöffneten Colonnen-Wegen mit dem grössten Eifer ihren Aufmarsch, und erreichte meistentheils, mit Ausnahme der Cavallerie des rechten Flügels, die erst nach 5 Uhr in Marsch gesetzt wurde, bald nach Sonnenaufgang die ihr vorgeschriebenen Stellungen.

Die Stärke, mit der die Armée und das Wangenheim'sche Corps nebst ihren mitwirkenden Abtheilungen am 1. August 1759 zum Gefecht auftraten, ist, bei wesentlicher Zugrundelegung des Etat effectif vom 25. Juli 1759 (mit Weglassung der Commandirten), wie folgt anzunehmen.

Auf dem rechten Flügel 1) die Cavallerie unter dem Oberbefehl des Generallieutenant Lord George Sackville, im ersten Treffen unter General Mostyn die britischen Regimenter Bland (3 Esc.), Jnniskilling (2 Esc.), Blue-Gardes (3 Esc.) und unter Oberst Carl Breidenbach die Hannoverschen Grenadiers zu Pferde (1 Esc.), Max Breidenbach Dragoner (4 Esc.) und Gardes du corps (1 Esc.) = 14 Escadrons; im zweiten Treffen, unter dem besonderen Befehl des Generallieutenant Lord Granby, die britischen Regimenter Howard (2 Esc.), Mordaunt (2 Esc.), Grey Horses (2 Esc.) und die Hannoverschen Bremer (2 Esc.) und Veltheim (2 Esc.) = 10 Escadrons, zusammen 24 Escadrons, —

die britischen Regimenter (14 Esc.) 2162 Mann und 1916 Pferde,
   (154 Mann und 137 Pferde p. Esc.),
die Hannoverschen, . . (10 Esc.) 1619 „ und 1415 „
   (161 M. und 141 Pfd. p. Esc.) stark,
   zusammen . . . . . (24 Esc.) 3781 Mann und 3331 Pferde,
mithin effectiv 3331 Mann und Pferde. Die complete Sollstärke incl. des Stabs, betrug etatsmässig bei den Englischen Escadrons 176, bei den Hannöverschen 179 Mann und Pferde.

2) Die schwere Artillerie-Brigade, unter dem Hannoverschen Major Haase, — unter der Bedeckung des Bataillons Sachsen-Gotha = 700 Mann; — die Geschützzahl, Mannschaft und Pferde der Bedienung der Artillerie ist weiter unten angegeben. Ausserdem wurden die beiden Englischen Artillerie-Brigaden der Capitaine Foy und Drummond vor dem rechten Flügel verwendet.

Im Centrum der Schlachtlinie marschirten folgende Infanterie-Massen, in zwei Treffen, zwischen Hahlen und Stemmern auf, in deren Mitte die Centri-Brigaden der Artillerie:

1) unter dem General der Infanterie von Spoercken die Englische Infanterie und die Hannoversche Garde zu Fuss, und zwar im ersten Treffen, unter Generalmajor Waldgrave, die Regi-

---

*) N. d. H. Hiernach ist die irrige Angabe bei Tempelhoff. Bd. III. S. 197, dass der Prinz Anhalt den Feind längs dem Morast bis Dutzen zurückgejagt habe, zu berichtigen.

menter Napier (1 Bat.), Stuart (1 Bat.) Welsh Fusiliers (1 Bat.), und das 1. und 2. Bat. Hannoversche Garde, im zweiten Treffen, unter Oberst Kingsley, die Regimenter Kingsley (1 Bat.) Brudnel (1 Bat.) und Home (1 Bat.), zusammen 8 Bataillons, die 6 Englischen, nach Abrechnung des Grenadier-Bataillons, noch . . . . . . 4434 Mann (p. Bataillon 739 Mann), die beiden Hannoverschen Bataillone 1400 „ (p. Bataillon 700 Mann) stark,   zusammen effectiv: 5834 Mann einschliesslich der Bedienung der Regiments-Kanonen.   Die etatsmässige Sollstärke, incl. des Stabs, war p. Bataillon der Englischen Infanterie 1051, und der Hannoverschen 992 Köpfe, die Grenadiercompagnieen mit eingeschlossen.

2) Unter dem Generalmajor von Scheele, (da der General-lieutenant Prinz v. Anhalt die aus den Regimentern abgegebenen Piquets, zu etwa 1000 Mann Infanterie und 200 Pferden, als Avant-garde vor dem rechten Flügel bei Hahlen commandirte) im ersten Treffen die Hannoverschen Regimenter Hardenberg (1 Bat.), Reden (1. Bat.) Scheele (1 Bat.), im zweiten Treffen, unter Generalmajor Wissembach, die Hannöverschen Regimenter Stolzemberg (1 Bat.) und Brunck (1 Bat.) und das Hessische Regiment Erbprinz von Hessen (1 Bat.), zusammen 6 Bataillons (nach Abzug der Grenadiere, die Hannoverschen 700 Köpfe per Bat., das Hessiche 640 Köpfe) = 4140 Mann stark, einschliesslich der Regiments-Artilleristen.   Die Sollstärke, incl. des Stabs, der Hessi-schen Bataillone, incl. der Grenadier-Kompagnieen, war auf 850 Köpfe angenommen.

Es folgte hierauf die Hannoversche schwere Artillerie-Brigade aus dem Centro unter Oberst Braun 2 10pfündige, 12 6pfündige, 2 4pfündige Kanonen, 1 20pfündige und 2 16pfündige Haubitzen, zusammen 19 Geschütze. 6 12pfündige Kanonen waren abgegeben an das Corps des Erbprinzen von Braunschweig.

3) Daran schlossen sich, unter dem Generallieutenant v. Wuttgi-nau, im ersten Treffen, Generalmajor v. Toll, die Regimenter Wangenheim, Hannöverisch (1 Bat.), Hessische Garde (1 Bat.) und Toll, Hessisch (1 Bat.), im zweiten Treffen, Generalmajor v. Bisch-hausen, die Hessischen Regimenter Prinz Anhalt, (1 Bat.), Bischhausen (1 Bat.) und Mansbach (1 Bat), zusammen 6 Bataillons (nach Abzug der Grenadiere, das Hannoversche Bataillon 700, und die Hessischen 640 Köpfe) = 3900 Mann stark, einschliesslich der Bedienung der Regiments-Kanonen.

4) folgten, unter, dem Generallieutenant v. Imhoff, im ersten Treffen unter dem Generallieutenant v. Einsiedl, die Hessischen Regi-menter Gilsae (1 Bat), Prinz Wilhelm (Hanau) (1 Bat.), Hessen-Grenadiere (1 Bat.), im zweiten Treffen, Generalmajor v. Behr, das Regiment: Leib-Regiment Hessen (1 Bat.), und das Braunschweigische Regiment Imhoff (2 Bat.), zusammen 6 Bataillons (nach Abzug der Grenadier-Compagnieen der Hessischen Regimenter, zu 640 Köpfen p. Bat, und die beiden Braunschweigischen Bataillone zu 625 Köpfen) =

3810 Mann stark, einschliesslich der Bedienung der Regiments-Kanonen*).
Die Sollstärke der Braunschweigischen Bataillons, einschliesslich des
Stabs, jedoch ohne Grenadiere, indem diese 2 selbstsändige Bataillone
bildeten, war etatsmässig zu 720 Köpfen angenommen.

    Es standen mithin in der Front:

	im ersten Treffen	14 Bat.	=	9,617	Mann
	im zweiten	12 „	=	8,067	„
	zusammen	26 Bat.	=	17,684	Mann.
Dazu zur Bedeckung der Artillerie		1 „	=	700	„
und zur Deckung des Hauptquartiers		1 „	=	625	„
	im Ganzen Infanterie	28 Bat.	=	19,009	Mann
darunter	Engländer:	6 Bataillone	=	4,434	Mann
	Hannoveraner:	8 „	=	5,600	„
	Hessen:	10 „	=	6,400	„
	Braunschweiger:	3 „	=	1,875	„
	Sachsen-Gotha:	1 „	=	700	„
	zusammen			19,009	Mann.

    Auf dem linken Flügel, unter dem Oberbefehl des Herzogs
von Holstein, marschirten im ersten Treffen (unter den Obersten
Stein und Fersen) das Hannoversche Regiment Hammerstein (2 Esc.),
die Hessischen Regimenter Prinz Wilhelm (2 Esc.) und Leib-Regiment
(2 Esc.), und das Preussische Dragoner-Regiment Holstein (5 Esc.),
zusammen 11 Escadrons auf; — im zweiten Treffen, unter Generallieutenant v. Urff, (und dem Generalmajor von Finckenstein und
Oberst von Pruschenck) die Hessischen Regimenter Pruschenck (2 Esc.)
und Miltitz (2 Esc.) und das Preussische Dragoner-Regiment Finckenstein (4 Esc.), zusammen 8 Escadrons, im Ganzen 19 Escadrons,
und zwar

das Hannoversche Regt. (2 Esc.)	zu 161 M. u. 141 Pfd.	=	322 M.	282 Pfd.
die Hessischen Regter. (8 Esc.)	zu 166 „	154 „	=	1328 „	1232 „
die Preussischen Regt. (9 Esc.)	zu 170 „	162 „	=	1530 „	1454 „
im Ganzen	19 Escadrons	=	3180 M.	2968 Pfd.

mithin effectif 2,968 Mann und Pferde.

    Die complete Sollstärke, einschliesslich des Stabes, betrug nach
dem Etat bei den Hessischen Escadrons 179 Mann und Pferde, wie

---

*) N. d. H. Die Marsch-Disposition des 31sten Juli nennt noch 1. Bat. Behr-Braunschweig.
Das 2te Bat. Behr-Braunschweig war durch die Ordre vom selbigen Tage nach Lübbecke deta-
chirt und kommt in der Verlustliste des Gen.-Adj. v. Reden mit 3 Todten und 5 Verwundeten
vor. Das 1ste Bat. dieses Regiments scheint nicht mit ins Gefecht gezogen, sondern zur
Deckung des Hauptquartiers zurückgeblieben zu sein. Tempelhoff führt auch in dem Schlacht-
Plan beide Bataillone in der Gefechtslinie nicht auf; er erwähnt blos des 1sten Bats. als nach
Lübbecke entsendet; es war dies jedoch nach Obigem wohl das 2te Bat. In der Beilage VII. zu
dem Werk des Generalstabs (1828) wird „1 Bat. des Leib-Regiments" als im Dorfe
Holzhausen zurückgeblieben erwähnt. Das Braunschweigische Leib-Regiment focht aber bei
Gofeld, und das Hessische Leib-Regiment in der Schlacht bei Minden. Es scheint also das
Braunschweigsche 1ste Bat. Behr gewesen zu sein, welches in Holzhausen gestanden. Vergl.
auch Renouard Bd. II. S. 213, der die beiden Bataillons Behr-Braunschweig der Division Imhoff irrigerweise anschliesst.

bei den Hannoverschen, — bei den Preussischen dagegen 198 Mann und Pferde. ::

Die Stärke der Artillerie, deren Mitwirkung an dem Tage von Minden sowohl in der Armée unter des Herzogs Ferdinand unmittelbaren Befehlen, als bei dem abgesonderten Corps des Generals von Wangenheim, eine sehr bedeutende und entscheidende war, imgleichen die Aufstellung ihrer einzelnen Brigaden, ist nicht ohne Schwierigkeit aus den gesammelten Materialien nachweisbar. In der folgenden Uebersicht sind die tabellarischen Naehrichten, welche die Beilage V der Geschichte des siebenjährigen Krieges, bearbeitet von Offizieren des grossen Generalstabes, dritter Theil (Berlin 1828) giebt, zum Grunde gelegt.

Nach der Disposition des Herzogs vom Abend des 31. Juli sollte die schwere Artillerie unter Major Haase auf dem rechten Flügel, sodann, neben dem Flügel-Bataillon der Englischen Infanterie, eine Brigade leichter (Linien-) Artillerie, — im Centrum die schwere Artillerie-Brigade unter Oberst Braun, — ferner neben dem Bataillon Toll die Brigade der leichten Artillerie aus dem Centrum der ersten Linie, — endlich bei der Colonne des Generals Imhoff, speciell bei dem Bataillon Behr-Braunschweig, über welches jedoch anderweit beim Hauptquartier disponirt wurde, eine Brigade leichter Artillerie, „wenn sie sich bei der Armée befände", — (eine unbestimmte Bezeichnung, die sich vermuthlich auf die zum Piquet, oder zur Avantgarde, commandirte Brigade des Kapitains Foy bezieht), in die Schlachtlinie einrücken; die schwere Artillerie-Brigade vom linken Flügel, unter dem Oberstlieutenant Huth „befände sich schon auf ihrer Destination," oder, wie es in dem französischen Exemplar der ordre du 31. Juillet lautet, „se trouve içi," was ohne Zweifel heissen soll „bei Todtenhausen." In dem Tagesbefehle vom 2. August 1759, — dem Tage nach der Schlacht, werden zuerst erwähnt: die Brigaden der schweren Artillerie auf den Flügeln und vor der Front, nämlich die des Majors Haase zur Rechten, die schweren Brigaden des Centrums, und die des Oberstlieutenants Huth, — ausserdem drei leichte Artillerie-Brigaden, nämlich die des Capt. Drummond, — neben der von Haase, — die Bückeburger Kanonen, — neben den schweren Centrums-Brigaden, — und die des Capt. Foy, — neben der von Huth. Gleich darauf werden in demselben Tagesbefehl speciell genannt: die Brigade des Capitains Philips, die des Majors Haase, die des Capitains Drummond, die schwere und die leichte Brigade des Centrums, die des Cpts. Foy, und die des Oberstlieutenants Huth, also im Ganzen 7 Brigaden. Endlich werden in diesem Tagesbefehl namentlich belobt: die commandirenden Offiziere der verschiedenen Artillerie-Brigaden, als: Oberst Braun, Oberstlieutenant Huth, Major Haase, und die Englischen Capitains Philips, Drummond und Foy, mithin nur 6. — Die, ein halbes Jahr nach der Schlacht verfasste Relation vom 3. Februar 1760 endlich nennt: die Brigade des Capitains Foy, die schwere Brigade des Majors

Haase von der Hannoverschen Artillerie, — die Brigade der schweren englischen Artillerie des rechten Flügels des Capitains M a c l e a n, und hebt die Unterordnung dieser und der Brigade des Capts. Foy unter den besondern Befehl des Capitains Philips hervor. Auch nennt sie noch, wiederholt, die schwere Hannöversche Brigade des Centrums unter dem Oberst B r a u n; dagegen nennt sie die Brigade des Capts. Drummond und die Bückeburger nicht. Der schweren Brigade des Oberstlieutenants Huth wird darin blos deshalb nicht weiter gedacht, weil dieselbe dem Wangenheimschen Corps zugetheilt war, die Relation aber vornehmlich auf Darstellung der Wirksamkeit der unter dem Herzog unmittelbar fechtenden Armée sich beschränkte. Hiernach und mit Rücksicht auf die Eintheilung in dem vorgedachten Tableau des Werkes des Generalstabes ist anzunehmen: dass unter der in der Relation genannten Brigade „schwerer englischer Artillerie vom rechten Flügel des Capts. M a c l e a n" entweder, was das wahrscheinlichste, eine A b t h e i l u n g der grossen Park-Brigade vom rechten Flügel unter dem Major Haase (da diese Brigade eine namhafte Anzahl englischer 12 Pfünder enthielt), oder die Linien-Brigade des, anderweitig commandirten, Capitains Drummond verstanden und dass ihre Führung, in Vertretung des letzteren, dem Capitain Maclean übertragen, der Oberbefehl über dieselbe in Verbindung mit der Linien-Brigade F o y aber dem älteren Capitain P h i l i p s besonders beigelegt worden; ferner, dass Capitain D r u m m o n d, da die Uebergehung seines Namens in der Relation aus einem blossen Versehen bei der Redaction nicht zu vermuthen, eine andere Bestimmung gehabt haben, und zwar dem Grafen Schaumburg-Lippe in der bei Todtenhausen kämpfenden Artillerie untergeben sein werde, was der Umstand andeutet, dass in einer von der Hand des Adjutanten Malortie geschriebenen Relation der besondern Belobung Drummonds von Seiten des Grafen Schaumburg-Lippe, der während des Gefechts d o r t die Artillerie leitete, erwähnt wird. Die Erwähnung m e h r e r e r schwerer Centri-Brigaden in dem Tagesbefehl vom 2. August 1759 scheint nur ein Fassungsfehler zu sein. Demzufolge ergiebt sich nachstehende Stärkeübersicht und Vertheilung der A r t i l l e r i e bei der Armée unter dem unmittelbaren Commando des Herzogs:

1) vor dem rechten Flügel, bei Hahlen, bei den Piquets oder der Avantgarde, die leichte englische Brigade vom linken Flügel des Capts. F o y, 6 pfündige Kanonen . . . . 9 Geschütze,

2) auf dem rechten Flügel: die Brigade schwerer Park-Artillerie vom rechten Flügel, unter dem Befehl des Hannoverschen Majors H a a s e, einschliesslich der dazu gehörenden schweren englischen Geschütze, bestehend im Ganzen in 22 12 pfündigen
6 3   „ } 28 Kanonen
und 2 30   „   Haubitzen, —   30   „

3) vor der Front des rechten Flügels noch die
leichte englische Brigade vom rechten Flügel des Capitains Drummond, (wahrscheinlich) dem Capt. Maclean
übertragen, 6pfündige Kanonen . . . . 9 Geschütze,
  ad 1 und 3 beide Brigaden unter der Oberlei-
  tung des Capitains Philips;

4) im Centrum, zwischen den Infanterie-Abtheilungen
der Generale Scheele (Anhalt) und Wutginau, die Centri-
Brigade schwerer Park-Artillerie unter dem Hannoverschen
Oberst Braun, bestehend in:

$$\left.\begin{array}{l} 2 \text{ 10pfünd.} \\ 18 \text{ 6pfünd.} \\ 2 \text{ 4pfünd.} \\ 4 \text{ 3pfünd.} \end{array}\right\} 26 \text{ Kanonen}$$

$$\left.\begin{array}{l} 1 \text{ 20pfünd.} \\ 2 \text{ 16pfünd.} \end{array}\right\} 3 \text{ Haubitzen} \qquad 29 \qquad ,,$$

5) Vor der Front der Infanterie-Abtheilung Wutginau noch die leichte Linien-Brigade des Centrums, bestehend aus den 6pfündigen Bückeburgschen Kanonen 10 „

                                  zusammen 87 Geschütze.

Von dieser Gesammtzahl Geschütze sind jedoch in Abrechnung
zu bringen:

  a. die dem Piquet bei Hille zur Vertheidigung des
      Eichhorster Dammes beigegebenen 2 12pfünd.
      und 2 6pfünd. Geschütze . . . . 4 Stück
  b., die dem detachirten Corps des Erbprinzen von
      Braunschweig zugetheilten, von den Brigaden sub
      2, 4 und 5 abgegebenen 16 schweren Geschütze,
      unter dem Befehl des Majors Storch: 16 „
                                  zusammen 20 Stück

Es wirkten daher bei der Armée des Herzogs selbst nur 67
Geschütze mit, zumeist schwerer Kalibers. Ausserdem
waren aber noch in Thätigkeit in der Front der Infanterie: die 3pfündigen Regiments-Kanonen (2 Stück per
Bataillon), zusammen   52 Stück
im Ganzen zählte die Artillerie des Herzogs daher: 119 Geschütze. Die Stärke der Bedienung, (mit Weglassung der Bedienung
der Regiments-Kanonen, welche bei den Bataillons mit eingerechnet)
und der Bespannung ist auf etwa 1800 Mann und 1100 Pferde anzunehmen.

Endlich gehörten zur Armée des Herzogs noch an leichten
Truppen 3 Escadrons Husaren, Malachowky und Ruesch, unter dem
Rittmeister Narzymsky, etwa 450 Pferde stark, auf Vorposten und Feld-
wache vor Kuttenhausen und Stemmern.

Die Macht, welche der Herzog Ferdinand dem Marschall Contades

in der Stellung zwischen Hahlen und Stemmern entgegengeführte, belief
sich daher auf 28 Bat. Infanterie . . . 19,009 Mann

43 Esc. Cavallerie =	6,299	„ u. Pferde.
119 Geschütze Artillerie =	1,800	„ u. 1100 Pf.
und 3 Escdr. Husaren =	450	„ u. 450 „
im Ganzen auf	27,558	Mann u. 7849 Pf.

Diese Armée setzte sich bei dem Dorfe Stemmern mit dem Corps
des Generallieutenants von Wangenheim in Verbindung, welches aus
seinem Lager von Petershagen in die Stellung bei Todtenhausen vorgegangen war, und den Raum zwischen dieser und Stemmern mit Tages-
anbruch eingenommen hatte. Dasselbe besetzte Todtenhausen und
Kuttenhausen mit Infanterie und marschirte vor diesen Ortschaften in
zwei Linien auf, die Reiterei zur Rechten zwischen Kuttenhausen und
vorwärts von Stemmern, die Infanterie zur Linken. Von der Cavallerie bildeten die Hessischen Regimenter: Leib-Dragoner (4 Esc.)
und Prinz Friedrich (4 Esc.) = 8 Escadrons, zu 166 Mann und 154 Pferden,
das erste Treffen, unter Oberst v. Hanstein = 1,328 Mann u. 1,232 Pf.
und die Hannoverschen Regimenter:
Leib-Regiment (2 Esc.), Heyse (2 Esc.),
Hodenberg (2 Esc.), Reden (2 Esc.) und
Grothaus (2 Esc.) = 10 Escadrons, zu
165 Mann und 143 Pferden,
das zweite Treffen, unter den General-
Majors Reden und Grothaus, = 1,652 „ „ 1,435 „
zusammen 18 Escadrons = 2,980 Mann u. 2,667 Pf
mithin effectiv 2667 Mann und Pferde.

Die erste Linie der Infanterie, vorwärts von Todtenhausen,
rechts neben und in den Verschanzungen, bildeten die 5 Grenadier-
Bataillons Maxwell (Engländer) zu 700 Mann, Donep und Schlottheim
(Hessen), zu je 640 Mann, und Stammer und Wittorff (Braunschweiger),
zu 700 Mann per Bataillon, das Hannoversche Grenadier-Bataillon Ber-
sabé, 618 Mann, und zur Bedeckung der Artillerie das Bataillon Bückeburg, 700 Mann, zusammen 4,698 Mann

Die zweite Linie, in und vor Kuttenhausen, die
8 Hannoverschen Bataillons Spoercken, Zastrow jun.,
Halberstadt, Schulenburg, la Chevallerie (vac. Oberg),
Laffert, Scheiter, und Kielmannsegge,*) nach Abzug
der Grenadiere und der Commandirten, zu 618 Köpfen
per Bataillon, noch stark 4,944 „
zusammen 15 Bataillons Infanterie = 9,642 Mann.

---

*) N. d. H. Das Bataillon Kielmansegge soll zur Bedeckung des Lagers in Petershagen
zurückgeblieben sein. S. Beilage VII. zur Geschichte des 7jähr. Krieges etc. des grossen Generalstabes (1828). S. Renouard Bd. II. S. 214. Tempelhoff, Bd. III. die Bemerkung aus dem
Tagebuch auf dem Schlacht-Plan, wonach das genannte Regiment bis zum 1. Aug. in Petershagen geblieben sei; indess hat dieser Plan in der Schlachtlinie des Wangenheimschen Corps
8 Bat. Inf., darunter No. 80, welche das genannte Bat. bezeichnen soll; und in der Verlustliste
des Gen.-Adj. Reden kommt das Bat. Kielmannsegge auch mit 4 in der Schlacht Verwundeten vor

Die dem Wangenheim'schen Corps zugetheilte Artillerie, unter der besondern Leitung des regierenden Grafen Schaumburg-Lippe bestand:

1. in der schweren Park-Brigade vom linken Flügel unter dem Hessischen Oberstlieutenant Huth

    mit 16. 12 pfünd. }
       6. 3 pfünd. } 22 Kanonen

       1. 30 pfünd. }
       1. 20 pfünd. } 2 Haubitzen

                       = 24 Geschützen

2. in sechs dem Corps schon attachirten 6 pfünd. Kanonen   =   6   „

3. in zehn 3 pfünd. Bückeburg'schen Kanonen, welche den 5 Grenadier-Bataillons beigegeben waren,   = 10   „

              zusammen: = 40 Geschütze.

Ausserdem noch die Regiments-Kanonen bei den 9 Infanterie-Bataillons, (2. 3 pfünd. p. Bat.) = 18   „

          im Ganzen in = 58 Geschützen

Die Bedienung und Bespannung ist, mit Weglassung der bei den Infanterie-Bataillons eingerechneten Bedienung der Regiments-Geschütze, auf etwa 800 Mann und 600 Pferde anzunehmen. Das von Wangenheim'sche Corps erschien daher auf dem Schlachtfelde

mit 15 Bataillons Infanterie = 9,642 Mann

   18 Escadrons Cavallerie = 2,667 „ u.   Pferden,

und 58 Geschützen Artillerie mit 800 „ u. 600 „

        im Ganzen mit 13,109 Mann u. 3,267 Pferden.

Die vereinte Macht des Herzogs Ferdinand auf dem Schlachtfelde von Minden betrug sonach

43 Bataillons Infanterie   = 28,651 Mann

61 Escadrons Cavallerie   =   8,966 „ u. Pferde

181 Geschütze Artillerie *) mit = 2,600 „ u. 1,700 Pferde

3 Escadrons Husaren   =   450 „ „   450 „

       im Ganzen = 40,667 Mann u. 11,116 Pferde**)

Das bei Lübbecke aufgestellte, gegen Eichhorst dirigirte Detachement des Generallieutenants v. Gilsae bestand aus den 3 Infanterie-Bataillons Prinz Carl (Hessen), Linstow (Hannoveraner) und 2tes Bat. Behr (Braunschweiger), nach der oben berechneten verschiedenen Stärke von resp. 640, 700 und 625 Köpfen per Bataillon, zusammen 1,965 Mann

---

*) N. d. H. Einschliesslich der 4 Geschütze bei Hille.

**) N. d. H. Der Herzog schrieb in seinen Berichten vom 13. und 23. September 1759 an den König Friedrich II.: er habe in der Schlacht bei Todtenhausen (Minden) nur 36,000 Combattanten gehabt, — ohne die leichten Truppen. Bringt man letztere und die zur Deckung der Lager, des Hauptquartiers und der Bagage zurückbehaltenen Truppen von den oben nachgewiesenen 40,667 Mann in Abrechnung, so stimmt dies Ergebniss mit der Angabe in den Berichten über die Combattanten ziemlich überein.

III.   30

Infanterie — 300 Dragoner unter Oberstlieutenant Hatwy von Inniskilling, commandirt von den Regimentern des rechten Flügels, 2 Escadrons Husaren, (etwa 240 Pferden), und den Regiments-Geschützen
(6 Stück 3 pf.); mithin im Ganzen 2,505 Mann und 540 Pferde stark.

Die Zusammensetzung und Stärke des Corps unter dem Befehl
des Erbprinzen von Braunschweig, bei G o h f e l d, war folgende:

1. detachirt von der Armée des Herzogs, unter dem General-Lieute-.
   nant Grafen von K i l m a n s e g g e: die Hannoverschen Infanterie - Regimenter Alt-Zastrow (1 Bat.), Rhoeden (vacant Diepenbrock) (1 Bat.), Behr-Hannov. (1 Bat.), und Bock (1 Bat.)
   und das Braunschweigsche Leib - Regiment (2 Bat.), zusammen
   6 Bat.; nach dem obigen Stärke - Verhältniss von resp. 700 und
   625 Köpfen   =   4,050 Mann
2. die unter dem Generalmajor D r e w e s herzu-
   geführten Regimenter Block (1 Bat.) und Drewes (1 Bat.), Hannoveraner, Canitz (1 Bat.)
   Hessen, und Zastrow (1 Bat.), Braunschweiger,
   zusammen 4 Bat., nach denselben Stärke-An-
   nahmen: 2,665   „
               mithin 10 Bataillons I n f a n t e r i e = 6,715 Mann.

Die zum Corps von der Armée detachirte C a v a l l e r i e bestand
in den Hannoverschen Dragoner - Regimentern Bock (4 Esc.) und
Busch (4 Esc.), zu 161 Mann und 141 Pferden, zusammen 8 Escadrons . . . . = 1288 Mann u. 1128 Pferden
wozu, mit dem General Drewes,
noch 2 Escadrons Carl-Breitenbach-
Cavallerie, 200 Pferde stark, stiessen =   200   „   „   200   „
      zusammen 10 Esc. Cavallerie =   1488 Mann u. 1328 Pferde
oder effectiv 1328 Mann und Pferde.

Die A r t i l l e r i e des Corps bestand aus einem Train von 16
schweren Geschützen und 2 Pontons, unter dem Befehl des Majors
S t o r c h, und aus den Regiments-Kanonen (2 3pfündige per Bataillon)
= 20 Stück, mithin aus 36 Geschützen, mit etwa 350 Mann Bedienung
nebst 250 Pferden Bespannung. Ausserdem war demselben eine nicht
unbedeutende Anzahl leichter Truppen zugesellt, nämlich 2 Escadrons
Preussischer Husaren von Malachowsky und Ruesch (etwa 300 Pferde),
unter dem Major Jeanneret; — die Hessischen Husaren (100 Pferde),
die Hessischen Jäger (400 Mann), das Trimbach'sche Freicorps (270 Mann),
eine Brigade Hannoverscher Jäger und die Volontaires de Prusse, in
Allem etwa 1300 Mann und 1000 Pferde. Das ganze Corps des Erbprinzen betrug daher:

10 Bataillons Infanterie   =   6,715 Mann
10 Escadrons Cavallerie   =   1,328   „   u. 1328 Pferde.
36 Geschütze Artillerie mit =   350   „   „   250   „
Leichte Truppen: 1,300   „   „ 1000   „
         überhaupt: 9,693 Mann u. 2578 Pferde.

Endlich kommen noch in Betracht die Detachements auf dem rechten Ufer der Weser, zur Beobachtung der Brückenübergänge und der Gegend von Bückeburg, nämlich die beiden noch zum Wangenheimschen Corps gehörenden Hannoverschen Grenadier-Bataillons Sydow und Wense, unter dem Oberst Laffert = 1400 Mann, die leichten Truppen unter Luckner, bestehend in 2 Escadrons Husaren, etwa 200 Pferde, und die Hannoverschen Jäger unter dem Major Friedrichs, eine Brigade von 50 Jägern zu Pferde und 150 zu Fuss, welche bis Hausbergen schwärmten,

zusammen also = 2 Bat. Grenadiere = 1,400 Mann

und leichte Truppen =   400   „ u. 250 Pferde

mithin: = 1,800 Mann u. 250 Pferde.

Die Gesammtmacht der alliirten Armée, welche in der Schlacht bei Minden und dem Treffen bei Gohfeld direct oder entfernter betheiligt war, ist daher anzunehmen auf

58 Bataillons Infanterie   =   38,731 Mann

71 Escadrons Cavallerie   =   10,594   „ u. Pferde.

127 Park- u. Linien-Geschütze } 223 Gesch.

96 leichte Regiments-Kanonen } Artillerie mit 2,950   „   „ 1950 Pferden

und 8 Esc. Husaren u. leichte Truppen mit 2,390   „   „ 1940   „

im Ganzen auf: 54,665 Mann u. 14,484 Pferde.

Ausser Einwirkung auf die Entscheidung waren dagegen die hier nur der vollständigen Uebersicht der ganzen Kriegsmacht der Alliirten wegen, zu erwähnenden Garnisonen der Festungen Münster, Lippstadt und Hameln; die erstere, der Capitulation gemäss, kriegsgefangen nach Wesel geführt, bestehend aus 1 Bat. Wurm, hessischer Militz, 2 Bat. Hannoverscher Militz, 2 Hessischen Invaliden-Compagnien und 2 Bat. Commandirter von 8 Hannoverschen Regimentern, endlich dem Scheiter'schen Corps, zusammen etwa 2,600 Mann, die Garnison von Lippstadt 1 Bat. Grenadiere und 1 Bat. Gundlach (hessische Militz), 2 Bataillons Commandirter von 8 hannoverschen Regimentern, jedes zu 400 Mann, 1 Bat. Wrede und die Carabiniers und Jäger von Bückeburg, zusammen etwa 2,400 Mann, die Garnison von Hameln: 1 Bat. Post, 1 Bat. Fersen, 1 Bat. Marschall und 1 Militz-Bataillon, etwa 2,200 Mann; — imgleichen blieb ohne Einfluss auf die Entscheidung das aus den Harz- und oberen Weser-Gegenden herbeirückende Corps des Oberstlieutenants v. Freytag, bestehend aus 400 Jägern zu Fuss, 100 Jägern zu Pferde, 200 Dragonern und dem Bataillon Stockhausen (600 Mann), zusammen etwa 1,300 Mann. Nur glückte es dem Oberstlieutenant Freytag noch, nachdem er am 1. August von der Hämel'schen Burg aufgebrochen war, auf dem Rückzuge der Französischen Armée die Bagage des Marschalls Contades zu überfallen. Im Ganzen zählten also noch die Garnisonen der letztgenannten beiden festen Plätze und die entfernteren leichten Truppen 5,900 Mann.

30*

In der Ebene von Minden trat daher am 1. August 1759, der vereinigten Französischen Armée, unter dem Marschall Contades und dem Herzog v. Broglio, in der Stärke von

50,700 Mann, darunter 38,000 Mann Infanterie, 10,200 Mann und Pferde Cavallerie, und 2500 Mann Artillerie mit 162 Geschützen

die alliirte Armee, geführt vom Herzog Ferdinand von Braunschweig, mit

40,667 Mann, darunter 28,651 Mann Infanterie, 9416 Mann und Pferde Cavallerie, und 2600 Mann Artillerie mit 181 Geschützen,

entgegen.

Der Generallieutenant Duc de Broglio hatte aus seiner noch vor Anbruch des Tages mit dem Reservecorps eingenommenen Stellung auf dem rechten Flügel der französischen Haupt-Armée, in der Zeit, die während ihres Aufmarsches verstrich, Infanterie-Pelotons zur Vertreibung der feindlichen Feldwachen vorgehen lassen, und sich auf den Kamm eines vorliegenden Höhenzuges zum Recognosciren begeben. Von dort aus gewahrte er die Dörfer Todtenhausen und Kuttenhausen nebst den Verschanzungen stark von feindlicher Infanterie besetzt; er sah zwei Linien Infanterie, in der Mitte der ersten eine tiefe Colonne; rechts von Kuttenhausen aber erschien zahlreiche Reiterei in Bewegung, um in die Ebene zu debouchiren; endlich erblickte er die übrige Armée des Herzogs Ferdinand, gegen Hille sich ausdehnend, in Zwischenräumen durch Gehölze verdeckt, deren er sich geschickt zu bedienen schien, um seine Anordnungen zu verbergen. Durch diese Wahrnehmungen und nach Prüfung der feindlichen Position vor ihm durch seine General-Officiere überzeugt, dass er kein isolirtes Corps vor sich habe, schob der Marschall den in seiner Instruction ihm vorgeschriebenen, mit allen Waffen entschlossen auszuführenden, raschen Angriff des Wangenheim'schen Corps, welcher dasselbe werfen und an der Vereinigung mit der Hauptmacht des Herzogs Ferdinand verhindern sollte, bedenklicher Weise auf, und begnügte sich, nur die Artillerie avanciren zu lassen. *)

Es war 5 Uhr Morgens, als das französische Reservecorps aus 18 schweren Parkgeschützen und 4 Haubitzen die Schlacht mit einem lebhaften Feuer eröffnete. Die Kanonade wurde anfänglich nur schwach erwidert, aber bald erlangte die Artillerie der Alliirten das Uebergewicht. Der Generallieutenant v. Wangenheim, obgleich zum Empfange seines Gegners gerüstet, war noch um 3 Uhr in der Frühe ohne Kenntniss von dessen Anmarsch: noch zu dieser Stunde meldete er dem Herzog Ferdinand in einem Billet „nichts Neues; die feindlichen Läger wären noch in ihrer nämlichen Stellung." Erst durch die Verdrängung

---

*) N. d. H. Siehe die ausführlichen Mittheilungen und Betrachtungen über das Verhalten Broglio's in dem Werke von Renouard Bd. II. S. 252—258 und das Urtheil Westphalen's in seinem Gutachten an den Herzog Ferdinand vom 24. August 1759 über die Schuld Broglio's am Verlust der Schlacht. S. v. Tempelhoff Bd. III. S. 194, 204.

seiner Vorposten des Herannahens des Feindes gewiss, — es mochte
gegen 4 Uhr sein, — liess der General eilends die nach dem Tagesbefehl des Herzogs Ferdinand vom vorigen Abend schon in der Nacht
unter's Gewehr getretenen Truppen vorwärts und neben Todtenhausen
und Kuttenhausen in ihre Stellungen rücken, und Artillerie auch ausserhalb der Redouten, rechts von denselben, in Batterien auffahren. In
diesem kritischen Augenblick hätte ein Umstand, der sich schon in den
Tagen vorher entsponnen, die nachtheiligsten Folgen herbeiführen können. Zwischen dem Generallieutenant v. Wangenheim, als dem Corps-
commandirenden, und dem Grafen v. Lippe-Schaumburg, als dem Grossmeister der Artillerie, war über die Vertheilung und Verwendung der
Geschütze, über deren Aufbringung in den Verschanzungen, das Ab-
feuern der Retraite-Schüsse u. s. w. Uneinigkeit entstanden: Jeder von
beiden nahm für sich in Anspruch, dem Oberstlieutenant Huth, welcher
die dem Corps beigegebene schwere Artillerie-Brigade führte, Befehle
zu ertheilen, — diese wollten das Entgegengesetzte. Noch in einem
Schreiben vom 31. Juli Abends 9 Uhr zeigte Wangenheim dem Herzoge Ferdinand an: „Huth stehe im Begriff, seinen Abschied zu verlangen; ein hessischer Hauptmann, der auf des Herzogs Befehl habe
feuern lassen, sei in Arrest geschickt; der Graf verbiete, was er, Wangenheim anordne; wenn Se. Durchlaucht, der Herzog, keine Aenderung
treffe, so stehe er nicht länger für die Folgen ein." Diese Streitpunkte
selbst zu entscheiden und den Folgen · der Meinungsverschiedenheit
zwischen den beiden Befehlshabern vorzubeugen, war einer der wesent-
lichsten Zwecke gewesen, weshalb der Herzog Ferdinand die Absicht
gehabt und dem Grafen Lippe eröffnet hatte, am Tage in der
Umgebung von Todtenhausen, Kuttenhausen und Stemmern persönlich
gegenwärtig zu sein; und der Graf hatte sich hierauf nach Todtenhausen begeben, um den Herzog daselbst zu erwarten. Die von den,
in der Nacht erschienenen beiden Deserteurs gebrachte Kunde des
Anrückens der feindlichen Hauptmacht änderte jedoch dies Vorhaben
des Herzogs, wovon er sogleich durch einen abgefertigten Offizier den
Grafen Lippe benachrichtigte, mit dem Ersuchen, sich mit ihm, dem
Herzoge, wieder zu vereinigen. An den General v. Wangenheim sandte
er später den Generaladjutanten v. Estorff, der vor Hahlen zu ihm
stiess, besonders ab, um Nachrichten über die Lage der Dinge bei
Todtenhausen einzuziehen; doch erst im stärksten Gefecht selbst empfing er jenes von 3 Uhr Morgens geschriebene, „nichts Neues" ent-
haltende Billet Wangenheims. Der Graf Lippe aber erreichte erst sehr
spät während des Kampfes den Herzog wieder, welcher seine Unterstützung sehr vermissen musste, da alle Ordres in Betreff der Artillerie
durch seine Hände gingen. Desto grössere und entscheidendere Dienste
leistete derselbe auf dem gefährlichen Punkte bei Todtenhausen. Mit
dem Beginne der Schlacht selbst war jener widerwärtige Zwist ver-
stummt, und nach einem Schreiben des Capitains v. Bülow an den
Herzog vom 1. August ist anzunehmen, dass der Graf Lippe es ver-

standen hat, die Verstimmung des Generals v. Wangenheim zu beschwichtigen.

Aus ihrer wohlvorbereiteten Stellung, theils in den verpallisadirten Redouten, theils den Batterien neben denselben, ·beantwortete nun die Artillerie der Alliirten mit 30 schweren Geschützen das Feuer der Franzosen. Mit grösster Lebhaftigkeit wurde dieser Artillerie-Kampf von beiden Seiten, stehenden Fusses, drei Stunden hindurch fortgesetzt, mit zunehmender und schliesslich entschiedener Ueberlegenheit der Alliirten. Der Graf Lippe-Schaumburg, welcher die Idée zu den Batterien bei Todtenhausen angegeben hatte, leitete ihre Thätigkeit selbst aufs Zweckmässigste. Er gründete durch seine einsichtsvollen Dispositionen und seine persönliche Entschlossenheit an diesem Tage den militairischen Nachruhm seines Namens. Unter ihm befehligten der Hessische Oberstlieutenant Huth und der Englische Capitain Drummond mit ausgezeichneter Festigkeit und Tapferkeit, und errangen durch die Schnelligkeit und Sicherheit der Bedienung der Geschütze den glänzendsten Erfolg über die schon zu damaliger Zeit wegen ihrer Geschicklichkeit berühmte Artillerie Frankreichs. Indessen nöthigte die Heftigkeit dieses Kampfs im Anfange die zwischen Stemmern und Kuttenhausen aufgestellte Cavallerie des Wangenheimschen Corps, sich ausser dem Bereich des Kanonenfeuers etwas rückwärts zu setzen, wogegen die Infanterie sich auf ihrem Platze behauptete; und, obwohl die Franzosen zur Rechten Wangenheim's Terrain gewannen, so hielt doch das Feuer der Batterien von Todtenhausen sie ab, seinem Corps schärfer auf den Leib zu gehen.

Während so der Duc de Broglio die Position des Generals von Wangenheim mit Lebhaftigkeit beschoss, ohne ihn im Mindesten zu erschüttern, war der Herzog Ferdinand im rechten Augenblick mit der Hauptmacht des alliirten Heeres auf dem Schlachtfelde eingetroffen, und der Entscheidungskampf erhob sich nun auf seinem rechten Flügel. Wie der Herzog noch vor Tagesanbruch persönlich den Feind recognoscirt, das Dorf Hahlen durch die Avantgarde genommen und den Scheinangriff des Duc d'Havré bei Hille zurückgewiesen hatte, ist oben erzählt. Es war zwischen 5 und 6 Uhr, als die Infanterie-Colonnen in zwei Treffen in die Schlachtlinie zwischen Stemmern und Hahlen einrückten.*) Als die Colonne des Generals der Infanterie v. Spoercken vor der Windmühle von Hahlen ankam, befahl der Herzog, die Bataillone in Halbbataillone zu formiren; zu gleicher Zeit liess er dem Befehlshaber der Cavallerie des rechten Flügels, Lord George Sackville, durch den Generaladjutanten v. Estorff den Befehl überbringen, dass, da er ihm noch nicht bestimmt sagen könne, ob die Cavallerie auf dem rechten Flügel der Armée, oder in dritter und vierter Linie hinter der Infanterie aufgestellt werden würde, weil es geschehen könne, dass er, der Herzog, die Infanterie an das Dorf Hahlen lehnen müsse, die

---

*) N. d. H. S. v. Tempelhoff, Bd. III. S. 193.

Cavallerie nichts destoweniger die am Abend vorher vorgeschriebene Richtung ihres Marsches in Colonne, zu verfolgen habe; oder, wie die eidesstattliche Erklärung des Generaladjutanten v. Estorff vom 15. Februar 1760 wörtlich lautet: „dass die Lage der Dinge erfordere, dass Se. Durchlaucht die Infanterie auf Hahlen dirigire, dass die Cavallerie der Rechten somit das geeignete Terrain zum Deployiren daselbst noch nicht finden würde, dass sie sich daher einstweilen auf ihrem Marsch in Escadrons zu formiren und den Marsch in Colonne fortzusetzen habe, um sich demnächst in Linie hinter den Linien der Infanterie aufzustellen, damit sie immerhin bereit sei, zu agiren, sobald die Gelegenheit und die Situation es erfordern würde." Der Generaladjutant v. Estorff, nachdem er sich dieses Auftrages gegen Mylord Sackville, in Gegenwart seiner Adjutanten, entledigt, verweilte an der Spitze seiner Colonne, bis derselbe die Ordre in Vollzug zu setzen begann, indem er die Escadrons eine hinter der andern und so in Colonne aufrücken liess, und kehrte erst hierauf zum Herzoge zurück, welcher an der Spitze der britischen Infanterie hielt. In diesem Moment fanden sich bei ihm mehrere der ausgeschickten Adjutanten wieder ein, unter diesen der Capitain v. Bülow, der, von Todtenhausen kommend, den oben geschilderten Stand des dortigen Gefechts dem Herzoge meldete und hinzufügte, wie er, den Colonnen des Herzogs von Holstein und des Generals v. Imhoff begegnend, dieselben von dem Vordringen des Feindes gegen die rechte Flanke des Generals v. Wangenheim benachrichtigt, und beide Colonnen in ihren befohlenen Stellungen südwestlich von Stemmern bereits formirt angetroffen habe. Hiermit war die Verbindung des linken Flügels des Herzogs mit dem rechten des Wangenheimschen Corps gesichert. Sofort liess nun der Herzog Ferdinand die Englische Artilleriebrigade des Capitains Foy rasch vorgehen und bei der Windmühle von Hahlen auffahren, mit dem Befehl, ununterbrochen zu feuern. Sie that dies mit grosser Wirkung. Unter dem Schutze dieses Geschützfeuers vollzog die Infanterie ihre Formirung, die der Herzog äusserst beschleunigte. Während die Colonnen deployirten, liess er ihnen befehlen, dass, sobald die Truppen avanciren würden, dies unter Trommelschlag geschehen solle. Dieser Befehl wurde entweder unrichtig weiter gegeben, oder unrichtig aufgefasst. Man verstand ihn als den Befehl: „unter Trommelschlag avanciren"; der Adjutant Graf Taube, welcher den Befehl dem General Spoercken überbrachte, drückt sich in seiner Erklärung vom 12. Februar 1760 so aus: „Se. Durchlaucht befahl mir, schleunig dem General Spoercken zu sagen, mit den Regimentern, die er hätte, unter Trommelschlag zu avanciren und anzugreifen, was sich ihm entgegenstellen würde." *)

Kaum hatte der General v. Spoercken den Befehl empfangen, so setzte sich Alles, was von Infanterie formirt war, in Bewegung und

---

*) N. d. H. Vergl. v. Tempelhoff, Bd. III. S. 194. Renouard Bd. II. S. 230.

ging vorwärts, ohne dem übrigen Theil des Heeres zur Formirung Zeit zu lassen. Der General hatte in diesem Moment nur die drei britischen Bataillone des ersten Treffens und das 1. Bataillon Hannoversche Garde zur Hand; das 2. Bataillon Garde und das Regiment Hardenberg folgten ihm und formirten sich im Marsch selbst. Als der Herzog Ferdinand bemerkte, wie diese Regimenter mit zu grosser Lebhaftigkeit voreilten, sandte er durch den Herzog v. Richmond und den Grafen Taube den Generalen v. Spoercken und Waldgrave Befehl, die Leute nicht im Lauf vorgehen zu lassen, — sie würden ausser Athem sein, ehe sie zum Angriff kämen. Hierauf machten die Truppen neben einem kleinen Tannen-Gehölz, welches ihnen zur Deckung diente, einen Augenblick Halt, um der übrigen Armée Zeit zur Formation zu geben. Die Hannoversche schwere Artilleriebrigade des Majors Haase langte erst etwas spät an; der Herzog liess sie zu der der Capitains Foy und Maclean, unter dem Befehl des Capitains Philipps, bei der Windmühle von Hahlen stossen; und von der Zeit an wirkte das Feuer dieser vereinigten Artillerie, — etwa 36 Geschütze stark, — mit vielem Erfolg.*)

Nach kurzer Rast brach die Infanterie des rechten Flügels von Neuem auf und marschirte in stolzer, imponirender Haltung auf den Feind: ihr Ungestüm stieg zugleich so sehr, dass das zweite Treffen und die Brigade der schweren Artillerie des Centrums alle Mühe hatten, zu folgen. Die Schlachtordnung der französischen Hauptarmée, — die Infanterie auf den Flügeln, die ganze Cavallerie in der Mitte, — verursachte es, dass dieser, in der Geschichte beispiellos dastehende, Infanterie-Angriff des Herzogs Ferdinand gerade auf die Cavallerie-Massen des französichen Centrums traf, und dass die Reiterei seines linken Flügels die Infanterie des französischen rechten Flügels und nur sehr wenige Cavallerie vor sich sah. Der Angriff erfolgte in dem günstigen Moment, — es war um 6 Uhr Morgens, — als allein die feindliche Cavallerie im Centrum erst formirt war, während die Infanterie-Brigaden beider Flügel ihre angewiesenen Stellungen noch bei Weitem nicht vollständig erreicht oder eingenommen hatten. Kühn und unaufhaltsam, trotz des heftigen, enfilirenden Kreuzfeuers aus den französischen grossen Batterien, durchschritt jene heldenmüthige Infanterie, — die Britischen Regimenter Napier, Stuart und Welsh-Fusiliers, und die Hannoverschen Regimenter 1. und 2. Garde und Hardenberg, — das freie Feld jenseits des Gehölzes: mit einem mörderischen Gewehrfeuer, in ruhiger Fassung aus der Nähe von 10 Schritt abgegeben, und mit dem Bajonet, empfing sie die mit furchtbarer Gewalt ihr entgegenstürmende französische Cavallerie, — eilf Schwadronen unter dem Oberbefehl des Duc de Fitzjames, von dem Generallieutenant Marquis de Castries geführt,

---

*) N. d. H. Graf Taube sagt in seiner Erklärung vom 12. Februar 1760: „der Herzog habe ihn beordert, die Artillerie-Brigade des Majors Haase auf einem kleinen Hügel zur Rechten aufstellen zu lassen und dem Major zu sagen, den Feind, welcher in Bataillons formirt sei, zu canoniren. Dieser Befehl wurde mit grossem Eifer von Seiten des Majors ausgeführt, welcher sogleich selbst den passendsten Platz zur Aufstellung seiner Batterie auf dieser Höhe wählte."

rasch vorwärts dringend, durchbrach sie deren erschütterte Linie, in gänzlicher Verwirrung sie weit zurückwerfend.

Dies war der Augenblick, die eigene Reiterei zu gebrauchen, um die Niederlage der feindlichen zu vollenden. Lord Sackville*) jedoch hatte die unter seinen Befehl gestellten 24 Schwadronen (14 Englische und 10 Deutsche) erst nach 5 Uhr in Marsch gesetzt, sodann auf die durch den Generaladjutanten v. Estorff empfangene, oben erwähnte Ordre, in Escadrons-Colonnen, nur langsam vorrücken, und auf einen zweiten Befehl des Herzogs, welcher ihm durch dessen Adjutanten, den Capitain v. Malortie, — etwas nach ½6 Uhr — überbracht worden war, hinter der Infanterie in 2 Linien aufmarschiren lassen, dergestalt, dass die ganze Cavallerie des rechten Flügels vorwärts von Hartum, vor ihrer Front das Dorf Hahlen zur Rechten und die Windmühle zur Linken, von diesen beiden Punkten jedoch noch in einer ziemlich weiten Entfernung, etwa eine englische Meile von dem zweiten Treffen der Infanterie, hielt, und zwar in 1ster Linie unter Mostyn die Englischen Regimenter Bland (3 Esc.), Inniskilling (2 Esc.), Blues (3 Esc.), und unter Breidenbach die Hannoveraner: Grenadiere (1 Esc.), Breitenbach Dragoner (4 Esc.) und Gardes du Corps (1 Esc.), zusammen 14 Escadrons; und in 2ter Linie, unter Lord Granby die Englischen Regimenter Howard (2 Esc.), Mordaunt (2 Esc.), Greyhorses (2 Esc.), und die Hannoverschen Bremer (2 Esc.) und Veltheim (2 Esc.), zusammen 10 Escadrons. Schon als die Infanterie des 1. Treffens aus dem Gehölze zum Angriff hervortrat, und die französische Cavallerie, unter dem Schutze des Artilleriefeuers, sich gegen sie in Bewegung setzte, schickte der Herzog Ferdinand einen dritten Adjutanten, den Capitain von Wintzingerode, mit dem Befehl an Lord Sackville, die Cavallerie so schnell als möglich zur Unterstützung des Infanterie-Angriffs, nach links hin, vorzuführen; und auf die, an diesen Officier gerichtete Frage, wie dies geschehen solle? — hatte derselbe dem Englischen General die Ordre speciell dahin erläutert, dass er mit der Cavallerie nur durch das kleine, zu seiner linken befindliche, lichte Gehölz zu gehen habe, um sie in der vor ihm liegenden Haide sofort zu formieren. Lord Sackville war jedoch, während v. Wintzingerode, in der Meinung, dass er den Befehl sofort ausführen werde, abritt, unbeweglich stehen geblieben, vorschützend, und mit Officieren seiner Umgebung disputirend, weil er die Ordre nicht verstehe. Jetzt nun, nach der glänzenden Zurückweisung der ersten Charge der französischen Cavallerie, sandte der Herzog Ferdinand seinen vierten Adjutanten, den Capitain Ligonier, an den Englischen General mit dem Befehl, mit der Cavallerie vorzurücken, um die Vortheile, welche die Infanterie so eben errungen, zu benutzen. Dieser Aufforderung schien Mylord in der That zwar

---

*) N. d. H. Nach den Zeugenaussagen des Brigadiers Stubbs, des Oberst Sloper und des Lord Granby in dem Prozess Sackville ist Lord Sackville erst nach 5 Uhr, und nachdem die Cavallerie bereits eine halbe Stunde aus dem Lager gerückt und formirt war, vermuthlich erst ½6 Uhr, an der Spitze seiner Truppen erschienen.

Folge zu geben willens, indem er der Cavallerie befahl, die Schwerdter
zu ziehen und sich in Marsch zu setzen, worauf sie ihre Bewegung
nach links hin antrat, — als ein fünfter Adjutant des Herzogs, der
Capitain Fitzroy, im schnellsten Lauf heransprengte, mit dem Befehl,
schleunig mit der Englischen Cavallerie vorzugehen. Nach Abord-
nung Ligonier's nämlich war die französische Cavallerie wieder zur
Besinnung gekommen und hatte sich zu einer neuen Attacke gesammelt,
weshalb der Herzog Ferdinand durch den ihm nachgesandten Capitain
Fitzroy Lord Sackville dringend auffordern liess, um jeden weitern
Verzug zu vermeiden, nur mit den britischen Regimentern herbeizueilen. Gleichzeitig übernahm es der Adjutant von Wintzingerode, der
dem Capitain Fitzroy begegnet war, von der durch diesen beförderten,
neuesten Ordre den Englischen Befehlshaber des 2. Cavallerie-Treffens,
Lord Granby, direkt in Kenntniss zu setzen, demgemäss dieser General
mit der 2. Linie in der That den Marsch nach links durch das Gehölz
in die Haide antrat. Diese, in kurzer Zwischenzeit gefolgten Ordres
hatten aber bei dem Englischen Commandirenden Lord Sackville grade
die entgegengesetzte Wirkung: statt ihn zur Leistung des schuldigen
Gehorsams gegen den Oberfeldherrn und zur Beschleunigung seiner
Pflichterfüllung zu vermögen, wurde er dadurch nur um so zäher in
seinem Widerstreben und erhob neue Bedenklichkeiten. Er meinte, in
den von den beiden, bald nach einander abgesandten, Adjutanten gebrachten Ordres Widersprechendes zu finden, da die erstere die ganze
Cavallerie, die andere bloss die Englische verlange, — er begreife
nicht, wie der Herzog die Cavallerie könne trennen wollen, in Betracht
der Ueberlegenheit der feindlichen Cavallerie; er wiederholte seine
frühere Frage, über die Richtung seines Marsches und seinen Führer.
Vergebens entgegnete ihm der Capitain Ligonier selbst, dass ein Widerspruch zwischen seiner und der von Capitain Fitzroy überbrachten,
letzten Ordre nicht liege, dass beide nur hinsichts der Zahl der zum
Vorgehen befohlenen Cavallerie, nicht aber hinsichts der Bestimmung
ihres Marsches, welcher die Richtung zur Linken einhalten müsse, verschieden seien; — vergebens war es, dass der Capitain Fitzroy, auf
Sackville's eigenes Verlangen, ihm den Wort-Inhalt seiner Ordre langsam
und ausdrücklich wiederholte, — „schleunig mit der Englischen Cavallerie, in der Richtung nach links zu avanciren," — vergebens, dass er
ihm den Umstand anzeigte, welcher diesen Befehl veranlasst habe, dass
er hervorhob, es sei die ruhmvolle Gelegenheit für die Engländer da,
sich auszuzeichnen, und dass Seine Herrlichkeit durch Vorführung der
britischen Reiterei unsterbliche Ehren sich erwerben würde; — vergebens, dass beide Adjutanten auf seine Frage nach einem Führer
(Guide), sich erboten, ihm diesen Dienst zu leisten und ihm den ein-
zuschlagenden Weg durch oder um das lichte Gehölz zu zeigen: — er
blieb bei seinen Bedenken, wusste nicht, was er in seinem „Dilemma"
thun sollte, liess die ganze Cavallerie, die im Marsch war, halten, und
wandte sich an Fitzroy mit der Frage, ob der Herzog in der Nähe,

und wo er sei? und dem Ersuchen, ihn zu demselben zu führen, damit
er sich eine Erläuterung über seine Ordres von ihm selbst erbitten
könne! — Fitzroy genügte diesem Verlangen, als einem Befehl, und
begab sich, Lord Sackville vorauseilend, um ihn anzumelden, zum Herzog Ferdinand, der sich bei dem oben gedachten kleinen Tannen-
Gehölz befand, von welchem aus die Infanterie ihren Angriffsmarsch
begonnen hatte. Unter diesen Zweifeln und Zögerungen des Englischen
Generals war eine halbe Stunde seit dem Empfang der ersten Ordre
zum Avanciren verstrichen, eine kostbare Zeit, deren Verlust für den
Ausgang der Schlacht verhängnissvoll werden konnte, den glücklichen
unwiederbringlich beeinträchtigte. Auf Sackville's Ritt zum Herzoge
stellte ihm sein eigener Adjutant, Capitain John Smith, vor, dass an
der Klarheit und Bestimmtheit der letzten Ordre, deren Inhalt Fitzroy
zweimal wiederholt, nicht zu zweifeln sei, und erbot sich, die Englische
Cavallerie zu holen, während er, der Lord, sich zum Herzoge begebe,
um keine Zeit zu verlieren, wogegen Sackville nochmals auf die Ordre
Ligonier's, dass der ganze Flügel kommen solle, sich berief; und erst,
als Smith ihm zu bedenken gab, dass, wenn er ihm erlaube, die britische Cavallerie zu holen, sie ja nur ein Theil, und, falls er irren sollte,
es leicht sein würde, den Fehler wieder zu verbessern und die ganze
Linie zu vereinigen, soll ihm Lord Sackville den Befehl gegeben haben,
so schleunig als möglich zum General Mostyn zu reiten und ihn vorrücken zu lassen, welchen Befehl er denn auch, jedoch nicht ohne
neuen Aufenthalt durch Erörterung mit Lord Granby, wegen dessen
einseitigen Vorrückens, ausrichtete. Welche Bewandtniss es nun mit
diesem Befehl gehabt haben mag, derselbe blieb vor der Hand wirkungs-
los. — Auf dem Wege begegnete dem Lord der sechste Adjutant
des Herzogs, von Derenthal, selbst aus dem Gefecht der Infanterie
herkommend und an Sackville abgeschickt, um ihn zu drängen, „ohne
den geringsten Zeitverlust zur Unterstützung der Infanterie, welche
litte, zu avanciren;“ — aber es geschah nichts, und Derenthal kehrte
zum Herzog zurück, auf dessen Frage: „Wie? will er mir nicht gehorchen?“ — er nur melden konnte, dass Mylord selbst zu Sr. Durchlaucht komme. Zugleich trafen Ligonier und Fitzroy bei dem Herzoge
mit der Meldung wieder ein, dass die Cavallerie nicht von der Stelle
rücke, dass Lord Sackville ihnen nicht habe glauben wollen, dass er
ihnen gesagt, sie wüssten nicht, was sie sprächen, und dass er kommen
würde, um selbst mit dem Herzog zu reden. Fitzroy insonders berichtete über Lord Sackville's Zweifel am Inhalte seines Auftrags, dessen
richtige Auffassung ihm jedoch der Herzog bestätigte, indem er sein
Befremden über das Benehmen des Lords lebhaft zu erkennen gab.
In der hierauf folgenden persönlichen Zusammenkunft, unfern des
Tannen-Gehölzes, sprach der Herzog Ferdinand dem Englischen General, dem er entgegenritt, selbst das Nämliche wiederholt aus, was die
Adjutanten Ligonier und Fitzroy ihm in seinem Namen gesagt hatten.

Bei dieser Unterredung hörte der Adjutant des Herzogs, Graf

Taube, (wie er in seiner Erklärung vom 12. Februar 1760 bezeugt), dass Lord Sackville fortfuhr zu remonstriren, und, wie auch der Adjutant, Major Graf von Oyenhausen übereinstimmend versichert, es vernahmen beide Officiere deutlich, dass der Herzog schliesslich bestimmt gegen ihn äusserte: „Mylord! Die Dinge haben sich geändert, meine „Disposition von gestern kann nicht mehr statthaben, ich habe mich „genöthigt gesehen, sie zu ändern, und übrigens genügt es, dass dies „mein Befehl ist, und ich ersuche Sie, ihn sofort auszuführen." Damit wandte der Herzog sein Pferd und begab sich zur Linken der Infanterie nach dem Centrum.*) Lord Sackville liess nun, wie er in seiner Vertheidigungsschrift selbst sagt, in Folge des Befehls des Herzogs, mit Zurücklassung eines Theils der Cavallerie unter Oberst von Breidenbach, die übrige, in 2 Linien, zur Unterstützung der Infanterie zwar vorgehen, und will bei seiner Rückkehr die Englischen Regimenter während des Passirens des Gehölzes und in der Formation getroffen haben. In diesem Moment nahm daher die Cavallerie unter seiner Führung die Stellung ein, dass die 6 Schwadronen Hannoveraner 1sten Treffens unter Breidenbach, auf dem rechten Flügel halten blieben, die Englischen 8 Escadrons sich links durch das Gehölz in die Ebene zogen, und noch weiter zur Linken, unter Lord Granby, das 2te Treffen sich formirte, — aber Alles noch ziemlich entfernt hinter der kämpfenden Infanterie. — Allein auch diese Bewegung geschah mit solchen Zögerungen, dass der Herzog, bei vergeblich fortgesetzter Beschickung Sackville's, endlich mit dessen Uebergehung, an den Unterbefehlshaber Lord Granby unmittelbar durch den Oberst Webbe die Ordre überbringen liess: mit der zweiten Linie der Cavallerie zur Beschützung der kämpfenden Infanterie vorzurücken. Dahin gehört noch die Sendung des Adjutanten, Majors Grafen von Oyenhausen, welchem der Herzog auftrug, die Cavallerie zum eiligsten Vorgehen anzutreiben, mit den Worten: „Eilen Sie zu Mylord Sackville und machen Sie im Namen Gottes, dass die Cavallerie komme!" Er traf sie, noch in weiter Entfernung von der Infanterie, endlich formirt hinter einem kleinen Tannenholz; er übergab des Herzogs Befehl dem Lord Sackville, welcher ihm antwortete: „er werde kommen." Oyenhausen konnte sich nicht enthalten, ihm die Tapferkeit und Unerschrockenheit, mit der sich die Englische Infanterie benommen, zu loben, indem er ihn bat, sich zu beeilen, um sie zu untersützen, und dann zu Lord Granby ritt, welcher die erste Linie mit der zweiten überholte, um zu avanciren, — in der Absicht, diesem General sich anzuschliessen. Doch ehe wir die

---

*) N. d. H. Es ist die Verwickelung des Knotens der Beorderung und Nichtverwendung der Cavallerie des rechten Flügels des Herzogs Ferdinand hier mit Umständlichkeit darzulegen versucht worden, weil dieser Moment als der kritische Wendepunkt erscheint, da das Nachfolgende auf die Entscheidung des Tages von geringerem Einfluss war, wenngleich die Schuld und militairische Unfähigkeit Lord Sackville's dadurch nur noch gesteigert wurde. Von besonderem Interesse sind die eigenen Briefe desselben an Fitzroy, von diesem an ihn, die Erklärungen des Capitains Smith, die Zeugenaussagen in dem Prozess, namentlich die von Wintzingerode, Ligonier, Fitzroy, Derenthal, Colon. Sloper und ein Brief des Generals Mostyn vom 14. September 1759 an den Herzog Ferdinand.

Entwickelung der fruchtlosen Versuche, die Cavallerie in Thätigkeit zu setzen, bis zum Ende begleiten, verlassen wir einstweilen den Schauplatz dieses in der Geschichte verurtheilten Exempels versagter Pflicht und wenden wir uns zur Darstellung der heroischen Kämpfe, die den Tag von Minden zum Ruhme des von seinem Englischen Unterbefehlshaber schmählich verlassenen, grössten deutschen Feldherrn aus dem Braunschweigischen Hause entschieden.

Der Eindruck des unerwarteten Angriffs auf die französische Mitte durch die Infanterie vom rechten Flügel des Herzogs Ferdinand war ein mächtiger: er hatte sogleich wesentliche Störungen des französischen Schlachtplanes zur Folge. Der General-Lieutenant Chevalier de Nicolay, welcher das erste Treffen des rechten Flügels, die 4 Infanterie-Brigaden Picardie, Belsunce, Touraine, Rouergue, befehligte, war angewiesen, seine Bewegungen mit denen des auf der äussersten Rechten gegen Todtenhausen operirenden Generallieutenants Duc de Broglie, in Uebereinstimmung zu setzen und selbst ihn zu unterstützen, um dort einen entscheidenden Erfolg zu sichern. Kaum jedoch hatte der Chevalier Nicolay seine Brigaden formirt, und die Armée angefangen, in Schlachtordnung zu rücken, als der Duc de Broglie sich in Person zum Oberbefehlshaber begeben zu müssen glaubte, und ihm berichtete, dass die Stellung der Alliirten auf ihrem linken Flügel viel achtunggebietender und von stärkerer Truppenzahl sei, als man in der General-Disposition und den letzten Abend angenommen habe. Der Marschall Contades liess hierauf noch die beiden Brigaden des zweiten Treffens, Auvergne und Anhalt, zur Division Nicolay 'stossen. Der Duc de Broglie empfing seine letzten Befehle vom Marschall zu derselben Zeit, als die Infanterie des Herzogs Ferdinand aus dem Gehölze zum Angriff gegen das Centrum der französischen Armée hervorbrach; und Broglie war Augenzeuge ihres alle Erwartung übersteigenden Etfolges gegen die erste Charge der französischen Cavallerie. Unter diesen Umständen kehrte er zu seinem Reservecorps mit der Instruction des Commandirenden zurück, den linken Flügel des Feindes in Erwartung des Ausgangs des im Centrum entbrannten Kampfes in Schach zu halten. Der Marschall Contades aber begab sich in die Mitte seines rechten Flügels und befahl dem Generallieutenant de Beaupreau, mit den Infanterie-Brigaden Touraine und Rouergue und mit 8 achtpfündigen Geschützen einige, vor der Rechten der Cavallerie belegene, mit Hecken umgebene Häuser (Holthusen) zu besetzen, um die Reiterangriffe aus dem Centrum zu unterstützen und die feindliche Infanterie bei ihrem kühnen Vordringen im Rücken zu umfassen. Auf dem linken Flügel der französischen Armée setzte der Generallieutenant de Guerchy, welcher die 4 Infanterie-Brigaden im ersten Treffen, Condé, Aquitaine, Le Roy und Champagne, commandirte, nach Vertreibung der letzteren Brigade aus dem Dorfe Hahlen durch den Prinzen v. Anhalt, der Avantgarde des alliirten Heeres und den zu ihrer Verstärkung heranrückenden Infanterie-Abtheilungen aus dessen 2tem Treffen, mit

Unterstützung der Sächsischen Truppen, unter dem Comte de Lusace, nachdrücklichen Widerstand entgegen. Unterdessen hatte die zurückgeworfene 1ste Linie der französischen Cavallerie die Besinnung wieder gewonnen und sich gesammelt: mehrere Brigaden ihrer ersten und zweiten Linie warfen sich nun auf's Neue dem kampfbegierigen Englisch-Hannoverschen Fussvolk muthig entgegen. Dieser zweite Cavallerie-Angriff wurde jetzt auch von der Linken, durch die Infanterie-Brigaden Condé und Aquitaine, vornehmlich aber durch die grosse französische Artillerieaufstellung von 30 Parkgeschützen unterstützt, deren lebhaftestes Feuer die vorwärtsmarschirende Infanterie-Linie des Herzogs Ferdinand in der rechten Flanke schräg und der Länge nach bestrich. Doch hielten diese unerschrockenen Bataillone auch dieses Feuer mit vieler Festigkeit aus, und, obgleich Augenblicke kamen, wo sie Raum geben zu müssen schienen, so behaupteten sie doch bald wieder ihre eingenommene Stelle und schlugen die wiederholten Chargen der französischen Reiter-Brigaden ab. Es war dies der Gefechts-Moment, in dessen Voraussicht der Herzog Ferdinand den Lord Sackville durch Fitzroy und Derenthal vergebens aufgefordert hatte, wenigstens mit den britischen Reiter-Regimentern herbeizueilen. In Ermangelung der Mitwirkung dieses Corps hatte er selbst die Englische schwere Artillerie-Brigade des Capitains Macleau in das kleine Gehölz, von welchem aus die Infanterie ihren Angriff auf das feindliche Centrum unternommen, vorgehen lassen, aus welcher Stellung der Feind mit erstaunlichem Erfolge beschossen wurde. Diese Batterie, unter dem Oberfehl des Capitains Philipps, brachte bald die ganze Artillerie des französischen linken Flügels zum Schweigen. Der Herzog Ferdinand hatte aber auch, als die Englische Infanterie in die Flanke genommen ward, Alles was er an Infanterie noch im zweiten Treffen fand, und in dem ersten nicht mehr Platz gewinnen konnte, den Englischen Truppen zur Rechten, als Rückhalt heranmarschiren lassen, insbesondere, indem er sich nach seinem Centrum wandte, durch den Grafen Taube, dem Generallieutenant von Wutginau die Weisung ertheilt, mit seiner Colonne vorzugehen und zur Unterstützung des Generals von Spoercken in die Schlachtlinie einzurücken, und, zur Rechten zurückeilend, durch denselben Adjutanten den General-Major von Scheele mit dessen Colonne (mit Ausnahme des Regiments Hardenberg, welches schon in der Front kämpfte), nach dem rechten Flügel des Generals von Spoerken dirigirt, weil diese Seite von Truppen entblösst war. Diese Infanterie, — die Bataillone Reden, Scheele, Brunck und Erbprinz von Hessen, — betheiligte sich wesentlich an dem Gefecht gegen die Infanterie des französischen linken Flügels. In seinem gerechten Erstaunen über das Ausbleiben der Englischen Reiter-Regimenter, ungeachtet seiner wiederholten, persönlich dem Commandirenden General Lord Sackville erhärteten Ordres, dass er der im schwersten Gefecht ringenden Infanterie zu Hülfe komme, — geschah es nun auch, dass der Herzog Ferdinand, in der gehegten Erwartung, er werde die Neigung, sich auszuzeichnen,

bei Mylord Granby antreffen, an diesen Unterbefehlhaber direct, —
wie oben schon erwähnt, — durch den Oberst Webbe die Aufforderung
richtete, das zweite Treffen der Cavallerie zum Schutze des Fussvolks
herbeizuführen. Doch auch dieses Mittel und wiederholte Beschickun-
gen, ihm Nachdruck zu geben, namentlich die durch den Adjutanten
Grafen von Oyenhausen, — wurden durch Sackville's hemmende Da-
zwischenkunft vereitelt, wie weiterhin bei Abspinnung dieser bedauerns-
werthen Episode dargelegt wird. Die Entscheidung aber erfolgte
unterdess durch eine That der glänzendsten Tapferkeit und Ausdauer
jener heroischen Infanterie, die in den Annalen der Kriegsgeschichte
für alle Jahrhunderte fortlebt. Nachdem nämlich die wiederholten Chargen der französischen
Cavallerie des 1. und 2. Treffens siegreich zurückgewiesen waren, erschienen aus dem 3. die Gendarmerie und die Carabiniers, die
berühmtesten Corps des Königlichen Frankreich, aus seinen früheren
Kriegen auf die errungenen Lorbeern stolz, in ihrer Mitte die Blüthe
seiner ältesten Adelsgeschlechter, Achtzehn Schwadronen mit 2000 Pferden, — unter dem Commando des Generallieutenants Marquis de Poyanne,
an ihrer Spitze den Prinzen von Condé, — auf dem Kampfplatz. In
ihrer glänzenden Waffenrüstung stürmten sie im vollsten Lauf der bis
jetzt unerschütterten Phalanx des Britischen und Hannoverschen Fussvolks entgegen, und warfen sich mit Ungestüm auf dessen Front und
Flügel. Von seinem zerstörendsten Gewehrfeuer auf zwanzig Schritt
begrüsst, brachen sie dennoch durch einige Bataillone des ersten Treffens; die Hindurchgedrungenen aber streckte das mörderische Feuer des
zweiten zu Boden; die gesprengten Reihen des Fussvolks schaarten sich aufs
Neue zusammen, — Niemand wich; es entbrannte das heftigste Gefecht,
und das Bajonnet von starken Armen gehandhabt, siegte über des
Reiters Degen. Im wüthendsten Gemetzel fiel eine grosse Zahl französischer Officiere, viele von hoher Geburt, todt oder schwer verwundet,
unter letzteren der Commandeur Marquis de Poyanne; und nach den
äussersten vergeblichen Kämpfen flohen die Trümmer dieser siegge-
wohnten, gänzlich geschlagenen, Cavallerie vor jenen unüberwindlichen,
unaufhaltsam vorwärts dringenden Bataillonen von dem mit Leichen und
Verwundeten besäeten Schlachtfelde. Es waren die Britischen Regimenter Napier, Kingsley vor allen, dann Stuart, Welsh Fusiliers (Huske),
Brudnel und Home, die Hannoversche 1. und 2. Garde zu Fuss, und
das Hannoversche Regiment Hardenberg, die diese beispiellose Waffen-
that vollführten. Jene Englischen Regimenter führen noch heutiges
Tages den Namen „Minden" in ihren Fahnen. Diese, die Hannoverschen Fussgarden, eroberten sechs Standarten der Gendarmerie Frankreichs, das Regiment Hardenberg deren zwei. „On n'a jamais vû plus
de bottes et de selles, que sur le champ de bataille vis-à-vis de l'infanterie angloise et les gardes hannovriennes. Je crois que les Carabiniers et les Gendarmes sont detruits" — schrieb Westphalen am
5. August 1759. Der Hannoverschen Garde besonders fiel die reiche

Beute der französischen Gendarmen in die Hände; das 1. Bataillon
erhielt zu seinem Theil allein 80 goldene Uhren. Doch nur mit grossen
Opfern ging die Heldenschaar aus diesen Kämpfen siegreich hervor.
Die sechs Englischen Regimenter verloren 78 Officiere und 1252 Unterofficiere und Gemeine an Todten und Verwundeten, d. i. bei einer Gesammtstärke von 4434 Köpfen — 30 von 100; — das Regiment Kingsley allein
6 Officiere und 80 Unterofficiere und Gemeine todt, und 11 Officiere
und 224 Unterofficiere und Gemeine verwundet, zusammen 321 Mann,
d. i. 43 von 100. Die Hannoversche Fussgarde und das Regiment
Hardenberg verloren 1 Officier, 27 Unterofficiere und Gemeine an
Todten und 230 Verwundete, d. i. bei einer Gesammtstärke von 2100
Köpfen 12 von 100.

Während dieser dritte und furchtbarste Hauptangriff der französischen Cavallerie-Massen des Centrums erfolgte und gänzlich scheiterte,
hatte der Generallieutenant de Beaupréau vom rechten Flügel, dem
Befehl des Marschalls Contades gemäss, seine Bewegung mit den Brigaden Touraine und Rouergue und 8 schweren Geschützen begonnen,
um die vorliegenden Höfe (Holthusen) zu besetzen und der vordringenden alliirten Infanterie in den Rücken zu kommen; allein andere feindliche Infanterie-Abtheilungen von der Colonne des Generallieutenants
von Wutginau kamen ihm zuvor und empfingen ihn aus den Gebäuden
und Hecken mit überlegenem Kleingewehrfeuer; seine Brigaden stockten;
einige Escadrons des linken Flügels der Alliirten, vom Regiment Hammerstein, — benutzten den Moment, ihnen in die rechte Flancke zu
fallen, und brachten ihnen, besonders der Brigade Rouergue, grosse
Verluste an Todten, Verwundeten und Gefangenen bei: der commandirende General von Beaupréau wurde hier durch mehrere Säbelhiebe,
der Maréchal de Camp de Monty durch zwei Schüsse tödtlich verwundet. Sie wichen auf die Brigaden Auvergne und Anhalt zurück, die
der Marschall Contades in der Eil in den Gehöften und Gärten rückwärts
der Heide (Neuland) aufgestellt hatte, während ihre Gegner sich in
den vorliegenden Höfen (Holthusen) festsetzten und Artillerie auffuhren,
die mit grosser Lebhaftigkeit zu feuern anfing.

In derselben Zeit entwickelte sich auf dem linken Flügel der französischen Armée und dem rechten der Alliirten, verstärkt durch die
Colonne des Generalmajors von Scheele, ein äusserst heftiger Kampf
grösserer Infanterie-Massen, unter der steigenden Mitwirkung der Artillerie des Herzogs Ferdinand. Kaum war die französische Reserve-
Cavallerie in gänzlicher Auflösung zurückgeschlagen, als die auf seinen
Befehl vom General von Wutginau herbeigeführten Regimenter v. Wangenheim und Hessische Garde zur Unterstützung der Englischen Bataillone, die dem Feuer der Brigade Condé und Aquitaine gegenüber-
standen, mit grösstem Ungestüm in's Gefecht rückten. Den durch sie
bedrängten Garden aber eilte der Chevalier, Comte de Lusace mit mehreren Bataillonen der Sächsischen Regimenter aus dem 2. Treffen zu
Hülfe. Des deutschen Ursprungs würdig, focht diese Truppe mit der

ausgezeichnetsten Tapferkeit gegen die Englische und Hannoversche Infanterie; aber der grössten Hingebung ungeachtet, die sie unter der Führung jenes heldenmüthigen Generals bewährte, musste sie selbst, wie die Brigaden Condé und Aquitaine, unter grossen Verlusten, weichen, der Maréchal de Camp Maugiron, welcher die letzteren commandirte, wurde durch zwei Schüsse verwundet. Die Sachsen bildeten auf ihrem Rückzuge Quarrée, verloren aber durch den vereinigten Angriff der Englischen und der Regimenter Wangenheim und Hessische Garde desto mehr Leute, Kanonen und Fahnen. Von dem letztern Regiment fielen in diesem Kampfe 3 Officiere, der Oberst Schönauer, der Capitain von Kerssenbruck und der Lieutenant von Hanstein. Die Niederlage der Sächsischen und französischen Infanterie wurde um so folgenschwerer, als die Artillerie des Herzogs, nachdem inzwischen auch die Hannoversche Brigade des Centrums, unter dem Obersten Braun, in die Schlachtlinie eingerückt war, und ihr Feuer begonnen hatte, in ihrer Verbindung mit der Thätigkeit der Englischen Artillerie-Brigaden, auf allen Seiten das entschiedenste Uebergewicht erlangte, und die französischen Batterien zum Schweigen brachte. — Endlich wurde noch ein vierter und letzter Cavallerie-Angriff, geführt von dem Generallieutenant von Vogué, von den bisher noch nicht gebrauchten Brigaden der Rechten des französischen Centrums unternommen; derselbe fiel jedoch ebenso fruchtlos aus, wie die übrigen.

Wie in den gefahrvollsten Augenblicken der Herzog Ferdinand die Reiterschaaren seines zurückgebliebenen rechten Flügels zur Unterstützung seiner, gegen die Uebermacht der vereinigten feindlichen Waffen ringenden, Infanterie herbeigesehnt hatte, so wuchs jetzt seine Ungeduld, sie zur Attaque zu führen, um die Vernichtung der Gegner zu vollenden. Einmal über das andere hörte man ihn ausrufen und fragen: „kommt denn die Cavallerie noch nicht!" — „Hat Niemand die Cavallerie des rechten Flügels gesehen?" — Gegen den Grafen Taube, der ihm erwiederte, dass er noch nicht das Geringste von ihr gesehen habe, äusserte er: „aber mein Gott! giebt es denn kein Mittel, diese Cavallerie zum Avanciren zu bringen!" Und als er bei der Batterie des Capitains Philipps hielt und die Frage aufwarf, „würde es selbst noch in dem gegenwärtigen Augenblick nicht zu spät sein, die Cavallerie vorgehen zu lassen?" erboten sich der Herzog von Richmond und der Capitain Fitzroy, wenn er es beföhle, dieselbe Ordre aufs Neue zu überbringen, worauf er ihnen dazu den Auftrag gab, und zwar an Lord Granby, indem er dem Capitain Fitzroy auf seine Frage: an Wen er die Ordre bringen solle? ausdrücklich sagte: „an Mylord Granby, denn ich weiss, der wird mir gehorchen." — Fitzroy eilte davon und fand diesen General auch schon beträchtlich vorgerückt an der Spitze der zweiten Linie der Cavalerie; er übergab ihm des Herzogs Befehl, des Inhalts, dass die Cavalerie so schnell als möglich avanciren solle. Lord Granby bemerkte ihm zunächst, dass er diese Ordre an Lord Sackville bringen müsse, und erst auf seine Entgegnung, dass der Prinz ihm be-

fohlen habe, die Ordre an ihn, Lord Granby, zu bringen, setzte
er seine Truppe zwar weiter in Marsch; da aber Lord Sackville
mit dem ersten Treffen erheblich zurückgeblieben war, und ihm
schon einmal befohlen hatte, Halt zu machen, — angeblich (wie
derselbe in seiner Vertheidigung des Breiteren auszuführen gesucht hat), um ein vor ihm liegendes Gehölz, vor welchem er
seine Regimenter habe abbrechen lassen müssen, zu passiren und
um die Rechte mit der Linken in einer geraden Linie vorrücken zu
lassen, — so begab sich Lord Granby, indem er den obercommandi-
renden Lord in kurzer Entfernung von sich gewahrte, erst noch in
Person zu demselben und sagte ihm, dass er in Gemässheit der Ordres
des Prinzen, „auf's Schnellste zu avanciren," vormarschirt sei, worauf
Lord Sackville sich wegen seines gegebenen Befehls „zu halten" ent-
schuldigte. Kaum aber war Lord Granby nach dieser Explication etwa
300 Ruthen weiter vorgegangen, so liess Sackville nochmals „Halt"
gebieten; und, da Granby nach der Ursach sich erkundigte, erhielt er
zur Antwort: es geschehe dies auf Befehl Mylords Sackville, und derselbe lasse durch den Brigademajor entbieten, keinen anderen Ordres,
als seinen eigenen, und denjenigen, die durch General Elliot in seinem
Namen gebracht würden, zu gehorchen. Lord Sackville hat zwar in
seiner Vertheidigung nicht zugegeben, zum zweiten Male den Vormarsch Granby's durch ein „Halt" verhindert zu haben, will vielmehr
baldmöglichst mit dessen Cavallerie-Abtheilung seine eigene rechts
alignirt haben und mit ihm zugleich hinter der Infanterie, im dritten
Treffen angelangt sein, freilich zu spät und nachdem die feindliche
Reiterei bereits das Feld geräumt hatte. Indessen schon der erste
Befehl, „zu halten", welchen Sackville zugesteht, war unter allen Umständen den Ordres des Oberbefehlshabers entgegen und von grösstem
Uebel; und überdies bestätigt der Adjutant, Major Graf von Oynhausen,
die obige Aussage Lord Granby's vollkommen, indem er in seiner Er-
klärung vom 13. Februar 1760 sagt: „Je me rendis auprès de lui
(Lord Granby), pour l'accompagner, mais il reçût l'ordre de
Mylord Sackville, d'arrêter; surquoi je partis pour rejoindre
Son Altesse;" und der Herzog Ferdinand endlich spricht es selbst in
seinem Berichte vom 3. Februar 1760 bestimmt aus: dass Lord Sackville den Lord Granby verhindert habe, „en lui faisant defense d'avancer." Möge das Urtheil, welches der Herzog Ferdinand in diesem
Bericht über das Benehmen Sackville's niedergelegt hat, gleich hier
seine Stelle finden, indem der letzte Augenblick, in welchem die Mitwirkung seines Cavalerie-Corps von Vortheil für die Entscheidung noch
hätte sein können, nunmehr verschwunden war, und die ferneren Bewegungen und Ortsveränderungen, welche dasselbe in Folge specieller
Weisungen des Herzogs am Tage der Schlacht bewerkstelligte, von
keiner Bedeutung mehr für das Resultat sein konnten. In einer Weise,
welche für einen General zwar höchst empfindlich, doch Rücksichtnahme
und schonende Form des Urtheils nicht verkennen lässt, sprach der

Herzog es aus: „En effet, Mylord George Sackville, bien loin de reparer la faute, que la Cavalerie de la droite avait faite de n'en avoir point sellé à l'heure ordonnée,*) et qu'il avoit fait lui-même, de n'y avoir remedié à temps et de s'être rendû si tard à son poste, en doublant de pas durant la marche pour régagner le temps perdû, il perdit même celui et l'occasion la plus belle, qui ait peut-être jamais existé, d'acquerir la gloire, qui lui furent non seulement fournies, mais ordonnées aussi de saisir. Car la Cavalerie resta durant tout le temps de l'action hors de portée du Canon." Aus den Zeugen-Aussagen in dem Prozess gegen Lord Sackville, namentlich denen des Lord Granby, der Capitains Ligonier, Fitzroy, Oberst Sloper und Capitain von Wintzingerode geht hervor, dass, wenn die Cavalerie des rechten Flügels, deren erste Formations-Aufstellung von dem Gefechtsfelde kaum ¾ Stunden entfernt war, sogleich nach ihrer Formirung marschirt wäre, sie jedenfalls zeitig genug eingetroffen sein würde, um ein drittes Treffen hinter der Infanterie zu bilden und dieselbe zu unterstützen; — dass sie, wenn Lord Sackville der durch v. Wintzingerode überbrachten Ordre sofort Folge geleistet hätte, zur rechten Zeit hätte ankommen können, um die Infanterie zu unterstützen und den Feind anzugreifen; — endlich, dass sie, hätte Lord Sackville auch nur den durch Ligonier und Fitzroy empfangenen Ordres gehorsamt, bei Annahme einer Gangart, welche die Cavalerie unter den vorliegenden Umständen anzunehmen gewohnt ist, noch immer einen wirksamen Antheil an der Action hätte davon tragen können. Und über jeden Zweifel erhaben ist, dass, wenn dies geschehen wäre, und diese Cavalerie, ganz, oder auch nur die zuletzt befohlenen Englischen Regimenter, 14 Schwadronen, — 1900 Pferde stark, — in dem Moment, als die feindlichen Cavalerie-Chargen abgeschlagen und die Infanterie-Brigaden des linken Flügels der Franzosen und Sachsen zum Weichen genöthigt waren, in die entstandene Lücke zum Einhauen vorgeführt worden wären, der Sieg zu einer der entscheidensten Niederlagen, welche die Kriegsgeschichte kennt, grösser und zerstörender wie die bei Rossbach, vervollständigt, ja die Armée des Marschalls Contades vernichtet sein würde. Westphalen sagt in seinem Brief vom 5. August 1759: „Notre infanterie de la droite a battû la cavalerie et l'infanterie françoise de

---

*) N. d. H. Was diese, noch an einer früheren Stelle des Berichts sich findende Bemerkung, „dass die Cavallerie nicht zu der befohlenen Stunde gesattelt habe," betrifft, so scheinen dem Herzoge darüber unvollständige Rapporte vorgelegen zu haben; denn aus den Prozess-Acten Sackvill's, insbesondere aus der Aussage des Oberst Sloper ergiebt sich, „dass, als um 4 Uhr früh ein Officier, (wahrscheinlich Penz) an sein Zelt gekommen, mit der Meldung, dass der Herzog befohlen, die Zelte abzubrechen und zu marschiren, er (Sloper) sein Corps dazu fertig gemacht, indem schon seit 1 Uhr Morgens die Pferde gesattelt und die Leute mit ihren Stiefeln angethan gewesen seien, in Gemässheit der am Abend vorher gegebenen Ordre; und dass eine halbe Stunde, nachdem sie formirt gewesen, Mylord Sackville an ihrer Spitze erschienen sei." Wenigstens die Englische Cavallerie hat hiernach früh genug gesattelt; um so schwerer trifft denn aber den Lord Sackville der Vorwurf, dass er lediglich durch seine eigene persönliche Verspätung die Verzögerung des Anmarsches seines Corps, etwa um 1 Stunde, verschuldet.

la gauche et du centre. Si notre cavallerie de la droite avoit donné, l'aile gauche des françois etoit perdûe sans ressource." *)

Doch, es drängt zu sehen, was, während allein die Infanterie und die Artillerie des rechten Flügels des Herzogs Ferdinand und eines Theils seines Centrums die Mitte der französischen Armée durchbrach und ihren linken Flügel, 21 Bataillone stark, und 8 Bataillone ihres rechten Flügels zum Zurückweichen zwang, — auf dem linken Flügel des Herzogs und bei dem Corps des Generals v. Wangenheim geschah. Schon im Anfange der Schlacht hatte der Herzog Ferdinand seinen General-Adjutanten v. Estorff, und nach diesem den Capitain v. Malortie, sobald sie seine Befehle an Lord Sackville überbracht, nach dem linken Flügel entsendet, um den Marsch der dortigen Cavalerie zu beschleunigen und sie avanciren zu lassen. Estorff blieb daselbst und befand sich während des folgenden Gefechts bei dem Hannoverschen Leib-Regiment Cavalerie und dem Regiment Hammerstein.

Um 6 Uhr nahm das kleine Gewehrfeuer seinen Anfang; sowohl Infanterie als Cavallerie des linken alliirten Flügels griffen mit Entschlossenheit an; ihnen setzten die bei Malbergen aufgestellten schweren Batterien der Franzosen grossen Widerstand entgegen. Die Hessischen Infanterie-Regimenter Toll (von der Colonne des General-Lieutenants von Wutginau) — Gilsa, Hanau (Prinz Wilhelm), und Hessen-Grenadiere, unter dem Generallieutenant v. Imhoff, fochten hier mit grösster Tapferkeit; vornehmlich zeichneten sich, wie der Herzog Ferdinand besonders lobend anerkannt hat, die Hessischen Grenadiere und die Bataillone Hanau und Toll aus. Das Bataillon Hessen Grenadier verlor an diesem Tage 7 Officiere und 105 Unterofficiere und Gemeine an Todten und Verwundeten, d. i. 19 von 100 Mann seiner Stärke. Ihnen standen die Brigade Belsunce, von der Division des Generallieutenant Nicolay, und die aus dem dritten Treffen des Broglieschen Corps zur Deckung der Batterien herangezogenen Grenadiers de France gegenüber. Den lange schwankenden Kampf entschieden endlich wiederholte Cavalerie-Angriffe, unter dem vereinigten Zusammenwirken der Reiterei des linken Flügels und der des Wangenheimschen Corps. Hierbei that sich besonders das Hannoversche Leib-Regiment Cavalerie durch ausserordentliche Hingebung hervor, indem es sich zwischen eine feindliche Batterie von 8 Geschützen, die vergeblich von der Infanterie angegriffen war, und ihre Bedeckung warf, wodurch es den Hessischen Bataillonen gelang, sie zu nehmen. Das genannte Leib-Regiment verlor in seinen heldenmüthigen Kämpfen an diesem Ruhmestage: 3 Offiziere (Oberstlieutenant du Bois, Rittmeister Garms und Capitain Brockelmann), 33 Unteroffiziere und Gemeine an Todten, 4 Offiziere, 32 Unteroffiziere und Gemeine an Verwundeten und 97 getödtete Pferde; der Oberst v. Spoercken und Cornet Müller fielen in Gefangenschaft. Bei einer Stärke des Regiments von nur

---

*) N. d. H. Vergl. v. Tempelhoff, Bd. III. S. 195, 196.

2 Schwadronen zu 143 Pferden erreichte dieser Verlust nahezu 26 von 100 Mann und (bei 127 todten und verwundeten Pferden) 44 von 100 Pferden! — Hinter der genommenen Batterie war eine andere aufgefahren, welche ebenfalls von dem Hessischen Fussvolk erobert wurde. Die Hauptangriffe der Reitermassen des linken Flügels und des Wangenheimschen Corps erfolgten aber auf die hinter Malbergen stehende Infanterie des rechten Flügels der Franzosen und die ihnen zur Unterstützung anrückende Cavalerie des Duc de Broglie. In diesen Attaquen zeichneten sich aus die Hannoverschen Regimenter von Hammerstein und Leib-Regiment, die Hessische Cavalerie, welche nach dem tapfern General von Urff genannt wird, als Prinz Wilhelm, Pruschenck, Miltitz, Leib-Dragoner, Prinz Friedrich, und das Preussische Regiment Holstein-Dragoner. Mit Ungestüm stürzten sich diese Reiterschaaren auf den Feind, warfen seine Linien über den Haufen, hieben eine grosse Zahl nieder, nahmen seine Batterien und zerstreuten Alles, was sie vor sich fanden. Die Regimenter Hammerstein und Leib-Regiment verrichteten Wunder der Tapferkeit, der Rittmeister von Hammerstein nahm den Duc de Luxemburg gefangen, die Dragoner von Holstein eroberten 9 Kanonen und 3 Fahnen, Pruschenck 1 Paar Pauken, Wilhelm-Dragoner 1 Fahne.[*] Bei diesem siegreichen Vorgehen des linken Flügels geschah es, dass, wie oben schon erzählt, die Brigaden Touraine und Rouergue zurückgedrängt wurden. — Die Infanterie des Wangenheimschen Corps dagegen nahm an dieser Angriffsbewegung nicht Theil; sie beharrte in ihrer Stellung zum Schutz der äussersten Linken und zur Behauptung der verschanzten Position von Todtenhausen. Ebensowenig wurde auf der andern Seite die übrige Infanterie des Broglie'schen Reserve-Corps, mit Ausnahme der zur Unterstützung des Contades'schen rechten Flügels herangezogenen Grenadiers royaux et de France, zum Angriff vorgeführt. Auf beiden Seiten beschränkte man sich vielmehr auf eine Kanonade, die nach dreistündiger Dauer zum entschiedenen Vortheil der Artillerie der Alliirten endigte, so dass das Geschützfeuer der Franzosen gegen 8 Uhr hier gänzlich erlosch. Die Infanterie-Brigaden des Duc de Broglie hielten nichtsdestoweniger noch einige Zeit ihre Stellung fest, und die Grenadier-Bataillone verhinderten durch ihre Ruhe und ausdauernde Standhaftigkeit, dass der Rückzug des rechten Flügels der französischen Armée, die hier viele Gefangene einbüsste, nicht in völlige Flucht ausartete.

Der Marschall Contades, als er sein Centrum durchbrochen und die allgemeine Unordnung sich verbreiten sah, befahl den Rückzug; er liess dem Generallieutenant Duc de Broglie sagen, auch den seinigen zu beginnen und den der Infanterie des rechten Flügels, besonders der Division Nicolay, zu decken. Broglie liess hierauf seine Cavalerie die Front nach links nehmen, um der Cavalerie der Alliirten zu imponiren.

*) N. d. H. Vergl. Renouard Geschichte etc. Thl. II. S. 237—239.

Gleichzeitig befahl er der Infanterie des Reservecorps, zurückzugehen. Unter dem heftigen Feuer der zahlreichen Artillerie Wangenheims erfolgte diese Rückwärtsbewegung; mit einer über jedes Lob erhabenen Festigkeit und kaltblütigen Tapferkeit bewährten sich in diesem Augenblick die Grenadiers de France; sie erlitten die grössten Verluste: hier fielen ihre Obersten, der Prince de Chimay und der Marquis de Lafayette. Auf dem linken Flügel nahmen der Generallieutenant de Guerchy und der Comte de Lusace mit den geschlagenen Infanterie-Brigaden ihre Richtung nach den zahlreich gelegten Brücken über die Bastau in's Lager; vornehmlich war es der Comte de Lusace, welcher mit grösster Tapferkeit focht und den Rückzug dieses Flügels deckte. Denselben Weg schlug die fliehende Cavalerie des Centrums ein. —

Schon als die französische Armée im Centrum geworfen war und auf ihrem linken Flügel zu weichen anfing, — etwa um 9 Uhr Vormittags, — liess der Herzog Ferdinand die äusserste Rechte seiner Infanterie möglichst nahe an das Torfmoor der Bastau-Niederung und gegen die Stadt Minden vorgehen, so nahe, dass selbst von den Wällen einige Canonenschüsse auf sie abgefeuert wurden. Insbesondere beauftragte er den General-Adjutanten von Reden, die Infanterie der Rechten, die nebst der schweren Artillerie ohne seinen Befehl halt gemacht hatte, wieder avanciren zu lassen. Er selbst versammelte Alles von der schweren Artillerie, was er auftreiben konnte, und liess die Geschütze so nahe wie möglich an dem Moor auffahren: von dort aus entwickelte sie ihr Feuer mit solcher Lebhaftigkeit und so mörderisch, dass die Ueberstürzung des Feindes, mit der er sich hinter das Moor flüchtete, nicht wenig vermehrt wurde. Zu gleicher Zeit liess der Herzog Ferdinand an Lord Sackville, der endlich mit seiner Cavalerie in einer Linie als drittes Treffen hinter der Infanterie aufmarschirt war, durch den Duc de Richmond und den Oberst Webbe den Befehl bringen, die Cavalerie bis hart an das Moor heranzuführen, was nun auch ausgeführt wurde. Dazu hatte eine Sendung des Adjutanten, Capitain von Pentz, um die Cavalerielinie mehr in die Nähe der Infanterie zu bringen, und eine wiederholte des Adjutanten, Capitain von Malortie vorbereitet, durch den der Herzog, als er wahrnahm, wie die Hannoverschen Infanterie-Regimenter des zweiten Treffens in der Ebene immer noch ohne Soutien vorrückten, einige Escadrons zu diesem Zweck heranholen liess, in Folge dessen Lord Sackville den Generallieutenant Moystin beauftragte, diesem Officier mit 6 oder 7 Escadrons zu folgen und sich auf dem Terrain zu aligniren, welches derselbe ihm bezeichnen würde. Als aber diese Truppe einige 100 Schritt von der Infanterie ankam, war die Schlacht bereits entschieden, und der Rückzug des Feindes so gesichert, dass es der Cavalerie nun nicht mehr möglich gewesen wäre, ihn zu erreichen. Sie folgte nur noch der Infanterie bis unter die Canonen von Minden — stellte sich hinter derselben, am Moor lehnend, auf und erhielt den Befehl zum Absitzen. Es ist characteristisch, wie sich Lord Sackville über diesen kläglichen Ausgang seines Benehmens selbst geäussert hat. In seinem Brief an Fitzroy vom 3ten August 1759 schreibt er: „We both (er und Lord Granby) „halted together and receved no orders till that which was brought by „Coll. Webb and the Duke of Richmond, to extend in one line to- „wards the morass; and it was accordingly executed, and then instead „of finding the Enemy's Cavalry to charge, as J expected, the Battle „was declared to be gained and we were told to dismount our men;“ — und in seiner Vertheidigungsschrift: „and afterwards Col. Reden, „Col. Webb and the Duke of Richmond came from the Duke, to say, „that our second line was to form upon the Right of the first, and ex- „tend itself towards the morass; this was executed, and so far fortu- „nately, as J am told, it prevented Marchall Contades from returning „to his old camp. We stayed in that position a little while, when „the victory was declared, and the Cavalry was dismounted.“ — Indem Lord Sackville seine Ueberraschung, dass die überlegene Cavalerie des Feindes durch wenige Bataillone Infanterie aus dem Felde geschlagen worden, ausspricht, hebt er noch besonders zu seiner Rechtfertigung hervor, dass er in der Meinung gestanden, die ihm untergebene Ca- valerie sei nur dazu bestimmt gewesen, die Infanterie zu souteniren, nicht aber dazu, an ihr vorüber zum Angriff vorzugehen. In jenem Briefe an Fitzroy schliesst er: „Now J know the Ground and what „was expected, but indeed we were above an hour too late, if it was „the Duke's intention to have made the Cavalry pass before our In- „fantry et Artillery et charge the Enemy's line. I kan not think, that „that was his meaning as all the orders run to sustain our Infantry, et „if it appears, that both Lord Granby et I understood we were at our „posts by our both halting when we were got into the rear of the „foot.“ Es ist diese Meinung Lord Sackville's jedoch eine durchaus unbegründete, und das von ihm vorgeschützte Missverständniss ein le- diglich selbst verschuldetes; denn durch die Adjutanten Ligonier und Fitzroy war ihm der Befehl des Herzogs zur Vorführung der Cavalerie ausdrücklich mit Bezeichnung des Zwecks und der Bestimmung, die Verwirrung, in welcher sich die feindliche Cavalerie befinde, zu be- nutzen und die von der Infanterie errungenen Vortheile zu vervoll- ständigen, wiederholt angekündigt worden. Diese in dem Prozess gegen Lord Sackville erhärteten und schon in dem eigenen Schreiben Fitzroy's an ihn vom 3. August 1759 umständlich abgegebenen Zeugen-Aussagen finden auch in der bezüglichen Aeusserung des Herzogs in seinem Berichte vom 3. Februar 1760 vollkommene Bestätigung, wo er sagt: „Le succés (der Infanterie) en étoit si grand, que la Cavallerie ennemie, qui étoit en face de cette brave Infanterie, fut enfoncée et mise tota- lement en confusion. C'étoit le moment, de faire donner la Cavalerie, pour achever la défaite de l'ennemi; j'envoyois mon aide de camp, le Capt. Ligonier à Mylord Sackville avec ordre d'avancer avec la Cavallerie, pour profiter des avantages que l'Infanterie venoit de remporter.“ — Dies wahre Sachverhältniss ins Licht zu

stellen, — ganz abgesehen von der naheliegenden Bemerkung, dass die
gewöhnlichste militairische Begabung und Einsicht genügt hätte, um
nach Lage der Dinge dem General der Cavalerie zum Verständniss zu
bringen, was in diesem Moment sein Beruf war, — ist aber um deshalb nicht überflüssig, weil Berichte aus den ersten Tagen nach der
Schlacht eine Ausdrucksweise enthalten, die, ohne tieferen Einblick in
die Umstände, mindestens eine Unsicherheit bei Beurtheilung des Verhaltens Lord Sackville's zu veranlassen geeignet erscheinen könnte. In
der Relation aus dem Hauptquartier Gohfeld vom 5. August 1759 heisst
es nämlich bei Aufführung der Truppentheile, die sich in der Schlacht
ausgezeichnet hatten: „La Cavalerie de la droite n'a point agi, étant
destinée pour soutenir l'Infanterie"; und in dem mit dieser Relation
fast durchgängig gleichlautenden Schreiben des General-Adjutanten von
Estorff vom 6. August an den Prinzen Louis von Braunschweig finden
sich fast die nämlichen Worte: „La Cavalerie de la droite n'a point
agi, étant pour le soutien de l'Infanterie en troisième ligne." — Ver-
gegenwärtigt man sich aber, dass der Vorgang die lebhafteste Miss-
billigung des Herzogs Ferdinand erregt und ihn bewogen hatte, in seinem Tagesbefehl nach der Schlacht des Benehmens des Lord Granby,
mit schweigender Uebergehung Lord Sackville's, lobend zu gedenken,
so liegt es nahe und erscheint nicht zweifelhaft, dass, um die dadurch
entstandene Spannung zwischen dem Herzoge und dem britischen Befehlshaber der Cavalerie zu einem, den nächsten Interessen des Dienstes
gefährlichen, im kritischen Augenblick der weiteren Maassregeln zur
Verfolgung des Feindes um so bedenklicheren, éclat nicht zu steigern,
jene Fassung der ersten Relationen beliebt worden ist. Dass aber die
Absicht des Herzogs Ferdinand eine viel weiter reichende, und in der
That diejenige gewesen ist, die nach den vorstehenden Zeugnissen dem
Lord Sackville bestimmt eröffnet worden, bestätigt endlich auch die
schon einmal angezogene Aeusserung Westphalens in seinem Briefe an
Haenichen vom 5. August 1759: „Si notre Cavalerie de la droite avoit
donné, l'aile gauche des françois étoit perdûe sans ressource;" — und
dass der Zusammenhang der Sache, was die schonende Fassung der
ersten Berichte nach der Schlacht betrifft, eben kein anderer gewesen,
als der hier bevorwortete, beweiset klar der Inhalt des Billets Westphalens an den Herzog Ferdinand vom 15. August, sowie der des
Briefs des Herzogs an Lord Sackville aus Franckenberg vom 22sten
August 1759.

Nachdem um 10 Uhr Vormittags der Sieg für das Heer der Alliirten sich erklärte und der Feind überall auf dem Rückzuge war,
ausser dem General v. Wangenheim gegenüber, wo das französische
Reservecorps noch feststand, schickte der Herzog Ferdinand seinen Adjutanten, den Capitain Fitzroy, nach Todtenhausen mit dem Befehl an
den genannten General, sein Corps vorwärts rücken zu lassen. Das
Corps debouchirte nun in mehreren Colonnen auf das Corps des Duc
de Broglio, und nöthigte dasselbe, den schon begonnenen Rückzug zu

beschleunigen. Der Herzog Ferdinand hat es jedoch in seinem Bericht
selbst ausgesprochen, dass, wenn der General v. Wangenheim diesen
Angriff früher ausgeführt hätte, statt erst des Herzogs besonderen
Befehl, den er ihm zu rechter Zeit zukommen zu lassen, nicht in der
Lage war, abzuwarten, er ohne Zweifel die Verwirrung und die Verluste des Feindes bedeutend vergrössert haben würde. So geschah es,
dass, während das französische Centrum und der französisch-sächsische
linke Flügel in Auflösung und Hast über die Brücken in das Lager
hinter die Bastau flüchteten, — das französische Reservecorps unter
Broglie seinen Rückzug mit Ordnung bewerkstelligte, und ein Theil
des rechten Flügels der Contades'schen Armée sich in die Stadt
Minden werfen konnte. Broglie besetzte mit seiner Infanterie die
Gärten vor Minden und seine Cavalerie kehrte über den Strom in das
alte Lager zurück.

Während die siegreiche allirte Armée den geschlagenen Feind bis
unter die Wälle von Minden und über die Moorgründe der Bastau
trieb, und die Schlacht gegen Mittag, bald nach 11 Uhr, ihr Ende
nahm, näherte sich jenseits des Moores auch das von dem General von
Gilsa befehligte Detachement auf dem Wege von Lübbecke her über
Eichhorst. Er verdrängte, der ertheilten Ordre gemäss, die feindliche
Abtheilung unter dem Duc d'Havré aus der Stellung von Eichhorst am
Deich nach Hille, — (12 Uhr Mittags), — und, da sie sich auf ihrem Rückzuge mehrmals setzte, griff er sie wiederholt an, und warf sie, ohne ihr Zeit
zur Sammlung zu lassen, bis nach Dutzen und Uphausen zurück. Der
Herzog Ferdinand hatte auf dies Detachement, abgesehen von seiner
Diversion, welche die Haltbarkeit des französischen Lagers jetzt we-
sentlich gefährdete, auch noch den besonderen Werth gelegt, dass es
seine Verbindung mit dem abgesonderten, gegen Gofeld, im Rücken
der französischen Armée, operirenden Corps des Erbprinzen von Braunschweig unterhalten sollte. Indess fehlten alle Nachrichten von dieser
Expedition. Der an den General von Gilsa abgeschickte Adjutant des
Herzogs, Hauptmann von Pentz, brachte zwar die Nachricht von der
Delogirung des Feindes aus dem Dorfe Eichorst und vom Eintreffen
der Avantgarde Gilsa's auf der Höhe der Mühle von Handhausen,
jedoch noch keine Kunde über die Lage des Erbprinzen. Er wurde
abermals an diesen selbst entsendet und begegnete jenseits Hille den
Adjutanten des Erbprinzen und des Generallieutenants Grafen von Kilmannsegge, — von Meklenburg und Graf Oyenhausen, — mit der Meldung
des gewonnenen Treffens bei Gohfeld. Der Herzog Ferdinand empfing
diese Siegesbotschaft, als er das Lager für sein Heer auf dem Schlachtfelde zwischen Hahlen und Todtenhausen hatte abstecken lassen und
dasselbe von ihm bezogen war. Der Erbprinz hatte den ihm gegenüberstehenden Duc de Brissac an der Brücke von Gohfeld über die Werre
geschlagen und war nun Herr über die Gebirgsübergänge. Dieser Sieg
trug wesentlich dazu bei, den Feind zu nöthigen, seinen Rückweg über
die Weser zu nehmen. Der Marschall erhielt die Nachricht von diesem

für ihn unheilvollen Gefechte schon früher, auf dem Rückzuge vom Schlachtfelde, durch den aide-marechal-général des Logis, Mr. de Montchenu, der ihm anzeigte, dass der Duc de Brissac mit seinem Detachement von 2000 Mann Infanterie, 1000 Pferden und 5 Kanonen vom Erbprinzen von Braunschweig angegriffen und mit Verlust zurückgeworfen sei, letzterer sei 10 bis 12,000 Mann stark und führe 32 Kanonen mit sich. Zugleich erfuhr der Marschall, dass der Feind auf die bei Rehmen aufgefahrenen Bagage-Colonnen anmarschire und dass, um diese zu schützen, die Brücke der Saline bei Rehmen abgebrannt sei. Hierdurch und durch die Besetzung der Brücke bei Gohfeld Seitens des Erbprinzen war der Rückweg der französiscen Armée durch das Defilé von Wittekindstein über das Gebirge nach Paderborn verlegt. Der Marschall Contades gab ihn daher auf und entschloss sich umzukehren, und noch in der Nacht vom 1. zum 2. August die ganze Armée über die Weser zu führen und über Eimbeck nach Cassel zu retiriren, in Folge dessen er seine beiden Schiffbrücken abbrennen und die Brücke von Minden zerstören liess. Der Hannoversche Major Friedrichs traf, auf den gehörten Kanonendonner der Schlacht, aus der Gegend von Rinteln herbeieilend, mit 50 Jägern zu Pferde gerade bei Hausbergen ein, als die Bagage der französischen Armée sich dort versammelte und dergestalt stopfte, dass die fliehenden Regimenter nicht durchkommen konnten. Er liess die Jäger absitzen und anhaltend die Massen jenseits des Stromes beschiessen. Seine nachbeorderten Fussjäger und Geschütze langten erst um 1 Uhr, mithin zu spät an, um den sich indessen rechtsabziehenden Franzosen, — die, wie er dem Generaladjutanten Estorff schrieb, mit grossem Geschrei und „nach Rossbacher Art" zurückkammen, — noch Abbruch thun zu können. —

Zu derselben Zeit, als so die Schlacht in der Ebene von Minden geschlagen wurde, fand das Treffen bei dem Dorfe Gohfeld an der Werre, jenseits des Wiehe-Gebirges, statt, nur zwei Meilen von der Stadt entfernt. Der Erbprinz Carl Wilhelm Ferdinand von Braunschweig war bereits am 31 Juli Vormittags bei Kirchlingern für seine Person eingetroffen, hatte jedoch nichts von feindlichen Truppen wahrgenommen. Am Abend dieses Tages aber fand er den Herzog von Brissac in einer unangreifbaren Stellung, links an das Dorf Gohfeld, vor seiner Front den Fluss Werre, und rechts an die Salinen von Rehme gelehnt, in einer Stärke, die sehr verschieden angegeben wird, — in dem Berichte des Erbprinzen auf 7 bis 8000 Mann, — in französischen Berichten dagegen nur zu 2000 Mann Infanterie, 1000 Pferden und 5 Kanonen*). Am 1. August, des Morgens um 3 Uhr früh, brach das Corps des Erbprinzen, etwa 10,000 Mann, einschliesslich die leichten Truppen, mit 16 schweren Parkgeschützen und 20 leichten Regiments-Kanonen,

---

*) N. d. H. Die Disposition des Marschalls Contades bezeichnet das Corps des Duc de Brissac nur als „un gros detachement", hinter dem Flässchen Else zur Beobachtung des Corps des Erbprinzen von Braunschweig.

aus dem Lager bei Quernum (Quernheim) auf, um, gemäss der Ordre
des Herzogs Ferdinand, dem Corps des Duc de Brissac entgegenzugehen, und sich der Brücke bei Gohfeld zu bemeistern. Zur Vertreibung des Feindes aus seiner geschützten Stellung beschloss der Erbprinz, ihn links zu umgehen. Er theilte sein Corps in drei Angriffs-
colonnen: die zur Rechten, deren Führung er selbst übernahm, bestehend aus dem Bataillon Diepenbrock, den 2 Bataillons des Braun-
schweigschen Leib-Regiments, 200 Freiwilligen und 4 Escadrons Bock
Dragoner, — die mittlere aus den Bataillons Alt-Zastrow, Behr, Bock,
Canitz, 1 Escadron Carl Breitenbach-Cavalerie und allen Geschützen
der Park-Artillerie, unter den Generalmajors von Drewes und von
Bock, — die zur Linken aus den Bataillons Block, Drewes, Zastrow
(Braunschweig) und 4 Escadrons Busch-Dragoner, unter dem Befehl
des Generallieutenants Grafen von Kilmannsegge. Das Centrum erhielt
die Aufgabe, den Feind im Schach zu halten, während die Colonne
zur Rechten den linken Flügel des Feindes umgehen, und die Colonne
zur Linken die Salinen-Brücke angreifen sollte, um ihm den Rückzug
auf Minden abzuschneiden. Der Duc de Brissac kam aber der Ausführung dieser Disposition zuvor, oder vielmehr, nach Lage der Umstände und beiderseitigen verschiedenen Kräfte noch entgegen, indem
er selbst über die Werre ging und, sobald der General von Kilmannsegge durch das Defilé von Hausbeck debouchirte, sich vor ihm auf-
stellte, worauf sogleich das Artillerie-Feuer anfing. Unterdess über-
schritt die rechte Flügel-Colonne des Erbprinzen die Else und die
Werre, letztere zum Theil mittelst einer engen Brücke im Dorfe Kirchlingern, zum Theil indem die Infanteristen hinter den Reitern aufsassen,
oder mit Bauerwagen durch eine Furt gingen. Während das Geschützfeuer fast zwei Stunden hindurch mit Lebhaftigkeit anhielt, und die
stärkere Artillerie der Aliirten bald das Uebergewicht über die französische gewann, marschirte der Erbprinz dem Gegner über Bischofshagen in den Rücken. Letzterer wich sofort zurück und wurde von
einer ununterbrochenen Kanonade begleitet. Unter dem Befehl des
Bückeburgischen Majors Storch und des Capitains Wegener, (welcher
am Bein verwundet ward), sehr wirksam verwendet und bedient, leistete
die Artillerie des Erbprinzen Entscheidendes. Der Feind ergriff die
Flucht. Gleichzeitig hatte der General Graf Kilmannsegge auch die
ihm entgegenstehende französische Abtheilung angegriffen und geschlagen, wobei das Bataillon Alt-Zastrow die feindliche Cavalerie mit
grossem Verlust zurückwarf, und, über Mennighufen und Eidinghausen
vordringend, des Uebergangs über das Wiehegebirge bei Bergkirchen
sich versicherte. Den überall umgangenen und zurückgeworfenen Truppen
des Duc de Brissac, welche 5 (nach anderen 6) Geschütze nebst ihrem
Train in den Händen der Sieger liessen, blieb daher nichts übrig, als
zu entfliehen, und der Commandant der Bedeckung der grossen Bagage-
Colonne, welche bei Rehmen aufgefahren war, hatte nur kaum noch
Zeit, zu deren Rettung die Salinen-Brücke abzubrennen. Das ganze

Gepäck wurde hierdurch von der Armée abgeschnitten, und flüchtete sich mit einem Theile des geschlagenen Brissac'schen Corps über Vlotho und Waldorf nach Lemgo, um durch das Lippe'sche Gebiet der Verfolgung zu entkommen. Der Oberstlieutenant von Freytag indessen war am Tage der Schlacht mit einem Theile seines Corps von der Haemelschen Burg aus in die Gegend von Detmold gekommen und machte schon am 2. August in der Senne, unfern Haustenbeck und Schlangen, die Communication mit Paderborn unsicher. Da er erfuhr, dass französische Truppen hinter ihm ihren Rückweg zu nehmen suchten, kehrte er um, und traf, nach voraufgeschickter Recognoscirung, am 3. August, mit Tagesanbruch, zwischen Beilebeck und Detmold auf jenen Bagagezug der französischen Armée. Rasch griff er dessen Bedeckung von 150 Pferden und 200 Mann an, von denen eine grosse Zahl getödtet, verwundet, oder gefangen genommen wurde; er nahm 40 Gepäckwagen und 200 Pferde, andere Wagen liess er zerstören; ein grosser Theil der Beute fiel den Bauern in die Hände. Vornehmlich wurde hier die Bagage des Marschalls Contades, des Prince de Condé, des Duc de Brissac und des M. de St. Germain, nebst einem Theile der Kriegskasse, der Kanzellei und eine Menge wichtiger Papiere genommen.

Das Resultat des gewonnenen Treffens bei Gohfeld, die Abschneidung der Verbindungen der französischen Armée mit Paderborn und die Nöthigung des Marschalls Contades, seinen Rückzug in fast entgegengesetzter Richtung zu suchen, würde anscheinend ein noch erfolgreicheres für den durch den Herzog Ferdinand bei Minden erkämpften Sieg geworden sein, wenn der Erbprinz von Braunschweig von letzterem früher, als geschah, Kenntniss erhalten und sich dadurch bewogen gesehen hätte, noch am Nachmittage des 1. August durch den Pass von Bergkirchen oder gar das Defilé von Wedigenstein die geschlagene französische Armée selbst anzugreifen. Es ist zwar, wie die Betrachtungen in der Kriegsgeschichte p. p. Bd. 3. S. 353. ausführen, die Enthaltung einer kräftigeren Verfolgung des Sieges auf Seiten des Herzogs Ferdinand aus Gründen der strategischen und politischen Lage im Ganzen nicht nur gerechtfertigt, sondern durch die Erwägung noch verstärkt worden, dass eher dem Marschall Contades der Vorwurf gemacht werden könne, es unterlassen zu haben, sich seinerseits auf den Erbprinzen zu werfen und sich den Rückweg nach Bilefeld und Paderborn, mit der noch immer stärkeren französischen Armée zu bahnen; daher es scheint, dass ein solcher Versuch des Erbprinzen, wie der eben angedeutete, eine empfindliche Zurückweisung erfahren haben würde. Indessen, wenngleich die französische Armée, besonders das Reservecorps Broglie's, einer vollständigen Niederlage, durch die gänzliche Unthätigkeit der Cavalerie Lord Sackville's entgangen war, so befand sie sich doch wenigstens in den ersten Stunden nach der Schlacht in einem solchen Zustande der Verwirrung und Demoralisation, dass ein Offensivstoss in ihrem Rücken, rechtzeitig mit Entschlossenheit

geführt, den Eindruck der Nachricht des verlorenen Treffens bei Gohfeld und der Abschneidung der Bagage-Colonne nur schärfen und den
darauf hin beschlossenen Rückzug der Armée über die Weser in eine
völlige Flucht verwandeln konnte, welche dann auch der noch nicht
gebrauchten Cavalerie des Herzogs Ferdinand die erwünschte Gelegenheit,
ihre Scharte auszuwetzen, gegeben haben dürfte. Es ist daher nicht
ohne Interesse, aus den Materialien der Geschichte jener Begebenheiten
so viel als thunlich, in's Licht zu stellen, welcher Art die Umstände
gewesen, weshalb weder der Herzog Ferdinand den Erbprinzen von
Braunschweig zu einer solchen Einwirkung aufgefordert, noch Letzterer
aus eigenem Antriebe sich dazu bestimmt haben mag. Der Herzog
empfing die Nachricht von dem Erfolge des Erbprinzen bei Gohfeld
nach beendigtem Kampf auf dem Felde bei Minden, wie Einige angeben*), um 11 Uhr Vormittags, nach seiner eigenen Bemerkung im
Bericht vom 3. Februar 1760 aber, „wenige Zeit nachdem er das Lager
für seine Armée zwischen Halen und Todtenhausen auf dem Schlachtfelde hatte abstecken lassen, und die Armée in dasselbe eingerückt war;" — mithin annähernd später, um Mittag. Dafür spricht
auch das Zeugniss des Adjutanten, Capts. von Penz, indem derselbe
erst bei seinem zweiten Ritt über Hille hinaus, um Erkundigungen
von der Lage des Erbprinzen einzuziehen, den Ueberbringern der
Siegesbotschaft begegnete, und dass mit seiner ersten Meldung, von
dem Vordringen Gilsa's über Eichhorst, die schriftliche Anzeige dieses
Generals an den Herzog dahin übereinstimmt, dass er zwar um 12 Uhr
Mittags bei der Windmühle zu Eichhorst aufmarschirt stand, vom Erbprinzen dagegen noch keine Nachrichten erhalten hatte. Es würde
hieraus, mit Rücksicht auf die zurückzulegenden Distanzen, sogar folgen,
dass die Meldung nicht wohl vor 1 Uhr an den Herzog gelangt sein
könne. Jedenfalls erreichte sie ihn erst, nachdem das Gefecht auf dem
Felde vor Minden schon abgebrochen und der Feind über die
Bastau zurückgewichen war. Die Erwägung der vorgerückten Tages-
zeit, der Zeit von mehreren Stunden, welche erforderlich gewesen wäre,
um eine Ordre zur Unternehmung eines neuen Angriffs an den Erbprinzen zu befördern, dann der noch nicht zu übersehenden Entschliessung des französischen Oberbefehlshabers, welchen Weg er zur
Bewerkstelligung seines Rückzugs vorziehen würde, — endlich die
Ueberlegung, dass auch der Erbprinz, bei der durch die Werre getrennten
Stellung seines Corps, zum Theil bei Gohfeld, zum Theil bei Eidinghausen, einen concentrirten Stoss in der Hauptrückzugslinie des Feindes
nicht so leicht würde vollziehen können, — dies waren nahe liegende
Gründe, die den Herzog bestimmen mussten, Maassregeln zur Verfolgung des Feindes und um ihm grösstmöglichen Abbruch zu thun, mit
dem Erbprinzen erst für den folgenden Tag frühestens zu verabreden.
Hierüber liegt auch ein urkundlicher Beweis vor in einem Billet West-

---

*) N. d. H. Vergl. Renourd etc. Bd. II. S. 242.

phalens an den Herzog Ferdinand vom 2. August 1759, in welchem
er ihm meldet, „dass er in der Nacht (vom 1. zum 2.) ein Schreiben
an den Erbprinzen über den Stand der Sachen (nos affaires) gerichtet
habe. Darin sei er davon ausgegangen, dass es sich jetzt darum handle,
Lippstadt zu entsetzen, und, wo möglich, Münster wieder zu nehmen;
man werde zu dem einen und dem andern gelangen, wenn es glückte
dem Feinde noch mehr Kanonen zu nehmen, und Gefangene zu machen.
Er habe Sr. Hoheit dem Erbprinzen vorgestellt, dass derselbe am ersten
im Stande sei, von der Lage des Feindes, der augenblicklich auf z w e i
Durchgangs-Punkte für seinen Rückzug reducirt sei, so bald der über
Bergkirchen ihm versperrt sein würde, Nutzen zu ziehen. Er habe ihn
beschworen, die Verfolgung zu beginnen, und zweifle nicht, dass Se.
Durchlaucht der Herzog ihm Verstärkungen senden werde, die in den
und den Truppen bestehen könnten u. s. w." Ein Billet des General-
Adjutanten von Reden an Westphalen, vom 1. August, aus Südhemmern
datirt, bestätigt auch, „dass durch den einzigen, ihm noch übrigen,
Officier vom Regiment Hammerstein die b e i d e n Briefe an Se. Hoheit
den Erbprinzen nach Gohfeld expedirt seien, welcher ¼ nach Mitternacht werde abgehen können." Ohne Zweifel ist das in dem Billet
Westphalens erwähnte Schreiben der eine dieser beiden Briefe gewesen,
— der andere vielleicht ein solcher von des Herzogs eigener Hand,
und sicherlich ein zustimmender. Durch diese Briefe also wurde der
Erbprinz erst in der Nacht von dem Siege bei Minden und der dortigen Situation officiell in Kenntniss gesetzt. Dass er aber nicht früher
schon am Tage des 1. August, irgend eine Nachricht oder Kunde von
dem Siege des Herzogs, oder, dass überhaupt eine Schlacht in der
Ebene von Minden geschlagen werde, sollte erhalten haben, ist kaum
anzunehmen; denn, wie die vom Herzog angeordnete, Communication
durch die Vermittelung des Generals von Gilsa über Lübbecke schon
am 31. verwirklicht worden war, und namentlich durch die Person des
Capitains Bauer eine solche mit dem Erbprinzen bis Kirchlingern (um
Mittag des 31.) unterhalten wurde, so lässt sich voraussetzen, dass sie
auch am frühen Morgen und Mittag des 1. August nicht gänzlich
unterbrochen geblieben sein werde. Es liegen jedoch Mittheilungen
darüber nicht vor, und es bleibt daher nur vorauszusetzen, dass der
Erbprinz, — mag er nun mehr oder weniger zuverlässige Nachrichten
von der Schlacht und ihrem Verlauf während des Kampfes und bald
nachher empfangen haben, nicht genügend über die Stellung und innere
Verfassung der französischen Armée im kritischen Moment aufgeklärt
gewesen ist, und dass überdies seine eigene Stellung nach der Zerstreuung des Brissac'schen Corps, auf beiden Seiten der Werre, ihm
nur übrig gelassen hat, sich mit der Verfolgung des letzteren zu beschäftigen, und weitere Befehle des Herzogs zu erwarten.*)

---

*) N. d. H. S. v. Tempelhoff, B. III. S, 198—200.

Der Sieg bei Minden wurde in der kurzen Zeit von 4 Stunden erkämpft.
Der Plan des Marschalls Contades, das Corps des Generals von Wangenheim durch das Gewicht der Massen zu erdrücken und sich zwischen
dasselbe und die Hauptmacht des Herzogs Ferdinand, eine deutsche
Meile von einander getrennt, zu werfen, wurde durch die Voraussicht
des Herzogs vereitelt, dass dies allein die Absicht seines Gegners sein
konnte; und, indem der Herzog so vorwärts marschirte, wie er es that,
nahm er ihn in die Flanke. Die Franzosen wollten die Alliirten über
die Weser treiben, und die Alliirten thaten ihnen, was sie gegen sie
nicht auszurichten vermochten. In der Ebene von Minden auf's Haupt
geschlagen und in ihrem Rücken, durch den gleichzeitigen Sieg des
Erbprinzen von Braunschweig bei Gohfeld, von ihren Verbindungen
abgeschnitten, wurden sie gezwungen, ihren Rückzug über die Weser
nach Hessen zu suchen. Eine der glänzendsten Arméen Frankreichs,
zahlreicher als das seit dem Tage von Bergen, drei Monate hindurch,
Schritt vor Schritt neben ihr zurückgegangene Heer der Alliirten, war
auf dem endlich gewählten Schlachtfelde in blutigem Kampf erlegen,
— fast alle mühsam erlangten Vortheile des Feldzuges waren in wenigen Stunden eingebüsst. „On ne s'attendoit pas“ — schrieb man aus
Paris, — „et on n'avoit pas lieu de s'attendre à une action comme
celle qui s'est passée sur le Weser; Mr. de Contades avoit la plus belle
Armée du monde, pleine d'ardeur et de bonne volonté, et une superiorité decidée sur l'Ennemi; et avec tous ces avantages nous avons fait
le second Tome de la Bataille de Rossbach. Le Marechal a attaqué
mal à propos, sans savoir les dispositions de l'Ennemi, et les Canons
et les Bras de l'Ennemi ont gagné le Champ de bataille, et nous ont
fait perdre en un jour tous les avantages que nous avions jusqu'àlors:
Paris et Versailles sont dans la plus profonde consternation.“ — Die
Infanterie des rechten Flügels des Herzogs hatte die ganze Cavallerie
des Contades'schen Heeres und die Infanterie seines linken Flügels und
eines Theiles des Centrums geworfen, die Artillerie der Alliirten hatte
die französische weit überboten und wesentlich mit die Entscheidung
errungen; alle Waffengattungen des Herzogs, — mit Ausnahme der
wider ihren Willen gehemmten Reiterei seines rechten Flügels, — mit
einem so feurigen Muth und Eifer, wie man es bis dahin nie gesehen,
sich geschlagen. Der Marschall Contades schrieb selbst: „qu'il venoit
de voir ce qui ne s'étoit jamais vû, et qui est presque incroïable, —
une seule colonne d'Infanterie penetrer trois lignes de Cavallerie et
quatre Brigades d'Infanterie “ Der Sieg war vornehmlich die Folge der
heroischen Tapferkeit und Kraft des Britischen Fussvolks und der mit
ihm fechtenden Hannoverschen und Hessischen Bataillone, sodann des
Heldenmuths und Ungestüms der Hannoverschen, Hessischen und
Preussischen Reitergeschwader des linken Flügels, und der Geschicklichkeit und Ausdauer der gesammten Artillerie, zumal der Batterieen
von Todtenhausen und am rechten Flügel. Nichts aber war mehr geeignet und wirkte mächtiger, den Muth und die Hingebung des Soldaten

im Kampf für das Vaterland zu entflammen, und ihn zu den äussersten Anstrengungen zu begeistern, als das, Allen voranleuchtende, edle Beispiel des verehrten und geliebten Fürstlichen Feldherrn selbst. Die persönliche Thätigkeit des Herzogs Ferdinand, sein persönliches Eingreifen am rechten Ort und zur rechten Zeit, vom frühesten Morgen bis zu Ende des Kampfes trat am Tage von Minden überaus glänzend hervor und erfüllte seine Officiere mit dem lebendigsten Eifer und die Truppen mit Zuversicht. Seiner persönlichen Anführung ist daher dieser Sieg ganz vorzugsweise zu verdanken. Er allein schuf Einheit und Zusammenwirken der verschiedenen, aus so mannigfaltigen Organisationen gebildeten, so verschiedenen Landesherrn unterthänigen, ja verschiedenen Nationen angehörenden Truppenabtheilungen zu einem einzigen schlagfertigen Heere, das mit Bewunderung auf ihn sah, mit Vertrauen ihm folgte; er hauchte ihnen den Geist des Patriotismus ein und belebte ihren Willen zu gegenseitiger Unterstützung und gemeinsamer That gegen den verhassten Feind. Er erspähete zu rechter Zeit die gefahrdrohenden Angriffe und die Schwächen des Gegners, er führte die nöthige Unterstützung allemal auf den Punkt, wo sie gerade am dringendsten war; er half insbesondere da, wo die Cavallerie Lord Sackville's den Dienst versagte, durch desto stärkere Verwendung der Artillerie aus; er leistete überhaupt mit geringen Mitteln das grösstmöglichste: — hauptsächlich, weil er selbst keinen Augenblick im Eifer der treuesten, thätigsten Pflichterfüllung nachliess und nicht eher ruhete, bis er die Feinde soweit, als es möglich war, hinter die Wälle von Minden und die Sümpfe der Bastau vertrieben hatte. Dass gleichwohl dieser Schlachttag nicht noch verderblicher und zu einer völligen Niederlage der französischen Armée, gleich der von Höchstedt (13. August 1704) ausschlug, das war vor Allem die Schuld des Englischen Generals Lord Sackville's, der den wiederholten Befehlen des Herzogs Ferdinand, die Cavalerie zur Unterstützung der Infanterie und zum Angriff des Feindes vorzuführen, keine Folge leistete, — und ist überdies dem Umstande zuzuschreiben, dass der Marschall Contades, als er die Loose zu seinem Nachtheil fallen sah, rechtzeitig, und noch ehe die Auflösung seiner Armée allgemein einriss, den günstigen Moment wahrnahm, sie aus dem Gefecht zu ziehen, und ihren Rückzug anordnete, welcher wenigstens von dem Reservecorps unter dem Duc de Broglie mit Ordnung bewerkstelligt wurde.

Die Verluste der französischen Armée wurden in ihren aufgefangenen Briefen auf 7000 Mann, ja in den Briefen des Marschalls Contades und des Duc de Broglie noch höher, auf 11 bis 12000 Mann an Todten, Verwundeten und Gefangenen angegeben. Ihre amtlichen Berichte berechneten den Gesammtverlust auf 6 Generale, 438 Officiere und 6642 Mann, überhaupt 7,086 Köpfe, todt, verwundet und gefangen. Ein grosser Theil ihrer Bagage und Artillerie wurde eingebüsst, — man schätzte den Werth der ersteren auf mehrere Millionen Livres. Die Gendarmen, die Carabiniers, die Grenadiers de France et Royaux, und die Sächsischen Regimenter hatten am meisten gelitten, den 3. Theil ihrer Leute verloren. Viele Officiere von Auszeichnung waren gefallen oder verwundet. Unter den Todten wurden gezählt der Prinz von Chimay, der Marquis de Lafayette, Ms. de Roivet, de Baffetot, de Raincy, de Maillé, de Valency, de Thiart, de Fougères, de Prudel, de Durfort; unter den Verwundeten die Generallieutenants de Beaupréau, de Poyanne, de St. Pern; die Generalmajors de Monti, de Maugiron, die Obersten de Montmorency, de Gassé, de Chabot, de Sechelles, de Vastan, — die Mrs. de Noé, de Lannoy; unter den Gefangenen der Generalmajor Graf de Lutzelbourg.

Die alliirte Armée hatte nach der vom Generaladjutanten von Reden aufgestellten Liste folgende Verluste:

1. 28 Officiere, 588 Unterofficiere u. Gem., zus. 616 todt,
2. 116 - 1907 - - - - 2023 verwund.,
3. 7 - 116 - - - - 123 gefangen
od. verm.

übrh. 151 Officiere, 2611 Unterofficiere u. Gem., zus. 2762 M. u. 638 Pf. (an Pferden waren 367 getödtet, 239 verwundet, 32 verloren.)

Von höheren Officieren waren geblieben: der Oberst Schönauer von der Hessischen Garde und der Oberstlieutenant du Bois vom Hannoverschen Leib-Regiment Cavalerie; verwundet: die Obersten v. Fersen vom Regiment Holstein Dragoner, von Hanstein vom Hessischen Leib-Dragoner-Regiment, v. Oheim vom Hessischen Leib-Regiment und von Wolff vom Hessischen Regiment Miltitz; die Oberstlieutenants Robinson vom Regiment Napier, Pole vom Regimt. Huske, Furge vom Regiment Brudnel, v. Ahlefeld von Hannoverscher Garde; die Majors v. Hattenbach und von Massenbach von Hessen-Grenadier, v. Schuering vom Regt. Hammerstein, v. Kropf vom Regiment Pruschenck; gefangen: der Oberst v. Spoercken vom Hannoverschen Leib-Regiment Cavalerie, und der Oberstlieutenant von Knoblauch vom Hessischen Regiment Miltitz. Nach den Nationalitäten vertheilten sich die Verluste, an Todten, Verwundeten und Gefangenen:

Engländer, Infanterie und Artillerie	1392 Mann,
Hannoveraner, Infanterie und Artillerie 477 Mann	
Cavalerie 192 -	
	669 -
Hessen, Infanterie und Artillerie . . . . 412 Mann	
Cavalerie 176 -	
	588 -
Braunschweiger, Infanterie	34 -
Preussen, Cavalerie	79 -
zusammen = 2762 Mann.	

Nach den Hauptcorps und Detachements der alliirten Armée kamen an Todten, Verwundeten und Gefangenen, und an getödteten, verwundeten und verlorenen Pferden:

III.   32

1. auf die Armée unter dem unmittelbaren Befehl des Herzogs Ferdinand:

	Infanterie.	Artillerie.	Cavalerie.	Summa.	Pferde.
	1965 Mann	35 Mann	215 Mann	2215 Mann	304

2. auf das Corps des Generallieutenants v. Wangenheim:

| | 233 Mann | 37 Mann | 232 Mann | 502 Mann | 334 |

3. auf das Corps des Erbprinzen von Braunschweig:

| | 33 Mann | — Mann | — Mann | 33 Mann | — |

4. auf das Detachement des Generals v. Gilsa:

| | 12 Mann | — Mann | — Mann | 12 Mann | — |
| überhpt: | 2243 Mann | 72 Mann | 447 Mann | 2762 Mann | 638 Pf. |

Die Angaben über die Zahl der von den Alliirten eroberten oder ihnen überlassenen Kanonen sind sehr abweichend. Nach der Relation aus dem Hauptquartier des Herzogs Ferdinand vom 5. August wären den Franzosen 43 Kanonen schweren Kalibers abgenommen worden; Westphalen schreibt an demselben Tage an von Haenichen „nous avons pris 25 pieces de gros canon avec beaucoup d'étendarts et de drapeaux"; der General-Adjutant von Estorff, (welcher bei der Cavalerie auf dem linken Flügel im Gefecht war) hat, nach seinem Schreiben an den Prinzen Louis, mit eigenen Augen 19 Stück Geschütz und 1 Fahne dem Feinde abgenommen gesehen. Das Wahrscheinliche ist, dass auf dem Schlachtfelde bei Minden 43 Park-Kanonen, darunter 25 Stück groben Calibers, genommen worden sind, zu welchen dann noch die 5 Kanonen kommen, welche bei Gohfeld dem Corps des Erbprinzen in die Hände fielen. Merkwürdig war, dass die eroberten Standarten von der Infanterie, die eroberten Fahnen von der Cavalerie dem Feinde abgenommen waren.

Am Tage nach der Schlacht, den 2. August, übergab der Commandant, Brigadier Dagieu, dem Herzog Ferdinand die Festung Minden durch Capitulation; die Garnison wurde kriegsgefangen, und der Herzog rückte um 2 Uhr Mittags in die Stadt ein. Gegen Abend um 5 Uhr befahl er, den errungenen Sieg auf dem Schlachtfelde durch ein dreifaches Freudenfeuer zu feiern, und erliess einen Tagesbefehl, in welchem er „der ganzen Armée seinen grossen Dank abstattete wegen der von ihr bezeigten grossen bravour und überaus guten conduite: insbesondere dem Corps der Englischen Infanterie, denen 2 Bataillons der Hannoverschen Garde, der sämmtlichen Cavalerie des linken Flügels und dem Corps des Generallieutenants von Wangenheim, besonders dem Dragoner-Regiment von Holstein, der Hessischen Cavalerie, dem Leib-Regiment und dem von Hammerstein, wie nicht weniger den sämmtlichen Brigaden der Artillerie." „Se. Durchlaucht", so hiess es in dem Tagesbefehl, „declariren hierdurch öffentlich, dass Sie nächst Gott den Ruhm dieses Tages diesen braven Truppen zuschreiben: ihrer Intrepidité und ausnehmend gutem Verhalten. Sie versichern dabei, dass Ihre Erkenntlichkeit dafür, so lange Sie leben würden, nie aufhören solle, und dass, wenn Sie diesen braven Truppen, und einem Jeden insbesondere je worinnen zu dienen fähig sein könnten, es Höchstdenselben ein wahres Vergnügen sein soll, wenn Ihnen die Gelegenheit dazu anhanden gegeben würde." Nachdem der Herzog sodann in diesem Tagesbefehl die einzelnen Generale und höheren Officiere, welche sich ausgezeichnet, mit ehrenvollster Anerkennung genannt und ausdrücklich erklärt hatte, „dass er überzeugt sei, der Generallieutenant Marquis von Granby würde, wenn er den Befehl über die Cavalerie des rechten Flügels gehabt hätte, durch seine Gegenwart viel contribuirt haben, den Ausschlag des Sieges weit completter und brillanter zu machen," schloss er mit der Aufforderung an die Generale der Armee, „dass wenn, in welcher Occasion es auch sein möge, ihnen Ordres von den Ober-Adjutanten gebracht würden, sie selbigen ohnverzüglich und pünktlichst Folge leisten möchten. Dieser Tagesbefehl und der in dem darin ausgesprochenen Vertrauen des Herzogs Ferdinand zu dem Generallieutenant von Granby zu erkennen gegebene, indirecte Tadel war es, durch den Lord Sackville sich tief verletzt fühlte und welcher eine Reihe von Beschwerden über vermeintlich ihm widerfahrenes Unrecht zur Folge hatte, die seine Abberufung von der Armée und seine Ueberweisung an ein Kriegsgericht noch beschleunigten.*) Der Urtheilsspruch des Inhalts, „The Court, upon due consideration of the whole matter before them, is of opinion, that Lord George Sackville is guilty of having disobeyed the orders of Prince Ferdinand of Brunswic, whom he was, by his Commission and Instructions, directed to obey as Commander in Chief, according to the rules of War, and it is the further opinion of this Court, that the said Lord George Sackville is, and he is hereby adjudged, Unfit to serve His Majesty in any Military Capacity whatever" —, wurde durch die London-Gazette vom 22—26. April 1760. No. 9994 veröffentlicht, mit dem Bestätigungsvermerk; „Which Sentence his Majesty has been pleased to confirm. It is His Majesty's pleasure, that the above Sentence be given out in Public orders, that officers being convinced, that neither high Birth, nor Great Employments, can shelter offences of such a Nature; and that seeing they are subject to Censures much worse than Death to a Man, who has any Sense of honour, thy may avoid the fatal consequences arising from disobedience of orders. —

Die Nachricht von dem Siege des Herzogs Ferdinand bei Minden verbreitete sich ungewöhnlich schnell durch ganz Deutschland, England und Frankreich. Dem Könige Friedrich II. wurde sie durch den Adjutanten von Bülow überbracht, in der für die damaligen Verhältnisse unglaublich kurzen Zeit von kaum 3 Tagen. Sie rief auf der einen Seite Bewunderung und die grössten Ehrenbezeugungen für den Sieger und sein tapferes Heer hervor; auf der andern erfüllte sie die Feinde, besonders den Hof Louis XV. mit Schrecken, Trauer und Erbitterung

---

*) N. d. H. Ueber das Benehmen des Lord Sackville giebt der Brief Westphalen's an Haenichen vom 24. August 1759 interessante Aufschlüsse.

gegen die Kriegsparthei. Vornehmlich gab das Englische Parlament und das ganze Volk Grossbritanniens die glänzendsten Beweise der Verehrung und Begeisterung für den sieggekrönten Herzog; gegen den Lord Sackville aber brach ein Sturm des Unwillens und der Verwünschungen aus. Nachdem am 3. ein feierlicher Gottesdienst zum Dank für den Sieg, mit welchem der Allmächtige die Waffen des alliirten Heeres gekrönt hatte, in Minden gehalten war, bei welchem das „Herr Gott dich loben wir! Herr Gott wir danken dir!" unter der Begleitung der Pauken und Trompeten der Gardes du Corps gesungen wurde, — befahl der Herzog Ferdinand die Verfolgung des Feindes, welche insbesondere dem Erbprinzen von Braunschweig und dem Generallieutenant von Urff übertragen wurde.*)

B. Belege.

Die Archiv-Acten vol. 122. Ordres und Dispositionen etc. enthalten, unter der eigenhändigen Aufschrift des Herzogs Ferdinand:
„Les differents ordres donnés avant la Bataille du 1. d'Aout 1759" folgende Ordres:

Ordre vom 28. Juli 1759.   Im Hauptquartier Petershagen.

Ordre vom 28. Juli des Abends
um 6 Uhr.

Parole: Mutius et Meschede.
du jour:

Gener.-Lt. v. Imhoff,
Inf.: Gen.-Maj. v. Bose,
Cav.: Oberst v. Bremer,
ins Piquet:
Engl. Inf.: Oberstlieut. Oughton,
Hannöv. Inf.: Major Rebow,
Braunschw. Inf.: Maj. Specht,
Hess. Inf.: Oberstlieut. Haller,
Cavalerie rechter Flügel:
Oberstlieutenant v. Wrede,
Cavalerie linker Flügel:
Oberstlieut. Wiekemann.

Morgen früh um 3 Uhr wird Generalmarsch geschlagen, halb 4 Uhr Vergatterung, und um 4 Uhr wird abmarschirt. Die Armée marschirt in 3 Colonnen rechts ab, das erste Treffen formirt die Colonne zur Linken, welche von Sr. Hochfürstlichen Durchlaucht dem Herzog selbst geführt werden wird.

Die schwere Artillerie formirt die Colonne vom Centro, unter der Anführung Sr. Excellenz des Herrn Grafen von Bückeburg.

Das zweite Treffen formirt die Colonne zur Rechten, unter der Ordre Sr. Excellenz des Herrn Generals von Spoercken.

Die Armee soll mit klingendem Spiel und fliegenden Fahnen abmarschiren. Die Infanterie reihenweise und die Cavalerie mit halben Divisions. Die alte Feldwacht soll, wenn Generalmarsch schlägt, sich zusammenziehen und wieder in die Regimenter einrücken. Um 1 Uhr nach Mitternacht müssen sämmtliche Generalquartiermeister, Fouriers und Schützen zu Friedewald sich versammelt anfinden, und zwar bei dem Schloss Himmelreich.

Sobald es beginnt zu tagen, werden die Generalquartiermeister

---

*) N. d. H. Ein Plan der Schlacht von Minden findet sich dem Werke des k. Generalstabs zu Berlin beigefügt.

das neue Lager abstecken, nach der Vorschrift, so selbige von Sr. Durchlaucht selbst erhalten haben etc. Alle Bagage, so man nur irgend entbehren kann, soll nach Stolzenau und von da nach Nienburg abgeschickt werden, allwo sie bis auf weitere Ordre verbleiben muss. Derjenige Theil der Bagage, so nothwendig bei der Armee beibehalten werden muss, als Brod-, Decken-, Regiments-Feldscheerer- und Marquetender-Wagen, desgleichen die ohnentbehrliche Bagage der Herren Generals und Regimenter, sollen denen beiden Colonnen folgen, so wie in jeder ihre resp. Regimenter marschiren.

Die Bagage des Hauptquartiers soll ganz allein der Colonne der Artillerie folgen. Die Chaisen Sr. Durchlaucht nebst einigen Küchenwagen und Maulthieren fahren allein vor der Artillerie-Colonne, da denn das Sachsen-Gotha'sche Regiment solche mit einem Detachement decken muss. Die Hannöversche Cavalerie wird 1 Capitain in der 1sten Linie, und die Hessische Cavalerie einen in der 2ten Linie benennen, welcher darnach sehen muss, dass die Bagage in der vorgeschriebenen Ordnung marschiret. Die Colonnen sollen in bestmöglichster Ordnung geschlossen marschiren und müssen die Seiten-Patrouillen nicht vergessen, sondern wohl instruirt werden. Die Herren Generals werden sehr ersuchet, eine ganz besondere Attention auf ihre Brigaden, und die Herren Stabsoffiziere auf ihre Regimenter zu haben, damit sie während dem Marsch sich stets in guter Ordnung finden mögen. Die Packpferde sollen neben den Regimenten zur rechten Hand geführt werden. Auf den Canons sollen keine Packereien sich finden, damit man selbige gleich brauchen kann. Das Piquet, so morgen früh ablösen sollte, soll 3 Stunde nach Einrückung ins neue Lager in dem Centro der Armée, vor dem Wangenheim'schen Regimente, sich versammeln, wo ihm der Ort seiner Bestimmung wird angewiesen werden etc.   (gez.) Wintzingerode.

Im Lager bei Hille.

Ordre vom 29. July 1759.

Parole: Hannibal,
Feldgeschrei: Carthague.
Dujour Morgen:
G.-L. Mylord George Sackville,
G.-M. Cavalerie-Oberst Ferssen,
G.-M. Infanterie-Oberst Toll,
Piquet:
Inf.: Engländer: Major Perray,
Hannov.: Major Alten,
Braunschw.: Major Mulbe,
Hessen: O.-L. Bickersfeld,
Cav.: rechten Flügels:
Major Hebbern,
linken Flügels:
Ob.-Lt. Knoblauch.

Die Regimenter sollen sich sogleich ouvertüren und communications verfertigen lassen, damit sie ohne Hinderniss vorwärts anrücken können, auch werden die Herren Generals der Armée sich sobald als möglich die 9 gemachten debouchés bekannt machen, durch welche die Armée auf die Plaine vor Minden avanciren kann, damit sie ihnen bey der ersten Ordre zum Marsch bekannt sey. Das piquet von der Armée, welches bis hierher zu Nordhemmern, Holzhausen und Stemmern gestanden, hat diesen Morgen seine Position verändert und ist in Südhemmern und Harthum

postiret worden. Die Herren Generals du jour sollen zu Harthum ihren Posten haben; im Fall keine andere Ordre gegeben wird, soll das Piquet morgen mit Anbruch vor Tage ablösen. Das Detachement von Freyenwalde von 500 Mann und 50 Pferden hat zu Hille posto gefasset und das von Schamloh von 300 Inf. und 50 Cavalerie ist in Frootheim postiret. (gez.) Derenthal.

Ordre vom 30. July 1759.

Christoph et Chambord.
dn jour:
G.-L. Pr. von Anhalt,
Caval.: G.-M. Gr. Finkenstein,
Infant.: G.-M. v. Stolzenberg.
Piquet:
Infanterie:
Engl.: Ob.-Lt. Pewl,
Hann.: Ob.-Lt. Spörke,
Braunschw.: O.-L. Gr. Jianing,
Hess.: Major v. Schmidt,
Cavalerie rechten Flügels:
Major Falckenstein,
„   linken Flügels:
Major v. Kropf.

Die zwei Retraite-Schuss geschehen diesen Abend wie ordinair.

Die gute ordre wird nochmalen bestens recommandiret, und nichts aus denen Häusern zu fouragiren.

(gez.) Murhard.

Ordre vom 31. July 1759.

Parole: Albert und Augsburg,
du jour:
Gen.-Lieut. v. Einsiedel,
Infant.: Gen.-Maj. v. Scheele,
Caval.: Gen.-Maj. Mostyn,
in's Piquet:
Infanterie:
Engl.: Major Hale,
Hann.: Major Hodenberg,
Hess.: Ob.-Lt. Knyphausen,
Cavalerie rechten Flügels:
Major Keller,
„   linken Flügels:
Ob.-Lt. Offenbach.

Im Hauptquartier Hille.

Die 3 Bataillons Linstow, Behr - Braunscweig und Prinz Carl, welche gestern Abend unter der ordre des Generallieutenants von Gilsae marschiret sind, campiren bey der Stadt Lübbecke, es sind also alle Commandos, so zu diesen 3 Bataillons gehören, bey ihrer Ablösung davon zu avertiren.

Ein Detachement von 300 Pferden, unter dem Oberstlieutenant Harwy vom Regiment Inniskilling ist diesen Morgen nach Lübbecke marschiret; die Dragoner-Regimenter des rechten Flügels haben dieses Detachement geben müssen. Die Ordre verbleibt, dass, wenn um 9 Uhr des Morgens kein anderer Befehl ins Lager gegeben wird, so können die Regimenter alsdann zum Fouragiren ausschicken, und ihre übrigen Geschäfte verrichten.

(gez.) Wintzingerode.

Ordre vom 31. July 1759.

Im Hauptquartier Hille Nachmittags 5 Uhr.

Morgen, als den 1. August, früh um 1 Uhr, sollen die Regimenter der ganzen Armée in Bereitschaft gesetzt werden, marschiren zu können, jedoch ohne die Zelter abzubrechen; die Cavalerie soll gesattelt haben, die Infanterie gekleidet seyn, und die Artillerie die Pferde aufgeschirrt.

Unters Gewehr sollen aber die Regimenter sich nicht eher setzen, als bis auf nähere Ordre.

Die Herren Generals, so die Colonnen nach der heute eingegebenen Disposition führen sollen, werden von Sr. Hochfürstl. Durchlaucht

ersuchet, sich ein jeder seine route bekannt zu machen, wie auch das
terrain, wo die Armée sodann ihre Position nehmen und sich formiren
wird, nämlich mit dem rechten Flügel bey der Windmühle zu Halen,
und den linken an das Dorf Stemmern.

Marsch-Disposition,

nach welcher die Armée aus dem Lager bey Hille, vorwärts nach der
Plaine bey Minden, im Fall eines Anmarsches des Feindes vorrücken soll,
und zwar auf acht Colonnen.

Die erste Colonne wird geführt durch den Generallieutenant Lord
Sackville, und besteht aus

3	Escadrons	Bland,
2	-	Inniskilling,
3	-	Gardes bleues,
1	-	Grenadiers à Cheval,
4	-	Charles Breidenbach,
1	-	Gardes du Corps,
2	-	Howard,
2	-	Mordaunt,
2	-	Ecossois gris,
2	-	Bremer,
2	-	Veltheim.

Diese Colonne marschirt rechts ab, geführt durch den Guiden
Meyer senior.

Die zweite Colonne besteht aus der Brigade der schweren Artillerie vom Major Hase, marschirt rechts ab, geführt durch den
Guide Brecht.

Die dritte Colonne, commandirt von Sr. Excellenz dem Herrn
General v. Spoercken, besteht aus:

1	Bataillon	Napier,
1	Brigade	leichter Artillerie,
1	Bataillon	Stuart,
1	-	Welsh-Fuseliers,
2	-	Hannoversche Garde,
1	-	Kingsley,
1	-	Brudenel,
1	-	Home.

Diese Colonne marschirt rechts ab, geführt durch den Guide
Oberschmidt.

Die vierte Colonne, unter der Ordre Sr. Durchlaucht des Prinz
von Anhalt, besteht aus

1	Bataillon	Hardenberg,
1	-	Reden,
1	-	Scheele,
1	-	Stolzenberg,
1	-	Brunck,

1 Bataillon Erbprinz Hessen,
marschirt rechts ab, geführt vom Guide Riecke.

Fünfte Colonne, die schwere Artillerie-Brigade aus dem Centro, unter dem Obrist Braun, marschirt rechts ab, geführt vom Guide Bauer.

Sechste Colonne, commandirt von Sr. Excellenz dem Hrn. General-Lieutenant v. Wutginau, besteht aus

1 Bataillon Toll,
die Brigade der leichten Artillerie aus dem Centro der ersten Linie,
1 Bataillon Hessische Garde,
1   -   Wangenheim,
1   -   Mansbach,
1   -   Bischhausen,
1   -   Prinz von Anhalt,

marschirt links ab, geführt vom Guide Biermann.

Siebente Colonne, unter Sr. Excellenz dem Herrn General-Lieutenant v. Imhoff:

1 Bataillon Behr-Braunschweig,
1 Brigade leichter Artillerie, wenn sie sich bey der Armee befindet,
1 Bataillon Hessische Grenadiers,
1   -   Pr. Wilhelm,
1   -   Gilsae,
2   -   Imhoff,
1 Leib-Regiment Hessen,

marschirt links ab, geführt vom Guide Klocke.

NB. Die Brigade der schweren Artillerie vom linken Flügel unter der Ordre des Obrist-Lieutenants von Hüth findet sich allschon auf ihrer Destination.

Achte Colonne, unter der Ordre Sr. Durchlaucht des Herzogs von Holstein:

5 Escadrons Holstein,
2   -   Leib-Regiment Hessen,
2   -   Prinz Wilhelm,
2   -   Hammerstein,
4   -   Finckenstein,
2   -   Miltitz,
2   -   Pruschenck,

marschirt links ab, geführt vom Guide Renner.

(gez.) Wintzingerode.

(Lucanus'sche Samml. IX. 3. Relations p. p. C. v. 13.)
Disposition génerale de Mr. le Marechal de Contades pour l'Attaque de l'Armée Ennemie le 31. Juillet 1759.

Monsieur le Marechal determiné à attaquer demain 1er Août l'Armée ennemie dans la position qu'elle vient de prendre, et degarnie des troupes qu'elle a envoyé sur le chemin d'Osnabruck aux ordres du Prince hereditaire, a jugé que la meilleure forme d'Instruction, qu'il put donner à Mrs. les officiers Generaux, qui commandent les principales divisions de l'Armée, étoit, de leur donner un Plan de dispositions générales, qui les instruisit de l'Ensemble des premieres dispositions générales ordonnées et les mit en Etat d'en suivre l'Execution par un concert reciproque entre ces Messieurs, également instruits de leurs positions et de leurs operations respectives.

Mr. le Marechal compte attaquer l'Armée ennemie demain, 1. Aout au point du jour, et fait deboucher l'Armée ce Soir après la retraite, de la manière expliquée çi après.

Officiers Generaux du Jour:
Mr. le Comte de Noailles: Lieut: Gen.
Mr. de Rougrave: Marech. de Camp.

La Reserve de Mr. le Duc de Broglie fera la Droite de tout, se portera au village de Todtenhausen, et de là sur le Camp de Mr. de Bewern sur le chemin de Petershagen. L'Attaque que fera cette Reserve, doit être vive et rapide pour battre promptement Mr: de Bewern, l'empecher de se retirer sur l'Armée ennemie, ou du moins qu'il ne s'y retire qu'en fuyant, et qu'il y porte le desordre. Pour assurer le succes de cette attaque, il faut qu'elle soit forte en nombre de troupes, et sur tout en Infanterie et en Artillerie. On joindra à l'Infanterie de la Reserve les Regimens des Grenadiers de France et Royaux, et on joindra à l'artillerie de cette Reserve 6 pieces de Canon de douze et 4 Obuziers. Mr. le Duc de Broglie indiquera les rendezvous de cette artillerie et enverra ses ordres aux Regiments des Grenadiers de France et Royaux. On ne peut employer trop des moyens à cette attaque, dont le succes decouvrant le flanc gauche de l'Ennemi assure le succès général.

La Reserve partira de son camp ce soir à l'entrée de la nuit, la retraite servant de générale; elle passera par le pont de la ville, et sortira par la porte qui mène au camp des Grenadiers de France et Royaux. Mr. le Duc de Broglie renverra les gros Equipages à Rehmen, où ceux de l'Armée sont deja, et il leur fera passer la Weser par le pont de bateaux superieur pour eviter l'Engorgement.

L'Armée restera composée de 14 Brigades d'Infanterie, scavoir Piccardie, Belsunce, Touraine, Rouergue, Condé, Aquitaine, le Roy, et Champagne, faisant 8 Brigades de 1ère ligne et 33 Bataillons. Les Brigades de Navarre, Anhalt, Löwendahl, deux Brigades Saxonnes et Auvergne, faisant 6 Brigades de 2de Ligne, et 29. Bataillons, attendu que les deux Brigades Saxonnes font 13 Bataillons.

L'armée a 6 Brigades de Cavallerie, savoir le Col. General, les Cravattes, le Mestre de Camp, et Bourgogne, faisant 29 Escadr. de 1ère Ligne, tant de l'aile droite que de l'aile gauche; les Brigades de Cavallerie du Roy et de Royal Etranger, faisant 16 Esquadr. de seconde

ligne: en total 45 Esquadr: à quoy ajoutant 8 de la Gendarmerie et
10 des Carabiniers, qui sont en reserve, le Total de la Cavallerie de
l'Armée est de 63 Esquadrons.

La qualité du Pays, où l'Armée doit se former, lequel est fourré
dans ses extremités et decouvert dans son centre, ne permettant pas
de disposer l'Armée dans la forme ordinaire, on composera la droite
de la 1re ligne de 4 Brigades d'Infanterie de droite, qui sont Piccardie, Belsunce, Touraine et Rouergue, aux ordres de Mrs. le Chev. de
Nicolay, et de Mr. de Beaupréaux, Lts. Gener., et de Mrs. de Planta
et de Monty Maux. de Camp. 34 pieces de Canon du Parc de different Calibre seront placés à la tête de ces 4 Brigades, et l'Etat de
leurs dispositions sera remis à Mr. de Nicolay.

Le Centre de l'Armée sera formé par les Brigades de Cavallerie:
la Colonel-generale, Cravattes et Mestre de Camp, aux Ordres de Mr.
le Duc de Fitzjames, de Messieurs de Vogué et de Castries, Lieuts.
Genx., de Messieurs de Lutzelbourg et de St. Chamans, de Lillebonne
et de Cormainville, Marechaux de Camp.

La Gauche de la premiere Ligne sera composée de 4 Brigades
d'Infanterie de gauche savoir: Condé, Aquitaine, le Roy et Champagne
aux ordres de Mr. de Guerchy Lt. Grl, et de Mrs. le Duc de Val et
de Maugiron Marechaux de Camp. 30 Pieces de Canon du Parc de
different calibre seront distribuées à la tête de ces 4 Brigades. Mr.
le Chev. de Guerchy aura l'Etat de distribution de cette artillerie.

Mr. le Chev. de Pelletier observera que cette artillerie placée à
la tête des Brigades de droite, et celle placée à la tête de Brigades
de gauche fasse un feu croisé sur le front de ce Centre de Cavallerie,
et il donnera ses ordres en consequence aux commandans de ces brigades d'Artillerie.

Chaque Brigade d'Infanterie de 1re ligne formera son premier
Bat. en Colonne, et les autres en bataille. La Brigade de Rouergue
qui ferme la gauche de la Droite, sera en ordre renversé pour que son
premier Bataillon mis en Colonne appuye au Colonel-General.

La Brigade de Condé, qui ferme la droite de la Gauche sera dans
l'ordre ordinaire pour que son 1er bataillon mis en Colonne appuye au
Mestre de Camp.

Celle est la disposition ordonnée pour la 1ère ligne. Sa seconde
ligne sera formée dans le même ordre que la première.

La droite en sera composée des Brigades d'Auvergne et d'Anhalt
aux ordres de Mr. de St. Germain, Lt. Grl., et de Messieurs de Leyde
et de Glaubitz, Marechaux de Camp.

Le Centre en sera composée des Brigades de Cavallerie du Roy,
Bourgogne et Royal Etranger aux ordres de Mrs. du Mesnil, d'Andlau et d'Orlick Lts. Grx., et de Mr. de Gallifet Marechal de Camp.

La Gauche en sera composée de deux brigades Saxonnes aux
ordres de Mr. le Chevalier de Lusace et de Mrs. les Officiers Generaux
Saxons.

Cette seconde ligne moins nombreuse en trouppes que la premiere, occupera cependant le même front avec des intervalles plus grands entre le Corps.

Celle est la Disposition de la seconde ligne.

La Reserve composée de la Gend'armerie et les Carabiniers aux ordres de Mr. le Marquis de Poyanne Lt. Gral., et de Mrs. de Belle-fonds et de Bussy, Marechaux de Camp, sera en troisieme ligne dans le Centre derriere la Cavalerie.

Les Brigades de Navarre et de Lehwendahl auront la destination qu'on verra çi-après.

L'Armée formée comme on vient de le dire, sera placée de la maniere suivante.

La 1ère ligne de l'Armée dans sa premiere disposition qu'on vient de detailler, appuyera sa gauche au marais à hauteur des pre-mieres hayes du village de Hahlen, sa droite, passant derriere les maisons rouges, qui sont dans la plaine, s'étendra vers les bois.

La seconde ligne se formera à 400. pas derriere la premiere.

La Reserve de Mr. le Duc de Broglie aura sa droite à l'escarpe-ment du Weser, fera face au village de Todtenhausen, et sa gauche s'etendra jusqu'à la droite de l'Armée. Son Infanterie composera la 1re ligne, et sa Cavallerie la seconde. Toutes les Trouppes de cette Reserve ainsi que les Grenadiers de France et royaux se conformeront pendant toute l'action aux ordres que Mr. le Duc de Broglie jugera à propos de leur donner.

L'objet de cette Reserve devant être executé promptement, elle se portera sur le village de Todtenhausen, dont elle chassera les postes avancés de l'ennemi, et en suite sur le camp de Mr. de Bewern, placé sur le chemin de Todtenhausen à Petershagen. Pendant que cette Reserve sera occupée de cet objet, l'armée achevera de se former, et marcher ensuite en bataille, ou du moins chaque Brigade d'infanterie et de Cavalerie marchera en Colonne, par bataillon et par Escadron de front, et observant leurs distances d'une brigade à l'autre, pour pouvoir se mettre en bataille. Le 1er bataillon de chaque Brigade, qu'il est ordonné de former en Colonne, conservera cette disposition, soit en marche, soit en bataille.

Toutes les Brigades d'Infanterie auront 100 travailleurs par bri-gade avec des chariots d'outils, de poutres et de planches.

L'armée ennemie est campée sa droite en arriere du village de Hille, et sa gauche derriere celui de Holtzhausen; ainsi c'est presque sur le seul flanc gauche de l'ennemi, sur lequel l'armée marche; si l'objet de la Reserve de Mr. le Duc de Broglie reussit, cette Reserve embrassera le flanc gauche de l'ennemi.

La suite des manoeuvres dependant de celles que l'Ennemi peut faire, ne peut être prevüe. Mr. le Marechal en donnera les ordres sui-vant les circonstances.

La Brigade de Navarre avec les Regimens des Volontaires du

Hainault et de Dauphiné, les Volontaires de Muret et 4 pieces de canon de 8 du Parc fera une fausse attaque par la digue du village d'Eckelhorst (Eichhorst) qui traverse le marais, et vat aboutir au village de Hille. Ces troupes seront aux ordres de Mr. le Duc d'Havré Lt. Grl. Il fera canonner vivement par les 8 pieces de canon, qu'il aura tant du Parc que de la Brigade, les redoutes, que l'Ennemi a faites au village de Hille au bord du marais; mais il ne traversera ce marais qu'au cas que la gauche de l'Armée se trouvat à hauteur du village de Hille, et qu'il put se joindre à cette gauche; jusques-là son objet doit être d'occuper l'Ennemi dans cette partie de l'empecher d'appuyer sa droite au marais, et c'est à quoi il peut parvenir par une violente canonnade.

Mr. le Duc d'Havré doit s'occuper aussi du soin de couvrir la retraite de l'armée en cas de malheur, et c'est dans cet objet qu'il doit constament garder cette digue, et empecher l'ennemi d'y penetrer. Il s'occupera de même du soin, de garder les hauteurs de la montagne, où il aura des postes de l'Infanterie de ses troupes legères, pour tenir ces sommets contre les chasseurs et autre infanterie legère de l'ennemi, qui de Lubbecke pourroit tenter d'y venir; cet objet est très essentiel.

Mr. le Duc d'Havré doit être prevenû, que Mr. le duc de Brissac avec un gros detachement est derriere le ruisseau d'Eltz*), qui observe le mouvement du Corps aux ordres du Pr. hereditaire de Brunswic.

Mr. le Duc de Havré doit tacher de communiquer avec Mr. le Duc de Brissac par la gorge de Berkircken**); une partie de la Cavallerie des Volontaires de Dauphiné peut être employé à cet usage comme connoissant les chemins.

On previent Mr. le Duc d'Havré, que les postes de l'Armée placés le long du marais depuis le village d'Eckelhorst jusques et compris le Chateau d'Attenhausen***) resteront dans leur même position pour observer le marais.

La Brigade de Lewendahl aux ordres de Mr. de Beron Mal de Camp entrera ce soir après la retraite dans la ville de Minden, pour garder le rempart et la tête des trois Ponts. La plus grande partie et les plus gros canons de fer de Minden seront placés sur les cavaliers de la fortification, pour proteger en cas de malheur la retraite de l'armée. On placera aussi du canon de cette espece dans l'ouvrage qui est à la tête du pont de pierre de la ville, pour en éloigner les troupes legères ennemies qui voudroient s'approcher de la tête des Ponts.

La Retraite sera battue ce soir à l'heure ordinaire; elle servira de Generale. L'armée et la Reserve de Mr. le Duc de Broglic se mettront alors en bataille à la tête de leur Camp.

La Reserve de Mr. le Duc de Broglie debouchera par le pont de pierre ainsi qu'il a deja été dit.

L'armée debouchera de son Camp sur 8 Colonnes.

---

*) N. d. H. Else.
**) N. d. H. Bergkirchen.
***) N. d. H. Haddenhausen.

Celle de Gauche aux ordres de Mr. le Cte de Guerchy sera composée des Brigades de Champagne et du Roy; elle passera le ruisseau sur le pont de la gauche, laissant à sa gauche le bois de Hummelbeck, qui est au milieu du marais vers le centre du Camp; elle s'arretera ensuite aux premieres hayes du village de Hahlen, elle y restera en colonne jusqu'au point du jour, qu'elle se formera en bataille appuyant sa gauche aux mêmes hayes, sa droite tirant sur l'alignement des maisons rouges. Pieces de canon seront rendües ce soir à la retraite à la tête du camp de Champagne et du Roy pour marcher à la tête de ces brigades et y rester attachées pendant l'action.

Mr. de Surlaville Ayde Mareschal - General de Logis de l'armée conduira cette Colonne.

La seconde Colonne de gauche conduite par Mr. de Maugiron M^al de Camp, sera composée des Brigades d'Aquitaine et de Condé; elles passeront le ruisseau sur le pont, qui leur sera indiqué par Mr. de Boduin, Ayde M^al de Logis de l'armée, lequel leur indiquera de même le point de la crête de rideau, où elles s'arreteront en Colonne, pour y attendre le jour et se former en suite en bataille.

Pieces de canon seront rendües ce soir à la retraite à la tête du camp d'Aquitaine et Condé, pour marcher à la tête de ces brigades et y rester attachées pendant l'action.

La troisième Colonne de gauche aux ordres de Mr. de Lusace sera composée de deux brigades Saxonnes, qui passeront le ruisseau sur le pont qui leur sera indiqué par Mr. de Monteau Ayde M^al des Logis de l'Armée, lequel leur indiquera de même le point de la crête du rideau, où elles s'arreteront en colonnes jusqu'au jour, pour se former en bataille ensuite en 2me ligne derriere les brigades de Champagne, du Roi, d'Aquitaine et de Condé à la distance de 400 pas et parallelement de ces brigades.

La 4me Colonne de gauche aux ordres de Mr. le Duc de Fitzjames sera composée des brigades de Cavalerie du Mestre de Camp, Cravattes et Royal Etranger. Elles passeront le ruisseau sur le pont qui leur sera indiqué par Mr. Dauge Ayde M^al des Logis de l'Armée, qui leur indiquera de même le point de la crête du rideau, où elles resteront en Colonne jusqu'au jour; alors les brigades du Mestre de Camp et Cravattes se formeront en bataille, appuyant la gauche du Mestre de Camp à la brigade de Condé, la droite des Cravattes s'alignant sur les maisons rouges. La brigade de Roïal Etranger se formera en meme temps en seconde ligne derriere le Mestre de Camp en 400 pas de distance.

La 5eme Colonne de gauche aux ordres de Mr. le Chev. du Mesnil Lt. G^al sera composée des brigades de Cavalerie du Col. G^al, du Roi et Bourgogne; elles passeront le ruisseau sur le pont qui leur sera indiqué par Mr. de Metz Ayde M^al des Logis de l'armée, qui leur indiquera le point de la crête du rideau, où elles resteront en colonne jusqu'au jour; alors le Col. G^ral ira se former en bataille en premiere ligne à la droite des Cravattes sur l'alignement des maisons rouges.

Les brigades du Roy et Bourgogne se formeront en seconde ligne derrière le Col. G^{ral} et les Cravattes.

La 6me Colonne de Gauche aux ordres de Mr. de Beaupréau Lt. G^{ral}, sera composée des brigades de Touraine et de Rouergue; elles passeront le ruisseau sur le pont, qui leur sera indiqué par Mr. Dongermain Ayde M^{al} des Logis de l'armée. Elles se posteront à la redoute de Piccardie, où elles s'arretteront en colonne jusqu'au jour, ayant cette redoute à leur droite; elles se formeront ensuite à la bataille à la droite du Col. G^{ral} Cavalerie. Pieces de canon seront rendües avant la retraite à la tête de ces brigades pour marcher à leur tête et y rester pendant l'action.

La 7me Colonne de gauche aux ordres de Mr. de St. Germain Lt. G^{ral}, sera composée de la brigade d'Auvergne et de celle d'Anhalt; la brigade d'Auvergne passera le ruisseau sur le pont qui leur sera indiqué par Mr. Dormay officier attaché à l'état major de l'Armée. Cette brigade ira s'arretter en colonne devant le camp actuel de la brigade d'Anhalt, qui est dans les jardins de la Ville. La brigade d'Anhalt ne fera d'autre mouvement que de se mettre en bataille à la tête de son camp pour y attendre le jour; elles iront ensuite se former en bataille en seconde ligne derriere Piccardie et Belsunce.

La 8me Colonne de gauche aux ordres de Mr. le Chevalier de Nicolay sera composée des brigades de Piccardie et Belsunce; elles deboucheront par l'intervalle, qui est entre le front de leur camp et la redoute de Piccardie, et s'allongeront en colonne jusqu'auprès les maisons rouges, où elles s'arretteront jusqu'au jour, qu'elles se formeront en bataille, étendant leur droite vers le bois et combinant ce mouvement avec la gauche de la Reserve de Mr. le Duc de Broglie. Mr. de Grandpré Aide M^{al} des Logis de l'Armée conduira ces deux Brigades. Pieces de canon du Parc seront rendues avant la retraite à la tête de ces brigades pour marcher avec elles et y rester attachées pendant l'action.

La Reserve de Mr. le Duc de Broglie fera la 9me Colonne dont l'Itineraire est deja detaillé cy-devant.

La Gendarmerie et les Carabiniers monteront à cheval à la tête de leur camp actuel au point du jour et y attendront qu'on envoye les chercher pour venir se former en troisième ligne au Centre.

On aura 19 Ponts sur le ruisseau depuis le bois de Hummelbeck, qui est au milieu du marais vers le centre du camp, jusqu'à la Ville. Ces ponts serveront pour faciliter la Retraite de l'Armée en cas de malheur.

En ce cas la gauche et le Centre feront leur retraite par ces ponts sur le camp actuel. La Droite et la Reserve de Mr. le Duc de Broglie la feront sur la Ville, garniront les hayes des Jardins, et placeront leur canon en avant pour contenir l'Ennemi. Elles seront protegées par le canon de la Ville.

Les menus Equipages escortés par 200 hommes d'Infanterie 50 che-

vaux et 2 compagnies de Grenadiers attachées particulierement au
Tresor, partiront au point du jour, pour se rendre derriere le village
de Barckhausen aux ordres de Mr. de Lauzon Lt. Col. — Le camp
sera detendu et les chevaux de pelontons se rendront au Rendez-vous
des mêmes Equipages.

Le principal Depot et la plus grande partie de l'Hôpital ambulant
sera dans la Ville de Minden; un autre Depot considerable sera au
village de Dutzen, qui est auprès du camp actuel de la brigade de
Rouergue. Un detachement de ce meme Hopital sera envoyé au village
de Rodenuffeln pour la brigade de Navarre et les trouppes legères.

On indiquera à Mrs. les Officiers Généraux et aux Trouppes le
lieu où Mr. le Chevalier de Pelletier ordonnera de placer les Depots de
munitions, qu'il forme pour la droite, le centre et la gauche.

Le Parc d'Artillerie restera dans sa position.

Schlacht bei Minden 1. August 1759.

Geschichte des siebenjährigen Krieges in einer Reihe von Vorlesungen,
mit Benutzung authentischer Quellen bearbeitet von den Officieren des Grossen
Generalstabes. Dritter Theil der Feldzug von 1759. Berlin 1828. (Als
Manuscript zum Gebrauche der Armée abgedruckt.)

Beilage VII.
zur Darstellung des Feldzuges von 1759.

Englisch-Hannöverisch-Alliirte und Französische Armée.

I. Vertheilung und Stärkeverhältniss der beiderseitigen Truppen am
1. August 1759 (Schlacht von Minden und Treffen von Gohfeld.)

Alliirte Armée.

1. Armée des Herzogs Ferdinand
   - Recht. Flüg. 1 Bat. 24 Esc.
   - Centrum 26 „ — „
   - Link Flügel 1 „ 19 „
   - { 28 Bat. zu 700 M. 19.600 } { 43 Esc. zu 120 M. 5,160 } 24,760 M.

2. Corps von Wangenheim bei Petershagen . . 15 „ 18 „ { 15 Bat. 10,500 M. } { 18 Esc. 2.160 M. } . . . 12.660 M.

　　37,420 M.

3. General v. Gilsaé bei Lübbecke 3 Bat. 2 Esc. (300 Pferde) 2,600 M.

4. Kleinere Detachements, leichte Truppen etc. . . . . 2,000 M.

Bei der Schlacht und in der Ebene von Minden: . 42,020 M.

5. Auf der rechten Seite der Weser (Hann. Husaren u. Jäger etc.) 2,000 M.

6. Corps des Erbprinzen von Braunschweig bei Gohfeld (10 Bat.
   14 Esc. Preuss. Freiw.) . . . . 9,000 M.

7. Besatzungen von Lippstadt und Hameln . . . . 6,000 M.

　　59,020 M.

Französische Armée.

1. Armée von Contades
{ Recht Flüg. 25 Bat. — Esc.
Centrum — „ 63 „
Link. Flüg. 31 „ — „ }
{ 56 Bat. zu 450 M. 25,000
63 Esc. zu 110 Pf. 6,930 } 32,130 M.

2. Armée von Broglie
{ Infanterie 14 „ — „
Cavallerie — „ 22 „
Grenadiere
(v. d. Armee
v. Contades) 8 „ — „ }
{ 22 Bat. 9,900
22 Esc. ...... 2,420 } 12,320 M.
_____
44,450 M.

3. Herzog von Avré bei Eichhorst (4 Bat 2 Esc.) . . . . . 2,000 M.
4. Detachement gegen Lübbecke (Turpin u. Berchini Husaren etc.) 1,200 M.
5. Kleinere Detachements, leichte Truppen etc. . . . . . . 3.000 M.
   Bei der Schlacht und in der Ebene von Minden: . 50,650 M.
6. Besatzung von Minden (4 Bat.) . . . . 1,800 M.
7. Auf der rechten Seite der Weser (Fischersches Corps, leichte
   Truppen etc. . . . . 2,000 M.
8. Herzog von Brissac bei Gohfeld (20 Comp. Grenad., 20 Piq.
   Infanterie, 1,000 Pferde) . . . . 3,000 M.
9. Marquis von Armentières vor Lippstadt . . . . 15,000 M.
10. Herzog von Chevreuse bei Rheda . . . . 3,000 M.
11. Besatzungen von Cassel (4 Bat.), Frankfurt (6 Bat.), Münster,
    Wesel etc. . . . . 9,000 M.
_____
84,000 M.

II. Schlachtordnung bei Minden am 1. August 1759.

Alliirte Armee.

Gros der Armée unter dem Herzog Ferdinand von Braunschweig.

Rechter Flügel.		Centrum.				Linker Flügel.	
Cavallerie.		Infanterie.		Infanterie.		Cavallerie.	
Erstes Treffen.		Erstes Treffen.		Zweites Treffen.		Erstes Treffen.	
	Esc.		Bat.		Bat.		Esc.
Bland	3	Napier	1	Kingsley	1	Hammerstein	2
Inniskilling	2	Stewart	1	Brudnell	1	Prinz Wilhelm	2
Blue Guards	3	Welsh Fusilier	1	Home	1	Leibregiment	2
Grenad z.Pferde	1	Hannöv. Garde	2	Stoltzenberg	1	Holstein	5
Breidenbach	4	Hardenberg	1	Brunck	1	Zweites Treffen.	
Garde du Corps	1	Reden	1	Erbprinz	1	Prüschenck	2
Zweites Treffen.		Scheele	1	Anhalt	1	Miltitz	2
Howard	2	Wangenheim	1	Bischhausen	1	Finkenstein	4
Mordaunt	2	Hess. Garde	1	Mansbach	1		19
Greyhorses	2	Toll	1	Leib-Regt.	1	Im Dorfe Holzhau-	
Bremer	2	Gilsae	1	Imhoff	2	sen 1 Bat. Leib-	
Veltheim	2	Hanau	1		12	regiment.	
	24	Hess. Grenad.	1				
Zur Bedeckung der			14				
Artillerie 1 Bat.							
Sachsen-Gotha.							

Corps des Generals von Wangenheim.

Cavallerie.		Infanterie:	
Leibregiment . . 2 Esc.	Engl. Grenadiere . 1 Bat.	Schulenburg . . . 1 Bat.
Reden . . . . . . 2 „	Hessische Grenad. 2 „	Oberg . . . . 1 „
Heyse . . . . . . 2 „	Braunschw. „ 2 „	Laffert . . . . . . 1 „
Hodenberg . . . . 2 „	Spörken . . . . . 1 „	Scheiter 1 „
Grothausen . . . . 2 „	Zastrow . . . . . . 1 „	Hann. Grenadiere 1 „
Leibdragoner . . 4 „	Halberstadt . . . . 1 „	5 Bat.
Pr. Friedr. . . .. 4 „	8 Bat.	
18 Esc.		

Zur Bedeckung der Artillerie 1 Bat. Bückeburg.

In Petershagen zurückgeblieben 1 Bat. Kilmannsegge.

Französische Armée.

Gros der Armée unter dem Marschall von Contades.

Rechter Flügel.		Centrum.		Linker Flügel.	
Erstes Treffen.		Erstes Treffen.		Erstes Treffen.	
	Bat.		Esc.		Bat.
Brigade Picardie . . .	5	Brig Colonel General	9	Brigade Condé	4
„ Touraine . .	4	„ Cravattes	6	„ Aquitaine . .	4
„ Belsunce . .	4	„ Mestre de Camp.	8	„ du Roy . . .	4
„ Rovergue . .	4	Zweites Treffen.		„ Champagne .	4
Zweites Treffen.		Brig Royal Etranger	8	Zweites Treffen.	
Brigade Auvergne . .	4	„ Bourgogne . . .	6	Sächsische Truppen	15
„ Anhalt. . . .	4	„ du Roy	8		31
	25	Reserve.			
		Gensd'armes	8		
		Carabiniers	10		
			63		

Corps des Herzogs von Broglie.

Infanterie.		Cavallerie.	
Grenadiers royaux et de France 8 Bat.		Brigade Lameth	4 Esc.
Brigade Piemont . . . . 6 „		„ Cavaronvias	4 „
„ Clausen . . . . 4 „		„ Prinz Holstein	6 „
„ Paravicini . . . . . . 4 „		Drag. von Apchon und Nassau 8 „	
22 Bat.		22 Esc.	

III. Verlust beider Arméen in der Schlacht bei Minden.

Alliirte Armée.	Französische Armée.
Officiere: 28 todt, 123 verw. u. verm.	Officiere: 438 todt, verw u gefangen
Mannsch.: 548 „ 2.123 „ „ „	Mannsch.: 6.642 „ „ „ „
Ueberhaupt: 2.822 todt u. verwundet,	Ueberh.: 7.080 todt, verwundet und
nebst 38 Pferden.	gefangen.

No. 50.

Monsieur Mon Cousin, (déchiffrée) „Il y a eû une affaire entre mon Armée ci-devant de Dohna et les Russes, le Vingt trois, qui n'a pas tout à fait tourné à nôtre avantage. elle s'est passée du Côté de Zulchau, le General de Wobersnow y a eté tué; nous avons perdû morts et blessés quatorze cent hommes à peu prés; on assûre que les Russes ont perdû quatorze mille hommes morts et blessés. nous sommes un peu arretés par cette affaire là. J'ay eté obligé de faire un petit Detachement de mon Armée vers Sagan; mon Frère Henri y joindra un autre Corps. avec cela on marchera pour attaquer de nouveau les Russes incessamment; j'y irai moi même, et je compte que tout sera decidé entre le cinq et le six d'Aout. dés que la Chose sera faite, ce dont j'ai tout lieu d'esperer bien, j'espere de renvoyer les Vingt mille hommes que mon Frère a vers Torgau, Leipsic, Halle, Halberstadt, et Cassel tout à Votre Secours. Vous pourrés calculer les Marches et quand le Secours y pourra être." Je suis avec l'estime la plus parfaite   Monsieur Mon Cousin

de Votre Altesse le trés bon Cousin
à Schmotseiffen ce 26. Juillet 1759.   Federic.

à Minden ce 4. d'Aôut 1759.
** Au Roy de Prusse.   No. 42.

J'ay eté fort consolé d'aprendre par la très gracieuse Lettre de V. M. du 26. de Juillet ce qu'il Luy a plû me marquer sur l'affaire de Zulchau, et j'espere que les Russes auront eû le sort des autrichiens à Leuthen avant l'arrivée de celle-ci.

Mon aide de camp de Bulow aura deja eû l'honneur de me mettre aux pieds de V. M. et de Luy annoncer la victoire, que le ciel a accordée le 1. d'Aout à l'armée. j'ose Luy presenter ci-joint une relation préliminaire de cette bataille, de même que celle du prince hereditaire de l'action de Goofeld, où il a batu le Duc de Brissac au même moment que la bataille se donna dans la plaine.

Le Regiment de Dragons de Holstein s'est fort distingué; il a emporté une baterie de 9 pieces de canon.

Je ne saurois m'empecher Sire, de rendre justice à cette occasion à l'excellente conduite de mon aide de camp de Bulow. Il est le plus habile officier que j'aye à l'armée. je dois un pareil temoignage à la valeur determinée et au bon comportement, que mon second aide de camp de Derenthal a fait voir dans toutes les occasions et particulièrement à cette bataille. j'ose recommander l'un et l'autre aux hautes graces de V. M. et suis avec un tres profond respect etc.

Bataille de Minden,   Ce 1. d'Aout 1759.
et Affaire de Goofeld (Coveldt).

** Relation préliminaire.*)
Les François avoient poussé un Detachement jusqu'à Vechte pour

---

*) N. d. H. Das Original ist von Westphalen's Hand (vergl. Herzogl. Archiv vol. 95.) Diese Copie in seinem Nachlass.

blocquer la petite Garnison que nous y avions. Le Duc resolût de
degager la place, ce qui fût executé par Mr. de Schlieffen aide de
Camp de Son Altesse Serenissime avec une quarantaine d'huzards
suivis de 200 Dragons de Breitenbach. Aprés quelques Arrangemens
de Vivres faits à Vechte, la Garnison de Bremen s'y porta sous les
Ordres du General Dreves et de là à Osnabruck; les Volontaires de
Clermont en faisoient la Garnison. Mr. de Schlieffen força une des
portes de la Ville, et s'en empara; les Volontaires perdirent du Monde
et deux pieces de Canon. Cela arriva le 28 de Juillet au Matin.

Monseigneur le Prince Héréditaire de Brunsvic marcha avec 6000
hommes le 27. au soir vers Lubke, et en delogea le 28. au Matin les
Ennemis qui occupoient ce passage. Il marcha le 29. a Rimsel; le
General Dreves vint l'y joindre d'Osnabruck. Le Prince s'avança le
30. vers Herford, et s'etablit le 31. à Kirchlinniger sur la Route des
Convois des Ennemis, venant de Paderborn. Le Duc fit le 29. avec
le gros de l'Armée une petite marche par sa droite, allant à Hille.
Le General Wangenheim resta avec un Corps de Troupes au Camp
de Thonhausen; quelques Bataillons de Grenadiers avec des Troupes
legéres sur la rive droite du Weser, pour observer l'Armée de Mr. le
Duc de Broglio. On remarqua bientôt, que les Ennemis n'etoient pas
indifferents à ces Dispositions. Mr. le Maréchal de Contades vint en
effèt nous attaquer le 1. d'Août. La Bataille commença à 5 heures
du Matin; elle finit vers midi, par la rétraite des Ennemis. Ils vinrent attaquer avec Vivacité le General de Wangenheim, sans l'ebranler
le moins du Monde. Le Duc survint dans l'instant avec le gros de
l'Armée, et le fort de l'Action se tourna alors vers notre droite.
L'Infanterie Britannique qui s'y trouvoit de même que les
Gardes Hannovriennes ont fait de prodiges de Valeur. Touts
les Regiments qui ont donnez se sont distingués singulierement, et pas
un peloton de toute l'Armée n'a pas réculé d'un pas durant toute
l'Action. On en donnera incessament le Detail: nous avons fait nombre
de prisonniers, et pris à l'Ennemi beaucoup de Canons et d'autres
Trophées.

Pendant qu'on se batit dans la plaine de Minden, le Prince Héré-
ditaire en vint aux mains avec le Duc de Brissac, auprés du Pont de
Goofeld dans les Montagnes. Mr. le Duc de Brissac eût le même
Sort avec l'Armée Françoise.

Mr. le Maréchal passa la Weser dans la nuit du 1. au 2., et fit
brûler les ponts. Le Duc entra le 2 à midi dans la Ville de Minden, la Garnison s'etant rendüe prisonniere de Guerre. Les Ennemis
prennent la Route de la Hesse; ils brûlent et pillent les Villages et
les Villes à mésure qu'ils les quittent.

(Archiv-Acten vol. 253.)

** Pour Mr. Pitt in simili
   à Mylord Holdernesse.   à Minden ce 4. Aout 1759.

J'ay l'honneur d'envoyer ci-joint à V. E. une relation preliminaire

33*

de la bataille du 1.; il ne m'est pas encore possible d'en donner un
detail circonstancié; mais j'espere de le faire au premier jour. J'y
joins la relation du prince hereditaire de l'action de Coofeld, où il·a
batu le Duc de Brissac dans le meme temps que l'armée gagna la victoire dans la plaine de Minden.

L'infanterie angloise a fait de prodiges de valeur; La conduite
des Generaux de Waldgrave et de Kingsley a eté excellente; il est
impossible qu'on puisse mieux faire. L'artillerie britannique a fait merveilles; Les officiers qui la commandent se sont singulièrement distingués.

J'ay vû par des lettres interceptées que les ennemis font monter
leur perte à 7000 hommes; la notre ne va pas à 2000; L'infanterie
britannique a la plus soufferte; et je souhaiterois infiniment qu'il y eut
moyen de reparer la perte qu'elle a essuyée. J'ay prié le Duc de
Richmond d'en parler à V. E.; je La suplie de vouloir bien L'ecouter
favorablement.

Je suis avec les sentimens d'une estime sans bornes p. p.

(Im Nachlass Westphalens.)

(Goofeld)　　Action de Coveldt, le 1. d'Août, 1759.

Le Corps de Mr. le Duc de Brissac, campa le 31. au soir, la
gauche au Village de Coveldt, aïant la Werre devant le front, et la
droite vers les Salines. l'on compte ce Corps à peu prés à 7. ou
8000 hommes, leur position etoit inabordable par le front, et il ne
restoit de moïen pour les attaquer, que d'envelopper leur gauche, pour
cet effet l'on fit les Dispositions suivantes. L'on forma trois attaques
qui toutes devoient se regler sur la reussite de celle de la droite, les
Troupes pour l'attaque de la droite etoient un B. Diepenbroick, 2.
Leib-R: Br:, 200 Volontaires, 4 Esc: de Dragons de Bock; les Troupes
du Centre furent 1 B: vieux-Zastrow, 1 Behr, 1 Bock, 1 Canitz,
1 Esc. de Charles Breitenbach, avec toutes les pieçes du parc; la gauche
étoit composée d'un B. Block, 1 Dreves, 1 Zastrow, et de 4 Esc: de
Busch. Les Troupes du Centre étoient destinées pour tenir l'Ennemi
en echec, durant que ceux de la droite enveloperoient sa gauche,
ceux de notre gauche devoient se porter au Pont des Salines, pour
couper toute rétraite à l'Ennemi sur Minden.

Je marchois avec la droite, Mr. de Kielmansegge au Centre, avec
Mr. de Dreves et Mr. de Bock, aïant la Conduite de la gauche. L'on
partit à 3 heures du Matin du Camp de Quernum, l'Ennemi avoit les
mêmes intentions que nous, sçavoir de nous attaquer; dés que Mr. de
Kielmansegge avoit débouché par le defilé de Beck, l'Ennemi se présenta devant lui, et le feu de Canon commença de part et d'autre;
La droite devoit passer la Werra sur un Pont très étroit au Village
de Kirchlinger, à fin de tourner la gauche de l'Ennemi, la bonne Volonté des Troupes suplea cependant en partie à cette Difficulté, l'Infanterie passant en partie à gué moitié en croupe, et moitié sur des
Chariots de païsans la dite Riviére.

Par le passage de la Werra, la position de l'Ennemi etoit totalement changé, le feu de Canon etoit vif, il dura près de deux heures, quoiqué le notre etoit toûjours superieur à celui de l'Ennemi, enfin, me présentant sur ses deriéres, il plia tout de suite, en defilant il frisoit Mr. de Bock, qui le réçût avec un feu de Canon assez bien soutenû; enfin se voïant entouré absolument, il ne lui restoit de parti à prendre que celui de la fuite. Il y a 5 Canons de l'Ennemi avec leurs Equipages entre nos mains, j'ignore au juste le nombre des prisonniers, il y a je crois 5 officiers. Toute Louange est due à Mr. le Lieut: General de Kielmansegge, Mr. Otte Colonel de Vieux-Zastrow, a fait parfaitement à la tête de Son Regiment; la Cavallerie ennemie aïant donné dessûs, il les a réjetté avec une perte considerable, notre perte est très modique, le Capitaine Wegner du Corps d'Artillerie est blessé à la jambe, le bon effèt de notre Canon, n'est dû qu'au Major Storch, et à lui.

Coveldt ce 2. d'Aout 1759. Charles G. F.

(Archiv-Acten vol. 122.)

* Ordres vom 1. August 1759.

Auf dem Champ de Bataille.

Parole:

Casimir et Calais.

Dujour: General-Lieut. v. Urff,

Cav.: Gen.-Maj. Elliot,

Inf.: Gen.-Maj. Waldgrave,

Piquet:

Infanterie:	Cavallerie:
Engl.: Ob.-Lieut. Mylord Down,	Rechter Flügel:
Hannov.: Major v. d. Wense,	Ob.-Lt. v. Jüngermann,
Braunschw.: Ob.-Lieut. Reinecke,	Linker Flügel:
Hess.: Major Amelunxen.	Major v. Hühne.

Morgen früh um 9 Uhr sollen alle Regimenter der Armée das Te Deum absingen, um Gott für den erfochtenen Sieg zu danken.

Um 5 Uhr morgen Nachmittag soll die ganze Armée vor der Fronte des Lagers unter Gewehr stehen, um ein dreymaliges Freudenfeuer zu machen vor den Sieg, so uns der liebe Gott verliehen.

Alles schwere Geschütz aus dem Artillerie-Park, auch die sämmtlichen, so den Feind heute abgenommenen, sollen vor der Fronte des Lagers aufgefahren werden. Was die Regiments-Stücke anbelangt, bleiben selbige zwischen ihren Regimentern stehen.

Se. Durchlaucht werden alsdann befehlen lassen, wann dieses dreymalige Freudenfeuer seinen Anfang nehmen soll.

Alle Regimenter werden eine Nachsuchung thun in denen Häusern, so nächst um ihnen herum, auch auf dem champ de Bataille selbst, und werden grosse Vorsorge nehmen, dass die Blessirten sowohl von unserer, als von der feindlichen Armée verbunden, auf Wagens gelegt, und nach Petershagen geschickt werden.

Diese Stadt ist dazu von Sr. Durchlaucht benannt, dass das Hospital daselbst etablirt werden soll, auch haben Höchstdieselben eine estafette nach Drakenburg abgeschickt, um dass das ambulante Hospital von da nach Petershagen kommen soll.

Die Liste derer scharffen Patronen der Artillerie, um sich wieder zu complettiren, soll sofort ausgefertigt und dem Herrn Graf v. d. Bückeburg zugesandt werden; eine nämliche Liste soll gleichfalls von denen Gewehr-Patronen eingegeben werden.

Die Artillerie der differenten Nations müssen eine Liste an Se Excellenz eingeben von denen Artillerie-Pferden, so ihnen heute todt geschossen.

Auch sobald wie immer möglich sollen die differenten Corps eine Liste formiren von dem Verlust, so sie heute erlitten.

Die Piquets sollen ausrücken.

Alles was den Punkt der Artillerie angehet, wie solche morgen vor der Front der Armée placiret werden soll, werden sich Se. Excellenz der Herr Graf v. Bückeburg gütigst annehmen.

Südhemmern.

Se. Durchlaucht der Herzog befehlen, dass die Cavalerie morgen früh um 1 Uhr wieder gesattelt habe, die Infanterie gekleidet sei, und die Artillerie gleichfalls in der Bereitschaft sich halte.

Ueberdem wollen Se. Durchlaucht, dass mit Anbruch des Tages die annoch vorräthigen scharffen Patronen unter denen Leuten egal ausgetheilet werden sollen, wie nicht weniger, dass besonders der Obristlieut. Huth von dem Herrn Obristen Braun mit Canonen-Patronen versehen werde, alldieweilen ersterer sich fast ganz verschossen.

Ein jedes Corps Truppen wird dafür sorgen, dass mit dem frühesten Morgen die todten Körper, so vor und hinter ihren Regimentern sich befinden, begraben werden mögen.

(Archiv-Akten vol. 146).

Ordre vom 2. August.

Parole:
Demetrius et Dunkerque.

Du Jour:
General-Lt. Marquis de Grandby.

Cavalerie:
Obrist von Oheimb.

Infanterie:
Major von Baehr.

Piquet:
Major Okes
„   Wensen
„   Ruckersfeld.

Das Detachement von 300 Mann, so zu Hartum gestern aufgegangen, kann wiederum abgehen, auch brauchet das piquet diesen Abend nicht wieder auszurücken.

Die 2 Bataillons, so das Hauptquartier gedeckt, als Brunck und Stoltzenberg, sollen, sobald sie abgekocht, wiederum in die Linie einrücken.

Um 5 Uhr diesen Nachmittag soll die ganze Armée im Gewehr sein, um ein 3maliges Freudenfeuer zu machen.

Die schwere Artillerie-Brigaden werden auf ihre emplacements auf die Flügel und vor der Front aufgefahren. Die 3 leichten Brigaden der Artillerie schliessen sich an denen schweren;

Cavalerie:
Preston — Sprengel.

nämlich etc. (folgen nun die speciellen Anordnungen über die Rangordnung der Truppen*),
sodann lautet der Befehl weiter.)

Se. Hochfürstl. Durchl. befehlen mir, der ganzen Armée ihr grosses
Danksagungs-Compliment abzustatten, wegen der von ihnen am gestrigen Tage bezeugten grossen bravoure und überaus guten conduite.
Insbesondere dem Corps der Englischen Infanterie, denen 2 Bataillons
Hannoverscher Garde, der sämmtlichen Cavalerie linken Flügels und
dem Corps des General Lt. von Wangenheim in specie und besonders
dem Dragoner-Regiment von Holstein, der Hessischen Cavalerie, und
dem Leib-Regt. und dem von Hammerstein der Hannoveraner, wie
nicht weniger denen sämmtlichen Brigaden der Artillerie. Se. Hochfürstl. Durchlaucht declariren hierdurch öffentlich, dass sie nächst Gott
die Gloire dieses Tages diesen braven Truppen zuschreiben: an ihrer
Intrepidité und ausnehmenden gutem Verhalten. Sie versichern anbey,
dass Ihre Erkenntlichkeit dafür, so lang Sie leben würden, nie aufhören solle, und dass, wenn Sie diesen braven Truppen und einem
Jeden insbesondere je worinnen zu dienen fähig sein könnten, es höchst-
denenselben ein wahres Vergnügen seyn soll, wenn ihnen die Gelegenheit dazu an Handen gegeben würde. Se. Hochfürstl. Durchlaucht
befehlen mir besonders, des Herrn General v. Spörken Excellenz, des
Herzogs v. Holstein Durchlaucht, des Herrn General v. Imhoff und
v. Urff Exc. ganz was besonderes von Ihrer Danksagung und Hochachtung zu temoigniren. Se. Excellenz dem Regierenden Herrn Grafen
von Bückeburg sind Se. Durchlaucht unendlich verbunden vor alle
Mühe und Sorgfalt, so dieselbe angewandt, dass die Artillerie am
gestrigen Tage mit so ausnehmendem effect servirt geworden. Denen
Chefs der Artillerie-Brigaden, als dem Obristen Braun, Oberstlt. Huth,
Major Haase und denen 3 Englischen Capitains als Philips, Drummond
und Royd, habe ich ordre gleichfalls ein grosses Danksagungs-Compliment hierdurch zu vermelden. Denen beiden Herrn Generalmajors
Waldgrave und Kingsly sind Se. Hochfürstl. Durchlaucht verbunden
vor die ausnehmende und besondere bravoure, so dieselben bey Anführung Ihrer Brigaden bezeugt. Dem Generallieutenant Marquis de
Grandby befehlen Se. Durchlaucht zu declariren, dass Sie überführt
wären, dass, wenn Sie das Glück gehabt, besagten General à la tête
der Cavallerie des rechten Flügels zu haben, dass Seine Gegenwart
alsdann Vieles contribuiret haben würde, um den Ausschlag dieses
Tages weit completter und brillanter zu machen. Endlich befehlen mir
annoch Se. Durchlaucht, Diejenigen von Seiner Suite bekannt zu machen,
Deren Ihr Comportement Sie besonders admiriret, nämlich Mylord Duc
de Richmond, Colonell Fitzroy, Ligonier, Watson, den Oberadjutanten
des General Waldgrave, Generaladjutant von Estorf, Bulow, Dehren-

*) N. d. H. Am Rande bei den Vorschriften über die Rangordnung des Freudenfeuers
findet sich von des Herzogs Hand: "Trouvés vous cela bien.

thal, Graf Taube und Malorty. Se. Hochfürstl. Durchl. haben Ursach, von Ihnen allerseits und Ihrem Comportement zufrieden zu seyn. Letztlich befehlen mir Se. Durchlaucht, denen Herren Generals zu bitten, dass, in was occasion es auch seyn möge, Ihnen ordres von Ihren Ober-Adjutanten gebracht werden würden, Sie selbige ohnverzüglich und ponctuellement Folge leisten möchten.   C. Murhard.

(Archiv-Akten vol. 122.)   Ordre vom 2. August 1759.

Parole:
Hannibal et Carthage.
Du jour:
Generallieut. Prinz von Holstein
Caval. G. M. Mostyn
Infant. „ Kingsley.
Piquet:
Engl. Oberstlieut. Ewden
Hann. „ Kraushaar
Hess. Maj. Schmidt
Caval. Maj. Rasau.
Der linke Flügel giebt einen Capitain.

Die 7 Grenadier-Bataillons, 14 Escadrons Hessische Cavalerie, 4 Escadrons v. Finckenstein, 2 Esc. Hammerstein sind diesen Morgen unter der Ordre des Generals v. Urff marschiert. Die Generals Graf v. Finckenstein und v. Scheiter sind bei diesem Commando.

In dem Compliment, so Se. Durchlaucht gestern haben der Armée machen lassen, haben dieselben annoch 4 Regimenter angeführt, welche sich besonders distinguiret haben, als Hardenberg, Grenadiers de Hesse, Prinz Wilhelm und Gilsae. Se. Durchlaucht haben nicht Ursach, auch nicht über eins zu klagen, aber da diese benannte corps Gelegenheit gehabt, sich besonders zu distinguiren, so ist dieses auch die Ursache, dass Se. Durchlaucht ihnen die Attention marquiren wollen, so sie auf das Bezeigen dieser Regimenter persönlich wahrgenommen.

Die Regimenter, so scharffer Patronen benöthiget sind, um sich zu recomplettiren, können sich dieserhalb an den Obristen Braun addressiren, welcher ihnen so viel reichen lassen wird, als sein hiesiger Vorrath reichen will. In einigen Tagen wird ein grosser Vorrath ankommen.

Das Hospital der Blessirten unserer armée soll allhier in Minden angelegt werden, und das Französische zu Petershagen. Diejenigen, so von der französischen sich hier befinden, können noch hier verbleiben.

Der General von Gilsae hat ordre erhalten mit seinem corps heute wieder zur Armée zu stossen.

Das Regiment von Kingsley soll von allen Diensten frey sein, und wenn es ihm gefällig cantonniren, so oft die Armée marschiren wird.

Die Brigade-Majors und Adjutanten finden sich allhier zwischen 5 und 6 Uhr ein.   gez. v. Schlieffen.

Monseigneur à Mindem, ce 2. Aout 1759. *)

je suis obligé de Ceder, aux armes victorieuses de Votre Altesse Serenissime, et dans l'Esperance qu'elle voudra bien m'accorder une Capitulation honorable je suis pret de luy Remetre la place de Mindem, la generosité Reconue de V. A. S. me rassure, sur le sort des officiers generaux et particuliers, et autres militaires qu'elle trouvera dans cette place, qui ont Esté contraints dy Rester par leurs Blesures, j'attandray la personne qu'elle voudra bien charger de ses ordres, pour traiter avec moy.

j'ay l'honneur d'etre avec un tres profond Respect, de Votre Altesse Serenissime le tres humble et tres obeïssant serviteur

Dagieu, Brigadier, lieut. Colonel
d'aquitaine infanterie.

reçu le 8. aout p. Rademacher.
** à Goofeld ce 5. d'aout 1759. No. 3.

** Monsieur,

j'espere que vous aures recû ma lettre**) de Sudhemmern du 2. avec la premiere nouvelle, de la double victoire du 1. voicy quelque detail preliminaire. Les Ennemis conviennent d'avoir eté battû tout de bon. ils evaluent leur perte à 7,000 hommes, ainsi que nous l'avons vû par des lettres interceptées ecrites à l'armée francoise. nous avons pris 25. pieces de gros canon avec beaucoup d'etendarts et de drapeaux. les gardes hannovriennes à pié ont depouillé les gendarmes francois de tout ce qu'ils avoient; le premier bataillon leur a pris pour sa part 80 montres d'or, avec plusieurs centaines de louis neuf. Notre infanterie de la droite a battû la cavallerie et l'infanterie francoise de la gauche et du centre.. Si notre cavallerie de la droite avoit donné, l'aile gauche des francois etoit perdûe sans resource. La cavallerie hessoise, le regiment de Holstein, deux regimens de cavallerie hanovrienne savoir Hammerstein et regiment du corps ont fait merveilles. à la gauche Holstein a emporté une batterie de 9 pieces de canon, et pris trois drapeaux. Notre artillerie a tres bien faite; quoique ce n'eut eté qu'un impromtu; car les ennemis avoient debouché lorsque nous etions encore au camp. Mais on marcha avec telle impetuosité à eux, qu'ils n'en purent tirer aucun avantage. Deux deserteurs de picardie arriverent la nuit chés le prince d'anhalt, et luy annoncerent le dessein de l'ennemi. Mais cet habile prince crut cela une bagatelle, et n'envoya les deserteurs qu'à 4 heures du matin. Le Duc avoit prevû que la bataille devoit se donner le 1. ou le 2. d'août, ou que les Ennemis devoient repasser les montagnes. ainsi il etoit pret à recevoir l'ennemi, et malgré

---

*) N, d. H. Originalschreiben des französischen Commandanten in Minden, Oberst-Lieut. Dagieu, an den Herzog Ferdinand vom 2) August 1759 wegen Uebergabe der Festung, (in Westphalens Nachlass).

**) N. d. H. Cette lettre ne m'est pas parvenue. (Haenichen.)

la negligence du prince d'anhalt on arriva sur l'ennemi beaucoup
plus vite qu'il ne paroissoit l'avoir crû. Le dessein des francois étoit d'accabler le corps de Wangenheim par le poids de leur masse, et de se
mettre entre luy et le gros de notre armée; eloignés l'un de l'autre
d'une petite mille d'allemagne. Mais le Duc avoit prevû que cela seul
pouvoit etre leur dessein, et en marchant comme il fit, il prit l'armée
francoise en flanc. Le Duc de Broglie a fait l'attaque sur Wangenheim;
mais un feu preparé de 30 pieces de canon a extremement diminué la
vivacité du sien. Notre artillerie en general a bien faite; celle des
anglois a fait merveilles. Le comte de Bukebourg qui fait la fonction
de grand maitre d'artillerie s'est acquis une gloire immortelle par les
belles dispositions qu'il a faites, pour tirer profit de notre artillerie,
qui est nombreuse.

On n'a jamais vû plus de bottes et de selles que sur le champ de
bataille vis à vis de l'infanterie angloise et les gardes hannovriennes.
je crois que les carabiniers et les gendarmes sont detruits.

L'action du prince hereditaire prés du pont de Goofeld ayant fait
comprendre aux Ennemis qu'il seroit difficile de repasser les montagnes,
et de regagner Paderborn, ont pris le parti de passer le Weser la nuit
du 1. au 2. Ces gens-là (Les francois) voulurent, selon leur diction,
nous chasser au delà du Weser. Nous leur avons fait ce qu'ils n'ont
pû faire à nous.

Freytag a pris quelques trophées aux Environs de Detmold avec
les bagages du Marechal de Contades, du Prince de Condé et du Duc
Brissac. il est probable qu'il en laisseront encore une partie en arriere. Mgr. le prince hereditaire passe aujourdhui le Weser à Hameln,
pour aller à la poursuite des Ennemis, qui etoient arrivés hier à la
hauteur de cette ville. Nous marchons aujourdhui à Hervorden.
Les ennemis souffrent beaucoup par le manque de vivres; ils n'ont
d'autres ressources que celles qu'ils savent s'ouvrir dans le païs meme.
ils commandent de tous cotés de fortes cuissons de pain. mais j'espere
qu'on les obligera de l'avaler fort chaud.

Le Roy livre apparement aujourdhui bataille aux Russes. il faut
esperer qu'il reparera la faute de Wedel et de Dohna. S. M. nous
a promis un secours de 20/m hommes dés qu'elle eut perdû la bataille
de Zullichau; auparavant elle y trouva de l'impossibilité. Et quoique
cela paroisse contradictoire, nous savons que le roi n'est jamais plus
grand que quand il boude.

Les francois firent jouer toute sorte de petits stratagèmes le 1.
d'aout pour partager l'attention du Duc; il n'en a pas eté la dupe.
ils firent aussi la galanterie à S. A. S. de canoner vivememt son
quartier de Hille, par une batterie de 6. pieces de canon qu'ils avoient
etabli la veille sur la digue d'Eikhorst qui mene par le marais à
Hille; mais ils n'ont tué personne.

Le jour de la bataille il y avoit 20. bataillons et 15. Escadrons
commandés (detachés) de l'armée; vous jugerez par là, que l'armée

n'a pû etre bien forte. mais en revanche, nos gens n'ont jamais eté plus animés que ce jour là.

. je crois que nous avons perdû jusqu'à 2,000 hommes entre tués et blessés. le prince hereditaire n'a perdû qu'une trentaine d'hommes. Votre cherissime Lettre. No. 67. du 31. de Juillet m'a eté rendüe cette nuit. j'ay aussi recû toutes les precedentes. L'arsenal de Bremen est surement vuidé; s'il y a quelque canon d'arretés au passage par le Delmenhorst c'est que les roues s'etoient cassé: on les a reparé; et le canon continue de faire son chemin. Messieurs de Bremen s'en trouvent beaucoup soulagés; ils ne craignent plus de siége. adieu mon cher Monsieur. Mettez moi aux pieds de S. A. S.

(à Mr. de Haenichen.)

** Lettre d'Un Officier de l'Armée Alliée commandée par Mgr. Le Duc Ferd. de Brunswick. dattée du Quartier Gen. à Goofeldt le 5. Aout 1759.*)

Contenant la Relation préliminaire de la Bataille de Todenhausen près de Minden gagnée par S: A: S: sur l'Armée de France le 1. Aout 1759.

Je vous ai preparé par ma derniere du 29. Juillet au glorieux Evenement qui est arrivé le 1 de ce Mois, les Occupations continuelles qui l'ont accompagné m'ont empeché jusqu'à present de pouvoir Vous en envoyer quelque detail. — Vous vous rappellerez que le 28. Juilt. Mgr. le Pr. Hereditaire se detacha du Camp de Petershagen avec 6 Bat. 8 Esc: Drag., 2 Esc: Huss.; Les Volontaires de Prusse et Une Brigade de Chasseurs Hannovriens. Il poussa par Lubeke, en chassa l'Ennemi, et prit la Route par Melle à Rimsel, situé sur le Chemin de Bielefeld. Il y fut joint le 30. par le Gen.-Major Dreves, qui avec un Corps de 4 Bat: 2 Esc. Dragons, 2 Esc. de Hussards, et les Chasseurs Hessois, avoit nettoyé les Environs de Vechte et repris Osnabrugg comme je vous l'ai deja mandé. —

Ce Jour là (le 30.) le Prince Heréditaire s'avança vers Hervorden, et s'etablit le 31. à Kirchlinniger sur la Route des Convoys de l'Ennemi qui venoient de Paderborn.

Le 29. Mr. Le Duc Ferdinand fit marcher l'Armée sur 3 Colonnes du Camp de Petershagen à celui de Hille, la droite s'appuyant au Marais de Hille et la Gauche sur le Village de Friedewalde; les Villages de Northemmern, de Holtzhausen se trouverent devant le front.

Les Piquets de l'armée furent postés à Frotheim, Hille, Sud-Hemmern et Hattum, n'etant ainsi separée de l'Armée de France (campée entre Minden et Haddenhausen) que par le Marais.

Le 31. Lubeke fut occupé par le Lieut.-Gen: Gilsae avec 3 Bat., 300 Chev. et 2 Escad: de Hussards pour entretenir une communication libre avec le Pr: Hereditaire qui s'avancoit vers Hervorden, où etoit la Boulangerie des François.

*) N. d. H. Im Nachlass Westphalen's befindet sich das Concept dieses Briefes, mit Correcturen von seiner Hand.

Un Corps de 15 Bat. et 19 Escad. avec une Brigade de grosse artillerie fut laissé campé sous les ordres du Genr. Wangenheim, derriere le Village de Dodenhausen, et le Village garni de 2 Bataills. et couvert par de bonnes Redoutes. —

Le Col. Luckner avec les Huss: Hanovr: et une Brigade de Chasseurs, et soutenu par 2 Bat. de Grenadiers etoit posté entre Buckebourg et le Weser, pour observer le Corps du Duc de Broglio campé audelà de cette Riviere entre Hausbergen et Minden.

Nos Dispositions genoient l'Ennemi, on remarqua bientôt qu'il n'y etoit pas indifferent, il fit repasser le Weser le 31. au Corps du Duc de Broglio. et la Nuit du 31. Juil. au 1. d'Aout, M. de Contades passa avec toute Son Armée sur 8 Colonnes; la Basta Ruisseau qui coule le long du Marais, et tombe à Minden dans le Weser: —

Le 1. Août, M: le Marechal de Contades ayant resolu de Nous attaquer, commença dés la pointe du jour à former son armée de façon qu'une grande Partie faisoit face vers Dodenhausen et contre le Corps du General Wangenheim, pendant que l'autre partie faisoit front sur Hille. *)

Le Duc Ferdinand avoit prevû, que la Bataille se devoit donner le 1er ou le 2me d'Aout vu que les Ennemis devoient repasser les montagnes, ainsi il etoit prêt à les recevoir.

A 3 Heures du matin l'Ennemi fit la Galanterie à S: A: S: de canoner vivement Son Quartier à Hille par une Batterie de 6 Piéces de Cannon qu'ils avoient etabli la Veille sur la digue d'Eickhorst qui mene par le Marais à Hille; mais ils n'ont tué Personne. — Leur But etoit apparamment d'attirer par là Nôtre Attention de ce Côté là. Mr. Le Duc Ferdinand se contenta d'y faire transporter 2 grosses Pièces de Canon, d'ordonner à l'Officier du Piquet posté à Hille, de s'y defendre jusqu'à la derniere Extremité et au General Gilsae d'attaquer à l'Instant par Lubeke, l'Ennemi posté à Eickhorst ce qui fut executé avec Succés.

Mr. le Prince d'Anhalt, Lieut.-Genr. du Jour fut chargé en même tems par Son Alt. d'occuper avec le reste des Piquets de l'Armée le Village de Halen où Mgr. le Duc Ferdinand avoit dessein d'appuyer sa droite, et où l'Ennemi s'etoit deja niché, mais d'ou il fut bientôt chassé.

L'Armée ayant pris les Armes s'ebranla sur 8 Colonnes et occupa en diligence le Terrain entre Halen et Stemmern, pendant que le Corps du General Wangenheim occupa le Vuide entre Stemmern et Dodenhausen. Il fut attaqué avec Vivacité, mais ne fut point du tout ebranlé.

Vers les 5 Heures du Matin le Canon joua des 2 Cotez avec beaucoup de Violence, et en peu de Tems nôtre Artillerie gagna la superiorité et la maintint.

Nôtre armée s'avança à grands pas, et le petit feu commença vers

---

*) Toute Sa Cavallerie se trouvoit au centre et Son Infanterie sur les deux ailes.

les 6 Heures le long du front. Le fort de l'Action se tourna alors vers nôtre droite. Les 6 Batails. d'Infanterie Angloise qui s'y trouvoient, de même que les 2 Batts. de gardes Hanovriennes y firent des prodiges de Valeur. L'Ennemi deconcerté de la Vivacité de Nos Mouvemens perdit Terrain et plia avec Celerité; Les Carabiniers et la Gendarmerie voulurent fouler aux Pieds l'Infanterie Angloise et Hanovrienne, mais ces braves Bataillons les renvoyerent avec une perte immense, et battirent tout ce qui se presenta à Eux tant Cavalerie qu'Infanterie de la Gauche et du Centre de l'Ennemi. — Les Canons de l'Ennemi, qui tiroient vers notre gauche, tomberent entre nos mains. La Cavalerie Hessoise, le Regiment de Holstein Dragons Prussien, Hammerstein et le Regiment du Corps de Cavalerie Hanovrienne ont fait Merveille à nôtre gauche, celui de Holstein entr'autres a emporté une Batterie de 9 canons et pris 3 Drapeaux. En un mot tous les Regimens qui ont donné se sont distinguez singulierement et pas un Peloton de toute l'Armée n'a reculé durant toute l'Action. La Cavalerie de la droite n'a point agi, etant detinée pour soutenir l'Infanterie en 3me Ligne.

L'Infanterie du Corps du General Wangenheim n'a point donné etant seulement placée pour assurer nôtre flanc gauche, et pour ne pas perdre l'avantage du Poste de Dodenhausen. Le Dessein des François etoit d'accabler ce Corps par le Poids de leur Masse, et de se mettre entre lui et le Gros de nôtre armée. Mgr. le Duc Ferdinand l'avoit prévû et en marchant comme il fit, il prit l'armée françoise en flanc. Ce fut le Duc de Broglio qui fit l'attaque sur le Corps de Wangenheim, mais un feu preparé de 30 Piéces de Canon placées avec Art, et executé avec une Vivacité sans egale rallentit le sien. Le Comte de Buckebourg Grand Maitre de l'Artillerie qui avoit donné l'Idée de cette Batterie, et qui l'a voulu diriger lui même s'est acquis une Gloire immortelle par les belles Dispositions qu'il a faites pour tirer profit de nôtre artillerie, qui est fort nombreuse. Elle a fait en general trés bien, celle des Anglois en particulier a fait Merveille.

à Midi la Bataille finit, l'Ennemi qui avoit toujours cédé, quitta tout à fait la Partie, il parut d'abord vouloir diriger sa Retraite par les Defilez de Wittekindstein (Wedigenstein), mais le Prince Hereditaire ayant battu le même jour le Duc des Brissac prés de Goofeldt, et cette Affaire leur ayant fait comprendre qu'il seroit trop difficile de repasser les Montagnes et de gagner Paderborn, ils prirent le Parti de passer le Weser la Nuit du 1. au 2 et de bruler les ponts. Ils vouloient, à ce qu'ils ont toujours dit, nous chasser au delà du Weser, nous leur avons fait ce qu'ils n'ont pû nous faire.

Les Ennemis conviennent avoir été battu tout de bon, leur perte est très considerable. nous leur avons pris beaucoup de canons, parmi lesquels se trouvent 25 piéces de gros calibre et evaluent leur Perte à 7000 hommes. Nous leur avons pris 43 Piéces de gros canon avec beaucoup Drapeaux et d'Etandards.

Le Butin que nos Troupes ont gagné est trés considerable; les Gardes à Pied Hanovriennes ont eu les depouilles et les montres d'or de la Gendarmerie; ce Corps a prodigieusement souffert aussi bien que les Carabiniers qui sont detruits; la Colonelle Generale et le Regiment du Commissaire general, et dans l'Infanterie, les Grenadiers de France et Royaux et les Regimens Saxons, ont le plus perdu et ont perdu beaucoup.

Minden s'est rendu le 2. au matin à Discretion; les Prisonniers qu'on y a fait sont en fort grand Nombre sur tout en Officiers blessés.

Le Duc y a fait ses Dispositions pour la suite de ses operations, qui n'ont point discontinué.

Le Colonel Freytag a pris plusieurs Trophées: aux Environs de Detmold une partie de la caisse militaire et de la chancellerie avec des papiers de la derniere importance est tombé entre ses mains, avec les Equipages du Maréchal de Contades, du Prince de Condé, du Duc de Brissac et du Comte de St. Germain; il est probable qu'ils en laisseront encore beaucoup en arriere. Msgr. le Prince hereditaire passe aujourdhui le Weser à Hameln, pour continuer la poursuite des Ennemis qui etoient arrivez Hier à la Hauteur de cette Ville. — Mr. le Duc Ferdinand assit le 4. son camp à Goveld et aujourd'hui 5. nous marcherons à Hervorden.

Les Ennemis souffrent beaucoup par le manque de Vivres; ils n'ont d'autres ressources que celles qu'ils savent s'ouvrir dans le Pays même. Ils commandent de tous côtés de fortes cuissons de Pain, et paroissent vouloir vanger leur defaite sur les Paysans qui n'en peuvent mais foible recouvrer dans les forets et montagnes ou leur armée se trouve dispersée.

Pendant qu'on se battoit dans la Plaine de Minden le Prince Hereditaire marcha sur Gohfeldt dans les montagnes, et en vint aux mains avec le Duc de Brissac prés du Pont de Gohfeldt. M. le Duc de Brissac eut le même sort que le Maréchal de Contades et cette defaite a probablement forcé Mr. le Maréchal Contades de repasser le Weser, ne se voiant d'autre ressource dans son malheur. Voici le detail de l'Action de Gohfeld entre Monseigneur le Prince hereditaire de Brunsvic et le Duc de Brissac 1ᵉ. Août.

Le Corps de Mr. le Duc de Brissac campa le 31 au soir, la Gauche au Village de Goveldt, ayant la Werre devant le front, et la droite vers les Salines, l'on compte ce Corps à peu près à 7 ou 8000 hommes. Leur Position etoit inabordable par le front, et il ne restoit de moyen que les attaquer que d'envelopper leur gauche. Pour cet effet Mr. le Prince Hereditaire fit les Dispositions suivantes.

S. A. S. forma 3 Attaques qui toutes devoient se regler sur la reussite de celle de la droite, les Troupes pour l'Attaque de la droite etoient 1 Bat. Diepenbroick, 2 Leib-Regiment Brunsvic, 200 Volontaires, 4 Esc. de Dragons de Bock. — Les Troupes du Centre furent 1 Bat. Vieux Zastrow, 1 de Behr, 1 de Bock, 1 de Canitz; 1 Esc.

de Charles Breitenbach, avec toutes les Pieces du Parc. — La Gauche
etoit composée d'un Bat. de Block, 1 Dreves, 1 Zastrow, et de 4 Esc.
de Busch. — Les Troupes du Centre etoient destinées à tenir l'Ennemi
en Echec, durant que celles de la droite enveloperoient sa gauche,
celles de nôtre gauche devoient se porter au Pont des Salines, pour
couper toute Retraite à l'Ennemi sur Minden.

S. A. S. etoit en Personne à la droite, M. de Kilmansegg au
Centre avec M. de Dreves, et M. de Bock avoit la Conduite de la gauche.

L'on partit à 3 heures du matin du camp de Quernheim; l'Ennemi
avoit les mêmes Intentions que nous, savoir de nous attaquer; dés que
M. de Kilmansegg eut debouché par le defilé de Beck, l'Ennemi se
presenta devant lui et le feu du Canon commença de part et d'autre;
La droite devoit passer la Werra sur un Pont trés etroit au Village
de Kirchlinger afin de tourner la gauche de l'Ennemi, la bonne Volonté des Troupes surmonta cependant cette difficulté, l'Infanterie passant cette Riviere en Partie à gué moitié en Croupe, et moitié sur
des Chariots de Paysan.

Par le Passage de la Werra, la Position de l'Ennemi etoit totalement
changée, le feu du canon etoit vif, il dura prez de 2 Heures quoique
le Nôtre ait été toujours superieur, enfin, le Prince se presentant sur
les derrieres de l'Ennemi, celui cy plia tout desuite; en defilant il frisoit
M. de Bock qui le reçût avec un feu de Canon bien nourri, jusqu'à ce que
le voyant enfin absolument entourez il ne resta aux François d'autre
Parti à prendre que celui de la fuite.

Ils ont laissé 5 de leurs Canons entre nos mains, ôn ne sait pas
encore au juste le nombre des Prisonniers; il y a dit on 5 Officiers
de Rang.

Toute Louange est due à Mr. le Lieut. Gen. de Kilmansegg, Mr.
Otte Colonel de Vieux Zastrow a fait parfaitement à la Tete de Son
Regiment, la Cavalerie Ennemie ayant donné dessus, il l'a rejettée avec
une perte considerable; la Nôtre est trez modique, le Capit. Wegner
du Corps d'Artillerie est blessé à la jambe, le bon Effet de nôtre
Canon, n'est dû qu'au Major Storch.

C'est ainsi que s'est passée cette grande Journée, memorable par
tant d'Endroits. Elle a couronné les vertus de nôtre Illustre Chef et
justifié la Confiance que Son Armée n'a pas cessé d'avoir en Lui, et
qui est la source des Exploits par où les Officiers et les Soldats ont
unanimement taché de repondre à tout ce qu'il pouvoit attendre d'eux.

La Liste des Prisonniers etant imparfaite et leur nombre augmentant à tout moment aussi bien que celui des Trophées qui prouvent
nôtre Victoire, je suis obligé à remettre à une autre occasion de
vous en envoyer le detail, mais je vous la promet dans fort peu
de jours.

Der Hr. General von Wangenheim stund Tages vorhero mit dem
linken Flügel ohngefehr mit 15 bis 18,000 Mann bey Todenhausen, eine

Stunde vor Minden*) gelagert und Sr. Durchl. der Printz Ferdinand waren mit einem Corps von gleicher Stärke bey Hille, welches fast 2 Stunden von dem Wangenheimischen Corps entfernet war.

„Ich mus nicht unangeführet lassen, dass Sr. Durchl. sollen gesagt haben, nun die Frantzosen ihm diesen March nicht verhindert, so müsse nechst Gott die Battaille gewonnen werden.

Des Erb-Printzen von Braunschweig Durchl. waren über Lübeke gegangen und stunden den Frantzosen mit 12000 Mann in den Rücken.

Der Marchall von Contades sahe sich dadurch in Verlegenheit gesetzet und musste attaquiren. Seine Absicht ist dahin gerichtet gewesen, dem General Wangenheim mit seiner gantzen Macht, die über 60,000 Mann gewesen (die gefangenen Frantzosen sagen 80000 Mann) unvermuthet und ehe und bevor Sr. Durchl. der Printz Ferdinand zu Hülfe kommen könnte zu überfallen. Die Französische Armée marchirte also in aller Stille des Abends um 10 Uhr aus ihren Lager von den Minder Bergen und passirte den dafür gelegenen Morast mit grosser Beschwerde, dass ihre Armée nicht ehender als um 5 Uhr en fronte auf marchiren konnte, der Gen. Wangenheim war bereits von dem rechten Flügel attaquirt, sie traffen aber zu ihrer Verwunderung, den alliirten rechten Flügel schon in Bereitschaft, dieser wurde auch so gleich attaquirt und musten die Sachsen unter Anführung des Printzen Xaverius den ersten Angriff thun, durch die heldenmüthige Anführung dieses Printzen haben sie tapfer gefochten, die Englische Infanterie aber hat sie dreimal zurückgeschlagen und dadurch eine Batterie von 14 Canonen eingenommen, das Regiment Kingslei hat am mehresten gelitten, weil sie nicht zu halten gewesen, ich fand dieses Regiment Tages nachhero beim Freuden-Feuer, keine 400 Mann stark.

Die beiden Esquadrons, Garde-Corps und Grenadiers à Cheval nebst dem Breidenbach'schen Dragonern hielten bey der Englischen Infanterie, sie konnten aber wegen des Terrains, nebst der gantzen Engl. Cavallerie welcher noch höher hielte, nicht einhauen.

Die beiden Bataillons Hannöversche Guarde, wie auch das Regiment von Hardenberg, wurden von den Gens d'Armes Carabiniers und noch einer Brigade Cavallerie attaquirt und hatten dreimal durchgehauen, allein sie sind übel empfangen worden, diese Bataillons haben die Contenence gehabt, die Feinde auf 20 Schritte kommen zu lassen, dadurch sie allemal einen gewissen Schuss hatten; die mehresten Todten, die ich gesehen, waren in die Köpfe geschossen.

Da die beiden Bataillon Guarde, als ersteres 2, das 2te 4 und das Regiment Hardenberg, auch zwey Estandarten erbeutet. So ist gar leicht, den schrecklichen Verlust sich davon vorzustellen.

Von der Guarde ist kein eintziger Officier todt, die 8 Estandar-

---

*) N. d. H. Aufzeichnungen über die Schlacht bei Minden und Todenhausen, und das Gefecht bei Goofeld, aus den Tagen kurz nach der Schlacht, von einem Ungenannten. (Aus dem Nachlass Westphalens.)

ten stunden zu ihrer Honeur beim Freuden-Feuer jede vor ihre Battaillons.

Beim Wangenheimischen Corps ist es am mehresten mit canoniren zugegangen, wobei die Feinde am mehresten eingebüsset, weil solche haufenweise übereinander lagen, der Graff von Bückeburg soll auf der grossen Batterie gestanden, und nachdem einige Feuer-Werkers von einer aufgeflogen Pulver-Carre getödtet, selber die Canonen mit abgefeuert haben und sich der grössesten Gefahr exponirt.

Nachhero da die frantzösische Cavallerie so stark aufgedrungen und dadurch sich üble Folgen am linken Flügel vermuthen mussten, ist er von der Batterie gesprungen und nachdem er sich zu Pferde gesetzet, dem Hammersteinschen und Leib-Regiment zugeruffen: folget mir oder wir lauffen Gefahr; worauf sie auf 13 Escadrons Frantzosen gedrungen, sich zwar glückl. durchgehauen, jedoch auf einmal einer Zeit lang eingeschlossen gewesen, dennoch aber von den hessischen Leib-Dragonern dergestalt unterstützet worden, dass sie die Feinde in die Flucht getrieben.

Der Rittmeister von Hammerstein hat den Duc de Luxenburg, nachdem ersterer bereits blessirt gewesen, dennoch gefangen genommen.

Das Regiment von Hammerstein hat nur 130 Mann Gemeine und 4 Officiers gesund behalten, bis noch aber ist noch kein Officier von diesem Regiment todt, indem die mehresten, wie auch einige 50 Gemeine die sich in Stolzenau befinden, gar leicht blessirt sein.

Vom Leib-Regiment ist der Obriste Spörken geblieben, und der Obrist-Lt: blessiret.

Das Hammersteinsche Regiment hat gleichfals 14 Canonen erobert, welche sich die Finkensteinsche Dragoner anmassen, ersteres hat aber die Feinde in die Flucht getrieben, und dabei sich nicht aufgehalten, weil es die Feinde verfolget.

Wenn die Feinde nicht Minden gehabt, so wäre fast ihre gantze Armée ruiniret.

Man kan diese Affaire vollenkommen mit der Rosbachschen vergleichen, indem innerhalb 2 Stunden alles decidirt gewesen. 45 metallene Canonen sind den ersten Tag bereits erbeutet gewesen.

Sr. Durchl. der Erb-Printz von Braunschweig haben an eben demselben Tage, des Nachmittags um 2 Uhr den Duc de Brisac in die Flucht geschlagen und 8 Canonen erbeutet, wobei das Buschische Dragoner-Regiment aber an die 200 Mann eingebüsset.

Der Marchal von Contades hat vorhero ehe er Minden verlassen, an Sr. Durchl. dem Printz Ferdinand geschrieben, und zu dem erhaltenen Siege felicitiret, Er hätte den glorieusen Fortgang der alliirten Waffen zu weichen sich genöthiget sehen müssen, er wolle besonders die in Minden zurückgebliebene blessirte ihm besonders empfohlen haben, worunter sehr viele von Distinction wären, und itzo heisset es dass 8 Printzen darunter sein sollen.

Nachdem am 2ten hujus die Alliirten erst Minden eingenommen, so haben sie nicht eher als den 3ten die Feinde verfolgen können, welche diesseits der Weser auf Stadhagen und Bückeburg geflüchtet. Sie wissen weder aus noch ein, weil des Erb-Printzen von Braunschw. Durchl. jenseits der Weser sein, ihr Verlust wird nach Aussage der gestern noch in Minden eingebrachten Officiers, deren schon 420 gewesen, über 18000 Mann geschätzt, und sie befürchten noch üblere Folgen. Das Jäger-Corps welches von Hameln die Weser herunter gekommen hat fast alle frantzösische Bagage erbeutet. Die frantzösische Armée hat nirgends wo sie hinkommt Lebens-Mittel, und es soll ein grosses Murren darunter sein, da ihre Marchalle, worauf sie gewaltig schimpfen, ihnen keine sichere Retirade verschaffet, dahero selbige bey gantzen Compagniee fortlauffen.

In den Archiv-Acten des Herzogs. vol. 95 befindet sich noch die folgende Relation über die Schlacht von Minden (oder Tonhausen) von der Hand Malortie's geschrieben, anscheinend eine Abschrift. Die Archiv-Acten vol. 329. enthalten in einer Sammlung von Plänen mehrere genaue Situations-Karten der Gegend von Minden, Petershagen, Lübbecke etc. mit Bezeichnung der Stellungen der Armée.

L'attaque de l'ennemi dabord a commencé à Tonhausen à 5 heures du matin. Le corps de Wangenheim, qui s'est joint à ce Poste, l'a soutenu avec toute la fermeté necessaire. Les Grenadiers Hessois, qui y furent, ainsi que la cavalerie Hessoise, c'est à dire les Regimens de Dragons, ont beaucoup perdû par le feu terrible que l'ennemi employa pour les deloger de ce poste, qui nous etoit de la dernière importance, puisque l'ayant une fois perdu, Nous étions tourné par notre gauche, et l'ennemi se formoit dans une Plaine, que Nous ne pouvions plus lui disputer alors. Les Regimens de Cavallerie Hanovriens du Corps et d'Hammerstein ont perdû considerablement à la même occasion. Le Lieutenant Colonel Huth, qui commandoit à la Batterie, que Nous y eûmes, merite des Louanges parfaites par la bravoure qu'il a montré, et par la fermeté, avec laquelle il a repondû à trois Batteries considérables, qu'on avoit dressé contre la sienne; en general le Corps de Wangenheim, qui consistoit de 5 Bataillons de Grenadiers et de 7. Bataillons d'Infanterie, 2 Regimens de Dragons et 8 Escadrons de Cavallerie, par la bonne contenance avec laquelle il a soutenu l'affaire et quasi le gros de l'ennemi, jusqu'à ce que l'armée ait pû venir le secourir, a le plus de part au succes de la Journée.

L'ennemi avança avec tant de vivacité que notre premiére ligne pût à peine se former; mais cela n'empecha point, qu'ils marchérent sonica dessus et le firent reculer dès le premier instant. Messieurs les Carabiniers, à leur noble coutume, vinrent aussi cette fois attaquer l'infanterie. Les Gardes Hannovriennes ont fait leur Objet, qui les ont si maltraités, qu'ils leur ont tué une furieuse quantité de monde et leur ont pris 5 Etendarts. — Les Saxons, qui, pour se retirer, formèrent un Quarré, ont été mal mené par les Regimens de Wangenheim et les Gardes Hessoises, qui leur ont tenu compte de cette manoeuvre; et leur ont pris du Canon et des Drapeaux. L'infanterie Angloise a fait merveilles, Douze Prisonniers, tous officiers de la Gendarmerie, en sont les temoins parlans. La Cavallerie Hessoise, qu'on nomme par le General Urf, a merité encore une fois les louanges qu'on lui donne ordinairement dans l'Armée. Le Regiment du Corps avec le Regiment de Holstein Prussien, en debouchant d'un mauvais defilé, attaquèrent toute une ligne de l'ennemi, qui étoit formée, la mirent en deroute et lui prirent onze Pièces de Canons et quelques Drapeaux. Le Regiment de Pruschenk a pris une paire de Timbales, celui de Wilhelm un Drapeau, — en un mot je n'ai jamais vû combattre les Trouppes avec une fermeté si decidée et un Courage si marqué. Le Comte de la Lippe, qui ne cesse de faire les éloges du Lieutenant-Colonel Huth, mérite qu'on lui decerne les premiers, par les sages dispositions de son artillerie et par la vitesse, et la promptitude constante, avec laquelle elle a eté asservie durant l'affaire. La Batterie de Tonhausen, quand l'ennemi s'est retiré, lui a pris deux grosses Pièces.

L'artillerie Angloise a d'excellens Officiers, qui tous se sont distingué à cette Journée, surtout le Capitaine Drummond, dont le Comte de la Lippe a parlé avec beaucoup de distinction à Mgr. le Duc.

Le Regiment de Hammerstein a pris un General, qui est nommé Mr. de Lutzembourg: en tout il y a une trentaine d'officiers faits Prisonniers et 40 Pièces de Canon, et beaucoup d'autres Trophées. —

Monseigneur*)
(Lettre à S. A. S. Msgr.
le Prince Louis de Bronswick.)

Je suis au desespoir d'avoir manqué a mon Devoir pour me jetter tres humblement aux piéds de Votre altesse, de l'assurer du parfait Comportement de son alt. Mons. le Duc Ferdinand et de la Victoire signalée remportée le 1ier sur un Ennemi Superieur et si enflé de quelques petites avantages precedentes. Ayant eté obligé de prendre une detour par l'Ostfriese pour eviter les parties Ennemis, et arrivant a Utrecht, j'apprends qu'un Courier, venant de l'armée m'avoit deja devancé, etant passé tout droit par Osnabruk Deventer à la Haye. je croyois alors pour sur, que ce Courier avoit eté adressé a Votre altesse, et dans cette supposition j'ai manqué si grossierement envers Votre altesse, dont la faute me met dans le plus grand Embarras du Monde, et dont je ne serois tiré que par le gracieux Pardon de Votre altesse, que j'implore le plus humblement, et que je viendrai chercher a mon Retour dans la plus profonde soumission selon la gracieuse Permission de Votre altesse.

Par la presente j'ai la satisfaction de persuader Votre altesse que tant Monseign. le Duc Ferdinand que Monseign le Prince hereditaire et le Pr. Charles de Bevern Se portent grace à dieu en Merveille;

*) N. d. H. Aus. Westphalens Nachlass.

34*

pour ce qui regarde la journée heureuse du premier je commencerai
mon petit recit du 27. du Juillet, esperant que Votre altesse se trouve
au fait des Mouvemens precedentes des deux armées;

Ce fut le 28. que Monseign. le Pr. Hereditaire Se detacha du
Camp de Petershagen avec six Batt. huit Esc. Drag. deux Esc.
Husard, les Volontaires de Prusse et une Brigade des Chasseurs Han-
noveriens. Il poussa par Lübcke, y chassa l'Ennemi, et prit la Route
par Melle à Rimsel situé entre le chemin de Bielefeldt; Il y fut
joint le 30. par le Gener. Major Dreves, qui, avec un Corps de quatre
Batt. deux Esc. Dragons deux Esc. Hussars et les chasseurs Hessois,
avoit nettoyé les Environs de Vechte, et repris Osnabruck avec
les Magazins, encore dans leur entier;

Ce Manoeuvre donna bien des Inquietudes a l'Ennemi tant pour
sa subsistance que pour sa Boulangerie etablie a Bielefeldt et a
Herfordt.

Le 29. Son alt. Monseign. le Duc Ferdinand fit marcher, sur trois
Colonnes, l'armée du Camp de Petershagen a celui de Hille, la
droite s'appuyant au Marais de Hille et la gauche sur le Village de
Friedewalde, les Villages de Nordhemmern et de Holtzhausen se trouverent devant le front; les Piquets de l'armée furent
postés a Frotheim, Hille, Sudhemmern et Hartum, n'etant
ainsi separés de l'armée de Contades (campée entre Minden et Haddenhausen) que par le Marais.

Lübcke fut occupé le Lendemain par le Lieut: Gen: Gilsae avec
trois Batt: 300 Chevaux et deux Escadrons des Husards pour avoir
une Communication libre avec le Pr. Hereditaire qui s'avanca ce jour
vers Herfordt.

Un Corps de quinze Batt. et de dix neuf Escad. avec une Brigade
de la grosse artillerie fut laissé et campé sous les ordres du Lieut.
Gen. Wangenheim derriere le Village de Dodenhausen, et le Village gardé par deux Batt: et defendu par des bonnes Redoutes.

Le Colonel Luckner avec les Hussards Hannover: une Brigade
des Chasseurs et soutenus par deux Batt: Grenadiers se tenoit entre
Buckebourg et la Weser pour y observer le Corps du Duc de
Broglio campé au dela de cette Riviere entre Hausbergen et Minden.

L'Ennemi se voyant par nos Positions trop gené, fit repasser le
31. le Corps du Duc de Broglio, et passa la Nuit du 31. Juillet au 1. d'aout
avec toute son armée sur huit Colonnes, la Basta (ruisseau qui coule
lelong du marais et tombe a Minden dans la Weser); à la pointe
du jour l'Ennemi commenca a se former, de façon qu'une grande partie
de son armée fit faço vers Dodenhausen et contre le Corps du
General Wangenheim, pendant que l'autre partie de l'armée Ennemie
faisoit front vers Hille.

A trois heures du Matin l'Ennemi commença par une forte Canonade de Eickhorst sur Hille (apparemment pour y attirer notre
attention). Son alt: Monseign: le Duc se contenta d'y faire transporter

deux grosses pieces de Canon, d'ordonner a l'officier du Piquet posté a Hille de s'y defendre jusqu'a l'Extremité, et au General Gilsae d'attaquer a l'instant par Lubcke, l'Ennemi a Eichhorst (ce qu'il a executé avec succés).

Le Prince d'Anhalt, comme General du jour, fut chargé en meme tems de Son alt: d'occuper avec le reste des Piquets de l'armée le Village de Halen ou Son altesse avoit dessein d'appuyer sa droite, et ou l'Ennemi s'etoit deja niché, mais dont il fut pourtant ensuite chassé.

L'armée ayant pris les armes s'ebranla sur huit Colonnes et occupa en diligence le Terrain entre Halen et Stemmern, pendant que le Corps de Wangenheim occupa la Vuide entre Stemmern et Do. denhausen.

Vers les Cinq heures du Matin les Canons jouerent de deux Cotés avec beaucoup de Vivacité et en peu de Tems notre artillerie gagna la superiorité, notre armée s'avanca a grand Pas et le petit feu commenca vers les six heures le long du front, l'Ennemi etonné de la Vivacité de nos Mouvemens perdit Terrain et plia avec Celerite, notre Cavalerie de la gauche donna avec succés partout, les Carabiniers et la Gendarmerie qui voulurent fouler aux pieds l'Infanter: angloise et Hannover. furent renvoyés avec grande perte par cette brave Infanterie, les Canons de l'Ennemi qui tiroient vers notre gauche — tomberent entre nos Mains, et a sept heures l'Ennemi étoit en pleine Retraite tenant le meme chemin par ou il etoit venü, nos gros Canons l'accompagnoit par tout, et par les Batteries a Dodenhausen l'Ennemi a perdu beaucoup de Monde.

La Ville de Minden empecha la poursuite quoique je crois la Ville presentement dans nos Mains, vü qu'a mon depart la plus grande partie de l'armée Ennemie etoit deja passé et au dela du Defilé de Wegenstein et qu'il n'y avoit plus qu'un seul Canon qui tiroit du Rempart de la Ville, pendant que nos Volontaires et Husars se fusilloient avec la Garnison.

La perte de notre armée n'est pas grande a cause du peu de Contenance de l'Ennemi et de son subit Manoeuvre retrogradant.

Pour ne rien avancer que ce dont je suis trés Sur, j'ai l'honneur de dire a Votre altesse, que j'ai vu de mes propres yeux dix neuf pieces de Canon et un Drapeau pris sur l'Ennemi, que selon le Rapport des Officiers de Confiance la garde Hannoverienne a pris deux Etandarts, le Regt. de Scheele une Etandart, et les Regiments de Hammerstein et de Miltitz chacun un paire de Timbale, meme qu'il y a aussi plus des Canons pris sur l'Ennemi que ceux que j'ai vû.

Toutes les troupes de l'armée ont temoignés beaucoup d'ardeur de Valeur et de Contenance, l'Infanterie Angloise les gardes Hanov: le Regt: de Wangenheim les Grenad: Hess. le Regt. de Tolle Hess. les Regts. du Corps et de Hammerstein Cavalerie Hannov. dememe que toute la Cavalerie de la gauche se sont beaucoup distingués.

La Cavalerie de la Droite n'a point agis etant pour le soutien de l'Infanterie en troisieme ligne.

L'Infanterie du Corps de Wangenheim n'a aucunement tiré ni donnée tant pour assurer notre flanq gauche que pour ne pas perdre l'avantage du Poste de Dodenhausen.

Il m'est impossible de determiner la perte de l'Ennemi, toujours il surpasse la notre, et en passant le Champ de Bataille j'ai remarqué que les Grenad: de France et Royaux dememe que l'Infant. saxonne et de la Cavalerie la Gendarmerie, Les Carabiniers, La Colonelle Generale et le Regiment Commissaire Generale ont le plus souffert.

Le Rapport arrivé a mon Depart de son alt. Monseign. Le Prince Heredit: portoit qu'il s'etoit avancé sur Goofeldt etant deja Maitre de Herfoordt, qu'ainsi on a raison de s'en flatter d'une suite heureuse de cette journée.

Votre altesse pardonnera de grace mon recit dressé en grandissime hate, et etant persuadé qu'Elle recevra dans peu une Relation plus ample et circonstanciée, Je le suplie plus humblement de vouloir bien suprimer ce griffonage et de me croire que je suis avec la plus profonde soumission

De Votre Altesse

le plus humble et le plus soumis Serviteur
d'Estorff, adj. Gen.

a Maasland Schluys
ce 6. d'aout 1759

(Archiv-Acten vol. 5 und Acten vol. 95)
„Relationen u. Listen v. 1756 bis 1762."

* Liste de notre perte à la journée de Tonhausen
au 1^{mer} d'Aout 1759.

Noms des Regiments.	Tués			Blessés mortellement			Blessés légèrement			Perdû ou Prisonniers			Somme.
	Off.	Bas-Off.	Comm.	Off.	Bas-Off.	Comm.	Off.	Bas-Off.	Comm.	Off.	Bas-Off.	Conn.	

**1. Liste de ce que les Regiments d'Infanterie des Troupes Britanniques
ont perdu eu Morts, Blessés et Prisonniers de Guerre à la Bataille de Tonhausen le 1er d'Aout 1759.**

Noms	Off	B-O	Comm	Off	B-O	Comm	Off	B-O	Comm	Off	B-O	Conn	Somme
Napier	3	4	78	14	11	179*	—	—	—	2	—	11	302
Kingsley	6	1	79	11	12	212	—	—	—	—	—	—	321
Huscke	—	4	31	10	6	156	—	—	—	—	—	10	217
Homes	—	1	18	7	4	115	—	—	—	—	—	9	154
Stewart	1	1	42	14	4	184	—	—	—	—	—	22	268
Brudnell	1	—	20	9	3	75	—	—	—	—	1	4	113
Artillerie	—	—	2	2	1	9	—	—	—	1	—	2	17
Somme	11	11	270	67	41	930	—	—	—	3	1	58	1392

**2. Liste de ce que les Regiments d'Infanterie des Troupes Hannovriennes
ont perdu etc.**

Noms	Off	B-O	Comm	Off	B-O	Comm	Off	B-O	Comm	Off	B-O	Conn	Somme
1. Garde	—	2	7	—	—	28	3	3	60	—	—	5	108
2. Garde	—	—	4	—	3	26	1	3	29	—	—	1	67
Spörken	—	1	3	—	1	4	—	—	2	—	—	—	11
Kielmansegge	—	—	—	—	—	3	—	—	1	—	—	—	4
Hardenberg	1	—	13	—	1	25	—	3	37	—	—	3	83
Wangen'eim	—	2	7	—	1	10	—	—	8	—	—	4	32
Jeune Zastrow	—	—	1	—	—	1	—	1	3	—	—	—	6
Stoltzenberg	—	—	4	—	—	1	—	—	6	—	—	—	11
Scheiter	—	—	—	—	—	—	—	1	2	—	—	—	3
Scheele	—	—	1	—	—	3	—	—	—	—	—	—	4
Halberstadt	—	1	9	—	—	12	—	—	2	—	—	—	24
Reden	—	—	6	—	1	8	—	—	2	—	—	—	17
Laffert	—	—	19	—	1	6	2	—	11	—	—	—	39
Schulenburg	—	—	5	—	—	—	—	1	—	—	—	—	6
Vac-Oberg	1	—	2	—	—	3	1	1	5	—	—	—	13
Brunck	—	1	1	—	—	6	—	—	6	—	—	—	14
Sachs-Gotha	—	—	—	—	—	2	—	—	—	—	—	—	2
Bückeburg	—	—	1	—	2	6	—	—	4	—	—	2	15
Artillerie	—	1	2	—	1	9	1	1	3	—	—	—	18
Somme	2	8	85	—	11	153	8	14	181	—	—	15	477

**3. Liste de ce que les Regiments d'Infanterie des Troupes de Brouswic
ont perdu etc.**

Noms	Off	B-O	Comm	Off	B-O	Comm	Off	B-O	Comm	Off	B-O	Conn	Somme
1. Bat. du Reg. de Corps	1	—	3	—	1	4	—	1	3	—	—	—	13
2. Bat. du Reg. de Corps	—	—	2	—	1	2	—	—	—	—	—	1	6
1. d'Imhoff	—	—	2	—	—	2	—	—	—	—	—	1	5
2. d'Imhoff	—	—	—	—	—	2	—	—	—	—	—	—	2
2. Behr	—	—	3	—	—	2	—	—	3	—	—	—	8
Somme	1	—	10	—	2	12	—	1	6	—	—	2	34

*) N. d. H. Unter den Verwundeten sind bei den Engländern die tödtlich und leicht Verwundeten nicht gesondert aufgeführt, daher die Zahl alle Verwundeten, auch die leicht Verwundeten mit umfasst.

4. Liste de ce que les Regiments d'Infanterie des Troupes Hessoises etc.

Noms des Regiments.	Tués			Blessés mortellement			Blessés legérement			Perdú ou Prisonniers			Somme
	Off.	Bas-Off.	Comm.	Off.	Bas-Off.	Comm.	Off.	Bas-Off.	Comm.	Off.	Bas-Off.	Comm.	
Garde	3	4	11	1	6	17	—	3	12	—	—	—	57
Grenadier	1	2	10	5	8	50	1	7	28	—	—	—	112
Regt du Corps	—	—	3	1	2	6	—	—	5	—	—	1	18
Prince Guillaume	—	—	2	—	2	12	—	1	3	—	—	—	20
Prince Charles	—	—	1	1	—	2	—	—	—	—	—	—	4
Prince hereditaire	—	—	5	—	2	10	—	1	6	—	—	—	24
Mannsbach	1	1	6	—	—	1	1	—	3	—	—	—	13
Anhalt	—	1	6	—	2	9	—	—	5	—	—	—	23
Gilsae	1	—	2	2	2	7	—	3	8	—	—	—	25
Canitz	—	—	4	1	—	7	—	—	2	—	—	—	14
Toll	1	3	15	—	4	16	—	—	11	—	—	—	50
Bischhausen	—	1	2	—	2	8	—	—	1	—	—	1	15
Artillerie	—	1	4	1	2	20	2	—	7	—	—	—	37
Somme	7	13	71	11	33	165	4	15	91	—	—	2	412
Total	21	32	436	78	87	1260	12	30	278	3	1	77	2315

1. Liste de ce que les Regiments de Cavalerie et Dragons des Troupes Hannovriennes ont perdú en morts, blessés et prisonniers de guerre à la bataille de Tonhausen le 1. d'Aout 1759.

Noms des Regiments.	Tués			Blessés mortellement			legérement			Perdú ou Prisonniers			Somme	Cheveaux			Somme
	Off.	Bas-Off.	Comm.	Off.	Bas-Off.	Comm.	Off.	Bas-Off.	Comm.	Off.	Bas-Off.	Comm.		tués.	blessés.	perdú.	
Grenadier	—	—	—	—	—	—	—	—	—	—	—	—	—	—	—	—	—
M. Breitenbach	—	—	—	—	—	—	—	—	—	—	—	—	—	—	—	—	—
Garde du Corps	—	—	—	—	—	—	—	—	—	—	—	—	—	2	—	—	2
Regt. du Corps	3	3	30	3	4	28	1	—	—	2	—	—	74	97	28	2	127
Hammerstein	1	1	6	4	5	54	2	—	—	1	—	5	79	43	22	12	77
Grothauss	—	—	1	1	—	3	1	—	—	—	—	—	6	20	2	—	22
Reden	1	—	5	1	—	6	—	—	5	—	—	—	18	27	4	—	31
Hodenberg	1	—	1	—	—	1	—	1	—	—	—	—	5	7	3	—	10
Bremer	—	—	—	—	—	—	—	—	—	—	—	—	—	—	—	—	—
Heise	—	—	3	—	—	3	—	—	4	—	—	—	10	6	1	—	7
Veltheim	—	—	—	—	—	—	—	—	—	—	—	—	—	—	—	—	—
Somme	6	4	46	9	9	95	4	1	9	3	—	6	192	202	60	14	276

2. Liste de ce que les Regiments des Dragons et Cavalerie des Troupes Prussiennes ont perdú etc.

Noms des Regiments.	Tués			Blessés mortellement			legérement			Perdú ou Prisonniers			Somme	Cheveaux			Somme
Holstein	—	—	31	3	1	16	—	3	13	—	—	—	67	68	47	—	115
Finckenstein	—	—	9	—	—	3	—	—	—	—	—	—	12	7	5	—	12
Somme	—	—	40	3	1	19	—	3	13	—	—	—	79	75	52	—	127

Noms des Regiments.	Tués			Blessés						Perdû ou Prisonniers			Somme	Cheveaux			Somme
				mortelle-ment			legère-ment										
	Off.	Bas-Off.	Comm.	Off.	Bas-Off.	Comm.	Off.	Bas-Off.	Comm.	Off.	Bas-Off.	Comm.		tués.	blessés.	perdû.	

3. Liste de ce que les Regiments des Dragons et Cavalerie des Troupes Hessois.

Noms des Regiments.	Off.	Bas-Off.	Comm.	Off.	Bas-Off.	Comm.	Off.	Bas-Off.	Comm.	Off.	Bas-Off.	Comm.	Somme	tués	blessés	perdû	Somme
Drag. du Corps	—	2	12	2	4	14	3	3	14	—	—	23	77	39	44	6	89
Prince Frederic	—	1	5	—	2	12	—	1	17	—	—	4	42	25	22	1	48
Reg. du Corps	—	—	1	—	1	7	1	—	4	—	—	1	15	5	8	3	16
Pr. Guillaume .	—	1	4	1	—	6	—	—	7	—	—	4	23	13	28	6	47
Miltitz	1	—	4	—	2	7	2	—	1	1	—	—	18	7	23	2	32
Prüschenck . .	—	—	—	1	—	—	—	—	—	—	—	—	1	1	2	—	3
Somme . .	1	4	26	4	9	46	6	4	43	1	—	32	176	90	127	18	235
Total . . .	7	8	112	16	19	160	10	8	65	4	—	38	447	367	239	32	638

Recapitulation.
A. Infanterie (et Artillerie).

Noms des Corps:	Off.	Bas-Off.	Comm.	Off.	Bas-Off.	Comm.	Off.	Bas-Off.	Comm.	Off.	Bas-Off.	Comm.	Somme	tués	blessés	perdû	Somme
6 Batt. des Troupes Britanniques:	11	11	270	67	41	930	—	—	—	3	1	58	1392	—	—	—	—
18 Batt des Troupes Hannovriennes:	2	8	85	—	11	153	8	14	181	—	—	15	477	—	—	—	—
3 des Troupes de Bronsvic:	1	—	10	—	2	12	—	1	6	—	—	2	34	—	—	—	—
10 des Troupes Hessois:	7	13	71	11	33	165	4	15	91	—	—	2	412	—	—	—	—
Somme . .	21	32	436	78	87	1260	12	30	278	3	1	77	2315	—	—	—	—

B. Cavalerie.

	Off.	Bas-Off.	Comm.	Off.	Bas-Off.	Comm.	Off.	Bas-Off.	Comm.	Off.	Bas-Off.	Comm.	Somme	tués	blessés	perdû	Somme
14 Escadrons des Troupes Britanniq.:	—	—	—	—	—	—	—	—	—	—	—	—	—	—	—	—	—
9 des Troupes Prussiennes:	—	—	40	3	1	19	—	3	13	—	—	—	79	75	52	—	127
22 des Troupes Hannovriennes:	6	4	46	9	9	95	4	1	9	3	—	6	192	202	60	14	276
16 des Troupes Hessois:	1	4	26	4	9	46	6	4	43	1	—	32	176	90	127	18	235
Somme . .	7	8	112	16	19	160	10	8	65	4	—	38	447	367	239	32	638
Total general .	28	40	548	94	106	1420	22	38	343	7	1	115	2762	367	239	32	638

Blessés

Off.   Bas-Off. Comm.
116.   144.   1763.

gez. D. Reden,
Adjudant General.

Noms des Officiers tués:
Infanterie.

Troupes Britanniques: Reg. de Napier: Lieut. Falkingham.
               '— Townsend.
        Reg. de Kingsley: Capit. Stewart.
                  — Cowley.
                  — Fuerson.
             Lieut. Brown.
                  — Norburg.
            Enseig. Crawford.
        Reg. de Stewart: Lieut. et Adj. Green.
        Reg. de Brudnel: Lieut. et Adj. Widdow.

Troupes Hannovriennes: Reg. de Hardenberg: Enseigne de Wersabe.
        Reg. de Oberg: Capit. de Bothmer.

Troupes de Bronswic: Reg. du Corps: Lieut. de Geiso.

Troupes de Hesse: Garde — — : Colonel Schönauer.
        Capit. de Kersenbruch.
        Lieut. de Hanstein.
        Grenadier: — Lieut. Heerda.
        Rgt. Mannsbach: Enseig. Biesenroth.
        Rgt. Gilsae: Capit. de Henning.
        Rgt. Toll: Capit. Joseph.

Cavalerie.

Troupes Hannovriennes: Reg. du Corps: Lieut. Colonel du Bois.
                         Rittmeister Garms.
                         Capit. Brockelmann.
        Reg. de Hammerstein: Lieut. Rode.
        Reg. de Reden: Cornet Schlüter.
        Reg. de Hodenberg: Lieut. de Winter.

Troupes de Hesse: Reg. de Miltitz: Cornet Dunkelberg.

Noms des Officiers blessés.
Troupes Britanniques.

Reg. de Napier: Lt. Col. Robinson. Reg. de Homs: Capit. Gore.

Capit. Murray	Lieut. Campbell
— Clowdslay	— Stirrop
— Campbell.	— Welson
— Dunbaz	Enseig. Pintard
Lieut. Hetcher	— Edgers
— Barlow	— Lockard
— Lawass.	Reg. de Stewart: Capit. Ceffe
— Freemann	— Bayley
— Campbell	— Blunt
— Rose.	— Grame
Enseig. Forbes	— Parkhurst
— Packhill	Capit-.Lt. Allen
— Kay	— Hutchinson

Reg. de Kingsley: Capit. Grey.
— Parr
— Tennest
Capit.-Lt. Parry
Lieut. Nugent
— Tompson
— Dempshire
— Boswell
Enseig. Erwin
— Derl
— Renden
Reg. de Huscke: Lieut. Col Pole
Capit. Fowler
— Fox
Capit. Lt. Bolton
Lieut. Orpin
— Reynolce
— Growe
— Barber
— Patterson
— Ferguson

Reg. de Stewart: Lieut. Brome
— Smith
— Barbut
— Spener
— Horrach
— Hamilton
Enseig. Elliot
Reg. de Brudnel: Lieut. Col. Furge
Capit. Montgomery
— Blair.
— Donallin
— Walker
Lieut. Gordon
— Knowles
— Green
Enseig. Peake.
Artillerie:
Lieut. Royers
— Harrington.

Perdû ou Prisonniers.
Reg. Napier: Capit. Chabert.
— Ackland.
Artillerie: Lieut. Cardan.

Noms des Officiers blessés:
Infanterie.

Troupes Hannovriennes: Garde-Reg: Lieut. Col. d'Ahlefeld.
Capit. de Minnigerode.
Lieut. de Götze.
— de Lützow.
Reg. Laffert: Capit. Lieut. de Plato.
Lieut. de Reiswitz.
Reg. d'Oberg: Lieut. Niemeyer.
Artillerie: Lieut. Achgelis.

Mortellement blessés:

Troupes de Hesse: Garde-Reg. Capit. Wildungen.
Grenadier: Maj. de Hattenbach.
— de Massenbach.
Capit. d'Usedom.
Enseig. de Cornberg.
— Comte de Wartensleben.
Reg. du Corps - Enseig. de Knebel.
— Prince Charles: Capit. Keydell.

Troupes de Hesse: Reg. Gilsae: Lieut. de Hagen.
                                        Enseigne. Quendel.
                           Artillerie: un Officier.
                        Legèrement blessés.
                           Grenadier: Enseigne Gibson.
                           Reg. de Mansbach: Lieut. Gunkel.
                           Artillerie: deux Officiers.
                  Cavallerie: Mortellement blessés:
                      Troupes Hannovriennes:
Reg. du Corps: Lieut. d'Anterten.   Perdû ou prisonniers:
           Cornet: Kerssenbruk.   Reg. du Corps:
           —   Isenbart.   Colonel de Spörken.
   — d'Hammerstein: Major Schuering.   Cornet Müller.
                   Rittmeister d'Hammerstein. Reg. d'Hammerstein.
                   Lieut. Wolffrath.   Lieut. d'Hammerstein.
                   Cornet Bergen.
   — de Grotthauss: Cornet Niemitz.
   — de Reden: Lieut. Helmers.
                   Capitain et Ober-Adjutant de Bülow.
                        Legèremet blessés:
                        Reg. du Corps: Lieut. Werkmeister.
                        — d'Hammerstein: Rittm. de Dachenhausen
                                        Lieut. Oldenbourg.
                        — de Grothaus: Rittm. de Harling.
Troupes Prusiennes: Mortellement blessés:
                        Reg. de Holstein: Colonel de Ferssen.
                                        Lieut. de. Varchmin.
                                        Enseigne: de Natzmer.
Troupes de Hesse: Mortellement blessés:
                        Reg. Dragons du Corps: Capit. de Buttlar.
                                        Enseigne Werner.
                        — Prince Guillaume: Cornet Rehm.
                        — Prüschenk: Major Kropff.
                     Legerement blessés:
                        Reg. Dragons du Corps: Colonel de Hanstein.
                                        Capit. Heiring.
                        Reg. du Corps: Lieut. Schmidt.
                                        Colonel d'Oheim.
                        Reg. de Miltitz: —   Wolff.
                                        Lieut. Todenwort.
                        Reg. de Miltitz: Pris., Lieut. Col. de Knoblauch.

(Copie.)   (Archiv-Acten vol. 5.)
    Detail de ce qui s'est passé à l'Action du 1. Août près de
      Minden.
    Mr. le Prince Ferdinand aïant detaché de Son Armée Mr. le

Prince Hereditaire de Brunswic avec un Corps de 12,000 hommes pour aller par Lubeke sur les derrieres de l'Armée, Mr. le Marechal a jugé ne pouvoir trouver un moment plus favorable pour l'attaquer. Le Camp que Mr. le Pr. Ferdinand avoit pris et dont la droite approchoit du marais, qui de Lubeke vient à Minden, a parû à Mr. le Marechal une raison de plus pour l'attaquer, son flanc gauche paroissant affoibli et étendû.

La droite de l'Armée Ennemie etoit derriere le Village d'Hille et sa gauche derrière celui d'Holtzhausen; cette Armée tenoit encore au Weser par un corps particulier campé entre le Village de Todtenhausen et celui de Petershagen

C'est sur ce corps particulier que Mr. le Maréchal a jugé necessaire de faire ses premiers efforts dans l'Objet de le culbuter et d'embrasser ensuite le flanc gauche de l'Ennemi. Mr. le Duc de Broglie avec les Troupes de sa Reserve a cté chargé de cette attaque, on l'a renforcé de 8 Bataillons des Grenadiers de France et Royaux, de 6 pieces de Canon de 12. et de 4 Obusiers, et il lui etoit prescrit dans la disposition generale, d'attaquer l'Ennemi vivement et rapidement, pour ne pas donner à Mr. le Prince Ferdinand le tems d'arriver sur notre gauche, que l'on avoit fait moins forte en nombre de troupes parcequ'on vouloit faire le principal effort par notre droite.

L'Armée s'est formée en Bataille à la pointe du jour appuyant sa gauche au Marais, occupant le Village d'Halem et les Hayes qui l'environnent jusqu'à une grande Bruyere. Quatre Brigades d'Infanterie aux Ordres de Mr. de Guerchi formoient la gauche de la 1re Ligne, soutenüe en 2me Ligne par le Corps des Troupes Saxonnes aux ordres de Mr. le Comte de Lusace. 3 Brigades de Cavalerie aux ordres de Mr. de Fitzjames formoient le Centre de la Ligne dans une grande bruyére, qui est entre le Village d'Halem et celui de Todenhausen; elles etoient soutenües en 2me Ligne par trois autres Brigades de Cavalerie aux Ordres de Mr. Dumesnil. La Gendarmerie et les Carabiniers etoient en reserve en 3me Ligne derriere ce Centre.

La droite de la Ligne etoit composée de 4 Brigades d'Infanterie aux Ordres de Mr. de Nicolai, elles etoient placées à la droite de la Cavallerie et soutenües en 2me Ligne par 2 Brigades d'Infanterie aux Ordres de Mr. de St. Germain.

La Reserve de M. le Duc de Broglie faisoit la droite de tout, renforcée du nombre de Troupes qu'on a deja dit. Mr. le Chev. de Nicolai avoit ordre de concerter ses mouvements avec ceux de Mr. le Duc de Broglie et même de le soutenir, pour faire dans cette partie droite un effèt plus decisif.

L'Action a commencée à cette droite à 5 heures du matin par une Canonade fort vive entre les Troupes de Mr. le Duc de Broglie et le Corps ennemi qui s'etoit avancé du Village de Todenhausen; cette Canonade a duré près de 3 heures. Mr. le Duc de Broglie ayant trouvé plus de troupes dans cette partie qu'on ne l'avoit imaginé la

Veille, en rendit Compte à Mr. le Marechal, qui fit joindre à Mr. de Nicolai les Brigades de 2de Ligne. Mr. le Duc de Broglie vint demander à Mr. le Maréchal ses derniers Ordres dans le Moment que l'action commença à la gauche et au Centre. Mr. le Pr. Ferdinand ayant eû le tèms de rapprocher sur son Centre les troupes de sa droite, il les fit deboucher promtement. 6 Bataillons Anglois et 3 Hanovriens formés sur deux Lignes debouchérent sur la bruyére sans Canon vis à vis de notre Cavallerie, tandisque d'autres Troupes avec du Canon ont attaquées notre gauche aux Ordres de Mr. de Guerchi, qui a soutenû cette attaque avec beaucoup de fermeté.

Mr. le Duc de Fitzjames voïant deboucher cette Infanterie Angloise vis à vis de lui, a fait marcher une partie de sa cavallerie sur elle. Cette Infanterie, sans s'étonner, a fait un feu de mousqueterie très vif, que notre Cavallerie n'a point soutenu.

Mr. le Maréchal arriva alors au Centre de la droite où il etoit, il ordonna à Mr. le Mis. de Beaupréau d'occuper avec les Brigades d'Infanterie de Touraine et de Rouergue et 8 pièces de Canon de 8 quelques maisons entourées de Hayes, qui etoient en avant de la droite de notre Cavallerie, pour la proteger et prendre à revers cette Infanterie ennemie, qui s'avançoit avec tant d'audace. Pendant que cet Ordre s'executoit quelques Brigades de Cavlrie. marcherent de nouveau sur cette Infrie. ennemie, qui soutint cette seconde Charge avec la même fermeté.

La Gendarmerie et les Carabiniers firent avec aussi peu de Succés une 3me Charge. Mr. de Poyannes, qui les commandoit, a eté blessé d'un Coup de feu et de quelques Coups de Sabre. La droite de la Cavrie. conduite par Mr. de Vogué en fit une 4me aussi infructueuse. Mgr. le Pce. de Condé a chargé à la tète de la Cavallerie à toutes ces differentes attaques avec la plus grande Valeur. Toute cette Cavallerie ayant eté mise en déroute, le Centre fut percé. Les Brigades de Touraine et de Rouergue qui n'avoient pas encore achevées d'occuper les Maisons, dont on vient de parler, fûrent attaquées par leur flanc droit par plusieurs Escadrons de Cavalerie et souffrirent prodigieusement. Mr. de Beaupréau qui les commandoit y fut blessé de plusieurs Coups de sabre et Mr. de Monti de deux Coups de feu. Elles se replièrent sur les Brigades d'Auvergne et d'Anhalt, que Mr. le Marechal plaça à la hâte dans les hayes en arrière de la bruyère. L'Ennemi se rendit maitre de ces Maisons de la Brigade de Rouergue et y plaça du Canon, qu'il tira avec beaucoup de Vivacité.

Tandis que ces differentes attaques se faisoient au Centre et à la droite, l'Ennemi poussa avec beaucoup de Vivacité celle de notre gauche. Mr. le Comte de Lusace soutint nos Brigades de 1re Ligne et attaqua avec quelques Bataillons Saxons une tête de Colonne d'Infanterie ennemie qui debouchoit sur lui, mais malgré tous les efforts qu'il y a fait de sa personne et avec ses Troupes, les Brigades d'Aquitaine et de Condé fûrent obligées de se replier avec beaucoup de perte. Mr. de Maugiron qui les commandoit fût blessé de deux Coups de feu.

Mr. le Maréchal voyant le desordre géneral, ordonna la rétraite. Mr. de Guerchi et Mr. le Cte. de Lusace réplacerent dans le Camp les Brigades d'Infrie. de la gauche qui passerent le ruisseau sur les differents ponts. Les Troupes de Mr. le Duc de Broglie firent leur retraite sur la Ville de Minden et la Cavallerie entra de même dans le Camp.

Ce fut dans le moment de cette retraite que Mr. le Marechal apprit que M. le Duc de Brissac avoit eté attaqué et battû auprès de Coowetz (Gofeld) par le Corps de Mr. le Pce. Hereditaire, et que ce Prince etoit maitre du Pont de Coowetz (Gohfeld) sur la Werra. Il apprit en meme têms par le Commandant de l'Escorte de gros Equipages qui etoient à Remen, que les Ennemis marchoient à lui, et que pour se garantir, il avoit fait brûler le Pont des Salines de Remen.

Le Pont de Coowetz (Gohfeld) occupé par l'Ennemi, celui des Salines de Remen brulé, qui devoient servir à la rétraite de l'Armée, determinèrent Mr. le Maréchal à faire passer le Weser à l'Armée pour se retirer sur Einbeck; l'Ordre en fût donné aux Equipages, au Convoi de pain qui etoit à l'Armée, et aux Troupes. Mr. le Marechal alla à Minden, pour y faire les Dispositions de cette retraite par un Païs, où rien n'étoit préparé à cet effet.

On ignore encore la perte que nous avons faite, on en attend le detail des Majors des Corps. La Gendarmerie a beaucoup soufferte. Il n'y a aucun Officier general de tué; on vient de nommer ceux qui ont eté blessés. Mr. de Lutzelbourg a eté pris.

Le Trésor, le Parc d'Artillerie, l'Hopital ambulant et les Caissons de Vivres sous la protection de 15 Bataillons et de 12 Escadrons commaudés par Mr. le Comte d'Andlau Lt. Gl., viennent d'arriver à l'Armée sans avoir fait la moindre perte.

Relation de la Bataille de Minden.*)

Les mouvements que Mr. le Pr. Ferdinand avoit fait le 29. Juillet, en venant appuyer sa droite au village de Hille, le Detachement considerable qu'il avoit poussé aux ordres du pr. Hered. sur Lubecke, les ordres de la Cour d'attaquer les ennemis dès que l'occasion s'en présenteroit, tout engagea Mr. le Mal à les combattre. Et l'on ne s'occupa pendant toute la journée du 31. Juillet que des moyens d'assurer la sureté d'une action aussi importante.

L'armée se mit en mouvement la nuit du 31. Juillet au 1. Aout, deboucha de son camp sur huit colonnes et passa le canal sur les ponts, qui avoient ete jettés la veille.

En même tems la reserve de Mr. le D. de Broglie partie du Camp de Nersen passa le Weser et vint se former à la droite du champ de

---

*) N. d. H. Diese Relation de la Bataille de Minden befindet sich in Westphalens Nachlass. Sie stellt den Hergang vornehmlich aus dem Standpunkte des Duc de Broglie dar.

Bataille que l'armée devoit occuper. Il y trouva les huit Bataillons des Grenadiers de Fr. et Royaux qui devoient être à ses ordres.

La Reserve se trouva en Bataille devant le jour à la portée du fusil des grandes gardes des ennemis.

Neuf Bataillons formoient la premiere ligne; il y en avoit autant à la seconde et quatre étoient en reserve; la cavallerie etoit sur deux colonnes à la gauche de l'Infanterie, afin de pouvoir se mettre en bataille pour la soutenir au besoin.

Dans cette position Mr. le D. de Broglie ne pouvoit rien entreprendre par lui même avant que sa gauche ne fut appuyée et la reserve étoit en bataille depuis plus de 3 h., lorsque la Division de Mr. le Chev. de Nicolai vint joindre à sa gauche; celle de Mr. de Bauprau la suivoit. Toute la Cavallerie de l'armée occupoit la Bruyere qui s' etendoit vers la gauche ou Mr. le Cte. de Guerchy fut placé avec 16 bataillons; elle apuya au Ruisseau dont les bords sont marecageux.

Mr. le marechal se plaça au centre de son armée; et telle fut la disposition generale.

Pendant le tems que l'armée employoit à arriver et à se former Mr. le D. de Broglie porta en avant de sa premiere ligne des pelotons d'Infanterie pour pousser les grandes gardes des ennemis et il se porta lui même sur la crête de la hauteur qui regnoit devant notre front et qui nous cachoit entierement leurs dispositions; alors il vit qu'ils occupoient en force les hameaux de Tostenhusen qui etoit retranché de là à celui de Kodenhausen. Il apercut deux Lignes d'Infanterie et au centre de la premiere ligne une colonne très profonde.

Le Hameau de Kodenhausen etoit aussi garni d'Infanterie; à la droite de ce hameau paroissoit beaucoup de Cavallerie qui s'ébranla par plusieurs fois pour deboucher dans la plaine; ensuite le reste de l'armée de Mr. le Pr. Ferdinand qui s'etendoit vers le village de Hill de distance en distance par des bois dont il a habilement profité pour cacher sa disposition et ses mouvemens.

Mr. le D. de Broglie aprés avoir reconnu la position des ennemis qu'il avoit devant lui et l'avoir fait examiner aux officiers generaux qui etoient à ses ordres fit avancer son artillerie sur les cinq heures. Elle consistoit en 18 pieces du parc et 9 obusiers et les pieces des Regiments. d'abord les ennemis n'y repondirent que foiblement, mais bientôt leur feu devint si superieur qu'il éteignit le notre et la reserve essuya pendant trois heures la canonade la plus vive.

Lorsque Mr. le Duc de Broglie vit la division de Mr. le Ch. de Nicolai formée et que l'armée commencoit à se mettre en bataille il crut devoir aller rendre compte lui meme à Mr. le marechal de la position des ennemis à leur gauche; position qui paroissoit beaucoup plus respectable et plus fournie de monde qu'on ne l'avoit supposé dans la disposition generale.

En effet on a scû par le retour des prisonniers et par les relations publiées par les ennemis, que le Gen. Wangenheim occupoit cette gauche avec un corps de 20 mille h., qu'elle étoit defendue par 50 pieces de canon et que le Hameau de Totenhausen etoit couvert par une redoute pallissadée et entourée des puits. On ne pouvoit douter que les ennemis n'eussent pris de si grandes précautions à leur gauche, puisqu'elle couvroit leur retraite et les ponts qu'ils avoient sur le Weser.

Pendant le tems que Mr. le D. de Broglie prenoit les ordres de Mr. le marechal, on lui fit voir de l'Infanterie ennemie qui debouchoit des bois vis à vis de notre centre, qui etoit soutenue de quelque cavallerie, et lorsque ses troupes furent à une demi portée du canon, l'infanterie se forma sur deux lignes avec une promtitude incroyable et marcha en avant sur la gauche de notre Cavallerie. Mr. le Duc de Fitz James, qui la commandoit, crût le moment favorable pour la faire attaquer. Il le fit par onze Escadrons aux ordres de Mr. le Mis. de Castries. L'attaque fut vigoureuse mais les ennemis ne s'en etonnerent pas, ils attendirent notre Cavallerie à dix pas, lui firent le même feu le plus vif et le plus nourri et recurent à coups de bayonette ceux qui s'avancerent jusqu'à leur premier rang.

Mr. le marechal voyant que cette premiere charge n'avoit pas reussi dit à Mr. de Broglie de retourner à sa reserve et de se contenter de contenir la gauche des ennemis en attendant le succés du combat qui venoit de s'engager.

Les Gendarmes et les Carabiniers à la tête desquels Mr. le Pr. de Condé vint se mettre, firent une seconde charge très vigoureuse; mais la fermeté des ennemis fut inebranlable et trois nouvelles charges de Cavallerie furent également infructueuses.

En même tems qu'on avoit fait charger notre Cavallerie Mr. le marechal pour couvrir ses flancs avoit fait avancer les Brigades de Tourraine et de Rouergue, commandés par Mr. de Beauprau, aux hayes du village de Holtzhausen, mais y ayant été prevenus par l'Infanterie ennemie dont le feu superieur les obligea de se replier, la Cavallerie Hanovrienne profita de ce moment pour les charger et les maltraiterent beaucoup.

A la gauche les Brigades de Condé et d'Aquitaine avoient à faire à de l'Infanterie avec la quelle il y eut un combat assés vif; parti des troupes Saxonnes, qui ont combattu fort valeureusement, s'y joignit fort à propos pour debarasser les deux premieres Brigades, et Mr. le Cte. de Lusace fit en cette occasion ainsi que dans tout le reste de la journée des prodiges de valeur et couvrit la retraite de toute la gauche de l'armée.

Mr. le marechal se voyant alors ouvert à son centre de 29 bataillons crût devoir songer à sa retraite, et il fit dire à Mr. le Duc de Broglie de faire la sienne en favorisant celle de l'Infanterie de l'armée et la Division de Mr. le Chev. de Nicolai. Il fit faire à gauche à toute sa Cavallerie; cette manoeuvre en imposa à la Cavallerie ennemie qui s'arreta. En même tems l'Infanterie de sa reserve se retira dans le plus grand ordre quoique foudroyée par une nombreuse Artillerie.

Les vingt mille h. commandés par Mr. de Wangenheim deboucherent
sur elle par six colonnes mais sans en approcher. On ne sauroit assés
exalter la fermeté avec laquelle elle a essuyé le feu du canon pendant
près de cinq h. et la valeur froide, avec laquelle les Grenadiers de Fr.
se sont conduit dans cette occasion où ils ont beaucoup perdu, est au
dessus de toute Eloge.

C'est dans l'ordre que l'on vient de dire que la reserve fit sa
retraite. Mr. le D. de Broglie plaça l'Infanterie dans les hayes des
jardins de Minden et sa Cavallerie suivit l'armée qui repassa le canal
et vint se rallier dans l'ancien camp.

Telle a été la Journée du 1. d'Août ou nous avons perdu 5 ou 6
mille hommes tant tués que blessés ou fait prisonniers. Du nombre des
derniers est Mr. de Lutzelbourg marechal de camp; Mr. de Poyanne
et Mr. de Bauprau Ltr. Genx. de Monty Maugiron marechal de camp
et le D. de Montmorency, de Gaze et de Sechelles ont été blessés.
Mr. le Pr. de Chimay et de la Fayette Colonels ont été tués. Les
ennemis ont pris quelques Etendarts et drapeaux et quelques pieces
de canon

Lorsque Mr. le marechal s'occupoit du soin de rassembler son
armée Mr. de Montchenu, aide-marechal General des logis de l'armée
vint lui rendre compte que Mr. le Duc de Brissac, qui avoit été envoyé avec 2 mille h. d'Infanterie et mille Chevaux et 5 pièces de
canon, pour assurer nos Convois et observer les mouvements du Pr.
Hereditaire, avoit été attaqué par ce Prince près de Cosfeld, qu'il
l'avoit repoussé avec perte. Il ajouta que ce prince paroissoit fort de
dix à 12 mille hommes au moins et qu'il avoit 32 pieces de canon.

L'avantage que vénoit de remporter Mr. le Pr. Hereditaire le
rendoit maitre d'occuper la gorge de Coesfeld et rendoit par consequent
notre retraite sur Hervorden très difficile pour ne pas dire impossible.
Toutes ces circonstances reunies determinerent à repasser le Weser et
à se retirer en Hesse par la rive droite de cette rivière sur Eimbeck
et Gottingue. L'on commença donc à faire passer les Equipages qui
furent suivis par l'armée, et le second à la pointe du jour elle etoit
sur la rive droite du Weser. Elle se mit en mouvement tout de suite
pour venir à Holdendorff; elle fut precedée par ses equipages qui furent
escortés par une Brigade d'Infanterie et les Regimens d'Apchou et de
Schomberg. En même tems Mr. le Cte. de St. Germain fut envoyé
avec deux de Cavallerie et trois d'Infanterie pour masquer la Garnison
d'Hameln. La Defense de Minden étant devenue impossible Mr. le
marechal y laissa seulement 300 h. d'Infanterie pour faire une capitulation pour les malades et blessés qu'on étoit obligé d'y laisser et cette
Capitulation fut signée la journée du deux.

Il etoit près de midi et la reserve alloit se mettre en marche
lorsque Mr. le D. de Broglie eut avis que les Ennemis paroissoient
près de Buckbourg et qu'ils alloient attaquer les Equipages. il s'y porta
sur le champ et contint un gros corps de Housards et de Chas-

seurs jusqu'à la nuit, après quoi il se remit en marche et rejoignit l'armée.

La multitude des Equipages rendit la marche trés pesante et l'armée n'arriva que le 3. à Holdendorff, où elle sejourna le 4., pour laisser le tems à l'artillerie et aux Equipages de defiler.

Pendant ce sejour Mr. le marechal persuadé de la necessité de prevenir les Ennemis en Hesse ordonna à Mr. le D. de Broglie d'y arriver le plus promtement qu'il seroit possible; il partit le 5. en même tems que l'armée. En arrivant près d'Amelen il trouva la Division de Mr. le Cte. de St. Germain en bataille et cet officier general occupé à faire ses dispositions pour recevoir les ennemis qui paroissoient vouloir deboucher d'Amelen. Mr. le D. de Broglie plaça sa reserve en seconde ligne derriere la division de Mr. de St. Germain. Il etoit d'autant plus vraisemblable que les Ennemis pourroient deboucher d'Hamelen, que l'on avoit vû le corps du Pr. Hereditaire y marcher par la Rive gauche du Weser. Il y arriva sur les cinq h. du soir et y campa. Ainsi il n'y eut que quelques coups de fusils et de canons tirés entre les chasseurs et les volontaires, et Mr. le D. de Broglie continua sa route et arriva dans quatre marches forcés à Drannsfeld. Il y apprit que les chasseurs y avoient parus dans la journée.

Le Lendemain il eut avis que les ennemis paroissoient sur les hauteurs du defilé de Münden dont le passage est etroit et difficile, et qui de plus etoit embarassé par des abbatis. Mr. le Duc de Broglie sentant la necessité de ne pas les laisser arriver en force dans ce defilé, fit marcher sur le champ les troupes legeres soutenues par 14 compagnies des Grenadiers qu'il fit suivre par le reste de sa reserve. En arrivant près du defilé on vit 8. à 9 cents chasseurs qui commencerent à canonner la tête des troupes; on les disoit soutenus par un corps de 2000 h. qui faisoient l'avantgarde du Pr. hereditaire. Dans une circonstance aussi pressante Mr. le D de Broglie ne perdit pas un moment à faire ses dispositions à les attaquer; ils n'attendirent pas qu'elles fussent achevées, ils se retirerent et la reserve arriva tranquilement le 9. à Munden.

Pendant le tems que Mr. le D. de Broglie gagnoit la Hesse à grandes journées Mr. le marechal continuoit sa retraite. Les ennemis ont attaqué plusieurs fois son arriere Garde mais toujours sans succés. Le 7. les Grenadiers de Fr. les repousserent vigoureusement à Embeck. Ils ne furent pas reçus le 10. avec moins de vigueur par Mr. le Cte. de St. Germain, qui occupoit avec sa Division les hauteurs du defilé de Munden pour couvrir le passage de l'armée; il fut attaqué à 5 h. après midi par un corps considerable qui avoit beaucoup d'artillerie. Les troupes y montroient la plus grande fermeté et les ennemis furent obligés de se retirer avec une perte très considerable.

Le 11. L'armée est arrivée à Munden; elle a perdu ses gros Equipages qui avoient été envoyés à Hervorden. Ceux de la Reserve, qui avoient passés à la droite du Weser, ont été sauvés; du reste on n'a perdu des menus Equipages que ceux qui ont été abandonnés par les valets qui se sont ecartés de la Colonne.

Les troupes sont fatiguées à cause des marches forcées qu'elles ont faites mais on peut assurér qu'elles ne sont pas decouragés et qu'elles ont montré de la volonté et du nerf pendant toute la retraite.

L'armée campe auj. douze en avant de Cassel et à la rive gauche de la Fulde; on a seulement laissé Mr. de St. Germain avec 3 Brigades d'Infanterie sur les hauteurs de Lutzelberg.

La réserve de Mr. de Br. campe en avant de l'armée à Oberfelma; celles de Mr. le Mis. d'Armentieres et de Mr. le D. de Chevreuse reunies sont depuis hier campés à Wolfagen ayant des detachements en avant de lui et sur la gauche à Wolckemulsen et Corbach.

(Archiv-Acten vol. 253.)

In der Sammlung abschriftlicher Korrespondenzen, welche dem Herzog Ferdinand durch seine Verbindungen im Haag, unter der Hand des Geheimen Secretärs seines Bruders, des Herzog Louis von Braunschweig, v. Haenichen, im Jahre 1759 zugekommen, befindet sich auch über die Schlacht von Minden eine Reihe interessanter Briefe, welche im vol. 253 der Archiv-Acten aufbewahrt sind. Einige von diesen Briefen mögen hier folgen.

Meurs le 31. Juillet.

Mr. de Contades ne bougera pas de son camp de Minden, jusqu'à ce que Lipstadt et Hameln soient pris.

On fait actuellement des preparatifs dans Meurs, pour recevoir les prisonniers de guerre de la citadelle de Münster, qu'on fait monter à 1500 hommes, qui doivent arriver demain. Le jeune Mr. Scheiter est de ce nombre, très malcontent de la conduite du Commandant de s'etre rendû sitôt. Mr. le Chanoine Schaesberg venant en droiture de Münster assure, que le feu ayant pris dans l'hopital et tout de suite à un petit magazin de poudre; que les malades avoient fait des hurlemens épouvantables et que ceux de la garnison avoient jetté bas leurs armes et demandé bon gré malgré de capituler et qu'ils avoient arboré le drapeau, ainsi que les deux Zastrow etoient malheureux, l'un en se laissant surprendre, l'autre en voulant bien defendre.

Extrait d'une lettre de Mr. R(ouillé)
du 31. Juillet 1759.

— — Le Roi est très content des manoeuvres de Mr. de Contades et du Marquis d'Armentieres, qui a envoyé la Capitulation de la Citadelle de Münster. Lorsque le vieux Marechal fut annoncer cette nouvelle au Roi, S. M. lui dit, qu'elle étoit tres contente de d'Armentieres, et qu'il falloit lui ecrire qu'après la prise de Lipstadt, il seroit employé dans une plus grande expedition, dont le succes le feroit Marechal de France. Je ne sais pas d'où proviennent les préventions du Roi contre le Duc de Broglie; mais S. M. ne lui rend pas justice.

Le Roi de Danemarc est toujours extremement zélé pour la paix.
Il fait faire souvent des propositions de paix. . . .

Le vieux Marechal est devenû l'ennemi juré du Duc de Choiseul,
et on ne doute point qu'il ne le fasse disgracier s'il peut en venir à
bout. —

Lettre de l'armée françoise à Minden
le 31. Juillet 1759.

L'on ne sauroit penetrer les desseins du Prince Ferdinand; l'on a
d'abord crû qu'il venoit nous attaquer; il y avoit d'autant plus lieu de
le croire qu'il le pouvoit faire sans rien risquer, vû que sis on armée
eût eû du dessous, il etoit toujours à même de se retirer en bon ordre
sans crainte d'etre poursuivi, vû les marais et les defilées, qu'il y a
entre son Armée et la notre, au lieu qu'en nous battant il nous rendoit
notre retraite très difficile, nous n'avons qu'un seul chemin qui conduit
à Hervorden, par où toute l'armée auroit dû defiler. Mais il falloit
nous bien battre, et c'est là ce que l'on n'espere pas: notre position
est des plus avantageuses. L'on est impatient de voir le denouement
de tout ceci. Lipstadt une fois emporté, le Prince Ferdinand ne
pourra tenir la position où il est, qui ne nous fait point d'autre mal
que celui de nous obliger, d'aller fourager de l'autre coté du Weser.
Peutetre voudra-t-il profiter de cette circonstance pour nous porter
quelque coup. Mais il est à craindre qu'il ne le reçoive, s'il persiste
à occuper ce camp, car l'on assure aujourdhui, que nous ne tarderons
pas d'aller à lui; enfin la bombe doit crever en peu de jours.

Lettre de l'Armée Françoise,
datée Minden le 2. Août 1759.

Notre Armée etoit campée avantageusement. L'ennemi a fait
plusieurs tentatives pour nous ebranler, sans aucune reussite. Enfin
notre General, soit qu'il fut tenté, soit que ce fut son ordre de l'attaquer, a fait construire plusieurs ponts sur un marais qui couvroit
notre front, et nous avons marché la nuit du 31. Juil. au 1. d'Août
afin de l'attaquer. Au lieu de surprendre l'ennemi, nous avons été
prevenus, les ayant trouvé dans une très bonne position dans leur camp.
Nous avons été culbutés; nous avons perdu la bataille, et l'armée s'est
retirée confusement. L'Infanterie Françoise a été battue par la Cavalerie Hannovrienne et Hessoise, et la Cavalerie, y compris la Gendarmerie et les Carabiniers, par l'Infanterie Angloise. On dit qu'il
est necessaire que nous regagnions Cassel.

Extrait d'une lettre de M. de Cast(ellar).
du 3. Aout 1759.*)

Le Marechal de Contades ayant reçu des ordres exprès de la
Cour, d'attaquer les Hannovriens, s'il trouvoit une occasion favorable,
de le faire, rappella le duc de Broglie avec la plus grande partie de

---

*) N. d. H. Wesel.

son corps, qui se reunit à la grande Armée le 31. du passé. Soit que le Secrèt de ce Marechal ait été decouvert, comme on le croit, soit par quelque autre motif, le Prince Ferdinand a taché de prevenir ce coup, et attaqua l'Armée le 1. de ce mois. Son attaque fut des plus vives et des plus brusques, et fit d'autant plus d'effet, que le Marechal ne s'y attendoit pas. Aussi apres un feu des plus vifs, il fut obligé de se retirer; je ne sai encore rien d'exact de cet evenement. On m'a simplement mandé que le combat avoit été très vif; que nos Troupes s'étoient très bien soutenues dans le commencement, et que Mr. de Contades ayant vû qu'elles plioient avoit pris le parti, de se retirer sans être poursuivi par aucun ennemi. Il fait la perte des Hannovriens plus considerable que la sienne, qui est peu considerable, si on en excepte quelques prisonniers.

Il me mande de redoubler de vigilance, par ce qu'on ne sait pas ce qui peut arriver. Voilà le seul detail que j'ai de cette funeste journée. Cet evenement est d'autant plus funeste, qu'on m'ecrit de Leipzic que les Russiens ont detruit l'Armée du Comte de Dohna.

P. S. Je reçois dans le moment une lettre de Durfort, dans laquelle il me marque, que notre perte est très considerable, que les ennemis ont fait grand nombre de prisonniers, parmi lesquels on compte un Marechal de Camp et plusieurs Colonels, qu'ils ont pris 15 pièces de canon, et plusieurs drapeaux et étandarts.

(Copie.)
à Eimbeck 4. Aout 1759.

Monsieur!

Je ne puis pas aujourd'hui vous donner de bonnes nouvelles de notre armée, nous n'y avons que de la tristesse. M. le Prince Ferdinand nous a battu. Mr. le Marechal, qui avoit paru plein de Dispositions, n'en pas fait aucune le Jour de la Bataille. M. le Duc de Broglie le disoit des les 4 heures du Matin, que cet ordre valoit rien; dans ce moment on a commencé à cannoner; à Midi tout a été fini; presque tous les Regimens de l'armée ont donné, mais rien n'a pû ébranler la Colonne Angloise, qui seule a detruit notre Gendarmerie et nos Carabiniers et plusieurs Regimens de Cavalerie. Nous comptons avoir perdu 10 mille hommes dans cette affaire et bien des Gens de Consideration, tous nos gros Equipages, beaucoup d'Artillerie; cela nous cause un dommage irreparable; tout le monde est ruiné et desolé. Je suis du nombre, Je ne regrette que mes Papiers. Nous allons nous retirer à Cassel, passant par Northeim et Goettingen. Je crois que nous perdrons beaucoup de monde en route tant par la Maladie que par la Desertion. Nous sommes sans Pain et nous n'en pouvons avoir que de Cassel. On ne sait quel parti la Cour fera prendre à l'Armée. Mais on croit que ce sera celui de repasser le Rhin. Mr. d'Armentières a ordre de laisser Lipstadt et de se porter sur Cassel où il se joindra à nous.

Lettre du Camp François sous Halteren
du 8. Août 1759.
de bonne main.

Les mouvemens continuels, ou nous avons été depuis la prise de
Münster, ne m'ont pas laissé le loisir de vous écrire. Le lendemain
après la prise de la Citadelle, nous partimes pour aller camper au delà
de Münster, après avoir vû defiler la Garnison prisonniere devant nous,
ornée du superbe Mr. Scheiter. Dès lors nous sommes allés en droiture faire le Siege de Lipstad, n'aïant fait de sejour en chemin que
celui, qui étoit necessaire pour la distribution du Pain. Arrivés à
Lipstad, nous en fimes le lendemain l'investiture. Le surlendemain
nous fimes nos préparatifs pour ouvrir peu de jours après la tranchée.
Ce fut alors que nous aprimes la triste et facheuse nouvelle du desavantage que notre armée avoit eu le 1. Les ordres de Mr. le Mâal.
pour nous retirer ou plûtôt, suivirent de près. Mr. d'Armentieres nous
quita avec la Brigade de la tour du Pin, et toute notre Cavalerie, pour
aller joindre la grande Armée; et nous autres, savoir dix Bataillons,
composés de la Brigade de la Couronne, nos trois Regimens Suisses,
un Regiment de Dragons, et la Legion Royale, avons eté envoyés de
ce coté-ci. La Couronne, Reding et Lochmann doivent se rendre à
Wesel, et Provence et Jenner à Dusseldorff. Nos ordres portoient,
pour nous y rendre tout de suite. Mais Mr. de Meaupou, Mâal. de
Camp, sous les ordres duquel nous sommes, a pris et prend sur lui,
de nous retenir içi depuis 5 jours, au lieu de nous envoyer à notre
destination, sans doute pour l'evacuation de nos Magazins, qui sont
assez considerables. En attendant Mr. de Castella à Wesel, et Mr. de
Sourche à Dusseldorff fulminent contre notre Général du retard qu'il
nous occasionne. Ils croïent que notre presence pourroit dans peu
leur être necessaire. Nous croïons cependant que la plaisanterie sera
encore l'affaire d'un couple de jours, et que nous nous rendrons à
notre destination.

Extrait d'une lettre du Marquis de Houquetot
Officier dans les Gendarmes de la Garde
du 10. Août 1759.

L'affaire du 1er et ses Suites sont des plus funestes. La petite
Gendarmerie, les Carabiniers et les Grenadiers de France ont beaucoup
souffert. Ils ont perdu plus d'un tiers de leur monde. On compte
8 Officiers tant Generaux que Maréchaux de Camp tant tués que
blessés et prisonniers. Le Mâal. de Belleisle n'a communiqué ce détail
au Roi qu'avant hier sur le midi. S. M. y fut si sensible qu'Elle fut
invisible le reste du jour. Une seule personne eût la permission,
d'entrer dans Sa chambre. Cet evenement est des plus funestes tant
par la perte des braves Officiers, que par le païs qu'on est obligé
d'abandonner. La consternation seroit d'autant plus grande, si on
n'etoit pas informé, que le Mâal. de Contades avoit sur lui la lettre

que le Maâl. de Belleisle lui écrivit le 15. Juillet, laquelle est de la
derniere consequence. Le Maréchal évalue sa perte entre 11 et 12 mille
hommes, tant tués que blessés et prisonniers. Mais le Duc de Broglie,
à qui la Cour est en quelque façon redevable de la conservation peutêtre d'un tiers de l'armée par la bonne conduite qu'il a tenüe tant au
combat que dans la retraite, l'a fait monter à 15 ou 16 mille hommes
dans Sa lettre à Ma^{de} la Duchesse qui l'a fait lire à tous ses amis.
Comme le Roi en aura sans doute connoissance, on ne doute presque
que S. M. ne rappelle le Maréchal de Contades, et qu'elle ne confie le
reste de l'armée aux Soins du Duc, qui merite certainement des éloges.
On nomme parmi les Officiers qui manquent, le Prince de Camille,
le Duc de Luxembourg, et plusieurs autres, qu'il seroit inutile de
nommer.

Lettre particuliere de Paris
du 10. Aout 1759.

On ne s'attendoit pas, et on n'avoit pas lieu de s'attendre à une
action comme celle qui s'est passée sur le Weser; Mr. de Contades
avoit la plus belle Armée du Monde, pleine d'ardeur et de bonne volonté, et une Superiorité decidée sur l'Ennemi; et avec tous ces avantages nous avons fait le second tome de la Bataille de Rosbach. Le
Maâl. a attaqué mal à propos sans savoir les dispositions de l'Ennemi,
et les Canons et les bras de l'Ennemi ont gagné le champ de bataille,
et nous ont fait perdre en un jour tous les avantages que nous avions
jusqu'alors; Paris et Versailles sont dans la plus profonde consternation;
les Politiques et les Nouvellistes tiennent hautement des propos indé-
cens contre le Gouvernement et contre le Maâl. de Contades; pourquoi,
disent ils, ne fait on pas commander le Duc de Broglie, c'est un homme
à l'épreuve, et qui a la confiance du Soldat et de l'Officier; on a
affiché des placards insolents contre ce qu'il y a de plus respectable.
Le Roi étoit à Choisy, se rejouissant de la victoire des Russes, lorsque le Maâl. de Belleisle s'y rendit Lundi au soir pour lui annoncer
cette belle nouvelle; S. M. a été vivement touchée de la perte de ses
plus belles Troupes, et le nombre des Seigneurs, qu'Elle aimoit.

Les particularités qu'on a de cette bataille, sont très imparfaites,
ainsi que la Liste des morts et blessés; on ne dit pas un mot des
Trophées enlevées; il n'est pas encore arrivé de lettres particulieres,
et le laconisme de Mr. de Contades met les familles particulieres au
desespoir.

On sait en gros qu'il n'y a que 5 Brigades d'Infanterie, et sept
de Cavalerie qui aïent donné et beaucoup souffert; l'Infanterie est:
Grenadiers de France et Royaux, Rouergue, Condé et Touraine; la
Cavalerie: la Gendarmerie, les Carabiniers, la Colonelle Générale,
Mestre de Camp, les Cravattes, Tailleraud, et le Roy; tout cela ne fait
pas 14000 h.; et il en est bien revenu, ainsi la perte n'est point aussi
grande que l'humiliation, la honte, et le regret: Le Soldat est dé-
couragé de se voir ainsi commandé.

Pour nous tranquiliser un peu, et pour diminuer l'effroi que nous cause la retraite de notre Armée au delà du Weser, on nous dit, qu'elle marche en Hesse, qu'elle y sera jointe par le corps, qui après avoir levé le blocus de Lipstad, marche par Werle sur Cassel; que nôtre Armée, réunie là, sera de 20,000 hommes superieure à celle des Ennemis, et en état de reparer le mal si elle a le Duc de Broglie pour Chef.

Le Duc de Brissac après avoir eû un avantage sur les Ennemis, en a été écrasé.

Le Duc de Broglio a très bien fait dans la retraite, mais il a fallu abandonner les blessés dans Minden.

Mr. de Contades dit dans sa courte lettre, „qu'il venoit de voir ce qui ne s'étoit jamais vu, et qui est presque incroïable, une seule Colonne d'Infanterie penetrer trois lignes de Cavalerie, et quatre Brigades d'Infanterie."

La disposition étoit des plus mauvaises, notre Armée étoit dans un accul, et dans l'impossibilité de manoeuvrer.

On compte parmi les tués jusqu'ici le Pr. de Chimay, Mr. de la Faïette, de Roivet, de Baffetot, de Rainey, de Maillé, de Valency, de Thiart, de Fougeres, de Prudel, de Durfort: blessés à mort de Beaupreaux, de Monti, de Maugiron, d'Egreville; legerement de Montmorency, de Poyanne, de Chabot Colonel, de Gassé, de Sechelles, de Vatan, de Noé, de Lannoy, de St. Pern, — Lutzebourg prisonnier; cette Liste est encore imparfaite.

Il est très croïable, que cet evenement retardera et fera peutêtre echouer tout à fait nos projets d'invasion.

Pour nous achever de perdre, on ne parle que d'Edits. On assure qu'il y en a 16 portés au Parlement, dont un sur les Celibataires, et un sur le 20 en nature; on doute que le Parlement les reçoive tous.

Lettre d'un ami confidentiel à Paris
le 8. Aout. par courier.

Je ne saurois vous exprimer l'etonnement, la consternation, et l'indignation, que la nouvelle de la Bataille du 1. Aout a occasionné. Tout retombe sur Mr. Contades, et en partie sur Mr. de Belleisle. Le premier a reçu ordre d'attaquer; mais pas si gauchement qu'il l'a fait. On ne parloit, il y a quelques jours, que de ses marches savantes, de ses manoeuvres. Aujourd'hui c'est pire qu'à Rosbac. Ah! les beaux projets, où sont ils? Nous n'avons pas encore de detail de l'action. On en fremit d'avance On dit 15 mille sur le carreau. La Gendarmerie et les Carabiniers ont cruellement souffert, comme toute la Cavalerie. On prétend que du Regt. de Condé il n'en est resté que lui, 17me. La liste des morts et des blessés grossit et s'allonge tous les jours. à la reception de la nouvelle je me rendis d'abord au palais Royal, promenade publique et fameuse. On y trouve toujours des Nouvellistes par Pelotton. La scène étoit comique. Celui qui disoit le pis, étoit le plus ecouté, et le plus crû. Ce n'est que de ce jour qu'on s'est aperçu à Paris, qu'il y a une guerre, et une mauvaise guerre, parceque tout d'un coup le public est dechû de ses esperances. Rien ne pouvoit arriver de plus mal à propos. Nous sommes à la veille des Edits de nouveaux impots, sur les roues de chaque carosse, ou voiture, et sur les Domestiques, jusqu'aux officiers de la maison. Tout cela fait crier le public. Les femmes pestent contre Mr. Silhouette, et pourtant elles portent les nouveaux bonnets à la Silhouette. La nouvelle de la victoire des Russes arriva le meme jour. on n'y fait pas grande attention, et l'on dit la perte égale de part et d'autre. On ne parle de l'embarquement que par epigrammes et par plaisanteries etc.

Monsieur,   à Cassel le 12. Aout 1759.

Nous voici rassemblés. Mr. d'Armentieres nous a joint; tout a eté consterné à Versailles de notre desastre. La Cour a resolu d'hazarder encore une bataille; Mr. le Marechal a reçu ordre de remarcher à l'ennemi, et de les attaquer, mais il y a parié que nous serons battus, vû la mesintelligence qu'il y a entre les Generaux. M. de Broglio à qui on impute la faute de la bataille perdue demande son rappel; on croit Mr. de Montenard Marechal de Logis general rappellé, ainsi que plusieurs autres Generaux; la perte de nos Equipages est evaluée à 26 millions de livres. Les petits et les gros qui nous restent, viennent d'être envoyés à Giessen; on évacue aussi les hopitaux et Magazins, quoiqu'il ne paroit pas qu'on veuille evacuer Cassel; on veut avoir Lipstad cette année et Hameln suivant ce que M. de Belleisle mande, pour prendre les quartiers d'hiver en Westphalie; dans cinq jours l'armée se doit porter sur Warbourg et Paderborn; on croit que nous aurons une bataille.

Bulletin de Mr. d'Affry*) publié le 15. Août 1759.

On n'a point encore de detail sur la bataille qui s'est donné près de Minden le premier de ce mois, mais voici quelques circonstances sur lesquelles ou peut compter en attendant ce detail.

Mr. le Marechal a attaqué Mr. le Pr. Ferdinand, le premier au matin, cette action avoit commencée fort heureusement pour les François, mais Mr. le Mâal. voyant que l'attaque devenoit très difficile, et fort couteuse, prit le parti de la faire cesser, et comme la position pouvoit devenir dangereuse par la difficulté de soutenir la communication de ses Magazins, il se determina à passer sur la rive droite du Weser. Ce mouvement fut executé le lendemain de la bataille sans aucune opposition de la part de Mr. le Pr. Ferdinand, et il n'est resté à Minden que les officiers et les Soldats, que leurs blessures ont empêchés d'être transportés.

---

*) N. d. H. Des Gesandten Frankreichs im Haag. Man sieht, welche Unrichtigkeiten diese officielle Bekanntmachung noch 14 Tage nach der Schlacht zur Abschwächung des Eindrucks zu verbreiten sucht.

L'armée Françoise a marché par Oldendorp et Eimbeck jusqu'à Münden, où elle est arrivée le 9 sans avoir vû d'Ennemis (?).

Mr. le Mâal. en prenant cette position, s'est raproché de ses Magazins, met à couvert le païs de Hesse et la Franconie, et se trouve toujours à portée de rentrer dans l'Electorat d'Hannovre; nous comptons que notre perte n'excede pas de beaucoup celle des Ennemis. (?)

Mr. le Mâal. laisse Mr. le Marquis d'Armentieres auprès de Paderborn (?) avec un corps de 18 Bataillons 28 Escadrons et 3000 hommes de Troupes legères.

Es folgen nun noch mehrere Rapporte der Officiere des Herzogs Ferdinand, kurz, vor, während und nach der Schlacht erstattet, besonders von den detachirten Corps, als Luckner, Freytag, Brunck, und vom Generallieutenant Grafen Hardenberg, Boydt; imgleichen die von Westphalen dem Herzog vorgelegten Gutachten wegen Verfolgung des Feindes und Benutzung des Sieges. Die Armee des Herzogs rückte über Gohfeld, Stuckenbrock, Paderborn u. s. w. vor, während der Erbprinz von Braunschweig die Beobachtung und Verfolgung des über Cassel sich zurückziehenden Feindes übernahm.

(Archiv-Acten vol. 5.)

Durchlauchtigster Hertzog

Gnädigster Fürst und Herr!

Ew. Durchlaucht melde in Unterthänigkeit, dass der Feind stark in Bewegung ist, und da ich so nahe um solche zu recognosciren geritten, so habe deutlich gesehen, dass einige 1000 Mann Infanterie und Cavalerie mit fliegenden Fahnen vor denen Rothen Häusern auf der Heyde aufmarschiren; wass der Feind weiter vornehmen mögte, kann man noch nicht gewiss wissen. Ich ersterbe in tiefster devotion

Ew. Durchl.

gantz unterthänigster Knecht

Narzymsky.

Im Lager zwischen
Kuttenhausen und Stemmern
d. 1. Aug. 1759.

Unterthänigster Rapport.

Ew. Hochfürstl. Durchlaucht melde gantz unterthänig, dass mit meinem commando allhier bey der Windmühle zu Eichhorst aufmarschiret stehe und wird der Capitain Bauer mündlich unterthänigst Raport abstatten.

Ich habe durch 12 Canonensehüsse den Feind zum Retiriren gebracht, das Dorf Helberdingsen habe mit 300 Mann besetzt und die Flanke auf der feindlichen Seite mit einem Stabsofficier und 300 Mann.

Bey Luppecke habe noch einen Capitain mit 100 Mann in dem Wald stehen lassen um meinen Rücken zu decken.

In der vorigen Nacht ist der Capitain-Posten, so am Wald stehet bey Lüppeke attaquiret worden, sich aber recht gut defendiret, den

Feind zum Weichen gebracht, und 33 Gefangene und 5 Pferde bekommen, welche ich mit einem commando bey der bagage gelassen und
solche nach Petershagen geschickt. Der Rittmeister Jordan ist auch
diesen Morgen vom Feind angegriffen worden, ich habe ihn aber selbst
mit 300 Mann souteniret und den Feind vertrieben. Ein Husare ist
todt und etliche blessirte Infanteristen.

In der Windmühle bey Eichhorst
um 12 Uhr Mittags d. 1. August 1759.

Eitell von Gilsae.

N. S.   Anbey übersende 3 deserteurs und 2 gefangene Tambours.

(Archiv-Acten vol. 27.)

Le seul officier qui me reste, Homme atendu du Regiment de
Hammerstein, a été expedié avec les deux lettres pour S. A. S. le
Prince Hereditaire vers Gofeldt, qu'ainsi ce sera un quart après minuit
qu'il pourra partir.

Sudhemmern le 1. d'Aout 1769

gez. v. Reden, Adj. Gen.

à monsieur
le secretaire Westphalen.

Nachdem ich seit gestern morgen mit 50 Jägern zu Pferde im
Wald ohnweit Rinteln gelegen und auf die vorgestern Abend allda ein-
gerückte Maulthiere und Bagage des auseinandergesprengten Corps bei
Hameln vergeblich gelauert, hörte ich den Anfang der heutigen Kanonade; ich verfügte mich sofort den Wald queer über, und traf eben
zu Hausbergen ein, wie sich die feindliche sämmtliche Bagage allda
assemblirte und stopfete, dergestalt dass die Hals über Kopf zurückkom-
mende Regimenter keinesweges durchkommen konnten, massen ich die
Hälfte meiner Jäger absitzen und beständig über die Weser feuern
liess. Tausendmal habe ich meine Fuss-Jäger sammt die Canonen gewünschet, da ich alsdann viele Menschen mehr hätte todt schiessen
lassen können. Allein ich schrieb selbigen erst die ordre um 7 Uhr
und kamen um 1 Uhr an, da sich die Feinde aus diesem Gefilde rechts
rückwärts gezogen hatten, ein solch Lamentiren wie unter ihnen enstand
und das Geschrei, so sie machten; wie sie nach Rossbacher Art zu-
rückkamen, ist nicht zu beschreiben. Bei meiner retour wollte ich
die Bückeburger Besatzung aufheben, welches mir aber, da sie
60 Pferde und 310 Mann Infanterie stark waren, diesen Morgen nicht
möglich war. Um 1 Uhr sind sie aus, nach Minden marschirt, und
sollen, wie ich eben höre, etl. 100 wieder daselbst eingerücket sein,
ich bin indessen hier geblieben, um besser à portée zu sein, und auf
die feindliche Bewegungen besser achten zu können, zu welchem Ende
ich 1 Lieutenant mit 50 Fuss-Jäger hinter Luna in den Wald geschicket, welcher zugleich die Rintelsche Seite ebenfalls mit übersehen kann.

So eben kommen 13 Deserteurs und 4 habe ich mitgebracht, nur
bedauere, dass an diesem glorieusen Tage die Fuss-Jäger nicht besser
zu dienen vermögend gewesen, indem selbige zu weit zurück waren;
von den Jägern zu Pferde aber muss ich ohne eiteln Ruhm melden,
dass sie ganz brav gethan.

Der Himmel sei indessen gepriesen, dass er uns heute den Sieg
verliehen, und gebe unserm weisesten Heer-Führer ferner Glück und
Segen.

Obern Kirchen d. 1. Aug. 1759 Abends 8 Uhr

C. Friedrichs.

Ein Theil von der feindl. Cavalerie ist wieder diesseits der Weser
und haben das vorige Lager bezogen.

Monsieur
de Estorf General-Adjutant
de S. A. S. le Duc Ferdinand
à Petershagen.

P. P.

Habe gehorsamst melden wollen, wie dass der Feind umb 10 Uhr
Morgens in zwey Colonnen anmarschirt gekommen und ein grosses
Commando Cavalerie mit Infanterie gegen mich gesendet, dass ich mich
genöthigt gefunden, meine Blokade von dem Schloss aufzuheben, und
mich jenseits der Stadt, den Weg nach Laden mit dem ganzen Corps
gesetzet. Wenn aber der Feind seinen Zweck hat erreicht, dass derselbe die im Schloss liegende Garnison hat an sich gezogen, so ist das
ganze Commando wiederumb in den Marsch eingetreten.

Alsdann habe sogleich das Schloss in Besitz genommen, und den
Feind gezwungen, wegen meiner Canonade, dass derselbe mit seinen
Colonnen ausser Schuss mehr rechts langs dem Gebirge zu marschiren.

Eigentlich kann ich noch nit positive melden, wohin der Marsch
gerichtet ist, ob es nach Oldendorff, welches zwar die rechte Strasse
ist, oder nach Rinteln, — ist aber in letzteren zu zweiffeln, nachdem
der Feind den ordinari Weg nach Rinteln allbereits vorbey ist marschiret, und gehet justement den Weg gleich die armée vor 2 Jahr mit
dem Herzog von Cumberland nach der Bataille bei Hastenbeck ist
nach Münder marschirt. Sobald ich aber die positive Nachricht werde
einziehen, so werde nit ermangeln, solches gehorsamst zu berichten.
Die hiesige eiserne Canons sein alle vernagelt worden. Vor heute muss
ich absolut mit denen Grenadiers und Jägern halt machen, indessen
erwarte ebenfalls höhere Ordre von Ew. Excellenz der ich ersterbe

Ew. Excellenz

Schloss Bückeburg, d. 2. Aug. 1759   gehorsamster Diener
Mittag 12 Uhr.   Luckner.

à Son Excellence
Mr. de Wangenheim
Lieut. General der Cavalerie d. S. M. Britannique
à Tohnhausen.

(Archiv-Acten vol. 26.)

Durchlauchtigster Herzog
Gnädigster Herzog u. Herr!

Der Obrist-Lieutenant von Freytag hat seiner unterthänigsten Schuldigkeit gemäss anjezzo an Ew. Hochfürstl. Durchlaucht den Rapport abstatten wollen; da er aber sich in dem Holze befindet, und nicht das geringste hat, was zu dem Schreiben erfordert wird, so ersuchet er unterthänigst, Ew. Durchlaucht wollen geruhen, denselben von mir so anzunehmen, wie er mich denselben in meine Schreibtafel hat aufzeichnen lassen.

Da die Leute sehr fatiguiret, so war es ohnmöglich, eher anzukommen, als gestern Abend um 7 Uhr; die Compagnie von Brunsig wurde auf des Feindes linke Flanke detachiret, welche einen daselbst sich befindenden avancirten Posten von 3 bis 400 Mann gänzlich in das feindliche hinter Aerzen sich befindende Lager zurückgeworfen. Wegen eingetretener Nacht war es ohnmöglich, weiter zu kommen als mit der Cavalerie bis Schwebben und der Infanterie bis Aerzen. Die Jäger zu Pferde haben die rechte Flanque attaquiret und was sie vorgefunden, bis in das Lager repliiren machen.

Diese Nacht ist ein commando von Fussjägern detachiret worden, welches den Feind allarmiret u. die Nachricht mitgebracht, dass derselbe auf der Höhe, wohin er sich gezogen, anfinge Verschanzungen zu machen, und da diese Höhe durch ein ziemlich dichtes Holz etwas befestiget ist, so möchte es schwer fallen, den Feind daselbst anzugreifen. Unsere Position war diese Nacht bei Aerzen auf der Seite von Pyrmont; die feindlichen Truppen, nachdem sie die Zelter abgebrochen, waren in dem Begriffe, abzugehen und vorbesagte Höhe, die nach Alverdissen zu ist, zu verlassen, sie machten aber wieder halt und stehen noch daselbst gegen uns über unter dem Gewehr. Es ist deswegen vermuthlich, dass dieselben succurs erwarten; aus dieser Ursache ist die Position von uns heute verändert und wir haben uns ohngefehr 800 Schritte weiter zurück in das Holz gezogen um verdeckt zu seyn; es soll dieselbe heute so verbleiben, wo der Feind nicht eine Bewegung macht, wobey einige Vortheile zu ersehen wären, um ihn zu attaquiren. Diesen Abend werde ich mich etwas zurückziehen, weil Leute und Pferde es nicht länger aushalten möchten, und werde suchen, morgen noch auf der Seite der Weser zu verbleiben. Der Rittmeister von Campen ist gegen Lemgo geschickt, u. ist ihm aufgetragen, Fourage u. Lebensmittel vor das Corps des Hr. General v. Wangenheim, wovon wir die Avantgarde machten, herbeyzuschaffen; ein Gleiches ist gestern von mir zu Pyrmont geschehen, welches aber heute widerrufen worden, indem die Leute daselbst avertiret worden, dass dieses Corps sein Lager zu Alverdissen nehmen würde. Der Verlust auf unserer Seite bestehet in 2 Todten, u. 1 Blessirten von Brunsichs Compagnie. Hingegen hat der Feind 14 Todte auf dem Platze gelassen

und die Avantgarde hat 1 Capitaine und 3 Fähndrichs von denen
Schweitzern gefangen genommen. Ich verharre

Durchlauchtigster Herzog
Gnädigster Herzog u. Herr
Dero

Hameln den   gantz unterthänigster Diener
30. July 1759.   Christ. Ludwig Graf zu Leiningen
Westerburg.

* Ceci n'est aussi pas conforme au sens de la chose.
Il est Lieut. dans le corps des chasseurs ce comte
de Linange.

(Archiv-Acten vol. 26.)

Durchlauchtigster Hertzog,
Allergnädigster Hertzog u. Herr!

Euer Herzogl. Durchl. werden hoffentlich meinen gantz unterthänigsten Rapport welchen der Hr. Graf von Leining wegen Mangel der
Zeit aufgetragen, erhalten haben. Gestern habe allerhand Versuche
gethan, um zu sehen, ob den Feind nicht beyzukommen wäre; der
steht aber auf eine Höhe, wo ich solchen beyzukommen nicht thunlich
gefunden, auch habe die Nacht vom 29ten auf den 30ten ein Versuch
gethau, ihm zu surpreniren, so aber ebenmässig nicht reussiret. Gestern
und heute habe allerhand Bewegung gemacht, um den Feind von der
Höhe zu locken, und ihn anzugreifen, solcher hat jedoch keinen Mann
heruntergesandt. Die Jäger zu Pferde sind biss zwischen Alverdissen
und Lemgo, auch oberhalb Lude ins Paderborn'sche gewesen und das
Gerücht wegen Anmarsch eines Corps ausgebreitet; in dieser Gegend
ist nichts vom Feind zu hören gewesen; einige Marquetenders und
Knechte, auch Ochsen sind nur eingebracht worden. Ich werde noch
auf dieser Seite der Weser verbleiben, um zu sehen, ob sonsten nichts
ausrichten kann. 1 Capt. 3 Officiers und 6 Schweizer sind den ersten
Tag gefangen geworden; 8 Todte u. 12 Verwundete soll der Feind
bekommen haben; ich habe 2 todte Jäger und 2 Blessirte, auch 1 Pferd
bekommen.

Das Uebelste bey meiner Unternehmung ist, dass allezeit verrathen werde, weil Pirmont mich nahe im Rücken, alwo der Sitz aller
feindlichen Kundschafter ist; hierzu lassen sich, dem Rufe nach, verschiedene Waldecksche, Holländische Officiers brauchen, welche mit
Pässen von den Fürsten versehen seyn sollen. Soviel ist gewiss, dass
gestern, auch heute verschiedene gefunden, so nur unter allerhand Vor-
wand herumgehen. Ein Commissaire von die Contades'sche Armée hält
sich zu Pirmont auf, so öfters Expressen absendet, und bereits 6 Wochen
allda gewesen.

Von gestern Morgen bis heute Abend hat das Corps auf den
Multhöpen beständig unter dem Gewehr gestanden, aber keine Verstärkung erhalten. Dieselben sollen Mangel an Wasser haben. Fourage

u. Lebensmittel haben solche ebenfalls gefordert aber nicht erhalten,
weil solches verbothen. In Lemgo, Blomberg und dasige Gegend ist
nichts vom Feind zu hören; man spricht aber, dass das Fischer'sche
Corps wieder aus dem Hessischen zurückkommen würde. Die Bagage,
auch die Zelter, sind von die Feinde zurück nach Rinteln gesandt.
Der ich mit der vollkommensten Ehrfurcht allstets ersterbe

Ew. Herzogl. Durchlaucht
gantz unterthänigster Knecht
W. v. Freytag.

Hämelsche Burg, den 31. July 1759.

(Archiv-Acten vol. 5.)

Da überzeuget bin, dass es wol nicht thunlich, den Feind auf den
Multhöpen mit Wahrscheinlichkeit eines Vortheils zu attaquiren, so bin
entschlossen, heute morgen mit 400 Jägers zu Fusse, alle zu Pferde,
und mit 150 Dragoner von hier swischen Paderborn und Bielefeldt zu
marschiren, um alles, was auf die Route finde, wie auch die convois zu
attaquiren; gefährlich halte dieses nicht zu sein, weil von des Feindes
Stellung völlig unterrichtet bin. Die übrige Jögers und Dragoner
bleiben an der Weser; die Commandirte aus Hameln habe wieder
zurückgesandt; ich verspreche mich einen guten Erfolg meiner Unternehmung. Morgen gegen 8 Uhr hoffe solche auszuführen.

Hämelscheburg, den 1sten Aug. 1759.   (Freytag.)

(Aus den Archiv-Acten vol. 261.)

Hochwohlg. Herr

Hochgeehrtester Hr. Obristlieutenant!

Ew. p. p. übermache hierbei anverwahrtes Schreiben, welches von
Pyrmont eingelaufen. Das Corps bey Schwöbber, welches das St. Germain'sche abgelöset, u. aus 2 Schweitzer Regimentern bestehet, wird
von dem Obristlieutenant v. Freytag in Observation gehalten; weil
es aber eine gute Position hat, so wird derselbe solchen schwerlich
was anhaben können. Ich beharre p. p.

Hameln, d. 1sten August 1759.   v. Brunck.

Durchlauchtigster Herzog

Gnädigster Fürst u. Herr!

Ew. Hochfürstl. Durchl. berichte hiermit unterthänigst, wie das
bey Schwöbber gestandene Corps diesen Morgen zwischen 3 u. 4 Uhr
aufgebrochen und abmarschirt sey. Da übrigens der Hr. Obristlieut.
v. Freytag gestern das Commando aus hiesiger Garnison wieder zurück-
geschicket, u. von seiner Expedition Ew. Hochfürstlichen Durchlauchten unterthänigsten Bericht selbst erstattet, so beziehe mich darauf u.
füge noch unterthänigst bey, dass mir itzo dessen Aufenthalt nicht
bekannt sey. Der ich mit der submissesten p. p.

Hameln den 2ten August 1759.   v. Brunck.

Monseigneur (Archiv-Acten vol. 27).

En autant que le Lt. Collonel Beckwith m'a dit hier, tout le bataillon consiste en 45 files en etat à faire service, et me prioit le faire en sorte, que ceux-ci fussent attachées au Corps des Grenadiers, pour etre utiles à quelque chose, mais comme Lui même il y devroit rester alors aussi, et que cela chagrineroit le Major Maxwell, je lui ai repondu, que sans doute Votre Altesse exempteroit le Regiment de tout service, je ne manquerois pas ainsi, Monseigneur, à lui dire ce que Votre Alt. Serenissime vient de m'ordonner sur ce sujet. . .

Les deux lettres cachetées m'ont été remis hier au soir par Mr. le Comte de Lutzelbourg; je m'étonne que comme il savoit deja hier, que Votre Altesse lui permetteroit de retourner à leurs armée, qu'il s'est empressé à me donner ces lettres ici, pouvant les faire partir de son armée beaucoup plutot vers les Endroits ou ils sont adressées.

Quelques deserteurs arrivées de l'Armée Françoise, font un recit bien triste de leur situation, ils reviennent tous dans ce point, à meme que le desordre est affreux parmis Eux, que les Troupes et les Bagages se trouvent entremelées, que l'arrieregarde s'etoit encore trouvé à minuit, à deux heures d'ici sur la grande route qui va vers Rinteln. Un entre autre me raconta que hier un detachement étoit marché vers Buckebourg, croyant y trouver de leurs trouppes, mais que nos chasseurs y avoient deja été et les avoient saluées de quelques coups de canon, surquoi un nouvel allarme s'etoit repandu parmi Eux, que les Hussards Hannovriens avoient fait hier bien du Butin parmi leur bagage, et qu'en un mot il y avoit une peur épouvantable dans toute l'armée.

Enfin, Monseigneur, il me paroit que cette formidable armée s'anéantira devant Elle, et que le bon Dieu achevera par Vos mains le salut de la chere Patrie et de l'Allemagne entière. Le Très Haut en soit glorifié, et benisse les jours de Votre Altesse, pour achever cette glorieuse epoque en santé et contentement. Personne au monde scauroit faire des Voeux plus ardents que moi, Monseigneur, n'y qui puisse resentir une joie plus parfaite de la Gloire, dont le cher Nom de Votre Altesse Serenissime augmentera de Rénommée dans l'Univers.

L'Inspecteur Hornbostel se trouvera à 11 heures au Quartier Général pour faire un sermon et intonner le Te Deum en action de Grace pour cette belle Victoire.

Est ce que Votre Altesse permettroit que les Tymbales et les Trompettes des Gardes du Corps vinssent ici en Ville, pour accompagner nos Chants et nos Hymnes.

Minden le 3. Aout 1759 D. Reden, Adj. Gen.
à Son Altesse Monseigneur le Duc.

(Archiv-Acten vol. 324.)
** Monseigneur! Ce 2. Aout 1759.*)
J'ai pris le parti d'écrire cette nuit un billet à Mgr. le prince

---

*) N. d. H. Das Hauptquartier war am 2. August auf dem Schlachtfelde bei Minden. (Archiv-Acten vol. 122.)

héréditaire sur l'état actuel de nos affaires. J'ay mis pour base, qu'il s'agissoit à present de dégager Lipstadt, et de réprendre Münster, s'il étoit possible, et qu'on parviendroit à l'un et à l'autre si l'on reussissoit à prendre encore des canons à l'ennemi, et à faire des prisonniers sur luy. j'ai representé à S. A. S., qu'elle était la plus à portée, pour tirer parti de la situation de l'ennemi, réduit actuellement à deux passages pour s'en retourner, dès que celui de Bergkirchen luy seroit bouché. je l'ai conjuré de commencer la poursuite, que je ne doutois pas, que V. A. S. ne Luy envoyât du renfort, qui pourroit consister dans tous les grénadiers, la cavallerie hessoise, une partie de la cavallerie angloise et prussienne, avec toutes les troupes legères. Celles ci devroient agir sur le flanc; mais les troupes reglées devoient empêcher, que l'ennemi ne put se reformer nulle part, ce qui arrivera surement, si l'on luy prend encore du canon.

Je l'ay prié de songer aux moyens de faire une pareille poursuite. Il faudroit donner aux grenadiers une vingtaine de pieces de six livres de bales avec.

＊＊ Monseigneur,   **Nr. 1.*)**
                                                   Ce 3. Aout 1759.

Je vais dresser un plan d'opérations, que je mettrai aux pieds de V. A. S. le plustot possible; il y entre que l'armée marche demain à Coveld, et après demain à Hervorden.

Si V. A. S. voulut faire partir encore tout ce qui reste à l'armée de troupes legères, pour aller joindre celles du prince héréditaire, ce seroit bien fait.

Les caissons sont partis hier pour Nienbourg; il y a là du pain de prêt jusqu'au dix. La subsistance ne manquera pas à l'armée, du moins pas le pain; pour le fourage, on pourra le faire remonter le Weser, mais il faut en même temps compter sur celuy du païs.

Quand à la rélation, j'y travaille; elle sera cependant fort imparfaite. Si V. A. S. voulut ordonner à Bauer qu'il fit un plan de la bataille; je tacherai alors par une seconde rélation d'y satisfaire mieux, à fin de transmettre cette journée d'une façon digne de l'action à la posterité.

＊＊ Monseigneur,   **Nr. 2.**
                                                   Ce 3. Aout 1759.

C'est fort bon, ce que V. A. S. vient d'écrire à Mr. D'Urff; je fais partir la Lettre. Quand à la subsistence, il trouvera moyen d'y pourvoir aujourd'huy, et demain il se trouve joint avec le prince héréditaire, qui est instruit quant à l'Article du fourage; et quant au pain, je parlerai avec Roden, pour que les caissons suivent le corps le plus tôt possible.

---

*) N. d. H. Das Hauptquartier war am 3. August im Lager bei Minden (acta vol. 122.)

∗∗ Monseigneur!   Nr. 3.

Ce 3. Aout 1759.

La plus grande partie des Regiments est pourvûe de pain jusqu'au 7. ce que j'ay oublié de dire d'abord à V. A. S.; Les caissons aporteront de pain jusqu'au 10.

Les Regiments qui sont entré icy, sont Halberstadt et Kilmansegge.

∗∗ Monseigneur!   Nr. 6.

Ce 3. Aout 1759.

Il me semble que ce que V. A. S. a ecrit au Duc de Holstein est tout à fait dans l'ordre.

Archiv-Akten vol. 5.

    P. P.

Sr. Durchlaucht haben mir nit glauben wollen, dass der Feind langs Oldendorff marschiert, es ist die Wahrheit. Vor meinen Augen marschirt eine Colonne und die Pagage; der Feind marschirt schon jenseits Oldendorff, lässt Fischbeck rechts liegen, geht den Weg, wie ich mit H. Gerl. von Hodenberg und Kilmanseck vor 2 Jahr nach der Patalie von Hastenbeck bin marschirt, welches letzterer pp. General weiss zu sagen. Ich marschiere so wiederumb den Weg jenseits Oldendorff und werde trachten, zwischen der 1. Colonne mit der Bagage einzufallen! alsdann weiter raport abstatten!

Schaumburg d. 3. Aug. 1759. Mittag 12 Uhr.

                                        gez. Luckner.

umb Gottes Willen, wie marschirt der Feind so confus, zu 3 à 4 Regimenter, wünsche nur, dass der Herzog lässt avansieren, der Feind wird Total rouiniert. adieu Empfehle mich.

(Archiv-Akten vol. 27).

    P. P.

Ew. Hochwohlgeb. werden meinen raport gestern von Schaumburg Mittag 12 Uhr hoffe durch meinen Unteroffizier erhalten haben!

Ich bin von Schaumburg dem Feind links nachmarschirt, und schätzte, dass derselbe von Oldendorf in 2 Colonnen marschirte, die Eine den Weg nach Fischbeck, die 2. über Beitzen (Pötzen) bey einer Mühle vorbei.

In ersterer Linie war nichts als Cavallerie und Infanterie, in 2ter aber waren ungefähr 6 à 7000 Mann Infanterie und Cavalerie darauf folgte die grosse Artillerie, nachhero die Pagage. Ich resolvirte mich, nachdem die letztere bei der Mühle (alwo ein defilé war, wo nur Wagen vor Wagen fahren kann) die Bedeckung davon anzugreifen, reüssirte auch, dass ich 2 Pikete Infanterie und 3 Cavalerie auseinander sprengte, da die meisten davon in meinen Händen waren; alleinig da bey dem grössten Glück ein Unglück erfolgte, als nemblich die erste Linie kam

                                        36*

von Fischbeck gäntzlichen über die Anhöhe herüber (aus der Ursache, so mir die Bauern nun sagten, dass die Garnison aus Hameln mit einiger Mannschaft nebst Cannon auf eine Anhöhe herauf waren gerucket, mithin die erste Colonne sich wiederumb links hat anhero schwenken müssen, und musste den nemblichen Weg durchpassiren (welches noch zu dieser Stunde dauert) und ist also nur Ein Weg vor den Feind offen. — Durch dieses Unglück also, dass die erste Linie zuruck anhero kame, und konnte mir von der linken Seite (dann ich formirte meine attaque von der Deville oder Mühle meiner Seits rechts der Linie gegen Oldendorf, alwo ich auf 1 Patalion mit 2 Cannons nebst 1 Regiment Dragoner kame, die mir zwar mit ihrer beständigen Cannonade noch nichts extra schadete,) alleinig wie gemeldet, die Cavalerie von der ersten Linie, und die grossen Cannonen mir links, da mussten alle gefangene Leute, welche schon über die 300 waren, nebst vielen Pagagen, Maulthieren und Gütern im Stiche gelassen werden, und mich also wiederumb gegen diese Seite zu ziehen genöthigt habe. Alles, was mir noch in Handen ist geblieben, ist 1 Offizier, 5 Gemeine, und 154 Pferde nebst 4 Maulthiere; aber lieber Gott! wär die Linie mir nicht unverhoffter gekommen, alsdann hätte Hoffnung gehabt, mein Glück zu machen, denn es stunden hinter dem Patalion, welches ich wollte attaquiren, über die 100 Maulthiere, und ich hätte das Patalion nebst die 2 Cannons gewiss geschmissen, dann das Dragoner-Regiment ware schon 3 mal in der Wendung, diese hätten gewiss nit angehalten, — muss mich also mit den wenigen wegen dieser ankommenden Fatalität absbeisen lassen. Ich werde mich also wiederumb in march setzen, und mich wenden gegen Springe umb zu sehen, wohin ferner der Feint seinen march hin machet, und solches alsdann Ew. Hochwohlgeboren melden.

Der ich ersterbe

Ew. Hochwohlgeboren

Langenfeldt den 4. August 1759　　　　　　　gehorsamster Diener
Morgens 3 Uhr.　　　　　　　　　　　　　　gez. Luckner.

P. S. mein Schaden belauft sich auf 12 Pferde 10 Mann dott 4 dito blessirt, welches meist durch die Cannons gelitten, alleinig die Gefangene, die wir haben lauffen müssen lassen, sowohl von der Infanterie, als Cavalerie, hoffe, dass uns diejenige ebenfalls in keinem ½ Jahr schaden können, massen alle die nit gedöttet worden, jedoch die andere alle blessirt sein!

à

Monsieur,
Monsieur de Reden
General Adjutant de S. M. Britannique
à Minden.

Bitte an Ihro Excellenz meinen commantirenden Herrn General

von Wangenheim den raport davon zu senden, es geschiehet in Ermangelung der Zeit!

(Archiv-Acten vol. 324.)   Nr. 2.

Ce 4. Aout 1759.*)

** Idée generale Des Mouvements à faire.

Instruction pour le Pr. Hered: **)
   „   „   „ Brunck,
   „   „   „ Sommerfeld,
   „   „   „ Command: du
   „   „   „ B. de Freywald,
   „   „   „ Hauss,
   „   „   „ Zastrow de Br.

Il faut prevenir l'ennemi à Paderborn, en cas qu'il voulut y marcher, en repassant le Weser; ou s'il reste de l'autre coté du Weser, faire grande Diligence pour arriver aux Defilés du Dymel à fin de juger s'il y auroit moyen de prevenir l'Ennemi encore à Cassel.

Il faut se preparer pour etre en etat de faire le siége de Munster, dés que le moment en arrive. Il est difficile de determiner ce moment d'avance. Mais si V. A. S. ne peut pas prevenir l'ennemi à Cassel, et qu'elle se doit borner à occuper les Defilés du Dymel, le moment de cette occupation est celuy qu'il convient de saisir pour faire marcher des Troupes pour faire le siege de Munster.

Independemment de ces grands mouvements il faut songer à la poursuite de l'Ennemi.

Marche De l'Armée à Paderborn.

Il me semble par les avis contenus dans les Lettres interceptées, que l'Ennemi ne repassera pas le Weser; nous n'aurons donc point d'Ennemi, du moins pas en force entre icy et Paderborn. Mais s'il passat meme le Weser à Holzminden, ou autre part au dessus de Hameln, on verra qu'il ne sauroit plus nous prevenir à Paderborn, 1mo parceque nous en sommes moins eloignés que luy et 2do parceque nous pouvons marcher plus vite que l'ennemi à cause des subsistances.

Je propose donc la marche suivante
1: Marche de l'armée.
                le 4. d'Aout à Goofeld,
                5. d'Aout à Hervord.
                6. d'Aout à Bilefeld,
                7. d'Aout jour de repos,
                8. à moitié chemin de Paderborn,
                9. à Paderborn.
2: Marche du corps du prince hereditaire savoir pour a., celui qui est mené par le general Urff
                4. d'Aout à Hervord,

---

*) N. d. H. Hauptquartier Gohfeld. (Archiv-Acten vol. 122.)
**) N. d. H. Die unterstrichene Randbemerkung ist von der Hand des Herzogs und sind danach die Instructionen an die genannten Generale etc. unterm nämlichen Tage, dem 4ten, aus Minden erlassen worden, und von Westphalen verfasst. (Acten vol. 324.)

5. d'Aout à Lemgow,
6.   „   à Stukenbrok,
7.   „   jour de repos.
8.   „   à Lipspring,
9.   „   à Paderborn.

b. pour le corps que le prince hereditaire mène en personne. Il passera à Hameln le Weser, et poursuivra l'ennemi. Il n'est pas possible de prescrire une march-route.

Si V. A. S. marche de cette facon, la marche deviendra plus aisée, et le fourage manquera moins, vû qu'on marche de cette facon en trois collonnes.

Article de Subsistence.

L'armée est pourvüe de pain jusqu'au 10; On en fera cuire à Minden pour 6 jours. La boulangerie sera etablie à Paderborn. J'espere qu'elle pourra se mettre en marche le 9. de Minden, en sorte qu'elle arrivera le 13. à Paderborn. Il faut dresser sur ce principe là une instruction pour Hunter.

Quant au fourage on doit employer les magazins du Weser et d'Osnabruk.

Operations ulterieures.

De Paderborn il faut jetter l'oeïl sur Cassel; pour voir s'il est possible d'y prevenir l'Ennemi; si non, il faut se contenter d'occuper les defilés du Dymel et proceder tout de suite par un Detachement au siege de Munster.

(Archiv-Acten vol. 261.)

Durchlauchtigster Herzog,
Gnädiger Fürst und Herr!

Nachdem die vergnügte Nachricht eingegangen, dass Ew. Hochfürstl. Durchlauchten einen vollenkommenen Sieg über die feindliche Armée erhalten, und solche glücklich geschlagen; so habe ich darüber meine Freude und Vergnügen aus einem patriotischen Eifer hiedurch unterthänigst zu bezeugen nicht ermangeln wollen: anbey ich von Herzen wünsche, dass der Höchste Ew. Hochfürstl. Durchlauchten Waffen ferner segnen, und Dero hohe Person als einen Beschützer und Vertheidiger des hiesigen Landes zum gemeinen Besten gesund erhalten, und für allen Unfällen gnädigst bewahren wolle.

Der flüchtige Feind ziehet sich hier stark zusammen, und campiret zum Theil zwischen Rohrsen und Hilligsfeldt, eine halbe Stunde hiervon, und die Dörffer, wo der Zug durchgehet, sind zum Theil gäntzlich ausgeplündert. Ich habe von Sr. Durchlauchten dem Erbprinzen um etwas Cavalerie unterthänigst gebeten, weil sonst dem Feind mit der Garnison nichts anzuhaben stehet. Uebrigens füge noch einige Anschlüsse unterthänigst bey und beharre mit submissem respect

Ew. Hochfürstl. Durchlaucht

Hameln, den 4. August   unterthänigster Diener
1759.   A. v. Brunck.

Relation

von dem den 3. August 1759 aus Hameln marschirten Commando.

Da zu wiederholten Malen die erfreuliche Nachricht eingelaufen, dass Se. Durchlaucht der Herzog Ferdinand über den Feind einen vollkommenen Sieg erfochten, wie nicht weniger, dass das feindliche Corps, welches bei Multhopen campiret, den 2. August Morgens um ⅜ Uhr über Ertzen und Lüde sich in aller Eile zurückgezogen, und einen Marsch von 11 Stunden vorgehabt, so recognoscirte ich mit Genehmigung Sr. Excellenz des Herrn Gen.-Lieut. v. Brunck die dasige Gegend bis Schwöbber und Ertzen, unter Bedeckung von 200 Mann, wovon ein Theil ins Amt Lachem detachirt wurde.

Bei meiner Zurückkunft vernahm ich, dass ein starkes feindliches Corps sich theils in Oldendorf aufhielte, theils jenseits campirte. Hierauf schlug ich dem Herrn General vor, ein commando von ungefähr 800 Mann auszuschicken, um wo möglich den Feind, wenn er weiter gehen sollte, in die arrieregarde zu fallen.

Es stund zu vermuthen, dass derselbe, um nicht unter denen Canonen von Hameln zu passiren, seinen Weg über Copenbrügge oder Bisperode nach Eschershausen nehmen würde. Mein Vorschlag wurde von Sr. Excellenz genehmigt, welche mir den Befehl gaben, mich nicht von Hameln coupiren zu lassen und nichts Zweifelhaftes zu unternehmen.

Den 3. August marschirte ich also mit 600 Mann Infanterie und 2 Canonen des Morgens um 6 Uhr gerade auf Hasper. Diejenigen, so von Springe her mir auf dem Wege begegneten, hatten vom Feinde nichts, als nur zwei sächsische Deserteurs gesehen, und die Bauern, so auf dem Felde arbeiteten, waren ganz ruhig. Ohnweit Hasper aber begegnete mir ein Postillon, welcher sich mit seinem Felleisen nicht nach Minden getrauete, weil er gehört, dass zwischen Holtensen und Bötzen ein starkes feindliches Corps im Holtze läge.

Um den Rücken frei zu behalten und Meister von denen Höhen linker Hand zu bleiben, marschirte ich hierauf durch Untzen und entdeckte auf der Höhe hinter Holtensen einen feindlichen Vorposten von Infanterie. Denselben liess ich sogleich durch 30 Freiwillige vom Regiment von Post attaquiren, welche ihn auch zum Weichen nöthigten. Mittlerweile marschirte das Commando en front auf und ich fand beim weitern Recognosciren, dass der Feind, welcher sich im Holtz verdeckt hielt, einige tausend Mann stark sey.

Gleich nachher recognoscirte uns ein feindlicher General in Begleitung von einigen 20 Offizieren, wovon etliche näher herankamen, um unsere Stellung genauer zu observiren. Auf die Höhe uns gegenüber wurden zwei Feldstücke aufgeführt, welche ein Bataillon deckte, und der Feind fing an, uns rechter Hand zu canoniren. Dagegen postirte ich meine Canonen linker Hand auf der Anhöhe und liess daraus sein Feuer beantworten. Die feindliche Infanterie rückte vor, um die Freiwilligen zu delogiren, welches sie bewerkstelligte und Holtensen wieder besetzte. Ich lies das Commando links auf dem Wege nach Hameln marschiren und machte daselbst Front. Durch diese Stellung blieb dem Feinde der Weg nach Hasper offen, welches geschahe, um zu versuchen, ob er sich nicht dahin in Marsch setzen wollte, wodurch ich Gelegenheit bekommen hätte, ihm in die arrière-garde zu fallen.

Es blieb aber derselbe in der einmal genommenen Stellung, und schickte rechter und linker Hand Detachemens, um mein Commando einzuschliessen. Ich zog mich also langsam zurück, um von Sr. Excellenz dem Herrn Generallieutenant von Brunck Befehl zu erwarten, ob das Detachement wieder in Hameln rücken sollte, welches um 12 Uhr Mittags geschahe.

Von denen Freiwilligen ist ein Freiwilliger geblieben, und von Post 1 Mann, imgleichen von Marschall 1 Mann blessirt; nach Aussage der Freiwilligen beläuft sich der Verlust der Feinde an Todten und Blessirten ungefehr auf 15 Mann.

Hameln d. 3. August 1759.   d. Fersen.

Durchlauchtigster Herzog
Gnädiger Fürst und Herr!

Ew. Durchlauchten gnädiges Schreiben vom gestrigen dato habe zu recht erhalten, und werde ich nach Sr. Durchlaucht des Erbprinzen von Braunschweig Befehl das Verlangte von der Besatzung verabfolgen lassen.

Daneben ich auch unterthänigst berichte, dass 12 vierundzwanzig pfündige Canonen, nebst 12 mortiers mit der dazu gehörigen Ammunition zwar in Bereitschaft stehen; die Beschaffung der Wagen aber wird so lange difficil sein, als die feindlichen Truppen sich allhier aufhalten. Diese haben noch ein Lager bey Staue ohnweit Fischbeck, eine Stunde von hier, welches auf 10,000 Mann gerechnet wird; auch stehet noch ein Lager von Afferde bis Hilligsfeldt, so nur eine halbe Stunde von hier, welche Truppweise campiren.

Bis itzo weiss man noch nicht, dass was marschiret sey; indessen wird von gedachten feindlichen Truppen Alles ausgeplündert und ruiniret, und sämmtliche Wagen und Pferde mit fortgeschleppet, und haben die mehresten Einwohner hier umher ihre Häuser verlassen und die Flucht gesuchet.

Uebrigens werde nicht ermangeln das Fortificationswesen in völligen Stand bringen zu lassen; der ich mit aller Submission etc.

Hameln den 5. August 1759.   A. v. Brunck.

(Nachlass Westphalens)

                         Bodenwerder den 5. August 1759.

Ew. Hertzogl. Durchl. werden hoffentlich meinen unterthänigsten Rapport mündlich von dem Lieutenant Offeney erhalten haben, dass nemlich von der Hämelschenburg den 1. Aug: mit 150 Dragoner, 250 Jägers zu Fusse, 200 vom Stockhausenschen Corps, und 100 Jägers

zu Pferde (die übrigen Mannschaft konnte, weil solche wegen der forcirten märsche marode, nicht mitnehmen) in der Gegend Detmold gegangen. Den 2. Aug: war gewillet, die Convois auf der Senne bei
Austenbeck anzugreifen, unterwegens zwischen Berlebeck und Schlangen
stiess auf einige Officiers worvon 5. zu Kriegs-gefangen erhielte, ich
blieb auf der Senne von des Morgens bis 12 Uhr des Mittags, ohne
dass das geringste von Convois oder Brodt-Wagens wahrnahm, musste
mich also begnügen, dass nur ein Mehl-Vorrath zu Austenbeck zer-
nichtete und einige marquetenters auch Ochsen und Schafe bekam.
Da nun vernahm, dass einige Trouppen hinter mich die Retraite
nehmen wolten, ging auf Horn, sandte d. H. Rittmeister von Campen
auf Detmold, um den Feind zu recognosciren, welcher mich des Nachts
die Nachricht brachte, dass der Feind in Confusion auf den Rückzug nach
Paderborn begriffen wär. Den 3. mit Anbruch des Tages marschirte zwischen Detmold und Berlebeck, um den flüchtigen Feind eines anzuhaben
Bei meiner Ankunft wurde gewahr, dass die Bagage unter Escorte
150 Pferde und etwa 200 Mann zu Fusse passirte; die Jägers zu
Pferde mussten solche sofort angreifen. Die übrigen Trouppen hielte
alle verborgen, um den Feind auf eine Höhe zu locken, wo man denselben am füglichsten beikommen könte, welches dann auch geschahe,
vermuthlich den Jägers zu Pferde zu verhindern nicht in die Bagage
zu fallen. Sobald solche zusammengezogen fand, liess die Cavallerie
durch die Dragoner, die Infanterie durch die Jägers zu Fuss angreifen,
alles wurde sofort über den Haufen geworfen, das mehreste todt-
geschossen, verwundet und zu Kriegesgefangen gemacht, alle Bagage
so Detmold passiret, wurde entweder zernichtet oder weggenommen,
worunter die gantze grosse Bagage des maréchals Contades, des Printzen
de Condé, ein Theil des Duc de Brisac, und des Grafen St. Germain.
Ich habe nur einige 40 Wagen mitgebracht, und über 200 Pferde
bekommen. Die Beute der Bauern ist meines Vorhaltens grösser wie
die unsrige, weil mich mit grossen Train nicht schleppen wolte, massen
das Corps so auf die Multhöpen gestanden marschirte und in Rücken
hätte. Ich blieb bis 12 Uhr des Mittags auf einer Höhe vor Detmold
stehen, die genommene Bagage hinter mich defiliren; da aber mehre
Trouppen im Anzug wahrnahm, zog mich zurück bis Blomberg nahe
bei dieser Stadt, traf die arriere-Garde von die, so von die Multhopen
gekommen, an, welche sich aber in der grössesten Geschwindigkeit mit
Hinterlassung eines Maul-Thiers zurückzog. Da nun vernahm, dass ein
grosser Theil des Feindes die Weser bey Minden passiret, ging noch
weiter zurück bis Barntrup. Alhier erhielte die Nachricht von d. H.
General-Lieutenant von Brunck, dass d. H. Obrister von Fersen mit
600 Mann von der Garnison einen Versuch gegen den Feind thun
wollen, wäre aber verbunden gewesen, sich zurückzuziehen. Dieses ver-
anlasste mich, auf Hameln zu gehen, bei meiner Ankunft fand einen
Befehl von Ihro Durchl. dem Erb-Printzen vor, mich Mühe zu geben,
die Convois, so der Feind von Paderborn über Cassel nach Einbeck

kommen lassen würde, zu beunruhigen, und zu suchen, den Feind allen
möglichen Schaden zu thun.   Dieses am besten auszuführen, erbath
mich wiederum die 800 Commandirte benebst die 4 Canonen, so Ew.
Hertzogl. Durchl. mich bereits von der Hamelschen Garnison zugestanden,
welche mir d. H. General von Brunck gegeben.   Die Nachricht in
Hameln war, dass der Feind bereits bis Eschershausen mit der avantgarde avanciret wäre, welches mich also verband, auf dieser Seite der
Weser hinter Grohnde, Kirchohsen, Hehlen und so nach Kirchenwerder
zu gehen, um hier, zu Pohle oder Holtzminden über diesen Fluss zu
gehen.   Als nun zu Hehlen ankam, wurde gewahr, dass ein Commando
auf jener Seite dieses Flusses, von etwa 200 Mann zu Pferde, und
200 Mann zu Fusse stand, welche meines Vorhalten eine Passage über
die Weser suchen wolten, Wagens und Lebens-Mittel hatten, solche
auch ausgeschrieben; Ich liess sofort die Canonen auf sie richten,
worauf solche in der grössesten Geschwindigkeit zurückflohen, 30 Mann
zu Pferde sind über Eschershausen nach Einbeck, die andern aber über
Halle, Wisperode und so zur Armée gegangen.

v. Freytag.

Dieses erwehnte Commando ist von der Armée oder Corps über
Hastenbeck, Latfert und Hajen nach Daspe marschirt.   Heute werde
Anstalt machen, allhier oder zu Poll überzugehen, dann suchen im Sol-
linge zu kommen, um die Passage von Minden bis Nieder-Scheden zu
behaupten; sollte finden, diesen Ort zu nehmen, so bin ebenmässig gewillet, dieses auszuführen, welches dem Feind die retraite gewiss als
auch die Lebensmittel beschwerlich machen wird, weil demselben alsdann nichts, als der Weg von Witzenhausen offenbleibt, so auch gar
leichte beunruhigt werden kann.

Wollte Ew. Herzogl. Durchlaucht mich einige Verhaltungsbefehle
zufertigen, würden solche wegen Sicherheit über Hameln, Bodenwerder,
Holzmünden und so nach Uslar zu senden sein, weil an diesem Ort
der Aufenthalt meines commando bekannt sein wird; jedoch ist alle
Vorsicht noch jetzt zu nehmen, weil die feindliche partie gegenwärtig
aller Orten herumirren.

Der ich mit der aller vollkommensten Ehrfurcht als stets ersterbe
Ew. Durchlaucht
gantz unterthänigster Knecht
gez. W. v. Freytag.

Bodenwerder den 5. August 1759.

(chiffré)   (Archiv-Acten vol. 5.)
Monseigneur!

La lettre de V. A. en date du 30. m'étant bien parvenue; et le
corps de Mr. d'Armentieres par lequel je me suis vû investi depuis le
30. du passé, ayant quitté aujourdhui à trois heures du matin ses Emplacements de Lipperode, Rixcke, Westerkotten, Overhagen et Cappeln,
j'ay l'honneur d'y ajouter, que c'est avec precipitation que tous ces

corps se sont repliés, le gros filant la route du Paderborn et une bonne partie celle de Ham pour renforcer, je crois, la garnison de Wesel et Dusseldorf. Selon le raport des Carabiniers que j'ay d'abord envoyé à leur trousse, l'Ennemi a quitté Rittberg; ils y ont fait quelques Prisonniers, mais ne sont encore surs, s'il a quitté Bocken. Une dixaine des deserteurs arrivés du susdit Corps avec d'autres nouvelles m'assurent la defaite de l'armée francoise; j'en felicite Votre Altesse d'autant plus que serviteur zelé et devoué avec le plus profond respet à Elle. je La vois une seconde fois le Liberateur de ma Patrie. Le capitaine Giese travaille encore aux ecluses et ouvrages; nous continuons à mettre toujours la place en meilleure défense, et si je n'entre en plus grand detail c'est que le bientôt possible j'ay jugé necessaire d'informer Votre Altesse de la situation présente. Le colonel Boydt, Riedesel et Giese presentent leur très humble Respects. J'ai l'honneur d'etre avec un zèle très vif, et le plus respectueux de

Votre Altesse

le très humble et très obeissant serviteur

gez. Hardenberg.

Lipstadt ce 4. d'aout 1759.

(Archiv-Acten vol. 5.)

Durchlauchtigster Herzog,

Gnädigster Fürst und Herr!

Gleichwie nicht zweifle, dass mein letzter unterthänigster Rapport vom 4. dieses auf Ev. Hochfürstl. Durchlaucht gnädigste Zuschrift vom 30. v. M. richtig eingegangen sey, als ohnermangle fernerweit unterthänigst einzuberichten, dass zuverlässigen Nachrichten nach 10 Bataillons von dem Armentiereschen Corps gestern von Ham nach Lünen zur Verstärkung der Garnison von Wesel marschirt sind, und einen Train schwerer Artillerie bestehend in 24 Canonen u. 10 mortiers, so zu hiesiger Belagerung bestimmt gewesen, von da mit zurückgenommen haben. Das d'Armentiersche Corps, welches sich von hier aus gegen Paderborn gewandt und mit dem corps des Mr. de Chevreuse sich daselbst vereinigt hat, ist, soviel man immer in Erfahrung bringen können, über Warburg nach Hessen Cassel marschiret. Der General Chabo ist mit der légion royale, womit er gestern von Ham über Soest gegangen, in abgewichener Nacht von Anrüchte nach Büren aufgebrochen, und soll derselbe nach Paderborn zu gehen intentionirt seyn. Gleichwie ich aber vermuthe, dass er vielmehr dem d'Armentieres folgen werde, so habe den Rittmeister von Monkowitz, bey welchem sich der Herr von Riedesel mit befindet, nebst einer starken Patrouille zu Observirung des Chaboschen Marsches ausgesandt. Andere Nachrichten ergeben, dass Münster und Wahrendorf gänzlich verlassen, und die Mehlauch andere Magazine sowohl an ersterem Orte als in Paderborn destruirt und den Unterthanen Preis gegeben wären. Nach dem von hier Marsch des d'Armentiereschen Corps sind durch die nachgesandten

Patrouillen, welche bis Neuenkirchen, Neuhaus p. p. gewesen, 44 prisoniers de guerre eingebracht, auch 24 deserteurs ankommen. Der Oberst von Boydt, der Ev. Hochfürstl. Durchlaucht Befehl · hier erwartet, bittet sich die Erlaubniss aus, diesem seine unterthänigste Empfehlung beizufügen; Ich aber beharre in gstreuester Devotion

Ev. Hochfürstl. Durchlaucht
ganz gehorsamster Knecht

Lipstadt den 5. August 1759   gez. Hardenberg.
um ¾ auf 12 Uhr Mitternacht.

De Lipstadt ce 6. Aout 1759.

Je me flatte que V. A. S. me croira, quand je prens la liberté de l'assurer, qu'il n'y a personne qui s'interesse plus cordialement pour sa gloire et pour son bonheur que moi. La rétraite soudaine et precipitée de Mr. d'Armentières m'a convaincu qu'il avoit eu des raisons bien fortes, pour abandonner tellement son entreprise, et j'ai trouvé le temps depuis le trois au matin, jusqu'à cet après midi, que le courrier arriva, d'une longueur terrible. Daignez d'accepter, Mon Prince, mon respecté General, les felicitations qui partent d'un coeur rempli de reconnaissance, et permettez moi de rejoindre V. A. S. le neuf à Paderborn,*) Je la supplie. Mr. de Hardenberg, qui m'a traité d'une façon, dont Je serais le plus ingrats des hommes, de ne me pas louer, vous dit, Monseigneur, les noms des Regiments, qui sont marché sur Ham, à Wesel, mais je ne scais pas, s'il a mandé, que ces Regiments y doivent arriver demain, et la grande Artillerie, destinée contre nous — y sera ce soir, si on peut croire les deserteurs. Le Corps de Chevreuse — — font l'arriere garde de Mr. d'Armentières, qui pretend, dit-on d'arriver aujourdhui à Cassel.

Par une lettre de Riedesel au general Hardenberg j'espere qu'il aura l'honneur de se presenter à V. A. S. ce soir. Je ne puis jamais assez dire en faveur de ce garçon. Sa bonne volonté, son activité, son bon sens et son application, le rendront, si je ne me trompe, un excellent officier. Permettez moi, mon Prince, de le recommander à Sa protec·tion, et de repeter que j'ai l'honneur d'être, Son très humble et très respectueux   Robt. Boyd.

Durchlauchtigster Herzog
Gnädigster Fürst und Herr!

Ew. Hochfürstl. Durchlaucht gnädigen Befehl vom heutigen dato zu unterthäniger Folge ist allhier sofort die Verfügung gemacht, dass der Obrist von Boyd mit den drei Hannöverschen bataillons morgen früh von hier nach Rheda aufbricht und vier 40pfündige mortiers nebst zwei 12pfündigen Kanonen und der gehörigen Munition mitnimmt p. p.

Ew. Hochfürstl. Durchlaucht
ganz unterthänigster Knecht

Lipstadt d. 2. August 1759.   gez. Hardenberg.

---

*) N. d. H. Von der Hand des Herzogs. * O u i.

De Lipstadt ce 7. aout 1759.
à dix heures de la nuit.

Monseigneur.

Je rends mes très humbles graces à V. A. S. pour cette derniere preuve de la confiance, qu'Elle veut bien avoir en moi, et je tacherai de mon mieux d'executer les ordres, dont je suis chargé. Il est impossible, que l'artillerie peut être prêt à marcher avant neuf heures demain matin, et si par bonheur nous n'eumes pas recu des chariots des paysans depuis le depart de Mr. d'Armentieres, il auroit fallu partir sans elle. J'ai ecrit deja à Rheda, priant mon aimable Riedesel de s'assurer de tous les chariots et chevaux qu'il trouve aux environs, et par ce moyen j'espere, que notre petite artillerie ira aussi vite que nous.

Pour Monsieur le Commandant, il est bien sur qu'il ne peut pas perdre beaucoup, n'ayant qu'un cheval et six chemises. Je serais charmé de pouvoir donner à manger et à boire aux officiers, que j'ai avec moi et je serois mortifié de leur demander un diné, si je ne me souvenois pas, que Henri quatre fut dans le meme cas; heureusement il ne me peut pas arriver comme à lui, de porter de culottes trouées, car j'ai deux pairs.

Votre estime, mon Prince, m'est si cher, que je voudrais faire tout au monde, pour le meriter et pour vous convaincre, que les ascurances, que j'ai pris la liberté de donner à V. A. S. de mon attahement, ne sont pas des vaines paroles, mais bien les sentimens sinceres de son tres humble et respectueux

Rob. Boyd.

De Warendorp
jeudi le 9. Aout 1759 deux heures apres midi.

Monseigneur!

Nous sommes arrivés ici apres midi, et par le moyen des chevaux frais que nous avons eu à Rheda, l'artillerie a marché aussi vite que nous. J'ai fait tout mon possible d'avoir des avis, mais les gens ici qui representent les choses comme ils les souhaitent, grossissent furieusement la force de la garnison à Münster, eu les faisant monter à 6000 hommes. Je crois que l'ennemi est revenu de ses premieres frayeurs et qu'il est sur qu'il y a plus de monde, que les Volontaires de Clermont.

Un homme qui en est sorti à 5 heures ce matin, et qui par un certificat, qu'il m'a montré, a autrefois servi un officier anglois, m'a assuré, qu'outre les volontaires de Clermont, dont il a fait la description par les bonnets de cuivre, il a vu des dragons, des Suisses et des uniformes de l'Infanterie française. Tout ceci m'a été confirmé par un Commis français, qui sortit de Münster hier à huit heures de soir, avec l'intention de passer à Paderborn. Surpris de nous voir, il est venu se rendre mon Prisonnier, en me disant qu'il avoit été Commis d'un hopital à Cologne, où il a été long tems malade, et que pour recevoir ses appointemens, il falloit aller au quartier général de Mr. de Contades et puis après à prendre les eaux de Pirmont. Il m'a aussi produit des certificats pour la verité de ce qu'il a dit. Cet homme est arrivé le trois par la coche de Düsseldorp à Münster où il n'y avoit alors que très peu de Français et beaucoup de confusion. Le quatre ou le cinq les volontaires de Clermont sont arrivés, et le six un officier de nos chasseurs avec une Trompette pour sommer la Ville. Le sept il a vu entrer le Regiment de Tianges Dragons, qu'il croit être venû du coté de l'Ems, et le meme jour plusieurs hommes d'Infanterie de differens regiments, qu'il croit être des fuyards, ramassés par quelques officiers, et qu'un General major, que Mr. d'Armentieres y avoit laissé pour commander, et qui l'avoit abandonné le trois, etoit revenu avant hier de Wesel pour reprendre le commandement.

J'ai publié ici que je faisais l'avantgarde d'un corps de 10000 hommes qui doit arriver demain, et j'ai ordonné aux Magistrats de faire provision de tout le necessaire pour eux.

Pour le reste, mon Prince, j'ai pris la resolution, de marcher demain à la vue de Münster, d'envoyer sommer la ville et la citadelle, avec des menaces de les faire bombarder en cas de refus; et si ce cas arrive, je ferai avancer mes mortiers dans la nuit et je jettrai une vingtaine de bombes dans la Ville.

Il me semble que cela me peut reussir, mais si au contraire ils veulent soutenir la ville et la citadelle, je retirerai mes mortiers avant le jour et je repasserai la petite riviére qui est entre Münster et Tellight, où je tacherai de me soutenir jusqu'aux ordres ulterieures de V. A. S.

Elle m'a marqué que le Capitaine Führer se rendrait le dix avant Münster avec la garnison d'Osnabrück, mais je n'ai pas encore reçu de ses nouvelles. S'il les a eu que les Français sont renforcés, Je suppose, qu'il est replié.

J'envoye un Officier en Courier avec cette lettre et comme apparemment il sera trop fatigué, pour revenir aussi vite qu'il va, si V. A. S. a quelques ordres à m'envoyer, en faisant partir un autre Courier, il peut m'atteindre demain avant que j'arrive à la vue de Münster.

Je n'ai consulté personne sur la resolution que j'ai pris. J'espere qu'elle sera approuvé par V. A. S. et en ce cas je ferai tout mon possible, pour l'executer.

Je suis, Monseigneur, avec l'attachement le plus respectueux et sincère

Son tres humble et tres obeissant serviteur

Rob. Boyd.

Monseigneur!   Du Camp devant Münster ce 11 aout 1759.
à trois heures apres midi.

Hier matin à deux heures j'ai reçu l'honneur de la lettre de V.

A. S. du huit, pas par le païsan, dont Elle me parle, mais par un du païs de Münster, qui ne pouvoit pas me donner les moindres nouvelles de l'autre.

A cinq heures du soir le courier Ferner m'a remis celle de V. A. S. du neuf, pendant que nous fumes encore en marche; la chaleur excessive (dont un homme creva) nous empecha d'avancer plus vite, quoique les havresacs des soldats etoient sur des chariots.

J'ai laissé un poste d'un Officier et 60 hommes d'infanterie et 20 chevaux pour faire preparer le pain et le fourage à Wahrendorf, et pour faire des patrouilles vers Ohlen, et j'ai lui recommandé de tacher de scavoir quelque chose de positif du corps que Mr. de Hardenberg me dit être campé à Haltern.

Ayant eu des avis, que l'ennemi avoit un poste de Cavalerie à Tellicht et qu'ils se tenoient toujours à la porte qui donne sur le chemin de Münster, je fis partir à minuit, par la porte de l'Ems un detachement de 50 chevaux avec ordre de prendre le chemin de Langen, de passer l'Ems à un gué qui en est proche, et de tacher de couper ces Mess. du pont de Nobis-Krug, qu'ils auroient pu ruiner. Je fis marcher à une heure de matin le Regt. de Wrede avec 100 chevaux, pour occuper ce pont. Le premier detachement de cavalerie ne prit pas assez de droit pour tourner ce poste qui etoit de 50 chevaux, mais l'autre qui étoit avec Wrede, prit trois des volontaires de Clermont, qui furent envoyés en patrouille à Tellicht.

A notre arrivée sur la bruyère devant Munster je fis d'abord occuper par les chasseurs et l'infanterie du Capt. Führer (qui me joignit à Nobis-Krug) le poste de St. Moritz, dont on chassa quelques Francais et leur tua un homme; et je fis tout preparer pour jetter des bombes dans la ville, après l'avoir fait sommer par Ridesel, qui fut reçu d'une manière assez singulière, comme V. A. S. verra par sa relation ci jointe.

A une heure ce matin les quatre mortiers furent mis en batterie dans un jardin sur le chemin de St. Moritz, mais en moins d'une heure trois crevèrent, sans faire autre mal que blesser quelques gens de l'artillerie legerement. Je fis aussi avancer les deux canons de douze, qui tirerent dans la ville, et qui ont fait plus de mal, je croi, que les bombes, dont plusieurs n'allerent pas jusqu'aux remparts, quoique la batterie n'en étoit qu'à 550 pas.

Pour cacher l'accident arrivé à nos mortiers, je fis discontinuer de tirer du seul qui restoit et j'ecrivis la lettre qui va ci-jointe, au Commandant de Münster. Sa reponse j'envoye aussi à V. A. S.

On ne tiroit de la ville hier, que des deux très petits canons, et ce matin d'un seulement, et si j'etois assez fort pour les faire investir, je ne puis pas douter, qu'ils ne rendroient la place.

Une petite alerte, arrivée un peu trop legerement depuis que j'ai commencé ma lettre, nous a fait un peu perdre la contenance que nous avions tenu jusque là. Les avant postes crurent voir defiler de la Ville deux corps d'infanterie avec du canon. Cela me fut annoncé trois fois sans que j'y fis attention, parceque la meme chose m'etoit arrivé plusieurs fois dans la nuit, mais un quatrieme avertissement me fit donner des ordres de faire commencer à defiler le bagage et l'artillerie vers Nobis-Krug, et de faire plier les tentes; mais après avoir reconnu jusqu'à quelques cent pas de la ville, je ne pouvois trouver qu'il en etoit sorti quelque chose, et pour reparer la sottise que j'avois fait à la ville de Münster, je fis marcher et prendre un autre emplacement en avant.

Voila bien des petitesses, mon Prince, et je vous demande pardon d'avoir entré dans un detail semblable, mais comme le courier a été temoin de cette affaire, j'ai cru necessaire d'en avertir V. A. S.

J'ai été souvent hier au soir et ce matin sur la tour de St. Moritz, et je pouvais voir que les remparts depuis la Servatii jusqu'au La Höxter — Porte ne manquait pas du monde. Selon les rapports des gens, qui sortirent hier de la ville, la plupart de la garnison se tenoit sur le Thum (Dom)-Platz et devant la Citadelle, et ils font monter le nombre beaucoup plus haut, qu'il ne l'est, j'en suis persuadé.

Ce m'est une grande mortification, mon Prince, de n'avoir pas pu reussir dans la premiere entreprise, qu'Elle a daigné me confier. J'attendrai ici ou à Nobis-Krug Ses ordres ulterieures, et si je me trouve coupé de Lipstadt par ce corps, qu'on dit être à Haltern, Je prendrai à droit et je tacherai de gagner Osnabrück.

Rien ne peut me consoler, Monseigneur, de cette entreprise manquée, que de scavoir, de la main de V. A. S. qu'Elle n'est pas mecontent de son

très fidele et très respectueux

Rob. Boyd.

(copie.)

❈ au couvent de Dahlen près de Meerhof
ce 12. août 1759. à 9 heures du matin.

Je viens de recevoir le raport que Vous m'avez fait d'hier à trois heures de l'après midi. Le succès de Vôtre Expedition m'auroit fait un double plaisir, tant par son importance que par ce que Vous en avez été chargé; mais je suis bien éloigné de mettre la moindre chose à Vôtre charge. Je vois plûtot que Vous avez fait tout ce qui étoit possible de faire avec le peu de monde que Vous avez.

Si Vous pouvez Vous soutenir devant Münster, il convient de le faire; si non, repliez Vous à temps sur Warendorp.*)

Les affaires s'eclairciront en peu de jours en Hesse; je crois que l'armée françoise arrivera aujourdhuy à Cassel; je debouche de mon coté demain dans le Païs de Waldeck. Si l'Ennemi abandonne Cassel, je me verrai tout de suite en état, de faire un Detachement pour assieger la Ville de Münster dans les formes. Je tiens pour cette fin un train d'Artillerie tout prêt à Hameln. Giese dirigera l'Attaque en

---

*) N. d. H. S. das Gutachten Westphalen's vom 12. August weiter unten.

qualité d'Ingenieur, et le Colonel Schluter commandera l'Artillerie. Elle consistera en 24 pieces de gros canons et en 12 mortiers. Je suis p. p. (Ferdinand)

Consolés-vous cher Boyd, je suis content au possible de tout ce que Vous avés fait.

à Mons. de Boyd.

(Archiv-Acten vol. 324.)

** Monseigneur,　　　　　　　　　　　　Nr. 1.

Ce 8. Aout 1759. *)

Armentiéres étant le 4. deja à Paderborn, il pouvoit toujours prévenir le Prince héréditaire aux defilés de la Dymel, puisque S. A. S. étoit encore le 4. à Rinteln. Ainsi si c'est le Doute de V. A. S., Elle s'apercevra que la marche du prince en decà du Weser n'auroit pas rémedié à l'inconvenient qu'elle paroit avoir en vüe, savoir de trouver les defilés occupés.

Au reste le corps du prince étoit le plus à portée pour passer le Weser, et pour aller à la poursuite de l'ennemi. Je ne sais d'ailleurs pas si V. A. S. auroit trouvé un autre general, auquel Elle auroit pû confier cette Expedition, pour laquelle le prince me paroit plus propre qu'aucun autre.

L'idée de V. A. S. d'envoyer les Haubitzes à l'avantgarde, est très bonne. Mais je ne crois pas, qu'Armentiéres aura occupé tous les defilés et je me flatte qu'on trouvera celui de Stadtbergen, ou du moins celuy de Brilon ouvert. Aprés quoi la garde de celuy de Warbourg ne servira plus de rien à l'Ennemi.

La jonction du Prince héréditaire de Brunsvic avec V. A. S. depend des circonstances, qui ne sont pas encore assez développées. Il faut surement se rejoindre, mais il seroit difficile se déterminer dès à présent le comment, sans se mettre dans le cas d'y faire des changements.

Anhang.

Der mit dem nachfolgenden Schreiben an Lord Holdernesse erst unterm 3ten Februar 1760 d. d. Paderborn eingesandte, detaillirte Bericht des Herzogs Ferdinand über die Schlacht bei Minden ist aus Veranlassung des kriegsgerichtlichen Prozesses gegen den commandirenden General der Britischen Cavallerie, Lord George Sackville, wegen seines Benehmens in der Schlacht, mittelst einer von Westphalen redigirten Relation erstattet worden. Eine Uebersetzung dieser Relation findet sich bereits in dem Werke des Hannoverschen Oberstlieutenants v. d. Knesebeck Bd. I. S. 404 ff. Das Original beruht in dem Eng-

*) N. d. H. Das Hauptquartier in Stukenbrock (acta vol. 122.)

lischen Staatsarchive, und ist eine durch Vermittelung des Königl. Generalstabs zu Berlin ertheilte Abschrift desselben, nach dem französischen Texte, hier aufgenommen. Dazu gehören mehrere Berichte und Erklärungen der Adjutanten des Herzogs Ferdinand, welche er zur Vervollständigung dieser Relation, einige Wochen später, am 5ten März 1760, ebenfalls dem Lord Holdernesse übersandt hat, und sind dieselben durch die nämliche Vermittelung dem Herausgeber zugänglich gemacht, und hier vollständig mit aufgenommen worden. Was insbesondere die Erklärungen des Generaladjut. v. Estorff und des Adjutanten Cap. v. Malortie betrifft, so beziehen sich auf dieselben die in den Archiv-Acten vol. 107 resp. in der Lucanus'schen Sammlung enthaltenen Billets Malortie's, des Herzogs Ferdinand an Westphalen, und des letzteren an den Herzog vom 11ten Febr. 1760, welche den Materialien beigefügt sind. —

(Copie.)
(Aus dem Englischen Staats-Archive, — mitgetheilt durch den Königl. Generalstab zu Berlin.)

Mylord,

J'ai reçu Mylord, la lettre que vous m'avez fait l'honneur de m'écrire du 22. du mois passé au sujet du conseil de guerre que S. Majesté vient d'accorder à Mylord George Sackville. — Comme Sa Majesté m'ordonne d'envoyer à Votre Excellence quelques détails sur la conduite qu'il a tenue à la bataille de Minden, il m'a paru que je ne saurois mieux repondre à ses desirs, ni exposer tout ce qui régarde le dit Lord dans un plus grand jour, qu'en faisant une relation de la bataille, pour faire voir la part qu'il devoit y avoir et qu'il ne tenoit qu'à lui d'y prendre, mais qu'il n'a pas pris en effet.

J'ai cru necessaire d'ajouter à la relation quelques lettres de Mylord George à moi avec mes reponses, pour éclaircir ce qui s'est passé entre lui et moi après la bataille en suite du compliment de remerciments que je fis faire à l'armée et notament à Mylord Granby, puisqu'il s'en crut offensé. —

Comme les Anglois qui pourront temoigner sur ce qui se trouve raporté dans la relation, se trouvent actuellement en Angleterre, il s'agiroit seulement d'y faire passer encore mes aides de camp de Malortie, de Derenthal et de Wintzingerode. Le premier est resté malade à Marbourg, et je doute fort qu'il se trouve en état, d'en entreprendre le voyage, mais je pourrois faire passer en Angleterre les deux autres.

J'ai l'honneur d'être avec les sentimens de la plus parfaite Estime
Mylord
de Votre Excellence

à Paderborn,
ce 3 Fevrier 1760.
à S. E. Mylord Comte
Holdernesse.

le trés humble et très
obeissant serviteur
Ferdinand Duc de Brunswic et Lünebourg.

Relation de la bataille de Minden en tant que la Conduite de Mylord
George Sackville s'y rapporte.

Je marchais le 29. de Juillet avec l'armée de Petershagen à Hille,
dans le dessein de forcer l'ennemi à prendre un parti; je postois le
Lieut.-General de Gilsae avec un detachement de 2—3000 hommes à
Lübbeke; pour entretenir la communication de l'Armée avec le prince
héréditaire de Brunswic. — Celuiçi ayant pris les devants dès le 27.,
se trouvoit dejà le 30. du même mois à dòs de l'ennemi; je lui ordonnois d'attaquer le corps de troupes ennemis, qui couvrit le pont de
Coovelt, et de tâcher de s'en rendre maitre, afin de couper à l'armée
francóise sa communication avec Paderborn, d'où Elle tiroit ses subsistences et de l'obliger par là, à sortir d'une façon ou d'autre de
son camp de Minden, qui étoit absolument inattacable par son assiette.

Comme entre plusieurs partis que l'ennemi pouvoit et devoit prendre
sur cette disposition il se trouvoit celui de m'attaquer, je m'arrangeois
pour ce cas de la manière suivante. Le Lieut. General de Wangenheim continua d'occuper son camp de Tonhausen, il avoit 10,000 hommes
à peu près avec lui, son camp étoit retranché et garni d'une nombreuse artillerie. — Il couvroit par cette position mes convois venant
de Nienbourg et se trouvoit en même temps vis-à-vis du debouché qui
est entre la ville de Minden et le marais et par lequel l'ennemi devoit
passer pour entrer dans la plaine. — Comme il me parût hors de doutè,
que l'ennemi, si son dessein étoit de m'attaquer, ne dût commencer
par attaquer le camp rétranché de Tonhausen, je choisis pour l'armée
celui de Hille d'où j'etois à la fois à portée de donner la main au
Prince héréditaire et de tomber sur l'ennemi au moment qu'il attaqueroit le général de Wangenheim en le prenant même quasi avec
toute l'armée en flanc. — Le plan des mouvemens faits par les deux
armées depuis le 15. de Juillet jusqu'au 1er d'Août qui a eté levé
par le Capt. Bauer et qui a été depuis gravé en Hollande, explique
tout ce que je viens de dire et comme il rend raison de même de ce
qui va suivre, je m'y refère, pour eviter d'entrer ici dans un trop grand
détail à cet égard. —

Il fut ordonné le 29. de Juillet, jour de l'arrivée de l'armée au
camp de Hille, de faire pratiquer des communications et des ouvertures,
pour que l'armée put sur le premier avis marcher en avant sans trouver
des empêchemens en chemin; je recommandois en même temps à Mrs.
les Généraux, de reconnoitre tous ces debouchés, qui mènent dans la
plaine de Minden, pour se rendre le terrain familier dans le cas que
l'armée y dut marcher. — Je joins ci-auprès la copie de cet ordre
afin de servir de preuve à ce que je viens d'alléguer. —

Ayant été le 31. de Juillet aux montagnes de Lubbeke réconnoitre la position de l'ennemi j'eus des indices d'un prochain changement vû que l'ennemi avoit attiré à lui tous ses petits corps detachés.
Cette deconverte m'engagea à donner à l'armée à 5 heures après midi
l'ordre de se tenir prête le premier d'Août à 1 heure du matin pour

marcher, — la cavallerie nommement devoit avoir sellé à l'heure nommée et je recommandais de nouveau à Mrs. les Généraux de se rendre le terrain familier et speciellement à ceux qui devoient conduire les colonnes, assignées à chacun, de réconnoitre les routes sur lesquelles l'armée marcheroit et le terrain où elle devoit se former ensuite savoir entre Haalen et Stemmern. — Je joins ci-auprès la copie de cet ordre, qui contient toute la disposition pour la marche, afin de servir de preuve et d'éclaircissement à ce que je viens d'avancer et de ce qui va suivre. —

J'avois recommandé à tous nos postes avancés d'être fort attentifs et de m'avertir des moindres mouvements, qu'ils observeroient, cependant la nuit se passa sans que j'en eus aucun avis; vers les trois heures du mâtin Mr. de Reden adjutant-général m'annonça l'arrivée de deux deserteurs du regiment de Picardie avec la nouvelle, que l'armée ennemie étoit en marche pour m'attaquer, et qu'elle avoit dû passer le marais à minuit. — Ces deserteurs étoient déjà venus à 10 heures du soir à Hartum, où le Lieut.-Général Prince d'Anhalt, qui étoit du jour, se trouvoit avec une partie des piquets de l'armée, mais quelque importante que fût la nouvelle qu'ils apportèrent, elle ne me parvint que vers les trois heures du mâtin, comme je viens de le dire. En la combinant avec mes observations que j'avois faites la veille à Lubbecke, je ne doutois point un moment, que Mr. le Maréchal de Contades ne vint à moi. C'est pour quoi j'ordonnois à Mr. de Reden de faire prendre tout de suite les armes à l'armée, pour la faire marcher de même à son emplacement assigné la veille entre Haalen et Stemmern; j'envoyois de même pour ne perdre pas du temps tout ce que j'avois d'aide de camp autour de moi au camp, afin de faire partir l'armée sans le moindre délai. — Je fus obëi avec beaucoup de promptitude, à l'exception de la Cavallerie de la droite, qui malgré l'ordre donné la veille n'avoit point sellé et dont le Conducteur Mylord George Sackville n'arrivoit que très tard. —

Craignant que l'ennemi ne me prévint à Haalen et n'occupât ce village, je n'eus rien de si pressé que de courir à toute bride aux piquets de l'armée à Hartum. Je demandai au Prince d'Anhalt qui les commandoit ce qu'il y avoit de nouveau, il me repondit que tout étoit encore dans la même position chez l'ennemi. Cette reponse ne m'empecha pas de lui ordonner de rassembler les piquets et de marcher avec eux et leurs canons, consistant dans la brigade du Capt. Foye, droit à Haalen et en prendre possession; je lui donnai le prince de Bevern et le Lieut. Colonel Watson pour l'assister dans cette opération.

Quant à moi j'avançois en m'attendant, avec mon piqueur et un paysan pour guide sur le village de Haalen. N'en étant plus éloigné qu'à une petite distance j'apris par les patrouilles de nos piquets, que le village étoit rempli d'ennemis. Pour aprofondir cette nouvelle j'y envoyois mon piqueur, qui m'assura la même chose.

Je fus joint dans ces entrefaits par Mr. d'Estorff, aide de camp général; comme il m'importoit infiniment de savoir dans cette situation ce qui se passoit du coté de Tonhausen, je l'envoyois tout de suite à Mr. de Wangenheim, pour lui demander de ses nouvelles, vû que ni lui ni l'aide de camp du piquet Capt. Murard ne m'avoient encore rien fait raporter. — Je n'en reçus qu'au fort de l'action un billet écrit à 3 heures du mâtin, par lequel il me marquait, qu'il n'y avoit rien de nouveau et que les camps des ennemis étoient dans leur même assiette.

L'occupation de Haalen par l'ennemi m'engagea à pousser plus loin dans la plaine de Minden, accompagné seulement par mon piqueur, pour tâcher de decouvrir ce qu'il pourroit s'y trouver de l'ennemi. — Je ne fus pas longtemps à le chercher, je vis une grande partie de l'armée ennemie formée en bataille et s'avançant sur Kuttenhausen. — Je vis de même une épaisse fumée s'élever à Todtenhausen, mais allant avec le vent, qui étoit ce jour là des plus impétueux, je n'entendis point de bruit de canon; en revanche une forte canonàde se fit entendre derrière moi à Hille. — Les ennemis tenoient un bout de la digue qui traverse le marais entre ce village et Eickhorst, et pour distraire mon attention ils firent semblant de vouloir forcer le passage de la digue et tirèrent pour cette fin tant sur le village de Hille que sur un detachement de 500 hommes aux ordres du Lieut. Colonel Reinecke du Regiment d'Imhoff, que j'avois établi avec une batterie à l'autre bout de la digue du coté de Hille. — Comme je n'avois que 2 pièces de canon à cette batterie, j'y envoyois encore deux autres et le feu n'en devint que plus vif de part et d'autre, — le nôtre empecha l'ennemi de passer la digue et celui de l'ennemi resta sans le moindre effet. — J'écrivis en même temps à cheval un billet au Lt. General de Gilsae de marcher incessamment sur Eickhorst et d'en deloger l'ennemi, et de le pousser aussi loin que possible vers le camp ennemi derrière les marais, afin de causer par là une diversion à l'ennemi même; il devoit aussi avertir de son coté le Prince héréditaire, qui n'étoit pas fort éloigné de lui de ce qui se passoit, pour qu'il agit en consequence des ordres que je lui avois donné.

J'aurois été bien aise de reconnôitre davantage les dispositions de l'ennemi surtout vers la gauche, mais comme je me suis avanturé en allant plus loin dans la plaine je pris le parti de me rejeter sur l'armée qui commençoit à deboucher. Je rencontrois dabord en retournant la grande garde de la gauche de notre armée, je lui ordonnois, de pousser en avant, d'avoir l'oeil sur les mouvemens de l'ennemi et d'avertir de tout le Duc de Holstein, qui commandoit la Cavallerie de la gauche. Je tombois bientôt après sur la colonne même du Duc, je lui recommandois de se former le plustôt qu'il pourroit et de saisir le bon moment pour la charge. Je rencontrois en suite la colonne de Mr. d'Imhoff, je lui repetois à peu près la même chose et je fis dire aux autres Généraux d'accelerer davantage la marche de leurs colonnes, vû qu'elles avoient à décrire un demi arc plus grand que les colonnes de la gauche. —

Me portant de là à la première Colonne de l'infanterie menée par Mr. de Spörcken, je fus surpris de trouver nos piquets encore en deça de Haalen; je ne le fus pas moins de recevoir jusqu'au même moment un billet du Prince d'Anhalt, par lequel il me manda que le village étoit occupé et me demanda s'il devoit l'attaquer. Je lui fis reponse d'oui sans balancer plus d'un moment, mes ordres furent encore executés et sans beaucoup de difficulté, puisque l'ennemi ne fit que peu de résistance, quoiqu'il eut mis 4 bataillons au village pour le défendre. Il y mit le feu en s'en retirant. — Le prince d'Anhalt, auquel j'avois ordonné de prendre possession de Haalen, puisqu'il falloit en être maître pour former l'armée, prit mon ordre à la lettre, après qu'il en eut delogé l'ennemi, et s'y logea de façon à n'en bouger plus.

La Colonne de Mr. de Spörcken étant presque arrivé vers le moulin à vent de Haalen, je fis ordonner à l'infanterie que les bataillons formassent les demi-bataillons, et à Mylord George Sackville, conducteur de la cavallerie de la Droite, si je ne me trompe pas par le capitaine de Malortie, que je ne pouvois pas lui faire dire encore avec précision, si la Cavallerie seroit à la Droite de l'armée, ou s'il falloit la mettre en troisieme et quatrieme ligne derriere l'infanterie, puisqu'il se pourroit, que je dusse appuyer celle-çi au village de Haalen, mais que ni plus ni moins la Cavallerie eut à suivre en colonne la direction de sa marche ordonnée la veille. — Plusieurs de mes aides de camp me rejoignirent alors, entre autres le major de Bülow, qui avoit été à Tonhausen. Il me raporta, que la canonade étoit de part et d'autre des plus vives, que notre Cavallerie, postée entre Stemmern et Kuttenhausen, avoit été obligée de se mettre hors de portée du feu de canon, un peu en arrière, que l'infanterie se soutenoit dans son poste, mais que l'ennemi gagnoit du terrain sur la droite du corps de Wangenheim, qu'ayant rencontré à son retour de là les colonnes du Duc de Holstein et de Mr. d'Imhoff, il les en avoit averti et que ces deux colonnes se trouvoient déjà formées sur l'emplacement ordonné.

Je fis promptement avancer la brigade du Capt. Foy et la fis placer auprès du moulin à vent de Haalen avec ordre de tirer sans discontinuation, ce qu'elle fit avec un très grand succes. — Ce feu devoit servir de protection à la formation de l'armée, je la hâtois le plus qu'il me le fut possible. Pendant que les colonnes deployoient, je leur fis ordonner que: „si les troupes avanceroient, cela se feroit tambour battant." Cet ordre fut ou mal rendu, ou mal compris; on le prit pour l'ordre: „d'avancer tambour battant." — Sur quoi tout ce qui étoit formé de l'infanterie s'ébranla et avança sans donner le temps au reste de l'armée de se former de même. Je me vis obligé de faire arrêter l'infanterie de la droite; le duc de Richmond fut entre autres chargé de lui en porter l'ordre. Elle fit une petite halte auprès d'un petit bois, qui lui servit de protection, afin de donner le temps au reste de l'armée de se former. —

La brigade pesante du major Haase de l'artillerie Hannovrienne arriva un peu tard; je la fis joindre à celle du Capt. Foy et du Capt. Maclean aux ordres du Capt. Philips auprès du moulin à vent de Haalen; elle joua alors avec beaucoup d'effet. —

Après une petite halte l'Infanterie de la Droite s'ébranla de nouveau et avança avec une fierté imposante; son impétuosité étoit en même temps si grande que la seconde ligne et la Brigade de la grosse Artillerie du Centre eurent toute la peine à suivre.

Selon mon ordre de Bataille la Cavallerie étoit sur les deux ailes et l'Infanterie au Centre; l'Ennemi avoit au contraire placé toute sa Cavallerie au Centre et l'infanterie sur les ailes. Il en arriva, que notre infanterie donna sur la Cavallerie ennemie, et que notre Cavallerie de la gauche eut l'infanterie ennemie et très peu de Cavallerie ennemie devant elle en front. —

L'infanterie Britannique attaqua avec une intrepidité admirable; les Gardes Hannovriennes et le Regiment de Hardenberg en firent de même. Le succès en étoit si grand, que la Cavallerie ennemie, qui étoit en face de cette brave infanterie, fut enfoncée et mise totalement en confusion. C'étoit le moment de faire donner la Cavallerie pour achever la défaite de l'ennemi; j'envoyois mon aide de camp le Capt. Ligonnier à Mylord Sackville avec ordre d'avancer avec la Cavallerie pour profiter des avantages que l'infanterie venoit de remporter. — Mon aide de camp de Wintzingerode fut envoyé par moi à Mylord Sackville avec une pareille commission. — Mylord feignit d'abord de ne pas comprendre l'ordre qu'il portoit, il parût s'y rendre en suite et finit par n'en faire rien. — Avant que Ligonnier revint la Cavallerie ennemie se réconnut et révint à la charge, elle fut soutenue par l'infanterie Saxonne et par une canonnade des plus vives, qui prit notre infanterie en écharpe et l'enfila. L'infanterie soutint ce feu avec beaucoup de fermeté et quoiqu'une fois elle parait ceder du terrain, elle se remit cependant bientôt après. — Mr. Fitzroy fut envoyé alors à Mylord George pour lui porter l'ordre d'accourir seulement avec la Cavallerie Britannique, afin d'éviter tout délai. J'avois fait avancer moi-même la brigade de l'artillerie pesante angloise de la droite du Capt. Maclean dans le petit bois, dont j'ai fait mention plus haut et où l'infanterie fit halte avant que de donner sur la Cavallerie ennemie.*) — Lorsque l'infanterie Britannique fut prise au flanc, je fis defiler tout ce que je trouvois d'infanterie dans la seconde ligne et qui n'avoit eu de place dans la premiere ligne, au dessus de la droite des Anglois pour les proteger. — J'envoyai dans cet intervalle mon aide de camp de Derenthal à Mylord Sackville pour le presser d'avancer sans perdre de temps pour soutenir l'infanterie qui souffroit. — Mais

---

*) N. d. H. An dieser Stelle findet sich in Knesebeck's Uebersetzung (Bd. I. S. 413) noch folgender passus, der in dieser Abschrift fehlt: — „Der Capitain Philipps hatte sich nämlich bei mir beklagt, dass ihm noch kein Befehl zugekommen sei, weswegen ich ihm diese Brigade zuwies und ihm zugleich die obengenannte Stellung bestimmte. Diese Artillerie feuerte auch wirklich mit erstaunlichem Erfolge und brachte bald die ganze Artillerie des feindlichen linken Flügels zum Schweigen."

il n'en fut rien; M'attendant avec raison à trouver de la disposition de
se distinguer chez Mylord Granby, je lui envoyois le Colonel Webbe
avec ordre d'avancer avec la seconde ligne de la Cavallerie pour proteger l'infanterie, mais Mylord George Sackville l'en empecha en lui
faisant defense d'avancer. — Mrs. Ligonier et Fitzroy revinrent me
dire que la Cavallerie ne bougeoit pas malgré mes ordres, que Mylord
George Sackville ne leurs avoit pas voulu ajouter foi, qu'il leurs avoit dit qu'ils
ne savoient pas ce qu'ils disoient, et qu'il viendroit me parler lui-même. —

Il vint en effet me trouver, je lui répétais ce que Ligonier et Fitzroy lui avoient dit de ma part, mais jamais la Cavallerie n'avançoit
assez près ni pour cueillir les lauriers que l'Infanterie avoit preparé,
ni pour la proteger dans le Temps qu'elle souffrait. —

En effet Mylord George Sackville, bien loin de reparer la faute,
que la Cavallerie de la Droite avoit faite de n'en avoir point sellé à
l'heure ordonnée et qu'il avoit fait lui-même, de n'y avoir rémédié à
temps et de s'être rendû si tard à son poste, en doublant de pas
durant la marche pour régagner le temps perdu, il perdit même celui
et l'occasion la plus belle, qui ait peut-être jamais existé, d'acquerir
la gloire, qui lui furent non seulement fournies, mais ordonnées aussi
de saisir. Car la Cavallerie resta durant tout le temps de l'action hors
de portée du canon. —

L'infanterie de la Droite et nommement l'infanterie Britannique
fit en revanche de prodiges de valeur; elle soutint non seulement plusieurs attaques réiterées et qui se succedoient de près, de presque
toute la Cavallerie et d'une partie de l'Infanterie ennemie, qui étoit
vis à vis d'elle, mais elle les répoussa de même et toujours avec plus
de perte pour l'ennemi.

Dès que le Centre de l'armée fut formé et que la brigade de la
grosse Artillerie Hannovrienne du General Braun commença à jouer,
notre feu devint superieur à celui des ennemis de tous cotés. —

Notre aile gauche tant infanterie que cavallerie attaqua avec un
succés decidé et avec une bravoure que je ne saurois assez louer.
Les Regimens Grenadiers Hanau et Toll, Infanterie hessoise, se distin-
guèrent infiniment; la Cavallerie hessoise sous le brave Général Urff,
le regiment de la cavallerie Hannovrienne de Hammerstein et les Dragons Prussiens de Holstein, s'élançant sur l'ennemi avec impétuosité le
renversèrent, en sabrèrent un grand nombre, lui prirent ses batteries et
dispersèrent tout ce qu'ils rencontroient devant eux. —

Enfin la Victoire se déclara et l'ennemi plia partout, hormis vis-
à-vis de Mr. de Wangenheim, où il tint ferme encore. J'envoyois Mr.
Fitzroy à Tonhausen, pour porter l'ordre au général de Wangenheim
d'avancer, ce qu'il exécuta en forçant l'ennemi à se retirer pareillement
de son coté. — S'il l'eut fait plustôt sans attendre mes ordres, que je
n'étois pas à portée de lui donner à temps, il n'est pas douteux, qu'il
n'eût considerablement augmenté la confusion et la perte de l'ennemi. —

Le Lieut.-General de Gilsa attaqua conformément à mes ordres l'ennemi, qui avoit formé l'attaque de la digue, qui mène au travers du marais d'Eickhorst à Hille; il le deposta d'abord d'Eickhorst, et comme il se reforma à plusieurs réprises durant sa retraite, Mr. de Gilsa renouvella toujours ses attaques et en les pressant, sans lui laisser le temps de respirer, il le poussa jusqu'à Dutzen et Uphausen. —

Lorsque l'ennemi plioit devant nous, je fis avancer la Droite de l'infanterie aussi prés du marais et de la ville de Minden que possible, de façon qu'on nous tira même quelques coups de canon du rempart; Mr. de Reden, aide de camp général, fût chargé de faire avancer l'infanterie de la droite, qui avoit fait halte avec la grosse artillerie de la droite sans mon ordre; ayant rassemblé tout ce que je pouvois de la grosse artillerie, je la plaçois le plus près possible du marais; le feu qu'on fit, fût très vif et très meurtrier, et n'augmenta pas peu la précipitation avec laquelle l'ennemi se réfugioit derrière le marais. — Sur la fin de l'action le Duc de Richmond alla porter de ma part l'ordre à Myl. Sackville de faire avancer la Cavallerie jusque sur le marais, ce qui fût exécuté. —

Avant que je fûs informé le mâtin par les deux deserteurs de Picardie, que l'ennemi venoit à moi, je marquais au Comte de la Lippe, que je passerois la journée aux environs de Tonhausen, Kuttenhausen et Stemmern, àfin d'observer les ennemis de plus près et d'ajuster en même temps quelques points rélatifs aux batteries établies au camp de Tonhausen, pour prévenir les suites d'un différend, que le Comte avoit eû la veille avec Mr. de Wangenheim à ce sujet. — Mr. le Comte s'étoit sur cela rendu à Tonhausen, pour m'y attendre; mais l'arrivée des dits deserteurs changea le dessein que j'ai d'abord eû; — En me mettant à cheval j'ordonnois à un officier, d'aller en avertir le Comte et de le prier de me venir joindre; Il ne me joignit que fort tard pendant l'action; quoique cela me dut embarasser un peu, vû que tous les ordres régardant l'artillerie, rouloient sur lui, il n'a pas laissé de rendre de très grands services dans cette action, vû qu'on est particulierement redevable au feu, qui fût fait des batteries de Tonhausen, que l'ennemi n'a osé entamer de plus près le corps du général Wangenheim. —

Peu de temps après que j'eûs fait tracer le camp sur le champ de bataille entre Haalen et Tonhausen et que l'armée y fût entré, j'apris que le Prince héréditaire avoit battû le Duc de Brissac au pont de Coovelt et qu'il etoit maître des gorges. — Cette victoire n'a pas peu contribué à obliger l'ennemi de prendre le parti de passer le Weser, ce qu'il executa dans la nuit; il brûla ensuite ses deux ponts de bateau et ruina le pont de Minden. —

Je me crûs obligé de temoigner à l'Armée ma réconnoissance de la bravoure qu'elle avoit fait éclater en cette journée par les remercimens que je lui fis faire, non seulement aux Généraux et Officiers, qui s'étoient distingués, mais aussi au soldat, qui en général avoit fait au mieux de tous cotés. — J'avoue que je ne pensois qu'avec chagrin à la conduite que Mylord Sackville avoit tenue. — Je ne pouvois m'empêcher de témoigner au contraire le gré que j'avois à Mylord Granby de la bonne volonté, qu'il avoit marqué d'exécuter mes ordres dès qu'ils lui fûrent portés, ce qui ne me laissa aucun doute, vû les momens favorables que la Cavallerie auroit trouvé d'agir, qu'il n'eût rendu cette victoire aussi décisive qu'il y en ait jamais eû, si Mylord George ne l'eut empeché d'agir, ou s'il se fût trouvé lui-même à la tête de la Cavallerie, pour ne suivre que les impressions de son courage. — Mylord George Sackville qui avoit été insensible à la belle occasion qu'il eût d'acquerir de la gloire, fut offensé de l'aveu, que je fis en faveur de Mylord Granby. Il n'y vit, selon sa façon de penser, qu'une censure indirecte de sa propre conduite; il m'écrivit en conséquence une lettre par laquelle il trouva à propos de me demander que je revocasse le compliment que j'avois fait à Mylord Granby. — Je lui repondis très negativement, mais comme je n'ai point fait de minute de cette reponse, je ne serais pas en état d'en joindre içi la copie. —

Mylord Sackville se mit ensuite à tenir toute sorte de propos à l'Armée, qui m'engagérent à la fin d'écrire à Sa Majesté sur son sujet. Mylord Sackville récut peu de jours après que ma lettre fût parti son Rapel. — Il parût en être frappé et m'écrivit la lettre, que je joins çi-auprès en copie, pour se plaindre de son sort. Je lui ai repondû ce que je joins pareillement çi-auprès; depuis il n'y a plus eû de commerce entre lui et moi.

Supplement A.

Ordre du 28. Juillet 1759.
Parole: Hannibal.
Signal: Cartage.

Au Camp de Hille

Du Jour demain: Lieut. General Lord George Sackville.

Major General de la Cavallerie: Colonel Fersen.
Infanterie: Major General: Toll.
Piquet Infanterie: Angloise: Major Perry.
—   —   Hannovr.: —   Alten.
—   —   Brunswic.: —   Mulbe.
—   —   Hesse: Lieut. Col. Ruckersfeld.
Cavallerie de l'aile droite: Major Hebburn.
—   — gauche: Lieut. Col. Knoblauch.

Les regimens ont d'abord à se faire pratiquer des ouvertures et communications afin qu'ils puissent avancer sans empechement et Mrs. les Généraux se rendront connus aussitôt que possible les 9 debouchés par lesquels l'armée avancera vers la plaine de Minden, afin qu'ils les connoissent parfaitement au premier ordre pour marcher. — Le piquet de l'armée, qui jusqu'ici a été posté à Nordhemmern, Holzhausen et Stemmern, a changé sa position ce matin, ayant été posté à Sudhemmern et à Hartum.

Mrs. les Généraux du Jour doivent avoir leur poste à Hartum et à moins qu'il ne leur parvienne un contreordre, le piquet sera relevé demain à l'aube du jour.

Le Detachement de Freywalde*) de 500 hommes et 50 chevaux a pris poste à Hille et celui de de Schamloh de 300 hommes et 50 chevaux à Frotheim.

Traduction.
Suplement B.

Ordre du 31. de Juillet 1759
au quartier général à Hille à 5 heures l'apres midi.

Tous les regimens de l'armée doivent être prêts pour marcher demain 1. d'Août à 1 heures du matin, mais sans détendre les tentes; la Cavallerie doit être sellée, l'infanterie habillée et les chevaux d'artillerie enharnachés.

Les regimens se mettront pourtant pas sous les armes jusqu'à nouvel ordre.

Mrs. les Généraux qui doivent mener les colonnes selon la disposition resolue aujourd'hui, sont requis par S. A. S. de se rendre connue chacun sa route, comme aussi le terrain, où l'armée doit prendre sa position et de se former, à sçavoir l'aile droite auprès du moulin à vent à Halen, et l'aile gauche au village de Stemmern.

Disposition de la marche selon laquelle l'armée doit avancer en huit colonnes vers la plaine de Minden en cas que l'ennemi marche à nous.

La premiere colonne sera menée par le Lieut. général Lord Sackville et consiste en:

3	Escadrons	Bland,
2	—	Inniskilling,
3	—	Gardes bleues,
1	—	Grenadiers à cheval.
4	—	Max Breitenbach,
1	—	Gardes du corps,
2	—	Howard,
2	—	Mordaunt,
2	—	Ecossais gris,
2	—	Bremer,
2	—	Veltheim.

Cette colonne debouchera par la droite et sera menée par le guide Meyer senior.

La deuxieme colonne consiste dans la brigade de la grosse Artillerie du major Haase et debouche par la droite menée par le guide Brecht.

La troisieme colonne commandée par S. E. le General de Spörcken est composé du bataillon:

---
*) N. d. H. Friedewalde.

      1 bataillon Napier
      une brigade de l'artillerie legère
      1 bataillon Stuart
      1   —   Welsh fusiliers
      2   —   Gardes Hannovriennes
      1   —   Kingsley
      1   —   Brudnell
      1   —   Home.

Cette colonne debouche par la droite menée par le guide Ober-schmidt.

La quatrieme colonne sous les ordres de S. A. S. le prince d'Anhalt, consiste en:

      1 bataillon Hardenberg
      1   —   Reden
      1   —   Stolzenburg
      1   —   Scheele
      1   —   Brunck
      1   —   Prince héréditaire de Hesse,

defile par la droite, étant menée par le guide Beicke.

La cinquieme colonne, composée de la grosse Brigade d'Artillerie du Centre, commandée par le Colonel Braun defile par la droite menée par le guide Bauer.

La sixieme colonne, commandée par S. E. Mr. le général Wutginau, consiste en:

      1 Bataillon Toll
      la brigade d'artillerie legère du centre de la premiere ligne;
      1 Bataillon gardes de Hesse
      1   —   Wangenheim
      1   —   Mansbach
      1   —   Bischhausen
      1   —   Prince d'Anhalt

defilant par la gauche et menée par le guide Biermann.

La septieme colonne sous les ordres de S. E. Mr. le Général d'Imhoff:

      1 Bataillon Behr de Bronswic
      une brigade d'artillerie legère si elle se trouve à l'armée.
      1 Bataillon Grenadiers de Hesse.
      1   —   Prince Guillaume
      1   —   Gilsa
      2   —   d'Imhoff
      1 regiment du Corps Hessois,

defilant par la gauche, est menée par le guide Klocke.

NB. la Brigade de grosse Artillerie du Lieut. Col. Huth se trouve içi.

La huitieme colonne sous le Commandement de S. A. S. le Duc de Holstein.

5 Escadrons Holstein
2   —   Regt. du Corps Hessois
2   —   Prince Guillaume
2   —   Hammerstein
4   —   Finckenstein
2   —   Miltitz
2 . —   Pruschenck,
debouche par la droite, menée par le guide Renner.

Traduction.
Lit. C. (Suplement).

Ordre du 2. Août 1759.
Parole: Demetrius et Dunkerque
Du Jour: Lieut. General Marquis de Granby
Cavallerie: Col. d'Oheimb
Infanterie: Major General de Behr.
Piquet: Anglois: Major Okes.
Hannovriens: —   Wensen
Hessois: —   Ruckersfeld
Cavallerie: Colonel Preston.
—   —   Sprengel.

Le détachement de 300 hommes allé hier à Hartum peut en revenir et le piquet n'a pas besoin de sortir ce soir.

Les deux bataillons qui ont couvert le quartier general, celui de Bronswic et de Stolzenburg, se remettront dans la ligne.

L'armée sera sous les armes cet après midi à 6 heures, pour faire un triple feu de joie.

Les brigades de la grosse artillerie seront menées à leurs emplacemens sur les aîles et au front; les trois brigades legères s'y joignent, savoir la brigade du Capt. Drummond laisse celle du Major Haase à droite; les canons de Bückebourg laissent à droite les grosses brigades du Centre. La brigade du Lieut. Col. Huth est laissée à gauche par celle du Capt. Foy. Dés que les ordres sont donnés, le feu de l'armée va trois fois tour-à-tour de la droite à la gauche, tellement que l'artillerie commence. — L'ordre de feu sera:

1) Saxe Gotha une salve generale
2) la brigade du Capt. Philips
3) celle du Major Haase
4) — du Capt. Drummond.
5) la grosse et legère brigade du Centre.
6) celle du Capt. Foy
7) — du Lieut. Col. Huth
8) le regiment de Bückebourg inclusivement les Grenadiers une salve generale.

Après quoi la première ligne de l'aile droite fait feu vers l'aile gauche, et cela retourne de la gauche à la droite.

Les canons pris sur l'ennemi sont menés et tirés avec la grosse brigade du centre.

Note. Içi suit le compliment de remercimens fait à l'armée de la part de S. A. S. dont on a annexé une traduction angloise.

Traduction.

His Serene Highnes orders his greatest thanks to be given the whole army for their bravery and good behaviour yesterday, particularly to the British Infantery and the two batalions of Hannover. Guards; to all the Cavalry of the left wing and to General Wangenheim's Corps, particularly the Rgt. of Holstein, the Hessian Cavalry, the Hannover. Regiment du corps and Hammerstein. The same to all the brigades of heavy artillerie.

His Serene Highness declares publickly, that next to God he attributes the glory of the day to the intrepidity and extraordinary good behaviour of these troops, which, He assures them, he shall retain the strongest sense of as long as he lives; and if ever upon any occasion he shall be able, to serve these brave troops or any one of them in particular, it will give him the utmost pleasure.

His Serene Highness ordres His particular thanks to be likewise given to General Spörcken, the Duke of Holstein, Lt. Generals Imhoff and Urff. — His Ser. Highness is extremely obliged to the Count of Bückebourg for all His care and trouble in the menagement of the artillery which was served with great effect, likewise to the commanding officers of the several brigades of artillery, v. Colonel Brown, Lt. Col. Huth, Major Hase and the 3 English Captains Philips, Drummond and Foy. — His Serene Highness thinks himsef infinitely obliged to Maj. General Waldgrave and Kingsley for their great courage and good order in which they conducted their brigades. His Serene Highness further orders it to be declared to Lt. Genl. the Marquis of Granby, that he is persuaded, that, if he had had the good fortune to have had him at the head of the Cavalry of the right wing, his presence would have greatly contributed to make the decision of that day more complet and more brilliant. — In short His Serene Highness orders, that those of his suite, whose behaviour he most admired, be named as the Duke of Richmond, Colonel Fitzroy, Capt. Ligonnier, Col. Watson, Capt. Wilson aid de camp to Maj. General Waldegrave, — Adjutant generals Estorff, Bülow, Derenthal, the Count Taube and Malortie. His. Ser. Highness have much reason to be satisfied with their conduct.

His Serene Highness desires and orders the Generals of the army that upon all occasions, when orders are brought to them by His aids de camp, that they be obeyed punctually and withont delay.

Supplement D.

Copie de la lettre écrite à S. A. S. l. D. d. B. et L. par

S. E. Mylord G. Sackville en date du Camp de Minden ce
2. d'Août 1759.

Monseigneur.

Pardonnez que j'avoue à V. A. S. que j'ai reçu comme un coup
de foudre les ordres qu'il lui a plû de donner aujourdhui; — J'y suis
si sensible et je m'y vois si fortement interessé qu'il faut pour mon
répos que je prends la liberté de lui conter le fait simplement comme
il est arrivé.

J'ai reçu ordre par Mr Malortie de former et d'avancer, je le fis
où il me mena, je reçus encore un ordre de faire avancer toute la
cavallerie, je le fis; — peu de temps après un autre ordre me vint de
faire avancer la cavallerie Britannique seulement; — ces deux ordres
qui se suivirent de si près, m'embarassèrent un peu, cependant j'en-
voyais la faire faire le détour du bois, et apprennant que V. A. n'étoit
pas éloigné, je pris le parti d'aller moi-même Lui faire raport de ce
qui se passoit et demander ses instructions ulterieures, ce qui ne ré-
tarda nullement l'exécution des premières. L'ordre que je donnois à
Mylord Granby de faire halte c'étoit toujours dans le dessein d'obéir
aux Vôtres en gardant l'allignement qui ne dura surement que très
peu de temps, autant seulement qu'il étoit necessaire à cet effet, je lui
donnai après pour la même raison le même ordre, il me fit dire qu'il
avoit reçu ceux de V. A. d'avancer, — il le fit effectivement et je
me pressai avec la droite pour m'aligner avec lui jusqu'à ce que nous
arrivames où nous étions ordonné derrière l'infanterie, et il me paroit
même dans ce moment, que Mylord Granby ne nous devança pas et
ce m'autorise de lui dire, qu'il est prêt à rendre son temoignage la
dessus en ma présence à Votre Altesse.

C'est pourquoi je me persuade que V. A. aura la bonté de faire
de même, et comme je ne saurois me persuader qu'Elle voudroit me
nuire à un tel point dans l'armée et dans le monde, Elle voudra dans
les ordres de demain me rétablir dans l'opinion de tous les deux.
C'est une grace que je Vous demande, puisque ceux d'aujourd'huy
semblent me condamner sans me nommer, et je l'espère d'autant plus,
puisque si V. A. avoit vû Elle même ma situation et tout ce que j'y
fis, Elle ne m'auroit pas crû coupable, si je l'ai été c'étoit surement
mon malheur et non mon intention.

J'ai l'honneur d'être avec tout le respect possible Monseigneur, de
V. M. S. le très humble et très obéissant serviteur

George Sackville.

Supplement E.

Copie de la lettre écrite à S. A. S. M. l. D. d. B. et L. par
S. E. Mylord George Sackville en date du Camp de Frankenberg ce 21. d'Août 1759.

Monseigneur!

Le courier vient de m'apporter l'ordre du Roi de laisser à Mylord

Granby le commandement des troupes Britanniques en Allemagne et la permission de rétourner en Angleterre. — J'y suis répresenté comme un homme des plus coupables; il est sûrement impossible que V. A. l'a voulû pousser à ce point-là, il a cependant pris ce pli et innocent ou coupable je me vois le plus malheureux des hommes; Je me crois le premier; si V. A. juge le contraire, ma conscience est ma ressource, cependant je ne doute pas que Sa justice ne lui porte à me déclarer sur quel point j'ai pû manquer si essentiellement pour m'attirer une punition mille fois pire que la mort. — N'ayant plus de commandement içi il n'est guère necessaire à dire à V. A. que je dois partir au plutôt.

J'ai l'honneur d'etre de V. A. S. Monseigneur le très humble et très obéissant serviteur

George Sackville.

Supplement F.

Copie de la lettre écrite par S. A. S. l. D. d. B. et L. à Mylord George Sackville datée de Franckenberg ce 22. Aout 1759.

Je n'aie fait aucune mention de Votre Excell. dans mes lettres que j'ai écrites en Angleterre, ni immédiatement après la bataille, ni les premiers quinze jours suivants. — Vous voyez par là Mylord, que ce n'est pas moi, qui ait donné ce pli à Vos affaires dont Vous Vous plaignez. — Je n'ai écrit à Sa Majesté sur Votre sujet que de Stadtbergen après que je me fusse aperçu, que les propos que Vous teniez à l'armée pouvoient y altérer cette harmonie qui y doit regner. — Cette lettre étant à peine arrivée à Londres, n'y est venu qu'après coup. —

Rendez enfin justice Mylord, à ma façon de penser; je ne trouve aucun plaisir ni interet à Vous nuire, mais je ne saurois me dispenser de dire les choses comme elles sont dès que le service l'exige.

Je suis du reste avec toute l'estime possible etc. etc.

Copie   (Aus dem Englischen Staats-Archiv,
1.   mitgetheilt durch den K. General-
                         stab in Berlin.)

Mylord!

Dans la rélation, que j'ai eû l'honneur d'envoyer à Votre Excellence de la Bataille de Minden il y a quelques semaines, il s'est glissé une erreur de nom. En parlant de l'ordre que j'avois envoyé à Mylord George Sackville de poursuivre sa marche en colonne, j'ai dit que j'avois chargé le capitaine de M.alortie de le lui porter; j'ai cependant d'abord eû quelque doute, si c'a été lui ou un autre, ce que j'ai même fait entrevoir dans ma relation.

Pour l'éclaircir, j'ai ordonné à tous mes aides de camp, qui sont encore içi, de coucher par écrit les ordres que chacun a été chargé de ma part de porter le jour de la bataille aux troupes et aux généraux qui les commandoient. — Par ce moyen j'ai trouvé et je puis me le rappeler fort bien, que c'a été Mr. d'Estorff, adjutant-général qui a porté le dit Ordre à Mylord George. Mr. de Malortie lui en a aussi porté un, mais ce n'a été que vers la fin de l'action.

J'ay l'honneur de remettre ci-joint à Votre Excellence toutes les declarations que tant Mr. d'Estorff et de Malortie, que mes autres aides de camp, qui ont été avec moi à la bataille, savoir le Comte d'Oeynhausen, le Comte de Taube, et les Capitaines de Pentz et de Klinkowström m'ont présenté à cette occasion. Chacun y envisage les choses d'un point de vue particulier, où il se trouvoit, et s'il est arrivé que l'un ou l'autre ne les ait pas représenté par raport au tout dans la suite et dans la connexion, où elles étoient, leurs relations marquent cependant d'une façon claire et nette les ordres dont chacun a été chargé, ou plustôt comment chacun les a compris et rendu en suite. — C'est pourquoi j'ai crû, qu'il ne seroit pas desagréable à Sa Majesté, que j'envoyasse toutes ces declarations en Angleterre telles qu'elles m'ont été delivrées. —

Cela va mieux avec la santé de Mr. de Malortie, il espère de pouvoir entreprendre en quelques semaines le voyage d'Angleterre, si cela est jugé necessaire. — Mr. d'Estorff se trouve dans le pays d'Hannovre, où il est chargé de la formation des depôts de la levée des Recrues, et d'autres arrangemens militaires, de façon que sans causer un préjudice infini aux préparatifs pour la Campagne, il ne sauroit s'en éloigner.

Si Sa Majesté l'ordonne mes autres aides de Camp peuvent se rendre en Angleterre, mais comme le temps de l'ouverture de la Campagne approche, je serais bien aise, qu'il ne fut pas trouvé necessaire de leurs faire passer la mer où qu'il fût possible de me les renvoyer bientôt. —

J'ai l'honneur d'être avec les sentimens de la plus parfaite Estime de Votre Excellence

Paderborn ce 5. Mars 1760.　　　　　le très humble et très
　　　　　　　　　　　　　　　　　　　obéissant serviteur
　　　　　　　　　　　　　　　　　　F., Duc de Brunswic
　　　　　　　　　　　　　　　　　　　et de Lunebourg.

S. E. Mylord Comte Holdernesse.

2. Copie.

Memoires et précis des ordres que moi le soussigné a dû porter de la part de Son Altesse Serenissime Monseigneur le Prince Ferdinand Duc de Bronswic et de Lunebourg le 1. Août 1759, jour de la Bataille de Minden et que je suis toujours prêt de verifier par serment. —

Sur le rapport que Son Altesse Seren. reçut que l'enuemi avoit pris poste à Halen, Son Alt. S. me chargea de porter l'ordre au Prince d'Anhalt sur une ordre précédente, *) avait dejà fait assembler

---

*) N. d. H. Hier scheint etwas zu fehlen, etwa „en consequence de la quelle il.“
III.　　　　　　　　　　　　　　　　　　　　　　　　　　　　　　38

tous les piquets de l'Armée entre les villages Hartum et de Halen de déloger les ennemis du village de Halen sans perte de temps. — J'informois de ce même ordre Mrs. les Généraux Comte de Finckenstein et de Stolzenburg qui commandoient sous le Prince d'Anhalt pour qu'en cas que quelque accident arriveroit à ce Prince, de se charger de l'exécution de cet ordre. — Ces piquets s'étant d'abord mis en ordre et en marche, j'allois rejoindre Son Altesse Serenissime Mons. le Duc. — Qui à l'approche des têtes des Colonnes dont l'armée s'étoit ébranlée, m'envoya dire à Mylord George Sackville, qui menoit la colonne de la Cavallerie de l'aile droite: Que la situation exigeoit, que Son Alt. Ser. fit porter l'infanterie sur Halen, la Cavallerie de la droite n'y trouvant pas ainsi encore le terrain convenable pour se deployer, se devoit former en attendant en marche en escadrons et poursuivre la marche en colonne pour se former ensuite en Ligne derrière les lignes de l'infanterie, pour être toujours à portée lorsque l'occasion et la situation exigeroit que cette Cavallerie dût agir.

Après m'avoir acquitté de ma Commission au pied de la lettre envers Mylord George Sackville, et en présence de Messieurs ses aides de camp, je restois encore à la tête de cette colonne jusqu'au point qu'on commença d'executer en partie le susdit ordre, en formant les escadrons les unes derrière l'autre et qu'ainsi en Colonne. — Je me rendis ensuite auprès de Son Alt. Ser. qui se trouvoit à la tête de l'infanterie Britannique, et dès qu'elle se fût formée en ligne et en ordre de bataille, je fus derechef envoyé de Son Alt. Ser., pour presser la marche de la Cavallerie de l'aile Gauche, parmis laquelle je me suis trouvé pendant le fort de l'action et nommément au Régiment du Corps et de Hammerstein, ne pouvant par consequent avoir aucune connoissance ultérieure de ce qui s'est passé auprès de la Cavallerie de l'aile droite de la droite.

En foi de quoi, fait à Hannovre ce 15. Fevrier 1760.

(signé)   Emmerich Otto August d'Estorff,

adjutant general de l'armée de Sa Majesté Britannique.

3.

Son Alt. Seren. Mons. le Duc Ferdinand m'ayant ordonné de coucher par écrit les précis des ordres que j'ai portés de Sa part à Mylord Georg Sackville à la journée du 1. d'Août, puisque l'état actuel de ma santé ne me permet pas d'entreprendre le voyage de Londres, pour y declarer ma déposition, j'obeïs très respectueusement aux ordres de Son Altesse Seren., en faisant le recit suivant que j'assure sur mon honneur et sur tout ce qu'il y a de sacré, être conforme à la plus exacte verité, autant que ma mémoire me rappelle les circonstances de la susdite journée.

La Cavallerie de la droite étant arrivée en Colonnes à hauteur du village de Halen, S. Alt. S. m'ordonna de porter à Mylord George Sackville l'ordre de la former en lignes, ce qui fut executé en portant la droite vers le village de Halen, et la gauche vers le moulin à vent, laissant l'un et l'autre devant elles à une assez bonne distance, que je ne saurois cependant déterminer. —

Son Alt. Ser. m'envoya ensuite vers la Cavallerie de la Gauche pour la faire avancer; à mon arrivée elle s'étoit déjà mise en marche par les soins de l'aide de camp general d'Estorff, qui me chargea de rendre compte à Son Alt. Seren. que Ses ordres alloient être exécutées dans cette partie. —

A mon rétour auprès de S. Alt. Ser. l'Infanterie Britannique et les Gardes Hannovriennes venoient de repousser l'ennemi, et les regimens d'infanterie Hannovrienne de la seconde ligne s'avançoient toujours dans la plaine.

Son Alt. Seren. ayant remarqué que ces regimens marchoient sans être soutenus, m'ordonna d'aller prendre quelques escadrons pour remplir cet objet. —

Je me rendis en consequence auprès de Mylord George Sackville, qui chargea le Lieut. General Moystyn de me suivre avec six ou sept escadrons et de s'aligner sur le terrain que je lui indiquerois; — cette cavallerie fut obligée de faire un peu à gauche, pour tourner le bois, qu'elle laissa à droite. Arrivée dans la plaine et sur l'alignemeut qu'elle devoit prendre à quelques centaines de pas de l'infanterie, l'affaire étoit déjà entièrement decidée, et la retraite des ennemis tellement assurée, qu'il auroit été impossible alors à cette Cavallerie de les joindre. Le reste de la Cavallerie — arriva peu après dans la plaine, suivant l'infanterie jusque sous le canon de Minden, où elle mit pied à terre. —

C. G. de Malortie.

4.

En consequence des ordres qu'il a plu à S. Alt. Ser. de donner à ses aides de camp et autres officiers de Sa suite de coucher par écrit ce qu'ils se souvenoient des ordres dont ils avoient été chargés pour les généraux le jour de la bataille de Minden, et de la façon comment ces ordres avoient été exécutés, je puis alleguer les circonstances suivantes qu'elles sont conformes à la plus exacte verité. —

Son Altesse étant sorti à mon insue de très bon mâtin, je me rendis aussitôt que je l'appris chez l'adjutant Général Mr. de Reden, pour lui demander si je pourrois lui être de quelque utilité. — Il me chargea d'aller immediatement au Camp et accellérer la sortie des troupes. — Son Altesse, qui avoit été réconnoître l'ennemi, revint justement au temps que les Colonnes d'Infanterie se mirent en marche, et j'eus l'honneur de la joindre à la tête du Camp. — L'ennemi avoit commencé à canonner les piquets qui se trouvoient postés devant la digue de Eickhorst. — L'officier commandant en fit faire le rapport à Son Altesse qui m'ordonna d'aller au Major Haase de l'artillerie, lui porter l'ordre d'y envoyer deux pieces de 12 livres, pour qu'on y put

repondre à l'ennemi, ce qui fut d'abord executé. A mon retour je trouvois S. A., qui s'étoit mise en marche à la tête de l'Infanterie. Elle
m'ordonna de me rendre au village Hartum, pour voir si le Prince
d'Anhalt, qui étoit posté avec les piquets de l'armée, s'étoit déjà mis
en marche, selon les ordres, qu'il en avoit reçu pour aller occuper le
village de Haalen. — Je trouvois le prince parti, et il avoit laissé le
bataillon Anglois sous les ordres du Major Hall dans le village de
Hartum. — Je vins en faire le très humble rapport à Son Altesse, sur
quoi Elle chargea le Colonel Watson, d'aller prendre ce bataillon et
d'aller attaquer le village de Haalen en cas que l'ennemi s'en fut emparé. — Peu de temps après les Colonnes de notre Infanterie commencèrent à paroître. — S. Alt. envoya les Ordres au general de Spoercke
de former l'Infanterie et d'attaquer l'ennemi, ce qui se fit avec beaucoup de promptitude. — La canonnade commença et l'Infanterie
avança à grand pas vèrs l'ennemi, mais on ne vit point encore paroître
notre Cavallerie.

Comme notre Infanterie s'avancoit dans la plaine, la Cavallerie
ennemie la chargea, mais elle fut heureusement repoussée. — Mr. de
Derenthal aide de camp de S. A., en vint faire le rapport. — Pendant
ce temps Elle avoit déjà envoyé plusieurs de ceux de Sa suite vers
notre Cavallerie, pour la faire avancer, mais je ne saurois me rappeller
le précis des Ordres qui lui ont été envoyés. — S. Alt. ayant remarqué que celle de l'ennemi se mettoit de nouveau en mouvement pour
attaquer notre infanterie, Elle m'ordonna d'y courir et de la presser
d'avancer se servant de ces termes: „Courez à Mylord Sackville et
faites donc au nom de Dieu, que la Cavallerie avance."

Je partis pour m'y rendre, mais l'eloignement dans laquelle elle
étoit encore, m'empécha de la trouver d'abord. — Je trouvois à la fin
la Cavallerie formée derrière un petit bois de sapin assez éloigné de
l'Infanterie. — Je portois les ordres de S. Alt à Mylord Sackville
et il me repondit, qu'il viendroit — Je ne puis m'empecher de lui
faire compliment sur la bravoure et l'intrepidité avec laquelle l'Infanterie
Angloise se comportoit, le priant de se hâter d'avancer pour la soutenir. — Mylord Granby depassa la premiere ligne avec la seconde pour
avancer. Je me rendis auprès de lui pour l'accompagner, mais il reçût
l'ordre de Mylord Sackville, d'arrêter.

Sur quoi je partis pour rejoindre S. Alt., ce que je ne pus faire
que lorsque l'affaire étoit finie, et que toute l'armée ennemie s'étoit
retiré, qu'on cannonnoit encore sur sa retraite.

Voilà tout ce dont je puis me resouvenir et j'assure en honneur
que les faits rapportés sont conformes à la plus exacte verité. —

J'ai omis d'alléguér qu'au commencement de l'affaire Son Altesse
ayant envoyé le Colonel Fitzroy avec un ordre à Mylord Sackville, il
revint dire, que Mylord demanda à parler à Son Alt. avant que d'exécuter cet ordre. Elle alla à son rencontre et lui parla, mais je ne
pourrois dire de quoi il étoit question. Je n'entendis que ces môts de

Son Alt.: „Mylord, ma disposition d'hier ne peut avoir lieu, j'ai été obligé de la changer, et il suffit que ce soient mes ordres Je vous prie de les exécuter." — Sur quoi Elle tourna le cheval et alla vers la gauche de l'infanterie. Paderborn le 13. Fevrier 1760.

G. L. Comte d'Oeynhausen, Major de brigade de la Cavallerie.

No. 5.

Ayant reçu l'ordre de S. A. S. M. le D. Ferdinand de coucher par écrit le précis des ordres que j'ai dû porter à la journée du 1. Août 1759. de Sa part à quelques généraux de l'armée et en outre à faire le récit de quoi je me ressouviens d'autres particularités et comment les ordres avoient été suivis; en conformité de cet ordre j'ai l'honneur de présenter respectueusement le récit suivant, assurant sur mon honneur, être conforme à la plus exacte verité en autant que ma mémoire me rapelloit les circonstances de la susdite journée.

Aussitot que Son A. S. se mit à cheval pour se rendre à l'armée, Elle m'ordonnoit d'aller chez Son Excellence Mons. le Comte Regnaut de Schaumbourg-Lippe pour le prier de se rendre le plus promptement que possible à Todtenhausen, pour y avoir soin que les ordres qu'Elle avoit donné furent executé. — Le dit Comte s'y rendit tout de suite. — A mon retour S. A. m'ordonnoit de dire aux chefs des Regiments de Napier et Kingsley qui campèrent près du quartier de S. Alt. pour le couvrir, de plier dans l'instant leurs tentes, de se mettre en marche et de prendre leur place qui leurs étoit assigné dans l'ordre de bataille, ce qui s'executa avec la plus grande promptitude. Lorsque S. A. s'avança près de Hartum Elle m'ordonna d'aller chez S. A. le Prince d'Anhalt, qui étoit du jour et commandoit les piquets de l'armée, pour le dire d'avancer avec tous les piquets, vers Haalen et de s'en rendre maitre; je ne trouvois pas le Prince au dit village, — Il étoit déja allé reconnoître l'ennemi et avoit ordonné que les piquets se rassembloient. Après m'être acquitté de l'ordre que m'avoit donné S. Alt. Ser., j'allois droit à Todtenhausen où S. Alt. m'avoit dit de le retrouver. En y arrivant Elle n'y fut pas, je rétournois chemin et trouva S. Alt. sur les routes par où l'armée devoit déboucher. Elle alla vèrs Haalen et donnoit les ordres pour l'attaque du village; après qu'Elle avoit vû les piquets en marche pour exécuter cet ordre, Elle retournât vèrs le centre; en voulant s'y rendre, Elle vit la première Colonne d'Infanterie de la Droite conduite par S. Exc. le General de Spoercken, qui avoit déja debouché en partie et qui commençoit à se former. S. Alt. m'ordonnoit tout de suite de dire au general de Spoercken, d'avancer avec les regimens qu'il avoit tambour battant et d'attaquer ce qui s'opposeroit vèrs lui. Aussitôt que le dit General avoit reçu cet ordre, il se mit en marche malgré qu'il n'avoit alors que trois bataillons Anglois et le premier bataillon Garde Hannovrienne de formé; le second bataillon des Gardes et le regiment de Hardenberg le suivirent et se formèrent en marche. — Comme ces regimens avancèrent avec trop de vivacité, je fus renvoyé de S. A. pour prier Mrs. les generaux de Spörcken et Waldgrave de ne faire pas courir les gens, ils seroient hors d'haleine sans cela avant de faire l'attaque. S. A. s'arrêtâ là si long-temps que ces regimens avoient passé un petit bois de sapin et que la canonnade de l'ennemi commençât; même aussi que la Cavallerie ennemie s'ébranlât et avançât vèrs notre infanterie. — S. A. envoyât un de Sa suite au Mylord Sackville, mais je ne saurois dire le contenû de l'ordre, m'ayant ordonné d'aller placer la brigade d'Artillerie du Major Haase sur une petite hauteur sur la droite et de dire au Major de canonner l'ennemi qui étoit formé en bataillons. — Cet ordre fut executé avec bien de diligence de la part du major, qui alloit même dabord choisir le terrain le plus convenable sur cette hauteur pour former sa batterie. — S. A. se rendoit vèrs le centre et m'ordonnât de dire à S. E. le général de Wutgenau d'avancer avec sa colonne, de soutenir et de s'alligner avec le Général de Spörcken qui alors étoit dejà en main avec l'ennemi; sur quoi il retournât encore vèrs la Droite et j'entendois qu'Elle dit: „mais est ce que cette cavallerie n'arrive pas encore?" Elle envoyât derechef un de Sa suite à Mylord Sackville; mais comme la cavallerie ne vint pas encore, S. A. m'ordonnât de dire au général major de Scheele d'avancer avec sa colonne vèrs la droite du général Spörcken, puisqu'il n'y avoit rien de ce coté, ce qui fut aussi executé dans le moment. A mon retour je trouvois S. A. près le bois de sapin ci-dessus mentionné, où étoit alors Mylord Sackville pour Sa personne. Comme ils parlèrent ensemble je ne voulois par respect m'avancer de si près pour écouter de quoi il étoit question; cependant j'entendis que Mylord Sackville fit toujours des remonstrances et qu'à la fin S. A. dit, que j'entendis très distinctement, „Mylord, les affaires sont changés, ma disposition d'hier ne peut avoir plus lieu, et d'ailleurs il suffît je le veux ainsi et je vous prie de le faire tout de suite." Avec celâ il tourna Son cheval et allât vèrs le centre; — pendant qu'Elle fut là, Elle envoya encore chez Mylord Sackville, et S. A. demanda souvent, „la cavallerie ne paroit-elle pas encore?" — Vèrs la fin que l'affaire étoit presque décidée déjà, S. A. m'envoya donner l'ordre au Major Haase et Capitaine Philipps, qui commandirent les deux batteries de la Droite, d'avancer avec leurs canons et de bien canonner l'ennemi en front et en flanc, ce qui fut aussi executé avec la plus grande promptitude. — A mon retour S. A. me demanda: „n'avez vous pas vû la cavallerie de la droite?" J'assurais comme de verité, que je ne l'avois pas encore vû de tout, sur quoi Elle repliqua: „mais mon Dieu n'y a-t-il donc pas moyen de faire avancer cette cavallerie?" — Le Duc de Richmond et le Colonel Fitzroy dirent: „Si Votre Altesse ordonne j'irois le dire encore à Mylord Sackville," et ils allèrent tous deux; malgré cela la cavallerie n'arrivât pas, et je puis assurèr ne l'avoir vû de tout avant que la bataille étoit finie. — Je sais et j'ai entendû même très souvent que S. A. a dit, si je pouvois seulement faire avancer cette cavallerie, et qu'Il a demandé: „Personne n'a-t-elle vû la Cavallerie de la Droite?“ Où reste-t-elle donc?“ et que même Elle s'est tourné pour voir si elle n'arrivât pas.

Voilà dont je puis me ressouvenir et que je puis avancer avec verité.

H. v. Taube.

Au quartier general
à Paderborn le 12. Fevrier 1760.

6. Son Alt. Ser. m'ordonna de porter l'ordre à Mrs. les généraux de faire prendre les armes à l'armée et de la mettre en marche selon la disposition le plustôt qu'il seroit possible.

De retour auprès de S. A. S. je fus envoyé à la batterie construite auprès du cimetière de Hille que l'ennemi posté au village d'Eickhorst canonna, pour y observer avec attention, si l'ennemi faisoit de mouvement, pour passer la digue d'Eickhorst et pour venir attaquer le village de Hille; mais le feu de l'ennemi cessa et j'en rendis compte à S. A. S., qui se trouvoit au centre de l'armée.

Les Colonnes venoient de deboucher et se formoient en avant avec beaucoup de celerité. S. A. S. m'ordonna d'aller trouver le général Gilsa pour voir combien il s'étoit avancé au delà du marais et pour lui demander des nouvelles du Prince héréditaire. Le général avoit delogé l'ennemi du village d'Eickhorst et son avantgarde, où le major Bauer se trouva, étoit arrivée à la hauteur du moulin de Handhausen; il n'avoit rien appris du prince héréditaire. —

Je rencontrai S. A. S. avec l'Infanterie Britannique, où je lui fis mon rapport. La Cavallerie de la droite de cette nation étoit allignée alors avec celle de la droite de la seconde ligne et fort éloignée de l'infanterie, qui avoit repoussé l'ennemi à differentes reprises et qui s'avança avec vivacité. —

S. A. S. m'envoya vèrs Mylord George Sackville pour donner un allignement à la Cavallerie qui fut parallèle et plus à portée à celui de l'infanterie; cet ordre fut d'abord executé.

Je fus envoyé une seconde fois pour demander au général Gilsa des nouvelles du Prince héréditaire, et S. A. S m'ordonna de l'aller trouver moi-même au cas que le général Gilsa ne pouvoit pas me satisfaire. — Je rencontrai au delà du village de Hille Mr. de Meklenbourg, aide de camp de Son Altesse et le Comte Oynhausen, aide de camp du Lieut. General de Kilmannsegge, qui étoit chargé de porter à S. A. S. le succès du combat de Goeffeldt; je rebroussois chemin avec eux et à mon retour, auprès de S. A. S. l'affaire étoit entierement decidée. —

au quartier général le 14. Fevrier 1760.

v. Pentz
aide de camp de S. A. S.
Monseigneur le Duc
Ferdinand.

7. S. A. S. M. l. D. m'ayant ordonné de coucher par écrit le précis des ordres que j'avois à porter à la journée du 1. Aout de Sa part aux généraux et troupes de l'armée et de faire le récit de ce que je pourois me resouvenir de quelques particularités, et comment ces ordres avoient eté suivies: en conformité de cet ordre j'ai l'honneur de presenter le récit suivant, assurant sur mon honneur être conforme à la plus exacte verité autant que ma mémoire me peut rappeler les circonstances de la susdite journée. —

S. A. en sortant de grand mâtin du village de Hille, où étoit le quartier général, m'envoya d'abord le long du marais pour voir, si on y pouvoit remarquer quelques mouvemens de l'armée ennemie campée de l'autre coté; je trouvois la plus grande partie des tentes du camp françois détendue et que quelques parties de leur infanterie avoient passé le marais et le village de Haalen, qui tirailloient avec les vedettes des grandes gardes de l'aile gauche de notre armée; de quoi allant faire mon rapport je rejoignis S. A. sur la plaine proche de Todten-hausen, d'où Elle alloit pour se mettre à la tête de l'armée, qui étoit déjà en marche. — Elle m'ordonna de rester là et d'observer les mouvemens ulterieures de l'ennemi, qui commençoit à se former. Un peu après l'ennemi fut salué par les batteries du corps de Wangenheim devant Todtenhausen; il y repondit avec vivacité et notre armée se mit en bataille.

Après que le village de Haalen fut emporté, S. A. me chargea de faire approcher quelques bataillons de la droite à une certaine distance, qu'ils ne pouvoient pas être prises en flanc, ce qui fut executé.

Pendant l'affaire S. A. m'a encore ordonné de faire avancer la brigade d'Artillerie aux ordres du Lieut. Col. Haase à une certaine distance, qu'Elle me marqua exprès, ce qui fut pareillement executé et l'ennemi canonné jusqu'à ce qu'il prit enfin le parti de la retraite. —

Paderborn ce 12. Fevrier 1760.

Gr. v. Klinkowström,
aide de camp de S. A. S.
Monseign. le Duc.

Monseigneur,   (Archiv-Acten vol, 107.)

J'ai l'honneur de remettre très respectueusement à Votre Altesse Serenissime le recit qu'Elle a eue la grace de me demander; je ne sais si la forme en sera conforme à Sa Volonté, que j'ose La supplier, de me faire connoitre, pour rectifier les changemens qu'Elle jugera à propos d'y faire.   C. G. de Malortie.

à Paderborn ce 11. Janvier (Fevrier?) 1760.

Darunter von der Hand des Herzogs:

⁕ Que dites vous de ce precis? Il me paroit fort vague? Il n'y est pas parlé du tout de la circonstance, que j'ai alleguée dans ma relation, et qui est selon la plus exacte verité: que je fis dire a Mylord George Sackville, que je ne savois pas encore, si je n'appuierois pas l'Infanterie au village de Haalen, et que par consequent la Cavallerie seroit placée en troisieme et quatrieme ligne, mais qu'il eut toujours à suivre selon l'ordre donné la direction de sa marche en Colonne jusqu'à nouvel ordre. Puis je me souviens aussi parfaitement, que j'ordonnois avant la formation de l'armée en Bataille, que la Cavallerie eut à former les Escadrons et l'Infanterie les Divisions. Mais j'ignore, par qui j'ai fait porter cet ordre. Et ce ne fut que bien après, que ces ordres susdits avoïent precedés, que j'ordonnois la formation en Bataille. La formation des Bataillons en demi-Bataillons avoit aussi precédé l'ordre de la formation en Bataille. Je ne sais si je puis faire usage de la piece incluse: par ce qu'elle est assés indifferente telle qu'elle est conçue. J'attends votre reponse.

F. D. d. B. et d. L.

** Monseigneur,   Nr. 2.
Ce 11. Fevrier 1760.

Le recit de Mallortie ne prouveroit pas le passage qui a été allegué sur son compte dans la Relation, que V A. S. a envoyée en Angleterre; il seroit cependant nécessaire, qu'on sut le nom de celuy, qui a été chargé de porter l'ordre à Mylord George, de suivre toujours en Colonne, quoiqu'Elle ne put luy faire savoir encore, s'il devoit se mettre sur la droite de l'infanterie, ou se former derriere elle afin de la soutenir. Ce seroit une chose, qu'il faudroit rectifier, en marquant encore en Angleterre le nom de celuy qui l'a porté à Mylord George.

(Darunter von der Hand des Herzogs.)

* NB. le recit de Mallortie, je l'ai donné le soir du 11ᵐᵉ au G. M. de Reden, aide de camp Général, afin qu'il le rectifie.

(Lucanus'sche Sammlung.)

* Je Vous l'ai dit, et marqué que je croïois que ce fut Mons: de Mallortie à qui j'avois donné l'ordre, dont il est parlé dans ma relation. Comme celui-là n'en fait fait pas mention, dans son recit: Il faut ou que je me sois abusé et que ce soit quelqu'autre à qui je l'aïe donné, ou que Mallortie ne se le rappelle pas bien, ou que par son beaufrère Joncquière, il ne doit pas se le rappeller autrement. Que l'ordre a été donné, je me le rappelle très bien. Mais qui en a été le porteur c'est ce que je ne puis absolument pas me rapeller. Je n'ai eu personne à coté de moi pour tenir le protocole des ordres que j'ai donné; Et que je l'eusse fait moi-même, je n'en avois pas le temps, ainsi il me paroit très naturel, qu'un incident pareille peut échaper. — Peut-être le Comte Taube s'en souviendra-t-il, et peut-être est ce à lui, ou à Oynhausen, ou à Pentz, que j'ai donné cet ordre. Faite s'il vous plait des recherches la dessus. Je ne puis en outre pas me rappeller où Schlieffen étoit le jour du 1ᵉʳ Aout? — Dans le moment cela me retombe dans l'esprit, il fut auprès du Pr. Héréditaire. Murrard a popillonné et je ne sais pas trop où il s'est fixé. Voilà tout ce que

je puis me rapeller. Si l'on me mettoit à la torture, je ne pourois
pas dire les choses differament.

Paterborn ce 11. Fevrier 1760.

C'est de moi.   Ferdinand D. d. B. et d. L.

Touchant le recit de Mallorti.

(Lucanus S.)

* J'ai ordonné à Reden, que Oynhausen, Taube et Pentz raportent Historiquement les ordres, dont ils out été chargés de ma part
au 1. d'Aout de l'année passée pour A 'lord George Sackvil. Esdorff
y doit aussi fournir ce qu'il en sait, ce Reden m'assure, avoir entendu
de ma bouche, que j'avois dit à Esdorff: „allés avertir de ma part
„Mylord George Sackvil, qu'il fasse former les Escadrons.“

Ce 11. Fevrier 1760.   Ferdinand.

C'est de moi.

(Archiv-Acten vol. 27.)

(Copie.)   Camp at Minden August 3. 1759.*)

Dear Sir,

The orders of yesterday you may helieve affect me very sensibly,
H. S. H. has been pleased to judge condemn et censure tho 'without
naming me in the most cruel et unprecedented manner as he never
ask'd me a single question in Explanation of any thing he might dis-
approve et as he must have formed his opinion upon report of others
it was still harder he wou'd not give me an opportunity of first speaking to him upon the subject, but you know even in more trifling mat-
ters that hard blows are some times unexpectedly given. If any body
has a right to say I heritated in obeying orders it is you; I will re-
late what I know of that et then appeal to You for the truth of it.
when you brought me orders to advance wth the British Cavalry I was
near the village of Halen I think it is called, I mean that place wch.
the Saxons burnt. I was there advanced by Mr. Malhortis order and
no farther when you came to me; Legonier followed almost instantly,
he said the whole Cavalry was to advance. I was puzzled what to
do and beg'd the favour of you to carry me to the Duke that I might
ask an explanation of his orders, but that no time might be lost I
sent Smith with orders to bring up the British Cavalry, as they had
a wood to pass before they cou'd advance as you directed, et I reckend
by the time I had seen his S. H. I. shoud find them forming beyond
the wood. This proceeding of mine might possibly be wrong, but I

---

*) N. d. H. Diese beiden Schreiben fanden sich in einem doppelt versiegelten Couvert an
den Herzog Ferdinand unter der Addresse: A Son Altesse Serenissime Monseigneur le Duc Ferdinand de Brunswic-Lunebourg, Feld-Marechal au service de Sa Majesté Prussienne, Gouverneur
de la ville de Magdebourg, Chevalier de l'Ordre de l'aigle noir et de celui de la Jarretière,
Commandant général en chef l'armée alliée, au quartier général.

Und darauf von der Hand des Herzogs die Bemerkung:

'Je souhaiterois avoir traduction des lettres angloises. — — Siehe den
Brief Knyphausen's vom 26. August 1759 an den Herzog.

am sure the service cou'd not suffer as no delay was occasioned by it.
The Duke then ordered me to leave some squadrons on the right,
wch. I did, and to advance the rest in two lines to support the In-
fantrie. this I declare I did as fast as I imagined it was right for
Cavalry to march in here. I once halted My Lord Granby to com-
pleat my forming the whole, upon his advancing the left before the
right I again sent to him to stop, he said, as the Prince had ordered
us to advance, he thought we shou'd move forward. I then let him
proceed at the rate he liked et I kept the right up wth. him as regularly as I cou'd, till we got to the rear of the Infantry et our Bat-
terys, we both halted togather et received no orders till that wch.
was brought by Coll. Webb et the Duke of Richmond, to extend in
one line towards the morass; it was accordingly executed et then instead of finding the Enemys Cavalry to charge as I expected, the
Battle was declared to be gained et we were told to dismount our
men. This I protest is all I know of the matter, and was never so
surprised as when I heard the Prince was dissattisfied that the Cavalry dit not move sooner up to the Infantry. Tis not my Business
to ask what the Disposition originally was or to find falt with any
body; all I insist upon is that obey'd the orders I recieved as punctually as I was able, et if it was to do over again, I do not think
I cou'd have executed them ten minutes sooner then I did. now I
know the Ground and what was expected, but indeed we were above
an hour too late, if it was the Duke's intention to have made the
Cavalry pass before our Infantry et Artillery et charge the Ennemy's
line. I cannot think that that was his meaning as all the orders run to
sustain our Infantry, et if it appears, that both Lord Granby et I understood we were at our posts by our both halting when we got into
the rear of the foot. I hope I have stated impartially the part of
this transaction that comes within your knowledge. If I have I must
beg you wou'd declare it so as I may make use of it in your absence,
for it is impossible to sit silent under such a reproach when I am
conscious of having done the best that was in my power. for God-
sake let me see you before You go to England

I am Dr. Sr.

To Colonel Fitzroy.

Your faithull et h. S.

gez. Geo. Sackville.

Copy

My Lord,

H. S. H: upon some report made to him by the Duke of Richmond of the Situation of the Enemy, sent Captain Ligonier et Myself
with Orders for the British Cavalry to advance. H. S. H. was at this
instant one or two Brigades beyond the English Infantry toward the
Left. Upon my arrival on the right of the Cavalry I found Captain
Ligonier with your Lordship; notwithstanding, I delivered H. S. H.

Orders to you, upon which you desired I wou'd not be in a hurry; I made answer, that Galloping had put me out of breath which made me speak rather quick; I then again repeated the orders for the British Cavalry to advance towards the left; and at the same time mentioned the circumstance, that occasioned this order et added, that it was a glorious opportunity for the I glish to distinguish themselves and that your Lordship by leading tl a on wou'd gain immortal honour. You jet expressed your surprise at the order saying it was impossible the Duke cou'd mean to break the line; my answer was that I delivered H. S. H. orders word for word, as he gave them. Upon this you asked, which way the Cavalry was to march and who was to be their Guide. I undertook to lead them towards the Left round the little open wood on their Left, as they were then drawn up, where they might be little exposed to the Enemys cannonade. Your Lordship continued to think my orders neither clearly nor exactly delivered and expressing your desire to see Prince Ferdinand, order'd me to lead you to him, which order I was obeying when we met H. S. H. During this time I did not see the Cavalry advance. Capt. Smith, one of your Aides de camp, once or twice made me repeat the orders I had before delivered to your Lordship, and I hope he will do me justice to say they were clear and exact. He went up to you, whilst we were going to find the Duke, as I imagine being sensible of the Clearness of my orders and the necessity of their being immediately obeyed. I heard your Lordschip give him some orders, what they were I cannot say, but he immediately rode back towards the Cavalry. Upon my joining the Duke, I repeated to him the orders, I had delivered to you, and appealing to H. S. H., to know whether they were the same he had honoured me with, I had the satisfaction to here him declare, they were very exact. H. S. H. immediately asked, where the Cavalry was, and upon my making answer, that Lord George did not understand the order, but was koming to speak to H. S. H.; he expressed his surprise strongly.

I hope your Lordship will think I did nothing but my Duty, as Aid de Camp, in mentioning to H. S. H. my orders being so much questioned by your Lordship.

Copy of a letter of Colonel Fitzroy given my Lord G. Sakville. August 3. d. 1759.

What I have to say with Regard to the orders which Col. Fitzroy brought, and to their being put in execution, is. I heard Lord George Sackville say on his receiving them, that as they differ'd from those he had just before received by Capt. Ligonier, he would speak to the Prince himself, and accordingly put his horse in a Gallop to go to him. I immediately went up to Col. Fitzroy and made him repeat the Order over to me twice, I thought it so clear and positive for the Brittish only to advance, where he should lead, that I took the liberty

to say to his Lordship, I did think they were so, and offer'd to go
and fetch them, while he went to the Prince, that no time might be
lost; his answer was he had also an order from the Prince by Mr.
Ligonier for the whole wing to come away, and he thought it impossible the Prince cou'd mean that. I reply'd, if he wou'd allow me
to fetch the Brittish, they were but a part, and if it was wrong, they
cou'd soon remedy the fault. he said, then do it as fast as you can.
accordingly I went as fast as my horse cou'd go, to Genl. Mostyn.
He knows the rest. This is all that past, as well as I can recollect,
it was spoke as we gallop'd and cou'd not be long about, as I have
been on the Ground since, and do not believe when his Lordship
sent me back, I had above five hundred Yards to go to Genl Mostyn.

 Minden, Augt. the   John Smith.
  3th 1759.

   Monseigneur!

 Ne pouvant dans ma presente situation, monter à cheval, pour
rendre mes devoirs les plus respectueux à Votre Altesse Serenissime,
j'espere qu'Elle voudra bien me pardonner la liberté que je prends de
lui ecrire. Le cas est important pour moi: mon honneur, et ma pro-
bité y sont engagés; car je viens, Monseigneur, d'apprendre, qu'il y a
dés gens assez mal intentionnés à mon égard, pour debiter en Angleterre que je prens fait et cause pour Lord G. Sackville, et que je
tache de justifier sa conduite du premier d'Aout.

 Votre Altesse Serenissime me permettera de La supplier, de ne
vouloir point ajouter la moindre croyance à un rapport aussi injurieux,
pour le plus attaché, et j'ose dire pour un des plus affectionnés, de
ses serviteurs: je n'ay, je puis Vous l'assurer, Monseigneur, ni l'esprit
autant dérangé, ni le coeur aussi mal placé pour être capable d'une
bassesse aussi infame, bien au contraire je ne pense jamais à cette glorieuse journée sans le chagrin mortel de n'y avoir point eu autant de
part, que j'aurois souhaité.

 J'ai l'honneur d'être avec le plus profond respect et un attachement
inviolable

      Monseigneur
    de Votre Altesse Serenissime

         le plus humble et le plus
 Alen Septbr. 17. 1759.   devoué de ses serviteurs
         gez. J. Mostyn.

 (Archiv-Acten vol. 6.)
        à Londres ce 26. d'Aout 1759.
  Monseigneur!

 Mr. Fitz Roy venant de me charger de faire parvenir à Vôtre
Altesse Serenissime Copie d'une lettre ecrite par luy à Mylord Sackville, ainsi que de la Reponse qui y a été faite par ce dernier; je ne

veux pas différer d'un moment de m'acquitter de cette commission.*)
Je les aurois traduites en françois, mais ayant aujourdhuy un travail
pressé et indispensable à faire, et supposant d'ailleurs que Votre Altesse Serenissime a des personnes auprès d'Elle qu'Elle pourra charger
de cette traduction, j'envoye ces pièces telles qu'elles m'ont été remises.
— Au reste comme je suppose Vôtre Altesse Serenissime informée
beaucoup plus particulierement encore que Nous ne le sommes icy de
l'Echec arrivé le 12. du courant à sa Majesté Prussienne je ne doute
nullement de son Affliction à cet egard, et suis bien persuadé, que si
Vos armes victorieuses peuvent contribuer à alleger le Poids de cette
crise par quelque diversion en Notre faveur, Vous en saisires l'occasion,
Mon Seigneur, avec bien d'Empressement. Je suis rempli d'esperance
à cet egard, et suplie Votre Altesse Serenissime, d'être persuadée,
que Personne au monde ne prend plus de part que moy à la gloire
qu'Elle acquiert journellement ni n'est avec plus de véneration et
de respect

Monseigneur

de Votre Altesse Serenissime

le très humble et très obeissant serviteur

le B. de Knyphausen.

Prozess vor dem Kriegsgericht über das Benehmen des Lord
George Sackville, commandirenden Generals der Britischen Ca-
valerie, in der Schlacht bei Minden am 1. August 1759; geführt im
Februar, März und April 1760. Seine Verurtheilung.

(Archiv-Acten H. IX. 2).
Unter der Ueberschrift:

Lord George Sackvilles

Vindication

of himself

(price one shilling)

war in London eine Druckschrift erschienen:

Lord George Sackvilles

Vindication of himself

a letter to Colonel Fitzroy, one of the aids de Camp to Prince
Ferdinand with Colonel Fitzroy's Answer; and the declaration of Capitain Smith, one of the Aids de Camp to Lord George**). Containing
a full and particular Account of every Thing that passed, relative to
Lord George Sackvilles Conduct and Behaviour at the Battle of Thorn-
hausen, on the first of August 1759. London printed par R. Stevens,
et Pope's Head, in Pater Noster Row. MDCCLIX.

---

*) N. d. H. Die beiden abschriftlich übersandten Briefe scheinen dieselben zu sein, welche,
vom 3. August datirt, dem Herzoge Ferdinand unter dem obenerwähnten Briefcouvert zugegangen waren.

**) N. d. H. Diese drei Briefe sind dieselben, welche dem Herzoge durch Knyphausen
mitgetheilt waren.

Ferner: Short address from Lord George Sackville to the Public. London. printed for W. Owen, at Homers-Head, near Temple Bar. MDCCLIX.

Diese Addresse war folgenden Inhalts:

Une courte addresse de My Lord Geo. Sackville au Public. Traduite de l'Anglois.

Les bruits differents qui se sont repandus à mon desavantage, et les nombreuses faussetés, qui ont eté avancées, pour ruiner mon Charactère, me mettent dans une necessité à ne pas tout à fait garder le silence, quoique je sois privé à present du pouvoir de donner au Public mon Cas, comme je l'aurois fait, si je n'avois eu des assurances d'obtenir un Conseil de guerre, pour me juger, qui est la seule voie efficace et legitime pour convaincre le Monde, quel peu de fondement il y a eu pour ce torrent de calomnies et d'injures, qu'on a si malicieusement versé contre moi

J'aimerai mieux dans cette occasion me soumettre à tous les inconveniens qui poúrront survenir par le manquement de style, que d'emprunter l'assistance des plumes d'autruy; comme je ne puis avoir esperance d'établir mon Charactère que par la force de la verité, je raconterai aussy simplement et distinctement, qu'il me sera possible, quelques peu de circonstances, qui au moins demontreront, que personne ne pouvoit plus desirer que moi, de mettre au jour la verité, et de soumettre ma conduite à la recherche la plus exacte.

Le moment que je me suis apperçu, par la Censure impliquée, qui fut donnée dans les Ordres du 2. d'Aout, que ma Conduite au jour de l'action avoit apparue au Prince Ferdinand dans un jour peu favorable, j'ai taché de m'informer, dans quelle particularité j'avois negligé ou manqué à mon devoir: J'appris en géneral, que c'étoit pour avoir desobei aux ordres; mais je n'ai pu fixer aucun temps certain à mon crime supposé, jusqu'à ce que Colonel Fitzroy m'apprit ce qui s'etoit passé à mon sujet entre luy et son Altesse Sereuissime relativement aux ordres, qui me furent donnés par luy (le Colonel Fitzroy) ce jour là; quand je serai jugé, je tacherai d'éclaircir ce point à la satisfaction du Public: Ce que j'avancerois moi meme peut-être n'auroit que peu de poids; mais le serment de temoins, dont on ne peut douter les temoignages, prouveront, j'espere, mon innocence au delà de toute possibilité, d'en douter.

Dans ces circonstances j'ai immediatement demandé la permission du Roi pour retourner en Angleterre, pour repondre à aucune Accusation, qu'on pourroit intenter contre moi; car comme Commandant en Chef les Troupes Britanniques en Allemagne, Personne n'avoit le pouvoir d'ordonner un Conseil de guerre pour faire mon procès: le pouvoir d'assembler des Conseils de guerre et d'approuver leurs sentences m'étoit donné par ma Commission, et nul officier ou soldat des Troupes Britanniques ne pouvoit être jugé par une autre authorité.

D'abord que j'arrivai à Londres Vendredi le 7. au soir, j'ai écrit
la lettre suivante au Secretaire d'Etat:

„My Lord!

„J'ai l'honneur de vous apprendre mon arrivée en Augleterre, en
consequence de la permission de Sa Majesté, que j'avois demandé et
que Votre Excellence m'a envoyé.

J'ai cru qu'on me faisoit grand tort dans un païs etranger par
une censure impliquée sur ma conduite: à mon retour dans ma Patrie
je me trouve encore plus infortuné, d'avoir été representé publiquement,
comme ayant negligé mon devoir, d'une manière la plus forte en deso-
bèissant aux ordres positifs de Son Altesse Serenissime le Prince Ferdinand: Comme je ne sens pas, que j'ai negligé ou desobei aux
Ordres; comme je suis certain que j'ai fait mon devoir autant qu'il
m'a eté possible; et comme je suis persuadé que le Prince lui même
auroit trouvé, qu'il n'avoit aucune juste cause de plainte contre moi,
s'il avoit eu la condescendance, de s'informer de ma Conduite, avant
que de marquer son desapprobation par la representation partiale d'autruy: c'est pourquoi je prie très humblement, que je puis à la fin avoir
une occasion publique, pour tacher de me justifier auprès de Sa Majesté
et de ma Patrie par un Conseil de guerre, afin que si je suis coupable,
je puis souffrir telle punition, que je pourrois avoir merité; et si innocent, je puis être acquitté dans le jugement du Monde. Mais en verité,
c'est trop severe, d'avoir eté censuré sans être oui, d'avoir eté condamné avant que d'être jugé, et de n'avoir aucune information ni de
mon crime, ni de mes accusateurs. Je suis

My Lord etc. etc."
Geo. Sackville."

Lundy le 10. j'ai reçu reponse à cette lettre, dans laquelle on
m'assura, que suivant ma requette on assembleroit un Conseil de Guerre
aussitot que les Officiers capables de donrer leurs temoignages pourrer
quitter leurs postes; mais avant de recevoir cette lettre, on m'ota tous
mes Emplois militaires: mais non obstant avoir eté congedié, j'espere
encore et suis informé, que je puis avoir legitimement l'avantage
d'être jugé.

En attendant la seule indulgence que j'ai à demander, c'est que
le Public suspend son jugement jusqu'à ce qu'on puisse produire des
faits, par lesquelles seuls on peut faire paroître la verité. Mais si on
doit renvoyer aux Plans des Batailles, qui ne peuvent donner aucune
juste Idée; si on suppose des dispositions de Cavalerie, et de l'Infan-
fauterie, qui n'ont jamais existés; si des Ordres pour des attaques et
des Poursuites sont cités, qui n'ont jamais cté donnés; et si on soutient comme un Crime la Desobéissance à ces Ordres imaginaires: dans
de telles circonstances a quoi peut avoir recours un officier, à qui on
a fait tort, que de reclamer cette Justice, qui est due à tout Anglois
d'être oui avant que d'être condamné: plustot cela arrivera, plus je

serai heureux, comme je suis interieurement persuadé, que mon innocence paroitra, quand des faits reels seront veritablement etablis et
pleinement prouvés.   George Sackville.

(Copie.)   (Archiv-Akten H. IX. 2).
Traduction de la Replique à la Vindication de Mylord George
Sackville, avec quelques remarques touchant son Adresse au Public;
par un officier.

„Et quand il tombe, il tombe comme Lucifer, pour n'esperer plus."
Shakespeare.

My Lord!

Le Torrent de la Censure publique a fait un progres trop rapide,
et en même temps s'est enflé à une grandeur si prodigieuse, qu'il est
impossible d'en arrêter le courant par aucun autre moyen, que par une
Decharge honorable devant un Conseil de guerre: Il est vrai que vous
l'avez demandé, et j'espere, aussy bien pour la satisfaction de la Nation,
que pour le bonheur futur de votre Excellence, que leur sentence con-
firmera votre innocence, lequel vous dites dans votre courte Adresse
au Public, doit paroitre, quand des faits reels seront etablis, et pleinement prouvés. Mais si la lettre du Colonel Fitzroy,
en reponse à la votre du 3. d'Aout, est authentique, (de quoy à present il n'y a aucune raison d'en douter) je ne puis concevoir d'ou
Votre Excellence peut former les moindres Esperances de retablir Votre
Charactère par une recherche exacte et impartiale, comme le Colonel
doit être un des principaux temoins. Dans la lettre déja citée il dit,
que Votre Excellence l'avoit repris, pour avoir communiqué les ordres
du Prince avec precipitation, à quoi il a repondu, que gallopant l'avoit
mis hors d'haleine, connoissant bien, je m'imagine, que le service re-
querroit la plus grande diligence imaginable, aussy bien à l'égard de
la communication des Ordres, que pour leur Execution. De plus il dit,
j'ai alors répété les ordres pour la Cavalerie Britannique de s'avancer
vers la Gauche: et en meme temps a parlé de la circonstance, qui avoit
donné lieu à ces Ordres, ajoutant, que c'étoit une occasion glorieuse
pour les Anglois de se distinguer, et que Votre Excellence, en les mé-
nant, gagneroit des honneurs immortels. Ceci, Mylord, paroit etrange,
que le Colonel peut voir, comme ci dessus, une occasion glorieuse pour
gagner des honneurs immortels, laquelle au lieu d'embrasser, vous avez
rejetté, et avez consumé, d'une manière ignoble, en disputant la netteté
de vos Ordres, ce temps, que vous auriez dû employer, en cueillant des
lauriers dans la defense de Votre Patrie: Par cette conduite, My Lord,
je crains, que vous avez en verité immortalisé votre nom: les injures
nationales ne sont pas si tôt oubliés.

De plus le Colonel dit, que vous avez encore temoigné votre sur-
prise à l'Ordre, disant qu'il etoit impossible, que ce fut l'intention du
Duc de rompre la ligne: „ma reponse fut, que j'avois communiqué les
Ordres de Son Altesse Serenissime, mot pour mot, comme il me les

39

avoit donnés;" Ceci, My Lord, vous auroit dû determiner à une obeissance immediate; car si le succès n'avoit pas couronné l'Entreprise, Vous auriez été du moins irreprochable.

Mais je citerai encore une ou deux paragraphes de la lettre. Le Colonel poursuit: „Votre Excellence a continué de croire, que mes Ordres n'etoient ni clairs ni exactement communiqués, et desirant voir le Prince Ferdinand, m'ordonna de vous mener à luy: lequel ordre j'obeissois, quand nous rencontrames Son Altesse Serenissime: pendant ce temps je n'ai point vu que la Cavalerie s'avançoit; le Capitaine Smith, un de vos Aides de Camp, m'a fait repeter un ou deux fois les Ordres, que j'avois auparavant communiqué à Votre Excellence, et j'espère qu'il me rendra la justice de dire, qu'ils étoient clairs et exactes. Il se rendit auprès de Vous comme nous allions pour chercher le Duc; comme je m'imagine, etant sensible de la netteté de mes Ordres et de la necessité qu'il y avoit qu'elles fussent immediatement obèis. Quand je me rendis auprès du Duc, je luy ai repeté les Ordres, que je vous avois communiqué, et en appella à Son Altesse Serenissime pour sçavoir, si elles étoient les mêmes, dont il m'avoit fait l'honneur de me charger: j'eu la satisfaction de luy entendre declarer, qu'elles etoient très exactes: Son Altesse Serenissime a d'abord demandé, où étoit la Cavalerie, et sur la reponse que je luy fis, que My Lord George n'entendoit point l'ordre, mais venoit pour parler à Son Altesse Serenissime, il s'est exprimé extrèmement surpris."

Ceçi, My Lord, est une preuve incontestable, que votre dés-, obèissance, ou negligence, donnez lui quel nom vous voulez, étoit un acte volontaire, et ne provenoit d'aucune absurdité dans les ordres, ni de les avoir mal compris; car ils étoient clairs au Capitaine Smith, et approuvés par le Prince, quand ses Aides de Camp les luy ont repetés, après les avoir communiqué à Votre Excellence. Selon toutes apparences humaines Votre Excellence ne peut pas possiblement donner une raison satisfaisante pour votre malheureuse conduite: Le Prince pouvoit bien marquer sa surprise, de trouver que les Ordres n'étoient pas bien compris, et une occasion manquée de rendre la victoire plus complete.

Dans la lettre de Votre Excellence au Colonel vous dites, que l'arrivée de deux ordres differens vous ont embarassés sur la manière dont vous deviez agir: Ceci n'est pas plus bizarre que le reste de la conduite de Votre Excellence, comme c'est une maxime generale dans le militaire (la proprieté de laquelle je n'ai pas besoin d'expliquer à votre Excellence) d'obèir aux derniers Ordres, en preference de tous ceux qui sont precedés.

Dans un autre endroit de la même lettre vous dites „J'ai une fois fait halte près de Lord Granby pour former le tout: Comme il avançoit la Gauche devant la Droite, je luy ai encore envoyé de s'arreter: il a dit, que comme le Prince nous avoit envoyé des ordres pour avancer, il croiroit que nous devions marcher en avant." Ainsi, My

Lord, par vos propres paroles, il paroit evidemment, que les autres Officiers crurent, qu'il etoit necessaire, d'executer les derniers Ordres du Prince, avec toute la diligence possible: Qu'il seroit heureux! si votre Excellence eut été du même sentiment!

A l'égard de l'Adresse de Votre Excellence au Public, il n'est que raisonnable de suspendre nos jugemens jusqu'à ce que sont apris des informations, touchant les merites d'une cause; sur tout quand les rapports sont fondés seulement sur des conjectures: Mais malheureuse-ment ce n'est pas le Cas de Votre Excellence: Votre lettre au Colonel Fitzroy aussy bien que sa reponse a mis le Public en état de rejetter toutes conjectures, et de conclure sur des circonstances.

Et pour repondre à la dernière partie de l'Adresse de Votre Excellence, vous me permetterez d'observer, qu'on n'a ni supposés ni cités aucuns Plans de Bataille, ni Dispositions de Cavalerie ou d'Infanterie, ni Ordres pour des attaques ou des Poursuites: la Censure Publique est pour avoir désobeï aux Ordres, par le quel la Cavalerie a été retenue dans l'Inaction, et par consequent empeché de combattre l'Ennemi.

(Westphalen's Nachlass.)

The orders of the second of August imply so strongly some neglect on my part, the day of the Action, that I have not words to express the astonishment I was under, at so unexpected, and I hope, I can prove, so undeserved a censure.*) I took all possible pains to find out, in what particular I had either omitted., or ill executed my duty; and I at last, was informed, that some said, I had not marched. early enough from camp; but that the Duke imagined I had not so. punctualy, and so expeditiously obeyed the orders sent me by his Aides de camp, as I ought to have done; and I heard particularly, that the Duke of Richmond said, that, in his opinion, from a general view of things the Cavalry might have been brought up in time to have charged the Ennemy, when Colonel Fitzroy was sent to me for that purpose. — A fair narration of facts, as far as I was concerned in the business of that day, will be the surest method of producing truth; and, when that is known, let every body judge for themselves.

In the morning of the 1. of August, the Troops were, upon intelligence received, that the ennemy had not only passed the Morass, but were in Line of battle on our side of Minden, ordered under Arms; that order went no further then the Line; it never reached any one of the Generals; I had my first intelligence of it from a Message sent by General Sporcken, and soon after major Stubbs informed me, that the Line would soon by ready to march. I instantly got on horse back, not having a single Aide de camp with me, and galloped to my Post; Just as I arrived there, a message came from General Sporken, that

---

*) N. d. H. Diese in einer schönen Abschrift, in dem Nachlass Westphalen's vorgefundene Selbstvertheidigung Lord George Sackville's ist wahrscheinlich bald nach dem Ereigniss dem Herzog Ferdinand übersandt worden.

his Column had begun its march: I instantly gave the same order to the Cavalry: Major General Mostyn soon joined me: I had not gone far, when an Officier came from the second line, to say no General Officier was present, and that they wished for my orders to begin their marche; Lord Granby was then gone to see, what the firing was upon the Right: I immediatly sent to them to follow me, and halted till they joined me. I being then more advanced, than any other heads of Columns, I am sure, I need say no more of that particular.

As the Ennemys arrival was unexpected, I suppose no time could be spared; nor would the circumstances perhaps admit of any Disposition of the Troops being communicated to the general officiers, or any particular instructions being given to them, for their conduct that day: Therefore followed the Guide, sent to conduct me to the place assigned for the Cavalry. I met the Adj. Gen. Major Estorff there, who ordered me to form the Cavalry in two lines; it was accordingly done; I was then ordered to advance, I think by Mr. Mallorty, and took the position he was ordered to shew me; I waited there some time, I believe on account of the Piquets attaching the Village of Hahlen; then Captain Wintzerode arrived, who ordered the Cavalry to form one line, and that to be as a third line, to sustain the Infantry, and advance; to give us room to do this, the Reg. of Saxe Gotha, which was then in our front, was moved away towards our Right flank; immediatly after that, Capt. Ligonier arrived, who said it was the Dukes orders, that the whole Cavalry should advance: we then drew our Swords, having returned them before to ease the mens hands, and the Cavalry was put in motion, when Colonel Fitzroy came in a great hurry, and said it was the Dukes orders, that the Brittish Cavalry only should advance, upon some report made to him by the Duke of Richmond I desired Col. Fitzroy in to be in no hurry, but to deliver his orders distinctly, which he then did very deliberately and clearly, having before been out of breath with riding; and seemed hurt, that J should think that he was hurried, or that I should doubt his exactness; I should have done neither had not his orders differed so much from those of Capt. Ligonier, tho' they both came at the same time from the Duke: I then observed, that I did not understand, why the Duke should separate the line, as we all knew the Ennemys Superiority in cavalry; I was for that reason inclined to think, that Capt. Ligonier was right, and that Col. Fitzroy had mistaken: under this Dilemma, I hesitaded what I should do, and stoped the whole Cavalry that was advancing, and asked if the Duke was near, and to be conducted to him, which Col. Fitzroy undertook: as I was going, Capt. Smith, my Aide de Camp, said to me, as Col. Fitzroy seems so positive of his not having mistaken the Duke, why should you not order the British Cavalry to move up and pass the wood whilst you are going to H. S. H. for if it should prove wrong, they may easily fall into the line again. I immediatly gave him orders to tell Gen. Mostyn to advance,

and I rode on to the Duke, whom I met immediatly; Col. Fitzroy geting
before me, and being asked where the Cavalry was, replied I did not
understand the order, and was koming to speak to H. S. H. about it,
who seemed much surprized, as Col. Fitzroy has since related it to me,
and expressed it strongly; this Representation I fear was fatal to me,
for, had the Duke known, that I was then not only exactly obeying
the order of one of His Aides de Camp, but besides should not have
come to him at all, had it not been to avoid the possibility of a mis-
take, upon my taking upon my self to decide, which of them brought
H. S. H. intentions, — I should hope, that neither his surprize, or his
expression would have been strong. H. S. H. upon my asking him,
gave me orders to leave some Cavalry upon the Right, which I did
under Col. Breidenbach who acts as Major Gen., and to form the re-
mainder in two lines, and then to march, and sustain the Infantry. When
I returned, I found the English, in obedience to my order sent by Capt.
Smith, passing the wood, and forming: J then send Capt. Loyd another
Aide de Camp, immediatly after speaking to the Duke, to give the
last orders mentioned to me by H. S. H. which were executed as fast,
I think, as the nature of the service will admit off; as soon as they
were formed, which was done without egard to their former position
in first and second line, I advanced forward with them towards the
Infantry, and in going, Mylord Granby advanced, as I thought too fast
upon the left for the Right to keep up with him, that part of the Inis-
killing and Blands having been obliged by a wood to double behind
the Blues. and I was desirous to bring those Regiments again into
the line; the second Line was then upon the left of the first, in consequence of the former position: I sent to him, to desire he would
halt a little; he said he went so fast because the Duke has ordered
us to advance. I imagining some fresh orders might have reached him
pressed on the right, and arrived in the rear of the Infantry at the
same time with him, tho' no not so regularly in line, as I could have
wished, had we been, as I expected, to have charged immediatly. I
mention this so particularly, first to shew no time was lost; and next,
that I did not stop my Lord Granbys marching, as I was told, had
been represented to H. S. H. On the contrary, upon that occasion, I
regulated my motions upon the right in consequence of his upon the
left. J only had halted him once before, and that day upon the field
told his Lordship, it was only for the forming of the Line, when we
arrived in the rear of the Infantry, I saw no French Cavalry before
them; so how long they had been gone, or how much sooner the Duke
of Richmond had expected us. J know not, but His grace believe,
when he formed his judgment upon that affair, was not acquainted with
the situation of the wood towards the left of the Cavalry, that must
certainly have occasioned some delay in their advancing, before they
could turn it, and form. We then remained with the Infantry, either
advancing or halting, till Cap. Smith mowed us, by the Dukes order,

a little more to the right; and afterwards Col. Reden, Col. Webb and the Duke of Richmond, came from the Duke, to say that our second line was to form upon the Right of the first, and extend it self towards the Morass; this was executed, and so far fortunately, as I am told it prevented March. Contades from returning to his old Camp, we stayed in that position a little while, when the victory was declared, and the Cavalry was dismounted. This is all I can recollect upon the Subject, and I most solemnly assert, that I know not the least delay on my part in executing the Dukes orders punctualy and immediatly, excepting about five minutes, I was doubting, whether I should follow what Capt. Ligonier, or Col. Fitzroy said: as far as that was a fault, I own my Self to blame. The whole affair did not last two hours, as near as I remember, and in that time the Cavalry took many different positions, which proved we were at least employed; but indeed I was excessively surprized, when I found the battle was won, without the French Cavalry appearing before ours, for I could not conceive, that 6. English Batts. assisted by the Hannoverian Guards, could have routed the Right Wing of Cavalry and Infantry of that Army, which from its avowed Superiority, we had been till lately obliged to act upon the defensive with: but so it happened that allmost all the Infantry, both of Right and left, whith many squadrons of Cavalry upon the left and all the Cavalry of the right, were only witnesses to the good behaviour of the Artillary, and a small body of Jnfantry. Had I received the smallet hint of H. S. Hs. displeasure, before the orders had been given, I should have endeavoured to have cleared my conduct to him; and I muss confess, I think I had some claim, from the Rank I bear in the Army, not to be censured unheard, for I can not distinguish between an implied, and a personal censure.

Das im Archiv des K. Generalstabs zu Berlin asservirte Kriegs-Archiv des Herzogs Ferdinand von Braunschweig enthält ein Actenstück, vol. 146, darin sich Relationen der Adjutanten des Herzogs von Derenthal und von Wintzingerode über ihre Wirksamkeit in England nebst Berichten über den Prozess des Mylord George Sackville aus dem Jahre 1760 befinden, unter der eigenhändigen Aufschrift des Herzogs Ferdinand: „Relations de mes Aides de Camp Derendahl et Wintzingerode de leur voïage et sejour en Angleterre au mois de Fevrier 1760, — avec le proces de Milord George Sackville et des pieces traduites que Wintzingerode m'a donné." Die Berichte Derenthals an den Herzog, erstattet in der Form vertraulicher Briefe, deren acht aus London aus der Zeit vom 21. Februar bis 28. März 1760 vorhanden sind, gewähren den interessantesten Einblick in die Verhandlungen des Kriegsgerichts, vor welches Mylord Sackville gestellt war, die Anstrengungen, welche derselbe gemacht, um ein günstiges Urtheil zu erlangen, die lebhafte Theilnahme des Hofes und des Volkes an dem Verlauf und Ausgang dieses Prozesses, und die Haltung und Einwirkung der dem Herzog feindlich gesinnten Partei. Einige Auszüge aus diesen Briefen mögen hier ihre Stelle finden:

Londres ce 7ème Mars 1760.

Une maladie survenue au Président du Conseil de guerre, un certain General Onsley, a fait encore remettre l'examen jusqu'aujourd'hui; on a fait un nouveau Président, qui est un Lieut. General nommé Howard, et trois Generaux Majors ont eté je crois ajoutés de la part du Roi.

Cela a commencé donc ce matin; on dit qu'on n'a pas très grande opinion des Generaux, qui composent ce conseil, et qu'ils n'ont pas la hardiesse de contenir les artifices et la subtile loquacité de Mylord Sackville, qui est toujours présent et qui est en droit de faire des demandes autant qu'il veut. Les premiers qui ont eté examiné aujourd'hui, sont le Colonel et Adj. Hotham sur les ordres du 29. et du 30. Après celui-ci le Major de Brigade Stubbs a eté demandé sur l'heure et la façon que lui avoit reçu et rendu les ordres aux Aides majors; il y entre selon moi beaucoup de Pedanterie, par exemple si V. A. S. avoit eté au logis, si Elle sortoit souvent, et si Elle n'etoit pas presente aux ordres. C'est un Juge Advocat qui est pedant et qui fait beaucoup de sottes demandes, si les Generaux qui president, ne s'en melent pas. Il y a une terrible foule de monde, qui entre par curiosité, mais Mylord Gramby et tous ceux qui sont sommés n'osent pas être présans. Wintzingerode est entré après, et on l'a retenu deux heures et demi; on a commencé par lui faire connoitre ce que c'étoit qu'un serment, ce que Mylord Sackville demanda, Wintzingerode repondit, qu'il connoissoit tout cela et le devoir d'un honete-homme; on l'a fait jurer, et puis faire tout son recit. Mylord Sackville ayant 6 advocats autour de lui, dont l'un lui a suggeré des demandes capcieuses, a demandé, si par les dispositions que V. A. avoit faite, on aroit crû trouver la Cavalerie ennemie au Centre, et si cette Cavalerie avoit pû prendre notre Infanterie en flanc; Wintzingerode n'a pas voulû repondre, mais on lui a dit, qu'il étoit permis à l'accusé de demander tout ce qu'il vouloit. Wintzingerode a dit, qu'il etoit trop jeune pour juger des dispositions que V. A. avoit faite, et qu'il avoit eté toujours occupé, que ceci ne regardoit pas les ordres, et qu'il ne pourroit repondre à d'autres questions. Il paroit que ces premieres demandes ne tendoient qu'à chiquaner, car Mylord pouvoit supposer, qu'on n'entreroit pas en matière la-dessus; le tout a eté remis pour demain ou on continuera.

à Londres ce 12ème Mars 1760.
Mercredi.

Monseigneur!

Après la derniere lettre que j'ai eu l'honneur d'écrire à V. A. S. du Vendredi ce 7 de ce mois, le Conseil de Guerre a toujours continué excepté le Dimanche. Wintzingerode ayant eté examiné Vendredi deja, a reparu Samedi, et demandé pendant près de trois heures, tout le monde a été extremement content de ses reponses, et S. M. le Roi en a marqué son contentement. Ligonier fut demandé après et après ce temoignage Mylord Sackville demanda ce que lui Mr. de Ligonier avait parlé de Lui après son retour d'Allemagne; on veut que celui-ci seroit le plus attaqué. Mr. de Fitzroy a commencé Samedi et fini le Lundi.

Dimanche nous etions à la cour et le Roi me demanda, si j'avois eu des lettres, je dis qu'oui et que V. A. S. souhaitoit notre retour; le Roi me dit, qu'il pressoit ce conseil extrèmement, et qu'il nous renverroit au plutôt, aussi qu'on feroit bientôt embarquer la Cavalerie. Je demandois quand l'infanterie suivroit, et le Roi me dit qu'il ne manquoit pas de bonne volonté et qu'il feroit tout ce qu'il pourroit pour en faire passer.

Lundi Mr. Fitzroy a fini son temoignage. Le Colonel Sloper est entré après et n'a fini qu'hier. Son temoignage a été extremement fort et personnel contre Mylord, qui, comme on dit s'est echauffé, pour la premiere fois, parceque Sloper dit, qu'il avoit été confus, et que cet homme ne savoit pas ce qu'il faisoit dans l'action. Après lui j'ai été demandé; il m'a parû très frappant, d'être à coté bras-à-bras avec Mylord Sackville, qui m'a même parlé. On m'a fait la description d'un Serment comme à Wintzingerode, à quoi j'ai repondû, qu'on en connoissoit la nature en Allemagne autant que partout ailleurs, et que j'etois Officier et que cela suffisoit. Mon temoignage a roulé sur l'inquiétude, avec laquelle V. A. avoit attendu la Cavalerie, j'ai parlé par interprète comme Wintzingerode. Nous ne pouvons pas avoir la copie encore de toutes les reponses, mais nous esperons de pouvoir les envoyer à V. A. aussitôt, qu'on pourra l'avoir. Mylord Gramby est entré hier, et encore aujourdhui et y est depuis trois heures entieres. J'ai parlé à Mylord Holderness, je l'ai prié de nous renvoyer au plutôt, et je viens de parler hier à Mylord Barrington, qui me dit, que les temoignages s'accordoient parfaitement et que tous étoient et prouvoient contre Mylord très fortement et que personne ne pouvoit comprendre jusqu'ici sur quoi il pourroit fonder la defense, mais qu'il etoit à supposer qu'il chercheroit de profitter de tous les refuges possibles, c'est pourquoi il seroit absolument necessaire, que nous restions pour attendre jusqu'à sa defense, dont on est extremement intrigué, pour repondre à plusieurs questions, qu'on seroit obligé de nous faire en consequence. Les témoins de la couronne finiront aujourd'hui, et demain les témoins de Mylord et sa defense commencera, et Mylord Barrington croit, que cela ne pourrat finir qu'au milieu ou vers la fin de la Semaine prochaine, après quoi nous pourrions retourner d'abord. Pour lui ôter tous les moïens, qu'il pourroit saisir pour dire quelque chose, Mylord Barrington me dit, qu'on ne publieroit pas l'article de la relation, ou il est dit, que la Cavalerie Angloise n'avoit pas sellée, en quoi V. A. pourroit avoir reçu de faux rapports, puisque Sloper a dit, que lorsque Pentz étoit chéz lui, il se leva de son lit et en sortant de sa tente le regiment avoit sellé depuis une heure et au delà, mais pas bridé.

Avec la poste de Vendredi ou Samedi nous serons peutêtre en état, de dire à V. A. ce que ce grand Genie en droit aura pû imaginer.

à Londres ce 18. Mars 1760.
Mardi.

Le Conseil de guerre a recommencé le Samedi et avec cela la défense de Mylord Sackville. Il a debuté par une grande harangue; on sait qu'il est orateur au parlement mieux que General; il s'est étendu beaucoup sur le devoir d'un General, et qu'il le connoissoit, qu'il prouveroit d'avoir fait tout ce qu'on pouvoit demander d'un General de Cavalerie, qui etoit de tenir les esquadrons toujours serrés et en ordre pour le choc, mais de ne pas les faire courir pour les mettre hors d'haleine. Il a attaqué très rudement et très personellement le Col. Sloper, il le traite de parjure en assurant, qu'il prouveroit, que tout ce qu'il avoit avancé n'etoit pas vrai. Cette harangue a rendu le public bien attentif et les amis de Mylord, briguent des voix pour lui dans les grandes assemblées. Il doit avoir dit après qu'il feroit voir que la bataille s'étoit engagée avant que V. A. l'avoit voulu, et qu'en un mot il y avoit eu de la confusion. — Nous n'osons pas entrer quand les témoins sont examinés, mais tout autre a la permission d'écouter, et ce n'est que de nos amis, qui sortent de la chambre du Conseil que nous savons ce qui s'y est passé. Mylord partage sa defense en trois sections; la prémière contient sa conduite relative aux ordres du 29. jusqu'à la prémière position de la Cavalerie du 1er d'Aout; la seconde va dépuis cette position jusqu'aux ordres de Wintzingerode, et la troisième dépuis là jusqu'à la fin de l'affaire. C'est en relation avec ces sections, qu'il demande indistinctement les témoins à lui aussi souvent qu'il en a besoin. On veut qu'il a entre ses témoins des gens assez effrontés, pour contredire beaucoup d'évidences données contre lui, c'est un monde d'intrigues et de cabales, que ce pays c'est ce qui le rend plus desagreable plus qu'on le connoit. Un certain Williams, officier de l'artillerie Angloise, des témoins à Mylord, a temoigné après avoir juré, que le petit bois, que nous avions à la droite, n'étoit pas à passer avec la Cavalerie, qu'il étoit trop épais, et il étoit constaté qu'il n'étoit rien moins. Mr. Hugo doit avoir dit des choses, selon ce que m'a dit le Duc de Richemont, qui repond gueres aux autres temoignages, et qui pourroit lui faire une mauvaise affaire. Mr. Smith sur la question de Mylord, s'il lui avoit trouvé un air de consternation ou de confusion ce jour-là, a repondu, qu'il étoit bien persuadé, que Mylord séroit allé à la mort avec la plus grande resolution et fermeté; Mylord a fait la même demande à tous les temoins, qui ont eté demandés pour lui jusqu'ici. Sloper pour repondre à l'atroce accusation, que Mylord Sackville lui a fait en public, dont avec raison il se trouve fort maltraité, a donné hier une lettre au Conseil de Guerre, pour demander, qu'on réexaminat encore quelques temoins, et qu'on lui permit de prouver plus clairement ce qu'il n'avoit avancé qu'avec verité. On ne lui a pas repondû encore. On dit qu'il y a eu premierement une grande consultation, si on oseroit ouvrir cette lettre.

Il est impossible de se former une idée de la plûpart des membres qui composent ce Conseil; à en juger par les ridicules demandes, qu'ils font quelquéfois mal à propos; ils permettent à l'accusé de parler ce qu'il veut. Entre ces membres celui, qui a le plus d'esprit, c'est Mylord Albemarle, et qui est le plus militaire; mais étant attaché à la personne du Duc de Cumberland, comme Chambellan, et toujours avec lui, je ne repondrois pas de sa volonté, tant est sûr qu'on lui permet de faire d'amples digressions et de parler sur beaucoup de sujets, qui paroissent n'avoir aucun rapport à l'accusation. Nous avons parlé à Mylord Barrington encore hier, et nous faisons tout notre possible, pour l'engager à rémedier à beaucoup d'abus et qui, si j'ose le dire librement, de la part de Sackville ne tendent, qu'à obscurcir s'il étoit possible, et à ternir la reputation de V. A.; nous avons parlé fortement là dessus, tant est sûr, que les intentions de Mr. Sackville sont les plus mauvaises.

Le séjour d'ici est d'ailleurs à présent des plus ennuyans, et ce qu'il y a de pis, c'est qu'on n'y voit pas de fin.

à Londres ce 21. Mars 1760.
Vendredi.

— — Plusieurs des sottes questions de la part de Mrss. quelques membres du Conseil, et une brochure sortie de la presse, portant le nom de „Vindication de Mylord Sackville contre les accusations injustes", ou il y étoit dit, que V. A. avoit accusé Mylord par une haine particulière, m'avoit mis de mauvaise humeur. Madame la Comtesse Yarmouth me demanda à une assemblée le soir des nouvelles du Court martial; je lui avoit parlé vivement là dessus; la Comtesse, qui est beaucoup attachée à V. A., entra tout à fait dans ma façon de penser, et comme je suppose a dit au Roi tout ce que je lui avoit dit. Le Duc de Newcastle, ou nous dinames le lendemain, me tira à part et me dit, que le Roi lui avoit parlé, que S. M. me faisoit prier de me tranquilliser et d'ête persuadé qu'Elle donneroit autant qu'il dependroit de Lui les ordres les plus exactes aux Generaux pour ne jamais permettre à l'accusé de faire tant de digressions, comme il avoit fait, et qu'il n'oseroit jamais rien dire, qui put avoir l'air seulement d'être contre V. A., qu'on avoit trop d'obligations à V. A., que toute la Nation pensoit ainsi, et tous les gens de bien; que je ne devois pas être surpris de voir publier peutêtre quelques miserables brochures et quelques mauvais discours de la part des amis ou des gens payés de la maison de Sackville, dans lesquelles lui le Roi n'étoit pas épargné lui même; qu'on me prioit de n'en jamais rien dire à V. A., puisqu'on

auroit soin, de supprimer tout cela. Il me semble, que c'est extremement gracieux de la part du Roi, qui surement merite bien d'attachement.

à Londres ce 25. Mars 1760.
Mardi matin.

Monseigneur!

Il ne me reste que la consolation d'ecrire à Votre Altesse, et de
L'assurer combien je souhaiterois avec mon Camarade Wintzingerode,
qui en est tout autant ennuyé que moi, d'avoir rejoint la personne de
V. A., nous ne faisons que parler de cela partout ou nous venons, et
nous entrons assez dans la liberté de la Nation d'oser dire tout ce
qu'on pense; pour dire que la façon de ce Conseil de Guerre est fort
comique de la façon comme on s'y prend. Tous les Officiers et Seigneurs s'en moquent; le Secretaire de Guerre, le Roi en sont bien
mécontents, et cela finit par n'en être pas mieux. Par l'indisposition
d'un seul General il n'y avoit point de Conseil de guerre Samedi
passé, tout le reste du temps a eté tué par l'examen de Smith, qui
n'a fini qu'hier, y étant dignement succedé par le Chapelain Mr. Hotham,
je ne sai pas ce que celui-la pourra avoir à dire. On blâme avec
raison le Chef Président, qui a droit de defendre les questions qui ne
tendent pas au fait; comment auroit-il eté possible, que *Smith* eut eu
à parler pour 20 heures sur le même sujet. C'est un pays, ou il y a
beaucoup de Singularités, et il faut y être né pour ne pas s'en lasser.

Nous étions Samedi passé au lever du Roi, parceque nous n'avions
point de Conseil de guerre. Le Roi, qui a la vue très foible, ne nous
avoit pas reconnû. S. M. ayant marqué à la Comtesse Yarmouth,
qu'Elle souhaitoit de nous voir, nous avons été à Son lever hier.
S. M. me fit la grace, de me dire encore qu'Elle étoit fort contente
de notre conduite, et que cela nous faisoit honneur. Elle demanda
à Mylord Gramby, s'il étoit prêt, et celui-là repliqua qu'il étoit toujours prêt à partir. Le Roi dit, je voudrois que Vous le fussiés dêja;
et à moi me dit il, ne perdez pas la patience, et écrivez au Duc, qu'il
ne s'impatiente pas, qu'il ne pouvoit pas presser le Conseil plus qu'il
faisoit deja. Je me suis acquitté à cette occasion, des ordres que V.
A. m'avoit donné, pour l'assurer de Son attachement. Le Roi y parût
sensible à un point que cela m'a touché; je voudrois que V. A. vit ce
digne Prince, tant ce vieillard est respectable.

Il y a une acte, qui ne permet les Conseils de guerre, que jusqu'au 25. qui est aujourdhui. Le Roi a trouvé moyen de faire prolonger ce terme, sans cela il falloit récommencer de nouveau tout à
fait; cette idée seulement m'a bien alteré. Mylord Barrington, Secretaire de Guerre, est sorti et m'a dit de la part du Roi, d'écrire à
Votre Altesse, que tout le verbiage des témoins de Mylord Sackville n'avoit encore rien prouvé, et qu'il ne sortiroit pas de sa mauvaise situation, que ses témoins se confondoient et se perdroient. J'ai

demandé à Mylord Barrington, si je ne pourrois pas partir seul, ayant
dit tout ce que je savois, et mon témoignage n'étant pas de la même
consequence que celui de Wintzingerode; mais il m'a dit que non, puisqu'on seroit obligé de repasser avec nous tout le temoignage que ceux
de Sackville avoient donné, et que pour cela on étoit charmé de garder autant d'officiers qu'on pouvoit, qui avoient été présens à la bataille. Ce qui me plait encore le plus ici, c'est que le Roi et tout ce
qui est de son parti est extremement zelé pour V. A., et qu'Elle est
géneralement aimée.

à Londres ce 28. de Mars 1760.

Monseigneur!   Vendredi.

La dernière lettre que j'avois l'honneur d'écrire à V. A. S. étoit
du 25. du mardi; en parlant dans la même lettre d'un acte de parlement qui occupoit le Conseil de Guerre, j'espère qu'elle sera arrivée.
Je ne sais si on ne peut avoir trop de lois dans un païs; tant est
toujours sûr, qu'elles sont extrèmement incommodes ici. Cette acte de
parlement militaire en finissant avec le 25. Mars, annulloit tout ce qui
s'étoit passé dans le conseil de guerre; et il a fallu faire jurer de
nouveau tous les membres et les témoins; pour les derniers pour
épargner quelque peu de temps, on leur a rélu ce qu'ils avoient
énoncé, et on les a fait jurer sur cette evidence, toujours cela a fait
perdre trois jours. V. A. jugera par là des chicanes; le Roi n'a pas
été en état de changer ceci, mais il nous a recommandé d'avoir patience. Les Collonels qui commandent des regimens en Allemagne, se plaig-
nent beaucoup de ses lenteurs, mais cela ne les fait pas avancer; les
regimens ne peuvent qu'en souffrir; mais tous ces reflexions ne servent
à rien ici.

Pour moi j'ai juré avant hier après Wintzingerode; puis j'ai eté
chèz Mylord Barrington, lui declarant, que je ne pouvois plus rester,
et que je crojois, que pour la duplique, Wintzingerode pourroit dire
tout autant que moi, surtout comme moi je n'ai vu la Cavalerie, que
vers la fin, qu'ayant des ordres precis de la part de V. A. on ne prendroit pas mauvais, que je pressasse mon depart, et que je demandois
d'être renvoyé seul, si Wintzingerode étoit obligé de rester encore ici.
Le Roi a gouté cela; il a fallu demander là dessus toute la Cour de
justice et Mylord Sackville même, qui y a consenti, et comme cela j'ai
eté heureusement expedié hier matin; il y a encore deux témoins de
Mylord George, qui ont convoqué à cet exemple pour être renvoyé,
mais je ne sais pas encore, qui ils sont et s'ils l'auront. Dieu sait,
combien cela durera encore; hier Loyd et Sunderland ont juré contre
Sloper, celui-ci demande de prouver son temoignage par de nouveaux
temoins, on dispute si cela peut être permis. Je n'ai jamais entendu
de pareil. — Pour moi je ferai toute diligence possible n'ayant plus
rien tant à coeur que le bonheur de me jetter bientôt aux pieds de
V. A. et de L'assurer en personne le plus vivement, qu'il n'y a que

l'honneur d'être proche de la personne de V. A.; qui fait mon bonheur, étant avec un attachement à toute épreuve et la veneration la
plus profonde

Monseigneur

de Votre Altesse Serenissime

le très humble
très devoué fidel
et soumis valet
Derenthal.

In einem Briefe des Obersten J. Browne aus dem Haag vom
5. April 1760 an den Herzog Ferdinand findet sich bemerkt: „Le
Conseil de Guerre n'est point encore à sa fin, il se debat avec les
incapacités de la vieillesse, et les fourberies d'une Caballe le haissant
à la mort semble pourtant se preter à le tirer de ce mauvais pas, si
elle pouvoit le faire aux depens d'une certaine personne. — ce qu'il
y a pourtant de très assuré c'est que dans l'opinion publique il est
condamné comme le dernier des hommes et que le Conseil de guerre
courre le même risque s'il s'oppose à leur jugement!" Der Herzog hat
am Rande dieser Stelle des Briefes eigenhängig die Frage gestellt:
„Pouvés vous me donner des éclaircissements sur cet article?" — und
„Savés Vous ce qu'il veut dire pas là?" — Hierauf bezieht sich ein
Schreiben Derenthals an den Herzog (ohne datum), welches sich
neben jenem Briefe in denselben Acten eingeheftet befindet, folgenden
Inhalts:

Monseigneur!

Les fourberies de Caballe dont Mr. le Collonel Braun parle dans
la lettre à V. A., proviennent selon moi, et j'en suis sur presque, de
la famille du Duc de Cumberland; qui voit avec chagrin tous les progrès de V. A. et la juste gloire qu'Elle en tire dans la nation comme
partout; car plus que la reputation de V. A. est fondée et affermie,
plus que la sienne dechoit. Il n'a pas pû vaincre cette indisposition
vis-à-vis de moi, ne m'ayant parlé qu'avec beaucoup de gêne, quand
il ne pouvoit pas l'éviter, et ce qui plus est, ne m'ayant jamais parlé
ni demandé après V. A., comme toute la famille Royale l'a fait.

Il y a deux des Creatures du Duc de Cumberland dans le Conseil, qui haïssent comme le Duc Mylord Sackville à la mort, qui sont
Mylord Albemarle, Son Chambellan, et l'autre est, je crois, Mylord
Ancram, mais je ne suis pas sûr pour le nom du dernier. Il n'y a
que ces deux qui pensent et qui ayent quelque esprit, tous les autres
sont dans le cas des incapacités de la vieillesse, comme dit Braun.

Les premiers voudroient pendre Mylord Sackville, mais ils seroient
préts à sacrifier leur haine, si cela pouvoit se faire aux depens d'une
certaine personne, qui est Votre Altesse. Mais voyant qu'ils ne
pourroient jamais reussir, vû l'opinion publique et l'evidence des té-
moignages contre Mylord Sackville, et pour Votre Altesse, ils ont pris

le parti, de ne rien dire du tout, car contre l'attente de presque tout
le monde Albemarle n'a jamais rien demandé, le plan de defense de
Sackville a eté changé entièrement, comme m'a dit Mylord Barrington
lui-même; mais je n'ai jamais pû approfondir comment le Roi a pû y
parvenir; c'est le Roi lui-même qui m'a dit: je suis bien aise que vous
êtes tant attaché au Prince Ferdinand et que vous etes inquiet, que
Mr. Sackville ne declame pas contre lui, „aber ich habe es ihm stopfen
lassen, also kan er nur ruhig sein, denn ich habe den Printzen auch
sehr lieb." On en a vû l'effet tres clairement, car depuis la premiere
harangue de Mylord Sackville on n'a jamais parlé des dispositions
en General.

J'ai eu plusieurs conversations avec Mylord Albemarle exprès,
pour le sonder, connoissant déja de quelle trempe il etoit, mais en
homme d'esprit, vis-à-vis de moi il a toujours parlé avec beaucoup
de respect de V. A., et je n'ai pas manqué de lui dire tout ce que
je pensois.

Le Conseil de Guerre risque d'être condammé par le public,
s'il s'oppose à leur jugement, car personne n'ignore que le Conseil est
composé des membres fort peu respectables; tout le monde voit que
les témoins contre Mylord sont les plus veridiques et les moins inter-
essés; ceux qui pensent differemment, sont quelques Ecossois et de ses
amis, qui ont fait tout au monde pour le sauver même aux depens
de leur conscience et de la verité, qui selon moi est beaucoup plus
qu'un honête homme sauroit pretendre de ses amis.

Derenthal.

Bevor der folgende Auszug aus den Prozess-Verhandlungen zur
Hand genommen wird, erscheint es nöthig, zur Beleuchtung der in-
fluirenden Parteiansichten, einen Rückblick auf historische Schriften
jener Zeit zu werfen. Welche Parteileidenschaften gegen den Herzog
Ferdinand damals und später, neben der allgemeinen Verehrung und
Bewunderung seiner Persönlichkeit und seiner Thaten, am Hofe und
im Volke von England ihr Wesen trieben, und selbst zu den gehässig-
sten Verdächtigungen seines über jeglichen Eigennutz erhabenen Charakters ihre Zuflucht zu nehmen wagten, ist aus der Geschichte bekannt:
als ein Beispiel dient der verdächtigende Ausfall, welchen ein im Jahre
1784 in London erschienenes Werk neuerer Geschichte, unter dem
Titel „The History of Modern Europe, from the Peace of Westphalia
in 1648 to the Peace of Paris in 1763," II Part 4 volums," dedicirt
dem Herzoge von Bedford von William Russel, Part II. vol. II. fol. 502
und 503 enthält, wo der Verfasser, bei Erzählung des Vorgangs mit
der Englischen Cavalerie an dem Tage von Minden, sich folgender
Massen äussert:

At this instant, prince Ferdinand sent orders to lord George
Sackville, who commanded the British and Hanoverian horse, which
composed the right wing of the allies, to advance to the charge:

and if these orders had been obeyed, the battle of Minden would probably have been as memorable and decisive as that of Blenheim. The Franch army would have been utterly destroyed, or totally routed and driven out of Germany. But whatever was the cause, whether the orders were not sufficiently precise, were misinterpreted, or imperfectly understood, the British cavalry did not arrive in time to have any share in the action; und dann in einer Note 13, hinzusetzt:

„The commander in chief passed an indirect censure · upon lord George Sackville for his conduct on this occasion, and a court martial confirmed that censure; but as the whole weight of ministerial influence is supposed to have been thrown into the scale of the German general, the impartial part of mankind are still divided in their opinion on the subject, and will likely long remain so. It may not, however, be improper to observe, for the help of posterity, that the two generals were by no means on good terms with each other, before the battle. Prince Ferdinand, who understood the mystery, as well as the art of war, and pursued it as a lucrative trade, felt himself uneasy under the eye of an observer so keen and penetrating as lord George Sackville, and wished to remove him from the command. This wish perhaps occasioned that confusion, or contradiction of orders, of which the British general complained, and which he assigned as the cause of his inaction. But there is also reason to suppose the chagrin of the English commander might make his perception, on that occasion, less clear than usual, and that he might even secretly indulge a desire to obscure the glory of a hated rival, without reflecting that, in so doing, he was sacrificing his duty to his sovereign, and eventually the interests of his country.“

Noch eine andere Stelle in dem citirten Geschichtswerke wiederholt, obgleich nicht direct aus der eigenen Meinung des Verfassers, jenen Vorwurf des Eigennutzes, indem S. 585 es heisst: „While prince Ferdinand was thus exerting himself in Westphalia (1762), with a degree of vigour and success, which made his enemies insinuate, that he had hitherto protracted the war, in order to enjoy its emoluments, the fortune of the king of Prussia wore a variety of appearances etc.“

Jene Beschuldigung eigennütziger und feindseliger Absichten des Herzogs, in den unterstrichenen Worten, wird schlecht verhüllt in dem Tadel des Benehmens Lord George's, zu welchem der Verfasser in dem Nachsatz der Note: „But there is also reason etc. sich herbeilässt; sie bleibt als eine gehässige, durch Nichts belegte Schmähung, die auf den Angreifer zurückfällt, stehen und das ganze Ehrabschneidende Räsonnement zeigt deutlich seinen trüben Ursprung aus dem Neide, mit welchem der brittische Nationalstolz auf den hellen

Ruhmesglanz eines hochherzigen Deutschen Fürsten sah, dessen wieder-derholtem, jedem Mann von Herz und Kopf sehr wohl verständlichen, Befehl auf dem Felde der Ehre der sich selbst überhebende Dünkel eines hochmüthigen Lord George ungehorsam ausgewichen war. Wie hoch der Herzog Ferdinand über jeden Eigennutz erhaben war, und gerade die Selbstverläugnung in Allem, was den eigenen Vortheil be-traf, einen seiner Charakterzüge bildete, darüber wird nur noch auf die Geschichte der Feldzüge selbst Band I. S. 116 und 542 Band II. S. 397 Bezug genommen.

Nach dem vom Capitain und Adjutanten v. Wintzingerode dem Her-zoge am 17. April 1760 eingesandten Abregé du Procès de Lord George Sackville war der Conseil de Guerre aus nachbenannten Mit-gliedern zusammengesetzt:

Lieutenants Generaux: Sir Charles Howard, Président.
— John Campbell.
— Lord Delaware.
— John Cholmondeley.
— Stuart.
— Comte de Panmure.
— Comte d'Ancram.
— Comte d'Harrington.
— Albercromby.
— Comte d'Albemarle.
— Leighton.
— Lord Robert Manners.
Majors Generaux: Carr.
— Comte d'Effingham.
— Lord Bertie.
— Julius Caesar.
Charles Gould, Deputé Juge Advocat General.

On accusa et jugea Lord George Sackville: (so fährt der Abregé des Cap. Wintzingerode fort:) „puisqu'étant Lieutenant Général dans l'armée de Sa Majesté en Allemagne, sous les Ordres de S. A. le Prince Ferdinand de Brunsvic, et aïant les instructions d'obeïr aux ordres du dit Prince Ferdinand; que Lord George, non obstant des-obeït aux ordres, qui lui furent envoïés de Son Altesse à la journée du premier d'Aout;" Le Juge advocat expliqua dans une courte Harangue la nature du Crime, et ajouta, que puisque Lord Sackville n'étoit pas avancé avec la Cavalerie, suivant les ordres réiterés, que S. A. lui avoit envoyée, par trois aides de Camp, on avoit perdu par là une oc-casion favorable de défaire totalement l'armée françoise, et la Cavalerie avoit eté empeêchée de gagner les lauriers que la bonne conduite et la valeur de l'infanterie leur avoit preparées.

Die wichtigeren Zeugen-Aussagen in dem Prozesse gegen Lord Sackville vor dem Kriegsgericht mögen hier folgen, entnommen aus den Abschriften, welche der Capit. Wintzingerode unterm 18. April 1760 dem Herzog Ferdinand eingereicht hat, und sich in dem Actenstück No. 146. des Kriegsarchivs des Herzogs befinden.

Le 7. Mars 1760.

Le Colonel Hotham fit Serment et fût examiné.

Qu. S'il savoit les ordres que le Pr. Ferdinand avoit donné le 29. juillet?

Rep. Oui, qu'il les savoit, et il produit les memes, qu'on avoit lu.

Qu. S'il avoit connoissance des ordres donnés, par le Prince le 31. juillet?

Rep. Oui! qu'il avoit reçu l'ordre du Prince que l'armée devoit être prête à marcher à une heure du matin, avec quelques ordres particuliers pour Mr. Sackville, que la cavalerie devoit être sellée à une heure, et prête à se former. Que les chevaux de l'artillerie devoient être harnassés, et que les generaux devoient se rendre familiers les avenues à leur camp et le terrain, qui étoit devant leur front.

Le major Stubbs fit serment et fut interrogé.

Qu. Le conseil de guerre desira que le major Stubbs devoit les informer de ce qu'il savoit par rapport à tous les ordres donnés par Mil. Sackville le 1. aout?

Rep. à quatre heures heures du matin un aide de camp du Prince Ferdinand vint à ma tente, et demanda après le colonel Preston, et me dit en même temps, qu'il portoit l'ordre du Prince Ferdinand, que la Cavalerie devoit abattre les tentes, et se former immediatement. Que lui, Stubbs, etant Major de Brigade, avoit d'abord commencé à mettre cet ordre en execution, et que la Cavalerie avoit été formée aussitôt que possible. qu'après cela lui, Stubbs, ayant entendu, que plusieurs officiers crioient: où est Milord Sackville, qui devoit conduire l'Aile, il s'étoit rendû en gallop au quartier de Milord, et l'ayant trouvé entre la maison et les écuries, il l'avoit informé, que la Cavalerie étoit formée et prête. Que là dessus Milord George avoit dabord ordonné ses chevaux et étoit allé avec lui à la ligne, lui disant, qu'il avoit justement reçu les mêmes avis du Gen. Spörken.

Qu. Quel tems étoit il, lorsque Lord Sackville parût à la tête de la Cavalerie?

Rep. Entre 5 et 6 heures du matin.

III.   40

Qu. à quelle distance étoit le quartier de Mil. Sackille de l'endroit où la Cavalerie s'étoit formée?

Rép. à peuprès üne mile angloise.

Qu. par Milord George Sackville: De quelle personne auriez vous dû regulierement recevoir vos ordres?

Rep. Je crois que je suis obligé d'obeir à tous les ordres, qui me sont portés par des personnes, qui sont proprement autorisés, et j'ai souvent reçu des ordres des generaux, des aides de camp, et très souvent par passe parole.

Qu. par Milord Sackville. Mil. Sackville repeta la question et desira, qu'il devoit repondre precisement au môt regulierement?

Rep. Qu'il étoit sûr que les premiers ordres devoient venir de l'adjutant Gen. Mais que ces ordres ayant été si continuellement renouvellés, il avoit crû devoir obeir à chaque Aide de Camp ou à d'autres personnes, qu'il avoit crû autorisées de lui porter ces ordres.

Capit. Wintzingerode fit serment et fut interrogé.

Qu. Que le conseil de guerre desiroit qu'il vouloit faire son rapport de ce qu'il savoit relativement aux ordres envoyés par le prince Ferdinand à Mil. Sackville, de même que relativement au tems et à l'heure?

Rep. Que le Prince Ferdinand l'avoit envoyé chez Mil. Sackville, avec l'ordre que la Cavalerie devoit avancer et soutenir l'infanterie, qui s'étoit ébranlée pour s'engager; Que Milord avoit fait semblant de ne pas le comprendre, et lui avoit demandé comment cela se devoit faire? Le deposant disoit, qu'il ne pouvoit pas faire serment sur les propres paroles, dont il s'étoit servi, mais qu'il étoit sûr, qu'il avoit expliqué les ordres du Prince, et qu'il avoit dit à Milord, qu'il n'avoit qu'à passer au travèrs de quelques arbres à sa gauche, ce qui le meneroit sur la bruyère, où il devoit se former. Que lord Sackville ayant toujours demandé, comment cela se devoit faire? que le deposant lui avoit réiteré cette Direction. Que là dessus Mil. Sackville s'étoit detourné de lui; que lui deposant dans la ferme persuasion que Milord étoit allé donner ses ordres à la Cavalerie d'avancer s'en étoit retourné chez le Prince Ferdinand et ayant rencontré le Colonel Fitzroy, qui couroit chez Mil. Sackville, le Deposant lui avoit dit, qu'il venoit justement de delivrer les ordres de S. A. S. à Milord, et que la Cavalerie venoit. Que le Colonel Fitzroy avoit poursuivi sa course au gallop. Mais le deposant ne voyant avancer la Cavalerie du coté des arbres proches du Prince, il avoit courû après Fitzroy, pour l'assister à faire hater la marche de la Cavalerie, et que lui, deposant, avoit courû chez Mil. Gramby, qui étoit à la deuxieme ligne de la Cavalerie, tandis que le Colonel Fitzroy s'étoit rendû chez Milord Sackville, qui étoit à la tête de la première ligne.

Qu. faites par Mil. Sacville. Au quel service il étoit?

Rep. Au service Hessois.

Qu. Quel grade il avoit eû le jour de la bataille?

Rep. Capitaine d'infanterie.

Qu. S'il n'avoit jamais servi dans la Cavalerie?

Rep. Non.

Qu. S'il lui avoit remis les ordres du Prince dans quelque autre langue que la française?

Rep. Non, qu'il croyoit que non; excepté lorsqu'il avoit taché d'informer Milord, par quel chemin il pouvoit marcher au travers des arbres, qu'il se pouvoit qu'alors il eût entrepris à lui parler anglois.

Qu. Si avant que l'infanterie avoit eté engagé, il avoit obsrevé, que la cavalerie françoise s'étoit formée au centre de leur ligne?

Rep. Qu'il avoit observé que l'ennemi avoit présenté une ligne de Cavalerie et d'infanterie, mais qu'il ne pouvoit pas parler avec précision de leur position.

Qu. S'il n'avoit trouvé la cavalerie formée de façon comme si elle attendoit la cavalerie ennemie tomber sur le flanc de l'infanterie?

Rep. Que son peu d'experience ne lui permettoit pas de decider cette question; encore moins pouvoit-il juger des desseins du Prince dans ses ordres, mais qu'il avoit rendû ses ordres tels qu'il les avoit reçu.

Qu. Quel pas il étoit allé en allant et en venant du Prince?

Rep. En plein gallop.

Continuation du Conseil de Guerre 8. Mars 1760.

Capitaine Wintzingerode fut appellé et interrogé.

Qu. Par le Cons. d. Guerre. Quel espece de terrain il étoit, par lequel la Cavalerie avoit eu à passer, pour soutenir l'infanterie?

Rep. Que c'étoit au travers de quelques arbres, où elle pouvoit et avoit à passer, qui les menoit dans la plaine, où elle devoit se former.

40*

Qu. Comme il avoit dit, qu'il étoit allé chez Mil. Gramby, tandisque le Col. Fitzroy étoit allé chez Mil. Sackville, combien de temps il avoit duré encore, avant que la Cavalerie s'étoit mise en mouvement? —

Qu. Comme il savoit que Mil. Sackville commandoit la Cavalerie en Chef, comment pouvoit il porter quelque ordre à Mil. Gramby?

Qu. S'il avoit delivré les ordres à Mil. Gramby dans son propre nom, ou au nom du Prince?

Qu. Quels ordres il avoit porté du Prince à Mil. Sackville le 1er Août?

Qu. faites par Mil. Sackville. S'il supposoit que les ordres ap-

Rep. Que dès qu'il avoit delivré ses ordres à Mil. Gramby, lui, Mil. Gramby avoit d'abord commencé à marcher avec la deuxiéme ligne de la cavalerie, et que lui, deposant, les avoit mené au travers de ces arbres sur la bruière.

Rep. Qu'il n'avoit eû d'autre but, que d'assister le Col. Fitzroy, à hater la marche de la Cavalerie, après qu'il avoit déja executé ses ordres vis-a-vis de Mil. Sackville.

Soldated

Rep. Il avoit dit à Milord, que c'étoient les ordres du Prince, et que S. Al. étoit impatiente après l'arrivée de la Cavalerie.

Colonel Ligonier fit serment et fût interrogé.

Rep. Qu'il avoit porté l'ordre à Milord Sackville que la Cavalerie devoit avancer pour profiter de la Confusion, où se trouvoit la Cavalerie ennemie. Que Mil. Sackville ne lui avoit repondû rien, mais qu'il s'étoit tourné vers les troupes et avoit ordonné de tirer l'épée et de marcher, ce qu'elles avoient faites, et s'étoient ébranlées quelques pas vers la gauche; qu'en même temps le Col. Fitzroy avoit apporté l'ordre, que la Cavalerie Angloise devoit seulement avancer. Que Lord Sackville avoit dit là dessus, que leurs ordres étoient contradictoires, que lui, Déposant, avoit répliqué, qu'ils n'étoient contradictoires que par rapport au nombre, et non par rapport à la destination de leur marche, qui étoit vers la gauche, que Mil. Sackville lui avoit demandé, s'il vouloit conduire la colonne? qu'il avoit repondû qu'il ne le pouvoit faire exactement, mais que si Milord jugeoit à propos de le lui confier, il s'en acquiteroit de son mieux; et que c'étoit tout ce qui s'étoit passé entre Milord Sackville et lui.

Rep. Qu'il le croyoit parceque Fitzroy l'avoit suivi de si près.

portés par le Col. Fitz-
roy avoient eté pour le
même but, que ceux que
lui Ligonier avoit ap-
porté?

Qu: S'il n'avoit pas
insisté, que ses ordres
étoient veritables?

Rep: Oui, absolument.

Qu: S'il n'avoit pas
insisté que ses ordres devoient être obéis?

Rep: Non, pas après que le Col. Fitzroy
étoit venû.

Qu: Si les ordres du
Prince n'avoient pas eté
donnés en consequence
de plusieurs informations,
que S. A. avoit reçu par
le Duc de Richmond?

Rep: Qu'il présumoit que les ordres du
Prince avoient été donnés en consequence de
plusieurs informations, que S. A. avoit reçues du désordre où l'ennemi se trouvoit et
non particulierement par le Duc de Richmond.

Qu: Quelle étoit la
position de l'ennemi?

Rep: Qu'il ne le pouvoit pas dire, par-
ceq'il étoit justement retourné de leur propre
infanterie, lorsqu'il reçut les ordres du Prince
pour Lord Sackville.

Qu: En quelle posi-
tion il avoit laissé leur
infanterie?

Rep: Elle s'étoit formée en ligne et
avançoit brusquement vers l'ennemi.

Qu: Etoit elle sou-
tenue par des troupes
étrangères?

Rep: Les gardes hannovriennes étoient
à leur gauche, et qu'il n'avoit pas vû quelques troupes à leur droite.

Qu: Combien de tems
l'infanterie étoit elle engagée avec son petit feu?

Rep: Qu'il ne pouvoit pas dire cela.

Qu: faites par le
Conseil de guerre:
Quelle distance il étoit
de la Cavalerie à la se-
conde ligne de l'infan-
terie?

Rep.: Qu'il croïoit que la distance avoit
été d'une mile angloise entière.

Qu: Combien de tems
il comptoit du moment
qu'il reçut les ordres
du Prince, jusqu'au mo-
ment que l'ennemi com-
mençoit à se retirer?

Qu: Qu'il ne pouvoit determiner cela positivement, mais qu'il croïoit que cela étoit
trois quart d'heures de tems.

Qu: S'il croïoit, que,
si Milord Sackville avoit
obéi immediatement aux
ordres du Prince, la Ca-

Reg: Qu'il croyoit qu'oui.

valerie auroit pû arriver
assez à tems pour en-
gager l'ennemi?

Colonel Fitzroy fit serment et fût interrogé.

Qu: S'il avoit porté
quelques ordres du Prince
Ferdinand à Milord Sack-
ville. le 1.er Aout?

Rep: Oui, que ces ordres avoient été,
que la Cavalerie Angloise devoit avancer vers
la gauche; que Lord Sackville lui avoit ordonné de n'être pas si précipité, mais de
rendre ses ordres distinctement; que là dessus lui, deposant, lui avoit repeté ses ordres
comme auparavant: que Mil. Sackville lui
avoit demandé, comment cela se devoit faire?
et s'il y avoit un guide? que le deposant
avoit repondû, qu'il ne savoit pas s'il y avoit
un guide appointé, mais qu'il s'offroit lui
même à le mener. Que Lord Sackville avoit
dit alors, que les ordres, que lui, deposant,
avoit apporté, étoient contradictoires avec
ceux, que Ligonier avoit apporté; que Milord s'étoit tourné ensuite vers le Capitaine
Smith, mais que le deposant ne savoit pas
ce que Milord lui avoit dit.

Qu: S'il avoit porté
quelques ordres à Milord
Gramby?

Rep: Oui; quelque tems après le Prince
étant près la batterie du Colonel Philipps,
dit, même encore apresent ne seroit il pas
trop tard pour faire avancer la Cavalerie.
Que lui, deposant, avoit demandé là-dessus
au Prince, s'il en devoit porter derechef
l'ordre? que là-dessus le Prince lui avoit
ordonné de porter le même ordre à Mil.
Gramby. Qu'il y avoit courû, et l'avoit
trouvé considerablement avancé, à la tête de
la seconde ligne de la cavalerie, et qu'il lui
avoit delivré ses ordres. Que Mil. Gramby
lui avoit demandé, d'où il venoit, qu'il ap-
portoit les ordres à lui, et pourquoi il ne
les portoit à Mil. Sackville? qu'il avoit repondû, que le Prince lui avoit ordonné de
porter ses ordres à lui; que Mil. Gramby
lui avoit fait observer alors, combien la première ligne étoit encore en arrière. Le Conseil de guerre s'ajourna jusqu'à Lundi.

Continuation du Conseil de guerre 10. Mars 1760.
Le Colonel Fitzroy fut interrogé de nouveau.

Qu: par Mil. Sack-

Rep: Non. autant qu'il s'en souvenoit.

ville: Si lui, Sackville, ne l'avoit pas questioné ensemble avec le Colonel Ligonier sur leurs ordres?

Qu: s'il n'avoit pas eû de disputes avec Ligonier sur la contradiction de leurs ordres?

Qu: par le General Choldmondly.

Que disoit le Prince, lorsque vous étes revenu de Milord Sackville, après lui avoir delivré vos ordres?

Qu: Si Lord Sackville avoit obéï aux ordres que lui Fitzroy ou Col. Ligonier lui avoient apporté?

Qu: S'il n'y avoit pas eté aucune cavalerie pendant tout le tems, que l'infanterie a été engagée, pour la soutenir?

Qu: S'il étoit de l'opinion, que si l'infanterie avoit eté rompue par la cavalerie ennemie, elle auroit eté entièrement ruinée?

Qu: Comme il avoit dit, — que le Prince l'avoit envoyé la deuxième fois avec les ordres à Myl. Gramby, si S. A. avoit ajouté quelques raisons, pourquoi Elle l'envoyoit à Mylord Gramby et non à Mylord Sackville?

Qu: par Mylord Albemarle.

Rep: Qu'il n'avoit eû aucune dispute avec Ligonier, encore n'avoit il sû que leurs ordres étoient contradictoires, jusqu'à ce que Mil. Sackville le lui avoit dit ainsi.

Rep: Lorsque j'ai demandé au Prince, si j'avois delivré ses ordres exactement? S. A. me repondit qu'oui, et ayant dit ensuite, que Lord Sackville ne les comprenoit pas, le Prince avoit témoigné sa surprise non en paroles, mais par des gestes.

Rep: Lorsqu'il avoit quitté Mylord' Sackville, ni Ligonier ni lui avoient été obéïs.

Rep: Non.

Rep: Milord George s'opposa à cette question, mais le Conseil de Guerre jugea à propos, de la réiterer, et le Colonel Fitzroy repondit: Qu'il croyoit qu'elle l'auroit eté, parcequ'elle n'avoit eû aucune Cavalerie pour la soutenir, ni aucunes troupes assez à portée, pour l'assister à se rallier.

Rep: Lorsque le Prince l'avoit envoyé la deuxieme fois avec l'ordre, que la Cavalerie devoit avançer, lui, Deposant, avoit demandé à S. A. à qui il devoit s'adresser? et que le Prince avoit repondû: à Milord Gramby, car je sais qu'il m'obéïra.

Rep:
Qu'il croit qu'oui.

Si Mylord Sackville avoit immediatement obéï aux ordres, qu'il lui avoit apporté, si alors la Cavalerie auroit pû arriver assez à tems, pour soutenir l'infanterie, et s'engager avec l'ennemi?

Colonel Sloper, après avoir fait serment fût interrogé.

Le Conseil de Guerre exigea qu'il devoit les informer de ce qu'il savoit relativement aux ordres, donnés le jour de la bataille.

Rep: Que le I. Août à peu près à 4 heures du matin un officier étoit venu à sa tente et lui avoit dit, que le Prince avoit ordonné, d'abattre les tentes, et de marcher dabord; qu'il avoit là-dessus rendû le Corps sous ses ordres prêt, les chevaux étant dèja sellés et les gens bottés dans leurs tentes, depuis une heure du matin, en conformité des ordres donnés la veille. Qu'une demie heure après qu'ils étoient formés, Mil. Sackville avoit parû à leur tête; que bientôt après Mr. Mallorti, aide de camp du Prince Ferdinand, étoit venû chez Mil. Sackville avec ordre de former la Cavalerie et de la tenir prête à marcher. Que quelque tems après Mr. Wintzingerode étoit venû chez Mil. Sackville et lui avoit dit en françois, que les ordres de S. A. S. étoient, que la Cavalerie devoit avancer vers la gauche et soutenir l'infanterie. Que Lord Sackville avoit desiré qu'il devoit s'expliquer: que Mr. Wintzingerode avoit alors dit en Anglois, que Milord n'avoit qu'à avancer avec la Cavalerie vers la gauche, en lui montrant en même tems le bois, par lequel il devoit passer, qui le meneroit sur la brujère, où elle se devoit former en ligne derriere l'infanterie. Que Mil. Sackville avoit dit, qu'il ne comprenoit pas les ordres, que lui, Deposant, étant fort près de lui, avoit dit à Milord Sackville, qu'il lui paroissoit fort clair, que la Cavalerie devoit avancer vers la gauche, traverser le bois, et se former à la queue de l'infanterie. Que le Colonel Ligonier étoit arrivé là dessus avec le même ordre du Prince, que la Cavalerie devoit avancer; que le Colonel Fitzroy l'avoit suivi de près; que Mil. Sackville avoit dit au Col. Ligonier, — Vos ordres sont contradictoires; que le Colonel avait repondû, en Nombre, Milord, mais non dans la destination de sa marche. Que le Colonel Ligonier étant à certaine distance de Mil. Sackville, lui, Deposant, avoit dit au Col. Ligonier: Pour l'amour de Dieu, Monsieur, repetez vos ordres à cet homme (parlant de Sackville) afin qu'il ne puisse prétendre, qu'il ne les aïe pas compris; c'est à présent une demie heure que nous reçumes le premier ordre d'avancer, et vous voyez que nous sommes encore ici; mais vous voyez l'assiette, où il se trouve; que là dessus Mil. Sackville étoit disparû pour quelque tems, s'en étoit allé avec le Col. Fitzroy vers sa gauche; qu'étant ensuite retourné, Mil. avoit dit à lui, Deposant, „Sir! Colonel! Put your Regiment in motion (mettez votre regiment en mouvement), que lui, Deposant, avoit demandé: vers la gauche, Milord? que Son Excellence avoit repondû: „Non (Strait forward) tout droit en avant."

Qu: par le Fiscal. Pour combien de tems étoit Mil. Sackville allé avec le Col. Fitzroy, avant qu'il revint?

Rep: à peuprès un quart d'heure de tems.

Qu: ce qu'il vouloit dire par les expressions vis-à-vis du Col. Ligonier: vous voyez l'assiette où il se trouve?

Rep: Que Mil. Sackville lui avoit parû extremement allarmé, et que lors qu'il lui avoit donné l'ordre de se mettre en mouvement, il avoit eté dans la dernière confusion.

Qu: S'il croyoit que si Mil. Sackville eût obéi au premier ordre, que la Cavalerie auroit pû arriver à tems, pour soutenir l'infanterie et attaquer l'ennemi?

Rep: Certainement, oui.

Qu: S'il avoit eté encore tems de le faire après que les derniers ordres avoient eté apportés?

Rep: Oui, qu'il le croyoit, s'ils eussent marché aussi vite, que la Cavalerie le peut faire, lorsque les circonstances pressent.

Qu: quelle espéce de bois étoit il par lequel ils avoient eû à passer?*)

Rep: C'étoit un bois de haute futaye sans broussailles, au travers duquel un escadron auroit pû passer en front.

Continuation du Conseil de guerre. 11. Mars 1760.

Mr. Derenthal fit serment et fût interrogé.

Qu: S'il avoit porté quelque ordre à Mil. Sackville, pour avancer avec la cavalerie, le jour de bataille?

Rep: Qu'il avoit été avec l'infanterie lorsqu'elle s'étoit engagée, et qu'il étoit retourné chez le Prince, pour l'informer de son succès. Que le Prince avoit dit, qu'il ne pouvoit comprendre ce que Mil. Sackville faisoit; que S. A. lui avoit ordonné d'y aller et presser sa marche; qu'il y étoit courû, et avoit rencontré Mil. Sackville aller chez le Prince; surquoi lui, Deposant, étoit retourné pour informer S. A. que Lord Sackville venoit lui même; que le Prince avant que d'attendre son rapport, avoit dit: „Comment, ne veut-il pas m'obéïr?“ que le deposant avoit dit là dessus à S. A. que Mil. Sackville venoit lui-même, et que bientôt après la bataille étoit finie.

Mil. Gramby fit serment et fût interrogé.

Qu: Combien de tems la Cavalerie étoit elle formée, avant qu'elle est marchée?

Rep: Environ 20 minutes, à ce qu'il croyoit, car il n'avoit point eû de montre sur lui.

Qu: S'il avoit connoissance des ordres que Mil. Sackville avoit reçu le jour de la bataille?

Rep: Capitaine Wintzingerode étoit venû à sa ligne et avoit demandé après Mil. Sackville et lui avoit dit, quil alloit chez Mil. Sackville pour lui porter l'ordre, que la Cavalerie de la droite devoit avancer; que là dessus il l'avoit dirigé vers Mil. Sackville.

Que quelque tems après Capitaine Wintzingerode étoit revenû chez lui pour la deuxieme fois, et lui avoit dit: pour l'amour de Dieu, d'où vient-il, que la Cavalerie n'est pas avancée après que j'ai porté à Mil. Sackville l'ordre d'avancer aussi vitement que possible, et de soutenir l'infanterie, et que

---

*) N. d. H. Vorstehend sind die Fragen des Kriegsgerichts und die des Mylord Sackville grösstentheils beigefügt worden, um ein Bild des Verfahrens und von der Art und Ausdehnung, wie das Kriegsgericht und der Angeklagte von dem Recht, den Zeugen Fragen zu stellen, Gebrauch gemacht, zu geben; von hier ab sind dieselben weggelassen, oder nur selten mit aufgenommen, wegen der geringeren Erheblichkeit für das Gesammtnrtheil.

le Princé étoit impatient de la voir arriver. Que lui, Lord Gramby, avoit repondû là dessus au Capitaine Wintzingerodé, qu'il vouloit mettre sa ligne en mouvement, et qu'il le prioit, d'aller chez Sackville, pour lui dire, qu'il avoit fait cela en consequence des informations que Wintzingerodé lui avoit donné. Que lui, Mil. Gramby, étoit aussi par consequent marché vers sa gauche au travers du bois sur la bruyère.

Qu: Si Mil. Gramby n'avoit pas reçû aussi des ordres du Prince?

Rep: Lorsqu'il étoit marché vers la bruyère, Col. Fitzroy étoit venû chez lui, et lui avoit dit, que les ordres du Prince étoient, que la Cavalerie devoit avancer aussi vite que possible. Que Mil. Gramby lui avoit repondû, qu'il devoit porter cet ordre à Mil. Sackville; que le Col. Fitzroy avoit repliqué, que le Prince lui avoit ordonné, de le porter à lui, Mil. Gramby. Qu'étant marché vers le bois, il avoit vû Lord Sackville à peu de distance de lui; qu'il s'étoit rendû chez lui et lui avoit dit, qu'il étoit marché en conformité des ordres du Prince, qui portoient, que la Cavalerie devoit avancer aussi vite que possible, pour soutenir l'infanterie. Que Mil. George s'étoit excusé de ce qu'il avoit donné ordre, de faire halte; disant, qu'il avoit donné cet ordre, pour former la ligne; mais ayant marché derechef à peu près 300 verges plus loin et un nouveau halte ayant eté fait, Mil. Gramby avoit envoyé pour s'informer après les raisons de cet halte: et qu'on lui avoit apporté pour reponse, que c'étoit par ordre de Mil. Sackville, et que Mil. Sackville avoit envoyé le major de brigade pour defendre de n'obéïr à aucun ordre, qu'aux siens et à ceux qui seroient apporté par le Gen. Eliot au nom de Mil. Sackville.

(Trois heures étant sonnés, il n'y avoit plus de tems de finir l'examen de Mil. Gramby, ni de relire Sa deposition, ce qui fût remis au lendemain matin à 10 heures.)

Continuation du Conseil de guerre. 12. Mars 1760.

Milord Gramby fut interrogé derechef.

Qu: Ayant fait men-
tion d'une halte après,
qu'ils avoient traversé
le bois vers la bruyère,
— étoit il alors encore
une autre halte, et par
quels ordres?

Rep: Il y avoit encore une petite halte
par un ordre venant de la droite par le
passe parole.

Qu: Combien de tems
ils étoient marché de la
place, où ils étoient
premièrement formés jus-
qu'à la place où la ba-
taille avoit commencée?

Rep: à peuprès trois quart d'heures.

Qu: S'ils étoient mar-
ché dés qu'ils étoient
formés, s'ils auroient pû
venir assez à tems, pour
former une troisieme
ligne derrière l'infanterie
pour la soutenir?

Rep: qu'il croyoit, qu'oui.

Qu: S'ils étoient mar-
ché après qu'ils avoient
reçû les ordres par
Wintzingerode, auroient-
ils pû arriver assez à
tems encore, pour avoir
quelque part à l'action?

Rep: S'ils étoient marché immediatement
après, il croyoit, qu'ils auroient eû certainement quelque part à l'action.

Qu: Si Mil. Gramby
étoit marché le même
pas, qu'il étoit allé,
après avoir passé le
bois, sans faire halte, —
auroit il pû arriver assez
à tems, pour soutenir
l'infanterie et engager
l'Ennemi?

Rep: S'ils avoient continué de marcher
comme ils étoient allé, ils auroient pû joindre
la queue de l'infanterie beaucoup plus-tôt,
mais qu'il ne savoit pas, à quelle distance
étoit alors l'Ennemi.

Qu: Lorsque le Col.
Fitzroy arriva chez lui,
Gramby, avec les ordres
du Prince, que la ca-
valérie devoit avancer
aussi vite que possible;
est ce qu'alors lui, Mil.
Gramby, n'avoit pas té-

Rep: Qu'il se pouroit bien, que le
chagrin, qu'il avoit eû alors, lui avoit fait
echapper quelque mecontentement sur les
manoeuvres de Mil. George, parcequ'il croyoit
qu'il y avoit du tems perdu par là.

moigné quelque empor-
tement, sur ce que la
ligne droite n'étoit si
bien avancée que la
sienne?

Nachdem in der Sitzung des Kriegsgerichts vom 15. März 1760 die Vertheidigung Mylord George Sackville's begonnen, erklärte derselbe unter Anderm: „que l'ordre, porté par Ligonier, pour faire avancer la Cavalerie, avoit eté donné, pour profiter de la confusion où la Cavalerie ennemie avoit eté mise par notre infanterie; et que pourtant dans le tems que Ligonier avoit quitté le Prince, et même lorsque le Col. Fitzroy étoit venû du Prince avec un nouveau Ordre, l'infanterie Angloise n'étoit pas encore engagée, mais avançoit brusquement vers l'ennemi. Mylord disoit, que l'impatience du Prince pour la Cavalerie ne pouvoit pas resulter de la lenteur de la marche, parceque S. A. S. ne savoit pas, à quelle distance la Cavalerie en étoit éloignée, lorsqu'Elle avoit envoyé le Capt. Wintzingerode pour la faire avancer; mais que cette impatience auroit dû resulter de la necessité que S. A. avoit trouvé exister pour en avoir dans ce tems là. Milord disoit, qu'il étoit assez fort, que le Col. Sloper avoit fait serment, sur les propres paroles de l'ordre de Wintzingerode, tandisque Wintzingerode lui-même ne s'expliquoit pas positivement là-dessus; que par rapport à l'imputation dont Sloper l'avoit chargé, il croyoit, que les membres de ce Conseil, dont quelques uns l'avoient commandé, et d'autres avoient été sous ses ordres, ne l'en croiroient pas capable, et qu'il seroit bien mortifié, s'il devoit produire des témoins, pour se disculper de ce point. Que sur le total il esperoit d'être en état de justifier sa conduite d'une façon que ceux, qui auroient de la candeur, l'absouderoient d'abord, et que ceux, qui avoient eû des préjugés, retracteroient leur censure précipitée, et que lui, il seroit rétabli dans la bonne opinion de sa patrie et de son souverain.

Die Aussagen der Defensional-Zeugen, deren umständliche Vernehmung, sowie das eindringende und weitläuftige Contre-examen die Sitzungen des Kriegsgerichts vom 15., 17., 18., 19., 20., 21, 24., 26., 27., 28. und 29. März 1760 ausfüllten, haben die das Benehmen Lord Sackville's beschwerenden Thatsachen, welche die in den Hauptpunkten übereinstimmenden Depositionen der Belastungs-Zeugen über jeden Zweifel festgestellt, nicht zu erschüttern, noch zu widerlegen vermocht, ja dieselben nur noch zu bestätigen und in einzelnen Umständen zu verschärfen gedient. Ersichtlich tritt darin das angestrengteste Bestreben des Angeklagten und seiner Parteigenossen hervor, die vorbereitenden Anordnungen des Obercommando's als unüberlegt und mangelhaft darzustellen und die Befehle des Herzogs des Widerspruchs zu überführen, um dadurch eine zweifelnde und zögernde Haltung des Befehlshabers der Cavalerie, Lord Sackville, zu rechtfertigen, — ein Versuch, welcher alles Aufwandes seiner von der vorliegenden Haupt-

frage ableitenden Digressionen ungeachtet, vergeblich ausgefallen ist.
Ein Hauptzeuge zu Gunsten Lord Sackville's war der Capitain Smith,
dessen Aussagen in der Sitzung des Kriegsgerichts vom 20. März 1760
hier folgen:

Qu: S'il avoit vû arriver le Capt. Wintzingerode chez Mylord?

Rep: Non.

Qu: Où il avoit eté donc alors?

Rep: à la droite du Regt. de Bland charger les Pistolets.

Qu: S'il avoit ensuite rejoint Myl. Sackville?

Rep: Oui.

Qu: Ce que faisoit alors Mylord?

Rep: Que Mylord avoit eté occupé à éclairer son front, et qu'il avoit entendû dire Mylord à Capt. Hugo d'aller au Rgt. de Saxe-Gotha, qui étoit alors devant leur front, et de lui ordonner de faire place pour la Cavalerie.

Qu: S'il avoit vû arriver le Col. Ligonier?

Rep: Oui.

Qu: Où il avoit eté alors?

Rep: à la droite du Rgt. de Bland avec le Col. Sloper.

Qu: Ce que Milord avoit fait après avoir reçû les ordres de Ligonier?

Rep: Milord ordonna, de tirer l'epée et de marcher.

Qu: Et ensuite?

Rep: Que Col. Sloper avoit demandé à lui, déposant, s'ils alloient pour charger, qu'il avoit repondû, qu'il croyoit qu'oui, que Col Sloper lui avoit dit là dessus, qu'il n'avoit pas encore fait jetter ses piquets, ajoutant, pour l'amour de Dieu, allez dire à Mylord, de faire halte pour une minute, car la Ligne n'est pas encore prête. Que lui, deposant, étoit allé chez Milord, et lui avoit demandé, s'ils alloient charger? Que Milord lui avoit repondû, qu'il croyoit que Oui. Que lui, Deposant, avoit desiré de faire halte pour un moment, parceque la Ligne n'étoit pas encore prête; Que Milord avoit repliqué, que voulez vous dire, qui dit, qu'elle n'est pas encore prête? Que lui, Deposant, avoit repondû: que le Colonel Sloper n'avoit pas encore jetté ses piquets; Que Milord avoit repliqué, qu'il ne vouloit pas faire halte avec la Ligne, après qu'elle étoit en mouvement, mais que Sloper pouvoit rester et suivre

ensuite. Que lui, Deposant, étoit allé le dire
à Sloper, qui là dessus avoit fait halte avec
son Escadron disant au Deposant, qu'il le
feroit mieux de cette façon-là et ne perdroit
pas un moment. Que Capt. Smith retournant
ensuite chez Milord, avoit justement vû arriver Fitzroy; et que Milord avoit fait signe
avec la main, pour faire taire les tambours,
et ordonné halte.

Que en attendant le Deposant étoit venû
assez près pour entendre dire Milord au Col.
Fitzroy, que les ordres de Ligonier étoient
pour toute la Cavalerie, que beaucoup de
monde s'étant assemblé dans ce tems là, lui,
Deposant, ne pouvoit pas distinctement dire,
ce qu'il s'étoit passé. Qu'il avoit bien vû, que
Ligonier parloit, mais qu'il ne pouvoit dire,
ce qu'il avoit dit, qu'il croyoit que Milord
avoit parû faché contre le Col. Fitzroy, et
qu'il avoit entendû dire à Milord, qu'il seroit
bien aise, s'ils pouvoient s'accorder avec
leurs ordres, car il étoit prêt à leur obéïr
à tous deux. Que Fitzroy, étant fort pressé
dans ses ordres, Milord lui demanda: par quel
chemin ils devoient aller, et s'il les vouloit
conduire. Que Fitzroy avoit repondû, qu'il
n'étoit pas guide, mais qu'il les vouloit mener
par le chemin qu'il étoit venû. Que le Deposant avoit alors entendû Milord demander
à haute voix: où est le Prince?

Que Fitzroy avoit repondû, il n'est pas
loin d'ici, pas au delà de la distance de 2
brigades. Que Milord étoit allé là dessus
vers le Prince, et lui, Deposant, avec lui;
qu'en allant Fitzroy, insistant beaucoup sur
la clarté de ses ordres, lui, Deposant, n'a
pû s'empecher d'en avertir Milord*), qui lui
avoit repliqué, que Ligonier soutenoit cela
aussi positivement que lui.

Que Milord s'étant aperçu que le terrain

*) N. d. H. Man vergleiche hiermit den zwei Tage nach der Schlacht am 3. August, ge-
schriebenem Brief des Zeugen Smith, in welchem er selbst den von Col. Fitzroy überbrachten
Befehl, für ganz klar und positiv erklärt, und hinzusetzt, dass er dies dem Lord Sackville nicht
vorenthalten habe, endlich auch dem letztern das einfachste Mittel bezeichnet, wie sein Bedenken über den vermeintlichen Widerspruch zwischen Fitzroy und Ligonier zu heben sei. Ferner
ist zu vergleichen der Brief des Col. Fitzroy vom 3ten August an Lord Sackville.

étoit à présent ouvert au travers du bois, avoit envoyé le Deposant en arriere, pour ordonner à la Cavalerie Angloise d'avancer aussi vitement que possible. Que le Deposant y étoit allé là dessus, et ayant vû marcher la seconde brigade autravers du bois, il étoit allé chez Milord Gramby, pour en savoir son intention. Que Milord Gramby lui avoit dit, qu'il avançoit pour obéïr à l'ordre du Prince que Wintzingerode lui avoit apporté. Que le Deposant avoit repliqué, que les ordres avoient eté changés, et qu'il prioit Milord d'avancer avec la Cavalerie Angloise. Qu'il étoit allé ensuite chez le Gen. Mostyn, et lui avoit ordonné, d'avancer avec la ligne droite aussi vitement que possible. Qu'il étoit retourné ensuite chez Milord Sackville, qu'il avoit rencontré en revenant du Prince. Que Milord lui avoit ordonné, d'aller chez un Escadron hannovrien à la gauche, et de lui ordonner de se tenir vers la gauche. Qu'il l'avoit fait, et qu'ils s'étoient pliés vers la gauche. Que Milord voyant cela, étoit accourû et lui avoit dit, qu'il avoit mal compris ses ordres; que le Deposant avoit repondû, qu'il croyoit, qu'ils n'étoient pas accoutumés à plier. Que la dessus Milord avoit commencé à expliquer son intention. Que le Deposant avoit après cela quitté Milord et étoit allé en avant. Mais qu'il n'étoit pas allé loin, lorsqu'il avoit trouvé une telle quantité de blessés et de chevaux, qu'il étoit retourné pour en avertir Milord, et qu'il avoit entendû Milord donner ordre, de prendre garde, de ne pas marcher sur les blessés. Qu'il avoit ensuite poursuivi son chemin, avoit vû une ligne d'Infanterie pas tout à fait formée, et peu à près, il avoit vû à quelque distance des chapeaux jettés en l'air. Que là dessus il étoit retourné chez Milord, et lui avoit dit, que tout n'étoit pas encore fini; que Milord lui avoit ordonné d'aller chez le Prince, pour lui dire, que la Cavalerie faisoit halte à l'arrière de l'Infanterie, où il la croyoit de très peu de service; et qu'il demandoit de

savoir ses ordres ultérieurs; que le Deposant
l'ayant fait, le Prince lui avoit ordonné, de
la lui amener. Qu'il l'avoit conduit jusqu'à
ce qu'il eût rencontré quelqu'un des Domestiques du Prince, qu'il l'avoit alors quitté,
et étoit rétourné chez Mil. Gramby, et avoit
tiré son Telescope, par lequel il pouvoit voir
le camp françois et un grand nombre de voitures, chariots etc. en mouvement. Qu'il en
avoit parlé à un Officier hannoverien de l'artillerie, qui avoit fait emmener quelques canons
sur le coin du marais, et avoit commencé à
tirer là dessus par sa direction, et que le Deposant avoit pû voir les boulets tomber, ce
qui avoit occasionné une grande confusion
chez les ennemis, mais que le Deposant ne
pouvoit pas dire en particulier l'effet que
cela avoit produit ailleurs.

Die zahlreichen Fragen, welche dem Zeugen Smith nach seiner
Auslassung und in dem sehr scharfen, ihn in die Enge treibenden
contre-examen gestellt worden, mögen hier, als unwesentlich im Ergebniss für die Beurtheilung in der Hauptsache, übergangen bleiben,
und nur noch bemerkt werden, dass er auf die ihm besonders ge-
stellte Frage,

s'il avoit remarqué quelque changement dans l'air etc. de Milord Sackville, le jour de la bataille?
die Antwort gegeben hat:

Certainement non; et qu'il étoit convaincu, qu'il auroit affronté
la mort, si l'occasion l'avoit exigé.

Endlich möge noch, zur Vervollständigung in Beziehung auf die
vom Herzoge an den Mil. Sackville im Beginn der Schlacht ergangenen
Befehle nachgetragen werden, dass der als Zeuge vernommene Lieutenant Bisset vor dem Kriegsgericht in der Sitzung vom 15. März 1760
auf die Frage:

s'il avoit connoissance de quelque ordre, donné à Milord
George, que la Cavalerie devoit se former premièrement en
Escadrons et ensuite former une ligne?
die Antwort gegeben hat:

Qu'il se souvenoit que le Col. Estorff avoit apporté l'ordre
de se former en Escadrons, et que Mil. Sackville ayant
entendû tirer à sa gauche, l'avoit envoyé pour voir ce qu'il
y étoit, et qu'à son retour il l'avoit trouvé formé en ligne
par un ordre, apporté par le Capitaine Malortie.

Das Urtheil des Kriegsgerichts (nach der in den Acten vol. 146
des Kriegsarchivs des Herzogs Ferdinand sich befindenden, unter der

III.   41

Addresse des Secretärs de S. A. S., Westphalen, nach Paderborn gesandten, Abschrift) lautet dahin:

The Court upon due consideration of the whole matter before
them, is of opinion, that Lord George Sackville is guilty of
having disobeyed the orders of Prince Ferdinand of Brunswick, whom he was, by his Commission and Instructions, directed to obey as Commander in Chief, according to the rules
of War, and it is the further opinion of this Court, that the
said Lord George Sackville is, and he is hereby adjudged,
Unfit to serve His Majesty in any Military Capacity whatever.

Charles Howard.

Die auf besonderes Verlangen des Herzogs Ferdinand (durch Boyd)
angefertigte Uebersetzung in's Französische ist also gefasst:

La Cour ayant murement considéré toute la matiere devant
Elle, a opiné, que le Lord George Sackville a disobei aux
ordres du Prince Ferdinand de Bronsvic, à lequel, il lui fut
ordonné, par sa patente et par ses instructions, d'obeir, comme
Commandant en Chef, selon les regles de la guerre.
Et c'est l'opinion ulterieure de la Cour, que le dit Lord
George Sackville est, et, en vertu de cette sentence, il est
declaré incapable d'aucun emploi militaire au Service de Sa
Majesté.

Dies kriegsgerichtliche Urtheil wurde durch die London Gazette
vom 22—26. April 1760 no. 9994*) veröffentlicht, unter dem dato:
Whitehall. April 26., 1760, und zwar mit dem Eingang:

Ordres April 23, 1760.

His Majesty having been pleased to order a General Court
Martial to be held at the Horse Guards for the Trial of Lord
George Sackville, for having disobeyed the Orders of Prince
Ferdinand of Brunswick at the Battle of Minden, August 1,
1759, Lord Georg Sackville bieng then a Lieutenant-General,
and appointed Commander in Chief of His Majesty's British
Forces in His Army serving under the Command of Prince
Ferdinand of Brunswick, Commander in Chief of His Ma-
jesty's said Army, whose Orders and Directions the said Lord
George Sackville was enjoyned and required to obey, both by
His Majesty's Commission and by his Instructions, dated
31. October 1758

und mit dem Bestätigungsvermerk:

Which Sentence His Majesty hac been pleased to confirm.
It is His Majesty's Pleasure, that the above Sentence be
given out in Publick Orders, that Officers being convinced

*) N. d. H. Ein Exemplar dieser Zeitungsnummer befindet sich in den Archiv-Acten des
Herzogs vol. 329, Rapports etc. pro 1757 bis 1762.

that neither High Birth, nor Great Employments can shelter
Offences of such a Nature; and that seeing they are subject to Censures much worse than Death, to a Man who has
any sense of Honour, they may avoid the Fatal Consequences
arising from Disobedience of Orders.

This is a true Copy.

Richard Cox,

Secretary to Field Marchal Lord Vis-
count Ligonier, Commander in Chief
of His Majesty's Forces.

Von den Englischen Geschichtsschreibern der Zeit, welche diesen
Prozess ausführlich besprochen haben, erwähne ich noch Smollet, welcher in seiner „History of England from the Revolution to the Death
of George the Second" (Basel 1794.) vol. VIII. S. 144—160 zwar von
solchen gehässigen Angriffen des Charakters des Herzogs Ferdinand,
wie sie (vgl. oben) in dem Russel'schen Geschichtswerke vorkommen,
sich frei hält, jedoch das Benehmen Sackville's am Tage der Schlacht
aus vermeintlich unbestimmten oder widersprechenden Befehlen zu vertheidigen sucht. Vgl. auch die Erzählung der Schlacht und was von
früheren Meinungsverschiedenheiten zwischen Sackville und dem Herzoge gesagt worden, bei Smollet VIII. S. 34—40.

Kapitel VIII.

Verfolgung, Vormarsch des Herzogs an die Diemel und ins Waldeckische. Die französische Armée räumt Cassel. — Kunersdorf! — Correspondenz des Herzogs Ferdinand mit dem Könige Friedrich II. und Lord Holdernesse über den Rückzug der französischen Armée auf dem rechten Ufer der Weser nach Cassel; der Erbprinz von Braunschweig erreicht sie bei Eimbeck; Canonade (8. Aug.); — Briefe Westphalens an Haenichen. Marsch des Herzogs Ferdinand über Gohfeld (4.) Herford, Bielefeld (8.), Stuckenbrock, auf Paderborn (9.), Dahlem nach Stadtbergen (12.). Wegnahme der Hauptbagage und wichtiger Correspondenzen des Marschalls Contades und des Kriegsministers v. Belleisle, sowie der Kriegskasse der Sachsen bei Detmold (5.), und Gefangennehmung von 800 Mann Escorte. Referate Westphalens an v. Hänichen über die Verfolgung. Thätigkeit des Hessischen Generals v. Urff. Armentieres folgt nach Aufhebung der Einschliessung von Lippstadt, mit seiner Cavallerie der französischen Armée nach Cassel, und entsendet 10 Bat. Infanterie und Artillerie nach Düsseldorf und Wesel zurück. — Glückwunschschreiben des Königs Friedrich II. an den Herzog Ferdinand zu seinem erfochtenen Siege (3. Aug.). Des Herzogs Bericht vom 10. Aug. Schreiben Westphalens an Hänichen vom 11. Brief des letzteren vom 9. — Zurechtweisender Erlass des Herzogs an Freytag vom 14. Aug. — Westphalens Gutahten an den Herzog über das persönliche Benehmen Lord Sackville's (15. Aug.) — Operations-Project gegen Münster und Hessen (15. Aug.) —Westphalens Ansicht über die Passage der Defiléen der Diemel (16. Aug. — Er empfängt die Nachricht von dem Tode seiner Mutter (17. Aug.) — Erste Kunde Westphalens von der Schlacht bei Kunersdorf (17. Aug.); und von dem Abzuge der französischen Armée von Cassel. Westphalens Gutachten vom 17. 18. Aug. — Münden und Witzenhausen von den Alliirten besetzt; Einnahme von Trendelburg durch Major Friedrichs (13.), Gefechte bei Volkemissen (15.), Freytag stösst wieder zu Wangenheim, bei Arolsen (14.), Luckner; bei Wolfshagen (17. Aug.), Numburg (18.), Herzog von Holstein. Cassel wird vom Feinde geräumt (18. Aug.). Der Herzog rückt nach Corbach vorwärts (19. 20. Aug.) — General von Imhoff wird zur Belagerung von Münster detachirt. — Ordre de Bataille vom 18. Aug. — Berichte des Erbprinzen von Braunschweig und des Herzogs von Holstein. — Bericht des Herzogs Ferdinand an den König Friedrich vom 19. Aug.; und Schreiben an den Landgrafen von Hessen. — Brief v. Hänichen's vom 12. Aug. — Schreiben des Königs Friedrich II. vom 15. über den Verlust der Schlacht bei Kunersdorf; er erwartet eine Detachirung Seitens der alliirten Armée zu seinen Gunsten in der Gegend von Halle und Leipzig. Des Herzogs Erwiederung (20. Aug.) Briefe Westphalens an Hänichen vom 20. und 21 Aug. Uebersicht der Begebenheiten, — des Generals v. Urff persönliche Tapferkeit, — die Katastrophe von Kunersdorff; — interessante Notizen über die Persönlichkeit und das Benehmen des Lord Sackville. — Bericht des Generals v. Zastrow über die Capitulation von Münster vom 25. Aug. und tadelnder Bescheid des Herzogs vom 27.; — Diarium über die Belagerung, und Bericht Scheithers. — Drei Briefe des Grafen von Finckenstein an den Herzog über den Sieg bei Minden und die Lage des Königs bis zum 11. Aug. Correspondenz der Englischen Regierung mit dem Herzog Ferdinand, aus Veranlassung dieses Ereignisses: Briefe des Königs Georg II., des Lord Holdernesse, des Ministers Pitt, und Erwiederungen des Herzogs. Briefe von Münchhausen und Knyphausen. Eindruck des Sieges bei Minden in England: allgemeine Begeisterung. Addresse des Unterhauses. Lord Sackville wird abberufen und tritt das Commando der Englischen Cavallerie an Lord Granby ab (23. Aug.). — Ziegenhayn capitulirt. (23.) Der Herzog Ferdinand nimmt sein Hauptquartier in Munzhausen. — Correspondenz des Grafen v. Finckensteiu aus Magdeburg über die Schlacht von Kunersdorf und ihre nächsten Folgen; — Dringen auf eine unterstützende Detachirung seitens des Herzogs. Bericht über die Schlacht bei Kunersdorf.

_____

(Archiv-Acten vol. 253.)

à Whitehall ce 31. Juillet 1759.

Monseigneur,

La lettre, dont V. A. S. a bien voulu m'honorer du 21. du courant, m'a eté rendue hier. S. M. en ayant d'abord pris lecture, y a trouvé de nouvelles Raisons de loüer la Vigilance et la Capacité, dont V. A. S. ne cesse de Lui donner des Preuves. — La Retraite de Mr. de Contades lorsque V. A. S. lui offrit le combat le 17. de ce mois, est peu brillante pour lui, et ne repond guères au langage pompeux que les François ont tenu en de certaines occasions.

L'ennemi continue toujours de nous menacer d'Invasion: de ce coté ici, on prend tous les arrangemens necessaires, tant par Mer que par Terre, pour faire échouer une pareille Entreprise sans interrompre pourtant aucune des mesures offensives, que l'on avoit en vûe d'entreprendre.

J'ai l'honneur p. p.

Holdernesse.

S. A. S. Mgr. le Pr. Ferdinand de Brunsvic.

à Mylord Holdernesse.   à Stuckenbrock ce 8. Aout 1759.

Mylord;

La Lettre de V. E. du 31. de Juillet me fut remis ce matin à mon depart de Bilefeld.

Les ennemis continuent leur rétraite de l'autre coté du Weser vers la Hesse. Mr. le Prince héreditaire est depuis quatre jours à leurs trousses avec un corps de quinze mille hommes. Je ne manqueraj pas d'informer V. E. en son temps du succes de cette poursuite. Je marche de mon coté à Paderborn, ou mon avantgarde est deja arrivé. Mr. le Marquis d'Armentieres a levé le siege de Lipstad dès le 4. du courant. il a detaché 10 bataillons pour aller renforcer les garnisons de Duseldorp et de Wesel, et est marché avec le reste de ses troupes en Hesse. Le gros bagage de l'ennemi est tombé en nos mains le 5. à Detmold avec la caisse militaire des Saxons. On prit à cette occasion toute l'escorte consistant en 800 hommes à peuprès. Les ennemis avoient aussi abandonné la ville de Münster; mais les volontaires de Clermont y étoient rentrés, lorsqu'un detachement de Chasseurs hessois se présenta devant la ville pour la reprendre. J'y fais marcher actuellement un Detachement de troupes reglées avec du canon et quelques mortiers sous les ordres du Colonel Boyd, pour tacher d'en deloger les ennemis.

Quant à nos magazins, que nous avions perdû, j'ay répris celuy d'Osnabrück, qui étoit le plus considerable. Les Francois n'y avoient pas touché. Le general Zastrow a detruit le reste de celuy de Münster, en se retirant dans la citadelle. Je viens d'aprendre que les François en abandonnant la ville de Münster, ont detruit les magazins, qu'ils commencoient d'y établir, ainsi que les amas prodigieux, qu'ils avoient fait à Dulmen et à Warendorp. J'ai trouvé beaucoup de farine et de fourage à Minden; le magazin de Bilefeld qui nous est tombé en partage, consiste en 4 ou 5 mille sacs de farine. Celuy de Paderborn a eté plus considerable, mais on me mande qu'une bonne partie en a eté dissipé et livré au pillage.

On a pris avec les bagages du M. de Contades une partie de ses papiers qui me paroissent des plus interessants. Je les envoye à V. E. par un courier exprés, que Mr. Durand veut bien me preter. Il prendra la route de Bremen, pour aller surement, et arrivera plus tard que cette lettre.

Mr. de Belleisle recommande à son collègue d'épuiser au possible les Etats des princes alliés en argent, en grains, en chevaux et en hommes. Son projet est de faire un Désert de toute l'étendüe du païs qui se trouveroit à l'approche de l'hyver entre l'armée de France et celle des alliés. Mais il récommande à Mr. de Contades, de conserver le district qui luy paroitroit propre comme une route, pour tomber sur nos quartiers d'hyver. Il luy promet de recruter l'armée avant la fin de l'année, et de la mettre en etat de commencer la campagne d'hyver au milieu du Janvier prochain.

J'ay l'honnéur d'etre.

à Stukenbrok ce 8. Aout 1759.
** Au Roy de Prusse. Nr. 43.

Les ennemis continuent leur marche de l'autre coté du Weser vers Cassel. j'ai fait passer cette rivière à un corps considérable de troupes aux ordres du prince héréditaire, qui les talonne de près et est sans cesse aux mains avec eux. je marche de mon coté à Paderborn, ou j'arriverai demain; mon avantgarde s'est emparé le 5. à Detmold du gros bagage de l'armée ennemie avec la caisse Militaire des Saxons. On a pris en même temps l'escorte consistant en 800 hommes. Mr. d'Armentières a levé le siège de Lipstad le 4.; il a en suite détaché dix bataillons pour aller renforcer les garnisons de Dusseldorp et de Wesel; et est marché avec le reste de ses troupes en Hesse. Les ennemis avoient pareillement abandonné la ville de Münster dés le 4. du courant; mais les volontaires de Clermont y étoient révenus, lorsqu'un détachement de 200 de nos chasseurs se présenta pour en prendre possession de nouveau. J'y fais marcher actuellement quelques bataillons avec quatre mortiers pour tâcher de reduire la place.

Quant à nos magazins que nous avions perdus, j'ay répris celuy d'Osnabruk, qui étoit le plus considérable; les Francois n'y avoient point touché. Le général de Zastrow, en se rétirant de la ville dans la citadelle de Munster, détruisit nos magazins qui étoient dans la ville; les François, qui ont eu intention, de faire de Munster un grand entrepot, se sont hatés d'y faire aller de grands transports de Wesel; ils viennent de les détruire à leur tour, ainsi que les amas prodigieux de vivres, qu'ils avoient fait fait à Warendorp et à Dulmen. J'ai pris des magazins assez considérables à Minden et à Bilefeld; ceux de Paderborn ont eté abandonnés au pillage, mais j'espère d'en rataper une bonne partie.

Les bagages du M. de Contades ont eté pris avec ceux de bien d'autres généraux; il s'est trouvé parmi les prémiers de papiers d'une trés grande importance, entre autre la correspondance de M. de Contades avec Mr. de Belleisle. Celuici recommande à l'autre, d'épuiser les Etats des princes alliés en argent, en grains, en chevaux et en hommes. Il distingue en cela particulierement les Etats de V. M. et ceux du Duc mon Frere; son projet est entre autre, de faire vers l'hyver un désert de toute l'étendue de païs qui se trouveroit entre l'armée de France, et celle des alliés. Il Luy conseille d'epargner seulement un certain district, pour se ménager une route, qui pourroit le mener dans nos quartiers d'hyver. Mr. de Belleisle veut absolument une campagne d'hyver; il promet de récruter l'armée avant la fin de l'année, et de tenir tout prêt pour commencer au milieu du mois de Janvier de l'année prochaine.

J'ay l'honneur d'etre avec un tres profond respect p. p.

Monsieur, ce 3. Aout. Nr. 69.
J'ai vuidé mon sac hier, dans ma lettre precedente, que le Chasseur

Mertens vous aura remis. Celle ci n'est que pour vous donner ma benediction, par le courier Risman, qui à la requisition de Mr. Yorke va accompagner un courier de Londres, arrivé la nuit passé. Ils prenent leur route par Lier, Oldenbourg, Breme etc.

Je suis curieux comment Mr. de Contades sortira du trou, sans se battre et j'atens vos nouvelles avec la derniere impatience. Dieu nous les donne en conformité de nos desirs.

Le Roi de Prusse a fait publier un memoire pour servir de reponse à l'Exposition des motifs de la conduite des Officiers Saxons p. cette piece est très energique. Elle se trouve dans les gazettes d'Utrecht. —

Vous pouvés etre assuré Monsieur que je n'epargneroi pas les Couriers, dès que j'aprens quelque chose qui puisse vous interesser. Adieu mon tres cher ami. n'oubliés pas de me mettre aux pieds de S. A. S. que Dieu nous veuille conserver, et combler de bonheur et de prosperités. Je languis après vos nouvelles. Quelle joye, Si elles sont conformes à mes voeux.

C'est à 9½ heures ce matin, qu'un Courier Hannovrien Fortman vient d'arriver de l'armée, il a pris la route par Lingen. Il va à Londres il n'a eu aucune depeche. Il nous a apporté de bouche l'agreable nouvelle, que Mr. Contades est battu. Nous en sommes en extase. Notre joye depuis le maitre jusqu'au marmiton est inexprimable. Mettés moi aux pieds de Son Altesse Ser^me: Genio tutelari patriae sit laus et gloria.

Adieu mon cher Monsieur, je ne me possede pas de joye. On en est penetré au point, que je voudrois que vous fussiés temoins oculaire de son contentement.

P. S. dans ce moment vient le Susdit Fortmann chés moi, pour me prier d'interceder pour lui auprès de S. A. S. Monsgr. le Duc Ferdinand pour qu'Elle lui veuille pardonner, de ce qu'il s'etoit emancipé de partir sans ses permissions prealables. mais que les ordres secrets du Roi l'avoient engagé à cette demarche; je l'ai pris ad referendum. Haenichen.

(à Mr. Westphalen.)

reçu le 11 Aout 1759 à 4 h. de
l'apr: m. p. Katsch.

Nr. 4. à Stukenbrok ce 8. Aout 1759 à 11 heures
** Monsieur, du soir.

Votre tres chere Lettre Nr. 69 du 3 d'Aout et toutes les precedentes jusqu'a ce Nr. m'ont eté bien rendües. Je crains qu'il n'y ait plusieurs de mes Lettres de perdues. Il me semble que je vous en ai ecrit beaucoup plus que vous ne m'avez accusé. On vous remercie de tout son coeur des Excellens fruits que vous avez envoyés. On voudroit vous rendre la pareille; mais les francois n'ont point laissé de jardins dans toutes les contrées que nous repassons.

⸲ ⸲' Le siege de Lipstad a eté levé le 4. La garnison a fait une
sortie, et a ramené 44 prisonniers. Armentieres est marché avec toute
sa cavallerie et avec une partie de l'infanterie à Warbourg, l'autre
consistant en dix bataillons est allé renforcer les garnisons de Wesel
et de Dusseldorp. Chabo est a Furstenberg, devant les gorges de
Stadtbergen. Les Ennemis avoient evacué Munster le 4. du courant;
mais ils y sont revenus depuis, et presqu'au meme moment qu'un detachement de nos chasseurs s'est presenté devant la ville. Le collonel
Boyd est en marche depuis ce matin avec du gros canon et quelques
mortiers, pour voir si l'on peut deloger les Ennemis de cette place. Il
y arrivera après demain. ⸲ ⸲⸲ ⸲ ⸲⸲⸲ ⸲

⸲⸲ Mgr. le prince hereditaire a passé le Weser à Hameln le 4 et le
5 du courant. Il est à la poursuite de l'ennemi avec 15 mille hommes.
Nous n'avons point de nouvelles de luy depuis le 6. mais nous savons
qu'il est aux mains avec les francois depuis le matin jusqu'au soir.
Je vous ferai part de tout ce qu'il fera et de tout ce que les troupes
legeres feront de l'autre coté du Weser. Quant à nous S. A. S. s'est
mis en marche le 4. allant de Minden à Gofeld, le 5. à Hervorden,
le 6. à Bilefeld, le 8. à Stukenbrok. Et nous marchons demain 9.
d'Aout à Paderborn, ou l'avant garde est arrivée à ce matin. M. d'Urff
est marché avec 20 Escadrons et 5 b. de grenadiers par Lemgo et
Detmold à Lipspring. Il va demain à Paderborn. Il a pris le 5. à
Detmold tout le gros bagage de l'armée ennemie avec l'escorte de
800 hommes tant cavalliers que fantassins. C'est un butin immense,
mais il a eté pillé en partie avant l'arrivée de nos troupes. La
caisse militaire des Saxons s'y trouve aussi. Il s'y est trouvé 40
mille florins.

⸲⸲ Nous avons pris aussi les bagages du M. de Contades avec une
partie de ses papiers. Ils sont si interessants, que le Duc a crû devoir les envoyer en Angleterre, ce qu'il fait par un courier Exprés,
qui prend la route de Bremen; tandis que je depeche celuy-ci par Osnabruk, pour la faire arriver plus vite. Mr. de Belleisle ordonne à
son confrere d'epuiser au possible les etats allies en argent en grains
en chevaux et en hommes pour en faire de recrues. Il luy recommende
de reduire en Desert toute l'etendüe de pais qui se trouveroit entre
luy et l'armée alliée à l'aproche de l'hyver. Mais il veut qu'il conserve un district comme une route pour aller tomber sur nos quartiers
d'hiver. Mr. de Belleisle veut absolument une campagne d'hyver; il
promet de recruter l'armée avant la fin de l'année et de la pourvoir
de tout ce dont elle pourroit avoir besoin pour une campagne d'hyver.
Il ordonne à Mr. de Contades d'appesantir son bras sur les etats du
Roy de Prusse et sur ceux du Duc de Brunsvic. Mr. de Contades
ayant marqué à Mr. de Belleisle qu'il comptoit ne donner plus de
quartiers aux hannovriens dans les petites actions, celuy-ci aplaudit infiniment à un procedé aussi honnete etc. etc. etc.

Nous avons aussi trouvé la correspondance du M. de Contades

avec le Comte de Lynar au sujet de la neutralité de Bremen. Personne n'en sera plus faché que ce dernier dont les artifices indignes sont decouverts.

Je dois ajouter un mot au sujet des magazins. Nous avons repris celuy d'Osnabruk, au quel les francois n'ont pas touché; nous en avons pris à l'ennemi à Minden, à Bilefeld et à Paderborn, de manière que nous sommes dedommagés de celuy de Munster. Les Ennemis ont detruit leurs magazins de Dulmen et de Warendorp, adieu, mon cher, Monsieur. Voicy quelques preliminaria de ce qui s'est passé au dela du Weser.

Le Roy a fait mille prisonniers sur Loudon; La bataille sera donné à l'heure qu'il est, aparemment prés de Francforth. Le prince de Deux ponts avance sur Leipzig. il a fait occuper Halle.

(à Mr. de Haenichen.)

(Archiv-Acten vol. 324).

Ce 9. Aout 1759.*)

** Monseigneur,   Nr. 1.

Il faut espérer, que de bonnes noúvelles arriveront aujourdhui de Mgr. le prince.

Je crois aussi Monseigneur, qu'il ne faut partir de Paderborn, avec l'armée, que quand le pain y sera arrivé. La raison que V. A. S. allègue pour les chevaûx d'artillerie, exige cela encore. Au reste l'idée de Bauer est fort bonne, de se saisir le plustôt possible des Defilées.

Je ne sais par quelle raison il veut passer par ceux de Dahlen et d'Atteln. il me semble que l'armée n'auroit qu'a marcher sur le Sendvelt, où il n'y a point de defilées. Un Detachement peut bien passer les defilées de Dahlen et d'Atteln, si cela abrège le chemin vèrs Stadbergen, mais quand à l'armée même, je serois d'avis de la faire marcher dans la plaine.

Au reste les mouvemens proposés par Bauer devoient s'executer, un jour plustard qu'il ne le propose, pour laisser aux caissons le temps d'arriver et aux chevaux celuy de respirer.

(Archiv-Acten vol. 324.)

Ce 9. Aout 1759,

** Monseigneur,   Nr. 4.

Je suis du sentiment de Bauer. je voudrois que le Duc de Holstein put s'emparer dès demain du Defilée de Stadbergen.

Il faudroit faire la disposition suivante.

1. Si Stadbergen n'est pas occupé, alors le Duc de Holstein le fera occuper demain le plus tot possible par un detachement de 4 ou 5 cent hommes d'infanterie, et prendra luy même son camp à Furstenberg. Wangenheim marchera aussi et prendra une position à Meerhoff

---

*)N. d. H. Hauptquartier Paderborn. (acta vol. 122.)

par laquelle il est à portée du Duc de Holstein en luy couvrant le flanc gauche en meme temps.

2. Si Stadbergen est occupé, le Duc de Holstein marche toujours à Furstenberg et le général Wangenheim à Meerhoff, pour luy couvrir le flanc. On fait venir à tout hazard 2 mortiers de Lipstad, qui doivent faire diligence pour arriver demain au soir à Furstenberg.

400 volontaires, soutenu par un bataillon et par 2 ou 3 cent chevaux, s'aprochent durant la nuit de Stadtbergen, et commencent avec l'aube du jour a jetter des bombes et des grenades sur la montagne que je suppose occupé. Un autre detachement de 400 hommes soutenus par 200 chevaux passera le defilé de Bleywisch, et un troisieme Detachement de pareille force prendroit par Westen. Ces deux derniers Detachemens tacheroient d'envelopper et de prendre à dos ce qu'il y auroit de troupes dans le Defilé de Stadbergen. Schlieffen seroit au premier Detachement, qui bombarderoit Stadbergen; Winzingerode au second et Derenthal au troisième.

arrivé ce 10. Août 1759.
à Paderborn à 5 heures du matin.

Nr. 51.

Monsieur Mon Cousin. J'ai reçu la lettre de Vôtre Altesse du 31. de Juillet dernier et je suis charmé de voir, que le succes ait repondu aux sages dispositions qu'Elle a faites pour se préparer la glorieuse journée du prémier de ce Mois. Je suis bien persuadé, que Vôtre Altesse saura présentement pousser sa victoire et en rendre les suites encore plus considerables. Je pense que (déchiffrée) „Minden ne sauroit Vous manquer et que Munster, dés que Vous aurez encore un peu plus poussé les François, tombera au moyen d'un Detachement, que Vous y férez. Quant à moi, comme la Situation embarassante, où je me trouve présentement, ne me permet pas de détacher un homme vers le Hohenstein, je me persuade, qu'au Cas que Vôtre Altesse, après avoir poussé les François, voulût bien y faire un Detachement, qui se donneroit en chemin pour un avant-Corps d'une Armée, que cela feroit un très bon effet pour la Cause commune, et en particulier pour le Duc Vôtre Frére et pour moi, en obligeant les Ennemis d'abandonner ces Contrées. je sens au reste très bien, que Votre Altesse ne sauroit encore se prêter à faire un pareil Detachement, et qu'il faudra attendre qu'Elle ait poussé plus loin les François et retiré tout le profit possible de sa belle Victoire. Quant à moi, je me trouve aujourdhui ici à Muhlrose, où l'Armée de Wedel doit arriver en deux jours pour me là joindre pour agir contre les Russes, qui ont occupé Francfort et sont aux Environs de cette Ville.“ Laudon s'est joint aux Russes avec 10 à 12m. hommes, le Général Haddeck n'a pas pû y reussir, son Corps ayant eté dispersé par Moi, pendant la Marche, que j'ai fait, pour me rendre ici. Nous en avons fait un Bataillon entier de Wurtzbourg prisonnier de guerre avec nombre d'autres prisonniers, nous leur avons pris quatre canons, drapeaux et Etendarts, avec prés de 500 Chariots de farine et de pain, partie de leurs fours, avec d'autres attirails semblables. Je suis avec la plus parfaite estime

Monsieur Mon Cousin

de Votre Altesse

le bon Cousin

à Mühlrose
ce 3. d'Août 1759.

(de main propre:)

Je Vous felicite de tout mon coeur mon cher Ferdinand de Vos heureux Succéz, Le Roy de France Vous a obligation de ce que Vous luy entretenez 20m. hommes plus qu'il en a, j'ai vû des lettres de France qui font monter les armées d'allemagne au plus à 65m. hommes.

Federic.

Nr. 44.   à Paderborn ce 10. Août 1759.

** Au Roy de Prusse.

La tres gracieuse Lettre de V. M. du 3. ne m'a eté rendüe qu'à ce matin. Je félicite V. M. de tout mon coeur des avantages considérables, qu'Elle a remporté sur le General Haddick, et je fais des voeux ardents pour qu'une victoire mplete s'en suive bientot.

(en chiffres) „je ferai volontiers le Detachement que V. M. m'ordonne de faire pour le Hohenstein, dès que je me trouverai en état de le faire. Selon mes lettres de Brunsvic les Troupes ennemies ont evacué ce pais-là. "

L'Armée francoise se rétire par Eimbek, Northeim et Göttingue, en pillant et dévastant tout par où elle passe. Mr. le prince héréditaire est à ses trousses, et la talonne de si près, qu'elle marche tous les jours et passe toutes les nuits au bivouac. Il a cannoné deux ou trois heures de suite toute l'armée ennemie à Eimbek. Cependant il n'a pû remporter sur elle aucun avantage considérable. Tout se réduit jusqu'à présent à la prise d'un général et de 150 prisonniers avec beaucoup de bagage. Le prince loue beaucoup le bel ordre, avec le quel l'ennemi se rétire. Il souffre le plus par la désertion et par le manque de pain.

(en chiffres) „Je crois que l'ennemi arrivera le 13. à Cassel; je pars demain avec l'armée et compte d'avoir débouché le 13. dans le pais de Waldek. Je donnerai à l'ennemi des jalousies sur Marbourg, d'où il tire ses subsistences pour voir, si je puis l'engager par là de se desaisir de Cassel."

„J'ay fait un détachement de la garnison de Lipstad vers Munster; il arrive aujourdhuy devant cette place et y jettera des bombes dans la nuit, pour épouvanter la garnison, et l'obliger à se rendre. Mais je crains, que cela ne réussisse pas, puisque je viens d'aprendre, que les François ont considérablement renforcé la garnison. Je tiens en tout cas un train de grosse artillerie tout préparé à Hameln, pour faire le siège de Munster, dès que les François m'en donneront le loisir.“

„Je ne dispute point sur leur nombre. V. M. sait par mes precedentes, sur quoi je fonde mes calculs. J'ay des copies de Lettres écrites par Mr. Rouillé, de Choiseul, de Contades et d'Armentières, qui varient de vingt à trente mille hommes de plus et de moins. J'en tire la consequence, que toutes ces Lettres ne prouvent rien, et qu'on se tromperoit également, de croire selon les unes l'armée trop forte et selon les autres trop foible.“

Je suis avec le plus profond respect p. p.

F,

(Copie.)   Eimbeck ce 8. Août à 1 heures
(Westphalens Nachlass.)   demi du matin 1759.

Après que je partis le 7. de Halle, je rejoignis l'Ennemi à Versohle, nous commencames à l'attaquer avec les Troupes legeres durant deux heures; la tête avec la quelle je le suivois n'étoit pas assez forte pour le pousser plus vivement, et l'Armée ennemie etoit toute contigue à l'arrière-garde, je poursuivis cependant toûjours à le faire harzeler, par sa droite, et sa gauche, tandisque je suivois avec la tête de la Colonne, la queue de son arrière-garde. Je le joignis près d'Eimbeck, ils avoient negligés de s'emparer d'une hauteur nommé la Huve, qui est du Côté d'Hannovre, cette hauteur se trouva sur leur flanc, pour m'en emparer il falloit faire un Detour de deux lieues, les Housards de Rusch, et Trimbach masquerent la marche, et à 6½ du Soir je me trouvois avec la tête de la Colonne sur la dite hauteur.

Mon étonnement fût bien grand, lorsqu'au lieu de l'arrière-garde que je comptois d'y trouver, je voyois toute l'Armée françoise couchée sous les armes, le poste que j'occupois etoit tel, qu'ils ne pouvoient absolument pas me joindre de front, et comme d'ailleurs, j'avois envoyé Luckner au delà de ma gauche avec Fridrich, Goeritz et Jeanneret, cette partie-là m'étoit aussi suffisament assurée, je me formois donc en Bataille, et je fûts assez incongrû de canoner toute l'Armée, depuis 7 heures du Soir, jusqu'à 9½, sans qu'ils etoient en même de me faire le moindre mal. Durant la nuit l'Ennemi se mit en marche, et lorsque le brouillard épais qu'il a fait ce matin, fût levé, je trouvois toute l'arrière-garde formée en Ordre de Bataille derrier Eimbeck, aïant une petite riviére devant eux, et occupant la Ville, qui est entourée d'un assez mauvais rempart, je fis avancer tous les Chasseurs avec des Piquets, pour longner le moment ou les Ennemis abandonneroient la ville, dés que cela se fit, et que le feu fût eteint, que les Ennemis avoient mis aux portes, nos gens y entrerent en dela de la ville, le feu des petites armes devint très vif, messieurs les Grenadiers de France, et quelques Grenadiers Royaux, qui avoient occupés la ville fûrent ce me semble un peu canandé, mais, les Troupes legéres etant trop vifs, réçurent une Canonade des plus vifes de la part de l'Ennemi, un Lieu-

tenant de Trimbach est blessé mortellement, et 3. ou 4. du même Bataillon. L'Ennemi a perdû je crois d'avantage, il y a deux officiers des
Grénadiers de France pris, et blessés, et Mr. de Beaupreau Marêchal
dé Camp, vient d'être pris également, il étoit resté malade en Ville et
ne se doutant pas, que l'on y entreroit sitôt, il a négligé de se faire
transporter. Le nombre des prisonniers monte à peu près à 150 hommes, il y a de la desertion dans l'Armée Ennemie, quelques Equipages
des Generaux, ont aussi eté enlevés par Goertz et Conradi. Les Houssards de Rusch, sont encore aux trousses des Equipages de l'Ennemi,
j'ignore ce qu'ils attraperont. Si leur arrière-garde ne m'étoit pas superieur, et si bien garnie de Canons, je Lui promêts que nous verions
bien autre Chose, mais je defie d'entreprendre en force contre eux,
Luckner a compté hier et aujourdhui 22 Escadrons, outre cela il y a
les Grenadiers de france, les Grenadiers Royaux, les Piquets, et les
Volontaires de l'Armée, le tout sous les Ordres de Mr. de St. Pern,
depuis le 5. du Courant; nous avons cependant travaillés de notre
mieux; l'Ennemi a dû laisser en Chemin depuis Halle à Eimbeck au
delà de cent Voitures et Charettes, et je me flatte qu'ils nous rendrons
la Justice, que nous les avons tallonnés à toute outrance, eux en ré-
vanche prenent toutes les Précautions, en gens habiles. Ils marcheut
actüellement sur Moringen, et demain je crois, que la tête passera Munden, je ne scaurois pas encore me determiner pour demain, j'attends
encore des avis. Je La suplie de me dire en gros ses idées de quelle
façon, et où Elle veut que je réjoigne l'Armée, pour que je puisse
d'avance prendre mes mésures la dessus. Je La felicite de l'heureuse
Expedition sur Detmold, peut on scavoir quel est l'Officier-general
qu'Elle en avoit chargé? j'ai oui quelques detailles de la Correspondance que Luckner a intercepté, l'evacuation de Munster m'a fait un
plaisir infini. Les Ennemis avoient mis le feu à Bisperode, et à Lafferde, ils pillent le Païs totalement par où ils passent. C'est avec
l'attachement p. p.   Charles GF.

                                reçu le 14. Aout 1759. p. Frise.
                                ** Dalem ce 11. Août 1759.
        Monsieur,   Nr. 5.
        Votre infiniment chere Lettre du 5. m'a été rendüe. Mais à mon
grand etonnement je ne l'ai reçu qu'hier au soir. Ainsi votre courier
a eté 6 jours en chemins. Je crois qu'il en faut autant à ceux qui
partent d'icy. Et voila la raison pourquoi vous n'avez pas encore eû
de mes nouvelles. Je vous ai ecrit de Sudhemmern le 2. Depuis je
vous ai ecrit de Hervorden, et en suite à mesure que nous avons eû
jours de Repos dans notre marche. Vous aurez un beau plan de la
bataille du 1.; il contiendra toutes les manoéuvres des deux armées depuis le 14 Juillet jusqu'au 1 d'Aout. Le capitain de Bauer, l'a fait
par ordre du Duc dans l'intention de le faire graver. Si vous savez un habile
maitre à La Haye, vous ferez plaisir au Duc de l'y employer.—

Nous arrivions le 9. à Paderborn, etant marché le 8. de Bilefeld
à Stukenbrok et le 9. delà à Paderborn. Nous avons fait jour de
de répos le 10. à Paderborn; le Duc poussa ce jour la differents corps
en avant pour occuper les defilés qui conduisent dans le Waldek. Mr.
d'Armentieres en occupe un ou deux, nommement celuy de Warbourg.
Nous nous aprochons demain de Stadbergen, et nous deboucherons le
13. dans le païs de Waldek. Nous ignorons ou le prince hereditaire
se trouve actuellement. Il n'y a point de nouvelles d'arrivées de sa
part depuis le 9. Je joins ci-auprès une copie de sa Lettre, par la
quelle vous verrez tout ce quil avoit fait jusqu'au 9. je ne crois pas
que l'armée francoise puisse arriver avant le 12. à Cassel; peut etre
n'y arrivera t-elle que le 13. C'est à dire quand nous débouchons
dans le Waldek.

Le Colonel Boyd est marché avec un Detachement de la garnison
de Lipstad pour aller prendre Munster. Il a dû arriver hier devant
cette place. Il ne reussira pas, si les avis sont vrais que nous avons
reçu depuis qu'il s'etoit mis en marche, savoir que la garnison a eté
renforcé de 6 bataillons et du regiment de Thianges. Je crains que
nous ne soyons obligez d'en venir à des formalitez; le tout par la
haute sotise de Mr. de Zastrow; qui a rendu la place sans necessité.

Nous avons fait 400 prisonniers à Paderborn; je crois vous avoir
parlé du butin, que nos grenadiers, conduits par Mr. de Schlieffen ont
fait à Detmold. La perte des François pourroit bien aller a un million
de florins; mais notre gain n'est pas considerable, puisque on avoit
d'abord pillé le bagage, et qu'on n'en a pû profiter antant que si tout
avoit eté vendû avec ordre. La caisse militaire des Saxons s'y est
trouvé aussi. Elle contenoit 40 mille florins. Le meilleur qu'on a pris
a cette occasion c'est la correspondance du prince Xavier avec le Roi
son Pere, le Roi tres chretien, la Reine de Naples, le Dauphin, la
Dauphine, l'Electrice de Baviere, le comte de Bruhl, le comte de Flemming etc. etc. Les Lettres de ce dernier avec les reponses meritent
bien d'etre lûes; elles developpent une infinité de choses tres importantes. On veut faire le prince Xavier Roy de Pologne; en attendant
que la place vienne à vaquer on lui destine la principauté de Neuf-
chatel. On n'est pas en peine à Versailles de Luy procurer ce païs;
on craint seulement que cela ne soit trop peu de choses vû qu'il ne
raporte que cent mille Ecus par au. Le M. de Contades, Mr. Belleisle et toute la cour de France ont eté absolument persuadé d'etre
dans le cas d'aneantir l'armée alliée, ou de faire une seconde convention de Closter Seven. J'ay vû une lettre interceptée de Mr. d'Armentieres du 29. de Juillet, où il temoigne au marechal de Contades son
embarras ou placer la garnison de Lipstad, mais dans une autre lettre
du 31. aussi interceptée il dit à celuy-ci: „Ne seroit-il pas possible
Monseigneur que vous ne vous batissiez point."

Le Roy nous a ecrit du 3. Il vouloit se joindre à Wedel le 5. et
attaquer en suite Mr. de Soltikoff. Voila tout ce que nous savons

de la Silesie. On nous mande d'autre part que l'armée d'Execution est à Leipzig.

Le Duc se porte à merveille; à quelques accés de sciatique prés qui ne l'a point quitté et qui l'incommode furieusement; sur tout en Luy otant le sommeil. Il fait ses plus tendres complimens à S. A. S. Il vous assure de toute son amitié. Ayez la bonté de me mettre aux pieds de S. A. S. Adieu.

(à Mr. de Haenichen). Westphalen.

(Archiv-Acten vol. 324.)

　　** Monseigneur! Ce 12. Aout 1759.*)

Je pense, Monseigneur, qu'il faut écrire à Boyd, que s'il ne se peut pas soutenir devant Munster, il doit se replier sur Warendorp.

Au moment meme qu'on verra que l'Ennemi abandonne Cassel, V. A. S. fera partir de Hameln le train de grosse artillerie qu'elle y tient prete, avec le regiment de Fersen; V. A. S. detachera encore de la garnison de Lipstad un bataillon de Miliciens qni escortera un train de 12 pieces de canon qu'on tirera de Lipstad avec l'ammunition necessaire. De cette façon on a 5 bataillons avec 24 pieces de canons et 12 mortiers; il faut joindre à ce corps 5 autres bataillons que V. A. S. detacheroit alors de l'armée sous les ordres du general Imhoff; le colonel Schluter commanderoit l'artillerie; Giese dirigeroit le siége. C'est ce qui me paroit convenir le plus. Il faudra augmenter aussi la cavalerie, d'un regiment, et y ajouter les Buckebourgs avec les huzards de Hesse.

Tout cela dependra des mouvements que l'ennemi fera en Hesse; dès que l'on s'apercevra qu'il quittera Cassel, il faut mettre tout en mouvement.

(Westphalens Nachlass) (Copie)

　　　Wellersen ce 12. d'aout 1759.

Je suis extrèmement inquiet de remarquer par la derniere Lettre du 9. de V. A. qu'Elle n'a point reçu mes raports du 6. et du 7. le premier je l'ai fait partir par le Courier Pauli, et le second par mon Chasseur Beiereiss, comme je me flatte cependant, que maintenant Elle les aura reçû, je n'en répéterois pas ici le Contenu dans l'un et l'autre, je Luy demande des ordres trés interessantes pour moi, et que j'attends avec le dernier Empressement.

L'on a attaqué hier pour la 6me fois l'arriere garde ennemie aprés une marche forcée de 14 heures de Chemin, l'on parvint à le trouver à moitié engagé dans le defilé de Munden, il étoit trop bien muni de Canon dont il avoit tardé l'entrée du defilé, pour qu'on pût le faire charger par l'Infanterie. Mr. de Freytag qui s'étoit glissé sur son flanc droit, commença la tiraillerie, Trimbach, soutenû du Bataillon de Marchall, faisoit à peu près la mème Chose sur le flanc gauche, et de

*) N. d. H. Hauptquartier im Lager bei Dalheim. (acta vol. 122.)

mon Côté, je l'ai poursuivi avec le Canon, durant deux heures de
Chemin, la tiraillerie a commencé à 4 heures de l'après midi, et le
tout n'a cessé qu'à 11 heures dans la nuit, l'Ennemi a abandonné une
50taine de Chariots d'amunitions, aux quelles le feu s'est mis en parti;
du Côté de Freytag je n'ai point de raport encore, je scais cependant
que le Lieutenant Crull est blessé, et des Husards de Luckner, le Capitaine Roth a reçu une blessure à la tête. Mr. de Waldhausen, et le
Major Fridrich, ont été attachés hier à la Colonne qui va sur Wietzenhausen, où il y avoit des Equipages; ils ne m'ont pas fait de raport
encore. Mr. de Freytag est chargé de marcher ce matin à Munden,
s'il peut l'occuper, il le fera, Mr. Luckner est chargé de la même besogne du Côté de Wietzenhausen.

Les nouvelles les plus fraiches que j'ai de la Hesse, je les joins
ci-auprés.

J'attenderois dans ce Camp les Ordres de V. A. à moins, que je
ne vois jour à faire quelque Coup considerable.

Malgré toute mon application, et toute la bonne Volonté des differents Chefs des Corps, et particulierement de Mr. Luckner, la fortune ne nous a pas été propice, qu'Elle ne m'impute pas, si je n'ai
pas rempli en tout son attente; la difficulté du terrain, les bonnes mesures de l'Ennemi, et particulierement sa Diligence inconçevable sont
Causes, que nous n'avons pas fait d'avantage. Nous avons encore fait
des prisonniers par-ci et par-là, aussi un officier Saxon, j'en ignore le
nombre au juste, et je compte de les faire rassembler, et de les envoyer ensuite à Hameln. Un couple de Lettres interceptées se trouvent
ci-jointes.

J'ai vû marcher depuis hier au Matin toute l'armée ennemie, tout
ce qui étoit Chariage les a précédé, en suite l'Armée se mit en marche
et puis l'arriere-garde, qui durant tous ces jours n'a eté eloignée que
de 3 ou 400 pas de la queüe de la Colonne; l'on parle de l'abandon
de Cassel, d'autres cependant pretendent que non.

attendant les Ordres de V. A. sur ma Destination ulterieure, j'ai
l'honneur p. p.

Charles.

(Archiv-Acten vol. 253.)

** Lettre du Quartier Général de S. A. S. Mgr. le Duc Ferdinand datée de Stadberg ce 12. Août 1759.*)

Le 8. l'Armée marcha de Bielefeld à Stoeckenbrock, le 9. à Paderborn, où nous fimes 400 Prisonniers. Nous avons fait sejour le 10.
Monseigneur le Duc Ferdinand poussa ce jour là differens corps en
avant, pour occuper les défilés qui conduisent dans le pais de Waldeck,
Mr. d'Armentieres occupoit encore celui de Warbourg.

*) N. d. H. Aus den Correspondenzen, durch v. Haenichen mitgetheilt; und wahrschein-
lich von Westphalen verfasst.

S. A. S. a detaché le Colonel Boydt, pour deloger les François de Münster. *)

On est occupé à présent à vendre le butin considerable, que nos Grenadiers conduits par Mr. de Schlieffen, ont fait à Detmold. Le 11. l'armée marcha à Dalem, et le 12. à Stadbergen. Mr. le March. de Contades atteignit ce même jour Cassel, Münden et Witzenhausen sont occupés par nos Troupes. Mgr. le Pr. Hereditaire repassera le 13. le Weser à Heristal. (Herstelle?) Il a fait dans 5 jours une course de plus de 36. lieues, en harcellant continuellement les Ennemis dans leur retraite.

S. A. S. les rejoignit le 9. près d'Eimbeck, que l'armée Françoise avoit destiné pour son Rendes vous. Ils avoient negligé de s'emparer d'une hauteur nommée la Huve, qui se trouva sur leur flanc. Mgr. le Pr. Héréditaire S'y établit et canonna avec succès l'Armée françoise depuis 7. heures jusqu'à 10. heures du soir; celle-ci mit la nuit à profit et se retira sur Moringen, après avoir mis le feu aux maisons voisines des postes de la ville d'Eimbeck. Nos troupes legeres se mirent d'abord à leurs trousses. Les Grenadiers de France, et Grenadiers Royaux perdirent beaucoup de monde, et on leur fit au delà de 200 prisonniers, parmi les quels se trouve Mr. de Beaupreau Mâal de Camp et quelques officiers. Nos troupes legeres ont pris en chemin depuis Halle à Eimbeck au delà de cent voitures et charettes et fait au delà de 1200 Prisonniers. La Situation du terrain et les defilés affreux, qu'il a fallu passer, ont donné beaucoup champ à nos chasseurs de canarder. Les Deserteurs sont venus en foule.

Le 10. Mr. le Pr. Héréditaire attaqua pour la 6. fois l'Arrière-Garde ennemie après une marche forcée de 14 heures. Elle étoit engagée à moitié dans les defilés de Münden. Mr. de Freytag s'étoit glissé sur le flanc droit, Mr. Trimbach, soutenu du Bat. de Marchall, faisoit la besogne sur le flanc gauche, tandis que le corps du Pr. Héréditaire les talonnoit de près et les poursuivoit à coups de canon. La tiraillerie dura jusqu'à 11 heures de la nuit. L'ennemi abandonna une cinquantaine de chariots d'ammunitions.

Toute cette course, qui certainement a été poussée avec toute la celerité possible, nous a couté en tout 32 hommes entre tués et blessés; du nombre des derniers se trouvent Mr. le Capt. Roth, et le Lt. Crull.

C'est ainsi que nous avons à présent nettoyé la Westphalie, l'Electorat d'Hannovre, et toute la basse Saxe. Nos troupes sont extremement fatiguées par les fortes marches, qu'ils ont fait journellement, en talonnant les Ennemis à toute outrance. Le pais, par où les François ont passé, est pillé et totalement ruiné; ils ont mis le feu aux villages de Bisperode et de Lafferde. etc.

Ils comptent presentement respirer à Cassel; Dans peu de jours il sera decidé s'ils pourront s'y soutenir, ou s'ils seront obligés de se raprocher encore d'avantage à leurs Magazins. —

---

*) N. d. H. Dieser Satz ist in der Abschrift durchstrichen, vermuthlich, um denselben damals noch nicht zu veröffentlichen.

Monsieur.

Mr. de Ligonnier et Estorp ont passé le 5. à Utrecht, d'où ils ont envoyé une Estaffette à Mr. Yorke, pour le prier de leur envoyer un Courier à Helvoet Slis avec un ordre pour un paquetbot extra-ordinaire. Si ces Messieurs auroient sçu, que le chemin ordinaire les auroit mené à peu de distance de la Haye, ils seroient venû prendre cet ordre eux-mêmes, et une heure de conversation ne les auroit pas derangés. On leur a envoyé un Courier pour demander des nouvelles de Monsgr. le Duc Ferdinand et Mr. d'Estorff a senti son tort, et l'a reparé par ecrit par une très jolie relation de ce qui s'est passé à la glorieuse journée du premier d'Aout. Vortmann avoit mis un couple d'heures avant eux, à la voile. Peut etre arriveront ils tous ensemble, en même tems en Angleterre.

Le Duc de Richmond & le Colonel Fitzroy sont arrivés ici la nuit de 7. ou 8. ils sont parti le 8. de grand matin pour Helvoet, et ils passeront ce même jour avec le paquet-Bot ordinaire. on a eû le plaisir de leur parler, et leur recit a causé la plus grande joye du monde. ils vous paroissent tous deux fortement attachés.

Jamais lettre ne m'a fait plus de plaisir que la chere votre du 4. dn camp de Goveld, je n'ai pas reçu celle dont vous y fait mention du camp de Stemmer du 2me de ce mois, il faut qu'elle soit interceptée en chemin, ce qui meriteroit pourtant un petit examen et des recherches. Je suis très faché de cet accident, qui certainement m'a causé beaucoup de momens desagreables et bien des inquietudes, parceque je ne savois à quoi attribuer votre Silence sur un evennement, si important et si glorieux pour la memoire immortelle de Monsg. le Duc Ferdinand et de toute Sa maison.

Mr. Yorke a donné hier une grande fête et ce soir il donne un Souppé et un bal. Le desert etoit joli et simple. au milieu etoit une Renommé, et pour tout devise il avoit fait mettre à la banderolle de la Trompette le premier aout.

Cei que je vous ai mandé dans ma precedente des dispositions peureuses des francois sur le bord du Rhin, est très vrai, de sorte que les Habitans de Herwen ont porté des plaintes ici, de ce que Mr. de Castella, Gouverneur de Wesel, leur avoit fait ordonner de mener tous leurs bataux et barques à la rive gauche du Rhin. Ces mêmes precautions se font le long de la riviere. Ce qui inquiete le plus les generaux francois, c'est ce qu'ils n'ont point de nouvelles de Mr. de Contades. Je sai de Science certaine que le Commandant de Cologne n'en avoit pas encore le 7. au soir.

Mr. de Contades se trouve dans une mauvaise galere, entre le Weser et le Hils, Diestér, Solling etc. et le Prince Hereditaire dans le flanc.

Je vous suplie mon cher Monsieur de me procurer un bon plan de cette glorieuse bataille, pour le faire graver ici, item une liste des Prisonniers, et des tués et blessés de part & d'autre. vous aurés en retour des Ananas & des Candalouppes dès que je serai averti, que celles que je vous ai envoyé sont agreables et bien arrivés.

Comme tous les avis nous disent, que les François ont abandonné Munster, j'ai ordonné au Courier Lubke porteur de celle ci, de prendre la route directe par Lingen à Osnabruck. Il s'informera sur la route, ce qu'il y en est et il vous fera son rapport si la route est sure. Le dernier Courier anglois parti le même jour de votre armée, avoit pris cette route, et il a devancé votre lettre de 24 heures, qu'il est venu plutôt que Rademacher; qu'il m'a dit que Mr. le Ct. de Linar, mettoit lui et ses camerades a Oldenbourg toujours à la question, pour savoir la route d'ou ils venoient et qu'ils poursuivroient, et qu'il avoit souvent donné a Lui et a ses camerades des directions suspectes. que Mr. Linar lui avoit demandé en dernier lieu par quelle route il pourroit faire parvenir en Sureté ses lettres pour Msgr. le prince Ferdinand, qu'il en avoit des importantes. Que ce même postillon, qui avoit mené Rademacher d'Oldenbourg avoit dit, qu'il etoit revenu hier d'une course, qu'il avoit fait aveé le Maître d'Hotel de Mr. le Maal de Contades, que Mr. le Ct. de Linar lui avoit endossé, pour le mener sur une route sure pour l'armée de France. qu'il en etoit venu à bout, après une promenade de 4 jours.

Je joins ici la Gazette de la Haye, pour que vous puissiés voir, comment la suite de votre journal a été rendue publique. Vous verrés dans peu comment la relation de la victoire y sera inserée. Comme je suis sur l'article des Gazettiers, je communique celle de Munster, ou j'ai marqué les expressions indecentes contre la garnison. Ces gens ayant apris, que vous etiés derechef maitre d'Osnabruck, ont supprimé une partie de cette Gazette et y ont substitué une autre en termes un peu plus decents, priant leurs correspondens, de ne pas publier cette edition mais c'etoit trop tard. Genio tutelari patriae sit gloria. n'oubliés pas de me mettre aux pieds de Monsgr. le Duc, par tout on ne chante que Son panegirique. aussi n'en peut on pas dire assés. Je suis de tout mon coeur tout à Vous.

Mr. de Hellen m'a chargé de vous prier, que le courier Lubke, porteur d'icelle, soit le porteur des depeches pour Berlin.

Haenichen.

(à Mr. Westphalen.)

De grace n'oubliés pas de contenter mes desirs languissants après un plan de la bataille et des listes des prisonniers, trophées, morts, blessés &c.

adieu mon cher. mille remerciemens pour votre chere lettre du 4.

Nr. 6. reçu le 15. aout p. Risman.

à Stadbergen ce 12. Aout 1759.

à 11. heures de la nuit.

Nous sommes arrivés icy à 8. heures du soir. Quelques corps ont défilés; L'armée suivra demain; mais S. A. S. restera demain à Stadbergen. L'armée francoise a atteint Cassel. Nos gens sont maitres de Munden et de Witzenhausen. Mgr. le prince hereditaire passe demain le Weser. Peu de jours suffiront pour voir si l'Ennemi compte de se soutenir à Cassel ou non. Notre Expedition sur Munster a raté. Boyd y est marché en trois jours de Lipstad menant sa grosse artillerie quasi en poste avec luy. Il a jetté quelques bombes dans la ville, sans luy faire du mal . . . . Le commandant veut se defendre. Et comme malheureusement trois quarts des mortiers sont crevés dés la premiere decharge, et que d'ailleurs la garnison est plus forte que l'armée assiegeante, je crains qu'il ne soit obligé de lever le siege. Par bonheur, il ne l'a mis que de loin devant une porte; et j'espere qu'on pourra traiter bientôt cette affaire plus serieusement. voicy la continuation des raports de Mgr. le prince hereditaire. . . . . Votre infiniment chere Lettre Nr. 71 du 9. d'aout m'a été renduë ce matin. Vous aurez le plan demain ou aprés demain par un courier exprés. je suis trop las pour ajouter autre chose que que je suis tout à vous. . . . . (à Mr. de Haenichen.) . . . . Arrivé ce 13me Aout 1759; . . . . entre 5 et 6 heures du soir. . . . .

Monsieur Mon Cousin. . . . . Nr. 52.

. . . . J'ai eu la satisfaction de recevoir la lettre de Votre Altesse de 4. de ce Mois, et Je me flatte de Vous renvoyer Bulow, avec de bonnes nouvelles. Vous trouverez présentement, que mes avis n'ont point eté mauvais, et qu'on peut fort bien battre une armée plus forte, avec une autre qui l'est moins, quand il y a à la tête de la derniere un bon général. Je conseille maintenant à Votre Altesse, de battre le fer pendant qu'il est chaud. Pour moi Je suis ici dans le travail de l'enfantement. Comme J'ai encore beaucoup à faire, Elle ne trouvera pas mauvais, que Je ne lui en dise pas d'avantage pour cette fois ci.

J'accorde à Votre proposition le grade de Major au Capitaine de Bulow, et celui de Capitaine à Votre second adjutant de Derenthal, et j'ai donné mes ordres en consequence à la Chancellerie privée de guerre. Je finis par vous renouveller mes felicitations, sur les avantages, que vous avez remporté sur l'ennemi, souhaitant qu'ils vous procurent les progrés les plus marqués et les plus desirables. Je suis avec la plus haute estime et l'amitié la plus parfaite

Monsieur Mon Cousin
de Votre Altesse
à Wulckau, le bon Cousin
ce 8. d'Aout 1759. Federic.

(Archiv-Acten vol. 27.)

** Hochwohlgeborener Herr Obrist-Lieutenant, Ich habe Ihr Schreiben von heute aus Warburg erhalten, und beziehe mich auf die heute Nachmittag an Sie erlassene ordre, was Ihre weitere Destination anbetrifft. Ich würde mir ein Vergnügen daraus machen, Ihnen auch davor itzo zu danken, wenn die unter Ihrem commando gestandene Truppen nur blos das, bei Verfolgung des Feindes gethan hätten, was ihre Schuldigkeit gewesen wäre, unerachtet ich aus mehr als einem Motif mir zu versprechen Ursache hatte, dass selbige bey diesem Vorfall etwas ausserordentliches thun würden. Ich habe aber leider erfahren müssen, dass diese an sich sonst brave Truppen, bey dieser gewünschten Gelegenheit wenig Ehre erworben haben. Der Herr Obrist-Lieutenant werden die Ursache davon zu aprofondiren wissen. Ich meines Orts kann mich nicht entbrechen, Ihnen bemerklich zu machen, dass Sie seit dem 20sten oder 21sten des vorigen Monats wenigstens 12 differente projecte formiret haben, ohne ein eintziges davon zu executiren; und so wird es Ihnen allemal ergehen, wenn Sie Sich nicht attachiren das gegenwärtige auszurichten; denn wenn Sie in dem Augenblick, da Sie ein project ausführen wollen, ein anderes concipiren, und das erstere darüber liegen lassen, so ist es kein Wunder, wenn die Truppen unnützlich werden, und nichts Fruchtbarliches zum Dienst des Königes ausgerichtet wird. Ich hoffe, dieselbe werden sich angelegen seyn lassen, alles dieses wieder einzubringen, und bin übrigens

Des Herrn Obrist-Lieutenant freundwilliger

Stadtbergen, den 14. Aug. 1759. gez: Ferdinand H. z. B. u. L.

D. Hr. Obrist-Lieutenant von Freytag.

(Archiv-Acten vol. 324.)

** Monseigneur, Ce 15. Aug. 1759.*)

Je conviens que V. A. S. a tout à fait raison, d'etre mécontent des facons peu honètes d'agir de Mylord George; personne ne sauroit non plus trouver à redire, que V. A. S. luy en marque son ressentiment. Puisque V. A. S. a cependant bien voulu me permettre de Luy dire mon sentiment sur le parti, qu'elle vient de prendre à cet Egard, je ne saurois Luy cacher, qu'après une telle Déclaration V. A. S. ne pourra garder aucune mésure avec Mylord George, ce qui pourroit devenir tres nuisible au service. D'ailleurs cet homme rusé tacheroit d'en tirer parti contre V. A. S. en disant, qu'on luy impute des discours, qu'il n'a pas tenu, et voila le comemncement d'un labyrinthe de chicanes et de menées sourdes. C'est pourquoi je crois que V. A. S. fera mieux de ne pas faire proceder à cette Déclaration sollemnelle: Elle pourra luy donner un Dementi dans ses Discours toutes les fois que l'occasion le porte; et attendre que les Lettres d'Angleterre arrivent.

(Archiv-Acten vol. 324.)

** Projet. Ce 15. Aout 1759.

V. A. S. doit avoir deux objets en vüe 1. De reprendre Munster, 2. De delivrer Cassel et la Hesse.

*) N. d. H. Hauptquartier Stadtbergen. (acta vol. 122.)

Ils sont étroitement liés ensemble, de manière que l'un est subordonné à l'autre.

Il me semble, qu'il convient de faire ce qui suit pour parvenir à l'un et à l'autre.

Mr. d'Imhoff camperoit dès demain avec 5 B. un regiment de cavallerie et les huzards de Hesse à Volkemissen. il faudroit Luy donner parmi ces 5 Bataillons ceux qui ont eté tirés de Hameln. Son attention seroit d'abord, de couvrir la Dymel; il auroit des postes d'avertissement à Warbourg et à Liébenau; après que l'ennemi aura quitté Cassel, il passeroit la Dymel, se joindroit au Detachement de Boyd, attireroit à luy le Regiment de Fersen de Hameln, et celuy des grenadiers miliciens de Lipstad, pour entreprendre ensuite le siege de Munster.

Il faut déloger dès demain les Ennemis, qui sont à Wolfshagen. Le prince héréditaire et le général Wangenheim doivent faire ensemble cette attaque. Je ne sais, s'il sera necessaire d'y envoyer encore une brigade de grosse artillerie. Peutêtre V. A. S. feroit-elle bien de s'y rendre pour sa personne, afin de diriger tout.

L'armée même se mettroit en marche et s'aprocheroit de Landau, pour être à portée de soutenir l'attaque de Wolfshagen.

Le Duc de Holstein attaqueroit demain les Detachemens ennemis de Saxenhausen et de Freyenhagen, et prendroit ensuite un camp entre Wolfshagen et Naumbourg; laissant un Detachement d'infanterie et de cavallerie à Freyenhagen.

De cette facon la position de l'armée seroit demain la suivante:

1. Mr. d'Imhoff seroit à Volkmissen,

2. Le prince héréditaire avec Wangenheim à Wolfshagen,

3. Le Duc de Holstein entre Wolfshagen et Naumbourg. Celuy-ci feroit occuper Naumbourg par un Detachement d'Infanterie et de cavallerie, et pousseroit de forts Detachements d'hussards vers Fritzlar.

4. L'armée même occuperoit un camp à Landow, ou aux environs. En partant de celuy de Stadtbergen, il faudroit laisser un Detachement à Stadbergen de 200 hommes à peu près avec une cinquantaine de chevaux qui feroit des patrouilles vers Brilon, pour decouvrir à temps si l'Ennemy pousse des Detachemens sur nos derrieres.

Si le temps est trop court pour executer tous ces mouvemens demain; il faut qu'ils se fassent au plus tard après demain.

La position de l'armée que je viens de marquer, obligera l'ennemi de faire un mouvement. Ou il viendra attaquer V. A. S. ou il marchera vers l'Eder pour regagner le flanc; D'où l'evacuation de Cassel s'en suivra.

(Archiv-Acten vol. 324.)   Nr. 1.

※※ Monseigneur!   Ce 16. Aout 1759.*)

Le prince hereditaire adopte plusieurs partis du projet, que j'ay presenté hier à V. A. S. Mais il differe essentiellement en cela de moi, qu'il donne plus d'étendüe à la position de troupes que moi. Savoir il laisse le Duc de Holstein à Corbach, tandisque je l'emploïe à la position du coté de Naumbourg, laissant Wangenheim à Wolfshagen: c'est à dire en le faisant marcher d'Arolsen à Wolfshagen. Il plaira à V. A. S. de me dire sur quel plan, ou du mien ou de celuy du prince hereditaire je dois dresser le precis pour Bauer.

(Archiv-Acten vol. 324.)   2.

※※ Monseigneur,   Ce 16. Aout 1759

Ce que V. A. S. a dressé pour Bauer est parfaitement bien; mais pour garder le sécret, il vaudra mieux, luy cacher le but de ses opérations, d'autant plus, que Bauer peut s'acquiter de sa besogne sans en être instruit.

Je croirois, qu'il ne seroit pas nécessaire non plus, que V. A. S. luy communiquat les idées du Prince, puisqu'elle s'est declaré pour le projet, que je Luy ai communiqué. Si Bauer devoit dire son sentiment sur l'un et sur l'autre, il en resulteroit peutêtre un troisième projet, qui arreteroit la reconnoissance des routes et des Emplacements, c'est pour quoi j'ay crû, qu'il pouvoit suffire, de luy marquer ce qui est ci-joint. —

V. A. S. devoit écrire au prince de se concerter aujourdhuy avec Wangenheim sur l'attaque de Wolfshagen; Elle feroit bien d'envoyer au Duc de Holstein Schlieffen et Derenthal pour l'assister. Il faudroit luy donner aussi un Ingenieur qui choisit le camp de Naumbourg, en cas que Bauer sera employé pour choisir celuy de l'armée.

(Archiv-Acten vol. 324.)   7.

※※ Monseigneur!   Ce 16. Aout 1759.

Peut etre seroit-il expedient d'envoyer au general de Wangenheim une vingtaine de pièces de gros canon. Le prince hereditaire n'attaquera pas temerairement, il faut d'ailleurs s'appliquer à faire jouer le canon et exposer le monde le moins possible.

Msgr. le prince ne doit attaquer qu'après avoir bien reconnû l'ennemi, et après avoir trouvé les endroits convenables pour faire jouer avec effet l'artillerie.

De cette façon je suis sur qu'on delogera l'ennemi de Wolfshagen, qui deviendroit d'ailleurs une position insoutenable pour Luy dés qu'il saura que nos troupes sont à Naumbourg.

(Archiv-Acten vol. 324.)   8.

※※ Monseigneur,   Ce 16. Aout 1759.

Je ne crois pas, que l'ennemi a laissé les Débouchez de la Dymel

---

*) N. d. H. Hauptquartier Kohlgrund. (acta vol. 122.)

ouvèrts, pour nous amorcer; il ne pouvoit pas les défendre. Celà est
hors de Doute, et je suis persuadé, qu'il seroit bien aise, que V. A.
S. ne les eût pas passé. Car l'Ennemi ne peut pas trouver un grand
avantage, ni du gout, à combatre dès à present: Si V. A. S. eut
passé les Defilés quinze jours plus tard, en donnant à l'Ennemi le
temps, de se réfaire à Cassel, et que l'Ennemi eut alors laissé les debouchés ouverts; je croirois, que son dessein eût eté d'attirer V. A. S,
pour le combattre.

Il faut avoir bonne opinion, Monseigneur, mais il ne faut rien
faire legèrement. Je ne vois point du tout, que nous ayons raison à
nous repentir d'avoir passé les defilés.

    ** Monseigneur,   Ce 16. Aout 1759. 9.

V. A. S. mé demande, pourquoi on s'est departi du plan, selon
lequel on devoit tacher de prévenir l'Ennemi à Cassel, ou si cela ne
se pouvoit pas de rester de l'autre coté des defilés? je repouds:

„que l'ennemi a fait tant de diligence, qu'il est arrivé deux jours
plus tôt à Cassel, qu'on ne l'avoit crù. On suposoit, qu'il n'y pourroit arriver que le 13. V. A. S. pouvoit déboucher le même jour
dans le Waldek, et si Elle ne pouvoit plus prévenir l'Ennemi à Cassel,
Elle pouvoit cependant empêcher encore l'Ennemi de s'y établir; Et
je soutiens que c'est encore le cas là, où nous sommes. Voilà une
raison principale.

L'on crut encore le 12., que Boyd réussiroit à prendre Munster;
par quoi il auroit eté inutile, d'y envoyer un détachement plus fort.
On devoit donc s'attacher à la Hesse. Voilà une seconde raison.

Depuis que Munster se défend, on a crû, que si l'on parvenoit a
déposter l'Ennemi de Cassel, on le mettroit hors d'Etat de revenir
cette année en force sur la Lippe. Voila une troisième raison. S'il
n'étoit pas probable, qu'on feroit quitter Cassel à l'ennemi, il vaudroit
mieux de s'en tenir à la défense de la Dymel. Mais il faut tenter.

(Archiv-Acten vol. 324.)   Nr. 1.
    ** Monseigneur!   Ce 17: Aout 1759.
Si l'armée ennemie est marché de Cassel vers l'Eder, la marche
de V. A. S. pour s'aprocher de Wolfshagen est inutile; si l'Ennemi
est encore à Cassel, cette marche vers Wolfshagen est exigée par la
prudence; si l'Ennemi avançoit vers Wolfshagen, (ce qui n'est plus
probable, puisqu'Armentières s'en éloigne) la marche de V. A. S. à
Landan seroit necessaire.

Ou comme l'on ne sait pas, si Cassel est abandonné, et si l'Ennemi est marché, vers où il dirige sa marche; il me semble que le
milieu que V. A. S. propose de marcher de façon d'apuyer sa gauche
à Arolsen, et de laisser Braunsen devant le front, n'est pas à rejetter.
Le prince héréditaire est beaucoup plus à portée de garnir Landau d'un poste de communication qu'Imhoff. Je serois d'ailleurs charmé
qu'Imhoff gardat tout son monde.

(Archiv-Acten vol. 324.)

** Monseigneur, Nr. 1.

J'ay reçû la Lettre de Boyd, que Votre Altesse Serenissime m'a fait la grace de m'envoyer.

Je suis infiniment sensible à la Bonté que Votre Altesse Serenissime daigne me marquer en voulant bien prendre quelque part à la douleur qui m'accable. C'est une grande consolation pour moi. Je ne saurois sans cela disconvenir que ce nouveau coup m'est bien sensible.*)

Je suis avec la plus profonde soumission

Monseigneur,

de Votre Altesse Serenissime

a Wasbek   Le plus humble et le plus

ce 17. Aout 1759,   obeissant et le plus fidele serviteur Westphalen.

(Archiv-Acten vol. 324.)   Nr. 2.

** Monseigneur! Ce 17. Aout 1759.

Je crois que V. A. S. peut se mettre en marche, sans attendre d'autres avis de Mgr. le Prince. Je vais repondre à ses Lettres.

(Archiv-Acten vol. 324.)   Nr. 2.

** Monseigneur,

Il s'est donné le 12. une Bataille près de Francforth, qui n'a pas été heureuse. Le Roy se porte cependant bien, et il faut esperer qu'il saura redresser les choses. Le mal paroit toujours plus qu'il n'est pas en effet.

Je suis avec la plus profonde soumission

Monseigneur

de Votre Altesse Serenissime

Ce 17. Aout 1759.   Le plus humble et le plus obeissant serviteur Westphalen.

(Archiv-Acten vol. 324.)   Nr. 3.

** Monseigneur! Ce 17. Aout 1759.

Baner m'a parlé sur sa marche, et sur les difficultés qui s'y trouvent. Le parti que V. A. S. me marque avoir pris en consequence me semble être bon.

** Monseigneur! Nr. 3.

Ce 17. Aout 1759.

Si l'armée ennemie est marché en effet à Gudensberg, ainsi qu'il le paroit; il n'y a plus de doute que Cassel ne soit evacué; alors V. A. S. marchera à Corbach avec l'armée, le Prince hereditaire ira à Numburg; le Duc de Holstein jusqu'à Zuschen, d'ou il poussera les huzards jusqu'à Fritzlar. Imhoff marcheroit demain à Warbourg, pour arriver

---

*) N. d. H. Der Verfasser hatte die Nachricht von dem Tode seiner Mutter, der zu Braunschweig im 55sten Jahre verstorbenen Wittwe des Herzogl. Postmeisters Westphalen, erhalten.

le 20. à Paderborn. Stockhausen doit suivre l'armée françoise; le bataillon de Trimbach seroit ou à ajouter au corps de Imhoff, ou recevroit ordre de venir joindre l'armée le plustot possible.

V. A. S. poursuit la route à Frankenberg avec l'armée, le Prince hereditaire et le Duc de Holstein resteront à pareille hauteur sur son flanc gauche, afin de talonner l'ennemi.

Si V. A. S. pouvoit marcher par Freyenhagen et Wildungen cela vaudroit mieux encore; puisqu'elle seroit toujours plus à portée de soutenir le Duc de Holstein et le prince hereditaire. Il se pourroit meme que de cette façon ou empechat l'ennemi d'atteindre Marbourg. Mais je crains que je ne propose une chose, que le local rend dificile ou impossible.

(Archiv-Acten vol. 324.)   1.

       ** Monseigneur,   Ce 18. Aout 1759.*)

Comme V. A. S. vient de repondre Elle-même au prince héréditaire; je me borne à Luy renvoyer sa Lettre.

Si l'Ennemi reste encore aujourdhuy à Cassel; il me semble nécessaire, que malgré les chemins difficiles V. A. S. doit s'aprocher demain avec l'armée de Landau; pour être à portée de soutenir le prince héréditaire et le Duc de Holstein. Car, si l'ennemi ne décampe pas aujourdhuy, il est sur, qu'il veut se soutenir à Cassel, qu'il compte de vivre aux Dépens du païs, et de gagner du temps pour se réfaire.

Si cela arrive alors, comme j'ai eu l'honneur de le dire à V. A. S., il faut prendre une position, par la quelle elle se trouve à portée de soutenir le Duc de Holstein et le prince hereditaire. Dans le même temps nos huzards et les chasseurs doivent agir le long de l'Eder, pour empêcher tout transport de vivres de Marbourg; Luckner doit répasser le Weser, et passer ensuite la Werre du coté de Witzenhausen pour aller dans le Baillage de Lichtenau pour interrompre les livraisons du païs, et pour empêcher les transports, qui pourroient venir de Hirschfeld.

J'espère, que le Roy raccomodera les affaires, qui ne seront pas si déseserées, qu'elles le paroissent d'abord. Je souhaiterois que Bülow revint. Le coup du Duc de Holstein est surement tres beau.

(Archiv-Acten vol. 324,)   2.

       ** Monseigneur,   Ce 18. Aout 1759.

Voicy Monseigneur, trois Lettres du Duc de Holstein, qui sont arrivées toutes les trois presque dans le même moment. Elles prouvent que l'Ennemi est en mouvement.

Celle du General Imhoff, qui contient un Raport du Comte de Görtz, dit positivement, que l'ennemi a abandonné son camp de Cassel.

---

*) N. d. H. Am 18ten war das Hauptquartier in Mengeringhausen. (acta vol. 122.)

Il faut donc marcher demain. Je ne sais si la marche par Freyenhagen et Wildungen a été trouvée praticable. En ce cas là je la préfère à l'autre sur Corbach, puisqu'alors l'armée reste à portée du
Prince héréditaire, et du Duc de Holstein, par quoi ceux-ci peuvent
agir avec moins de réserve, et causer par conséquent du Dommage à
l'Ennemi.

Il me semble, que la boulangerie doit être raprochée de l'armée,
et qu'on fera bien de l'établir d'abord à Corbach, parcequ'il s'y trouve
deja des fours de construits.

* Instruction pour Imhoff au 18. d'Aout 1759.*)
** Pour le général D'Imhoff.

Je destine à V. E. un corps de troupes, qui fera le siège de
Munster. —

Il consiste dans les 5 B. 4 Escadrons de Dragons et 2 Escadrons
d'hussards hessois, qui sont à présent avec Elle à Volckemissen.

Le colonel Boyd se trouve avec trois bataillons, deux cent chevaux commandez, et 160 chasseurs hessois devant Munster. Le Bataillon de Fersen, et le reste des Bataillons de Marschal et de Post,
qui peuvent se trouver encore à Hameln, escorteront l'artillerie destinée
pour le siège et feront partie de votre corps d'armée.

Le Bataillon de milice grénadiers, qui se trouve à Lipstad, s'y
rendra de même, et escortera un train d'artillerie, qui sera tiré
de Lipstad.

L'Artillerie consiste en général en 12 mortiers, et 12 pieces de
24 livres de bales, qui viennent de Hameln; et en 12 pieces de douze,
qui seront tirées de Lipstad.

Le colonel Schluter commandera l'artillerie; Le capitaine Giese dirigera le siège en qualité d'Ingenieur.

V. E. marche le 20. Aout de Volckemissen à Warbourg, et tache
d'arriver le 21. Aout à Paderborn. Elle y pourvoira son corps de
9 jour de pain, à compter du jour qu'elle partira de Paderborn.
Elle marchera le 23. à Rittberg; le 24 à moitié chemin de Telligt,
le 25. à Telligt meme.

Le train d'artillerie, qui vient de Hameln, va en trois marches à
Bilefeld; par conséquent en partant le 21. de Hameln, il arrivera le
23. à Bilefeld. Il y fait jour de repos le 24. Il marche le 25. à
Sassenberg, et le 26. à Telligt.

Le train d'artillerie, qui vient de Lipstad marche le 21. à Rittberg; le 22. à moitié chemin de Warendorp, le 23. à Warendorp; le
24. jour de répos, le 25. à Telligt.

Le capitaine Giese va recevoir l'ordre de moi, de se rendre incessament au camp du colonel Boyd devant Munster, pour arranger
tout pour le siège.

_____

*) N. d. H. Die unterstrichene Ueberschrift von der Hand des Herzogs.

V. E. le commencera dés le 27. Comme vous n'avez pas assez
de monde pour investir la place; vous vous bornerez à faire occuper
les passages; et vous placerez un couple de bataillons auprés des batteries qui tireront.

Vous prendrez avec le reste de votre corps une position convenable pour couvrir l'attaque.

Il n'est guerre probable, qu'on veuille se defendre au prix de voir
réduit la ville en cendre. Si le commendant refuse de se rendre, alors
V. E. fera jouer ses bateries, sur tout celles à mortiers, contre la ville;
Si la ville se rend, et que le commandant se retire dans la citadelle,
alors il faut le chauffer par les bombes et le feu de canon à la fois.
Je crois que le meilleur sera de l'attaquer du coté de la ville, tant parceque la citadelle n'y est pas bien forte, que parceque les assiegés ne
voudront pas tirer contre la ville.

Il est important, que le siège se fasse promptement et soit executé avec vigueur.

J'espère que V. E. en viendra à bout en peu de jours, vû que la
garnison est foible, et que l'ammunition, qui se trouvoit dans la ville,
a eté jettée dans la rivière pour la plus grande quantité.

Dés que la ville et la citadelle auront eté recouvré, V. E. renverra l'artillerie, qui a eté employée au siege, réspectivement à Hameln
et à Lipstadt. Mais Elle pourra garder une partie de l'ammunition,
qui n'aura pas été consumé, pour en pourvoir la ville de Munster pour
un besoin pressant.

L'intendant-Général Hunter a reçû Ordre de faire partir de Paderborn à Warendorp un transport de farine avec 50 Boulangers pour
y cuire du pain pour votre corps. Le transport de farine, dont je
viens de parler consistera d'abord en 100 Wispel. Il sera en suite
rafraichi du magazin d'Osnabruk; et V. E. ordonnera au commissaire,
que Mr. l'Intendant-Général donnera à Votre corps tout ce qu'Elle
trouvera nécessaire pour la boulangerie, et l'entretien des Troupes.

Le païs de Munster fournira le fourage sur des Recus, tant à
l'infanterie et à la cavallerie, qu'au train de l'artillerie; Et V. E. y
aura l'oeil pour que le païs ne soit pas foulé mais menagé autant qu'il
faire se pourra.

à Mengeringshausen ce 18. Aout 1759.

F.

5. Ce 24. Aout 1759.*)

** Monseigneur,
Je felicite V. A. S. de tout mon coeur du cordon, que le Roy
d'Angleterre luy confere; et je ne la felicite pas moins du Beau present des 20 milles livres Sterling.

Si V. A. S. est de mon sentiment il faut les placer en terre et

---

*) N. d. H. Hauptquartier Münchhausen. (açta vol. 122.)

en ecrire à Mgr. le Duc. En attendant on les laissera à la banque d'Hambourg. On n'y donne que 3 pour cent; mais il faut compter la sureté pour quelque chose.

V. A. S. a t-elle lû la relation attribuée au Duc de Broglie? Il me paroit qu'on fait tort au M. de Contades. Le raisonnement de Broglie est faux; et si jamais la bataille pouvait etre gagnée, c'auroit eté en s'emparant de Kuttenhausen et en delogeant le general Wangenheim. Si Broglio pouvoit l'attaquer, à 4 heures du matin, et s'il ne l'a pas fait, il est bien simple qu'il est cause de la perte de la bataille. Ceci me fait penser, que Mr. de Broglie pourroit fort bien n'etre pas si habile qu'on le dit.

(vol. 259. der Archiv-Acten.)

* Ce 18me Août 1759.

* Ordre de Bataille.*)

Première Ligne.

Generaux:

Lieutenants-Generaux: Son Altesse Serenissime Monseigneur le Duc. Pr. Holstein. Einsiedel Pr. Hereditaire. Wutginau. Gilsae. Comte de Kilmansegge. Mylord Sackville.

Majors-Generaux: Col. Hanstein. Col. Stein. Behr. Bose. Tolle. Dreves. Stolzenberg. Waldegrave. Bock. Mostyn.

Esc.	Bat.	
3	—	Bland.
2	—	Inniskilling.
3	—	Gardes Bleu.
1	—	Grenadiers à Cheval.
4	—	Bock (det. mit Imhoff.)
4	—	Max Breidenbach.
1	—	Garde du Corps.
		Artillerie Britannique.
—	1	Napier. 1 Bat. Marchal.
—	1	Stuart. det. mit Imhoff.
—	1	Welsch Fuseliers.
—	2	Gardes.
—	1	Wangenheim.
—	1	Scheele.
—	1	Roeden (mit Imhoff.)
—	1	Reden.
—	1	Dreves.
—	1	Block.
		Artillerie de Bückebourg.
—	1	Garde Hessen.
—	1	Pr. Charles.
—	1	Canitz.
—	1	Gilsae.
—	1	Pr. Guillaume.
—	1	Grenadiers.
—	2	Behr-Brunsvic. 1 Bat Wrede
—	2	Regt. du Corps. (det. mit Boydt.)
		Artillerie Britannique.
2	—	Hammerstein.
2	—	Regt. du Corps.
2	—	Miltitz.
4	—	Dragons du Corps.
5	—	Pr. Holstein.

*) N. d. H. Mit mehreren Berichtigungen und Bemerkungen von der Hand des Herzogs.

Généraux:

Seconde Ligne,
Mons. de Spoercken.

Comte Finckenstein. Pruschenck. Urff. Imhoff (det.) Pr. Anhalt. Wissenbach. Bischhausen. Scheele. Scheiter. Lt. Col. Huth. Col. Braun. Maj. Hase. Capt. Philipps. Kingsley. C. Breidenbach. Mylord Granby. Elliot.

Esc.	Bat.	
2	—	Howard.
2	—	Mordaunt.
2	—	Gris Horses.
4	—	Carl Breidenbach.
2	—	Bremer.
2	—	Veltheim.
—	1	Kingsley.
—	1	Brudenell.
—		Home.
—	1	Vieux Zastrow (det. mit Imhoff.)
—	1	Stoltzenberg.
—	1	Bock.
—	1	Plesse.
—	1	Estorff.
—	1	Behr.
—	1	Hardenberg.
—	1	Pr. Hereditaire.
—	1	Pr. Anhalt.
—	1	Bischhausen.
—	1	Dolle.
—	1	Mansbach.
—	1	Regt. du Corps.
—	1	Zastrow Brunsv. (det. mit Imhoff.)
—	2	Imhoff.
2	—	Pr. Guillaume.
2	—	Pruschenck.
4	—	Frederic.
4	—	Finckenstein.

Train de Reserve Britannique.

Brigade de la grosse Artillerie Hannovrienne.

Grand Train de l'Artillerie de Reserve Hannovrien.

Brigade de l'Artillerie Hessois et Bückebourg.

1 Bat. Bückebourg.

Recapitulation.

	Esc.	Bat.
Première Ligne	33	20
Seconde Ligne	26	17
Pour couvrir la grosse Artillerie	—	2
Corps de Reserve en Flancs	9	—
Total	**68 Esc.**	**39 Bat.**
Corps de Wangenheim	10 Esc.	8 Bat.
Grc (Garnisons)	— Esc.	8 Bat.

Corps de Reserve.

3 Esc. Rusch
2 ... Malackowsky } Husards.
2 ... Hessois
2 ... Chasseurs Hannovriens.
2 Bat. Milice Hessois.

9 Esc. 2 Bat. et 1200 Chasseurs Hannovriens à Pied et les Troupes legères de Bückebourg.

(Nachlass Westphalens.),

(Copie.)　　　　　　　　　　Werjesen ce 13. d'Août 1759.
　　　　　　　　　　　　　　　à 9 heures du Soir.

Je suis charmé de me voir en même de Lui annoncer une bonne
nouvelle, le Major Friedrichs vient de faire prisonnier de guerre la
Garnison du Chateau de Trentelnbourg, je joins ci-auprés la Relation
de Mr. Fridrich, et la Capitulation qui leur a eté accordé, je les en-
voï tous à Hameln.

Je laisse Friedrichs demain à Trentelnbourg, Trimbach occupera
Liebenau, moi, je serois à Warbourg, et Luckner en avant à Herlin-
gen, de façon que demain tout le Diemel est occupé. C'est avec la
Devotion la plus parfaite, que j'ai l'honneur d'être etc.

　　　　　　　　　　　　　　　　　　　　　Charles G. F.

Gestern Nachmittag 3 Uhr, liess sich vor Münden feindliche
Infanterie und Cavallerie sehen, erstere schlichen sich beynahe an den
Galgen.

Ich rückte sofort mit den Fuss- und Pferde-Jägern vors Thor,
delogirte die feindliche Infanterie und Cavallerie, welche sich aber linker Hand vor den Wald setzten, daher ich genöthigt war, selbige
durch Canonen-Schüsse zurückzutreiben, gegen 6 Uhr liess sich aber-
einst eine feindliche Patrouille sehen, welche aber gleich wieder retour-
nirte, mithin war mein Ausmarch aus Münden späth, da ohnedem an
die 600 Kriegs-Gefangene und Marquetenders von Hameln gebracht
wurden, ohne die mindeste Instruction.

Aus obiger Ursach bin ich allererst 5 Uhr heute früh alhier eingetroffen; zu Godsbüren aber wurde ich benachrichtigt, dass das hiesige Schloss vom Feind noch stark besetzt wäre, es wäre aber ein
Officier mit 30 Mann ausgangen um Lebens-Mittel zu erpressen; ich
besetzte also die beeden Aventien vom hiesigen Schlosse mit der Bulow-
schen Compagnie Fuss-Jäger, massen die Brünssigsche noch nicht hier,
das Feuern nahm sofort zwischen beeden den Anfang, und haben sich
die Feinde tapfer gewehrt, daher 2 Mann Fuss-Jäger an Beinen blessiret worden.

Ich eilte während der Zeit denen Marodeurs mit 24 Pferden nach,
ich kunte selbige nicht nach Wunsch einholen, massen sie in dem
Dorfe Hummen welches nahe am Walde belegen, waren; Sie wurden
indess gesprenget und in den Wald gejaget, mit Hinterlassung der
erpressten Kühe, Schweine, Hühner etc., welches denen mitgelauffenen
Bauern wieder gegeben wurde.

Bey meiner Retour continuirte das kleine Feuer vom Schlosse sowohl als von den Jägern noch immerfort. Ich schickte den Trompeter
auf die Brücke und liess Apel blasen, welcher aber durchs Feuern
abgewiesen wurde, ob sie anitzo gleich vorgeben, sie hätten es nicht
gehört Ich sahe mich also genöthiget, 10 bis 12 Canonen-Schüsse
auf das Thor zu thun, und liess nachher den Trompeter wieder blasen,

welcher endlich nebst dem Herrn Hauptmann von Bülow zu dem commandirenden Capitaine der Frantzosen gelassen wurde, und habe ich, wie die Anlage ergiebet, nach vielen Disputiren mit ihnen capituliret, wovon Se. Durchl. unser gnädigster Heer-Führer hoffentlich höchst friedlich seyn werden.

Der Herr Ober-Schultheiss Hille zu Helmershausen zeiget an, dass die Fuss-Jäger an die 30 Sack Frantzösisch Mehl bey ihm abgesetzt hätten, welche Wagens dieselbe an einem Abort im Rheinholds-Walde gefunden, er wolte hierüber gern Verhaltungs-Befehl haben, wie ich denn wegen meines morgenden Marchiren oder Haltens ebenfalls einige Nachricht ausbitte.

Tringelburg den 13. Aug. 1759.

Der Herr Capitaine Grimoire bittet flehentlich um Freyheit nach seinem Wohlgefallen zu gehen, welches von Sr. Durchlaucht lediglich dependiret, und worzu der Herr Obrist-Lieut. v. Freytag demselben beihülflich zu seyn gebeten wird.

C. Friedrichs.

Falss der Herr Haubtmann und Commendant der Frantzösischen Besatzung zu Tringelbach die aufgesetzte puncte nicht eingehen können, muss ich solches an Sr. Durchl. den Prince zu Braunschweig melden, bis dahin werden Sie sich wieder auf das Schloss begeben.

Friedrichs.

Der Commendant de France von Dingelbrinck ergiebt sich zum Printz von Braunschweig geführt nebst dem Commando zu werden. Sobald sie zu hochgedachten Printz kämen, er fragt nach dem Commendanten vom Jäger-Corps, derselbe denn versprochen, dass sie bei seiner Honneur solten sowohl Officier, Unter-Officier und Gemeine, ohne alle Kränkung solten nebst ihrer Equipage und Pferde dahin escortiret werden.

Il est convenû avec Mr. le Major des Chasseurs, que je me rendrois moy et toute ma trouppe avec arme et Bagage aux Ordres du Prince de Brunsvic, que le Sr. de Grimöard espere de Son Altesse qu'Elle le traitera en brave homme et avec Distinction, ainsi que luy et toute sa trouppe, il demande de plus que ses armes luy conservé jusque chez le Prince pour luy et sa trouppe, et je me soumette de remettre la munition de guerre à Mr. le Major. Le Sr. de Grimöard espere qu'il sera renvoyé en France selon la Convention fait avec Mr. le Major des Chasseurs, pour ne servir de la Guerre contre le Prince Ferdinand ni ces Alliés. Fait à Dringelbourg le treize août mille sept cent neuf.

De Grimöard,   C. Guettzo,
Capt. Commendant.   P.-Lieut.

Capitulation
mit der Besatzung zu Tringelburg
den 13. August 1759.

1.

Marchiret die Besatzung von dem Schlosse mit allen militairischen Ehren-Zeichen bis an die Dimile-Brücke, daselbst wird das Gewehr gestreckt, und dieselbe ergeben sich zu Kriegs-Gefangene.

2.

Wird alsdann alle Ammunition und Krieges-Geräthschafften abgeliefert, die Herren Officiers behalten aber ihre Seiten-Gewehre.

3.

Die Krieges-Gefangene werden alsdann ins Haupt-Quartier Sr. Durchl. des Hertzogs Ferdinand geliefert, und werden Hoch-Dieselben wegen deren Auslieferung das weitere verfügen.

4.

Wird obbesagten Krieges-Gefangenen alle mögliche Assistence versprochen, wieder die Anfälle der Bauern.

de Grimöard,   C. Guettzo,
Commendant.   Lieut.

(Nachlass Westphalens)   copie

Warbourg ce 15. d'Août 1759.
à 11 heures du soir.

J'ai l'honneur de joindre ci-auprés, le raport de Mr. Luckner, que je reçois dans ce moment, il me paroit que le Coup lui fait beaucoup d'honneur, et j'ose apuyer sa Demande, pour le prompte échange de ses Houssards pris. J'enverrois le tout à Paderborn, d'où l'on aura soin des transports ulterieurs, l'officier qui est pris, est très joli Garçon, il desire beaucoup l'échange. C'est avec l'attachement le plus sincere et la Devotion la plus parfaite, que j'ai l'honneur d'être.

Charles G. F.

P. P.

Da nun die Infanterie bestehend in 300 Mann nebst 1 Canon arrivirt ist, so habe mich resolviret, den Feind, bestehend in der bewusten Infanterie und Cavallerie zu attaquiren.

Der Anfang von mir war auf die Infanterie, wovon nicht über 3 Mann seyn lebendig davon gekommen, und der übrige rest befindet sich hiebey in 17 Mann. Alsdann gieng es auf die Cavallerie von Chabo, welche in 2 Trups bestund, alleinig doch glücklich auf die ihrige Cavallerie wurde geworfen, dass also die 4 Trupps in rothen Dragonern sich selbsten von der Natur müste mit in die Flucht geben, der Choq gieng gut, und wir waren ziemlichen Weg handgemein, allein der Feind bekam 2 Escadron Succurs, und durch die Hitze meiner Leute, verlohr ich den Choq, wobey ich viele Gefangene wiederum verlohr; jedoch ich brachte meine Leute zu raison, und wagte den 2. Choq, welcher mehrmahlen gelungen, jedoch die Affaire dauerte nicht so

43*

lange, so kamen mehrmahlen 2 Escadrons Succurs, wobei ich mich musste zufrieden stellen, und konnte nicht mehr davon profitiren, dieweilen mehrmahlen vor meinen Augen 2 Escadrons aus dem feindlichen Lager ankamen, so dass vor meinen Augen 10 Escadrons oder Trupps, jede ungefehr 70 à 80 Pferde stunden, nebst diesen so kamen etliche Infanterie-Regimenter an; welche aber Halt auch nunmehro machen, und ich blieb in meiner position.

Mein Verlust ist in 18 Mann todt und blessirt und gefangen.

Mein profit ist alleinig folgende Specification an Mannschaft nebst etliche 30 Pferde.

Jedoch zu meiner avantage bin und bleibe ich Meister von dem Platz der Affaire, und der Feind hat doch empfunden, dass er von mir zu 2mahlen ist geworfen worden.

Nun wolte Ew. Durchl. bitten, um die Rantzionirung meiner Mannschaft, damit erlaubt wäre, einen Trompeter dahin zu senden, so könnte dem Feind so viele Cavalleristen zurückgegeben werden.

v. Luckner.

Volckmessen den 15. Aug. 1759.

(Nachlass Westphalen)   copie

Sur la hauteur, au desoûs de Visbeck prés de Wolffhagen à 2½ ce 16. d'aout 1759.

Les Ordres de V. A. me fûrent rendües lorsque je me trouvois occupé à faire pousser les postes avancées du Camp de Wolffhagen, j'y ai reussi, et je me trouve à la portée du Canon de Wolffhagen, le Camp est detendû, la Legion Royale, plusieurs Piquets de Cavallerie, et la Valleur de deux Bataillons se trouvent devant Wolffhagen, un rideau trés profond cache leurs mouvements, mais il y a de l'aparence qu'ils marchent. J'ai pris en gros des arrangements avec Mr. de Wangenheim, et je tacherois de preparer le tout pour l'attaque de demain.

Charles.

(Nachlass Westphalen)   Copie
au Camp de Volckmissen ce 16 d'Août 1759. à 10 heures du Soir.

Mon premier raport de la hauteur de Vissbeck, Lui aura eté aparament rendû, depuis l'Ennemi s'est replié jusqu'à Wolffhagen, je l'y ai suivi, le Camp n'existe plus, il a marché cet aprés diné, et ils defilerent encore, il y a deux heures à mon depart de Wolffhagen, ils marchent sur deux Colonnes selon le dire d'un certain Mr. de Malsbourg, qui demeure dans ces Environs, l'une va par Numburg, sur Fritzlar, et l'autre par Allendorff, au même Endroit. La Ville de Wolffhagen etoit encore occupé d'Infanterie à mon depart, et il y avoit une petite Trouppe en avant, mais il est bien certain, que n'est que l'arriere-Garde; je parts demain à 5 heures d'ici, ne pouvant avoir achevé plusieurs ponts, que je dois faire construire pour deboucher du Camp. Fridrichs est à Nothfeldt, entre Cassel et Wolffhagen, les prisonniers disent, que depuis deux jours toutes les Troupes sont restées

habillés, et ont eû Ordre de marcher au pémier Signal, l'on s'est canoné
de part et d'autre à diverses réprises, nous n'avons rien perdû, mais
l'Ennemi peut avoir perdû 10 ou 12 hommes de notre Canon.

Je devançerois demain la marche des Trouppes, et je ne manquerois
pas de Lui envoïer de moment à moment des raports de ce que je
puis aprendre, j'enverois tous mes raports par Landau. qui suis p p.

Charles. G. F..

(Archiv-Acten vol. 27.)

In Verfolg des Erlasses des Herzogs vom 14ten August 1759
reichte der Obristlieutenant v. Freytag unterm 4ten Septbr. ej. ein
Diarium d. d. Unter-Rose d. 1sten Septbr ej. zu seiner Verantwortung
ein, mit der Bitte, daraus ersehen zu wollen, „dass der etwa began-
gene Fehler von keinem Mangel des Eifers herrühre, mit welchem er
Sr. Durchlaucht gnädige Befehle nach allen seinen Kräften zu erfüllen
ewig unermüdet leben werde."

Dieses Diarium enthält vom 4ten August 1759 ab bis zum
14ten ej. Folgendes:

Den 4ten des Morgens erhielt eine Estafette von dem p. p. General
Brunck mit einer Ordre von Ihro des Erb-Printzen Durchlaucht mir bekannt zu machen, dass ich mit dem unterhabenden Corps sofort nach
Hameln zurückkommen sollte. Alda fand ich eine anderweite Ordre
an gedacten Hr. General von des Erb-Printzen Durchlaucht vor, nachstehenden Inhalts:

Der Obristlieut. v. Freytag solle suchen, da der Feind durch die
hannöverschen Lande gehen würde, demselben die Zufuhr von Cassel
nach Eimbeck abzuschneiden, auch sonst auf alle mögliche Art denselben aufzuhalten.

Dieses desto besser ausrichten zu können, bat ich mir die schon
bei Multhöpen gehabte 800 Mann Infanterie aus, welche mir auch mit
4 Canonen von genannten Hr. General verwilliget wurden. Obschon
ich mit ersterem Commando bereits 5 Stunde marschiret war, ging ich
doch noch diesen Tag, um den aufhabenden Befehl desto ohnverzüg-
licher zu befolgen, 4 Stunde weiter nach Bodenwerder; unterweges
traf ich bei Daspe gegen mir über, jenseits der Weser einige 100 Mann
zu Pferde und zu Fusse an, welche Miene machten, übergehen zu
wollen; ich liess dieselbe gleich canoniren, darauf sie sich mit Verlust
eines Officiers zurückzogen, unsererseits blieb 1 Pferd und ward 1 Mann
zu Fuss blessirt.

Den 5ten setzte meinen Marsch fort nach Holzminden und liess
die Cavalerie bei Polle durch die Weser reiten, die Infanterie aber mit
Wagens durchfahren, und marschirte

den 6ten in der Gegend Uslar.

Den 7ten in das Holz bei den Scheeden, wo ich, um der erhaltenen Ordre, den Feind aufzuhalten und alle Zufuhr abzuschneiden,
desto besser nachzukommen, die Wege in den Scheeden verhacken liess,
wie denn auch nach dieser Zeit kein einziger Wage zu der französischen

Armée hierher passiret ist. Meine Position mit dem Corps war so, dass ich den Weg von Goettingen observiren und den von Harste nach Münden gehenden defendiren konnte. Diese sowohl als meine andern genommenen Mass-Regeln meldete sofort an Ihro des Erb-Printzen Durchlaucht, welche Höchstdieselben gnädigst genehmigten.

Den 8ten war von der feindlichen Armée noch nichts zu sehen. Die Garnison von Münden ward aber mit 2 Bataillons verstärket. Die Nacht vom 8ten auf den 9ten rückten zu Vahrlosen ohnweit Bühren 1000 Mann und zugleich die tête der armée zu Dransfeld ein. Da ich glaubte, erstere würden auf Bühren gehen wollen, so marschirte sogleich gegen dieselbe an, allein sie zogen sich in grösster Eile auf Dransfeld zurück.

Den 9ten des Morgens um 9 Uhr fing die ganze tête an, nach den Scheeden zu marschiren. Diese aufzuhalten, zog ich mich auf die Höhe bey Mihlenhausen und fing dieselbe an zu canoniren, welches sie auch bis Mittag aufhielt. Da ich aber befürchten musste, dass von Münden übers Holz sowohl als von Bühren etwas würde gegen mich detachiret werden, so fand höchstnöthig, meine Stellung zu verändern. Das bataillon von Stockhausen liess ich Mittags um 2 Uhr die feindl. Armée in ihrer Mitte zwischen Wellersen und Dransfeld angreifen, um ihren Marsch ferner aufzuhalten und des Erb-Printzen Durchlaucht desto besser Gelegenheit zu geben, derselben beizukommen. Desselben Abends stand das ganze feindliche Lager ausser dem, was sich den Scheeden genähert hatte, bey Dransfeld aufgeschlagen, welches ich auch mit den 4 habenden Canonen beschoss.

Den 10ten Morgens fing die feindliche Armée an, ihren march nach den Scheeden fortzusetzen. Ihro Durchlaucht der Erb-Printz kamen darauf erstlich mit allen Husaren und nachher mit den übrigen Truppen bey Barterode an, und gaben mir folgende Ordre:

Alle Jäger zu Fuss sollten, wenn die feindliche Arrieregarde durch unsere Truppen in Unordnung gebracht würde, zwischen Wellersen und Dransfeld die Flüchtigen attaquiren. Die 800 Mann bey mir habende Infanterie sollten verhindern, dass die am Holze stehenden feindlichen Bataillons den Jägern nicht in den Rücken kämen. Die Dragoner und Jäger zu Pferde sollten aber so gestellet werden, dass Vahrlosen masquiret und der Feind daher durch zu gehen behindert würde.

Ersteres ward, wie Ihro des Erb-Printzen Durchlaucht solches allenfalls selbst gnädigst bezeugen werden, durch den Obristlieutenant von Stockhausen nebst den Jägern bestmöglichst ausgeführet. Die feindliche bataillons marschireten zwar gegen unsere Infanterie an, wurden aber nicht allein sofort repoussiret, sondern auch durch Bühren eine halbe Stunde weit verfolget.

Wie die feindliche Armée bereits das Holz, worin die Jäger vorher gestanden, passiret war; diejenigen Bataillons aber, so das defilée bey den Scheeden decken mussten, annoch auf der Höhe standen, so zog ich, um solche anzugreifen, die Jäger zu der im Holze stehenden Infanterie, und canonirte inzwischen, den Feind bey Scheeden in die Flanque, zu der attaque konnte aber, weil die Jäger aller Eilfertigkeit ohnerachtet nicht so geschwind zu der Infanterie stossen konnten, vor Sonnenuntergang nicht kommen.

Die gar zu grosse Ueberlegenheit der Feinde, da dieselben laut Aussage der Gefangenen, Deserteurs und anderer Leute, in 4 Brigaden unter dem General St. Germain bestanden, veruhrsachte zwar, dass ihnen nicht so vieler Abbruch, wie ich woll gewünschet, geschahe, inzwischen können sie doch nicht in Abrede seyn, beträchtlichen Verlust erlitten zu haben, welches auch allenfalls diejenigen Unterthanen, welche die vielen Todten begraben, werden aussagen können. Der Feind schätzte unsern Verlust auf 600 Mann, welcher jedoch in der That sich nur auf 12 Todte, 3 Officiers und 18 Blessirte belaufft. Das Canonen- une kleine Feuer war so lebhaft, dass alle Officiere, so schon in mehreren attaquen gewesen, gestunden, a proportion kein hefftigeres gehöret zu haben.

Wir hatten dem Feinde bereits eine canone abgenommen, da aber in der grossen Dunkelheit Freund und Feind nicht zu erkennen war, und alles durcheinander schoss, so mussten wir dieselbe wieder verlassen, und ich die Jäger durch den halben Mond zurückrufen.

Selbigen Abends ging ich nach Bühren; der Feind machte sich solches gleich zu Nutze, und zog sich in grösster Geschwindigkeit durch die Scheeden und Münden zurück. Diesen und vorigen Tages wurden 2 Offic. und einige 50 Mann gefangen gemacht, welche auf Uslar und so weiter transportirt wurden.

Dass die Jäger und andere unter meinem commando gestandenen Truppen hierbey nichts mehr thun können, als was sie gethan, gestehe ich mich mit dem Zeugnisse Ihro des Erb-Printzen Duchlaucht zu behaupten, wie ich denn auch über die Zuverlässigkeit und Wahrheit dieser Relation auch das Zeugniss der dabey gewesenen Staabs-Offiziere, namentlich des Obristlieutenant von Stockhausen, Major Maidel, Bohtmar, und Pufiendorf, auch allenfalls alle andere Officire mich berufe.

Den 11ten marschirete ich auf Münden,

den 12ten bey Weckershagen über die Weser nach Helmershausen;

den 13ten nach Warburg und Worbel;

den 14ten auf Arolsen, wo ich zu dem Corps des Hrn. Generals von Wangenheim stiess.

Unter Rose den 1sten Septbr. 1759.

W. v. Freytag.

(Archiv-Acten vol. 5.)

(Mit Bleystift geschrieben.)

Ew. Liebden melde, dass laut Deroselben Disposition ich heute die attaque formiret habe; den Feind habe erst bey Netze gefunden, woselbsten er sich zwar Mine machte zu setzen, aber auch sogleich bey der Ankunft der Husaren und Dragoner sich zurückzog, er war

nicht einzuholen und wendete sich auf Numburg, aber über die Fritzlar'sche Strasse von Netze, wie durch meine Patrouillen erfuhr, aber
gleich dass er sich auf Numburg zog, daher ich mich auf letzteren Ort
Befehl gemäss zog, auch daselbst so glücklich war, das Batt. von Nar-
bonn gefangen zu nehmen, nachdem die Hessische Cavalerie Husaren
und Piquet Cavallerie der Preussen solche vivement attaquirten und
aus denen Büscheu jagten. Die Piquets wurden theils niedergemacht,
theils gefangen, worauf den General v. Urff mit der Cavalerie um die
Stadt schickte; da denn die übrigen auch gefangen wurden. Der General Urff hat bis an das französische Lager poussiret, welches sogleich
abgebrochen war, und schien es, als wenn etwas davon nach Fritzlar
marschirte; der rechte Flügel aber stehet unter Gewehr; schickte auch
Cavallerie, auch Infanterie ab; wie aber der General an den Höhen
stehen blieb, so zog mich in's Lager, wie es Schuler nach Befehl aus-
gesuchet. Bis dato höre ich nichts vom Erbprintzen; alleweil meldet
der Rittmeister, dass der Armentiere marschiret in 3 Colonnen und
zwar den Weg nach Fritzlar zu, wenigstens gehen die Märsche in der
Gegend hin. Mit aller Hochachtung ersterbe
                                   Ew. Liebden
    Numburg, d. 17. Aug. 1759.   dienstwilligster, treu ergebenster
       à 3 heures après midy.   Vetter und Diener
                                              George Ludwig.
        A. S. A. S.
Monseigneur le Duc Ferdinand
        à Landaw.
    Ew. Liebden melde Ergebenst, dass der Feind noch in Fritzlar
befindlich, Niedenstein, desgleichen das Dorf Kirchberg besetzet hat;
in Niederstein ist gestern das Hospital und die Bäckerey des Armen-
tiéte'schen Corps gewesen, nach Aussage eines daherkommenden Boten.
Derselbe meldet auch, dass die grosse Armée gestern in der Gegend
Thorle (Dorle?) gestanden hatte. Heute verändere das Lager, so
dass mein rechter Flügel an Numburg und die Linie sich auf die
Höhen wegzieheu, — meine Patrolls gehen über Bergheim gegen Wellen, welcher Ort vom Feinde gleichfalls besetzet ist, auf Wildungen
gegen Franckenau, auf Salzenberg und Winterberg. Ueber Numburg
ist keine Colonne marschiret, ihr Lager stund gestern noch gegen Numburg über, auf denen Höhen zwischen Balhorn und zum Sande. Der
Feind brach auch sein Lager nicht eher auf, bis die Cavalerie von uns
an seinem Lager erst heran war. Da denn derselbe solches abbrach,
und seinen Marsch in 2 Colonnen nahm, alle kamen darüber überein,
dass es der Weg nach Fritzlar war; hätte ich gewiss gewusst, dass des
Erb-Printzen Liebden das Lager bey Wolffshagen bezogen hätte, so
hätte können was auf diesem Lager tentiret werden, mit sehr gutem
success; so aber wäre es avanturiret gewesen, weil sie unsere gantze
force entdecken konnten. Ew. Liebden danke gantz Ergebenst für die
gute assistence, die sie mir an denen 3 Hrn. General-Adjutanten von

Schlieben, von Derenthal, und von Witzingeroth gegeben, welche gewiss
viele Disposition und bravour bewiesen. Ew. Liebden bitte vielmahl
um Vergebung, dass mein gestriger Raport durch den Capitain von
Pfuel mit Bleystift geschrieben gewesen. 100 Pferde Husaren und
Dragoner wollte suchen nach der Gegend Wellern zu poussiren, ob
nicht möglich, den Posten von Wellern zu enleviren, sonst habe die
Husaren heute stille stehen lassen, damit sie sich ausruhen können.
Mit aller Hochachtung ersterbe

Ew. Liebden

Numburg d. 17. August 1759.   dienstwilligster, treu ergebenster
    Morgens 7 Uhr.   Vetter und Diener
                               George Ludwig.

        P. P.

    Diesen Augenblick kommt ein Deserteur vom Regiment Orleans
Cavallerie und meldet, dass gestern umb 9 Uhr Abends sich das Corps
des Duc de Brolio und Armentiere mit einander conjungiret hätte. Heute
früh wären sie beyderseits aufgebrochen und hätten Cassel links gelassen, mehr auf ihre Rechte marschirt. Es kann mir der deserteur
weder melden, wie das Dorf heisset, wo der Brolio gestanden, noch
weniger wo sie hinmarschiret; ich habe unterdessen nicht manquiren
wollen, Ew. Liebden diese Nachricht zu überschicken, so imparfait wie
sie ist. Mit aller Hochachtung ersterbe

Ew. Liebden

                               dienstwilligster, treu ergebenster
    Numburg, d. 18. August 1759.   Vetter und Diener
        12 Uhr Mittag.   George Ludwig.

    Durch eine Nachricht von dem Herrn von Buttlar, so alleweil der
Hr. G.-Lt. v. Urff bekommen, heisst das Dorf Kirchberg, wo der Brolio gestanden, und wo sie sich conjungiret und von wo sie gestern
Abend auf Cassel marschiret sind, daselbst sich aber auf Felsberg
gewendet. —

        P. P.

    Vor die Zufriedenheit so, Ew. Liebden über meine geführte con-
duite mir zu erkennen geben, danke ergebenst und ist mein Wunsch
erfüllet, wenn ich Ew. Liebden Freundschaft, Wohlwollen und aprobation mir erwerben kann, ich werde gewiss keine Gelegenheit versäumen,
solches jederzeit mit aller vorzüglichen Ergebenheit zu bezeigen. Aus
meinem heutigen raport werden Ew. Liebden ersehen haben, was ich
von dem Marsch der Frantzosen weiss, ob Cassel aber evacuiret kann
ich noch nicht gewiss melden, ich habe aber einen Boten dorthin abgeschickt, werde auch sehen, ob ich es nicht durch Patrollen kann zu
wissen bekommen; Ew. Liebden werden mir zu befehlen geruhen,
wenn nicht die Gewissheit bekomme, dass Cassel evacuiret sey, ich
dennoch marschiren soll bis Züschen; sollten Ew. Liebden hierüber
nicht andere Ordre schicken, so marschire morgen. Was aus dem

Frankenbergschen und der Gegend Hessenstein mir vor, Nachrichten geworden, erfolgen anbey, wie auch wie es in Marpurg stehet. Mit aller Hochachtung ersterbe

Ew. Liebden

Numburg, den 18 ten   dienstwilligster, treu ergebenster
August 1759.   Vetter und Diener
Mittags 12 Uhr.   George Ludwig.

In mein heutiges Schreiben habe ich das datum von gestern aus Versehen gesetzt:

Volkemissen, den 18ten August 1759.
Abends um 6 Uhr.

Durchlauchtigster Hertzog,
Gnädigster Fürst und Herr!

Der Graf Görtz welcher heute morgen ausgeritten, in der Intention so weidt zu poussiren, bis er etwas vom Feind sähe oder zuverlässig erführe, schicket mir so eben diesen raport. Ich werde nicht ermangeln, alles was ich ferner von ihm erfahre sofort unterthänigst zu melden, der ich in tiefster soumission beharre

Ew. Hochfürstl. Durchlaucht

unterthänigster
Ph. v. Imhoff.

P. P.

Ich habe hierdurch die Ehre Ew. Excellenz zu melden, dass der Feind die Position bey Cassel verlassen hat. Das Lager von Völmar ist aufgebrochen und der Kratzeuberg soll verlassen seyn, nicht weniger der Winterkasten. Ich werde mich so eben an letztern Ort begeben, um von da aus weitere Nachricht einzuziehen, ich hoffe dass Ew. Excellenz dieses billigen werden, weilen ich sonsten nicht erfahren kann, welchen Weg der Feint nimmt, und ich doch glaube, dass es sehr nöthig zu wissen ist.

So bald als nach dem Winterkasten komme und was Merkwürdiges observiren kann, werde Ew. Excellenz davon benachrichtigen; sollt es aber vor gut gefunden werden, mir noch mehr nachzuschicken, so wird man auf dem Winterkasten erfahren, wo ich mich aufhalte.

Türenberg, den 18. Aug. 1759.

à Son Excellence   El. Graf von Görtz.
Monsieur le Baron de Imhof,
Lieutenant General de S. A. S.
Monsg. le Duc de Brounschwig,
à Volkmissen.

P. P.

Ew. Liebd. überschicke zwey raports von zweyen Unter-Offiziers, der eine, so sich auf den Höhen von Loon aufhalten muss, die Bewegung des Feindes zu observiren; der andere der Gegend Niedenstein zu gleichem Endzweck. Ein ausgesandter Bote, welcher so eben wieder-

kommt, bringt die Nachricht, dass das Armentieresche Corps bey der
Casselschen Warte vor Fritzlar campire und dass es einen Flügel gegen
Hadmer sich erstrecke; bey Zener zwischen Ober und Nieder Melrich,
hätte der Feind eine Brücke geschlagen, worüber eine grosse Armée de-
filire, welche auch schon den Fluss passiret wäre, bis auf Weniges
noch. Das Armentieresche Corps hätte zwar noch keine Zelter aufgeschlagen gehabt, die Bursche hätten aber in denen Erbsen herum-
gelauffen, und die Cavallerie hätte fouragiret. Da Niederstein leer, so
will ich noch diese Nacht die Husaren bis Züschen vorrücken lassen
und Morgen bis Geismar, wenn es noch anders bey Ew. Liebden ordre
verbleibt, dass ich nach Züschen marschire. Obgleich ich es nicht
gewiss weiss, so glaube doch gewiss, der Feind habe Cassel verlassen.
Mit des Erbprinzen Liebden werde concertiren, dass die leichten Truppen gegen die feindliche arriere-garde agiren und haben obgedachten
Brief dieserwegen an mir geschrieben. Ew. Liebden seynd in Bielefeld
so gnädig gewesen, und haben mir versprochen, das Trembachsche Bataillon unter mein Commando zu geben; wenn es Ew. Liebden anderwärts nicht mehr gebrauchen; so bitte Ergebenst, solches mir zuzu-
schicken; denn ich könnte anjetzo obgedachtes Bataillon etwas in Ordnung
bringen; doch überlasse solches lediglich Ew. Liebden zu befinden.
Mit aller Hochachtung ersterbe

Ew. Liebden

dienstwilliger und treu ergebener Vetter und Diener

George Ludewig.

Numburg den 18. August 1759 Abends 8 Uhr.

(Copie:) Raport des Corporals Lauer von den schwartzen Husaren.

Ich bin gekommen bei Niederstein, als wie mir befohlen ist, und
alda zu bleiben, ich melde hier mit dass keine Franzosen nicht mehr zu
sehen oder zu hören ist. Ich verbleibe Ew. tr. K.

Lauer C.

(Copie)   (Das Original mit Bleistift)

Rapport des Unteroffiziers Törreck von den gelben Husaren den
18. August Nachmittags gegen 5 Uhr.

Des Feindes seine Bagage margert bey Ober-Mellerich und etliche
Troppen margiren zwischen Fritzlar und Hatemer gautz langsam auf
die Heyden, manig Troppen sein schon übers Wasser, oder bey Fritzlar,
ich würde aber eine bessere Nachricht davon erfaren.

Lohne den 18. August 1759.   Corporal Törreck.

P. P.   (Archiv-Acten vol. 6.)

Ev. Liebden Ordre zum Marsch von gestern Abend 10 Uhr ist mir
heute früh ⅓5 Uhr geworden; ich werde umb 6 Uhr nach dem Ort meiner
Destination marschiren. Aus meinen gestrigen Nachrichten werden Ev.
Liebd. mit mehrerem ersehen haben, was denenselben von den mouvements des Feindes gemeldet; die patrollen haben seit der Zeit nichts
melden können wegen Dunkelheit der Nacht. Dieses ist aber gewiss,

dass die eine Patroll in Niederstein gewesen, dass also nichts mehr da
ist. Ein desertirter Schweitzer aus Cassel, so vorgestern weggegangen,
meldet, dass, da er gestern und vorgestern auf einem Bergkuppen ge-
sessen, er die ganze armée hätte defiliren sehen, ob Cassel aber ledig,
könne er nicht sagen; ein deserteur von den volontairs de Flandres
saget aus, dass ihr Corps, sowohl wie das von Armentiere diese Nacht
wieder aufgebrochen wäre. Sobald Nachrichten einlauffen, werde nicht
manquiren, alles zu melden. Die Husaren habe diese Nacht auf Alten-
dorf marschiren lassen, welche 2 Detachements, das eine auf Züschen,
das andere auf Kirchberg poussiren sollen; den Rittmeister Pafkow
habe mit 100 Husaren und 90 Dragoner nach Wellen marschiren, umb
zuzusehen, ob selbige dort nichts von ihnen können gefangen bekommen.
Alleweil kommt der Unteroffizier Törreck von der Höhe von Loon wieder
und meldet, dass die ganze grosse armée übers Wasser und campire bei
Zenner und Gross-Engelheim, an welchem letzten Ort dass Hauptquartier. Die Arrieregarde des Feindes hätte sich aber gestern Abend
zwischen Thorle und Hadmer gelagert gehabt, wäre aber diese Nacht
marschiret. Mit aller Hochachtung ersterbe . . . .
. . . . Ev. Liebden . . . .
. . . . dienstwilligster treuergebenster Vetter u. D. . . . . . .
. . . George Ludewig . . . . .

Numburg d. 19. Aug. 1759 Morgens ½6 Uhr.

P. P.

Ev. Liebden melde, dass allhier ein Lager genohmen, so gut wie
das emplacement habe finden können, welches keinesweges das beste,
zu dem stehen des Feindes Vortruppen eine halbe Stunde von hier;
von dieser Seite des Flusses steht nichts mehr vom Feinde als ihre
Piquetter, aber die gantze armée stehet nach meinem Augenscheine
bey Wabbern und Fritzlar; in ihrem Lager spüret man keine weiteren
mouvements, als dass ich selber gesehen, dass viele Wagens die Strasse
nach Marpurg marschiren. Sollte der Feind morgen noch stehen
bleiben, so muss meine position verändern, denn so stehe ich nicht gut,
zumahlen die gantze armée dastehet. Wenn Ev. Liebd. befehlen, dass
der Erb-Printz morgen zu mir stossen, so könnten wir eine position
zwischen dem Warthe-Thurm von Fritzlar und dem linken Flügel nach
dem gegenüberstehenden Thurm, und könnte der Feind sowohl in
Fritzlar als im Lager cannoniret werden. Heute kam noch auf der
Casseler Strasse eine Colonne von Cavalerie und Infanterie benebst
Bagage marschiret; sie war mir aber zu weit, zumahlen ich über flaches
Feld marschiren musste, und ich auch auf dem Lager meine attention
wenden musste umb mir nicht zu avanturiren. Im Scharmutziren ist
der Rittmeister Malakinsky durch den Hals gefährlich blessirt worden.
Den raport des Rittmeisters Patzkow imgleichen ein Schreiben von
Cassel vom Geheimbte Rath Waitz, so mein Bote herausgebracht, im-

gleichen ein Schreiben· vom Ambtmann-Krause aus Frankenberg erfolgen
hierbei. Mit aller Hochachtung ersterbe
                          Ev Liebden
              dienstwilligster treuergebenster Vetter und Diener
                                        George Ludewig .
        Züschen den 19. August 1759 des Abends 6.Uhr.
              P. P.
   ·   Ev. Liebden Ordre von gestern Abend 7 Uhr ist mir heute früh
4 Uhr geworden; ich werde nach derselben Ordre heute nach Wildungen marschiren, und werde laut derselben mit dem Erb-Printzen den
Marsch der leichten Truppen concertiren. Ev. Liebden melde, dass
die gantze französische armée im vollen Marsch ist, die grosse armée
auf Ziegenhain und wie es scheint das Corps des Brollio auf Marpurg,
zum wenigsten nehmen sie diesen Weg. Ich schicke sie alle leichte
Truppen und Piquetter. nach so weit es seyn kann, und ich marschiere
hier auch durch nach Wildungen, ist es möglich, so tentire ich was.
Mit aller Hochachtung ersterbe p. p.
   · Fritzlar d. 20. August 1759.   George Ludewig.

   ·· No. 45.
     ** Au Roy.   à Corbach ce 19. Aout 1759.
   · La très gracieuse Lettre de V. M. du 8. m'a été rendüe, il y a
quatre jours: Depuis il ne m'est rien parvenû de la part de V. M.
     Je mets mes humbles Remercimens a ses pieds de la grace distin-
guée, qu'il Luy a plû d'accorder à mes aides de camp de Bulow et
de Derenthal; je suis persuadé qu'ils s'efforceront de s'en rendre
dignes.
     L'armée Ennemie a achevé le 11 son passage de la Werre à
Munden et à Witzenhausen; nos troupes se sont emparés de ces deux
villes dès le 12. Le chateau de Drendelbourg s'est rendû le 13, la
garnison ayant eté faite prisonniere de guerre. Le prince hereditaire,
ayant passé le 14 le Weser à Herstel, a poussé le meme jour jusqu'à
Warbourg; une partie de son avantgarde, composée des huzards hannovriens, culbuta le 15 un gros corps de cavallerie ennemie près de
Volckemissen. Ayant de mon coté passé le 13 les defilés de Stadbergen, je poussois le Duc de Holstein vers Corbach.
     La grande armée Ennemie campoit autour de Cassel tous ces
jours-la; Le marquis d'Armentières occupoit à Wolfshagen un camp
fort avantageux, et avoit poussé des Detachemens à Numbourg et à
Saxenhausen. je resolus de l'en deloger, à fin de gagner le flanc à
l'armée ennemie, et de l'obliger d'abandonner les environs de Cassel.
L'attaque se fit le 17. Mr. le prince Hereditaire trouva peu de resistance à Wolfshagen; le Marquis d'Armentieres se retira dès que Je
prince parut; Le Duc de Holstein, qui attaqua Saxenhausen et Numbourg, eut le bonheur d'y faire tout un Bataillon prisonnier de guerre.
sous les yeux de l'armée ennemie. Ce coup a eté suivi d'un bon effet;

l'ennemi a abandonné les environs de Cassel, et nous venons de prendre cette ville avec 2000 hommes.

(en chiffres) „je detache actuellement le general d'Imhoff pour aller faire le siège de Munster; il peut arriver le 25 aux Environs de cette ville. j'ay disposé les choses de façon que la grosse artillerie y arrivera au même moment de Hameln et de Lipstad; et je me flatte, qu'on pourra chauffer la ville dès le 27.

„je ferai en attendant encore quelques marches pour m'aprocher de Marbourg.“

j'ay l'honneur d'etre avec un trés profond respect etc.

(Archiv-Acten vol. 253.)

** Pour le Landgrave.*)

à Corbach ce 19. Août 1759.

La ville de Cassel vient de se rendre à nos troupes après une tres legère resistance. Nous y avons fait 2000 prisonniers. Je m'empresse à mander à V. A. la nouvelle d'un Evenement si heurex et qui L'interesse de si près. Je prends une part bien sincere et bien vive à la satisfaction qu'il ne manquera pas de causer à V. A. Plaise au ciel d'accorder un meme sort au reste des Etats de V. A. qui gemissent encore sous la puissance de nos ennemis.

Je suis avec les sentimens de la plus parfaite consideration etc.

** Pour le Landgrave de Hesse.

à Corbach ce 19. Août 1759.

Je viens de reçevoir la lettre que V. A. m'a faite l'honneur de m'écrire en date du 14 sur les Exactions, que les Troupes de l'armée de Mr. le prince de Deux ponts ont en dernier lieu commis dans le païs de Schmalkalden; Et j'ai vû avec horreur les procedés inhumains de ces Troupes.

V. A. voudra bien etre persuadé que je serai charmé de contribuer de tout mon pouvoir à soulager le pauvre païs. Je La prie de vouloir bien donner Ses Ordres pour qu'on me delivre une Specification de toutes les sommes qui ont été exigées, et de faire defendre en meme temps aux Sujets du dit païs de Schmalkalden, de ne plus rien payer.

Si Dieu continue à benir les armes des alliés, je tacherai de procurer un dedommagement au païs de Schmalkalden le plus tôt possible.

J'ay l'honneur d'être etc.

No. 72.   Ce 12. Aout 1759.

Monsieur,

Il m'est impossible, mon cher Monsieur, de vous exprimer le plaisir que vos cheres, interessantes, et agreables lettres causent. On vous

*) N. d. H. Schreiben an den Landgrafen Wilhelm von Hessen, der sich damals in Hamburg aufhielt.

en fait bien de remercimens et complimens. Elles me sont parvenues toutes n'en doutés pas. Il ne me manque que No. 2. que vous m'avés ecrit le landemain après la bataille.*) J'ai exactement nummerotté les miens. Ainsi que vous verrés aisement, si vous les avés reçu toutes, comme je n'en doute pas.

J'ai deja repondu par ma precedente à votre chere lettre No. 3. c'etoit hier que No. 4. du 8. du Camp de Stukenbrok me fut rendue par Katsch. Il est venu en même tems et en compagnie avec un Courier Anglois, nommé John Dawson, qui est peut etre le même, que vous avés chargé avec les archives de Mr. de Contades. Ces droles ont pris tous deux la route par Osnabruck et Lingen, malgré la direction, que vous aviés donné à Dawson, de passer par Bremen et Oldenbourg. Enfin si cela est, je suis charmé qu'il est arrivé ici. Il ne parte qu'après demain c'est à dire le 15. de Helvoet, parce que nous n'avons pas de Paquet-bot ici, et que nous n'avons pas voulu risquer ses pappiers en l'envoyant par une Pinque; c'est en même tems que vos lettres, que vous m'avés envoyé pour l'Angleterre, partiront aussi. (Ceci est changé. Dans-ce moment la Poste d'Angleterre arrive, et le Courier est parti ce soir pour Helvoet, ou il s'embarque demain.)

Grand Dieu! Que votre victoire est complette. Quelle gloire immortelle pour Monsg. le Duc Ferdinand. Quel honeur d'avoir un si illustre éleve, que notre cherissime prince Hereditaire. Quel accroissement de lustre pour toute la Maison de Brunsvic. Quel bien pour la cause, quel triomphe. Mr. le Cte. de Bentinck, l'ami de coeur du Duc qui n'est gueres flatteur, est enchanté de Msgr. le Duc Ferdinand. Il ne fait que parler de Lui. Il a apris que je vous avois envoyé des Ananas. Il en a voulu faire autant. Il m'a prié de me charger de la boëte, que le Courier vous remettra, et de le mettre aux pieds de S. A. S. Je crois que le Duc de Richmond lui avoit laché quelques traits de la conduite de Milord Sackville. Le voyant le landemain il me dit avec emphase, le Prince Ferdinand est apresent chés moi plus grand que jamais, parce qu'il sait gagner des batailles avec des gens pareils. Dites moi un mot de politesse pour lui.

Je ne sai pas encore quelle impression cette nouvelle fera à Vienne. Vous verrés par la copie ci jointe ce qu'on en pense à Paris. Cette lettre est de très bonne main.

J'y joins aussi les avis du Rhin, et la copie d'une lettre de Francfort. peutêtre y trouverés vous quelque chose, qui puisse vous etre utile.

Lisés je vous prie le Supplement ci joint de la Gazette de Cologne du vendredi 10. Aout. L'article de l'armée Francoise à Minden du 31. Juil. et ce qui y est inseré des depeches interceptées de Mr.

---

*) * Si par hazard vous m'avés envoyé cette lettre par un Courier Anglois, qui a apporté un paquet du 2me pour Mr. Laurenzy, je voudrois bien parier, que le drole ait oublié de me la remettre et qu'elle me parviendra tot ou tard de retour de Londres. Mr. Laurenzy s'est trouvé souvent dans un cas pareil.

de Donep au Landgrave de Hesse. Il me semble, que vous avés apresent entre les mains assés des materiaux des archives de Mr. de Contades, de quoi leur rendre la pareille. Si vous le jugés à propos, vous n'avés qu'a m'envoyer un bulletin, tel que je le dois faire inserer dans nos gazettes.

Je voudrois bien etre presentement à Londres. Ils ont reçu la premiere nouvelle de la bataille vendredi passé, non par le Hannovrien Fortman, ni par Mes. Epstorp et Ligonnier, mais par un exprès, que Mr. Yorke a envoyé d'ici avec une Pinque de Shevelingen, qui les a prevenu tous d'un couple d'heures seulement. Nous l'avons fait, pour punir le bon valet Hannovrien.

NB. Si vous trouvé quelque chose dans la correspondence de Mr. de Contades, qui soit relatif à ce pais ci, ou qui puisse nous faire connoitre quelque fau frere de nos gens ci, vous n'oublierés pas, je vous suplie, de m'en faire part. En attendant tout ce que vous m'en avés deja dit dans votre lettre, est extremement curieux, interessant et cruel. et avec tout cela ces gens arborent à tout Moment le drapau de l'humanite et de l'honneur. quelle peste du genre humain. Les Francois. ici avouent apresent leur defaite. Mais ils disent, que Mr. de Contades assemblera son armée à Einbeck pour retourner sur ses pas chercher sa revange. Il ne sera pas si sot; je vous en repond.

Je vous envoye par ce Courier une Candalouppe, qui est rare, à cause de sa grandeur extraordinaire.

NB. Permettés que je vous reitere mes treshumbles instances pour un bon plan de la Battaille de Dodenhausen, 2º pour les listes de votre perte, de celle de l'ennemi, de vos trophées. du nombre des prisonniers etc etc. ceci ne vous couteroi qu'un mot, et nous feroit un plaisir extreme.

Nous avons donné un peu plus d'etendue à votre relation preliminaire. Voyés ce que nous en avons fait imprimer. Le libraire en a deja vendu un nombre prodigieux. Tout le monde se dechire d'en avoir. Dites moi si vous la trouvé bonne et exacte.

On vous fait ses complimens. Vos lettres sont jolies. d'une precision admirable. On vous charge d'assurer Monsgr. le Duc Ferdinand de ses plus tendres amitiés et du part infini qu'on prend à Sa gloire immortelle. Nos voeux ardens et sinceres accompagnent L. H. S. partout. Je vous conjure de me mettre à ses pieds. Personne ne vous est plus devoué et plus sincerement tout à vous.

Il est passé aujoud'hui un Courier Danois venant de Paris. Dans le nouveau impot et taxes sur les postes francoises se trouve une tres insolente rubrique. Il y est dit: Pour les lettres pour les armées du Roi en Ecosse, Irlande et Angleterre douze Sols.

P. S.   à la lettre No. 72. du 12. Aout.
Tous les honêtes gens ont été indignés en lisant, il y a quelque tems, l'article insolent du Gazettier d'Amsterdam, que j'ai souligné.

Il est vrai que toutes ces Calomnies et Satires tournent à present à la gloire de Msgr. le Duc Ferdinand, et à la Confusion des Calumniateurs, et qu'elles meritent le plus grand mepris. Mais ne sachant pas, comme vous pensés sur cet article, j'ai crû de mon devoir de vous envoyer cette insolente gazette. Si Monsgr. le Duc Ferdinand le veut ressentir, il n'y a que ces deux chemins, pour demander qu'on punisse severement le Gazettier et qu'on donne une Satisfaction eclatante; on la doit à S. A. S. à cause des menagemens et de l'attention particuliere qu'Elle a bien voulu avoir pour le territoire de l'etat. à cause que la Republique est neutre, et qu'elle ne doit pas permettre qu'un miserable gazettier s'emancipe d'attaquer et d'insulter directement la personne de S. A. S.

Il n'y a que ces deux chemins dis je. Ou que S. A. S. aye la bonté d'ecrire directement au Magistrat de la ville d'Amsterdam pour demander satisfaction et qu'Elle adresse sa lettre à Mr. d'Elverfeld Resident du Roi de Prusse à Amsterdam, pour la remettre au Magistrat; ou qu'elle fasse porter ses plaintes seulement par la bouche de Mr. Elberfeld au Magistrat. Le deuxieme moyen est de charger Mr. Laurenzy ou Mr. de Hellen de s'adresser à LL. HH. PP. par un Memoire, pour demander une Satisfaction eclatante. *Nos amis croient qu'il faut commencer par le premier. Si S. A. S. juge à propos de faire l'un ou l'autre nous pousserons à la roue, mais il ne faut pas que nous y soyons compromis directement. Si non, vous tiendrai la chose pour non dite.

Il y a quelque tems que le Roi de Prusse a aussi fait porter ses plaintes contre cet insolent gazettier sans qu'il en ait obtenu jusqu'ici la Satisfaction. Car ce gazettier, qui est un moïne defrocqué, est pensioné et protegé par les François.

Le plus court et troisieme moyen seroit, que vous envoyassiés un couple de bon et adroits bas officiers, pour lui faire casser bras et jambes, contre sa quitance. Comme fit le Roi de Prusse jadis avec le Gazettier Roderigue à Cologne.

Repondés moi un mot pour ma direction

Haenichen.

*Soit. J'accepte cette voïe.

Ce 20. Aout 1759. entre 4 et 5 heures de l'après-midi.

Monsieur Mon Cousin.   Nr. 53.

J'ai bien reçu les deux dernieres lettres de Vôtre Altesse du 8. et du 10. de ce Mois, et le Major de Bulow l'instruira de bouche des details de la journée du 12. (dechiffrée) „Je me suis vû obligé du depuis de répasser l'Oder, l'Ennemi ayant conservé jusqu'ici son ancienne position, je m'attends donc de la part de Votre Altesse, qu'Elle voudra bien faire un Detachement de son Armée du Côté de Halle et de Leipsic, pour couvrir de ce Côté-là mes Etats, sans quoi je ne saurois lui garantir que toute la boutique ne se trouve renversée, etant empeché de faire aucun Detachement d'ici de mon Armée, qui peut monter encore à Vingt quatre mille hommes, des quels j'ai indispensablement besoin ici contre les Russes et les Autrichiens qui se trouvent avec eux."

Je suis avec la plus haute estime et l'amitié la plus parfaite
Monsieur Mon Cousin
de Vôtre Altesse

à Ritwein,   le bon Cousin
ce 15. d'Aout 1759.   Federic.

Campf ce 20. Aout 1759.

** Au Roy.   Nr. 46.

La Lettre que V. M. m'a fait la grace de m'ecrire du 15. m'a eté rendüe. J'attends avec impatience l'arrivée de Bulow; je Benis en attendant le Ciel qui a conservé la personne de V. M. dans ces eminens dangers.

La grande armée francoise marche aujourdhui à Ziegenhayn; la petite prend la route de Marbourg. Le duc de Holstein, soutenû par le prince héréditaire, continue d'etre à leurs trousses. Je marcherai demain avec le gros de l'armée à Franckenberg à 6 heures de distance de Marbourg.

(en chiffres) „Le géneral Imhoff est en pleine marche pour aller assieger Munster. Il a avec luy dix bataillons, huit escadrons et un Detachement de chasseurs. Je suis donc pour le moment présent hors d'état, de faire un second detachement pour la Saxe, d'autant plus que les deux corps de réserve du Duc de Broglio et du marquis d'Armentières se trouvent actuellement réunis avec la grande armée; et que je ne saurois m'affoiblir trop vis à vis de ces forces reunïes, sans m'exposer de perdre tout d'un coup les avantages obtenus jusqu'à présent. Il me semble, que, pour faire une diversion utile à V. M., je doive marcher avec un corps considérable à Son secours; un mediocre détachement m'affoibliroit trop sans changer les affaires en Saxe.

„Ne seroit-il donc pas plus convenable Sire, qu'on laissât avancer un peu plus la saison; dès que je pourrois m'éloigner de ces contréesci, sans crainte d'y révenir les François; je serais au comble de ma joïe, de faire telle diversion que V. M. jugeroit la plus utile. Si je voulois la faire dès à présent, le rémede seroit de peu de durée; et comme les François ne manqueroient pas de rétourner alors sur leurs pas, ce seroit peut-être attirer un nouvel Ennemi dans le coeur même des Etats de V. M."

J'ay l'honneur d'être avec un tres profond respect p. p.
F.

reçu le 23. aout 1759 par Riehl.

Monsieur,   ** à Corbach ce 20. Aout 1759.

Avant que de repondre à vos cheres Lettres je vais vous dire en peu de mots ce que nous avons fait depuis ma derniere.

Les francois ayant passé la Werre le 11. nos gens s'emparerent de Munden et de Witzenhausen. Le prince hereditaire recut ordre de nous envoyer une partie des troupes legeres, et de passer luy meme le Weser pour se porter sur le flanc de l'ennemi du coté de Volckemissen. Le prince passa la riviere le 14. à Herstal, et marcha le meme jour à Warbourg, d'où il poussa le 16. à Volckmissen et avec une tete jusqu'à Wolfshagen, en chassant touts les postes avancés de l'ennemi. Le 13. le major Friederichs prit le chateau de Trendelbourg; la garnison fut faite prisonniere de guerre. Le major Luckner remporta le 15 un avantage considerable sur les Ennemis prés de Volckmissen.

L'armée deboucha dans le Waldek par les defilés de Stadtbergen le 13. d'Aout; elle changea de camp les jours suivants de facon qu'elle fut le 16. aux Environs de Kohlgrund, le 17. entre Arolsen et Mengeringhausen. Le Duc de Holstein fut poussé vers Corbach dés le 14. Le Duc le renforca par les Grenadiers et par une partie de la Cavallerie hessoise sous le brave general Urff. On enleva le 15. un detachement des volontaires d'Alsace à Franckenberg, et jetta l'allarme jusque dans Marbourg. Le Duc de Holstein prit le 15. son camp à Corbach meme. Le 17. etoit destiné pour attaquer à la fois le camp ennemi de Wolfshagen (qui etoit celuy de Mr. D'Armentieres) et de chasser les Detachemens ennemis de Saxenhausen, Freyenhagen et Numburg. Le prince hereditaire se porta le 17. de Volckmissen sur Wolfshagen en prenant l'ennemi en flanc; Wangenheim marcha à luy par le front, en se portant de son camp d'Arolsen par Landau sur Wolfshagen. L'ennemi ne tint pas bon; il se replia dés qu'il s'aperceût qu'on en vouloit bonnement à luy. L'attaque de Saxenhausen et de Numburg reussit mieux, puisque l'ennemi ne s'y attendoit pas. Le Duc de Holstein, qui faisoit mine de marcher à Marbourg, prit tout d'un coup à gauche. Les ennemis furent chassés de Horinghausen, de Saxenhausen et des Environs jusqu'à Numbourg. Le bataillon de Narbonne, apartenant aux grenadiers Royaux, s'y trouvoit en garnison; et un camp ennemi se trouva à peu de distance de la ville sur les hauteurs. Notre brave cavalerie hessoise precedée des hussards noirs et jeaunes renverserent d'abord touts les piquets et petits detachements. On tua 110 hommes sur la place; le brave Urff tua de sa propre personne 8 grenadiers; la ville de Numburg fut emporté le sabre à la main et le reste du bataillon consistant encore en 342 hommes fait prisonniers de guerre, à la barbe du camp ennemi, qui plia bagage immediatement aprés. Nous avons pris deux Drapeaux à cette occasion. Le Duc marcha le 17. avec l'armée au camp tracé entre Arolsen et Mengeringhausen; et rendit visite au prince de Waldek. Il resta la nuit à Arolsen, et ne revint que le 18. à Mengeringhausen. Hier 19. l'armée marcha à Corbach; le prince hereditaire de Wolfshagen à Numbourg, et le Duc de Holstein de Numbourg à Zuschen. L'armée enuemie (c'est à dire la grande armée) a quitté le 18. les Environs de Cassel; Hier elle a campé dans la plaine de Wavern, ayant mis

44*

l'Eder devant elle. La ville de Cassel s'est rendû hier vers le soir
au major Friederichs des chasseurs aprés un couple de coup de canons
tirés contre les portes. Nous y avons pris une garnison de 400 hommes, avec 1500 blessez. Nous allons marcher à Saxenberg; le prince
hereditaire et le Duc de Holstein restent sur notre gauche, et sont
fort prés de l'ennemi. Le prince hereditaire a laissé un corps des
troupes à Volckemissen, d'abord destiné à couvrir les gorges du Dymel;
Le Duc y a envoyé Mr. d'Imhoff, qui le mene en Westphalie. Vous
sentez aisement pour quel usage.

Voicy plusieurs raports qui vous mettront au fait de ce que je
viens vous detailler en gros.

Voicy aussi le plan de la bataille, avec plusieurs remarques du
Capitaine Bauer pour le graveur: je vous prie de luy ordonner d'y
donner attention. Il faut graver aussi sur le plan l'ordre de Bataille.
S. A. S. souhaiteroit fort que le plan reussit bien. En cas qu'il
n'y eut pas de bons graveurs en Hollande, ne pourroit-on pas l'envoyer en Angleterre? D'un autre coté on voudroit que l'ouvrage fut
bien tot achevé. La Description de la Bataille vous mettra au fait de
plusieurs circonstances qui n'ont pas eté bien raporté jusqu'à present. J'espere que le graveur trouvera moyen de placer tout cela à
coté du plan.

Le Roy a donné bataille le 12. près de Francfort aux Russes;
(il l'a perdu completement) Nous n'avons point de nouvelles de S. M.;
mais nous venons d'aprendre de Brunswic que le mal diminue, que
l'armée dissipée d'abord s'est ralliée, et qu'on espere qu'il y aura
moyen de redresser les affaires. Je vous ecriray plus amplement de
Saxenberg; on me presse de partir c'est pourquoy je dois finir. J'espere que vous ferez part de nos relations à Mr. York, pour que cela
parvienne en Angleterre.

  (à Mr. de Haenichen.)   Westphalen.

reçu le 24. aout 1759 à 11½ h. du soir par Kemnitz avec lett. pour l'angl.

      ✱✱ à Frankenberg ce 21. d'Aout 1759 à 10¼ h. du soir.

      Monsieur,

Bulow est de retour; Le massacre de la journée de Francfort a
eté affreux. 40/m. hommes sont restés sur la place. Le Roy avoit
une belle armée, elle est fondüe. Qu'opposera-t-il non aux Russes,
qui ont eté trop maltraitez pour faire de leur chef de grandes choses,
mais à Daun, à l'armée de l'Empire et aux Suedois qui remuent?
Nous venons d'intercepter une Estaffette depechée par M. de Merainville
qui suposoit sans doute Mrs. de Contades et de Broglio à Cassel; elle
portoit grand nombre d'exemplaires de relation de cette Bataille, donnée
par Mr. le Marechal Daun. En voicy un pour satisfaire Votre curiosité. Voicy en meme temps la copie d'une lettre du comte de Finckenstein, qui contient une relation prussienne.*) Bulow est encore

---

*) N. d. H. Der Brief Finckensteins vom 17. August unten.

trop fatigué de son voyage pour faire des relations. il est cependant
en etat d'en faire une bonne ayant eté lui meme à la bataille, ou il
a eté blessé quoique legerement. je vous ferai part de ce que je tireray
de luy. Ce desastre peut renverser toute la boutique; peutetre que
le ciel fera un miracle pour sauver le pauvre païs de Brandenbourg.

Voicy la capitulation de Cassel avec le raport de Friedrichs.

Le duc de Holstein a intercepté les depeches d'un courier qui venoit
de Vienne du duc de Choiseul. je vous envois toute cette depeche.
Elle est des plus curieuses. ayez la bonté de la faire voir à Mr, le
General Yorke. Si les francois publient les Lettres telles que celle de Mr.
Donep, nous pourrons faire la meme chose à leur Egard. Si Mr. Yorke
est de ce sentiment, il dependra de luy de faire imprimer les dites
lettres par Extrait ou in Extenso.

Je vous recommande les Lettres pour l'Angleterre.

(à Mr. de Haenichen.)

Die von hier heute früh dem Feinde nachgeschickte Patrouille
meldet, dass derselben Lager jenseit Fritzlar stünde, der linke Flügel
zöge sich bis Kerstenhausen, mithin stehen ihnen beede Wege nach
Ziegenhayn sowol als Marpurg offen.

D. H. Obrist: Lieutenant von Freytag kam heute eben allhier
samt seinen bey sich habenden 2 Brigaden an eben da die Convention
geschlossen und der Feind zum Abmarsch bereit war, diese Besatzung
bestand aus 400 Mann Infanterie, welche von einem Brigadier commandirt wurden, das Hospital hingegen bestehet aus 15 bis 1600 Mann.

Um 12 Uhr ergaben sie sich zu Krieges-Gefangene, der Abzug
geschahe mit militairischen Ehren-Zeichen, sie die officiers behielten
ihre völlige Equipage, bey der Allée auf der Frantzösischen Neustadt
aber streckten sie das Gewehr und wurden wieder zurück in die Ca-
sernen gebracht, und haben d. H. Obrist-Lieutenant von Freytag bey
Ihro Durchl. dem Hertzog Ferdinand angefraget, wohin die vorhin erwehnte 400 Krieges-Gefangene transportiret werden sollen, und wer
diesen Ort wegen der vielen Hospitalisten und Mrgazins wieder besetzen soll.

Cassel d. 19. Aug. Abends 10 Uhr.

C. Friedrichs.

Durchlauchtigster Erb-Printz p.

Ew. Durchl. hohes zufolge traf heute Morgen um 7 Uhr alhier
ein, bei meiner Ankunft war d. H. Major Friedrichs just im Begrif,
die Capitulation zu treffen, dieselbe bestund darin, dass die Garnison
mit allen Ehren-Zeichen ausziehen, solche aber zu Krieges-Gefangen
gemacht, die Officiers und Gemeine ihre Equipage behalten sollten,
welches dann auch um 9 Uhr vollzogen. Die Anzahl der Garnison bestehet aus 8 Piquets jedes von 50 Mann und 2 Officiers, 1 Brigadier
nahmentlich Villeterque auch 1 Major. Im hiesigen Hospital befinden
sich 1500 Mann, auch an die 20 Officiers, ein gross Magazin Mehl,

Weitzen, Rocken, Haber, Heu und Stroh, ist auch vom Feinde zurückgeblieben, dieses ist alles mit Wache besetzt, weil solches alles gestohlen werden würde.

Die Feinde haben heute, zufolge eingelaufener Nachrichten durch
ausgesandte Leute und Patrouillen bei Wawern mit der grossen Armée,
mit der kleinen bei Karstenhausen gestanden, meines Vorhaltens wird
dieselbe in 2 Colonnen marschiren, nemlich die 1ste über Jesberg, Holtzhausen und Marpurg, die grosse Armée über Ziegenhayn, Kirchhayn
und so hinter die Ohm oder nach Giesen. Der Abmarsch von hier
ist sehr eilig gewesen, dieselben haben sich auf einen Secours von
der Reichs- und Kayserl. Armée geschmeichelt. Die Reichs-Armée
soll auch bereits dem Vernehmen nach in der Gegend Nordhausen von
Leipzig zurückgekommen seyn, welches angeschlossener Brief des
Hertzogs Ferdinand Durchl. auch benachrichtigen wird. Ew. Durchl.
werden gnädighst zu befehlen geruhen, wie ich mich mit die Jägers so
allesamt hier sind, weiter verhalten soll. D. H. Obrist-Lieut. von Stockhausen ist mit seinem Bataillon gleichfalls hierselbst eingerücket.

    Der ich p. p.   W. v. Freytag.
Cassel den 19. Aug. 1756.

Articles de Capitulation pour la reddition de la place de Hesse-Cassel.

Art: 1.

La Garnison sortira avec tous les honneurs militaires jusqu'à l'esplanade où elle mettra bas les armes et sera prisonniere de Guerre. les Officiers et Soldats conserveront leur Equipages.

Que la Garnison sortira avec tous les honneurs de la Guerre, et qu'elle pourra rejoindre l'Armée par le plus court Chemin, immediatement àprés la reddition de la place.

Art: 2.

Accordé au Cas qu'elle soit renvoyée à l'Armée françoise ou en France.

Que S. A. S. Msgr. le Duc Ferdinand donnera les Assurances les plus fortes que la dite Garnison ne sera point inquietée dans sa route et qu'il luy sera fourni à cet effet les Escortes et Sauves-conduits necessaires et suffisants.

Art: 3.

Accordé comme ci-dessùs.

Qu'il sera donné le nombre de Voitures necessaires pour le Transport de tous les Bagages et Equipages de la Garnison, Officiers, et Etats major de la place, Commis, et autres Employs au Service de S. M. Très Chretienne, les Voitures seront payées à raison de quatre Livres de France chacune par Sous.

Les Subsistances seront données telles qu'on est accoutumé de les donner aux prisonniers.

Tous les malades sont prisonniers de guerre, et on laissera pourvoir à leur Subsistance les Commissaires des Guerres chargés de leur entretien.

Accordé.

Ils resteront dans leur Emplacements jusqu'à ce qu'il plaise à S. A. S. Msgr. le Duc Ferdinand de les faire reserer, à l'hopital de l'Arsenal leur sera conservé jusqu'à l'entiere Evacuation.

Accordé.

Art: 4.

Que le Pain, Viande, et autre Chose necessaire à la Subsistance de la Garnison seront fourni pendant sa route sur le pied courant du païs, et toutes les Livraisons seront payées Argent comptant.

Art: 5.

Que tous les malades ou blessés tant Officiers que Soldats qui se trouveront à l'epoque de la dite Capitulation dans les Hopitaux du Roy, ou Maisons des particuliers de cette place seront reçûs sous la Sauvegarde et protection de S. A. S. Msgr. le Duc Ferdinand, sans être regardé comme prisonniers, qu'il sera envoyé à cet effèt, aussitôt l'entrée des Troupes alliées, des Gardes aux Emplacements des dit Hopitaux pour les defendre de toute insulte.

Art: 6.

Que tous les Employés au Service des dits blessés ou Malades n'auront à craindre aucun mauvais traitement, ni pillage, et que la même protection sera accordée aux autres Commis attachés au Service du Roy de telle nation qu'ils puissent être.

Art: 7.

Que les dits malades seront laissés dans les Emplacements qu'ils occupent jusqu'à leur entier rétablissement, et qu'ils auront alors la liberté de réjoindre l'Armée du Roy sur les passeports de S. A. S. Msgr. le Duc Ferdinand ou de tel autre General de Ses Armées, à qui il jugera à propos d'en donner le pouvoir; et s'ils avoient besoin de Voitures, il en sera accordé sur la demande des Commissaires de guerre restés dans la place, et en payant au même prix que les autres.

Art: 8.

Que toutes les denrées destinées pour le Service des Hopitaux ne seront point sensées abandonnées, mais seront laissées pour continuer à etre employées au même Service, et au Cas qu'il ne s'en trouve point une quantité suffisante jusqu'à l'entiere Evacuation des dits malades, il sera permis d'en achetter dans la Ville et Environs et payant comptant à un prix convenable.

Art: 9.

Accordé. Les Magazins seront livrés par les Commissaires de S. M. T. C. fidellement aux Commissaires de l'Armée alliée.

Qu'il sera donné toute protection, Sûreté et Assistance aux Commissaires de Guerre de S. M. T. C. qui resteront dans la place, àprés sa reddition pour les differents partis du Service dont ils sont chargés, on aura les mêmes Egards pour le trésorier chargé de pourvoir au payement des Subsistances.

fait à Hesse-Cassel le 19. Août 1759.

Art: ajouté.

Accordé.

Que la Garnison restera dans la Ville de Cassel, ou autre place de la Hesse jusqu'à ce que Msgr. le Duc Ferdinand aïe jugé à propos de luy faire joindre l'Armée françoise ou jusqu'à son Echange, sans pouvoir être transferée dans aucun autre Païs, il en sera usé de même pour les Soldats et Officiers aux Hopitaux.

fait à Cassel le 19. Août 1759.

C. Friedrichs,   Villeterque,
Major.   Commandant de la place.

à Franckenberg ce 22. d'Aout 1759.

** Pour le Roy.   Nr. 47.

J'ay vû par une depeche interceptée du 18. d'Aout, que Haddick ira joindre l'armée Russe, pour remplacer le corps de Loudon, qui est anéanti selon l'aveu de Daun. Le prince de Deux ponts a envoyé un officier au dit Maréchal, pour concerter avec Luy l'entreprise sur Drèsdes. Le prince se plaint de ce qu'il n'est pas en état de faire grandes choses avec son armée; il démande avec instance au maréchal de Contades un détachement de troupes legères pour luy assurer ses derrières. En attendant la réponse du maréchal Daun il dit, qu'il avoit fait un Détachement à Wittenberg, pour empêcher 'qu'on ne transportat de là le magazin à Magdebourg. Ces Depêches sont d'un officier général francois, qui se trouve auprès du prince de Deuxponts.

On vient d'enlever un courier depeché par le comte de Choiseul au maréchal de Contades; sa depêche est du quinze. Le comte y parle fort modestement de l'affaire du 12., et il s'en faut de beaucoup qu'on croye à Vienne, d'être parvenu à leur but. Je suis avec un tres profond respect p. p.

reçu le 28. aout à midi par Stofregen.

** Monsieur,

Le courier qui vous remettra cellecy porte les papiers du prince Xavier à Londres. Je suis fort occupé, mais je ne saurois le laisser partir sans vous donner un signe de vie; et sans vous prevenir qu'un courier va suivre, j'espere, demain avec ma reponse à toutes vos tres cheres Lettres.

La basse-Hesse est à nous; Le Lientenant-Colonel de Freytag ayant attaqué hier la fortresse de Ziegenhayn, le commandant a capitulé aprés s'etre defendû une heure de temps. La garnison est de 3 à 4 cent hommes. Ils sont prisonniers de guerre. L'armée ennemie s'est replié sur Marbourg. La grande a pris la route de Hombourg sur l'Ohme, la petite a passé la Lahne et campe vis à vis de Wetter sur les hauteurs de Werda. Le Duc est arrivé aujourdhuy avec l'armée aux Environs de Munchausen; Le prince hereditaire et de Holstein sont arrivés à Wohra; ils marcheront demain à Schonsted. Ce mouvement determinera l'ennemy à prendre un parti, et celuy-ci determinera le notre pour aprés demain.

Nous n'avons point de nouvelles du Roy depuis le 15. mais je crains qu'ils n'en puissent pas encore venir de bonnes. Cela changera avec le temps. Mr. de Deux-ponts est bien incommode; et il est bien facheux d'etre incommodé par un tel Ennemi que l'est l'armée de l'Empire. Il paroit que les suedois ne tarderont guerres de revenir sur la scene. Ces hottentots pouvoient bien s'en dispenser.

Les deserteurs francois, qui nous viennent encore, quoique moins frequemment nous assurent, que Mr. de Contades a besoin de prendre les bains, et que Mr. d'Etrées va arriver pour le relever. Il y a des gens qui assurent que le Duc de Broglie est deja parti. Mais ce sont de nouvelles vagues, et sur les quelles vous ne devez pas compter.

Mylord George Sackville partit d'icy hier apres avoir remis le Commandement des troupes Britanniques à Mylord Gramby. Le Roy D'Angleterre l'a rappellé. Je crois que vous savez son histoire. Ses compatriotes L'accusent de poltronnerie; c'est un point que je ne veux pas decider. Mais il est vray, qu'il n'a pas obei aux ordres du Duc à la bataille du 1.; quatre aide de camp Luy ont eté envoyés l'un aprés l'autre, pour presser la marche de la cavallerie. Mais au lieu de marcher, Mylord doutoit toujours s'il devoit le faire, et l'occasion d'agir fut perdüe. La cavallerie angloise, pleine de valeur et de bonne volonté, parut dans un silence morne, et comme couvert de honte au Te Deum, en donnant Mylord George au Diable. On peut dire qu'il n'y a pas un seul soldat anglois qu'il ne l'ait damné du meilleur de son ame cent mille fois. Cela n'auroit pas choqué le fier Breton. Mais voila la raison de ce qui est arrvié depuis. La Bataille de Todenhausen ressemble à celle de Rosbach, mais elle pouvoit devenir semblable a celle de Hochstedt: cela ne s'est point fait par la faute inexcusable de Mylord George. Le Duc y fut infiniment sensible. Temoignant publiquement le jour d'après la bataille à tous les Officiers qui s'etoient distingués son contentement, il passa comme de raison Mylord George, et ajouta, que si Mylord Gramby avoit eté à la tete de la cavallerie de la droite, il etoit persuadé, que la Bataille seroit devenüe bien autre-

ment décisive. Mylord George s'en trouva offensé au point d'en demander explication au Duc, en exigeant de revoquer cette declaration;
jugez vous memes, si cette demande fut bien reçûe. Le Duc repondit
cependant avec beaucoup de moderation; disant simplement que ce
qu'il avoit dit etoit tres vrai, et qu'il n'y pouvoit pas avoir aucune
raison de le revoquer. Mylord George mit sur cela en oeuvre ces
talens qu'on Luy connoît. Il cabaloit pour gagner des officiers, pour
les persuader, et pour obtenir d'eux de certaines Declarations qu'il croyoit
pouvoir faire entrer dans son apologie. Mais ses menées eurent peu
de succés. Les officiers furent meme indignés de cette facon d'agir.
Enfin s'il a trouvé quelqu'un qui ait voulû se ranger de son coté, il
n'est pas de ceux que nous connoissons. Mylord George ecrivit en
Angleterre; il y depecha son aide de camp et il remua tout. Le
Duc au contraire ne dit pas un mot ni de luy ni de sa conduite dans
toutes ses depeches jusqu'au 12. inclusivement.   Alors s'apercevant
des menées de Mylord George, qui tendoient a troubler cette harmonie, qui a jusqu'à present regné à l'armée, il prit le parti d'ecrire
au Roy de rapeller Mylord George, ou de Luy faire la grace de le
dispenser du commandement de l'armée.   Cette Lettre n'est arrivé
qu'âpres coup; puisque le rapel de Mylord George est du 14. Celui-ci
l'ayant recû en fit part au Duc par un billet, en apellant ce traitement
cruel; et l'attribue aux Demarches que le Duc auroit fait en Angleterre. Le Duc en l'en desabusant luy repond que sa lettre etoit arrivée aprés coup; qu'il n'avoit ecrit sur son sujet au Roy que depuis
qu'il s'etoit apercû, qu'il tenoit des propos pour troubler l'harmonie
qui avoit toujours regné à l'armée. Il est parti sur cela sans dire
d'autres choses, et sans voir personne et sans etre quasi vû de personne. Je crois que vous seres bien aise de savoir cette histoire.
Vous etes le seul et le premier au quel le Duc en ait fait faire part.

Mettez moi aux pieds de S. A. S.

à Munchausen à trois heures de Marbourg.

ce 24. Août 1759.

(à Mr. de Haenichen.)   Westphalen.

P. S. Mr. d'Imhoff arrive demain à Telligte. 40 bouches a feu
    chaufferont le 27. la ville de Munster. Imhoff craint que l'ar-
    mée de Flandres ne le trouble dans ses operations. Si vous
    aprenez que de troupes de Flandres marchent vers le Bas-
    Rhin, ayez la bonté de Luy depecher promptement un courier
    pour l'en avertir.

(Archiv-Acten vol. 324.)   2.

        ✷✷ Monseigneur,   Ce 26. Aout 1759. *)

Si V. A. S. donne de nouveau le commandement des grénadiers
au Prince de Bevern, Elle se verra gené toutes les fois, que ces grénadiers doivent se trouver avec un autre général que le Prince héré-

---

*) N. d. H. Hauptquartier Münchhausen. (acta vol. 122.)

ditaire et le Duc de Holstein. Il en resulteroit que, si les grénadiérs fussent commandés par le général Urff, ou Gilsae, ou quelque autre Lieutenant-Général, alors le Prince devoit s'en rétourner, puisqu'il ne voudroit commander que sous le prince héréditaire, ou sous le Duc de Holstein. Ainsi je crois que V. A. S. fera mieux de Luy répresenter cet inconvenient, que de se gèner par des considérations personnelles.

Il est vrai, que la route de Cassel est ouverte; Si l'Ennemi poussoit un corps du coté de Ziegenhayn, V. A. S. en seroit fort incommodé, et alors il n'y auroit d'autre moyen, que de faire marcher incessamment un autre corps de son coté pour le tenir en respêt. Mais V. A. S. trouvera peutètre moyen d'attirer toute l'attention de l'ennemi de son coté; ce qui empecheroit l'ennemi a faire de gros détachements. par Exemple Elle féroit attaquer demain, ou ce soir la ville de Wetter; Elle pousseroit dès demain des partis au delà de la Lahne etc. etc.

Aprés la prise de Munster V. A. S. feroit marcher Imhoff à Ham; delà il feroit des Demonstrations sur Cologne: ce qui opéreroit encore une diversion.

Durchlauchtigster Herzog,
Gnädigster Fürst u. Herr!

Bei Ev. Hochfürstl. Durchlaucht wird hoffentlich mein unterm 16. d. von Wesel aus erstattete unterhänigste Bericht zu recht eingegangen seyn. Ich melde ferner schuldigst, wie heute allhier gekommen, und das Invaliden-Bataillon von Uslar vorgefunden habe. Das Invaliden-Bataillon Varenius ist heute hier eingetroffen, imgleichen 4 Compagnieen regulirter Truppen. Das Hessische Landbataillon wird morgen und die übrigen 4 regulirten Compagnieen nebst dem Scheiterschen Corps übermorgen eintreffen. Das Diarium von der Belagerung der Stadt und Citadelle Münster, welches längstens schon schuldigst eingesendet haben würde, wenn es die Situation verstatten wollen, füge unterthänigst bey. Ev. Hochfürstl. Durclaucht geruhen daraus in mehrerem zu ersehen, dass nach denen Umständen in der Defension Alles was nach Vermögen geschehen können, vorgekehret worden. Ich getröste mich darüber gnädigste Aeusserung hoher Zufriedenheit und beharre ohn ausgesetzt in tiefster Ehrfurcht

Ev. Hochfürstl. Durchlaucht
ganzunterthänigster gehorsamster Diener
v. Zastrow.

Osnabrück den 25. August 1759.

(Archiv-Acten vol. 6.)

** An
den G. L. von Zastrow
Münchhausen den 27. Aug. 1759.

Ich habe Eurer Excellenz Schreiben vom 25. Aug. erhalten. Dero vorhergehende raporte sind mir gleichfalls behändigt worden.

Ich habe nicht darauf geantwortet, theils weil meine Antwort das unangenehme object derselben nicht ändern können; theils weil ich Bedenken getragen, darüber etwas an Ew. Exc. zu schreiben, so lange Sie mit der Garnison in feindlichen Händen gewesen.

Gegenwärtig kann ich Ihnen aber nicht verhalten, dass die schleunige Uebergabe der Citadelle von Münster allewelt sürpreniret hat, und absolument gegen mein besseres Erwarten arriviret ist, da ich deroselben so öfters und so angelegentlich empfohlen hatte, den Ort bis aufs Aeusserste zu defendiren. Ich will ietzo nicht untersuchen, ob Eure Excellenz alles mögliche gethan haben, sich bis aufs Aeuserste zu halten. Die kurze Dauer der canonade spricht gegen Sie: nicht weniger bin ich verwundert, dass dieselbe mit einer so nombreusen Artillerie das Feuer der feindlichen aus nicht mehr als 40 theils mortiers theils canonen bestehende Artillerie (wie ich solches aus aufgefangenen raporten des Marquis d'Armentieres an den M. de Contades ersehen habe) nicht dämpfen oder moderiren können. Man versichert mich aber, dass die Feinde à la faveur der Hecken und Bäume ihre Batterien zu Stande gebracht und mit Feuern angefangen haben, ehe Eure Excellenz inne geworden sind, dass an Batterien gearbeitet worden, und muss dahero meine Verwunderung insoweit wohl aufhören, indem ich wohl begreife, weshalb die Feinde an der Arbeit der Batterien nicht gestöret, noch solche ruinirt werden können.

Ich begnüge mich blos, Eure Excellenz hierdurch zu beordern, das Bataillon von Wurm nebst denen beyden Hessischen Garnison-Compagnieen sofort in Marsch nach Cassel zu setzen, alwo selbige von Neuem armiret werden sollen.

Der Hauptmann Scheiter soll mit seinem Corps sowohl Infanterie als Cavalerie, nach Lipstad marschiren und unverzüglich Vorschläge thun, wie seine Cavalerie unverzüglich remontirt werden könne. Das Münstersche, Paderbornsche und Osnabrückische kann die Pferde liefern, u. sollen solche nach einer billig zu bestimmenden Taxe bezahlt werden. Es ist nur nöthig, dass sein corps sofort wieder armirt und beritten gemacht werde. Wenngleich solches nicht sofort hinlänglich geschehen kann, so ist es doch anfangs genug, wenn er auch etwas übel beritten agiren sollte. Die Pferde so nicht taugen, können allemal wieder ausgewechselt werden.

Die Artilleristen nebst denen 2 commandirten Bataillous, und denen 2 Regimentern Invaliden marschiren gleichfalls, und ohne Verzug nach Lipstadt. Eure Excellenz werden ungesäumt eine Specification an die Krieges-Kanzelley in Hanover absenden, was erfordert wird, alle diese Leute wiederum zu armiren, u. von derselben zu begehren, Alles an Gewehr, Patrontaschen, etc. sobald als möglich nach Lipstadt abzusenden.

Ich werde desshalb selbst an die Krieges-Kanzelley schreiben, um die Sache zn pressiren, und verbleibe Ev. Excellenz p. p.

F.

(Archiv-Acten vol. 6.)

Diarium

Von der Belagerung der Stadt und Citadelle Munster.

Am 7. d. ist vom Feinde die Aufforderung der Stadt und Citadelle geschehen.

In der Nacht vom 7. bis 8.

Wurde von einer Feindlichen Partei von 500 Mann die Friedrichsburg, worauf die Hälfte des Scheiterischen Corps postiret stunde, attaquiret, jedoch ohne diesseitigen Verlust repoussiret.

In der Nacht vom 8. bis 9. wurde feindlicher Seits gedachte attaque allein ebenmässig mit keinen glücklichen Succes wiederholet;
und selbige nochmals Vormittags, jedoch eben so wenig, als vorhero,
mit guten Fortgange repetiret.

Am 9.

wurde raportiret, dass die Feindliche Armée in vollen Anmarch sey,
auch Fachinen und alles, was zu einer attaque nöthig, bei sich führte.
Es zeigten sich darauf die Feindlichen Trouppen, schienen anfangs das
Lager der Citadelle gegenüber nehmen zu wollen, nahmen es aber endlich zwischen den Aegidien- und Moritz-Thore.

Eod. als den 9.

wurde der Capitaine von Scheiter zu St. Mauritz von einen überlegenen
feindlichen Corps attaquiret, selbiges zwar zurückgetrieben, allein doch
resolviret, die Cavallerie in die Stadt rücken zu lassen, weil selbige,
wenn der Feind die Anfälle wiederholte, der retirade der Infanterie
schädlich wäre.

In der Nacht zwischen den 9. und 10. gegen Morgen, liessen sich
starke piquets der Citadelle gegenüber blicken, schienen etwas unternehmen zu wollen, entfernten sich aber auf diesseitiges Canonen-Feuer.

Den 10. Vormittags

veränderte die feindliche Armée ihre position, und zog sich näher den
Ludgeri und Mauritz Thor. Weil nun aus denen feindlichen Mouvements so wohl, als denen davon erhaltenen Nachrichten ein Sturm
augenscheinlich war, musste selbigen Tages die alte Wachte stehen
bleiben, und wurde mit der Neu aufgehenden verstärcket, auch die
ganze Garnison auf die Stadt Wälle, und in der Citadelle an die Posten
gehörig verteilet, wobei jeder Staabs Officier sein angewiesenes Commando erhielte.

Selbigen Tages blieb es übrigens ziemlich ruhig, ausser einer vom
Feinde vergeblich unternommenen Attaque auf die Friedrichsburg, wobei jedoch disseits 1 Jäger blieb.

In der Nacht von den 10. bis 11.

des Morgens 3 Uhr liessen sich starke piquets der Citadelle gegenüber, wahrnehmen, avancirten darauf und schienen gegen den bedeckten Weg etwas tentiren zu wollen, wurden aber von diesseitigen
Feuer, aus den groben Geschütz und kleinen Gewehr mit Verlust vertrieben. —

Den 11. dies.

Wurde die Halbscheid des Scheiterischen Corps zu St. Mauritz mit
solcher Ueberlegenheit angegriffen, dass es nach Verlust 3 Todten
2 blessirten und 1 Kriegs-Gefangenen sich in die Stadt zu ziehen gezwungen war.

In der Nacht von 11. bis 12.

Abends punct halb 11 Uhr fing der Feind an, von Neuen Thore her,
auf die Citadelle zu feuern, welches sich nicht nur sofort um die ganze
Citadelle, sondern auch die Stadt extendirte. Es schien die feindliche
Absicht zu seyn, wo nicht beides mit einmahl, doch wenigstens die
Stadt zu ersteigen, wenn sich aus selbiger einige Manschaft zur Ver-
stärkung der anfänglich attaquirten Citadelle, gezogen haben würde.

Die Haupt-Attaque an der Citadelle wurde auf den bedeckten
Weg und das ravelin ohnweit dem Neuen Thore, und auf der andern
Seite gegen das Neue Werk formiret, und darin mit vielen Eifer fortgefahren. Zugleich wurde um die ganze Stadt umher stark aufgedrungen, nachdem der Feind den in der Friedrichsburg mit der Hälfte des
Scheiterischen Corps stehenden Capit. Lieut. Irsengard und 100 Mann
Freiwillige unter den Capit. Lieut. von Klencke, so jenem zum Soutien
geschicket war, nach Verlust einiger Todten und blessirten, sich nach
der Stadt zu retiriren gezwungen hatte. An das Aegidien-Thor kam
der Feind so nahe, dass er die äusserste barriere fast nieder gehauen
hatte, wovon er durch Mousqueterie und Artillerie-Feuer von Aegidien-
und Ludgeri-batterien abzulassen gezwungen war.

Es endigte sich endlich dieser General-Sturm, welcher vornehmlich
auf das Aegidien- und Mauritz-Thor abgesehen war, gegen 4 Uhr,
nachdem er 5½ Stunde gedauert hatte, und wurde hiernächst das
Mauritz-Thor noch besonders ½ Stunde bestürmet, allein auch davon
der Feind glücklich abgeschlagen. Diesseits hat sowohl Artillerie als
Infanterie ein ohnunterbrochenes heftiges Feuer gemacht, dahero der
Feind den General-Sturm endlich anzugeben sich genöthigt sahe.

So bald es Tag, wurde recognosciret, und 14 Man Kriegesgefan-
gene eingebracht, ingleichen 36 Man blessirte, wovon nachhero verschiedene gestorben; auch wurden 49 Man Gebliebene, so zurück gelassen worden, begraben. Man fand überdem aller Orten, wo die feindlichen Truppen gestanden, eine ungemeine Menge weggeworfener Fa-
chiuen, auch Strick- und hölzerne Sturm Leitern. Von ersteren sind
12, und von letzteren 8 Fuder in die Citadelle gefahren, die übrigen
aber entzwei gehauen, auch hat man ein grosses Eber eingebracht.
Nach Aussage der Kriegesgefangenen, sollen Feindlicher Seits, sehr
viele Leuhte, an Officiers sowohl, als Gemeine geblieben sein, auch
waren zu Besetzung des Lagers, nicht mehr Manschaft zurückgelassen,
als per Bat. 150 Mann.

Diesseitiger Verlust beläuft sich, an Todten und blessirten auf etliche 20 Mann. Selbigen Tages wurden einige Brücken mit brennen-

den Materien angefüllet, das Neubrücker und Servati-Thor aber mit Mist zugedammet.

In der Nacht vom 12. bis 13. dies.

liessen sich einige feindliche Piquets, vor der Citadelle, Aegidien- und Mauritz-Thor des Morgens gegen 1 Uhr wahrnemen, so sich jedoch nach einigen Canoniren und Feuren aus den kleinen Gewehr entferneten. — Eod. als den 13.

Kam ein Französischer Regts. Tambour an, so sich nach gebliebenen und vermissten Officiers erkundigte. Es wurden dahero die beerdigten Franzosen wieder aufgegraben, und fand sich, dass darunter von denen Gefangenen erkannt wurden 1 Brigadier und 3 Officiers, welche in die Kirche habe beerdigen lassen.

Der abgeschickte Regts Tambour lies sich verlauten, dass ausser obigen, noch sehr viele Officiers fehleten.

Eod. wurde benachrichtiget, dass der Feind kommende Nacht, nochmals einen General-Sturm wagen würde, er schiene auch alles darzu zu veranstalten, dahero die Haber-Magazins zu destruiren verfüget wurde.

In der Nacht vom 13. bis 14.
imgleichen von den 14. bis 15. } Juli
item von den 15. bis 16.

liessen sich zwar feindliche Piquets wahrnemen, schienen aber nur zur Absicht zu haben, die Garnison zu beunruhigen, indem sie sich auf weniges Canoniren retirirten.

Den 16. dies. gegen Mittag

veränderte der Feind einen Theil seines Lagers und zog selbiges rechter Hand der Stadt und Citadelle gegenüber.

In der Nacht vom 16. bis 17.

Liessen sich abermals Piquets, jedoch ohne dass sie etwas versuchet, wahrnemen, indem auf selbige, sobald man sie verspührte, gefeuret wurde.

In der Nacht vom 17. bis 18.,
desgleichen vom 18. bis 19.

ward es ruhig, es wurde jedoch unterweilen vom Walle und der Citadelle canoniret, um die Feinde von recognosciren, oder Annähern abzuhalten.

Eod. den 19. Wurde gesehen, dass der Feind Mortiers und schwere Canonen, das Aegidien-Thor vorbei, und nach der Gegend des Mauritz-Thors bringen lassen. Nachmittags that der Hauptmann von Scheither mit 60 Pferden, so von Grenadiers und Jägers unterstützt wurden, einen Ausfall aus dem Aegidien-Thor, theilte seine Leuthe, sobald er heraus war, in 3 Troups, avancirte damit gegen das besagte Thor gegenüber belegene Gehölze, konte aber, weil der Feind ein alzu starkes Commando Dragoner und Infanterie darinnen liegen hatte, keine Gefangene machen, noch sonst etwas ausrichten, sondern musste sich nach einigem Charmuziren, und nachdem er einen schwer verwundeten erhalten, auch des Lieut. v. Rohrscheid Pferd blessiret war, zurücke ziehen, jedoch sol feindlicher seits etwas geblieben sein.

In der Nacht vom 19. bis 20.

Abends ¾ auf 11 Uhr feuerte der Feind mit kleinen Gewehr, jedoch nicht allzu nahe auf den Stadt-Wall, in der Gegend von Neu-Brücker, Mauritz und Höxter-Thor, auch auf die Twickler Schanze. Es wurde mit Canonen und kleinen Gewehr geantwortet, welches bis 1 Uhr dauerte. Gegen 3 Uhr ging es von beiden Seiten wieder an, und währte bis 4 Uhr. Diesseits ist hiebei 1 Man erschossen. Der Feind hatte durch diese Attaque sein wahres dessein verstellt, massen sich folgenden Morgens den 20. fand, wie derselbe gegen den Höxter Thore über, die Trenchéen eröfnet hatte, und damit ohngefehr 300 Schrit avancirt war.

Es wurde zwar gleich mit Anbruch des Tages auf die Trenchéen, dem Anschein nach, auch mit guten effect canonirt, und Granaten geworfen. Dem ohngeachtet continuirte man feindlicher Seits und legte Batterien an.

Eod. Nachmittags that der Lieut. v. Rohrscheid mit Cavallerie einen Ausfal, um die feindlichen Werke, besonders die den Neu-Brücker Thore gegen über angelegte Batterien zu recognosciren, wurde aber als er das 2te mahl anrit, durch das Ober-Bein durch und durch geschossen.

Selbigen Nachmittags sprang auf der Neuen Ravelin eine eiserne 6pfd. Canone, wodurch 1 Constabel getödtet, 1 Feldwebel von Scheiterischen Corps und 1 Musquetir blessiret wurden.

In der Nacht vom 20. bis 21. dies.

wurde diesseits wenig canoniret, indem sich der Feind ganz ruhig verhielt, hingegen, welches man jedoch diesseits nicht bemerken können, desto mehr arbeitete, wie sich denn des Morgens den 21. zeigte, dass gegen der Citadelle über die Batterien sich vermehrt hatten. Es wurde darauf ingleichen auf die Batterien vor dem Neu-Brücker Thore, und die über den Canal geschlagene Brücke von Faschinen mit guten Effect canonirt.

In der Nacht vom 21. bis 22.

Hatte der Feind zuförderst die etwas ruinirte Batterien reparirt. Hiernächst that derselbe ¼3 Uhr mit einer brigade Schweitzer und Grenadiers einen heftigen Sturm, auf das Höxter und Neu-Brücker Thor, wobei stark canonirt wurde.

Nach Verlauf von 2 Stunden war zwar der Feind repoussirt, und dieser Sturm abermals abgeschlagen, es vermehrte aber darauf der Feind das Feuer von denen Batterien aus 8-, 16- und 32pfündigen Kanonen, auf das Neu-Brücker, Höxter Thore, und darzwischen gelegene Werke dermassen heftig, dass die Brustwehren durch und durch geschossen, der ganze Wall von denen Flanquen bestrichen, und dadurch nicht allein verschiedene Leuhte blessiret, sondern auch getödtet wurden.

Wie nun bei diesen Umständen kein Man mehr auf dem Walle sicher stand, auch die Schiesscharten mit den ganzen Walle ruiniret,

ingleichen 2 12pfündige Canonen gesprungen waren, die Feinde auch
zu einen nochmaligen Sturm anstalt machten, so sahe mich gezwungen die Stadt zu verlassen, und die darin gestandene Garnison in die
Citadelle zu ziehen, welches den mit guter Ordnung geschahe: nachdem
zuvörderst die metalne Canonen in Sicherheit geschaffet, die eiserne
vernagelt, und die noch auf denen Stadt-Wällen vorrähtige Amunition
destruiret waren, auch wurde das vorrähtige Heu auf den Neuen Platz
in Brand gestecket.

Selbigen Tages als den 22.,
Abends halb 5 Uhr fand sich ein Officier an, von Regiment Orleans
Cavallerie und that wegen Neutralität vor die Stadt Münster proposition. Es kam endlich diese Neutralität nach verschiedenen Communiciren in der Maasse zu stande, dass von der Stadtseite, ingleichen der
Wind-Mühlen und Fluss-Lochs-Bastion nicht attaquiret, diesseits aber
auch dahin nicht geschossen werden sollte.

Den 23.
Vormittags feuerte der Feind von denen dem Aegidien-Thore über
angelegten batterien mit Canonen, warf auch bomben; diesseits wurde
auf sothane batterien so viel möglich die Canonen gerichtet und ebenfalls bomben geworfen, es schiene auch als wen dieses Würkung gehabt, indem vom Feinde nicht weiter gefeuret wurde.

Es arbeitete derselbe indessen ferner an batterien, worinnen man
ihm so viel möglich durch canoniren zu verhindern suchte.

Die Nacht vom 23. bis 24.
ingleichen dieser Tag über hielt sich der Feind ruhig, und arbeitete
allein an seinen Werken.

Die Nacht vom 24. bis 25.
¾ auf 3 Uhr fing der Feind an, von vielen Batterien mit sehr schweren
Geschütz zu feuern, und viele Bomben zu werfen.

Es wurden diese sowohl als die Canonen-Kugeln unablässig grade
auf die Citadelle, deren Werken, und von allen Seiten in die Flanquen
gespielet, und zwar mit solcher Menge und Heftigkeit, dass fast kein
Mann auf denen Werken bleiben konte.

Die Haupt-batterien und die mehrsten andern waren durch die
feindlichen Canonen-Kugeln und bomben grossentheils ruiniret, die
Schies-Scharten ebenfalls völlig unbrauchbar gemacht, der denen Casa-
matten über belegene Stall geriet in Brand, verursachte eine solche
Hitze, dass in dieser Gegend niemand zu stehen vermochte, und e
war zu befürchten, dass die den beiden Giebels gedachten Gebäude
gerades Weges gegen über angelegte Pulver-Magazins davon angehe
würden.

Mit denen ruinirten batterien waren zugleich ein grosser Tl
derer Canonen demondiret, und nebst denen mehrsten bomben-Kess
unbrauchbar gemacht, ja es war auf vielen Werken nur noch ein
zig dienstbar Gestück befindlich. Der Vorrath an Lebens-Mittel w
geringe, indem davon, um die Leuhte bei ihren fatiguen willig

III.   45

erhalten, und sie zu erquicken, ein mehreres als das gewöhnliche aus-
geteilet werden müssen. Diesem ohngeachtet war die ganze Garnison,
welche seit den 10. dies. nicht von Walle untern Gewehr weg und aus
den sauresten Dienste gekommen, gänzlich ermüdet.

Da nun auch die Wassersprützen entzwei geschossen, und ohnedem zu den Feuerlöschen und anderer höchstnöthigen Arbeit, die ausser
Dienst befindliche, entkräftete Garnison nicht hinlänglich noch darzu
vermögend, auch die Ketten und Seile von denen Brücken nach denen
Aussenwerken und bedeckten Wege abgeschossen waren, und also die
darin gelegenen Truppen nicht in die Citadelle zurück kommen können, oder die Feinde bei einen vermuthlichen Sturm zugleich mit eingedrungen wären:

So haben die Staabs-Officir vorgestellet, dass bei denen vorange-
führten Umständen der ganzen Belagerung und der letztern heftigen
Canonade und bombardements nichts mehr übrig sey, als zur Capitulation zu schreiten, indem sonsten die in denen Aussenwerken sowohl,
als auf der Citadelle befindliche Manschaft durch Sturm oder Anzün-
dung des Pulver-magazins und des Laboratorii, so dieserhalb unablässig mit Wasser musste besprenget werden, weil die feindliche bomben
darauf besonders gerichtet gewesen, verloren gehen würde.

Ich habe mich also in der Nothwendigkeit gesehen, 8 Uhr Chamade
schlagen zu lassen, und endlich die bereits eingesandte Capitulation
einzugehen.

Die Garnison wird nach Wesel gesendet, und Morgen dahin ab-
marchiren.

Citadelle von Münster den 26. Juli 1759.

C. W. Zastrow.

(Archiv-Acten vol. 5.)

(Bemerkung von Westphalens Hand.)

** C'est une Espece de relation du siège de Münster. V. A. S. fera bien de la lire toute entiére,
puisqu'elle y decouvrira quelques unes des raisons, qui ont causé la promte Reddition de la
ville.

Durchlauchtigster Hertzog,
Gnädigster Fürst und Herr!

Es hat mir seit Uebergabe der Citadel von Münster noch nicht
anders als durch diesem wollen erlaubet werden, Ew. Durchlaucht
meinen unterthänigsten Rapport abzustatten, wüsste ich mir meines
Dienstes einen Vorwurff zu machen, so schlösse ich die Ungnade Ew.
Durchlaucht daraus, dass mein gantzes Corps zur Defension von
Münster destiniret, da ich aber jederzeit bey mir selbst meiner ohn-
ermüdeten Dienstleistung bezeuget bin, und noch mehr die Merkmahle
der mir so unschätzbaren hohen Gnade von Ewr. Durchlaucht jederzeit auf das gnädigste bin begünstiget worden, so muntert mir solches
wieder auf, und erdreistet mir, Ewr. Durchlaucht auf das allerunter-

thänigste zu bitten, Dero hohe protection für mir und dem mir gnädigst anvertraueten Corps ferner zu begnadigen, damit die Auswechse-
lung und Herstellung des Corps baldigst geschehe

Das mir gnädigst anvertraute Corps hat vom 6. Juni bis zum 11.
die Friedrichsbourg und die Vorstadt St. Moritz behauptet, obgleich
der Feind die Stadt schon eingeschlossen gehabt; der Feind vertrieb
uns am 7. von beiden posten, wir formirten uns wieder, trieben den
Feind zurück, und occupirten unsern alten posten.

Den 8. wurden wir allarmiret.

Den 9. attaquirte er die Moritzbourg, gewann den Kirchhoff, wovon er aber wieder vertrieben wurd, und einige Frantzösische Reuter
liessen in der Flucht ihre Pferde uns zur Beute.

Den 10. escarmoucirten die Patrouillien, den 11. des Morgens
wurd ich in der Moritzbourg en force angegriffen, und mit Verlust in
die Stadt getrieben. Der Feind formirte sich hinter die Hecken, und
da selbige nicht abgehäuen waren, incomodirte uns dies, unsern posten
wieder zu gewinnen, selben Tag des Abends hatte der posten zur
Friedrichsbourg gleiches Schicksal; der Feind formirte die Nacht
2 falsche und 3 Haupt-Attaquen, und that den General-Sturm. Wie
nun der Feind die Stadt zu nehmen, nur für einen Coup de main gerechnet, und solches dem gemeinen Mann facil vorgestellet, so verursachte dies, dass er Viertehalb Stunde unser ohnaufhörliches Cartet-
schen- und Mousqueten-Feuer bis au point de jour aushielt. Da er
mit Verlust 1200 Mann erstlich abstrahirte, unter denen zurück und
nicht mit fortgeschlepten Todten befand sich der Brigadier Schindler
und 4 Officiers, ich that dem General-Lieutenant von Zastrow Excellence
den Vorschlag, zu erlauben, dass ich mit dem grössesten Theil meines
Corps und der Cavallerie mir durchschlagen durffte, denn ich hatte
die Moglichkeit beym recognosciren ausgesehen. Se. Excellence wollten aber die Erlaubniss nicht dazu geben, ich hatte die 18 Preussische
Husaren und 18 Carrabinier von mir ausgesetzt; dass diese 36 Mann
Cavallerie benebst 1 Officier in der Stadt bleiben solte, um die Patrouls
zu verrichten.

Vom 13. bis zum 19. war nichts veränderliches. Der Feind suchte
seinen Cordon besser en chene zu bringen, und machte alle Nacht
fausse attaquen, fing an sich einzugraben und näher zu avanciren.

Am 19. that ich mit der Cavallerie aus dem Egidien-Thor einen
Ausfall, vertrieb die Vorposten bis in Hiltropp und kehrte nach einem
harten escarmousch zurück.

19. auf den 20. eröfnete der Feind die Laufgraben, und machte
Batterien, die Batterien wurden hinter die Heckens gemacht und wahren fast fertig, da sie von unser Seite ersehen wurden.

Den 20. beym recognosciren setzte der Lieutenant von Rohrscheit
mit einer Patroul ins feindliche Trenché, der Feind zog sich hierauf
in seine Batterien, und machte ein starkes Feuer mit dem kleinen
Gewehr, nachdem der Lieutenant zweymahl auf und nieder gejaget im

45*

Trenché, wurde er tödtlich blessirt und muste sich zurückbringen lassen.

Den 21. setzte der Feind seine Arbeit forth, meinen Vorschlägen und Meinungen nach hatte man die Thor-Thürme, und das Gefängniss des Zuchthauses müssen mit Mist anfüllen, Batterien darauf machen, und weil man von diesen Ohrten die feindtliche Batterien sehen und beschiessen könne, selbige suchen müssen zu demontiren.

Den 22. brachte der Feind alles en etat, und fing den Abend an das Neubrücker und Höxter Thor zu beschiessen, dieses wurde von feindlicher Seite mit force continuiret, und weil er mit seinen Canonen unsern Leuten in die Flanque schoss, denn es wahren für die Flanquen keine traversen, so wurden unsere Canone demontirt und viele Leute hier nieder geschossen; Gegen Morgen 10 Uhr zog sich die Garnison auf Ordre ins Citadel. Gegen Abend kam ein Frantzösischer Officier, er wurd mit offenen Augen, durch den Ober-Adjoudanten du Plat, wieder in die Stadt gebracht, darauf kam ein Frantzösischer Brigadier de l'artillerie ins Citadel und Mr. Armantier kam nahe am Graben des Citadels und besahe selbigen, als der Brigadier wieder weg wahr, vernahm man, dass die Stadt Neutral währe, und dass von dieser Seite keine Attaque geschehen würde, dass auch auf die Frantzösische posten auf der Esplanade nicht solte gefeuert werden.

Den 23. brachte der Feind seine Batterien gegen das Citadel zum Stande.

Desgleichen den 24. und unser Seits wurde von den Cavalliers braff canonirt, ich liess eine Fuss-Patroul über die Pallisaden, und liess dadurch einige vor der Stadt seyende Bürger und Bauern auffangen, und zu mir bringen, ich wurd dadurch benachrichtiget, dass Mojen wäre über Nieberg mit der Cavallerie mich durchzuschlagen, einige meiner Leute brachten selbige Nachricht, dass ein Orth sey, wo man mit die Pferde über die Trenché setzen könne, welcher mit einen schwachen Piquet Infanterie besetzt wäre und dass daselbst keine Cavllerie vorhanden.

ich machte darauf, weil Cavallerie im Citadel nicht mehr nütze war, Sr. Excellence dem General-Lieutenant v. Zastrow grosse Vorstellung, zu erlauben, dass ich mit der Cavallerie mir durchschlagen dürffte; da aber dieses refusiret wurde, ersuchte ich zu erlauben, einen Ausfall zu thun, ich konte aber selbiges auch nicht erhalten.

Am 25. des Morgens fing der Feind an ins Citadel zu bombardiren und Canoniren, unsere Canonen wurden demontirt und die parapets auf den Cavalliers nieder geschossen, die reparation wahr, weil es en Fachine und allerley Materialien fehlten, nicht wohl möglich, einige Gebäude geriethen in Brand, und nachdem der Feind in 4 Stunden 230 bomben ins Citadel geworffen, hörte ich chamade schlagen, die weisse Fahne wurde ausgesteckt und capitulirt.

Den 26. occupirten die Frantzosen alle Haupt-Pässe in das innerste des Citedells.

Am 27. marchirte die Garnison aus und streckte das Gewehr. Von meinem Corps ist der Lieutenant v. Rohrscheit schwer, der Fähndrich Müller leicht blessirt. Lieutenant v. Rohrscheit, und Cornet Schmidt sind die Pferde geschossen, überhaupt hat mein Corps 33 Todte und blessirte. Se. Excellence v. Zastrow ist mit der Bravour meiner Leute besonders zufrieden gewesen, ich mus meinen Officiers die Satisfaction lassen, dass sie sich so verhalten, dass ich kein Scheu trage, mir von Ewr. Durchlaucht, Dero hohe gnädige Protection auf das aller unterthänigste für sie zu erbitten, ohne prejoudice der andern, mus ich der Wahrheit noch rühmen, dass der Lieutenant v. Rohrscheid sich so conduisirt, dass. es nicht alleine von der gantzen Garnison, sondern auch von der feindlichen Generalité selbst admiriret worden.

Von Münster wurden wir Anfangs nach Wesel, von da aber mein Corps und die Commandirte, von Kielmannseg, Scheither, Laffert und Halberstaedt, zum Regiment, hier nacher Düsseldorf transportiret. Die Leute sind in die Casern quartirt. Für heute ist den Officiers quartier ertheilet, nachhero müssen sie aber ihr logis gegen Bezahlung nehmen. par discour geschehen uns grosse Höflichkeiten, wann aber der Effect begeret wird, so äussern sich difficultäten.

Ew. Durchlaucht mir bishero erzeigte unschätzbare hohe Gnade ist es, welche ich auf das unterthänigste sehnlichst wünsche, dass selbige nicht möge von mir entzogen werden.

Düsseldorf, den 3. August 1759.

G.L.A. von Scheither.

(Archiv-Acten vol. 5.)

Monseigneur!

V. A. S. me permettra de Lui temoigner avec le plus profond respect la joye singuliere avec laquelle j'ai appris la grande victoire qu'Elle vient de remporter sur l'Armée du Marechal de Contades. Ce glorieux evenement imortalisera Son nom aupres de la posterité la plus reculée et quoiqu'il ne puisse rien ajouter aux sentimens que je Lui ai voués depuis longtems je n'en ai pas moins été saisi pour cela de l'admiration qui Lui est due à si juste titre. J'ai appris cette nouvelle en bon Prussien et en zêlé serviteur de Votre Altesse Serenissime et de l'auguste Maison de Brunswig.

Je m'en promets les suites les plus avantageuses et j'ose supplier Votre Altesse Serenissime de me faire parvenir des details si interessans pour la Maison royale et si propres à faire impression dans l'etranger.

L'arrivée de Mr. de Bülow a causé ici une joye d'autant plus inexprimable que nous avons été pendant quelques jours dans les plus vives inquietudes, les Russes s'etant rendu Maitres de Crossen et de Francfort apres la journée du 23. et le General Haddick ayant occupé tous les postes entre Cotbus et l'Oder, ce qui nous mettoit ici dans une situation fort critique. Heureusement que cette crise n'a pas duré. La journée d'hier si fertile en bonnes nouvelles, nous fit encore avoir

celle de l'arrivée du Roi à Beeskow à la tête d'une Armée respectable.
Sa Majesté après avoir remis le Commandement de l'Armée de Silesie
à Msgr. le Prince Henry s'est rendu à Sagan d'où Elle s'est mis en
marche avec la plus grande partie de l'Armée du Prince et plusieurs
Bataillons et Escadrons qui avoient été precedemment detachés sous
les ordres du Prince de Würtemberg pour joindre le general Wedel.
Cette jonction doit s'être faite le 31. ou le 1. Le corps de Haddick
qui s'est trouvé sur son chemin s'est ressenti le premier de l'approche
de cette Armée qui lui a fait au delà de 1000 prisonniers et lui a pris
tous ses chariots de farine.

    Le Roi m'a fait l'honneur de me marquer en date d'hier qu'il
comptoit d'être aujourd'huy à Wulkau à deux lieues de Francfort et je
me flatte avec l'aide de Dieu je pourrai peutêtre donner quelque bonne
nouvelle à Votre Altesse Serenissime.

    Le General Finck qui etoit resté avec environ 10 mille hommes
du coté de Camenz vient arriver à Torgau et compte de marcher demain à Leipzic pour tenir en bride l'Armée de l'Empire qui menace
cette ville et qui vient d'occuper de nouveau celle de Halle.

    J'ai l'honneur d'être avec le plus profond respect

Monseigneur

Berlin ce 4. d'Aout   de Votre Altesse Serenissime
     1759.   le très humble et très obeissant serviteur
     à   (gez.) de Finckenstein.

Son Altesse Serenissime
Msgr. le Prince Ferdinand
    de Brunswig.
       Monseigneur!

    Les suites glorieuses de la journée du 1. et l'avantage que Msgr.
le Prince hereditaire a remporté en meme tems sur le Corps de Mr.
de Brissac me mettent en droit de renouveller les felicitations que j'ai
pris la liberté d'addresser à Votre Altesse Serenissime par l'ordinaire
dernier. Il me seroit impossible, de Luy exprimer la joye que ces
grandes nouvelles ont repandüe ici. La satisfaction du Roy en l'apprenant a été complette et quoique je sois bien persuadé que V. A. S.
aura deja reçü en droiture des nouvelles sur ce sujet, je crois cependant devoir Lui marquer que dans une lettre que j'ai reçü avanthier,
Sa Majesté me marque en autant de termes que je pourrois aisement
me figurer combien Elle etoit enchantée de cette glorieuse Victoire, et
cela non seulement par rapport aux bons effets qui en resulteroient
probablement pour la cause commune, mais encore par son amitié per-
sonelle pour Votre Altesse Serenissime.

    La crise ou nous nous trouvons ici subsiste toujours et ne pourra
être decidée que par une victoire semblable à celle que V. A. S. vient
de remporter. C'est ce grand evenement qui fait l'objet de nos voeux
les plus ardens. Le Roy prend toutes les precautions imaginables pour
le faire reussir.

Sa Majesté vient de se joindre à Müllrose avec le general Wedel.
Les avantages qu'Elle a remportée chemin faisant sur le Corps de
Haddick, sont considerables, comme V. A. S. le verra par le bullètin
que nous avons fait imprimer à cette occasion et dont je prends la
liberté de Luy addresser quelques exemplaires. Ce general a pris le
parti de se retirer à Spremberg dans un etat fort delabré et sa situation presente ne Lui permettant gueres de rien entreprendre de considerable. Sa Majesté a fait ordonner au general Finck, qui l'obsèrvoit
du coté de Torgau avec un corps d'environ 8000 hommes, de venir
La joindre par des marches forcés. Ce general etoit deja hier à Luckau
et comptoit de marcher aujourd'huy sur Beeskow. Il est vrai que la
Saxe se trouve entierement degarnie par là et exposée par consequent
aux entreprises de l'Armée de l'Empire; mais comme Tout dependra
du Coup decisif qui doit se frapper du Coté de Francfort, il importe
d'en assurer le succes; le reste pourra se reparcr aisement pourvû que
le Ciel accorde sa benediction aux justes armes de Sa Majesté comme
il faut l'esperer.

J'ai l'honneur d'être avec le plus profond respect

Monseigneur

Berlin ce 7. d'Aout   de Votre Altesse Serenissime
      1759.   le tres h. et tr. obéiss.
                                                  (gez.) de Finckenstein.

           à
S. A. S. Msgr. le
Prince Ferdinand
   de Brunswig.

      Monseigneur!

J'ai l'honneur de faire mes très humbles et respectueux remercimens à Votre Altesse Serenissime de ce qu'Elle a daigné me communiquer par Sa gracieuse lettre du 5 les relations preliminaires de la
glorieuse journée du 1. du courant et je regarderai comme une grace
toute particuliere, si Elle veut bien me faire parvenir à Son loisir la
relation circonstanciée et les details des avantages ulterieurs qu'on peut
se promettre à juste titre.

Je voudrois pouvoir marquer à Votre Altesse Serenissime des
nouvelles egalement favorables de nos cantons; mais jusqu'ici la crise
dans laquelle nous nous trouvons depuis l'affaire du 23. Juillet n'est
pas encore decidée, quoique selon toute apparence elle ne manquera
pas de l'être en peu de jours. Le Roi a eu encore hier son camp à
Wulkau prés de Lebus et l'ennemi est posté vis-à-vis de l'autre coté
de l'Oder entre Reppen et Drossen. Il est sûr que le General Laudon
a joint les Russes avec un corps de Trouppes Autrichiennes; mais on
n'en sait pas le nombre au juste, les uns les faisant monter à 10 mille
et d'autres à 20 mille hommes. Par des lettres interceptées nous avons
vû que l'Armée Russienne avant la journée de Zullichau a compté
89,200 têtes et 9000 chevaux, ce qui me paroit cependant exageré.

Vôtre Altesse Serenissime saura sans doute que le General Hauss a été obligé de rendre la ville de Leipzic au Prince de Deux Ponts par Capitulation et de se retirer à Wittenberg, le Lieutenant General der Finck ayant eû Ordre du Roi d'aller joindre Sa Majesté avec son Corps de Trouppes. Mais pourvû que les affaires prennent une bonne tournure de ce coté-ci je ne desespere pas qu'on pourra reprendre en Saxe ce qu'on est obligé d'abandonner dans le moment present.

J'ai l'honneur d'être avec un profond respect

Berlin	Monseigneur
ce 11. d'Août	De Votre Altesse Serenissime
1759.	le tres h. et tres obeissant serviteur
	(gez.) de Finckenstein.

à
S. A. S. Msgr.
le Prince Ferdinand
de Brunsvic.

à Londres ce 10. d'Aout 1759.

Monseigneur,

Dans ce moment de joye et d'allegresse publique je ne puis m'empecher de vous feliciter, Monseigneur, plus particulierement que je n'ay pu le faire dans la lettre ou je tenois la plume du Roy, sur le glorieux succes des armes de Sa Majesté sous la conduite de Votre Altesse Serenissime; je vois avec une satisfaction extreme, que toute la nation rend justice au merite superieur et aux rares qualités qui distinguent la famille de Bronsvic; Le Prince Ferdinand le boulevard de la cause Protestante et de la liberté publique, le Prince Louis l'appui et le soutien de la famille d'Orange et de la Republique des Provinces Unies, — Le Prince Hereditaire suivant les traces et l'exemple de ses predecesseurs, voila, Monseigneur, le point de vue, dans laquelle on regarde ici les oncles et le nepheu. Puissent les voeux du public être exaucés, et Vous aurez autant de prosperité et de bonheur que votre propre merite vous a donné de gloire.

J'ai l'honneur d'être avec le plus profond respect

Monseigneur,

de Votre Altesse Serenissime

le tres humble tres obeissant

serviteur

Holdernesse.

à Whitehall, ce 10. Août 1759.

Monseigneur,

La Nouvelle importante, dont l'Adjutant General Estorf, et le Capitaine Ligonier ont été chargés, de la Part de Votre Altesse Serenissime, a penetré de la Joye la plus vive Le Roy, La Cour, et toute la Ville; Ce n'étoit qu'Illuminations et feux de Joye; Et vive le Prince Ferdinand retentissoit dans tous les Quartiers.

ᵘ ᵘ Sa Majesté m'ordonne, ᵉⁿ attendant qu'Elle puisse le faire Elle
meme au Retour des Officiers, de Vous temoigner, Monseigneur,
l'Etendüe de Sa Reconnoissance pour les Soins infatigables, que Votre
Altesse Serenissime ne cesse de prendre pour les Interèts et le Bien
de la Cause commune. — La Gloire, que Votre Altesse Serenissime
s'est acquise dans la Glorieuse Journée de Dodenhausen, est augmentée
par toutes les circonstances, qui peuvent ajouter au Lustre d'une Victoire. — Daignez accepter, Monseigneur, les Felicitations sinceres et
respectueuses, que je prends la Liberté de Lui addresser à cette
occasion.

J'ai l'honneur d'être avec le plus profond respect

Monseigneur,

de Votre Altesse Serenissime

le tres humble tres obeissant

serviteur

S. A. S. Mgr.   Holdernesse.
le Prince Ferdinand de Bronsvic.

à Kampf ce 21. Août 1759.

** Pour Mylord Holdernesse.

J'ay reçu les trois lettres que V. E. m'a fait l'honneur de m'ecrire
du 7 et du 10 du Courant. *) Infiniment sensible aux nouvelles marques d'amitié qu'Elle m'y donne, je Luy fais mes plus parfaits Remercimens de toutes ces choses obligeantes, qu'Elle veut bien me dire sur
la journée du 1. Je m'estime très heureux, qu'en contribuant quelque
chose au Bien de la cause commune, j'aye pu m'acquerir en meme
temps le suffrage de V. E. et celuy d'une nation aussi respectable que
la Britannique.

J'ay debouché le 13. dans le païs de Waldeck, et ayant dirigé ma
marche de façon à gagner le flanc à l'Ennemi, qui s'étoit formé aux
Environs de Cassel, celuy-ci a pris le parti, de se replier sur Marbourg. Nous avons pris le 13. la garnison de Drendelbourg et le 19.
celle de Cassel, consistant en 400 hommes, outre quinze cent blessés
et malades, que les ennemis ont eté obligés d'y abandonner avec le
reste d'un magazin très considerable.

Les huzards de Luckner ont culbuté le 15. un gros detachement
ennemi à Volckemissen; Mr. le Prince hereditaire a deposté le 17. le
corps d'armée de Mr. d'Armentieres de Wolfshagen, et le duc de Holstein a pris le même jour tout un Bataillon des Grenadiers Royaux à
Numbourg à la barbe de l'Armée Ennemie.

Le General d'Imhoff est en pleine marche, pour aller faire le
siege de Münster; je compte qu'il pourra commencer le 27 à faire
chauffer la ville.

*) N. d. H. Die beiden Schreiben vom 10. stehen voran; der dritte, vom 7., enthält nur
eine kurze Erwiederung auf des Herzogs Schreiben vom 26. Juli, und Bemerkungen über das
Treffen von Zullichau und die Erfolge in Indien.

J'ay l'honneur d'être avec les sentimens d'une Estime et d'une Consideration sans egale,

Mylord
d. V. E.

P. S. etc.

Je recommande à la protection de V. E. le Lieutenant Roye de Bruquel. C'est un officier de merite; mais sa fortune ne repond point à ses talens, ni la place, qu'il occupe, à sa capacité de rendre de plus grands services.

Durchlauchtiger Fürst,
freundlich lieber Vetter.

Ewr. Lbden. gefälliges Antwort-Schreiben vom 26. pass. ist Mir woll geliefert. Ich lasse Mir dessen Inhalt zu guter Nachricht dienen, und kan nicht anders als völlig approbiren, was Ewr. Lbden. wegen der Stadt Bremen sowoll in Ansehung der Garnison, als der daselbst vorhanden gewesenen Ammunition und Artillerie verfüget haben. Wie hiernächst Deroselben 2tes Schreiben solche Umständе enthält, dass Ich darauf bei der ordinairen Post etwas zu erwiedern Bedenken trage; Also begnüge Ich Mich vor dasmahl damit, Ewr. Lbden. unter dem hertzlichen Wunsch, dass der Höchste alle Dero Unternehmungen gesegnen möge, die Versicherung zu erneuern, dass Ich Mich nächst Gott in dem Vertrauen auf Deroselben Prudentz, Einsicht und Erfahrung völlig beruhige. Ich muss diesem noch hinzufügen, dass Ich auf dasjenige, was Ewr. Lbden. Meinem Geheimten Raht von Münchhausen wegen des Avancements bei der Cavallerie zu erkennen gegeben, sofort resolviret habe, die Obristen von Reden, von Hodenberg und Carl von Breidenbach zu General-Majors dabei zu ernennen, wie Ich denn das Behufige darunter unter heutigem dato an Meine Generalität ablasse.

Ich verharre ohnveränderlich

Ewr. Lbden.

Kensington,   freundwilliger Vetter
den 7. Aug. 1759.   George R.

An
des Hertzogs Ferdinand
von Braunschweig Lbden.

※ An den König von Engeland.

Kampf den 21. Aug. 1759.

Eurer Königl. Majst. gnädigstes Schreiben vom 7. habe ich zu erhalten die Gnade gehabt; und daraus zu meiner besondern Satisfaction des mehrern ersehen, wie Höcstdieselbe meine demarche in Ansehung der Stadt Bremen gnädigst zu aprobiren geruhen wollen. Die von da nach Stade transportirte Artillerie und Ammunition kann dazu dienen, den grossen Mangel an beyden Stücken allda einigermassen abzuhelfen.

Es wäre zu wünschen, dass jetzo da sich die Gefahr von dem
Lande zu entfernen scheinet, alles mögliche gethan würde, die Festungen Stade, Hameln und Nienburg in den gehörigen Defensions-Stand
zu setzen, wie auch, dass es Ewr. Majst. gnädigst gefallen mögte, darüber die schärfsten und genauesten Befehle nach Hannover zu ertheilen, indem ich anderer Gestalt billig besorge, dass alle angefangene
Arbeit aufs Neue wiederum ins Stocken gerathen werde.

Es ist überdem durchaus nothwendig, dass Ew. Majst. Ministerium
die genommene mesures, mehrere und gute ingenieur-officiers in Höchstdero Dienste zu ziehen, continuiren, indem an dieser Art Leuten sich
zum nicht geringen Nachtheil des Dienstes ein schädlicher Mangel
äussert, und dem nicht zeitig genug abgeholfen werden kann.

Ich bin mit dem tiefsten Respect etc. . . . .
. . . . F. . . .
. . . .

Durchlauchtiger Fürst,
freundlichlieber Vetter. . . . .

Es hat Mir gleichsahm geahndet, dass Ich bald eine besondere
freudige Gelegenheit haben würde, an Ewr. Lbden. zu schreiben. Und
deswegen habe Ich auf Dero Schreiben vom 21. vorigen Monats nicht
erwiedert, auf den Empfang desjenigen, welches Ew. Lbden. unterm
26. desselbigen Monats an Mich abzulassen beliebt, und dessen Inhalt,
so vergnüglich er Mir auch gewesen ist, Ich bis vorgestern äusserst
geheim gehalten habe, in Meinem Schreiben vom 3. hujus, nur ins
grosse, obwohl mit denen lebhaftesten Empfindungen, accusiret. Es
hat nun der Göttlichen Güte gefallen, Meine Wünsche und Meine
Hoffnung durch den herrlichen Sieg zu erfüllen, welchen sie unter Ewr.
Lbden. klugen und tapferen Anführung Meiner Armée am 1. hujus
über das unter denen Befehlen derer Maréchals de Contades und de
Broglio stehende Frantzösische Kriegsheer verliehen hat, und wovon
Ich durch die Aufmerksamkeit Meines General-Majors York vorgestern
Morgen vorläufig die erfreuliche Nachricht, und gestern Morgen mit
dem frühesten durch die von Ew. Lbden. an Mich abgefertigte beyde
Officiers, den General-Adjutanten von Estorff und den Capitaine Ligo-
nière die Bestätigung erhalten habe.

Ich lobe und preise die Güte des Herrn der Heerschaaren, welcher über Ew. Lbden. und über die unter Dero Commando stehende,
dem Feinde in der Zahl sehr ungleich gewesene, brave Trouppen so
mächtig gewaltet hat, und diesemnächst eile Ich, Ew. Lbden. zu bezeugen, womit Mein Hertz für Dieselben angefüllt ist. Meine Freude,
das gestehe Ich, ist grösser, als dass Ich sie ausdrücken könte; aber
Meine Dankerkäntlichkeit ist es gewiss gleichfals, und der Wichtigkeit
des Dienstes gemäss, welchen Ew. Lbden. Mir und der gemeinen
Sache, ohngeachtet aller Deroselben im Wege gewesenen Schwierigkeiten und widrigen Umstände abermahls geleistet haben, und wovon
sich bey Mir der Eindruck nimmer verlieren wird.

Ew. Lbden. belieben sich, dessen auf das vollkommenste versichert zu halten, und vorläufig des Erb-Printzen von Braunschweig Lbden. zu erkennen zu geben, dass Ich bereits weiss, wie sehr Sich Dieselben Ihrer Gewohnheit nach distinguiret, und dass demnach Dieselben in Ansehung meiner Wehrtschätzung, und Tendresse sich eine neue Zugabe erworben haben.

In Erwartung näherer Particularien, und fernerer glücklicher Folgen, beharre Ich, so sehr man es immer seyn kann,

Ew. Liebden.

Kensington   freundtwilliger Vetter
den 10. Aug. 1759.   George R.
        An
des Hrn. Hertzogs Ferdinand
von Braunschweig und Lüneburg
        Lbden.

** An den König von Engeland.

Kampf den 21. August 1759.

Ew. Königl. Majst. gnädigstes Schreiben vom 10. dieses habe ich zu erhalten die Ehre gehabt; Wie glücklich schätze ich mich, Ewr. Majst. gnädige Erwartung von mir nicht fehlgeschlagen zu sehen. Ich betrachte aber alles, was Höchstdieselben mir darüber gnädigst zu sagen geruhen, als ein Merkmal Dero mir über alles geltenden, obwohl unverdiente Gnade.

Ich bin am 13. mit der Armée ins Waldeckische eingerücket, und habe das corps des Erb-Printzen, nachdem derselbe den Feind bis über die Werra verfolgt und Münden und Witzenhausen wiederum occupiren lassen, über Herstel und Warburg an mich gezogen.

Am 13. ist das Schloss Drendelburg von dem Major Friederichs erobert, und die Garnison zu Kriegsgefangenen gemacht worden. Der Obrist Luckner hat am 15. ein feindliches Detachement von Infanterie und Cavallerie bey Volckemissen gantz übern Hauffen geworfen. Ich liess am 17. durch den Erb-Printzen die feindliche kleine Armée von Wolfshagen delogiren, und der Herzog von Holstein machte ein gantzes Bataillon von denen Grenadiers Royaux im Angesicht eines feindlichen Corps d'Armée zu Numburg zu Kriegsgefangenen. Cassel hat sich am 19. nach einem geringen Widerstand an den Major Friederichs ergeben. Die Garnison von 400 Mann ist kriegsgefangen. Es sind aber überdem 1500 Blessirte und Kranke allda in unsere Hände gefallen, nebst dem Reste eines sehr ansehnlichen Magazins.

Die feindliche Armée ziehet sich gegen Marburg und Giessen; und es scheinet mir noch ungewiss, ob selbige sich an ersteren Ort setzen werde. Ich werde heut mit der Armée bis nach Frankenberg vorrücken.

Der General-Lieutenant von Imhoff ist in vollem Marsch nach Münster: er wird den 25. zu Telligt eintreffen, und ich hoffe, dass den 27. den Anfang der Beschiessung der Stadt wird gemacht werden können.

Der Artillerie - Obrist von Brauns hat sich in der Bataille von Tonhausen von Neuem gantz ungemein distinguiret, und ich kann nicht umhin, denselben zu Ew. Majst. besonderer Gnade bestens zu empfehlen. Es würde Ew. Majst. Dienst zum Besten, und gedachtem Obristen zur Ermunterung dienen, wenn Höchstdieselben ihm den wohl verdienten Caractere von General-Major von der Artillerie beyzulegen in höchsten Gnaden geruhen wollten.

Ich beharre mit dem tiefsten respect etc.   F.

(Archiv-Acten vol. 253.)

à Whitehall ce 10. Août 1759.

Monseigneur,

Parmi les suites si importantes d'une Victoire qui fait le Salut de l'Europe, oserois-je supplier Votre Altesse Serenissime d'agréer, que je l'interrompe un moment, pour Lui offrir les homages d'une admiration et d'un devouement des plus vifs et des plus respectueux. Tous les motifs qui interessent le Coeur humain, concourent à la joie dont ce grand événement m'a comblé, et entre tous, celui de la Gloire de Votre Altesse Serenissime, n'est surement pas pour moi le moins sensible. — Que la Providence, qui veille au bien des Nations, ne cesse de conserver des jours si precieux, et de conduire Votre Altesse Serenissime, de gloire en gloire, au but heureux de toute Guerre juste et necessaire!

J'ai l'honneur d'être avec le plus profond respect,

Monseigneur,

de Votre Altesse Serenissime

le très humble et très obéissant

serviteur

W. Pitt.

** Pour Monsieur Pitt.

à Franckenberg ce 21. Aout 1759.

Le suffrage de V. E. me sera toujours infiniment precieux; celuy qu'Elle veut bien m'accorder à l'occasion de la journée du 1. me flatte au delà de toute expression. Je conviens de ne pas meritér les choses obligeantes que Vous me dites, mais j'y reconnois avec plaisir, que vous m'honorez de Votre Amitié; j'y suis très sensible et vous suplie de vouloir bien compter sur le plus parfait retour de la mienne.

Nos Ennemis paroissent vouloir abandonner la Hesse; Nous avons repris la ville de Cassel le 19. après une legère résistance; je souhaite de pouvoir vous mander bientot autant de Marbourg.

Les affaires sont ici en assez bon train; il est facheux que la fortune n'ait pas secondé S. M. P., et je crains que cette sanglante journée du 12.*) n'ait des suites, qui se fassent sentir jusqu'ici. Mon aide

---

*) N. d. H. Kunersdorf.

de camp de Bulow, que j'avois envoyé au Roy, est de retour de son voyage, il assure que 40 mille hommes sont resté de part et d'autre sur le champ de Bataille. Il survient à ce Desastre que l'armée de l'Empire s'est emparé de Leipzig et de Torgau, et que probablement les Suedois remueront aussi, depuis qu'ils pourront le faire impunement.

J'ay de grandes obligations au Colonel Boyd; la bonne contenance qu'on a tenû à Lipstad, et la promtitude et l'ordre avec lesquelles on a taché de perfectionner les ouvrages de cette ville, Luy sont dues particulierement. Je l'ai depuis chargé de mener un detachement devant Münster, dequoi il s'est acquité au mieux. V. E. voudra bien me permettre que je Luy rends sur celá auprès d'Elle toute la justice, qui Luy est düe; Je sais que le merite n'a pas besoin de recommandation auprès de V. E., mais je ne saurois m'empecher de Luy dire, que je Luy aurai une obligation infinie, si Elle veut bien honorer de sa protection particuliere ce digne officier.

Je suis avec les sentimens de la plus haute Estime etc.

Durchlauchtiger Fürst,
freundlich lieber Vetter!

Ewr. Lbden. eigenhändiges werthes Schreiben vom 3. hujus, welches Ich vom 11. ejusdem aus den Händen Meines Obrist-Lieutenants Fitzroi empfangen habe, hat alle die Empfindungen erneüert und vermehret, welche Ich hatte, dass Ich Mein Schreiben vom 10. dieses Monats an Dieselben abliess. Ich erkenne, dass, nächst Gott, Ich Ewr. Lbden. den herrlichen Sieg zu danken habe, welche die unter Dero Befehlen stehende Trouppen am 1. dieses Monats erfochten haben, und wovon der Uebergang der Stadt Minden schon eine derer ferner zu hoffenden glücklichen Folgen ist. Je mehr Ich davon überzeuget bin, und je mehr Ich einsehe, dass von dem Ausschlage besagten Glorreichen Tages das Wohl und Wehe Meiner und Meiner Freunde und Nachbahren Lande abgehangen hat, desto grösser ist Meine Dankbahrkeit, und desto angelegener wird es Mir lebenslang seyn, Ew. Lbden. davon alle mögliche Proben zu geben. Wie es mir dabenebst überaus vergnüglich ist, dass überhaupt diejenige Trouppen welche zum Treffen gekommen sind, mit unerschrockenstem Muthe gefochten haben; Also habe Ich auch diejenige Corps und Regimenter nicht ohnbemerket gelassen, welche von Ew. Lbden. Mir als solche sind genennet worden, die sich besonders distinguiret haben. Ich ersuche Ewr. Lbdn., einem jeden Corps, das Artillerie-Corps nahmentlich mit eingeschlossen, Mein Wohlgefallen und Meine Zufriedenheit darüber, durch seine Chefs ausdrücklich bezeugen zu lassen. Was Ewr Lbdn. beliebet haben von dem regierenden Grafen von Schaumburg-Lippe mit einfliessen zu lassen, ist bey Mir von solchem Gewichte, dass Ich keinen Anstand nehme, demselben das verdiente Compliment in dem Schreiben zu machen, welches Ich nebst einer Abschrift deswegen hiebeyschliesse weil ich glaube, dass es ihm angenehm seyn werde, dasselbe aus Ewr. Lbdn. Händen zu empfangen. Das Zeugniss, welches Ewr. Lbdn. dem General-Major Waldgrave, imgleichen dem General-Major Kingsley, und denen übrigen genanndten, theils Englischen, theils Teutschen Officiers beylegen, soll denenselben in Zeit, und Gelegenheit gewiss zu statten kommen.

Ich beharre aufrichtigst und so sehr man es immer seyn kann,

Ewr. Lbdn.

Kensington   freundtwilliger Vetter

den 14. Aug. 1759.   George R.

(Copie.)

An des Hrn. Hertzogs Ferdinand
von Braunschw.-Lüneb. Lbdn.

Von Seiner Königl. Majestät von Grossbrittannien,
An den reg. Grafen von Schaumburg-Lippe.
dd. Kensington den 14. Augusti 1759.

P. P. Mir sind von des Herrn Grafen Wohlmeynung und erspriesslichen mit-Anwendung für die gute Sache zeither viele angenehme Merkmahle vorgekommen, und nach des Hertzogs Ferdinand von Braunschweig Lbdn. Bezeugung hat der Herr Graf durch die genommene gute Mesures, Arrangemens und Dispositions, zu dem den 1. hujus von Gott verliehenen herrlichen Siege ein Grosses beygetragen.

Ich kan Mich daher nicht entbrechen, Meine danknehmige Empfindlichkeit, dem Herrn Grafen bestermaassen hierdurch zu erkennen zu geben, mit dem Anfügen, dass Derselbe sich eines vollkommenen Retours, und davon versichert halten könne, dass Ich stets bin etc.

Durchlauchtiger Fürst,
Freundlichgeliebter Vetter!

Ich vernehme, dass mein Husaren-Obrister von Lückner unter andern das Glück gehabt hat, dass ihm am 4 dieses die gantze Canzeley des Maréchals de Contades, wobey sich die Instructiones und Befehle von seinem Hofe, die Briefe des Maréchals de Belisle, die Concerts mit dem Wienschen Hofe, und mit Russland, auch sonstige wichtige Briefschaften befinden sollen, in die Hände gefallen sind. Da Mir nun zum Höchsten daran gelegen ist, sothane Briefschaften Mir und Meinen Bundesgenossen zum Nutzen, je eher je besser einzusehen; So ersuche ich Ew. Lbdn. inständigst, Dieselben wollen Mir solche, und, wenn Correspondentzen aus Meinen Teutschen Landen mit darunter befindlich seyn sollten, auch diese, bey dem Courier Stoffregen, welchen Ich mit gegenwärtigem Schreiben eigends abfertigen lasse; zu überschicken.

Ich wiederhole übrigens meine Ewr. Lbdn. unterm 10. hujus bereits geschehene und mittelst eines anderweitigen heutigen Schreibens bekräftigende Freuden- und Dankbahrkeits-Bezeugungen mit so empfindicherem Vergnügen, da nach denen jüngsten Nachrichten die Folgen von dem glorreichen Tage des 1. Augusti je länger je grösser und erspriesslicher werden. Ich beharre aufrichtigst, und so sehr man es seyn kann,

Ew. Lbdn.

Kensington   freundtwilliger Vetter

den 14. Aug. 1759.   George R.

(Aus Westphalens Nachlass.)

* Il faut faire des extraits des compliments de S. M. et de Mylord Holdernes pour les troupes, et pour le Pr. Hereditaire. Les premiers sont à communiquer à Reden pour qu'il le declare à l'ordre, et l'autre immediatement au prince.

Ce 22. Aout 1759.   F.

(Au Secr. Westphalen.)

Franckenberg den 23. Aug. 1759.

** An den König von Engeland.

Eurer Königl. Majst. beyde gnädigste Schreiben vom 14. dieses sind mir durch den damit abgesendeten Courier wohl überliefert worden. Ich habe der Armée, und insbesondere denen Corps welche sich vorzüglich in der Bataille von Tonhausen distinguiret haben, Eurer Königl. Majst. gnädigste Zufriedenheit über ihr Betragen öffentlich bezeuget; auch sowohl dem Erb-Printzen von Braunschweig Eurer Majst. gegen ihn hegende gnädige Sentiments bekannt gemacht, als dem Grafen von Bückeburg das Schreiben zugestellt, womit höchstdieselben selbigen beehrt haben.

Ich wiederhole bey dieser Gelegenheit meinen tiefsten Dank für die gnädigen Ausdrücke, deren Ew. Königl. Majst. sich in Ansehung meiner von neuem zu bedienen geruhen wollen.

Was die Correspondenz des M. von Contades anbetrifft, welche dem Obristen Luckner in die Hände gefallen, so habe ich davon dasjenige, was mir davon eingesendet worden, bereits vor 14 Tagen vermittelst eines expressen Couriers an Mylord Holdernesse übersendet, und zweifle nicht, dass solche richtig überliefert seyn wird. Es ist aber noch ein grosser Theil von seinen Schriften zurück, die ich täglich zu erhalten gewärtig bin; inzwischen habe ich die Ehre, gegenwärtig Eurer Königl. Majst. die Papiere des Prinzen Xaviers von Sachsen zu übersenden, worunter sich überaus remarquable Stücke befinden. Angebogene Specification enthält en gros, worin die sämmtlichen Papiere bestehen. —

Ich verbleibe mit dem tiefsten Respect p. p.

P. S. Unter denen Officiers, welche Ew. Königl. Majst. ich insbesondere empfohlen habe, gehört auch der Lieutenant Klinckenstrom von Rehden, welcher bey mir als aide de camp Dienste thut, und mit dessen conduite ich überaus wohl zufrieden bin.

à Whitehall ce 14. Aout 1759.

Monseigneur,

Permettez que je témoigne à Votre Altesse Serenissime, combien j'ai senti vivement tout le prix de la Lettre dont Elle a daigné m'honorer, au milieu des illustres soins d'un moment si rempli et si interessant.

La victoire, qui, ce jour glorieux, s'est montrée, en differents endroits, si attachée à Votre Serenissime Maison, et les suites si brillantes et si étendues qui en resultent, et qui se succedant journellement, vont toujours en augmentant, ont mis le comble à la joye universelle d'une Nation pleine d'admiration et de reconnoissance.

Heureuse cette partie de nos Troupes, à qui il a été donné de meriter sous les yeux de Votre Altesse Serenissime, la recompense la plus touchante d'un Eloge inestimable!

Il ne seroit pas pardonnable, Monseigneur, dans l'instant present, de détourner plus longtems Votre Altesse Serenissime, que pour la supplier de nouveau, d'agréer les hommages d'un attachement inaltérable, et les voeux les plus ardens que je fais, pour que tout conspire à la Gloire de Votre Altesse Serenissime, en secondant à l'envi ses Lumieres consommées.

Je suis avec le plus profond respect

Monseigneur,

de Votre Altesse Serenissime

le très humble et très
obéissant serviteur
W. Pitt.

** Pour Monsieur Pitt.

à Münchhausen ce 24. Aout 1759.

Plus mon estime personnelle pour V. E. est grande plus je suis flatté des marques qu'Elle me donne de son amitié envers moi. Je suis tres sensible, Monsieur, à tout ce que Vous me dites d'obligeant par votre lettre du 14; je crains seulement que vos Louanges ne soyent trop au dessus de ce que je puis valoir.

Toute la basse Hesse est à nous.

On vient de prendre la fortresse de Ziegenhayn, qui étoit la derniere place qu'ils y tenoient. La garnison a été faite prisouniere de guerre. Je ne puis rien assurer; mais il paroit que les François ne tiendront pas à Marbourg. Le jour de demain en decidera.

Je recommande à la protection de V. E. le Lieutenant-Colonel Hütten commandeur du Regiment de Stuart Infanterie; c'est un tres brave et tres bon officier; Et je serois charmé de voir que la fortune repondit à son merite.

Je suis avec les sentimens de la plus haute Estime p. p.

(Archiv-Acten vol. 253.)   à Whitehall, ce 14. Août 1759,

Monseigneur,

Je reçus, Samedi passé, la Lettre, dont V. A. S. a bien voulu

III.   46

m'honorer, du 4 du courant, avec la Relation Préliminaire de la Glorieuse Journée de Dodenhausen, et le Rapport de Mgr. Le Prince Hereditaire, contenant le Detail de la Victoire remportée, le même Jour, par Son Altesse Serenissime, sur le Corps des Ennemis, aux Ordres de Mr. de Brissac, près de Cooveldt.

Le Roy m'ordonne très expressément d'assurer Votre Altesse Serenissime, dans les Termes les plus forts, de l'Etendüe de Sa Reconnoissance, et de Son Amitié; Et de La remercier de nouveau, des Soins infatigables qu'Elle a pris pour Ses intérêts. Sa Majesté Vous prie, Monseigneur, de témoigner aux Troupes, en Son Nom, combien Sa Majesté Leur sçait bon Gré de la bonne Volonté, qu'Elles ont marquée dans toutes les Occasions, mais surtout dans le Moment critique, où Leur Bravoure devoit decider du Bonheur de la Patrie, et faire cueillir à Votre Altesse Serenissime le Fruit de Ses Soins, de Sa Sagesse et de Sa Fermeté.

Le Roy ne peut Se lasser d'admirer la Disposition faite par Le Prince Hereditaire dans l'Execution des Ordres, dont V. Aı S. L'avoit chargé. Cette Action, ou Sa Prudence et Sa Valeur brillent également, Le couvre de Gloire.

Le Roy, qui L'aimoit déjà infiniment, Vous prie, Monseigneur, en L'embrassant de Sa Part, de L'assurer de Sa plus tendre Estime.

Le Roy vient d'accorder à Mylord George Sackville la Demission de Son Commandement; et a confié le Soin des Troupes Angloises à Mylord Granby.

J'ai l'honneur d'être avec le plus profond Respect,

Monseigneur,

de Votre Altesse Serenissime,

S. A. S. Msgr. le Prince   le tres humble tres
Ferdinand de Bronsvic.   obeissant serviteur
             Holdernesse.

  Copie d'une Lettre traduite de l'Anglois, ecrite par Lord Holdernesse Secretaire d'Etat au Marquis de Granby, Commandant les Troupes Britanniques sous les Ordres de S. A. S. Le Duc Ferdinand de Bronswick etc. etc. etc.

My Lord,

La confiance entiere que Le Roi a dans votre zèle pour son service, et que vous n'avez rien de plus à coeur que l'observance ponctuelle de ses Ordres, fait que Sa Majesté ne doute aucunement que vous ne suiviez dans tous les points, et avec une alacrité ardente ses Instructions sur la façon dont vous devez vous gouverner et vous conduire dans le Commandement important que le Roi vous a confié, mais sur tout vous n'hesiterez point, quand il s'agira du second article, par lequel il vous est ordonné expressement de suivre tous les ordres militaires, que S. A. S. le Duc Ferdinand jugera à propos de vous donner.

Sa Majesté en outre m'ordonne de vous signifier, que c'est son

plaisir, que vous fassiez savoir aux Generaux Anglois sous vos ordres,
et à tous les Officiers dans les Troupes Britanniques, qu'ils ayent à
obéir sans la moindre Hesitation, et sans aucun delai les ordres, qu'ils
recevront de V. A. S. etc. etc. etc.

signée: Holdernesse.

** Mylord Holdernesse.

à Franckenberg ce 23. Août 1759.

J'ay reçû la Lettre que V. E. m'a faite l'honneur de m'écrire du
14. et je la remercie de tout mon coeur des choses obligeantes, qu'Elle
m'y dit de nouveau sur la journée du 1.

Je me suis acquitté avec bien de plaisir des ordres de S. M. de
marquer tant aux Troupes qu'à Mons. le prince hereditaire ses sentimens à leur egard et la satisfaction qu'Elle a bien voulû témoigner de
leur conduite.

Je vous suis tres obligé, Mylord, de m'avoir informé du rapel de
Mylord George Sackville.

Je ne saurois m'empecher de recommander à votre protection
particulière le Lieutenant-Colonel Hutter, Commandeur du Regiment
de Stuart infanterie. C'est un tres brave et tres bon officier, qui
merite à touts Egards que S. M. se souvienne de luy.

J'ay l'honneur d'être. p. p.

(Archiv-Acten vol. 27.)

Monseigneur!

Les vents contraires m'ont arretés de façon que je n'ai pu arriver
plutot à Kensington que le 9me au grand matin, ou je me trouvai
pourtant devancé par un courier que le General York avoit passé par
un navire des Pecheurs, sur la nouvelle reçue et debitée par le Courier
Fortmann, qui sans être authorisé s'est depeché de son propre Mouvement du Champ de Bataille.

La joie de Sa Majesté sur l'heureuse journée du 1er surpasse toute
Expression, et celle de la Nation, sur les grandes et glorieuses Exploits de Votre Altesse va au delà de toute Imagination; ce n'est qu'Il-
lumination, Feu de joie et toutes sortes de Festivités tant en Ville que
sur le plat pays.

Je fais des Voeux de plus sincères pour que seulement la cen-
tième partie de ce qu'on souhait içi pour la Santé de Votre Altesse
aura son Effet, pour mettre au comble de sa joie et de son Bonheur
celui qui est avec un attachement inviolable et avec une soumission
de plus profonde

de Votre Altesse

à Londres
ce 12me Aout 1759.

le plus humble et le plus soumis
serviteur
gez. d'Estorff, Adj. Gen.

Monseigneur!

Votre Altesse permettra de grace si je me jette à ses Pieds et me
remerciant le plus humblement de ce qu'Elle a voulu si gracieusement

46*

marqué envers Sa Majésté sur mon sujet. Je m'estimerai le plus heureux sur la Terre, si mes forçes secondent ma volouté pour pouvoir prouver encore Votre Altesse ma reçonnaissance respectueuse, et de mon zele pour m'en rendre plus digne de la continuation de ses bonnes Graçes.

C'est par un attachement inviolable et le plus profond pour Votre Altesse, que j'ai l'honneur de la persuader de mes très humbles felici-tations sur la suite heureuse de ses Exploits glorieuses, tout içi est dans l'Etonnement, la Cité ou proprement dite la Ville de Londres a fait une sousscription de 30 mille livres sterling pour la levée de Six mille Recrues, et la nouvelle Levée pour les divers Corps nouvellement crées vont de plus grand train depuis la nouvelle de la Victoire remportée par Votre Altesse.

Quoique on forme içi souvent des plans dressés à la legère, pourtant le Public en a par sa decision grande influence pour le futur, qu'ainsi selon la pluralité, en supposant les nouvelles de l'Amerique à souhaits, on fera passer alors plus de troupes pour renforcer notre armée.

La Conduite du Mylord Sackville fait grand bruit içi, dans la Ville on l'a deja fait brulé hier dans la figure d'un homme fait de paille.

On me vint assurer dans ce moment que le Roi a donné le commendement des Troupes angloises au Mylord Grandby, que Mylord Sackville seroit rappellé, et les deux generaux-majors Waldtgrave et Mostyn declarés Lieutenants-Generaux.

J'ai sollicité depuis le lendemain de mon arrivée d'être depeché au plutot; mais jusqu'ici inutilement. Ce sejour oisif m'est bien à charge, et j'ai prié Monsieur de Münchhausen d'en vouloir réiterer mes prières auprès le Roi pour pouvoir joindre au plutot Votre Altesse et le persuader de vive voix que je sois avec la plus profonde soumission

de Votre Altesse

à Londres ce 14. Aout
1759.

le plus humble et le plus soumis
serviteur
d'Estorff, Adj-Gen.

Memoire.

Sa Majesté le Roi mon Maitre m'a chargé de persuader Son Altesse de sa haute Estime; amitié et confiance entiere, et

que Sa Majesté faisoit prier Son Altesse très instamment de vouloir s'en ouvrir envers Sa Majesté, sur tout ce qui concerne l'Armée et les Troupes, et ce que Son Altesse jugeoit à propos d'être changé ou reformé la dessus, que Sa Majesté prennoit ou regardoit les Sentiments et avis de Son Altesse comme l'unique chose et remede pour bien établir le Tout; dont Sa Majesté n'en feroit que bonne usage, gardant le secret sur les avis de Son Altesse, sans le commettre en rien; Et

Comme Sa Majesté de meme que toute la Nation portoient une

reconnaissance Eternelle à Son Altesse, on embrasseroit toujours avec un plaisir infini toute occasion, pour en convaincre Son Altesse de cette Verité inaltérable.

Que par Rapport du Corps Britannique, Sa Majesté avoit fait faire expedier une ordre de plus precise, au Mylord Grandby tout a fait relative pour la promte Execution des Ordres qui se donneront à l'avenir de la part de Son Altesse au Corps Britannique, et que pour plus de connoissance Mylord Grandby fera faire publier cette ordre au dit corps.

Que Sa Majesté avoit ordonné de faire toute diligence possible pour remplacer par des bonnes Recrues les Vuides dans l'Infanterie angloise;

Que trois Cents Montagnards passeront incessament la mer et qu'on les augmentera sur le pied d'un Bataillon;

Que Sa Majesté vouloit bien augmenter Son Armée de dix Mille hommes, mais comme dans la situation presente, on ne pouvoit pas encore degarnir les trois Royaumes, Sa Majesté faisoit prier Son Altesse, s'il n'y avoit pas moyens à trouver pour engager encore des Troupes allemandes.

Si Son Altesse souhaitoit en place des Generaux Mostyn et Durand des autres, pour servir à l'armée, Sa Majesté se trouvoit actuellement en Etat de les faire revenir en Angleterre, en les remplaçant par d'autres, sur quoi Sa Majesté attendoit les Intentions de Son Altesse.

Au sujet du Sieur Smid cy devant Aide du Camp du Lord Sackville, Sa Majesté faisoit avertir Son Altesse qu'il sçavoit pour sur, que ce Sieur Smid ne meritoit point la continuation de ses bonnes graces, c'est pourquoi Sa Majeté ne le feroit point retourner à l'armée.

Sa Majesté faisoit aussi prier Son Altesse de le faire scavoir ses sentimens sur le choix des Officiers, qui ont des qualités requises d'être préférablement employés et avancés, tant de Generaux, Officiers d'Etat major que Subalternes, sur tout, ce qui regarde Sa Cavalerie allemande.

Sa Majesté souhaitoit également, que tant les Gardes du Corps que les Grenadiers à cheval fussent (outre le service et garde ordinaire auprès de la personne de Son Altesse) employés pour faire le service de Campagne, soit en grande garde, soit en detachement separée, pour apprendre ce service de meme, que les jeunes officiers dans ces deux corps sortoient en volontaires avec les detachemens qui se font de l'armée, pour l'instruire de plus en plus de quoi il s'agit pour mener une Troupe ou Detachement vers l'ennemi.

Ober-Wettern,   Estorff,
ce 31. d'Aout 1759.   Adjut.-Gen.
(Archiv-Acten vol. 5,)

Monseigneur!

Si je me suis tû envers Votre Altesse Serenissime, sur la glorieuse journée du 1er de ce mois, et sur les heureuses suites qui la rendent de plus en plus aussi salutaire que memorable, c'est Monseigneur, par une discretion qui ne scauroit m'être préjudiciable; Votre Altesse Serenissime connoissant dans toute son etendue le respectueux zèle, qui m'anime dans toutes les occasions, qui interessent sa gloire et sa satisfaction.

Mais le Roy venant de revetir Votre Altesse Serenissime du noble Ordre de la Jarretiere, et de Lui donner les gages les plus autentiques et solennels de son estime et de sa gratitude, de meme que les applaudissements de ses peuples, je ne sçaurois m'empecher, Monseigneur, de derober à Votre Altesse Serenissime un moment de ce temps, dont Elle fait si merveilleusement usage pour le bien de la cause commune et des Etats du Roy et de ses alliés en particulier, pour mettre aux pieds de Votre Altesse Seren. les tres humbles assurances, que ce que je sens à son égard est au delà de toute expression, et que les grandes Vertus, exploits, et merites de Votre Altesse Serenissime seront à jamais gravés dans le coeur de celui qui a l'honneur d'etre avec une Veneration des plus proffonde

Monseigneur

de Votre Altesse Serenissime

le plus humble et le plus obeissant

serviteur

J. A. de Münchhausen.

Londres ce 17. Aout 1759.

Monseigneur! à Londres ce 17. d'Aout 1759.

Je n'aurois pas differé si longtems de présenter mes très humbles hommages à Votre Altesse Serenissime tant à l'occasion de l'Importante et glorieuse Victoire, qu'Elle a remporté le 1er du courant qu'au sujet des nouvelles marques d'approbation et de bienveillance, que Sa Majesté Brittque vient de Luy donner, si je n'eusse vouler profiter du depart d'un de ses aides de camp pour m'acquiter de ce devoir. Mais comme je viens d'apprendre à Kensington, que leur retour à l'Armée n'est pas encore fixé, je ne veux pas tarder plus longtems de faire parvenir à Votre Altesse Serenissime mes très humbles Complimens de felicitation, que je La suplie de vouloir bien recevoir avec le voeux que je ne cesse de faire pour la Continuation de la Prosperité de ses armes et la conservation de Son Auguste Personne, etant avec le plus profond respect

Monseigneur

de Votre Altesse Serenissime

le très humble et très obeïssant

serviteur

le B. de Knyphausen.

(Archiv-Acten vol. 6.) (Traduction.)

L'humble Addresse de la Chambre des Communes

Au Roi.

Très gracieux Souverain,

Nous les tres devoués et loyals Sujets de Votre Majesté; les Communes de la Grande Bretagne, assemblés au Parlement, rendons à Votre

Majesté nos très humbles Remerciemens pour la Harangue remise par ordre de V. M. aux deux Chambres de Parlement.

Permettez nous Sire, avec le zele et la soumission la plus sincere, de féliciter V. M. sur la suite glorieuse et continue de succes et de victoire, qui pendant le cours entier de cette année, distingué et memorable, a accompagné les armes de Votre Majesté.

Nous reconnoissons, avec la plus profonde veneration et la plus pieuse gratitude à la Providence Divine, cette Benediction et Protection manifeste, qu'il a plût à Dieu accorder aux Conseils et aux armes de V. M., et nous offrons nos voeux les plus ardens et nos Prières pour sa Continuation.

Vos fideles Communes n'essayeront pas de detailler la Gloire et les avantages qui resultent à V. M. et ses Royaumes de tous les differens succes qui ont eu lieu dans toutes les Parties du Monde. Mais nous prions humblement que V. M. nous permet de l'assurer que nos Coeurs sont remplis des sentimens les plus vifs et les plus reconnoissans des suites heureuses qui, après Dieu, sont dues à la Sagesse, la Vigilance et la Vigueur des Mesures de V. M. dans le cours de cette guerre, également juste et necessaire particulierement.

Pour la Prise de l'Isle de Gorée, l'Extension de notre Commerce sur les Côtes de l'Afrique: la Defaite de la Flotte Françoise dans les Indes Orientales, et celle de leur Armée devant Madrass, par lesquelles les projets dangereux de Nos Ennemis y ont échoués, et Nos Colonies et notre Commerce y ont été assurés: Pour l'estimable Conquête de la Guadelupe et Marie Galante dans les Indes Occidentales; la Prise de tant de Forts et de Places dans l'Amerique Septentrionale, aux quelles la glorieuse et decisive Victoire obtenue sur l'Armée Françoise en Canada, a mis le comble; et pour la Reddition de leur Ville Capitale de Quebec, dont l'acquisition fait tant d'honneur au Courage et à la Conduite des officiers de V. M., tant de Terre, que de Mer, et met dans un si grand Lustre l'Intrepidité de Vos Armées: Pour le succes important de la Flotte de V. M., tant dans la Poursuite, que dans la Prise et la Destruction d'une partie considerable de l'Escadre Françoise, à la hauteur du Cap Lagos: Et le Blocus des Forces navales de la France pendant tant de mois dans ses Ports meme, qui, en ajoutant considerablement aux difficultés de nos Ennemis, a protegé et assuré notre Commerce et Navigation.

Nous ne pouvons aussi jamais oublier cette Crise, cette Defaite signaleé et memorable de l'Armée de France près de Minden, qui fait si justement un sujet permanent d'Admiration et de Reconnoissance, soit, que Nous considerions la Superiorité en nombre des Ennemis, l'Habileté et la Grande Conduite de Son Altesse Serenissime le Prince Ferdinand de Brunswick, ou la Valeur insurmontable des Troupes de Votre Majesté.

Quand nous reflechissons sur cette Suite continue de succes, dont meme une Partie auroit suffit pour signaler cette longue et vigoureuse

Campagne, Nous ne pouvons qu'exprimer la plus grande Satisfaction de l'Habileté, Courage et parfaite Harmonie si evidente dans la Conduite des Amiraux et Generaux de V. M. dans l'Execution de Vos ordres, et du courage ardent, qui s'est manifesté dans les Officiers et les Armées, de Terre et de Mer, avec tant de Gloire personelle et nationale.|

Cet esprit seul leur a pû faire surmonter toutes les difficultés provenantes de la Superiorité du Nombre et de la Situation avantageuse de l'Ennemi; et Nous sommes vivement persuadés, que le meme courage, ardeur et zèle, excités et animés par ces milliers de motifs, l'acceptation gracieuse, et l'approbation Royale de V. M. de leurs services distingués, accompagnés des applaudissements les plus vifs et universels de leur Patrie, continueront de jetter la Terreur dans l'Ennemi, et de cimenter la Confiance des Alliés de la Grande-Bretagne.

Nous voyons avec la plus haute admiration la Magnanimité et les Efforts sans pareils de ce Grand Prince le Roi de Prusse, l'Allié de V. M. dont le Genie consommé, l'indefatigable Activité, et la Fermeté d'Esprit inebranlable, secondés par la Bravoure de ses Troupes ont pû, dans toute situation, lui fournir des Ressources suffisantes pour resister aux Forces reunies de tant de Puissances formidables.

Les fidels Communes de V. M. sentent avec juste Reconnoissance Vos Soins et Peines Paternelles pour la Paix et le bonheur de Vos Peuples, et ne peuvent assez admirer cette vraie Grandeur d'Ame, qui Vous engage, au milieu de la Prosperité, à souhaitter de faire cesser l'Effusion de sang Chretien, et retablir la Tranquillité publique.

Nous nous remettons entierement à la Sagesse et à la Fermeté connue de V. M., que ce but desirable soit, en son tems, obtenu à des Conditions justes et honorables pour V. M. et ses alliés, et qu'elles garantissent pour l'avenir, en assurant sur des Fondemens solides et durables, les Avantages, que raisonnablement et équitablement on a lieu d'attendre du Succés de nos Armes, et qui fixeront dans les coeurs d'un Peuple reconnoissant, le Souvenir durable de cette heureuse Epoque, et du Bien qui leur en resulte, sous les auspices du Regne glorieux de Votre Majesté.

Pour accomplir ce grand objet, nous sommes très persuadés, qu'il faut pourvoir amplement aux moyens de continuer la Guerre par tout avec la plus grande Vigueur; et Nous assurons V. M. que Nous lui accorderons, avec Joye, les Subsides qui pourront être necessaires pour soutenir, et pousser efficacement toute l'Etendue de Nos operations contre l'Ennemi; et en meme tems, avec l'Aide de Dieu, de repousser et frustrer leurs Desseins hardis contre ces Royaumes; convaincus par la longue Experience, que Nous avons de la Bonté et de la Sagesse de V. M., qu'Elle en fera Usage de la manière la plus convenable à ces grands objets.

Nous ne pouvons assez exprimer combien nous sommes sensibles à la haute Satisfaction qu'il a plû à V. M. de témoigner de l'Union parfaite et de l'Harmonie, qui regnent si heureusement parmi Vos fidels sujets, dont les effets salutaires ont été des plus évidens et la douce Experience que Nous en avons fait, jointe aux Instances Paternelles, de V. M. seront les motifs les plus forts pour affirmer la Durée de ces Dispositions, si essentielles à l'Activité et de la Vigueur de Nos plus grands Efforts, comme aussi à la Tranquillité, le bon Ordre, et le Bonheur des Peuples de Votre Majesté. —

Die Archiv-Acten des Herzogs Ferdinand vol. 253 enthalten drei Schreiben des Grafen Finckenstein an den Herzog, datirt aus Magdeburg, wohin sich die königliche Familie nach der Schlacht von Kunersdorf begeben hatte, vom 17ten, 22sten und 25sten August, die letzteren beiden in Chiffern. Der erste giebt dem Herzog nähere Mittheilung von dem Verlauf und Ausgang jenes furchtbarsten, blutigsten Kampfes des siebenjährigen Krieges; zugleich aber ist dasselbe ein merkwürdiges Dokument der gefassten, unerschütterten Stimmung des Königlichen Hauses, und von dem Vertrauen auf den Genius des Königs.

Monseigneur,

La datte du lieu dont j'ecris instruira d'avance V. A. S. d'un evenement, qui lui sera peut etre deja parvenu par le bruit public.

Le Roi ayant passé l'Oder la nuit du 10. ou 11. s'occupa le lendemain aux preparatifs de la Bataille; Jamais les mesures ne furent mieux prises, ni plus sagement concertées de l'aveu de plusieurs personnes, qui ont assisté à cette memorable journée. Le 12 à onze heures du matin l'Action commenca. Sa Majesté attaqua elle même, et ses Troupes firent des prodiges de valeur.

Trois Batteries de l'ennemi furent emportées. Nos Troupes se trouverent en possession de près de Cent Canons et la victoire paroissoit assurée. Il nous vient même plusieurs nouvelles pendant cette intervalle, qui la donnoient pour certaine. Ces avantages se soutinrent depuis le commencement de la Bataille jusqu'à six heures du soir, intervalle pendant lequel il se fit un affreux massacre des Troupes Russiennes et Autrichiennes, qui s'étoient reunies, et qui formoient une armée superieure du double à la notre. Malgré cette superiorité, les ennemis étoient en deroute lorsque la Cavallerie Autrichienne, qui n'avoit pas donné encore, se joignit à un Corps de l'Armée Russes, et repoussa du Cimetiere des Juifs non loin de Franckfort, notre Cavalerie dans le tems, qu'on vouloit emporter la derniere batterie de l'ennemi. Le malheur voulut, que le brave General Seydlitz, qui a immortalisé son nom par la valeur superieure avec laquelle il s'est conduit dans cette occasion, venoit d'etre blessé et hors d'état par consequent de garder le commandement. Cet accident favorisa les derniers efforts de l'ennemi. Le desordre de la Cavallerie entraina celui de l'Infanterie et en moins de rien le Roi resta le seul avec un petit Corps de quelques milliers d'hommes, obligé de soutenir tout l'effort

des ennemis, qui s'étant aperçus de ce desordre se rallièrent et revinrent sur leurs pas. Sa Majesté fit dans cette occasion des actions de
valeur bien dignes de la Resolution, qu'Elle avoit prise de sauver la
patrie, mais qui me font trembler, lorsque j'y pense. Elle tacha de
railler à trois reprises differentes les troupes, que la confusion, la longueur de l'action et la chaleur du jour avoient abbatu. Au milieu de
ces efforts inutiles elle s'exposa beaucoup, eut deux chevaux tués sous
elle et son habit criblé de coups et voyant enfin, qu'il n'y avoit pas
moyen de resister avec ce petit nombre, elle prit le parti de se retirer
dans le meilleur ordre du monde et fut obligée de ceder le champs de
Bataille et d'abandonner par consequent tous les avantages, qui avoient
eté remportés dans le courant de la journée.

Sa Majesté ne se retira cependant d'abord qu'à une petite distance et a pris poste depuis sur les hauteurs en deça et en dela de
l'Oder près de Güritz et de Reitwein, où Elle a ralliée son Armée et
où elle se tient encore actuellement. J'ai appris depuis par differens
courriers, que le mal n'est pas à beaucoup près aussi grand qu'il paroissoit l'etre au commencement. Nous avons perdu du monde, ce qui
ne pouvoit etre autrement vu la longueur de l'action et l'archarnement
des ennemis, mais ceux-ci ont fait une perte bien autrement considerable pendant les six heures qu'on les a battus continuellement. La
Notre ne consiste proprement, que dans un assez grand nombre de
canons, que nous avons eté obligé d'abandonner, et que le Roi est à
même de reparer en peu de temps, et dans la quantité de Genéraux
et d'Officiers blessés, qui ne le sont cependant à ce qu'on me marque,
à un petit nombre près qu'assés legerement.

Dans le moment que j'ai l'honneur d'écrire celle-ci à Votre Altesse
Serenissime, je viens de recevoir une lettre de l'Armée en date du 15.
par laquelle on me marque, que les Russes continuent de rester dans
leur ancien camps, que les deserteurs ne sauroient assés exprimer la
perte, qu'eux aussi bien que les Autrichiens ont faite, qu'ils assurent
positivement, que les derniers, qui avoient eté dans la seconde ligne,
n'avoient sauvé que 3,000 hommes de 12,000, qu'ils étoient, qu'on faisoit monter en general la perte de l'ennemi à 30,000 tant morts, que
blessés, et que les Russes desesperant du succès de l'Action avoient
de conseil premedité pillé eux mêmes leur propre bagage. Enfin quelque
facheux qu'il soit de n'avoir pu remporter la victoire decisive, que le
Roi avoit lieu de se promettre des premiers succés de cette Action, il
paroit du moins, que les suites n'en sont rien moins qu'avantageuses
pour l'ennemi.

Sa Majesté vient de detacher le General Wunsch avec quelques
Bataillons et de la Cavallerie pour couvrir la Capitale. Ce General
s'est mis en marche le 14. et a du être le 15. dans les environs de
Fürstenwalde pour pouvoir se porter sur Coepenick en cas de besoin.
Le General-major de Kleist, qui commande en Pomeranie a egalement
eu Ordre de se rendre à Berlin, desorte, que les Vues, que les Autri-

chiens pouvoient avoir sur cette ville, seront probablement derangées:
En attendant Sa Majesté n'a pas jugé à propos d'exposer plus longtems la Reine et la famille Royale aux inquietudes, que la proximité
des ennemis devoit naturellement Lui causer. Elle a ordonné en consequence, que La Cour se rendit de nouveau jusqu'au denouement de
la Crise presente à Magdebourg ou j'ai eu l'honneur de l'accompagner
et ou j'attendrai les Ordres qu'il plaira à Votre Altesse Serenissime de
me donner.*)

Depuis mon arrivée ici j'ai aussi appris la prise de Torgau dont
la Garnison après avoir soutenû quatre assauts a fait le 14 de ce mois
une Capitulation tres honorable, en Consequence de laquelle elle s'est
repliée sur Wittenberg. L'Armée de l'Empire a aussi perdu du monde
à cette occasion, et si la chance venoit à tourner en Silesie, et que
le Roi, comme je l'espere puisse continuer à arreter les progrès des
Russes, ces avantages momentanés, que le Prince de Deux Ponts rem-
porte dans un païs ou il ne trouve point de resistance, ne m'emba-
barasseront guères.

J'aurois souhaité de pouvoir donner de nouvelles plus agreables à
Votre Altesse Serenissime, mais il faut se soumettre à celui, qui décide
du sort des Batailles et espérer qu'il continuera à nous accorder cette
protection dont nous avons plus d'une fois ressenti les efforts. La Conservation du Roi au milieu des plus grands perils me donne de nouvelles
esperances; Connoissant comme je le fais les ressources de son genie.
Je ne doute pas qu'il n'en trouve encore auxquelles ses ennemis ne
s'attendent peutetre pas, et je me flatte, que les avantages, que La
Cour d'Angleterre est sur le point d'emporter en Amerique, et ceux
qu'elle a deja obtenu sur le Continent par les exploits de Votre Altesse Serenissime, nous assurerons enfin le retour de la Paix et de la
tranquillité.

J'ai l'honneur d'etre avec le plus profond respect

Magdebourg,   Monseigneur,
   le 17. d'Aout 1759.   de Votre Altesse Serenissime
A. S. Altesse Serenissime   le tres humble et tres
Monseigneur le Prince Ferdinand   obeissant serviteur
      de Bronswic.   C. H. C. de Finckenstein.

Der zweite Brief d. d. Magdebourg d. 22. August 1759, lautet
im Eingang:

Monseigneur,

J'espere que Votre Altesse Serenissime aura reçû la depêche que
j'ai pris la liberté de lui addresser en date du 17. et que j'ai fait
passer par la voye d'Hannovre. Elle y aura vû la crise irreguliere
ou les affaires se trouvent de ce coté-ci depuis la journée du 12. Il
ne s'est rien passé à la vérité depuis. Les Russes se tenoient encore
ayanthier de l'autre coté de l'Oder, quoique faisant toujours mine de

---

*) N. d. H. Der Herzog Ferdinand von Braunschweig war Gouverneur von Magdeburg.

vouloir passer cette riviere. Le Roy s'est porté par Lebus et Madlitz à Fürstenwalde, ou S. M. est à portée de disputer le passage de Berlin et d'empêcher en même tems que le Gen. Haddick qui se tient aux environs de Beeskow et de Storkow, ne puisse y envoyer des Detachements

Der weitere Inhalt in Chiffern, die sich in den Acten nicht dechiffrirt finden. Ein eigenhändig geschriebenes Postscript meldet:

> P. S. Je viens de recevoir dans ce moment une nouvelle depeche du Roi, par laquelle S. M. m'avertit, que l'ennemi a passé l'Oder, hier, qu'elle attendoit le meme jour des canons et des munitions de guerre, et que la crise avoit l'air de se decider dans peu. J'ai crû devoir en informer tres humblement Votre Altesse Serenissime.
>
> J'ay l'honneur d'être etc.
>
> C. H. C. de Finckenstein.

Hierauf antwortet der Herzog:

** Pour le Comte de Finckenstein.

à Münzhausen ce 26. Aout 1759.

J'ay recû la lettre de V. E. du 22; je Luy suis sensiblement obligé de m'avoir bien voulû informer de ce qui se passe la bàs. Quant aux François ils se sont replié sur Marbourg, ou ils paroissent vouloir tenir. Si l'on vouloit en croire les Deserteurs, Mr. de Contades n'attend qu'un renfort qui doit luy venir de Flandres pour recommencer l'offensive. On dit aussi que c'est le M. d'Etrées qui l'amene, et qui prendra le commandement de l'Armée. Nous avons pris en attendant la forteresse de Ziegenhayn; où il se trouvoit une garnison de trois à quatre cent hommes; et je suis venû avec l'armée icy il y a trois jours.

(In Chiffern.) „Vous ne douterez point, j'espere, de mon envie extreme, de servir le Roy sur tout dans un moment aussi critique que celuy-ci. Je ferai tout ce qui sera humainement possible; mais je dois vous informer de ma situation, pour que vous puissiez juger vous meme de ce que je suis en etat de faire."

„Nous avons perdû un Bataillon à Minden, la valeur de six à Munster, et le General Imhoff se trouve avec dix Bataillons devant cette place pour la reprendre. Deduisez ce nombre de cinquante neuf que nous avons en tout, y compris les bataillons de milice hessois; ajoutez que je dois garnir Lipstad, Cassel et d'autres places de garnisons suffisantes; Et vous trouverez que j'ay un corps d'infanterie tres mediocre vis à vis de cent vingt bataillons qui composent actuellement l'infanterie de l'armée françoise. La disproportion de la Cavallerie n'est pas moindre. Je vous demande maintenant, s'il est convenable de faire des detachemens? Les François ne manqueroient surement pas de profiter de mon affoiblissement. Si je suis obligé de reculer, ils reprendront aisement le terrain qu'ils ont perdû; et leur voisinage de Halberstadt et de Magdebourg deviendroit un nouvel embaras. Si j'eusse d'ailleurs le malheur d'etre batû en m'affoiblissant, la diversion faite en faveur des Etats de S. M. ne pourroit jamais être assez considerable pour reparer ce mal-là."

„Jugez vous meme si je suis en etat de faire quelque chose de plus reel pour le moment présent pour le service de S. M., que de tenir les François éloignez de Ses Etats. Si la saison est plus avancée, et si je puis conserver en attendant les avantages obtenus jusqu'à present, je pourrai faire d'avantage, de quoi j'ay deja informé le Roy. En attendant ce moment-là je ne pourrai faire que du bruit et de demonstrations."

Ayez la bonté de me donner souvent de vos nouvelles et soyez persuadé des sentimens d'Estime avec les quels je suis p. p.

Das dritte Schreiben des Grafen Finckenstein enthält weitere Mittheilungen von der gefahrvollen Lage des Königs und der Hauptstadt.

Monseigneur,

J'ai recu hier la depêche gracieuse que Votre Altesse Serenissime m'a fait l'honneur de m'addresser en date du 21.

La Communication des nouveaux progrès qu'Elle vient de faire et de la deroute entiere de l'Armée françoise me comble de la joye la plus vive. Je ne doute plus qu'Elle ne trouve moyen de chasser ses ennemis jusqu'au Meyn et qui sait meme si la terreur et le manque de subsistance ne leur feront pas passer cette riviere. Je me crois en droit de tout attendre d'une Armée qui semble avoir perdu la tramontane et du Chef habile qui la lui a fait perdre.

(Dechiffrirt) „Plut à Dieu que nos affaires fussent ici dans la même position; mais je ne saurois cacher à Votre Altesse que nôtre crise est toujours des plus violentes. Le Roy se tient à la verité jusqu'ici à Fürstenwalde, et paroit meme plustôt resolû d'avancer que de réculer; mais les Ennemis ont passé l'Oder depuis quelques jours et quoiqu'ils n'ayent pas osé quitter jusqu'ici les Environs de Franckforth sur l'Oder, il faut s'attendre, qu'ils le feront dès qu'ils auront eû le temps de se remettre, et celuy de se pourvoir de munitions, qui leur manquent, peut être encore, s'ils avancent, un troisieme combat paroit inévitable. Le Roy ne sauroit les laisser aller à Berlin, et Sa Majesté risquera le tout pour le tout plustôt que de leur permettre. L'Armée du Roy monte à ce qu'il me marque lui-même à trente deux mille hommes, nombre qui seroit bien respectable, si le découragement des deux actions precedentes et la quantité de Generaux et d'Officiers blessés ne donnoit lieu de justes apprehensions; outre cela la communication avec Monseigneur*) est toujours coupée et le Roy ignore sa position aussi bien que celle du Maréchal Daun; il vient à tout moment des nouvelles, que ce dernier avance du Coté de Pfoerten et de Cotbus; ce qui ne peut que mettre Sa Majesté dans une Situation très critique; il me semble cependant que la proximité de l'Armée autrichienne doit emporter necessairement celle du . . . et je me flatte encore que la Providence,

---

*) N. d. H. (le Prince Henry de russe.)

qui a si visiblement protegé jusqu'ici Sa Majesté, ne L'abandonnera pas dans les circonstances présentes, et nous fera voir un rayon de lumière au milieu du Cahos qui nous environne. Les Trouppes de l'Empire continüent leurs progres en Saxe; il nous est venû des avis que Wittenberg devoit avoir capitulé à l'exemple de Leipzig et de Torgau, et il y a des nouvelles, que les Ennemis tiennent Dresdes bloqué. Je ne saurois garantir l'autenticité de touts ces avis, mais ils paroissent probables. Le Roi a detaché le General Wunsch avec un petit Corps, il doit se faire joindre par le Regiment de Plettenberg, par les Grenadiers et deux Escadrons du Corps; le General Kleist attirera à lui la Garnison de Torgau, qui prenoit la route de Berlin et marchera ensuite du Coté de l'Elbe, pour arreter les progres des Trouppes de l'Empire. Je crains cependant, qu'il n'arrive trop tard, à moins que Votre Altesse ne puisse le seconder par un Detachement de Son Armée du Coté de Halle; j'espere tout, si cela arrive, et je me flatte même que cela pourroit influer sur les Operations du Maréchal Daun. Je prends la liberté de m'en rapporter sur ce sujet à la lettre, que j'ai eû l'honneur de Lui adresser par un Courrier en date du vingt deux, et qui à ce que j'espere Lui sera parvenüe; j'ai trouvé dans celle, qu'Elle a eu la bonté de me faire parvenir, des temoignages de Son attachement pour le Roy et de la part, qu'Elle prend à nôtre Situation actuelle, qui n'ont pû que me toucher; je m'y attendois, j'y ai réconnû Son grand coeur, son zèle pour les interêts d'un Prince, auquel Elle tient par les liens les plus forts, et son attachement pour un Païs, où Elle est aimé et chérie; je ne doute pas, que ces sentimens ne se demontrent bientôt par des effets et n'augmentent par là les sentimens de réconnoissance et d'admiration, que nous Lui avons voué depuis longtems, et que personne ne professe plus sincerement que moy."

J'ay l'honneur d'être avec le plus profond respect

Monseigneur

de Votre Altesse Serenissime

Magdebourg,
ce 25. d'Aout 1759.

A S. A. S. Mgr. le Prince
Ferdinand de Bronsvic.

le tres humble et tres obeissant
serviteur
C. H. C. de Finckenstein.

(Aus Westphalens Nachlass.)

12me Août 1759.

Lettre d'un Officier Prussien à un de ses amis au Sujet de la Bataille de Kunersdorf.

Vous témoignez de la Surprise Mr. dans votre derniere Lettre de n'avoir vû encore aucune Relation detaillée de la part des Prussiens; au sujet de la Bataille de Kunersdorff, pendant que les Autrichiens et les Russes en ont fait publier jusqu'à 6, les unes plus exaggerées que les autres, et selon lesquelles, il n'y auroit jamais eû de victoire, ni plus complette, ni plus decisive; comme je me fais un plaisir de contenter vôtre curiosité, je vais vous rendre un compte exact et fidele, de ce que j'ai vû pendant la presente campagne contre les Russes, et j'espere de vous convaincre, que si le sort de cette journée ne nous a pas été favorable, dumoins la gloire de nos Armes y a reçu aussi peu d'atteinte que la situation de nos Affaires en a été peu alterée.

Dès qu'on eut appris, que l'Armée Russienne avoit quitté les bords de la Vistule, pour marcher vers nos Etatse le Lieut.-Gen. Cte. de Dohna reçut ordre de marcher en Pologne, moins pour combattre les Ennemis, que pour les tenir eloignés de nos frontieres. Comme il falloit laisser 6 Batt. et 7 Esc. sur la Peene pour observer les Suedois; le Corps d'Armée du Cte. de Dohna après l'arrivée même du renfort, que le General Hulsen lui amena de la Saxe, ne monta qu'à 26 Batt et 60 Esc. faisant un nombre effectif de 25,000 hommes. En arrivant aux environs de Posen, nous trouvames l'Armée Russienne beaucoup plus forte que nous n'avions crû, et du moins 3 fois plus nombreuse que la nôtre.

Ce ne fut pourtant pas la Superioté des forces ennemies, qui nous obligea de quitter la Pologne, mais plutôt le defaut de la Subsistance, et la marche que l'Ennemi dirigeoit toujours vers la Silesie, en evitant soigneusement de combattre. Selon le droit du jeu, nous cottoyames l'Ennemi, toujours prets à recevoir mais pas à donner le Combat. Mais l'Armée Russienne étant arrivée a Zullichau, et voulant nous devancer le 23. juillet sur Crossen, pour gagner le Passage de l'Oder, le Lieut.-Gen. de Wedel qui venoit d'arriver la Veille, et de prendre le Commandement de l'Armée à la place du Comte Dohna, crût devoir plutôt risquer le sort d'un Combat, que de permettre aussi une marche aussi prejudiciable. L'Armée ennemie étoit campée sur des hauteurs avantageuses, où elle pouvoit faire usage de sa nombreuse artillerie. La nôtre pour venir à l'Ennemi étoit obligée de passer sur un petit pont près d'un moulin, et par un defilé si étroit, qu'apeine le tiers d'un Batt. pouvoit y marcher de front. Aussi nos Batt. furent ils rompus par le feu de l'Artillerie Ennemie, avant que de pouvoir deboucher, et former une ligne et la même difficulté du terrein empechoit la Cavalerie de soutenir l'infanterie, toute la Valeur de nos troupes ne suffisoit pas pour emporter le terrain, contre le nombre et la position avantageuse de l'Ennemi, qui nous tirailloit impunement, c'est pourquoi nous nous retirames après avoir perdu 4700 hommes tant tués que prisonniers et deserteurs, outre 3000 blessés que nous emportames. C'est un Compte fait à plaisir, quand les Russes pretendent dans leur relation d'avoir enterré 4220 de nos morts. Les Ennemis contens de n'avoir pas été battus, nous laisserent tranquilement passer l'Oder, et bornerent les fruits de leur victoire à s'emparer des Villes de Crossen et de Francfort, et à effectuer leur jonction avec le grand renfort des Troupes Autrichiennes, que leur amena le General Laudohn. Notre petite Armée sut se maintenir entre Crossen et Gruneberg, à la face d'un en-

nemi si superieur jusqu'au 4. d'Août; jour où nous joignimes le Roi
à Mühlrose. S. M. après avoir laissé l'Armée de Silesie, qui est composée de l'Elite de nos trouppes, sous les ordres de Mgr. le Prince
Henry nous amena le reste de l'Armée de Saxe.

Notre Armée se trouva augmentée par là jusqu'à 63 Batt. et
106 Esc., selon l'ordre de Bataille ci joint et le nombre effectif des
combattans monta à 48 m. h. ce qui est d'autant plus aisé à concevoir,
que les troupes, qui avoient assisté à la bataille de Zullichau, avoit
deja souffert une dimunition si considerable, on jugera par là, que les
Ennemis ont extremement exaggeré la force de notre Armée, en la faisant monter dans leurs relations tantôt à 70 mille tantôt à 60 m. h. Ils ne
sont pas plus sinceres à l'egard de leurs propres forces en ne se donnant que 60 mille Combattans. On n'a qu'à se souvenir, que selon
les listes publiées par la Cour de Petersbourg au printems passé l'Armée qui devoit agir cette campagne, ne montoit pas à moins de 100 m.
hs. et quoique dans ces sortes des Listes il y ait ordinairement de l'ex-
aggeration, elle n'a pourtant pas été si considerable cette fois ci,
comme on en a été convaincu par une autre preuve plus autentique.
Quelques jours après la bataille de Zullichau, nos Houssards enleverent
près de Crossen un Officier Russe, qui venoit de Posen, chargé d'un
grand paquet de papiers, parmi lesquels on trouva entre autre un état
du Magazin de Posen, dont vous trouverez ci dessous une traduction
fidele*) et dont on montrera l'original à Berlin, a quiconque voudra
le voir. Il paroit par cet Etat, qu' avant la Bataille de Zullichau,
l'Armée Russienne assemblée à Posen comptoit 89,201 tetes et 8939
Chevaux. Qu'on en decompte les Valets, s'ils ont été compris dans ce
nombre, le peu de troupes laissées en Arriere pour la garde du Magazin de Posen, et la perte faite à la journée du 23. juillet, il semble
pourtant, que l'Armée Russienne devoit pour le moins encore avoir
70 m. Combattans. Ajoutez y les 20 m. Autrichiens, que Laudohn
leur avoit amené selon le journal de Vienne, et Vous serez convaincu
que l'Armée combinée des Ennemis n'étoit pas eloignée du nombre de
90 m. hs. et par consequent près du double plus forte que la nôtre.
Malgré une Superiorité si decidée, les Generaux ennemis preferent de

---

*) Etat des vivres et des fourages qui selon les Contracts passés par le Brigadier Cho-
mutof et le Major Wasilewsky par ordre du Gen. Fermor ont été livrés à Posen, Kalish, et à
l'Armée.

	farine Tschetwerth.	Gruau mesure.	avoine et orge russienne.
à Posen Selon le nouveau Contrat du Bri- gadier Chomutof	21,500	1968¾	1330⁴ ⎮₁ₐ
du Contrat de l'année 1758 il se trouve encore à Posen le 25. May 1759 . .	9805½	2025	4795 ⎮₁ₐ
En tout à Posen	31,305½	3994¼	6527½

De ces vivres on peut fournir à l'Armée, composée de 2. Divisions, et de 2. Corps
nouvellement formés, et de l'Avant-Garde, et montant selon le demembrement donné à 89,201
hommes de la farine pour 5. Semaines, de sorte qu'il en restera 3133. Tschetwerth, du gruau
pour 7. Semaines, reste 355 Tschetwerth. Il y a de l'avoine jusqu'au 1. juin pour tous les
chevaux, dont il y en a auprès de l'Armée à Posen 8939 etc.

se mettre sur la defensive, et de nous attendre derriere l'Oder dans un Camp avantageux près de Francfort, lequel ils eurent asses de tems de fortifier par des retranchements et Redoutes, et de garnir d'une quantité immense d'Artillerie.

Le Roi aucontraire ne pouvoit pas differer d'en venir à une decision, voyant d'un coté la Saxe envahie par les troupes des Cercles et de l'autre coté la Capitale menacée par le Général Haddick. Notre Armée marcha donc par Furstenwalde à Lebus, et après s'être arreté quelques jours au Camp de Wulckow pour attendre, que les ponts fussent construits sur l'Oder près de Reitwein une lieue de Custrin, elle passa la riviere la nuit du 10. Août sans aucune opposition ni perte. Ce passage étant fait, l'Armée se forma en ordre de Bataille, selon le plan ci joint, près du Village d'Etscher, et poursuivit sa marche jusqu'à Bischoffsee. Le Corps de reserve sous les ordres du Lt.-Gen. de Finck prit poste sur les hauteurs, qui se trouvent entre Trettin et Bischoffsee, l'Avant Garde occupa le Village de Bischoffsee, et l'Armée se campa derriere ce Village. Le 12 à 2 heures du matin l'Armée se mit en marche, la dirigeant sur Reppen, mais elle fit halte dans le bois et se forma, après quoi elle avança sur l'Ennemi par le bois, en refusant toujours l'Aile gauche. Dèsque l'avant Garde fut parvenue à la hauteur, qui étoit vis-à-vis de l'Aile gauche de l'Ennemi, le Roi fit établir plusieurs Batteries, lesquelles aussi bien que celles du Lt.-Gen. de Finck jouerent avec beaucoup d'effet. Après avoir ainsi canoné l'Ennemi pendant quelque tems, l'Avant Garde avança contre son Aile gauche, et la delogea avec peu de perte, et après une legere resistance de ses retranchemens dans lesquels on trouva 72 Canons. Dèsqu'on eut pris la montagne retranchée, le Lt.-Gen. de Finck passa le defilé et se joignit à l'Avant Garde, laquelle se forma de nouveau avec l'aile droite sur la Montagne, afin d'attaquer les redoutes, que l'Ennemi avoit faites entre la Montagne et le Village de Kunersdorff. Pour soutenir cette attaque on fit des nouvelles batteries sur la montagne, dont l'effet, vû la hauteur de l'endroit ne pouvoit être que très fort. On s'empara des redoutes avec tout aussi peu de peine et de perte, et quelques Esc. de Cavalerie nettoyerent le terrein jusqu'à Kunersdorff. L'Ennemi s'efforça de maintenir ce terrein en faisant avancer plusieurs Brigades d'Infanterie et de Cavalerie, mais il fut obligé de l'abandonner, après une très forte resistance, de se retirer jusqu'à ses dernieres redoutes. L'Infanterie passa par le Village et à coté, et s'empara encore de plusieurs redoutes et Batteries ennemies. La Cavalerie donna aussi très à propos sur l'Infanterie ennemie, dans le tems, que celle ci se retiroit de ses redoutes.

Mais comme elle rencontra plusieurs batteries, elle fut obligée de se mettre hors de la portée du Canon. L'Ennemi se voyant battu à l'exception de son Aile gauche, rassembla toutes ses forces et surtout son Aile droite pour maintenir encore une redoute construite sur une très grande hauteur. Notre Infanterie l'attaqua avec toute la bravoure

III. 47

imaginable. Mais il ne fut pas possible de faire ceder l'Ennemi, tant
à cause de sa bonne position que par le nombre de son Artillerie, la
quelle commença à nous devenir superieure, parce qu'on avoit trop de
peine à faire avancer la nôtre, exceptez quelques petits canons.

Une seconde attaque de l'Infanterie n'ayant pas mieux réussi que
la premiere, on tacha de forcer l'Ennemi par la Cavalerie, laquelle fit
plusieurs attaques furieuses, mais elle fut toujours repoussée par un
terrible feu des cartouches. La Cavalerie Ennemie, qui s'étoit tenu
tranquile jusqu'ici, profita de l'occasion et poussa la nôtre dans notre
Infanterie, ce qui mit aussi du Desordre dans notre Aile gauche, qui
defiloit par Kunersdorff pour soutenir l'Aile droite. Le Roi fit tous
les efforts imaginables pour redresser les Affaires, exposant sa personne
aux plus grands dangers, mais il fut impossible d'y reussir, presque
tous les Généraux et Officiers étoient tués ou blessés et le soldat accablé par la chaleur du jour et la longueur du combat ne pouvoit
l'emporter contre des troupes toujours fraiches et soutenues par le feu
terrible d'une artillerie immense et placée avantageusement.

L'Armée se replia donc par Kunersdorff jusqu'à la premiere montagne retranchée par les Ennemis où Elle tacha de se maintenir, l'Ennemi ne lui laissa pas beaucoup de tems, mais il avança en bon ordre
et attaqua la montagne. Il fut dabord repoussé avec beaucoup de
perte, mais ayant reiteré l'attaque, il emporta cette montagne, l'Armée
se retira alors par le defilé, et se rallia sur les hauteurs que le Corps
du Général Finck avoit occupé avant la bataille. Le 13 au matin elle
retourna au Camp d'Etscher, et ayant repassé l'Oder à 4 heures de
l'aprèsmidi elle se campa à Reitwein. Par cet exposé simple et vray
qui pour l'essentiel ne differe pas beaucoup de la description que les
Ennemis ont donnés de cette Bataille, Vous jugerez bien que si la
Valeur de nos troupes a été obligée de ceder cette fois ci au nombre
trop superieur et à l'Avantage decidé que l'Ennemi avoit tant pour le
terrein que par l'Artillerie, celle ci n'a pourtant fait que repousser
notre Attaque et maintenir sa place n'ayant osé ni nous poursuivre
au delà du Champ de bataille, ni nous inquieter lorsque l'Armée repassa l'Oder. Nous savons au contraire que les Ennemis ont été toute
la nuit sous les Armes, craignant toujours d'être attaqués de nouveau.
Si après cela les suites decident du prix d'une Victoire, selon le jugement de tout le monde, celle ci ne sera pas fort considerable, dumoins
elle est très eloignée de pouvoir être comparée à la Victoire de Leuthen, ou à toute autre de nos Batailles, que nous avons gagnées. Les
suites vont même pour nous tout comme l'année passée, après la surprise de Hochkirch, et l'Ennemi n'a rien gagné jusqu'ici, que l'occasion de devaster une plus grande partie de notre païs. Après nous être
arreté quelques jours au Camp de Reitwein, le Roi marcha à Furstenwalde, et sçut si bien tenir l'Ennemi en respect, que quoiqu'il eut
passé l'Oder, il n'osa pourtant pas avancer ni sur Berlin, ni autre
part dans la Marche, mais il prit plutôt ce parti de marcher vers la

Lusace pour s'approcher de l'Armée de Daun. Le Roi les suivit de près et se campa à Waldow toujours dans une petite distance de l'Ennemi. S. M. ne put pas empecher ni que les Généraux Soltikoff et Daun n'eussent une entrevue a Guben, ni qu'ils s'envoyassent autant de secours qu'ils jugeoient à propos, et que l'Armée Russienne en reçut même de la Pologne.

Notre Armée aucontraire n'avoit reçu depuis la journée du 12 aucun autre secours, que celui de l'Artillerie necessaire, et de 6 Batt. et de 2 Esc. que le Général Kleist nous amena de la Pomeranie Suedoise; il ne nous étoit venu ni recrues ni reconvalescens, les derniers ayant été laissés à Berlin, pour former un nouveau Corps contre les Suedois, nous ne pouvions non plus recevoir aucun secours de l'Armée de S. A. R. le Prince Henry, les Ennemis nous ayant coupé toute communication. Tout cela n'empecha pourtant pas le Roi de rester toujours dans le Camp de Waldau, vis-à-vis de deux armées ennemies, dont une seule étoit du double plus forte que la sienne, elle ne balança pas même de detacher en Saxe, à la face de deux Armées Ennemies, dabord le General Wunsch avec 9 Batt. et autant d'Esc. et ensuite le Général Finck avec 12 Batt. et 18 Esc. Malgré cette diminution considerable, et malgré que Mr. Daun ait envoyé aux Russes un nouveau renfort de 19,000 h. selon le journal de Vienne, S. M. n'a pas laissée de les suivre dans leur marche en Silesie, de les prevenir même, et de faire echouer le dessein qu'ils avoient formé sur Glogau. Elle continue aussi de se presenter partout sur leur chemin, avec une partie sèulement de la même Armée, qu'a combattue à Kunersdorff. Nous nous flattons de soutenir le reste de cette campagne avec la même vigueur, sous les auspices d'un aussi grand Roi, et de faire voir à l'Univers, que les Prussiens vaincus ou vainqueurs seront egalement redoutables à leurs Ennemis. Ce que nous avons le plus lieu de regretter c'est la perte de tant de braves gens, que nous avons perdu à la journée du 12. Août, cette perte est effectivement très grande, mais elle a pourtant été exaggerée par nos Ennemis. Ils avancent dans une de leurs premieres relations d'avoir fait 5683 prisonniers, dans la derniere relation ils reduisent ce nombre à 4542 et ils pretendent avoir enterré 7627. ce qui feroit ensemble au delà de 12,000 hommes, mais vous pouvez être persuadé que c'est un calcul grossi à dessein; selon les listes exactes dressées à notre Armée il ne nous a manqué en morts, en prisonniers et en deserteurs que 7485 hommes y compris 123 Officiers, le nombre des blessés montoit à 11,119, mais il y en a plus de 5000 qui sont deja gueris et portent les Armes; le seul Général Putkammer des Hussars a été tué, mais les Lieutenans Généraux Itzenplitz, Hulsen, Finck, Wedel, Seydlitz et le Prince de Wirtemberg, de même que les Généraux Majors Knoblauch, Klitzing, Itzenplitz, Spaen et Plathen ont été blessés. Il seroit presomtueux à moi de vouloir evaluer au juste la perte des Ennemis, mais nous savons par des bons avis, qu'elle a été infiniment superieure à la nôtre, et la contenance qu'ils ont tenue après, en fait une preuve encore plus forte.

Ordre de Bataille de l'Armée Prussienne à la journée du 12me Août 1759.

Avant Garde.
General-Major de Schenckendorff.

1 Bornstedt. — 1 Heyden. — 1 Lubath. — 1 Billerbeck. (Bat.)

General-Major de Lindstedt.

1 Oesterreich. — 1 Schwarz. — 1 Bredow. (Bat.)

Le Roi.
Première Ligne.

Aile gauche.		Wedel.	Hülsen.	Aile droite.	Schorlemmer.
Lieut.-Gen.: Pr. Würtenberg.		Dürck. Stutter-	Knob-	Thiele.	Schmettau.
Maj.-Gen.: Horn. Schlabbern-dorff.		heim.	lauch.		

5 Pr.dePrusse — 5 Pr.Frederic — 5 Horn. (Esc) — 2 Neuwied. — 2 Bevern. — 2 Kanitz. — 2 Lestewitz. — 2 Schencken-dorff. — 2 Goltz. — 2 Knoblauch. — 2 Pr. Henry. — 2 Finck. — 2 Hülsen. — 2 Marggraf Carl. (Bat.) — 5 Schlabberndorff. — 5 Leib-Rgt. (Esc)

Seconde Ligne.

	Kanitz.	Itzenblitz.		
Lieut.-Gen.: Plathen.	Rebentisch. Itzenblitz.	Grabow.	jung. Plathen.	Put-kammer.
Maj.-Gen.: Spaen.				

10 Housards de Kleist. — 10 Schorlemmer. (Esc) — 1 Nosse. — 1 Busch. — 2 Dohna. — 2 Bülow. — 2 Sydow. — 2 Diercks. — 2 Grabow. — 2 Beyer. — 1 Lossow. — 1 Tanne. (Bat.) — 5 vieux Plath. — 5 Krockow. — 10 Housards de Putkammer. (Esc)

Troisieme Ligne ou Reserve.
Lieut.-Generaux: Finck et Seylitz.

Aschersleben.	Klitzing.	Meinecke.

5 Belling. — 5 jeune Plathen. (Esc) — 2 Hauss. — 2 Braun. — 2 Zastrow. — 2 Lehwald. (Bat.) — 5 Meinecke. — 5 Spaen. — 5 Möhring. — 5 Ziethen. (Esc)

Corps detaché, qui resta au près du Pont, et qui devoit agir du coté de Franckforth dans la retraite de l'ennemi qui par consequent n'a point assisté à la Bataille, et qui n'a aussi absolument rien souffert.

Lieut.-Gen.: de Flemming.
Major-Gen.: Wunsch et Malachowsky.

2 Treschow. — 3 Anhalt-Bernburg. — 2 Gablentz. — 1 Colignon. — 2 Wunsch. (Bat.) — 5 Rusch. — 6 Malachow. (Esc)

Kapitel IX.

Der Herzog an der Lahn bei Kroffdorf. — Broglie bei Giessen. —
Detachirung nach Sachsen zur Unterstützung des Königs. —
Des Königs Friedrichs II. dringende Anträge vom 24. 25. u. 27. Aug.
auf eine Diversion des Herzogs Ferdinand mit 5000 Mann in Sachsen gegen die dort eingedrungene Reichs-Armee. Der Herzog setzt
in seiner Antwort vom 30. August seine Lage auseinander, gegenüber der bei Marburg in guter Fassung stehenden französischen
Armee und erklärt, bevor die Wiedereinnahme von Münster nicht
gelungen, werde er nur ein kleines Detachement nach Mühlhausen
entsenden können. — Ankunft der Marschalls d'Etrées bei der französischen Armee in Gr. Selheim und deren Verstärkungen. Briefe
von französischer Seite, ' — Hofcabalen. — Gefecht bei Wetter
(28. August). — Mehrere Gutachten Westphalens vom 1. und 2. September über die weiteren Operationen, besonders in Erwartung der
Rückkehr d'Armentieres nach Münster, — Vorschläge zur Delogirung
des Feindes durch Vorgehen des Erbprinzen und des Prinzen von
Bevern gegen Nieder-Weymar und Marburg. — Gefecht bei Nieder-
Weymar (2 September). — Brief von Haenichens vom 24. August.
Westphalens Antwort vom 2. September. — Pr. Memoria Westphalens
vom 4. September nach dem Rückzuge der Franzosen von Gr. Selheim. — Bericht des Herzogs an den König vom 8 September über
den Vormarsch gegen Marburg, — die Aufgebung der Belagerung
von Münster durch General Imhof, welcher vor Armentières zurück-
weicht, (6. September), und über eine Detachirung nach Naumburg
in Sachsen. Briefe des Königs Friedrich II. vom 5. September,
— General Wunsch hat Torgau und Wittenberg wieder genommen, — die Lage fängt an, sich besser zu gestalten; doch wiederholt der König sein Verlangen auf Detachirung des Herzogs nach
Sachsen. Der Herzog beharrt, wegen Imhof's Abzug von Münster
und dadurch erschwerten Offensivkraft, bei der Beschränkung
seiner Mitwirkung in Sachsen auf ein Detachement von 500 Husaren
und Jägern nach Naumburg. Eröffnung der Beschiessung des
Schlosses von Marburg. — Westphalen schreibt an Haenichen über
Imhof's Benehmen. Erkrankung des Erbprinzen. — 9. September.
— Das Schloss von Marburg capitulirt den 11. September. — Bericht des Herzogs vom 11.; er theilt dem Könige eine Notiz aus

einem mit anderen Correspondenzen des Marschalls Contades in seine
Hände gefallenen Briefe Choiseul's an Contades vom 25. August 1758
mit in Bezug auf den Preussischen Commandanten in Dresden. —
Westphalens Brief an Haenichen (11. September); — Dresden war
dem Feinde übergeben! — Geheime Nachrichten aus Burbach über
die französische Armee. — Wiederholtes Verlangen des Königs, in
Folge des Verlustes von Dresden, dass der Herzog ihm ein Hülfscorps sende. (7. September.) Der Herzog weiset auf den verminderten Stärkestand seiner Armee zurück, der ihm es unmöglich mache,
schon jetzt mit einem bedeutendern Corps in Sachsen aufzutreten
(13. September.) — Gutachten Westphalen's vom 15. wegen der Operationen an der Lahn, um den Marschall Contades zum Rückzuge
nach Friedberg zu disponiren. — Haenichen's Brief vom 11. September. — Antwort Westphalen's vom 16; — Kurze Gefangenschaft
des Capit. Bauer, durch welche der Herzog den Sieg des Admirals
Boscaven erfährt. Instructionen für den G. L. von Wangenheim,
den Prinzen v. Bevern und den Herzog von Holstein (17. September) wegen Delogirung der französischen Armee aus ihren Stellungen
bei Wetzlar. — Wie Friedrich II. über Generale, wie Imhof und
Schmettau, urtheilt (Schreiben vom 12. September). In einem Briefe
vom 14. schildert der König das Gefahrvolle seiner Lage auf's Lebhafteste: „si je me soutiens cette campagne, c'est un miracle! —
c'est dans un mot un délabrement affreux!" — Der Herzog, in seinen
Antwortschreiben vom 17. und 19. September, hebt die Siege Englands zur See und in Amerika hervor und schildert nach seinen Nachrichten die Stimmung des französischen Hofes als eine nichts weniger
als gehobene; er spricht seine Zuversicht aus, dass es dem Könige
dennoch gelingen werde, alle ihn umgebenden Schwierigkeiten zu
überwinden. — Die Mitglieder des Reichskammergerichts zu Wetzlar bitten um Pässe zur Sicherheit für ihre Personen (18. September.)
— Der Englische Minister Pitt bezeigt in einem Schreiben an den
Herzog (vom 31. August) sein lebhaftes Interesse für den König von
Preussen. In der Erwiederung des Herzogs wird die gefasste Haltung des Königs, nach dem Unglück von Kunersdorf, seine Festigkeit den Feinden gegenüber hervorgehoben, und der Nachdruck auf
wirksame Unterstützung Englands durch Verstärkung seiner Truppen
gelegt. — Interessanter Brief Westphalens an Hänichen vom 20. September. — Der König schreibt dem Herzog (17. September) dass
seine Diversion den guten Erfolg gehabt, dass Leipzig wieder besetzt
sei und der General St. André sich zurückziehe. — Schreiben des
G. L. v. Finck vom 18. September über die vom General Wunsch
über St. André errungenen Vortheile. — Correspondenz mit dem
König von England und Holdernesse. — Hauptquartier des Herzogs
in Kroffdorf seit dem 19. September. — Der Herzog berechnet in
einem Schreiben an den König vom 23. September seine Truppen-
stärke bei Minden auf 36,000 Mann. — Correspondenz mit dem

Fürsten von Waldeck; mit dem Kurfürsten von Trier. — Die Armeen stehen sich in den Lagerstellungen bei Kroffdorf und Giessen fortwährend gegenüber. — Aufbewahrung eroberter Fahnen in der Garnisonkirche in Hannover. Westphalens Brief vom 25. September an Haenichen. — G. Imhof bloquirt Münster seit dem 20. September; doch Armentières bedroht Lipstadt nach erhaltener Verstärkung. — Sieg des Generals Finck bei Korbitz in Sachsen über die Reichsarmee am 21. September. — Gutachten Westphalens, (30. September) wegen Verstärkung des G. Imhof zur nachdrücklicheren Betreibung der Belagerung von Münster, wonach die Generale Breitenbach und Scheiter dahin beordert wurden — Project Westphalens vom 26. September, um die feindliche Armee zum Rückzuge an den Main zu nöthigen, mit Gegenbemerkungen des Herzogs; nicht ausgeführt. — Die Kurfürsten von Trier und Mainz räumen den Franzosen die festen Plätze am Rhein, Ehrenbreitstein am 24. September! sehr interessantes Schreiben des Herzogs Ferdinand darüber an Lord Holderness vom 29. September. — Graf Finckenstein theilt dem Herzog einen Brief Choiseul's über den Eindruck der Schlacht bei Minden mit. —

Arrivé le 29. Août 1759.
à 11 heures du matin à Wetter.

Monsieur Mon Cousin. Nr. 54.

J'ai eû la satisfaction de recevoir la lettre de Votre Altesse du 19. de ce Mois et Je ne saurois que vous féliciter de tout mon coeur, de tous les succès favorables de Votre Campagne; mais je ne dois pas vous cacher, que (dechiffrée) „pendant que Vôtre Expédition prend le tour le plus désirable, que les affaires déclinent ici d'un moment à l'autre; j'ai eté obligé de rétirer toute mon Armée de la Saxe pour m'opposer aux Russes. Bulow, qui en a eté temoin, Vous aura dit le malheur du douze. Daun est aujourdhui à Guben, et se joindra en deux jours avec les Russes à Francfort. Je me flatte, que mon Frere pourra encore me joindre à têms; mais tandis que nous nous opposons ici aux Russes, l'Armée de l'Empire a pris Halle, Leipzig, Wittenberg, et Torgau; tout ce que je lui oppose, c'est le Géneral Wunsch avec onze mauvais Bataillons, un Regiment de Dragons et quatre Escadrons d'Houssards. Si Vous ne me servirez promptement par une diversion du Côté de Mersebourg et de Leipsic, Vous devez Vous attendre, qu'il nous arrivera ici un grand malheur; ainsi je prie Vôtre Altesse, de faire dans ce moment ce qui dependra d'Elle, pour m'aider à me débarasser de ces gens-là. Nous aurons probablement une Bataille entre ci et huit jours, qui decidera de ma fortune et de la guerre. Vous n'avez devant Vous que des Trouppes fugitives; quelques milles hommes de plus ou de moins ne pourront pas arretter Vos Succés ni la fuite des François, qui probablement feront face auprès de Franckfort sur le Mein et tacheront de se maintenir dans la position que

Broglie avoit prise." Je suis avec l'estime la plus distinguée et avec l'amitié la plus parfaite

Monsieur Mon Cousin
de Vôtre Altesse
le bon et tres affectionné

Fürstenwalde,　　　　　　　　　　　　　Cousin
ce 24. d'Aout 1759.　　　　　　　　　　　Federic.

Arrivé ce 30. Aout 1759,
Monsieur Mon Cousin.　　　　　　　　Nr. 55.

La lettre de Vôtre Altesse du 20. de ce mois vient de m'être rendüe, (dechriffrée) „et Vôtre Altesse peut être persuadée, que je ne Lui écrirois pas sur un Detachement de sa part du Côté de la Saxe, ne fut ce la nécessité urgente, qui m'y oblige; la partie ne sauroit être remise à l'arrièrre saison; ceux des Cercles s'étant emparés de toutes les places, qui pourroient me mettre à couvert contre leurs Entreprises; d'ailleurs je ne voudrois point être garant, que ces gens-là, étant à même de faire leurs volontés, ne détachent du Coté du Hartz et ne mettent à Contribution les Etats du Roy d'Angleterre, et du Duc frère de Vôtre Altesse; il ne s'agit ici que d'un Detachement de cinq mille hommes de l'Armée de Votre Altesse du Côté de Mersebourg, qui seroit suffisant avec ce, que je détache du Côté de Torgau, pour ré-dresser les affaires. Vous avez dévant Vous une Armée fugitive, qui se rendra sans doute du Côté de Francfort sur le Mein, pour y re-prendre Haleine et se poster vis à vis de Vôtre Altesse, sans qu'Elle pourra l'obliger à rétrogader plus loin, à quoi cinq mille hommes de plus ou de moins ne changeront rien." Je suis avec les sentiments in-alterables de la plus parfaite estime

Monsieur Mon Cousin
de Vôtre Altesse
le bon et tres afiectionné

à Furstenwalde,　　　　　　　　　　　Cousin
ce 25. d'Aout 1759.　　　　　　　　　　Federic.

Monsieur Mon Cousin.　　　　　　　　Nr. 56.

J'ai eu la satisfaction de recevoir la lettre de Votre Altesse du 22. de ce Mois, et Elle pourra se convaincre d'autant plus, parce-qu'Elle me mande (déchiffrée) „des Sollicitations du Prince des deux-Ponts, combien il seroit nécessaire, qu'Elle s'arrangât sur le Detache-ment, que je L'ai requis de faire du Côté de Mersebourg. Le General Wunsch marche sur Wittenberg, de là il ira à Halle, en suite à Leip-zig et Torgau; il ne s'agiroit de la part de Vôtre Altesse que de cinq mille hommes, qui seroient suffisament en état de faciliter la reussite de l'expedition du dit Général. Le Maréchal Daun doit être attendu à Guben; mon Frère, à ce que j'apprends sans en avoir tôt jusqu'ici d'autre certitude, se trouve aux Environs de Cotbus, ou de Christian-stadt; au Cas que Daun marchat sur Guben, mon Frère ne laisseroit pas pour lors de me joindre, et ce seroit là le biais le plus propre pour redresser les affaires. Le Secours de Vôtre Altesse n'en sera pas moins nécessaire du Côté de la Saxe, pour nous aider à y réprendre nos Magasins. Vous sentés, sans que j'aye besoin de Vous en convaincre, que, si je devois avoir du dessous de ce Côté-là, les Trouppes ennemies ne manqueroient seurement pas de pénétrer en suite dans le Païs d'Hannovre, et Vous obligeroient tout aussi bien pourlors à détacher. Vôtre Altesse me connoit trop pour ne pas être persuadée de moi, que je ne L'importunerois seurement pas sur le Detachement en question sans une urgente nécessité; j'ai donc lieu de me flatter, qu'Elle ne sauroit tout à fait se flatter de réculer les Francois au delà du Mein." Je suis avec amitié et estime à jamais

Monsieur Mon Cousin
de Votre Altesse

le bon et très affectionné

à Furstenwalde,   Cousin
ce 27. d'Aout 1759.   Federic.

à Wetter ce 30. Août 1759.

⁂ Au Roy.   Nr. 48.

J'ay reçû les deux Lettres, que V. M. m'a fait la grace de m'ecrire du 24. comme aussi celle du 27.

Il est impossible, Sire, qu'on puisse désirer plus ardemment que je le fais, d'être utile à V. M. (en chiffres.) „C'est pourquoi je suis d'autant plus en peine de voir, que V. M. me semble suposer les mains infiniment plus libres que je ne les ai en effet, pour agir d'abord. V. M. n'ignore pas, que l'armée alliée n'a en tout que cinquante neuf bataillons, y compris ceux de milice hessoise. J'ai perdu un à Minden, six à Münster; j'ai actuellement dix devant cette place, et trois en garnison à Lipstad et à Cassel. Me voilà donc reduit à trente neuf; je ne saurois prendre encore sur ce nombre six à huit bataillons sans diminuer l'armée d'une façon sensible; il me faudroit cependant en prendre tant, et y ajouter six à huit Escadrons, pour composer le Détachement de cinq mille hommes, que V. M. me demande. V. M. me dira peut-etre, qu'il n'y a aucun risque, à faire cette diminution, puisqu'Elle croit l'armée francoise en fuite. Mais Sire, cette armée n'a point perdu contenance, et elle se trouve depuis huit jours aux Environs de Marbourg, sans faire en aucune façon mine d'aller plus loin, et sans que je voye jour de l'y obliger."

„Elle est composée actuellement de cent vingt bataillons et de cent trente quatre escadrons; Les bataillons sont foibles pour la plus part à la verité; mais j'ay de mon coté plusieurs bataillons, qui sont au dessous de quatre cent hommes, et n'ai aucun qui passe six cent: tandis que les François ont encore de bataillons, dont la valeur monte à cinqcent hommes, temoin celuy de Narbonne, qui avoit quatre cent quarante sept communs, lorsqu'il fut pris, il y a dix ou douze jours." —

„Je laisse juger V. M., si en présence d'une armée aussi nombreuse il soit possible de faire un Détachement jusqu'en Saxe, tandis que j'en ai un en Westphalie dévant Munster; c'est à dire l'un et l'autre hors de portée, de l'attirer à l'armée en cas de besoin."

„Si je reussis à prendre Munster, je rapellerai incessament à l'armée quatre bataillons du corps d'Imhoff; et je ferai un autre détachement de l'armée de sept bataillons et d'un nombre proportionné d'escadrons pour la Saxe; mais il est impossible que je le fasse plustot. Je ferai en attendant des petits detachements vers Mulhausen, qui repandront le bruit de la marche d'un corps de douze mille hommes, pour aller droit à Leipzig. Voilà tout ce que je puis faire pour le moment present. „ Je me flatte que V. M. ne réfusera point son aprobation à ces mesures, vû que je ne doute point, que si Elle veut envisager de son véritable point de vüe ma position vis-à vis l'armée françoise, V. M. ne trouve ces mésures dictées par la nécessité et les circonstances.

Nous avons repris le 23. la fortresse de Ziegenhayn. La garnison consistant en trois cent hommes a eté faite prisonniere de guerre. Les Francois occupoient alors avec la grande armée le terrein derriere l'Ohme; la petite armée composé des corps de Mrs. de Broglie et de D'Armentieres campoit derrière la Lahne, et avoit en même temps occupé les hauteurs de Wetter en deça de la Lahne. Ayant formé le projet de les en déloger, l'attaque se fit le 28. à l'aube du jour. L'ennemi en fut chassé avec perte de 5. à 6. cent hommes entre tuez, blessez et pris. J'ay occupé la hauteur de Wetter, et la petite armée françoise a passé la Lahne pour couvrir le flanc et le dos de la grande armée. Pour entamer actuellement celle-ci, il me faudroit ou passer l'Ohme, ou deux fois la Lahne en frisant la fortresse de Marbourg, que l'ennemi tient occupée.

Je suis avec la plus profonde soumission p. p.

(Archiv-Acten vol. 6.)   (Copie.)
    P. P.   Cöln le 28. Août 1759.
            Du Camp de Gross Selheim
                du 25. Aout 1759.

L'Armée du Maréchal de Contades arriva enfin avanthier ici, après une marche des plus penibles de 2 jours. Les Regimens de Champagne et de Belsunce firent l'Arriere-Garde de toute l'Armée, et n'arrivèrent qu'à deux heures du matin; et la desertion n'aiant eu lieu que chez les Saxons et quelques Regimens Allemans. Il est impossible d'exprimer la joie, que cause à toute l'Armée l'arrivée de Mr. le Maréchal d'Estrées. Ce Général si cheri et tant desiré est arrivé le matin à 10 heures et demi au Quartier Général de Gross Sellheim. Il a mis pié à terre chez Mr. de Contades. La prémicre chose, qu'il fit, fût de demander, s'il y avoit une Messe; ou lui répliqua, qu'il y en avoit une, qui l'attendoit. On la célebra tout de suite. Tout le monde fût empressé d'entendre Mr. le Maréchal. Les Officiers Généraux formèrent un Cercle. Il leur fit l'accueil le plus gracieux. Mr. de Contades demanda l'ordre comme au plus ancien Maréchal. Mr. d'Estrées répondit, qu'il ne commandoit point l'Armée. Qu'il étoit son Ami et son Aide de Camp; Qu'il suivroit toujours avec plaisir leurs avis; Qu'ils se feroient part reciproquement de leurs idees, sans qu'aucun d'eux voulût s'en prévaloir.

Il a demandé l'Etat actuel de l'Artillerie et des troupes, ce qui lui a eté communiqué sur le Champ. Mr. de Contades paroit enchanté. Mr. le Maréchal d'Estrées en passant à Franckfort, a pris des arrangemens pour avoir le plus promptement la quantité d'Artillerie, de munitions et des Chevaux necessaires. Il arrive au prémier jour 100 Chevaux d'Artillerie et 23 Canons. Les mésures sont prises, pour en avoir quatre fois autant. Les affaires vont donc changer de face. Il n'y aura à ce qu'on assure plus de mouvement retograde. Les Brigades d'Anhalt et de Loewendahl sont partis à 5 heures du matin, pour aller renforcer l'Armée de Mr. d'Armentieres, qui est à deux lieues de la nôtre sur nôtre gauche.

Extrait d'une lettre de Mr. R.

(Paris) du 28. Août 1759.

L'Abbé de la Ville vint passer hier l'après midi à ma petite campagne, avec l'Abbé de Restignac. Comme j'avois notre ami de Bellegarde chés moi, avec la Marquise de Hoquetot et de Blainville, nous passames fort bien notre après midi; mais comme je m'interesse toujours aux affaires politiques, j'eûs un petit entretien avec l'Abbé à qui je démandai des nouvelles sur les affaires présentes. Il entra comme à l'ordinaire dans une conversation aisée, et me fit un portrait de la Cour des plus affreux. La Marquise a poussé l'orgueil à un point inexprimable. Les meilleurs amis de Contades vouloient le faire rappeller, mais elle s'y est opposée d'un air si fier, que personne n'a osé parler. Le Duc de Choiseul lui même a craint les effêts de son ressentiment, et quiconque parleroit aujourdhui du Duc de Broglie pour commander en chef l'Armée, ne reparoitroit plus à la Cour. Je tranche court sur cet article pour ne pas trop m'échauffer, et pour parler des affaires d'Espagne.

La cour qui avoit en quelque façon abandonné ces affaires pour quelque tems, négocioit avec la Cour de Vienne pour faire Don Philippe Grand Duc de Toscane, à condition que les Païs-bas et le Milanois seroit cedés à Sa Majesté Imperiale pour le Grand Duché. Il y a eû beaucoup de pourparlers à ce sujet; mais dépuis le départ du Duc de Choiseul de la Cour de Vienne, il n'en a presque point eté question. Le Comte de Choiseul a eté chargé de continuer cette négociation, dont on n'a presque rien appris depuis qu'il est arrivé à Vienne. Mais comme l'affaire presse aujourdhui, les ordres ont eté expediés à ce Comte de s'insinuer adroitement auprès de la Reine et

de l'Empéreur, pour tacher de terminer cette affaire. Comme le Comte
de Stahremberg a laissé entrevoir au Duc de Choiseul, que sa Cour
consentiroit peutêtre à cet arrangement, Sr. l'Infant Don Philippe
n'exigeoit ce Grand Duché que pour sa vie durante, et à condition que
ce païs retourneroit à sa fille future Epouse de l'Archi-Duc premier,
on va negocier cette affaire sur ce pied, et on en espère beaucoup.
Mais toutes ces affaires n'arrangent pas celles de la Cour, qui doit renoncer à toutes les Places qui lui ont été promises dans les Païs-bas.

On ne croit pas que le nouveau Roi d'Espagne aille par terre
en Espagne.

Extrait d'une lettre du Marechal d'Estrées
du 28. Aout 1759.

J'arrivai le 25. au Quartier Général de l'Armée, où je trouvai
quantité de mes amis, que je vis avec un plaisir extrème. Les premiers
momens furent gracieux, mais les suivans ont eté remplis d'amertume.
Je ne peux encore revenir de ma surprise, quand je fais attention que
dans moins de deux mois, l'Armée Françoise forte d'environ 100 mille
hommes, soit diminuée de près de moitié. On peut à peine réconnoitre
les plus beaux Regimens de France, les Royaux et deux ou trois
autres Regimens etrangérs. Pour ménager le pauvre Contades, contre
qui le Duc de Broglie, le Comte St. Germain et St. Pern crient hautement, j'ai fait à la Cour le portrait le moins touchant qui m'a été
possible, mais malgré cela la lecture seule seroit capable de le faire
rappeller sur le champ, sans la protection de celle dont je vous ai
parlé bien des fois.

Je demande un renfort de 12 à 13 mille hommes de Troupes reglées et de 6 mille Miliciens, qui sont deja en marche. Je vais tacher
de conserver le terrain qui nous reste, jusqu'à ce que j'ai recu des
renforts. —

(Archiv-Acten vol. 325.)   Nr. 1.

Ce 1^{mer} de 7bre. 1759.*)

 ** Monseigneur,

Le Détachement sur Ober et Nieder Weymar me paroit convenable, et je crois que c'est la seule chose, qui puisse engager l'armée
ennemie, à changer de position et à se retirer plus loin.

Si ce Détachement se fait, il faut avoir soin de le faire paroitre
bien grand; et les ordres doivent se donner à l'armée, de se tenir
prête à marcher. Par exemple, si le détachement devoit marcher demain matin, V. A. S, ordonnera aujourdhuy de bonne heure, que l'armée marcheroit aussi; pourque le bruit de la marche parvienne bientôt
aux Oreilles de l'Ennemi.

Les fouriers und Fourier-Schützen dévoient partir avec le Détachement, et V. A. S. feroit frayer des routes pour l'armée. Le Détachement pousseroit des patrouilles vèrs Giessen, et vèrs Wetzlar et

---

*) Das Praesentatum ist durchweg von der Hand des Herzogs. Der Ort Hauptquartier
Wetter.

commanderoit sur ce chemin des amas de paille et de fourage: ce qui devoit se faire en envoyant aux baillifs des ordres par l'intendance.

Si cette manoeuvre reste sans effet; je conseillerois à V. A. S. de rester dans ce camp aussi long temps, qu'il y auroit moyen de faire subsister l'armée; si le fourage commence à manquer absolument, alors V. A. S. pourra prendre le camp de Schwartzenborn, où je supose qu'il y a encore quelque chose de reste.

Si Imhoff prend Munster avant l'arrivée du Marquis D'Armentieres avec un corps d'Armée, tout depend de la consideration, si Munster se trouve en état de soutenir encore un siège ou non. Je présume en attendant le dernier; et alors je conseillerois à V. A. S. de faire transporter toute l'artillerie et l'ammunition qui s'y trouve, à Lipstad, et de n'y laisser qu'une garnison de 3 à 4 mille hommes, uniquement pour en garder possession.

A l'aproche de l'Ennemi cette garnison s'en retireroit. Mr. D'Imhoff feroit face avec son monde à Armentières le mieux qu'il pourroit, et se réplieroit, en cas qu'il fut pressé, sur Lipstad.

Si Armentieres arrive avec les Troupes de Flandres avant la prise de Munster; Imhoff doit lever le siège, et faire la même manoeuvre avec son corps de Troupes.

Si l'armée de l'Empire avançoit sur Cassel, il faudroit rappeller Imhoff; sans quoi je ne vois point moyen de luy faire tete; Si l'armée de l'Empire avancoit sur Cassel dans le même temps, qu'Armentieres avanceroit en Westphalie; alors V. A. S. devoit se replier sur la Dymel; abandonner la Hesse, et renforcer au contraire Imhoff pour le mettre en état de prendre Munster. Mais ce cas ne semble pas etre celuy qui arrivera.

La farine manque à Corbach faute de voiture; mais il y sera remedié. L'intendant m'envoya hier au soir fort tard son sécretaire avec Dundas pour me demander mon avis, si je croyois, qu'on pouvoit envoyer une partie des chariots du train à Paderborn et à Bilefeld, pour aller chercher de la farine? Je répondis qu'oui. Ce doute est provenû d'un ordre que V. A. S. a donné, selon le quel les chariots de train doivent se trouver auprés de la Boulangerie. Mais ce meme ordre supose que ces chariots soyent chargés de farine pour les en charger, afin qu'en cas de marche, l'armée soit toujours suivie de 6 à 7 cent Wispel de farine. Mais d'y laisser les chariots, pendant qu'il n'y a point de charge pour eux, au lieu de les envoyer là où il y en a à prendre, c'est précisément contre le sens des ordres de V. A. S. L'intendant est malade; c'est ce qui l'a empeché d'ecrire ou de venir demander sur celà les ordres à V. A. S.

J'ay au reste fort bien remarqué les defauts que le Prince de Waldek detaille dans sa lettre.

Nr. 2.   Ce 1er de 7bre 1759.

⁂ Monseigneur,

La nouvelle position de Bauer me paroit trés fautive; ainsi que Bauer en convient Luy meme.

.Si l'ennemi passe l'Ohme dans le dessein de gagner le flanc gauche à V. A. S., il faut de deux choses l'une, savoir prendre une position forte, et qui ne puisse pas être tournée, ou marcher droit à l'ennemi pour l'obliger à s'en retourner. La nouvelle position de Bauer n'a point l'avantage d'être forte et intournable; il s'agiroit donc de savoir si elle eut celuy de marcher commodement à l'ennemi, dès qu'il voulut s'avancer. En cas que cet avantage fut également attaché à celle, que l'armée occupe actuellement, je conseillerois à V. A. S. de la garder, et de songer seulemenr au quomodo d'aller à l'ennemi dès qu'il voulut tourner notre gauche.

Je crois d'ailleurs, que si le Duc de Holstein prend la position de Bracht après demain, notre position actuelle est preferable a celle que Bauer propose.

Quoique il sera difficile de donner des jalousies à l'Ennemi sur ses convois, il me me semble qu'il n'en faut pas moins essayer le projet de marche sur Nieder Weymar.

Nr. 3.   Ce 1er de Septbre. 1759.
    ✳✳ Monseigneur;
    Voici les ordres pour Monseigneur Le prince et pour l'intendant Hunter.*)

Il seroit peut etre necessaire que V. A. S. fît faire le ·3. un mouvement sur Marbourg par quelques Bataillons avec du gros canon. Ce ne seroit qu'une Demonstration, laquelle feroit cependant un bon effet etant combinée avec la marche du prince à Nieder Weymar et du Duc de Holstein à Bracht.

        ✳✳ Pour Mgr. Le Prince Héréditaire.
                        à Wetter ce 1 Sep. 1759.
    Il faut essayer de déposter les Ennemis des différens camps qu'ils occupent, àfin de les obliger à se raprocher de Giessen.

Dans cette vue V. A. prendra le commandement du corps de Mr. de Wangenheim, au quel je joindrai la brigade de chasseurs de Friedcrichs, les deux Escadrons D'hussards de Luckner, et Jeanneret avec un Escadron des hussards de Malachowsky. Je ne garderai que Freytag avec sa brigade et l'escadron de Malatinsky.

V. A. se mettra demain matin en marche sur Nieder-Weymar; Elle fera ce chemin en deux marches.

Je Luy donnerai le Lieutenant Kuntze et Schöller **) avec 4 guides; V. A. s'en scrvira pour faire frayer des routes pour la marche de l'armée sur Wetzlar. Elle poussera dés demain les troupes legeres en avant; et si Elle marche aprés demain jusqu'a Weymar, Elle aura soin de pousser des patrouilles jusqu'à Wetzlar et jusqu'à Giessen.

L'intendant Hunter enverra des Ordres aux baillifs du païs de

---

*) *Cela se trouve dans le cahier separé des affaires qui regardent l'In-
tendant Hunter.
**) N. d. H. Von der Hand des Herzogs zugesetzt.

Darmstad ou directement ou indirectement par le Deputé de Giessen, qui se trouve icy, pour qu'on tienne le 3 du courant cent mille rations pret à Lohr, avec vingt mille bottes de paille.

Cent autres mille rations doivent etre tenus prets le 5 à Hermenstein ou à un autre Endroit à portée de Wetzlar.

Je donne sur cela des ordres à l'intendant Général Hunter.

Je comte de faire marcher après demain au matin le Duc de Holstein à Bracht; comme V. A. marche alors à Weymar, l'ennemi s'apercevra que mon dessein est de le tourner sur sa gauche. S'il voulut faire alors un mouvement en passant la Ohme, j'aurois 1. le Duc de Holstein à portée de moi pour aller au devant de l'Ennemi, et V. A. devoit 2do tenter alors de passer la Lahne pour tomber à dos de l'Ennemi.

Si V. A. veut du gros canon V. A. n'a qu'à s'arranger sur cela tout de suite avec le Comte de Bukebourg.

On s'apercevra dés après demain au plustard, si cette manoeuvre fait de l'impression sur l'Ennemi; et je réglerai mes mouvemens en consequence.

Ce 1. de Septembre 1759.

** Monseigneur!

J'avoue qui le local de Brachte n'est gueres propre pour un camp. Ne sauroit on pas trouver un moins defavorable sur les hauteurs entre la foret et Mellenau? Cette position seroit encore equivalente à celle de Bracht, vis-à-vis de l'Ennemi et relativement à la position generale.

La raison que V. A. S. allegue pour le changement de camp est surement bonne. Je ne suis d'ailleurs nullement porté à conseiller une seconde bataille. Je dis seulement que c'est une nécessité de la donner, dés qu'on ne trouve point une position forte et intournable, dans le cas que l'Ennemi s'est proposé d'avancer.

Mais je pense que V. A. S. fera bien d'essayer la manoeuvre sur Nieder-Weymar; peutètre qu'elle fera plus d'effet qu'on ne pense, et je ne vois pas qu'il puisse en resulter aucun desavantage pour V. A. S. en cas qu'elle restat sans l'effet, qu'on s'en promet.

No. 1. Ce 2. Sptbr. 1759. *)

** Monseigneur!

Voicy Monseigneur, une instruction pour le prince de Bevern. Je crois que Bauer luy doit montrer l'emplacement, et l'aider demain dans les opérations.

Je n'ose determiner l'emplacement du camp à prendre sur l'inspection de ma carte; mais je pense qu'il peut le prendre à Gosfeld, en cas qu'il y eut là une position convenable à choisir.

Dès que l'on en sera convenû, j'en avertirai Monseigneur le prince héréditaire.

---

*) N. d. H. Hauptquartier Wetter.

✳✳ Instruction.
Pour le Prince de Bevern.

Ce 2. Sptbr. 1759.

Espérant que V. A. voudra bien se charger du commandement que je Luy destine, je vais l'informer en quoi il consiste et de ce qu'il faut qu'elle fasse.

Vous aurés quatre bataillons à vos ordres, savoir ceux de Block et Bock Hannovriens. Grenad.-Garde et Reg. du Corps Hessois. avec 6 pieces de douze livres de bale, Du parc du Major Storch, dont vous en donnerés part à S. E. le Comte de Schaumbourg-Lippe, afin d'eviter toute confusion.*) Vous marcherez demain à 6 heures en vous aprochant de Marbourg jusqu'à l'endroit que le capitaine Bauer vous marquera.

Il y a là des gorges qui mènent à Marbourg, que vous ferez occuper; vous aurez soin de faire montre en même temps de votre grosse artillerie, et vous débiterez que c'est pour battre le chateau de Marbourg.

Faitez en sorte que votre camp paroisse beaucoup plus fort, qu'il n'est en effet; Allez réconnoitre avec ostentation le château de Marbourg; commandez des travailleurs avec des outils pour rémuer la terre, et faitez travailler en effet sur les hauteurs qui dominent le château de Marbourg à la construction d'un couple de baterie; Couvrez les travailleurs par quelques centaines d'hommes, mais ne les exposez pas au feu des Ennemis; faitez tirer le soir le coup de rétraite, et ne négligez pas de faire tout ce qui peut attirer l'attention de l'Ennemi sur votre camp.

Le prince héréditaire a passé la Lahne du coté de Caldern, et se trouve aujourdhuy à la hauteur de Marbourg, il poussera demain sur la route de Wetzlar jusqu'à celle de Weymar.

Le Général Scheiter campe dés aujourdhuy à Redehausen, et le prince de Holstein viendra, je crois, demain prendre un camp sur les hauteurs de Schwartzenborn. Je marque cecy à V. A. pour qu'elle n'ignore point la position des differents camps detachez de l'armée. Je la prie de n'en rien faire ebruiter avant le temps.

No. 2.   Ce 2. Sptbr. 1759.

✳✳ Monseigneur,

Si les hussards ennemis ont eté delogés ce matin de Weymar ils se sont sans doute replié sur le pont de Wolfshausen. Nos husards les auront poursuivi jusqu'au pont: Si celuy ci a eté garni de canon, je trouve une Explication fort naturelle des coups de canon que V. A. S. a entendû tirer du coté de Weymar.

No. 77.   Ce 24. Aout 1749.

Monsieur.

Je vous ai ecrit ce matin fort à la hate par un Courier Anglois,

---

*) N. d. H. Die unterstrichenen Worte von der Hand des Herzogs.

arrivé d'Angleterre avec le bon valet Hanovrien Fortman. Ce dernier va à Hannovre, parceque le Roi ne veut pas, qu'il doit retourner à l'armée, qu'après un certain tems, pour le punir de son Zéle indiscret.

La nation angloise est très irritée contre Mil. Sackville, et nombre de pasquinades sont repandus dans le public contre cet officier, who beat the French by Standing still. Monsgr. le Duc Ferdinand est adoré. le public lui veut donner en mariage la Princesse Auguste, et Sa Soeur à Monsgr. le Pr. Héréditaire. Vous savés qu'en Angleterre vox populi, vox Dei.

Vous aurés (par le premier paquet bot à ce que je crois), un Herault d'armes, qui aportera à S. A. S. les ornemens de l'o dre de la jarretiere. Cette ceremonie vous sera un peu couteuse. Je tacherai, s'il est possible, de vous envoyer par ce même herault la liste des frais, que le jeune prince Stadhouder a dû payer en ce meme cas, afin que vous y puissiés modeller vos depenses.

Mr. d'Imhoff m'a fait l'honneur de me charger de quelques commissions. il sera servi.

Le Courier Risman, porteur d'icelle, prend sa route par Telligt. il vous remettra une boëte avec un couple d'ananas de la part de Mr. le Cte. de B. pour S. A. S.

Je vous ai mandé ce matin, que Mr. le Maréchal d'Etrée est parti le 18. de Paris pour l'Armée de Mr. de Contades.

Il est resolu de renforcer cette armée par un corps de 15 mille hommes, on delibere d'ou les prendre. Ce sera aparammeut des Trouppes qui sont en garnisons dans les places maritimes de Flandres. mais alors la crainte d'une descente des Anglois dans l'embouchure de l'Escaut pourroit revivre. Selon les dernieres lettres rien ne s'y remuoit encore. Voici joint une liste des Trouppes francoises entre le Rhin et la Meuse, que j'ai envoyé aussi à Mr. d'I.

Votre infinement chere lettre du 20. de Corbach m'a causé d'autant plus de plaisir, parce je n'avois reçu de vos lettres depuis le 12. de Stadberg, qui etoit la derniere. Ainsi si vous m'aviés ecrit entre ce tems là, la lettre se seroit perdue. Vous verrés par le nummerottement si les miennes vous seront parvenues. Je n'exige pas de vous mon cher Monsieur, que vous nummerottiés exactement les votres. Car je sai par experience que cela est impossible en campagne, malgré toute vôtre bonne volonté et exactitude.

Le plan de la Battaille sera gravé suivant la Direction que vous m'avés donné. Toutes les voix, y compris Mr. Y. se reunissent que personne n'y seroit plus propre que van der Sley à Amsterdam. C'est le même dont je vous ai deja parlé. Je le fais apresent copier, car l'original etoit un peu à crever les yeux. J'atend avec impatience ce que Mr. Bauer a promis dans son avis pour le Graveur, relativement au terrain qui doit encore etre inseré dans le plan. il a promis de l'envoyer dans 8 jours. Le graveur promet d'y travailler avec diligence mais je crains qu'il n'exige au moins 3 semaines.

III.   48

Je possede plusieurs plans de la main de ce graveur. ils ne sont pas exacts. ce n'est pas sa faute. mais le travaille est superbe.

Je reviens sur les nouvelles d'Angleterre. Vous aurés dans peu les recrues pour completter les Regimens. et l'on y ajoutera un bataillon de cus nuës, je veux dire montagnards ecossois. Nous en avons eû dans les campagnes passées. et je puis dire qu'ils se sont distingués et qu'ils tenoient assés bon ordre. Le Colonel qui les commandoit etoit un homme d'une grosseur extraordinaire, et pourtant il passoit chés ses compatriotes, pour le meilleur courreur et buveur.

Leur habillement ne sied pas mal aux bals masqués.

Ce n'est pas en Angleterre seule, ou l'on a fait des feux de joye pour le 1. Aout. Mr. l'Admiral Hawke avec toute sa Flotte est entré aussi loin dans le Port de Brest, qu'il lui a été possible. Là il s'est rangé en ordre de bataille et a donné sa triple bordée et ses cris de Hussey et s'en est retourné ensuite à sa croïserie.

Enfin le Roi d'Espagne est tout de bon mort le 10. ou 11. du mois passé.

Mr. le Marechal d'Etrees est parti le 18 de ce mois de Paris pour se rendre directement à Cassel, ou il suppose de recontrer l'armée francoise.

Dans ce moment arrive Kemnitz avec votre très chere lettre de Frankenberg du 21. de ce mois. Les lettres y jointes pour l'Angleterre partiront avec le paquet bot de demain.

Je compte de passer le reste de nuit avec celles dont vous me fait le plaisir de me regaler. et à peine puis je retenir mon impatience, jusqu'à ce que j'aye fini cette lettre.

Je voudrois que Mr. d'Estrées prit la même route de la Staffette de Mr. de Merainville.

Vous voyés un peu trop noir mon très cher ami sur ce qui s'est passé sur l'Oder. Les lettres arrivées dans ce moment de Berlin, commencent a rabattre beaucoup de la premiere terreur. Mr. Verelst nous mande le 18. que le quartier du Roi, après avoir passé l'Oder, avoit été à Ridwin et puis à Matelitz près de Munchenberg, ou il avoit été encore le 18, qu'on avoit transporté 64 gros Canons de Berlin à l'armée. que le terrain que Sa M. occupoit etoit une plaine ou il pourroit agir avec sa Cavallerie. que S. M. se faisoit joindre par le Corps de Kleist. que pour favoriser cette jonction il pourroit bien faire encore une petite marche en arriere. Mais que S. M. feroit tout, pour sauver la Capitale, et qu'on s'atendoit à une seconde bataille. que les troupes n'avoient nullement perdu courage. qu'on disoit que les Russes commencoient à s'aprocher. Si le Roi a le bonheur de les battre, les Execrateurs de la Saxe chercheront bientot le chemin par ou ils sont venus. l'Armée du Roi est encore de 32 milles hommes, sans le corps de Kleist.

Mr. Estorf partira encore cette nuit. Il passera apparemment chés Mr. d'Imhoff un couple d'heures. Du moins me paroissoit il avoir cette intention, lorsque je lui disois ou il etoit. Dans ce moment je viens d'aprendre que Mr. d'Affry a dit à un de ses amis, que l'armée de France se retireroit vers Hanau, et se mettroit derriere le Main, pour se reposer.

La bataille entre les Russes et le Roi sera deja donnée apresent, si l'on doit ajouter foi aux Suppositions tres vraisemblables des dernieres lettres de Berlin du 18. Si Kleist l'aura pû encore joindre, ce qu'il aura pu le 20, l'armée du Roi sera de 40 m. hommes. Il n'a pas perdu que en tout 2 m. morts, mais 6 m. blessés ont été transportés à Stettin. Der alte Gott der lebet noch.

On a taché de saisir un moment pour ecrire par Mr. Estorff. Mais il a été impossible. on vous prie de faire mille et mille complimens des plus tendres et des plus sinceres a Monsgr. le Duc Ferdi. nand. Dieu venille conserver S. A. S. n'oubliés pas de me mettre à ses pieds. Je suis tout à vous.

reçu le 6. Sept. 1759 à midi par Katsch.

※※ à Wetter ce 2. Sept. 1759.

Daignez excuser mon cher Monsieur mon long silence. Il m'a été impossible d'ecrire plustot. Je suis si fortement occupé que je n'ay trouvé encore le temps de vaquer aux correspondances les plus essentielles meme.

Estorff est de retour; il a vû en passant prés de Munster Mr. d'Imhoff. Cet homme voit noir; il desespere puisqu'il a trouvé vis-à-vis de luy un moulin à vent retranché. Le Duc luy a ecrit dans des termes les plus forts; il faut voir s'il se defaira de ses craintes chimeriques. Vous le consolerez beaucoup en l'assurant de temps à autre que Mr. de Chevert ne marche pas à luy. Le Duc est bien à plaindre avec ces gens là. C'est le meilleur general que nous ayons; jugez du reste.

Les affaires vont mal sur l'Oder; je n'ose m'expliquer plus clairement. vous avez jugé trop favorablement de la perte du 12. Elle va surement à prés de vingt mille hommes. On ignoroit le 27. où etoit Mr. de Daun; on ne savoit pas non plus où Mgr. le prince Henry se trouvoit avec l'armée de Silesie; Toute communication etant coupée entre le Roy et le dit prince.

Nous avons des avis, selon les quels Mr. de Deux-ponts va à Dresdes; D'autres disent que St. André va avec 6 mille hommes à Culmbach et Luzinsky avec 5 m. hommes à Königshofen, sans faire mention de ce que Mr. de Deux ponts va devenir. Il y a encore un Detachement d'Autrichiens à Schmalkalde qui y exerce des cruautez inouies; D'autres petits parties autrichiens rodent le long de la Werre; l'un des quels a osé pousser jusqu'à Witzenhausen et menacer la ville de Cassel.

Mr. d'Etrées est arrivé à l'armée de France; on dit que le soldat en est charmé. Mais Mr. de Contades continue de commander, et Mr. d'Etrées se dit par plaisenterie l'aide de Camp de Mr. de Contades.

Les Francois occupoient le 27. d'Aout un camp derniere l'Ohme; c'etoit ce qu'on apelle la grande armée. Ce camp subsiste encore. Il n'a fait dans les jours suivants, que de petits changements, pour s'accommoder le mieux que possible du terrein. La petite armée tenoient les hauteurs derriere la Lahne du coté Sarenau et de Gosfeld: Les Fischers soutenus par des Piquets d'infanterie et par les Dragons de Schomberg etoient endeca de la Lahne sur les hauteurs de Wetter.

Le Duc ayant formé le projet de deposter la petite armée, fit marcher une Partie de l'armée à Ses ordres dans la nuit du 27. au 28. Mgr. le prince héréditaire fut chargé de cette besogne. Le projet ne reussit pas tout à fait; Les troupes ne prirent pas assez à droite, ce qui donna moyen à Fischer de se sauver avec une partie de son monde. Il fut neanmoins fort maltraité; plus de 150 hommes resterent sur la place; 300 hommes sont tombez dans nos mains et le reste a été tellement dispersé que je doute fort que 10 hommes soyent arrivé ensemble au Camp de Mr. de Broglie. Ce camp, c'est à dire la petite armée plia d'abord bagage, abandonna les hauteurs de Sarenau et de Gosfeld, passa la Lahne et se joignit à la grande armée.

Celle-ci se retranche derriere l'Ohme et fait des preparatifs pour y passer, ce semble, l'hyver meme. C'est une chose qui s'eclaircira en peu de jours. Le Duc a resolu de faire des mouvements qui pourront devenir tres importans. Mgr. le prince hereditaire a passé ce matin la Lahne avec 7 à 8 mille hommes. Il campe aujourdhuy à Ellnhausen. Ayant passé avec 3 Escadrons d'hussards jusqu'a Niederweymar il a renversé tout ce qui s'y trouvoit de troupes ennemies; je ne puis vous faire encore de Details de ce coup, qui est des plus jolis. Tout ce que j'en sais c'est que nous n'avons perdû personne, que nous avons pris une piece de canon, tué beaucoup de monde aux Ennemis et fait un nombre considerable de prisonniers. Le prince n'a pas fait de raport de cette affaire par ecrit; il a seulement envoyé Son gentilhomme de la chambre de Behr pour en informer le Duc. Les ennemis ont été surpris.

Voicy le plan de Bauer, qui est plus digeré et qui servira beaucoup le graveur.

J'ai reçû plusieurs de vos cherissimes Lettres. Comme il m'est impossible d'y repondre aujourdhuy en Detail; je me borne à vous les accuser en general.

Daignez me mettre aux pieds de S. A. S.

(à Mr. de Haenichen.)

No. 1. (Archiv-Acten vol. 325.)

Ce 3. Sptbr. 1759.

** Monseigneur!

Je crois, que si le prince de Bevern doit sommer le commandant il seroit bien, qu'il ne le fit pas encore aujourdhuy. Il faut laisser le temps à l'ennemi de s'apercevoir de touts les diferents mouvements que V. A. S. fait faire aujourdhuy. Peutetre qu'une sommation viendroit fort à propos demain ou après demain; sur tout après que le prince aura fait travailler aux bateries.

(Archiv-Acten vol. 325.)

** Memoire
sur ce qui est convenable de faire après la retraite des François de Grossenseelheim.

Ce 4. Sptbr. 1759.*)

1. Le Prince héréditaire restera dans son camp d'Alna, et poussera les troupes Legeres en avant d'une manière convenable. V. A. S. pourra Luy envoyer ce qui en reste encore à l'armée.

Mgr. le prince fera occuper le pont de Wolfshausen.

2. Le prince de Bevern attaquera le chateau de Marbourg: Le comte de Bukebourg dirigera l'attaque, et determinera le nombre des bouches à feu qui y seront à employer.

3. Le Duc de Holstein passe l'Ohme avec tout son corps; il attire à Luy les chasseurs qui ont eté laissé à Ziegenhayn. Il peut prendre son camp d'abord du coté de Schrök ou de Cappel et avancer en suite jusqu'à Wolfshausen, pour avoir communication avec le prince héréditaire.

Il faut qu'il envoye d'abord au prince héréditaire touts les chasseurs; il seroit bon, s'il y joignit une ou deux Escadrons d'huzards noirs. Car c'est sur la rive droite de la Lahne qu'il faut donner des jalousies à l'Ennemi.

4. V. A. S. fera chercher un Emplacement pour le camp de son armée sur la rive droite de la Lahne, aux Environs de Weymar ou de Walchern.

Mais il me semble que l'armée n'y doit marcher qu'aprés la reduction du chateau de Marbourg.

5. La boulangerie sera ensuite etablie à Marbourg: mais il faut donner le temps à celle de Corbach de faire des cuissons pour 6 jours au moins.

6. Il faut actuellement faire un detachement de 60 huzards, en prenant 20 de Lukner, 20 de Narzinsky et 20 de Jeanneret pour les pousser par le pais de Hirschfeld (Hersfeld) et de Schmalkalden dans la Thuringe pour repandre le bruit de la marche d'un corps de troupes en Saxe.

Le Lieutenant-Colonel de Lowenstein doit faire de son coté un Detachement pour le meme but, qui marchera par Eschwege et Mulhausen.

No. 49.

** Au Roy de Prusse ce 8 Sep. 1759.

Il a plû au Roy de la Grande Bretagne de me conferer l'ordre

---

*) N. d. H. Hauptquartier Wetter. (acta vol. 122.)

de la jarretiere, et de l'accompagner d'un present de vingt mille livres sterlings.

Comme Sa Maj. vient de m'en faire donner part par le comte de Holdernesse, je ne manque pas Sire, d'en informer treshumblement V. M. et connoissant ses bontés envers moi, j'ose me flatter qu'Elle daignera permettre que j'accepte ces marques que S. M. B. veut bien me donner de sa bienveillance.

Depuis que la petite armée francoise a eté delogée des hauteurs de Wetter et de celles qu'elle occupoit derriere la Lahne, l'Ennemi s'est appliqué à se rétrancher derrière l'Ohme en y réunissant toutes ses forces. Il m'a parû nécessaire, de le déposter d'un camp, où je ne pouvois le laisser sans me mettre moi-même dans le cas de rébrousser chemin, faute de subsistences. Je fis donc marcher le 2. de Sep. le Prince héréditaire sur Wetzlar; il surprit un Detachement ennemi à Niederweymar, qui fut ou sabré ou pris avec une piece de canon.

Ayant fait aprocher le 3 de gros détachements tant sur l'Ohme que sur la Lahne, d'une façon à faire suposer à l'ennemi que mon dessein étoit de le tourner, il prit le parti d'abandonner son camp de Grossen Seelheim, pour s'aprocher de Giessen. J'ai eté surpris en examinant le camp abandonné, d'y trouver des rétranchemens immenses, qui ont eté faits en fort peu de jours.

L'ennemi ayant laissé une garnison dans le chateau de Marbourg, qui est très fort, je me suis vû obligé d'en venir aux formalitez de la tranchée. J'espere que mes bateries commenceront demain à jouer; et je compte de porter l'Armée après demain en avant jusqu'à Walchern.

J'aprends d'un autre coté de Westphalie, que le Général Imhoff a levé le siége de Munster; comme je crains avec un peu trop de précipitation. Le marquis d'Armentieres s'étant rendû sur le Bas-Rhin, y a ramassé les Troupes qui s'y trouvoient en garnison, et s'étant aproché à une petite marche de Munster, selon ce qu'Imhoff m'en marque; il a pris le parti de léver le siège, qui commencoit à aller bon train. (en chiffres) „Armentières peut avoir avec luy un corps de six mille hommes; Imhoff en avoit à peu près autant; mais une espèce de terreur panique s'est saisi de Luy, de manière qu'au lieu de prendre Munster il désespère d'empêcher que l'ennemi n'assiége Lipstad, surtout si les Troupes, qui sont en marche de Flandres pour s'aprocher du Rhin, et qu'on a attendû le 5 à Ruremunde, prennent la route de Wesel.

„Ce contretemps me dérange beaucoup, et j'aurai de la peine à y rémedier. J'ai envoyé Bulow en Westphalie, pour être informé au juste de l'état des affaires, et je m'arrangerai en attendant pour récommencer le siège de Munster au mois prochain avec plus de forces.

„V. M. jugera par là que je suis embarassé, d'où tirer les troupes, pour composer le Detachement qui doit marcher en Saxe. J'ai fait partir en attendant 4 à cinq cent hommes partagés en plusieurs Detachements, pour pousser jusqu'à Naumbourg, et pour accréditer le bruit que j'ai fait répandre de la marche d'un corps de douze mille hommes, qui se porteroit sur Leipzig."

Quoique le Marechal d'Etrées soit arrivé à l'armée de France, il y a quinze jours, le Marechal de Contades n'en continue pas moins de garder le commandement. Il n'est pas décidé encore, si le renfort de Troupes, qui viennent de Flandres, marcheront à Francforth, ou si elles prendront la route de Wesel, pour se porter en Westphalie.

Je suis avec un tres profond respect etc.

No. 1. (Archiv-Acten vol. 325.)

Ce 9. Sptbr. 1759.*)

⁑ Monseigneur,

Il est vrai, que V. A. S. avoit pris la résolution de ne point avancer avec l'armée qu'àprès la réduction du chateau de Marpourg; mais cette réduction s'est vû differé par les façons que le comte de la Lippe y met, pour prendre la place; Et comme il me paroit que la prise du chateau est infallible, je crois qu'Elle peut avancer jusqu'à Walchern.

Voicy Monseigneur la Lettre de Dundas; j'attendrai ses ordres pour l'envoyer à Hunter.

L'incluse de Walmoden est arrivé dans la nuit: je n'ay pas voulù eveiller pour cela V. A. S. puisqu'il renvoit seulement l'avis de Waitz avec un compliment.

No. 3. Ce 9. Sptbr. 1759.

⁑ Monseigneur,

Puisque cela va mieux avec le Prince, je crois que l'envoi de Wintringham n'est plus necessaire, peutetre que le prince en seroit même embarassé, à quoi il ne faudroit cependant pas faire attention, si le danger subsistoit encore.

No. 57. Arrivé ce 9. Sptbr. 1759.
¼ auf 7 Uhr morgens.

Monsieur Mon Cousin.

J'ai reçu la lettre que Vôtre Altesse m'a ecrit du 30. d'Aout dernier.

(dechiffré) „Je Vous avouë que selon les prémieres nouvelles de Votre Expedition, je supposois, que la déroute des françois étoit si grande, qu'ils ne se rallieroient que derrière le Mein. Je conçois bien que Vous devez ressentir quelqu'embaras dans la Position où Vous Vous trouvez; repandés toûjours le bruit d'une Diversion en Saxe jusqu'à ce que Vous soyez en état de la pouvoir faire. quatre mille hommes suffiront, pour vû qu'ils se débitent bien forts. Les Troupes de l'Empire ont amassé un Magasin à Naumbourg. Lorsque Vous pourrez faire un Detachement, faites le de ce Côté-là. Wunsch est marché sur Dresde, il a répris Torgau et Wittenberg, et il tachera, s'il peut,

*) N. d. H. Hauptquartier: Ellenhausen bei Wetter. (acta vol. 122.)

de dégager Schmettau qui est assiegé dans les formes. Les Russes
sont marchés en Lusace à Liberose; je suis venû les cotoyer de ce
Côté-ci; mon Frère borde la Silesie, de sorte, que toutes nos affaires
se trouvent dans une grande Crise, mais elles ne sont pas aussi dé-
sesperées qu'elles l'étoient il y a quinze jours. J'ai vû dans la Gazette une Lettre de Belleisle que je crois être de lui; ses Projets de
faire un désert de l'Allemagne, sont abominables; il faut espérer qu'ils
n'y parviendront pas. il me vient une Idée qui pourroit peutêtre rejetter les Francois derriere le Rhin, mais comme je ne connois point ce
Païs-là exactement, et que je sais encore moins le détail des postes
que l'Ennemi occupe, je ne Vous donne ce-ci qu'au hazard. Vous
avez beaucoup de Trouppes legères, Chasseurs et autres de cette espéce;
ne pourriez Vous pas les faire glisser aux Environs de Francfort?
pratiquer à force d'argent des intelligences dans cette ville et Vous en
emparer, par Susprise ou par trahison? j'avouë que ces sortes de
plans dépendent plus de l'execution que du dessein, mais comme les
Consequences de cette Entreprise Vous seroient tres avantageuses, je
crois que cela vaut la peine d'y penser. En Cas même que cela ne
reussit pas, Vous rendrez les François attentifs sur leurs derrieres, et
Vous les obligerés peutêtre à détacher de ce Côté-là, ce qui Vous
rendra les bras libres. Si les Anglois veulent continuer cette Guerre,
il nous faut des alliés, ou à la fin nous serons tous accablés par le
nombre superieur." Je suis avec l'amité la plus parfaite et l'estime
que Vous me connoissez pour Vous

Monsieur Mon Cousin

à Waldow,   de Vôtre Altesse
ce 5. de Septembre 1759.   le bon et tres affectionné Cousin.
    (de main propre:)

Quand on devient Vieu mon cher la fortune nous abandonne elle
est Comme les jeunes filles qui ne prennent pour Amants que ceux
qui bondent le mieux.   Federic.

No. 50.   à Ellenhausen ce 9. Sept. 1759.
    ** Au Roy.

La Lettre que V. A. m'a faite la grace de m'ecrire du 5 m'a été
rendue à ce matin. j'avoue que le coup seroit decisif, si le projet sur
Francfort pouvoit reussir; il a ses difficultés, qui peutêtre vont jusqu'à
l'impossible. L'armée francoise n'est à présent qu'à quatre petites
marches de Francfort; il y a des détachemens sur la Route à Butzbach, et à Friedberg. Francforth même a une bonne garnison; et les
François ont renvoyé huit bataillons, qui ont campé ces jours passés
entre Francforth et Höchst, pas tant pour assurer Francforth, que pour
surprendre Mayence, ainsi que j'ai Lieu de le suposer.

Mes bateries viennent de commencer à faire feu sur le château de
Marbourg; j'espère de le reduire bientôt. L'armée s'aprochera demain
à trois heures de chemin de Giessen; les francois campent entre Bus-

sek et Giessen. Ils font défiler à petit bruit de troupes vèrs le bas
Rhin; et toutes mes nouvelles se réunissent à dire qu'un corps de
troupes s'est mis en marche de Flandres pour se porter sur le Rhin.
La Westphalie m'embarasse beaucoup, dépuis la levée du siège de
Munster. j'aurai bien de la peine à rémedier au mal: V. M. verra par
là, que le moment présent ne me permet pas encore de detacher un
corps de troupes vèrs Leipzig; mais quatre ou cinq cent hommes d'huzards, de Dragons et de chasseurs sont en attendant en pleine marche
sur Naumbourg, et ne manqueront pas de faire beaucoup de bruit.

On est fort embarassé à Londres, on souhaite d'augmenter l'armée
et de trouver des alliés.

On negocie de nouveau à Copenhague, en se flattant de reussir
peutetre.

Je suis avec un tres profond respect etc.

    reçu le 12 Sept. 1759 à 10 h. du matin p. Rismann avec 4 lettres
        pour Londres et une pour Roterd.

        à Ellenhausen prés de Marbourg ce 9. Sept. 1759.

        ** Monsieur,

Toutes vos Lettres m'ont été rendües; il n'y manque point de No.
Le dernier de vos couriers est Chemnitz. je me propose de Vous repondre encore à chacune d'elles; peutetre demain, si je trouve le secret
de rendre la chose possible.

Je crois qu'Imhoff vous aura informé de la Levée du siege de
Munster; cela peut arriver à un grand homme; mais entre nous ce
n'est pas à cette enseigne que vous reconnoitriez Mr. d'Imhoff, si vous
fussiez informé de toute sa manoeuvre durant le court siege. Lorsque
le bombardement fit son effet, un accés d'humanité le saisit comme la
fievre; il le fit cesser, pour commencer à tirer contre les ouvrages à
peu prés au moment, qu'il s'etoit proposé de lever le siege. Quoique
vous luy en disiez il croit les troupes de Flandres arrivées avec Mr.
d'Armentieres auprés de Munster. Ce n'est pas qu'il en ait vû; mais
il a envoyé au Duc une Lettre interceptée ecrite par une femme de
Munster, qui le dit. Enfin je suis indigné de la conduite de cet homme;
et je plains le Duc, qui est reduit à prendre un tel homme quand il
veut choisir le meilleur. je ne puis vous dire rien au juste de l'etat
de nos affaires en Westphalie, puisque Imhoff n'en marque rien; ses
Lettres marquent seulement sa frayeur. Mais le Duc luy a envoyé son
aide de camp le major de Bulow, pour verifier deux choses, savoir si
Armentieres est arrivé auprés de Munster, et en quelle compagnie il
s'y trouve.

Les Francois etoient hier entre Busseck et Giessen; leur petite
armée etoit hier au soir, selon les differens raports des deserteurs et
de nos troupes legeres, aux environs de Wetzlar. Mrs. les Francois
font defiler à petit bruit de Troupes vers le Rhin; je crois qu'ils sem-
pareront de Coblence et de Mayence; peutetre aussi qu'ils veulent ren-

forcer 'Mr. d'Armentieres. Nos bateries commencent ajourdhui à batre le chateau de Marbourg; le commendant Mr. Duplessis fait une tres belle defense; ce qui nous a obligé d'en venir aux formalitez de la tranchée. Mgr. le Prince Charles de Bevern et le Comte de Buke-bourg commandent le siege. Mgr. le Duc est depuis trois jours icy; mais l'armée est encore en deca de la Lahne dans son camp de Wetter et d'Amenau. L'Armée sera portée demain en avant; elle prendra son camp à Walchern; à trois heures de Wetzlar. Mgr. le prince héréditaire campe avec un corps de troupes à Alna; et le Duc de Holstein occupe avec les grenadiers et une vingtaine d'Escadrons le camp francois de Grosseelheim. La dyssenterie regne à l'armée, Mgr. le prince héréditaire est attaqué d'une Espèce de maladie, qui luy ressemble, et qui L'oblige à garder le lit; mais cela va mieux. Nous venons de recevoir une Lettre du Roy datée du 5. de Waldow. Elle est toute chiffrée; ainsi je ne puis vous dire rien de son contenû, vû qu'elle ne sera dechiffrée qu'en quelques heures d' icy, et je ne veux pas arreter le courier: Voicy cependant quelques mots que S. M a ajouté de main propre par apostille: „quand on devient vieux mon cher, la fortune „nous abandonne, elle est comme les jeunes filles qui ne prennent pour „amants que ceux qui bondent le mieux."

Adieu mon cher Monsieur.

(à Mr. de Haenichen.)　　　　　　　　　　　　　　Westphalen.

(Archiv-Acten vol. 325.)

Ce 10. 7bre 1759.*)

** Monseigneur,　　　　　　　　　　　　　　　　No. 1.

Bulow ne voudra ecrire qu'aprés avoir reconnû. Voila la raison, qu'il n'y a pas encore de courier de sa part.

Le Débarquement des recrues angloises à Carlstad est très judicieux dans les circonstances présentes, et preferable même à celuy qui pourroit se faire à Embden, aussi long temps que l'armée sera en Hesse, vû que les troupes gagneront par là cinq ou 6 marches et qu'en longeant le Weser elles trouveront par tout de subsistences, ce qui leur manqueroit en traversant à present la Westphalie.

Ce 11. Septbr. 1759.

** Monseigneur!　　　　　　　　　　　　　　　　No. 2.

Comme la boulangerie sera établie à Marpourg, ce qui se pourra faire en 4 jours d'icy, V. A. S. n'a plus besoin de garnison à Corbach. Ainsi la garnison de Corbach peut faire dorénavant celle de Marpourg.

Ce 11. Septbr. 1759.

** Monseigneur!　　　　　　　　　　　　　　　　No. 3.

Ayant lû la capitulation et nommement l'article 3. il me semble, qu'il faut renvoyer la garnison à l'armée françoise.

---

*) N. d. H. Hauptquartier Elinhausen; dasselbe wurde am 11. nach Nieder-Weymar verlegt. (acta vol. 122.)

à Niederweymar ce 11. Sep. 1759.

** Au Roy.   No. 51.

Le commendant de Marbourg vient de se rendre prisonnier de guerre avec sa garnison, faisant à peu près 900 hommes; j'aprends d'un autre coté, que les Francois se sont emparé d'Ehrenbreitstein; c'est une chose que je ne pouvois pas empecher. (en chiffres.) „La marche d'un renfort de troupes, qui viennent partie de Flandres partie de France, n'est plus douteuse. S'il va joindre le marquis d'Armentieres, qui campe sous le canon de Munster, je serai obligé de renforcer le Général d'Imhoff du moins de quelques Escadrons; si ce renfort vient grossir l'armée de Contades, je ne vois pas de possibilité de faire pour le moment présent un Detachement tant soit peu considerable en Saxe. J'ay en attendant poussé de petits detachements vèrs Naumbourg, un des quels a surpris une centaine de soldats saxons à Langensalze, dont une partie a eté prise, et l'autre a eté dispersée. Je n'aime pas à déservir personne, et encore moins mes amis; mais mon attachement pour la personne de V. M. exige que je ne Luy fasse pas mystère d'un certain passage, que j'ay trouvé dans une Lettre du Duc de Choiseul écrite au maréchal de Contades du vingt quatre d'Août de l'année passée datée de Vienne, qui est tombée avec les autres papiers du dit Maréchal dans mes mains. Le voicy."

„Le prince des Deux ponts débouchera de Peterswalde et se portera de Guesbel où est son avantgarde à Schandau, où est établi le pont de communication entre ces deux armées. L'on verra dans cette situation quel parti prendra le Prince Henry; s'il reste au camp de Pirna, et qu'il s'attache à defendre la rive gauche de l'Elbe, et la partie de la ville de Dresdes, qui est à cette rive, Mons. de Daun s'emparera de Torgau, y passera l'Elbe, pendant que Mr. de Deux ponts s'aprochera de Pirna. L'on fera en même temps une tentative sur la partie de Dresde qui est à la rive droite, et l'on a Lieu d'espérer, vû des arrangemens pécuniaires, faits avec le commendant prussien de cette ville, que l'on se rendra aisement maitre de cette partie."

J'ay l'honneur d'etre avec un tres profond respet p. p.

F.

reçu le 15. Sept. à 8 h. du soir
par le retour du domestique de Mr.
de Hellen.

** Monsieur,

Le chateau de Marpourg a capitulé ce matin. Nous y avons pris 818 soldats et bas officiers avec 39 officiers. Voicy la capitulation. Nous n'avons eû ni tué ni blessé au siege; c'est fort extraordinair dans un siege, ou l'on a procedé selon toutes les formes; mais n'en est pas moins exactement vrai. La tranchée fut ouverte le 9. hier au soir; le commandant voulut se rendre à condition de ne servir point durant un an; le prince de Bevern exigea deux ans; à quoi le commandant

ne voulut point acquiescer. On recommenca a tirer de part et d'autre.
Le commandant n'y trouvant pas son compte voulut passer par les con-
ditions des deux ans; mais le prince n'y voulut plus entendre et Mr.
Duplessis fut obligé de se rendre prisonnier de guerre.

Nous aprimes aujourdhuy que les Francois se sont emparé d'Erenbreitstein; je crois que Mayence aura le meme sort.

La ville de Dresden s'est rendüe. C'est un coup affreux. Voila
en fin Mr. de Daun le maitre d'un point d'où il peut commencer
ses operations le long de L'Elbe.

Votre infiniment chere lettre du 7. m'a eté rendüe à midi. Vous
ne saurez croire avec quel Empressement et avec quel plaisir Mgr. le
Duc l'a lû. Il vous en fait mille remerciments. Mgr. le Duc Louis
trouve icy de sa part million d'amitiés et de remerciments de son
souvenir. —

à Nieder-Weymar ce 11. Sep. 1759. à 11 h. du soir.

(à Mr. de Haenichen.)

Ce 12. 7bre. 1759.*)

** Monseigneur,   I.

La lettre ci-jointe est un creditiv de la chambre de Wetzlar; qui
envoyt deux assesseurs pour Luy faire des propositions qui regarderont
surement le pont de Wezlar.

(Archiv-Acten vol. 325.)

Durchlauchtigster Fürst,

gnädigster Herr!

Ewr. Fürstl. Durchlaucht können Wir gehorsamst nicht bergen,
welchergestalten Wir uns höchstgemüssiget gesehen haben, an Höchst
Dieselbe, zur Aufrechthalt- und Veststellung der gäntzlichen Sicherheit
und Befreyung Vor das Kayserliche und Reichs-Cammer-Gericht, wie
auch Vor Die hiesige Reichs-Stadt Wetzlar, als dermahligen Wohnsitz
dieses höchsten Reichs-Gerichts, zwey aus Unserem Collegio, nahmentlich die Herrn Assessores von Ortmann und Freyherrn von Gemmingen
eigends abzuschicken.

Gleichwie Wir nun diesen beyden Herrn den behörigen Auftrag
und Instruction zu diesem Ende ertheilet haben.

Also ersuchen Wir Ew. Fürstl. Durchl. gehorsamst, Dieselbe belieben wollen, gedachten Herren Assessoren Vollkommenen Glauben,
auch gnädigstes Gehör und gefällige Entschliessung zu ertheilen.

Die Wir mit besonderer Verehrung beharren

Ewer. Fürstl. Durchlaucht

unterthänigste
Anwesende Präsidenten und
Assessores des Kayserl. und
Reichs-Cammer-Gerichts
Daselbsten.

Wetzlar, den 10 ten
Septembris 1759.

---

*) N. d. H. Hauptquartier Nieder-Weymar.

(Addresse.)

Dem Durchlauchtigsten Fürsten und Herrn, Herrn
Ferdinand, Hertzogen zu Braunschweig und Lüneburg, en Chef commandirenden General in der
alliirten Armée.

Unserem gnädigsten Fürsten und Herrn.

(Archiv-Acten vol. 325.)

Ce 12. Septbr. 1759.

✱✱ Monseigneur, No. 2.

Je croirais, Monseigneur', qu'Elle pourroit envoyer Mr. de Wintzingerode à Burbach pour traiter avec le nommé S. C.

(Zwei Beilagen.) 1.

Votre Altesse,

Cy joint vous trouverés toutes les nouvelles qu'il a été possible
d'avoir; je n'ai pu vous en fournir pendant la campagne que j'ai cependant souhaité, mais l'obstacle a été qu'on m'a toujours employé que
je n'ai pas eu une journée pour moy. Je n'ai pu trouver aucune personne sur qui j'aurois pu me fier, jusqu'à l'heure qu'il est, ou j'ai une
personne sure, que je connois depuis longtemps, c'est la seulle qu'il y
ait dans toute l'armée de propre à servir Votre Altesse car il peut
tout decouvrir de sorte que je compte que Votre Altesse sera bien
servie pendant le cours de cette campagne et le quartier d'hyver. Je
prie Votre Altesse de m'envoyer quelqu'un. Si ce pouvoit être Mr. le
Baron de Bilau il ne seroit que mieux. Il peut venir en toute sureté
il n'y a pas le moindre risque car les Francois qui bordent la Lahn
ne la passent pas un quart de lieue. Nous sommes logés chez Con-
termann à Burbach, où j'attends vos ordres. On croit que je suis à
Francfort, et il faut que je sois de retour le 13. avant midi.

à Burbach le 11. 7bre à 3 heures de l'apres midi.

S. C.

2. Parti le 10. à midi des deux camps.

Le quartier General du Marechal de Contades est a Hattenrod.
l'armée est campée devant, la gauche vers Giessen, et la droite vers
Gremberg (Grünberg?) elle est derriere le grand chemin de Giessen à
Gremberg et le ruisseau. Fischer couvre la droite il est posté à Gremberg. Le dit camp est très bon et même inaccessible par les hauteurs,
bois et le ruisseau. J'ai oui dire au Marechal d'Etrées, qu'il étoit inattaquable à moins qu'on ne le tourne par sa droite. L'armée de Broglio est entre Giessen et Wetzlar le long de la Lahn aussi dans une
position très avantageuse, son quartier général est à Münchholtzhausen.
Les ponts et les quais entre Wetzlar et Braunsfeld sont gardés par
1 Regiment de Dragons et le Regiment de Turpin. Le bruit est et il
paroit que les deux armées resteront longtems dans leur position. Il
est arrivé 35 pièces de Canon et 15 pontons: suivant l'état remis aux
2 Maréchaux l'infanterie se monte a 49 mille hommes et dix mille
chevaux, sans les trouppes legeres, et sans qu'il y soit compris les

trouppes envoyées au Rhein. Il est parti 2 bataillons de Bouillon pour Francfort. 2 d'Aumont pour Cobelence. 2 de Touraine, 2 d'Anguin, 2 de Rouard tous pour Cologne; les deux derniers sont destinés pour les convois. 8 autres étoient destinés à retourner en France ou en ordre de rester; ainsi que plusieurs autres (de meme que j'avois mandé à Mr. le Général Yorck), savoir les Carabiniers, la Gendarmerie, et plusieurs autres Regiments, qui avoient souffert dans la bataille de Minden, ils sont restés par ordre de Mr. d'Etrées dit on. Les deux Marechaux logent ensemble et travaillent de concert, d'Etrées donne les gros ordres, et l'autre les menus. Le premier a dit à son arrivée, qu'il étoit aide de camp de Mr. de Contades. Depuis l'arriver de Mr. d'Etrées le soldat se refait, et l'ordre se retablit. S'il étoit venu 3 ou quatre jours plus tard, il auroit trouvé l'armée à Francfort. On attend des nouvelles de l'armée du bas Rhein commandée par Mr. d'Armentière et Mr. de Voyer fils de M. Dargencon. On pretend qu'elle fera encore le Siège de Lipstadt avant la fin de la campagne; et que Lipstadt pris il ne seroit pas possible aux alliés de prendre leurs quartiers d'hyver dans la Westphalie. L'armée d'Armentière est composée de 15 batton. françois, 10 batton. milice, 7 batton. d'Autrichiens tirés du pays-bas; de 30 escadrons et de 2 regiments de Dragons. On assure que six mille palatins iront la joindre. Cette armée sera de 30 mille hommes.

Le Marechal d'Etrées a dit que dans quelque tems d'ici il quitteroit l'armée et qu'il pourroit bien aller faire un tour à Vienne. Les françois viennent de perdre une battaille navalle au detroit de Gibraltar ou ils ont perdu 7 vaisseaux de guerre.   S. C.

Arrivé ce 12e 7bre. 1759.
à 6 heures du matin.

Monsieur Mon Cousin.   No. 58.

(déchiffrée.) „Depuis ma derniere Lettre, mes Circonstances sont bien empirées. Dresde est pris, l'Armée de l'Empire Maquire et un autre Corps autrichien longent l'Elbe. outre cela, il y a encore quatre mille hommes à Leipzig qui de là desolent le Magdebourg. Je puis à peine me soutenir contre les Russes. Wunsch n'est pas assés fort pour s'opposer à ce grand nombre."

"Les Suedois sont à Prentzlau; si Votre Altesse ne pense promptement à me secourir, songez qu'il n'en sera plus tems et à quoi serviront vos progrés si Vous me laissez accabler. Je ne grossis point les Objets, je vous mande la pure Verité, je Vous prie d'y faire des réflexions, c'est à moyen de miracle ou de Vos secours. Je suis perdû sans ressource."

Je suis avec une amitié et estime invariable à jamais
Monsieur Mon Cousin
de Votre Altesse

à Waldow,   le bon Cousin
ce 7. de Sept. 1759.   Federic.

à Niederweymar ce 13. Sept. 1759.

** Au Roy de Prusse.   No. 52.

Je recois dans le moment la lettre que V. M. m'a fait la grace
de m'ecrire du 7. (en chiffres.) „La prise de Dresdes me fait une peine
infinie, et ce qui l'augmente, c'est que V. M. paroit croire, que je ne
fais point en cette rencontre ce que je dévois faire. J'avois à la bataille de Tonhausen trente six mille combattans; que me peut-il rester
à présent. Si je détache quatre à cinq mille hommes, puis-je espérer
d'arrêter l'armée ennemie, qui depuis l'arrivée du M. d'Etrées cherche
tous les moyens d'avancer de nouveau. Le Renfort, qui arrive de
France, peut, à l'heure qu'il est, avoir atteint les rives du Rhin. Soit
qu'il marche en Westphalie, soit qu'il joigne l'armée de Contades,
j'aurai besoin de toutes les Troupes pour me soutenir. Il me semble
Sire, qu'en pareille rencontre, l'avantage que V. M. retireroit d'un Detachement de cinq mille hommes, seroit infiniment moindre que le dés-
avantage, qui en resulteroit pour la cause commune et pour les Etats
de V. M. en particulier, si les Francois se rendissent de nouveau maitre
de la Hesse. J'ay fait de petits détachemens en Saxe pour allarmer
et pour partager l'attention du prince de Deux ponts. Si la saison
est plus avancée, je pourrai faire d'avantage et agir avec vigueur
pour les interets particuliers de V. M. sans perdre les avantages, obtenus jusqu'à présent. Je conjure V. M. de vouloir bien y faire quelque
attention; si je pouvois suivre mon attachement pour la personne de
V. M., je marcherai avec plaisir sans balancer avec toute l'armée aux
secours de la Saxe."

Je suis avec un tres profond Respect p. p.

        P. S.

Le conducteur Schöler de Wesel m'a rendu de très bons services
l'année passée au passage du Rhin; il a depuis suivi l'armée, où il a
eté employé en qualité d'ingenieur, et je suis des plus contents de luy.
Oserois-je demander à V. M. la grace, de le nommer enseigne; il ne
seroit point à charge aux caisses de V. M. durant la guerre.

(Archiv-Acten vol. 325.)

                                        Ce 14me 7bre 1759.

      ** Monseigneur!   No. 1.

Je ne doute plus que Bauer ne soit tué ou pris. Pour l'aprendre
il faudra en ecrire au M. de Contades; on peut le redemander en
qualité d'aide de camp de V. A. S. et je ne crois pas qu'il Luy sera
refusé. S'il n'a pas eté pris; il faut en conclure, qu'il a eté tué.

(Archiv-Acten vol. 325.)

                                        Ce 15me 7bre 1759.*)

      ** Monseigneur,   No. 1.

Je viens de parler à Bauer en suite des ordres de V. A. S. Sur
l'information des distances d'icy à Wismar, il m'a parû que ce corps

---

*) N. d. H. Hauptquartier noch in Nieder-Weymar (acta vol. 122.), von wo dasselbe am
17. Früh nach Salzbudden verlegt wurde.

seroit trop exposé à moins, que l'armée ne fasse un mouvement en avant, jusqu'à Oberwalchern ou à Salzbudden.

Bauer n'osoit assurer qu'il y avoit là un emplacement convenable pour l'armée à prendre, quoiqu'il crût qu'on en pourroit trouver un aux Environs.

J'ai reflechi Monseigneur sur le mouvement general à faire: voilà ce qui me paroit le plus convenable. Bauer ne pouvant achever aujourdhuy ses reconnoissances, le mouvement ne pourra se faire qu'àpres demain.

1. L'armée telle qu'elle est icy marcheroit le 17. à Oberwalchern, ou à Salzbudden, ou aux Environs là où Bauer pourra trouver un emplacement convenable

2. Le Duc de Holstein passeroit le même jour la Lahne avec les Grenadiers et les Dragons pour venir prendre un camp d'abord sur les hauteurs d'Udenhausen. On feroit deux ponts entre Udenhausen et Stauffenberg avec un tete de pont retranché, garni d'un Bataillon de grenadiers sur les quels Freytag, Stockhausen*), Trimbach et Narzimsky qu'on laisseroit au de là de la Lahne, pourroient se replier. Les troupes legeres occuperoient Stauffenberg, Kirchberg, Lollar et Maintzlar, d'où elles pousseroient seulement des postes d'avertissement tant le long de la Lumme, qu'en avant.

3. Le général Wangenheim marcheroit le 17. avec tout son corps sur la Dill en prenant un camp à Werdorff, pour donner jalousie à la fois sur Wetzlar et sur Braunfels. Luckner et Jeanneret passeroient le même jour la Lahne au dessous de Wetzlar et tacheroient de venir à dos au regiments, qui campent prés de Wetzlar. Le General Wangenheim feroit occuper le pont de Wetzlar; en cas qu'il n'y put réussir, il faudroit qu'il fit occuper un autre, qui fut plus bas, et en cas qu'il n'y en eût point, il devroit en faire construire du coté d'Altenbourg.

Toutes les Démonstrations du passage de l'armée de la Lahne doivent accompagner ce mouvement du général Wangenheim àfin d'y attirer en partie l'attention de l'ennemi. Et c'est pour quoi je souhaiterois qu'au lieu d'un couple de Bataillons (comme c'étoit la premiere idée) tout le corps de Wangenheim s'aprochat de la Lahne du coté de Wetzlar.

4. Le prince de Bevern iroit le 17. prendre un camp à Wismar. Comme Jeanneret doit passer la Lahne du coté de Wetzlar avec les deux Escadrons de Malachowsky; il manqueroit au prince de Bevern une centaine d'hussards, que Narzimsky devroit luy envoyer. Le prince feroit occuper par les chasseurs de Röden et par ces cents hussards de Narzimsky les postes convenables vèrs Giessen et vers Dudenhofen. Il est important que le prince fasse de démonstrations pour la construction de plusieurs ponts à Atzbach.

---

*) N. d. H. Der unterstrichene Name von der Hand des Herzogs eingeschaltet.

On donne donc par ces dispositions l'idée à l'ennemi du passage de la Lahne. On attire son attention à trois differens endroits, savoir à Udenhausen, à Atzbach et à Wetzlar. Le mouvement du général de Wangenheim le coupe en même temps de Coblence, et luy donne des jalousies sur ses derrières. Il ne peut s'empêcher de détacher vers Wetzlar et vers Braunfels pour s'opposer au Général Wangenheim; en le faisant il y employera d'abord le corps de Dudenhofen; mais il se verra obligé de remplacer celuy là par un autre, vû 1mo les Démonstrations du prince de Bevern pour jetter des ponts à Atzbach, 2do vû aussi la Disposition des corps du prince de Bevern, du Duc de Holstein et de l'armée en échélons. S'il remplace le camp de Dudenhofen par un Détachement de l'armée, il s'affoiblira, et commencera à craindre aussi les ponts d'Udenhausen.

Si donc les mouvements s'executent comme je viens de le dire plus haut; il me semble, qu'une armée qui a perdû l'assurance de la victoire, se voyant menacée de tant de cotez à la fois préférera la rétraite, qu'à s'abandonner à des mouvements d'une combinaison difficile et hazardeuse, et je pense que Mr. le M. de Contades pourroit prendre le parti de se réplier le 18. ou le 19. sur Friedberg.

NB. Bauer est parti pour aller reconnoitre les Emplacements.

Nr. 82. Ce 11. Sept.
Monsieur.

Je commence aujourdhui à vous preparer ce long quodlibet, et je le continuerai à mesure que les particularités me parviennent. Je tacherai de le rendre aussi interessant que possible.

§. 1.

Myl. Sackville a debarqué en Angleterre, pas à Harwich, ou par bonheur le Paquet Bot ne pouvoit pas entrer, à cause du vent contraire, mais dans un port voisin, ou on ne l'attendoit pas. Sans cela il auroit risqué quelque affront. Car le peuple est extremement irrité contre lui, au point, qu'ils ont affronté le Duc de Dorset son pere, en lui jettant de la boüe dans son carosse. Il y a quelque tems qu'un innocent officier en auroit été la victime, si par bonheur quelques uns de ses camerades ne l'avoient delivré, en repondant pour lui de leur vie, et en desabusant le peuple, qui avoit pris cet officier pour Myl. Sackville, et l'avoient voulû absolument jetter et noyer dans la Tamise. Les amis de Sackville lui ont conseillé de ne point faire inserer son histoire ou sa defense dans les pamphlets, parceque cette demarche Lui attircroit mille et mille reponses, satires, et maledictions, et mettroit ses amis hors d'etat de le servir. Ils lui ont conseillé aussi de ne point paroitre à Londres, mais de se tenir tranquille à la campagne. Il l'a été 3 jours à Rotterdam, sans venir a la Haye.

§. 2.

Voici un article plus interessant, mais sub fide silentii. Mr. l'Ambass. de Berkenrode mande de Paris le 3. Sept. en grand secret: que

III. 49

la perte et les suites de la Bataille de Tonhausen faisoit une impression des plus vives, et un abattement general, non seulement sur le public mais aussi sur l'esprit du Ministere. Que la victoire des Russes ne leurs faisoit guerres aucun plaisir. Qu'on commencoit peut etre à sentir, que la destruction du Roi de Prusse ne pouvoit etre que très prejudiciable pour la France. Que Mr. le Duc de Choiseuil Lui avoit dit, il y avoit quelques jours, qu'il seroit à souhaiter, que la Cour de Londres pourroit etre portée dans deux ou trois mois à des sentimens pacifiques, à moins qu'on ne voulût pas voir le Roi de Prusse ecrasé tout à fait; que les Russes pourroient gagner facilement trop d'influence dans les affaires de l'Allemagne, ce qui seroit generalement prejudiciable: que par rapport a eux, (Francois) ils etoient hors d'etat de faire quelque chose depuis la malheureuse journée du 1er aout, que Mr. de Contades se devoit beaucoup reprocher p. p.

Les Cours de Manheim, de Vienne, de Munnich, Mayence et Liege ont sollicité beaucoup que la France vouloit obligér le Duc de Deuxponts, d'envoyer un Ministre de la Religion Catholique à la Diete de Ratisbonne. Mais la Cour de Versailles les a toujours renvoyé jusqu'ici avec la reponse que le Roi, comme Guarant de la paix de Westphalie ne se meleroit pas de cette affaire.

§. 3.

Les lettres de Francfort du 6me de fort bonne main disent que l'ordre etoit arrivé ce jour là de preparer des quartiers dans la ville pour quelque mille malades et blessés. Qu'on avoit transporté 432 malades de Francfort à Coblence.

Que la forteresse d'Ehrenbreitstein etoit occupée par les François, et que le Regiment de Touraine y etoit marché de Francfort pour y tenir guarnison. Que l'aile gauche du Duc de Broglie avoit été attaqué le 5me et avoit perdu 1200 hommes. Que les Francois debitoient, que les Alliés vouloient marcher à Mayence. Qu'on regardoit ce bruit comme un preambule à se croire authorisés de mettre guarnison dans cette ville. Que l'ordre etoit venu d'augmenter le nombre des Fours et de cuire autant de pain que possible. Que 2400 Chariots de Bagage et de munition campoient le long du Main, pour transporter les vivres à l'armée.

Que cent pieces de Canons etoient arrivés, d'une nouvelle invention extremement legers et de la grandeur, qu'un seul homme les pouvoit trainer moyennant une espece de timon, qui lui passoit sur les epaules. Qu'on en feroit l'epreuve dans un couple de jours en presence de Mr. le Gouverneur de la Sone.

§. 4.

Mr. Rapin est decouvert. On dit qu'il est à Rotterdam et qu'il medite à faire des sottises. Ayés la bonté de me dire s'il est effectivement employé par vous, comme il le debite, afin qu'on sache comment se conduire vis à vis de lui. C'est un très mauvais sujet.

§. 5.

Je vous ai prié, qu'en cas qu'il y eût des chiffres de Correspondence, dans les papiers de Mr. Contades, que vous voudriés me faire le plaisir, de m'en donner la copie, ou de m'envoyer l'original, pour le faire copier. J'espere que vous ne l'oublierés pas.

§. 6.

Je joins ici les avis du Bas Rhin, ils viennent de fort bonne main. Vous pouvés compter que le corps de Mr. d'Armentieres sera composé de 20. Batt. et de 16 Escadr. avant la fin de ce mois. Ce qui pourroit faire en tout un corpetto de 9 à 10 mille hommes, y compris les Regimens dont il est deja composé actuellement.

§. 7.

Mr. d'Imhof nous a annoncé qu'il avoit levé le Siege de Munster la nuit du 5 au 6me. Je ne sai pas s'il a été assés fort, pour pousser le Siege et d'avoir en même tems l'oeil sur le corps d'Armentiere, quelque foible qu'il soit. Les lettres de Munster disent, qu'il y a 180 maisons de brulés. Il n'y a à present que 2 Batt. de Milice en Garnison à Wesel, et autant à Dusseldorff.

§. 8.

Votre très chere lettre du 5me de Wetter, a causé infinement du plaisir. Le Courier anglois, qui l'a apporté est parti d'abord avec un paquet bot extraordinaire pour apporter la nouvelle de la retrogradation de Mr. de Contades et de son aide de Camp. et de la prise de la ville de Marpourg. J'espere qu'après cette premiere demarche, ils ne feront plus les difficiles de poursuivre leur chemin. Le coup du Prince Hereditaire est des plus jolis.

§. 9.

Selon les lettres de Mr. Verelst du 4. Septembre de Berlin, Le Roi etoit marché le 2. Septembre à Waldo entre Luben et Milrose, ou les Russes avoient un corps assés considerable, ils en ont été delogé avec perte de quelques centaines de Prisonniers. Que le Pr. Henry etoit à Spremberg et Daun à Forst et Pforten. Que les deux armées du Roi et du Pr. Henry ne manquoient pas de subsistance, mais qu'on ne voyoit pas de quoi Mr. Daun et les Russes vivroient. Qu'une bataille paroissoit dans peu inevitable, et qu'on se flattoit que les affaires seroient bientot dans une situation toute opposée à celle ou elles avoient été il y a 15 jours. Que les Cosackes et Calmouckes ne menageoient pas plus la Saxe qu'ils avoient fait le Brandenbourg. Que 1200 hommes blessés à la Battaille de Cunnersdorff avoient passé Berlin pour retourner à l'armée. Qu'on en atendoit encore trois mille dans le courant de la semaine de Stettin.

§. 10.

La Poste d'Angleterre du 7. est arrivée. Elle nous a apportée de nouvelles de la derniere importance. 1º la prise du fort de Niagara, dont vous trouverés ci joint le detail. Mr. Wulff a ouvert les tranchées devant Quebeck. Cette place prise, la besogne sera faite en

Amerique. 2°· la defaite de la flotte Francoise de Toulon. Mr. Bos-cawen en a pris trois gros vaisseaux. Il en a brulé deux savoir l'Ocean de 84 Canons, que montoit Mr. l'Admiral la Clue et encore un autre de 74 Canons. Le reste est dispersé, deux en sont arrivé à Cadix. C'est un coup assommant pour la France. Mr. la Clüe a eu une jambe emporté. Il s'est sauvé dans le Both, pour gagner la Côte. Mais toute l'Equipage de l'Ocean est prisonniere de guerre.

Je joins ici une lettre pour S. A. S.

§. 11.

Le Courier que j'avois envoyé à Mr. d'Imhoff est de retour. S. E. etoit le 9. encore à Telligt. J'ai taché de le rassurer. Je crois qu'il peut aisement encore rester dans sa position presente. Mais je ne sai pas, s'il le pourra dès que les secours de la Flandre ayent joint Mr. d'Armentieres. Le Renfort consiste en 8 Batt. et 12 Escadr. quelques uns disent que ce ne seront que 8 Escadrons, dont 4. sont arrivé le 9. à Venlo et les derniers ont passé le 7. Bruxelles.

Quant aux Bataillons, ils sont encore plus loins et n'arriveront je crois avant le 20. à Venlo.

Les ci joints avis du Bas Rhin sont envoyé à Mr. d'Imhoff. Qui est informé exactement de tout ce que les francois ont de Trouppes sur le bas Rhin et la Meuse. Mais il me paroit entrevoir, qu'il n'y ajoute pas fois, et qu'il croit qu'il y a plus de Trouppes dans le Corps d'Armentieres, qu'il n'y en a effectivement. D'ailleurs la Desertion dans ce corps est très grande et continue encore. Je sai par les ra-ports des commandants de nos places, que depuis la premiere marche de Mr. d'Armentiere, jusqu'au 9. il en sont passé plus de cinq cent par Niemegue, Arnheim et Doesbourg.

§. 12.

Je joins ici une lettre de Mr. d'Affry à Mr. Zoelen. Elle n'a pas besoin d'un commentaire. Elle marque une peur outrée, et cachée, de se voir attaqués en deça du Rhin. Ce qu'il dit des gens, qui veulent bruler leurs magazin se raporte à Rapin.

Enfin je finis ma dissertation en vous priant Monsieur de me mettre aux pieds de S. A. S. que nos voeux ardens et sinceres accom-pagnent partout. Je suis de tout mon coeur

T. à V.

Voici joint une lettre du Duc. Pardonnés si je vous ai fatigué par ma longue epitre, en faveur du plaisir de m'entretenir avec vous.

reçu le 20. Sept. 1759 à midi par Riehl.

à Niederweymar ce 16. Sep. 1759.

à 7 heures du matin.

⁂ Monsieur.

Votre cherissime Lettre No. 82 du 11. du courant me fut re-mise hier à midi. Elle a causé au Duc la joïe la plus vive; S. A. S. vous en fait ses plus parfaits Remercimens.

Un des aides de camp du Duc fut pris, il y a quelques jours, par une troupe d'huzards qui le menerent au prince de Beauffremont et delà à Mssrs. les Maréchaux. Ils l'ont comblé de politesse à table. Ayant apris depuis qu'il etoit ingenieur, ils l'ont fait fouiller, et l'ont renvoyé au Duc avec de grands compliments. Cet aide de camp, qui est le capitaine Bauer, nous donna les premieres nouvelles de la victoire de l'amiral Boscawen; nous sommes charmé audelà de l'expression de la voir confirmé, et d'aprendre en meme temps d'aussi bonnes nouvelles que le sont celles de l'Amerique. Nous esperons que si Quebeck est pris nous aurons la paix, l'hyver prochain. Elle est bien necessaire; nous la souhaitons plus que jamais. Le Duc fera faire ce soir des Rejouissances pour la victoire de Boscawen, pour celle de Johnson et pour celle de Wunsch.

Les Francois continuent d'occuper leur camp entre Bussek et Giessen; ils ont un camp à Dudenhoffen et plusieurs Detachements du coté de Wetzlar. Le Duc va faire demain un mouvement general pour obliger les Ennemis de quitter la position qu'ils tiennent; s'ils la quittent, il faut qu'ils se retirent jusqu'à Friedberg. Je vous depecherai demain un courier qui passera en Angleterre pour y porter le reste des papiers du marechal de Contades. Je n'y ai point trouvé de chiffres.

Nous n'ignorons pas, que Mr. Rapin est un mauvais sujet; mais il en faut avoir quelque fois pour reussir en de certaines commissions. Il est aux gages du Duc, et je vous prie de le laisser faire s'il est possible. Je luy ferai ecrire qu'il se conduise avec plus de circonspection, que sans cela on retirera les mains de luy.

Il est bien honteux, que Mr d'Armentieres ait reussi à faire lever le siege à Mr. d'Imhoff, n'ayant eû que 2 ou 3 mille hommes; mais ce qui auroit eté plus honteux encore c'est, qu'il se seroit enfui de Telligt, si Mr. de Bulow n'etoit pas survenû à temps avec des ordres positifs de rester où il se trouveroit. Le Duc s'est vû obligé de Luy ecrire les Lettres les plus pressantes, pour le faire rester en Westphalie. Il se crut dans le cas, de devoir se couvrir par le Weser, et de songer à sauver l'Electorat. Je ne saurois vous exprimer combien le Duc est à plaindre d'avoir à ses ordres de telles gens; je vous puis assurer que Mr. d'Imhoff est le meilleur des generaux que nous ayons, le Duc ne l'a pris pour cette Expedition, que parce que son choix etoit borné; il n'ignoroit d'ailleurs pas combien peu il faut d'obstacles et sur tout d'ennemis vis à vis du luy pour luy faire perdre la tramontane. Mr. d'Imhoff a à ses ordres douze bataillons, parmi les quels se trouvent 3 bataillons de milice hessoise, un regiment de Dragons de 700 hommes, 200 Dragons commandés, deux Escadrons d'hussards hessois, les carabiniers de Bukebourg et 4 à 500 chasseurs hessois et de Bukebourg. Cela fait un corps de 10 à 11 mille hommes, etant complet. Il y peut manquer à l'etat complet 4 ou 5 cent hommes. Si vous mettez trois à quatre mille hommes pour maladez marodes etc. ce qui est beaucoup, il luy reste encore 7000 hommes. Jugez vous meme de ce nombre et de la contenance de Mr. le General, si cela s'accorde avec l'idée d'un homme intelligent et brave.

Le prince hereditaire commence à se retablir; il a eté fort mal, et la dyssenterie l'a tellement affoiblie, ayant eté accompagné d'une fievre, qu'il n'est pas encore en etat de quitter la chambre. Mais il est hors d'affaires, graces au ciel. Si ce prince manquoit au Duc, nous serions bien plus à plaindre encore. Le Duc s'est fait saigner aujourd-huy; il se porte bien d'ailleurs. Mettez moi aux pieds de S. A. S.

P. S. Le Sieur S. C. nous a fait parvenir un billet de sa part. Il marque que l'armée francoise est composée encore de soixante mille combattans; qu'on veut faire le siege de Lipstad, qu'on se soutiendra coute qui coute à Giessen etc. etc. Il a eu depuis une Entrevüe avec Mr. de Wintzingerode, aide de camp du Duc, au quel il a donné un chiffre; il promet de nous envoyer frequement de ses nouvelles. Il demande une petite gratification de cent livres Sterling, qu'il veut toucher à Munster, où il compte aller; son collegue doit en attendant faire nos affaires icy; celuy-ci dit qu'il ne veut point de recompense qu'après les services rendus; il exige seulement 40 Louis neuf, par mois pour les faux frais.

(à Mr. de Haenichen.)   Westphalen.

(Archiv-Acten vol. 325.)

** Pour Monsieur de Wangenheim.*)

à Salzbudden, ce 17. Sept. 1759.

V. E. se met demain à 5 heures du matin en marche pour aller occuper le camp de Werdorff, tel qu'il a eté choisi par le capitaine Bauer; Le Lieutenant Kuntze en est au fait, et vous montrera l'emplacement.

Vous laisseres un Detachement de 200 hommes d'Infanterie et de 20 Cavaliers à Konigsberg, pour entretenir la communication avec le prince de Bevern qui viendra demain occuper un camp entre Wisemar et la foret de Croffdorf.

La brigade de chasseurs de Friederichs se met demain à trois heures du matin en marche pour Wetzlar, et tache de s'emparer du pont de la Lahne: je compte qu'elle peut avoir fait cette besogne à 5 heures du matin. Les deux Escadrons de Luckner et les deux Escadrons de Malakowsky se mettent en marche à 2 heures du matin, passent la Lahne au dessous de Wetzlar, et tachent de tomber à l'improviste sur le Detachement Ennemi qui se trouve du coté de Steindorff. Je compte que les Ennemis peuvent etre joints à 5 heures du matin.

Luckner qui connoit la position de l'Ennemi, fera la disposition de l'attaque, et Jeanneret s'y conformera, de même que Friederichs qui

---

*) N. d. H. Die unterstrichenen Worte sind von des Herzogs Hand geschrieben, das Concept ist übrigens von Westphalen redigirt.

doit concourrir à l'exécution du projet. Dés que les hussards auront
passé la Lahne, Lukner en avertira le Major Friederichs, qui sera
alors arrivé à Wetzlar; Lequel laisse un Détachement de 100 hommes
auprés du pont et sort avec le reste de la ville, pour concourir à
l'exécution du projet, de culbuter les Ennemis, qui se trouvent aux Environs de Wetzlar. Si Luckner réussit en cela, il doit pousser vèrs
Munchholzhausen, à fin de venir à dos du camp de Dudeuhofen, pour
y jetter l'allarme autant que possible: Il se réplie en suite sur Wetzlar,
mais plus longtemps il peut se soutenir sur le flanc de l'ennemi, mieux
que cela vaudra.

V. E. detache à 3 heures du matin 5 cent hommes d'infanterie
avec deux ou trois pieces de canon et 300 chevaux pour marcher à
Hermenstein, ou jusques à Klein-Gormes, selon qu'elle le juge convenable. Ce Détachement doit servir de soutien à celuy qui passe la
Lahne, de quoi V. E. ne manquera pas d'avertir Lukner. Mon aide
de camp de Wintzingerode se trouvera aupres de ce Detachement, et
l'officier que V. E. choisira pour le commander, peut se servir de Luy
comme d'un aide pour faire sa besogne.

Il fera deux detachemens chacun de 50 chevaux, qui pousseront
en avant vers Nauenheim, Dorla et Atzbach et tacheront de se faire
apercevoir du camp de Dudenhofen Il faut qu'ils paroissent vis à vis
de ce camp entre les 6 et les 7 heures du matin. Si l'officier peut
faire de manoeuvres, qui le fissent croire plus fort qu'il n'est, j'en
serois bien aise. Cet officier est à avertir, que quelques Detachements
se feront voir de la part du prince de Bevern du coté d'Atzbach, pour
tenter d'y jetter des ponts sur la Lahne.

V. E. enverra demain au matin un officier au magistrat de Wetzlar, pour Luy faire dire „qn'une collonne de l'armée munie de beaucoup d'artillerie, devant passer le 19. la Lahne aux Environs de Wetzlar; je ne pourrois me dispenser de me servir du pont de Wetzlar à
moins que le magistrat ne trouvat un moyen promt de fournir de materiaux et de charpentiers pour en construire deux au dessous de la
ville." L'officier doit en suite, sans recevoir d'excuses, ni de remon-
trances, presser le magistrat de faire transporter des materiaux vers
l'endroit qui sera indiqué pour la construction des ponts. Le Lieutenant Kuntze se trouvera avec l'officier à Wetzlar; choisira en effet
un Endroit convenable pour les ponts et y fera travailler tout de suite.

Cette commission auprès du magistrat doit s'executer à 6 heures
demain au matin.

Il faut que l'officier parle beaucoup d'un camp de 20. mille hommes
qui viendroit le 19. camper entre Steindorff et Braunfels,

V. E. m'informera promtement de l'effet que ce mouvement produira sur l'Ennemi; et je Luy marqueray mes ordres ulterieurs en consequence.   F.

✳✳ Pour le Prince de Bevern.

à Salzbudden ce 17. Sep. 1759.

V. A. marche demain pour aller prendre un camp entre Wismar et la foret de Crofdorff. Elle se met en marche à 5 heures du matin; Le conducteur Scholer Luy montrera le nouvel Emplacement du camp tel que Bauer l'a choisi. Il faut que V. A. fasse faire des rédoutes sur ses deux flancs; j'en ai parlé à Bauer, qui Luy marquera sur cela mon sentiment. Vous placerez les huzards d'Usedom, et la compagnie de chasseurs de Röden convenablement, pour couvrir les avenües de votre camp contre les Entreprises de l'ennemi du coté de Giessen et de Dudenhofen, à moins qu'elle ne trouve les postes, qu'ils occupent deja, suffisants et propres pour cette fin.

Il s'agit de faire frayer des routes de votre camp vers Atzbach; et de construire des ponts sur la Lahne aux Environs de ce village.

V. A. ordonnera qu'on aporte de materiaux vers un Endroit qu'elle jugera propre, pour cette fin, et fera le plus de Démonstrations qu'il sera possible, sans affectation cependant, et en agissant de telle façon que si le cas existe on puisse d'abord en effet proceder à la construction de ponts.

Il sera nécessaire, que V. A. fasse de Détachements vers Atzbach pour y attirer l'attention de l'Ennemi, comme aussi pour favoriser les préparatifs à faire pour la construction des dits ponts.

Le général Wangenheim marche demain à Werdorff; il laisse un detachement à Königsberg pour entretenir la communication avec V. A. —

Il pousse un detachement de 800 hommes à Hermenstein ou à Klein Gormes, d'où il detachera demain au matin vers les 7 heures 100 chevaux vers Nauheim, Dorla et Atzbach.

Luckner et Jeanneret passeront la Lahne au dessous de Wetzlar pour tomber sur l'ennemi, qui campe du coté de Wetzlar; le major Friederichs s'emparera en meme temps du pont de Wetzlar.

Le Duc de Holstein passera demain au matin la Lahne pour aller occuper le camp d'Udenhausen. Il laisse les troupes legeres au delà de la Lahne.

J'ay crû devor prevenir V. A. de la destination tant du Duc de Holstein que du Gen. de Wangenheim; et j'ajouterai encore seulement que l'armée meme viendra demain prendre un camp sur les hauteûrs de Salzbudde.   F.

✳✳ An den Hertzog von Holstein.

Salzbudden den 17. Sep. 1759.*)

Eure Liebden passiren morgen früh um 5 Uhr mit dero unterhabenden Corps, die leichten Truppen ausgenommen, die Lahne, und beziehen das Lager auf der Anhöhe bey Udenhausen. Nachdem

---

*) N. d. H. Die unterstrichenen Worte sind von des Herzogs Hand; der übrige Inhalt von Westphalen concipirt.

sie die Lahn über der ponton Brücke passiret haben,
lassen sie selbige abbrechen und sie zum parc der artillerie vom G. M. Braun, ab.

Zur Bedeckung der 2 neuen Brücken wird ein Bataillon destiniret, für welches eine redoute construirt worden.

Diese Redoute ist das point de repliement in Fall der Noht
der leichten Truppen. Der Hauptmann von Schlieffen wird bey selbigen auf jener Seite der Lahne bleiben.

Diese leichte Truppen sind besser zusammen zu ziehen, und das
Gros davon ist zu Kirchberg und Stauffenberg zu placiren; Es müssen
aber auch Posten zu Lollar, und Maintzlar etabliret werden. Imgleichen sind Patrouillen nicht nur vorwerts gegen den Feind, sondern
auch längs der Lumme gegen Grünberg zu poussiren.

Morgen aber muss noch etwas mehrers geschehen. Sämmtliche
leichte Truppen machen ein mouvement vorwerts gegen die rechte
Flanque des Feindes, wo von sie sich so nahe approchiren müssen als
möglich, doch ohne sich dabey zu exponiren coupiret zu werden.

Dieses Vorrücken hat die Absicht den Feind glaubend zu machen,
dass ein corps Truppen auf seine rechte Flanque avancire. Es müssen
dahero sich kleine Trups von Husaren und Jägern zu Pferde der rechten Flanque des Feindes ganz nahe zeigen. Weil diese sonder Zweifel
so bald als man ihrer gewahr worden, zurück getrieben werden werden; so müssen Sie sich auf 2 bis 3 andere Trupps von Jägern und
Husaren repliiren, die den Feind stutzend machen werden; wenn er
nicht stark genug ist, auch diese zu poussiren, so müssen unsere Leute
wiederum gegen den Feind anrücken und denselben dadurch nöthigen,
Verstärkung zu verlangen. Wenn solche ankommt so ziehen sich unsere Leute zurück, und repliiren sich auf die letzten Trups von Jägern
zu Fuss, die wo möglich in Busch und Holtz placiret werden müssen,
damit sie den Feind abhalten können, vorzudringen, sondern derselbe
in der Meynung erhalten werde, als wenn ein corps Truppen dahinter stehe.

Dieses Spiel muss aufs späteste morgen früh um 6 Uhr angehen,
und so lange als möglich continuiret werden.

Ew. Liebden werden dem Hauptmann von Sehliefen diese meine
idées bekannt machen, damit er sich mit denen Husaren Trimbacher
und Stockhausen über die Ausführung arrangire, so wie es das locale verstatten wird.

(Zusatz von der Hand des Hr. Herzogs):

Ob: Lieut: v. Freytag marchiret mit die in Udenhausen Rattershausen sich befindenden Jäger, wenn Ew.
Liebden mit Dero Corps auf der Höhe von Udenhausen
werden angekommen seyn, nach Wismar und hält einen
avertissements Posten bei Lauenspach oder Lausbach.
Pr. v. Bevern rückt mit seinem Corps nach Croffdorff ans

Höltz vor. Hierbey überkombt auch die Zeichnung Dero auf Morgen zu nehmenden emplacements; Welches ich mich nachgehends zurückerbitte.

F.

Arrivé ce 17. Sept. 1759. No. 59.
entre 5 et 6 heures du matin.
Monsieur Mon Cousin.

J'ai reçu la lettre de Vôtre Altesse du 8. de ce mois, et (dechiffrée:) „je Vous felicite de tout mon Coeur de la Continuation de Vos Progrés contre les François. au reste ce qui arrive a Vôtre Altesse avec Imhoff, la même Chose m'arrive avec Schmettau. Quant aux quatre ou cinq cents hommes que Vous avez detaché vers Naumbourg, ils ne manqueront pas de produire un bon effèt, pourvû que Vôtre Altesse fasse repandre le bruit, que le Prince Héréditaire les suit avec un Corps de quinze mille hommes et trente Canons. Les Russes viennent de débarquer Cinq Mille hommes à Rostock, huit mille hommes doivent venir du côté de Marienwerder; il ne me reste ici. qu'environs Vingt et cinq mille hommes après les Détachemens que j'ai fait. Votre Altesse peut croire, que je ne me trouve pas fort à mon aise dans cette Situation. Des généraux tels qu'Imhoff et Schmettau sont pires que la peste, dans une Armée, et au Câs, que nous en eûssions d'autres, il faudroit les employer préférablement; mais le grand point, c'est de les avoir. cependant je me tiens encore assuré, que si vous donniés seulement des jalousies aux François sur Francfort sur le Mein, Vous réussiriés peutêtre à Vous en débarasser. La Campagne toutes fois ne seroit pas finie pour cela; et il faudra que nous nous préparions de tous les Côtés à une Campagne d'hyver vèrs l'approche du mois de Janvier prochain.“

Je suis avec l'amitié la plus parfaite et une estime sans bornes

Monsieur Mon Cousin

à Waldow   de Votre Altesse
ce 12. de Sept. 1759.   le bon Cousin.

(de main propre:)

Cette Campagne est la plus difficile de toutes, cependent il faut nager contre le Torrant, et Combattre cette hidre renaissante d'Enemis jusqu'asque nous ayons abattu la derniere de ses Tettes; le projet est beau mais l'exsecution penible et dure.   Federic.

à Salzbudden ce 17. Sept. 1759. No. 53.
** Au Roy.

La très gracieuse Lettre de V. M. du 12. vient de m'être rendüe. je felicite V. M. de tout mon coeur sur l'avantage distingué que ses armes ont eû sur l'armée de l'Empire près de Torgau. il seroit à desirer que le G. Finck peut rédresser ce que Schmettau vient de gâter. Le Major de Bulow a réussi à rassurer le Général Imhoff, et à ramener Mr. d'Armentières jusqu'à Wesel. Ce général a renforcé de

deux Bataillons suisses la garnison de Munster, et attendra probablement l'arrivée des Troupes de Flandres avant que de revenir, soit pour
combatre Mr. d'Imhoff, soit pour assieger Lipstadt, comme il en fait.
courir le bruit. je me prepare en attendant pour assieger Munster de
nouveau au mois d'Octobre, puisque je ne saurois laisser cette place
aux mains des François.

La victoire de l'amiral Boscawen, celle du Général Johnson en
Amerique, la prise de Niagara et la crainte de perdre Quebek, allar-
ment au delà de toute expression le ministére de Versailles. Comme
il n'espere plus de balancer durant cette campagne ces desavantages
par la conquete de la Hesse et des Etats de Brunswic, il commence à
craindre les succés de la maison d'Autriche. je tiens cette particularité
de source; j'espere d'en aprendre bientôt d'avantage, et ne manquerai
point d'en faire part à V. M.

J'ay pensé et repensé sur l'entreprise que V. M. m'a conseillée de
tenter sur Francfort; je ne la trouve pas praticable, vû toutes les dispositions, que les François ont pris pour s'en assurer. Mais je suis
actuellement occupé à tourner les Francois par leur gauche; si j'y
reussis, ils seront obligés de se replier dans un couple de jours sur
Friedberg. Ehrenbreitstein n'a pas eté pris comme mes premières nouvelles le portoient; mais les Francois tiennent un petit corps de troupes dévant la place pour obliger l'Electeur de la leur remettre.

Mes démonstrations en Turinge continuent; je les grossirai de
mon mieux jusqu'à ce que je puisse agir réellement. je suis avec un
tres profond respect etc.

Arrivé ce 18. Sept. 1759.   No. 60.

entre 6 et 7 h. du soir.

Monsieur Mon Cousin.

Je viens de récevoir la lettre que Vôtre Altesse m'a ecrite le 9.
de ce Mois. (dechiffrée) „Si Vous ne pouvés pas réussir par la force
du Côté de Francfort, employés des Corruptions; je crois que le Roy
d'Angleterre ne Vous démentira pas; Francfort pris pourra lui rendre
opposition ce qu'il lui aura couté, c'est une Chose qui est sujètte a
bien des hazards, mais considerez en les Conséquences; pesez et jugez;
Vous trouverez fort extraordinaire, que moi, accablé d'ennuis et d'affaires, je m'amuse à faire des Projèts pour Vous. Voilà Daun, qui
marche avec dix sept mille hommes sur Spremberg, sans que mon
Frère s'en soit appercû. Voilà Saint André à la verité battû par
Wunsch; mais les Suedois, qui n'ont personne vis-à-vis d'eux, mais
trois mille Russes débarqués à Rostock, et huit mille nouveaux Russes
qui s'assemblent à Thoren. Si je me soutiens cette Campagne, c'est
un miracle, je crains qu'elle finira tout au plus mal. Mon Infanterie
ne vaut plus le diable, mes meilleurs Generaux et Officiers sont blessés dans les hopitaux; c'est dans un mot un délabrement affreux. —
Vous n'aurez point les Danois, parceque ces Gens ne sauroient point

prendre leur parti; en un mot, il faut finir cette Campagne le mieux, que nous pourrons et faire la Paix cet hyver, sans quoi nous sommes perdûs sans ressource l'année qui vient. Je Vous remercie du Détachement. Pourvû qu'on nomme beaucoup de Génèraux et beaucoup de Troupes, qui le suivent, il opérera seûrement son effèt."

C'est avec l'amitié et l'estime la plus parfaite que je ne cesserai d'être à jamais

Monsieur Mon Cousin

à Waldow   de Votre Altessa
ce 14. de Sept. 1759.   le bon Cousin
                                    Federic.

à Croffdorff ce 19. Sept. 1759.   No. 54.

✱✱ Au Roy.

La tres gracieuse Lettre de V. M. du 14. m'a été rendüe. je ne vois pas jour encore à entreprendre quelque chose sur Francfort; mais je ne perdrai jamais cette ville de vüe. L'argent ne seroit point perdû, ni regretté, qui pût nous en mettre en possession; mais j'avoue que je ne sai encore rien sur le comment.

Par le mouvement que je viens de faire, j'ay gagné le flanc à l'ennemi; j'esperè qu'il prendra le parti de se retirer à Friedberg. Ce n'est cependant encore qu'une simple probabilité.

Je viens de réiterer aux Detachemens, que j'ai fait en Saxe, les ordres les plus précis pour continuer les demonstrations, qu'ils ont fait jusqu'à présent. ils se trouvent arreté par un corps de troupes ennemies à Weissensee; on dit que ce corps est fort de trois mille hommes.

Si le Général Wunsch réprend la ville de Dresdes, il me semble Sire, que les affaires de V. M. réprendront un bon pli. J'ay eû occasion d'intercepter des Lettres de Vienne et j'ai lû d'autres ecrites de Versailles. On n'est nullement assuré à Vienne sur les Succés de cette campagne, tandis qu'on les craint à Versailles. Quoiqu'il en soit, je connois trop V. M. pour douter un moment, qu'Elle ne surmonte des Difficultez où d'autres succomberoient, et qui est ce qui pourroit en douter après tout ce que V. M. a fait de grand dans cette guerre.

Les affaires continuent d'aller bien en Amerique; on s'attend à Londres à recevoir la nouvelle de la prise de Quebek d'un jour à l'autre. On se prépare au reste en Angleterre pour une autre campagne; mais je sais qu'on y souhaite également la paix; et j'espere qu'on pourra l'obtenir cet hyver à des conditions honorables.

Je suis avec un tres profond respect etc.

(Archiv-Acten vol. 325.)

✱ Je vous prie de l'ouvrir et de me dire ce que c'est.

Je crois que l'on peut laisser la chose in Statu quo.

Durchlauchtigster Fürst,
Gnädigster Herr!

Ew. Hochfürstliche Durchlaucht geruhen gnädigst sich zu erinnern, was Wir an Hochdieselbe unter dem 29. August schriftlich, und hernach durch besondere Abschickung Unserer Collegen von Ortmann und Gemmingen, und weiteres durch einen reitenden Cammer-Botten gelangen lassen.

Da Wir nun einer willfährigen gnädigen Entschliessung, und der Zurückkunfft Unserer Abgeschickten um so getroster stündlich entgegensehen, als Ihro Königl. Majestät von Engelland, und Ew. Hochfürstliche Durchlaucht Dero Reichs-Patriotische Gesinnung vor dieses Cammer-Gericht verschiedentlich zu äussern, die Gnade gehabt.

Statt Dessen müssen Wir das Traurige Schicksal über diesen Sitz des Cammer-Gerichts ergehen sehen, dass diesen Morgen ein Commando von Höchst Dero unterhabenden Armee sich dieser Stadt genähert, die zur Vorsicht gegen beyderley Völcker des Nachts und Morgens geschlossene Thor aufgehauen, und in die Stadt gesprenget. Diese Thore zu verschliesen, waren Wir durch einige Gestern in die Stadt gedrungene Husaren, welche allerhand excesse verübet, genöthigt worden; wiedrigenfalls die Besetzung hiesiger Stadt von denen frantzösischen Trouppen nicht hätte vermieden werden können.

Da nun gleich nach Einmarchirung der unter Ew. Hochfürstlichen Durchlaucht Befehl stehenden Jäger und Husaren das grosse und kleine Feuer angefangen, die Kugeln in der Stadt hin und her geflogen, und die gröste Feuers- und Lebensgefahr vor Uns, die gantze Stadt, das Reichs-Archiv, und die unschuldige Weiber und Kinder entstanden, so können Ew. Hochfürstliche Durchlaucht die daher erfolgte Schröckens-volle Bestürtzung, Hemmung aller Ambts-Geschäfften, äusserste Unordnung und anderes Elend Selbst Hocherleuchtet ermessen. Uns bleibet also kein anderes Mittel übrig, als Ew. Hochfürstliche Durchlaucht um Verabscheidung Unserer Deputirten, und um die so höchst nöthige, als zu des gantzen Reichs Wohl abzielende mutuelle declaration nochmals, oder bey unverhoffter Enthörung, wenigstens um einen Pass vor sämbtliche Cameral-Personen sambt und sonders, damit Wir Uns und die Unserige in Sicherheit retten können, baldigst unterthänigst zu erbitten, wobey Wir die Zerstreuung dieses Reichs-Justiz-Collegii, und Stillstand der Gottgefälligen Justiz hertzlich bedauern müssen, jedoch mit Vollkommenstem respect verbleiben

Wetzlar,   Ew. Hochfürstl. Durchlaucht
den 18. Septembris 1759.   unterthänigste
                Anwesende Praesidenten und
                Assessores des Kayserl. und
                Reichs-Kammergerichts
                Daselbsten.

Dem
Durchlauchtigsten Fürsten und Herrn, Herrn Ferdinand,
Hertzogen zu Braunschweig und Lüneburg, en chef commandirenden Generalen der alliirten Armée,
Unserem gnädigsten Fürsten und Herrn.

(Archiv-Acten vol. 325.)

S. A. S. Mgr. le Prince Ferdinand.

à Whitehall ce 31. Août 1759.

Monseigneur,

Permettez que j'offre à Votre Altesse Serenissime mes très respectueux remerciemens de la Lettre du 21. de ce mois, dont Elle a daigné
m'honorer; J'y ai vu les Suites continuelles et très importantes de la
glorieuse Journée du 1er, avec toute la sensibilité d'un Sujet zelé du
Roy, jointe aux Sentimens très vifs d'un Serviteur de Votre Altesse
Serenissime, veritablement attaché à sa Gloire.

On ne peut assez déplorer que la Fortune n'ait point secondé Sa
Majesté Prussienne, et quelque confiance qu'on aïe dans cet Esprit
merveilleux de résources, dont le Ciel a fait don à ce grand Monarque,
nous ne pouvons calmer nos inquiétudes sur sa situation, jusqu'à ce
que nous en ayons des nouvelles plus positives et plus certaines. —
Le nombre affreux d'hommes qui sont restés de part et d'autre sur le
champ de Bataille, met le Roi dans une peine extrême, de savoir à
quoi pourroit monter, à peu près, la perte des Prussiens et Votre Altesse Serenissime contribueroit trés fort à la satisfaction de Sa Majesté en pouvant lui envoyer quelqu'avis consolant sur ce point.

Je me suis fait un vrai plaisir, Monseigneur, de m'acquitter aussitôt de vos Ordres, au sujet du Col. Boyd, et je ne saurois douter que
ce digne Officier ne ressente bientôt, de la part de S. M., les effets
gracieux de la protection distinguée dont Votre Altesse Serenissime
l'a honoré.

J'ai en outre la satisfaction, Monseigneur, de vous informer, que
j'ai reçu les Ordres du Roi pour qu'on tire encore deux hommes par
Comp. de toute l'Infanterie en Irlande, donnant 260 hommes, pour servir de Recrues additionelles aux Six Regimens qui ont l'honneur de
servir sous les Ordres de Votre Altesse Serenissime.

Il ne me reste qu'à Vous supplier, Monseigneur, de vouloir bien
me continuer le bien très precieux de Votre bienveillance et de Votre
protection.

Je suis avec le plus profond respect,

Monseigneur,

de Votre Altesse Serenissime

Le tres humble et tres obeissant

Serviteur

W. Pitt.

(Archiv-Acten vol. 325.)

** Pour Monsieur Pitt.

à Croffdorff ce 19. Sept. 1759.

Je suis tres flatté des nonvelles marques que V. E. a bien voulû
me donner De Ses sentimens; tant par sa Lettre du 31. Août que par
toutes les amitiés qu'Elle m'a fait faire par Mons Fitzroy.

Je fais trop de cas de votre façon de penser pour vous cacher mes sentimens sur la situation du Roy de Prusse. La bataille du douze d'Aout a été un massacre affreux. S. M. y a fait une perte immense, quoique quant au nombre moindre que celle des Ennemis. A juger du raport de mon aide de camp de Bulow, qui a été présent à la bataille, Sa perte peut aller à quinze ou seize mille hommes. Ce nombre diminue à mesure que les blessés guérissent; le plus facheux c'est le grand nombre des officiers qui ont été tués ou blessés. Tous les généraux de son armée sont dans ce cas, et Sa Majesté s'est trouvée pendant les prémiers jours après la bataille dans la nécessité de faire seule la fonction des généraux de son armée.

Sa fermeté en a imposé aux Ennemis; ils n'ont pû profiter de la victoire soit que le sentiment de leur foiblesse les ait retenû, soit qu'ils ayent toujours rédouté le génie supérieur de leur ennemi. S. M. ayant ainsi gagné le temps de faire les réparations les plus nécessaires de son armée, les affaires alloient réprendre un bon pli, lorsque tout p'un coup la perte de la ville de Dresdes survint. Ce n'est point la suite de la victoire du 12, mais celle d'une noire trahison du commandant, ainsi que j'ai dû m'en convaincre par une lettre du duc de Choiseul, qui a été trouvée parmi les papiers du Maréchal de Contades.

La perte de cette ville est d'une conséquence infinie; aussi S. M. fait-elle tout son possible pour s'en emparer de nouveau. Le Général de Wunsch, après avoir répris Wittenberg, Torgau et Leipzig, et après avoir battu le Général de St. André prés de Torgau, s'est porté en diligence sur Dresdes, et j'attends d'un moment à l'autre des nouvelles de sa part. Si elles sont favorables, j'ay tout lieu de croire que S. M. se trouvera en état de faire face à tous ses Ennemis durant cette campagne; mais il me semble aussi, que s'il en faut faire encore une autre, il Luy faut plus d'alliéz ou moins d'ennemis, pour prévenir, qu'il ne succombe à la fin. Voilà mes idées sur la situation des affaires de S. M. P. autant que j'en puis juger dans l'éloignement. Elle m'a demandé à plusieurs réprises de faire un Detachement de cinq mille hommes en Saxe, pour aider à la debarasser de l'armée de l'empire; je sens la nécessité d'une telle Diversion; mais j'ai crû qu'il ne seroit pas convenable de m'affoiblir dans un moment, ou les Ennemis se renforcent par des nouvelles troupes qui vont arriver de France, sur tout après que le Général d'Imhoff a échoué dans son Entreprise sur Munster. Et il faut espérer qu'en attendant l'évenement et la fortune feront quelque chose en notre faveur.

J'ay apris avec bien de plaisir la nouvelle de la Resolution que S. M. a prise de faire tirer deux hommes par compagnie de toute l'infanterie en Irlande, pour servir de Recrues additionnelles aux six Regiments d'Infanterie qui se trouvent à son armée en Allemagne. Rien de plus avantageux, que de tenir toujours les troupes dans un Etat complet; et je ne saurais jamais Vous exprimer toute l'obligation

que je vous ay, d'avoir employé votre credit, pour faire prendre cette
Resolution à l'egard des Troupes Britanniques.

Si vous jugez qu'il faut se préparer pour une nouvelle campagne;
il est essentiel qu'on le fasse de bonne heure. j'ay écrit sur cela à
Mylord Holdernesse; et je prie V. E. de vouloir bien donner quelque
attention à ce que je Luy ai ecrit sur l'augmentation de l'armée en
général et des troupes Legères en particulier, et de l'apuyer par
votre credit.

J'ay apris avec la joïe la plus parfaite la nouvelle de la victoire
que l'Amiral Boscawen a remportée et des grands succés que les armes
de S. M. continuent d'avoir en Amerique. j'en félicite V. E. de tout
mon coeur. Ces grands Evenements n'auroient pû survenir plus à
propos pour le bien de la cause commune; ni donner en même temps
un Temoignage plus avantageux de la justesse des mésures que vous
avez sû prendre; je prends vivement part à toute la gloire dont vous
vous comblez; et suis à jamais avec les sentimens de la plus haute
Estime etc.   F.

reçu le 24. Sept. 1759. p. Katsch. à X h. du matin.
                               à Croßdorff ce 20. Sept. 1759.

✱✱ Monsieur

J'ay recû votre infiniment chere Lettre du 14. avec les deux Medailles et toutes les pieces interessantes que vous y aviez joint Le
Duc n'etant pas au logis, je ne saurois vous dire combien de pieces
Son Altesse desire de ces medailles tant en or qu'en argent. je me
hate de vous renvoyer ce Courier, pour que vous n'en manquiez point
à La Haye.

Mr. d'Imhoff a recû ordre de bloquer la ville de Munster; mais
cet homme croit Mr. d'Armentieres capable de faire tout, tandis que
Luy passe ne pouvoir faire rien. Je suis un peu moins en peine de
puis que Bulow se trouve avec Luy. Il n'osera plus faire trop publiquement des coardises; crainte que le Duc n'aprenne à present la
verité. Avouez que ce prince est à plaindre de se voir obligé de
laisser à un pareil homme un Commandement de si grande importance.

Notre marche paroit embarasser au delà de toute expression Mrs.
les Francois: Le grand camp subsistoit encore hier; mais la petite
armée s'est replié sur Giessen, et paroit maintenant vouloir retourner à
Dudenhofen. Lundi passé nos chasseurs eurent avis que les Francois
alloient se mettre en possession de Wetzlar; ils s'y porterent en hate,
et previnrent en effet les Francois; passerent la Lahne sur le pont,
tandis que quelques Escadrons d'hussards la passerent à gué. Les
Francois furent poussés d'abord et perdirent quelque monde; mais ayant
été renforcé jusqu'à 2000 hommes, le Major Friedrichs se replia sur
Wetzlar et repassa la Lahne, sous un feu tres vif de canon et de
mousquerie. Luckner en fit autant. Les Ennemis tirerent plusieurs
centaines de coup de canon, sans tuer ni blesser personne; mais il y

a eû quelques maisons d'endommagées par leur canon à Wetzlar, et on dit que quelques personnes de la ville ont été tués. Les Francois brulerent ensuite le pont que le Magistrat de Wetzlar avoit fait con. struire au dessous de la ville, pour prevenir qu'on ne passat plus par le pont de la ville.

Mgr. le prince héréditaire est hors d'affaires; S. A. S. a deja recommencé d'accompagner le Duc par tout, où il va.

Voicy quelques nouvelles de la Saxe; si Wunsch reprend Dresdes, les affaires pourront reprendre un pli moins defavorable. En attendant Mr. de Daun a trouvé le moyen de tromper la vigilance du prince Henry. Il a poussé un gros corps de 17 à 20 mille hommes au Spremberg, poste extremement dangereux pour le Roy dans la Situation, ou le Roy se trouve, mais dont tout le desavantage retombera sur Mr. de Daun, si Wunsch est heureux.

Adieu mon cher Monsieur, Mettez moi aux pieds de S. A. S.

(à Mr. de Haenichen.)

Arrivé ce 21. Sept. 1759.   No. 61,
à 7 heures du soir.

Monsieur Mon Cousin.

J'envois ci jointe à Vôtre Altesse une lettre, dont les details pourront Lui servir. (dechiffrée) „Je Vous suis trés obligé de l'Extrait que Vous m'avez envoyé d'une Lettre de Contades. Vôtre Diversion a produit le meilleur effet du monde, parcequ'elle a fait rétirer le Général Saint-André et a fait rétomber Leipzig entre nos mains, où nous avons pris trois Bataillons de l'Empire; d'un autre Côté, mon Embaras augmente ici, parceque je n'ai pû jusqu'ici rétablir la correspondance avec mon Frère. Daun est à Bautzen, mon Frère doit être à Weissenberg, ou à Lobau; les Russes sont à Guben et à Forst, et moi, je suis à Cotbus. Vous dévez juger combien tout ceci m'inquiete avant d'avoir donné à tout ceci une forme reguliere."

Je suis avec l'amitié et la consideration la plus parfaite

Monsieur Mon Cousin
de Votre Altesse

à Cottbus,   le bon Cousin
ce 17. de Septembre 1759.   Federic.

reçu le 25. Sept. à 7 h. du matin par Kemnitz avec une lettre pour Mr. Pitt.

** à Kroffdorff ce 21. de Sept. 1759.
à 11 heures du soir.

Les Francois travaillent à jetter des ponts sur la Lahne prés de Giessen; ce n'est peutetre qu'une Demonstration; mais s'ils passent en effet, nous aurons demain bataille. Le Duc a tout arrangé pour les recevoir et est allé passer la nuit sous la belle Etoile.

Mons. d'Imhoff a investi la ville de Munster; il levera peutetre

III.   50

dans un couple de jours le blocus; mais cela ne laissera pas d'embarrasser Mrs. les Francois.

- Le corps d'Imhoff est fort de 7000 combattans; Le pié en passe 10 mille. Il ne manque au complet que 3 ou 4 cent hommes; auriés vous crû que nous puissions avoir 2 ou 3 mille malades sur 10,000? Cela est cependant comme cela, pour peu que les Listes que Mr. d'Imhoff vient d'envoyer soyent justes.

Il vient d'arriver un courier du Roy. S. M. etoit le 17. à Cotbus Elle croit son Frère à Weissenberg ou à Lobau, sans le savoir precisement. Les Russes sont à Forst et à Guben, Daun est à Bautzen, et un corps separé au Spremberg. Voila une position bien forcée. Elle deviendra bonne pour le Roy, si Wunsch reprend Dresdes.

Mgr. le Prince héréditaire se porte mieux; il a recommencé à sortir regulierement avec Mgr. le Duc.

Luckner a été hier à Schwalbach; il a emmené une vingtaine de Dragons ennemis avec 3 Officiers qu'il a fait prisonniers de guerre.

Bonne nuit mon cher Monsieur.

(à Mr. de Haenichen.)

'(Archiv-Acten vol. 325.)

Durchlauchtigster Fürst,
Freundlich vielgeliebter Herr Vetter!

Beykommenden Brief vom Herrn General-Lieutenant v. Finck erhalte so eben per Estafette, weshalben solchen ohnverzüglich weiter befördere, Ew. Liebden auch zugleich zu beständiger Geneigtheit und Freundschaft angelegentlich empfehle und mit ausnehmender Ergebenheit und Hochachtung allstets verharre

Ew. Liebden

Ergebenster treuer Vetter
und Diener

Magdeburg,   Friedrich,
den 19. September 1759.   E.-P. von Hessen,

An

Se. Hochfürstliche Durchlaucht
Prinz Ferdinand von Braunschweig.

Durchlauchtigster Hertzog,
Gnädigster Fürst und Herr!

Ew. Hochfürstlichen Durchlaucht melde hiermit allerunterthänigst, wie ich von des Königs Majestät mit ein Corps nach Sachsen detachiret bin, nachdem der General-Major von Wunsch vor mir bereits mit ein Corps nach Sachsen commandirt gewesen, welcher die Städte Wittenberg und Torgau wieder eingenommen, und den General St. André bey Torgau geschlagen. Bey dieser Stadt habe ich mich mit ihm conjungiret, und ihm von Eulenburg nach Leipzig geschickt, um von dieser Stadt auch wiederum Meister zu werden, welches auch sofort geschehen und die Garnison darin zu Kriegsgefangenen gemacht worden.

Ich habe hierauf meinen Marsch gerade nach Dresden gerichtet, wie ich aber vorgestern in der Gegend Nossen kahm, so erfuhr ich, dass die Generals Haddick, Kleefeldt und Ried sich conjungiret, und im Lager bey Roth-Schönberg stünden. So wie ich aber avançirte, so verliessen sie jedoch ihr Lager, so avantageuse es auch vor Ihnen war. Wie es heisst wollen sie sich bey Kesselsdorf oder Dresden setzen, und des Printz von Zweybrücken Durchlaucht haben alle Corps an sich gezogen.

Aus allem diesen erhellet, dass sie intentioniret seyn, es schwer zu machen, Dresden wieder zu bekommen; ich erwarte noch Nachrichten, alsdann meine Mesures darnach nehmen werde, wie ich mich denn überhaupt bloos nach denen Bewegungen des Feindes richten muss. Indess werde ich nicht ermangeln, Ew. Hochfürstlichen Durchlaucht von Zeit zu Zeit meinen allerunterthänigsten Rapport abzustatten, und bitte im übrigen mich in Dero beständiger Gnade bestens zu conserviren, dahingegen mir zu erlauben, zu versichern, wie ich mit dem devotesten Respect lebenslang ersterben werde

Euer Hochfürstlichen Durchlaucht

gantz unterthänigst gehorsamster

Diener

F. H. v. Finck.

Teutschenbohra,
den 18. September 1759.

(Archiv-Acten vol. 325.)

Durchlauchtiger Fürst, freundlich lieber Vetter.

Ich habe Meinem General-Adjutanten von Estorff, welchen Ich heute nach der Armee zurückschicke, mündlich aufgegeben, Ewr. Lbdn. das Vertrauen, in welchem Dieselben bey mir mit vollem Rechte stehen, mithin Meine Zufriedenheit und Dankbahrkeit in ihrem gantzen Umfang zu bezeugen; Ich kan Mir aber das Vergnügen nicht versagen, durch diese Zeilen hinzuzufügen, dass ermelter Mein General-Adjutant Ewr. Lbdn. auf sothanes Sujet nicht so viel sagen kan, alss sich bey Mir würcklich findet.

So geseegnet die Folgen von dem glücklichen Tage sind, welcher Ewr. Lbdn. Ruhm und Verdienste so sehr vergrössert; und so gewiss Ich Mich derer erinnern werde, welche bey der Gelegenheit wohl gethan und sich distinguiret haben; so angelegen ist es Mir dabenebst auch zu wissen, ob Ewr. Lbd. Uhrsache haben, von einem oder anderm Chef, Officier oder Corps, nicht zufrieden zu seyn. Wäre solches, so ersuche Ich Ewr. Lbdn. instständigst, Mir desfals im engsten Vertrauen eine behufige Eröfnung zu thun, damit Ich davon einen Gebrauch machen könne, welcher zu Meinem und der Gemeinen Sache Dienst gereiche, ohne Ewr. Lbdn. auf einige Art und Weise Embaras zu verursachen.

Noch muss Ich bitten, dass Ewr. Lbdn. Mir freymüthig mittheilen wollen, wie Dieselben das ansehen, was mit der Uebergebung der Citadelle von Münster vorgegangen ist. Dem Anschein nach, ist selbige zu bald erfolget; und da dadurch die Ausführung Ewr. Lbdn. weisen Plans und Arrangemens gar leichte hätte in Schwürigkeiten und Gefahr gerathen können, so halte Ich es für nothwendig, darüber eine Untersuchung anzustellen, welche denn Ewr. Lbde., dafern Sie mit Mir gleicher Meynung sind, je eher je besser belieben wollen, zu verordnen.

Von dem richtigem Empfang derer durch einen Englischen Messenger übersandten Briefschafften sind Ewr. Lbdn. bereits benachrichtiget; und wie Ich denen Correspondenzen, welche aus Meinen Teutschen Landen etwan sich gefunden haben, bey dem am 14. hujus an Ewr. Lbdn. abgefertigtem Courier Stoffregen entgegen sehe; Also kan Ich mich auch nicht entbrechen, von Ewr. Lbdn. mir auszubitten, dass Dieselben auch was fernerhin von dergleichen dem Feinde abgenommen, oder aufgefangen wird, ohne Ausnahme Mir zukommen lassen mögen. Ich beharre aufrichtigst und so sehr man es sein kann

Ewr. Lbdn.

Kensington, d. 21 ten   freundtwilliger Vetter
    Aug. 1759.   George R.

An des Herrn Hertzogs Ferdinand
von Braunschw. Lüneburg Liebden.

Durchlauchtiger Fürst, freundlich lieber Vetter.

Ich kan weder das Vergnügen, mit welchem Ich Ewr. Liebdn. beyde werthe Schreiben vom 21 ten hujus und die darin enthaltene erfreuliche Nachrichten gelesen habe, noch auch genugsam ausdrücken, was Ich auf Deroselben Sujet empfinde. Der Höchste wolle ferner mit Ewr. Lbd. seyn, so kan Ich von Dero Tapferkeit und Klugheit alles erwarten. Auf das gute Zeugniss, welches Ewr. Lbdn. Meinem Artillerie Obristen Braun beylegen, habe Ich keinen Augenblick Anstand genommen, denselben zum General-Major von der Artillerie zu ernennen; und Ich binde heute Meinen geheimten Räthen zu Hannover nachdrücklichst ein, nicht nur nebst Meiner Krieges-Kantzeley dahin zu sehen, dass alles Mögliche geschehe, Meine Festungen Staade, Hameln und Nienburg in den gehörigen Defensions-Stand zu setzen, und zu erhalten, sondern auch die Bemühungen alles Fleisses fort zu setzen, mehrere und gute Ingenieurs in Meine Dienste zu ziehen.

Ich beharre aufrichtigst und so sehr man es immer seyn kan.

Ewr. Lbdn.

Kensington, den 28 ten   freundtwilliger Vetter
    Aug. 1759.   George R.
        An
    des Herrn Hertzogs Ferdinand
von Braunschweig, Lüneburg Liebden.

Durchlauchtiger Fürst, freundlich lieber Vetter.

Wie Ich Ewr. Lbden. vielmahls danke, dass Dieselben Mir unterm 23 ten m. p. bey Zurückfertigung Meines Couriers Stoffregen vorläufftig die Papiere des Printzen Xaviers von Sachssen in 6 Convoluten nebst einer Specification en gros übersandt haben; Also wünsche Ich auch sehr, dass Ew. Lbdn. Sich bald im Stande finden mögen nach-zuschicken, was von der Meinem Obristen von Luckner in die Hände gefallenen Correspondeutz des Marechal von Contades annoch zurück ist, und Ew. Lbdn. täglich gewärtig gewesen sind, zu erhalten. Ich beharre aufrichtigst, und so sehr man es immer seyn kan

Ewr. Lbdn.

Kensington d. 7. Septbr. 1759. freuudtwilliger Vetter

George R.

An
des Herrn Hertzogs Ferdinand
von Braunschweig und Lüneberg Liebden.

(Archiv-Acten vol. 325.)

** An den König von Engeland.

Kroffdorff, den 21. Sept. 1759.

Eurer Königl. Majestät an mich erlassene gnädigste Schreiben vom 21 ten und 28 ten des vorigen und vom 7 ten des lauffenden Monats sind mir insgesammt wohl zu Händen kommen.

Ich verehre Eurer Majestät gegen mich hegende gnädige Ge-sinnung mit dem tiefsten Dank und werde mein unermüdetes Bestreben seyn lassen, mich des gnädigen Zutrauens womit Höchstdieselbe mich beehren, würdig zu machen, so viel es mir meine geringen Kräfte erlauben werden.

Eure Königl. Majestät verlangen meine Meynung über die uner-wartete frühzeitige Uebergabe von Münster zu vernehmen. Der General von Zastrow führet vor sich viele Umstände an, die ihn deshalb ent-schuldigen oder rechtfertigen sollen. Ich muss bekennen, dass ich von derselben Hinlänglichkeit nicht vollenkommen überzeuget bin, ob ich gleich denselben auch zu verdammen Bedenken trage. Ich machte Rechnung, dass sich der Ort bis in die ersten Tage des Augusti würde halten können; gewiss ist es, dass die Feinde selbst auf eine so promte Uebergabe keine facit gemacht hatten. Der Verlust dieses Orts wird durch die mislungene Belagerung des G. L. von Imhoff noch empfind-licher, und geniret mich in meinen Operationen nicht wenig. Ich lasse den Ort, nachdem der Marquis d'Armentieres genöthigt worden, sich nach Wesel zurück zu ziehen, von neuem bloquiren, um dessen Re-duction zu beschleunigen, so bald ich im Stand seyn werde, die Bela-gerung von neuem unternehmen zu lassen.

Eurer Majestät Waffen sind in Hessen glücklicher gewesen; Seit dem 17. Aug. sind über 4000 Mann Gefangene zu Cassel, Naumburg, Ziegenhayn, Wetter, Nieder-Weymar und Marpourg, auch anderen Orten, fast ohne einen Mann dabey zu verliehren, gemacht worden.

Die beyden Armeen stehen jetzo gegen einander über, die Lahne separiret uns nur von einander; es lässet als wenn die Feinde Rech-nung machten, noch einige Zeit bey Giessen zu bleiben.

Ich habe die Ehre Eurer Königl. Majestät hiebey den plan d'attaque von Marburg in Unterthänigkeit zu überreichen; der Printz Carl von Bevern hat die Belagerung kommandiret, und der Graf von Buckeburg die attaque dirigiret.

Ich hoffe Eurer Königl. Majestät in wenig Tagen einen in Kupfer gestochenen Plan von der Bataille von Tonhausen, worauf zugleich alle manoeuvres beyder armeen vom 14. July bis zum 1. Aug. enthalten sind, unterthänigst überreichen zu können. Inzwischen schliesse ich hiebey den Etat der Combattanten an, welche den 1. August gefochten haben.

Ich sende heute 5 paquete mit Schriften, welche zu den Briefschaften des M. von Contades gehören, an Mylord Holdernesse ab. Der Courier kann nicht mehr auf einmal fortnehmen; der Rest wird successive folgen.

Ich bin mit dem tiefsten respect p. p.

F.

(Aus dem Archiv des Herzogs vol. 325.)

Mon Cousin. J'ai reçu la Lettre, que Vous M'avez ecrite le 5. de ce Mois. Après les Services essentiels que Vous M'avez rendus, Je ne pouvois avoir de Plaisir plus sensible, que celui de Vous en faire. Vous ne douterez jamais, j'espére, de Mon Affection, que Vous meritez à si juste Titre: Vous me donnez tous les Jours de nouvelles Occasions de loüer Votre Zèle pour Mes Interèts, et pour ceux de la Cause Commune, et d'augmenter par là les Sentimens d'Estime et d'Amitié avec lesquels Je suis

Mon cousin

A Kensington,   Votre bon Cousin
ce 14. Septembre 1759.   George R.
            A
Mon Cousin
Le Prince Ferdinand
     de Bronswic.

(Aus den Archiv-Acten vol. 325.)

A Whitehall, ce 14. de Sept. 1759.

Monseigneur,

J'ai reçu, Mardy au Soir, la Lettre dont Votre Altesse Serenissime a bien voulu m'honorer, du 4 du Courant; Et Je n'ai pas manqué de remettre, entre les Mains du Roy, celle que Votre Altesse Serenissime a ecrite à Sa Majesté; Et J'ai l'Honneur d'envoyer la Reponse ci-jointe.

Le Roy d'Espagne Régnant a notifié à Sa Majesté la Mort du Roy Son Frère et Son Avenement à La Couronne. Cette Notification a eté, de nouveau, accompagnée des Assurances les plus fortes du Desir de Sa Majesté Catholique, d'entretenir avec Le Roy l'Amitié la plus étroite. Sa Majesté Catholique a declaré vouloir faire le Voyage en Espagne par Mer; Et l'on attendoit à tout Moment la Flotte qui devoit L'y transporter; les Ordres préalables ayant eté donnés de tenir les Vaisseaux en Etat de partir au premier Ordre.

J'ai l'Honneur d'etre avec le plus profond Respect,

Monseigneur

De Votre Altesse Serenissime

S. A. S. Mgr. Le Prince Ferdinand de Bronsvic.

Le tres humble tres obeissant Serviteur Holdernesse.

P. S.

Le Roy a donné au Lieutenant Colonel Oughton le Regiment de Prideaux; Et le Lieutenant Roy est fait Capitaine dans les Montagnards Ecossois.

(Aus den Archiv-Acten vol. 325.)

** Pour Mylord Holdernesse.

à Kroffdorff ce 22. Sep. 1759.

Je suis tres obligé à V. E. de la Lettre qu'Elle m'a fait l'honneur de m'écrire en date du 14., en me faisant parvenir celle dont il a plû à S. M. de m'honorer.

Je suis charmé d'aprendre la bonne Disposition de S. M. C. Si l'Italie partageoit l'attention de la cour de Versailles à la campagne prochaine je pense, qu'on pourroit l'ouvrir de notre coté d'une façon à aprocher la guerre des frontieres de la France.

J'ay eû des Lettres de S. M. P. du 17. Elle etoit alors à Cotbus; les Russes à Guben et à Forst, et le marechal Daun à Bautzen. La communication avec la Silesie et avec le prince Henry son frere n'etoit pas encore retablie; mais S. M. suposoit que ce prince etoit alors à Lobau ou à Weissenberg.

Le général Finck est marché vers Dresdes; Les Ennemis se sont replié à son aproche; mais differents corps autrichiens s'étant joint à l'armée du prince de Deux ponts; le Général Finck croyoit son Entreprise sujette à de grandes Difficultés selon ce qu'il m'en marque par une Lettre du 18.

Les Francois font des marches et contre marches entre Giessen et Wetzlar; à toute heure quasi il paroit et disparoit de petits camps, dont l'objet ne semble point etre bien fixe. Ils firent hier des preparatifs pour passer la Lahne; il n'en est rien resulté.

J'ay l'honneur d'etre p. p. (F.)

reçu le 26. Sept. 1759 à 6 h. du mat.
par le Cour. Anglois Otto.

** à Kroffdorff ce 22. Sep. 1759.

Monsieur. à 8 heures du matin.

Votre cherissime Lettre du 27. No. 84. m'a eté rendûe. S. A. S. vous en fait ses plus parfaits Remercimens. Elle vous prie de les faire de sa part à Monsieur le general Yorke.

Vous obligerez sensiblement Mgr. le Duc en continuant votre cor-

respondance avec Imhoff. Depuis que Bulow se trouve avec Luy, j'espere qu'il fera moins de sottises. Voicy de retour le memoire touchant
Mr. Peter Chabbert. Le Duc y a marqué de main propre ce qu'il est
devenû. Mr. Chabbert etoit justement chés moi lorsque je recûs
votre Lettre; bien loin d'etre trepassé il se porte à merveille.

Mylord Gramby est declaré Lieut. General de l'artillerie à la place
de Sackville; Waldgrave a eû son regiment de Dragons.

Le Duc vient de rentrer au Logis; L'ennemi n'a pas passé; mais
il fait marcher du monde à Dudenhofen. Beaucoup de bagage y file
de meme. Luckner est allé faire un tour à Usingen, pour examiner
de plus prés la route de Francforth à Friedberg. Je ne sais s'il pourra
faire quelque chose; vous en serez informé.

Je vous prie de commander pour S. A. S. 6 Medailles d'or et
12 d'argent. C'est pour en faire des presents. Ayez la bonté de me
marquer si en cas qu'on en prit d'avantage encore Mr. le Medailleur
ne vendra pas sa marchandise à meilleur prix.

Le porteur de la presente est chargé de 5 paquets de Lettres de
la correspondance de Mr. de Contades pour les remettre à Mylord
Holdernesse. adieu mon cher Monsieur, je suis tout à vous.

Finck etoit arrivé le 18. à deux lieuves de Dresdes. Il dit que
Maquire, Vehla et le prince de Deux ponts se sont joint pour s'opposer à luy, ainsi la prise de Dresde est tres problematique.

(à Mr. de Haenichen.)

(Archiv-Acten vol. 325.)

Ce 22. 7bre 1759.*)

⁂ Monseigneur,

Tous ces reviremens dans les petits camps entre Wetzlar et Giessen
font preuve de l'Embaras, où les Froncois se trouvent. La marche
des trois bataillons et de quelque cavallerie, suivis de beaucoup de
chariots vers Dudenhofen, ne dénote encore aucun mouvement decisif.
Et je ne crois pas qu'on en puisse tirer des consequences pour quelque dessein, que les François pourroient avoir.

Comme le Roy d'Angleterre a sans doute apris que Mgr. le Prince
héréditaire a eté malade; je ne suis pas surpris, qu'il luy ait fait témoigner la part qu'il prend à sa santé. Il me semble que c'est tout
à fait occasionellement qu'il ait chargé Spörken de luy en faire le
compliment.

Ce 22. 7bre 1759.

⁂ Monseigneur.   No. 4.

Si l'ennemi continue à faire defiler des Troupes et du bagage vers
Dudenhofen; il faut en conclure, qu'il veut changer de position. Il
laissera peutetre un corps des troupes pres de Giessen et viendra se
mettre avec le gros de l'armée entre Giessen et Wetzlar. Ce n'est
qu'une conjecture fondée sur le parti que l'ennemi pourra vraisembla-

---

*) N. d. H. Das Hauptquartier stand seit dem 19. in Kroffdorf. (act. vol. 122.)

blement prendre ensuite de celuy que V. A. S. a pris, de detacher sur la Dill. Les mouvements faits jusqu'à present par l'ennemi ne me paroissent cependant pas suffisant encore pour en tirer une conse. quence positive.

Ce 23. 7bre 1759.

** Monseigneur. No. 1.

Aussi longtems que nous restons maitres du pont de Lein, c'est à dire aussi longtems que l'ennemi ne peut pas s'emparer de Weilbourg et nous depasser; il me semble que la possibilité de le tourner subsiste toujours.

Arrivé ce 23. 7bre 1759.
à 8 heures du matin.

Monsieur Mon Cousin. Nr. 62.

La lettre de Vôtre Altesse du 13. de ce Mois vient de m'etre rendüe. (déchiffréc.) · „Vous avez eû une Armée de Septante mille hommes; comment est elle donc fondüe à trente six mille hommes? cependant je conçois trés bien Vos Embaras vis à vis des François; certainement Vous les rejetterés au delà de Francfort; mais voilà où vous serez obligé de Vous borner, à moins que Vous ne trouviés moyen de surprendre cette Ville. Les Russes sont partis de Guben, ils marchent vers Sagan, je crois qu'ils en veulent à Glogau. Si cela est, je serai obligé de courir de ce Coté là, et nôtre Correspondance sera finie. Je vous prie de l'entretenir avec Finck et par son moyen avec mon Frere. Voici une mauvaise Campagne, si je n'y succombe pas, il faut qu'il arrive un miracle." J'accorde la place de Lieutenant-Ingenieur au Conducteur, il n'y a point d'Enseignes dans ce Corps. Je suis avec une estime et amitié qui ne finira jamais

Monsieur Mon Cousin.
de Vôtre Altesse

à Cottbus,   le bon Cousin
ce 18. de Sept. 1759.   Federic.

à Kroffdorff ce 23. Sep. 1759.

** Au Roy. No. 56.

Je viens de recevoir la Lettre que V. M. m'a fait la grace de m'ecrire du 18. (en chiffres): „V. M. est étonnée de ce que l'armée alliée se trouvoit réduite de Septante à trente six mille hommes au prémier d'Août. Il luy manquoit alors à l'état complèt sept à huit mille hommes; huit mille hommes étoient pour le moins dans les hopitaux; et il se trouvoit dix mille hommes en garnison à Hameln, Lipstad et Munster. Tout cela fait un rabais de vingt six mille hommes. A quoi il faut ajouter les nonvaleurs, qui existent en cette armée, savoir les valets du train de vivres, de celuy de l'artillerie, et des bagages, qu'on prend des Regimens, et qui diminuent l'armée pour le moins de trois à quatre mille hommes. Les troupes legères, qui ne sont pas compris dans le nombre des treute six mille hommes, pouvaient faire encore le premier d'Aout trois mille cinq cent hommes; ajoutez à cela quinze cent commandez aupres des gros bagages, et voila huit à neuf mille hommes, qu'il faut encore ajouter au vingt six mille, que j'ay specifié plus haut, et qui faisant par consequent une Deduction de trente quatre mille hommes des septante mille, dont toute l'armée est composée, montrent assez clairement, que le nombre des combatans à la journée du premier d'Août n'a guerre pû surpasser trente six mille hommes. Ce nombre est d'ailleurs constaté par les Listes que les Régiments ont donné de l'état effectif de leur monde à la dite journée; mais j'ay crû devoir mettre aux yeux de V. M. ce calcul détaillé, pour qu'Elle voye la possibilité d'un déchet si considerable."

„Les François embrassent actuellement l'espace de terrein qui est entre Bussek et Wetzlar, en occupant differents camps qui sont cependant à portée l'un de l'autre pour se joindre. La Lahne sépare les deux armées, qui ne sont éloignées l'une de l'autre que d'une heure de chemin. Je ne sais si je pourrai reussir, à les tourner; mais je me flatte que la disette de fourage les obligera bientôt à se replier sur Friedberg. Le Colonel Luckner est allé hier avec quatre Escadrons d'hussards, une brigade de chasseurs à cheval et à pied et un bataillon de grenadiers à Usingen pour tomber delà sur Friedberg. Je n'ay encore point de nouvelles de Luy; il faut voir l'effet que ce coup produira, en cas qu'il reussit.

„J'ay vû par les papiers du Maréchal de Contades, que le dessein du Maréchal Daun a eté de pénetrer de concert avec les Russes jusqu'à Berlin; pour attirer toutes les forces de V. M. dans ses anciennes possessions; après quoi on s'est flatté de conquerir avec facilité la Silesie. Si les Russes marchent à présent à Glogau, cela prouveroit, que le plan d'operation a eté changé de nouveau. Changement qui me fait augurer bien pour la campagne; vû que ce revirement de plans ne donnera pas le temps aux Ennemis d'en executer aucun, independament des obstacles que V. M. y mettroit."

Je fais mes tres humbles Remercimens à V. M. de la grace qu'Elle a bien voulû faire au conducteur Schöller, en Luy accordant la place de Lieutenant-ingenieur, et je suis avec un tres profond respêt p. p.

reçu le 28. Sept. 1759. à 2 h. du matin p. Rademacher.

à Krofdorff ce 23. Sept. 1759. à 10 heures du soir.

** Monsieur,

Nous avons reçû ce matin des Lettres du Roy du 18. S. M. etoit encore à Cotbus, mais elle se preparoit à suivre les Russes qui dirigent leur marche sur Glogau. Elle craint que la correspondance entre elle et le Duc ne devienne impossible à l'avenir; jusqu'à ce qu'elle ait trouvé moyen de retablir les affaires; S. M. recommande au Duc d'entretenir en attendant une correspondence d'autant plus frequente avec Mr. de Finck, et par son moyen avec le prince Henry.

Le courier qui a aporté cette Depeche m'a remis une note qu'il avoit reçû à Berlin du maitre de postes. Le contenû est: que le prince Henry s'etoit emparé du magazin autrichien de Gabelzittau; qu'il avoit pris à Rothwasser 300 chariots de Bagage, avec tout un Regiment de Curassiers et un Bataillon d'infanterie; qu'on avoit fait 1000 prisonniers à Bömisch Friedland, que Fouquet etoit arrivé avec 10,000 hommes à Trautenau, et que le commendant de Glogau avoit pris un prince Russe avec quelques centaines de soldats de cette nation.

On raporta ce matin, que l'armée francoise etoit en mouvement pour enfiler la route de Butsbach; il n'en a rien été: tout est comme il a eté hier. Nous n'avons point de nouvelle de Luckner; il a peut-etre tenté quelque chose sur Friedberg.

Je vous recommande les incluses. et vous prie de me mettre aux pieds de S. A. S.

(à Mr. de Hänichen.)

(Archiv-Acten vol. 325.)

	Durchlauchtigster Fürst,
	Freundlich vielgeliebthochgeehrter Herr Vetter!

Ich bin für die Entschädigung meiner Unterthanen nicht mehr besorgt, seitdem Ew. Lbdn. Mir Dero hohes Wort zu geben geruhet haben, dass ihnen ihr Verlust ganz zuverlässig ersetzet werden solle. Das einzige, was mich noch beunruhiget, ist die Unvermögenheit, worin sich ganze Gemeinden befinden, in Ermangelung baarer Mittel die zur Einsaat benöthigte Früchte ankaufen zu können. Es würde ein unersetzlicher und auf viele Jahre hinaus dauernder Schade seyn, wenn diese arme Leute ihre Aecker unbesaamt liegen lassen müssten. Die Zeit zur Aussaat ist inzwischen vor der Thür, und ohne eine baldige Hülfe sehe Ich den gewissen Untergang vieler Meiner Unterthanen nur gar zu deutlich vor Augen. Ich habe vorerst, soweit es thunlich gewesen ist, die Rechnungen von dem im Lande bey dem Durchzug der Armée geschehenen Schaden aufstellen lassen, und dasjenige, was den Train, die Beckerei und das Fuhrwesen angehet, besonders gelassen. Alles ist von denen Unterthanen eidlich bekräftiget. Es kommt also darauf an, dass die zur Liquidation ernannte Commission die Rechnung einsehe, prüfe und richtig stelle. Weil aber vermuthlich hierzu einige Zeit erfordert werden dürfte, so bin Ich bey denen angeführten Umständen genöthiget, Ew. Lbdn. auf das angelegentlichste zu bitten, Dieselben geruhen dem Commissariat aufzugeben, dass es vorerst etwa nur die Halbscheid der ganzen Forderung ohne weiteren Hinschub auf Abschlag bezahlen möge. Ich nehme die Freiheit, zu dieser Bitte noch eine hinzuzufügen. Ew Lbdn. haben Mir die Hoffnung gemacht, dass Dieselben Mir einen Plan und die Relation von dem gloriösen Tage, den Dieselben bey Minden gehabt haben, gütigst mitzutheilen geruhen wollten. Ich bin versichert, Ew. Lbdn. gönnen Mir das Vergnügen, die fürtreffliche Vorkehrungen bewundern zu können, wodurch Dieselben sich den Weg zu einer abermaligen höchst glücklichen und ruhmvollen Campagne eröffnet haben.

Beyden Stücken sehe Ich dahero mit wahrem Verlangen entgegen, und Ich werde solche mit so vieler Erkänntlichkeit annehmen, als gross Meine Begeisterung ist, Ew. Lbdn. durch thätige Proben überzeugen zu können, dass nichts der ausnehmenden Hocachtung zu vergleichen sey, mit welcher Ich beharre

Ew. Liebden

Sudeck,   dienstwilligst ergebener Vetter
den 22. Septbr. 1759.   und Diener
Carl, Fürst zu Waldeck,

P. S.

Auch,

freundlich vielgeliebt hochgeehrter Herr Vetter!

gereichet es Meinen Unterthanen zu einer grossen Last und der Armée selbsten, wie Ich glaube, zu einiger Ungemächlichkeit, dass die Communication noch immer über Wildungen gehet.

Jene kommen auf mancherley Weise dabey in Schaden, da die durchgehende Partieen zum Theil gar übel wirthschaften und wenigstens doch allemal unentgeltlich verpfleget werden müssen, wie solches erst noch am 12. dieses zu Alten-Wildungen in Ansehung hundertachtzig reconvalescirten Engelländern geschehen ist. Was aber die Armée selbsten betrifft, so muss alles, was auf dieser Route gehet, einen beschwehrlichen Umweg von wenigstens zwey Stunden machen, und es treffen also die Transporte an dem Orte ihrer Bestimmung allemal später ein, als es sonsten wohl geschehen könnte. Zur grössten Verbindlichkeit würde Ich es Mir also rechnen, wenn Ew. Liebden hierunter eine Abänderung zu machen und zu befehlen geruhen wollten, dass nur die Haubt-Strasse zur Communication mit der Armée gebraucht werden möge.

Ich beharre ut in literis,

Sudeck,   Carl,
den 23. Septbr. 1759.   Fürst zu Waldeck.

** An
den Fürsten von Waldeck.*)

Laut Ew. Liebden an mich erlassenes geehrtes Schreiben vom 22. dieses welches mir erst heute behändiget worden, habe ich keinen Anstand genommen, den G. Intendanten an die promte Befriedigung Dero Unterthanen nachdrücklich zu erinnern, und zweifle nicht, es werde sich derselbe dieser Sache alles Ernstes unterziehen, und mit dem Abtrag anfangen.

Was mir Ew. Liebden wegen der passage über Wildungen vorzushhlagen geruhen wollen, darauf werde ich alle attention haben.

---

*) N. d. H. Das Concept dieses Schreibens ist von Westphalens Hand; es findet sich darin ein Datum nicht.

Ew. Liebden erweisen mir übrigens viele Ehre, dem plan der Bataille von Minden Dero Aufmerksamkeit würdigen zu wollen. Ich werde Deroselben damit ehestens aufwarten, und verbleibe etc.

(gez.) F.

(Archiv des Herzogs: Acten vol. 325.).

Durchlauchtiger Fürst,

Besonders Lieber Herr und Freund!

Ewr. Liebden zu behelligen zwingen mich die in einem paar Tagen allhier eingelangte nachrichten, wie nicht allein verschiedene zu 8, 10 bis 12 Mann versammelte parthien, so sich als Chur-Hannöversche Hussaren ausgegeben, mein diesseits rheinisches Amt Montabaur eingetretten, und allda verschiedene excessen verübet; sondern auch gleiches anheuth verlauthet, etliche Tausent Mann von Ewr. Liebden unterhabendem Kriegsheer in mein Amt Limburg eingetrungen, forth sich in die Ortschaften Ober- und Niederbrechen, fort Niederselters verlegt haben sollen.

Ich will dem ebenmässigen Bericht von einer daselbsten also bald verübt seyn sollenden plünderung noch kein gehör geben, weilen Ewr Liebden gedenkensarth und scharffe Mannszucht solcherley Verfahren, wider einen Churfürsten des Reichs nicht wird zulassen, Der wieder Seine Mayst. Von Gross-Britannien, Churfürsten zu Hannover, das geringste feindliches niemahlen begangen zu haben sich erinneret, und vielmehr zu Hochdero gerechtesten gedenkensarth des vollkommenen Vertrauens ist, dass Sie die Bedrückung meiner unschuldigen Lande und unterthanen nicht billigen werden. Indessen wolte von Ewr. Liebden zu meiner Beruhigung ich nur durch gegenwärtiges p. Estaffete eine beliebige nachricht gantz freundlich ausbitten, wessen ich mich zu diesem Dero Kriegs-heer eigentlich zu versehen haben mögte. Womit in Besonderer Hochschätzung zu seyn die Ehre habe

Ew. Liebden

dienstwilliger und treu ergebener Vetter und Freund

Joann Philipp, Churfürst.

Ehrenbreitstein,

den 23. Septembe 1759.

An

Herrn Printzen Ferdinand Von Braunschweig.

(Archiv-Acten vol. 325.)

Croffdorff, den 24. September 1759.

✱✱ Hochwürdiger Churfürst,

Besonders lieber Herr und Freund,

Auf Ewr. Liebden an mich unterm gestrigen Dato erlassenes geehrtes Schreiben erwiedere ich Deroselben hiermit ergebenst, wie Sie meiner Gedenkungs-Art Gerechtigkeit wiederfahren lassen, wenn Sie versichert sind, dass ich denen unter meinem commando stehenden Truppen keinesweges verstatte, es sey auch wo es wolle, die geringsten

Excesse zu verüben, und zweifle mithin auch nicht, dass die bey Ewr. Liebden eingelaufene vorläufige Berichte, als wenn dergleichen auf Dero territorio von Chur-Hannoverschen Husaren begangen worden wären, nach weiteres eingezogener genauer information als nicht gegründet werden befunden worden seyn. Ich kann aber nicht Umgang nehmen, Ewr. Liebden hiermit Nachrichtlich zu vermelden, wie mir aus dem Limburgischen der Bericht zugekommen, dass ein Detachement von Dero Truppen auf ein anderes von der unter meinem commando stehenden Armée gestossen sey und auf solches, sowohl aus kleinem Gewehr als Canonen Feuer, und dadurch zu weiteren Thätlichkeiten Ursprung und Anlass gegeben habe; wie ich aber ein dergleichen feindseliges Betragen mit denen Aeusserungen keinesweges vereinbaren kann, die Ewr. Liebden in Dero Schreiben gegen mich erwehnen; So halte ich mich auch zum voraus versichert, dass Dieselben solches auf alle Weise missbilligen, und darüber eine gehörige Genugthuung zu geben geneigt seyn werden. Uebrigens ermangele ich nicht Ewr. Liebden hiemit zu versichern, dass die unter meinem commando stehende Armée an allen Orten, die zu Dero Churfürstenthum und Lande gehören, und die von ihr etwa berühret werden mögten, die allergenaueste Mans-Zucht um so mehr observiren sollen, als ich wünschte, Dero sämtliche Lande von allen und jeden Beschwernissen des Krieges gäntzlich befreyt zu sehen; wogegen ich mir aber mit der Hoffnung schmeichele, dass wenn Truppen von derselben in einige Ew. Liebden zuständige Districte einrücken oder passiren müssen, sich solche bereit und willig finden lassen werden, dasjenige zur Subsistenz der armée mit beyzutragen, was die Umstände und die Nothdurft von ihnen zu fordern erheischen werden. Womit ich die Ehre habe stets zu seyn etc.   F.

    An
Herrn Churfürsten Johan Philip zu Trier.

Arrivé ce 25. Septembre 1759.   No. 63.
à 4 heures du matin.

Monsieur Mon Cousin.

    J'ai trouvé les lettres ci closes si importantes dans les conjonctures presentes, que j'ai cru devoir vous les communiquer sans delai, pour vôtre usage. Je suis avec l'estime et l'amitié que vous me connoissez pour vous

Monsieur Mon Cousin
de Vôtre Altesse

le bon Cousin

   à Forste,   Federic.
ce 19. de Sept. 1759.

      (de main propre:)

L'original de la lettre de Sintzendorf merite qu'on l'Envoye en Angleterre par raport à la Dessente dont il est fait mension, Mandez je Vous prie en Angleterre que c'est moy qui le leur envoye. j'ai ordonné a Fink de vous envoyer toute les lettres qui peuvent Conservér Vos Operations.

Vicé versat sil Vous plait. L'Enemy marchera demain a Cristianstat, et moy à Sorau, ils en Veullent a Glogau je les previendrai de Vitesse, peutetre fauderat-il se battre encore une fois.

(gez.) Fr.

Copie. (Von der Hand des Herzogs)

* L'original a été envoïé le 25. de 7bre 1759.

à Londres avec un messager extraordinaire.

Monseigneur

Dés le lendemain de l'arrivée de la Lettre dont Votre Altesse Serenissime m'a honoré le 25. du mois dernier, j'ai exposé à la Cour d'ici ses justes inquietudes sur la Diversion que l'Armée Hanovrienne pourroit faire à celle de l'Empire en envoyant un Detachement considerable sur le Mayn ou jusqu'en Saxe. Les Observations que Votre Altesse Serenissime fait à ce Sujet, sont si solides, que le Ministére n'y a pas formé la moindre Objection, il est convaincu de l'importance dont il est de veiller à la Sûreté de la Franconie et d'ecarter tout ce qui pourroit rétarder les Progrés des Operations en Saxe; Il réconnoit de même, que les forces que Votre Altesse Serenissime pourroit envoyer sur le Mayn, y arriveroient fort tard, et ne seroient pas suffisantes, (à moins qu'Elle ne voulût entierement abandonner la Saxe) pour repousser et même pour arrêter l'Ennemi, et d'ailleurs la France étant dans le Cas de tirer des subsistances de la Veteravie; Elle se verroit privée de cette ressource, si le Theatre de la Guerre venoit à être transferé dans cette Province.

Vôtre Altesse Serenissime peut donc être persuadée, que le Ministére de Versailles et par le désir qu'il a de voir la Saxe delivrée et par son propre interèt, qui en ce point est en même têms celui de la Cause commune, ne perdra point cet Objèt de vüe, il m'a donné les assûrances les plus positives et les plus satisfaisantes à cet égard et il m'a parû d'autant plus tranquilles sur les Suites que l'Armée françoise, quoique retirée de Cassel, couvre encore suffisament l'Empire par sa position présente, puisque le Prince Ferdinand porte tous ses Efforts contre la gauche de l'Armée opposée, et ne fait aucun mouvement qui paroisse tendre à la tourner par sa droite.

Je supplie Vôtre Altesse Serenissime d'être persuadée que je regarderai cet Objèt comme un des plus interessant de mon ministere, et que j'apporterai l'Attention la plus suivie à tout ce qui sera relatif à la Sûreté de l'Armée qui est à ses Ordres.

Chaque journal qu'Elle a la bonté de m'envoyer, fait le recit de quelque nouvelle Conquète, celle de Wittenberg qui nous assure encore d'avantage le Cours de l'Elbe, semble annoncer celle de Dresde, et l'on se flatte generalement ici qu'avec le renfort destiné pour cette Expedition, cette Place ne tardera pas à se soumettre.

L'on a reçû des avis bien facheux de la flotte que Mr. de la Clüe a fait sortir du Port de Toulon, elle avoit heureusement passé le Detroit, lorsqu'elle fût atteinte par une violente tempête, qui la dispersa; Cinq de Vaisseaax dont elle étoit composée gagnerent heureusement Cadix, où etoit leur rendez-vous; mais sept ayant été joints par l'Escadre Angloise, ont eté ou pris, ou brûlés, ou coulés à fond aprés un Combat fort opiniatre; on ignore encore les Circonstances détaillées de cet Evenement, mais il ne suspend pas l'Entreprise projettée contre le Continent de l'Angleterre, et le Duc d'Aiguillon doit se mettre dans peu en Mer avec les Trouppes dont il a le Commandement.

J'ai l'honneur d'être p.
à Paris le 6. Septembre 1759. le C. de Starhemberg.
** Au comte de Holdernesse, (Archiv-Acten 325.)
    à Kroffdorff ce 25. Sep. 1759.

Je viens de recevoir par un courier depeché expres par Sa Majesté prussienne, plusieurs Lettres qui ont eté interceptées par Ses troupes en Saxe. Voicy celle dont le contenû interesse le plus; elle est du comte de Stahrenberg, qui marque au Prince de Deux ponts que malgré la perte de la bataille navale la descente en Angleterre auroit Lieu. S. M. m'a ordonné de faire parvenir cette Lettre en Angleterre le plus tôt possible; c'est pourquoy je ne differe pas d'un moment de l'adresser à V. E.

Les Russes sont marché le 20. à Christianstad; sur quoi S. M. P. a pris le meme jour la route de Sorau, pour les empecher d'executer leur dessein de marcher à Glogau.

Il n'y a rien de changé dans la position de l'armée francoise ni dans la mienne depuis ma derniere Lettre; le Colonel Luckner qui a tourné avec un Detachement l'armée francoise, a enlevé 136 chevaux au Regiment de Nassaw entre Frankforth et Friedberg.

J'ay l'honneur d'etre pp.

Monseigneur! (Archiv-Acten vol. 27.)

Votre Altesse Serenissime me permettra gratieusement de lui representer, que le Regt. des Gardes a sollicité auprès de Sa Majesté que les Six Etendarts pris le premier d'Août par le dit Regt. fussent attaché dans l'Eglise de la Garnison à Hannovre, en memoire d'avoir eu le bonheur de s'acquérir le consentement de Votre Altesse Serenissime. La réponse de Sa Majesté fut, que quoique les Trophées appartenoient de droit à la Couronne d'Angleterre, elle se contenteroit de la decision de Votre Altesse Sérenissime, de façon que je me prend au nom du Regt. la liberté de solliciter très humblement Votre Altesse, de nous accorder cette grace. Me nommant avec les Sentimens du plus profond respect et de la plus haute consideration, de Votre Altesse Serenissime le très humble, très obeissant devoué serviteur

        H. D. Ahlefeld
au camp de Nieder-Weymar le 25. de Septbr. 1759.

* „Comment faire? Ne conviendroit-il pas même d'envoïer les Trophées à Londres?"

** Monseigneur!

Il me semble, Monseigneur, que le Roi souhaite que V. A. S. decide en faveur de ses Gardes. Je crois qu'elle le peut faire sans choquer personne en Angleterre.

Serenissimo

(c'est touchant Ahlefeld, humillime.)

(Archiv-Acten 325.)

** Monseigneur!   Ce 25. 7bre 1759.

Je remets aux pieds de V. A. S. la lettre que Bauer a ecrite à Reden; il m'en a aussi adressé une, que je mets ci jointe aux pieds de V. A. S.

Je croirois que V. A. S. feroit bien de le faire remettre en Liberté ce soir, ou demain au matin.

reçu le 29. 8ept. à 10 h. du soir
avec 2 lettres pour le Duc de Newc.
1 pour Mil. Hold.
1 pour Miladi Waldegrave.
1 pour Richard Pottinger.
1 pour Miladi Fitzroy.

à Kroffdorff ce 25. Sep. 1759 à 11 heures du soir.

** Monsieur,

Les deux armées occupent les memes camps de Giessen et de Krofdorff. c'est assez singulier que l'une et l'autre y puisse vivre sans magazins; En quoy cependant les Francois ont un avantage decidé sur nous; ayant Francforth et le Meyn à leur disposition. Luckner a fait une aparition aux Environs de Francforth, il y a trois jours. Il a enlevé 136 Chevaux aux hussards de Nassow entre Friedberg et Francforth d'un village appellé Rotheim.

Les Russes sont marché le 20. à Christianstad, dans le dessein de marcher à Glogau, ainsi qu'une depeche interceptée par le Roy le prouve. S. M. a sur cela pris le parti de marcher le meme jour à Sorau, et tachera de prevenir de vitesse messieurs les Moscowites. Daun est à Bautzen; Le prince Henry à Lobau, Fink aux Environs de Dresden vis à vis de Mr. de Deux ponts.

Les troupes de S. M. P. ont intercepté en Saxe une Lettre ecrite par Mr. l'ambassadeur de Stahrenberg au prince de Deux ponts. Le contenû est si interessant que le Roy l'a envoyé au Duc par un courier exprés, pour qu'il la fit passer promtement en Angleterre. C'ese cette lettre qui occasionne le Depart du courier present: ainsi j'ost vous recommander la lettre à Mylord Holdernesse.

Daignez me mettre aux pieds de S. A. S.

(à Mr. de Hänichen.)

III.   51

** Au Roy de Prusse.   No. 57.
                                    à Croffdorff ce 26. Sep. 1759.

La lettre que V. M. m'a fait la grace, de m'ecrire du 19., ne m'a eté rendüe qu'hier au matin. Je luy fais mes tres humbles Remercimens de sa communication des lettres interceptées. j'ay envoyé celle du comte de Starhemberg à Mylord Holdernesse par un courier exprès, que j'ay fait partir tout de suite, en luy marquant, que c'est V. M. qui la luy faisoit parvenir.

Je serai tres exact dans la correspondance que V. M. m'ordonne d'entretenir (en chiffres:) „avec le général Finck; j'ay ordonné à mes Detachemens, qui sont entré en Saxe, de pousser de Naumbourg jusqu'à Altenbourg.“

Le M. de Contades a diminué sa droite pour grossir le centre et pour étendre sa gauche; au reste sa position est toujours la même. (en chiffres:) „je compte de faire du changement dans la mienne; Mais comme je suis dans un païs de montagnes, je ne puis prendre mon parti, avant que d'avoir fait faire plusieurs réconnoissances, qui pourront etre achevées dans un couple de jours.

Le colonel Luckner a enlevé au Regiment de Nassau 186 chevaux entre Friedberg et Francforth, ce qui a jetté l'allarme dans cette ville, et a donné occasion à plusieurs Détachemens, que Mr. de Contades a fait pour mieux garnir ses Derrieres.

Mr. d'Armentières ayant eté renforcé par 9 Bataillons détachés de la grande armée et par la cavallerie venüe dernierement de Flandres, s'est de nouveau mis en mouvement; (en chiffres) „il menace Lipstad, puisqu'il marche sur Ham. Ce n'est pas son dessein, je crois, d'assieger cette place; mais je crains qu'il ne réussisse à dégager une seconde fois la ville de Munster, que Mr. d'Imhoff a tenü bloquée depuis le vingt. j'ay détaché deux Regimens de Cavallerie pour l'aller renforcer; après quoy il sera en etat j'espere de se mesurer avec Mr. D'Armentieres.“

j'ay l'honneur d'etre pp.
(Acta des Archivs vol. 325.)

      ** Monseigneur!   Ce 26. 7bre 1759
C'est la lettre que je compte envoyer par mon Emissaire, pour corrompre le Commendant d'Ehrenbreitenstein, si V. A. S. l'approuve.

                                          No. 1.
                              Ce 26. 7bre 1759.

      ** Monseigneur!
J'ai crû selon le prémier raport que le magazin de Neuenkirchen étoit considerable; mais je vois par celuy de Roden, que V. A. S. m'a fait la grace de communiquer, que l'objet est mediocre. En dressant la reponse à Wangenheim, il me parût, que le Détachement, qu'il y envoit, devroit y rester jusqu'à ce, que le magazin seroit vuidé; ce qui auroit pû emporter 8 ou dix jours. Cet espace de temps me parût

très propre pour faire une démonstration vèrs Cologne, d'autant plus que le Détachement, etant fort de 400 hommes d'infanterie et de cavallerie, sera aisement crû être de 800, et aura par consequent l'air d'une avantgarde. J'ai ajouté que dans la suite, V. A. S. pourroit se résoudre à renforcer ce détachement, puisque il pourra devenir nécessaire, de faire marcher un Corps à Siegen, pour pousser de là plus loin vers Cologne.

(Archiv-Acten vol. 325.)   No. 4.

Ce 26. 7bre 1759.

** Monseigneur,

Je pense, que si quelque malheur étoit arrivé à Luckner, on le sauroit deja, ne fut-ce que par les Deserteurs mêmes. Je crois qu'il s'est tourné vers le Rhin; pour peu qu'il ne gate pas par trop de zèle l'affàire d'Erenbreitstein, en portant l'Electeur à cèder aux Instances des Francois.

(Archiv-Acten vol. 325.)

* Je ne comprend rien à cette Bataille. Est-ce que Lui l'a gagnée ou perdue?

Durchlauchtigster Hertzog,

Gnädigster Fürst und Herr!

Ewr. Hochfürstlichen Durchlaucht melde hiermit allerunterthänigst, dass der General Haddick, nachdehm er sich mit der gantzen Reichs-Armée conjungiret, mir in meinem Lager gestern angegriffen. Die Canonade, die eine der stärksten war, hat früh gegen halb 10 Uhr angefangen, und ohne Aufhören bis Abends nach 8 Uhr continuiret. So stark auch der Feind gewesen, so habe ich gleichwohl das Glück gehabt, Ihm zu repoussiren, und hätte meine Cavallerie so agiret, wie Sie eigentlich hätte thun sollen, da Sie terrain vollkommen gehabt, und Sich mit nichts legitimiren kann, so wäre dieses eine der complettsten Batáillen gewesen. So bald mir nur mehr Zeit übrig seyn wird, so werde ich nicht ermangeln, Ewr. Hochfürslichen Durchlaucht den ausführlichen Rapport davon allerunterthänigs zu überschicken, bis dahin bitte mich mit Höchstdero Gnade zu beehren, wohingegen ich mit den devotesten Respect ersterbe

Eurer Hochfürstlichen Durchlaucht

gantz unterthänigst

Korbitz bey Meissen,   gehorsamster Diener

den 22. September 1759.   F. H. v. Finck.

Einige Canons, welche sich weit vorgemacht habe leider verlohren, gefangen habe ich ungefehr 8 Officiere und 300 Gemeine vom Feinde. Ich wünsche von Hertzen, dass Ew. Hochfürstliche Durchlaucht bald mehr freye Hand bekommen mögen, da ich denn der Hoffnung lebe, Ew. Hochfürstliche Durchlaucht werden etwas detachiren, das mich hier Luft macht.

Mit einem ferneren Schreiben aus Korbitz bey Meissen vom 24. September 1759 sandte der General von Finck dem Herzoge den ausführlichen Rapport von der am 21. zwischen den Oesterreichern und der Reichs-Armee, und ihm vorgefallenen Action ein, welcher, in deutscher Sprache verfasst, in den Acten des Archivs vol. 325 sich ebenfalls befindet, und von welchem auch eine französische Uebersetzung in Druck erschienen ist.

(Archiv-Acten vol. 325.)

Ce 27. 7bre 1759.

** Monseigneur,   No. 3.

Puisque Finck dit, qu'il a repoussé l'Ennemi, il paroit qu'il n'a pas perdu la bataille, quoique la façon dont il s'exprime semble insinuer, qu'il n'a pas eû beaucoup d'avantage.

(Archiv-Acten vol. 325.)

Kroffdorff den 27. Sept. 1759.

** An den G. L. von Finck.

Eurer Excellenz mir höchst angenehmes Schreiben vom 22. dieses ist mir heute früh behändiget worden. Ich wünsche deroselben zu dem über die Reichs Armée erfochtenen Vortheil vielmals Glück, und erwarte mit vieler Ungedult das Detail dieser Action.

Ich habe jetzo noch die Hände zu sehr gebunden, um Ihnen durch eine Diversion Luft zu machen. Die feindliche Armée stehet noch immer zwischen Giessen und Wetzlar; die alliirte Armée occupirt die Höhen von Kroffdorff, in der Entfernung von einer Stunde von der feindlichen; die Lahne separiret beyde von einander.

Der General-Lieutenant von Imhoff hält Münster von neuem bloquiret; hingegen machet der Marquis d'Armentieres Bewegungen, denselben zu obligiren, solche wiederum aufzuheben.

Aus Beysorge, dass dieses in fremde Hände fallen mögte, muss ich mich enthalten, Eurer Excellenz deutlicher wegen der zu machenden Diversion zu schreiben: ich werde solches aber thun, so bald ich erfahre, dass die couriers zwischen mir und Ihnen sicher gehen können.

Es würde gut seyn eine chiffre zu haben, der man sich zu desto freyerer Correspondenz mit Nutzen bedienen köunte.

Eines von meinen nach Sachsen gesendeten Detachements ist bis Naumburg vorgedrungen gewesen, hat sich aber von da nach Mulhausen zurückziehen müssen. Ich habe diesem und denen übrigen die Ordre zugesendet, von neuem vorwerts zu gehen, und wo möglich bis nach Altenburg zu poussiren.

Ich bin Ewr. Excellenz   (F.)

(Archiv-Acten vol. 325.)

Ce 27. 7bre 1759.

** Monseigneur,   No. 4.

Je crois, que les changemens de position, que V. A. S. compte de faire faire à Wangenheim et au prince de Bevern, peuvent avoir lieu, parce qu'ils dérouteront l'ennemy, et luy feront accroire, que V. A. S. ne songe plus à les tourner par la gauche, en quoy ils seront

d'autant plus tôt les dupes, qu'ils croiront, qu'après l'aventure de Lukner à Ehrenbreitstein V. A. S. ne peut plus avoir d'intcret à se porter
en avant par sa droite. Je vais donc dresser la Lettre pour Wangenheim. Il me semble que Luckner ne peut pas non plus rester à Weilburg: il pourroit prendre son camp à Altenstein, (Altenberg?) et par
ce moyen il seroit peut etre possible de conserver le poste de Leyn et
d'Ober-Beil (Ober-Biel?).

(Archiv-Acten vol. 325.)

Ce 28. 7bre 1759.

** Monseigneur, No. 1.

Le Capitaine Bauer, étant revenû de sa reconnoissance, voulût en
faire son Raport à V. A. S. je ne crois pas qu'il ait eû quelque autre
chose à Luy dire.

Ce 28. 7bre 1759.

** Monseigneur, No. 2.

J'apris avanthier au soir le quid pro quo des Regimens de Veltheim et de Pruschenck.

Le quartier-maitre du prémier vint s'informer auprès de moi de
ce que son Regiment étoit dévenû. Je luy donnois la route en luy
disant, que V. A. S. vouloit absolument, qu'il n'en fût point parlé icy.

Je cherche le petit billet de Bauer, et le mettray aux pieds de
V. A. S. Je sais que le dessein, qui y étoit joint, a eté envoyé au
prince de Bevern.

La marche des François par Burggemunden ne me paroit pas
vraisemblable.

Je ne crois pas, Monseigneur, que V. A. S. puisse faire dans le
moment present le Détachement, que le Prince héréditaire Luy a proposé. Il faut, ou que les Francois soyent retourné sur le Meyn, ou
que la saisou soit plus avancée, pour qu'ils ne puissent plus songer à
révenir en Hesse.

Ce 28. 7bre. 1759.

** Monseigneur, No. 3.

Le projet de passer la Lahne à Weilbourg ne pourra pas être
executé, vû les difficultés, que le capitaine Bauer allègue.

V. A. S. m'a dit. qu'il n'y avoit pas moyen de passer avec l'armée à Lein; il me semble donc, que le projet de tourner l'Ennemi ne
sauroit plus avoir lieu.

Si j'étois à la place de V. A. S., je détacherois encore 6 Bataillons et 6 Escadrons pour la Westphalie, pour mettre le général Imhoff
dans le cas de resserrer d'avantage la place de Munster, pour rendre
sa prise d'autant plus facile, dès qu'on y mettroit en suite le siège.
Je prendrois pour cette fin deux Bat. du corps de Wangenheim, deux
de celuy du prince de Bevern, et deux bataillons de grénadiers du
corps du Duc de Holstein; je tirerois pareillement 6 Escadrons des
deux corps de Wangenheim et du Prince de Bevern. Scheiter ou

Dreves commanderoit l'infanterie; Breitenbach la cavallerie; ils prendroient avec un train de 12 pieces de canon. Aprés ce renfort Imhoff pourra former un camp de 8 à 10 bataillons et d'autant d'Escadrons soit à Drensteinfort, soit à Ludinghausen, ou à Dulmen, et employer le reste de son monde à resserrer la ville de Munster.

V. A. S. resteroit avec l'armée icy jusqu'à ce que les Francois prennent la route de Francfort; aprés quoy V. A. S. détacheroit encore 10 ou 12 bataillons avec autant d'Escadrons pour entreprendre le siège de Munster; durant quel temps V. A. S. continueroit de rester dans ces Environs, pour empêcher les Francois, de faire de forts détachements vèrs le Bas Rhin, ou si Elle ne pourroit pas l'empêcher, de détacher de son coté à proportion. Aprés la prise de Munster, on verra s'il sera possible de faire une diversion en faveur du Roy de Prusse ou non.

Il faudroit exiger des livraisons du païs de l'Electeur de Treves, pour aider à la subsistance des Troupes dans ces Environs.

Voicy une piece, que j'ay trouvé parmi les papiers du M. de Contades. C'est la copie d'une instruction, que V. A. S. a donnée, je ne sai à d'Imhoff, ou au prince héréditaire; si je me le rappelle bien. Cela meriteroit d'etre aprofondi, pour voir de quelle voye les Francois se servent pour se procurer de telles pieces.

Ce 30. 7bre 1759.

** Monseigneur,   No. 1.

Un officier du Détachement du Lieutenant-Colonel de Geyso arriva icy entre 11 heures et minuit pour raporter: „que de paisans étoient venus avertir Mr. de Geyso, qu'un Détachement d'infanterie ennemie etoit arrivé à Hauss et marchoit comme s'il vouloit dépasser Wolfshausen. Que Mr. de Geyso l'avoit envoyé au Duc de Holstein, pour Luy faire ce raport, et que le Duc de Holstein luy avoit ordonné d'aller au quartier général pour dire la même chose à V. A. S.

Je dis à l'officier, que V. A. S. étoit deja informée de la marche de ce Detachement; et qu'elle avoit ordonné en suite par le capitaine Schlieffen au Duc de Holstein, d'avertir le poste de Wolfshausen d'être sur ses gardes; et de faire un Détachement de cavallerie et d'infanterie pour éclairer la marche de ce Détachement.

L'officier me dit, qu'il devoit s'en rétourner; ne voulant pour cela pas éveiller V. A. S., je Luy ay permis de s'en rétourner tout de suite.

Ce 30. Septémbre 1759.   No. 2.

** Monseigneur,

Le Détachement ennemi me paroit sans suite; si le Duc de Holstein s'y prend bien, il me semble, qu'il sera fort aisé de le réchasser. je supose, que Fischer se tiendra à portée avec le gros de son corps pour le récevoir, en cas qu'il fut poussé. S'il n'eut pas pris cette précaution, rien de si facile, que d'envelopper un pareil Détachement d'infanterie, qui ose dépasser la gauche de nos Détachements postés sur la Lumme, où il y a deux Escadrons d'hussards avec une compagnie de chasseurs à cheval.

Il me semble que V. A. S. peut faire partir le Détachement pour la Westphalie le 2. d'Oct., ainsi qu'elle eut la grace de me le dire. je ne crois pas que l'Ennemi ait icy aucun dessein offensiv; cependant, si elle veut que les deux Bat. de grénadiers restent auprés du Duc de Holstein; je pense qu'on ne pêche pas, en abondant en précautions en pareille cas; je vais donc dresser les ordres conformement à cette diminution.*)

Ce 30. Septembre 1759.   No. 3.

** Monseigneur,

Je démande pardon à V. A. S., de n'avoir pas renvoyé plus tôt les deux pieces-ci jointes qu'Elle me demande.

** Projet pour deposter l'Ennemi de sa position de Giessen.**)

à Croffdorff ce 26. Septembre 1759.

1. Article des subsistances.

Il faut faire établir les fours de campagne à Herborn; puisque la neutralité accordée à la ville de Dillenbourg semble ne pas permettre, qu'ils soyent établis à cet Endroit.

Si l'on fait partir les fours de campagne de Marbourg le 27, ils y arriveront le 28 et pourront être construits le 30. Le Général de Wangenheim enverroit un Détachement à Herborn, pour couvrir cette construction; 150 hommes suffisent.

On continueroit à cuire du pain à Marbourg, jusqu'au 28. de Septembre, ces cuissons donneront probablement du pain jusqu'au 6. d'Octobre.

Toute la farine qui reste à Marbourg, part de là le 29 avec les boulangers pour arriver le 30 à Herborn; les transports de farine se dirigent ensuite à Herborn au lieu d'aller à Marbourg.

Les livraisons de fourage réçoivent une pareille direction.

2. Mouvement de l'Armée.

Le 29. de Sept. Le corps de Wangenheim et celuy du Prince de Bevern (qui seroient l'un et l'autre aux ordres du Prince héréditaire) marcheroient à Bissenberg ou aux Environs.

Les troupes legères attachées à ces deux corps, soutenus par deux bataillons et quatre Escadrons aux ordres du Général Breitenbach, passeroient la Lahne au pont de Leyn, pour se porter à Braunfels à fin de masquer la marche à Weilbourg.

---

*) Die Instructionen an die Generale v. Breitenbach u. Scheiter zum Marsch der Verstärkungen des Generals Imhoff bei Münster sind am selbigen Tage, dem 30. September, aus Kroffdorf erlassen, und befinden sich, von Westphalen redigirt, in den Acten des Archivs vol. 325.

**) *Ce projet n'a pas pu être mis en execution vu les difficultés qui se son rencontrés, apres les reconnoissances faites, par le Cap. Bauer touchant les routes & les différents emplacements de camps.

l'Armée elle même marcheroient à Hermenstein et à Altenstädten.
Le Duc de Holstein resteroit ce jour là dans sa position.

Le 30. Sept. Le prince héréditaire marcheroit à Weilbourg; les troupes legères marcheroient de Braunsfels à Quembach (Quembeck?) mais Breitenbach resteroit à Braunfels avec les deux Bataillons et les quatre Escadrons, aux quels Freytag viendroit se joindre avec sa brigade.

l'Armée marcheroit à Bissenberg; le Duc de Holstein iroit à Hohensolms.

Le 1. d'Oct. Le prince héréditaire marcheroit jusques Weilmunster sur le chemin d'Usingen; les troupes legères pousseroient jusqu'à Usingen; Breitenbach resteroit encore à Braunfels.

l'Armée marche à Weilbourg.

Le Duc de Holstein à Altenstadten.

Le 2. d'Oct. tout reste dans cette position; hormis ce que les Troupes legères seront en état de faire.

Cette position forcera l'ennemi à prendre un parti; en cas qu'il ne le prit pas dés la seconde marche; Voyons un peu ce qui arrivera. —

Le prémier jour de marche l'ennemi restera tranquile, pour peu qu'on garde le secrèt du dessein de la marche, non pas parce qu'il ne puisse s'apercevoir du mouvement de l'armée, mais parce qu'il voudra y voir plus clair avant de prendre un parti. Il en résulte, qu'il ne pourroit plus arriver à temps à Weilbourg pour s'opposer au passage de la Lahne, s'il s'apercût alors même du dessein de V. A. S.

Si l'ennemi prend le second jour de la marche de V. A. S. un parti; ce sera, ou pour marcher à Butzbach, ou pour s'aprocher de Braunfels (car il n'est pas probable, qu'il veuille passer la Lahne). Dans le premier cas on obtient son but; au second cas il suffit, que l'armée prenne le troisième jour de sa marche une bonne position au delà de la Lahne, pour que l'Ennemi ne puisse l'attaquer brusquement. Car cette position seule obligera l'ennemi à s'éloigner de la Lahne et de prendre une position soit à Friedberg, soit entre cette ville et Weilbourg.

Si l'ennemi prend ce dernier parti, savoir de se camper entre Friedberg et Weilbourg, c'est à dire s'il veut disputer le terrein pas à pas; il faut que V. A. S. marche à Luy; car si Elle vouloit continuer à le tourner toujours, elle y trouveroit plus de difficulté à mesure que l'ennemi s'aprocheroit de Francforth: et ces difficultez seroient pour le moins aussi hazardeuses qu'une bataille.

Le but de toute cette manoeuvre est, d'obliger l'ennemi à régagner bientôt les rives du Meyn, afin d'avoir les coudes plus libres; pour que V. A. S. puisse profiter encore du beau temps d'agir en Westphalie, et en faveur du Roy.

Si ce dessein n'est pas du gout de V. A. S., il faudroit songer à quelque autre chose, — ce qui seroit cependant bien difficile.

*) * 1. Si l'ennemi prend après la position près de Giessen, une position auprès de Friedberg, ce sera encore à recommancer pour le déposter de là.

2. La réconnoissance des routes et des emplacements des camps sera difficile. Il faut que Bauer et Duplat se mettent de bonne heure en campagne pour remplir cet objet.

3. Il n'est pas parlé de ce que l'on laissera dans le chateau de Marpurg. 200 hommes ne suffissent pas.

4. Ni ce que l'on laissera à Ziegenhayn.

5. La position de Charles Breitenbach avec son corps me paroit un peu scabreuse et delicate.

6. Il est impossible que les fours de campagne arrivent dans un jour de Marpurg à Herborn vu la longueur du chemin. Et quelle sera l'escorte? et d'où la prendera-t-on?

7. D'ou viendra l'escorte pour le convois de farine au 29 de Marpurg à Herborn?

8. Reste à savoir s'il y a des routes du coté de Bissemberg, et comment le terrain y est conditionné pour y assoir un camp.

9. La position du Duc de Holstein deviendra un peu delicate, vu l'éloignement dans lequel il se trouveroit de l'armée.

10. Jamais l'ennemi permettra la position de Ober- ou de Nieder-Quembach aux troupes legères projettés pour le 30. de Sept.

11. Freytag seroit le 29. dans le même cas avec le Duc de Holstein. Et feroit une terrible marche pour aller le 30 de Kintzenbach à Braunsfeld.

12. La position de Breitenbach deviendra fort équivocque et delicate.

13. Le Soutien de l'armée avec les differents corps seroit assés légérement. Sourtout la distance de Hohensolms à Bissemberg. Et puis tous ces mouvements seront extremement delicats se faisant sous les ïeux, et si à portée de l'ennemi.

Il faudra quelqu'un pour la réconnoissance des routes au Duc de Holstein, un autre à l'armée, et encore un autre aux deux corps reunis du Pr. de Bevern et de Wangenheim, et encore un autre pour Breitenbach.

14. En outre il n'est pas parlé des troupes legères du Duc de Holstein.

15. Vous marqués que le Duc de Holstein marcheroit le 1. d'Oct. à Altenstädten. Je crois que Vous entendés par la Altenstein, qui est présentement le quartier de Wangenheim. L'éloignement d'avec l'armée me paroit considerable.

16. Je crois que l'Ennemi prendra le parti, de chasser Monsieur de Breitenbach de Braunfels, Et peut-être tentera-t-il aussi quelque chose sur le Duc de Holstein. Et détachera dabord toutes les troupes

---

*) Gegenbemerkungen von der Hand des Herzogs.

legères de sa droite, pour tournér mon flanc gauche; Et pour inquietter
même mes derrieres, repandra de nouveau l'allarme dans le païs, et
m'interceptera, ou empechera au moins mes convois de farine et de
fourage.

17. L'opération de tout cela est au plus délicat, et accompagné
de nombre de Hasards.

18. Il me paroit que le denouement de toutes mes mannoeuvres,
en marchant à l'ennemi, est forcé, et tient un peu du Roi de Prusse,
qui aime à risquer le tout pour le tout.

19. Reste à savoir si j'obtiendrai le but que l'Ennemi régagne
les bords du Meyn. Sur tout s'il s'est fermement proposé de ne le
faire que quand il le voudra. Alors je n'obtiens rien par toutes ces
mannoeuvres; Hormis l'avantage, de lui livrer bataille, ou je mets tout
en jeu sans pouvoir même profiter de toutes mes forces, vû que le Duc
de Holstein est separé de moi.

Ce n'est pas que je blame vos idées; Point du tout, au contraire
je les aprouve. J'y trouve seulement en y réflechissant murement, toutes les difficultés ci dessus raportées; Et je n'ai assés de ressource dans
ma tête, pour les lever dabord. Je Vous prie donc de m'y aider. Je
me pretterai volontiers à tout. Cependant dressés toujours les ordres
et instructions nécessaires. Avec la seule difference que ce seroit tout,
pour un jour plus tard. Et que les ordres soïent donnés à temps pour
les reconnoissances des routes et des emplacements des camps.

Pour le Pr. Héréd. Schöller & Kuntze seroïent à emploïer. Pour
Breitenbach et l'armée Bauer. Et pour le Duc de Holstein le Major
Duplat. Je vous renvois Votre pro memoria, pour que Vous puissies
dresser, les Ordres et Instructions nécessaires. Ensuite je vous prie
pour le renvois du ci joint pro memoria, du projet en question. Si
vous pouriés inmaginer peutêtre encore autre chose, savoir de causer
des jalousies sur Collogne, et me laisser dans cette position, que j'ai
presentement, je vous prie alors de me communiquer pareillement vos
idées. Je vous demande excuse d'avoir été si long. Mais le sujet me
paroit d'une trop grande importance, pour qu'on se determine si
légérement.

Voudriés vous bien parler à Bauer
par raport aux differentes
reconnoissances.

Ferdinand,
Duc de Br. et de L.

à Croffdorff ce 26. Septembre 1759.

(Archiv-Acten vol. 325)

** Pour Mylord Holdnesse.

à Kroffdorff ce 29. Sept. 1759.

Il y a longtemps que je n'ai pas eû Mylord, de vos nouvelles.
On me mande de la Haye, que le vent est contraire; je souhaite

que s'il devient favorable il nous aporte de bonnes nouvelles de l'Amerique.

Il s'est donné une seconde bataille en Saxe le 21 du courant; le General Finck après avoir repris la ville de Leipzig s'est mis en marche pour s'aprocher de Dresdes. Les Ennemis se sont d'abord replié devant luy; mais enfin l'armée de l'empire et plusieurs gros corps de troupes autrichiennes s'etant joint ensemble, ils sont venû l'attaquer dans son camp de Korbitz près de Meissen.

L'action a eté des plus vives; après un combat de 8 heures la victoire s'est entierement declarée pour les Prussiens, et les Ennemis ont pris le parti de se retirer. Mr. le General de Finck m'a envoyé une Relation detaillée; comme elle est écrite en allemand, je l'envois à La Haye, pour qu'elle parvienne de là à V. E. avec la traduction.

Il n'y a eû aucun changement essentiel dans la position des Ennemis, ni dans la mienne depuis ma derniere lettre, que j'ay eû l'honneur de vous ecrire. Mr. d'Imhoff continue le blocus de la ville de Münster; je l'ay renforcé par deux Regiments de Cavalerie, et je compte de pouvoir bientôt le renforcer encore d'avantage.

V. E. trouvera parmis les papiers du M. de Contades la correspondance de l'Electeur de Treves avec ce general sur le sujet de la forteresse d'Ehrenbreitstein, que les François n'ont discoutinué de luy demander durant tout l'hyver. l'Electeur leur a opposé des bonnes raisons et a constamment refusé de leur livrer la place; il vient de dementir sa conduite precedente, puisque les Troupes Francoises y sont entré de son plein gré le 24 du courant. J'ay l'honneur d'envoyer à V. E. la relation du Colonel Luckner qui contient tout ce qui s'est passé à cette occasion.

Je crains que l'Electeur de Mayence ne suive ce mauvais Exemple; les papiers du M. de Contades ne laissent aucun doute ni sur le dessein des François ni sur la disposition de l'Electeur.

Il est facheux de voir les Francois en possession de toutes les places du Rhin; et les princes allemands assez insensibles à leur propre interet pour y donner les mains. Les papiers du M. de Contades contiennent de quoi prouver incontestablement, que les François ne veulent que la destruction de l'armée de S. M. B. et de ses Etats. La production des princes allemands, dont ils font parade, n'est qu'un pretexte frivole, et il leur paroit insensé de risquer un seul grenadier, pour porter du secours aux princes allemands leurs alliés, quelque besoin qu'ils puissent en avoir. Ne seroit-il pas convenable, Mylord, de faire sentir à ces princes qu'ils sont les dupes et le jouet de la France? Je pense que si S. M. fit faire usage des papiers du M. de Contades soit à Ratisbonne, soit aux differentes cours de l'Allemagne, qui y sont les plus interessées, il y auroit moyen de gagner plusieurs de ces cours, sans faire de depenses.

J'ay l'honneur d'etre.   F.

(Aus den Archiv-Actén vol. 325.)

* Je vous prie de me dire ce que c'est.

Durchlauchtigster Fürst,

Gnädigster Herr!

Ew. Hochfürstl. Durchl. geruhen gnädigst, aus der Anlage zu ersehen, was für eine fernerweite Erklärung in Betreff einer näherer Vestsetzung der Sicherheit und Ruhe dieses höchsten Reichs-Cammer-Gerichts so wohl, als auch der hiesigen Stadt, als dessen dermahligen Wohnsitzes, von des Herrn Hertzogen von Broglio Durchl. Uns gestern zugekommen seye;

Gleichwie nun des Königlich-frantzösischen Marschallen von Contades Excellenz sich dardurch neuerlich erkläret haben, dass, wann Ew. Hochfürstl. Durchl. gnädigst gefällig wäre, Höchst Dero Seits ausdrücklich und förmlich zu versprechen, dass von denen unter Dero Hohen Commando stehenden Kriegs-Truppen kein Commando von nun an bis auf künfftigen Monath Januarium 1760 in hiesige Reichs-Stadt einrücken, noch von Dero Trouppen in solcher Zeit eine Stunde weit ober- und desgleichen unterhalb der Stadt der Lahn-Fluss passiret werden solle; alsdann gedachte Sr. Excellenz sich hierzu ebenermassen anheischig und verbindlich machen wolten;

Also ergehet an Ew. Hochfürtl. Durchl. Unser nochmahlig unterthänigstes Bitten auf das angelegentlichste, Höchstdieselbe geruhen wollen, Dero gnädigste Einwilligung Uns hierzu zugehen zu lassen wobey Wir des gehorsamsten Anerbiethens sind, dass, falls hierunter wegen der Arth und Weiss, wie solches zu bewürken seyn mögte, einiger Anstand fürwaltete, Wir, nach erhaltener Dero gnädigsten Entschliesung Uns, ratione modi, um die nöthige Auskunffts-Mitteln zu treffen, mit allem Fleiss möglichst verwenden werden.

Die Wir mit vollkommenstem respect verharren

Ewr. Hochfürstl. Durchl.

Wetzlar, den 27.   unterthänigste
September 1759.   Anwesende Präsident
                                                         und Assessores des Reichs-
                                                         Cammer-Gerichts Daselbsten.

(Archiv-Acten vol. 325.)

** An das Reichs-Cammer-Gericht.

Kroffdorff, den 29. Sept. 1759.

Ich kann Ew. Excellenz, Hochwol- und Wolgeb. für die Sicherheit des Reichs-Cammer-Gerichts keine stärkere Versicherungen geben, als diejenigen sind, welche ich denenselben in so vielen Schreiben ertheilet und wiederholet habe.

Hätten die Königlich frnnzösischen Truppen gleiche Egards vor dieselben, So weiss ich nicht, was Ihnen weiter zu suchen übrig bliebe.

Jetzo ist die Verhältnis in beyderseitigem Verhalten sehr ungleich; und ich sehe nicht ab, wie Ew. Exc. von mir eine nähere Erklärung fordern können, so lange die Königl. französischen Truppen die Stadt besetzet behalten.

Ich bin inzwischen p. p.   (F.)

(Archiv-Acten vol. 325.)

* Restitution en sera faite, si ce n'est du veritable cheval, ou moins d'un equivalent, et j'en ferai volontiers les frais.

A Munchholtzhausen, ce 28. 7 bre 1759.

Mon Prince,

J'ay l'honneur de prier Votre Altesse Serenissime de vouloir bien donner ses ordres pour que l'on rende au porteur un cheval Bay marqué en tête d'une pelotte blanche agé de six ans, taille de quatre Pieds huit pouces, qu'un cavalier du regiment de Schomberg, nommé Marquat, qui a deserté cet après diner, vient d'emmener en main avec le sien. Je suis persuadé que V. A. S. connoit trop bien les loix de la guerre, pour ne pas sentir, que c'est un Vol manifeste et désaprouvé chez toutes les nations policées.

Je saisis avec Empressement cette occasion de luy renouveller les assurances de la consideration très distinguée avec laquelle j'ay l'honneur d'être

Mon Prince

de Votre Altesse Serenissime

Le tres humble et tres
obeissant Serviteur
Le Duc de Broglie.

à Munchholtzhausen ce 30. 7 bre 1759.

Monsieur.

Le trompette que Vottre Altesse a bien voulu m'envoyer m'a remis la lettre qu'elle m'a fait l'honneur de m'ecrire, et a ramené le cheval du regiment de Schomberg que j'avois eu celuy de luy redemander. Je la supplie d'etre persuadée de ma parfaite reconnoissance et du desir que j'ay de trouver les occasions de luy en donner des preuves. —

J'ay l'honneur d'etre avec les sentimens de la consideration la plus distinguée

Monseigneur

de Votre Altesse

le tres humble et tres
obeissant serviteur
le Duc de Broglie.

(Archiv-Acten vol. 325.)

Monseigneur!

Je viends de recevoir avec le plus profond respect la depêche gracieuse que Votre Altesse Serenissime m'a fait l'honneur de m'ecrire en date du 19. de ce mois et je me flatte que l'ennemi accoutumé de fuir devant Elle ne tardera pas à regagner les bords du Mayn.

(en chiffres). „Je souhaite également que les affaires de West-phalie aillent assez bien pour ne pas obliger Vôtre Altesse à y envoyer du renfort, et à s'éloigner par là de la Saxe. Son Voisinage nous est trop utile et peut le devenir encore plus par bien des Evenements qui peuvent arriver avant la fin de la Campagne."

Nous n'avons jusqu'ici aucune nouvelle positive de l'expedition des Generaux Finck et Wunsch, mais je les suppose devant Dresde dont la prise rencontrera à vüe de païs plus de difficultés que celle du reste de la Saxe.

Vôtre Altesse Serenissime sera deja informée par le même Courier qui vient de m'apporter des lettres du Roy de la position actuelle de Sa Majesté et du plan de ses ennemis ainsi que de quelques avantages que Msgr. le Prince Henry doit avoir remportés sur les Autrichiens en leur enlevant entre autres plusieurs Magazins le long des frontieres de la Bohême. Nous n'avons aucun detail sur tout ceci, mais le roy m'a fait l'honneur de me le marquer trop positivement pour que j'en puisse douter, et il paroit que c'est à cet incident qu'il faut attribuer la marche subite du marechal Daun sur Bautzen.

Comme Mr. le Marquis de Rougé m'a adressé trois lettres pour Messieurs de Belleisle, de Contades et de Cremille, je prends aussi la liberté de les envoyer à Votre Altesse Serenissime, et je me flatte qu'Elle voudra bien avoir la bonté de faire parvenir ces lettres, qui ne roulent que sur l'affaire du Cartel, à leur destination.

J'ay l'honneur d'être avec le plus profond respect

Monseigneur

de Votre Altesse Serenissime

Magdebourg,   le tres humble et tres obeissant
ce 22. September 1759.   serviteur
A. S. A. S. Msgr. le Prince   C. F. de Finckenstein.
Ferdinand de Bronswic.

à Kroffdorff ce 29 Sept. 1759.

✻✻ Pour le Comte de Finckenstein.

Je viens de recevoir la lettre que V. E. m'a faite du 22. Vous ignoriez alors sans doute encore la belle victoire de M. de Finck. J'espere qu'elle Luy facilitera de beaucoup la prise de Dresdes, pour peu qu'elle soit une chose à entreprendre dans la crise presente. J'avois aussi entendû quelque chose des avantages, que Mgr. le Prince Henry doit avoir remporté. Je suis charmé de ce qu'ils se confirment.

Les Francois occupent toujours leur camp de Giessen, et moi le mien de Kroffdorff: Mons. d'Imhoff bloque de nouveau la ville de Münster; „mais je ne suis point sans inquietude sur les affaires dans cette partie-là. Je Luy ai envoyé un Renfort de cavalerie; je crains que je ne sois forcé d'y envoyer encore un gros detachement. Cela ne m'empechera pas de rester avec le gros en Hesse, et de saisir les occasions où je pourrai etre utile au Roy."

J'ay l'honneur d'être p. p.   (F.)

Monseigneur!

J'ai reçû avec le plus profond respect la lettre que Votre Altesse Serenissime m'a fait l'honneur de m'ecrire en date du 20 et je n'ai pas voulu manquer de Lui faire mon très humble rapport par celle-ci d'une action asses vive qu'il y a eu le 21. entre le General Finck et l'Armée combinée de l'Empire et des Autrichiens et qui a tourné á l'avantage du premier.

Le General Finck après avoir obligé le General Klefeld de se retirer à son approche, s'est avancé jusqu'à Meissen et a forcé également le General Haddick de quitter un poste asses avantagaux qu'il occupoit dans ces environs. Surquoi il a poursuivi sa marché et s'est campé à Corbitz près de Meissen. C'est dans ce poste que le General Haddick apres s'être joint avec toute l'Armée de l'Empire est venû l'attaquer. Ses dispositions doivent avoir eté bonnes de l'aveu du General Finck, et le feu de l'artillerie qui a duré depuis neuf heures et demi du matin jusqu'à huit heures du soir, a eté des plus vifs. Malgré cela et la superiorité de l'ennemi le dit General a eû le bonheur de le repousser, et me mande que si sa Cavallerie avoit secondé les efforts de son infanterie, la victoire auroit eté des plus complettes. La perte de notre coté ne doit pas être considerable et de beaucoup moindre que celle de l'ennemi, sur lequel on a fait des prisonniers dont le nombre n'est cependant pas encore specifié. Le General Haddick s'est retiré vers Dresde, puisque le Marechal Daun qui se trouve à Bautzen, doit avoir tiré un cordon depuis cette ville jusqu'à Dresde, au moyen duquel il est en etat d'envoyer du secours au general Haddick et de renforcer aussi la garnison en cas de besoin.

Je n'ai reçu rien du Roy depuis les lettres du 19. de Forsta et je fais les voeux les plus ardens pour que je puisse être bientot en etat d'en donner de bonnes nouvelles à Votre Altesse Serenissime. Elle me permettra de finir celle-ci par mes très humbles felicitations au sujet de la convalescence de Mgr. le Prince hereditaire de Bronsvic. Si le danger qui a menacé les jours de ce jeune héros nous a causé les plus vives inquietudes, notre joie en apprenant le retablissement de sa santé a eté complette, et il ne me reste qu'à souhaiter que le Ciel veuille le conserver et le combler de toutes les prosperités qu'il merite en tout sens et à tous égards.

J'ay l'honneur d'être avec le plus profond respect
Monseigneur
de Votre Altesse Serenissime
le tres humble et tres obeissant
serviteur.
C. H. de Finckenstein.

Magdebourg,
ce 25. Septembre 1759.

A. S. A. S. Msgr. le Prince
Ferdinand de Bronsvic.

(Archiv-Acten vol. 325.)

Du Camp de Kinderhuys ce 27. Sept. 1759.

* C'est un galant homme, mais un peu trop turbulent et inquiet.

Monseigneur.

Dans la situation ou nous sommes à present, rien de plus naturel, que de raisonner sur la manière d'investir, d'assieger ou de bloquer des Places; mais comme je n'ai pas l'honneur de sçavoir les intentions de V. A. S. par rapport à Münster, je ne puis pas soutenir ma thèse qu'en general.

Il est sur qu'avec le petit corps, que nous avons, et les mouve mens qu'une partie est obligée de faire, à mesure que l'Ennemi change sa position, il est absolument impossible, de bloquer entierement une Ville de cette etendue; mais en prenant bien ses postes et en retre-cissant le cercle, on peut la resserrer de façon qu'il n'y entre rien de considerable.

Les deux premiers jours de mon arrivé ici toute la Cavalerie de Münster, consistant je crois, en septante chevaux, partie Clermonts, partie Dragons, sortirent de la Ville et tiraillerent avec nos Vedettes, mais Je ne les ai vu depuis. Ce matin une patrouille d'Infanterie avançerent sur le grand chemin qui mene à mon camp et lacherent quelques coups de fusil, mais ils se retirerent tout de suite. Il n'y avoit pas un seul canon monté sur la Citadelle quand je campai ici, mais on y a monté plusieurs depuis, et hier on tira deux boulets de 36 qui tomberent entre les deux postes de la grande garde. On a tiré aussi plusieurs fois du bastion du moulin, sur nos Vedettes, mais sans nous faire du mal.

Je viens dans le moment de recevoir la lettre gracieuse de V. A. S. du 24 et j'ai honte de penser que Je ne puis jamais meriter les bontés dont Elle m'a comblé. A mon depart d'Angleterre Monsieur Pitt m'a presque assuré que j'aurois une Compagnie aux gardes et peutetre un gouvernement pour me dedommager de ce que j'avais perdu a Minorque et du Regiment qu'il a solicité pour un autre. Si j'avais eu cette provision au commencement de la Campagne, J'en aurais eté tres satisfait; Mais apres que V. A. S. a jugé apropos de me confier le commandement d'un Corps, il me semble que je ne puis servir comme Lieut. Col. dans un Regiment, mais qu'on doit me donner le rang de Colonel en consequence de la recommandation de V. A. S. Il est vrai, Mon Prince, que si on fait cela, on me fait passer par dessus les tetes de bien des officiers qui valent beaucoup mieux que moi, mais mon cas est particulier, et la nation vous a trop d'obligations, Mon-seigneur, pour qu'un Ministre ne fasse tout ce qui depend de lui pour appuier sa demande.

Encore si on me l'accorde, je crains les Indes ou l'Amerique, si V. A. S. ne juge pas apropos de me garder aupres d'Elle, et je ne puis pas songer à La quitter sans un regret infini.

Pardonnez, Mon tres honòré Prince, la liberté que j'ai pris d'entrer dans un tel detail et daignez d'accepter les voeux sinceres d'un homme dont la reconnoissance est sans bornes et qui est avec l'affection la plus respectueuse

Monseigneur

votre très devoué et tres
humble serviteur
Rob. Boyd.

(Archiv-Acten vol. 325.)

Monseigneur,

Les tristes nouvelles que j'apprends de Hohen Solms m'engagent à prendre la liberté d'adresser ces lignes à Vòtre Altesse Sérénissime: je n'ai pas oublié les bontés dont Elle m'honòra, lorsque j'eûs l'avantage de lui faire ma cour à Bronswic, dans le tems du mariage de S. M. la Reine de Dannemarc Sa Soeur; ces marques de Sa bienveillance me font espérer, qu'Elle daignera faire attention à ce que je vais avoir l'honneur de lui dire.

Je n'abuserai pas de Vòtre patience, Monseigneur, en Vous faisant le récit de ce que mes sujets ont souffert depuis le commencement de cette guerre, par les livraisons, charrois et autres fournitures, que les françois en ont exigé; Dieu nous a délivré d'eux par la prudence et la valeur de Vòtre Altesse Sérénissime, l'armée confiée à ses soins s'est approchée de mes frontières et a pris possession de mon païs, il est juste qu'il contribüe, à proportion de ses forces, à la subsistance de l'armée, j'ai donné ordre à ma Régence d'y tenir la main et de se concèrter là dessus avec les personnes préposées à ce Département. Mais l'étât du Baillage de Hohen Solms a été totalement changé, par l'entrée du Corps que Mr. le Général de Wangenheim commande, le soldat a commis, en entrant, nombre d'exces, mes propres jardins n'en ont pas été exemts et tout a été fouragé à plusieurs reprises, de facon qu'il n'est pas resté aux pauvres habitans de quoi? se nourrir ni eux, ni leur bétail. Ce tableau est affligeant pour l'humanité, j'y pourrois ajoûter des traits encore plus perçans, pris dans la profonde misère dans laquellè mes pauvres sujets ont le malheur de croupir, sans qu'il y ait, Dieu merci, de ma faute. Je n'ai qu'à laisser agir Vòtre coeur, Monseigneur, parmi les éminentes qualités qui vous rendent si respectable, celle qui fait compâtir Vòtre Altesse Sérénissime au malheur d'autrui, tient un rang distingué. Elle a donné trop de preuves de Sòn Equité et de la satisfaction qu'Elle ressent en soulageant les indigens, pour que je ne sois pas assuré, que les Soldats ont agi directement contre Ses Ordres et ceux des Généraux qui commandent sous Elle. Mr. le Général de Wangenheim a reprimé ces excès, dès qu'il est entré dans Hohen Solms, mais le mal, en grande partie, étoit déjà fait, avant son arrivée.

Les Ordres remplis de douceur et de clémence, que S. Alt. S. Msgr. le Prince Héréditaire a donné aux Troupes, qui les premiéres

III. 52

ont occupé mon païs, me prouvent clairement, que les intentions de
Vôtre Altesse Sérénissime pour la conservation de ce qui m'apartient,
ne sauroient être plus gracieuses. Permettés, Monseigneur, que je
Vous en fasse mes rémercimens trés humbles, je sens tout le prix de
Vôtre Protection et j'ose Vous en demander la continuation. Daignés,
Monseigneur, y ajouter encore une grace, que je prends la liberté de
Vous demander avec instance, c'est, qu'il plaise à Vôtre Altesse Sérénissime, donner ses Ordres, qu'on dédommage mes sujets de ce qu'ils ont
souffert, et qu'ils soient païés des livraisons, charrois et autres fournitures
faites et à faire, pour le service de l'armée que Vôtre Altesse Sérénissime
commande.*) S. Alt. Seren. Msgr. le Landgrave de Hesse Cassel m'a fait
la grace d'intercéder pour moi auprès de Votre Altesse Sérénissime et
j'ai l'honneur de joindre ici la lettre, qui y est relative. C'est en Vous
supliant, Monseigneur, de me continuer l'honneur de Vos bonnes graces,
que j'ai celui d'être avec un profond respèt

Monseigneur
de Vôtre Altesse Sérénissime
le très humble et très obéissant
serviteur
le Comte de Hohen Solms.

à Hambourg le 29. Septbr. 1759.

Durchlauchtigster Fürst,
Freundlich vielgeliebter Herr Vetter!

Ewer Liebden werden nicht ungeneigt vermerken, dass auf Veranlassung des dermahlen dahier befindlichen Graffen von Solms Hohensolms dieselbe hiermit zu behelligeu die Freyheit nehme.

Es hat derselbe mir zu vernehmen gegeben, was massen seine, durch
die öfteren Durchzüge ohnehin bereits sehr ausgesogene Lande durch
einen Theil der Ev. Liebden Befehlen untergebenen armée dergestalt übell
behandelt würden, dass sie ihrem völligen ruin gar nahe stünden, und
mich dannenhero ersucht, zu deren etwelcher Verschonung bey Ev.
Liebden mein Vorwort einzulegen. Dieweilen nun derselbe darin ein
besonderes Vertrauen gesetzt,

So habe Ihme diese meine ergebenste Intercession um so weniger
versagen mögen, als Ich mir ohnehin die Hoffnung mache, Ev. Liebden
werden nach Dero angebohrenen Leutseelig- und Billigkeit nicht verstatten, dass ermeldter Graff, dessen Gesinnungeu alle vorzügliche Justice meritiren, seine Lande über Vermögen mitgenommen und völlig
ruiniret sehe, somit Ihm den Effect davon geneigtest verspühren lassen.

Mir wird dagegen nichts angelegener noch erwünschteres begegnen
können, als wan ich Gelegenheit erhalte, Ev. Liebden gegenseitig die

---

*) *Cela est juste. Il faut que communication en soit fait à l'Intendant
Général.

ausnehmende Hochachtung und Freundschafft darzulegen, womit ohne unterlass beharre

Ewer Liebden

Dienstwilliger, treuer Vetter

und Diener

Wilhelm

Hamburg den 29. Septembris 1759.

reçu le 4. oct. à 11 h. du mat. par Rögn.

avec une lettre pour Myl. Holdernesse.

à Kroffdorff ce 30. Sep. 1759.

※※ Monsieur,

Votre cherissime Lettre du 23. Sep. No. 85. m'a eté rendüe hier au matin. Elle a causé bien du plaisir; je ne tarde point de vous repondre, et de vous renvoyer le seul courier que nous ayons encore icy.

Laissez encore le prince hereditaire en Turinge avec ses 12m. hommes; Les Detachements que le Duc a poussé en effet jusqu'à Naumbourg et Altenbourg n'ont pas d'autre point d'apuy. je vous informeray du retour de toutes ces troupes,

Voicy la relation detaillée de la victoire de Mr. de Finck. Cette action luy fait bien d'honneur. Le Duc souhaite qu'elle parvienne en angleterre; il marque meme à Mylord Holdernesse que vous la luy feriez parvenir avec une traduction angloise; je ne sais si vous avés le loisir d'en faire vous meme; ou occasion d'en faire faire.

Il n'y auroit pas grand mal de faire pendre Monsieur le colonel Baron de Rapin: cependant comme il pourroit etre utile, il vaut mieux qu'il ne le soit point. je luy fais ecrire d'etre circonspect.

S. A. S. vous remercie cordialement de toutes les pieces interessantes que vous Luy avez envoyées.

j'ay envoyé au commandant de Minden le memoire touchant Mr. le Comte de la Tour, pour le luy remettre. je ne manqueray surement pas d'aller au devant de tout ce qu'il pourra souhaiter.

j'espere que le courier anglois sera arrivé avec les paquets qui luy ont eté confiés de la correspondance de Mr. de Contades. Il en partira demain matin un second. je luy fais faire un petit detour par precaution.

je vous enverrai un plan de la bataille de Minden, que S. A. S. souhaite d'avoir gravé; il est magnifiquement travaillé.

je crois vous avoir mandé que les Francois sont entré dans Ehrenbreitstein le 24. L'electeur de Treves est depuis ce temps là en correspondance avec le Duc; je crois que S. A. E. se repentira de la sottise qu'elle a faite.

Tout est à peu pres dans la meme situation icy: les Francois font chaque jour de petits changemens dans leurs differens camps. Nous en faisons aussi, qui à la fin pourront aboutir à quelque chose. Mr.

d'Imhoff va etre renforcé au point à ne plus craindre le Marquis d'Armentieres: pour peu qu'il y ait quelque chose qui puisse calmer ses
frayeurs.

S. A. S. se portent bien. a Dieu Mon cher amy
(à Mr. de Haenichen)

(Archiv-Acten vol. 325.)

Monseigneur,

Je n'ai pas crû devoir laisser ignorer à Vôtre Altesse Serenissime,
que les chemins de la Lusace étant de nouveau infestés par les partis
ennemis depuis la marche du Roy, et Sa M. ayant fait ordonner au
Bureau des postes de Berlin, d'y rétenir les Couriers et les depêches
jusqu'à ce que la Communication avec son Armée fut entièrement libre,
les trois derniers Couriers de Votre Altesse Serenissime ont eté obligés d'y faire halte, jusqu'à ce qu'ils puissent poursuivre leur route en
toute sûreté. Nous avons cependant eté informés par un Chasseur du
Roy, parti de l'Armée même, et qui a trouvé moyen de passer par
Crossen et Francfort, que Sa M. étoit arrivée le 22. à Sagan, qu'Elle
avoit compté de se mettre en marche le lendemain 23. pour Glogau et
qu'Elle avoit dévancé les Russes, qui se trouvoient encore alors à
Christianstadt.

Je profite au reste de cette occasion pour communiquer très humblement à Vôtre Altesse Serenissime une lettre asses curieuse, que Mr.
de Choiseul, Ambassadeur de France à Vienne, a écrite à Mr. de
Guerchi, Lieutenant-General de l'Armée de Mr. de Contades, immediatement après avoir recû les nouvelles de la bataille de Minden et
de celle de Cunersdorff. La personne qui m'a communiqué cette depêche, ayant desiré que les copies n'en fussent multipliées, j'ose supplier V. A. S. d'empecher que celle ci ne se repande.

J'ay l'honneur d'être avec le plus profond respect
Monseigneur
De Votre Altesse Serenissime
le tres humble et tres obeissant Serviteur
H. De Finckenstein.

Magdebourg, ce 19. Septbr. 1759.

A. S. A. S. Msgr. le Duc Ferdinand de Bronswic.

A Vienne le 15. Août 1759.

Copie d'une lettre écrite par Mr. de Choiseul, Ambassadeur
de France à la Cour de Vienne, à Mr. le Marquis de Guerchi
Lieut. Général à l'armée de Contades.

Ah, mon cher ami, que j'ai eté dans une cruelle situation durant
trois jours et quel Coup de foudre vient nous frapper! Deux nouvelles
contradictoires se repandent ici, la première que nous avons perdû une
bataille, la seconde que nous l'avons gagné; trois jours se passent dans
cette cruelle incertitude et le pis est que nous sommes battus. Je l'apprends par une lettre de quatre lignes de Mr. de Contades, il ne me

parle point de toi, je n'ai point de tes nouvelles, je te crois perdu,
heureusement il m'arrive un Courier de Versailles, qui en étoit parti
fort peu de tems après la nouvelle de ce malheur, il m'apporte un
petit billet par lequel on me mande que tu te portes bien, je suis penetré de cette attention; j'ai commencé à réprendre courage de ce
moment-là et je t'exhorte à le prendre aussi, à en inspirer aux autres
et à en empêcher que les têtes se retournent. Les grands malheurs
de ce genre sont plus dans l'opinion que dans la realité, tu a de la
fermeté et du courage, il faut les communiquer aux Généraux et aux
trouppes: Je l'avoue, j'ai le mal dans le coeur de cet evenement aussi
humiliant qu'incroyable, je ne m'attendois pas à cette turbulation, et
Mr. de Contades nous joue là un cruel tour, mais sur le champ j'ai
pris le parti de faire tête à l'orage, de ne point paroitre abattu et de
marcher tete levée. J'ai eté hier au soir ches Mr. de Kaunitz, ou il
y avoit beaucoup de monde; personne n'osoit me rien dire et l'on me
régardoit d'un air dolant. J'ai parlé le premier de nôtre affaire, j'ai
dit que c'etoit un malheur, mais que j'esperois, qu'il seroit reparé et
que nous prendrions nôtre revange, qu'à la guerre, comme au jeu, il
falloit s'attendre à perdre comme à gagner, et que nous n'etions pas
abattus par les revers, ni enyvrés par les succes. J'ai vû que cela
faisoit un bon effet. Nous n'avons encore aucun detail, il faut esperer
qu'on nous apprendra quelque jour comme 120m. hommes ont eté
battus par une trouppe ramassée; comment une armée superieure s'est
laissé entourer et s'est mise dans la nécessité de combattre avec dés-
avantage; comment on a pû etre dans un Camp pendant trois semaines,
sans en connoitre le fort et le foible. Je sais bien que vous n'avies
pas 120m. hommes à la bataille, mais vous éties cependant fort superieurs, ou bien vous vous eties trop eparpillé; ce qui est fait, est fait:
Cette playe saignera longtems, il faut tacher de la guerir, vous êtes
encore le double des ennemis, quelque perte que vous ayes pû faire;
il faut vous rassembler et prendre vôtre revange. Vous aves 39. Bataillons et 70 Escadrons, qui n'ont point combattû; les ennemis sont
affoiblis par leur victoire, je ne vois rien de désesperé, si l'on ne perd
pas la tête. Je ne sais pas le parti que va prendre la Cour, ni ce
qu'elle pense, mais voilà mon avis. Ce que je pense encore plus c'est que
la Westphalie est un gouffre et qu'on y perdra toutes les armées qu'on y enverra, parce qu'il n'est pas possible de garder des Communications avec
Wesel et Düsseldorff d'un coté et avec Cassel et Francfort de l'autre. La
passion de Mr. de Contades pour ce coté-là lui coute bien cher et à
nous aussi; je ne sais pas si on est convaincû à present, il me semble
que la leçon est assez bonne. Tu sais combien j'ai disputé ladessus
cet hyver; il n'y a petit ni grand ici, qui n'ait été étonné, que nous
ayons encore eté nous enfoncé dans ce vilain pays-là et qui n'en sente
les inconveniens, ils ont eté prédits et réprésentés dès le Commencement de la guerre: En un mot c'est au landgrave de Hesse et à l'Electeur d'Hannovre, que nous faisons la guerre, et qu'avons nous à faire

de Munster et de Lipstad ayant Francfort et Cassel; nous n'avions
qu'à marcher dans le païs d'Hannovre, faire le siege de Hameln avec
25m. hommes et le couvrir avec 80m. Cette place prise tout est dit;
Vous êtes le maitre de tout le païs de vos ennemis et s'ils tiennent
encore les deux places de Munster et de Lipstad, vous les prenéz ensuite tout à vôtre aise à la fin de la Campagne, si elles ne tombent
pas d'elles-mêmes; En verité celà est evident comme deux et deux font
quatre. Mais au nom de Dieu, ne perdez point courage et n'allez pas
penser, que notre campagne est perdue; elle ne l'est qu'autant qu'on
le croira. Nous aprenons dans l'instant que le Roi de Prusse a passé
l'Oder le 11. et qu'il a attaqué le 12. Mr. de Soltikof et Laudon réunis, qu'il a eté battu et obligé de se rétirer apres un combat très
opiniatre, qui a duré 7 heures. Nous en attendons à tout moment le
detail, mais j'ai crû que dans les Circonstances ou nous sommes, il n'y
avoit pas un moment à perdre pour le repandre dans l'Empire et surtout dans notre Armée. Je ne fais point de reflexions ladessus, quelque humiliant qu'il soit d'être vangé par les Russes, il faut vaincre le
sentiment national et convenir, que cet évenement est bien heureux.
L'exemple des Russes qui viennent de gagner deux Batailles dans trois
semaines, doit faire effet à ce qui me semble sur les troupes et sur
les Généraux. Si nous avions gagné la malheureuse Bataille de Minden
ou seulement que nous ne l'eussions pas donnée, la paix auroit eté moralement sure cet hyver.

Kapitel X.

Uebersicht. Wiederbesitznahme von Münster.
Die allirte Armee behauptet andauernd die Lagerstellung bei Kroffdorff, gegenüber der französischen Armee des D. de Broglio bei
Giessen. — Brief Haenichen's vom 27. September an Westphalen:
Beschwerden der Holländer über Kriegsschäden von 1758; Heraus-
gabe einer Karte der Schlacht von Todtenhausen (Minden); Verstärkungen für d'Armentières im Anmarsch. — Brief Westphalens
an Haenichen vom 3. Oct. Auch von dem Treffen bei Gofeld soll,
auf besondern Wunsch des Erbprinzen, ein in Kupfer gestochener
Plan herausgegeben werden. Spuren einer geheimen Correspondenz
mit dem Feinde „aus dem sogenannten Secretariat"; Haenichen wird
ersucht, den Namen des angeblichen Correspondenten (v. Waldeck)
auszumitteln, um die andern Betheiligten zu entdecken. — Zusammensetzung des dem General v. Imhoff untergebenen, bis auf 2900 Mann
Cavallerie und 14,000 Mann Infanterie verstärkten, Corps. — Der
König Friedrich II. theilt dem Herzog Ferdinand mit, dass die Rus-
sen sich nach Posen zurückzuziehen schienen, — von Laudon mit
27 Batt. und 10 Cürassier-Regimentern begleitet, — die Correspondenz sei wieder frei, und Frankreich sehne sich nach Frieden, da
Kanada verloren scheine. Der Herzog berichtet ausführlich an den
König (11. Oct.), — er habe ein Unternehmen gegen Ehrenbreitstein
im Werke; im günstigen Fall hoffe er dann Giessen, vielleicht Frankfurt, zu nehmen; im ungünstigen werde er nach Westfalen zurück-
gehen müssen. In England grosse Vertheidigungsmassregeln gegen
einen Laadungsversuch der Franzosen, — auf welchen der vom
Könige mitgetheilte Brief des Grafen Stahremberg gedeutet; — alle
Häfen Frankreichs, von Dünkirchen bis Bayonne, von Englischen
Schiffen gleichsam blokirt. Das Sächsische Corps des Prinzen Xavier,
vor der Schlacht bei Minden fast 9000 Mann stark, jetzt auf 3000
reducirt, werde in Erfurt recrutirt. Die Kaiserin von Oestreich habe
sich gegen Choiseul entschieden abgeneigt erklärt, von Friedensvor-
schlägen zu hören, wolle vielmehr die äusserste Kraft an die Fortsetzung des Krieges setzen. — Westphalens Brief vom 12. October an Haenichen: der wahre Hergang bei Einräumung des
Schlosses von Ehrenbreitstein an die Franzosen von Seiten des Churfürsten von Trier, zur Veröffentlichung in den Zeitungen, — „pour

donner un dementi au gazettier de Cologne sur son article aussi impertinent que fau." — Armentières verlässt am 8. Oct. sein Lager
in Dorsten und sucht Münster zu entsetzen. — Ein Würtemberg-
sches Corps ist im Anmarsch auf Frankfurt a. M., zur Vereinigung
mit den Sachsen. — Ueber die Bewegungen der Armée des Königs
und des Prinzen Heinrich von Preussen bringt der Brief die neuesten
Nachrichten. — Bülow besetzt Dorsten (12. Oct.) und macht 4 Off.
und 50 Mann zu Gefangenen, nachdem er persönlich mit 6 Husaren
sich des Brückenkopfs bemächtigt. —. Das Regiment Marschall
(Hannoveraner) — 1000 Mann stark, — lässt sich (am 16. Oct.) in
Dyckburg von 200 Mann aus der französischen Garnison von Münster überfallen; es verliert 1 Kanone und 1 Fahne; seine Zelte und
Bagage werden verbrannt, 70 Mann werden getödtet und verwundet
und 100 Mann gefangen. Ausserdem verliert eine Escadron Busch-
Dragoner 40 Mann und Pferde bei diesem Gefechte. Der Herzog
befiehlt dem General Imhoff, den commandirenden Officier der Brigade und die Bataillons-Commandeurs arretiren zu lassen und vor
ein Kriegsgericht zu stellen: — Brief Westphalens vom 20. Oct. —
Die Franzosen unterminiren Giessen und führen ihre Artillerie hin-
weg. — Friedrichs II. Aeusserungen über die politischen Conjunc-
turen nach der Einnahme von Quebeck: „Les François paroissent
avoir une grande envie de faire la Paix, — comptez qu'ils la feront; j'ai bien cru, que la Reine de Hongrie seroit celle, qui se
gendarmeroit le plus contre toute idée de la Paix; — ni Elle, ni ses
Déscendans ne trouveront jamais d'alliance plus favorable que celle
qu'elle a trouvé le moyen de former; mais quelle que soit son ambition, si la France tire son épingle du jeu, il faudra bien, qu'elle
suive, quoique je voudrois bien parier, que cela se fera de mauvaise
grace" (17. Oct.) — Westphalens Brief vom 13. Oct.: — „il faut
qu'il y ait de traitres au quartier général; on en a des indices, —
sans pouvoir trouver l'auteur." — Aufwand bei der feierlichen
Ueberreichung des Hosenband-Ordens an den Herzog Ferdinand; —
ein Mr. Leake empfängt allein ein Geschenk von 833 Ducaten:
„Mr. Leak a fait lui même ses demandes." — Der Herzog berichtet dem Könige (24. Oct.), — da 3 Schweitzer-Regimenter detachirt
worden, um d'Armentières zu verstärken, so entsende er neue Verstärkungen an den General Imhoff; er hofft, Fouragemangel werde
den Feind bald zwingen, die Gegend an der Lahn zu verlassen;
hierauf gründet er seine Berechnung, die Belagerung von Münster
wieder aufzunehmen; er denkt, die Laufgräben am 9. Novbr. zu eröffnen. Luckners gelungener Angriff bei Nieder-Brecht (23. Oct.):
er nimmt 1 Officier, 70 Mann und 99 Pferde gefangen; 1 Oberst-
Lieutenant, 1 Capitain und 43 Gemeine vom Feinde bleiben auf dem
Platze. — Berichtigung eines böswilligen Artikels über das Verfahren gegen Lord Sackville in der Leidener Zeitung. — Westphalen
theilt eine Notiz über den Verlust der Preussischen Infanterie in der

mörderischen Schlacht von Kunersdorff mit. Derselbe belief sich auf 64 getödtete Officiere und 5010 getödtete Unterofficiere und Gemeine. Die Zahl der Verwundeten war 339 Officiere und 10,885 Unterofficiere und Gemeine. 28 Officiere und 1068 Unterofficiere und Gemeine wurden gefangen und vermisst. — Der König Friedrich, — an der Gicht bettlägerig, — hofft, in Kurzem gegen Daun vorgehen zu können (31. Oct.) — Eine Reihe Briefe von Haenichen vom 22. Oct. bis 6. Nov. mit Details politischen oder militairischen Inhalts. Die grosse Flotte von Brest war im Begriff, in See zu stechen, als das Erscheinen von 24 Englischen Kriegsschiffen sie bewog, im Hafen zu bleiben. — Westphalens Brief vom 8. Nov. — Das Eindringen der Oestreicher in Thüringen veranlasst den Herzog, nach Treffurt zu detachiren. — Des Generals Imhoff Nachlässigkeit in der Beförderung der Correspondenz. — Gratification Bauer's für seine Planzeichnung der Schlacht von Minden. — Noch Einiges über Mr. Leake. — Luckner's Unternehmen, über den Rhein zu setzen, gelingt nicht. — Die Leitung der Belagerung von Münster dem Grafen von Lippe-Schaumburg übertragen; — General Imhoff befehligt nur das Observations-Corps. — Armentières trifft den 8. Nov. mit seinem Corps und 30 Geschützen in Dorsten ein. Dasselbe soll, nach Haenichen's Nachrichten, auf 40 Bataillone und 30 Escadrone gebracht werden. Westphalen's Brief vom 20. Nov. setzt geringes Vertrauen auf das Gelingen der Belagerung von Münster, wegen des entmuthigenden Verhaltens des Gen. Imhoff. — Hemmender Einfluss äusserst ungünstiger Witterung auf die Truppenbewegungen in beiden Armeen. — Der Graf von Lippe-Schaumburg eröffnet am 10. Nov. die Laufgräben vor Münster; und am 17. aus 11 Geschützen das Feuer. Armentières geht am 16. über die Lippe, worauf Imhoff am 17. früh sein Lager aufgibt: — „le pelerin se croit sûr d'être batu." — Der König schreibt dem Herzog (17.—18. Nov.), dass er die Oestreicher bei Kesselsdorf geschlagen, und bald Sachsen von ihnen befreit zu haben hoffe. — Bericht des Herzogs an den König vom 23. Nov.: — Wiederbesitznahme von Münster (20. Nov.) Das Vordringen der Würtemberger nöthigt den Herzog, einen Theil seiner Truppen aus Westfalen zurückzurufen; der Erbprinz von Braunschweig wird beauftragt, dem Herzog von Würtemberg entgegenzugehen.

Westphalen's Nachlass.

❋ Je Vous renvois la lettre de Cressner avec la copie de celle de Kettler. Par le retour des troupes de l'Empire à Schmalkalden, ne devroit-t-on presque pas conjecturer que le projet proposé par Kettler, Savoir, „qu'en cas que je detache, qu'on fit un mouvement de toutes les Troupes legères (que je supose être celles de l'armée fran-

coise.) Secondées du General Luschinsky à Pfordhausen vers la Hesse,
qu' alors je serois bien ambarassé; eut lieu maintenant?

Qu' en pensés Vous.

Ce 2. October 1759.   F.

(à Mr. le Secr. Westphal.)

No. 86.   ce 27. Sept. 1759.

Monsieur

J'ai reçu les cheres lettres que vous m'avés ecrit le 20. 21 &
22. Sept. de Croffdorff. la derniere par le courier anglois, qui etoit
chargé du reste des lettres interceptées de Mr. Contades.   Je voudrois que les Anglois les fissent imprimer en partie dans leurs pamphlets, comme ils ont fait avec celle du Maal. de Bellisle à Mr. de
Contades, relativement au desert dans les Etats de Brunsvic,
qui fait beaucoup d'effet, et apprend au public, ce que les Francois
appellent humanité et procedés honetes.

J'espere que la course de Mr. Luckner sur la route de Francfort
ne sera pas infructueuse.

On vous a mille obligations mon cher Monsieur de ce que vous
nous avés informés des mouvemens qui se sont fait ces jours la. Je
suis chargé de vous en remercier avec bien de complimens.   Les
francois font courir à tout moment des bruits si sots, et les font ecrire
à tant de differents cours, qu'il vaut un peu la peine, ce me semble,
de se voir en etat, de desabuser les honetes gens credules. .

Nous n'avons pas eû depuis deux ordinaires, aucune lettre de
Dresden. La marche de Mr. de Daun à Bautzen me fait craindre,
que Mess. Finck et Wunsch n'echouent. Je vous prie de faire parvenir à Mr. Wunsch la ci jointe lettre.

La ci jointe lettre hollandoise m'a été remise par un des
Députés de la province de Gueldres dont Mess. de Zutphen font partie.
elle roule je crois sur les plaintes et exces qui se sont fait à votre
repassage du Rhin: vous vous souviendrés qu'au commencement de cette
année Mess. de Zutphen avoient prié Monsgr. de seconder leurs plaintes
par ses intercessions. La reponse de S. A. S. le Duc Ferdinand leur
a été communiquée. cette fois ils ont preferé, ou par mefiance ou par
betise de s'adresser directement à S. A. S.   Il est vrai que toutes
ces plaintes sont fomentées et suscitées par des gens mal intentionées.
mais comme la depense n'est pas si grande et qu'il ne depend que de
la generosité de Monsgr. le Duc Ferdinand, de satisfaire aux pauvres
habitans, qui se sont laissé entrainer aux criailleries de leurs superieurs;
Monsgr. seroit bien aise si la reponse seroit satisfaisante telle qu'elle
soit, pourvûque Messieurs de Zutphen en reçoivent.   .

On a apris que parmis les lettres interceptées de Mr. Contades,
il y en avoit, qui defendoient expressement le paiement des livraisons
faits aux François par les Etats de Nassau et regloient la conduite de
Mr. de Contades, vis à vis des dits pais. S'il y avoit moyen d'en avoir

une copie, on en seroit charmé, encore plus de voir pour un moment les originaux, dont on feroit bon usage. Le premier Courier vous les rendroit.

Les 6 medailles en or et les 12 en argent sont ordonnées. J'espere de vous les faire parvenir par le courier prochain. Le Medailleur ne les donnera pas un sols de moins ni à present, ni à l'avenir, qu'au prix marqué dans ma precedente, quelque quantité qu'on en puisse ordonner.

Nous n'avons pas reçu depuis deux postes aucune lettre de Francfort ni de Mayence p. cela prouve que les affaires des Francois ne sont pas dans une Situation brillante.

Le Plan de la Battaille de Tonhausen avance. Il n'y manque plus que l'ordre de battaille et les renvoys, de même que quelques omissions de noms de villages. En voici un echantillon. Les graveurs y travaillent avec assiduité, mais il ne finiront qu'en dix jours au moins. Dites moi si S. A. S. en est content.

La Poste d'Angleterre est enfin arrivée, et en même tems l'homme, qui apporte l'ordre de la jarretiere à Monsgr. le Duc Ferdinand; il est encore à Rotterdam et selon la description il ne se cassera pas la jambe en courant la poste. Quelqu'un m'a ecrit, qu'on disoit que Milord George pensoit à passer un long sejour en Italie.

Je joins ici quelques Extraits connus. avec la copie d'une lettre de notre Escrocq Z. item une piece très curieuse, quoique etrangere à notre correspondence. C'est une lettre circulaire aux Ministres de Naples, dans laquelle sa Maj. àpresent catholique, declare son fils ainé incapable de regner, Exemple très rare pour ne pas dire unique dans l'histoire.

Vous verrés par le chant ci joint les sentimens des Parisiens sur la Situation presente. Sa M. T. C. a tenu derechef un lit de Justice, pour faire enregistrer les nouveaux impôts, qui donneront le coup de grace à la ville de Paris, selon le jugement vulgaire.

L'Amiral Rodney va d'un port de France à l'autre sans faire des tentatives ni de mal.

Mr. le Lt. Col. d'Estorff m'a prié, de lui procurer une Carte de Bourin de la Hesse Septentrionale; je la joins ici, en vous priant de la lui remettre avec mes très humbles complimens.

S. A. S. peut compter que je ue manquerai pas de continuer d'ecrire à Mr. d'J. Nous n'avons jusqu'ici aucune nouvelle des 10 à 11 Bataillons qui doivent arriver des pais bas. toujours est il sur qu'ils n'ont pas encore Bruxelles. Je fais tout ce que je puis pour detailler à Mr. d'J. les Brigades de Mr. d'Armenticres. mais nos ordres de bataille ne s'accordent jamais. Je Lui envoye aujourdhui les avis ci joints du bas Rhin. J'avoue que S. A. S. est à plaindre sur l'article de ses Generaux. Mais ce mal subsistoit depuis le commencement, et surprend d'autant plus, que malgré un mal si essentiel, Elle puisse pourtant venir à bout de ses grandes actions. Mr. d'J soutient, que d'Armentieres a recu 10 Bat. de renforts de la grande armée, et avec cela je tache de le convaincre, et je suis convaincu, que Mr. d'Arm. n'est pas plus fort en nombre que lui. enfin, s'il communique sa peur aux autres, ce ne sera surement pas ma faute.

Je viens de parler à un officier, qui a passé il y a 4 jours par Coblence. Il m'a assuré que l'Electeur de Treves avoit absolement refusé de remettre Ehrenbreitenstein aux Francois, et que ce jour la il n'y avoit été que Garnison Electorale dans cette forteresse. Il m'a dit aussi, que 4000 Hanovriens avoient pris poste à Limpurg près de Dietz.

La marche de vos Trouppes vers la Saxe est si bien accreditée, qu'on voit deja courir ici la liste des Regimens, qui y sont detachés.

Je suis très impatient après vos nouvelles. Je ne crois pas que les françois feront la sottise de passer la Lahn, pour se faire frotter.

Continués je vous supplie de me donner des nouvelles de la Saxe et de la Lusace. Il y en a de si differentes, qu'on ne sauroit qu'en croire si on n'avoit pas les votres.

Grace à Dieu que Monseigneur le Prince Hereditaire est echappé belle à la douloureuse & dangereuse maladie, qui regne aussi beaucoup dans ce pais. Le Tout puissant veuille conserver nos illustres Heros.

On m'a ordonné d'envoyer quelques pommes de Curacao, fort estimé et recherché dans ce pais. Le Courier vous en remettra une petite boëte. Ce fruit est delicieux, rafraichissant, et fortifie l'estomac. on en sente un effect surprenant si l'on est epuisé de forces, après des promenades ou fatigues, sur tout le matin. on fait couler le suc dans une cuilliere, pour ne pas sentir le gout amer de l'ecorce. Je vous prie d'en presenter à S. A. S. et de me mettre à ses pieds. personne ne sauroit vous etre plus devoué.

> reçu le 8. oct. 1759 à 6 h, du matin
> p. Frise, avec une lettre pour le Roi.

'à Kroffdorff ce 3. oct. 1759.

✳✳ Monsieur

Votre tres chere Lettre du 27. Sep. No. 86 m'a été rendüe. Les affaires sont icy dans la meme situation; celles de Westphalie vont changer par les Renforts que le Duc y a fait passer, consistant en 5 Regiments de Cavallerie, 4 Regiments d'Infanterie et un train de grosse artillerie; nous n'avons point de nouvelles positives ni de la Saxe ni de la Silesie, mais il paroit que la crise devient de jour en jour plus violente.

je vous ai prevenû d'un plan que S. A. S. souhaite d'avoir gravé par une habille main de la Bataille de Tonhausen. Voicy l'original, qui est magnifiquement travaillé. Le prince hereditaire souhaite, que la bataille de Goofeld soit aussi gravée; on va dessiner le plan, et j'aurai l'honneur de vous le faire parvenir; l'action a eté si belle qu'elle merite bien un plan particulier.

Voicy aussi la correspondance de M. de St. Pern avec le marechal de Contades. vous y trouverez le scandaleux commerce du soi disant secretariat avec le M. de Contades. Ce quidam du secretariat a eté fort mal instruit; il est cependant essentiel de le decouvrir, si s'est une personne reelle. mais il se pourroit aussi que le sieur de Waldeck eût joué son role en meme temps. je crois que par le moyen de la maison du president Bessel à Doesbourg on decouvrira qui est ce Waldek, le major de Doesbourg, dont il parle, et le chanoine d'Osnabruk qui est son frere. Dés qu'on en sera informé, il est aisé de pousser l'examen de l'affaire à bout. Vous obligerés infiniment le Duc, si vous voulez bien vous donner la peine d'examiner tous ces papiers, et de tacher en suite de decouvrir le nom du soi desant sieur de Waldek, afin d'aprendre par ces moyen à connoitre les autres Quidam.

La reponse à Mrs. De Zutphen suivra; elle sera satisfaisante, le Duc se souvenant bien, que Mgr. le Duc Louis s'est interessé pour eux.

S. A. S. est tres contente de l'echantillon du plan de la Bataille de Tonhausen: quelque jours de plus ou de moins n'y font rien pourvû que le graveur continue à l'achever avec la meme netteté.

On vous fait mille Remercimens des Extraits, que vous nous avez envoyés. c'est bien singulier qu'un prince du sang royal doive faire plus de folies, qu'un autre, pour etre crû fou ou imbecille. La piece curieuse que vous m'avez envoyé sur ce Sujet a fait bien du plaisir.

Mr. D'Imhoff aura le 9. de ce mois à sa disposition 5 Regiments de cavallerie hannovrienne et hessoise, 1 Regiment de Dragons hannovriens, 2 Escadrons de Dragons commandez, deux Escadrons d'hussards hessois, les carabiniers de Buckebourg. Ce qui fait 2900 hommes, etant calculé sur le pié complet. outre cela 16 Bataillons, un train de 14 pieces de gros canons, 400 chasseurs hessois à pieds; Les chasseurs de Buckebourg et de Scheiter, ce qui fait ensemble audelà de 14,000 hommes d'infanterie, les Regiments etant supputez complets.

j'ay rendû à Mr. D'Estorff la carte de la Hesse septentrionale, il vous en remercie tres humblement. cela va mieux avec Luy à present; il a eté bien malade.

Le compagnon de votre Escrocq vient d'avoir une Entrevüe avec Mr. De Winzingerode à Königsberg, derriere notre camp sur une hauteur, dont il pouvoit l'observer. Le Duc a eté un peu surpris de la peine qu'il s'est donné de venir jusqu'à là. pour nous aprendre que les Deux marechaux avoient pris la resolution d'assieger Lipstad. Mr. de Winzingerode a eu la bonté de Luy donner 40 Ducats pour cette bonne nouvelle.

Le Duc fait mille remercimens à Mgr. le Duc Louis des pommes de Curacao; ils sont delicieux.

Il est sur que Mr. de Belleisle ne veut payer ni un

pfenning de toutes les livraisons qui ont eté faites aux
troupes da S. M. T. C. je ne sanrois vous envoyer les
originaux, qui contiennent cette anecdote, vû qu'ils se
trouvent parmi les papiers que Mgr. le Duc a envoyé en
Angleterre. j'avois dit cette petite particularité à Mr. D'Eck de
Dillenbourg: il m'en parût fort surpris.

Daignes me mettre aux pieds de S. A. S. et croyez moi toujours
votre tres humble et tres devoué Serviteur.

(à Mr. de Haenichen)

P. S.

Ayant fini cette lettre un courier arrive de Munster, avec la nouvelle que M. d'Armentieres apres bien de tours de passepasse marche
droit à Munster. voicy un raport de Mr. de Bulow à Imhoff; et l'extrait d'une lettre de Mr. D'Imhoff au Duc. j'y joins l'extrait d'un
raport de Wangenheim au Duc qui vient d'arriver.

Le S. George est arrivé ce matin d'Hannovre. S. M. avoit
chargé le president de Munchausen de le faire parvenir à S. A. S.
c'est une magnifique piece, contenant 11 pierres dont la plus petite
peut valoir audela de 2m. Ecus.

Arrivé le 9. Oct. 1759.
entre 11 et 12 heures de la nuit.
Monsieur Mon Cousin.	No. 64.

Ce n'est qu'aujourd'hui que j'ai eu le plaisir de recevoir la lettre
de Vôtre Altesse du 17. de Septembre dernier, (dechiffrée) „et je ne
doute en aucune façon que Vous ne finissiés glorieusement Votre Campagne, et je me flatte, de réprendre Dresde au même têms que Vôtre
Altesse recouvrera Munster. Elle verra d'ailleurs par les Lettres interceptées que je Lui ai communiquées il y a quelque têms, que les
François ne pensent pas de faire marcher en Allemagne de leurs
Troupes du Braband." Je suis avec la plus parfaite amitié et estime
Monsieur Mon Cousin
de Vôtre Altesse
à Zörbau près de Glogau,	le bon Cousin.
ce 4. d'Octobre 1759.

(de main propre.)

Les Russes vont à possen, Laudon qui a 27 bataillons et 10 regimens de Cuirassiers fait leur ariere garde je n'ai pu l'entamér a
cause des forets qui les Couvrent, on les a cependant canonéz et l'on
a fait quelques prisonniérs, voila enfin la correspondance libre, je n'ose
point m'exspliquer sur mes operations, mais il y a toute aparance que
la fin de cette campagne ressamblera en tout a cele de l'année passée,
il est sur que la france veut la paix, le Canada me parait autant que
perdû, je ne sais pas comme lon pense a Viene; je sais qu'il y a une
grande Dissete d'argent, et que l'on employe touts les exspediants im-

aginables pour en amassér, nous aurons le derniér boescau de bléd et
le dernier écu, je crois que ce sont deux articles essentiels pour faire
une bone paix, adieu mon chér je Vous ambrasse

Federic.

à Kroffdoff ce 11 Oct. 1759.

  ✱✱ Au Roy. ·   No. 58. ·

  C'est avec une joïe infinie, que j'ay lû les bonnes nouvelles qu'il
a plû à V. M. de me mander par sa très gracieuse lettre du 4. du
courant. Je ne doute plus, qu'Elle ne réussisse à réprendre la ville
de Drèsdes; il y a du merveilleux dans cette campagne-là.

  (en chiffres) „Les affaires n'ont pas changé icy depuis ma dernière. J'ay quelque esperance d'avoir la fortresse d'Ehrenbreitstein
par une composition secrète avec le commandant françois. Si cela
arrive, j'ay du temps de reste pour prendre encore la ville de Giessen;
peutètre pourrai-je prendre aussi Francfort et établir mes quartiers
d'hyver entre le Mayn et la Lahne; puisque si je deviens maitre d'Ehrenbreitstein il ne me paroit pas, que les Francois voudront s'opiniatrer
à rester en deça du Rhin. Si au contraire j'échoue dans mon entreprise sur Ehrenbreitstein, je serai obligé de m'en rétourner en Westphalie; j'ay renforcé le Général Imhoff par cinq Regimens de cavallerie
hannovrienne et par six bataillons, pour le mettre en etat de serrer.
d'avantage la ville de Munster, et de tenir en même temps en respect,
le marquis d'Armentieres.“

  Le Lord Holdernesse me repond au sujet de la Lettre du
comte de Staremberg, que je Luy avois envoyé de la part de V. M.
ce qui suit: a l'égard de la Lettre de Mr. de Stahremberg, le Roy a
témoigné beaucoup de sensibilité à l'attention obligeante de Sa Majesté prussienne, en Luy communiquant une nouvelle aussi intéressante
que celle dont il est question. On ne peut rien ajouter aux précautions qu'on a prises pour prévenir l'invasion, ou pour la rendre infructueuse, s'il est vrai que l'Ennemi ait la hardiesse de l'entreprendre.
La mer fourmille de nos vaisseaux de guerre: tous les ports de France
sont, pour ainsi dire, bloqués depuis Dunkerque jusqu'à Bayonne, et si
par un accident imprevû quelques vaisseaux de Transport éludoient la
vigilance de nos gens de mer, et parvinssent à débarquer leur monde,
il y a des Troupes dans tous les trois Royaumes prètes à les récevoir, et pourvües de tout ce qu'il faut pour marcher à l'Ennemi.
Voilà Monseigneur, en gros les mesures de Defense, qu'on a prises,
qui ne peuvent que rendre l'execution du plan de nos ennemis très
difficile, sur tout depuis la défaite de Mr. de la Clüe. Mais non obstant le Risque qu'il y a à courir, le ministère de France a fait une
parade si ostentatieuse de leur projet qu'ils ne pourront l'abandonner
sans souffrir un ridicule dans la vüe de toute l'Europe, de sorte que
l'on s'attend à quelque entreprise de leur part.

  Le prince Xavier de Saxe est avec les Saxons à Francforth, et
aux Environs; ce corps formoit quelques jours avant la bataille de

Todenhausen presque neuf mille hommes effectifs; selon les listes qu'on a trouvé parmi les papiers du prince Xavier, il est reduit actuellement à trois mille hommes, si j'en puis croire les avis qui me viennent de Francfort. On s'aplique beaucoup à récruter ces troupes, en quoi la ville d'Erfurth leurs facilite les moyens, malgré les promesses de l'Electeur de Mayence faites à Mgr. le prince Henry. J'ay vû par des Lettres interceptées de l'Electeur, qu'il craint le ressentiment de V. M. ce qui l'a engagé à ordonner à sa ville d'Erfurth d'éviter tout éclat; mais il a en même temps pris ses arrangemens avec le prince Xavier, pour que la recrüe ne s'y fasse pour cela pas avec moins de succes. Comme ces arrangemens invitent les Saxons à déserter des armées de V. M. et leurs fournissent le moyen de passer par Erfurth à l'armée francoise, j'ay crû devoir en informer V. M. pour qu'en temps et lieu le rémède y puisse être porté.

(en chiffres:) „L'imperatrice-Reine a eû un entretien fort vif avec le comte de Choiseul, qui luy avoit dit de la part de sa cour, qu'il falloit songer à faire la paix; Elle s'est déclarée, de vouloir pousser la guerre avec la dernière vigueur, pourvû qu'elle pût trouver les fonds nécessaires; que sa negotiation à Gênes, pour un emprunt de six millions avoit échoué, que la France, qui avoit bien d'autres ressources qu'elle, devoit pour le moins se charger de payer les subsides aux différentes cours, qui en avoient à demander, surtout à celle de Petersbourg: et que de son coté elle tacheroit de lever le plus d'argent que possible sur le clergé, pour continuer la guerre. Je tiens cela par une lettre du comte de Choiseul du dixsept Septembre, dont j'ay eû copie.“

Le Renfort de troupes venû de Flandres, se réduit jusqu'au moment présent à douze Escadrons, qui sont effectivement arrivé sur le Bas-Rhin. C'est par leur moyen que le Marquis d'Armentieres s'est vû en état de marcher de nouveau à Munster, et d'y faire entrer le 1. d'Oct. une convois de trois cent chariots; mais dès que Mr. d'Imhoff a pû rassembler les differens détachemens, qui formoient le blocus de la ville, les Ennemis ont pris le parti de la retraite, et se sont mis derriere la Lippe à Dorsten; ou ils étoient encore le 8. du courant.

Je suis avec un tres profond respêt p. p.

Postscriptum à la Lettre du 11. Oct. 1759.

✱✱ Pour le Roy de Prusse.

J'ose présenter à V. M. la ci-jointe réquete du President de Minden, le Sieur de Massow, par la quelle il Luy démande une prébende. Il est impossible Sire, de le surpasser en zèle pour le service de V. M. je l'ay actuellement avec moi à l'armée, où il s'étoit réfugié, lorsque les Francois s'emparèrent de Minden. Il a rendû alors à l'armée de très grands services et continue de le faire par les soins, qu'il se donne, à luy faciliter les moyens de la subsistence. J'espere que V. M. voudra bien me pardonner par ces raisons, la liberté que je prends, de luy faire parvenir la dite requete. Ut in Litteris.

Ce 5. Oct. 1759.

Nous recevons avis, que Mr. d'Armentieres depuis l'arrivée du convoye à Munster s'est remis derechef en marche et est allé camper à Dorsten. les gros Equipages de ce Corps sont parti aujourdhui de Wesel pour aller le joindre.

(à Mr. Westphalen.) (d'Haenichen.)

reçu le 16. Oct. 1759. par Kemnitz à XI h. du matin.

Kroffdorff ce 12. Oct. 1759.

à 10 heures du soir.

✱✱ Mes reponses à vos infiniment cheres Lettres ont souffert un peu de delai par differens empechemens, dont je n'ay pas eté le maitre; j'ay meme eté obligé de laisser partir ce matin le courier anglois sans vous écrire. je vous en demande mille fois pardon. pour reparer ma faute, je vous expedie ce courier expres. il me semble que j'ay à vous accuser la reception de vos Lettres du 27. et 30. Sept. ainsi que du 3. et 7. Oct. savoir No. 86, 87, 88, 89 et 90.

S. A. S. vous remercie mille fois de l'attention que vous Luy marquez par l'envois des Extraits connus et de toutes les autres nouvelles qui vous parviennent. Elle vous prie de les faire de sa part à Mr. le General Y.

Notre homme est arrivé à Cassel avec les ornemens de l'ordre de la jarretiere; je crois vous avoir deja mandé que le S. Georges nous est venû par la voye d'Hanovre. Il est des plus magnifiques. je l'estime à 30 ou 33 mille ecus.

Les medailles sont arrivées à bon port; je vous en fais mes tres parfaits Remercimens. Voicy 160 Ducats pour les payer; je crois qu'ils font à peu prés la somme de 803 florins 10 sols, montant du compte ci rejoint.

Soyez persuadé que les terres du comte de Degenfeld seront menagées au possible; il ne s'est montré personne pour me demander des sauves gardes. elles ne seront surement pas refusées: mais j'ignore jusqu'au moment present, quelles sont les terres de Mr. le Comte. Il seroit cependant bien necessaire que j'en fusse informé.

C'est un mensonge que celuy que le gazettier de Cologne a debité sur la sommation pretendüe d'Erenbreitstein faite selon luy par le Colonel Luckner. Celuy-ci a à la verité envoyé le Major Jeanneret au commendant de la dite fortresse, mais uniquement pour luy porter des plaintes de ce qu'il avoit recû le regiment de Lowendal dans ses fortifications dans le meme moment que l'Electeur pretendoit observer une exacte neutralité; le commandant n'ayant osé donner une reponse de son chef est allé trouver l'Electeur, qui pour toute reponse satisfaisante a donné la permission aux François d'entrer dans le chateau meme, ce qu'ils ont executé sous les yeux memes de Mr. de Luckner. Les Francois font publier ces faussetez pour en imposer au monde et à l'Allemagne en particulier. Mais cela est bien ridicule

III. 53

aprés les pieces en original que nous avons en mains, et qui prouvent que Messieurs les Electeurs de Mayence et de Treves ont pris leurs mesures d'avance pour livrer les villes et fortresses de Mayence et d'Erenbreitstein aux Ennemis du Roy de la Grande Bretagne. Je vous prie Monsieur de faire donner d'une maniere convenable un Dementi au gazettier de Cologne sur son article aussi impertinent que faux.

J'ay l'honneur de vous renvoyer la lettre de Storchenfeld. Il a eté arreté l'hyver passé à Munster par des soupcons un peu forts qu'on avoit contre luy sur son affection pour Mrs. les Francois. Peut etre que beaucoup d'indiscretion s'y est joint, et qu'il a eté moins coupable que sot. Il nous est fort à charge; S. A. S. luy rendra la liberté, pourvû qu'il s'engage de ne pas s'en prevaloir, pour se fourrer dans les provinces, ou il y a des troupes alliées. Marquez-moi s'il vous plait si cecy trouve de l'aprobation; car S. A. S. n'a nulle envie de le rendre malheureux, elle a meme ignoré qu'il etoit officier pensioné.

Soyez persuadé Monsieur qu'on a grand soin de menager le païs de Weilbourg; il souffre à la verité mais je puis vous assurer foi d'honete homme que les Etats du Roy de Prusse, de Brunsvic et de Hesse n'ont pas eté exemts d'etre fouragez par nos troupes. Cela ne se fait point icy, que dans le cas d'une extreme necessité et quand les livraisons n'arrivent pas à temps. Mgr. le Duc ecrira au Prince de Weilbourg une Lettre telle que vous la desirez.

Voicy le passeport in blanco que vous me demandez pour Mr. Delheusses.

Je suis bien mortifié de vous aprendre que Mr. le Comte de la Tour n'est plus en vie; il est mort il y a 3 ou 4 semaines en suite de ses blessures.

Je compte de joindre icy quelques Lettres que Mr. de Bulow m'a ecrit du blocus de Munster. elles vous mettront au fait des affaires de ce païs là. Je vous prie de me les renvoyer. Nous venons d'aprendre que Mr. d'Armentieres a quitté le 8 son camp de Dorsten qu'il a passé le meme jour l'Imster, et qu'il marche droit à Unna. J'espere que Mr. d'Imhoff l'observera de prés; il est actuellement en etat de le suivre avec 6 à 7 mille hommes et n'en tenir pas moins la ville etroitement bloquée.

Nous continuons à garder le meme camp. Les Francois en font autant; ils evacuent cependant à petit bruit l'arsenal de Giessen, et minent le rempart pour le faire sauter. Cela ne s'accorde pas avec les fanfaronades du Duc de Broglio, qui a dit à son passage à Francforth, qu'il alloit demander à la cour la permission d'attaquer l'armée alliée. On nous assure de Francforth que les troupes de Würtenberg sont en pleine marche pour cette ville, qu'elles se joindront aux Saxons, pour marcher en suite ensemble à l'armée et assister à la bataille.

Luckner a été le 4 aux Environs de Friedberg et d'Usingen, il n'a pris cette fois-ci que 19 chevaux; il y a eû depuis plusieurs Escarmouches, où nous avons toujours eû le dessus. Les francois nous ont cependant aussi pris une vingtaine d'hommes depuis 8 ou dix jours.

Notre corps d'armée en Saxe a recû le 4 a Sangerhausen un petit affront; y etant revenû d'une course qu'il avoit fait à Naumbourg, s'est reposé dans un auberge. Les hussards autrichiens avertis par les habitans sont venus les attaquer, contre leur opinion. ils se sont bravement defendû; mais toute l'armée a eté dispersé; il luy manque 41 hommes; le reste s'est retrouvé et se rassemble de toutes les plages du monde à Eschwege sur la Werra. 'Le Roy nous a ecrit en Date du 4. des Environs de Glogau; S. M. marque en termes positifs que les Russes se retirent en Pologne et marchent à Possen. Une circonstance qui me rend le fait un peu moins net, c'est que Loudon a fait l'arriere garde avec 27 Bat. et 10 Regimens de Curassiers. L'arriere garde a eté entamée au passage de l'Oder et a considerablement souffert. Si l'intention des Russes est de s'en aller f. le camp, je suis surpris de la politesse de Loudon de les accompagner. j'attends sur ce point des Eclaircissements avec bien d'impatience. Le Roy dit en attendant positivement, que les Russes marchent à Posen.

Le Prince Henry a quasi detruit le corps de Vehla à Hoyerswerda; il a passé le 2. l'Elbe à Torgau et s'est joint le 4. à Finck à Strehlen. Daun est vis-à-vis de luy à la distance d'un petit quart de Lieuve. La Lettre du Prince Henry est du 7. Adieu mon cher Monsieur. Mettez moy aux pieds de S. A. S.

(à Mr. de Haenichen.)

P. S. Je vous prie de faire graver le plustot possible un cachet en acier pour S. A. S. avec le honi soit qui mal y pense. Faites le faire, s'il vous plait de la grandeur de celuy de Mgr. le Duc Luis; il y faut un etui pour pouvoir etre porté sur soi.

Arrivé ce 15. d'Oct. 1759.
à 4 heures apres midi.　　　　No. 65.

Monsieur Mon Cousin.

Les lettres que Vôtre Altesse m'a ecrites du 19. 21. 23. et 26. de Septembre dernier m'ont eté rendües à la fois, et je ne saurois que vous rémercier beaucoup de tout leur contenu. (dechiffré:) „Mes opérations vont encore ici grand train; les Russes, desquels je m'étois figuré, qu'ils rétourneroient dés à présent en Pologne, ont passés le Hundspasi, ce qui m'a obligé, de passer aujourdhui l'Oder à Koben; mon Frère avec le Lieutenant-Général Finck sont actuellement joints à Strehlen, et Daun a passé l'Elbe à Dresde, par où Vous pourrez comprendre, que les Choses ne sont encore rien moins que tirées au clair ici. je ne pense pas au reste que Vôtre Altesse réussisse à pousser les François au delà de Francforth; il me semble pourtant que si Elle tachoit de leur rendre difficile la Subsistance par Vôtre gauche, Vous pourriés réussir à les chasser de Giessen. Vous concevez sans doute, que la Paix me conviendroit beaucoup dans la Situation présente où je me trouve."

Je suis avec une estime et amitié sans bornes,

Monsieur Mon Cousin

de Votre Altesse

le bon et tres affectionné Cousin

à Koeben,

ce 8. d'Octobre 1759.

(de main propre:)

Nous venons de passer l'Oder à la barbe de l'Enemy, Laudon Craind le retour et il traine Son Soltikof avec Luy aussi loin que la bette peut le suivre.

Federic.

reçu le 23. oct. 1759 par Riehle
à 3 h. du midi

à Kroffdorff ce 20. oct. 1759.

⁂ Monsieur,

j'ay L'honneur de vous accuser Monsieur la reception de vos tres cheres Lettres du 9. et du 13. voicy une Lettre pour Monsieur Pitt, ayez la bonté d'en avertir Monsieur le General York. Vous sentez bien mon cher Monsieur, qu'on ecrit souvent en Angleterre, conformement aux besoins; mais ces grands messieurs qui sont fort à leur aise à Whitehall paroissent ne pouvoir concevoir que nous ne le sommes pas tout à fait icy*). La lettre à Mylord Holdernesse n'est pas moins importante, et je vous la recommande de mon mieux.

S. A. S. a deja promis à S. M. B. le plan de Mr. Roy; son intention etoit seulement de le faire graver prealablement à la Haye. Votre proposition a donc eté des plus agreables. j'ay l'honneur de vous adresser une lettre pour S. M., où il est fait mention du dit plan de Mr. Roy et de celuy qui a eté gravé en Hollande, dont vous voudrez bien y joindre un exemplaire.

Je compte de vous envoyer au premier jour le plan de la bataille de Goofeld. Recevez en attendant les remercimens de S. A. S. de toutes les peines que vous vous donnez à ce sujet, le Duc vous en fait de meme pour touts les extraits et nouvelles curieuses que vous luy avez fait parvenir.

voicy quelques extraits de raports fait à S. A. S.

Nos lettres de Westphalie du 16. nous ont apris la nouvelle d'un insigne affront recû avec tout le flegme imaginable par le regiment de Marschal hanovrien. Le pié de ce regiment est de 1013 hommes. Il campoit avec celuy de Rœden aussi hanovrien et un Escadron de Busch à Dykbourg.

Deux cent hommes de la garnison de Munster trouvent moyen

*) Note Haenichen's. Ceci est relatif à certains articles de notre conversation.

d'entrer 1. dans le Regiment de Marschal, sans que ces habiles gens s'en apercoivent, 2. de luy prendre un canon et un Drapeau, 3. de bruler touts les tentes et bagage, 4. de luy briser tous les armes et 5. de luy tuer et blesser à peu prés 70 hommes et d'en amener une centaine de prisonniers. Le regiment de Rœden a regardé d'un oeil tres indifferent ce spectacle durant toute une heure, aprés quoi il s'est mis en devoir de degager le regiment de Marschal. L'escadron de Busch a perdû àpeu prés 40 hommes et autant de chevaux. Vous ne sauries croire avec quelle bonté de coeur ces gens là savent se consoler chrétiennement de ce petit accident; ils disent qu'ils avoient prevûs depuis long temps que pareille chose leurs devoit arriver. Il est impossible de se faire une idée de la bassesse des sentiments qui reside dans le cerveau ou plustot dans les tetes sans cerveau de la plus part des generaux et officiers hanovriens. Le Duc a envoyé ordre au general Imhoff de faire incontinament arreter l'officier commandant la brigade, ainsi que tous les chefs des dits Bataillons; d'assembler un conseil de guerre, et de les juger. On verra alors s'il est necessaire, qu'on propose au Roy de casser un Regiment composé de cojons; ou s'il est expedient de couvrir le mieux que l'on peut leur houte, puisque les autres ne valent pas beaucoup mieux.

Nos dernieres lettres du Roy sont du 8. S. M. avoit passé l'Oder à Kœben; puisque Loudon et Soltikof ont passé le Hundspasi.

Le Roy ajoute de main propre: „Loudon mene son Soltikof aussi loin que la bete peut aller; Loudon craint pour son retour.

Je puis vous assurer qu'il n'y a pas long temps que le Roy a donné une marque bien convaincante qu'il est entierement attaché à la Grande bretagne, et que son dessein est de ne faire qu'une paix honorable, et que par consequent il est disposé à continuer la guerre. mais il luy faut absolument plus d'alliez ou moins d'ennemis. vous pouvez dire cela à Monsieur York, et ajouter qu'il y peut compter.

Les Francois ont miné Giessen, et en ont amené la plus grande partie de l'artillerie. Le Landgrave de Darmstad a fait demander au Duc en grace d'accorder la neutralité à la ville de Giesen moyennant quoi on esperoit d'engager le M. de Contades de ne pas faire sauter les ouvrages. Le Duc a répondu d'une maniére qui rejette l'odieux de cette affaire sur messieurs les Francois en eludant la question de neutralité. adieu mon tres cher Monsieur

(à Mr. de Hænichen)

Monsieur,   Copie.

Dorsten est à nous; Votre Excellence verra par les lettres que je viens d'intercepter dans ce moment, que Mr. d'Armentieres craint beaucoup pour le Côté où je suis. Je ne puis me résoudre d'abandonner Dorsten tout de suite, j'y laisserai tous les Chasseurs, tous les Scheiters, les Hussards et les Dragons qui y ont été attaché jusq'ici, et j'irai me camper avec le reste entre Dorsten et Haltern plus près pourtant de ce dernier Endroit que de l'autre. Si aprés cela Vôtre Excellence jugeoit à propos de faire demain un mouvement sur Haltern, je paris dix contre un que d'Armentieres va à Dusseldorff.

Munckwitz me fait dire tout à l'heure qu'il a passé Schermbeck, je lui fais dire de marcher droit sur Wesel, et j'envois d'ici un Escadron à Schermbeck pour couvrir la rétraite et le garantir de Mr. Camford qui est à Ransdrup. Si mes Chevaux n'etoient pas si rendûs Camford seroit coupé.

J'ai pris à Dorsten 2 Capitains, 2 Lieutenants et Cinquante et quelques hommes. le plaisant de l'avanture est que moi avec 6 Hussards j'ai eû le prémier à m'emparer du tête de Pont qui etoit gardé par 12 hommes, je pris d'abord les sentinelles qui étoient devant la barriere que je trouvois ouverte, on en sabra deux autres et le reste passa le Pont en tiraillant et en se répliant sur le poste qui etoit dans la porte de la Ville. En attendant les Scheiters et les Chasseurs Hessois accoururent, se mirent dans le tête du pont et fusillierent de là la Garde françoise qui aprés quelque resistance tira le barriere et ferma la porte; on l'ouvrit avec un poutre et l'on entra dans la Ville où l'on prit tout ce qui etoit de garde. le Commandant avec le reste s'est sauvé sans armes et en laissant ses Equipages en arrriere. Je ne sais pas trop bien comment cela est arrivé, car j'avois fait passer à Herfft la Lippe au Lieutenant Colonel Schlottheim et à 80 Dragons; peutêtre que les broussailles qui sont de l'autre Côté de la Lippe l'ont empeché d'agir avec plus de promptitude. Buttler a bien montré que lui a mené les Chasseurs Hessois, ils ont parfaitement bien fait, et j'ai lieu d'être content des Scheiters. C'est avec respect etc.

Dorsten ce 12. d'Octobre 1759.

Bulow.

arrivé ce 23. 8bre 1759.
No. 66.   à 8 heures du matin.

Monsieur Mon Cousin. La lettre de Vôtre Altesse du 11. de ce mois m'est bien entrée (déchiffrée) „Ne me felicite pas encore sur ma Situation, parcequ'il ne faut porter de jugement sur cette Campagne que quand elle sera achevée. Quant à ce qui régarde Vôtre Altesse je n'ai aucun doute, qu'Elle ne réussisse de la manière que je vois que Vous Vous y prennez autre peu plustôt ou plus tard. Vous parviendrés à Vôtre bût; je crois le têms d'Expeditions de mèr passé, et que par consequent l'Angleterre pourra être à présent en Scûreté contre les Entreprises des François. ces derniers paroissent avoir une grande Envie de faire la Paix; si Quebec est pris, comptez qu'ils la feront; j'ai bien crû, que la Reine de Hongrie seroit celle qui se gendarmeroit le plus contre toute idée de la Paix. ni elle, ni ses déscendans ne trouveront jamais d'alliance plus favorable que celle qu'elle a trouvé le moyen de former; mais qu'elle que soit son Ambition, si la France tire son epingle du jeu, il faudra bien, qu'elle suive, quoiqûe je voudrois bien parler, que cela se fera de mauvaise grace, pensons a bien finir la Campagne, et esperons tout des négotiations de cet hyver."

Je tiens depuis Herrnstadt jusqu'à Köben, l'ennemi tient son poste derriere la Bartsch entre Rützen et grand Osten. Il brule que c'est affreux et commet des cruautés qui font dresser les cheveux. Je le resserre avec mes detachements le plus qu'il m'est possible. Je me flatte qu'il décampera en peu de jours. Je suis avec mon amitié et estime, que Vôtre Altesse me connoit invariables pour Elle

Monsieur Mon Cousin

de Vôtre Altesse

le bon et tres affectionné Cousin

Federic.

à Sophienthal ce 17. d'Octobre 1759.

P. S. Je suis bien faché de n'être plus à même de deferer à la demande de Votre Altesse en accordant au Président de Massow la Prébende qui vaquoit au Châpitre de St. Denis à Herford. J'y aurois eté tout porté, vû l'intercession de Votre Altesse et le merite que je connois au dit Président. Mais j'en avois disposé plusieurs jours avant la reception de la lettre de Votre Altesse en faveur du Capitaine de Prittwitz du Regiment de Ziethen; de façon qu'il faudra que le President de Massow se patiente jusqu'à une autre occasion.

Federic.

à Sophienthal, ce 17. d'Octobre 1759.

reçu le 28. Oct. 1759 à 7 h. du mat.

p. Katsch avec une lettre pour le Roi

pour Hold. recommandées.

à Kroffdorff ce 23. Oct. 1759.

à 11 heures du soir.

✳✳ Monsieur, No. 1.

J'ay recû vos deux infiniment agreables et cheres Lettres du 16. et du 19. No. 93 et 94. Je ne suis pas bien sur, si vous avez recû toutes les miennes. L'espace de temps, que vous me marquez n'avoir rien recû de moi me paroit bien grand.

Storchenfeld aura la liberté de s'en aller; Le Duc donne les ordres en consequence; d'autant plus que ses actes ne prouvent point qu'il est coupable.

S. A. S. vous rend mille graces des Peines que vous vous etes donnéz pour deterrer le Sieur Waldek et ses complices; je serois charmé plus que je ne puis vous le dire d'attraper cet honnete homme. Il faut qu'il y ait de traitres au quartier general; on en a des indices, sans pouvoir trouver l'auteur.

On a eté des plus charmés des Extraits et avis infiniment curieux et interessants que vous avez joint à vos lettres. S. A. S. vous en fait des plus vives actions de graces.

Je vous prie de faire graver un second honi soit dans du cristal; le Duc prendra celuy-ci, et je garderai le premier.

Nous celebrerons demain la grand nouvelle venüe d'Angleterre par un feu de rejouissance. L'armée sortira du camp, et avancera jus'qu'à la petite portée du canon de l'ennemi. Si celuy n'est pas informé aujourdhuy de la prise de Quebeck, il sera demain un peu surpris; peut etré qu'il sortira de son coté du camp. Je vous manderai demain ce qui se sera passé.

Les affaires n'ont point changé en Saxe; le prince Henry est toujours à Strehlen. Il a detaché quelques mille hommes pour aller renforcer le Roy. Le Duc a eû aujourdhuy un courier de S. M. qui est parti le 17. de Sophienthal; les Russes etoient alors encore aux environs de Sohrau. Le Roy s'occupoit à leurs couper les vivres; et il paroit qu'il y reussit vû la grande disette, qui regne au camp russien.

Je ne vous dis rien de Mr. d'Imhoff; puisque vous avez de nouvelles de Luy en droiture. Une de nos emissaires vient de m'informer, que les Suisses etoient parti hier du grand camp francois, pour aller renforcer Mr. d'Armentieres. Je ne puis pas demeler de son recit jusqu'à quel point il est vrai, si tous les Suisses sont marchés ou quelques Regimens seulement. Dans le premier cas Mr. d'Imhoff crieroit de nouveau.

Adieu mon cher Monsieur. Mettez moi aux pieds de S. A. S.

(à Mr. de Haenichen.)

P. S. Je ne sais si je vous ai dit, que le Duc a eté installé le 17. dans l'ordre de la jarretiere, avec grande ceremonie. Mr. Leake a recû en present 833 Ducats et le reste de sa suite à proportion; je comptois de me regler sur votre memoire; mais Mr. Leake a fait luy meme ses demandes, et le Duc n'a pas voulû marchander. Il Luy faut encore une epée d'or. Le Duc n'en a point avec luy; il n'etoit pas temps d'en faire venir de Berlin. Comme il n'a pas voulû recevoir l'equivalent en argent, je me vois encore obligé de vous incommoder pour vous prier d'achepter une epée d'or à la Haye, et de la donner de la part du Duc à Mr. Leake à son repassage par la Haye, ou de la luy envoyer en Angleterre si ceci vient trop tard.

(Aus Westphalens Nachlass.)

à Croffdorff ce 22. October 1759.

✳ Vous qui vous vous acquité toujours avec tant de dextérité de toutes les commissions dont on vous charge, permettés que je Vous nomme encore pour être mon Commissionnaire. Je vous envois ci clos, la mesure (pour la longueur) d'une Jarretiere. Et sa largeur y est pareillement marquée. Je vous prie de m'en faire broder deux, sur un fond de ruhban gros de tour, avec les ornements accoutumés. Vous voudrés en outre faire broder deux crachats de l'ordre de la Jarretiere pour les apliquer sur l'habit. Je vous aurés une obligation

infinie des soins, que vous voudrés bien prendre en tout ce ci. Vous
ferés avec cela dresser les comptes, afin qu'un prompt paiement puisse
succeder de ma part. Mille tendres compliments au Duc Votre cher
Maitre. Pour Vous Monsieur, tenés Vous assuré, que c'est avec les
sentiments d'une amitié sincère et parfaite, que j'ai l'honneur d'etre

Votre très humble et tout à fait devoué serviteur

Ferdinand D. de B. et de L.

Au Secretaire Haenichen.

ce 24. Oct. 1759.

✳✳ Au Roy.   No. 59.

J'ay recû la tres gracieuse lettre que V. M. m'a fait l'honneur
de m'ecrire du 17.

Les affaires sont encore dans la même situation icy; elles n'ont
pas changé non plus en Westphalie. (en chiffres:) „Je compte de
faire ouvrir la tranchée devant Munster le 9. de Nov. Les Francois
ayant detaché Trois regimens suisses, leurs noms sont Planta,
Courten, Waldner,*) qu'ils avoient icy, pour renforcer le marquis
d'Armentieres, je ferai partir de mon coté un nouveau renfort pour Mr.
d'Imhoff. J'espère que la disette de fourage obligera bientôt les Francois à décamper de ces environs, et c'est sur cela que je fonde mes
calculs pour réprendre le siége de Munster."

Je ne dis rien à V. M. de la prise de Quebeck et de la victoire
que les Anglois ont remportée le 13. Sept. au dessus de cette place
au Nord, sur les Francois; puisque je ne doute pas qu'Elle n'en ait
apris la nouvelle avant celle-ci.

(en chiffres:) „J'espere d'aprendre bientôt si cet evenement inspire
en Angleterre des sentimens pour la paix ou pour la guerre; Et je ne
manquerai pas d'informer V. M. de ce que j'aprendrai. J'ay vû une
lettre du Duc de Choiseul, qui dit que les fonds ayant eté trouvé, on
esperoit de faire l'année prochaine une brillante campagne, sur tout
depuis que le Roy catholique s'étoit declaré pour la France. Une
autre lettre du comte de Choiseul du Cinq d'Octobre m'aprend, qu'on
craignoit à Vienne, que la cour de Saxe ne fit une paix particuliere
avec V. M.; et qu'on faisoit tout au monde, pour en empêcher la conclusion, comme aussi que Daun devoit plûtôt livrer bataille, que de
souffrir, que Mgr. le prince Henry s'aprochat de Dresdes."

On m'a mandé d'Angleterre de très bonnes choses sur le sujet
de la Russie; j'en suis charmé bien plus que je ne puis le dire."

V. M. voudroit-Elle me permettre que je mette à ses piés un plan
de la bataille de Tonhausen? il n'est pas tout à fait exact, mais c'est
ce que j'en ai jusqu'à present dé meilleur.

Je suis avec un tres profond respet

F.

---

*) N. d. H. Die unterstrichenen Worte von der Hand des Herzogs.

reçu le 31. Oct. 1759. par le Domest.
de Mr. Hellen.
à Kroffdorff ce 26. Oct. 1759.

✳✳ Monsieur,   No. 2.

J'ay laissé partir ce matin le courier anglois sans vous ecrire;
c'etoit que je n'avois pas le temps d'abord, et que je ne voulois pas
l'arreter. Je vous depeche celuy-ci pour reparer ma faute, et pour vous
accuser la reception de votre chere lettre du 30. No. 95.

On aura tous les menagemens possibles pour les terres de Mr. le
Comte de Degenfeld. S. A. S. vous remercie de l'envoi des plans;
ainsi que de la medaille frappée à l'occasion de la bataille de Crevelt.
J'en ai deja une depuis long temps, mais il m'est impossible de me
rappeller par quelle voye je l'ay eû.

La petite insulte faite aux francois le 24. a eté sans suite; ils
l'ont ressu de fort bonne grace.

Voicy 1mo la copie d'une Lettre interceptée ecrite asses joliment;
2do la relation de Lukner du joli coup qu'il a fait à Niederbrechten,
et 3tio un inserendum dans les gazettes de Leide. Le Duc a eté fort offensé
du passage contenû dans le supplement de cette gazette du 12. Il
vous prie d'y faire donner ce dementi.

Il y a quelques jours qu'une vingtaine d'Anglois, qui etoient allé
chercher des raves aux champs fut attaquée par un detachement francois de 7 hommes. Celuy-ci tira successivement 22 coups sur les anglois,
qui s'en effarouchérent si peu qu'ils commencerent plustot à bombarder les francois avec des raves et les forcerent à la fin à se sauver.

Selon nos avis le marquis d'Armentieres va etre renforcé par les
regimens Planta, Curten et Waldner, outre deux regimens de cavallerie,
qui tous ensemble ont passé le Rhin du coté de Neuwied. S. A. S.
a sur cela pris le parti de renforcer de son coté Mr. d'Imhoff; et j'espere que notre renfort arrivera à temps.

Il vient d'arriver un courier de Brunsvic avec la nouvelle que
15 mille hommes autrichiens sont en pleine marche pour aller se joindre
à l'armée francoise à Giessen. Je ne saurois ajouter foi à cette nouvelle, quelque affirmativement qu'elle ait eté donné. Mgr. le Duc
craint beaucoup pour le prince Henry. Nous ignorons parfaitement
ce qu'il fait, et où il se trouve à present. Le Roy etoit le 17. à
Sophienthal et serre les Ennnemis avec son audace ordinaire, qui paroit
en imposer à Mrs. Soltikof et Loudon.

Adieu mon cher Monsieur.

(à Mr. de Haenichen.)

An den Königl. Dänischen Cammer-
Herrn und General-Lieutenant Grafen
von Ahlefeld zu Copenhagen.

P. P.

Seit dem letzten Briefe, da ich die Ehre gehabt an Ewr. Hochgräfl. Excellence abgehen zu lassen, haben wir das Lager nur einmal verändert, und zwar durch einen March von einer guten Teutschen Meile. Dann mehr ist es nicht von Stauffenberg nach der Höhe von Buseck wo das Gros der Armée zu stehen kam. Seitdem aber hat sich die Armée zu verschiedenen mahlen links gezogen, nachdem sich die Feinde längs der Lahne rechts extendiret, so dass jetzo unsere Armée von Grossen-Buseck bis Wetzlar in 6 Divisions stehet, die alle einer der anderen die Hand bieten. Die Feinde stehen in beinahe eben so viel Theilen, und die Lahne fliesset zwischen beiden Arméen. Ich sage beinahe, denn sie stehen selten 3 oder 4 Tage ohne in ihren Lägern Veränderungen zu machen. Beide Arméen stehen auf Höhen, und der Printz Ferdinand hat eine besondere Gabe, die seinige optisch zu stellen, so dass die Zahl seiner Läger zu Gesichte lieget, die Flügel aber entweder sich hinter Hügel oder hinter Waldung strecken, so dass ihre Extension ein Rätzel bleibt. Dieser Gebrauch, nebst der öftern translocation seiner Läger, macht, dass man in Ansehung seiner Stärcke in beständiger Ungewissheit ist. Man hat lange gefürchtet, dass er ein Corps nach Sachsen detachirt. Man weiss jetzt das Gegentheil; man scheint versichert zu seyn, dass er ein Corps zurückgesandt nach der Lippe. Man weiss aber nicht die Stärke dieses Corps. Man weiss, dass Er in die hinter der Armée liegende Dörfer, Cavallerie cantonnirend habe. Es ist aber nicht die gantze Cavallerie denn sie lösen sich in ihren Cantonnirungen ab. So viel weiss man, dass ihre Cavallerie-Pferde durchgehends in guten Stand seyn sollen. Unsere Armée hat sich ziemlich wieder erholet. Diejenigen Brigaden die in der Schlacht am meisten gelitten hatten, sind hinter den Mayn verlegt. Das Corps der Sachsen ist gleichfalls nach Franckfurth und Hanau abgegangen, um sich etwas zu renforciren, und bereit zu seyn wenn die Umstände sich in ihrem Vatterlande darnach fügen sollten, dahin zurück zu kehren. Der grosse Rest der Armée ist in gutem Stande, und zeigen die Trouppen wieder Muth und Begierde Revange zu nehmen; die Reiterey ist inzwischen am wenigsten hergestellet, indem die Pferde die Retraite noch nicht verwunden haben, auch wohl nicht mehr vergessen werden, als im Winter-Quartier. Indem die Position beider Arméen gleich vortheilhaft ist, und aller Risque vor den angreifenden zweifels ohne seyn würde, so ist wohl zu glauben, dass dieses Lager das letzte Stable in dieser Campagne seyn mögte. Der Vorwurf, der die Occupirung der Winter-Quartiere langwierig machen könnte, ist Giessen. Die Feinde würden, wenn wir zuerst aufbrechen sollten, diesen haltbaren Ort wegnehmen, und ihre Winter-Quartiere dadurch befestigen. Er würde an uns bleiben, wenn sie zuerst die Quartiere nehmen. Wenn man ihn demanteliren sollte, so würden die Quartiere von nichts als dem Willen der Höfe, und dem Wunsch der Troupen dependiren. Man will, dass der D. de Broglie der am 4 ten dieses nach Paris abgegangen, der Winter-Quartiere wegen, seine Meinung anzeigen, und nachher den Winter über die Armée commandiren solle. Die Gendarmerie ist gestern schon aufgebrochen, um nach der Champagne zu marchiren.

Man ist in der äussersten Ungedult zu erfahren, was die Sachen vor einen Ausschlag in der Lausnitz und an der Oder nehmen werden. Man approbiret das erstaunliche Flegma des F. M. Dauns, bei jetziger Beschaffenheit, gar nicht bei dieser Armée, und ich glaube man müsse sehr sein Freund sein, um diesen Fabius, gegen die Alliirte von Oesterreich zu rühmen. Der Ausgang kann seiner Campagne Ehre machen. Ich zweifele aber, ob er Ursache haben wird, mit Recht stoltz darauf zu seyn, als der Printz Ferdinand auf die seinige seyn könnte. Dieser Printz hat die gantze Hochachtung derjenigen Nation, welche aber nicht Ursache hat, zufrieden zu seyn, mit dem Mittel wodurch Er sich dieselbe erworben. In der Hofnung Ew. Hochgräfl. Excellence balde wieder aufzuwarten, habe die Ehre mich mit tiefem Respect zu nennen p. p.

Im Lager bei Klein Linnes,   C. v. Lohenschiold.
    den 11. Oktober 1759.

Unterthänigster Rapport
bey Weilburg den 23. Oktober 1759.

Den 22ten dieses, bin ich aus dem Lager, des Abends um 8 Uhr abmarschiret, ging über Leyn, Stockhausen, Bergkirchen, Lünberg, langs Weillburg; passirte die Lahne zu Amenau, und ging den Weg nach Weyer et Münster; da ich aber in dasiger Gegend erfahren, dass heute keine Fouragirung wäre, und mir gesagt wurde, dass in Nieder-Brecht 400 feindliche Cavallerie stände, wie auch 150 zu Ober-Brecht, so entschloss mich, die in Nieder-Brecht zu attaquiren, und sie zu überfallen; dieweil ich denenselben von hinten zu, auf der Strasse von Weilmünster kommen konte. Das Detachement zu Nieder-Brecht wurde meiner ehender gewahr, als vermuthet, indem eine meiner Patrouillen auf 1 Major, 1 Capitaine und 1 Trompeter stiessen, selbige bis vor Nieder-Brechten verfolgte, den Trompeter mitbrachten, 2 erstere aber nicht einhohlen konte; ungeachtet dessen verharrte bei meiner gefassten Entschliessung, und reussirte dermassen, dass der dasige commandirte Obrist-Lieutenant Bose die Flucht ergreifen musste, und blieb uns zur Beüte ohngefehr 99 Pferde, und etliche 70 Mann, benebst 1 Officier. An Todten feindlicher Seits, haben meine Leute gezehlet den commandirten Obrist-Lieutenant, 1 Capitaine, und 43 Gemeine, wie auch 9 Pferde todt.

An Fourage habe bekommen 100 Wagens, meistens mit Heu beladen. Der Feind hat auch, wie man gesehen, während diesen Allarm, ein, zu Ober-Brechten habendes kleines Heu-Magazin, verbrandt.

Unser Verlust ist gering, jedoch kan solchen noch nicht exact angeben, werde aber morgen mit selben meine Aufwartung machen; und die Gefangenen, morgen früh an Sr. Exçellentz übersenden.

Ich marchire heute noch bis Leyn, und rücket morgen früh alles wieder ins Lager.   v. Luckner.

à Londres le 23. oct. 1759.

On lit dans le suplement de la Gazette de Leide du 12. Octobre sur le sujèt du Lord George Sackville; „qu'il paroissoit languir, que son affaire fut examinée dans les formes, afin de ne plus se voir l'objet d'une Censure aveugle qui se fonde sur de plans de Bataille incapables de donner une juste idée de l'affaire, sur des Dispositions de Cavallerie et d'Infanterie, qui n'ont jamais existé, et sur des Ordres d'attaque et de poursuite, qui n'ont jamais eté delivrés.

On doit l'attention au public de le prevenir qu'il n'est question ni de Plan de Bataille ni de Dispositions de Cavallerie et d'Infanterie. Le Cas est fort simple: il falloit obeir et être actif. La Censure se fonde sur ces deux Chefs; elle blame un Coeur froid, au moment que tout s'echauffoit pour acquerir de la Gloire.

Les avocats, quand ils plaident une mauvaise Cause, cherchent à distraire l'attention du juge, pour l'eloigner du vrai objet. Si l'auteur de l'adresse succincte passe adroitement du réproche qui luy est fait à ce qu'il apelle faute ou defaut de Dispositions, c'est un tour de dialectique qui ne sauroit luy reussir auprés des gens du metier. Un Plan exact de Bataille ne peut que relever la faute de celuy, qui n'a pas rempli la partie, qu'il y devoit occuper. Les militaires qui jugeront par les differents mouvements qui ont eté fait par l'Armée depuis le 25. de Juillet jusqu'au 1. d'août y trouveront de la Disposition pour l'Evenement arrivé ce jour là; Et ceux qui y ont eû part, n'y trouveront rien plus hors d'Ordre que la Critique d'un tiers qui ne s'est jamais assez approché de l'Ennemy pour observer des fautes.

No. 3. reçu le 3. Nov. 1759 p. Kemnitz
à 2 h. de l'après midi.
à Kroffdorff ce 30. oct. 1759.

✳✳ Monsieur,

Il y a 8 jours mon cher ami que je n'ay point eû de vos nouvelles. je crains qu'il n'y ait quelque courier d'enlevé en chemin. peutetre que je me trompe, de quoi je serai tres charmé. voicy une lettre pour Mr. de Munchausen, qui fait le sujet de l'envoi de ce courier. Il est chargé de deux paquets de lettres interceptées.

Nous sommes toujours à Kroffdorff; et Mr. de Contades à Klein Linnes: plusieurs de nos emissaires assurent que Broglie est de Retour à l'armée et que les deux marechaux s'en vont; d'autres le contredisent, et je suis tenté de croire que ceux-ci ont raison. Les uns assurent que l'artillerie est revenüe à Giessen, les autres pretendent, qu'elle doit y revenir encore, et que c'etoit sur les fortes Representations de la cour de Darmstad. La petite guerre va son train. nous avons fait quelques prisonniers sur les François et ceux-ci en ont fait sur nous il y a quatre jours, ayant surpris dans la nuit le poste de Winden, ou nous avons perdû une vingtaine d'hommes outre trente à quarante chevaux. ¹ Le colonel Luckner est parti avec deux cent hussards pour Neuwied; il tachera de passer le Rhin, et de detruire s'il est possible le magazin d'Andernach. S'il reussit, vous en serez informé d'autre part plus tôt que par ma voye.

Le Roy etoit le 20. encore à Sophienthal; les Russes paroissoient encore indecis sur le parti à prendre; la saison avance cependant beaucoup, et s'ils veulent retourner sur la Vistule, il faut qu'ils se pressent. Le Prince Henry s'est vû obligé de reculer tant soit peu. il a pris son camp à Torgau. Daun avoit detaché 16m. hommes à Schilde et à Eulenbourg. ayant ainsi tourné le prince celuy-ci à pris le parti de la retraite. Ce prince a une tres belle armée pour le moins de 45m. hommes. Daun en a bien d'avantage, mais je suis persuadé que si celuy-ci descend dans la plaine Mgr. le prince Henry n'aura pas de peine à le vaincre. Adieu mon cher Monsieur, mettez moi aux pieds de S. Alt.

P. S. voicy une liste sommaire de la perte que l'infanterie prussienne a faite à la bataille de Kunersdorff. La somme vous surprendra sans doute; j'ignore encore à quoi monte celle de la cavallerie; j'espere d'en recevoir une liste pareille, je vous en ferai part en son temps.

Il est sur que les Francois ont fait un Detachement pour le bas-Rhin; je ne sais pas bien positivement en quoi il consiste; mais presque tous les avis se reunissent à assurer qu'il est composé de 1400 Fischers, de deux Regiments de Cavallerie et de six bataillons suisses.

Le Duc a fait partir de son coté un Detachement pour renforcer Mr. d'Imhoff; s'il etoit complet, ce seroit un renfort de 4m. hommes; mais il faut en rabattre un bon tiers.

Le temps est bien mauvais depuis 4 ou cinq jours; ce qui augmente considerablement l'envie du soldat d'entrer dans les quartiers.

(à Mr. de Hænichen)

Summarische Verzeichniss
des von der Königl. Preuss. Armée in der Bataille bei Kunersdorff
ohnweit Franckfurth gehabten Verlustes bey der Infanterie.

	Off.	Unt.-Off.	Spielleute.	Zimmer-L.	Gemeine.
Todte	64	147	50	19	4794
Blessirte	339	478	84	61	9262
Gef. & Vermisste . .	28	69	17	9	973
Summa	431	694	151	89	15029

arrivé ce 8. 9bre 1759.   No. 67.
entre 4 & 5 heures de l'aprés midi.

Monsieur Mon Cousin. Je vous rémercie de tout mon coeur du plan, que vous m'avez envoyé à la suite de Vôtre lettre du 24. de ce mois, de la Bataille de Minden. Je l'ai vû et examiné et j'ai fort admiré le piege dans lequel vous avez fait tomber Mr. de Contades. J'apprens (dechiffré) „que les Francois veulent se servir des Magazins, que les Trouppes de l'Empire avoient établi dans le Pays de

Bamberg, je n'en garantis pas la nouvelle à Vôtre Altesse, et j'ai crû devoir vous la marquer, pour que Vous puissiés rendre cette résource inutile aux François en Cas qu'ils l'ayent imaginée. Je regarde la prise de Quebec, et la Bataille gagné en Amerique comme une nouvelle très importante; toutes les nouvelles annoncent les dispositions des François pour faire la Paix; ils y sont contraints par le dérangement de leur commerce et l'épuisement de leurs finances, et je mettrois ma teste à prix, pourvû que nous finissions heureusement cette Campagne, que cette grande ligue commencera à se dissoudre pendant l'hyver."

Les Russes ont quittés nos frontieres; ils campent à Punitz, d'où ils préparent deja leur depart. Laudon a marché à Rawitz. Quoique la goutte me soit survenüe, qui me retient ici au lit, je n'ai rien negligé des dispositions, que Je suis en état de faire. J'ai fait marcher 19 Bataillons et 30 Escadrons en Lusace, avec lesquels (dechiffré) „Je crois qu'on pourra damer le pion a Daun. nous ne le souffrirons pas en Saxe, et quoiqu'il en puisse arriver, nous lui ferons répasser les montagnes de la Bohême avant le Commencement de Decembre; j'espère en quelque jours être en état de me faire transporter, pour passer ce Corps en Saxe, quelque foible que je sois, cela ne m'empechera pas de faire mon devoir et de me présenter encore dans les bonnes occasions. il faut s'en remettre au reste à la fortune, dont l'influence est si visible à la guerre que la prévoyance et la Prudence ne lui sauroient ôter qu'une partie de son Empire. Je fais mille Voeux pour la réussite de tous vos Projets, et je crois que ce sera la dernière Campagne que fera Vôtre Altesse contre les François; mais il se pourroit bien, que la Cour de Vienne imperieuse et inflexible voulût continuer la Guerre, par dépit même contre les François, et en ce Cas, vêrs le printêms nos Armées pourroient être raprochées et agir de concert ensemble". Je suis avec une amitie sans bornes

Monsieur Mon Cousin
de Votre Altesse

à Kœben   le bon Cousin
ce 31. d'Octobre 1759.

(de main propre:) Je suis estropié j'ai la goutte aux deux pieds au genoux et a la main, mais je crois, que c'est. . . . l'Imperatrice de Russie. voilà ce que c'est de faire le Galand a mon age.

Federic.

Ce 22. Oct. 1759.   No. 96.

Monsieur,

Je n'ai pas reçu de vos cheres nouvelles depuis le 12. de ce Mois. Mais je m'y atend à tout moment.

La poste d'angleterre est arrivée la nuit passée ce qui a occasioné l'envoye de ce Courier. Je l'ai dirigé par chés Mr. d'Imhoff*), esperant que

---

*) * Non. Cela traine trop long temps.

Monsgr. le Duc Ferdinand approuvera cette direction, si non, je me conformerai à l'avenir, à ce que vous m'ordonnerés la dessus.

J'ai l'honneur de vous renvoyer par ce Courier la Correspondance de Mr. de St. Pern, avec mes treshumbles remercimens. Elle a été trouvée interessante et fort amusante.

Permettés Monsieur, que je remet jusqu'au Courier prochain le renvoye des lettres de Mr. de Bulow. Ce digne officier est certainement d'une tres grande utilité, et même necessité auprès de Mr. d'I... Je voudrois que S. E. lui eût toujours communiqué mes lettres. Mais Elle n'en fera rien. C'est domage qu'Elle est si susceptible d'une infinité d'avis visionaires, que des petits gens lui donnent, et aux quels elle donne toujours la preference à ceux, qui lui viennent de bonne main. —

La grande nouvelle de la prise de Quebeck est confirmée. La Capitulation est extremement avantageuse pour la Garnison. Elle sortira avec les honeurs militaires, et sera transportée en France. La nouvelle de cette conquette arriva à minuit à Londres, et c'etoit aussi à minuit que le Canon du Tour ronfla et que toutes les cloches furent sonnées. Jugés à present du tintamare, et de la joye extravagante de cette immense ville.

Je n'ai pas des grandes nouvelles à vous annoncer. Les lettres de Francfort ne contiennent que des jeremiades; et celles du bas Rhin du 20. assurent, que Mr. d'Armentieres est retourné à Dorsten.

Les Trouppes Francoises sur le Bas-Rhin, ont reçu ordre de se completer.

Mr. Thurot a profité du dernier orage, qui a eloigné les Escadres angloises. Il est sorti de Dunkerque avec 2 Fregattes et avec 1500 hommes de Trouppes de Transport. Il a dirigé sa course vers le Nord. Les uns le disent destiné pour les Indes, ce qui seroit un grand detour. D'autres croient, qu'il tentera une descente en Ecosse. Et les plus fins le font aller à Stade.*) Je ne porte pas envie à ceux qui se trouvent en compagnie avec lui.

Le Roi d'Espagne a mis à la voile le 6. Sa M. vient de notifier aux puissances de l'Europe, qu'Elle a declaré son troisieme fils Roi des deux Siciles.

Comme cet evennement ne s'accorde pas avec le dernier Traité de Paix d'Aix la Chappelle, il est fort naturel, que plusieurs Souverains seront un peu embarrassés sur la reponse.

Je joins ici une lettre pour Monsgr. le Duc Ferdinand en vous priant de me mettre aux pieds de S. A. S. On l'assure de ses plus tendres amitiés.

Vous observerés dans la ci jointe gazette l'article relatif à Mayence et d'Ehrenbreitstein. J'espere que vous me munierés des Preuves, en cas que leurs A. Elect. nient le fait.

---

*) * C'est ce que je crois aussi.

Le Roi de Portugal a fait embarquer ses Jesuites pour les transporter je ne sai où.

Personne ne sauroit etre avec plus de Consideration et d'estime tout à vous.

Je joins ici encore 4 plans de la Bataille de Minden. Il m'a été impossible d'en attraper d'avantage aujourdhui, à cause de l'avidité du public.

Ce 27. Oct. 1759. No. 97.

Monsieur.

Votre très chere lettre du 20. m'a été rendue par le Courier Riehl. Et les lettres y jointes pour S. M. pour Mess. P. et H. sont parties par le paquet bot d'hier, de même que les deux plans de la Bataille de Minden. J'ai fait copier celui de Mr. Ray et je compte que le Graveur commencera à y travailler dans trois jours.

Mr. Y. aura très grand soin de la lettre pour Mr. P. il la lui fera remettre par un ami confidentiel, qui sera chargé en même tems, de pousser à la roue. J'en souhaite un bon effet. Mr. Y. vous donne très grande raison, sur ce que vous me mandés sur l'article du Roi de Prusse, relativement à l'Angleterre. Il en fera un bon usage.*)

J'ai l'honneur de vous remettre ci joint la correspondence de Mr. de Bulow. L'affaire de Dykbourg est scandaleuse. Mr. d'I. n'a pas encore mandé ici cette fameuse Camisade. L'on m'a assuré que le Cte. de Buckebourg seroit chargé du Commandement en Westphalie. Il est très vrai, que si Mr. I. eût montré un peu plus de vigueur et de resolution que les choses seroient sur un meilleur pied.

Les pamphlets anglois disoient il y a quelque tems que leurs Generaux modernes demandoient toujours de quelle force est l'ennemi, how strong is he, au lieu que les anciens avoient toujours demandé, où est il, where is he. S. A. S. est certainement à plaindre. aussi tout le monde le sait, que c'est Elle seule, qui travaille. Dieu veuille soutenir ses forces, pour fournir dans la suite à un si vaste et penible ouvrage.

Je joins ici quelques Extraits.

Nous n'avons de nulle part aucune nouvelle interessante.

L'expression sur le chapitre de Soltikoff nous a fait bien rire. Comme ordinairement l'esprit satirique se perd dans les circonstances dangereuses et embarrassantes, celle ci me paroit indiquer que Sa M. ne se trouve pas dans une situation critique, et que les Russes ne lui font pas peur.

Le pauvre Général Haddik sera aparamment le Sacrifice des marches savantes de Mr. Daun, que certainement les Parisiens n'attendoient pas sur la rive gauche de l'Elbe. Les choses seroient autrement si la Sainteté, au lieu du chapeau benit, lui avoit donné Fortunati wünsch-hütlein.

---

*) * Je ne sai ce que c'est, au moins je ne me le rapelle pas.

Celle ci vous parvient par un Courier Anglois.

Je vous prie de me mettre aux pieds de S. A. S. et de La remercier le plus respecteusement de son gracieux souvenir.

Nous atendons aujourdhui ou demain ici Mr. Fitzroy.

On m'a chargé de vous faire bien de complimens et de vous prier d'assurer S. A. S. de ses plus tendres amitiés.

Personne ne sauroit etre avec plus d'estime et de Consideration

Tout à Vous.

Ce 2. Nov. 1759.   Nr. 99.

Monsieur,

Le Maréchal Soltikoff a ecrit à Mr. Gallofkin en datte du 18./29. Sept. que le Maréchal Daun l'ayant fatigué par des marches et contre marches inutiles, il s'en etoit lassé et avoit pris le parti de se separer d'avec Lui, depuis quand il n'avoit pas eû de ses nouvelles jusqu'alors, mais qu'il venoit d'aprendre, qu'il etoit près de Dresde.

Que Lui, Soltikoff supposoit que Mr. le Cte. Gallofkin entendroit des plaintes contre Lui; qu'il Le prioit de le justifier, puisque toute la faute en etoit à Daun. Il ajoute, que n'ayant point de vivres, il avoit passé l'Oder, et s'etoit choisi un Camp Fort, mais que pour pouvoir soutenir des Quartiers d'Hiver, il lui faudroit une Place Forte.

Vous pouvés etre assuré Monsieur, que ce que je viens vous mander est très authentique. La même chose a été mandée hier à Mr. Mitchel, pour en donner connoissance au Pr. Henry. et il est prié de bruler ensuite la lettre, pour ne pas attirer tot ou tard des affaires au Cte. de Gallofkin.

Je vous prie d'en faire autant.

Mr. le Duc de Broglie est parti le 25. de Paris. il aura le commandement en chef de l'Armée du haut Rhin, avec autorité de renvoyer tels Generaux, qu'il jugera necessaire pour le bien du service. Son Frère le Cte. Broglie est devenu quart. Maitre General de l'Infanterie, Son second frere le Cte. Lameth l'est devenu de la Cavallerie. et son beau frere le Cte. de Belsunze est devenu General - Major. Sa chûte pourroit un jour lui etre par là d'autant plus sensible.

Je joins ici une lettre anonime de Bruxelles d'un Homme qui est fauflé par tout, et assés bien au fait des affaires politiques.

Il faut ajouter encore à l'article precedent, que Mr. d'Armentieres commandera en chef l'armée sur le Bas-Rhin. Lui et Mons. Broglie auront chacun son armée à part, et par consequent chacun un Etat-Major.

Le Corps detaché de l'armée de Mr. Contades, savoir les six Batt. Suisses sont arrivés de Coblence à Cologne. ils y etoient encore le 30. ils sont logés dans la ville, et l'on ne savoit pas encore ce jour là, s'ils y devoient rester en Garnison ou s'ils devoient marcher sur les Frontieres de la Flandre ou renforcer le Corps de Mr. d'Armentieres. Cet avis m'est venu d'assés bonne main, et ajoute, que Mr. Torey,

Commandant de Cologne etoit dans des apprehensions continuelles pour son grand Magazin de Deutz, ou l'on s'attendoit à tout moment à des visites des chasseurs Hannovriens. Les Fischers, qui faisoient partie du susdit corps ont descendu le Rhin dans 3 batteaux et sont debarqué le 30. à Duisbourg. ils se donnent pour 800 hommes.

Selon les avis du 30. Mr. d'Armentieres a derechef assis son camp à Bocknm. il se prepare a faire rentrer derechef un Convoye à Munster. J'espere qu'il ne s'en acquitera pas cette foisci si aisement. Mr. d'I. en est averti.

Mr. Fitzroy est arrivé ici avanthier, par Amsterdam, ou il s'etoit arreté quelques jours. Il compte de partir pour l'Angleterre le 6. il m'a remis la ci jointe lettre pour S. A. S. Quelques jours avant son arrivée le bruit couroit ici, que Mr. Fitzroy avoit tourné Casaque et effectivement il y avoit ici des lettres de Londres, qui le disoient à la sourdine. Mais Mr. Fitzroy a pris ce bruit si haut, qu'il a parlé sur ce point avec beaucoup de chaleur, et en de termes si forts, sur son attachement eternel, sur sa reconnoissance pour tant de bontés que Monsgr. le Duc Ferdinand avoit pour lui, qu'il a confondu tous ceux, qui avoient donné dans ce soupçon.

Je joins ici quelques extraits connus.

La derniere lettre que j'ai reçu de Mr. d'I. etoit du 15. il paroit, par ce Silence comme s'il veut rompre avec moi. Cela ne m'empechera pas de continuer avec lui sur le même pied, comme ci devant.

Votre très chere lettre N o. 2. du 26. Oct. m'a ete rendue.*)

Agrées en mes tres humbles remercimens, pour les pieces y jointes, et sur tout pour la communication de la lettre interceptée du volontaire Danois, qui est très joliment ecrite, et merite d'etro publiée sans affectation ce que je n'ai pas pû m'empecher de faire.

Mr. Luckner fait certainement bien de jolis coups, et se rend celebre.

L'article en question sera inseré mot à mot dans la Gazette de Leide, et puis dans plusieurs pamphlets Anglois. L'avanture à boulets à raves des anglois est trop divertissante pour y etre oubliée.

Je ne crois pas, que le Corps des 15 mille Autrichiens pour l'armée Francoise, soit autre, que celui avec le quel Mr. le Gen. Buccow a été detaché, pour reprendre Leipzic, dont on parle differemment. Il est sur qu'il a donné sur un corps Prussiens, et qu'il a été repoussé. Mais Mr. Daun doit l'avoir fait pourtant avancer. J'en saurai plus ce soir, si les lettres de Dresde arrivent. Celles de Vienne du 19. Oct. disent positivement, que les Russes s'en retournent vers la Pologne, et Laudon tachera de rejoindre Mr. Daun. Ce sera un peu difficile.

Vous savés sans doute, que le Cartel de l'echange des prisonniers entre les Russes et les Prussiens a été conclu le 15. Oct. il ne s'etoit

---

*) (Note des Herzogs) " Je Vous demande excuse de l'avoir omis dans la multitude des papiers qui fondirent sur moi.

54*

accroché qu'à une petite bagatelle, savoir au Titre de Roi de Prusse, que les Russiens ont voulû s'attribuer. Le Roi doit avoir ecrit à main propre à Mr. Soltikoff en faveur du Comte de Hort.

Je joins ici le Cachet que vous m'avés ordonné de faire graver en acier avec un Honi soit.

Il coute 8 Ducats, et 1 ecus pour l'etui, que je mettrai à conto. il n'y a pas moyen de l'avoir à meilleur marché ici. Je l'ai fait graver dans le gout Anglois. Car il me semble, que cette simplicité fait le plus grand ornement pour les armes illustres. Vous aurés la bonté de me dire, si S. A. S. l'approuve, ou si Elle ordonne, que le cachet, que vous m'avés ordonné de faire graver en Cristal doit etre plus grand, ou avec des ornemens et Schildhalter, soit lion, ou Sauvage. Dans ce dernier cas je ne l'aurai, que pour 12 Ducats au moins.*)

La jarrettiere et les etoiles de l'ordre ne peuvent etre envoyées, que par le Courier prochain.

Mr. Leake est arrivé. Je suis faché que je me suis trouvé hors d'etat d'executer les ordres de S. A. S. vis-à-vis de lui. Il n'y avoit pas une epée d'or à vendre dans toutes les sept provinces. Il faut les faire venir d'Angleterre, quand on en a besoin ici. Mon Marchand en avoit un il y a 3 semaines.

Je suis couru chés lui, après que je vous avois ecrit ma precedente, et je comptois pour sur de la trouver encore chés lui. Mais il l'avoit deja renvoyé en Angleterre. Le dernier prix en etoit cent Ducats. J'ai dit mon embarras à Mr. Fitzroy, qui a bien voulû se charger de cette Commission, et recevoir cette epée, qui certainement etoit belle, à Londres, ou, en cas qu'elle fut rendu, d'en acheter une autre, à peu près pour le même prix; et de la remettre de la part de S. A. S. à Mr. Leake. Dites moi si j'ai bien fait? j'ai aussi arrangé avec Mr. Fitzroy le paiement, et j'aurai l'honneur de vous en parler en son tems

Je joins ici une lettre pour S. A. S. que je viens de recevoir par la poste d'Angleterre, arrivée ici la nuit passée.

Les dernieres lettres de France ont desolé nos pauvres habitans, qui ont mis beaucoup d'argent sur les fonds françois. Le Roi a ordonné que le paiement des Interêts et des Capitaux doit etre suspendu pour une année ronde. Cela vise à une Banqueroutte, et la Saignée sera forte pour ce pais ci, et sur tout pour ceux, qui se sont laissé attirer par l'appas des gros interêts, à mettre leurs deniers cheris sur les fonds françois, contre l'avis de leurs amis.

Le Fameux Thurot a derechef mis à la voile de Dunkerque avec son escadre et ses 1500 hommes de Transport. Il a pris sa route vers le Nord. Monsieur Boys est à ses trousses. Mais le Gouverne-

---

*) (Note des Herzogs) * Dans le goust de celui qui est à la tête des Statuts de l'ordre.

ment Anglois n'avoit pas encore des nouvelles ce que l'un ou l'autre etoient devenus.

Je vous prie de me mettre aux pieds de S. A. S. On La fait assurer de ses plus tendres amitiés. J'ai bien de Complimens à vous faire. Personne ne sauroit etre avec plus d'estime et de Consideration

Tout à Vous.

L'on dit que Mr. le Cte. de Buckebourg vient d'arriver pour relever Mr. d'Imhoff.

Le Courier est chargé de 46 plans de la Battaille de Minden, pour les remettre à un marchand avec ordre de ne les vendre plus cher, que pour un demi ecus d'allemagne. C'est pour autant que les libraires le vendent ici. Mais le Graveur m'a donné ceux ci pour 12 sols d'Hollande ce qui ne fait qu'un peu plus qu'un demi florin d'Allemagne.

No. 100.

Monsieur,   Ce 3. Nov. 1759.

Je vous ai envoyé hier un Courier: celle ci va 24. heures après par la poste de lettres pàr Hannovre. Si elle vous parvient à tems vous en jugerés, si le Courier aura fait assés de diligence. (Ceci est changé depuis l'arrivée du Courier Anglois porteur de cette lettre.)

Mais ce n'est pas la seule raison, pourquoi je finis par cette voye ma deuxieme centainieme. Depuis le depart du Courier d'hier la poste de France nous a apporté la nouvelle, que la grande flotte de Brest avoit appareillé, et qu'elle avoit été sur le point de mettre à la voile, mais ayant decouvert tout d'un coup 24 Vaisseaux de Guerre Anglois, elle n'a pas osé sortir du port, et elle a dementi les Gasconades, comme si Mr. de Conflans avoit des ordres precis, de hazarder à tout prix un combat. Cependant quelques uns pretendent, que ce manoeuvre indiquoit pourtant, que le grand armement de Brest n'etoit pas une simple grimace.

Voici une autre nouvelle. Le feu a pris à la grande boulangerie a Brest, et tout ce vaste batiment avec les farines, pains, et bléds, perte qu'on fait sonner fort haut, a été consumé par les flammes. Il paroit que tous les Elemens se soient reunis, pour mettre le comble à la decadence de cette Monarchie.

Je vous ai averti dans ma precedente, que le Tresor Royal a cessé de payer les interets et Capitaux des Negociations precedentes, et de plusieurs fonds françois.

La desolation que cela cause dans les pais etrangers, paroit etre le moindre souçis des Francois, malgré que cette demarche leur ferme les bourses des particuliers, qui jusqu'ici leurs etoient ouvertes, tant ici qu'en Angleterre. Mais ce n'est pas tout. La consternation, la confusion et le murmure du peuple Francois et des Parisiens va extremement loin, et l'on dit que quelques Regimens ont reçu ordre de retourner en France, pour contenir la populace.

Les lettres de Bruxelles, arrivées par la même poste nous annoncent un fait, dont jusqu'ici nous n'en avons pas eû connoissance. Elles assurent très positivement, que Mr. Laudon s'etoit separé de l'armée Russe, avoit joint le Corps aux ordres du General Harsch. Que le Roi, informé de sa marche, avoit detaché quatre Regiments pour le harzeller. Que Mr. Laudon s'etoit tourné tout d'un coup, et les avoit totalement battu, après quoi il avoit repris sa route. Je vous avoue que je n'en crois encore rien de cette defaite.

Je vous ai mandé que Mr. d'Armentieres commandera en Chef l'Armée du Bas-Rhin. Selon differents avis cette armée sera portée à 30 mille hommes. Vous dirés que c'est beaucoup. à la bonheur. il se peut que j'en rabatte dans la quinzaine. enfin c'est toujours le jeu, qu'ils rendent ce corps d'armée aussi fort que possible, tant pour tenir en respects les voisins, que pour se guarantir d'une seconde visite de votre part.

Mr. de Broglio doit arriver le 5· à Francfort, les deux Marechaux, dont la commission est expirée le 1. Nov. s'en retourneront à Paris, de même que tous les Lieuten.-Generaux plus anciens que Mr. de Broglie, et qui refuseront de servir sous lui. Vous sentirés bien que ce changement et cet arrangement donneront carriere à mille intrigues et cabales contre Mr. de Broglie, qui trouvera peut-etre des difficultés partout.

Toutes les lettres de l'armée disent, que les ordres sont venus, que tous les Regimens doivent etre complets le premier Janvier. Les Officiers sont effectiment deja partis, pour faire des recrues. Et l'on ne doute gueres, que la grande Milice ne soit tirée, vû que sans ce moyen il seroit impossible de trouver le grand nombre de recrues, qui leur manquent, et qu'on fait aller à 40 milles tetes.

Les lettres arrivées depuis de differents endroits confirment tout ce que j'ai mandé ci dessus, dans tous les points, excepté la defaite des 4 Regiments Prussiens dont elles ne disent rien. Elles ajoutent, que Mr. est parti le 27. de Paris, que sa femme le suivra et passera avec lui l'hiyers à Francfort. Que Mr. d'Estrées ira à Vienne. Qu'on atend à Lille 24 Batt. et 12 Esc. de l'armée du Haut-Rhin, qui seront remplacés par un equivalent de Recrues, que le Roi fait faire à ses depens. Que les Russes insistent ardemment sur le paiement de leurs arrerages qui va à 18 millions de livres tournois. Qu'on ne sait de quel bois faire fleche. Le Credit chés l'Etranger est ruiné. Une lettre de change du Prince de Soubise, tirée pour les besoins des Trouppes de Flandres sur un marchand de Rotterdam, a été renvoyée avec Protest. Nous n'avons pas des nouvelles du Roi ni du Pr. Henry.

Je joins ici les Extraits, qui me sont parvenues dans ce moment.

Je joins ici deux lettres pour Mr. Boydt et Hattum. Je sai qu'ils sont à l'armée de Mr. d'Imhoff. mais comme vous avés aparemment plus d'occasion que moi à les leur faire parvenir vous voudrés bien avoir soin qu'elles leurs parviennent.

Mettés moi aux pieds de S. A. S.

Ce 3. Nov. à midi.

reçu le 14. Nov. 1759 à 8 h. du soir p. Friese.

No. 4.

à Kroffdorff ce 8. Nov. 1759.

** Excusez mon tres cher ami mon long Silence; j'ay eté charmé de toutes les Lettres que vous m'avez fait l'honneur de m'ecrire en attendant; le plaisir qu'elles ont causé icy devient un reproche que je me fais à moi meme d'avoir si peu repondû à l'exactitude, avec la quelle vous entretenez la correspondance de votre coté.

Icy tout est à peu pres dans la meme situation; le Duc a fait batïr des baraques pour hommes et chevaux; messieurs les Francois en paroissent scandalisez; Et leur nouveau general menace de nous deposter par force; Le Duc tient tout pret pour Recevoir sa visite; il va meme la luy rendre si les circonstances l'exigent. Nous avons eté obligé de faire un detachement vers Treffurth; Les autrichiens y etant venû piller quelques bourgs et villages, ils se sont replié, soit qu'ils n'ayent pas jugé à propos d'attendre l'arrivée de notre Detachement, soit que l'echec que Mr. le Duc d'Arenberg a essuyé en Saxe, joint à la marche du general Hulsen ait fait juger convenable à Mr. le Comte de Daun d'attirer à luy touts ses Detachements. Mr. d'Imhoff ouvrira demain la tranchée devant Munster, s'il plait à Dieu il prendra la ville. Voila toutes nos nouvelles. En voicy ci-joints d'autres, que nous avons ressû de Saxe et de Berlin. Elles ont perdü le merite de la nouveauté, mais elles sont autentiques en revanche.

J'ay reçû vos tres cheres lettres No. 96, 97, 98, 99, 100 et 101. du 22, 27, 28. d'Oct. et du 2. et 3. Nov. Les lettres du 22. et du 27. d'Oct. me parvinrent le meme jour. Vous en serez etonné. Mais la raison en est que le courier portant la premiere avoit passé par Munster.

Il faut que le courier fasse un detour de 10 à douze mille pour aller au quartier de Mr. d'Imhoff; celuy-ci qui n'aime pas à prendre la plume à touts moments l'arrete toujours jusqu'à ce que S. E. ait bien digeré pour ne s'attirer pas quelque oppression, en travaillant trop, d'abord apres· la table. Si vous faitez passer vos couriers par Osnabruk ils pourroient donner là les depeches dont ils seroient chargés pour Mr. d'Imhoff au maitre de poste, pour qu'il les envoyat par Estaffette à Mr. d'Imhoff; je vais mander à celuy-ci qu'il n'a qu'à envoyer ses Lettres pour vous à Osnabruk par Estaffette, et j'ordonnerai aux Couriers de les y prendre à leur passage.

Je vous suis fort obligé de l'envoi des plans de la Bataille de Tonhausen, ils sont fort recherché. On envoit meme de l'armée ennemie pour en demander. Je n'ay point delivré avec l'exactitude que le graveur a demandé les 12 pieces à Mr. Bauer. Je me suis vû obligé d'en prendre une partie, pour satisfaire les personnes qui avoient quelque droit de le pretendre du Duc. Cela ne fait rien, je crois, car le Duc a dedommagé Mr. Bauer, en luy faisant present de mille ecus. Vous trouverez cela meme peut-etre un peu trop fort; mais je vous dirai que le graveur de Cassel offrit à Mr. Bauer la somme de mille ecus, s'il vouloit luy donner son plan. Le Duc ne voulut pas le luy permettre, desirant que le plan fut gravé avec art et finesse, et le present du Duc n'est par cette consideration qu'un équivalent de ce qu'il pouvoit gagner.

Le Duc avoit aussi entendû que Fitzroy avoit tourné casaque; comme S. A. S. a de l'amitié pour luy, elle a eté charmée d'aprendre que ses sentiments sont toujours les memes.

S. A. S. a eté tres contente du cachet; elle vous remercie des peines que vous vous etez données à cet Egard. Quant à l'autre en cristal elle voudroit l'avoir gravé dans le gout de celuy qui est à la tete des statuts de l'ordre de la jarretière. je ne sais si vous aves par hazard vû ces statuts au passage du sieur Leake, et si vous en aves retenû l'idée pour pouvoir faire commander le cachet en consequence.

Le Duc est tres content des mesures que vous aves prises pour l'epée a donner au Sieur Leake. Ne croyez pas mon cher amy, que S. A. S. ait donné à cet honnete homme plus qu'il ne luy falloit, par une vanité de faire plus que les autres, ou parceque elle n'eut pas crû votre liste des plus autentiques. Mr. Leake eut l'impudence de demander la somme qui luy a été donnée; soyez persuadé que cette impudence ne luy auroit valû un fenning de plus, si ce n'avoit pas été par des raisons qui ne sont pas tirées du merite de son petit individû.

S. A. S. vous rend mille et mille graces de la communication de tous les avis interessants que vous luy aves fait parvenir successivement. Elle vous prie d'assurer de meme Mr. le general de York de ses sentimens d'estime et d'amitie pour luy.

Imhoff est fort reconnoissant des avis que vous luy faites parvenir. Il l'a temoigné dans plusieurs lettres qu'il a ecrites au Duc. Mylord Holdernesse a fait confidence par ordre de S. M. au Duc de la lettre qu'il a ecrit du 30. d'Oct. à Mgr. le Duc Louis; comme aussi de ce qui regarde les deux brigades Ecossoises.

Voicy une petite lettre chiffrée pour Mylord Holdernesse de 4 feuilles de papiers. Je vous la recommande de mon mieux. Ayez la bonté de me marquer ce qui pourra se faire par raport aux dites Brigades en suite de la proposition de Mylord Holdernesse.

Adieu mon cher Monsieur, mettez moy aux pieds de S. A. S.

à 11 heures du soir.

(à Mr. de Haenichen.)

J'allois fermer ma Lettre, lors qu'un courier arrive du Roy depeché de Koben du 31. Oct. S. M. marque qu'elle a detaché 19 Bat. et 30 Esc. pour damer le pion à Mr. Daun. Les Russes sont à Punitz;

Loudon à Rawitz. Les premiers se preparent tout de bon à regagner
les rives de la Vistule. S. M. dit entre autres: „Je vous remercie de
tout mon coeur du plan que vous m'avez envoyé à la suite de votre
Lettre du 24 de ce mois de la bataille de Minden. Je l'ay vû et
examiné et j'ay fort admiré le piége dans le quel vous avez fait tomber Mr. de Contades." (S. M. apres avoir parlé d'autres choses qui
regardent les manoeuvres reciproques des armées en campagne continue
sur son propre sujet de la maniere suivante): „je suis estropié, j'ay la
goute aux deux pieds, au genoux et à la main, mais je crois que c'est
. . . . que m'a donné l'imperatrisse de Russie." Vous sen-
tes que S. M. a ecrit tout cela de main propre. Elle compte d'aller
elle meme en Saxe.

ce 6. Nov. 1759.

Monsieur,   No. 1.
Je commence ma troisieme centurie.

Votre très chere lettre No. 3 du 30. Oct. m'a été rendue. Si vous
avés été 8 jours sans mes nouvelles, c'est la lenteur des Couriers et
non pas ma faute, comme vous le verrés par la reception de mes precedentes. Il y a surtout un, nommé Frise, que je voudrois, que vous
le puissiéz dispenser à faire des courses, car il va la plus grande partie du chemin en chariot ou à pied. Je ne crois pas justement que
c'est par paresse, mais plutot par impuissance.

La camisade de Luckner vers le Rhin, fera bien du bruit si elle
reussit. J'espere qu'il interceptera en même tems des Couriers. Ce
ne sera que demain, que j'en aurai des nouvelles par la poste de
Cologne. —

Vous savés deja le bon coup que Mrs. Rebentisch et Wunsch ont
apliqué au Duc d'Arenberg.

L'on dit ici que Mr. le Comte de Buckebourg est arrivé devant
Munster. Voici les nouvelles du bas Rhin qui sont de fort bonne
main. Vous y observerés le passage qui est relatif au nommé W.

Vous observerés dans la Gazette ci jointe le passage sousligné,
qui paroitra de même dans la Gazette de Leide, l'ordinaire prochaine.

Je joins ici un papier anonime, mais qui est, très authentique,
c'est un extrait d'une lettre de l'Empereur d'Arholzen. Je vous prie
de n'en faire aucun usage, car il seroit fort aisé de decouvrir, à qui
elle est ecrite, et cela me compromettroit avec mon ami, qui me l'a
communiqué en grande confiance. Vous y verrés une rage et jalousie
meprisable et basse, et que les bienfaits de S. A. S. Monsgr. le Duc
Ferdinand n'ont pû deraciner.

Le bruit s'est repandu par tout que la Convention du Duc de
Wirtemberg avec les Francois etoit rompue, et que les Trouppes ne
marcheroient plus. Mais j'ai des avis de bonne main, que la tête de
ces Trouppes s'est mis en marche le 27. et le 28. Octob.

Voici une lettre de l'armée Francoise, que je vous donne pour ce
qu'elle vaut.

La Poste d'Angleterre du 2. est arrivée. Elle a apporté la ci jointe lettre pour Monsgr. le Duc Ferdinand, et un rouleau, que le Courier vous remettra.

Le fameux Corsaire François, Thurot est derechef sorti de la Rade d'Ostende. Il a dirigé sa route vers le nord, et nous avons des nouvelles, qu'il est entré à Gotenbourg. Je ne sai si c'est par necessité, ou par dessein premedité, qu'il a cherché son azyle chés les Suedois, au lieu de faire sa descente sur l'Ecosse. Mr. Brett est à ses Trousses. Cela pourroit bien attirer une Escadre Angloise dans la Baltique. —

Monseigneur le Duc Ferdinand m'avoit ordonné de faire faire ici deux etoiles et une jarettiere. Je les envoye par ce Courier. L'une de ces etoiles est faite avec et l'autre sans paillette. Vous me dirés en son téms, de quelle espece S. A. S. en souhaite à l'avenir. Le prix est egal. chacune coute 9 florins et dix sols d'hollande. Et la jarretiere coute 9 florins. cela se trouvera.

Touts ces ornemens sont faits selon le modele de ceux, que feu le Prince d'Orange a porté. Si S. A. S. y souhaite du changement, vous n'avés qu'à ordonner.

Je les ai fait voir à Mr. Fitz Roy, qui en a paru etre content. Il a fait faire ici une jarrettiere, elle vous parviendrat sous le paquet du maitre de poste, qu'il dit etre telle qu'il faut. Et je vous avoue qu'elle me plait mieux. Il m'a donné le nom de l'ouvrier, ainsi il ne depend à l'avenir que des ordres de S. A. S. Il part ce soir pour Londres.

La lettre pour Mr. Munchausen, avec les deux paquets de lettres interceptées partent avec le paquetbot de demain pour l'Angleterre.

Adieu mon cher Monsieur. Mettés moi aux pieds de S. A. S. et dites Lui que je me trouve toujours bien glorieux, lorsqu'Elle m'honore de ses ordres. On fait assurer S. A. S. de ses plus tendres amitiés. Et vous trouvés ici bien de complimens. Je suis tout à Vous.

P. S. Selon les dernieres lettres de Paris tout or et argenterie, Vaisselle etc. doit etre porté à la monoye, suivant une taxe je crois mediocre. On paie la 4. partie en argent comptant et les 3 quarts en obligations sur la Bretagne.

reçu le 16. Nov. 1759 à midi par Riehl.
avec 3 let. à M. H. 2. pour F. R.
1. au Roi.
à Kroffdorff ce 11. Novemb. 1759.

✳✳ Monsieur,   No. 5.

Votre cherissime Lettre du 6. de Nov. No. 1 me fut rendüe à cinq heures de ce matin; le courier n'a pû aller plus vite, vû que les chemins sont tout à fait rompus, et que les chevaux de poste sont dans un Etat à faire pitié. J'aplaudis à votre Proposition de dispenser Frise, a faire des courses: nous avons icy de couriers de reste. et je puis supleer à son defaut.

Le passage du Rhin de Luckner n'a pas reussi; les Francois n'ayant laissé sur la rive droite de ce fleuve ni la moindre nacelle entre Coblence et Bonne. Luckner n'a pas trouvé moyen de passer. De quoy le Duc a eté bien faché, quoique je sois persuadé que Lukner n'a souhaité mieux que de passer ce fleuve.

Je crois vous avoir mandé que le comte de Buckebourg commande au siege de Munster; Mr. d'Imhoff commande le corps d'observation. La tranchée a dû s'ouvrir la nuit du 9. au 10. et Mr. le comte supose que ses bateries seront en Etat de tirer le 12. ou le 13.

S. A. S. vous fait bien de compliments de remerciment des pieces curieuses que vous luy avez communiquées. Celle du prince de . . . . . L'a un peu choqué. Je vous prie de croire que luy et la princesse son Epouse ecrivent au Duc dans un style bien different. Cela prouve que S. A. S. ne pense pas en prince, je vous promets qu'on ne fera semblant de rien, mais on est toujours bien aise de connoitre les gens.

Les troupes de Wirtemberg sont arrivé à Aschaffenbourg selon nos nouvelles: je doute qu'elles continuent leur marche à l'armée; la saison est trop rude pour croire que Mr. de Broglie veuille continuer la campagne. Il pleut sans discontinuer depuis huit jours; c'est une des raisons, je crois, qui arretent les deux armées dans leur position; car il n'y a pas moyen d'en sortir, à moins de laisser l'artillerie en arriere. Vous ne sauriez croire combien ce mauvais temps cause de maladies et de difficultez à trouver du fourage.

S. A. S. vous remercie mille fois des peines que vous avez prises pour luy faire broder le Honi soit avec les Etoiles. Voudriez vous bien m'envoyer la note de ce que j'aurai à vous payer encore pour solder le compte.

Nous n'avons point eû de nouvelles ni du Roy ni du prince Henry, depuis ma derniere lettre; mais je supose que tout est à peu prés dans la meme situation.

Il arrive dans ce moment un courier du Comte de la Lippe; selon luy et les avis de Mr. d'Imhoff, le Marquis d'Armentieres etoit arrivé le 8. à Dorsten avec tout son corps et 30 pieces de gros canon. Il paroit que ces 30 pieces ont fait de l'impression: mais je n'en espere pas moins une bonne issüe.

(à Mr. de Haenichen.)

No. 60.
à Kroffdorff ce 12. Nov. 1759.

✱✱ Au Roy.

J'ay reçû la trés gracieuse lettre dont il a plû à V. M. de m'honorer du 31. d'Oct.

Je felicite V. M. de tout mon coeur sur le succés de ses armes en Saxe; cette campagne prouve bien que la valeur joint à la perse-verance tient lieu de fortune.

Je ne saurois exprimer à V. M. toute la joïe que je ressens du retablissement de sa santé; veuille le ciel le rendre des plus parfaits.

(en chiffres:) „Le ministère britannique m'a informé du pas qu'il va faire pour la paix; il songe néaumoins aussi au moyens de continuer la guerre, si la paix ne peut pas être faite. On augmente les troupes legères de l'armée, et on prendra peutêtre deux mille hommes des trou-pes du duc mon frère à la solde de l'Angleterre par un nouveau traité de subsides, qui se negocie à présent. J'ay réprésenté la nécessité d'envoyer encore huit bataillons et treize Escadrons de troupes britan-niques en Allemagne, pour mettre un peu plus de proportion entre cette armée et celle de France; je ne doute pas de la bonne volonté du mi-nistère, mais l'invasion dont l'Angleterre est de nouveau ménacée, y rétient tout le monde.“

J'ay lû une lettre du comte de Choiseul qui prouve qu'on est au désespoir à Vienne du peu de succès du Marechal Daun, dont la con-duite est fort critiquée. Ce général se plaint à son tour du Général Haddik, qui a eté appellé à Vienne pour rendre compte de ses actions. Mr. de Kaunitz le protege.

Les regimens imperiaux sont extrèmement fondus; j'ay vû une liste, qui vient de bonne main, selon la quelle au regiment d'infanterie, qui etoit le plus fort, manquoient au milieu d'Octobre huit cent cin-quante huit hommes.

Je crains que mon projet sur Ehrenbreitstein n'échoue: ce qui m'obligera de ramener la plus grande partie de l'armée en Westphalie.“

„ La tranchée a dû etre ouverte le dix devant Munster; ce siège est tres difficile en luy même dans cette saison-ci, il l'est encore par la presence du marquis d'Armentieres qui s'aproche avec dix neuf bataillons et vingt escadrons pour le troubler.

Je fais actuellement une demonstration sur Cologne, pour obliger le marquis d'Armentieres d'y renvoyer une partie de son monde; Dès que les François decamperont vis à vis de moi je compte d'envoyer encore en Westphalie huit bataillons et autant d'Escadrons, pour assurer d'autant plus la prise de Munster.“

Il pleut depuis dix ou douze jours sans discontinuer; ce qui a tellement gaté les chemins, qu'il est presque une impossibilité de de-camper, à moins de laisser la grosse artillerie en arriere.

Le manque de fourage devient cependant si grand, et la saison si rude qu'il ne me paroit pas possible de tenir encore long temps la campagne; je me suis cependant proposé de ne pas la quitter le premier.

J'ay l'honneur d'etre avec un tres profond respect p. p.

F.

ce 10. Nov. 1759.

Monsienr,   No. 2.

Je n'ai pas reçu depuis 10 jours, de vos cheres nouvelles, votre derniere No. 3 etoit du 30. Oct. J'espere que j'en aurai encore aujourd'hui. Les chemins doivent etre affreux.

Mr. d'Imhoff ne m'a pas ecrit depuis le 15. Octob. de sorte que je suis reduit à me contenter de ce que j'aprens de lui par ses ennemis, les Francois, qui commencent enfin à desesperer de la conservation de Munster, comme une lettre de bonne part me l'a assuré.

Je joins ici 2 lettres du nommé Z., qui auroient pû etre de quelque utilité, si je les avois reçu plutot. Ce Z. est certainement un coquin en singulier, ou un espion en pluriel. J'ai averti Mr. d'I. d'etre sur ses gardes avec lui. Je me reproche cent fois de vous avoir procuré un si mauvais meuble, mais pour ma consolation je puis vous assurer que je l'ai fait malgré moi aux instigations de Mr. Y. qui est fort prevenu pour ce Z.

J'ose recommander les deux lettres ci jointes à vos soins ulterieurs.

Selon les dernieres lettres de Paris, d'assés bonne main, la France entretiendra deux armées cet hivers, qui seront independentes l'une de l'autre, et agiront pourtant de concert. Celle du Bas-Rhin sous les ordres de Mr d'Armentieres sera portée à 40 Batt. et 30 Escadr. celle sous le nom de l'armée d'Allemagne commandée par Mr. le Duc de Broglie sera de 60 Batt. et de 70. Escadr. Le nombre de Lt. Gen. et des Gen. Maj. est de 19. qui quiteront l'armée francoise, parce qu'ils ne veulent pas servir sous Mr. de Broglie, ou que celui là ne veut pas d'eux.

Sa Majt. T. C. a envoyé sa vaisselle à la monoye, Msg. le Dauphin, les Ministres d'Etats, les Princes du sang, ont suivi cet Exemple. Et il paroitra bientôt une ordonnance, pour disposer ceux, qui sans cela ne le feroient pas.

Les Russes se sont retirés vers la Pologne, comme toutes les lettres de Berlin l'assurent; En même tems qu'on me mande de Vienne, que Mr. Laudon y avoit envoyé Mr. le Gener. Caramelli, avec la nouvelle, que Mr. Soltikoff avoit reçu ordre de se soutenir à tout prix dans la Silesie. Je connois le Pelerin, et je sai bien à quoi m'en tenir.

Un petit detachement de la Garnison de Wesel a pillé il y a 8 jours, le chariot de poste entre Delden et Kehne. Ils en ont pris l'argent et se sont sauvé par Bentheim à Wesel.

Je reçois dans ce moment une lettre du bas Rhin, qui me dit que Mr. d'Armentieres a rammassé tout ce qu'il a pû, et qu'il s'est mis le 7. en mouvement, pour degager Munster: ainsi j'espere que nous aurons bientôt des nouvelles interessantes de ces quartiers là.

On m'a chargé de vous faire bien de complimens et de vous prier de vouloir assurer S. A. S. de ses plus tendres amitiés. Je vous suplie de me mettre aux pieds de S. A. S. et de Lui temoigner mon devouement le plus respectueux. Je suis tout à vous.

reçu le 25. Nov. 1759 à midi p. Katsch.
à Kroffdorff ce 20. Nov. 1759.

✱✱ Monsieur,   No. 6.

J'ay l'honneur mon cher amy de vous accuser la reception de votre lettre du 10. No. 2. Si Mr. d'Armentieres est aussi fort que les avis de Z. le disent, notre siege s'en ira en eau de boudin. Je ne crois pas qu'ils soient marquez au coin de la verité; mais cela ne m'empeche pas de craindre un peu pour la reussite du siege. C'est que j'ay mauvaise opinion de notre homme; depuis qu'Armentieres a passé la Lippe, il dit qu'il faut avoir une bonne confiance en Dieu, pour croire, qu'on puisse etre sauvé. Cet honete homme decourage tout le monde. Il est si rempli de peur que tout ce qu'il dit et tout ce qu'il fait s'en ressent. Le Duc Luy a recommandé d'imiter l'exemple du general Wolff; il n'y trouve à redire que sa fin; il dit qu'il desespere de finir comme luy. Broglie a mis la plus grande partie de sa cavallerie en cantonnement derriere le camp; il ne veut ceder; nous ne voulons ceder non plus; celuy qui peut suporter le mieux la faim sera aparemment le dernier. Il a fait bien mauvais temps. Dix jours de pluye continuelles avoient tellement rompu les chemins, que tous les transports nous manquoient tout d'un coup. Songez si nous avons eté embarassez. Il n'y avoit pas moyen non plus de partir; à moins de laisser en arriere toute la grosse artillerie. Mr. de Broglie s'est trouvé dans le meme cas; il a sur nous l'avantage, que ses transports ne font que 6 milles, les notres en font douze. Je serai fort etonné s'il restera de chevaux aux païsans aprés le Depart des deux armées.

Les affaires vont bien en Saxe. Daun a atteint Pirna; le prince Henry a eté joint par le Roy. Le Siege de Dresdes va suivre.

Le prince hereditaire marche avec 8 mille hommes en Westphalie; il prendra le commandement de l'armée. Le prince de Bevern marche aujourdhuy de Siegen à Endingen, c'est à dire jusqu'à deux marches de Cologne. Si Mr. d'Armentieres l'aprend, il craindra un peu pour ses derrieres. Il sait que nous ne badinons pas. Le Comte de Bukebourg a ouvert le 10. la tranchée sans perdre un homme; l'Ennemi a fait le lendemain une grande sortie pour ruiner les travaux; mais il a eté repoussé avec perte, sans mettre le nez à la tranchée; depuis ce temps là il s'est amusé à canoner, à bombarder et a jetter des carcasses et boulets à feu. Je n'ay pas apris que cela ait fait du mal. Nos batteries ont commencés à tirér le 17. avec 11 pieces, mais le feu va augmenter. Je fais passer expres ce courier par Munster, pour qu'il puisse vous dire de bouche ce que l'on y fait.

Armentieres a passé la Lippe le 16 à Haltern; surquoy Mr. d'Imhoff a changé de camp le 17. de grand matin; comme il dit pour tirer son canon de la boue, ce qu'il n'auroit pû faire en presence de l'ennemy. Le pelerin se croit sur d'etre batû.

Mettez moy au pieds de S. A. S.

(à Mr. de Haenichen.)

No. 68.

Monsieur Mon Cousin.

Depuis que j'ay rejoint l'armée, Daun a pris le parti de se retirer, et comme Vous connoissez les lieux, il Vous sera plus facile qu'à
un autre, de prévoir la fin que notre campagne aura. Les Bords de
la Tripsch nous ont arreté jusqu'à aujourdhuy, nous venons cependant
de la passer, mon avantgarde est à Kesselsdorf, le gros de l'armée vers
Wilsdruff, le Général Dierecke est de l'autre coté de l'Elbe et dans
ces Villes qui sont entre Meissen et Dresdes, le Général Finck avec
20 Bataillons et 35 Escadrons du coté de Maxen et de Wensch Karr-
dorf, le Colonel Kleist avec 20 Escadrons et 3 Bataillons à Ottendorf,
d'où il a ordre d'entrer en Bohême, de ruiner la farine, que les Autrichiens ont à Aussig, et de brûler quelques Villages en repressailles des
horreurs et des abominations que Laudohn et les Russes ont commis
dans mon Païs. Des troupes de l'empire ont voulû passer du coté de
Wensch-Karrdorf, où elles ont eté repoussées hier par le Général Finck
qui leur a pris 2 canons et une centaine d'hommes.

Comme je ne crois pas que Daun laisse des Trouppes à Dresde
pour défendre la Ville, ce seroit un présent qu'il me feroit, mais comme
il veut passer avec tout son corps du coté de Zehist et de Nollendorf,
je crois qu'il lui sera difficile d'éviter quelque mauvaise affaire d'arriere-
garde et c'est là où je l'attends.

Je suis charmé au reste de pouvoir vous confirmer les sentimens
de l'amitié et de la plus parfaite estime avec laquelle je suis p. p.

à Limbach,   Federic.
ce 17. Novbre 1759.

(De main propre.)

Notre avantgarde vient de battre un corps autrichien à Kesselsdorf, je ne suis pas encore en etat, d'en donner des details mais dans
8 jours la Saxse sera netoyée et purgée d'ennemis.*)

Arrivé à 1½ du matin
22e 9bre. 1759.

Monsieur Mon Cousin.   No. 69.

Je Vous suis obligé de la part que Vous prennez au retour de la
fortune, qui nous fait bien finir une Campagne dont le milieu paroissoit
desesperé. Je crois pouvoir à présent avancer avec certitude, qu'en
8 ou 10 jours il n'y aura plus d'Ennemis en Saxe. Vous aurez vu
par la lettre que je vous ecrivis hier tous mes arrangements, et comme
Vous connoissez ce païs, vous serez en etat de juger, si mes mesures
sont bonnes ou non. Quoique j'ay eû la goute trés forte et que je
sois encore esclopé, je me traine à la suite de l'armée comme un im-
pedimentum. Je fais ce que je puis ne pouvant être utile par mes
membres, je tache de l'être par la Tête.

---

*) N. d. H. Vier Tage darauf, am 21., erfolgte die Gefangennahme des Gen. Finck bei
Maxen!

(déchiffré): „Vos arrangemens sont très bons; je suis cependant impatient d'apprendre que les François quittent Giessen. Je m'étonne qu'ils tiennent si longtêms la campagne, je voudrois les savoir au delà du Rhin. Je crois que Vous réprendez Munster, mais je ne puis Vous dissimuler, que si Vons arrangés vos magazins comme cette année, je crois qu'il vous sera impossible, de les soutenir, parcequ'ils sont trop éloignés les uns des autres. J'en comprends bien la raison, cependant je vous prie, d'y penser. Ce projèt d'une déscente que les François méditent en Angleterre est bien deplacé dans cette saison passée l'eté ou le printêms; s'ils l'entreprennent dans cette saison de têmpête, ils risquent de perdre tout leur monde; mais voilà le Canada pris; reste à savoir, si les Anglois n'en pourront pas rétirer des Troupes superflues, ou s'ils ne pourroient pas augmenter le pied des Troupes Angloises et Hannovriennes, que vous avez à l'armée. Je souhaite en attendant bien sincèrement, que le projèt du Ministère Britannique réussisse pour le bien de l'humanité, et que chacun puisse rétourner sous son toit pour y vivre en Paix."

Je suis avec les Sentimens d'Estime et d'Amitié que Vous me connoissez

Monsieur Mon Cousin

de Votre Altesse

à Lümbach,   le très bon Cousin

ce 18. Novembre 1759.   Federic.

✳✳ Pour le Roy de Prusse.   No. 61.

à Kroffdorff ce 23. de Nov. 1759.

Je viens de recevoir à la fois les deux tres gracieuses lettres que V. M. m'a fait l'honneur de m'ecrire en date du 17. et du 18. Je suis rejoui au delà de toute expression des grands succés que V. M. vient de remporter sur le maréchal Daun; j'admire cette façon, avec la quelle elle le mène et je vois avec une satisfaction, que je ne puis exprimer, que V. M. termine la campagne la plus difficile qui ait peutêtre jamais existé, avec un succès, qui humilie autant ses ennemis, qu'il tourne à votre gloire immortelle. Je me réserve de répondre à ce que V. M. m'a fait la grace de me marquer en chiffre, et je m'empresse de Luy mander la nouvelle de la reduction de Munster. Cette ville s'est rendüe le 20. aprés que Mr. d'Armentieres eût fait un vain effort, pour faire léver le siége; je dois ce succés particulierement à la belle conduite du major Bulow.

(en chiffres): „Mr. de Broglie s'opiniatre à garder son camp de Giessen; il a fait même avancer les troupes de Wurtenberg sur mon flanc gauche, de manière qu'elles me sont en quelque façon à dos. Je me suis trop affoibli par les différents detachemens que j'ai fait en Westphalie et vers Cologne, pour faire une diversion en faveur du siége de Munster, pour détacher d'abord contre ces gens-là. Mais j'ay rapellé 7 Bat. et 10 Escadrons de ces detachemens, et je compte d'être en état de les faire marcher dès le 26. contre les dites troupes de Wurtemberg, où selon mes nouvelles Mr. le Duc de Wurtemberg se trouve en personne. Je ferai en même temps entrer le General Imhoff dans le duché de Bergen, pour déranger un peu les mésures que les Ennemis avoient pris pour les quartiers d'hyver."

J'ay l'honneur d'etre avec un tres profond respect

F.

Monsieur,   No. 7.

** Munster s'est rendû le 20. Mr. le comte de Bukebourg a accordé à la garnison la libre sortie; il en est critiqué surtout par les Hannovriens. je n'ay aucune envie de me ranger de leur coté, mais je vous dirai, sans repondre à la question, que je suis bien aise que nous soyons maitres de cette place.

Mrs. les Wurtembergeois sont dans le païs de Hirschfeld; ils auroient pu nous faire bien de mal en nous interceptant ou en troublant tout à fait nos couvois; ils n'en ont rien fait jusqu'au moment present. ils se sont contenté de piller le pauvre pais. Nous nous etions si affoiblis, qu'il etoit impossible de detacher un seul Bataillon pour arreter ces gens là. La scene est devenû un peu differente. Le prince de Bevern qui avoit eté le 22. avec 3 bataillons et 4 escadrons à trois milles de Cologne est arrivé partie hier partie avanthier à Marbourg. Le Duc a pareillement rapellé une bonne partie du Detachement du prince hereditaire qui etoit le 23. sur la Dymel. Ce Detachement consistant en 4 Bat. et 6 Escadrons arrive aujourdhuy à Marbourg. Mgr. le prince s'y rendra pareillement et se mettra demain en marche pour aller rendre la visite à Mr. le Duc de Wurtemberg soit à Hirschfeld soit à Fulde.

Mr. de Broglie ne veut absolument pas quitter son camp. s'il a compté sur la Diversion de Mgr. de Duc de Wurtemberg je me flatte qu'il aura fait un compte sans hote.

Nos dernieres nouvelles de la Saxe sont du 19. elle sont tres bonnes. mais les francois viennent d'en debiter de tres defavorables. je n'y ajoute pas foi.

Comme le courier va partir, je ne saurois repondre aux deux lettres que vous m'avez fait l'honneur de m'ecrire ne voulant pas l'arreter. Mais je depecherai encore ce soir un courier avec des lettres à Mr. de Munchausen et à S. M. B. meme, et je profiterai de cette occasion de m'entretenir plus au long avec vous. à Kroffdorff ce 27. No. 759.

(à Mr. de Hænichen)

III.   55

Kapitel XI.

Uebersicht der Begebenheiten. Der Herzog Ferdinand vor Giessen. Der Erbprinz nach Sachsen.

General F i n c k wird mit seinem Corps bei M a x e n gefangen (21. November 1759.) Der König Friedrich II. ersucht den Herzog Ferdinand um eine Demonstration mit 3 bis 4000 Mann gegen Zwickau (25. Nov.) Der Herzog ruft einen Theil des Imhoffschen Corps aus dem Bergischen zurück und sagt dem Könige ein Hülfscorps unter dem Erbprinzen von Braunschweig zu, wenn er gegen die Würtemberger reussire. (29. Nov.) — Der Erbprinz schlägt den Herzog von Würtemberg bei Fulda (30. Nov.) und nimmt 4. Bat. und 41 Officiere gefangen. — Gutachten Westphalens (1. 2. Dec.). — Bericht an den König vom 2. Nov. Brief Westphalens an Hænichen vom 2. Dec. nebst Bericht des Erbprinzen über den von ihm erfochtenen Sieg. — Vorposten-Gespräch Derenthal's (4. Dcbr.). — Der Duc de Broglie verlässt das Lager bei Giessen (5. Dcbr.). — In Frankfurth a/M. herrschende Niedergeschlagenheit. — Ordres des Herzogs an den Erbprinzen von Braunschweig wegen seines Marsches nach Sachsen, und an den Prinzen von Holstein vom 8. Dcbr. — Giessen wird von den Alliirten blokirt. — Gutachten Westphalens. — Niederlage und Tod des Generals D i e r e c k e bei M e i s s e n (3. Dcbr.). — Erschütternder Eindruck des Schreibens des Königs Friedrich II. über dieses neue Unglück auf den Herzog Ferdinand. Er beschleunigt den Marsch des Erbprinzen nach Sachsen über Wanfried, Altenburg. — Correspondenz des Herzogs und Westphalens mit dem Erbprinzen. Ein näherer Bericht über das Treffen gegen die Würtemberger. — Instruction für den Erbprinzen (9. Dcbr.). — Briefe Westphalens an Hænichen 8. 11. Debr.). — Briefliche Correspondenz zwischen dem Herzog und seinem Secretär, mit interessanten Details; vorübergehende Erkrankung des Erbprinzen. Wiederholte dringende Schreiben des Königs wegen des Hülfscorps und über seine missliche Lage, dem Feldmarschall Daun bei Dippoldswalde gegenüber. — Der Erbprinz trifft am 14. Dcbr. an der Werra ein und richtet seinen Marsch über Gera auf Chemnitz oder Zwickau, nach des Königs Befehlen. (Bericht des Herzogs vom 16. 18. Dcbr.) Er spricht darin seine Wünsche hinsichts der Verwendung des Corps des Erbprinzen, und dessen möglichst baldiger Zurücksendung aus. Die

Stärke des Corps belief sich auf 14,000 Mann: — Gutachten Westphalens über Vorkehrungen gegen den Versuch Broglie's, die
Stellung der Alliirten zu umgehen. Ordre an G.-L. v. Wangenheim
(20. Dcbr.). Bericht des Herzogs an den König über die ihm durch
französische Truppenabtheilungen vom Rhein her und von dem Würtembergischen Corps drohenden neuen Gefahren (21. Dcbr.). Unver-
mutheter Angriff auf eine Redoute bei Klein-Linnes (Bat. Behr)
(22 Dcbr.) — Lebhafte Correspondenz des Herzogs mit Westphalen.
Vorschläge des letzteren. Brief des Herzogs an Westphalen vom
24. Dcbr., im Begriff auf dem Schieffenberg dem Feinde entgegenzugehen. — Wie Westphalen die Lage der Sache ansieht. Der
Herzog erwartet eine Schlacht. Der Duc de Broglie, zum Marschall
von Frankreich erhoben, zieht seine detachirten Corps heran, und
geht, während der Herzog von Würtemberg sich ihm zur Rechten
nähert, auf seiner Linken aber der General Voyer von Cöln über
Hachenburg den Alliirten in den Rücken marschirt, mit dem Gros
zwischen Butzbach und Friedberg gegen die Lahn vor. Der Herzog
zieht seine Truppenabtheilungen zusammen, lässt die bereits nach
Marburg zurückgesandte Artillerie wieder umkehren und erwartet
den Angriff des Feindes. Indess erscheint der Marschall am 25. Dcbr.
nur mit einem Theil seiner Armee vor der Stellung des Herzogs, und
der Angriff löst sich in eine Kanonade von beiden Seiten, bei Klein-
Linnes und Heuchelheim, ohne weitere Folgen auf (25. 26. Dcbr.)
— Unterdess trifft der Erbprinz mit seinem Hülfscorps am 25. Dcbr.
in Chemnitz ein. — Promemoria Westphalens vom 27. Dcbr. An demselben Tage Abends spät erfährt der Herzog, dass der Feind mit
Macht gegen Giessen anmarschire; Ordres an die Generale v. Wutginau, v. Wangenheim. Aber es bewendet bei einer schwachen Kanonade. Referirendes Schreiben Westphalens an Hænichen vom
29. Dcbr. — Schreiben des Königs vom 25. und 29. Dcbr. an den
Herzog. — Briefe Hænichens an Westphalen: — Verstimmung in
England in Folge der Schlacht von Kunersdorf, des Unglücks bei
Maxen und über die Expedition des Erbprinzen. Pitt bleibt fest. —
Raport des Generals Redeu über die Verluste der alliirten Armee
während des Jahres 1759. — Kritik des Feldzugs des Herzogs Ferdinand in den Mémoires de Napoléon I. —

Arrivé a minuit du 28. Novembre 1759. No. 70.

Monsieur Mon Cousin.*) (dechiffré) „Vous Vous représen-
terés toute l'étendue de mon chagrin de devoir Vous mander le grand

---

*) N. d. H. In den Archiv-Acten vol. 337 b. befindet sich folgende eigenhändige Notiz
des Herzogs:

* Voici joint les dechiffrés des differentes lettres que le Roi de Prusse m'a écrit depuis
la malheureuse journée de Maxen. Il s'y trouve aussi des lettres du Roi entières parmi, dans
lesquelles sont les couverts des dites lettres. Qu'on ouvre donc ce cahier avec précaution,
puisque je n'aimerois pas de les perdre les dits couverts, vû que l'heure y est marquée à laquelle j'ai reçû les dites lettres. Je vous en marque la specification suivante.

malheur qui m'est arrivé avec le General Finck, que j'avois detaché avec seize bataillons et trente six escadrons, pour observer l'Ennemi du Coté de Dippoldswalde, à empecher au possible sa communication avec Freyberg et ses Environs, pour n'en pouvoir tirer de subsistences. Finck ayant pris poste à M a x e n, l'Ennemi lui a detaché toute l'Armée de l'Empire avec un gros Corps de troupes autrichiennes, qui, ayant pris le corps de Finck en flanc et par derriere, l'ont obligé de se rendre prisonnier de guerre avec tout son corps. Je suis au desespoir de ce desastre d'autant plus qu'il n'y a pas d'Exemple qu'un corps entier de troupes Prussiennes ait mis bas les armes devant l'Ennemi. Je ne sais point encore les circonstances de ce desastre; mais ce qui augmente mon chagrin, c'est que ma situation ici est devenüe par là très critique; car, quoique je me flatte encore, que l'Ennemi faute de subsistence, sera obligé de marcher en Bohême, cependant s'il prenoit le parti, de me tourner ici, je ne saurois que me rétirer sur Meissen, ce qui me mettroit dans un grand embarras par rapport à mes quartiers d'hyver et autres arrangements. En attendant vous m'obligerés infiniment, de ne faire semblant de rien sur cette derniere circonstance envers qui que ce soit, et de pallier au possible le reste. C'est à Vous comme à mon ami de coeur, que j'ai voulù me confier."

P. S. „S'il vous étoit possible de faire un Detachement des Troupes sous Vos ordres de trois à quatre mille hommes vers Zwickau, plus pour faire du bruit, que pour agir réellement, cela m'aideroit beaucoup et remettroit sur pied. Je Vous en prie si cela Vous est possible. Je crois que Vos operations là-bas seront finies et que Vous ne serez plus si pressé, d'avoir toutes Vos Troupes ensemble et pour le siége de Münster; je crois qu'elles resteront toujours suffisantes."

Je prie Votre Altesse d'être assurée de l'invariable estime et amitié, avec laquelle je suis

Monsieur mon Cousin
de Vôtre Altesse

à Wilsdruff   le bon Cousin Federic.
ce 25. de Novembre 1759.

1. Wilsdruff	25me	de Nov.	
2. —	4me	de Decbr.	
3. —	5me	de Decbr.	
4. Freyberg	6me	— —	
5. —	— 11me	— —	
6. —	— 10me	— —	main propre.
7. —	— 13me	— —	
8. —	— 15me	— —	
9. —	— 15me	— —	
10. —	— 21me	— —	la lettre où il y a du marqué de main propre.
11. —	— 21me	— —	le dechiffré.
12. —	— 23me	— —	la lettre où il y a du marqué de main propre.
13. —	— 23me	— —	le dechiffré.
14. —	— 25me	— —	la lettre où il y a du marqué de main propre.
15. —	— 25me	— —	le dechiffré.
16. —	— 29me	— —	

Ce 2me Janvier 1760.   F.

(Archiv-Acten vol. 332. lettres autographes)

* Reponse à ce qu'il convient
que je fasse en faveur du
Roi de Prusse.   Ce 29. 9bre1759.

* He bien Trimbach marchera demain à Grünberg. Mais gare qu'il ne lui arrive quelque avanture. Il laissera ses équipages à Hombourg avec 150 hommes. Vous aurés donc la bonté de dresser un ordre en consequence au Duc de Holstein.

Vous sentés bien que la demande du Roi me gène, et derange tous mes projets ulterieurs. Je sens cependant d'un autre coté, que je suis obligé de faire une diversion en faveur du Roi, il n'y a que le quomodo qui me gène. Je suis du même sentiment avec vous que je ne puis rien detacher d'ici. Je tombe donc accord avec Vous, que je contremande l'expedition d'Imhoff; et que je rapelle 8 bat. et 8 escad. de la Westphalie, savoir:

	2 Batt. des Gren. de Brunsvic	} avec le Maj. Gén. de Behr	
	2 Bat. de Behr Bruns.		
le tout commandé par le L.-G. de Gilsae.	1 „ La Chevallerie		
	1 „ Alt Zastrow		
	1 „ Scheiter		
	1 „ Erb-Printz Hessen		
	2 Esc. Hammerstein		
	2 „ Veltheim		
	2 „ Pruschenck		
	2 „ Bremer		

Mais par ce considerable Detachement, que je retire de la Westphalie, est ce que je n'expose pas de nouveau ma nouvelle conquete? Et ne me met-je moi même pas par là un peu en hasard d'une nouvelle diversion de ces cotés-là? — Vous me dirés naturellement ce que vous en pensés. Ferai je aussi revenir du Gros canon avec ce Detachement de la Westphalie, du train des derniers 16 canons détachés d'ici de l'armée, et qui se trouvent encore à Lipstadt? Imhoff reglera la march-route de ce corps. Et quelle direction lui fera t-on prendre? Car il ne pourra que cantonner soit en marche, soit quand il sera à portée de l'armée? Et quel cantonnement conviendra-t-il alors de lui assigner? Il faut que Imhoff pourvoïe à la subsistence de ce corps et lui donne un bon commis du commissariat avec, qui ait soin pour la subsistence des dites troupes en marche. Pour de l'armée Vous sentés bien vous même, je ne puis rien detacher. Ainsi il faut que ce soit le Corps du Pr. Héréd., qui soit destiné, pour faire la diversion en faveur du Roi de Prusse. Il s'agit seulement que le Prince nous ait débarassé des Wirtembergeois, et si lui s'enfourre vers Zwickau dans le Voigtland, où le Roi veut que la diversion se fasse, Messieurs les Wirtembergeois ne se detachent alors de nouveau avec Messieurs les francois·à ses trousses? Dite moi ce que Vous en pensés?

Si le Roi recule, ou qu'il l'ait deja fait, ma Diversion sera aprés coup,
Et je plains les pauvres troupes qui seront toujours par voie et par
chemin.   En outre je crains que d'Armentières ne reprenne de la Superiorité en Westphalie? Qu'en pensés-vous?

Voilà ce que je pense sur la proposition du Roi. Si j'étois deba-
rassé de mes vis à vis, cela ne souffriroit aucune difficulté, mais de
cette façon je suis extrement gêné.   Je Vous prie de me marquer sur
tout ceci Votre sentiment avec toute la franchise possible   F.

P. S.   Je crois que le Comte de Bückebourg seroit aussi à avertir
à cause de l'execution de l'expedition suspendue, en cas qu'il eut envie
de se rendre en Westphalie, en se chargeant du Commandement, que
je Lui ai proposé.   F.

No. 62.   ** Au Roy. à Kroffdorff ce 29. Nov. 1759.

(en chiffres) Je ne puis exprimer toute la douleur que j'ay
ressentie de la nouvelle, que V. M. vient de me donner par Sa très
gracieuse lettre du vingt cinq de Nov. j'ay vingt quatre bataillons en
Westphalie, et le prince héréditaire est marché avec sept bataillons et
dix Escadrons contre les Wurtenbergeois; il ne me reste que vingt
huit bataillons et quarante Escadrons, pour faire face à l'armée francoise. V. M. juge bien parlà, combien peu je suis en état de détacher
tout de suite.   Mais j'ay d'abord dépeché un courier au général Imhoff, avec ordre de suspendre l'expedition dans le duché de Bergues,
et de m'envoyer sans perte de temps six bataillons et six Escadrons
avec un train de grosse artillerie de seize pieces de canon, que j'avois
envoyé à Lipstad, pour servir contre Mr. d'Armentieres. Je crains Sire,
que ce secours ne vienne trop tard; mais si le prince héréditaire est
heureux contre les troupes de Wurtenberg, je pourrai détacher celuy-
là, qui se trouvera alors beaucoup plus à portée pour marcher en Saxe.
Voila Sire, ce que je puis mander à V. M. pour le moment présent.
L'armée françoise ne fait encore aucune disposition pour décamper; je
crains même que l'attente, où elle sera de voir le M. Daun se soutenir
en Saxe, ne l'engage à prolonger son séjour au camp de Giessen, àfin
d'executer le projet arreté par les cours de Vienne et de Versailles
pour l'établissement des quartiers d'hyver. Je crois qu'il importe autant
à V. M. qu'aux états des princes alliéz que ce projet échoue, Et c'est
la principale raison pour quoy je ne voudrois pas decamper le premier.
je suis dans la dernière impatience de récevoir des nouvelles ulterieures
de V. M. Veuille le ciel qu'elles m'apprennent que V. M. ait pù se
rendre maitre de Dresdes." j'ay l'honneur d'etre avec le plus profond
respect   F.

Aus den Archiv-Acten des Herzogs Ferdinand vol. 264 und 332
und den in der Lucanus'schen Sammlung noch vorhandenen Originalschreiben des Herzogs an Westphalen lässt sich ihr wechselseitiger
schriftlicher Verkehr aus dem Monat December 1759 nur zum Theil
herstellen.   Unter den schwierigen Umständen, in welche der Herzog

durch die Detachirung eines beträchtlichen Hülfscorps unter dem Erbprinzen nach Sachsen, gegenüber der überlegenen Macht des Marschalls
D. de Broglie sich versetzt sah, ist dieser Schriftwechsel von besonderm Interesse. —

(Archiv-Acten vol. 264.)

Ce 1. Dcbr. 1759.   No. 1.
       ✱✱ Monseigneur,

J'espere, que Mgr. le prince aura fait prendre à Ses couriers la
route dont on est convenû; dans ce cas-là il n'est presque pas possible, qu'une lettre puisse être interceptée; mais d'un autre coté c'est
presque doubler le chemin, je crois qu'il faudra pour le moins à un
courier 30 heures pour le faire.

Si l'armée Ennemie marche, V. A. S. pourra commencer par renvoyer l'artillerie de Marbourg, et en suite les grosses pieces de l'armée; celle-ci resteroit jusqu'à cela dans son camp; on pourroit cependant faire cantonner autant de troupes de l'infanterie, que les villages
voisins du camp pourroient récevoir; il faudra démolir les ouvrages faits
avant que de partir; au reste Wangenheim executeroit son instruction
de poursuite, et il faudroit voir ce que le Duc de Holstein pourra faire
en suite de l'alternative que V. A. S. luy mandé cette nuit. Quant à
moi, j'ai de la peine à croire que l'envoi du Détachement ennemi à
Fulde ait un objet offensiv, si l'armée ennemie se rétire aujourdhui,
demain ou après demain. Si cela arrive en effet, je pense que la
seule raison, qui ait engagé le Duc de Broglie à faire ce Detachement
est d'assurer la rétraite aux troupes de Wurtemberg. Si au contraire
celles-ci renforcées par les François continuassent à agir, il faudroit en
conclure que l'armée francoise n'a point l'intention de décamper si tôt.

J'annoncerai au coureur la volonté de V. A. S.

Ce 1. Dcbr. 1759.   No. 3.
       ✱✱ Monseigneur,

V. A. S. fera bien d'envoyer Wintzingerode ou Derenthal à Udenhausen. Les deux cents grenadiers, qui occupent la rédoute, en peuvent
être tirés en tout cas pour soutenir les troupes legéres; le Regiment
de Finckenstein doit pareillement faire un Detachement pour le soutient
des Troupes legéres.

La compagnie de Bulow a sans doute eté portée à Treyse ensuite
des ordres de V. A. S, selon lesquels les troupes legeres devoient se
porter le long de la Lunne pour couvrir la marche du Duc de Holstein.

Le Regiment de Finckenstein doit être sellé toute cette nuit, pour
être pret à tout événement.

Ce 1. de Dcbr. 1759.   No. 4.
       ✱✱ Monseigneur,

J'ay parlé au chasseur. Je suis d'opinion, Monseigneur, de faire
marcher dès ce moment un des bat. des grenadiers, qui sont à Launs-

bach, à Udenhausen et de là à Stauffenberg, pour soutenir le reste de
Troupes legères et pour assurer le retour du Duc de Holstein.

Ce 1. de Dcbr. 1759.   No. 5.
      ** Monseigneur,
Wintzingerode est parti tout de suite. Le Duc de Holstein est
parti sur la nouvelle du Detachement françois, qui s'étoit avancé à
Grunberg; L'ennemi ayant donc fait un Détachement le premier; le
cas de profiter d'un éparpillement de la part de V. A. S. ne peut
pas exister.

En tout cas il me semble, que V. A. S. a fort aprouvé hier ce
Détachement; il me semble, qu'il s'est fait dans les régles; quoiqu'il
puisse être accompagné d'événements defavorables.

Ce 2. Dcbr. 1759   No. 1.
      ** Monseigneur,
Je crois que le Bat. de Grenadiers de Wense peut rétourner à
Launsbach.

Le chasseur me raconta: que Bulow avoit vû venir la cavallerie
ennemie; mais comme elle s'étoit arreté sur la montagne, qui est vis
a vis de Treysse, il avoit dit au chasseur: que ces gens-là ne leur fe-
soient pas du mal; que tout d'un coup ils s'etoient ébranlé et avoient
fondu sur eux, sur quoi ils avoient pris le parti de se rétirer vers le
bois, qu'ils avoient atteint le bois en courant, mais que les ennemis
les avoient talonné de fort près, et pénétré dans le bois, où les chasseurs s'étoient d'abord vû enveloppé et s'étoient rendû avec le capitaine,
que luy et 5 autres chasseurs autant qu'il savoit s'étoient seulement
sauvé.

Le prince héréditaire, après avoir nettoyé le pais de Fulde, devroit
s'avancer si non sur Hungen, du moins sur Grunberg.

Rath dechiffre, mais je ne crois pas qu'il puisse finir avant les
deux ou trois heures de l'après midi.

Ce 2. Dcbr. 1759.   No. 3.
      ** Monseigneur,
Je ne saurois croire que les Francois veuillent en venir à une attaque du camp de V. A. S. J'aplaudis cependant aux précautions
que V. A. S. a jugées convenables de prendre en suite du raport de
Porbeck.

           Arrivé ce 2. Decbre 1759.
        entre 5 & 6 heures du soir.   No. 71.
Monsieur Mon Cousin. J'ai reçû avec le plaisir le plus sensible
la lettre de Votre Altesse du 23. de ce mois, qui m'a appris à Mon
entière satisfaction la prise de Münster, au sujet de laquelle Je vous
félicite cordialement, en souhaitant que toutes Vos autres entreprises
puissent encore réussir parfaitement à Vôtre gré. (dechifré) „Ici,
non obstant le malheur arrivé à Finck, je tiens l'Armée ennemie serrée

entre l'Elbe et Dippolswalde, et attends qu'elle parte pour la Bohême.
et comme je ne me flatte pas, que l'Ennemi abandonne également la
Ville de Dresde, il faudra que j'en fasse le Siége; cela est bien pe-,
nible et difficile pendant la Saison présente; mais je n'y saurois rien
changer; je trouve au reste Vôtre Dessein sur les Troupes de Wurtemberg juste et bien pris, et j'espere que Vous ferez païer cher au Duc sa
vanité et ses foles Entreprises."

Je vous renouvelle avec plaisir les assurances de la haute estime
et de la parfaite amitié, avec laquelle je suis

Monsieur Mon Cousin

de Vôtre Altesse

à Wilsdruff   le bon Cousin
ce 28e de Novembre 1759.

(de main propre;) Ma situation est encore fort critique

Federic.

No. 63.

** Au Roy. à Kroffdorff ce 2. Dec. 1759.

Je viens de récevoir la tres gracieuse Lettre de V. M. du 28.
de Nov. (en chiffres) „je vois avec le plus grand plaisir du monde,
que l'affaire du vingtun n'altère point le dessein de V. M. d'assiéger
la ville de Drésden." Selon des Lettres, que j'ay reçû à ce matin du
prince héréditaire, les affaires sont tirées au clair dans l'Eveché de
Fulde. Le prince a fait 4 Bataillons prisonniers de guerre; Le duc
de Wurtenberg s'est sauvé avec les débris de ses troupes à Hamelbourg, d'où il tachera probablement de regagner le Mayn (en chiffres)
„Comme Le Duc de Broglie a surement compté sur la diversion des
Wurtenbergeois, je crois, que, la voyant maintenant echouée, il songera à se réplier sur Francfort, de quoi je serai d'autant plus aise que
j'aurai les coudes libres pour faire la diversion en Saxe, si V. M.
l'ordonne. je compte d'y pouvoir employer douze mille hommes avec
un train de grosse artillerie. ils pourroient marcher par Wanfried sur
Naumbourg, et y attendre les ordres de V. M." j'ay l'honneur d'etre
avec un très profond respect p. p.

No. 8.

à Kroffdorff ce 2. Dec. 1759.

** Monsieur,

Je ne puis repondre au moment present à toutes les cheres et
interessantes Lettres que vous m'avez ecrites successivement; ceci n'est
que pour vous donner de nos nouvelles.

Vous aurés apris la malheureuse nouvelle de Finck. Il est inoui
qu'une armée prussienne, forte de 16 Bat. et 35 Escadrons mette les
armes bas. Cela est cependant arrivé le 27. Nov. à Maxen. Le Roy
est frappé de ce coup; mais il n'en est pas etourdi; il maintient sa
position de Wilsdruff et compte malgré ce Desastre forcer Mr. de
Daun de renoncer à la Saxe. S. M. nous demande du secours; le
Duc en voit la necessité, mais l'execution est bien difficile.

Imhoff est entré dans le pais de Bergues; le Duc vient de l'en rapeller, c'est pour faire venir icy 6 B. et 6 Escadrons avec 16 pieces de gros canon qu'on destine pour entrer dans le Detachement à faire en Saxe. Imhoff garde cependant 19 Bataillons et 16 Escadrons outre les troupes legeres pour garder la Westphalie.

Le prince de Bevern revint le 25. à Marbourg avec 3 Bat. hessois et un Regiment de Dragons, avec lesquels il avoit eté le 22. à une forte marche de Cologne. 4 Bataillons de Brunsvic, le Regiment de Bock Dragons et le Regiment de prince Guillaume revinrent le 26 et le 27. de la Dymel à Ziegenhayn et à Amoenebourg. Le Duc y envoya 200 hussards noirs et de Luckner. Le Prince héréditaire s'est mis en marche avec ce Detachement le 28. de Nov. Voyez par l'incluse ce qu'il a fait jusqu'au 30. du meme mois.

Les francois ne bougent pas encore; mais je crois qu'ils decamperont bientot malgré eux.

Adieu mon cher amy.

(à Mr. de Haenichen.)

(Aus Westphalens Nachlass.)

Fulda ce 30. de Novembre 1759.
à 8 heures du Soir.

J'ai le bonheur d'assurer à V. A. que les 3 Bataillons des Grenadiers de Mr. de Wirtenberg de même, que quelques Compagnies du Regiment de Werneck, avec leurs Drapeaux, et deux pieces de Canon, sont à Sa Disposition; on les transportera demain, par Ziegenhayn, à Cassel.

Tout ce qui n'a pas eté sabré, est pris: le nom des Officiers se trouve ci-auprés. Monsieur de Poelnitz, aide de Camp general du Duc, et son grand favorit, se trouve du nombre. Le Regiment de Bock, une Escadron de Fredric Dragons, et les Hussards, ont fait des merveilles. Le Duc de Wirtemberg se rétire avec sa Cavallerie sur Hamelbourg; ce qui lui reste d'Infanterie, rode encore aux Environs de Tann, peut-être que l'on en aura encore quelque chose.

Le têms ne me permêt absolument pas de Lui faire un ample Detail de tout ce qui s'est passé depuis hier, et aujourdhui: si l'on n'a pas été assez heureux, de reussir en tout, l'on a du moins taché de faire de son mieux. Je dois donner demain un jour de répos aux Trouppes, et Elle me feroit une grace infinie, en me donnant Ses Instructions, touchant l'Operation dont on etoit convenû, après que ce-ci seroit fini. Je ne serai pas ici les bras croisés, et Elle peut compter bien sûrement, que tout ce que je puis faire au monde, pour le bien du Service, et pour meriter ses Graces inextimables, ne sera jamais negligé par moi, etant avec l'attachement le plus sincere

de V. A.

Charles G. F.

Nous eumes hier une Escarmouche assez gaillarde avec les François qui se rétiroient de Lauterbach, et qui vont avec les Troupes de Wirtemberg par Tann. Le Comte de Platen du Regiment de Bock a été tué aujourdhui à Côté de moi.

L'on n'a pas pû joindre la Liste exacte des Prisonniers, mais je crois que cela passe des 1500.

Nachgesetzte Officiers von den in Fulda gefangen genommenen Würtembergischen Trouppen haben sich unterm 30. Nov. 1759 reversirt, gegen des Königs von Gross-Britannien Majestät und Dero hohe Alliirte nicht eher zu dienen, bis sie wieder ausgewechselt worden: H. L. von Larisch, Obrister et Chevalier de l'Ordre militaire de St. Charles, Baron von Reischach, Obrist-Lieut. et Chevalier de l'Ordre militaire de St. Charles, Beust, Grenadier-Hauptmann, Landreuter, Hauptmann, d'Offeni, Hauptmann, Josephi, Hauptmann, Baur, Artill.-Lieut., Prost, Grenad.-Lieut., Werth, Lieut. et Adjut., Beust, Lieut., Schick, Lieut., Keyle, Lieut., Scipio, Lieut., Scipio, Fähnrich, Coul, Lieut., Geisberg, Lieut., Bruniger, Lieut., Brandenstein, Hauptmann, Schmieter, Lieut., Soeder, Lieut., Plessen, Obrist-Lieut. et Chevalier de l'Ordre de St. Charles, Mengen, Hauptmann, Vitzdum-Eckstaedt, Hauptmann, v. Prehn, Hauptmann, Hetsch, Art.-Hauptmann, Hayn, Art.-Lieut., Bach, Gren.-Lieut., Remlinger, Lieut., Bahre, Lieut., Ihe, Gren.-Lieut., Beulwitz, Fähnrich, Praun, Lieut., Parisset, Gren.-Lieut., Hockling, Fähnrich, Kohle, Lieut., Kettelhorst, Gren.-Lieut., Gaisberg, Lieut., Ziesar, Hauptm., Phaler, Grenad.-Lieut., de Frankenberg, Lieut., Le Baron de Poelnitz, Aide de Camp General.

(Archiv-Acten vol. 264.)   No. 4.

** Pour le Prince Héréditaire.

à Kroffdorff ce 2. Dec. 1759.

Je viens de récevoir la chere lettre de V. A. d'hier, par laquelle je vois, que Son dessein étoit, de marcher aujourdhuy à Herbstein. Pour donner le moins que possible à l'hazard, je pense que V. A. fera bien de diriger Sa marche sur Allendorff sur la Lunne. V. A. peut y arriver après demain; nous verrons alors de quelle façon il faut se prendre pour inquieter les Ennemis sur le flanc et les obliger à la retraite.

Je suis etc.

                 F.

* Annoncés Lui aussi la bataille Navale gagnée par les Anglois selon le dire de l'officier de Roïal-Pologne.

No. 2.

Ce 4. Decembre 1759.

** Monseigneur,

Je ne crois pas, Monseigneur, que les François féront une attaque générale; je ne crois pas même, qu'ils en feront une attaque particu-

lière de quelque bout de notre camp.   Les précautions ne nuiront cependant pas.

V. A. S. pourroit envoyer encore Wintzingerode, pour assister
Derenthal; deux seront plus en état d'observer tout, s'ils partagent
entre eux les patrouilles.   V. A. S. pourroit en outre ordonner, qu'à
3 heures du matin tout le monde soit habillé, et que la cavallerie soit
sellée et bridée au même moment.

Hierbei befindet sich folgende Meldung Derenthals, auf welche sich
dies Votum Westphalens bezieht:

à Heuchelheim ce 4. Dec. 1759.

Monseigneur;

Les ordres de V. A. S. seront d'abord executés.   Il y a encore
un Officier au grand poste, qui ira au poste detaché du Bas-Officier.
Il est vrai que l'officier françois, qui étoit des Volontaires de Dauphiné,
a été trop loin; il auroit dû rester au pied de la montagne, lorsque
j'en fus averti, car j'etois à l'autre poste du Bas-Officier: j'y courus
d'abord mais il y étoit deja; je trouvois un Officier Anglois avec lui,
qui est venû avec les recrues d'Irlande.

Je donnai d'abord un reçu à l'officier françois et le réconduisis
dans la plaine.   Cette équipée de l'Officier, qui vient de Giessen porter une lettre; me paroit remarquable, tandis qu'il auroit été beaucoup
plus convenable de la faire aller par ce poste. J'espere que Riedesel
aura fait le rapport à V. A., qu'il y a eu aujourdhui une trouppe de
Cavallerie en deça de la Lahne, mais qui ne s'est pas avancé beaucoup; elle etoit de trente hommes à peu près.   Il parut comme si leur
dessein etoit au commencement de mettre des vedettes, mais ils s'en
desisterent et retournerent en repassant la Lahne.

Je viens justement de recevoir le second billet, que V. A. m'a
fait la grace de m'écrire; je continuerai donc de conter comme j'avois
commencé tout ce qui s'est passé depuis.   A peine le Detachement de
Cavalerie avoit-il repassé la Lahne, que Mr. de Belsunce, de Rochambeau et deux Officiers de Cavalerie s'avancerent et me firent signe
d'avancer; Mr. le Duc de Chanrau, Collonel de Cavalerie et de piquet
aujourdhui, survint d'abord àprès, mais qui n'entra pas beaucoup en
ligne de compte parmi les autres, comme il me parût.   Après les discours ordinaires sur la rude saison, où Mr. de Belsunce dit, que nos
Generaux communs faisoient fort mal de s'opiniatrer de rester et nous
faire geler de froid l'un vis-à-vis de l'autre, Mr. de Rochambeau me
demanda des nouvelles de Fulda et de ce qui s'etoit passé avec le
Würtembergeois; je ne pouvois leur conter que la prise de 4 Batts.,
qui est tout ce que j'en sai.   Il me dit que le Prince héréditaire étoit
comme un eclair, qu'il lui avoit parlé à peine aux bords de la Lahne,
qu'on entendoit deja d'un autre coup, qu'il avoit frappé loin d'ici.   Ils
firent des compliments, combien ils s'interessoient pour la Santé du
Prince, et qu'ils esperoient, qu'il n'auroit point pris de mal: je dis,

que je n'en savois rien, et non plus, si le Prince héréditaire y commandoit etc. Belsunce me dit: nous le savons assés, et on voit par votre Discretion, que Vous etes de la famille de Mr. le Duc Ferdinand. Sur les affaires de mer ils ne vouloient pas entrer en conversation, disant toujours, que les nouvelles étoient extrêmement vagues et peu fondées, qu'ils avoient jusqu'ici. Ceux-ci se retircrent et bientôt après survint Mr. le General de St. Perne, accompagné de plusieurs Officiers des Grenadiers de France: celui-ci me fit aussi, signe de venir avec Riedesel, et me demanda, si nous n'avions pas des nouvelles de Saxe, et me dit qu'ils avoient eu avant hier une liste de l'etat des Prisonniers fait en Saxe sur l'armée Prussienne, qui faisoit passer le nombre de Prisonniers de 16,000 hommes. Je leur prouvois que cela ne se pouvoit pas, et que selon nos nouvelles le Roi n'avoit pas fait un seul mouvement en arrière.

Avant que de me parler, Mr. de St. Pern avoit montré quelque fois de la main vers Kintzebach. Cette conversation finit comme l'autre.

Je me souviens, que Mr. de Belsunce me dit, qu'il parrioit qu'il n'y auroit point d'affaire d'arrière-garde, que chaqu'un seroit charmé de voir partir l'autre, que Mr. de Broglio avoit dit dernierement à table, que, s'il savoit le jour quand V. A. partiroit, qu'il partiroit le même jour et que chaqu'un pourroit faire faire un demi-tour à droite à son armée. Il est certain, qu'il faudra redoubler de vigilance et d'attention pendant cette nuit, car tout ceci m'a parû fort probable aussi, qu'ils pourroient mediter quelque chose vers le matin; c'est pourquoi je changerai quelques petits postes sur la hauteur, où l'Officier a été; nos patrouilles iront sans discontinuation; je me trouverai à la plus part moi même. J'avertirai Freytag, pour qu'il fasse de même. Du reste je ne manquerai aucune precaution, pour que le poste ne soit pas surpris, et s'ils viennent ils seront reçus; j'espère qu'on ne quittera pas le poste trop tôt: En cas de retraitte, si c'est une attaque générale, l'infanterie passera la petite riviere Bieber près du moulin, et j'avertirai d'abord les piquets de Cavalerie, pour seconder cette retraitte. J'instruirai aussi bien que je pourrai encore tous les postes detachés, et j'ose persuader Vôtre Altesse de ma vigilance et de ma bonne volonté, autant que de la soumission très profonde, avec laquelle je suis à jamais   Monseigneur
de Votre Altesse Serenissime
le très humble, très obeissant
et très fidel valet
En hate.   Derenthal.

** Au Roy de Prusse.   No. 64.
à Kroffdorff ce 5. Dec. 1759.

Les François viennent d'abandonner leur camp de Giessen; ils enfilent la route de Butzbach.

Je crois que Mr. de Broglie a pris ce parti tant par la difficulté de faire subsister plus long temps son armée dans un pais tout à fait mangé que par l'aparition du prince héréditaire sur son flanc droit.

(en chiffres:) „Comme je me trouve maintenant plus à mon „aise, je tournerai toute mon attention à faire rassembler à Wanfried „le plus - tôt possible le corps de troupes, que je ferai marcher en „Saxe.“

J'ai recû hier la prémiere nouvelle d'une bataille navale gágnée à la hauteur de Belleisle par l'Amiral Hawke sur Mr. le M. de Conflans.

Je suis avec un très profond respect etc.

F.

(Archiv-Acten vol. 264.)

No. 3.

Ce 5. Decembre 1759.

⁂ Monseigneur!

La grosse artillerie pourroit partir après demain; je ne sais, si V. A. S. aura Giessen. La chose est cependant à tenter; si le Commandant a compté d'avoir du temps à faire son aprovi-sionnement après le Depart de l'armée, je suis persuadé qu'il se rendra, pour peu qu'on traite la bloquade serieusement.

No. 4.

Ce 5. Decembre 1759.

⁂ Monseigneur,

Les ordres que V. A. S. a fait parvenir à Reden me paroissent fort bons.

No. 5.

Ce 5. Decembre 1759.

⁂ Monseigneur,

Je ne crois pas que Freytag sera exposé cette nuit; et tout danger cessera demain aprés l'etablissement des ponts.

Si V. A. S. prend Giessen, Elle y mettra les volontaires de Prusse avec une brigade de chasseurs.

No. 6.

Ce 5. Decembre 1759.

⁂ Monseigneur,

Je crois qu'on pourroit laisser le canon à Hombourg.

Comme les 120 chevaux stationnés entre Cassel et Marbourg servent à assurer les transports et à contenir les voitures, je pense qu'il n'y faut pas toucher.

No. 1.

Ce 6. Decembre 1759.

⁂ Monseigneur,

Le raport de Trimbach est des plus superficiels; ce qu'il dit de l'occupation de Wetterfeld, Ettinghausen et de Laubach, se fonde sur l'avis d'un Emissaire.

Il marque au contraire que l'ennemi s'étoit replié encore le 4. au soir à Londorff; ce qu'il dit de l'occupation des Environs de Grimbergen est fort vague. Enfin je ne vois rien qui donne un soupçon fondé que l'ennemi ne se soit pas retiré tout de bon.

No. 2.

Ce 7. Decembre 1759.

✳✳ Monseigneur,

La boulangerie que V. A. S. a fait établir à Dillenbourg, donne naturellement des jalousies à l'ennemi sur Cologne; il y faut ajouter l'expedition de Mr. d'Imhoff dans le païs de Bergues. Tout cela engage les François à être sur leur garde; et tout ce que le rapport de Neuwied contient, n'est que des mesures defensives.

Les nouvelles de Francfort sont assez curieuses. Si l'on etoit au mois de Juin, ce seroit un beau moment pour nettoyer l'Allemagne. Mais l'on n'y peut penser au mois de Decembre.

(Notiz des Obrist-Lieutenant Trütschler aus Neuwied.)

Den 4. December 1759.

Den 2. Dec. sind 2 Reg. Cavallerie als das Regt. du Roy und Bourgogne herunter von der Broglio'schen Armee gekommen und gehen nach Cölln.

Den 3. Dec. ist das Regt. Cavallerie Rochefauco nachgefolgt.

Das Regt. Infanterie Turenne kommt herauf; dieses Alles ist gewiss.

Das Fischersche Corps soll auch heraufkommen; im Limbourgschen sollen 2 Regtr. Cavallerie und 1 Rgt. Infanterie eingerückt seyn, auch allda verbleiben; dieses aber sagt man nur und ist nicht gewiss.

Ein französischer Feldscheer versichert mich, dass 15,000 Mann von ihrer Armée im Lazareth lägen etc.

P. P.

Fr. den 5. Dec. 1759.

Das allhiesige französische Magazin, besonders von Hafer und Heu, ist dergestalt zur Armée abgefahren worden, dass nur noch ein kleiner Vorrath gegenwärtig vorhanden; man siehet auch noch zur Zeit keine weiteren Zufuhren; und das zu Rüsselsheim am Main vorräthige Heu wird ebenfalls nach der Armée gebracht. Der Duc de Broglio hat expresse Ordre erhalten, mit aller Vorsicht sobald nur möglich sich mit der Armée zurückzuziehen, und es wäre auch schon geschehen, wenn ihn die Wachsamkeit der Alliirten Truppen nicht daran verhinderte, und wo er sich auf seiner Retirade eines starken Verlustes befürchtet, gleichwohl befiehlt der Hof, die Truppen zu menagiren. Vor einigen Tagen berufete der Duc de Broglio die sämmtlichen Generals zu sich, eröffnete ihnen des Königs Ordre, mit dem Anhang, dass von dieser Retirade Seine und der Herrn Generals Reputation abhange, er wolle dahero ersuchen, dass ein jeder seinen Posten wohl observiren möchte, indem sie wohl sähen, dass man es mit einem schlauen Feind zu thun habe, welcher sich die geringste Gelegenheit zu Nutze zu machen wisse. Es seye auch die Vorsicht gebraucht worden, dass, wann die Truppen unterweges angegriffen werden sollten, man sich dann an 3 Orten wieder setzen könnte, und, damit den marche nichts hindere, sollten alle kranke Soldaten sogleich zurückgebracht werden. Der Verlust der Würtembergischen Truppen wäre der 2te Schrecken, als Tages vorher die Nachricht eingelauffen, dass die Französische Flotte unter Commando des Admirals Conflans so empfindlich geschlagen worden; man brach in diese Worte aus: „es hat das Ansehen, als wenn alles Glück von denen französischen Waffen verschwunden wäre", und noch dazu kommt von dem Marquis d'Armentieres ein Courier über den andern, welcher unangenehme Nachrichten bringt und Succurs verlangt; überhaupt ist eine erstaunende Consternation bey der französischen Armée. Seit einigen Tagen ist abermahlen sehr viele Equipage allhier von der Armée ankommen, welche aber meistentheils weiter nach Höchst abgegangen ist. Der Duc de Broglio kann weder das Hauptquartier, noch die Quartiere vor die Truppen noch zur Zeit sicher bestimmen, und aus allen Vorkehrungen, da das hiesige Magazin aufgezehrt und noch zur Zeit zu dessen Wiederetablirung keine Anstalt vorgekehrt, auch das Haupt-Quartier allhier und zu Maynz bestimmt wird, zugleich am Neckar und an der Bergstrasse alle Quartiere bestellt sind, ist zu schliessen, dass bey einigem Verlust auf der Retirade die ganze französische Armée sich übern Mayn und Rhein-Strohm zu setzen gedenket. Und da zufolge eines von dem Herrn General Gr. v. Stolberg, so das Ober-Rheinische Kreys-Regiment commandiret, gestern an besagten Kreyss erstatteten Berichts, die Reichs-Armée ihre Winterquartiere in Franken zu nehmen forciret wird, gleichwohlen aber die Würtembergischen und Sächsischen Truppen dahin destiniret gewesen sind, so derangiret solches abermahlen die ganze Französische Disposition, und die ansonsten zum Marsche beordert gewesenen allhiesigen Sächsischen Truppen machen abermahlen noch zur Zeit halt.

Ansonsten wird die zu Giessen gelegene französische Besatzung vermöge ihrer erhaltenen Ordre sich zu der Broglio'schen Armée begeben haben, oder es geschiehet doch noch, welches abermahlen eine marque, dass die retirade weiter als vorher beschlossen ist u. s. w.

Die übersandten 20 Ducaten habe dem Postmeister zugestellet.

No. 3.
Ce 7. Decembre 1759.
※※ Monseigneur,
Hunter veut dire à V. A. S. qu'il a donné ses ordres en consequence de ceux qu'Elle lui a adressés pour l'Expedition en Saxe.

Il veut proposer en suite à V. A. S. un Doute sur les fraix de cette Expedition, qui luy est venû d'une conversation qu'il a eû avec

Elle au printemps, lorsqu'il s'agissoit d'un secours mutuel. V. A. S. luy a dit alors, que celuy qui récevoit le Sécours, devoit se charger de l'Entretien. Je crois avoir levé ce doute, disant à l'intendant, que le Détachement n'iroit pas joindre l'armée prussienne, mais agiroit separément, et devoit être par consequent entretenû par l'Angleterre.

No. 6.
Ce 7. Decembre 1759.

** Monseigueur;

Derenthal m'a informé de la reponse de Mr. de Blaisel.

Je pense qu'après trois ou quatre semaines de blocus la place sera à V. A. S.; il s'agira seulement de tout disposer pour cela.

Savoir 1mo de bien resserrer la ville. 2do de faire un depot de fourage à Kroffdorff et à Stauffenberg pour les troupes du blocus. 3tio de determiner le nombre des troupes employées au blocus et de leurs accorder des distributions de ris, de brandewin, de lard et de tabac gratis pour les soulager. 4to de laisser avec ces troupes un train de grosse artillerie de 10 à 12 pieces. 5to de choisir de l'autre coté de la Lahne un point ou Endroit de rassemblement en cas, que l'ennemi detachat un corps de troupes pour faire lever le blocus. Je pense que V. A. S. pourroit laisser au blocus les 5 Bat. de grenadiers avec 2 Bat. hessois et 5 Bat. hannovriens. Le Regiment de Dragons de Holstein, le Regiment de Dragons bleus hessois et 2 Regiments de Cavalerie hannovrienne. Ces troupes devoient former le blocus, à l'exception de 4 Bat. et de 4 Escadrons qui formeroient un corps d'observation, et qui serviroit de soutien aux troupes legeres. Ce corps d'observation seroit placé, sous les Ordres du General Urff, à Gros Linden, Leyestein, Rimberg, Hausen, Watzenborn etc. Les troupes legeres seroient placés à Gruningen, à Arensberg et Lich. Ces troupes legeres seroient le bataillon de Trimbach, les chasseurs de Hannover et les hussards de Luckner. Car il vaudra mieux envoyer au prince hereditaire les deux Escadrons noirs qui sont encore icy, et rapeller les 100 hussards de Luckner.

Voicy quelques idées, que V. A. S. saura aisement rectifier.

Zugleich legte Westphalen dem Herzoge einen Anschlag von Roden vor „zu Victualien zu 12 Bataillons und 12 Escadrons auf 12 Tage zur Belagerung von Giessen und was diese ungefähr kosten", darin auf 12 Tage: Reiss, Graupen, Erbsen und Linsen 26,400 Pfund zu 3,025 Thlr., Speck und Fleisch 49,500 Pfund zu 4,827 Thlr. 8 Ggr., Tabak auf 6 Tage 16,500 Pfund zu 2,064 Thlr., und Branntwein, 16 Mann auf 1 Berl. Maass pr. Tag, à 6 Ggr., in 12 Tagen 6,329 Pfd. zu 1,582 Thlr. 6 Gr., überhaupt diese Victualien auf 11,498 Thlr. 4 Ggr. veranschlagt sind. Ein Bataillon ist zu 800 und 1 Escadron zu 200 Mann angeschlagen; diese seien zwar so stark nicht; der Ueberschuss „sey für die leichte Truppen und schwere Artillerie".

III. 56

No. 1.

Ce 8. Decembre 1759.

** Monseigneur,

J'ay envoyé à Roden le cantonnement avec le billet de V. A. S. ainsi qu'Elle l'aura vû par son reçû. Je vais dresser les differentes instructions qu'Elle m'a ordonné de dresser.

Si V. A. S. fait partir après demain les gros bagages du quartier general; Elle pourroit suivre le 11 et etablir Son quartier à Marbourg.

(Archiv-Acten vol. 264.)

** Copia.

No. 2.

à Krofldorff ce 8. Dec. 1759.

J'ay reçû dans la nuit la lettre que V. A. m'a fait l'honneur de m'ecrire en date d'hier. Comme le Landgrave de Hesse desire le Major de Lindow, pour le placer dans le Corps des Chasseurs, V. A. voudra luy permettre, de se conformer aux ordres de son Maitre. Le Capitaine Mosch rejoindra son Bataillon au Depart de V. A. pour Fulde. Si Elle peut chasser les Wurtembergeois de Bruckenau et de Hamelbourg, ce ne sera que mieux. La Boulangerie sera établie à Wanfried; Gilsae y arrivera le 15. au plûtard. J'ay donné des ordres trés positifs pour la cuisson du pain pour 9 jours. V. A. aura à sa disposition pour son Expedition 12 fours de Campagne; un train de vivres chargé de 3 à 4 cent Wispels de farine La suivra de Wanfried avec la Boulangerie, qu'Elle pourra établir de nouveau soit à Naumbourg, soit à Altenbourg. Meyen et Wulfing suivront V. A.; ils recevront une Instruction de la part de l'Intendant, qui a reçu la mienne, dont j'ay l'honneur de Luy envoyer copie. V. A. verra qu'une caisse de 100 mille Ecus la suivra aussi.

Je vais envoyer Ordre au Duc de Holstein de faire partir les deux Escadrons d'Hussards noirs qui sont encore icy, pour joindre V. A. Vous m'enverrez en revanche les 100 Hussards de Luckner que Vous avez à présent auprès de Vous, avant que de Vous mettre en marche pour Fulde. J'ay au reste p. p.   F.

à Mgr. le Prince Hereditaire.

** Copia.   No. 3.

Ew. Liebden Rapport von gestern Nachts um 11 Uhr ist mir behändigt worden. Ich danke Deroselben für solchen vielmahls und approbire die mesures, welche Sie mir melden darin genommen zu haben.

Wenn die Armée in die rechten Cantonnirungs-Quartiere aufbricht, welches übermorgen vermuthlich geschehen wird; so sollen Ew. Liebd. mit 13 Bat. 13 Escadrons nebst denen Hannoverschen Jägern, den Bat. von Trimbach, dem von Stockhausen und denen Husaren von Luckner zur Bloquade von Giessen zurückbleiben.

Der Erb-Printz wird Ew. Liebd die 100 Husaren von Luckner, welche Er bey sich hat, imgleichen den Capit. Mosch zusenden, hingegen werden Ew. Liebd. dem Erb-Printzen die beyden Escadrons schwartzer Husaren zusenden, welche Sie noch bey sich haben. Diese müssen gleich nach Empfang dieses aufbrechen, indem der Printz morgen von Rupertenrode nach Fulda zurückmarschiren wird. Ew. Liebd. müssen sehen, wie Sie sich heute und morgen ohne Husaren behelfen. Uebermorgen sollen Sie dagegen das gantze corps von Luckner zu Ihrer Disposition haben.

Ich bin übrigens Ew. Liebd. p. p.

Croffdorff den 8. Dec. 1759.   Ferdinand H. z. B. u. L.

P. S.

Ich werde Ew. Liebd. die Benennung der Regimenter Ew. Liebd. Corps noch zusenden nebst einer förmlichen weiteren Instruction.

Ferdinand H. z. B. u. L.

An

des Herzogs von Holstein

Durchlaucht.

Ce 8. Decbr. 1759.

** Monseigneur;   No. 4.

Les troupes destinées au blocus pourroient se rendre des demain aux Endroits qu'elles doivent occuper.

Quant le cas existe de faire rassembler les troupes du blocus, pour s'opposer à l'ennemi, qui voudroit le faire lever; il faudroit laisser seulement trois bataillons avec un Escadron pour observer la garnison; savoir un Bataillon avec 30 chevaux vis à vis du pont de Giessen en deça de la rivière et deux bataillons avec un Escadron du coté de Rodgen. Cela ne seroit que pour le moment, que les choses se décideroient avec l'ennemi. Le Duc de Holstein auroit pour cela dix bataillons et 12 Escadrons outre les troupes legères.

(Lucanus'sche Sammlung.)

* Vous faut-il la liste des Regts.: qui sont destinées pour le blocus de Giessen? — pour les Instructions? En ce cas là je vous l'enverrai. —

P. S. A tout hazard je Vous communique la liste ci joint. Vous me la renverrés quand Vous n'en avés plus besoin.

Ce 8. Decbre. 1759.   F.

* Dressé ce 7. Decbre 1759.

G. L. Graff Kilmausegg.		Hardenberg	1 B.
		Wangenheim	1 B.
Gen. Maj. von Scheele.		Scheele	1 B.
		Reden	1 B.
		Plesse	1 B.
G. L. Urff.		Pr. Wilhelm	1 B.
G. Maj. Wissenbach.		Gilsae	1 B.
		4 Escadr. Leib-Dragoner.	

(Hannoveraner Hessen.)

56*

G. L. Herzog   5 Batt. Grenadiers.
von Holstein: 5 Escadr. Holstein.

Trimbach.

Troupes   Stockhausen.

legeres: Les Chasseurs Hannovriens.

Les Luckners.

Grosse Artillerie: La Brigade d'Artillerie de Huht.

NB. Le Batt. de Grenadiers avec Luckner, savoir celui de Wersabé est aussi à compter.

Mes Aides de Camps:

Wintzingerode: avec Kilmansegg.

Schlieffen: avec le Duc de Holstein.

Debrendahl: avec Urff.

Quartiers maitres generaux des logis:

Maj. du Plat. Maj. Gohr.

Arrivé ce 8. Decbre 1759, 5 heures et ¼ du soir.

Monsieur Mon Cousin.   No. 72.

(déchiffré:) „Mes malheurs n'etoient point encore à leur fin, lorsque que je Vous écrivis mon avant derniere lettre. J'avois à peine redressé le revers qui m'est arrivé avec le corps de Finck, que je viens d'en essuïer un autre. J'avois detaché le General-Major de Diericke à l'autre rive de l'Elbe en reconnoissance aux environs de Meissen uniquement pour observer les mouvements, que l'Ennemi sauroit faire de ce coté-là, et pour couvrir nos Transports sur l'Elbe; les ordres que je lui avois donné, portoient expressement, de ne point s'engager avec l'Ennemi, mais de se replier sur Torgau dès que quelque Corps superieur viendroit à lui. Il a eté trop malheureux de s'arreter trop longtems, quand hier matin un corps fort superieur de l'Ennemi l'a attaqué presque de tous cotés à la fois, et nous n'avons pû sauver de son détachement que la Cavallerie, qu'il avoit avec quatre Bataillons, encore le reste de son Infanterie, faisant le nombre de huit cents hommes, ayant eté fait ce matin prisonniers de Guerre. Vous pénetrez tres bien à quel point pareils revers doivent me déranger, sans qu'il y ait de ma faute. Si Vous êtes à même de m'aider, c'est à présent le moment de le faire. Cinq ou six mille hommes de Votre Armée, que Vous fériez marcher en Saxe dans le Voigtland, me seront d'un grand secours, uniquement pour me débarasser ici. Je ne les garderois point et Vous les aurez de rétour dès que Vous en disposerez. Après que Vous avez fini le siège de Munster, et que je n'ai nullement lieu de douter, que l'Armée françoise, que Vous avez vis-à-vis de Vous, ne dut commencer à se rétirer, pour aller en quartiers d'hyver, un détachement de cinq ou six mille hommes au Voigtland ne doit gueres gêner le reste de Vos operations, qui en attendant me seroit d'un grand sécours, et me donneroit le loisir de me rémettre. Si contre mon attente le malheur vouloit, que Vous Vous trouvassiez dans le cas, de me refuser ce sécours momentané, j'ai lieu de croire, peut être Vous le régretteriés bien Vous-même au printems prochain. Je me flatte de tout de Vos sentiments pour moi."

Je vous réitere les protestations de l'amitié et de la parfaite estime, avec laquelle je suis à jamais

Monsieur Mon Cousin
de Vôtre Altesse

à Wilsdruff, le bon Cousin
ce 4. Decembre 1759. Federic.

Die Archiv-Acten vol. 332 (lettres autographes etc.) enthalten ein Billet des Herzogs an Westphalen, in welchem er über den Eindruck dieses Schreibens sich ausspricht:

✳ La lettre du Roi me penetre le coeur. J'avoue que je compatis vivement aux malheurs de ce Prince. Je ne puis pourtant pas faire davantage pour le present, que ce que je suis resolu de faire, savoir de faire faire au Prince Héréditaire la diversion projettée? ou croïés Vous que je fasse encore davantage? Je Vous prie de me lever mes doutes la dessus.

Ce 8. Decbre 1759. F.

✳ Que dite Vous à ces nouvelles ci jointes? il me paroit que cela derange un peu mes calculs, et m'obligera à prendre d'autres mesures. Qu'en pensés Vous?

Ce 8. Decbre 1759. F.

Ce 8. Decbre. 1759.
✳✳ Monseigneur! No. 5.

Le Courier a aporté de mauvaises nouvelles. J'ay mis dans la lettre au prince*) ce que j'ay apris du courier.

Il seroit bon de faire detruire les deux moulins de Giessen; Bauer m'a dit qu'il luy manquoit encore l'ordre de V. A. S. pour le faire d'abord.

La Storchinfeld est digne de compassion. V. A. S. feroit bien d'ordonner à Hedemann de luy donner 50 Ducats.

(Lucanus'sche Sammlung.)

✳✳ Der Herr Hauptmann von Bauer wird darauf bedacht seyn, die beyden Mühlen je eher je lieber auf die eine oder die andere Art zu ruiniren. Nur soll derselbe sich nicht selbst dabey exponiren.

Croffdorff, den 8. Dec. 1759.
Ferdinand H. z. B. u. L.

✳ J'authorise Bauer de faire mettre en execution le projet intenté sur les moulins de Giessen, pourvû que Lui même ne s'y trouve point, et que malheur lui arrive.

Dressé un ordre pour Hedeman, afin qu'il païe les 50 Ducats de ma caisse extraordinaire, à la Storchinfeld.

---

*) N. d. H. s. das Schreiben weiter unten an den Erbprinzen.

C'est affreux que ces catastrophes qui arrivent coup sur coup au Roi. Je crains avec Vous qu'il perdra à la fin la contenance.

Ce 8. Decbre. 1759.   F.

Le quandtieme cette nouvelle catastrophe Lui est Elle arrivée?

(Archiv-Acten vol. 264)

à Kroffdorff ce 8. Decbre. 1759.

** Monseigneur,   No. 6.

Ce malheur est arrivé le trois de Dec.*)

** Copia.   No. 7.

à Kroffdorff ce 8. Dec. 1759.

La lettre que V. A. m'a fait l'honneur de m'écrire de ce matin vient de m'être rendûe. J'ay vû avec plaisir que le pain attendû arrive. Quant aux hussards que V. A. a detaché à Lauterbach, j'observerai seulement, qu'il sera necessaire d'en faire revenir ceux de Luckner, que je destine au blocus de Giessen. V. A. aura en revanche les deux Escadrons d'hussards noirs qui restoient encore au Duc de Holstein. Ils se sont deja mis en marche pour aller joindre V. A.

Selon les avis que j'ay eû aujourdhuy de l'armée francoise elle se trouve encore aux environs de Friedberg; Chabo est à Butzbach

Voicy ce qui m'a eté envoyé de la part du Duc mon frere sur la Catastrophe de Maxen. Un courier vient d'arriver du Roy avec une longue lettre chiffrée. J'en ignore encore le contenû. Mais le Courier a anonoçé un nouveau desastre. Trois Bataillons du Corps du General Diereeke ont eté pris près de Meissen, avec tous les Bagages du dit Corps. On a sauvé 6 Bataillons, la Cavallerie et la plus grande partie de l'Artillerie. Dierecke lui-même est resté sur la place. Je suis au desespoir de cet accident, qui auroit peutêtre pû être prevenû, pourvûque S. M. ne perde à la fin la coutenance. Il faut esperer que la Fortune retournera une fois. Je suis à jamais de V. A. p. p.

Ferdinand.

à Mgr. le Prince Hereditaire.

No. 65.

à Kroffdorff ce 8. Dec. 1759.

** Au Roy de Prusse.

(en chiffres): „Je partage vivement la douleur, que V. M. ressent à si juste titre du désastre arrivé au général Diericke. V. M. pourroit-Elle douter de mes sentimens et de l'attachement que j'ai pour Sa personne? il ne finira qu'avec ma vie. J'ay eu l'honneur de mander à V. M, que je comptois de faire une diversion avec douze mille hommes en Sa faveur. Je suis surpris, qu'Elle l'ait encore ignorée le quatre. Le général Gilse arrivera le quinze à Wanfried; le prince héréditaire arrivera le même jour sur la Werre, avec les troupes qui ont agi contre les Wurtenbergeois, pour prendre le commandement de tout

*) N. d. H. Das Unglück des Generals Diericke.

le corps. Il dirigera sa marche par Weimar, et Jena sur Zwickau. Le prince aura avec luy seize Escadrons de Dragons et de cavallerie, outre trois escadrons d'hussars de Rusch. Ceux ci sont un peu foibles; Si l'intention de V. M. est, qu'il s'agisse sur les convois des Ennemis, il seroit fort bon, si Elle luy envoyât quelques Escadrons d'hussards de plus. Je n'ai pû luy en donner d'avantage, vû que je ne garde icy que deux Escadrons d'hussards hanuovriens; les deux de Malachowsky se trouvant en Westphalie.

J'ay l'honneur d'etre.

F.

(Archiv-Acten vol. 332.)

＊ Je ne sai ou l'on a peché cette nouvelle que les Bavarois se joindroïent aux Wirtembergeois. L'on n'a pas su qu'ils étoient à la Solde de la France; ni qu'elles ont remuées.

Il me vient une idée. Le Ministere anglois et le Roi lui même m'a tant de fois fait entrevoir le desir qu'il avoit, que je tachasse d'engager plusieurs princes de l'empire à faire cause commune avec Nous. Comme il est impossible d'avoir de leurs troupes, ne seroit il pas expedient, de leur offrir de bons subsides, afin qu'ils ambrasseassent la neutralité, et retirassent pour cet éffet les troupes qu'ils ont a l'armée de nos adversaires. Que vous en paroit-il de cette idée?

Ce 8. Decembre 1759.

F.

C'est de moi.

(Archiv-Acten vol 264.)

No. 8.

Ce 8. Decembre 1759.

＊＊ Monseigneur!

L'idée de V. A. S. de priver la France des Troupes auxiliaires, en procurant à leurs maitres respectifs de subsides anglois, est excellente. La difficulté est seulement dans l'exécution Quant aux Würtembergeois, la chose pourroit peutètre réussir, si le Duc étoit susceptible d'un bon conseil. Il faudroit le tenter; mais je ne sais par quelle voye. Si l'on pouvoit détacher les Saxons de cette façon, ce seroit un coup de maitre. Quant aux palatins, je ne sais, si l'Electeur donnera en effet des troupes; mais il faudroit prévoir qu'il n'en donnat point. Quant aux Bavarois, je crois, que la nouvelle est destituée de tout fondement.

(Archiv-Acten vol. 264.)

No. 9.

Ce 8. Decembre 1759.

＊＊ Monseigneur;

Si Mr. de Broglie ne quitte pas les environs de Friedberg; V. A. S. ne peut pas quitter ces environs, sans exposer les troupes du blocus.

Il faut ou attendre avec l'armée icy jusqu'à ce que Mr. de Broglie mette les troupes en quartiers d'hyver, ou il faut abandonner le dessein du blocus.

Dans toutes les dispositions qui ont été faites jusqu'à present, on a toujours suposé, et non pas sans raison, que l'armée francoise passeroit d'abord le Meyn et le Rhin; si cela ne se fait pas, il faut prendre d'autres mesures.

Si V. A. S. persiste dans son dessein de bloquer Giessen; il faut que l'armée ne decampe pas avant que celle de France ne passe le Meyn; Si V. A. S. veut faire entrer l'armée dans les quartiers de Cantonnement de Dillenbourg et de Marbourg, avant que les François passent le Meyn; il faut renoncer au blocus de Giessen.

Voicy le parti que je prendrois moi: Si l'armée de France n'est pas partie le 11. de Friedberg, il me semble que c'est une marque qu'elle veuille soutenir Giessen; comme par cette raison l'armée de V. A. S. devoit rester icy, j'aimerois mieux renoncer au blocus, que de fatiguer plus longtemps les trouppes.

(Archiv-Acten vol. 332.)

* J'avoue que si les francois ont resolu absolument de soutenir Giessen, cela me genera beaucoup; mais les francois n'en seront pas moins genés. Si je pars, après avoir fait la grimace du blocus de Giessen, sans l'avoir poussé à bout; il me paroit alors, qu'il y a du ridicule dans ma conduite. Car le motif pour lequel je voulois avoir Giessen, subsiste toujours; Et le sejour de l'armée francoise en deça du Rhin et du Meyn, me semble n'y peut point aporter de changement sur ma façon de penser sur ce sujet.

Il n'y a que l'incommodité des troupes, qui est un point à mettre en consideration. L'on y pourroit remedier tant bien que mal; car les quartiers de cantonnements que l'armée occupera entre Dillenbourg et Marpurg, ne seront pas bien magnifiques, ni plus commodes que ceux, qu'Elle occupe pour le moment présent. Je vous prie à Votre loisir de réflechir un peu sur ce que je viens de Vous alléguer.

F.

P. S.

* Ne pourroit on pas suppediter l'idée de détacher le Duc de Wirtemberg, les Saxons, les Bavarois, le Palatin, Mons: de Collogne, de l'alliance de nos ennemis par des promesses en argent au Président de la Chambre de Münchhausen, de même au Duc mon frère, et s'ils voudroïent agir dans cette affaire. Après leur déclaration ulterieure on en feroit usage de oui, ou du non, en Angleterre. C'est à dire, s'il y a de la probabilité de réussite et de non réussite dans cette affaire. Que vous en paroit-il?

F.

(Archiv-Acten vol. 332.)

* Vous avés mis dans l'article 3. de l'Instruction au Sieur Hunter:

„C'est pourquoi il faut avoir attention de s'arranger de maniere, „qu'un nombre suffisant de voitures se trouve pret au temps qui sera encore préscrit.

Quel est donc ce temps préscrit? et quáud conviendroit-il qu'on en donne l'avertissement nécessaire?

Vous verrés par la lettre du Prince Héréd: qu'il ne peut marcher que le 10.; comme démain. Ses premiers ordres portoïent d'aller sur Fulde et de chasser s'il étoit possible, les Wurtembergeois de Brückenau. Astheure selon ce que j'ai marqué au Roi de Prusse, il ira par Weimar, Jena, sur Zwickau. Cela fait donc une toute autre direction.*) Selon le premier plan il devoit aller à Naumbourg, où il établiroit aussi ses fours. Le Prince n'a encore de formelle instruction de moi, Et le temps presse cependant. Vous voïés que le Prince désire Lui même mes Instructions ulterieures, afin de pouvoir refléchir à tout avec l'attention requise. Je Vous prie donc que Vous dressiés le Tout en consequence, afin de tranquiliser le Prince, et qu'il soit en état, selon la promesse, que j'en ai faite au Roi, d'être rendû le 15., ou le 16. sur la Werre.**) La question est, où établira-t-on ulterieurement sa cuison de pain, vû que la marche ne sera plus dirigée sur Naumbourg? Le flanc droit du Prince m'inquiette un peu, vû que si les Wirtembergeois et les Saxons conjointement avançassent entre la Fulde et la Werre, ils interromperoïent par là toute communication entre le Prince et moi. Il faudroit aussi bien imprimer au Prince, qu'il faisoit toujours partie dépendante de cette armée malgré qu'il agissoit en faveur du Roi de Prusse.

Pardon de ce que je Vous tourmente si souvent, mais je le fais dans l'intention, afin que tout se fasse en ordre, et qu'il n'y ait rien d'oublié ni de negligé.

Je Vous prie aussi pour le renvois du memoire du Major Duplat, qui est un raisonnement sur la façon d'attaquer Giessen dans les formes.

Ce 9. Decembre 1759.   F.

(Lucanus'sche Sammlung.)

❋ Je Vous prie pour le renvois de la feuille qui contient les noms des Rgts: et des Généraux destinés pour le blocus de Giessen, quand Vous n'en aurés plus besoin.

Ce 9. Decembre 1759.   F.

C'est de moi.

(Archiv-Acten vol. 264.)   No. 2.

❋❋ Monseigneur;   Ce 9. Decembre 1759.

Le manque des avis de la fille de Waitz est une marque que les Francois occupent encore Friedberg et Nauenheim; car elle n'aura osé faire partir ses avis.

No. 3.

à Kroffdorff ce 9. Decembre 1759.

❋❋ Au Prince hereditaire.

J'ay recû la lettre que V. A. m'a fait l'honneur de m'écrire de

----

*) N. d. H. s. das Schreiben an den König vom 9. Decbr. No. 66.
**) N. d. H. s. die Instruction des Erbprinzen in dem Schreiben des Herzogs v. 9. Decbr.

ce matin; je vois que V. A. compte de marcher demain aux Environs de Lauterbach. peut-être aura-t-Elle changé cette route après avoir reçû ma lettre de ce matin par laquelle je luy ay mandé de marcher droit à Treffurth, et de tacher d'y arriver le 15. au plustard.

Le courier anglois est enfin arrivé avec la nouvelle de la victoire de l'amiral Hawke; je ferai faire demain le feu de rejouissance.

S. M. P. étoit encore le 4. à Wilstrup; Elle ne savoit alors pas encore, que je Luy envois du secours; Elle aura pû l'aprendre le 5. et je ne doute presque pas, qu'il ne fasse ses derniers efforts pour se soutenir.

J'ay l'honneur d'etre p. p.

(Lucanus'sche Sammlung.)

Zwei Schreiben des Erbprinzen von Braunschweig an Westphalen.

Herbstein ce 3. de Decembre 1759.

Monsieur!

Je Vous fais mes très parfaits rémerciments de l'attention que Vous me marquéz, j'y suis des plus sensibles, et je Vous assure, que je ne suis pas tout à fait content de ma bésogne; il y avoit deux moments dans la journée, ou tout le Corps de Mr. de Wurtemberg auroit été pris, ou passé au fil de l'Epée; en révange je dois dire, que ces moments une fois passées, il n'y avoit plus rien à faire, d'autant plus, que je fus averti, que les François rémuoieut. Si la nouvelle du combat navale se confirme, dont Vous me faits part, je me promets, que nous en verrons de suites heureuses, Dieu le donne, personne au monde y prend une part plus sinçére que moi. C'est avec la consideration la plus distinguée, que je suis

Monsieur

votre tres humble et très obeissant

serviteur

Charles G. F.

Monsieur,　　　　Rupertenrodt ce 9. de Decembre 1759.

Je Vous prie de me marquér l'adresse que le Duc mest d'ordinaire sur le couvert de ses lettres, en écrivant au R. de Pr., et au Prince Henri; Vous m'obligeréz beaucoup par là. Au reste je souhaite d'avoir bientôt le bonheur, de Vous donner des bonnes nouvelles, l'on travaillera de son mieux, pourvu que le Ciel nous assiste.

J'ai l'honneur d'être

Monsieur

votre très humble serviteur

Charles G. F.

recû par Friese.

✳✳ à Korffdorff ce 8. Dec. 1759.　　　　No. 9.

je vous demande million de fois pardon de mon silence; je suis si accablé de papiers, que je m'y perds souvent parmi ces grands tas qui s'accumulent je ne sais comment.

Pour ne manquer pas absolument à mon devoir envers vous, voicy quelques nouvelles, en attendant d'une reponse à vos cherissimes lettres. Aprés que Mgr. le Duc de Wurtenberg eût eté depeché, le prince se rabatit sur l'Ohme vers sa source; c'etoit se mettre sur le flanc de Mr. de Broglie. Cet habile general qui voulut deposter le Duc de Krolldorff par ses coups fins, et par ses manœuvres savantes, se vit tout d'un coup forcé de plier bagage. Il s'est retiré le 5. avant le jour. Le Duc fait depuis ce jour là bloquer la ville de Giessen; mais il n'y entre pas beaucoup de serieux, et je crois que nous n'aurons pas la place. Mr. de Broglie etoit ce matin encore aux Environs de Friedberg; s'il y reste encore quelques jours cela pouveroit que le sort de Giessen ne luy est pas indifferent. Voicy une relation de la Bataille de Fulde. Elle est de la composition du prince de Bevern, qui s'est trouvé à l'action.

Un courier qui vient d'arriver de Wilstrup nous aporte la facheuse nouvelle que les autrichiens ont encore pris 4 bataillons. c'est arrivé sur la vive droite de l'Elbe près de Meissen. Le general Dierecke qui les commandoit est tué; on a sauvé la cavallerie et la plus grande partie de l'artillerie. Vous pouvez aisement concevoir combien le Roy doit etre chagrin et embarassé.

Il demande avec instance de faire une diversion en sa faveur; elle se fera. Les troupes seront rassemblées le 15. à Wanfried. Mgr. le prince hereditaire les commendera. Cecy est un secret icy. car il importe beaucoup au Duc qu'on ne l'aprenne trop tôt. je vous recommande de mon mieux l'incluse à Mylord Holdernesse.

(à Mr de Hænichen.)

(aus Westphalens Nachlass)

Ce fût le 30. Novembre que nous eûmes le bonheur de porter ce Coup chagrinant au Duc de Wurtemberg de ruiner l'élite de ses Trouppes. la Veille nous avions pris les quartiers de Cantonnemens à Angersbach et Lauterbach au premier quartier. S. A. le Prince Héréditaire établit son quartier-general et les Troupes legéres furent placé à Landehausen.

à 1 heure aprés minuit les Troupes se mirent en marche et tout le Corps s'assembla prés de Landehausen, delà nous marchames dans l'ordre suivante: les Trouppes légéres firent l'avant-Garde suivi de tout le Corps dont le Regiment de Bock faisoit la tête; aprés cela les Regimens suivirent selon l'ordre de Bataille, le Regt. du Corps, Imhoff, Mansbach, Bischhausen, Regiment Grenadiers et Frederic Dragons. Le Bagage suivoit la Colonne couvert du Regiment de Guillaume Cavallerie et 100 hommes du Regiment de Grenadiers.

Depuis Landehausen la Marche alloit par Muer, Gross-Lieder, Ober et Nieder-Bimbach vers Fulde. à Gross-Lieder le Prince Héréditaire plaça les Chasseurs; il envoya aussi un Detachement de 30 Dragons vers Schlietz pour observer, si peut être l'Ennemi ne feroit point des mouvemens de ce Côté-là, à fin d'assurer nôtre dôs. Lorsque nous nous approchames du Sultzberg, le Prince y monta et découvrit que les Trouppes de Wurtemberg étoient rangé en deça de la Ville dans un terrein fort desavantageux, ayant la Ville de Fulde et par consequent la Riviére de ce nom en dos. L'aile gauche étoit commandé d'une hauteur qui n'étoit nullement occupé d'eux. Dans leur ordre de Bataille il regnoit une grande Confusion, aussi on voyoit visiblement, qu'on ne s'etoit attendû si tôt à nôtre Visite, vû qu'on voyoit arriver des Troupes à grands pas, qui marchoient vers la Ville, et qui avoient eté cantonné aux Villages à l'entour. Le Prince Héréditaire cacha les forces de ses Trouppes sous faveur de la montagne de Sultzberg, et resolut d'abord de donner la Chasse au Duc de Wurtemberg, vû sa mauvaise Disposition. Pour cet effêt le Prince Héréditaire rangea sa Cavallerie entre le Village de Hembach et le Sultzberg, sous la protection de cette Cavallerie, et couvert de la montagne, S. A. m'ordonna de marcher avec de l'Infanterie de traverser le village de Hembach et d'occuper la hauteur qui est d'abord derriere et qui diminuoit le flanc gauche de l'Ennemi près du village de Neuberg. A coté droit de la ville il y a un pont sur la rivière, que l'Ennemi occupa avec de l'Infanterie et des Canons.

Il tira son poudre au moineau sur une trentaine d'Hussasds qui faisoient l'avant-garde de l'Infanterie, ce qui nous servit de signe de cacher le flanc droit de l'Infanterie; et lorsque nous opposames nos Canons, uons fîmes d'abord taire les leurs. Si tôt que l'Ennemi s'apperçût que son flanc gauche etoit gagné, et que nous commençames à le cannonner, la retirade commença avec grande précipitation par la Ville, que nous tachames d'accelerer par notre feu de Canon, ce qui effectivement ne leur fit pas grand mal. Le Duc se retira avec le gros de ses Trouppes le long de la Fulde, qui lui resta à sa droite vers Brunzell. Nous continuames toûjours à le cannonner et lorsque les Ponts etoient abandonné ce qui se fit incessamment, aprés quelques Coups de Canon tiré, le Prince Héréditaire s'approcha d'abord de la Ville avec une partie des Trouppes et y entra; je passois avec le reste le Pont prés de Neuberg à Côté de la Ville.

3 Bataillons de Grenadiers de l'Ennemi, le 1. Bataillon de Bornek, et un couple des Compagnies du second Bataillon de ce nom etoient resté les derniers en Ville, le Colonel Pœlnitz Aide de Camp et favorit du Duc, etoit chargé du Commandement de cette arriére-garde. il ne pouvoit plus suivre la marche du Duc, vû que nous avions occupé les Ponts. pour cet effêt il voulut chercher fortune dans les montagnes, et joindre le Duc par un grand Détour; par cet effêt il se rétira vers le Petersberg par un terrein plaine, n'ayant pas un homme de Cavallerie avec lui. Comme le Prince Héréditaire s'en apperçût, il opposa au gros des Trouppes qui s'étoient retiré vers Brunzell, l'Infanterie, 3 Escadrons de Dragons de Frederic et 1 de Bock; il suivit l'élite des Trouppes du Duc, savoir la susdite arriere-Garde, avec les Hussards, 3 Escadrons de Bock, et 1 de Frederic, et atteint Mr. de Pœlnitz avant qu'il pouvoit gagner le Bois qui etoit derriére lui; nos Hussards et Dragons les entourerent avec furie. l'Ennemi fit 3 ou 4 dé-

charges. aprés cela les notres les fricassoient d'importance; ce qui ne fût sabré et tué fut fait prisonnier de guerre, de sorte que nous voila maitre de tous les Bataillons des Grenadiers du Duc, dont je crois il ne lui reste qu'un seul. De notre Côté la perte n'est pas fort grande, on regrette beaucoup le Comte Platen du Regiment de Bock, qui est tué. Selon la Liste de ce Regiment donné le jour aprés, il n'y à que 5 Dragons tués de ce Regiment outre le Comte que je viens de nommer, 1 Enseigne et 13 Dragons blessés, 19 Chevaux tués et 14 blessés. La perte des Dragons de Frederic et des Hussards a eté trés peu de Chose, je ne sais au juste. On evalüe que le Duc de Wurtemberg aura encore 5 Bataillons avec lui, et toute sa Cavallerie est sain et sauf. 3 Bataillons ont ete absent qui etoient detaché vers Hirschfeld. on n'a pas pû apprendre vers où ils se sont retiré, on suppose que par un grand detour par Geysa et Tann, ils auront réjoint le gros de leurs Trouppes. Selon le Rapport des Deserteurs le Duc s'etoit retiré ce jour-là jusqu'à Brukenau, et qu'on croïoit qu'il se rétireroit plus loin vers Hamelbourg. nos Trouppes fûrent cantonné à Fulde et Kohler les Trouppes legéres à Brunfels.

Arrivé à 9 heures du soir
le 9. Decembre 1759.

Monsieur Mon Cousin.   No. 73.

La lettre de Votre Altesse du 29. de Novembre dernier m'a eté bien rendue, (déchiffré:) „et c'est avec toute la Satisfaction possible et la reconnoissance la plus parfaite que j'y ai vû votre projet de m'envoyer notre cher neveu le Prince Héréditaire avec son corps dès que chemin faisant il aura balayé les Troupes de Wurtemberg; je Vous en remercie de tout mon coeur. Soyez persuadé, que je n'arretterai pas ce Prince avec son Corps de Troupes plus longtemps, que nous aurons fait ici avec les Autrichiens et ce qu'ils ont avec eux de Troupes des Cercles, mais qu'alors je Vous renverrai incessamment le Prince là où Vous le demanderez. Il faut que j'avoue, que par les revers, qui me sont arrivés contre toute mon attente, ma situation est devenüe un peu critique, et que sans vôtre secours j'aurois eû de la peine à m'en remettre. Grace au Ciel que le mal n'est pas tout à fait sans réméde, ni aussi pressant, que quand même Votre secours n'arriveroit qu'après dix ou quinze jours, il arrivera encore assez à temps. Ce que je vous prie, c'est de l'envoyer sur Zeitz et sur Altenbourg, et d'instruire le Prince Héréditaire, à fin qu'il m'écrive pendant sa marche, pour que je sache m'arranger avec lui au sujet de la route à tenir selon les Circonstances, où les choses se trouveront alors; mais jusqu'à présent je tiens celle sur Zeitz et sur Altenbourg pour la plus convenable. Quant au secours que Vous m'aviez destiné de la Westphalie, je suis parfaitement du sentiment de Votre Altesse, qu'il m'arriveroit trop tard; aussi ne voudrois-je du tout deranger vos Projets contre l'Ennemi dans ces contrées-là. J'applaudis d'ailleurs parfaitement à la conjecture que Vous faites, que ce soit un concert pris entre les Cours de Versailles et de Vienne pour l'établissement des quartiers d'hyver à leur convenience, de prolonger au possible le sejour de leurs armées respectives sous la toile, projet que nous tacherons cependant de faire echoüer. De mon coté, je me persuade, que dès que les neiges tomberont içi, surtout dans les montagnes de Bohême, les Autrichiens se verront obligés, de renvoïer au moins une grande partie de leurs Troupes en Bohême, et alors j'attaquerai ce qui en restera en Saxe, pour l'en chasser et rétablir ainsi mes avantages."

Je suis avec ces sentiments invariables, que vous me connoissez ,

Monsieur mon Cousin
de Votre Altesse

à Wilsdruff,   le bon Cousin
ce 5. de Decembre 1759.   Federic.

No. 66.

** Au Roy de Prusse. à Kroffdorff, be 9. Dec. 1759.

La très gracieuse Lettre de V. M. du 5. vient de m'être rendüe (en chiffres) „Le prince héréditaire et Gilse sont en pleine marche; l'un et l'autre arrivera le quinze sur la Werre. je suis charmé de voir par ce que V. M. me mande, que ce terme-là n'outrepasse pas son compte.

Lorsque je rappellois Gilse de la Westphalie, les affaires n'étoient point décidées encore dans l'éveché de Fulde; il me parut Sire, que je ne devois pas faire dépendre la diversion en Saxe de la fortune que le prince héréditaire pouroit avoir contre le Duc de Wurtenberg, comme d'une chose trop peu certaine pour y compter. C'est par cette considération, que j'ay mieux aimé rénoncer à pousser à bout mon Expedition contre le marquis d'Armentières, que de manquer à V. M. dans un moment critique. La longueur de la marche m'a d'abord gené; cependant Mr. de Gilse a fait tant de diligence, qu'il arrivera en même temps sur la Werre avec le prince héréditaire.

Ce prince est instruit de marcher par Weimar et Jena sur Gera, d'où il pourra également marcher à Kemnitz, Zwickau ou Plauen, selon que V. M. l'ordonnera. je luy ai donné la direction sur Gera dans la suposition, que V. M. restera aux Environs de Dresden; il a eté pareillement averti, qu'au cas, que V. M. ait changé de position, de diriger convenablement sa marche soit sur Naumbourg, soit sur Weissenfels, soit sur Mersebourg. La direction, que V. M. donne sur Altenbourg, ne diffère presque point de celle de Gera; j'en avertirai cependant le prince, pour qu'il sache sur cela les intentions de V. M. — Le prince ne manquera au reste pas de donner fréquemment de ses nouvelles à V. M. pour luy demander ses ordres."

Mr. de Broglie est encore à Friedberg, à quatre milles d'icy, où son armée cantonne.*) je suis avec un très profond respect p. p.

F.

---

*) N. d. H. Die unterstrichenen Worte von der Hand des Herzogs.

(Archiv-Acten vol, 264.)   No. 1.
　　　** Au prince héréditaire.
　　　　　　　　　　　　　　　　à Krofldorff ce 9. Dec. 1759.
　　　J'ay reçù la lettre que V. A. m'a fait l'honneur de m'ecrire du
hier à 5½ du soir. Voici l'instruction que V. A. me demande.
　　　Le General Gilsae arrivera le 15. à Wanfried; j'espere que le 15.
on le 17. il s'y trouvera pour 9 jours de pain de pret.
　　　V. A. tachera d'arriver sur la Werra le 15; il n'est pas necessaire
qu'Elle marche jusqu'à Wanfried, ce qui ne seroit pas meme convenable,
vû que cet Endroit et les Environs seront alors deja occupés par le
general Gilsae. Il suffit donc qu'Elle y fasse transporter le pain de
Wanfried.
　　　Comme le temps est precieux, il faut tacher d'en gagner; c'est
pourquoi V. A. ne marchera pas sur Fulde, mais Elle dirigera sa
marche par le chemin le plus droit sur Treffurt.
　　　Elle dira pendant sa marche en Hesse, qu'Elle mene les Troupes
aux quartiers d'hyver, et tachera d'empecher que rien ne transpire de
son dessein. Mais dès qu'Elle entre en Saxe, Elle accreditera le bruit
par toutes les voyes possibles, qu'Elle marche vers la Boheme avec
20,000 hommes.
　　　Je suppose que V. A. se mette en marche de Wanfried et de
Treffurt le 17. du courant. Elle marche en cantonnant; il faut que la
marche et les quartiers soyent toujours bien serrés. Je laisse entière
liberté à V. A. de disposer ses marches; le plus convenable me paroit
être de marcher en avant-garde, suivie de près de deux colonnes. L'avantgarde pourroit être composée des hussards et de grenadiers*) et
d'un regiment de dragons. Chaque collone consisteroit en 5 Bat. et
6 Escadrons; la grosse artillerie iroit à la tête de la colonne de la
gauche; le bagage suivroit cette colonne. Un bataillon avec 200 chevaux tirés de la colonne de la gauche feroit l'arriere garde.
　　　V. A. ne prendra avec que le bagage le plus necessaire; Elle laissera tout ce dont Elle n'a pas besoin à Wanfried, ou l'enverra de là
à Cassel, ce qui vaudra mieux encore.
　　　Le Detachement composé de chasseurs, d'hussards et de miliciens,
qui s'est trouvé à Wanfried, et qui a eté employé ensuite à l'expedition contre les Wurtembergeois, restera à Wanfried à l'exception des
hussards noirs, qui s'y trouvent, et qui rejoiudront leurs Escadrons, et
de la compagnie de chasseurs hannovriens que V. A. pourra prendre
avec.
　　　J'ay ecrit au Roy, que si son intention etoit que V. A. agit sur
les convois ennemis, Il feroit bien de Luy envoyer quelques Escadrons
d'hussards de plus. J'ay voulû avertir de cela V. A., mais je La prie
de n'y compter pas, vû que je ne sais si le Roy peut faire un pareil
Detachement.

———————————
*) *il n'ya point de grenadiers.
**) ** les deux bat. de Brunswic qui sont avec Gilsae.

Je ne dis rien sur la manière de faire subsister Ses troupes en fourage; cela est expliqué dans ma precedente où se trouvoit l'instruction donné à l'Intendant general. Quant à la Boulangerie, elle suit la colonne de la gauche. Quant à son nouvel Etablissement, je pense que le plus convenable seroit, de l'établir à Gera.

Il faudroit cependant que V. A. put atteindre cet endroit en 5 ou 6 marches pour avoir le temps, de faire établir les fours, et d'achever la cuisson d'une partie proportionnée de pain, afin que les troupes n'en manquassent pas.

Le Roy exige que V. A. fasse une diversion dans le Voigt-Land; il demanda dans une de ses lettres précedentes que cette diversion fut dirigée sur Zwickau.

Il sera donc expedient, que V. A. dirige sa marche par Weymar et Jena: En passant par Weymar Elle tachera de se procurer de bons correspondents, qui L'avertissent à temps, en cas qu'on Luy detachat quelque chose à dos, par exemple ces gens là qui ont eté l'eté à Smalkalden et qui se sont replié vers la fin du mois passé sur Würtzbourg.

Je recommande à V. A. d'agir avec toute la circonspection possible; Elle recevra sans doute des Lettres du Roy, qui peut etre pourroient contenir de propositions, qui exigeassent plus qu'une diversion dans le Voigt-Land. Mais V. A. ne se fera point decontenancer par ces propositions; le Roy lui-meme est trop juste et trop penetrant pour exiger de nous de choses, qui puissent nous mener de trop loin, et qui puissent tourner à notre ruine dans ces païs-ci. Si V. A. lui expose seulement dans ces cas-là l'impossibilité, de s'éloigner trop des frontieres de la Hesse, sans un tort manifeste à nos affaires communes, Elle verra toujours, qu'Il se rend à la raison.

Suposant que la boulangerie s'etablisse à Gera V. A. y fera cuire du pain pour 9 jours; je ne pense pas, qu'Elle doive s'éloigner de Gera, avant que d'etre maitre de ce pain. De Gera V. A. peut également marcher sur Kemnitz, sur Zwickau et sur Plauen. Le Roy Luy marquera sans doute quel Endroit ce sera de ces trois-là, et Elle y peut marcher avec tout son corps.

Mais comme V. A. ne fait qu'une diversion, Elle ne depassera point avec le gros de son corps celui de ces 3 Endroits, ou Elle marchera. Mais Elle peut agir avec de Detachements et faire le plus de Demonstrations qu'Elle pourra.

Si le Marechal Daun quitte la Saxe, V. A. restera à la Disposition de S. M. P. jusqu'à la prise de Dresdes, après quoi Elle luy demandera la permission de s'en retourner en Hesse.

Si le malheur voulût que le Roy fut forcé d'abandonner les Environs de Dresdes, avant que la diversion de V. A. put faire son effet, alors V. A. prendroit dans sa marche plus à gauche en la dirigeant sur Naumbourg, ou meme sur Weissenfels ou sur Mersebourg, selon la difference du plus ou du moins de terrein que le Roy auroit eté obligé d'abandonner en se retirant le long de l'Elbe.

Mais dans tous ces cas V. A. n'agit que par manière de Diversion,

si le Marechal Daun prit le parti de luy opposer un corps separé; c'est
une grande diversion que V. A. opere; il ne faut combatre ce corps,
que dans le cas, que V. A. y voye de probabilité de le batre.

Je connois au reste trop la valeur de V. A. pour penser seulement,
qu'Elle ait une meilleure opinion des autrichiens qu'ils ne meritent.
Elle verra qu'on peut les vaincre, si l'occasion se presente, de les entamer avec avantage. Les Prussiens n'ont eû du malheur avec eux
que parce qu'ils n'ont pas eté assés sur leur garde.

V. A. voudra bien m'envoyer sa marchroute, pour que je sache, où
La trouver chaque jour.

Si j'ay oublié des points sur lesquels V. A. desire des Eclaircissements de ma part, Elle voudra bien s'en ouvrir à moi, le plustôt qu'
Elle le pourra.

J'ay l'honneur d'etre p. p. F.

(Lucanus'sche Sammlung.)

* Voici joint deux lettres qui me sont parvenues dans la nuit du
Pr. Héréd. J'y ai couché la reponse ci jointe. Je ne sai si Vous
l'aprouvés. Je crois que Vous tenés encore une lettre du Pr. Héréditaire, que Vous me renverrés avec les ci-jointes, quand Vous n'en
aurés plus besoin. F.

Ce 10. Decembre 1759.

No. 1.

Ce 10. Decembre 1759.

** Monseigneur,

S'il me reste encore de Lettre du prince hereditaire pour V. A.
S., je la Luy enverray infailliblement avant qu'Elle sorte. La Lettre
de V. A. S. au prince me paroit très bonne.

(Lucanussche Sammlung.)

* Ne ferois je pas bien de laisser aussi Finckenstein à la disposition du Duc de Holstein? Car la fattigue sera moindre pour l'un
et pour l'autre Regt. Et le cordon du Duc de Holstein sera mieux
garni. En outre le cordon est un peu foible de ce coté là. Je Vous
prie de me marquer ce que Vous en pensés.

Ce 10. Decembre 1759. F.

C'est de moi.

Ce 10. Decembre 1759. No. 2.

** Monseigneur,

Il est vrai que si le Regiment de Finckenstein concourt au blocus,
celuy de Holstein se trouvera fort soulagé; je n'y vois pas non plus
de mal de l'y employer.

Ce 10. Decembre 1759. No. 3.

** Monseigneur,

Si V. A. S. veut tenir occupé le Ulrichstein, il me semble qu'on
n'y doit mettre qu'un poste d'avertissement. Par Exemple 50 hommes
en tout, savoir 30 chasseurs à pied et 20 à cheval.

III. 57

(Lucanussche Sammlung.)

✻ Ne conviendroit il pas que je fisse païer au Cap. Bauer les arrerages, de ses gages qu'il n'a plus tirés au Service de Hesse, depuis tout un temps? Et que je lui fis païer les dites gages pour la suite? sur le même pié ou comme Major? Je vous prie de m'en dire Votre sentiment.

Ce 11. Decembre 1759.   F.

C'est de moi.

Rien qui presse.

(Archiv-Acten vol. 264.)   No. 3.

Ce 11. Decembre 1759.

✻✻ Monseigneur,

Dès que Bauer aura quitté le Service de Hesse, il est juste que V. A. S. luy fasse payer ses appointements, je crois, sur le pié qu'un Major les touche.

Si V. A. S. les luy fit payer de même pour le passé, le Landgrave pourroit y être sensible, d'autant plus qu'on supose à la cour de ce prince, qu'il y entre un peu de caprice de la part de Bauer. Mais V. A. S. pourroit faire s'informer dépuis quand il ne touche plus ses gages, et Luy donner en suite un equivalent sous le titre de gratifications pour ses peines.

(Lucanussche Sammlung.)

✻ Que pensés vous que je fasse de la garnison de Ziegenhayn? Est ce que je l'enverrai joindre le Prince Héréditaire? En ce cas dressés en l'ordre.

Ce 11. Decembre 1759.   •   F.

Ce 11. Decembre 1759.   No. 2.

✻✻ Monseigneur,

Il s'est trouvé à Lauterbach le Regiment du prince Guillaume cavallerie, avec quelques miliciens et Chasseurs de ceux qui ont eté à Wanfried.

(Lucanussche Sammlung.)

✻ Il me paroit que le Pr. Héréditaire y avoit aussi detaché les Husards noirs. Je n'aprend rien de Germaté, qui a été avec le Pr.? Il me paroit que les Miliciens le Pr. les avoit renvoïés sur la Werra.

Ce 11. Decembre é759.   F.

C'est de moi touchant
        Lauterbach.

✻✻ Pour le Prince Hereditaire   No. 5.

à Kroffdorff ce 11. Decembre 1759.

Je viens de récevoir la lettre que V. A. m'a fait l'honneur de m'ecrire de ce matin de Lauterbach. J'ay vû avec plaisir par son contenû, que le bruit de l'enlevement du Détachement de Lauterbach par les hussards de Nassau est déstitué de tout fondement:

L'avis que V. A. dit m'envoyer sur la position des Wurtembergeois, ne se trouvoit point joint à sa lettre; je la prie de vouloir bien
me le faire parvenir encore.

La Direction que j'ay donné à V. A. sur Gera, supose que l'armée prussienne puisse se maintenir dans sa position jusqu'à votre arrivée en Saxe. Si le Roy fut obligé de réculer, il faut qu'Elle prenne
plus à gauche, ainsi que je le Luy ay marqué par l'instruction. Il se
pourroit même, qu'Elle ne put marcher sur Altenbourg, mais qu'Elle
dut se porter sur Weissenfels. Les circonstances doivent décider de
cela; V. A. en voit la raison, et je La laisserai absolument le maitre
d'agir en consequence.

Je vois avec bien de plaisir, que V. A. compte d'arriver le 14. à
Treffurt; les troupes auront d'autant plus de temps de se réposer; car
je ne crois pas, qu'Elle pourra marcher avant le 17. à cause du pain.

Germaty est arrivé icy ce soir; le Detachement, que V. A. avoit
laissé à Ziegenhayn, a escorté les prisonniers à Cassel. Je luy ay envoyé ordre, d'aller de là joindre V. A. à Treffurth.

Le Duc de Broglie est toujours à Friedberg; il ne fait pas même
mine de vouloir le quiter si tôt

Je suis à jamais p. p.

arrivé ce 11. Dcbre 1759.

No. 74. à 9 heures du matin.

Monsieur Mon Cousin. J'ai reçu la lettre de Votre Altesse du
2. de ce mois (dechiffré) „et je rends grace au Ciel de l'avantage,
que mon Neveu vient de remporter sur le Duc de Wurtemberg; et je
Vous rémercie du secours, que Vous voulés bien m'envoyer; j'en ai
grand besoin. Ma Position et mes Circonstances empirent tous les
jours; j'ay ici à Freyberg quinze Bataillons, Dann en assemble vingt
à Dippoldswalde, et voilà en même temps les Cercles fortifiés de cinq
mille autrichiens, qui marchent par la Bohême, pour me tourner par
Chemnitz. Si je suis obligé d'abandonner ce poste-ci, me voilà obligé,
de me tenir entre Nossen et Meissen. Pourvûque mon Neveu pût arriver bientôt, je crois, que je pourrai me soutenir dans les montagnes,
ce qui forceroit Daun à se replier."

Je ne saurois assez vous assurer de l'estime et de l'amitié, avec
laquelle je suis et je serai invariablement

Monsieur Mon Cousin
de Votre Altesse

à Freyberg le bon Cousin
ce 6. de Decembre 1759. Federic.

** Au Roy de Prusse No. 67.
à Kroffdorff ce 11. Dec. 1759.

Je viens de récevoir la très gracieuse lettre de V. M. du 6. datée
de Freyberg. (en chiffres) „Le prince héréditaire se rémettra en marche
de Wanfried et de Treffurt le dix-sept du courant. Il pourra arriver le

57*

vingt ou le vingt-un à Gera, ou à tel autre Endroit à pareille distance de la Werre. Il séroit heureux, s'il pût survenir à temps pour récevoir les cercles en débouchant de la Bohême.

Le Duc de Broglie étoit encore hier à Friedberg; les avis, que j'ay de ses desseins, ne sont pas bien nets. je ne sais, s'il veut entrer tout de bon dans les quartiers d'hyver, ou s'il compte de rester encore dans ses cantonnements de Friedberg, ou d'avancer de nouveau, ce que je ne croirois cependant pas. Je bloque Giessen a v e c 13 B a t. et 13 E s c.*), pendant que je pense, qu'il est convenable de m'arêter icy à fin d'obliger les Ennemis de mettre toutes leurs troupes derrière le Meyn et le Rhin." je suis avec un tres profond respect p. p.

F.

reçu le 16. Dec. 1759.
à 9 h. du m. p. Kemnitz.
No. 10.

à Kroffdorff ce 11. Dec. 1759.

** Je n'ay rien de fort interessant à vous mander ni le temps de m'etendre beaucoup. Nos emissaires nous assurent que Mr. de Broglie est toujours à Friedberg, et qu'il compte y rester encore.

Ses postes avancés s'etendent en deca de Butzbach. ils ont eté un peu egratignés ce matin. Luckner a envoyé au quartier general une vingtaine de prisonniers qui ont eté fort mal accommodés. Le prince hereditaire est marché hier à Lauterbach; il a dû marcher aujourdhui à Jossa; il sera le 14. à Treffurt. Mr. de Gilse, qui ramene un corps de 5 à 6 mille hommes de la Westphalie arrivera le meme jour à Wanfried. Le Roy languit aprés ce secours; c'a eté une surprise bien agreable pour luy. il paroissoit n'y compter pas beaucoup, je ne sais sur quelle raison. Notre derniere depeche de S. M. est du 6. Elle etoit ce jour là avec 15 bataillons à Freyberg. Elle marque au Duc que Daun en assemble vingt à Dippolswalde; et que les cercles renforcés par 5000 antrichiens sont entré en Boheme pour en ressortir du coté de Kemnitz et de la prendre à dos. Mgr. le prince Henry est toujours à Unkersdorff.

Le Duc fait lever 5 bataillons francs. il a occasion de placer de bons sujets en qualité d'officiers. Si vous en aves de vos pensionaires, S. A. S. tachera de les placer avec avantage, si vous voules me faire conoitre bientôt des sujet capables et de bonne reputation.

Faites moi la grace Monsieur de m'envoyer une douzaine de livres de la plus fine cire d'espagne qu'on puisse avoir. Si vous voulez bien en donner la note au courier qui me les aportera il en recevra d'abord le payement.

Mgr. le Duc vous assure de ses sentimens d'amitié pour vous.

(à Mr. de Hænichen)

---

*) N. d. H. Von der Hand des Herzogs eingeschaltet.

(Lucanus'sche Sammlung.)

* Ne seroit il pas convenable d'établir un Hopithal pour le corps du Pr. Héréd. et où?

Ne conviendroit il pas de faire réjoindre les compagnies d'Infanterie et de Cavallerie detaché en Westphalie à leurs Regts. respectifs?

Avés vous ecrit à Imhoff touchant les Hussards de Jeanneret afin qu'il me les renvoie?

Ce 12. Dcbr. 1759.   F.

c'est de moi.

(Archiv-Acten vol. 332.)

* Je vous prie de me faire reponse aux points que je Vous ai deja communiqué hier au soir, savoir s'il ne seroit pas expedient d'etablir quelque part et où un hopithal pour le corps du prince Hereditaire. S'il ne convenoit pas de renvoïer les compagnies commandées, et les Détachements de Cavallerie en Westphalie, à leurs Corps et Regts. respectifs. Et si Vous avés encore ajouté à la lettre d'Imhoff, pour qu'il me renvoïe les Hussards jaunes aux ordres de Jeanneret; En leur donnant la Direction sur Dillenbourg.

le 13. Dcbre 1759.   F.

Ce 13. Dcbr. 1759.   No. 1.

** Monseigneur,

Quant à l'hopital pour le corps du prince héréditaire, il n'y a pas d'autre moyen que de l'etablir à Wanfried: il pourra avoir besoin d'un hopital plus à portée, quand il sera avancé vers l'Ennemi; mais il seroit difficile de le déterminer d'avance.

Il me semble, qu'on peut rémettre jusqu'à l'entrée dans les quartiers d'hyver la réjonction des differents Detachemens d'Infanterie et de Cavallerie, qui sont en Westphalie. C'est pour menager le monde; il se pourroit, que ces Détachements seroient à peine arrivé icy, qu'ils dussent rétourner avec les Regiments respectifs en Westphalie.

(Lucanus'sche Sammlung.)

* Ne conviendra-t-il pas, que je donne les ordres nécessaires au Collonel de Reden, touchant l'Hopithal à établir à Wanfried? Après quoi il conviendra aussi, que j'en avertisse le Pr. Héréditaire, afin qu'il prenne ses mesures en consequence.

Je crois que Hedemann séroit aussi à avertir en quoi le Detachement du Pr. Héréditaire consiste, afin de se regler par raport au païement des troupes.

Ce 13. Dcbr. 1759.   F.

C'est de moi.

* Il faudroit donc un ordre à Reden, pour l'Etablissement de l'Hopithal à Wanfried, afin qu'un nombre convenable d'emploïés des Hopiteaux allassent se transporter de Cassel à Wanfried. Pourvuque cet Hopithal n'est seulement point exposé?

Ce 13. Dcbr. 1759.   F.

C'est de moi.

(Archiv-Acten vol. 264.)   No. 2.

✻✻ Monseigneur,   Ce 13. Dcbr. 1759.

Je récus hier la lettre ci-jointe de Bilgen. je fis d'abord appeller
Roden, pour la luy rémettre, et pour voir avec luy, de quelle façon il
pourroit rémedier au manque de fourage.

Je luy ai donné le memoire de Bilgen, pour qu'il y fit sa reponse.
J'ay maintenant l'honneur de mettre l'une et l'autre aux pieds de V.
A. S.

Wohlgeborner Herr
Insonders hoch zu ehrender Herr Geheimder Secretaire!

Ev. Wohlgeboren hatten letzthin die Gewogenheit mit mir über
den Artillerie-Train zu sprechen und hielten dafür, dass dessen schlechter
Zustandt der übeln Wartung der Pferde zuzuschreiben wäre; Es ist
aber hauptsächlich der Mangel der Fourage Schuld! ich habe geglaubt,
es würde sich damit ändern, dass wir Zeit gewönnen, uns zu redres-
siren; Herr Roden hat auch deshalb alle nöthigen ordres gestellet, und
verlässet sich dazu, dass wir aus Marpurg versehen würden, allein es
bessert sich im geringsten nicht.

Aus beyliegenden Rapports derer Proviant-Bedienten werden Ev.
Wohlg. zu ersehen belieben, wie viel uns schon wieder in diesem
Monath an den benöthigten Rationen abgegangen ist, da am 3., 4., 5.
und 6. unvollständige Rationen und am 7. und 8. bis zum 9. des
Nachmittags gar nichts geliefert worden. Das ausgetheilte Stroh
habe ich überdies zusammen selbst angekauffet.

So sehr ich es mir nun angelegen seyn lasse, den Etat zu com-
pletiren, und den Befehlen Sr. Hochfürstl. Durchlaucht Punkt vor Punkt
nachzukommen, so unmöglich ist es bey dem Umgange.

Gestern sind 97 der besten Pferde abgeliefert, und 100 andere
werden ihnen folgen; Aber mit alle dem gewinne ich nichts, weil allezeit so viel zwischen denen Lieferungen crepiret sind, als ich anschaffe.

Was überdies 3 Tage Hunger an denen Pferden verdorben hat,
können so viele Monathe Futterung nicht wieder gut machen, und so
sehe ich den Verderb des gantzen Trains vor Augen.

Ich bitte daher gantz gehorsamst, es bey Sr. Hochfürstl. Durchl.
durch Dero Vorstellung in die Wege zu richten, dass der livrant zu
besserer Fournirung der Fourage angehalten werde, als bisher geschehen;
Sonst werden wir über einige Zeit in einen Zustand gerathen, dass wir
mit der Artillerie nicht rückwärts noch vorwärts können.

Ew. Wohlg. können diesen Vortrag sehr unterstützen, und ich habe
die Hoffnung, dass solches von gutem Effect seyn werde.

Sie obligiren mich dadurch über alles und vergrösseren die verpflich-
tete Hochachtung mit der ich die Ehre habe Zeit Lebens zu seyn

Ew. Wohlgeb.
gehorsamer ergebenster Diener

Ober-Weymar d. 10. Dec. 1759.   Bilgen.

P. P.

Ew. Wohlgeb. habe die Ehre hierbey des Herrn Bilgen Schreiben zu remittiren, nach dem beygefügten Extract hatt es seine Richtigkeit, dass ohngefehr 1¼ Tag Fourage gefehlet hatt; mir ist aber solches so wenig bekannt gewesen, als es mir angezeiget worden; ich hätte wünschen mögen, dass die Proviant Schreibers von der Artillerie mir es sofort im ersten moment gemeldet hätten, so hätte ich sonsten Rath zu schaffen gesuchet; ich habe mich darauf verlassen, dass täglich 30 Karren aus dem Wittgenstein — und 30 aus dem Berleburgschen kommen würden, und was ihnen dann fehlete, sollte aus Marburg suppliret werden. Diese beyde Provintzien habe der Artillerie lediglich zu ihrer Subsistenz angewiesen. Mithin muss Herr Bilgen hierauf pressiren und den dahin abgesandten Stallmeister die schärffsten ordres geben. Inzwischen da die Cassel'sche Transports nunmehro wieder im Gange sind, so habe dem Uckermann'schen Comtoir zu Marburg die strengste ordre jetzt gegeben, die artillerie preferablement beständig zu versehen. ich werde auch Herrn Bilgen schreiben, mir jedesmahlen Nachricht zu geben, und mir in Zeiten Meldung zu thun, wenn ein Mangel entstehen könnte, denn ich bin nicht im Stande, in derselbigen Minute wenn der Mangel eintritt, solchem zu helfen.

Roden

Kroffdorff den 12. Dec. 1759.

Nach den Extracten über den Fourage-Empfang in den Tagen vom 5. bis incl. den 9. Decbr. hatten die Artillerie-Trains statt 11,629 Rationen nur 9124 Rationen Hafer, 1419 Rat. Heu und 5089 Rat. Stroh, und in dem Cantonnirungsquartier Stedebach statt 3841 Rationen nur 3006 Rationen Hafer, 512 Rat. Heu und 2171 Rat. Stroh, theils aus dem Wittgensteinschen, theils aus den Magazinen zu Marburg und Cassel empfangen.

(Lucanus'sche Samml.)

* Il me paroit que Bilgen aime à se plaindre, et qu'il n'a jamais recours aux moïens pour remedier au manque de fourage, qu'on lui a proposé. Il me paroit que le Sieur Bilgen est de ces gens qui aiment à trouver des difficultés.

F.

Ce 13. Decbr. 1759.

(Archiv-Acten vol. 264.)   No. 6.

Ce 13. Decembre 1759.

** Monseigneur,

— — Le Major Klein (un des correspondents de Neuwied engagé par Luckner) est arrivé icy; il offre de léver un bataillon franc à ses propres fraix, à l'exception des armes et de l'uniforme, que le Roy fourniroit. Il compte d'en présenter un projet à V. A. S. Je doute un peu, qu'il ait assez de bien et qu'il soit capable de l'executer. Il m'a en attendant assuré, qu'il n'y a point de troupes aux Environs de

Coblence et de Neuwied, qu'il n'y a que 300 hommes de Loewendahl à Ehrenbreitstein et un petit detachement à Coblence, qu'il y a des fours à Coblence, mais en petit nombre, et qu'on ne savoit pas encore si les quartiers d'hyver s'étendoient jusqu'à Neuwied, soit des troupes de Mr. de Broglie, soit de celles du bas Rhin.

(Lucanus'sche Sammlung.)

* Voulés Vous seulement regler le Salaire avec le Major Klein pour ses correspondences. Est ce le même que j'ai deja, vu une foi ici?

F.

Ce 14. Decembre 1859.
C'est de moi.

(Archiv-Acten vol. 264.)   No. 2.
** Monseigneur,   Ce 14. Decembre 1759.
Le Major Klein a eté officier au service de la Republique d'Hollande; il a quitté ce service pour entrer dans celuy du comte de Neuwied, ou il est Major. V. A. S. ne l'a pas vû encore; c'etoit Mr. de Tritzschler qu'elle a vüe.

No. 1.

** Monseigneur;   Ce 14. Decembre 1759.
J'ay de la peine à croire, que Mr. de Broglie voulût récommencer l'offensive. Aussi long temps, qu'il ne se forme pas un gros dépôt de fourage à Friedberg, je doute fort de toute offensive de la part de l'ennemi; c'est à dire, je doute fort, qu'il voulut avancer avec toute son armée pour attaquer celle de V. A. S. mais il pourroit fort bien avoir formé le projet d'entamer par un coup de main nos quartiers les plus avancés. Quant au canon que la Hilgen*) mande avoir être raproché de l'armée, je prends cela jusqu'au moment présent pour une simple précaution.

J'aprouve beaucoup ce que V. A. S. a répondu à Schlieffen.

(Archiv-Acten vol. 332. lettres autographes etc.)

* L'indisposition du Prince Héréd. est un terrible contretemps pour moi et pour les affaires en Général. J'avoue, j'en suis bien triste. Il faut que Bülow tache de parvenir le plus tôt que possible chés le Prince. Seroit ce aussi simplement une grimace de la part de ce cher Prince par ordre exprès de son Père? Qu'en dite Vous? Cela me cause le plus cuisant chagrin. Dieu daigne en grace le rétablir bientôt. Car je sais, le Pere lui a une fois inculqué bien fortement qu'il ne devoit jamais tirer l'épée contre la maison d'Autriche. J'avoue que je frémis de cette accablante nouvelle pour moi.

Ce 15. Decembre 1759.   (gez.) F.
C'est de moi
touchant le Pr. Héréditaire.

---

*) N. d. H. Eine treue Correspondentin des Herzogs in Friedberg.

(Archiv-Acten vol. 264.) No. 1.

Ce 15. Decembre 1759.

** Monseigneur,

Je crois que c'est une indisposition veritable; causée par un refroidissement. Un rhume s'en suivra, et j'espere que Mgr. le prince se trouvera bientôt retabli.

Comme il a deja tiré une foi l'epée contre les Troupes autrichiennes, je ne crois pas que l'indisposition soit faite.

(Archiv-Acten vol. 332.)

* Que convient-il que je fasse sur les Dispositions apparentes du Duc de Broglie? Cela doit-il alterer quelque chose dans le plan que je me suis proposé de suivre? Je Vous prie de me marquer ce que Vous en pensés.

Ce 16. Decembre 1759. F.

(Archiv-Acten vol. 264.) No. 2.

Ce 16. Decembre 1759.

** Monseigneur,

Les avis-là sont très bien detaillé, et prouvent la fausseté de bien d'autres. A en juger, les dispositions du Duc de Broglie paroissent dénoter, qu'il ne compte pas de marcher si tôt à Francforth, puisque le magazin est établi à Hoechst, ou que s'il marche en arrière, son dessein n'est pas de mettre le gros de ses quartiers à Francforth.

Il me semble que le chasseur a bien mérité une douzaine de Louisd'or.

(Archiv-Acten vol. 332.)

* Je suis presque tenté de croire que le Duc de Broglie portera quelque coup sur le Cordon pour le Blocus de Giessen. Que convient-il selon Votre idée que je fasse? Est-il expedient de laisser le Cordon tel qu'il est? Ou faudroit-il encore le renforcer? Ou abandonneroi-je tout à fait le projet du Blocus en faisant répasser toutes les troupes en deça de la Lahne? Je Vous prie de me marquer sur tout celà Vos idées.

La lettre du Roi est encore bien singulière. La réponse que Vous y avés dressé en consequence est admirable. Il me paroit que je trouverai encore bien de la besogne, avant que nous occuperons les quartiers d'hiver. Que Vous en paroit-il?*)

Ce 16. Decembre 1759. F.

(Archiv-Acten vol. 264.) No. 3.

Ce 16. Decembre 1759.

** Monseigneur,

La meilleure chose que V. A. S. puisse faire contre les Dispositions du Duc de Broglie c'est de ne rien changer aux siennes.

---

*) N. d. H. Siehe das Schreiben des Königs vom 10. Decbre, no. 76., und die Antwort des Herzogs vom 16. no. 69.

Tout ce qu'Elle peut faire en outre se reduit à des Demonstrations: Par Exemple à dire, qu'on attendoit incessament un Renfort de 8 mille hommes de Westphalie, qu'un *train de grosse artillerie* va arriver pour faire le siège de Giessen, que le prince héréditaire tachera de pénetrer sur le haut Meyn. V. A. S. n'a qu'à dire ces choses comme si elles luy échapoient. Elle peut compter, que cela sera promptément scû à l'armée et qu'il parviendra de là à l'ennemi.

(Lucanus'sche Sammlung.)

⁂ An Imhoff zu schreiben. Das er mir raportiret, wo er seine Hospitäler angelegt hat. Wie nicht minder, den Zustandt seiner Kranken, von jedwedem Regt. specifiziret.

An Sancé ist zu schreiben, um von Ihm zu wissen, in welchem Stande die mortiers von Marpurg sich befinden.

Den 16. Decembre 1759. F.

C'est de moi.

⁂ J'ai oublié de marquer dans ma lettre au Duc de Holstein: Que s'il a de la repugnance, ou qu'il trouve de l'impossibilité à m'envoier tout de suite les déserteurs de l'ennemi, qu'au moins je le priois d'y tenir la main, pour que leur Disposition me parvienne au moins tout de suite.

Ce 16. Decembre 1759. F.

C'est de moi.

Relatif au Duc de Holstein.

No. 75.

Arrivé ce 16. Decembre 1759.
à midi et demi.

Monsieur Mon Cousin.

J'ai reçu la lettre de Votre Altesse du 5. de ce mois. (dechiffré:) „Je vous felicite de tout coeur de Vos heureux succes. Vous voyez, „que si Vous aviez tourné plustôt le flanc droit des François, „que Vous les auriez forcé d'abandonner Giessen. Je Vous remercie „encore des secours que Vous me promettes, mais je Vous prie d'én „hâter l'arrivée. Nous sommes fort pressés, et la Saison est terrible „dans ces environs. Daun est encore à Dresde; il a crû me faire dé-„camper en envoyant Beck à Torgau; il n'en a rien eté, je tiens con-„tenance contre vent et marée, et j'espère, que son gros que je re-„serre malgré mon inferiorité, sera obligé d'aller dans peu en Bohême. „Sincere a voulû m'attaquer avanthier avec vingt mille hommes, mais „il a manqué de resolution; enfin mon cher Prince, après tous les „malheurs, qui me sont arrivé, je suis obligé d'implorer le secours de „mes alliés avec lequel je compte me rétablir en Saxe."

Je suis avec l'amitié et l'estime la plus parfaite

M. M. C.
d. V. A.

à Freyberg
ce 11. de Decembre 1759.

le bon Cousin
Federic.

No. 76.

Arrivé ce 16. Decembre 1759.
. à 5 heures du soir.

à Freyberg ce 10. Decembre 1759. *)

Mon cher Ferdinand.

Je suis sans Segretaire et sans chiffre, ainsi je Vous ecrirai ade-
mincot, c'est mon cher pour Vous sommér de ce que Vous savéz. Le
temps presse, et certainement je Vous en aurai la plus vive obligation;
j'ai eté ici dans d'étranges situations et quoique la fortune ne m'ait
Certenement pas favorisé, je vois encore jour a réparer le tout, mais
il ne faut rien diférer. Celuy que j'envoye doit s'informer des routtes,
et comme il y aura infailliblement quelques Details a arrangér on
pourra le faire d'avansse pour gagner du temps. Bek a eté avec 10 m.
hommes Devant Torgau, c'est un vilain voisinage, cependant nous tenons
pied à boulle; je vous embrasse de tout mon coeur, en Vous felicitant
de la belle campagne que Vous venéz de finir.

Je suis avec une parfaite estime.

Mon cher Ferdinand

beau frere ami

coussin etc. etc. etc.

Federic.

No. 68.

** Au Roy de Prusse.

à Kroffdorff ce 16. Dec. 1759.

Je viens de récevoir la trés gracieuse Lettre de V. M. du 11 du
courant. (en chiffres:) „Je suis infiniment flatté de l'aprobation,
qu'Elle veut bien m'accorder sur ce que j'ay fait tourner Mr. de
Broglie par sa Droite, et l'engagé par là à se réplier sur Friedberg.

„V. M. paroit suposer que j'aurois pû le faire plustòt; mais je
crois avoir eû l'honneur de Luy mander, que les troupes, qui ont été
employées à cette manoeuvre, sont celles, que j'ay rappellé des Environs de Cologne et de la Dymel; ce qui ne s'est fait qu'àprés la prise
de Munster. L'armée, que je commande, est trop petite pour agir de
deux cotés à la fois; je me suis crû trés heureux de me soutenir icy
avec vingt huit bataillons contre septante quatre, qui restoient au Duc
de Broglie aprés les Détachements, qu'il avoit fait, sans songer à le
tourner.

„Le prince héréditaire est arrivé avant hier, sur la Werre; il en
partira demain et tâchera d'arriver le vingt deux à Gera, d'où il
pourra marcher sur Chemnitz, ou sur Plauen, on sur Zwickau selon ce
que V. M. voudra le luy ordonner. Comme je ne doute pas, qu'il ne fasse
les raports à V. M. qui Luy parviendront plus tot que les miens, je
n'ajoute plus rien sur sa marche.“

Il fait icy un froid excessiv; Mr. de Broglie n'en continue pas

_____

*) N. d. H. Eigenhändiges Schreiben des Königs an den Herzog Ferdinand.

moins de cantonner aux Environs de Friedberg à quatre milles d'icy. Saint Germain est avec la petite armée, comme ils l'apellent, entre Friedberg et Butzbach, qui est à deux milles et demi d'icy. L'armée alliée cantonne aux Environs de Giessen et Croffdorff, de façon que je bloque étroitement la ville de Giessen.

J'ay l'honneur d'etre etc.   F.

No. 69.

* Ecrite de main propre de ma part *)
** Au Roy.

à Kroffdorff ce 16. Decembre 1759.

La lettre que V. M m'a fait la grace de m'ecrire en date du 10. de main propre, m'a été rendüe plusieurs heures aprés celle de l'onze, qui etoit chiffrée. Demain tout se metra en marche de Wanfried; on a du pain pour arriver jusqu'à Gera, la boulangerie et trois à quatre cent chariots chargés de farine feront la queue. Je ne doute pas, que le prince héréditaire ne rende compte de tout à V. M. et je m'y réfère.

Veuille le ciel benir les Entreprises de V. M. Je m'y interesse bien vivement, moins par la consideration de l'avantage, qui en résul-sultera pour nos affaires d'icy, que par mon attachement inviolable pour V. M.

Je suis de plus flatté du gracieux compliment que V M. daigne me faire sur ma campagne. Je ne sais si je dois la régarder comme finie. à en juger par les avis que je viens de récevoir, c'est peutêtre à recommencer.

Je suis avec un tres profond respêt etc.

(Lucanus'sche Sammlung.)

* Mon instruction que j'ai donné à Hunter, touchant la boulangerie à Wanfried, a eté du 5. Le 14 le Pr. Héréditaire m'écrit, que les fours commandés n'y sont pas encore construits, malgré qu'il y a 9 jours d'écoulés pour cela. Je ne comprend rien à la lenteur, et à l'inexactitude de mon Intendance. Qu'en dite Vous? Le second ordre que je Lui ai envoïé étoit daté du 9. de ce mois relatif à ceci.

        F.

Ce 16. Decembre 1759.
C'est de moi,
rélatif à l'Intendant.

(ArchivActen vol. 332-)

* Je ne me ressouviens plus si j'ai donné copie au prince Héréd. des lettres du Roi du 10. et du 11 ? Pourvû que le porteur de la depeche pour le Prince ne soit pas pris. Et alors adieu notre Secret! Il seroit tres necessaire de donner une bonne instruction au porteur de

---

*) N. d. H. Nach dieser eigenhändigen Bemerkung des Herzogs hat er die Reinschrift selbst angefertigt; das Concept ist, wie alle übrigen, von Westphalens Hand.

celle pour le Prince; et que ce soit un de mes Couriers les plus
rusés.*)   F.

    Ce 18 Decembre 1759.
    C'est de moi.

    * Je ne comprend rien à ces differentes nouvelles. *Le chasseur
envoïé par* Krusemark *pour s'informer après le corps des troupes que
le Pr. Héréd. mène, dit que le Roi étoit parti le 12. de Freyberg
pour s'en retourner à Wilsdruff? Et le Roi m'écrit une lettre du 13.
de Freyberg. Comment concilier cela ensemble?*

                                        Ferdinand.

    Ce 18. Decembre 1759.
    C'est de moi.

                                          No. 77.

         Arrivé ce 18. Decembre 1759.
              à 9 heures du matin.
    Monsieur Mon Cousin.

    J'ai reçu la lettre de Votre Altesse du 8. de ce mois. (**déchiffré**)
„Mes malheurs sont venûs coup sur coup, et ce qui m'inquiétoit prodigieusement, c'étoit la marche de Beck sur Torgau. Il n'y a rien fait
et s'est heureusement replié sur Grossen-Hayn. Toute l'Armée autrichienne est entre Dresde, Pirna, Dippolswalde et Gishübel. Il s'agit
aprésent de l'obliger à se réplier sur la Bohême; j'attends Vos secours
avec impatience; je suis sans eux trop foible pour agir; mais à leur
arrivée je crois, que l'Ennemi se rétirera; si non, il faudra me porter
sur Dippolswalde, pour en déloger Sincere et forçer Daun à s'en tourner au plus vite. Je Vous prie de me mander aussi en peu, de quel
coté Vous voulez que Votre Détachement aille en quartiers d'hyver, pour
que je puisse à tems faire préparer les étapes et ce qu'il faut pour
ses alimentations; j'espère que la paix s'en suivra cet hyver, car je
vous avoüe après tout ce qui m'est arrivé cette année, que je ne pense
qu'en tremblant à la Campagne prochaine.

    Je suis avec la plus sincere amitié etc. etc.

                               le bon Cousin
                                     Féderic.
    à Freyberg ce 13. de Decembre 1759.

                                          No. 70.

             à Kroffdorff, ce 18. Decembre 1759.
      ** Au Roy.

    La très gracieuse Lettre de V. M. du 13. vient de m'etre rendüe.
(**en chiffres**): „Le prince héréditaire arrive aujourdhuy à Erfurth; il
sera demain à Weimar, après demain à Jena et le vingt un à Gera.
Il faut donner là quelques jours de répos aux troupes; ce temps sera
d'ailleurs employé à cuire du pain, pour en pourvoir les troupes de

---

*) N. d. H. s. die beiden Schreiben des Königs vom 10. u. 11. Decbr. (no. 75. und 76.)
u. die auf Westphalens Vorschlag vom 18., dem Erbprinzen mitgetheilte Correspondenz (no. 70.)

nouveau. J'espère avec V. M que Daun, voyant l'impossibilité de se soutenir durant l'hyver dans le petit espace qu'il occupe, prendra le parti de se rétirer en Bohème, dès qu'il s'apercèvra que V. M. persiste dans celuy de l'y obliger. Je serai bien charmé, que la marche du prince héréditaire y contribue; Et quoique ce prince ne doive faire qu'une diversion du coté du Voigtland, selon la demande que V. M. m'en a faite, je l'ai cependant d'abord autorisé, de marcher avec le gros jusqu'à Kemnitz et de pousser des Détachements plus loin encore. Je me flatte que les circonstances n'exigeront pas, qu'il aille plus loin, ni qu'il surpasse les bornes d'une diversion telle que V. M. me l'a demandée d'abord. Comme je juge cependant par ce que V. M. vient de me mander à présent, qu'Elle ne croit plus pouvoir s'y en tenir, mais qu'elle compte plustot de l'employer à l'execution de son projet de déloger Sincere de Dippoldswalde; je suis trop zelé pour le bien du service de V. M. pour n'entrer point dans ses desirs, quoique cela éloigne le prince bien audelà de ce que je croye devoir faire, en réflechissant sur ma propre situation. Je vais écrire au prince en consequence, pour qu'il pousse non seulement à Freyberg, mais qu'il concourre à l'execution du projet de déloger Sincere de Dippolswalde. Je me flatte en revanche, que V. M. ne voudra exiger de luy cette démarche, que quand la nécessité l'exige absolument. Le détachement du prince passe la cinquieme partie de toute l'armée alliée; je ne saurois donc ni le faire éloigner trop de moi, ni le laisser trop long temps éloigné de ce païs-ci. C'est pourquoi j'espère sur la promesse de V. M., qu'Elle ne voudra l'arreter qu'au moment, que Daun aura quitté la Saxe. Les troupes auront un grand chemin à faire, pour révenir et pour prendre leurs quartiers l'hyver; Quelques regiments les prendront en Westphalie, les autres hyverneront en Hesse. Elles ont fait la guerre dix mois de suite; c'est pourquoi elles ont besoin de répos pour se réfaire, et il faut qu'elles sòyent à portée des Endroits d'où elles tirent le nécessaire pour leurs réparations. Je ne puis même mettre le resté de l'armée en quartiers d'hyver avant le rétour du prince, puisque chaque corps a sa destination, à laquelle il me seroit impossible de faire de changements. Si la paix ne se fait point durant l'hyver, la campagne s'ouvrira selon toutes les aparences de bonne heure de ces cotez-ci; c'est pourquoi il seroit bien funeste pour la cause commune, si l'on fut pris icy au dépourvû."

„Je crois que le prince peut rétourner par le même chemin qu'il prend à présent; il est pourvû de farine pour tout le temps que son Expedition peut durer probablement; et il a avec luy une caisse suffisante pour pourvoir son corps de fourage, de sorte que j'espere que ces arrangemens suffiront pour le faire subsister."

Mr. de Broglie est toujours à Friedberg; plusieurs avis assurerent unanimement qu'il se réplieroit comme hier sur Francfort; mais ayant tenû un grand conseil de guerre avant-hier, ou tous les généraux ont assisté, la marche a eté contremandée; je ne sais s'il voudra recommencer, peu de jours suffiront pour y voir plus clair.

J'ay l'honneur d'etre p. p.

F.

(Archiv-Acten (vol. 264.)

Ce 18. Decembre 1759.   No. 1.

✷✷ Monseigneur,✷)

Je crois qu'il sera nécessaire de communiquer au prince héréditaire le contenû de la lettre du Roy avec la Reponse de V. A. S. Si Elle est de ce sentiment, V. A. S. voudra bien m'envoyer pour un moment la lettre dechiffrée du Roy.

reçu le 22. Dec. 1759 du soir par
un cour. anglois.

Kroffdorff ce 18. Dec. 1759.   No. 1.

✷✷ Nous sommes un peu inquiets du long silence de nos correspondants de Londres; pentetre que les vents contraires empechent les paquetbots de faire le trajet.

Il arrive à present frequemment des couriers du Roy. S. M. etoit encore le 14. à Freyberg. Sincere a voulû l'attaquer. Il a manqué de Resolution. Beke a dû surprendre Torgau; il en est revenû sans avoir rien tenté. Cecy avoit furieusement embarassé S. M. Graces au ciel que les autrichiens ne sont pas entreprenants. Selon ce que le Roy mande au Duc, Daun cantonne entre Dresdes, Pirna, Dipolswalde et Gishubel. Si l'on pouvoit se fier à des raports particuliers, son Excellence auroit detaché 11, d'autres disent 20 Bat. en Boheme. L'armée de l'Empire est attendüe en Franconie, et si l'on pouvoit conter sur un Memoire du comte de Pergen du 13. elle seroit deja en pleine marche. Mgr. le prince hereditaire arrive aujourdhuy à Erfurth; il sera demain à Weimar, le 20. à Jena et le 21. à Gera, ou il s'arretera quelques jours pour faire reposer les Troupes, et pour etablir sa boulangerie. Il a avec luy le pié de 14 mille hommes; il se dit fort de 20 mille. Je ne doute pas que Mr. le M. Daun ne soit un peu embarassé de cette aparition. Nous le sommes un peu de notre coté par la raison de l'opposé. Car Mr. de Broglie ne quitte pas encore Friedberg. Il a detaché de nouveau à Fulda et à Herbstein, pour nous tourner. Vous sentez bien que nous ne sommes pas excessivement en force; et que s'il faut detacher de notre coté pour repousser ces gens là nous ne pourrons le faire qu'avec bien de circonspection. On espere cependant de se tirer d'affaire. Adieu mon cher Monsieur mettez moi aux pieds de S. A. S.

(à Mr. de Haenichen.)

✷) N. d. H. Durch diese Mittheilung wurde die Instruction an den Erbprinzen vom 9. vervollständigt.

(Archiv-Acten vol. 332.)

* Si les Wirtemberg avancent sur mon flanc gauche, je destine contre eux:

L.-G. Duc de Holstein, L.-G. Wutginau, L.-G. Pr. d'Anhalt,
L.-G. Moystin:

Infanterie:	Cavallerie:
1 Batt. Gr. Maxvel, Anglois,	3 Escadr. Bland,
1 - - Bock, Hannovr.,	2 - Jnniskilling,
1 - Garde Hessoise,	5 - Holstein,
1 - Pr. Charle,	2 - Jeanneret,
1 - Pr. Anhalt,	Trouppes legeres.
1 - Dolle,	
1 - Saxe-Gotha.	

Les deux Bataillons de Grenadiers de la Blocquade je les ferois relever par le Regt. de Buckebourg, et Stoltzenberg.

Si de Vogué avance sur mon flanc droit, je lui oppose:

Le L.-G. de Wangenheim, les Maj.-Gen. de Grothaus, de Halberstadt, de Hodenberg, de Dreves:

Infanterie:	Cavallerie:
1 Batt. Spörcke,	2 Escadr. Grothaus,
1 - Kilmansegg,	2 - Hodenberg,
1 - Zastrow jun.,	2 - Heyse,
1 - Halberstadt,	1 - Miltitz,
1 - Schoulembourg,	100 Husards de Luckner
1 - Drewes,	incl. ceux de Dillenbourg.
1 - Rgt. du Corps Hessois.	

Approuvés Vous ces arrangements? Dressés donc toutes les instructions en consequence d'avance. Quand vous n'aurés plus besoin de ce papier, Vous me le renverrés. Pourvû que tout ne fonde seulement pas à la fois sur moi?

Ce 19. Decembre 1759.　　　　　　　　　　　　F.

(Archiv-Acten vol. 264)　　　　　　　　　　No. 1.

** Monseigneur;　　　　　Ce 19. Decembre 1759.

J'ay lu attentivement les ordres du Duc de Wurtenberg que Linsing a trouvé à Ulrichstein. Ils sont ecrit d'un style que je soupçonne beaucoup, que ce n'est qu'une grimace et que Mrs. de Wurtenberg ne viendront pas à Ulrichstein. Voicy mes raisons: 1. On ne repare pas à présent les chemins. Le Duc l'ordonne cependant; son but est donc seulement de faire du bruit d'une chose qui n'arrivera pas. 2. Les 10 mille portions et les 10 mille Rations n'ont point de proportion entre elles. Cette proportion se trouve cependant toujours observée, quand il s'agit de choses reelles. 3. Le style des ordres memes me paroit trop foible pour un cas où il s'agiroit des besoins reels. 4. Les Endroits d'où les ordres viennent, me paroissent suspects. Car le Duc de Wurtenberg n'est par à Fulde; ce sorte d'ordres viendroient cependant de son quartier.

(Lucanus'sche Sammlung.)

* Trouvés Vous la conjecture de Wangenheim juste et fondée? Ou point? Je Vous prie de m'en dire Votre Sentiment.

Ce 19. Decembre 1759.   Ferdinand.

C'est de moi.

(Archiv-Acten vol. 264.)

Ce 19. Decembre 1759.   No. 2.

** Monseigneur,

J'ay eû l'honneur de dire à V. A. S., que je doutois, que le dessein de l'ennemi fut, de marcher à Dillenbourg. Je ne dirois pour cela pas avec Wangenheim, que l'ennemi iroit droit passer le Rhin à Coblence; car il pourroit fort bien s'établir à Limbourg, pour agir par des Detachemens sur notre flanc.

Il me paroit que le jugement de Mr. de Wangenheim est d'ailleurs fautif. Si l'ennemi, (le centre du quel est à Friedberg) veut agir contre Dillenbourg, il ne peut pas passer la Lahne ni à Leine, ni trop bien à Weilbourg, puisqu'il nous friseroit de trop près, il ne peut prendre d'autre route que celle de Limbourg, et en cas d'échec se réplier soit sur Limbourg, soit sur Coblence. Il faut même que cette Expedition soit mise en connexion avec Coblence, ou il faudroit que Mr de Broglie fit un mouvement par sa gauche pour s'aprocher de Weilbourg.

Bauer a eté chez moi. Il a trouvé une position qui selon ce qu'il m'a dit est excellente. On peut la remplir avec 20 Bat.

(Lucanussche Sammlung.)

* Si les avis du marchand Fziew sont vrai, tout ce qui s'est repandu de la marche des Wirtembergeois est donc fausse. Qu'en dite vous? Je ne me souviens plus de la nouvelle du 16. Est ce que tout cela est de la Hilgen?

Ce 20. Decembre 1759.   F.

C'est de moi.

(Archiv-Acten vol. 264.)

Ce 20. Decembre 1759.   No. 1.

** Monseigneur;

Je ne crois pas, Monseigneur, que V. A. S. doive entrer dans la proposition de Wangenheim. Dreves n'est point un homme à etre posté à Herborn dans le cas suposé que l'Ennemi marche sur Dillenbourg. Si cela arrive, Dreves ne l'arretera non seulement pas l'ennemi, mais il risquera d'être batû et défait avant que Mr. de Wangenheim puisse survenir.

Il faut donc faire de deux choses l'une. Savoir d'abandonner pendant quelques heures la ville de Dillenbourg jusqu'à ce que M. de Wangenheim puisse survenir et repousser l'Ennemi, ou de faire aprocher Mr. de Wangenheim avec tout son corps des Environs de Herborn. —

III.   58

Ne vaudroit-il pas mieux de renvoyer d'abord les deux marchands de Francforth?

L'incluse est de Tritzschler de Neuwied que je viens de recevoir.

In dieser Notiz wird angezeigt, dass der General du Muy nach Düsseldorf gehe, wo das Hauptquartier der Armée des Nieder-Rheins verbleibe; dass die Armée des Duc de Broglio über den Rhein gehen und nur Hanau und Frankfurt besetzt halten werde, weil sie nicht mehr als 2 Magazine, zu Friedberg und Frankfurt, hätte, und wegen des Eisganges auf dem Rhein und aus Franken keine Fourage beziehen könne; auch nehme die Krankheit bei der Armée überhand. Dann Einiges über die Schwierigkeiten, sichere Correspondenten zu finden, besonders zu Coblenz, „weil dort Alles katholisch und kein Protestant alldorten wohnhaft sey."

Copia.   No. 2.

An des Herrn General-Lieutenants
von Wangenheim Excell.

Ich habe Eurer Excellenz für 3 Dero successive an mich erstattete Berichte von heute Nachmittag meinen vielmaligen Dank abzustatten, Ich communicire Deroselben dagegen in originali, was ich heute Abends von dem Obristen Luckner erhalten habe; ich erbitte mir solches wiederum zurück.

Wann ich alle Nachrichten zusammenhalte, welche mir theils durch Ew. Exc., theils sonsten zugekommen sind; so finde ich bis dato noch nicht hinlänglichen Grund, zu glauben, dass die Feinde etwas auf Dillenburg zu tentiren gemeint seyn sollten. Im Fall sich solches aber noch weiter developpirte, und kein Zweifel deshalb übrig bliebe; so destinire ich Ew. Exc., dem Feinde, wenn solcher auf Dillenburg marschiren wollte, entgegen zu gehen, und ihn davon abzuhalten, es koste was es wolle.

Ew. Exc. nehmen alsdann zu dieser Expedition die Regimenter Kilmannsegge, Zastrow jun., Halberstad, Schulenburg und Spörcke nebst denen Berg-Schotten; ferner die Regimenter Grothaus, Hodenberg, Heise und die beyden Escadrons von Malachowsky; überdem aber die 4 sechspfündige Canonen welche Ew. Exc. bis dahero bey Dero Corps gehabt haben.

Wenn Ew. Exc. die Nachricht erhalten, dass der Feind wirklich mit dem gros des Corps die Lahne passiret sey, es geschehe solches morgen, oder übermorgen; so brechen Dieselbe aus Ihren jetzigen Quartieren auf und marschiren nach denjenigen, welche auf angebogenem cantonnement marquiret sind. Ew. Exc. avertiren alsdann den General Dreves, dass er seine Quartiere gleichfalls verändere, und diejenigen beziehen solle, welche auf diesem cantonnement ihm assigniret werden. Sobald Ew. Exc. die neuen Quartiere bezogen haben werden, poussiren Sie mit denen Husaren, so von einem Detachement Infanterie und Cavallerie souteniret werden müssen, vorwärts gegen Hadamar, und pro-

biren die contenance des Feindes, profitiren absonderlich aber hiervon,
um die Gegenden zu recognosciren, welche der Feind, um auf Dillenburg zu marschiren, passiren muss.

Nach deren Befinden werden Ew. Exc. sich einen Plan formiren,
wie Sie dem Feind bey seinem Anrücken entgegengehen, und selbst
mit Vortheil angreiffen können.

Sollten Ew. Exc. die Zeit nicht haben, die Gegenden vorhero zu
recognosciren; so müssen Sie es machen, wie es die Umstände verstatten
wollen. Ich verbleibe p. p.

Croffdorff, den 20. December 1759.

Ce 21. Décembre 1759.   No. 2.
** Monseigneur;

Wangenheim n'est pas un grand general, je ne crois cependant
pas qu'il puisse être remplacé*) par Halberstad, Grothaus, Hodenberg
ou Dreves.

Il me semble que V. A. S. doive dans le cas suposé avoir recours
au general Wutginan. L'expedition ne sauroit être de durée; V. A. S.
pourroit donc le faire accompagner par Bauer ou par Schlieffen.

Si V. A. S. aime mieux prendre Spörcke, il se trouve dans le meme
cas d'avoir besoin d'un homme de confiance.

Je ne crois pas, qu'il soit necessaire de faire occuper Greiffenstein
ni Herborn, par des Detachemens, qu'Elle a nommé au bas de la lettre
de Wangenheim. Je crois plustôt que V. A. S. doive s'en tenir à
l'ordre donné à Mr. de Wangenheim. Si l'on voit que Mr. de Vogué
n'en veut pas à Dillenbourg, comme je m'en persuade de plus en plus,
Jeanneret doit marcher selon la premiere destination, pour renforcer les
troupes legeres de notre gauche. Dans ce cas Jeanneret laisseroit
50 chevaux à Dillenbourg, qui empecheroient bien les petits partis ennemis de pousser jusqu'à Dillenbourg et serviroient en meme temps,
à faire de patrouilles, pour qu'on soit averti à temps, en cas que l'ennemi voulut avancer sur Dillenbourg.

(Lucanussche Sammlung.)

* Je pouvois envoier le Rgt. de Dolle cantonné à Rütershausen
et Kirchberg à la Disposition du Duc de Holstein pour être placé
selon les désirs de Schlieffen à Garbenteuch? Qu'en pensés-Vous? Si
Vous este du même sentiment avec moi renvoïés moi la lettre ci-jointe
au Prince d'Anhalt, afin que je l'ajoute par maniere de Post-Scriptum.

Ce 21. Decembre 1759.   F.

Ce 21. de Decembre 1759.   No. 5.
** Monseigneur;

Je crois que V. A. S. pourra déferer à la Démande de Schlieffen,
d'envoyer un Bat. à Garbenteuch.

*) N. d. H. Der General v. Wangenheim war krank geworden.

(Lucanus'sche Sammlung.)

* Je Vous communique ci joint les reflections de Baner sur ma nouvelle position à prendre. Je vous prie de m'en dire Votre Sentiment, et de me renvoïer en suite le tout, afin que je puisse donner à temps les ordres en consequence.

Ce 21. Decembre 1759.   F.

(Lucanus'sche Sammlung.)

* Approuvés Vous ce que j'ai marqué à Wutginau ou non? Je Vous prie pour le renvois des pieces de Bauer, afin que j'en fasse l'usage necessaire, si Vous n'en avés plus besoin.

Ce 21. Decembre 1759.   F.

C'est de moi.

(Archiv-Acten vol. 264.)

Ce 21. Decembre 1759.   No. 3.

** Monseigneur;

Si la nouvelle de Mildner est vraye; il faut envoyer ordre au General Imhoff de faire marcher les 5 Bat. avec 6 Escadrons qu'il a avec luy, le plus diligemment par le Duché de Westphalie dans la direction sur Marbourg. Imhoff resteroit en Westphalie.

Il y a quelque chose dans la lettre d'Imhoff, qui s'accorde avec la nouvelle de Mildner.

Le projet de Bauer me paroit bon.

Quant à l'instruction donnée à Wangenheim, elle doit être changée, si le passage du Rhin de Mr. de Voyer, et sa marche sur Hachenbourg se confirment.*)

F. d. 20. Decembre 1759.

P. P.

So eben lauffet mir die Nachricht ein, dass der General Voyer mit einem französ. Corps unter Coblenz übern Rhein gegangen und seinen marche nacher Hacheburg genommen, zu welchen noch 3000 Mann aus Coblenz und der Festung Ehrenbreitstein stossen sollen, wie denn ebenfalls noch weiter von der Bróglio'schen Armée einige Tausend Mann über Croneburg und Königstein über Limburg zu diesem Corps würklich in marche sind, um alsdann der hohen alliirten Armée suchen eine diversion zu machen. Und da die allhier befindliche Sächs. Trouppen heute Nachmittag die Musterung passiren, und nunmehro würklich Morgen nach den Nieder-Rhein, wo bereits schon das Bentheim'sche und zum Theil Zweybrück'sche Regiment vorausgegangen, marchiren sollen, so dürffte allerdings zu einer expedition geschritten werden, indem man nicht nur suchet, der Garnison zu Giessen Lufft zu verschaffen, sondern auch die retirade dadurch sichern zu machen. Die Turpin'sche Husaren und übrigen leichten Trouppen nehmen ebenfallls den marche nacher Limburg zu. Sollte den Feind dieser Anschlag nicht

---

*) N. d. H. Vergl. das Schreiben des Herzogs an den König Friedrich II. v. 21. Decbr. no. 12.

gelingen, so gehet die gantze französ. Armée übern Rhein und, das Hauptquartier des Duc de Broglio ist nach Ober-Ingelheim bestimmt. Alhier ist nicht mehr als noch auf 10 Tage Fourage und man schafft täglich soviel Kranke als möglich von hier nacher Oppenheim. Die dermalige Witterung forciret den Feind, sein Vorhaben auf das Schleunigste auszuführen, indem, wann der Mayn-Strohm bey dem nachgelassenen Frost wieder aufgehen sollte, die passage alsdann weder über'n Rhein noch Meyn ohnmöglich zu bewürken stünde, und alsdann die armée, weilen die Magazins alle über'n Rhein sind, die grösste Noth leiden würden. — Das Broglio'sche Hauptquartier gehet von Friedberg auf Ober-Rossbach, dann Cronenburg p. p. —

(Lucanus'sche Sammlung.)

✳ Il faut écrire à Imhoff, pour demander de lui, où le Corps de Scheiter se trouve, afin de lui marquer, qu'il emploïe une partie de ce corps pour suppleer aux patrouilles de Monckvitz.

Ce 21. Decembre 1759.   F.

C'est de moi.

Touchant Imhoff.

Arrivé ce 20. Decembre 1759.
3¼ heures.

Monsieur mon Cousin.   No. 78.

Je viens de recevoir avec toute la satisfaction possible la lettre de Votre Altesse du 9. de ce mois.

(dechiffré): „Dans ces moments critiques où mes affaires se trouvent ici, Vous jugerez Vous même de toute l'étendüe de l'obligation que je vous ai de tous les soins que Vous prenés pour m'y soulager et secourir; je Vous en rends mille graces, et Vous me ferez la justice d'être assuré de la réconnoissance que je Vous en conservcrai à jamais. Ce qui m'embarasse à l'heure qu'il est, ce sont les neiges profondes qui sont tombées içi depuis deux jours, et qui sont bien au delà d'une aune sur terre, de sorte que je saurois rien entreprendre efficacement avant que ces neiges ne commencent à fondre dans les montagnes, où je me trouve actuellement Il n'y a presque pas moyen de passer d'un lieu à un autre. Votre Altesse me connoit trop pour ne pas être persuadée que je n'exagère point les choses, car mes patrouilles d'Hussards ont bien de la peine à passer, à cause des neiges les contrées un peu montueuses; voilà la raison, mon cher Prince, pourquoi j'aurois mieux aimé que le corps que Vous m'envoyez, ne s'approchat pas tant de Gera, ni ne passat pas par Zwickau, où les montagnes couvertes de neige leur rendront les chemins difficiles. à passer, au lieu que si ce corps se tourne plustôt vers Altenbourg, il passera des contrées moins rudes et montueuses, et des chemins plus praticables, marchant plus dans la plaine; tout cependant depend de vos ordres et de la route que vous trouverez bon de préscrire à ce corps, que je voudrois fatiguer le moins que possible. Je dois informer au reste Votre Altesse de ce que je pourrai faire, quand votre Corps detaché se sera approché de moi; il n'y aura que de deux choses l'une, ou de le faire avancer jusqu'au Passberg ou Commotau, où je le ferai dévancer par un corps de mes Troupes legeres, qui fixera jusqu'à Saatz, pour y ruiner le magazin considerable, d'où Daun tire la plus grande partie de sa subsistence et de replier alors sur Votre Corps, — ou que je tache de deloger le General Sincere de Dippolswalde, âfin de resserer par là Daun en sorte qu'il se voie obligé de repasser en Bohême. Dans l'un ou l'autre cas les neiges me mettront des obstacles, en sorte qu'il faudra attendre leur fonte par un temps plus doux que le présent; je me flatte de pouvoir bientôt Vous donner de bonnes nouvelles de ma part, et je prie Votre Altesse, d'être assurée de cette amitié invariable, et de la plus haute estime, avec laquelle je ne cesserai d'être etc. etc.

à Freyberg ce 15. de　　　　　　　　le bon Cousin
Decembre 1759.　　　　　　　　　　Federic.

à Kroffdorff ce 21. Decembre 1759.
✱✱ Au Roy de Prusse.　　　　　　　　No. 71.

J'ay reçû la lettre que V. M. m'a fait la grace de m'écrire en date du 15. de Freyberg.

(en chiffres): „Le prince héréditaire arrive aujourdhuy à Gera, s'il a pû executer son projet de marche. Si les neiges l'ont empêché de tenir cette route, je ne doute pas, qu'il n'ait pris plus à gauche, ce qui l'aura mené probablement à Altenbourg. Je crois que d'Altenbourg ou de Gera il sera en état de joindre en trois marches V. M. à Freyberg, si Elle le luy ordonne, ou se porter sur Commotau, si Elle juge ce parti plus convenable. Veuille le ciel benir les entreprises, que V. M. va poursuivre.

V. M. sera peutêtre etonnée, que je Lui ecris toujours de Kroffdorff; je ne puis faire autrement. Mr. de Broglie semble vouloir me tourner de deux cotez à la fois; je fais mon possible pour parer ses coups, Et suis à jamais avec les sentimens d'un profond respect p. p.

F.

Arrivé le 21. Decembre 1759,
à 9½ du soir, par le chasseur Schmiel.
Monsieur Mon Cousin.　　　　　　　　No. 79.

J'ai bien reçu la lettre de Votre Altesse du 11. de ce mois. (déchiffré): „et je Vous rémercie infiniment des soins et des peines que Vous vous donnez pour m'envoyer ce Secours, qui m'est ici, je l'avoüe de bon coeur, très nécessaire. Quoiqu'il me soit impossible de dire déja à Votre Altesse, quelles mésures je serai obligé de prendre contre Daun, je crois cependant, que je ne le pourrai faire décamper autrement qu'en attaquant le poste de Dippolswalde, ce qui s'éclaircira en peu. Il y a grande apparence, que le Duc de Broglie, qui est en marche à Friedberg, ne réviendra pas sur ses pas; je crois plustôt qu'il

prendra ses quartiers de Cantonnement d'abord derrière le Mein, et
il m'est impossible de croire, qu'il voudra avancer de nouveau dans
cette saison, qui ne doit être gueres moins rude, qu'ici. La neige
m'embarasse plus dans mon Expedition que l'Ennemi; il faudra cependant vaincre tous ces obstacles et gagner nos quartiers d'hyver
l'Epée à la main. Si vous aprenez quelques nouvelles des françois,
Vous me ferez grand plaisir de me les communiquer."

Je suis avec toute l'estime imaginable.

M. M. C.

d. V. A.

à Freyberg,   le bon Cousin
ce 16. de Decembre 1759.   Federic.

Kroffdorff ce 21. Dec. 1759.

** Au Roy.   No: 72.

Je viens de récevoir la lettre, que V. M. m'a fait la grace de
m'ecrire en date du 16.

(en chiffres): „Selon mes nouvelles du Prince héréditaire sa marche
va à souhait. Je crois qu'il est arrivé à Gera au moment présent. Il
me mande d'Erforth en date du dix-huit, que l'armée de l'empire,
avancée jusqu'à Saalfeld, rébroussoit chemin.

Rien de si probable, que le dessein de Mr. de Broglie, de recommencer les opérations, malgré la saison qui est des plus rudes. Il faut
que ce soit en suite d'un concert des cours de Vienne et de Versailles,
pour contribuer à mettre en execution le projet des quartiers d'hyver
de la premiere, ou Mr. de Broglie veut tirer parti de mon affoiblissement par le détachement du Prince héréditaire. il a detaché seize bataillons avec quelques Regiments de Cavallerie sur la basse-Lahne;
plusieurs avis, que j'ay aujourdhui réçû de différens endroits, assurent,
que c'est pour les faire joindre à un corps de troupes, qui révient du
bas-Rhin et qui, aprés avoir passé le Rhin au dessous de Coblence,
s'avance sur Hachenbourg. Pendant que ce corps de troupes menace
ma droite, les Wurtenbergeois, renforcés par de troupes françoises, ré-
paroissent sur ma gauche. Mr. de Broglie se tient en attendant avec
le gros de son armée à Friedberg. Je prends de mon coté mes mésures en conséquence aussi bien que je puis, pour faire échouer ses
projets, et s'il plait au ciel il ne réussira pas à me déposter d'icy
malgré moi. J'ay l'honneur d'être avec un tres profond respect p. p.

F.

(Archiv-Acten vol. 264.)

Ce 21. Decembre 1759.

** Monseigneur;   No. 4.

L'avis de Freytag n'a rien qui ne puisse être vrai. Le ravitaille-
ment de Giessen est même une chose fort croyable, pourvû que l'ennemi persiste dans le dessein de le conserver. L'ordre qu'on se propose de tenir, pour faire entrer le convoi dans la ville, me surprend

cependant. Car il ne me semble pas naturel de faire aller le convoi
à Butzbach, pendant que les troupes, qui doivent faire jour au travèrs de nos quartiers au dit convoi, s'assembleroient aux environs de
Nauenheim.

Ce 22. Decembre 1759.

& Monseigneur;   No. 1.

Je crois, que le depart de Wutginau et de Bauer peut toujours
avoir lieu, puisque sa commission n'est que confidentielle, et que si
Wangenheim peut continuer de commander, Wutginau pourra toujours
revenir. —

Ce 22. Decembre 1759.

& Monseigneur,   No. 2.

Behr a été attaqué à Klein-Linnes (Linden?) par la garnison de
Giessen; il l'a repoussé. Le Dragon ne sait rien de la perte de Behr;
les françois doivent avoir eû deux hommes de tués.

(Archiv-Acten vol. 332. lettres autographes.)

& Il y a de la surprise à Kleinlinnes de l'officier commandant
dans la redoute. 1 Capit. et deux officiers sont tués avec une vingtaine d'hommes de tués du Regt. de Behr. Les francois ont laissé une
vingtaine sur la place avec trois officiers. 18 hommes ont eté fait prisonniers de la part des francois. Neuf chevaux de Dragons ont eté
enlevés par les francois des écuries. Les Anglois à Heuchelheim manquent totalement de fourages et de paille pour la littiere. Dite donc
qu'on y remedie. Les chasseurs ont eté delogés de Langengöns. Mais
ils y ont repris poste. 600 hommes les ont attaqués, commandés par
Mons. de Grandmaison. L'on dit que beaucoup de Regts. sont marchés de Friedberg sur Butzbach. Et les Grenadiers de France en
sont sortis. Dehrendahl a eté deux fois pris à ce qu'on dit, et il s'est
toujours degagé.

Tout me prognostique une issue diabolique pour nous. Il y a
plus de 6 jours que des Regts. n'ont point eu d'avoine. Je ne sai
ma foi pas ce que nous deviendrons à la longue. Y a-t-il quelque
chose de mauvais, qu'on me le marque tout de suite à Heuchelheim.
Ou je compte de rester a midi; Je crois que demain la grande dance
commencera. Adieu!

Je suis au désespoir. Et je crains furieusement que nos affaires
iront mal. Dieu nous assiste. Maintenant tout est tranquile aux postes
avancés. Je ferai rentrer les troupes.

à Kleinlinnes,   Ferdinand.
ce 22. Decembre 1759.

La sortie a eté de 800 hommes commandée par le Lieut. Coll.
de Dauphiné.

Je m'en vai a Gross-Linnes. L'on dit que les Saxons marchent
sur Limbourg.

Ferdinand D. d. B. et d L.

(Archiv-Acten vol. 264.)

Ce 22. Decembre 1759.

** Monseigneur;   No. 3.

Il est facheux que tout le mal qui nous arrive, provient de la nonchalence de nos postes avancés.   Je suis cependant charmé de voir par ce que V. A. S vient de me mander, que l'ennemi n'a rien gagné au jeu.

Je vais incessament avertir Roden du manque de Fourage et de paille de litière, dont le quartier de Heuchelheim se plaint.

Il n'y a rien de nouveau d'arrivé icy; si j'en recois je l'enverrai d'abord à V. A. S.

Je sents perfaitement, que le cas ou Elle se trouve, dévient delicat; mais cela arrive toujours si les choses aprochent du dénouement. je suis trés persuadé que V. A. S. en viendra à bout avec de la constance, et je ne vois point que les affaires soyent dans une situation défavorable pour nous.

Ce 22. Decembre 1759.

** Monseigneur;   No. 4.

Le raport de Lauterbach que V. A. S. vient de m'envoyer, prouve que le Duc de Wurtenberg n'a fait qu'une Démonstration; Si le raport est bien fondé, il faut suposer, que le Duc a cependant eté en avant vers Lauterbach; Mais comme ce même raport dit, qu'il s'est réplié sur Gelnhausen, je ne concois pas la verité ni la raison de sa jonction avec le Duc de Broglie, puisque ce Répliement l'en éloigne.

Comme je suis persuadé, que si l'Ennemi vouloit tenter quelque chose de grand, il feroit avancer le corps détaché de Limbourg, composé des Regiments de Picardie, de Navarre et de la Tour du pin, c'est à dire de ses meilleurs Regiments, j'en tire la consequence, qu'aussi long temps, que ce corps reste aux Environs de Limbourg, son projet, s'il en a sur l'armée de V. A. S., n'est pas parvenû encore à sa maturité.

Il en suit une seconde conséquence, qu'il ne faut pas se presser trop à faire réplier les corps du Duc de Holstein et de Mr. d'Urff, quoique à la verité il ne faut pas non plus se battre au delà de la rivière avec des forces inégales. Je veux dire, qu'il faut s'en tenir au projet arrêté, de se réplier, si l'ennemi avance avec de forces supérieures. Je ne doute pas que quelque Emissaire ne donne de lumières sur ce qui est marché en effet de Friedberg sur Butzbach. Je ne crois pas que ce soit quelque chose de fort considerable.

(Archiv-Acten vol. 264.)

Ce 22. Decembre 1759.

** Monseigneur;   No. 5.

Le Raport ci-joint du Duc de Holstein est arrivé icy à 3 heures après midi. Mr. de Reden l'a envoyé au valet de chambre; celuy-ci l'a mis sur la table, et ne vient me le rendre qu'à ce moment à

7 heures et demi du soir. Je l'en ay bien grondé, il en donne la faute
à Mr. de Reden, qui avoit fait ordonner de le mettre sur la table
de V. A. S.

No. 6.

✳✳ Extracte der eingelauffenen Briefe.*)

No. 1. Raport de Dreves. C'est relatif à l'ordre qu'il a reçû de
Wangenheim, en cas que celuy-ci se mit en marche pour changer de quartier.

No. 2. Raport du commissaire König. Il mande que plusieurs villes
et baillages du païs de Bergues avoient voulû envoyer leurs
deputez pour traiter des contributions: mais que les ennemis
leurs avoient defendû de se sister.

No. 3. Lettre du Duc Regnant. Elle ne contient rien d'interessant. C'est une intercession pour le Capitaine Spiegel,
qui craint pour le bois de sa terre située dans l'eveché de
Paderborn.

No. 4. C'est un Raport de Reinhard. Il revoque les nouvelles qu'il
avoit donné sur l'aparition des Ennemis aux Environs de
Vacha —

No. 5. Raport de Roden Il rend raison pourquoi les Regimens de
Heuchelheim ont manqué de Fourage. C'est qu'ils ne luy en
ont pas demandé, ayant leurs propres Depots.

No. 6. Raport de Wutginau. Il marque, que Mr. de Wangenheim
se porte mieux, et demande s'il doit s'en retourner à Weimar.

No. 7. Raport de Reden. C'est l'ordre d'aujourdhuy.

No. 8. Raport de Neukirchen. Il se trouve à Schlitz 80 h. de Cavallerie Wurtembergeoise et francoise. Ce sont ceux qui ont
poussé des patrouilles vers Alsfeld.

No. 9. Griesbach demande 1mo, si la Chancellerie de guerre doit refuser des avances d'argent pour l'entretien des prisonniers, et
2do, si ceux seroient à mettre un peu plus à l'etroit, Mr. La
Salle desabusant comme il le fait de la bonté de la dite Chancellerie de guerre

No 10. Depeche d'Imhoff. Il marque en quoi consiste son train d'artillerie. Il fait rapport des hopitaux. L'ennemi fait des
marches et contre marches dans le païs de Bergues. Il envoit deux lettres, qu'un trompete luy a aporté de Wesel. Ces
deux lettres sont

No 11. de la Chambre de Cleves, et d'un certain Rappert, Conseiller
à la dite chambre. Elles roulent sur le meme objet. V. A.
S. est prié d'ordonner à la comté de Marck de payer la quote

*) N. d. H. Wenn der Herzog ausgeritten war und spät ins Hauptquartier zurückkehrte,
pflegte ihm Westphalen solche Uebersichten der eingegangenen Correspondence vorzulegen, um
ihm den Ueberblick zu erleichtern. Westphalen war während der kürzeren Abwesenheiten des
Herzogs zur Eröffnung dessen gesammter Correspondenz ermächtigt, daher kein Augenblick
verloren ging, um von den einlaufenden Sachen sogleich Kenntniss zu nehmen.

part des contributions, sur lesquelles Mrs. de Cleves ont fait
une convention avec les François. Rapert propose une espece
de neutralité pour le païs de Cleves, à l'exemple de celle qui
fut conclüe pour le païs de Marck avec Mr. de St. Germain.
Il insinue qu'il fait cette proposition de l'aveu des François.
No. 12. Renferme les Listes du jour, de l'hopital, de l'artillerie etc.

(Lucanussche Sammlung.)

* J'ai repondu, qu'ils avoïent leurs instructions et qu'ils devoïent
agir en consequence. Que je n'y pourrois rien changer. Que les
circonstances devoïent les determiner, et que je ne pouvois rien changer d'ici, que je m'en remettois à leur jugement, et que tout se fît de
concert avec Urff. Trouvés Vous que cela est bien. Je m'attend à
quelque chose pour demain.

Dieu nous assiste. Je joue gros jeu. Bon Soir.

Heuchelheim, ce 22. Decembre 1759,   Ferdinand.
           à 8 heures du soir.

* Qu'à deux heures du matin tout soit pret pour partir, à cause
de mes equipages.

(Archiv-Acten vol. 264.)

Ce 22. Decembre 1759.

** Monseigneur;   No. 7.

Schlieffen*) paroit voir tout noir; cela ne peut pas être une
armée qui le tourne; il est impossible qu'on fasse bien, si l'on n'envisage les choses dans leur juste proportion.

Je suis un peu surpris de l'ordre que V. A. S. a donné que
l'équipage soit pret à partir. Tout ce qui peut arriver demain c'est
que Urff repasse la Lahne à Heuchelheim et que le Duc de Holstein
passe la Lumme. Par là on se trouve dans la position, où l'on a eté
lorsque l'armée françoise étoit dans son camp. Je le repete encore
une fois, ce n'est pas toute l'armée françoise qui agit; ce n'est qu'un
corps. Il peut être assez considérable pour faire réplier les troupes
du blocus, mais il ne sauroit, ni ne doit faire d'avantage.

Si l'ennemi savoit les angoisses qu'il cause au Duc de Holstein, il le meneroit surement plus loin; mais ce ne seroit que sa faute.

Il y a deux moyens, d'empêcher, qu'il ne soit tourné, ni coupé de
Stauffenberg, je veux dire du passage de la Lumme.

1mo. Le Duc de Holstein doit faire un fort détachement pour le
moins de trois à 4 cent hommes à Albach, qui poussera des patrouilles
jusqu'à la Wetter vers Nieder-Bessingen.

---

*) N. d. H. Der Herzogs Ferdinand hatte den Major v. Schlieffen mittelst besonderen
Auftrags dem Herzog v. Holstein ad latus gegeben, und stand mit ihm in director Correspondenz. Aus derselben findet sich eine namhafte Anzahl von Briefen des Herzogs Ferdinand in
dem Werke Schlieffen's „Einige Betreffnisse und Erlebungen Martin Ernsts von Schlieffen.
Berlin 1830." S. 81. bis 92., die meisten dieser Briefe fallen gerade in den Monat December
1759. und sind für die Beurtheilung der damaligen Operationen und des Verhältnisses des Herzogs zu seinen Unterbefehlshabern und Vertrauten von besonderm Werth.

2do. Si le prince d'Anhalt entend que le Duc de Holstein est attaqué, il marchera avec un ou deux Bataillons à Busseck pour empecher que l'Ennemy n'y puisse pas le prévenir.

(Lucanussche Sammlung.)

* Est ce que je ferai révenir Wutginan, puisque l'autre, le Wangenheim, se porte mieux? Et y enverroi-je encore Bauer? Je suis surpris que je n'ai rien apris de Wangenheim ni des mouvements de l'ennemi de ces cotés-la. Ne conviendroit-il pas donc écrire à Wangenheim?

Ce 23. Decembre 1759. Ferdinand D. d. B. et de L.

C'est de moi.

Au Secr. Westphal.

ce 23. Decbr. 1759. No. 1.

** Monseigueur;

Voicy une lettre qui vient d'arriver de la Haye*). Elle aporte deux nouvelles fort interessantes. L'une que le Duc de Broglie pense à livrer bataille, l'autre que les troupes du bas Rhin sont en mouvement.

Quant au premier article, il faut récevoir la bataille icy au camp de Krofdoff. Mais pour éviter de pareilles allarmes que celle d'hier; je crois, qu'il faudroit faire quelques changements au cordon, savoir 1. pour le corps d'Urff. On mettra quatre bataillons à Gros Linnes, (Gr. Linden?) Leyestern (Leihgestern?) et Steinberg avec 2 Escadrons du Leib-Regiment et 3 Escadrons du Corps. 1 Bat. et 1 Escadron occuperont Klein Linnes (Kl. Linden?), le Bataillon de Grenadiers et les huzards de Luckner seront mis à Hornsheim, Freytag à Gruningen. Les chasseurs de Freytag tiendront des postes d'avertissement, à Eberstadt et Holtzheim, Luckner à Nied. Klée et Langengons. Les postes d'avertissement de Holtzheim et de Eberstadt font leurs patrouilles à Gambach et à Hergern; les postes d'avertissement de Niederklée et de Langengons font leurs patrouilles à Polgons.

Luckner a d'ailleurs attention à éclairer les mouvements que l'ennemi pourroit faire pour tourner sa droite.

Il seroit bon d'établir en decà de la Lahne une baterie de 4 ou 6 pieces de gros canon pour proteger le pont de Heuchelheim, et enpecher l'Ennemi de s'en aprocher en cas de répliement du cordon.

2. pour le corps du Duc de Holstein. Les quartiers restent comme ils sont à présent. je supose, qu'il y a un Bataillon à Garbenteuch, il faudroit y ajouter un Escadron soit de Holstein soit de Finckenstein. Si Watzenborn n'est pas occupé, il vaudra mieux, ôter le Bataillon et le dit Escadron de Garbenteuch et les placer à Watzenborn, qui selon ma carte est plus prés de Schiffernberg et de Steinberg.

---

*) N. d. H. Ein Brief Haenichen's an Westphalen vom 18. Decbr., mit welchem er ihm mehrere Correspondenzen und eine Brüsseler Zeitung übersendet. Der Brief selbst befindet sich in Westphalens Nachlass.

Stockhausen occupera allors Garbenteuch avec les chasseurs. Trimbach sera mis à Albach, et donnera un poste d'avertissement à Lich, d'où il faut faire des patrouilles vers Muntzenberg et d'Albach vers Nieder-Bessingen. De cette façon on ne risque rien à Lich et on prévient ou empeche, qu'on ne soit tourné par la gauche, sans en être averti à temps.

Il me semble qu'à lire l'article de la gazette de Bruxelles, que V. A. S. trouvera jointe à la lettre de Hänichen, qu'il entre dans la supposition de Mr. de Broglie, que V. A. S. passera à son aproche la Lahne pour soutenir le cordon; il sera avantageux de l'entretenir en cette idée, ce qui ne pourra se faire mieux qu'en faisant des préparatifs réels, pour jetter encore trois ou 4 autres ponts sur la Lahne, chose qu'on n'executera cependant pas. Si Mr. de Broglie compte de combattre V. A. S. au delà de la Lahne, il ne sauroit qu'être embarassé de voir qu'il faut la passer pour en venir aux mains.

Quant aux mouvements du Bas Rhin, il n'y a rien à ajouter à l'ordre que V. A. S. a donné aux troupes cantonnées à Werle et à Ham d'avancer jusqu'à Brilon; il faut les attirer au Corps de Wangenheim, si l'Ennemi marche sur Hachenbourg.

Mr. d'Imhoff devroit dans ce cas faire un mouvement avec le corps de Breitenbach, passer la Lippe, et marcher à Recklinghausen, et faire beaucoup de bruit comme s'il vouloit tomber sur Deutz.

(Archiv-Acten vol. 264.)　　　　　　　　No. 2.
　　** An den G. M. von Scheiter.
　　　　　　　　Kroffdorff, den 23. Dec. 1769.

Ich suponire dass der Herr G. M. sich heute auf ordre des G.L. von Imhoff mit dem Ihnen angewiesenen corps in marsch nach Brilon gesetzet haben, und allda morgen ankommen werden.

Ich ertheile Ihnen demnach hiermit fernere ordre sich, ohne in Brilon Rasttag zu machen, von da nach Frankenberg in Marsch zu setzen, und sich so zu arrangiren, dass Sie allda in 2 Märschen anlangen können. Sie werden in Frankenberg von mir weitere ordre erhalten; inzwischen senden Sie täglich Ihren raport par Estaffete an mich ab p.　　　　　　　　　　　　　　F.

　　Ce 24. Decb. 1769.　　　　　　　No. 1.
　　** Monseigneur;

Il me semble, que le projet de l'Ennemi est de faire attaquer à la fois le quartier de Lich par ceux qui sont à Hungen, le quartier de Rukersfelde par ceux de Laubach et de Munster, et enfin de faire marcher ceux qui dévoient arriver à Atzenhain à dos du Duc de Holstein.

Rien ne déconcerteroit d'avantage ce projet, que si l'on marchoit sur le corps, à un de ces trois corps.

Il faudroit s'attacher à ceux d'Atzenhain ou de Laubach. Je ne

connois pas assez le terrain, pour juger du comment dans une opération de cette nature. Mais je pense, que si le Prince d'Anhalt marche
à temps à Gr. Busseck, en se cachant dans le bois, il pourroit prendre
en flanc ceux qui voudroient attaquer Rukersfelde. Quant à Trimbach
il faut le rétirer à temps de Lich.

(Lucanus'sche Sammlung)

❋ J'aprouve le projet que Vous me proposés; marqués le tout en
consequence au Duc, de même qu'à Schlieffen; mais en ce cas il me
paroit que le répliement du cordon est necessaire. A Atzenhain je
crois qu'il ne peut encore rien s'y trouver, vu que le Lieut. Mazeriel
a eté avec Linsing encore à Merlau.

F.

    Ce 24. Dcbr. 1759.
       au Secretaire Westphal.

(Lucanus'sche Samml.)

❋ Donné l'ordre de ma part à Hedemann pour qu'il donne 200 Ducats eu gratification pour le sejour que j'ai fait ici au Ober Förster
Kunckel chés qui je loge. Car je ne compte plus revenir ici qu'en
passant. Je me rend au Schieffenberg et je verrai ce qu'il convient
que je fasse. Adieu. Peut etre ne Vous reverrai je plus, aïés soin de
mes pauvres petits interets. Le vin est verssé il faut le boire.

F.

    Ce 24. Dcbr. 1759.
       Au Secretaire Westphal.

    Ce 24. Dcbr. 1759.   No. 2.
      ❋❋ Monseigneur

Voicy l'ordre pour Hedemann; j'espere de révoir V. A. S. Dieu
aura soin de Sa personne, comme il l'a eû jusqu'à présent. Quant à
l'état des choses, il s'en faut beaucoup qu'il soit désesperé; il n'y a
aucun mal d'arrivé encore; j'ose esperer qu'il n'en arrivera pas non plus.

    Ce 25. Dcbr. 1759.*)   No. 1.
      ❋❋ Monseigneur,

Le couvent de Siebourg dont Jeanneret parle, est indubitablement
Siegberg près de Cologne. je n'aprehende pas beaucoup touts ces mouvements vers notre droite; je crois même que l'ennemi s'y prend assez
mal. En tout cas ce corps de troupes qui doit s'assembler à Hachenbourg, ne passera pas beaucoup 7 à 8 mille hommes, et selon les avis
de Jeanneret même il ne sauroit s'aprocher de nous, avant l'arrivée
de Scheiter aux environs de Marbourg. Je suis fort tenté à croire,
en reflechissant sur les circonstances du raport de Jeanneret, que ce
n'est qu'une Demonstration.

---

*) N. d. H. Von den letzten 6 Tagen des Decbr. finden sich Handschriften des Herzogs
an seinen Secretär in der Lucanus'schen Sammlung nicht vor.

Ce 25. Dcbr. 1759.   No. 2.

       ** Monseigneur;

Je pense, Monseigneur, que V. A. S. feroit bien de retirer ce soir, quand il fait obscur, le Détachement de Klein-Linnes en deca de la Lahne.

C'est moins par ce que je croyois qu'il y risque quelque chose, que pour donner un peu de répos aux troupes, qui selon ce que Derenthal me dit sont aux abois.

On peut encore garder le pont; s'il est goudronné on peut toujours le mettre en feu. En attendant il serviroit à faire les patrouilles.

Ce 25. Dcbr. 1759.   No. 3.

       ** Monseigneur,

J'ay fait mille questions au paisan, sur les circonstances de son rapport. il me paroit, qu'il a pû savoir la vérité du fait, et comme Luckner s'est deja servi de luy en d'autres occasions, où il luy a rendû des services essentiels, en conduisant sa troupe, à l'expedition de Niederbrechten, je ne saurois m'empecher d'ajouter foi à son raport.

Je suis d'autant plus tenté à ajouter foi au récit du païsan, que j'ay remarqué quelque chose dans le raport de Wangenheim de ce matin, qui marque du Désordre dans les mouvements de l'Ennemi, NB. en suposant, qu'il voulût agir sur notre droite.

                                   No. 4.

       ** An den Herrn G. M. von Scheiter.
            Krofldorff den 25. Dec. 1759.

Nach dem Raport des G. L. von Imhoff sind der Herr General gestern als den 24. dieses zu Brilon angekommen; Sie werden alda meine ordre erhalten haben, nach welcher Sie heute nach Corbach und morgen als den 26. Dec. nach Franckenberg marchiren sollen. Gegenwärtige ordre wird Dieselben hoffentlich morgen früh noch vor Ihrem Ausmarsch aus Corbach antreffen. Ich wiederhole also nicht nur, dass Sie den 26. nach Franckenberg marchiren sollen, sondern füge auch noch hinzu, dass Sie den 27. nach Wetter und den 28. in diejenigen Quartiere marschiren müssen, wovon die Dislocation hierbey erfolget. Die Hessischen Husaren und Jäger sollen nicht nach Cassel, sondern nach Ziegenhayn marschiren und allda von mir weitere ordre erwarten. Sie können zu Ziegenhayn den 27. dieses eintreffen. Der Herr General-Major werden selbigen diese ordre bekannt machen. Ich bin p. p.

                                       F.

        ** An den Commissar Roden

Dem Herrn Commissar Roden dienet zur Nachricht, dass den 28. dieses der G. M. von Scheiter mit 5 Bat. Block, Scheiter, Laffert, Estorff und Erb-Printz Hessen nebst 3 Escadrons von Breidenbach und 4 von Busch nebst einem Artillerie-Train von 8 sechspfündigen Cnnonen in die Gegend von Ober-Weymar ankommen wird. Herr

Rode empfängt hierbey die Dislocation dieses corps und wird sich darnach wegen der Fourage und des Brodts zu arrangiren wissen.

F.

Kroffdorff d. 25. Dec. 1759.

arrivé ce 25. Dcbre 1759.

Entre 10 et 11 heures du matin. No. 80.

Monsieur Mon Cousin. Je remercie Votre Altesse de tout mon
coeur de ses deux lettres du 16. de ce mois. (dechiffré) „Selon mes
nouvelles et une lettre que j'ai reçüe du Prince Héréditaire, il sera
aujourd'hui à Gera où il fera demain jour de repos. Je lui y ai envoyé un de mes officiers pour concerter tout avec lui ce qui regarde
sa marche pour nous aprocher; et je l'ai mis moi-mème au fait par
ecrit sur tout ce qui regarde les circonstances présentes dans ce Païs-
ci autant que je saurois penetrer. J'espère que dès que le Marechal
Daun verra que ma jonction avec le Prince devient serieuse, il decam-
pera de lui-mème, pour se replier sur la Bohème, et malgré tous les
grands revèrs que j'ai eû à essujer pendant cette campagne, J'ai lieu
d'esperer qu'à la fin mes affaires se trouveront dans la mème situation
de l'Année passée et avant le commencement de la campagne; et voilà
tout ce que l'on sauroit prétendre de nous. Je ne doute pas que les
François ne fassent encore les gascons vis-á-vis de Vous et même des
ostentations, mais j'ai peine à croire, qu'ils voudroient les realiser; je
crois plustôt que leur Projet est de tenir la Campagne et de rester
assemblés jusqu'à ce qu'ils sachent la retraite de Daun, ce dont je
souhaite et j'espere de Vous donner en peu de bonnes nouvelles."

Je suis avec ces sentiments, que Votre Altesse me connoit p. p.

le bon Cousin

à Freyberg ce 21. de Decembre 1759.

(de propre main: P. S.) Nous sommes encore, mon Chér, dans
de grands ambarras dont Vous jugerez mieux qu'un autre par la Connoissance locale de Terrain, si je m'en tire je Vous en aurai l'obligation, ainsi qu'à mes fideles alliéz, nous avons beaucoup de choses qui
font bien augurer, mais je suis si accoutumé surtout depuis cette année
aux trahisons de la fortune que je n'ause plus assurer de rien.

Federic

** Au Roy, No. 73.

à Kroffdorff ce 25. Dec. 1759.

Je viens de récevoir la lettre que V. M. m'a fait le grace de
m'écrire du 21. J'en ai reçû en même temps une de la part du prince
héréditaire de Gera, selon laquelle il arrive aujourdhuy à Chemnitz.
J'espere qu'il pourra joindre V. M. le 28. Veuille le ciel benir les
entreprises de V. M; j'en ay tres bonne esperance. (en chiffres:) „On
m'assure que le M. Daun a fait défiler plusieurs Regimens en Bohème;
si cela est, je ne crois pas, qu'il s'opiniatrera à rester en Saxe, dès
que V. M. entamera le poste de Dippoldswalde.

Mr. de Broglie a attiré à luy les Saxons, qu'on a trouvé moyen de récompletter en assez peu de temps, les Wurtembergeois*) et tout ce qu'il avoit des troupes en arrivent sur le Meyn. Il continue à faire défiler du monde à Limbourg, tandis qu'il s'étend sur ma gauche. Si je puis m'en fier à un avis secrèt, que j'ay reçû de Mayence et qui se fonde sur une lettre, que Mr. de Broglie a écrite à l'Electeur, son dessein est de me livrer bataille; tant pour profiter de l'absence du corps du prince héréditaire, que pour dégager Giessen, et établir solidement ses quartiers d'hyver. Cet avis et plus encore les mouvements, que Mr. de Broglie juge à propos de faire, m'ont engagé à faire révenir mon artillerie des environs de Marbourg, et à rétrécir mes quartiers. Je comte de le récevoir de mon mieux, s'il m'attaque icy: mais je crains qu'il ne s'attache à me tourner, en quoi la saison, et un païs fort devasté luy opposeront cependant de grands obstacles."

J'ay l'honneur d'être avec un tres profond respect pp.

F.

** Post scriptum au Roy. à Kroff: ce 25. Dec. 1759.
(Zu chiffriren.)

„j'ay à l'armée un très habile ingenieur, appellé Bauer, il est capitaine au service de Hesse; il en est un peu dégouté, de façon, que quoiqu'on luy offre la place de major, il ne paroit pas vouloir y rester. Ce seroit une très bonne acquisition pour V. M. Je sai qu'il ne souhaite mieux, que d'entrer avec avantage, et comme major. Je serois fort embarassé de le perdre, tant parce qu'il fait la fonction de quartier-maitre-général, que parcequ'il est chef du corps des pionniers, que j'ay fait léver par luy. Mais si V. M., en le récevant en son service, voulut me faire la grace, de me le laisser icy, il ne seroit point à charge aux caisses de V. M. durant tout le temps qu'il seroit employé à cette armée cy. pp.

F.

(Archiv-Acten vol. 264.)
Ce 26. Dec. 1759,   No. 1.
** Monseigneur.

Voicy, Monseigneur, un Raport de Luckner; il prouve qu'il n'est plus rien passé par Usingen.

Voicy aussi 3 Raports de Malortie. Selon le premier Mgr. le Duc de Wurtemberg seroit à Schotten; Mr. le Duc de Broglie continue selon le second d'avoir son quartier à Friedberg. Le troisième est rélatif à la belle vivandiere.

Voicy, Monseigneur, un raport de Scheiter avec la Reponse. Un officier l'a aporté.

---

*) N. d. H. Eingeschaltet von der Hand des Herzogs.

Ce 26. Dec. 1759.   No. 2.

** Monseigneur,

La chaise de V. A. S. sera arrivée au moment présent à Stauffenberg; le friseur et Römer s'y trouvent avec les coffres et ce qui y est
ordinairement.

Il n'est rien arrivé de fort interessant excepté les raports de Wangenheim; les choses n'ont pas changé de face chez luy. Il me semble
cependant que V. A. S. pourroit luy répondre ce qui y est joint ci
auprès.

Si V. A. S. comptoit de rester à Stauffenberg, jusqu'à ce qu'on
vit à quoi l'ennemi se détermineroit, il vaudroit peutêtre mieux de
laisser Wutginau, où il est; mais si V. A. S. révient icy, Elle fera
bien de faire venir Wutginau à Stauffenberg; car quoiqu'il ne soit pas
fort propre à commander, il me semble cependant, que malgré tout son
flegme, il a plus de bon sens que le prince d'Anhalt-

Ce 26. Dec. 1759.   No. 3.

** Monseigneur;

Je crois qu'on feroit bien de donner un Escadron de Jeanneret
au Duc de Holstein, car il ne pourra pas suffire avec ses dragons à
faire les patrouilles comme il faut.

Il vaudroit mieux encore luy donner les deux Escadrons de Jeanneret, et faire remplacer celuy-ci par les hussards de Luckner.

Freytag feroit en revanche les patrouilles de Luckner avec ses
chasseurs aussi bien qu'il le pourroit. —

Tout cela est arrangé. —

(Archiv-Acten vol. 264.)

* Pro memoria du 27. Dec. 1759.*)   No. 1.

** Monseigneur,   Ce 27. Dec. 1759.

Comme les chasseurs de Hesse et les
hussars de Hesse arrivent demain à Ziegenhayn, V. A. S. leur peut ordonner de
marcher à Hombourg. Les chasseurs s'y
jetteront en cas d'attaques, pour le défendre,
et les hussars seront employés à éclairer les
* Préambule.   districts voisins de l'Ohme, et à couvrir les
   cela   transports de fourage, qui en viennent pour
est arrangé.   aller à l'armée. *
1mere supos: Si l'ennemi tourne l'armée avec un corps
                     par la gauche, il faut luy permettre qu'il
                     avance jusqu'à Gruneberg ou plus loin encore,
                     Ce seront apparemment les Wurtembergeois
                     renforcés par quelque mille hommes de troupes

---

*) N. d. H. Die beigefügten Randbemerkungen sind von des Herzogs Hand.

Francoises. Mettons que cela puisse faire ensemble dix mille hommes, ce qui est surement beaucoup, vû le gros Détachemant, que l'ennemi a deja fait sur la basse Lahne. V. A. S. peut opposer à ces dix mille hommes le corps du Général Wutginau, composé de 5 Bat. de Grenadiers, ✳ du Regiment de Holstein et de 2 Escadrons de Jeanneret. On y joindroit 5 Bat. et 7 Escadrons avec la grosse artillerie de Scheiter. Les chasseurs et les hussars hessois seroient pareillement de ce corps là. Le prince d'Anhalt repasseroit alors la Lahne avec le Regiment de Finckenstein et le reste des Bataillons pour cantonner à Udenhausen. ✳ Stockhausen et Trimbach renforcé par une compagnie de chasseurs à cheval, que Freytag luy enverroit à Stauffenberg pour garder les postes de la Lumme. Tout cela ne se fera qu'au moment que le Général Wutginau se mettra en mouvement. Son premier mouvement doit d'abord être un peu en arriere comme pour couvrir Marbourg. ✳ D'où il partira en suite pour attaquer le corps, qui voudra nous tourner, aprés qu'il a attiré à luy le corps du Gen. Maj. de Scheiter.

✳ Il est à remarquer, que 3 de ces Bat. de Grenadiers sont à l'armée, et 1 à Ruttershausen.

✳ Ce sont les Regts. de Charles, Pr. Anhalt, et Dolle. 2 Escadrons Finckenstein.

✳ Je supose à peu pres vers Bortshausen, Frauenberg etc.

Il n'est pas croyable que Mr. de Broglie voulut tourner V. A. S. avec toute son armée pour tomber sur Marbourg. mais suposons ce cas. il apuyera donc la gauche de ses quartiers à Giessen, et etendra la droite vers Hombourg. V. A. S. prendra de son coté les arrangemens suivants.

2ond supos:

Le Bataillon de Trimbach, Stockhausen, les chasseurs et hussars hessois soutenûs par quatre cent hommes d'infanterie avec 2 pieces de canon, et 4 cent Dragons commandés du corps du G. M. de Scheiter et une compagnie de chasseurs à cheval sous les ordres d'un colonel ✳, qui auroit Derenthal pour adjoint, marcheroient à Hombourg pour couvrir nos convois, et pour agir sur le flanc droit de l'ennemi.

✳ Le collonel Bartels du Regt. de Charle et Müller de Busch Drag.

Les 5 Bataillons de Grénadiers occuperont en decà de la Lahne des quartiers

✳ NB. Il n'est pas
parlé ici des 3 B. aux
ordres du Pr d'Anhalt,
savoir Charle, Anhalt et
Dolle. Probablement re-
tourneroïent ils à la
grande armée, ce qui la
met à 24 Batt. aparament
la Cav. aussi.

✳ Bauer sait mes idées.
Je lui en ai parlé, il
n'a qu'à les mettre par
ecrit, afin que cela serve
de base.
✳ Ils y seront un
peu en l'air. Je propose-
rois plustôt le Sleyberg
et Felsberg.
Suite de la seconde
Suposition.

✳ Ceci est à determiner
encore plus speciellement
pour où il doit se rétirer.
Abandonnera-t-il aussi
Hombourg, où il y a
du canon de Marbourg?

✳ La ville n'est sus-
ceptible d'aucune defense.
Ceci doit être expliqué
plus clairement.

aux Environs de Wolffshausen et en défendront le pont. ✳

Le corps du G. M. de Scheiter cantonne
autour de Marbourg, et s'attache à la defense de cette ville.

L'armée consistant en 24 Bat. et 26 Escadrons occupe des quartiers entre Kroffdorff,
Hohen Solms, Wilsbach, Dam et Udenhausen.

Il faut luy choisir un Emplacement convenable pour récevoir l'ennemi, s'il vouloit
passer la Lahne entre Giessen et Wolfshausen ✳

Les chasseurs de Freytag à l'exception
de la compagnie à cheval, qui se trouveroit
avec le corps detaché à Hombourg, de même
que les hussars de Jeanneret, seroient placés
à Heuchelheim et Kintzbach. ✳

Voicy à présent les manoeuvres offensifs et défensifs que l'Armée doit faire dans
cette position. Si l'ennemi détache par sa
droite pour passer l'Ohme, et pour pénetrer
en Hesse un corps considerable de 5, 6 ou
même de dix mille hommes, alors notre corps
detaché à Hombourg s'en rétire; ✳ il
fait entrer cent cinquante hommes à Ziegenhain, et avec le reste il observe l'ennemi.
Le corps du G. M. de Scheiter quitte alors
les Environs de Marbourg pour aller combattre l'ennemi, qui aura passé l'Ohme pour
pénetrer en Hesse. Si l'ennemi n'est que de
5 mille hommes, le corps de Scheiter suffit;
si l'ennemi est plus fort, il faut y ajouter
les Grenadiers avec le Regiment de Holstein.

Si l'ennemi ne passe pas l'Ohme, mais
s'attache à attaquer la ville de Marbourg, ce
qu'il ne pourra faire qu'avec tout au plus
dix mille hommes, le G. M. de Scheiter et
les Grenadiers défendront la ville. ✳

Si l'ennemi passe la Lahne entre Giessen et Wolffshausen, il faut lui livrer bataille.

Quant aux mouvements offensifs, que V.
A. S. fera faire, ils consistent dans les suivants. Jeanneret et les chasseurs placés à
Heuchelheim seront soutenus par le Bataillon
de Wersebé et 2 à 3 cents Dragons. ils tacheront d'infester la route de Francforth à

✳ Giessen est una ter- rible pierre d'achoppe- ment pour cette offen- sive.

Seconde suite de la seconde Suppo- sition.

✳ NB. inclusivé Dre- ves.

✳ Il n'y a que 7 Esc. inclusivé Miltitz.

✳ ceci n'est pas bien clair, d'où l'on tirera ce renfort inopiné.

✳ Ceci est encore à arranger.

✳ c'est encore à ar- ranger et à donner les ordres en consequence.

Giessen. ✳ Le corps détaché à Hombourg empêchera le plus qu'il pourra, que l'ennemi ne puisse tirer des fourages de Fulde. Le reste des mouvements offensifs est deja ex-pliqué par ce que j'ay dit du corps de Scheiter et des Grenadiers dans le cas que l'Ennemi passe l'Ohme pour penetrer en Hesse.

Wangenheim observe le corps ennemis qui est sur la basse Lahne, suposons que le Détachement du bas Rhin le joigne, et qu'il grossisse par là au point à faire un corps d'armée de 12 à 15 mille hommes. Wan-genheim ayant 7 Bat. d'Infanterie le Bat. de Keith Ecossois, 8 ✳ Escadrons et deux Escadrons de Luckner, a àpeuprés 7 mille hommes. il est donc en état d'empecher l'En-nemi de passer la Dille; mais si l'Ennemi parvint à la passer, alors il faudra le ren-forcer inopinement, et tomber sur l'ennemi et tacher de le batre. ✳

Wangenheim doit tenir le Colonel Fischer en respet; ✳ mais s'il n'y pût reussir, et si la diversion d'Imhoff dans le païs de Bergues n'oblige pas l'Ennemi de rappeler Fischer, alors Mr. d'Imhoff fera marcher le major Friedrichs avec sa brigade par le Duché de Westphalie, pour agir de concert avec Luckner. ✳

(Copia)   No. 2.

✳*) Ich werde so eben avertirt, dass der Feind gegen Giessen en force anmarschiret; es könnte seyn, dass er eine attaque auf meine Quartiere brusquiren wolle; ich lasse dahero diejenigen, welche vorauf liegen, die Waffen nehmen, um auf alle Fälle bereit zu seyn.

Ew. Excellenz werden mir sofort die beiden Bataillons von Maxvell und Bock, oder das sogenannte zweite hannöversche Grenadier-Bataillon anhero senden; Sie nehmen ihnen emplacement an den Weddebergen, welches ihnen schon vorhin ist assigniret worden.

So baldt Ew. Excellenz vernehmen, dass ich allhier attaquiret werde, passiren sie mit denen beyden übrigen Grenadier-Bataillons und dem Regiment von Finckenstein die Lahne, und avanciren mit selbigen auf meine linke Flanque, um selbige zu decken. Der Printz von Anhalt ziehet sich alsdann bey Stauffenberg mit denen 3 übrigen Bataillons und dem Regiment von Holstein zusammen.

---

*) N. d. H. Diese ordre, welche sich copeylich in den Acten vol. 264. befindet, scheint an den General Wutginau gerichtet zu sein.

Rücket ein überlegenes Corps auf den Printzen an, so passiret er mit diesen eben erwähnten 3 Bataillons und dem Regiment von Holstein nebst denen leichten Truppen gleichfalls die Lahne, und lässet sich mit dem Feind in kein ungleiches Treffen ein.

Rücket auf denselben aber gar kein Feind an, so passiret er mit denen 3 Bataillons und dem Regt. von Holstein dennoch die Lahne, lässet aber die leichten Truppen auf jener Seite der Lahne beym Stauffenberg. Der Printz nimmt in diesem und in dem eben vorerwehnten Fall sein emplacement bey Udenhausen und marschiret im Fall der Noth auch vorwärts auf meine linke Flanque.

Ew. Excellenz müssen also 1. die Bataillons Maxvell und Bock mir anhero senden; 2. die beyden übrigen Grenadier-Bataillons nebst dem Regiment von Finckenstein marschfertig halten, um solche sofort die Lahne passiren lassen zu können; 3. die 3 Bataillons, welche auf ihrem linken Flügel stehen, an sich nach dem Stauffenberg heranziehen und nebst dem Regiment von Holstein in Bereitschaft halten lassen, dasjenige zu executiren was ich vorerwehnt habe.

Alles dieses müssen Ew. Excellenz sofort in Ordnung bringen; Sie können nur dem Major von Schlieffen davon die Commission auftragen. ich bin pp.

Croffdorff   Ferdinand. Hz. Bu. L.
den 27. Dec. 1759.

um 6½ Uhr des Abends.

(Copie).

**) Ich werde so eben avertiret, dass der Feind en force gegen Giessen anrücket. Er hat wirklich auf alle meine Vorposten fast zu gleicher Zeit attaquiren lassen. Es könnte seyn, dass er eine attaque auf meine Quartiere diese Nacht oder Morgen früh brusquiren wollte. Ich lasse also alle meine vorwärts liegende Quartiere beym Gewehr die Nacht passiren, um auf alle Fälle bereit zu seyn.

Ew. Excellenz werden daher alle die unter Dero Commando stehende Regimenter beordern, angezogen zu bleiben. Auf das erste Signal rücken Ew. Excellenz sofort auf ihren alten Platz bey Hermanstein. Wenn Dieselben wahrnehmen, dass Sie von der Seite von Leyn (Leun?) und von der Dill keinen Feind haben, so rücken Sie mit dem corps auf meine rechte Flanque, um solche zu decken, nemlich, wenn ich attaquiret werden sollte; werde ich aber nicht attaquiret, so bleiben Ew. Excellenz auch auf ihrem alten emplacement.

Den G. M. v. Dreves werden Ew. Excellenz mit denen beyden Bataillonen, die unter seinem commando stehen, nebst dem Regt. v. Militz beordern, dass er auf die Höhe von Wald Görmis marchiret und allda diese Nacht au bivouac passiret. Im Fall ich attaquiret

---

*) N. d. H. Diese Ordre, welche sich copeylich in den Acten vol. 264. befindet, scheint an den General v. Wangenheim erlassen zu sein.

werde, marchirt er sofort auf meine rechte Flanque und suchet solche
zu decken: In den Rotheimer Wald, da, wo das Bataillon von Sachsen-
Gotha campiret hat.

   Ich bin übrigens Ew. Excellenz

            ergebener freundwilliger

                Diener

    Kroffdorff   Ferdinand Hz.Bu.L.
den 27. Dec. 1759.

   um 7 Uhr Abends.

  Es folgen nun noch in den Acten vol. 264 nachstehende, anscheinend von der Hand Bauer's geschriebene, ordres des Herzogs:

No. 3.

  * Des Herrn Generals von Wangenheim Excellence marchiret bey
einem enstehenden allarm mit Dero untergebenten corps auf die gehabte
position bey Hermanstein. Im Fall derselbe nun nicht vom Feind attaquiret wird, so nähert sich das corps in der grossen Strasse dem
Ort Hohen Solms und occupiret die Höhen zwischen selbigem und Königsberg, um sowohl sich auf unsern rechten Flügel zu ziehen, als
auch im Fall der Feind unsere Flanque zu tourniren suchen würde,
ihme eine Diversion machen zu können. Der Lieutenant Kuntze ist
insoferne morgen nichts erhebliches dorten vorfällt, hierher zu senden,
um von dem Capit. v. Bauer nähere instructions zu empfangen.

   Cr. d 27. Dec. Abends 11½ Uhr.

   An den Gen. Lieut. von Wangenheim.

No. 4.

  * Der Herr General-Major von Dreves occupirt bey entstehendem
allarm die Höhen hinter Waldgörmes und zwar diejenigen, wo ehedem
das Bever'sche Corps campiret; sobald als der Feind die bey Croffdorff stehende armée attaquiret, marchiret derselbe über Haina zwischen
Rolheim und Bilber auf die zwischen Rolheim und Fellinghausen befindliche Höhe ohngefähr da, wo das Regt. von Bland campiret, um
sowohl das Debouchiren durch Rolheim zu verhindern, als auch die
rechte Flanque zu decken. Der Fähnrich Hohgrebe ist hiervon instruiret
und wird sich dessfalls noch heute bei dem Herrn General einfinden.

   Croffdorff d. 27. Decemb. 1759 Abends 11½ Uhr.

   An den G. M. v. Dreves.

No. 5.

  * Bey entstehendem allarm rassembliret sich das Ew. untergebene
Corps auf der Höhe bey Stauffenberg, und sobald als der Feind mich
bey Croffdorff attaquiret, marchiren Ew. Excellence mit denen Grenadier-Bataillons von Donop und Geyso nebst den 5 Escadrons v. Finckenstein über die Brücke von Rüdershausen nach der Höhe bey Wismar,
solches vor und Wismarbach hinter sich lassend, um, im Fall der Feind
unsere Flanque zu tourniren suchte, ihm auf die seinige eine Diversion

machen, weniger nicht demnächst die Werke, so ehedem: das Regt. v. Imhoff besetzt gehabt, occupiren zu können, wobey die 5 Esquadr. v. Finckenstein im 2. Treffen zu placiren sind. Ein guide wird von hier, aus hingesandt und der Major v. Schlieffen wird ebenfalls bey denenselben verbleiben.

Croffdorff d. 28. Dec. 1759. Morgens um 3 Uhr.
An des H. General v. Wutginau Excellenz.

No. 6.

* Nachdem bey einem entstehenden allarm sich das gantze corps rassembliret und bey einer attaque des Feindes, der H. General v. Wutginau auf meine linke Flanque marchiren wird, verbleiben Ew. Liebd. auf der Stauffenberger Höhe mit denen Regt. Pr. Anhalt, Pr. Charle und Toll, sodann denen 5 Esquadr. Pr. Holstein und allen leichten Truppen stehen, und suchen bey einer attaque von einem schwächern Feind denselben anzugreiffen, bey Anrückung einer überlegenen Macht aber sich bey Rüdershausen über die Lahne zu ziehen, die Höhe von Udenhausen, wo ehedem das Holsteinische Corps campiret, zu occupiren und dadurch die Seite von Marburg zu decken, zuvörderst aber die Brücke von Rüdershausen gäntzlich zu ruiniren. Insofern aber sich dorten gar kein Feind präsentiren, hingegen die armée hier attaquiret werden sollte, so marchiren Ew. Liebd., nachdem Sie alle leichten Truppen zurückgelassen, nach der Höhe von Wismar und suchen dem Feind eine Diversion auf dessen Flanque zu machen. Der Major du Plat und die beyden Capitains Wintzingerode und Riedesel verbleiben bey Denenselben, und von hier wird ein guide gesandt werden, so die march-route zeigen wird.

Cr. den 28. Dec. 1759. Morgens um 3 Uhr.
An den Printzen von Anhalt.

No. 7.

**) Der General Wangenheim ist beordert worden, im Fall ich attaquiret werde, auf sein altes emplacement bey Hermannstein zu rücken. Wenn er von Leyn aus nur von der Seite der Dille keinen Feind gegen sich hat, so soll er auf meine rechte Flanque marchiren, und solche decken. Dreves passiret mit den 2 Bat. so unter seiner ordre stehen, und dem Regt. v. Miltitz die Nacht au bivouac auf der Höhe von Waldgörmes. Er soll gleichfalls, im Fall ich attaquiret werde, auf meine rechte Flanque marchiren. Sie müssen also beyden Generals besondere guiden zusenden, um sie zu führen, auch für beyde wegen des Emplacements, welches sie auf meiner rechten Flanque zu nehmen haben, um den Feind selbst en flanque nehmen zu können, eine instruction aufsetzen, die ihnen noch heute Abend zugesendet werden muss. Ich lasse die beyden Bataillons Grenadiers Maxfeldt und Bock anhero kommen. Selbige occupiren die Ihnen schon vorhin assignirte Emplacements an den Wetterbergen.

---

*) N. d. H. Diese Ordre ist ohne Zweifel an Bauer selbst gerichtet.

↑. Die 2 übrigen Bataillons Grenadiers nebst dem Regt. von Finckenstein passiren die Lahn', sobald vernehmen, dass ich allhier attaquiret
werde. Sie sollen meine linke flanque decken.

Die 3 Bataillons Infanterie und das Regiment von Holstein ziehen
sich alsdann unter dem Pr. von Anhalt beym Stauffenberg zusammen,
und passiren gleichfalls die Lahne, im Fall sie von einer überlegenen
Macht attaquiret würden oder auch gar keinen Feind gegen sich hätten. Diese nehmen alsdann Emplacement bey Udenhausen und decken
meine linke flanque.

Wutgenau muss also einen Guiden vor die 2 Batt. und das Regt.
v. Finckenstein haben nebst einer Anweisung des Emplacements auf
meine linke flanque.

Der Prinz von Anhalt muss nicht weniger Guiden und eine gleich-
mässige Instruction erhalten, im Fall er keinen Feind gegen sich hat,
mithin nach geschehener passage der Lahn zu Udenhausen zu verbleiben nicht nöthig hat, sondern gleichfalls auf meine linke Flanque
marchiren muss.

Croffdorff den 27. Dec. 1759.

Ferdinand,
Herzog zu Braunschweig und Lüneburg.

No. 81.

Arrivé le 27. Dec. 1759.
à 10 h. du soir.

Monsieur Mon Cousin.

La lettre de Votre Altesse du 18. de ce mois (déchiffré):
„dont Vous m'avez honoré, m'a fait d'autant plus de plaisir, que j'ai
trouvé, que pour ce qui regarde le corps des troupes aux Ordres de
mon cher Neveu, j'ai justement pensé de la même façon que Votre
Altesse, et que mon intention sur l'usage à faire de ces Troupes pour
une Diversion, s'est trouvé parfaitement d'accord à Vos pensées. Je
comprends très bien jusqu'où vous avez besoin de ces Troupes, que
Vous avez eû la bonté de me prêter; ainsi vous devez être assuré,
cher Prince, que dès qu'il me sera possible, je ne perdrai pas un instant de Vous les renvoyer. Quant aux fourages, il ne sera pas besoin,
que ce corps depense un sous, et j'ay pris mes arrangements, pour que
le païs en fournisse tout ce qu'il en faut; je m'étois d'ailleurs déja
arrangé, de lui faire fournir la farine, et au cas que celle qu'il a avec
lui ne fut suffisante, je lui en fournirai avec plaisir à son rétour ce
qu'il faudra. Mes avis de Dresde portent, que Daun a fait tous ses
arrangements pour s'en rétourner en Bohême, et qu'il tient le pied à
l'étrier, pour pouvoir marcher du jour au lendemain; l'on ajoute que
cependant le Marechal Daun avec quelques uns de ses generaux ne
sauroient encore se persuader de la réalité de ce secours, et qu'ils
croioient qu'il ne sauroit arriver avant Paque. Celà me confirme dans
l'idée que dès qu'ils apprendront que ce secours s'approche de Kem-

nitz, ils n'attendront plus pour se retirer. Soyez très persuadé, que je ne risquerai rien ici, ni n'agirai autrement avec ces Troupes, à moins que le cas d'une necessité absolüe m'y oblige. En attendant j'ai tout lieu de croire, que le mouvement de ce secours vaudra toujours une Diversion efficace, et que autant que je puis entrevoir jusqu'ici, ce sera à peu près aux derniers jours de l'an que notre Expedition sera finie ici."

Je suis avec les sentiments de l'estime et de l'amitié la plus distinguée

M. M. C.

de V. A.

à Freyberg   le bon Cousin

ce 23. Dec. 1759.   Federic.

      (de propre main:) Selon Mes Nouvelles Daun partira demain. Vous serez informé de tout et je n'abuserai en rien de la bonne foy de mes alliéz.

Fr.

No. 74.

** Au Roy.

à Kroffdorff ce 27. Dec. 1759.

La Lettre que V. M. m'a fait la grace de m'ecrire du 23. vient de m'etre rendue. (en chiffres:) „j'aprends avec le plus vif plaisir, que tout va bien chez V. M. Selon ce qu'Elle daigne me dire de Daun, je crois qu'il ne voudra pas attendre les Extremitez.

„Les affaires sont icy dans une crise à être decidées en fort peu de temps. Les francois sont aujourdhuy révénus à Giessen; je ne penétre pas encore leur dessein, s'ils veulent ravitailler seulement la place, ou si le nouveau Maréchal veut livrer bataille. Nous passons la nuit au bivouac, et sommes prèts à le récevoir.

Je suis avec un tres profond respect etc.

F.

(Archiv-Acten vol. 264.)

à Kroffdorff ce 27. Dec. 1759.

** Pour le Prince héréditaire.

Je viens de récévoir la lettre que V. A m'a faite l'honneur de m'écrire de Poenig. Je suis charmé au possible d'aprendre que les affaires prennent un bon pli en Saxe. S M. m'écrit en date du 23. que Daun tient le pied à l'étrier.

Les Francois sont enfin revenus auprés de Giessen, ils occupent tous les villages, qui sont vis à vis de moi. Je ne sais pas encore si Mr. le Maréchal de Broglie veut livrer bataille, ou s'il se bornera à ravitailler la place. Nous passons la nuit au bivouac et somme prets à le recevoir demain. J'ay l'honneur d'etre pp.

(Archiv-Acten vol 264.)   No. 1.

Ce 29. Decembre 1759.

** Monseigneur,

Je suis du meme avis avec V. A. S. sur ce qu'Elle me dit, de la convenience de faire partir les gros bagages de Corbach. Si on les envoit cependant à Cassel, on tombe dans le meme inconvenient, qu'on eviteroit en faisant partir les bagages de Corbach, savoir de consumer le fourage amassé pour le service de l'Armée; on augmenteroit d'ailleurs les plaintes de Msrs. de Cassel, qui voudroient que cette ville, et ses Environs fussent de moins chargés que possible des quartiers des Troupes. C'est pourquoi il m'est venû la pensée que j'ay deja exposée dans la Lettre à Mr. Hunter.

No. 2.

Ce 29. Decembre 1759.

** Monseigneur,

Avant que de donner les ordres pour le Depart des Bagages de Corbach, ne faudra t-il pas attendre la reponse de l'intendant sur la Demande que V. A. S. luy fait, s'il y a de fourage d'amassé sur le Weser de la quantité de la livraison imposée à l'Eveché de Hildesheim? Car dans ce cas là il vaut mieux, pour epargner le depot de Paderborn, de faire cantonner les Bagages du coté de Beverungen, où ils pourront se rendre par Warbourg. Ils ne risqueront rien des Fischers dans cette traite, quoique je croye qu'ils ne risqueroient non plus rien en allant de Corbach par Stadbergen à Paderborn.*)

No. 3.

Ce 29. Decembre 1759.

** Monseigneur;

Cecy contient des plaintes de la regence de Paderborn et de Mr. de Röder; le tout m'a été adressé pour en faire mon raport à V. A. S. j'y ay joint d'abord ma reponse. V. A. S. n'a besoin de lire ces longues deductions, en parcourant mes reponses Elle verra de quoi il s'agit.

No. 82.

Arrivé à 10 h. du soir
le 29. Dec. 1759.

Monsieur Mon Cousin.

La lettre de Votre Altesse du 21. de ce mois m'a eté rendüe, au sujet de laquelle Je suis bien aise de vous dire, que (déchiffré:) „notre cher Neveu a eté hier avec son Corps de Troupes à Altenbourg, d'où il a passé hier à Poenig, de sorte qu'il sera apparemment aujourd'huy à Chemnitz, où il fera cantonner les Troupes, et détachera son avantgarde à Tschopa, après qu'un détachement des miennes l'y aura dévancé. Au surplus le bon effet de sa Diversion se fait déja sentir ici,

---

*) N. d. H. S. den Erlass an den Obrist v. Reden, unten.

car je viens d'apprendre, que non seulement deux Regiments de la Cavallerie ennemie sont actuellement entrés en Bohême, mais differents deserteurs m'ont dit unanimement, que l'Infanterie ennemie auprès de Dippolswalde les passe aujourd'huy, j'espere de savoir avec certitude vers ce Soir. Mes avis de Dresde continuent d'assurer que l'Ennemi a renvoïé une partie de ses Bagages en Bohême, qu'on y a fait partir des Officiers, pour y arranger les quartiers d'hyver pour les Regiments de l'armée de Daun, de façon que je me flatte, que je n'aurai pas lieu d'incommoder le Corps aux ordres de notre cher Neveu plus loin qu'à Kemnitz, et que vous pourrons finir notre Campagne ici vers les derniers jours de l'an."

Je suis avec l'amitié la plus decidée et l'estime la plus parfaite

M. M. C.

de V. A.

le bon Cousin

Federic.

à Freyberg

ce 25. de Dec. 1759.

(de main propre:)

Nous touchons au Deuouement et j'espere que la terme ne sera point Ensanglantée.

Federic.

No. 75.

à Kroffdorff ce 29. Dec. 1759.

** Au Roi.

Je viens de récevoir la Lettre que V. M. m'a fait la grace de m'ecrire du 25.

(en chiffres:) „Rien n'égale la joïe et la satisfaction, que je ressens, des bonnes nouvelles que V. M. veut bien me mander. J'espère que tout ira à souhait, et j'attends avec impatience le dénouement. Les affaires ne sont pas encore decises icy; je soupçonne même à present, que Mr. de Broglie se bornera à ravitailler la ville de Giessen. Le duc de Wurtenberg étoit hier à Schotten avec ses troupes; Mr. de Vogué avec six mille hommes à Limbourg, et le gros de l'armée francoise cantonne autour de Butzbach, en occupant les villages situés entre cette ville et Giessen. On s'est canoné le vingt sept, quoique foiblement et sans effet, comme je crois, de part et d'autre. Je suis sur mes gardes, le mieux que je puis, et je ne compte pas de réfuser le combat, si Mr. de Broglie en veut absolument.

J'ay l'honneur d'être avec un tres profond respect etc.

No. 12.

reçu le 2. Janv. 1760. à h. du soir.

** Kroffdorff ce 29. Dec. 1759.

Nous avons eté tous ces jours passés dans l'attente d'une Bataille. Mr. de Broglie qui est devenû marechal de France doit avoir recû l'ordre de nous attaquer. Nous ne comptons pas beaucoup sur des ordres pareils vû qu'ils ne peuvent pas faire tout, et qu'il s'agit d'avoir encore les moyens de les executer. Cependant tous les avis se reunirent à nous assurer que Mr. de Broglie attiroit à luy tous ses Detachemens, que Mgr. le Duc de Wurtenberg s'approchoit de l'armée francoise et qu'Armentieres faisoit un Detachement de Cologne à Hachenbourg, pour nous tomber à dos. Un Secretaire du comte de Wartensleben arriva icy la veille de Noël pour aporter au Duc l'avis, que Mr. de Broglie alloit nous attaquer. Cet avis etoit fondé sur une Lettre ecrite par le dit Duc à S. A. Electorale de Mayence. Comme ce meme jour les grenadiers de France avec tout ce qu'il y avoit de troupes entre Butzbach et Friedberg s'avancoient vers la Lahue, le Duc crût que Mr. de Broglie pouroit bien avoir le dessein de profiter de l'absence du prince héréditaire. Il se prepara donc au combat; il retrecit ses quartiers et fit revenir le gros canon, qui avoit été renvoyé à Marbourg. Les Francois parurent devant nous le 25. ou ne savoit pas si c'etoit toute l'armée ou une partie: Selon les avis que nous recumes de tous cotez c'etoit toute l'armée; mais le Duc soupconna que ce n'etoit qu'une partie et il paroit, qu'il a eû raison. Les francois pourront peutetre se borner à Ravitailler la ville de Giessen sans tenter la fortune d'un combat. Si c'est cependant leur intention d'en donner ils seront servis j'espere comme il faut. Je doute neanmoins que la chose puisse avoir lieu demain ou apres demain. Car Mgr. le Duc de Wurtenberg etoit hier encore à Schotten; Mr. de Voyer avec 6 mille hommes à Limbourg, et je soupconne que le gros de l'armée francoise est encore au dela de Butzbach. Nous ignorons si le corps d'Armentieres avance; il y a un demi heure que j'ay reçu un avis secret de Neuwied qui dit qu'oui; mais j'ay de la repugnance à y ajouter foi. On s'est canoné le 25 et le 26 de part et d'autre du coté de Klein-Linnes et de Heuchelheim sans aucun effet, je crois de part et d'autre. Les Ennemis nous ont blessé deux hommes; nous avons trouvé un couple de françois de tués au dela de la Lahne, voilà tout. Vous concevrez aisement que tout cela a causé du vacarme, et que j'ay dû perdre beaucoup de temps; ce qui a influé sur ma correspondance.

Le prince héréditaire est arrivé le 25 à Chemnitz; sans doute contre l'attente du Marechal Daun. Son Excellence n'a pas voulû ajouter foi à ce secours; Elle a dite à ses generaux que s'il s'etoit mis en mouvement, il ne pourroit arriver à l'armée du Roy avant Paques. Elle s'est meprise dans son calcul de trois mois. Car le prince pouroit joindre le Roy le 26. Mgr. le prince dit dans son raport au Duc qu'il n'a perdû dans cette marche ni un seul homme de tout corps. Voicy un petit extrait d'une Lettre de S. M.; elle etoit ecrite de main propre. Je viens de faire dechiffrer une autre Lettre du 25. S. M. y dit que le secours opere à merveille, que Daun commence à defiler, et qu'elle espere qu'avant la fin de l'année Fabius aura quitté la Saxe.

Comme je n'ay pas le temps d'ecrire en Angleterre, je vous prie de communiquer cecy à Monsieur de Y.

Mettez-moi je vous en prie aux pieds de S. A. S. Je vous souhaite une bonne et heureuse nouvelle année.

(à Mr. de Haenichen.)

**✱✱ An den Herrn Kammer-Präsidenten✱)
von Massow.**

Den 27. December 1759.

Se. Durchlaucht haben mir gnädigst befohlen, Ew. Hochwohlgeboren die Original-Anlagen zu übersenden, welche eine Beschwerde der Paderbornischen Regierung gegen die Casselschen Fuhren enthalten. Die Versorgung der Armée ist das erste Gesetz; so weit solche leiden würde, kann dem Gesuch der Paderbornschen Regierung nicht deferiret werden. Es enthält aber auch derselben Vorstellung solche Punkte, darin man ihr billig Gehör geben muss, und die, wenn sie abgestellet werden können, dem Lande nicht mehr als der Armée selbst zum Nutzen und zu derselben besseren Verpflegung gereichen werden. Se Durchlaucht empfehlen dahero Ew. Hochwohlgeboren, so weit es möglich, das Land zu soulagiren, der Armée aber auch nichts abgehen zu lassen.

Der Kammer-Herr von Roeder hat mir angebogenes memoire zugesendet. Ich habe Sr. Durchlaucht daraus Vortrag gethan, und Höchstdieselbe haben mir befohlen, Ew. Hochw. solches in originali zu übersenden, und dieselben zu ersuchen, auf Mittel zu denken, wie ferneren Beschwerden abseiten des hessischen Hofes abgeholffen werden könne.

Ew. Hochwohlg. erhalten auch hierbei in Abschrift, was ich der Paderbornschen Regierung und dem Kammer-Herrn von Röder antworte.

Ich bin etc.

✱✱ An die Paderbornische Regierung.

Auf Sr. Durchlaucht expressen Befehl habe ich dem Herrn Kammer-Präsidenten von Massow Ew. an mich unterm 24. dieses erlassenes Schreiben übersendet. Höchstdieselbe können zwar die Fuhren, welche die Verpflegung der Armée unumgänglich erheischet, unmöglich remittiren, inzwischen haben Sie dem Herrn Präsidenten empfohlen, das Land nach aller Möglichkeit zu soulagiren.

Was hiernächst den Terminum anbetrifft, binnen welchem die imponirte quantité Fourage zu Paderborn abgeliefert seyn sollen, so prolongiren Se. Durchlaucht solchen hiermit bis auf den 30. Januar 1760.

Ich habe übrigens die Ehre etc.

✱) N. d. H. Drei Schreiben Westphalen's im Auftrage des Herzogs.

** An den Kammer-Herrn von Roeder.

Se. Durchlaucht empfehlen unter heutigem dato dem etc. Präsidenten von Massow, auf gründliche Mittel zu denken, denen Beschwerden der Hessischen Unterthanen ein vor allemal abzuhelffen. Der G.-I. hat eigentlich nur mit dem Major Uckermann als General-Entrepreneur contrahirt, und diesem sind keinesweges die Unterthanen à discretion übergeben worden; sondern der Herr Präsident von Massow hat die Direction des gantzen Fuhrwesens in Betracht der Fourage- und Mehl-Transporte erhalten, und ist von Sr. Durchlaucht auf das allerpräciseste beordert worden, die hessischen Unterthanen vor allen andern zu schonen. Die mesures des Herrn Präsidenten sind aber öfters durch allerley Zufälle solchergestalt derangiret worden, dass die Armée darüber in Noth gerathen, und solche dem Contract des M. Uckermann nicht gemäss verpfleget werden können. Wohero denn entstanden, dass man der Artillerie, denen Engländern, und verschiedenen andern Corps verstatten müssen, sich durch particuliers-Entrepreneurs mit Fourage versehen zu lassen.

Ev. Hochwohlg. ermessen dahero von selbst, dass man diesen letzteren nicht so schlechterdings die Fuhren refüsiren können, ohne die Armée in Noth zu bringen; hingegen ist es billig, dass Alles mit Ordnung geschehe, und der hessische Unterthan durchaus mehr, als die benachbarten geschont werde. Se. Durchl. empfehlen dieses wie schon erwehnt, dem Herrn Präsidenten von Neuem aufs beste.

Wegen der übrigen Punkte behalte ich mir vor, Ev. H. nächstens schriftlich aufzuwarten etc.

** An den Obristen von Reden. No. 4.

Die grosse Bagage der Armée, welche Ordre erhalten, nach Corbach zu marschiren, und allda bis auf weitere Ordre zu verbleiben, soll nunmehr von da über Warburg nach Beverungen marschiren und in und um diesen Ort in die Quartiere verlegt werden.

Die Fourage wird derselben von der Hildesheimischen Lieferung gereicht werden; inzwischen aber, bis davon ein Amas zu Beverungen gemacht werden kann, wird der Entrepreneur Levi die nöthige Fourage aus dem zu Beverungen angelegten Königlichen Magazin abliefern.

Der General-Intendant ist desfalls instruirt worden. Der Hr. Obriste werden also der bagage zum Aufbruch nach Beverungen die Ordre ertheilen, und dem dabey commandirten Officier wohl empfehlen, dass er bey der bagage Ordnung halte, die Fourage ordentlich empfangen und aufgeben lassen.

Kroffdorff den 29. Dec. 1759.

Ce 27. Dec. à 6 heures de l'après midi. ...

Monsieur. No. 17.

Je vous ai ecrit ce matin a 10 heures par des Couriers Anglois. Je ne sai si cette lettre les devancera. J'y ai ajouté un P. S. à 1 heure de l'apres midi dont le contenu m'a paru assés interessant pour le repeter ici. Savoir. Que les Trouppes dans le pais de Cleves se sont mis en marche le 24. Decembre pour aller se former en corps du côté de Cologne. On ignore ce qui occasionné cette marche precipitée, mais elle est sure. Les Regimens laissent leurs gros bagages dans leurs quartiers.

J'ecris par cette même occasion à Mr. d'I. et le courier a ordre de la remettre à Munster, au Commandant. Dieu sait si et quand elle lui parvient.

Suivant nos nouvelles du 23. de Francfort, tout y est en mouvement, comme vous le verrés par le Duplicat ci joint. Vous sentés bien mon cher Monsieur, que ces nouvelles nous rendent extremement inquiets, et que nous soupirons aprés les votres que Dieu nous veüille donner bonnes.

Mons. de Bernstorff, Conseiller de la Chambre de Sa Majesté Britannique, est revenu d'Angleterre avec les six postes d'hier au soir. Il a passé par ici sans voir personne. Il est tout à fait disgracié. —

Le parlement a accordé 12 millions, d'autres disent 14 millions de L. St.

Le Gouvernement a frêté des vaisseaux de transport pour cinq mille hommes, destinés à renforcer l'armée de Msgr. le Pr. Ferdinand.

On atend l'admiral Hawke de retour. Les 8 vaisseaux francois, qui s'étoient refugiés aprés le dernier combat, dans la riviere de Vilaine, se sont embourbés de façon, que les Francois n'en pourront jamais plus s'en servir, ni les en retirer.

Il y a eû une espece de revolte en Irlande, mais cela est appaisé, aprés qu'on a prouvé aux Irlandois, que le Gouvernement n'avoit jamais pensé à les incorporer sur le pied des Ecossois, comme un bruit malin et mal fondé leur avoit fait à croire.

Les Anglois sont trés fachés contre le Roi de Prusse, à cause de l'affaire de Finck. Cet Alexandre leur paroit apresent un Charles XII. qui ne suit que son caprice. Avec tout cela, je ne crois pas, que cela aura influence sur les affaires d'Etat.

Les billets sur la nouvelle Lotterie se paient deja à 4 L. St. de benefice, au dessus du Capital.

La marche du Pr. Her. en Saxe cause de l'inquietude en Angleterre. Et pour ne vous laisser ignorer rien, je prens la liberté de vous avertir, que Mr. Pitt l'approuve beaucoup, le Duc de Newcastle (qui aprouve apresent tout ce que Mr. Pitt dit et fait) de même. Mais le Roi et plusieurs autres Ministres Anglois voyent noir. Ils seront d'autant plus rejouis, si par l'evennement ils se verront detrompés. Adieu mon cher Monsieur, mandés moi bientôt la defaite de Mr. de Broglie, tandis qu'entre mille inquietudes nous faisons les voeux les plus ardens pour les heureux succes de Monsgr. le Duc Ferdinand, auquel je vous prie de me mettre aux pieds. Je suis tout à Vous.

* Mille compliments à Haenichen que j'étois bien sensible à toutes ses marques d'attention pour moi, que je lui faisois souhaiter la bonne année.

Ce 29. Dec. à 11 h. du soir.

Monsieur.   No. 18.

Mr. Pitt dans sa derniere harangue, a fait le plus beau pane-girique de Monsgr. le Duc Ferdinand et de Monsgr. le Prince Here-ditaire, en parlant de ces illustres Princes, ou comme il les appelloit, l'oncle et le neveu, il s'est servi de ce beau passage d'Horace, Nil Claudiae non efficient manus etc. etc. Je l'ai joint ici in extenso avec une Traduction comme un couplet que vous aurés la bonté de presen-ter à leurs Altesses Serenissimes pour la nouvelle année, en y ajoutant les voeux les plus ardens et sinceres pour que Dieu veuille les prendre dans sa sainte garde et les conserver dans tous les dangers.

Nous n'avons pas reçû de vos cheres nouvelles depuis votre der-niere No. 11 du 18. Dec. De grace ne laissés nous languir plus long tems. Tirés nous bientôt des inquietudes ou nous sommes.

J'aurois bien souhaité d'arreter encore le Courier pour 24 heures jusqu'à l'arrivée des postes du Rhin et de l'Empire. Mais la poste d'Angleterre etant arrivée, je me suis depeché autant que possible, pour vous faire parvenir les lettres, par ce qu'on nous mande, qu'elles pressent. —

Le Courier vous remettra une partie de la cire d'espagne, à peu pres 3 livres. Le reste suivra par le Courier prochain. C'est de la plus fine espece, aussi est il très cher. Chaque livre coute deux du-cats. Mais à mon avis, il est superbe.

Nous n'avons aucun nouvelle interessante. Mais nous en atendons avec les dernieres inquietudes et impatience de votre part, depuis que nous savons, que les Trouppes francoises se remuent de tout coté, et que ces gascons ne parlent à present que de livrer Battailles et Com-bats. Dieu donne qu'ils ayent le même sort qu'à Minden. à Dieu mon cher Monsieur, mandés moi bientôt la defaite de Mr. de Broglie.

On m'a chargé de mille complimens des plus tendres pour Mon-seigneur le Duc Ferdinand. Je vous prie de me mettre aux pieds de S. A. S.

Je suis tout à vous.

Die Archiv-Acten vol. 264 enthalten am Schluss des Dezembers 1759 noch folgende Ordres des Herzogs, von Westphalens Hand, über eine Expedition gegen das Fischersche Parteigängercorps.

** An d. G. M. von Scheiter.

Den 30. December 1759.

Der Herr General werden sofort nach Empfang dieser ordre 300 Mann vom Regiment von Estorff nebst 1 Canone imgl. 300 Mann vom Regiment von Block nebst 1 Canone: ferner 1 Escadron von Breiten-

III.   60

bach, und 1.Escadron von Busch **ohne Estendarte***) commandiren, sich unverzüglich zu Alna zu rassembliren. Die Infanterie und Cavallerie lassen alles Packwerk und Tornister in ihren Quartieren zurück, um desto leichter zu marschiren.

Dieses Detachement von Infanterie und Cavallerie stehet unter dem Obrist-Lieutenant Müller vom Regiment von Busch; und dieser ist an die Direction des Obristen Luckner verwiesen. Das Detachement ist zu einer Expedition destiniret, welche ungefehr 3 bis 4 Tage dauern kann. Mein General-Adjutant von Derenthal wird der Expedition beywohnen und die Instruction für den Oberst-Lieutenant Müller mitbringen. Lassen der Herr General das Detachement nur unverzüglich zu Alna rassembliren.

    \#\# An den G. L. von Wangenheim.
      Kroffdorff den 30. December 1759.

Auf den interceptirten Brief des Herrn de Voyer d'Argenson, nach welchem Fischer heute zu Siegen und morgen zu Ober-Lasphe eintreffen soll, lasse ich den Obrist-Lieutenant Müller mit 2 Escadrons von Busch und Breidenbach und 600 Commandirten von der Infanterie nebst 2 Canonen unverzüglich von Alna gegen Ober-Lasphe marschiren. Sie werden ungefehr um 2 oder 3 Uhr in der Nacht zu Breidenstein ankommen können. Sie haben ordre, sich alda ganz stille zu halten, bis Fischer zu Lasphe angekommen seyn wird, um alsdann denselben gehörig zu empfangen und zurückzuweisen. Mein General-Adjutant von Derenthal marschiret mit.

Um den coup desto sicherer zu machen, wird der Obrist Luckner mit dazu concurriren. Selbiger muss seinen Marsch auf Wissenbach richten. Der Obrist-Lieutenant Müller ist an des Obristen von Luckners ordre verwiesen; derselbe hat die ganze Entreprise weiter zu arrangiren. Ew. Excellenz werden ihm dieses bekannt machen, und die ordre ertheilen, dass er seinen Marsch en conformité dieses Desseins antrete, und sich mit dem Obrist-Lieutenant Müller concertire, welcher, wie schon vorhin gedacht, heute Nacht zu Breidenstein ankommen wird. Wir können Fischern unmöglich zu Lasphe lassen; der Obrist Luckner wird meine gegen ihn habende obligationen sehr vermehren, wenn er solchen tüchtig zurückweist.

Ich lasse den Major Friederichs mit seiner Brigade aus Westphalen zurückkommen; Selbiger ist auch an des Obrist Luckners Ordre verwiesen; Er wird aber erst in 5 oder 6 Tagen von ihm à portée seyn können.

            No. 3.
    \#\# Instruction für den Obrist-Lieutenant Müller.
      Kroffdorff den 30. December 1759.

Der Herr Oberst-Lieutenant Müller hat unter seinem commando 1 Escadron von Busch, 1 von Breidenbach, 300 Commandirte vom

---

*) N. d. H. Die unterstrichenen Worte von der Hand des Herzogs.

Regiment von Block und 300 Commandirte von Estorff nebst zwei Canonen.

Der G. M. von Scheiter ist beordert worden, dieses Detachement ohne Zeitverlust zu Alna zu rassembliren. Die Truppen lassen ihr Packwerk und Tornister in ihren respectiven Quartieren zurück, um desto leichter zu marschiren.

Sobald das Detachement zu Alna ganz versammlet ist, setzen Sie sich mit solchem in Marsch gegen Ober-Lasphe. Sie dirigiren ihren Marsch von Alna auf Breidenstein.

Ich glaube, dass Sie alda morgen früh gegen 3 Uhr anlangen können, indem Alna von Breidenstein nicht mehr als 5 Stunde entfernet ist. Wenn Sie alda anlangen, so halten Sie sich ganz stille, und lassen Sich im mindesten nichts von ihrem dessein merken. Solches bestehet darin, dem Obristen Fischer aufzulauern, und denselben aus dasigen Gegenden zu repoussiren.

Nach einem interceptirten Brief ist derselbe heute zu Siegen, und wird morgen zu Ober-Lasphe eintreffen.

Sobald Sie also nach Breidenstein kommen, ist ihre erste Sorge, einen treuen Boten aufzusuchen, den Sie über Lasphe gegen Siegen senden, um von dem Anmarsch des Feindes zeitig informiret zu seyn. Sie müssen die avenues von Breidenstein nach Ober-Lasphe zwar occupiren, aber ihre Leute insgesammt verdeckt stellen, auch diesen nicht einmal merken lassen, was ihr Project ist, sondern selbigen nur wohl empfehlen, alles anzuhalten, wodurch der Feind von ihrer Nachbarschaft informiret werden könnte. Der Angriff desselben dependiret von denen Umständen, und muss ich Ihnen die Disposition davon zu machen überlassen. Ich recommandire Ihnen aber, wenn es zum Angriff kommt, solchen mit force und mit aufgesteckten Bajonetten, ohne sich mit Schiessen lange zu amusiren, zu verrichten. Die Cavallerie muss die Infanterie souteniren.

Der Obrist von Luckner rücket auf seiner Seite gleichfalls gegen Lasphe an, und wird ungefehr um eben die Zeit zu Wissenbach eintreffen, wenn Sie zu Breidenstein ankommen. Derselbe wird den Angriff mit Ihnen zu gleicher Zeit zu thun suchen, und sich mit Ihnen darüber concertiren. Der Herr Obrist-Lieutenant haben denjenigen dispositionen, die er Ihnen proponiren wird, nachzuleben, indem ich dem Obristen Luckner die ganze Expedition en chef commitiret habe.

Mein General-Adjutant von Derenthal wird übrigens derselben beywohnen, und wie ich denselben von meiner Intention mündlich weiter instruirt habe; so haben der Herr Obrist-Lieutenant sich nach dem, was er Ihnen mündlich sagen wird, zu conformiren.   F.

* P. S. Brodt und Fourage müssen Sie auf Quitung vom Lande sich liefern lassen. Auch sonsten müssen Sie Ihre Commandirte so gut pflegen wie möglich. Sie warten meinen Gen.-Adj. von Derenthal nicht ab, sondern Sie treten Ihren Marsch von Alna nach Breidenstein gleich an.   F.

Schliesslich. enthalten die Archiv-Acten vol. 264 noch 2 Schreiben des Herzogs, (von Westphalens Hand) das eine vom 30. Dec. 1759 an die Regierung von Arnsberg, wonach aus dem Herzogthum Westphalen wöchentlich 50,000 Rationen nach Marburg geliefert und damit bis auf weitere ordre fortgefahren [werden sollen, das andere, vom 31. Dec. 1759, an den Fürsten von Waldeck, welcher ersucht wird, eine Quantität von 30,000 Rationen von dem in Corbach befindlichen Magazin nach Marburg bringen, und die hierzu nöthigen Fuhren in seinem Lande aufbieten zu lassen, so, dass dieser Transport vor dem 5. Januar vollendet sey. Ein Brief Haenichens (aus Westphalens Nachlass) vom 1. Januar 1760 wird hier noch aufgenommen, da er Vorgänge aus dem Jahre 1759 berührt.

Ce 1. Janvier 1760.

Monsieur,   No. 19.

Je commence la nouvelle année par des souhaits sinceres pour votre prosperité. Dieu veuille vous accorder l'année la plus heureuse.

Nous n'avons plus de Courier ici, et comme la poste d'Angleterre vient d'arriver, il ne me reste que de vous envoyer cette lettre sous le couvert de Mr. Laurenzy par la voye d'Hannovre.

Je n'ai pas reçu de vos cheres lettres depuis votre No. 11 du 18. Decemb. Ce long Silence me paroit un Siecle, sur tout dans la crise presente.

Les dernieres lettres de Francfort du 27. disent que Mr. de Broglie a voulu surprendre le 25. Dec. le corps que Monsgr. le Duc Ferdinand avoit poussé au delà de la Lahn; qu'il avoit voulu ensuite faire une seconde tentative; qu'il avoit crû de l'avoir deja dans le Sac; mais qu'il faloit absolument qu'il eût été trahi, parcequ'il avoit trouvé toute fois S. A. S. prête à le recevoir.

Je vous ai informé dans une de mes precedentes de la marche du Corps d'Armentieres et de sa force. Cela s'est confirmé depuis, et pour rendre l'affaire plus touchante, je dois y ajouter, que tout ce corps a laissé ses Drapaux, Etendarts et Timbales avec son gros bagage dans ses quartiers, aparamment par une sage prevoyence de ne les perdre. Comme le Rhin charie, ce corps n'a pû le passer que le 26. et le 27. Jamais on n'a vû marcher des Trouppes si à contre coeur, depuis le Chef jusqu'au dernier Tambour. Car Mr. d'Armentierés etoit justement sur le point de partir pour Paris, lorsqu'il reçut l'ordre de marcher vers Cologne.

Nous n'avons aucune nouvelle, ni du Roi, ni du Pr. Hereditaire. On se dit à l'oreille, que Sa M. a reçu un coup de feu à la jambe à la battaille de Cunnersdorff, dont Elle etoit mal guerie. Que la jambe etoit extremement enflée et que Sa M. ne pouvoit plus aller à Cheval. Toutes les Gazettes disent qu'Elle a fait venir de Geneve le fameux Medecin Tronchin.

Je joins ici trois lettres, que vous aurés la bonté de remettre à leurs adresses.

Nous sommes extremement inquiets apres vos nouvelles, non de crainte, que Mr. de Broglie vous fasse du mal avec sa superioté decidée. Nil Claudiae non efficient manus etc. Mais parceque cette inquietude tient si naturellement et si fortement avec l'attachement de vos amis, qu'elle doit s'augmenter à mesure qu'on y pense et que vous continués votre affreux silence.

On m'a chargé de bien de Complimens pour vous, et de mille assurances de la plus tendre amitié pour Monsgr. le Duc Ferdinand. Je vous suplie de me mettre aux pieds de S. A. S. L'année passée a eté si glorieuse pour Elle, que je voudrois qu'elle eût durée encore quelques mois. C'est Miladi Anson qui s'est servie de cette expression dans une lettre à Mr. Yorke son Frere. Dieu veuille accorder à S. A. S. les plus heureux Succès dans la nouvelle année, et la conserver dans touts les dangers. Adieu mon cher Monsieur je suis tout à vous à jamais.

Présen. ce 1. de Janvier 1760.   No. 83.
à 6 heures du soir.

Monsieur Mon Cousin.

(dechiffré:) „Je vous suis obligé de la Communication que Vous avéz bien voulû me faire par Votre lettre du vingt un de la Situation où se trouvent actûellement Vos affaires. Soyéz assuré, que je ferai tout mon possible, pour pouvoir vous renvoyer bientôt le Corps de Vos Troupes destiné à mon secours ici. Je ne saurois pas nier cependant, que je rencontre une grande obstination auprès de l'Ennemi; il faut ainsi que je cherche à la rompre par des mouvements, que je ferai. Je n'entreprendrai rien qui ne soit practicable, ni ne commettrai rien à trop d'hazard, mais je me flatte de manoeuvrer en sorte, dé serrer l'Ennemi et de le fàtiguer tant, qu'il resoudra enfin de quitter la partie. C'est pourquoi je marcherai demain avec mes Troupes. Soyez persuadé en attendant, je Vous en prie, que je menagerai Vos Troupes au possible, âfin de pouvoir vous les renvoyer sans perte et en bon état; et si je vois que je ne saurai reüssir par mon plan, je Vous renverrai vos Troupes sans les plus arretter. Je communique à votre cher Neveu toutes les Nouvelles que je reçois de l'Ennemi: il vous en fera part, âfin que Votre Altesse soit au moins confirmée par là que je n'entreprendrai rien sans que le necessité m'y oblige, et sans commettre tout au hazard, et que surtout je menage au possible vos Troupes; mais il faut absolument, que je fasse la susdite tentative pour voir ce qu'il y aura à faire.“

Je suis invariablement avec les sentiments de mon estime et de mon amitié pour Elle,

Monsieur Mon Cousin
de Votre Altesse
le bon Cousin
Federic.

à Freyberg ce 29. de Decembre 1759.

Au Prince Ferdinand de Brunswic.

Monseigneur,

J'ai l'honneur de présenter enfin à Votre Altesse Sérenissime les listes de la Diminution que Son Armée a souffert prendant le courant de l'Année dernière.

Il n'y a pas de ma faute, Monseigneur, que je ne me suis acquitté plutôt de ce Devoir, quelques Corps m'ayant fait écrire quatre lettres, avant que d'avoir pû recevoir d'eux la dite liste.

Votre Altesse Serenissime trouvera que le nombre differe au delà de 2000 hommes que l'Armée a diminué de plus, que l'année 1758, mais la proportion s'y trouvera presque égale, si on compte de combien l'Armée a été plus forte l'Année dernière, que celle qui l'a precedé.

Paterborn le 20. de Mars 1760.

D. Reden,
Adj.-Gen.

(Archiv-Acten vol. 232. Varia pro 1760. [März, April.])

Diminution

de l'Armée de Sa Majesté le Roi de la Grande Bretagne, sous les Ordres de Son Altesse Serenissime Monseigneur le Duc Ferdinand de Bronswic et de Lunebourg, depuis le 1 de Janvier jusqu'an 31. de Decembre 1759.

Noms des Corps.	Tué devant l'Ennemi.			Morts de Maladie.			Morts de Blessures.			Desertés		Mis en Pension à cause d'Infirmités.			Mis en Pension à Cause de Blessures.			Reçu le Congé.			Total.
	Off.	Bas-Off.	Comm.	Off.	Bas-Off.	Comm.	Off.	Bas-Off.	Comm.	Bas-Off.	Comm.	Off.	Bas-Off.	Comm.	Off.	Bas-Off.	Comm.	Off.	Bas-Off.	Comm.	
Infanterie Britannique	13	20	972	3	4	320	5	13	115	2	132	—	8	88	—	14	156	3	1	63	1232
— Hannovrienne	8	22	319	8	41	987	7	6	127	17	1356	16	92	246	2	19	171	41	54	346	3885
— Bronsvic	5	10	128	1	13	165	3	—	52	7	472	—	8	46	—	2	61	10	8	52	1043
— Hessois	14	30	247	7	52	572	5	13	177	28	506	1	98	40	1	14	142	15	22	147	2060
Milice d'Hessois	—	1	8	2	13	263	—	1	1	4	140	5	40	48	2	4	—	4	38	363	963
Cavalerie Britannique	—	—	1	3	9	139	—	—	—	1	33	—	7	23	—	—	21	5	3	19	244
— Prussienne	5	11	27	5	6	58	4	1	6	7	107	—	6	15	—	3	8	1	1	8	266
— Hannovrienne	2	5	86	2	2	78	4	4	38	—	38	9	26	65	—	3	10	5	7	46	442
— Hessois	2	11	56	—	4	69	1	5	19	2	21	—	17	42	—	5	—	6	7	63	339
Troupes legères	—	—	170	—	7	92	—	—	54	24	1154	1	4	14	—	6	57	12	44	368	3021
Somme:	49	110	1314	31	151	2743	29	43	596	92	3959	32	236	627	6	69	646	102	185	1475	12,495

De Reden, Adj.-Gen.

Note des Herausgebers: Vergl. Geschichte der Feldzuge. Bd. I. S. 106, 107, 538, 539.

Kritik Napoléons.

Mémoires de Napoléon.

Mémoires pour servir à l'histoire de France, sous Napoléon, écrits à St. Helène pp. tome cinquième, fol. 209. Campagne de 1759.

§. I. Les deux armées françaises du bas Rhin et du Mein, restèrent cantonnées pendant l'hiver; la première sur la rive gauche, dans le pays de Cleves et de Cologne, la deuxième sur la rive droite, dans la vallée du Mein. Le maréchal de Contades, commandant. l'armée du Rhin, avait la direction supérieure des deux armées; son quartier-général était à Wesel. Le duc de Broglie succeda au prince de Soubise dans le commandement du Mein. L'ennemi occupait une position centrale sur la rive droite du Rhin. L'armistice conclu par les deux parties belligérantes, pour être tranquilles dans leurs quartiers d'hiver, expira le 16. mars.

Le 24., le duc Ferdinand réunit son armée et se porta sur Cassel, pour manoeuvrer contre l'armée du Mein. Il laissa le général Sporcken, avec un corps d'observation, sur la droite du bas Rhin, et le 30. il campa à Fulde, où il séjourna jusqu'au 10. avril, ce qui donna le temps au duc de Broglie*) de se concentrer sur la position de Bergen, que les ingénieurs François avaient fortement retranchée, et qui est située sur la chaussée**) de la Hesse, à trois lieues en avant de Francfort. Le duc Ferdinand campa le 12. avril à Windecken, à portée de l'armée française, qui était rangée, la droite à un ruisseau, le centre à Bergen, la gauche au village de Vilbel, sur la route de Francfort. Le 30.***) avril, avant le jour, le duc Ferdinand se mit en marche sur cinq colonnes. Il attaqua le centre au bourg de Bergen avec la plus grande intrépidité, dans le temps que le prince héréditaire de Brunsvic longeait avec la gauche le ruisseau pour tourner la droite française. Ses forces étaient bien supérieures, mais la position de Bergen était inexpugnable: il fut repoussé, perdit 5 à 6000†) hommes, et regagna le soir son camp à Windecken. C'était la première fois de cette guerre que les armées françaises obtenaient enfin un succés de quelque importance. La sensation en fut vive dans toute la France: on vit dans Broglie un Turenne naissant: il fut fait maréchal de France††). Cette bataille est son principal fait d'armes.

Cependant le maréchal de Contades était accouru de Paris à son quartier général, avait fait lever ses cantonnements; et convaincu, par

---

*) N. d. H. Der Aufenthalt war wegen der Expedition des Erbprinzen gegen die Oester reicher nicht zu vermeiden. —

**) N. d. H. Im Jahre 1759. gab es noch keine Chaussee.

***) N. d. H. Soll heissen den 13.

†) N. d. H. Sehr übertrieben!

††) N. d. H. Diese Beförderung erfolgte erst später.

l'expérience de la campagne précédente, des inconvenients attachés à une double ligne d'opérations, il passa le Rhin et se réunit, à Giessen le 3. juin, à l'armée du Mein, par des mouvements en arrière et sur le terrain occupé par ses troupes. Il avait cent vingt-six bataillons et cent vingt-cinq escadrons. Le 8., il campa à Sachsenberg, le 10. à Corbach, le 13. sur la Dimel qu'il passa le 14. La réserve, sous les ordres du duc de Broglie, campa le 11. à Cassel et le 14. à Dieburg.. De sa personne, il campa le 4. juillet, à Bielefeld; le 6., il fit investir Münster par le lieutenant-général d'Armentières; le 8, il campa à Hervorden; le 10, le duc de Broglie s'empara, par un coup de main vigoureux, de la place forte de Minden et fit 1200 prisonniers. Le 14, toute l'armée campa sur la rive gauche du Weser, la droite à Minden, et la gauche à Haddenhausen. Le lieutenant-général Saint Germain cerna Hameln. Le duc Ferdinand, qui s'était mis en retraite aussitôt qu'il avoit appris le mouvement du maréchal de Contades, campa le 12. juin à Soest, le 14. à Buren, le 30. à Marienfeld, et le 7. juillet à Osnabrück. La grande supériorité de forces de l'armée française lui était demontrée; cependant il se décida à donner une bataille. Il se porta à Stolzenau sur le Weser, y jeta un pont et fit mine de vouloir passer ce fleuve. Il prit pour centre de ses opérations la place forte de Nienbourg, et en arrière fit occuper Brémen. Le 17, il marcha en avant, remontant la rive gauche du Weser. Contades s'empressa de rappeler ses détachements, spécialement la réserve sous le duc de Broglie qu'il avait envoyé en Hanovre. Le 23, Münster ouvrit ses portes. Les 28., 29. et 30., les deux armées restèrent en présence. Le duc Ferdinand, trouvant la position des Français trop forte, détacha le prince héréditaire avec deux divisions pour en inquiéter les derrières. Le maréchal de Contades résolut d'en profiter pour livrer bataille, et fit ses dispositions dans la nuit du 31. au 1. aout. Il chargea le duc de Broglie avec la droite d'attaquer et suivre vivement la gauche de l'ennemi appuyé au Weser: c'était de cette attaque qu'il attendoit la victoire. Il plaça sa cavalerie entre sa droite et sa gauche. Ses troupes étaient pleines d'ardeur et de confiance. A la pointe du jour l'armée hanovrienne déboucha sur huit colonnes. A six heures du matin elle était en bataille et parfaitement formée. Dès cinq heures, le duc de Broglie commença l'attaque, mais faiblement et la continua de même. La cavalerie du centre s'avança mal à propos, elle fut attaqué par une nombreuse artillerie et par une forte réserve d'infanterie: elle lâcha pied. Les deux ailes se trouvant isolées, l'ennemi passa entre elles, les Français se tinrent pour battus; ils firent leur retraite et reprirent leur camp de Minden. Le maréchal de Contades, rentré dans ce camp, n'avait rien à redouter; cependant il l'évacua quand il apprit que le jour même de la bataille, le prince héréditaire avait battu à Goofeld, à quatres lieues sur ses derrières, le détachement que commandait le duc de Brissac. Dès le lendemain il passa le Weser sur les ponts de Minden, et se retira sur Cassel par la rive droite. Peu de jours après la cour le rappela et confia au maréchal de Broglie le commandement de l'armée.

Le duc Ferdinand occupa tout le pays jusqu'à la Lahn, et fit assiéger Münster qui se rendit le 11. novembre. A cette époque un détachement de treize bataillons qu'il envoya au roi de Prusse, le mit hors d'état de continuer une campagne active et d'entreprendre rien d'important; les deux armées entrèrent en quartier d'hiver. La cour de Versailles se divisa entre le parti de Contades et celui de Broglie; le ministère et le public se décclarèrent pour l'un ou l'autre parti. Le détail des fautes des généraux, des officiers et de l'armée, fut exposé à nu aux yeux de l'Europe étonnée, et accrut l'humiliation et le depit des Français.

§. V. 16. Observation. — 1. Le plan du maréchal de Contades, dans cette campagne, était bon et conforme à tous les principes de la guerre qu'il paraît que cet officier-général avait entrevues. Cependant il échoua avec 100,000 hommes d'excellentes troupes contre 70,000 hommes de contingents; parcequ'il était sans énergie, qu'il n'y avait aucun accord entre les généraux et que son quartier-général était, comme la cour de Versailles, en proie aux plus petites intrigues.

2. Il offrit la bataille après l'avoir refusée, il en determina le moment; cependant il combattit sans s'être fait rejoindre par tous ses detachements. Il devait lever tous les s i è g e s et attaquer avec t o u t e s ses forces réunies le duc Ferdinand, qui avait fait la faute de s'affaiblir de deux divisions. Cette simple combinaison lui eût probablement donné la victoire.*)

3. Il fatigua ses troupes toute la nuit du 31. juillet et une partie de la matinée du premier août, pour prendre sa ligne de bataille, ce que de nos jours des armées doubles et triples font en deux heures avec tant de rapidité.

4. Puisqu'il faisait sa principale attaque avec sa droite, il devoit la diriger en personne et y employer le double de troupes et ne pas la confier au duc de Broglie dont il connaissoit le caractère.

5. Il se tint le jour de la bataille aux dispositions qu'il avait faites la veille dans un ordre du jour de cinq à six pages, ce qui est le cachet de la médiocrité. L'armée une fois rangée en bataille, le général en chef doit, à la pointe du jour, reconnaitre la position de l'ennemi, ses mouvements dans la nuit, et sur ces données, former son plan, expédier ses ordres, diriger ses colonnes.

6. A la pointe du jour, le duc de Broglie, chargé de l'attaque décisive, prétendit que l'ordre qui lui avoit été expedié la veille n'étoit pas exécutable, que l'ennemi s'étoit renforcé: il engagea une légère ca-

---

*) N. d. H. Wenn Contades alle seine Detachements zusammengezogen hätte, so würde der Herzog F. das Nämliche gethan haben; aber solche Zusammenziehungen grosser Massen waren damals schon wegen der unmöglichen Verpflegung derselben unausführbar. Die Detachirung des Erbprinzen und des Generals Drewes in die Flanke und den Rücken des Feindes war kein F e h l e r, sondern B e r e c h n u n g, die der Erfolg krönte.

nonade, se rendit auprès du maréchal de Contades, et les heures s'écou-
lèrent en vaines discussions, ce qui donna le temps au duc Ferdinand
de renforcer réellement sa gauche, qui eût été écrasée si le duc de
Broglie avait sincèrement exécuté son ordre. Ce général fut coupable,
il était mal disposé et jaloux de son chef.

7. La position de la cavalerie française au centre de la bataille,
sans avoir d'artillerie, était vicieuse, puisque la cavalerie ne rend pas
de feu et ne peut se battre qu'à l'arme blanche; aussi l'artillerie et
l'infanterie ennemie purent-elles la canoner et la fusiller tout à leur
aise, sans qu'elle put rien répondre. Depuis la création de l'artillerie
à cheval, la cavalerie a aussi ses batteries; l'artillerie est plus nécessaire à la cavalerie qu'à l'infanterie même, soit qu'elle attaque, soit
qu'elle reste en position, soit qu'elle se rallie.

8. Ni les succès de l'ennemi, ni les pertes, qu'avait éprouvées
l'armée française, n'étaient de nature à obliger le maréchal de Contades
à évacuer son camp à Minden. Si le duc Ferdinand eût voulu forcer
ce camp, il eût été repoussé.*)

9. L'echec éprouvé par le duc de Brissac n'étoit pas non plus
de nature à influer sur la position de l'armée. Le maréchal de Contades pouvoit renforcer ce détachement par les corps employés aux
divers siéges. Il perdit la tête, quitta son camp, repassa le Wesex
et se retira en toute hâte. A force de disserter, de faire de l'esprit, de
tenir des conseils, il arrivait aux armées françaises de ce temps ce
qui est arrivé dans tous les siecles en suivant une pareille marche; c'est
de finir par prendre le plus mauvais parti, qui presque toujours à la
guerre est le plus pusillanime, ou, si l'on veut, le plus prudent; La
vraie sagesse pour un général est dans une détermination énergique.

10. Au commencement d'une campagne, il faut bien méditer, si
l'on doit ou non s'avancer, mais quand on a effectué l'offensive, il faut la
soutenir jusqu'à la dernière extrémité. Car indépendamment de l'honneur des armes et du moral de l'armée, que l'on perd dans une retraite, du courage que l'on donne à son ennemi, les rétraites sont plus
désastreuses, coûtent plus d'hommes et de matériel que les affaires les
plus sanglantes, avec cette différence que, dans une bataille, l'ennemi
perd à peu près autant que vous, tandisque dans une retraite vous
perdez sans qu'il perde. Avec le nombre d'hommes qu'a coûtés à la
France la retraite sur la Lahn, le maréchal de Contades eût pu suffire
à une seconde bataille au camp de Minden, à une autre sur la rive
droite du Weser, avant d'entrer en rétraite; il aurait eu de nouvelles
chances de succès et il aurait fait partager ses pertes à l'armée ennemie.

17. Observation. — Le duc Ferdinand fit un Détachement considérable avant la bataille de Minden; ce fut une faute qui devait

---

*) N. d. H. Der Verlust an Offizieren hatte die Französische Armée dermassen erschüt-
tert, dass ihr die Lust vergangen war, im Lager stehen zu bleiben. Dabei übersieht die Kritik,
dass die Englische Cavalerie noch gar nicht gebraucht war, und bei Fortsetzung des Kampfes
ohne Zweifel an demselben Theil genommen haben würde.

la lui faire perdre; mais comme il a été victorieux, malgré cette faute, on ne lui en a pas tenu compte. On a prétendu au contraire, qu'il s'était affaibli pour se rendre plus fort. Cette flatterie est ingénieuse; mais elle est fausse et les mêmes flatteurs l'eussent relevée avec amertume, avec raison, s'il eût perdu la bataille.

Règle générale: Quand vous voulez livrer une bataille, rassemblez toutes vos forces, n'en négligez aucune; un bataillon quelque fois décide d'une journée. — *)

---

*) N. d. H. Der Sieg des Herzogs Ferdinand bei Minden beweiset, dass die Detachirung des Erbprinzen kein Fehler war; denn die Energie des Angriffs der britischen und hannöverschen Infanterie auf die französische Cavalerie war eine so furchtbare, und die Vertheidigung der Division Wangenheim bei Todtenhausen eine so nachhaltige, dass nur die Charge der englischen Cavalerie, welche leider durch Sackville's Ungehorsam unterblieb, noch dazu gehört hätte, um die tief erschütterte Armée Contades in die Fluthen der Weser zu werfen und ihr eine Niederlage, zerstorender wie bei Rossbach, zu bereiten. Alsdann würde sich auch die Einwirkung des Erbprinzen bei Goofeld von rückwärts in ihrer ganzen Bedeutung fühlbar gemacht haben. Die Kritik des Kaisers N. irrt darin, dass er die Operationen und die Mittel aus dem Standpunkte der heutigen Kriegführung beurtheilt und sich nicht in die Bedingungen fugt, unter welchen vor 100 Jahren nur Krieg geführt werden konnte, wo es noch keine Revolutions-, keine Volks-Kriege gab. — Uebrigens hat kaum je ein grosser Feldherr gegen das bei dieser Veranlassung in Erinnerung gebrachte Princip, vor einer entscheidenden Schlacht alle seine Kräfte zu concentriren, einen grösseren Fehler begangen, als der Kaiser Napoleon selbst: und zwar vor der Schlacht von Waterloo, die seinen Untergang unwiederbringlich entschied, indem er es versäumt hatte, das Corps des Generals Rapp zu seinem Angriffsheere heranzuziehen. Man vergleiche hieruber, was der Oberst Charras in seinem Werke: Histoire de la Campagne de 1815. Bruxelles 1858. Seite 53. sagt: „Il laissa le corps de Rapp en Alsace, et se priva volontairement ainsi d'une force de près de vingt mille hommes, qui devait être impuissante là où il la laissa, et qui, portée en Belgique, aurait pesé d'un grand poids sur la balance de la guerre. Il manquait à ce principe si justement préconisé, si souvent et si heureusement appliqué par lui: concentrer ses forces sur le point principal, et ne pas prétendre en avoir partout, sous peine, de ne rien pouvoir nulle part. Faute grave, qu'il devait, mais trop tard, tenter corriger! —"

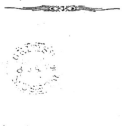

Druck von P. Stankiewicz in Berlin, Kommandanten-Strasse 77.

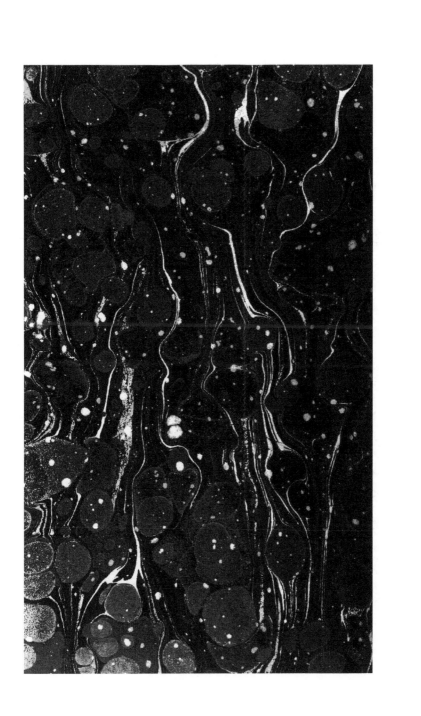